城市史译丛

国家社科基金重大指标项目多卷本《西方城市史》（17ZDA229）阶段性成果

上海高校一流学科（B类）建设计划规划项目

上海市社会科学创新研究基地

全球城市与世界文明传承研究基地

教育部人文社会科学重点研究基地

上海师范大学都市文化研究中心

上海全球城市研究院

主　编

陈　恒　洪庆明

牛津世界城市史研究

The Oxford Handbook of Cities in World History

城市史
译丛

［英］彼得·克拉克　主编

陈恒　屈伯文　等　译

上海三联书店

国家出版基金资助项目

《牛津世界城市史研究》

［英］彼得·克拉克 主编　陈恒 屈伯文等译

The Oxford Handbook of Cities in World History

Edited by Peter Clark

The editorial material and arrangement © the Editor 2013

The chapters © the various contributors 2013

The moral rights of the authors have been asserted

First Edition published in 2013

Originally published in 2013 by Oxford University Press

This simplified Chinese edition published in 2019

by Shanghai Joint Publishing Co., Ltd., Shanghai

by arrangement through Andrew Nurnberg Associates International Ltd.

Beijing Representative Office.

总　序

第二次世界大战后，科技革命引起了整个社会从生产方式到生活方式乃至思维方式等各个层面的深刻变革，而战后经济复苏又推动了西方世界城市化进程进一步向纵深发展，城市学随之兴起并走向繁荣。之所以如此，原因正如法国《年鉴》杂志1970年"历史学与城市化"专号里所说，"近年来城市的发展让所有的人文科学都行动了起来，这不仅仅是为了设计城市开发方案，构思城市特殊病理之救治药方，还为了在更深层次上有意识地、科学地探究看上去对我们社会至关紧要的物和事"。

在这种"普罗米修斯式"的大合唱中，历史学当然不能缺位。20世纪60年代，美国和英国先后召开两次城市史会议，会后出版的两本会议论文集《历史学家与城市》和《城市史研究》为现代城市史研究奠定了重要基础。也是在这一时期，美国爆发了城市发展危机，随后兴起的"新城市史"力图从社会的维度廓清城市化进程带来的变革与挑战。一批年轻的史学家聚集在史蒂芬·瑟恩斯托姆周围，采用计量方法研究城市的社会流动、少数群体政治、市中心贫民窟，以及工作与休闲之间严峻对立等问题。与此同时，以马克思主义理论为指导的"新马克思主义城市学"也开始应运而生，其代表人物主要有亨利·勒费弗尔、大卫·哈维、曼纽埃尔·卡斯特尔等。他们主张在资本主义生产方式理论框架下去考察城市问题，着重分析资本主义城市空间生产和集体消费，以及与此相关的城市社会阶级斗争和社会运动。

总的说来，西方城市史学的发展基本上与各个国家或地区的城市发展历程相适应。作为一门基础学科，历史学之于城市发展的功用不容轻忽。首先在现实层面，城市发展规划和城市问题的解决，能够通过反思城市发展的历史找到合理的方案或正确的办法。就宏观的城市化进程而言，西方发达国家业已经历的城市化历史能够为尚处于城市化初级阶段或高速发展阶段的国家和地区提供有益的经验或教训；就微观的城市建设而言，一个城市在发展历史上表现出的特性能够为该城市的特色发展提供有益的指导，某一城市的发展历程也能为其他城市的多样化发展提供有益的借鉴。其次在精神层面，了解城市的历史能够帮助我们更好地理解和适应一个城市。不同的城市在风俗、观念、饮食、语言乃至建筑风格方面都会有差异，其原因只有回溯这个城市的历史才能给出解答；生活在城市里的人们需要了解他们所生活的城市的历史，唯有如此，他们才能与城市更好地融为一体，在感知城市过去的心理历程中展望城市的未来。

当下之中国，城市化进程正如火如荼地进行着，传统农村社会正向城市社会急剧转型，这对城市的快速、健康发展提出了挑战，也对国内学界的城市研究提出了要求。在此背景下，国内城市史研究逐步兴起，并呈蓬勃发展之势，有鉴于此，我们不揣浅陋，怀"他山之石，可以攻玉"之初衷，策划译介一批西方学界城市史研究方面的代表性作品，希图在增益国人有关城市知识的同时，能在理论模式建构、研究方法综合和研究面向选择等各个方面为国内学界的城市学研究提供些许借鉴或启迪。

陈　恒　洪庆明

2014年5月25日

序　言

　　这本书完成的同时,城市已被前所未有地推向世界舞台的中心。不仅仅是因为现在更多的人居住在城市而不是农村,消耗了很大比例的全球资源,更是因为从2008年延续到2011年的经济和金融危机,深刻地改变了亚洲或者其他所谓的发展中地区与发达的西方世界之间的城市力量平衡。同时,中东城市中普遍的动乱,伴随着其他方面的激进共振,已经开启了这一地区新的政治和文化前景。考虑到许多世界一流城市已经存在,并且在过去的几个世纪发挥了重要作用,如果不是新千年,全球城市的发展使得当前的经济、社会、政治、文化发生了改变,在扩展的历史视域下,对全球城市的发展进行更广泛的比较考查的需要,不会变得如此空前重要。

　　创作这部作品的建议是由出版商提出的,这部作品的创作已经遭遇了诸多挑战。首先,因为正如我们在导言中所解释的,尽管最近几年城市史研究迅速发展,但这些研究中的大多数已经陷入国家和地区性研究的泥潭之中,并且在城市史的研究中很少有人对洲际比较研究感兴趣。因此,由约五十名对全球比较研究感兴趣的顶尖学者组成的研究网络——一艘科学的方舟——从无到有已经建立。与此相关联的是,国家基金拨款委员会更倾向于支持国内的和本地区的项目,然而对于拥有全球视角的项目仅是给与一些口头承诺。最后,在计价出版的时代,编者和作者的财务状况必然会捉襟见肘。并不是所有的城市乡镇以及所有的话题本作品都能涵盖。所有插图、会议以及诸如此类所需的全部资金都是由编者和译者自己筹集的。

　　尽管这样,这是第一部详细研究从早期到现代世界主要城市体系的作品。它的初始目标是创作一本包括论据、论点以及主题的综合性作品——不是一本内容繁杂的百科全书。这不意味着全球城市化进程及其推论存在一致性和重叠。事实上本书发现了很多伟大的观点,城市人口的数字显示出,这里存在大量的分歧,影响了数据的连贯性和数据的完整性。为了推进对话与合作,我们于2010年5月在赫尔辛基大学,2011年4月在宾夕法尼亚大学,分别召开了两次国际性会议。在会上大多数撰稿人,就多产的城市史传统,进行了争论探讨,经过反复的讨论以及谦虚谨慎的社交工作,这部作品的精髓最终得以创建。我们十分感谢赫尔辛基大学历史系、赫尔辛基大学、赫尔辛基市城市事务司、荷兰驻赫尔辛基大使馆,以及埃拉和埃尔诺斯基金会对大会的支持。我的前任助手马蒂·汉尼凯宁(Matti Hannikainen)与苏威·塔利亚(Suvi Talja)、理查德·罗宾逊(Richard Robinson)、蕾妮·蒂斯德尔(Rainey Tisdale)以及尼克·利普萨宁(Niko Lipsanen)在大会组织方面的贡献是卓有成效的。我们同样感谢雷纳塔·霍洛德(Renata Holod)在菲拉德尔菲亚会议的组织领导作用,并且感谢夏南悉(Nancy Steinhardt)和林恩·利斯(Lynn Lees)对雷纳塔·霍洛德的帮助。菲拉德尔菲亚会议的资金主要来自于对国际项目支持的宾夕法尼亚大学院长基金、人文与社会科学院、设计学院、宾夕法尼亚大学城市研究所、古代研究中心、非洲研究中心、中东研究中心、历史系、艺术史学系、宾夕法尼亚大学博物馆、布林·茅尔学院,十分感谢他们的慷慨解囊、鼎力相助。格里高利·滕特勒(Gregory Tentler)提供了重要的后勤支援,来自宾夕法尼亚大学图书馆的约翰·波拉克(John Pollack)和丹·特拉伊斯特(Dan Traister)合作完成了关于近代早期城市地图的一个极好的展览,其中一些被本书转录。

　　其他恩情同样重要,作为主编,我十分感谢大卫·马丁利(David Mattingly)和林恩·利斯,他们分别是早期和现代城市研究模块的助理编辑,感谢他们极其宝贵的建议、支持鼓励以及(我需要时给与我的)安慰,当然同样也感谢其他编辑组成员的支持与帮助。赫尔辛基大学在制作插图方面给与了财政支持,马蒂·汉尼凯宁帮助我收集整理了参与研究者的网址,伊懋可(Mark Elvin)、格雷姆·巴克(Graeme Barker)和马丁·唐顿(Martin Daunton)在初始阶段给与了我许多宝贵的建议。

　　另外要格外感谢的是尼克·利普萨宁(Niko Lipsanen),他绘制了大多数地区的地图并绘制了大量的图表,当然苏威·塔利亚(Suvi Talja)也做了协助工作,中国古代地图是由宾夕法尼亚大学的任诗杰绘制的,十分感谢他们的工作。

牛津大学出版社的斯蒂芬妮·爱尔兰(Stephanie Ireland)、艾玛·巴伯(Emma Barber)和道恩·普雷斯顿(Dawn Preston)在本书难艰的出版阶段给予了极大地帮助,苏珊·博比斯(Susan Boobis)准备了索引。

最后一点也是最重要的,这本书的出版亏欠所有参与编纂的人员及其家人(参与编纂者的孩子劳雷[Laurel]和托比亚斯[Tobias]在此期间诞生)太多,同样我们也亏欠研究机构,他们用热情和承诺支持了本书的编纂。

彼得·克拉克

于赫尔辛基

目　录

第一部分　早期城市

概览

专题

第二部分　近代早期城市

概览

专题

第三部分　现当代城市

概览

专题

CONTENTS 插图目录

CONTENTS | 图版目录

CONTENTS | 区域地图目录 *

---

* 书中插图所系原文插图

CONTENTS 表格目录

xvii

撰稿者列表

卡尔·阿博特（Carl Abbott），任职于位于俄勒冈的波特兰州立大学，是城市研究与规划专业的教授，他的研究及著作聚焦于北美的城市增长与区域发展、区域认同之间的相互作用问题等方面。著有：*The New Urban America：Growth and Politics in Sunbelt Cities*（1983）、*Political Terrain：Washington DC from Tidewater Town to Global Metropolis*（1999）、*How Cities Won the West：Four Centuries of Urban Growth in Western North America*（2008）。

穆罕默德·阿尔-阿萨德（Mohammad al-Asad），建筑师与建筑史学家，约旦阿曼建筑环境研究中心（CSBE）的创始负责人。他曾在约旦大学、普林斯顿大学、麻省理工学院以及伊利诺伊大学香槟分校任教。他是 *Workplaces，The Transformation of Places of Production：Industrialization and the Built Environment in the Islamic World*（于2010年获得阿迦汗建筑奖[the Aga Khan Award for Architecture]）的主编，著有 *Contemporary Architecture and Urbanism in the Middle East*（即将出版）。

巴斯·凡·巴韦尔（Bas van Bavel），乌得勒支大学中世纪经济与社会史教授，经济与社会史专业带头人。他的研究着眼于重构、分析、解释在工业化前的欧洲经济增长和社会变化，强调长时段过渡和区域多样性，并将跨时空的比较分析方法作为主要研究手段。值得一提的是，他致力于找出社会规划成功的原因和驱使这些规划形成的因素。2010年牛津大学出版社出版了他的 *Manors and Markets：Economy and Society in the Low Countries，500–1600*。

J. A. 贝尔德（J. A. Baird），伦敦大学伯克贝克学院（Birkbeck College）历史、古典和考古学部门的讲师，她的近期研究包括对建筑、文物和文本资料进行整合来调查古代社会的日常生活和对罗马统治的反应。作品聚焦于杜拉-欧罗普斯（Dura-Europos）遗址，她在这一考古遗址和耶鲁档案馆工作了多年。她最近的著作包括考古摄影历史（刊 *American Journal of Archaeology*，2011）以及与其他学者合编的 *Ancient Graffiti in Context*（2010）。

维姆·布洛克曼斯（Wim Blockmans），鹿特丹大学、莱顿大学的历史学教授，荷兰研究所高级研究院（Netherlands Institute for Advanced Study）院长。在他众多作品中与本课题相关的有：*Cities and the Rise of States in Europe，A. D. 1000–1800*（ed. with Ch. Tilly，1994）、*A History of Power in Europe：Peoples，Markets，States*（1997）、*The Promised Lands：The Low Countries under Burgundian Rule，1369–1530*（with W. Prevenier，1999）、*Emperor Charles V：1500–1558*（2001）、*Metropolen aan de Noordzee：Geschiedenis van Nederland，1100–1560*（Metropoles at the North Sea. History of the Low Countries 1100–1560，2010）。

布鲁诺·布隆德（Bruno Blondé），安特卫普大学城市史中心（Centre for Urban History of the University of Antwerp）研究员。他在早期近代城市社会经济增长与社会不均、中世纪晚期到19世纪物质文化和零售业史、交通史等方面发表过多篇文章。

包乐史（Leonard Blussé），莱顿大学东亚与东南亚历史教授，研究方向为亚欧关系史。他的近期研究着眼于近代早期中国航海与移民，出版的著作有：*Visible Cities：Canton，Nagasaki and Batavia and the Coming of the Americans*（2008）、*Bitter Bonds：A Colonial Divorce Drama of the Seventeenth Century*（2002）以及 *Strange Company：Chinese Settlers，Mestizo Women and the Dutch in VOC Batavia*（1988）。

马克·博纳（Marc Boone），根特大学中世纪史教授，曾在法国任教。自2008年以来他一直是布鲁塞尔皇家艺术学会（Royal Academy in Brussels）会员，也是该艺术学会之城市史委员会会员。最近出版的著作有：*A la recherché d'une modernité civique：La société urbaine des anciens Pays-Bas au bas Moyen Age*（2010）。2008—2010年间担任欧洲城市史学会（the European Association for Urban History）主席。近期他主持了比利时跨校际城市

史研究项目(参见：http：//www. cityandsociety. be/)。

　　马腾·博斯克(Maarten Bosker)，鹿特丹伊拉斯谟大学副教授。研究方向为从经验主义的角度构建经济和城市发展过程中的地理作用。近期的项目是研究欧洲、北非以及中东城市的长期发展，地理在欧洲城市体系起源中的作用以及内战的跨国传播。他的研究成果发表在 *Economic History Review*、*Review of Economics and Statistics*，*Journal of Economic Geography* 以及 *Journal of Urban Economics* 上。

　　厄布鲁·博亚尔(Ebru Boyar)，安卡拉中东技术大学国际关系系(Middle East Technical University, Ankara)副教授，教授奥斯曼土耳其和土耳其史。她也是剑桥大学纽纳姆学院奥斯曼研究斯基里特中心(Skilliter Centre for Ottoman Studies, Newnham College, University of Cambridge)学术顾问，致力于研究奥斯曼土耳其和土耳其早期共和社会和外交史。著述包括：*Ottomans, Turks and the Balkans*：*Empire Lost，Relations Altered*（2007）以及与 Kate Fleet 合著的 *A Social History of Ottoman Istanbul*（2010）。

　　艾特乔·布林(Eltjo Buringh)，乌得勒支大学全球经济史研究中心(Centre for Global Economic History at Utrecht University)研究员。他试图找出从古罗马时代约到 1800 年间欧洲、北非和中东的城市化、贸易及经济发展的动因。他已在 *Science*、*Journal of Economic History*、*Economic History Review*、*Review of Economics and Statistics* 上发表多篇文章。其最新著作 *Medieval Manuscript Production in the Latin West* 已于 2011 年出版。

　　彼得·伯克(Peter Burke)，活跃的比较史学实践者。剑桥大学文化史教授，直至退休，现为伊曼纽尔学院(Emmanuel College)成员。他对城市史研究的贡献包括：*Venice and Amsterdam*（1974）、*Antwerp, a Metropolis in Europe*（1993）、"*Imagining Identity in the Early Modern City*"，in Christian Emden, Catherine Keen, and David Midgley, eds.，*Imagining the City*（2006），vol. 1，23—38。

　　陈向明(Xiangming Chen)，城市与全球研究中心(Center for Urban and Global Studies)主任，康涅狄格州哈特福特三一学院社会学与国际研究 Paul Raether 杰出讲座教授，同时也是中国复旦大学社会发展与公共政策学院客座教授。他合著/编的著作有：*The World of Cities*（2003；Chinese edn.，2005）、*As Borders Bend*（2005）、*Shanghai Rising*（2009；Chinese edn.，2009）、*Introduction to Cities*：*How Place and Space Shape Human Experience*（2012；Chinese edn.，2012）。

　　彼得·克拉克(Peter Clark)，赫尔辛基大学欧洲城市史(European Urban History, University of Helsinki)荣誉退休教授，莱斯特大学客座教授。他著有或编辑了许多有关城市、社会、文化、环境史的著作，包括：*European Cities and Towns，400 -2000*（2009）、*The Cambridge Urban History of Britain，700 -1950*（3 vols.，2000）。他在过去的 20 年里一直担任欧洲城市史协会(European Association for Urban History)财务主管。

　　佩内洛普·J. 科菲尔德(Penelope J. Corfield)，研究城市史、社会史和文化史以及研究时间与历史的方法。她是伦敦大学皇家霍洛威学院(Royal Holloway, London University)的荣誉退休教授，同时也是澳大利亚、匈牙利、日本、美国的访问学者，莱斯特大学城市史研究中心(Leicester University's Centre for Urban History)的客座教授以及 18 世纪研究国际协会(The International Society for Eighteenth-Century Studies, ISECS)的副主席。著述有：*The Impact of English Towns，1700 -1800*（1982）、*Power and the Professions in Britain，1700 -1850*（1995；1999）、*Time and the Shape of History*（2007），以及一个合作项目：*Proto-Democracy*：*London Electoral History，1700 - 1850*（2012）。更多信息，参见 www. penelopejcorfield. org. uk。

　　魏希德(Hilde De Weerdt)，伦敦国王学院(King's College)的中国史讲师，教授中国史和比较史学。她的研究兴趣一直是帝国政治文化、信息技术、社会网络及思想史。著述有：*Competition over Content*：*Negotiating Standards for the Civil Service Examinations in Imperial China，1127 - 1276*（2007）、*Knowledge and Text-Production in an Age of Print—China, Tenth-Fourteenth Centuries*（*with Lucille Chia，2011*）。她还参与了许多有关中世纪时期的比较史学研究项目。

　　霍华德·迪克(Howard Dick)，经济学家、经济史学家，墨尔本大学商学院荣誉教授研究员，纽卡斯尔大学商法学院兼职教授。他与彼得·J. 林莫(Peter J. Rimmer)共同完成了两部著作：*Cities, Transport and Communications*：*The Integration of Southeast Asia since 1850*（2003），该书揭示了技术变化对东南亚城市体系的作用；*The City in Southeast Asia*（2009）也是一本研究城市体系的著作，研究了超越第三世界城市范式之城市体系的变动方式。

菲利普·费尔南多-阿梅斯托(Felipe Fernández-Armesto),圣母玛利亚大学(Notre Dame University)任教。他著述广泛,已出版有关全球环境史、城市史、比较殖民地史、西班牙史、海事史及制图史的诸多著作。最近出版的著作有:*Civilizations：Culture，Ambition，and the Transformation of Nature*(The Free Press，2001)、*1492：The Year Our World Began*(Bloomsbury，2010)。

亨利·菲茨(Henry Fitts),2012 年毕业于三一学院。他主要从事城市项目的研究,在中国参加过长江流域特大城市夏令营活动,并双修社会学和城市学。

比尔·弗罗因德(Bill Freund),夸祖鲁-纳塔尔大学(University of KwaZulu-Natal)经济史荣誉退休教授。其著作包括:*The African Worker*、*The Making of Contemporary Africa*,还有许多涵盖非洲史、南非史话题的诸多小论文。其著作 *The African City：A History* 已于 2007 年出版。

艾伦·吉尔伯特(Alan Gilbert),伦敦大学学院(University College)荣誉退休教授。他著述广泛,有很多是关于发展中国家尤其是拉丁美洲的住房、贫困、就业及城市问题方面的著作。他独著与合著了 10 本书,编辑了 4 本书,发表了超过 150 篇学术文章。他还是包括美洲开发银行(Inter-American Development Bank)、联合国人类住区规划署(UN-HABITAT)等许多国际组织的顾问。

马乔琳·哈特(Marjolein't Hart),阿姆斯特丹大学经济社会史副教授。她著述广泛,已出版了有关早期现代国家形成史和叛乱史的著作。她最近的研究兴趣聚焦于生态史和全球史。主要著作有:*The Making of a Bourgeois State. War，Politics and Finance during the Dutch Revolt*(1993)、*A Financial History of the Netherlands*(1997，with Jan Luiten van Zanden and Joost Jonker);最近出版的著作是 *Globalization，Environmental Change，and Social History*(2010，with Peter Boomgaard)。

卡罗拉·海因(Carola Hein),宾夕法尼亚州布林·茅尔学院(Bryn Mawr College)城市结构与发展系教授。他最近的研究兴趣在全球网络下的建筑、城市理念的传播,尤其是港口城市和全球石油构架。在洪堡基金会的资助下,她研究了汉堡在 1842 年至 2008 年国际背景下的大规模城市变化。著作有:*The Capital of Europe*(2004)、*European Brussels. Whose Capital? Whose City?*(2006)、*Brussels：Perspectives on a European Capital*(2007)、*Rebuilding Urban Japan after 1945*(2003)、*Cities，Autonomy and Decentralisation in Japan*(2006)。

玛利亚·希特拉(Marjatta Hietala),1996—2011 年间担任坦佩雷大学(University of Tampere)通史教授,也曾在美国任教过。她已出版了多本关于城市史、技术革新的传播、科学史方面的著作,包括:*The Diffusion of Innovation*(1987)、*Helsinki-The Innovative City. Historical Perspectives*(with Marjatta Bell，2002)、*Helsinki Historic Towns Atlas*(with Martti Helminen and Merja Lahtinen)。从 2010 年起开始担任国际史学会(Comité International des Sciences Historiques)会长。

孔诰峰(Ho-fung Hung),约翰·霍普金斯大学社会学副教授。他是 *Protest with Chinese Characteristics：Demonstration，Riots，and Petitions in Mid-Qing Dynasty*(2011)的作者,也是 *China and the Transformation of Global Capitalism*(2009)一书主编。其文章已发表于 *American Journal of Sociology*、*American Sociological Review*、*New Left Review*、*Review of International Political Economy*、*Asian Survey* 等杂志上。

尤西·S. 乔夏棱(Jussi S. Jauhiainen),图尔库大学(University of Turku)地理学教授,塔尔图大学(University of Tartu)人类地理学副教授。他的研究兴趣一直集中在城市地理、地区发展及网络技术更新方面,在这些领域出版了大量著作。他参与了与芬兰、爱沙尼亚、波罗的海地区发展相关的诸多研究项目。

普拉桑特·吉达姆(Prashant Kidambi),莱斯特大学历史研究学院殖民城市史(Colonial Urban History in the School of Historical Studies，University of Leicester)高级讲师。其研究主要是探究英国帝国主义与南亚史之间的相互作用。他除了发表了许多期刊文章、专书章节外,也是研究殖民地孟买重要著作 *The Making of an Indian Metropolis：Colonial Governance and Public Culture in Bombay，1890－1920*(2007)一书的作者。

雷·劳伦斯(Ray Laurence),坎特伯雷肯特大学古典和考古研究部(Classical and Archaeological Studies section，University of Kent at Canterbury)教授、负责人。他先前是雷丁和伯明翰大学的访问学者,教授罗马史,并出版了有关罗马史方面的著作。现为坎特伯雷遗产协会(与坎特伯雷议会合作)主席。

安德鲁·利斯(Andrew Lees),新泽西州立大学、罗格斯大学卡姆登分校著名历史学教授。其研究重点为现代德国思想史、社会史、德国的城市社会观念在英美以及城市史研究等。他的著作有:*Cities Perceived：Urban*

Society in European and American Thought，1820 - 1940（1985）、*Cities，Sin，and Social Reform in Imperial Germany*（2002），以及与林恩·霍伦·利斯合著的 *Cities and the Making of Modern Europe*，1750 - 1914 （2007）。

林恩·霍伦·利斯(Lynn Hollen Lees)，宾夕法尼亚大学历史学教授、副教务长。其著作均与欧洲史有关：*Exiles of Erin：Irish Migrants in Victorian London*（1979）、*The Making of Urban Europe*（with Paul M. Hohenberg，1994）、*The Solidarities of Strangers：The English Poor Laws and the People*，1700 -1948（1998）；以及与安德鲁·利斯(Andrew Lees)合著的 *Cities and the Making of Modern Europe*，1750 -1914（2007）。近期的研究方向为英属马来亚社会经济史，并撰写了许多文章。

卢克·德·里特(Luuk de Ligt)曾在阿姆斯特丹自由大学和剑桥学习过。2002 年，他成为莱顿大学古代史全职教授。他是 *Fairs and Markets in the Roman Empire*（1993）及 *Peasants，Citizens and Soldiers*（2012)的作者。其参与编辑的著作有：*Viva Vox Iuris Romani*（2002）、*Roman Rule and Civic Life*（2004）、*People，Land and Politics*（2008）。

马里奥·列维拉尼(Mario Liverani)，罗马大学(University of Rome，La Sapienza)古代近东史教授，因其关于美索不达米亚、黎凡特的著作闻名于世。著有：*Myth and Politics in Ancient Near Eastern Historiography*（with Z. Bahrani）。

里奥·陆卡森(Leo Lucassen)，莱顿大学社会经济史主席。擅长研究全球移民史、城市史、国家形成、现代国家的社会政治发展。著有：*The Immigrant Threat. The Integration of Old and New Migrants in Western Europe since 1850*（2005）、*Migration History in World History. Multidisciplinary Approaches*（2010，ed. with Jan Lucassen and Patrick Manning）、*Living in the City. Urban Institutions in the Low Countries*，1200 -2010 （2012，ed. with Wim Willems）。

詹姆斯·麦克莱恩(James McClain)，布朗大学历史学教授，教授有关日本、韩国方面的课程。其研究重点是城市文化史。他从各种国际基金会获得诸多资助，一直在同志社大学、庆应义塾大学、京都大学、东京大学、东北大学、延世大学等做访问学者。著有：*Kanazawa：An Early-Modern Castle Town*（1982）、*Edo and Paris*（1997）、*Japan：A Modern History*（2001）。目前他正在研究 20 世纪东京中产阶级史。

凯文·麦克唐纳(Kevin MacDonald)，非洲考古学教授，自 1994 年读完剑桥博士学位后一直在伦敦大学考古研究所任教。在过去二十多年间一直在马力工作，从事从晚期石器时代至历史时代的田野研究计划，特别是吉尔玛省(Gourma)、梅纳(Méma)、高谷(Haute Vallée)、赛古地区(Segou regions)。他的研究重点在尼日尔三角洲内陆地区西部曼德国家(Mande)的历史地理和考古。从 2001 年起，他开始研究关于路易斯安那州非洲流散犹太人
的历史考古。著有：*Slavery in Africa：Archaeology and Memory*（with Paul Lane）。

奥古斯塔·麦克马洪(Augusta McMahon)，剑桥大学美索不达米亚考古学和历史高级讲师。她广泛参与田野考古，足迹遍及伊拉克、叙利亚、土耳其、也门等地，研究范围从新石器时代的村落，到复杂的城市中心，再到帝国首都的一系列定居点。著有：*Settlement Archaeology at Chagar Bazar*（2009）、*The Early Dynastic to Akkadian Transition*（2006）。从 2006 年起，她成为叙利亚泰尔·布莱克项目(Tell Brak Project)的主管。其研究重点为早期城市化、城市景观、史前暴力冲突及人类面对气候改变的反应。

大卫·马丁利(David Mattingly)，莱斯特大学(University of Leicester)罗马考古学教授。著述涉及到罗马世界城市化的方方面面。最近，其研究重点扩展至撒哈拉地区早期城市社会考古方面。他著述和编辑了 22 本著作，为英国科学院(British Academy)院士。

马丁·V. 麦乐西(Martin V. Melosi)，美国休斯敦大学 Hugh Roy and Lillie Cranz Cullen 教授，德克萨斯州休斯敦大学公共史学中心主任。他的研究领域包括城市环境、能源史、技术史及环境正义等方面。他是美国城市史协会(Urban History Association)、美国环境史学会(American Society for Environmental History)、公共著作历史学会(Public Works Historical Society)、全国公共史学委员会(National Council on Public History)主席。他出版了 19 本著作，近期出版的著作是：*Precious Commodity：Providing Water for America's Cities*（2011）。

托马斯·R. 梅特卡夫(Thomas R. Metcalf)，加州大学伯克利分校荣誉退休历史教授，自 1962 年至 2003 年于加利福尼亚大学教授有关帝国主义史、印度史、南亚史课程。其研究重点为 19 世纪的大英帝国、印度拉贾。著

有：*An Imperial Vision*（1989）、*Ideologies of the Raj*（1995）、*Imperial Connections：India in the Indian Ocean Arena*（2007）。他和芭芭拉·梅特卡夫（Barbara D. Metcalf）合著有 *A Concise History of Modern India*（3rd edn.，2012）。

罗宾·奥斯本（Robin Osborne），剑桥大学古代史教授，国王学院成员、英国科学院院士。其涉及城市史方面的著作主要有：*The Discovery of Classical Attika*（1985）、*Classical Landscape with Figures：The Ancient Greek City and Its Countryside*（1987），以及和坎利夫（B. Cunliffe）合编的 *Mediterranean Urbanization 800 - 600 B.C.*（2005）。

卡梅隆·A. 皮特里（Cameron A. Petrie），剑桥大学南亚、伊拉克考古学讲师。他的研究兴趣一直是社会经济的复杂性兴起，国家形成的社会经济方面面，国家、帝国的发展对征服地区的影响及人与环境之间的关系。他 _{xxv} 是杂志《伊朗》（*Iran*）主编之一，也是 *Sheri Khan Tarakai and Early Village Life in North-West Pakistan*（2010）、*The Mamasani Archaeological Project Stage One*（2nd edn.，2009）的主编和合著者。

彼得·J. 林莫（Peter J. Rimmer），是一位经济与人文地理学家，澳大利亚堪培拉澳大利亚国立大学文化、历史和语言学院荣誉退休教授，亚洲太平洋研究院成员。

罗威廉（William T. Rowe），约翰·霍普金斯大学约翰和戴安·库克中国史讲座教授（John and Diane Cooke Professor of Chinese History）。他主要研究 14 世纪到 20 世纪中国文化、思想、经济和政治史。他最近完成了一部关于 18 世纪清朝统治精英意识的著作，他喜欢把中国史放在世界其他国家历史背景之中进行比较研究。

汉努·萨尔米（Hannu Salmi），图尔库大学（University of Turku）文化史教授，国际大众文化研究中心（International Institute for Popular Culture，IIPC）主任。著有：*Kadonnut perintö. Näytelmäelokuvan synty Suomessa 1907 - 1916*（Lost Heritage：Emergence of Finnish Fiction Film，1907 - 1916，2002）、*Wagner and Wagnerism in Nineteenth-Century Sweden，Finland，and the Baltic Provinces：Reception, Enthusiasm, Cult*（2005）、*Nineteenth-Century Europe：A Cultural History*（2008）、*Historical Comedy on Screen：Subverting History with Humour*（2011）。

司昆仑（Kristin Stapleton），布法罗纽约州立大学历史学副教授，亚洲研究负责人。她的研究兴趣为中国城市机构、比较城市机构，中国家庭生活史，以及美国思想中的非美历史的作用。著有：*Civilizing Chengdu：Chinese Urban Reform，1895 - 1937*（2000）、*The Human Tradition in Modern China*（2008）。她最近在写一本关于由中国作家巴金所写的畅销于 1931 年的小说《家》的著作。

夏南悉（N. Steinhardt），宾夕法尼亚大学东亚艺术教授，中国艺术馆馆长，自 1982 年以来一直任教于此。编有：*Chinese Traditional Architecture*（1984）、*Chinese Imperial City Planning*（1990）、*Liao Architecture*（1997）、*Chinese Architecture*（2003）、*Reader in Traditional Chinese Culture*（2005）、*Chinese Architecture and the Beaux-Arts*（2011），发表 70 多篇学术论文。现从事中、韩、日三间的国际合作研究。

大卫·L. 斯通（David L. Stone），专研罗马帝国时期北非的历史与考古。著有：*Leptiminus (Lamta). Report no. 3, the Field Survey*（Journal of Roman Archaeology Supplement 87，2011）、*Mortuary Landscapes of North Africa*（2007）。还发表了多篇有关北非经济、铭文、景观考古学方面的文章。其最近研究重点为代理理论、帝国主义、阿非利加罗马行省农村景观方面。 _{xxvi}

多米尼克·瓦莱里安（Dominique Valérian），法国里昂第二大学（Université Lumière-Lyon 2）伊斯兰中世纪史教授，中世纪历史考古学跨研究中心成员。擅长研究中世纪马格里布、地中海研究，其研究重点在港口城市和贸易网络。著有：*Bougie, port maghrébin, 1067 - 1510*（2006）、*Les sources italiennes de l'histoire du Maghreb médiéval*（2006）；主编：*Espaces et réseaux en Méditerranée médiévale*（with Damien Coulon and Christophe Picard, 2 vols.，2007 - 2010）、*Islamisation et arabisation de l'Occident musulman, VII e-XII e siècle*（2011）。

伊利亚·凡·达姆（Ilja Van Damme），安特卫普城市史研究中心博士后研究学者，弗兰德斯科学研究基金会成员。其著作涉及 17 世纪至 20 世纪低地国家城市发展，消费者偏好、购物、商业交换变化的历史。

默西迪丝·沃莱（Mercedes Volait），巴黎国家艺术研究所法国国家科学研究中心研究教授，致力于研究现代地中海世界的建筑和古物。其最近研究重点为 19 世纪开罗建筑、思想、遗产的相互影响。著有：*Urbanism, Imported or Exported？*（2003，co-edited with Joe Nasr）、*Architectes et architectures de l'Egypte moderne：1830 -*

1950（2005）；*Fous du Caire：Architectes，excentriques et amateurs d'art en Egypte：1867 –1914*（2009）。她最近主持 the European COST network 'European architecture beyond Europe（19th-20th centuries）'这一项目。

保罗·韦利（Paul Waley），利兹大学人类地理学高级讲师。其著作涉及东京史、日本和东亚城市地理的当代问题。其研究重点为东京周边的城市变化。近期发表 Distinctive patterns of industrial Urbanization in modern Tokyo，c. 1880 –1930（*Journal of Historical Geography*，2009，vol. 35，no. 3）一文。他还与人合编了 *Japanese Capitals in Historical Perspective：Place，Power and Memory in Kyoto，Edo and Tokyo*（2003）。

安德鲁·华莱士-哈里德尔（Andrew Wallace-Hadrill），剑桥悉尼·苏萨克斯学院（Sidney Sussex College）院长，先前担任罗马英国学校主任。其著作涉及庞培古城和奥古斯都时代的罗马。1994 年其著作 *Houses and Society in Pompeii and Herculaneum* 获詹姆斯·怀斯曼奖（James R. Wiseman Award）。

安妮·温特（Anne Winter），在布鲁塞尔自由大学（Vrije Universiteit）讲授早期现代史、城市史，是城市转型过程（Urban Transformation Processes，HOST）历史研究小组负责人。其研究以国际比较视角聚焦于早期现代化时期与 19 世纪的社会经济问题。主要著有：*Migrants and Urban Change：Newcomers to Antwerp，1760 –1860*（2009）、*Gated Communities? Regulating Migration in Early Modern Cities，with Bert De Munck*（2012）。

让·路腾·凡·赞登（Jan Luiten van Zanden），自 1992 年以来一直是乌特勒支大学经济史教授。他所主持的项目，对全球经济史进行了全面的研究。其最近著作：*Long Road to the Industrial Revolution. The European Economy in a Global Perspective，1000 –1800*（2009）。

詹少华（Shaohua Zhan），约翰·霍普金斯大学博士研究生，先前在中国社会科学院做助理研究员。其研究涵盖了一系列范围，包括乡村发展、劳工迁移、社会政策、历史比较社会学、世界体系等方面。其学位论文研究的是历史上的中国以及现实中国的工业革命中出现的问题。

图像版权说明

区域地图

此书每一部分开始处的区域地图是作为本部分中提到的城市中心位置的地图指南。零碎的人口数据，过长的历史分期，地区间的不同意味着这种分类是不完美的。需要说明的是地名会随着时间而改变，这些地图既不全面也不适合在地理课堂上使用（因此，地区和国家的边界就省略了）。

本书第一部分、第二部分区域地图中的城市主要是作者依据其他专业地图的数据加以标注的。第三部分区域地图中的城市则是依据《2005 年版联合国世界城市化展望》(*UN World Urbanization Prospects：The 2005 Revision*)中大约 2000 年的人口数据进行排序。到 2005 年已突破 100 万人口线的城市都被纳入其中。在少数情况下，对照各国统计数字，进行标示。

位置数据主要取自德克萨斯州立大学佩里-卡斯塔涅达地图收藏(Perry-Castañeda Collection，University of Texas/CIA)，其他数据则主要取自谷歌地图。地中海欧洲的位置数据有一部分取自理查德·塔尔伯特(Richard Talbert)主编的《巴林顿希腊、罗马世界地图集》(*The Barrington Atlas of the Greek and Roman World*，Princeton University Press，2000)。

图版

我们非常感激以下版权所有者给予的出版许可：Plates 4.1 © David Mattingly；. 4.2 © Kevin MacDonald；5.1 and 5.2 © J. M. Kenoyer/Harappa. com, courtesy Department of Archaeology and Museums, Govt. of Pakistan；11.1 and 11.2 © Ray Laurence；12.1 © Brigitte Miriam Bedos-Rezak, History Department, University of New York；13.1 and 13.2 from Nicolas de Fer, *Tables des forces de l'Europe* (1723), reproduced with permission from the University of Antwerp, Preciosa Library；14.1 and 14.2 © Dominique Valérian；14.3 © Jack and Barbara Sosiak, Spring City, PA 19475；and the Jack and Barbara Sosiak Collection, Rare Book and Manuscript Library, University of Pennsylvania (with thanks to John Pollack)；15.1 and 15.2 © Skilliter Centre for Ottoman Studies, Newnham College, Cambridge；16.1 © © Palace Museum, Beijing；18.1 © 'Ochanomizu': from *Edo meisho zue* by Gesshin Sait；with the permission of the Early Modern Digital Library at the National Diet Library, Japan；24.1 Author Matteo Pagano. *Civitate Orbis Terrarum* by Braun et Hogenberg, 1572. wikipedia. org/wiki/File：Cairo_map1549_pagano. jpg；24.2 Reproduced from the digital collection of the National Archives of Japan；24.3 © Istanbul University Library；25.1 in public domain. Reproduced by and with the permission of the Paul Robeson Library, Camden Campus, Rutgers University；25.2 © Bildarchiv Preußischer Kulturbesit z & Art Resource Inc. New York；27.1 in public domain；28.1 © United Church of Canada Archives, Toronto, 98.083P/25N, Picture of a typical street in Chengtu, China before street widening；28.2 © Zhang Chunhai；30.1 George Grantham Bain collection, Library of Congress in 1948. In public domain；30.2 VtTN：//en. wikipedia. org/wiki/File：Chennai_Skyline_Anna_Salai. jpg；33.1 from *Tschadseeflug* by Walter Mittelholzer (1894 – 1937), published in 1932 in Switzerland (publisher：Verlag Schweizer Aero-Revue, Zürich). In public domain because copyright expired；33.2 Schreibkraft, wikimedia. org/wiki/File：Nairobi_Kibera_01. JPG；39.1 in public domain；39.2 *Mr.*

第 1 章　导言

彼得·克拉克

2008 年,世界上的城市人口首次超过了农村人口。世界已经真正迈入城市化时代。大型城市的增扩依然引人注目。18 世纪早期仅有一座城市(江户,现名东京)人口过百万,相形之下,当前(2011 年)人口逾百万的城市及城市群有近 500 座、人口逾千万的巨型城市有 26 座。[①] 如此剧变缘何产生?往昔城市体系如何发展、互相影响?城市在社会内部扮演何种角色,不同区域之间的情况又有哪些不同?为何某些城市社区更加繁荣、更具创造性?城市对于古希腊、对于明治时期的日本、对于工业及后工业时代的欧洲人,又分别意味着什么?往日的城市形态怎样持续对当代世界的城市形态产生影响?

本书优先深入分析从古至今世界重要城市体系的演变,提出并分析问题。[②] 我们无意撰写一部城市发展的百科全书,也不会就某个城市的历史高谈阔论。本书将从两方面入手:首先,对主要城市体系中的大趋势进行个案研究;其次,对若干关键变量进行比较分析如,权力、人口与移民、表现、环境、商业网络等等,以便对城市体系与网络进行解释、区分,并将之联系起来。同时书中将城市发展及其进程分为三个阶段:从城市起源之时到 600 年左右,是为早期时代;截至 19 世纪的前现代时期;19 世纪以来直至今日,是为现当代时期。由于各区域发展情况复杂特殊的缘故,我们在按年代进行分析时,前后时间不免有所出入。

本书的导言部分将着重论述城市史研究的比较方法——其价值与问题所在、若干核心主题以及有待探索的问题,同时本章还简要概括了自古以来城市发展的趋势,并简单介绍一下后续各章的内容。

显而易见,尽管近来全世界的城市区域、城市体系、城市结构愈发趋于一致,但是差异与分化依旧十分突出。美洲、日本、欧洲及澳大利亚的城市化率远远高于 70%,而非洲、亚洲包括中东的城市化率却依然落后。此外,居于超大型城市中的城市人口的分布情况也有高度差别——在亚洲、美洲,差别较大,而在欧洲或非洲差别相对较小。换句话说,城市生活水平的差别依然显著。2007 年,在世界最佳宜居城市排行榜单中,前 130 名中有 7 座在欧洲,6 座在北美,亚洲拉丁美洲没有;此外,大多数热门世界旅游胜地位于欧洲。而与之形成鲜明对比的是,几乎所有面积超过 5000 平方公里的城市都位于亚洲和拉丁美洲。城市过大、人口分散,通常是由市政管理不善或严重的社会环境问题引起的。[③]

为理解上述差别与反差,我们需懂得城市、城市网络、城市社会从何而来:那就要考察城市增长的历史性起伏、城市等级的演变以及方式即塑造城市组织、城市网络的一系列关键因素。我们还要能够对中国、日本、印度及中东,还有欧洲、美洲、非洲的城市发展进行比较。目的论式的设想、简化论者认为城市沿着相同轨道发展,这是说不通的。城市类型、城市起源千差万

① http://www.unfpa.org/pds/urbanization.htm;http://www.citypopulation.de/world/Agglomerations.html.

② 读者欲了解以往重要研究成果,参见彼得·霍尔具有开创性、获得好评的著作 The World Cities (London: Weidenfeld and Nicolson, 1966)(对 4 座欧洲城市及以外的城市进行了研究),也可参见他后续更为精深的作品 Cities in Civilization: Culture, Innovation and Urban Order (London: Weidenfeld, 1998);Tertius Chandler and Gerald Fox, 3000 Years of Urban Growth (New York: Academic Press, 1974)(以人口分析为主);也可参见 Paul Bairoch, Cities and Economic Development from the Dawn of History to the Present (London: Mansell, 1988)(主要关注经济发展)。

③ 参见表格 1.3;http://www.citypopulation.de/world/Agglomerations.html;http://bwnt.businessweek.com/interactive_reports/livable_cities;http://www.euromonitor.com/Top_150_City_Destinations;2007 年版《世界城市化展望》,http://esa.un.org/unup/index.arp?panel=2。

别、数量繁多，在古时尤为突出；到了后世，城市的发展似乎愈发具有趋向性。对往昔世界各地的城市社区进行比较研究，是以全球为背景理解当代与未来城市发展的先决条件，这是我在本篇导言中所持的根本论点。

城市史的比较研究法

由于涉及文献、定义和概念化三个方面，采用比较研究法颇为困难。先来看文献方面。对于城市研究、特别是对于城市史来说，存在不少悖论，其中之一便是约 40 或 50 年前比较研究曾大行其道。比较研究的先声之一来自于罗伯特·帕克（Robert Park）及芝加哥学派。他们于 20 世纪 20 年代试图建构城市综合模型。他们的比较分析并不十分深刻，且大都只适用于美国城市。"二战"后，法国年鉴学派愈发关注城市研究，为比较研究的发展提供了更为重要的推动力。费尔南·布罗代尔（Fernand Braudel）在《地中海与菲利普二世时代的地中海世界》（La Méditerranée et le Monde Méditerranéen a l'époque de Philippe II，1949）中对南欧、北非、顺带近东部分地区的发展进行了比较。随后法国人又推出了一系列区域研究作品，着重以中东与欧洲的城市作对比，兼论印度城市。[①]

1958 年马克斯·韦伯的《城市》（The City）英译本发行，大大推动了比较研究的发展。韦伯的这部著作于 1921 年首次出版，着重论述了欧洲城市独特的市民与共同体身份。这一身份源于中世纪的基督教传统，而城市自治水平的高低对之也有重要影响——"城市自治水平即在于城市在整个世界版图中的意义"；欧洲之外，中东、亚洲的城市共同体身份与功能各异，由于缺乏欧洲城镇所特有的公民化市民的领导，因而显得不完整。[②] 尽管后世对韦伯的观点颇有争议（详情可参见本书第 9、12、21、23 章），但是他的理论对于推动伊斯兰城市与中国城市的比较研究影响重大。

20 世纪 50—60 年代出现了推动比较研究发展的

第三波影响：社会人类学家完成了以当代美洲与非洲城镇为代表的研究工作，令人振奋。历史学家受此鼓舞，转而加强了对近代早期欧洲城市与今日城市结构、发展之间可能存在的相似点的研究。[③] 吉迪恩·斯耶博格（Gideon Sjoberg）雄心勃勃，他在 1960 年出版的《前工业化城市，过去与现在》（The Preindustrial City，Past and Present）一书中，尝试以全球、跨越时间的视角构造前现代城市模型。[④]

然而到了 20 世纪 80 年代比较研究开始陷入低潮，两个原因导致了这一现象。其一，后现代主义者反对宽泛的比较史学，他们认为所谓的"元叙事"不过是殖民主义者所作的构造、帝国主义者所实行的规划而已。爱德华·萨义德在《东方学》（Orientalism，1978）中认为，"元叙事"扭曲了我们对中东及其一切事务的理解（他对城市的论述却不多）。从此之后，学者更是对区域比较研究多加批判。[⑤]

其二，从 20 世纪 80 年代开始，专业文献大量出现，这主要缘于研究机构、专业期刊等的发展。如在欧洲，由法、德、英及其他国立学院所组织的研究日益兴盛。这一时期受到大学生就业市场及公共研究政策的压力，研究多高度专业且极为细致。[⑥] 国家级研究团体所采取的方式更成问题：他们以各自为中心，制定独特的研究进程，优先选取特定的时期及主题进行研究。于是，想在全欧洲范围进行比较分析变得困难重重。某些为部分国家所忽略的城市研究主题，反而在另外一些国家得到了彻底研究。放眼全世界，不仅专业文献泛滥，许多国家城市史专家人数也增长迅速。

那么，问题来了，在文献激增，研究人员也日益增加的情况下，我们该怎样进行城市比较分析才能让它耳目一新呢？不可否认，在过去的 10 年左右，城市比较研究得到了复苏。这多拜社会学家与地理学家所赐。他们倡导不断关注全球化以及大都会在全球化进

① R. Park, *The City* (with R. D. McKenzie and Ernest Burgess) (Chicago: Chicago University Press, 1925)；F. Braudel, *La Méditerranée et le Monde Méditerranéen a l'époque de Philippe II*, 2 vols. (Paris: Colin, 1949)；L. T. Fawaz and C. A. Bayly, eds., *From the Mediterranean to the Indian Ocean* (New York: Columbia University Press, 2002), 2 et seq.

② M. Weber, *The City*, ed. D. Martindale and G. Neuwirth (New York: Collier Books, 1962)，特别是第 88 页的内容。

③ Cf. Peter Burke, 'Urban History and Urban Anthropology of Early Modern Europe', in D. Fraser and A. Sutcliffe, eds., *The Pursuit of Urban History* (London: Edward Arnold, 1983), 69 - 82.

④ G. Sjoberg, *The Preindustrial City, Past and Present* (Glencoe, Ill.: Free Press, 1960).

⑤ Fawaz and Bayly, eds., *From the Mediterranean*, 6；E. Said, *Orientalism* (New York: Pantheon Books, 1978)；see also C. A. Breckenridge and P. van der Weer, eds., *Orientalism and the Postcolonial Predicament* (Philadelphia: University. of Pennsylvania Press, 1993).

⑥ Cf. R. Rodger, ed., *European Urban History: Prospect and Retrospect* (Leicester: Leicester University Press, 1993)；P. J. Corfield, 'Historians and the Return to the Diachronic', in G. Harlaftis et al., eds., *The New Ways of History: Developments in Historiography* (London: Tauris Academic Studies, 2010), 14 - 15.

程中所起到的作用。[①] 受亚洲学家（Asianists）与经济史家影响，近来对于全球化前历史（pre-history of globalizaion）的研究更是引发了热烈的讨论：这不仅涉及 18 世纪晚期至 19 世纪亚洲与西方之间所谓的大分流（Great Divergence），还涉及全球生活水平、制造业、销售等多个方面。在这些分析中，城市稳步回归到了焦点位置。

研究全球城市化的学者还面临着其他许多任务。何谓城市或城镇？但很难给出明确定义。韦伯主要从制度或共同体的层面来定义城市。德国地理学家瓦尔特·克里斯塔勒（Walter Christaller）于 20 世纪 30 年代创立中心地区理论（Central Place Theory），以该地区可为其他定居点提供多少服务功能作为判断城市化水平的关键依据。这一理论对将中国与欧洲作为研究对象的研究者产生了影响。二战后，人口学家如乔赛亚·罗素（Josiah Russell）、金斯利·戴维斯（Kingsley Davis）有效地采用人口临界（population thresholds）的方法来定义城市。[②] 但如此单一的研究方式极易将研究领入歧途。

世界各地的城市城镇不仅差异巨大，而且古往今来人口、经济等各方面都发生了重大变迁。采用非规范性框架（a non-prescriptive framework）的方式来考察历史上城市社区的多功能性，不失为明智之举。据此，我们不妨对何谓城市或城镇给出这样的定义：通常情况下（例外情况除外），人口相对高度集中，具备一整套经济功能，社会政治结构复杂（未必形成制度），不同社区之间的文化相互回归，且建筑环境独特，既有标志性建筑，又存在公共空间与场所。当然，上述定义特征不一定会一同出现。后殖民主义批评家对早期比较研究施加了严厉的责难，采用上述宽泛的定义模型替代僵硬的城市模型，正可避免这种责难。这种方法也并非无懈可击。在当代巨型城市区域（mega-city regions）的中心里，一般都存在符合上述定义的多功能核心。不过，当代巨型城市区域正在不断扩张，因而我们不能轻易套用上述定义。

最后，还有一套决定性的概念问题值得关注。如前文所述，我们感兴趣之处在于考察理解城市化相异模式、城市发展及其如何受制于各地，包括不同地区与国家的实际情况。此外，历史学家同样也对相似现象与趋同现象感兴趣。在这里我们要对那些相似点提出疑问：比如各早期城市平面图中通常会以棋盘式布局的形式出现，这是不是人类对于城市化结构性压力所作出的普遍或自发的回应（如果是这样，那么我们就要考察交通拥堵、环境污染等问题）？这些相似点在多大程度上是受到文化、商业等观念转移的"连通性"（connectivity）的作用？[③] 我们将在下文看到，洲际连通性（intercontinental connectivity）已经对古代城市发展的若干方面产生影响，并在前现代时期日益（尽管不是始终如一地）产生影响，所有这些迹象预示着现当代重要交互作用（major interactions）的出现。

我们在本书中所要探讨的核心问题在于世界范围内的城市化模式（pattern of urbanization）。过往的城市化进程并非持续不断，我们也无法对其进行评估。城市化进程的特点在于发展的起起伏伏，在扩张浪潮之后会出现衰退、甚至出现了逆城市化（de-urbanization）的情况。虽然古代的早期城镇是为了迎合各地发展的需要而各自涌现出来的，但是后来的城市形态却通常具有更丰富的内涵。根本问题在于，为何城市扩张（有时是收缩）在某些时代中是普遍、近似全球性的进程？比如在 11—14 世纪出现了横贯欧亚的城市扩张的伟大时代，而世界其他地区却没有出现。又如在 17—19 世纪出现的重大城市化趋势，前期欧洲并未参与到这一进程中来，后期却后来居上，而中国、印度却恰好相反，前期遥遥领先，后期却停滞不前。各级别的区域差异对于理解城市增长的历史性趋势至关重要。

本书也着重探讨了城市发展的驱动力。有许多章节（特别是本书第 9 章和第 23 章）充分阐述了在城市建立与发展方面市场力量与权力作用之间紧张的关

---

① S. Sassen, *Global City：New York，London，Tokyo* (Princeton：Princeton University Press, 1991, 2001)；Fu-Chen Lo and Yue-Man Young, eds, *Globalization and the World of Large Cities* (Tokyo：UN University Press, 1998)；N. Brenner and R. Keil, eds., *The Global Cities Reader* (London：Routledge, 2006).

② Walter Christaller, *Die zentralen Orte in Süddeutschland* (Jena：Gustav Fischer, 1933)；关于克里斯塔勒对于研究中国的学者所产生的影响，也可参见 William Skinner, ed., *The City in Late Imperial China* (Palo Alto：Stanford University Press, 1977). J. C. Russell, *British Medieval Population* (Albuquerque：University of New Mexico Press, 1948)；idem, *Medieval Regions and their Cities* (Newton Abbott：David and Charles, 1972)；K. Davis, *Urbanization in Latin America* (New York：Milbank, 1946)；idem, *World Urbanization, 1950 – 1970* (Berkeley：Institute of International Studies, University of California, 1969 – 1972).

③ Colin Renfrew, 'The City through Time and Space', in J. Marcus and J. A. Sabloff, eds., *The Ancient City：New Perspectives on Urbanism in the Old and New World* (Sante Fe：School for Advanced Research, 2008), 36 – 37, 虽然对上述部分问题作了探讨，但是没有突出连通性的重要性。

系,如农业专业化、商品化、工业增长与统治者、地主、宗教及后来出现的国家之间的关系。随着时间的推移,这组动态关系在全球背景下是如何变迁的?另外,竞争与合作所产生的影响,也是本书所关注的影响城市变迁的循环驱动力之一。城市建立在资源、贸易、人口等等方面之上的竞争,很可能在最古老的阶段发挥过影响,并在随后的时代依旧保持至关重要的影响,逐渐成为全球化的动因之一。本书另有部分章节论述了城市之间如何互相效法、合作,对统治、基础设施建设、文化生活、特别是城市景观所施加的影响。而这些问题对城市分化与城市的国际化起到了极其重大的影响。

无论位于世界何地,城镇居民都是我们所要关注的考察对象,这也就引出了城市服务是怎样得以进行的问题。我们将在下文看到,在世界各地的城市与城市体系之间,无论是经济、社会、政治的还是文化的城市服务,在类型与规模方面都出现过巨大波动。还有一个问题也非常重要:这些服务是如何进行组织的?这既涉及到形形色色的机构,如市政、国家、私人或混合性(包括宗教及自发性组织)机构,又关系到财政这一城市发展的关键问题(参见本书第14、23、27章的例子)。毋庸置疑,在绝大多数情况下,城市在某一特定历史时期内对其周遭世界起到了主导作用。尤为突出的是,这些城市常常令人产生截然相反的看法或态度。我们发现,对于久远时代的城市,人们以文学、歌曲、图画、电影等等手法对之予以积极评价或赞颂。不过,在一些特定的时代,位于某些地区的城市,特别是在大城市中有时会此起彼伏地涌现反城市化(anti-urbanism)现象,如18世纪晚期的英国、20世纪早期的德国与前苏联、独立后的印度等地区。[①] 是什么因素促成了这种现象的爆发?对城市发展有何影响?当代意义上的城市霸权(urban hegemony)是在何时出现的?

欲研究这些综合性主题与问题,不免要将城市体系的复杂性与类似性摆到突出位置,让我们回到对以连通性为主题的考察上。倘若自古代及前现代时期以来,城市网络聚合与相互作用的程度呈日渐增长之势,那么又是什么大力推动了连通性的发展?有两点极为重要:离散(diasporas)与国际贸易。城市的生命力在于移民(参见本书第8、22、35章),抵消了由高死亡率导致的人口赤字。那么,通常以大规模、长距离形

式出现的民族迁移既成为推动城市国际化的重要力量,也常常推动了如欧洲、中东或亚洲跨国贸易网络的增长。同样,海外贸易可能很早便开始萌芽并发展,可以肯定的是,到了14世纪,贸易中心已通过海外贸易的方式联络了起来;这些贸易中心多为东南亚、中东及欧洲的港口城市。也就是说,交互作用于现代早期在世界范围内得到了扩张与延伸(参见本书第19章),远远早于19、20世纪的全球贸易激增而引发的所有剧烈聚合,并带来了广受争议的影响(参见本书第25章及后续章节)。

我们已对比较分析法的若干难点、贯穿全书的部分主题与问题作了阐释。接下来,让我们对城市发展自其起源以来的各个主要时期作出简要介绍,并以此为基础,简要了解本书各章的内容。

古代的城市趋向

约公元前4000年的美索不达米亚(现代叙利亚、伊拉克)似乎是城市的发源地。之后,城市先后在尼罗河谷、环地中海世界中出现。在哈拉帕文明成熟期(公元前2600—前1900年)的印度河谷,城市也大规模涌现。公元前3000年中国城市的发展达到了一个高峰。

奥古斯塔·麦克马洪(Augusta McMahon)在第2章中指出,美索不达米亚的城市一般包含经设计过的神庙与宫殿的复合建筑群,而其街道与产业区则缺乏规划。多数城市经历了有序发展,如城市供水系统、运输线路、腹地联系的发展,而移民是城市发展的关键。少数城市为区域国家催生的政治城市。城市免不了经历消长周期,美索不达米亚的城市也不例外:城市发展终究是一种进程。安德鲁·华莱士-哈里德尔(Andrew Wallace-Hadrill)与罗宾·奥斯本(Robin Osborne)指出,地中海地区(参见本书第3章)出现了一张完整的(通常是经深思熟虑后建立的)城市的网络,直到近代早期为止,其密度与复杂程度仍无可比拟。这张城市网络的早期奠基人为公元前9世纪的腓尼基人。之后,希腊人于公元前8世纪开始建立城市,再后来出现了罗马人的城市。城市特色孕育了城市社区;城市演进不仅由经济活动(工业、服务业、长途贸易)形塑,而且受到有序空间、权力关系的约束。在印度河谷(参见本书第5章),由4—5个主要定居点发展

① P. Clark, *European Cities and Towns* (Oxford: Oxford University Press, 2009), 199, 234, 322 - 323; Richard G. Fox, ed., *Urban India: Society, Space and Image* (Durham, N. C.: Duke University Press, 1970), 200.

而来的大型要塞城市具备若干手工业并介入了长途贸易。若以地中海、中东的情况作为基准加以对照，那么印度河谷城市中心的出现实属例外。到公元前2000年它们都走向了衰落。尽管中国的早期原始城市聚落可上溯至公元前6000年，但是直到公元前3000年中叶中国才经历了城市革命——据夏南悉（参见本书第6章）所言，大量城市涌现，随之出现的还有宽厚的城墙，充足的农业资源，还有若干工匠作坊等。

至1世纪时，成熟的城市体系出现在世界多个地区（参见表格1.1以及区域地图I.1—5）。尽管多数城市城镇规模小、市镇居民不过是总人口中的少数，但是城市化已经成为全球现象。

表1.1　1世纪城市化率估算值

	城市化率%
地中海地区的欧洲部分：意大利	32
整个地中海欧洲地区	约15—20
北非	10—15
中东	约10
印度北部	15
中国	约17

来源：第8章。深入的信息参见大卫·马丁利、卡梅伦·皮特里、奥古斯塔·麦克马洪、罗宾·奥斯本（Robin Osborne）、夏南悉的论著。

促进城市增长的因素通常有：来自乡村人口的迁移，耕地改良，日趋稳定的政治局面，长途贸易的扩展。因而，我们可以看到，罗马统治下的地中海与中东地区已出现了发展趋于成熟的定居点，这些定居点根据大小作用不同划分了等级，最高一级的城市为罗马，这个大都会的人口超过了百万，其次是安条克、亚历山大等人口约为50万的城市，再次又分为省会，其他重要港口，城市，小城市等。正如大卫·马丁利（David Mattingly）、凯文·麦克唐纳（Kevin MacDonald）在第4章中所指出的那样，在撒哈拉沙漠周围（以贾尔马[Jarma]为例）、尼日尔中部与西非森林（伊费[Ife]），还有尼罗河上游地区都出现了城市。这些城市出现的原因具有浓厚的当地特色。而在他处，促成城市增长的重要原因在于国家的形成、远程联系与贸易（包括长途交通在内）。此时，印度历史迈入早期阶段，城市中心再度现身于印度西北部。这回几乎不是此前印度城市发展的延续，而是在新的地区——恒河河谷发展。正如卡梅伦·皮特里（Cameron Petrie）所指出的那样（参见本书第5章），在这一时期，罗马世界与中国、东南亚

也有重要贸易往来。我们还可发现，中国的城市在西汉东汉王朝时期得到蓬勃发展（参见本书第6章）。长安、洛阳这两座伟大的都城规模宏大，其中分布着宫殿、寺庙、官府、市场，手工业繁盛：长安约有25万人，洛阳人口则两倍于之。得益于贸易的繁荣、统治的有力以及中华文化的延伸，全国各地的城市普遍得到了发展。城市增长也在他处涌现：如在中美洲，玛雅人建立起早期城市，还有其他中美洲的城市出现。

虽说城市形态千差万别，但形塑城市发展的基本要素是一致的。与其他时代一样，这个时代城市增长的关键因素在于移民。不过，正如卢克·德·里特（Luuk de Ligt）在第8章所指出的那样，相关资料大都稀少，对其加以解释是有难度的。尽管如此，由于受疾病（如疟疾瘟疫）与环境问题困扰的缘故，城市人口死亡率高，因而人口迁移流动很可能是支持城市化向相对更高阶段演进的必要条件（参见表格1.1）。流动的人群中不仅有遭强制迁移的战俘奴隶，还有自愿的移民：牧民、农民和工匠为城市里的致富机会与慈善派发所吸引。迁移者中还包括族群（如亚历山大里亚的犹太人与希腊人）。

大卫·斯通（David Stone）在第7章中强调了早期城市经济的多样性，并特别突出了其复杂性：如城乡之间的经济关系（剩余产品与税收的转移、劳务以及劳务寄生）、城市经济与专业生产者参差不齐的重要性之间的关系以及与精英统治者之间的重要经济交互。他还指出，正是由于城市化具有起伏的性质，因而早期城市容易陷入经济衰退或崩溃。

由于早期城市多数是因政治而得以构建起来的，因此权力结构与公民身份之于城市发展的重要性就不言自明了。马里奥·列维拉尼（Mario Liverani，在本书第9章中）最终搁置了由韦伯引领的传统比较方法，即东方城市以权力为基础，而西方城市以市民身份资格为基础。取而代之的是，他认为，尽管权力结构于城市化初期就已存在，但是城市共同体机构却不断得到成长，只是在古代世界中其成长一般是有限的。政治权力常常同宗教和仪式的结构联系在一起，将城市与乡村完全区分开来，并与城市社会产生紧密作用。不过，正如贝尔德（J. A. Baird，参见本书第10章）所指出的那样，城市不仅因宗教空间的多样性（如神庙、圣殿、朝拜之路或圣墙）而引人注目，也因其中复杂的世俗生活、宗教与仪式生活的众多面貌而得到关注。这就使得城市中的社会团体得到划定并确立其在更为广阔的城市网络中的地位，也将其形象反映到这个世界上。同时，城市社区的文化母体是特殊与独特的——它取

代了统治者,成为赋予城市合法化的力量。

权力与文化一道决定了城市的建筑环境。雷·劳伦斯(Ray Laurence)在第11章中指出,尽管罗马帝国与中华帝国直线围绕式的城市空间的构建思路极为不同,但是其产物具有惊人的相似之处。中国和西方在建立新城市时,都极为关注城市的规划。不过,城市规划虽然是对权力与文化想象的展示,但在事实上也是对古代每一座城市所要面对的严酷的环境问题的回应,如供水、卫生、垃圾清理和交通堵塞等问题。

前现代时期的城市趋势

在自公元3世纪起的漫长时期内,在已有的城市体系中,不稳定性日增,而城市发展的新迹象却几乎难觅踪迹。罗马帝国裂为东西两部分,希腊—罗马城市网络也随之分离,陷入严重衰落,西罗马帝国的城市网络尤甚。[①] 自7世纪起,穆斯林阿拉伯人的征服席卷中东地区,出现了古代城市遭占据与新城市兴建的短期高潮。在分裂时期(3—6世纪),中国城市饱受动荡与战火的困扰。即便新都城不断崛起、城防工事日益坚固,然而通常是其亡也忽焉。印度的情况不甚明朗。笈多王朝诸王之后,城市增长历经曲折,北方若干城市中心渐趋衰落,南方的城市则走向繁盛。[②] 总体看来,政治动荡对城市的冲击,甚为严重,如蛮族入侵城市欧洲、拜占庭帝国遭穆斯林不断蚕食,印度、中国政局也不稳。而传染病、尤其是3世纪腺鼠疫的流行,造成人口锐减、农业荒废、长途贸易遭到重创,当然也使得城市失去了吸引力。[③]

然而自9世纪起,城市化浪潮再度汹涌起来,世界多地似乎都沉浸在漫长的城市复兴时期之中。在接下来的三四百年里,如巴黎、巴格达、杭州、开罗之类的大城市得到了重大发展。另外,随着城市中心、通常是贸易集镇在新地区的建立或成长,城镇数量激增,如在欧洲、日本、中国、南印度、东非以及中南美洲皆是如此。

马克·博纳(Marc Boone)在第12章中考察了截至14世纪的欧洲城镇复兴,发轫于地中海地区及低地国家,延伸至北欧、东中欧迄今低度城市化的地区。农业商业化、贸易得到强化、统治者的雄心、基督教扩张的影响、新兴的城市文化与思想认同等因素起到了关键作用。魏希德(参见本书第16章)关注了中国的情况,强调了城镇社会、经济、文化的特殊性如何在这一时期内得到发展,与城市的行政管理角色相辅相成。城市化发展猛烈快速,却发展颇不均衡,这导致了人口结构发生了重大变化,并催生了市场化与商业化的发展,这既是政府所采取的政策所致,也可归因于个体的主动性。多米尼克·瓦莱里安(Dominique Valérian)在第14章中对伊斯兰城市自8世纪起占据支配地位的复杂本质进行了思考。伊斯兰城市既受惠于晚期罗马帝国及拜占庭帝国所留下的遗产,又得益于穆斯林军事化统治,转而极大地推动了伊斯兰教的传布。邻域、义产(waqfs)等城市内的非正式结构与组织弥补了市民自治的缺乏(短暂的例外除外)。中世纪中期,大量农村、族群移民涌入城市;横跨东亚中东的蒙古帝国的崛起,确保了国际陆路贸易的畅通。于是城市猛烈增长,叙利亚与埃及的城市发展大为迅猛。

总之,各国情况表明,第二波全球城市化大浪潮的出现受到若干重要因素的驱使:传染病的少发让各地的人口得以增长;密集的耕作与广泛的开垦使得农业产量上涨;政治也更趋稳定——最引人注目的是蒙古帝国的诞生;洲际贸易获得复苏并走向兴盛。[④]

14、15世纪之间,城市增长再显颓势,世界某些地区甚至出现了倒退。许多世界名城人口下降明显,鲜有新的城市中心出现。经济方面,尽管城市服务得到了扩大,但是亚洲、中东、欧洲之间的洲际贸易,特别是陆上贸易的中断,似乎导致了城市工业的重要性的衰退。14世纪早期起,瘟疫再度肆虐,自中国经中亚传至中东、欧洲,城市人口、农业、长途贸易都遭了殃。蒙古帝国的崩溃、欧洲中东印度各种形式的政局动荡,也起到了重要影响。然而,世界各地的情况各有特点。

---

① G. Brogiolo and B. Ward-Perkins, eds., *The Idea and Ideal of the Town between Late Antiquity and the Early Middle Ages* (Leiden: Brill, 1999); G. Brogiolo, eds., *Towns and Their Territories between Late Antiquity and the Early Middle Ages* (Leiden: Brill, 2000), C. Wickham, *Framing the Early Middle Ages: Europe and the Mediterranean 400–800* (Oxford: Oxford Unversity Press, 2003).

② J. Heitzman, *The City in South Asia* (Abingdon: Routledge, 2008), 34–41.

③ 有关瘟疫所产生的巨大冲击的论述可参见 D. C. Stathakopoulos, *Famine and Pesilence in the Late Roman and Early Byzantine Empire* (Aldershot: Ashgate, 2004),特别是第111页及以下的内容。

④ Cf. N. di Cosmo et al., eds., *The Cambridge History of Inner Asia* (Cambridge: Cambridge University Press, 2009),特别是第100页及其以下内容。有关洲际贸易成长及其他联系的经典论述可参见 J. Abu-Lughod, *Before European Hegemony: The World System AD 1250–1350* (Oxford: Oxford University Press, 1989);也可参见 D. A. Agius and I. R. Netton, eds., *Across the Mediterranean Frontiers* (Turnhout: Brepols, 1997), ch. 1.

在欧洲(参见本书第12章),人口减少意味着城市建筑人去楼空、经济生活瓦解;好在主要城市网络得以幸存,新服务、文化产业、奢侈品贸易得以增长,欧洲西北部城市开始让欧洲地中海城市相形见绌。[1] 中东地区情况同样复杂多变,一方面鼠疫爆发,另一方面,蒙古人帖木儿(Tamerlane,跛子帖木儿)发起了一场足具毁灭性的军事行动。同时国际贸易也重焕新机,诸多因素使得埃及的发展远胜黎凡特的地区。[2] 相形之下,中国(参见本书第17章)元明交替时期的政治与经济动荡是短暂的,至15世纪中国城市差不多恢复了以往的活力。日本也有类似的情况,14至15世纪早期经历了城市扩张与新城镇的建立(参见本书第18章);在拉丁美洲的尤卡坦及危地马拉、墨西哥谷、现为哥伦比亚的地区,玛雅人阿兹特克人印加人的城市网络也出现了增长(参见本书第20章)。

16至18世纪城市化进程再次进入了高潮。这是为什么呢?普遍的原因之一是农业得以再度改良,且农业贸易日益成熟。其二是贯穿美洲、亚洲、中东及欧洲的全球海上贸易促进了工业生产和城市消费。另外一个重要因素是国家权力得到新一轮的巩固:如在亚洲、(奥斯曼帝国和萨法维王朝[Safavid empires]统治下的)中东、(国家效力更强,更加中央集权的)欧洲,同时,欧洲也向美洲进行了侵略扩张。

值得注意的是亚洲、中东、欧洲的大城市扩散。许多新城镇建立起来——在中国、日本,还有欧洲与拉丁美洲——从哈瓦那至米兰、广州、长崎、巴达维亚、孟买、阿姆斯特丹、伦敦与费城等国际港口城市之间发展出一条互相连接的路线。[3] 在晚明与清朝时,以大量定期市场与贸易集镇出现为标志,中国城市增长再度兴起,其势态极为惊人并持续很久(参见威廉·罗[William Rowe]在第19章中所作的阐述)。18世纪,广州港口兴旺繁荣,成为国际贸易的中心[4](参见区域地图 II.5)。大量贸易中心城镇的出现,推动了农业商品化、区间贸易的扩展以及诸如丝绸与陶瓷之类的手工制品的大规模出口,使得城市化得以巩固。莫卧儿帝国治下印度的中北部,自16世纪20年代起浸润在"一个名副其实的城市化黄金时代"里:城镇成形、清晰可见的城市等级的增长以及城市化率似达10%。促成这一情况的因素有:政治稳定,国内贸易繁荣,且该地区与欧亚的商业往来蒸蒸日上,世界上许多富人喜穿印度棉制成的衣物。(参见区域地图 II.4)[5]

至18世纪末,尽管中国小型商业城市城镇有所增扩,但中国的城市体系似已陷入停滞。而在印度,随着莫卧儿帝国的衰亡,政治残破动荡,加上西方对沿海地区的政治、商业渗透,印度的城市体系遭到破坏,内陆城镇成为享有特权的殖民地港口城市的牺牲品。[6] 现代早期世界上最具活力的城市体系当属日本。据詹姆斯·麦克莱恩(James McClain,在第18章中)所言,经历16世纪末内战烽火之后,一座新的行政首都——江户(东京)诞生了,至18世纪20年代,江户已成为100多万居民的家园。同时随着重要的地方城堡城镇兴起、无数贸易集镇涌现(参见区域地图 II.5),日本城市体系得到重构。18世纪伊始,日本城市化率可能已超过15%。这次的城市增长可并非海外贸易促成的(从17世纪30年代起,日本严格控制海外贸易),而应归因于农业革新、商业整合、基础设施投资及政治稳定。

迈入18世纪,中东在强大的奥斯曼帝国与(波斯)萨法维王朝两方面统治下,制造业以及欧亚之间的商业往来得到了更为安全的保障,并获得了更多机会(参见区域地图 II.2)。于是城市也得到了坚实增长。17世纪晚期伊斯坦布尔的人口上升至70—80万。此外,诸如阿勒颇(Aleppo)与伊兹密尔(Izmir)之类的城市也兴旺繁荣(参见本书第15章厄布鲁·博亚尔[Ebru Boyar]的论述)。然而到了18世纪,中东的重要商业地位遭到海洋贸易路线竞争的挤压,若干产业在欧洲进口商品面前败下阵来。不过直到18世纪的后几十年,重要的城市化进程依然在持续,城市依旧繁荣。[7]

---

[1] 参见 Clark, *European Cities*, 34 - 37,105。

[2] 参见 D. Behrens-Abouseif, 'The Mamluk City', 刊 R. Holod 等人编, *The City in the Islamic World*:I (Leiden:Brill, 2008), 296 - 311。

[3] 参见后文第19章,更多内容参见 Reid, ed., *Southeast Asia in the Early Modern Era* (London:Cornell University Press, 1993).

[4] E. Cheong, *Hong Merchants of Canton* 1684 - 1798 (London:Curzon Press, 1996).

[5] T. Raychauduri and I. Habib, eds., *Cambridge Economic History of India*:I 1200 - c. 1750 (Cambridge:Cambridge University Press, 1982), 434 - 454; Heitzman, *City*, 71 et seq.; G. Riello and T. Roy, eds., *How India Clothed the World* (Leiden:Brill, 2009), 1 - 22.

[6] C. A. Bayly, *Rulers, Townsmen and Bazaars* 1770 - 1870 (Oxford:Oxford University Press, 1992), 209 et seq.

[7] E. Eldem et al., eds., *The Ottoman City between East and West* (Cambridge:Cambridge University Press, 1999),48 et *passim*; also S. Ozmucur and S. Pamuk, 'Real Wages and Standards of Living in the Ottoman Empire 1489 - 1914', *Journal of Economic History*, 62:2 (June, 2002), 316.

布鲁诺·布隆德(Bruno Blondé)与伊利亚·凡·达姆(Ilja Van Damme)在第13章中分析指出：随着16至17世纪早期欧洲各地首府城市的兴起、无数新贸易集镇的建立，成为城市复兴的标志，之后城市便陷入了停滞与衰退，欧洲经历了极不稳定的变迁。经济政治的动荡、大规模战争、流行性疾病导致城市化减速。18世纪晚期稍稍有所恢复，其特征为自下而上的城市化：具有农业工业功能的小城镇重现活力，总人口得到较大幅度增长（参见区域地图II.1）。我们只有在英格兰（稍后在南方低地国家）发现一种新型城市化方式，起到推动作用的因素有：技术革新、运输改良、更为集约与多产的农业以及对国际贸易的巨大投资，同美洲之间的贸易最为突出，与亚洲之间的贸易也同样令人瞩目。无论如何，对于整个欧洲来说，其文化生活与物质文化已迈入城市化。①

（正如菲利普·费尔南多-阿梅斯托［Felipe Fernández-Armesto］在第20章中指出）西班牙征服者（conquistadores）越过大西洋，以前哥伦布时代数量不多但却占据重要地位的城市网络为基础，建立了一套在当时世界里涵盖面极为宽泛的新城镇体系——其中，港口、矿业城镇、行政中心（参见区域地图II.6）兼而有之。该地区的城镇最初致力于黄金的开采，以向亚洲欧洲出口，而到了18世纪，约有千座城镇开始致力于农产品（糖、烟草、可可、咖啡）的地方与国际贸易。② 形成反差的是，至18世纪结束，北美的主要城市相对稀少。大西洋港口仅波士顿、纽约、费城、查尔斯顿数座。另外还有几个比较发达的城市，它们主要由市场中心构成，规模不大，其范围仅限于新英格兰和中大西洋地区的几个州之内（参见本书第27章与区域地图II.7）。1800年，多数来自欧洲的移民居住在农村地区，最多只有6%的人口居住在城市社区里。③ 非洲的城市增长依旧不稳定，主要汇集在沿海地区：尼日尔地区及黄金海岸的城市受到欧洲奴隶、象牙、进口商品贸易以及国家形成的影响；东非城市得益于穆斯林及葡萄牙人往来中东、跨越印度洋的贸易；在非洲南部，荷兰殖民者建立的开普敦接纳全球贸易活动。④

12　　区域地图II.1—7和表格1.2显示了前现代时期末期世界各地的城市类型。从中我们可以发现，城市

增长不仅出现在美洲与南亚，而且逐渐成为全球现象。不过，承认这一点的前提是需要承认人口数据平均值的可疑程度相对较低（对照表格1.1中那些同样模糊的数据而言）。于是，我们才可以确认属于这个时代的关键事实：尽管在前现代时期世界各地出现了成千上万新生的小中型城镇，但是能真正称得上大型城市（约100万人口）的城市还是少数——18世纪时最多有1—2座（江户与后来的伦敦）。

表1.2　城市化率估算值，约1800年

		城市化率%
欧洲	西部	21
	全欧洲	约12—13
非洲		2—4
中东		12
印度		6
东南亚		6—7
中国		3
日本		约15
北美		3—6
拉美		7

来源：第35章。引自 P. Clark, *European Cities and Towns 400 - 2000*(Oxford：Oxford University Press, 2009), 128；更多信息可参见里奥·陆卡森(Leo Lucassen)的著述。

自16世纪开始，尽管主要城市频发流行疾病，因大范围的人口膨胀依然推动了城市增长。人口增长通常会引发经济扩张。与过去各时代的情况一样，普遍贫困（以及社会不平等）、住房紧张、营养不良及疾病爆发存在于多数城市中。死亡率高于生育率，人口赤字反复出现。据此我们可以断定，大规模移民成为人口增长的关键因素。正如安妮·温特(Anne Winter)在第22章中所指出的那样，拿前现代欧洲与中国作比较可知，移民是城市生活的普遍特征。虽然亚洲出现的强制移民数量可能比欧洲来得多，但是从其他方面来看，人口迁移的类型还是非常相似，可分为以下几点：通常来自乡村的贫困人口会进行短途迁移；商人官员

---

① 欲知有关公元1800年前欧洲城市趋向的更为详细的解读，参见 Clark, *European Cities*，139 - 157，217 - 219。

② 参见 Jean-Luc Pinol, ed., *Histoire de l'Europe urbaine* (Paris：Seuil, 2003), II, 287 - 352。

③ G. B. Nash, *The Urban Crucible：The Northern Seaports and the Origins of the American Revolution* (Cambridge, Mass.：Harvard University Press, 1979)；S. K. Schultz, 'The Growth of Urban America in War and Peace 1740 - 1810', in W. M. Fowler and W. Coyle, eds., *The American Revolution：Changing Perspectives* (Boston：North Eastern University Press, 1979)；Clark, *European Cities*，136。

④ D. M. Anderson and R. Rathbone, eds., *Africa's Urban Past* (Oxford：James Currey, 2000), 4 - 6, 67 et seq.

等等往来城市之间,进行长途跋涉;还有种族、女性移民的情况出现。中国的融合类型似不及欧洲那样来得制度化,中国更依赖于来自当地的宗族势力。

巴斯·凡·巴韦尔(Bas van Bavel)、让·路腾·凡·赞登(Jan Luiten van Zanden)、艾特乔·布林(Eltjo Buringh)与马腾·博斯克(Maarten Bosker)在第 21 章中建立了一个比较与对比的模型,考察了亚洲、欧洲与中东城市经济的历程,并关注了美国的发展。他们在文中强调了政治制度的重要性,特别是更加开放的参与式政府及更高度的城市自治权促使欧洲城市经济在 18 世纪以前得以迅速增长。他们还指出,相同因素也对现代早期大西洋城市区域的兴起产生了影响,为东西方之间第一次大分流奠定基础(参见本书第 34 章)。维姆·布洛克曼斯(Wim Blockmans)、马乔琳·哈特(Marjolein't Hart,在第 23 章中)考察了城市中城市权力的基础,他们将之归因于城市进行资源获取的独立能力、城市在更广泛的框架内所起到的联结作用以及城市在社会中对权力的平衡。欧洲城市社区以其相对较高的自治权和市政机构而显得独特。然而,非欧洲城市也可自发发展出公共领域,并乘统治者无力之机加以深化。显而易见的是,在亚洲、中东及欧洲(一般表现为更具统治力、中央集权的国家的兴起),国家权力得到再次巩固。欧州势力在美洲及更遥远的地方的扩张,成为现代早期全球城市发展的关键。城市已成为扩张国家权力的重要中心。

彼得·伯克(Peter Burke)在第 24 章中强调了前现代时期城市所具有的共同经历。这些城市重视并寻求提升城市特色,其方式各有不同,有的通过建筑环境(城门、广场、宗教及市政建筑等等),有的以颂词光耀城市、以编年史加以记录,有的用文笔进行描绘。伯克不但指出西方城市公共空间的特殊重要性,并将东亚欧洲城市的印刷文化与中东城市相对应的手稿文化进行了对照,他还强调了平行趋势如何受到城市之间竞争以及不断增长的商业化的影响。重要的港口成为世界城市之间接触与交流的核心。在向原全球化(proto globalization)过渡之际,这些港口扮演了工具性角色,不仅成为洲际贸易的枢纽,而且成为了内陆及区域贸易网络的门户。第 19 章的作者包乐史(Leonard Blussé)在文中关注了东南亚主要港口。满剌加([Melaka]后来葡萄牙人称之为马六甲[Malacca])、西班牙人统治的马尼拉、荷兰人占据的巴达维亚从 15 世纪末开始成为关键枢纽,保证了中国、印度、拉美、中东、欧洲之间包括成品、加工品、原材料在内的贸易欣欣向荣。在这些港口中,复杂的多元文化社区在权力(以及愈发强烈的西方殖民主义)的作用下成形。这些港口也对宗教观念、表象(representations)、制度的散播起到了关键作用。

现当代时期的城市趋向

18 世纪末至 19 世纪初期,城市在全球范围内得到了重新构筑。此前,亚洲城市的规模、发展水平以及繁荣程度长期位列世界最高水平。不过,至 19 世纪早期西欧城市开始引领风骚。所谓的大分流不仅对于全球经济史来说至关重要,对全世界城市体系的发展也起到了关键作用(参见本书第 34 章)。于是,英国比利时揭开了欧洲城市化加速的序幕,与此同时,中国、日本、印度的城市化率却保持平稳甚至是停滞不前。然而,19 世纪 50 年代之前的西方城市变革并非普遍现象。诚然,在如伦敦、巴黎、布鲁塞尔之类的欧洲首都城市得到了高速发展,但除此之外还涌现出了一大批专业城镇,其中包括了新工业中心、全球港口城市、早期休闲城镇以及源源不断输出商品的殖民地城镇。不过,欧洲城市保留了许多传统特征,使得它们能缓缓适应日趋强烈的城市化所带来的社会压力。[①] 19 世纪 50 年代绝大多数人类依然生活在城市与城镇之外。即便是城镇居民,大多生活在居民社区,从机构与环境角度来看,其本质是前现代的。

自 19 世纪晚期到第二次世界大战之间的年代成为第三次伟大城市化时代到来的标志。安德鲁与林恩·利斯在第 25 章中指出,欧洲城市在以下各方面均取得突破:城市化率加速(至 1901 年时达到 43.8%);大城市增扩(1910 年时达 123 座,3 倍于 1850 年的数量);出现了城市文化、社会新模型以及活跃的市政管理,对全世界产生了深远的影响。西欧领头,东北欧欠城市化地区不久便开始跟上。[②] 我们再来看大西洋对面的情况。卡尔·阿博特(Carl Abbot)在第 27 章中分析指出,北美城市开始增扩,从东海岸跨越至中西部、再至西海岸。此时重要城市中心的数量得到增长。数量增加的还有专业化工业城镇及其他城镇。假如说城市体系的框架于 1870 年之前即已成形,那么在之后的半个世纪里,城市体系便在这个框架内发展壮大。与

---

① A. Lees and L. H. Lees, *Cities and the Making of Modern Europe* (Cambridge: Cambridge University Press, 2007), chs. 2 - 4.

② Clark, *European Cities*, 229, 231 - 232.

欧洲的情况相对应,截至 20 世纪早期北美城市解决了许多城市管理、公共服务的基本问题,并成为现代性的灯塔。不过至第二次世界大战时,美国城市就已进入由汽车拉动的去中心阶段,郊区的增扩得到加速,同时种族的不均匀性与城市中心的社会贫苦愈发尖锐。①

正如大分流最终无法阻挡那样,为何西方在这一时期出现了城市转型?欧洲与北美的城市人口死亡率双双下降,人口的自然增长,拉动了城市增长。尽管如此,乡村流向城镇的移民依然显得重要。国际间的民族迁移也愈发变得重要,尤其是北美城市中来自欧洲的移民以及欧洲内部的移民。经济上,一方面新技术的传播与劳动生产力的提高起到了关键影响,另一方面服务行业的成长推动了城市生活水平的提升。近 19 世纪末,在自由贸易政策的支持下,世界贸易借助蒸汽轮船与铁路的推动,再次得到迅猛增长。在美国与欧洲,强有力的国家政府发挥自身优势,致力于保护与支持西方城市在全球市场中所占据的利益,采取必要的保护主义维护这种利益。而在世界其他地方,通常政府要么软弱无力,要么受到殖民主义的摆布。②

欧洲与北美之外的城市体系扩展缓慢。罗威廉(Rowe,参见本书第 17 章)指出,晚期中华帝国即便面对国际贸易、西方城市模式的强力冲击——其中心位于沿海依据条约开放的口岸地区,在传统行政结构、古老的区域模式、区域贸易等方面还是鲜有变革。③ 随着中华民国的建立(1911 年之后),中国进行工业、城市规划、文化等方面的西式革新再次获得了动力,然而政治动荡、战争与来自日本的压力成为革新的巨大阻碍(司昆仑[Kristin Stapleton]在第 28 章对此有所探讨)。南亚(据普拉桑特·吉达姆[Prashant Kidambi]在第 30 章中所作的论述)在漫长的 19 世纪同样经历了城市停滞,虽说城市增长时有时无——多数集中在如孟买、加尔各答等帝国港口中。不过从 20 世纪 30 年代起,受城市经济增长与大规模移民(为逃避乡间的窘困)的刺激,城市化颇有进展。东南亚同样处于帝国主义的统治之下,也在二战前经历了城市扩张,只是规模有限(参见本书第 31 章)。

日本是个例外。明治维新(1868 年)后,城市变迁起初进展缓慢。但是保罗·韦利(Paul Waley,参见本书第 29 章)指出,在现代早期已发展过的城市体系的基础上,19 世纪末开始的西式工业化与国家改革一道为日本现代城市化提供了动力。至 20 世纪 20 年代日本城市化率已达 18%。大城市得到迅速发展(以东京为例,1923 年发生地震时其人口已达 400 万)。随着城镇规划以及社会福利改革的引入,日本城市基础设施已趋于现代化。④

在中东,推动 19 世纪城市增长的动力来源于奥斯曼帝国的行政改革(如承认若干城市的自治权等),并受益于贸易复苏、基础设施改良,以及欧洲大都市模型之于中东城市发展与规划的重大影响,其实例有伊斯坦布尔、开罗及巴格达(参见默西迪丝·沃莱与穆罕默德·阿萨德在本书第 32 章中所做的分析)。一战后,虽然一些最为庞大的城市继续扩展,但是大部分城市化进程受到欧洲殖民统治、政治动荡与国际保护主义的抑制。比尔·弗罗因德(参见本书第 33 章)对非洲的情况进行了分析:非洲的城市增长一直保持着高度选择性,在整个 19 世纪主要局限在欧洲商贸以及进行殖民干预的区域——非洲南部、北部、西部最为明显。然而我们发现,自 20 世纪 30 年代起,原本散落的殖民城镇扩张变为城市,整个非洲大陆的城市化加速进展。来自乡村的大量移民为这些城市的增长添油加力。尽管拉美在获得独立后的数十年中陷于普遍停滞的困境,但是艾伦·吉尔伯特(Alan Gilbert)在第 26 章中指出,自 19 世纪晚期以来,繁荣的大西洋贸易、外国投资以及欧洲移民,还有拉美国家的形成,促成了拉美南部急速城市化,让布宜诺斯艾利斯、里约、圣地亚哥以现代化城市的面貌崛起。而拉美其余各处的城市增长与变迁规模有限。1930 年左右拉美的城市化率依然停留在区区 14%,此后却急剧上涨。其关键因素在于人口的平稳增长及城市制造业的兴起,吸引农村人口转移至城镇。⑤

崭新的城市世界在 20 世纪晚期露出端倪,一个剧烈变迁的时代即将到来。从表格 1.3 中可以看出,至 2000 年全球城市化模式已经发生改变。区域地图(III. 1—8)也突出了这一点。首先,东亚、中东与拉美

① 参见 K. T. Jackson and S. K. Schultz, eds., *Cities in American History* (New York: Alfred A. Knopf, 1972), 251 - 352.

② Lees and Lees, *Cities*, 48 - 54 et *passim*; Clark, *European Cities*, ch. 13.

③ R. Murphey, 'The Treaty Port and China's Modernization', in M. Elvin and G. W. Skinner, eds., *The Chinese City between Two Worlds* (Palo Alto: Stanford University Press, 1974), 20 - 21, 22 - 28.

④ 有关东京的发展参见 N. Fiévé and P. Waley, eds., *Japanese Cities in Historical Perspectives* (London: Routledge, 2003), 26 et seq.

⑤ 参见 L. Bethel, ed., *Latin America: Economy and Society 1870 - 1930* (Cambridge: Cambridge University Press, 1989), 85 et seq.

的城市增长率在二战后得到急剧上涨,非洲直到近年来才有所追赶;相比之下,欧洲与北美的城市化率自 20 世纪 70 年代以来明显陷入停滞状态——反映出经济与城市发展第二次大分流的到来。其次,新兴国家的城市增长得到提速,其中大部分集中在约 20 座(人口超过 1000 万的)巨型城市里,如上海、开罗、墨西哥城等等;[1]新建城镇则相对很少。再次,原先的专业化城市,即工业城镇和全球港口城市遭遇严重衰退。该情况不仅发生在欧洲与北美,亚洲(已建立)的城市亦是如此。最后,虽然许多发展中国家的城市供给严重短缺,但是城市服务还是得到重大扩展;即便在北美与部分欧洲地区,在"二战"后的数十年内、特别是在 70—80 年代,受私有化、分割与供给碎片化的影响,重大市政改良陷入停转状态。[2]

表 1.3　城市化率估算值,约 2000 年

		城市化率%
欧洲	欧洲西部	75
	全欧洲	72—74
非洲		37
中东		73
印度		28
东南亚		40
中国		36
日本		79
北美		77
拉美		75

来源:第 34 章。P. Clark, *European Cities and Towns* (Oxford: Oxford University Press, 2009), 359.

第三编的概览诸章对种种纷繁交错的变迁追踪溯源。从第 27 章我们获知,北美城市体系自 20 世纪晚期起经历了重大剧变:工业城市衰退;城市郊区化未曾间断(至 1990 年,北美居于郊区的人数保持占总人口的大多数);[3]市政财政与管理面临问题。区域趋势亦引人注目:北美中西部与东北部的城市地区陷入城市化停滞。受移民、闲暇与国防工业的推动,位于西部与南部的"阳光地带"的城市迸发出新的活力。巨型城市区域兴起(以波士顿—华盛顿走廊、芝加哥—多伦

多—匹兹堡城市群为例,参见区域地图 III. 8)。在大西洋对岸,欧洲城市(参见本书第 25 章)迅速从"二战"的创伤中恢复过来。20 世纪 60、70 年代是欧洲进行城市规划的全盛期。然而从 80 年代起,逆工业化、逐渐增多的社会问题与失业、各族移民、郊区增长、财政紧缩联系在一起,欧洲城市面临重大挑战。即便如此,在截至 2010 年的大部分时期内,欧洲城市(从全球水平来看)政治稳定,经济繁荣,社会凝聚力及市民认同水平都很高。[4] 与其他地区的城市相比,总体看来,欧洲城市的突出特点在于其规模适中(参见区域地图 III. 1)。

在中东(参见区域地图 III. 2),城市化场景呈高度区域化(参见本书第 32 章)。在海湾地区,喷涌而出的石油带来了不菲的收入,同时在国家强力干预的推动下,出现了诸如迪拜和阿布扎比之类的新兴城市。工业化的持续增长及旅游业的日益繁荣使得土耳其各大城市也受益良多。在中东其他地方,城市扩张主要集中于国家首都与旅游中心(一般既是历史名城,又是现代城市)。"二战"后,中东城市发展极易遭到国家首府的霸权、政治动荡(战争与精英分子引发的混乱)以及威权政体所实行的民族主义政策的扭曲。然而自 20 世纪 90 年代起,全球化新浪潮夹杂着经济自由化推动了中东城市的增长与现代化的复兴。

在中国,经司昆仑论证(参见本书第 28 章),"二战"后中国共产党试图以苏联模式改造、重建城市,并作出调整,将城市体系的发展从沿海地带转向内陆(如建立苏联式的工业城镇)。但是自 20 世纪 80 年代以来,上述政策翻转了过来,经济计划呈分散化,大部分的投资被导向位于南方海岸的新兴港口与工业中心;在深圳与浦东设立的经济特区催生了巨型城市的崛起,当然随之也带来了一些问题(参见区域地图 III. 5)。南亚在"二战"后的数十年内由民族主义者统治(反城市情绪盛行),导致城市扩张减速。然而从 20 世纪 90 年代起经济自由化促成了城市经济增长的加速(参见区域地图 III. 4)。据吉达姆(Kidambi,第 30 章)所述,国家在建造新首都与工业城镇时起到了关键作用,也使经济政策、市民自治权受到限制。我们也可在东南亚发现与之相似的城市发展滞后的模式。20

---

① 参见 J. Gugler, ed., *World Cities beyond the West* (Cambridge: Cambridge University Press, 2004).

② T. Lorrain and G. Stoker, eds., *La privatisation des services urbains en Europe* (Paris: La Découverte, 1995).

③ K. M. Kruse and T. J. Sugrue, eds., *The New Suburban History* (Chicago: Chicago University Press, 2006), 1;欲知更多有关郊区化的论述,参见后文第 42 章。

④ Clark, *European Cities*, 357 - 358, 367 - 369.

世纪 80 年代起,正如霍华德·迪克(Howard Dick)与彼得·林莫(Peter Rimmer)所指出的那样(参见本书第 31 章),东南亚大型城市突然蔓延开来,至 2010 年获得增长、人口超过百万的城市有 20 座。其中包括了三座巨型城市:雅加达、马尼拉与曼谷,人口逾千万(参见区域地图 III.6)。这样的发展一方面缘于国际贸易与国家投资的力度增大,另一方面,乡村过度拥挤,很多村民移居到了大城市,这也对城市扩张起到了至关重要的作用。相比之下,澳大利亚城市的发展则显得更为平稳。借助殖民时代所留下的遗产——西方式的首都以及移民,并在充满活力的东亚探寻工商业新机遇,澳大利亚城市获得了繁荣发展。

20 世纪晚期日本城市保持长期稳定的发展(参见本书第 29 章、区域地图 III.5)。日本努力从"二战"创伤中恢复过来,其景观自 20 世纪 50 年代起因城市化与工业化而发生变革。虽然城市增长主要集中在东京至大阪的东海道走廊(Tokaido corridor),但是城市增长的范围相当宽广。然而,自 20 世纪 80 年代起,城市增长的中心集中到了东京大都市区,其密集的高楼大厦引人注目。获得国家强力支持的东京,成为日本高级财政、商贸的霸权中心,主导产业走向,掌控着不断在海外拓展的工业帝国:结果若干原本先进的地方城镇、历史较为长久的工业城镇,要么陷入停滞,要么走向衰落。[①]

18　亚洲以外最具活力的城市化区域当属拉丁美洲(参见本书第 26 章、区域地图 III.7)。大规模移民从乡村走向城市,推动了城市扩张(至 20 世纪 80 年代)。得益于外国投资、不断扩展的制造业以及国际贸易,在村民逃往城市的沿途,兴起了一群巨型城市,其数量达六七座,大都为首府、港口。尽管大都市增长放缓,但是许多国家的龙头城市容下了占全国总人口四分之一或以上的人口。大都市带来的集中效应使得绝大多数规模较小的城市边缘化,被整合纳入更为广泛的国际经济体中。与他处情况相同,拉美城市巨幅增长所带来的结果是复杂的:一方面它提高了人们的生活水平——以城市中产阶层为主,也包含了其他阶层,另一方面人们又要对付普遍的污染、交通问题以及城市化引发的贫困。在后殖民时期的非洲(参见区域地图 III.3),城市增长起初迅猛,其原因在于:国家对新首都及公共设施的大力投资、原材料出口、农村大量移民

涌入。然而到了 20 世纪 80 年代,由于政治作用不再明显,贸易环境发生变化,同时来自西方世界的支援减少,且移民数量下降(参见本书第 33 章),非洲城市化失去了动力。不过,尽管近年来非洲城市投资与产业增长有限,但是城市化在非洲大部分地区得到了复兴。此外,城市娱乐、文化以及更好的健康、教育设施,还有集中在城市里的政府活动,吸引着新人来到城市。

在观察 20 世纪晚期上述全球城市体系重组的情形之后,我们可以发现一些决定性的核心因素:欧洲与北美城市的工业产出相对减少,技术优势相对削弱、劳动生产率相对降低;人口增长主要集中在亚洲、中东及拉美,大规模人口从乡间流向城市;运输发达与自由化的复兴推动了全球贸易的扩展,而今全球贸易获得重构并更加向非西方国家倾斜、更趋平衡;在欧洲与北美的许多地方,国家与城市之间的关系不断出现问题。[②]

上述主题中的多数及其他主题对于理解现当代城市起到关键作用,第 34—43 章对之作了详尽分析。在经济方面,孔诰峰与詹少华(Shaohua Zhan)在第 34 章中对城市工业于 19 世纪首先在英格兰、之后在欧洲的兴起与 20 世纪晚期中国所发生的情况进行了比较,并给出了合理的解释,其中包括:西方工程学文化得以成长,商业精英阶层活跃且崛起以及国家对商业进行支持,包括城市产品与海外贸易在内。与此同时,他们强调了来自乡村经济的投入的重要性:将剩余农业资本转入城市工业部门;小型城镇转变为增长中心;农村移民充当廉价劳动力的重要性。然而正如本书许多章节所表述的那样,自 19 世纪以来,服务业与制造业都对现代城市的增长起到了重要影响。

时至今日,城市依然吸引着迁移者。里奥·陆卡森(Leo Lucassen,在第 35 章中)探讨了现代城市发展中移民与种族划分的重要性,并精确指出(与乡村有关的)的传统因素——流动性的高度不稳定、临时迁移的重要性以及社会整合的根本问题(非正式同化机构与发挥作用的国家政策之间达到平衡)。正如吉尔伯特在第 36 章中所述,进入城市的移民无疑对城市社会不 19 平等产生了根本影响,成为贫困转变为一种城市现象的重要原因(尽管各区域之间的情况千差万别)。与此同时,吉尔伯特也阐明了全球化与国际资本流动所带

---

① K. Fujita and R. C. Hill, eds., *Japanese Cities in the World Economy* (Philadelphia: Temple University, 1993), 7 - 10, 66 et passim.

② P. Bairoch, 'International Industrialization Levels from 1750 - 1980', *Journal of European Economic History*, 11 (1982), 301 - 310;也可参见后文第 34 章表格。

来的复杂效应。他还主张,尽管社会两极分化与隔离加剧,但是大规模的集体争议或抗议却没有发生。他将此归因于生活水平的稳步提高、社会福利的提升。而这些都是发展中国家的国家政府与城市政府推动的结果。

另有三章的内容探讨了现代城市化所带来的挑战与机遇。马丁·麦乐西(Martin Melosi,参见第 37 章)讨论了大规模城市增长如何引发新式职业化以及有关市政的服务、社会正义的新概念以及重大医疗的进步,而这些情况是对 19 世纪城市环境问题的回应。正如环境问题带动了一战前欧洲与北美城市管理水平的提升,马丁认为,亚洲与其他发展中国家的城市获得高速增长,也带来了不断加大的环境压力。虽然压力沉重,但是对策也相应涌现,且并非照搬西方的经验。在第 38 章中,玛利亚·希特拉(Marjatta Hietala)与彼得·克拉克考察了城市创造力的概念与实际。他们以柏林、纽约与东京等领先的现代革新城市以及班加罗尔等更为专业的技术中心,还有金斯敦、牙买加与斯德哥尔摩等小众文化城市为据,对这些城市获得创造性成功的条件进行了评估,并指出其中重要的条件有:聚集、劳工流动性与密度、教育、技术同文化产业的相互作用、国际性以及公共支持。他们认为所有上述因素不会在同一地点出现。他们还强调了城市间竞争在形塑创造性发展中的作用,以及作为起到引领作用的中心的重要性——汇集创造性资源,为一代又一代的革新积蓄动力。汉努·萨尔米(Hannu Salmi)在第 39 章中提出,尽管自久远时期以来表现(representations)一直对于传递城市的名声与文化影响来说至关重要,但是自 20 世纪早期以来,无论是在欧洲、好莱坞,还是在新近兴起的宝莱坞(Bollywood)与(尼日利亚的)诺莱坞(Nollywood),电影都起到了关键作用。对城市意识与身份增强的提升、以及界定城市意象,它们让世界在全球化的进程中变得更加丰富更加多样化。电影与电视、因特网等新型传媒一道,有助于锻造城市令人眩目的影响,使之传遍全球化的世界。

现代城市化还须经深入细察。从 19 世纪晚期起城市人口居于郊区的比例逐渐上升,至 20 世纪晚期此现象已成为世界多地的常态,不过欧洲是为数不多的例外之一。正如尤西·乔夏棱(Jussi Jauhiainen)在第 42 章中指出的那样,郊区的出现可追溯至上古时期,郊区化却在 19、20 世纪惊人爆发。于是我们发现,棚户区的规模在若干时段内自动激增,几乎每座全球重要城市的外围都会出现这种情况——从巴黎到雅典,再到孟买、开罗以及圣保罗——时常挨着首批棚户区

出现后"继续跟进"。经规划的郊区种类繁多:有排式或别墅式郊区、工业郊区、花园郊区(garden suburbs)、封闭式社区,还有不断蔓延的半规划郊区(美国郊区)。郊区不仅会产生社会不平等与分离的问题,而且也会对城市财政、城市管理的活力及城市战略规划的功效产生威胁。在本书第 41 章中,陈向明与亨利·菲茨(Henry Fitts)强调了现代出现的一些城市现象,这些现象几乎无法回避:大都会与城市区域的增长在美国、东亚与东南亚、拉美最为显著(参见区域地图 III.8,III.5-7)。社会与空间不平等的类型,全球化冲击,过度扩张、向四周蔓延的实体所导致的管理及财政问题,运输与基础建设可能带来的结果,是他们进行分析的重点。在 21 世纪初亚洲及他处的巨型城市中,约有一半城市的前身为欧洲强权所建立的殖民城市。

托马斯·梅特卡夫在第 40 章中对一系列殖民城镇进行了考察——从殖民者的城镇(特别是非洲与澳大利西亚)到帝国港口城市、行政中心,并对城镇进行了划分:有的作为小型飞地为遭流放者所居住,有的城镇的人口多数为土著居民。城市创造因殖民势力的不同而显示出属于各自的民族特色,不过也可发现重要的共同特征:种族聚居区、严格的监管措施、城市规划、繁杂的管理规则以及最低限度的市政民主。卡罗拉·海因(Carola Hein)对包括帝国港口在内的港口城市进行了研究(参见本书第 43 章)。自上古时代起,港口城市就对各城市社会之间经济与文化的相互作用产生重大影响。海因对港口城市如何成为 19 世纪国际贸易及殖民地化发展的重要因素进行了论述。这些热闹的港口城市起到了门户的作用,连接并运转城市网络。然而 20 世纪晚期机械化与集装箱化使得港口城市急速衰落,世界贸易转而由最发达的特级枢纽(mega-hubs,如中国香港、鹿特丹)所掌控。这就使得许多老资格港口为复兴经济而竞相发展滨水旅游业及其他服务行业。世人应当牢记,城市化是一场分出胜负的较量。

佩内洛普·科菲尔德(Penelop Corfield)在第 44 章中做了如下表述:在世界发展的"大历史"中,城市与城镇是无可争议的焦点。她认为,"城市迈入全球化时期,是有史以来我们伟大的集体成就之一"。而这一进程无法用宏大叙事的手法加以描绘。城市增长与衰退的周期性理论、以进步的概念对城市作目的论式的区分、将城市视作革新力量的观念——若通过这些思路来理解集不停变换、错综复杂于一体的城市化进程及其影响,是不行的。于是科菲尔德提出:必须将城市视作短期膨胀与根深蒂固的连续性二者相结合的产

物;城市是应对、适应变迁,并以之成长的场所。据此视角来看,我们可以更为清晰地发现反复出现于本书各章的若干关键因素,它们是理解城市如何在历史中得到形塑的根本因素:国家与市场规律之间、统治者与城市之间、城市与城市之间存在着错综复杂的紧张关系,彼此之间一直保持着竞争与仿效;城市人员永不停歇的流动性;社会结构与文化认同持续不断地得到改造。本书解释了城市世界的形成为何不等同于大型城市的形成,尽管当代城市模型非常壮观,但城市世界是由类型与规模多有不同的城市社区的不规则聚合而得以构建起来。我们发现,自遥远的时代起城市就已具备共享的交互经历——远远早于当代全球化趋势。与此同时,本书也在各个层面探讨了城市分化与多元化的本质与效应——区域、国家与地方:早期城市所处的时代与当今一样重要。

总之,本书并非旨在为全球城市史下定论或涵盖全球城市史的方方面面,这一点在开篇即已点明。作者更期待的是,通过内容横跨古今的以下诸章,建立分析框架,开启比较式讨论与思考的舞台,为研究的深入而突显重要主题与问题,关注城市化在长时段中的无限复杂性,让明亮多彩的聚光灯光照射在城市这一永不褪色的课题上。

参考书目

Bairoch, Paul, *Cities and Economic Development from the Dawn of History to the Present* (London: Mansell, 1988).

Clark, Peter, *European Cities and Towns 400 - 2000* (Oxford: Oxford University Press, 2009).

Elvin, M., and Skinner, G. W., eds., *The Chinese City between Two Worlds* (Palo Alto: Stanford University Press, 1974).

Gugler, J., ed., *World Cities beyond the West* (Cambridge: Cambridge University Press, 2004).

Hall, Peter, *The World Cities* (London: Weidenfeld and Nicolson, 1966).

Cities in Civilization: Culture, Innovation and Urban Order (London: Weidenfeld, 1998).

Heitzman, James, *The City in South Asia* (Abingdon: Routledge, 2008).

Jackson, K. T., and Schultz, S. K., eds., *Cities in American History* (New York: Alfred A. Knopf, 1972), 251 - 352.

Lees, A., and Lees, L. H., *Cities and the Making of Modern Europe* (Cambridge: Cambridge University Press, 2007).

Lo, Fu-Chen, and Yeung, Yue-Man, eds., *Globalization and the World of Large Cities* (Tokyo: UN University Press, 1998).

Pinol, Jean-Luc, ed., *Histoire de l'Europe urbaine* (Paris: Seuil, 2003).

Sjoberg, Gideon, *The Preindustrial City, Past and Present* (Glencoe, Ill.: Free Press, 1960).

Weber, Max, *The City*, ed. D. Martindale and G. Neuwirth (New York: Collier Books, 1962).

奚昊捷 译 陈 恒 校

第一部分 早期城市

概　览

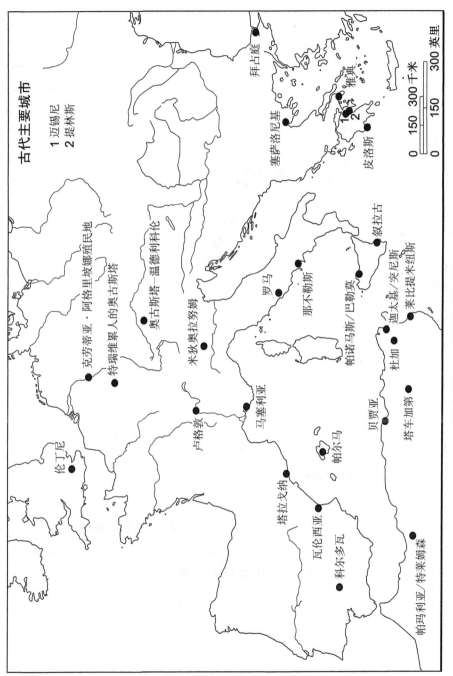

区域地图 1.1 欧洲地中海地区

区域地图 I.2 中东

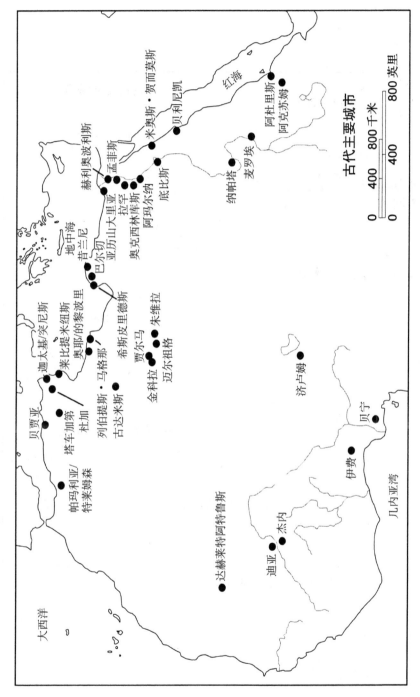

区域地图 I.3 非洲

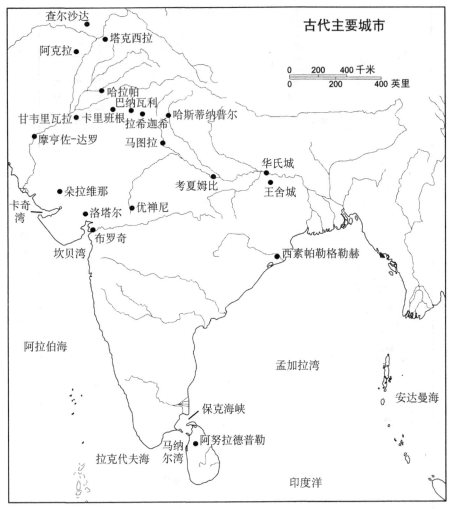

古代主要城市

0 200 400 千米
0 200 400 英里

查尔沙达

塔克西拉

阿克拉

哈拉帕
巴纳瓦利
甘韦里瓦拉 卡里班根
拉希迦希 哈斯蒂纳普尔
摩亨佐-达罗 马图拉

华氏城

朵拉维那
考夏姆比 王舍城

卡奇湾

洛塔尔 优禅尼

布罗奇

坎贝湾

西素帕勒格勒赫

阿拉伯海

孟加拉湾

安达曼海

保克海峡

马纳尔湾 阿努拉德普勒

拉克代夫海

印度洋

区域地图 I.4　南亚

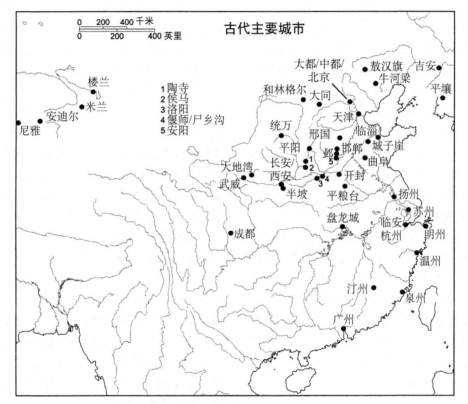

区域地图 I.5　中国

第 2 章 美索不达米亚

奥古斯塔·麦克马洪

众所周知,世界上最早的城市起源于公元前 4 千纪的美索不达米亚(今伊拉克全境、叙利亚东北部、土耳其东南部及伊朗西南部)。由于其作为城市史开端的地位,"美索不达米亚城市"屡次出现在古今城市研究中。然而,"美索不达米亚城市"并不存在;历经 3000 多年的政治、经济变迁,以及超过 30 万平方公里的地理变迁,美索不达米亚产生了许多不同的城市类型。尤其是,美索不达米亚南部地区(今伊拉克南部,巴比伦尼亚)和北部地区(今伊拉克北部和叙利亚东北部,亚述)的城市类型有明显的差异。

本章调查美索不达米亚城市的关键方面,包括史前晚期(约公元前 3850 年,铜石并用时代晚期)最早的"接近自然"的城市以及公元前 1 千纪(新亚述与新巴比伦帝国)的人造城市。本章探索美索不达米亚城市的定义与起源以及城市景观方面,论述城市生活各个方面的内容(无论是正面还是负面的),触及美索不达米亚人对于城市的主位(emic)思考,并且概述城市化与逆城市化的历时趋势。本章也调查城市居民与他们居住地区的关系,以及"城邦"的概念。

城市定义:尺寸还是容量?

在南部和北部最早的美索不达米亚城市面积大约有 50 至 75 公顷(约公元前 3500 年伊拉克南部的乌鲁克[Uruk]和尼普尔城[Nippur];约公元前 3850 年叙利亚东北部的布拉克丘[Tell Brak]),但是绝对尺寸不足

以鉴别城市。权力的等级层次与社会经济的差异化结构是更有用的特征。美索不达米亚城市总是包含一个或多个宗教的、政治的、经济的机构,具体为纪念性建筑复合体(宫殿或神庙,参见本书第 9 章)。这些建筑复合体是"公共的",因为它们非常能够引起公众注意,为所有城市居民提供各种服务,而且它们展现了与以上功能相对照的统治权,基于此,它们又是私有的。这些复合体经常位于城市的中心位置(类似于中美洲和南美洲城市的"中心点"),[1]它们在空间上是显著的地标性建筑,从这里可以清楚看到市内四周及更远的地方,反之亦然。其中最著名的要属大约公元前 3200 年美索不达米亚南部城市乌鲁克城的宗教建筑:埃安纳神庙建筑群(Eanna precinct buildings),长 400 米,宽 250 米,其平台上的安努神庙(Anu Temple)是公元前 3 千纪晚期出现的著名塔庙的雏形。虽然纪念性建筑在每个城市及不同时期变化多端,但是在任何地方我们都可以看到一连串的建筑结构,它们具备一定的规模,给我们以视觉冲击,如庭院般大空间的围墙、数目冗多的房屋、不同的扶垛正面,以及正式的入口。神庙和宫殿成为最早的也是最大的文献档案储藏地。

广为接受的城市特性还包括其他可见的属性如城墙,但这些特性不如人们所设想的、在时间上通常较晚的那些城市特征常见。居住的密度也频繁被列举,作为界定一个城市的重要因素,[2]而且,美索不达米亚的社区有紧凑的聚落房屋,其土地使用密度很高。专门的手工制造或工业也被提到,[3]此外,如我们在物质文

---

① M. E. Smith, *Aztec City-State Capitals* (Gainesville: University Press of Florida, 2008); id., 'V. Gordon Childe and the Urban Revolution: A Historical Perspective on a Revolution in Urban Studies', *Town Planning Review*, 80.1 (2009), 3 - 29; id., 'The Archaeological Study of Neighborhoods and Districts in Ancient Cities', *Journal of Anthropological Archaeology*, 29 (2010), 137 - 154.

② V. G. Childe, 'The Urban Revolution', *Town Planning Review*, 21 (1950), 3 - 17; M. Van de Mieroop, *The Ancient Mesopotamian City* (Oxford: Clarendon, 1997).

③ G. Algaze, *Ancient Mesopotamia at the Dawn of Civilization* (Chicago: University of Chicago Press, 2008),该书尤其与地方性的长途贸易有关。

化、建筑和文本中见到的一样,美索不达米亚城市包括多种专门的经济体以及具有不同社会或职业身份的居民。这种多样性满足了对一个城市进行"人口统计"的想法。① 书写是一门城市技能,在很大程度上书写的发明是为了记录和管理迅速发展的经济,以及对这种多样性进行分类。美索不达米亚城市也是"功能性"城市,②影响力超出了其边界,及于附近周围的农村地带,并且创建了一种共生的经济、宗教和社会网络。正是后者而不是其他方面可能提供了美索不达米亚城市最清楚的定义:依赖一个更大的腹地③及更小的农村。④ 农村化已经在相对新的居住范围内和新的行为指向性方面被察觉。穿过腹地朝城市内外的活动已经增加,地形本身也在变化中。城市代表了一种非常显著的、具有创造性的地标。

重建美索不达米亚城市的方法论问题

我们关于美索不达米亚城市空间的知识很遗憾是不完整的,因为没有完整的美索不达米亚城市曾被发掘。这不是只见于美索不达米亚的问题。我们经常缺乏不同功能地区之间的连接:神庙被孤立发掘,其社区作为一个独立的单元。在每一个发掘出社区的遗址,房屋是相连紧凑并排的,共同的墙与2—3米宽的狭窄街道,但是这些社区已知的边界就是我们发掘的边界。功能性空间与所有城市景观属性之间的转变几乎不得而知。社区是延伸数百平方米的广大空间,还是被公开空间、限定墙、公共建筑或工作区包围的一小撮房屋呢? 它们的密度在横穿一个城市时或者在城市之间是不变的吗? 什么是城市公开空间的特性:多种目的、共同拥有的、或是由当局控制的管制区? 城市的边缘区域也很少被发掘,我们缺乏关于城市与非城市空间之间,以及郊区活动与土地所有权之间的转变的信息。最后,美索不达米亚城市缺乏清楚的市场证据,

很可能边缘地区是商品交流的集中地。

我们对城市景观知识的空白意味着对城市及地区人口规模的评估带有推测性(参见本书第8章)。⑤ 然后,关于人口规模准确数据的缺乏又影响我们解释与重建内部社会结构及农业、田园与资源供应地区的能力。

我们为跨城比较准备的数据也不充分。在一个城市完好发掘的宫殿可能与另一个城市(未发掘的)宫殿在规模和权势方面不能匹配,但是我们经常假定它们是类似的。有一个引以为戒的故事发生在20世纪20、30年代的一个美索不达米亚南部城邦的重建过程中,这个故事基于公元前3千纪吉尔苏(Girsu)遗址南部出土的丰富的文献档案资料。⑥ 研究档案的学者一开始重建那些在经济和政治上有实力的神庙,几乎排除了其他任何的引证。随着更多可比较资料的出现,以前的还原工作被重塑,人们普遍赞同公元前3千纪领袖的权力兼具世俗和宗教两方面,并且宫殿与神庙权力因时因地而各异。但是基于类似的不足证据,什么是目前可以普遍接受的原则呢?

美索不达米亚城市也会随着时间的推移而扩张与收缩;一个时期的城市不等于下一个时期的城市(参见下文)。随着时间的推移,表层物质文化的收集与测年勾勒出了城市略图,⑦但是这些仅保留了略图。此外,人们肯定会提出主位的界定问题。美索不达米亚有丰富的文献记录,那里的人们在详细的词汇表中习惯性地将人、神和物进行分类。但是美索不达米亚的语言中没有用来区分农村、城镇和城市的单词。考古学家和城市历史学家寻求的尺寸、容量与社会政治复杂性的变量无法明确规定。对美索不达米亚的居民而言,任何人群一起居住的地方都可以叫做ālu(阿卡德语)或URU(苏美尔语),不管它的尺寸大小或内部结构如何。现代与古代术语的这种错误匹配引起了最终的方

---

① L. Wirth, 'Urbanism as a Way of Life', *American Journal of Sociology*, 44.1 (1938), 1–24; Smith, *Aztec City-State Capitals*.

② M. E. Smith, 'Form and Meaning in the Earliest Cities: A New Approach to Ancient Urban Planning', *Journal of Planning History*, 6.1 (2007), 3–47; id., *Aztec City-State Capitals*.

③ G. Emberling, 'Urban Social Transformations and the Problem of the "First City": New Research from Mesopotamia', in M. L. Smith, ed., *The Social Construction of Ancient Cities* (Washington, DC: Smithsonian Books, 2003), 254–268.

④ N. Yoffee, 'Political Economy in Early Mesopotamian States', *Annual Review of Anthropology*, 24 (1995), 281–311.

⑤ N. Postgate, 'How Many Sumerians per Hectare?', *Cambridge Archaeological Journal*, 4.1 (1994), 47–65.

⑥ A. Deimel, *Sumerische Tempelwirtschaft zur Zeit Urukaginas und seiner Vorgaänger* (Rome: Analecta Orientalis, 1931); A. Schneider, *Die Anfaänge der Kulturwirtscahft*, *Die Sumerische Tempelstadt* (Essen: 1920); A. Falkenstein [M. deJ. Ellis, trans.], *The Sumerian Temple City*. Sources and Monographs, Monographs in History, Ancient Near East 1/1 (Los Angeles: Undena Publications, 1974).

⑦ U. Finkbeiner, *Uruk Kampagne 35–37 1982–1984: Die archaäeologische Oberflaächenuntersuchungen*. Ausgrabungen in Uruk-Warka Endberichte 4 (Mainz: von Zabern, 1991); J. Ur, P. Karsgaard, and J. Oates, 'Early Urban Development in the Near East', *Science*, 317/5842 (2007), 1188.

法论问题：当学者们把注意力集中在建筑本身和物质文化身上时，人们复原的美索不达米亚城市似乎经常缺乏居民。我们更愿意讨论机构组织或者地位高低人群之间城市经历差异的重要性，但是很少关注个人本身，更不用说老人与年轻人、男人与女人之间城市生活的差异性了。

城市的起源与城市的产生

34　　传统观点认为世界上第一座城市位于美索不达米亚南部（今伊拉克南部），时间大约为公元前 3500 年，具体上说是指乌鲁克遗址。还有一种广为人所接受的观点认为，邻近地区只是在受到南部的影响之后才开始城市化的。然而，最近在美索不达米亚北部（例如叙利亚东北部的布拉克丘［Tell Brak］和哈姆卡尔丘［Tell Hamoukar］）的发掘与调查显示，那里的城市区域的发展、城市化地区等级制度、纪念性公共建筑与社会经济复合体的年代可以早至公元前 5 千纪晚期，或者约公元前 4200 年。①

　　这两个地区的城市形态的确是不同的。乌鲁克是密集型、界限明确的，以中央宗教建筑为城市中心。②北方城市似乎更加多样化，城中心比较密集，而外城比较疏松。宗教与世俗的权力机构在北方城市也有体现，但它们的物理位置没有像南方城市那样非要位于中心重要地段。然而，南北部的城市都有的最重要的城市特性是：劳动力的专门分工和城乡居民的融合。

　　这些城市是如何发展的呢？许多美索不达米亚城市有很长的变迁史，它们开始于史前的新石器时代或铜石并用时代（公元前 6 千纪或更早），早期的城市化过程历经千年的经济、社会发展。美索不达米亚最早的城市扩张是城市内部自然发展与当地移民贡献两方面的结果。在美索不达米亚的南部和北部，一些早期

"城镇"很快成长为城市，并且迅速嵌入环形的小型居住地中，这些环形居住地的原有居民涌入城市，土地被用于农业种植以养活城市中更多的人口。乌鲁克位于公元前 4 千纪晚期一个松散的环形居住地中（半径大约 15 公里），③而布拉克丘位于稍微更早期的一个半径约 8 公里的环形居住地中。④ 这种涉及利用经济机会及手工业或商业效率的移民行为可能是一种积极的移动，或者说，这种人口移动出于防御目的，甚至可能通过控制城市权力来反映人口的重新安置。它反映的是一种吸引力，无论是从可触及的权力结构的推动还是不可阻挡的经济拉动，这种吸引力在这一地区对于城市起源都是十分重要的，并且将城镇与城市区分开来。

　　在起初的迅速增长之后，美索不达米亚北部和南部的大多数城市都达到了一个自然的顶峰，其面积大概在 100 至 150 公顷，⑤然而，它们仍然可能缩小、再增长，或者通过政治力量有意地扩张。更少的是从头开始建立的人造城市，自始至终就是扩张中的地区国家（如古巴比伦王国的哈拉顿［Haradum］，位于伊拉克中部）⑥或帝国（如新亚述帝国的霍尔萨巴德［Khorsabad］，位于伊拉克北部）的前哨阵地。尤其是，帝国的首都打破了地区原有的面积大小，人为合并将城墙以内的面积大小从 300 公顷（尼姆鲁德［Nimrud］和霍尔萨巴德）扩展到 700 公顷（新亚述帝国的尼尼微和新巴比伦王国的巴比伦城）。这些都城包括密密麻麻建造的公共式样的堡垒，但是它们的居住地使用可能很分散，甚至根本不存在。这些不自然的城市或"被植入的"⑦居住地带有清楚的等级权力的信息，但是它们的内部变化与社会经济多样性（这些是城市的决定性因素）却很薄弱。它们较高的外部可见性与差强人意的整体感（内部密度低）可能反映了它们的功用是引起外人凝视的纪念碑，而不是被人们使用的城市。不过，美索不达米亚关于帝国都城的术语（参见上文）与35

---

① Emberling, 'Urban Social Transformations'; J. Oates et al., 'Early Mesopotamian Urbanism: A New View from the North', *Antiquity*, 81 (2007), 585 – 600; Ur et al. 'Early Urban Development'; A. McMahon and J. Oates, 'Excavations at Tell Brak, 2006 & 2007', *Iraq*, 69 (2007), 145 – 171.

② H. Nissen, 'Uruk: Key Site of the Period and Key Site of the Problem', in. J. N. Postgate, ed., *Artifacts of Complexity: Tracking the Uruk in the Near East* (London: British School of Archaeology in Iraq, 2002), 1 – 16.

③ R. McC. Adams and H. Nissen, *The Uruk Countryside* (Chicago: University of Chicago Press, 1972).

④ Emberling 'Urban Social Transformations'; Oates et al., 'Early Mesopotamian Urbanism'; Ur et al., 'Early Urban Development'; H. Wright et al., 'Preliminary Report on the 2002 and 2003 Seasons of the Tell Brak Sustaining Area Survey', *Annales Archéologiques Arabes Syriennes*, 49/50 (2007), 7 – 21.

⑤ 乌鲁克的面积或许达到了 250 公顷；Finkbeiner, *Uruk Kampagne* 35 – 37。

⑥ C. Kepinski-Lecomte, 'Spatial Occupation of a New Town Haradum', in K. R. Veenhof, ed., *Houses and Households in Ancient Mesopotamia* (Istanbul: Nederlands Historisch-Archaeologisch Instituut, 1996), 191 – 196.

⑦ G. Cowgill, 'Origins and Development of Urbanism: Archaeological Perspectives', *Annual Review of Anthropology*, 33 (2004), 525 – 549.

长期自然形成的居住地的术语是相同的。

有规划与无规划的城市空间

在城市蓝图中有规划或者无规划经常被用作当局对城市人口控制程度的代名词。美索不达米亚的城市，像许多古代城市一样，既包括未经规划自然发展起来的房屋区，又包括严格规划建造的纪念性建筑。尽管这两种建筑形式看起来是没有关系的，不过纪念性建筑结构可能已经影响了看似没有规划的建筑活动，表现在有窗户的棚屋和交通要道方面。在许多美索不达米亚城市中，主神庙位于该城最密集的且持续使用的地区，所以说美索不达米亚城市是具有一定规模的"步行城市"，不再需要附属的交通模式。可以证明的是，人们与货物来往于神庙的流向归根结底可能已经对城市的布局及其他区域发生了决定性的影响，甚至"无规划的"居住区也受到纪念性建筑与有联系的交通形式的积极影响。

但是神庙真的在美索不达米亚城市牢固不变吗？大多数城市都有一个保护神和主神庙，但是美索不达米亚是一个多神崇拜的社会，因而城市里经常有若干神庙，依据不同级别排列，大到主要建筑物，小到神龛都有。一些城市是典型的多中心城市（尼普尔；比较印度河流域文明，参见本书第 5 章），而另一些城市只有一个主神庙（乌尔）。另外，从公元前 3 千纪开始，宫殿成为一个单独的建筑，它与神庙在位置上相对应；二者在意识形态和经济方面已经形成了意象地图与城市景观。分开与辨别这些混杂建筑已经变得不太可能。实际上，可见成形的公共空间与较少见的有机构成的私人空间之间的对比建立可能已经成为一种有规划的目标。"有机的"与"无序的"概念是由文化所决定的，[1]对我们而言，这些看似无序的空间可能清楚反映了它们的居住者的社会主张。

这些规划建筑是什么呢？从公元前 3 千纪开始，美索不达米亚南部的文献中将修筑或重建神庙作为国王最重要的活动，虽然文献中有关这些建筑工事的细节描写很少：新建筑被描述为更大的、更敞亮的或者更新的建筑。不过，我们有丰富的实物证据来匹配行政长官的名字。我们最清楚的建造和扩建神庙的事例是公元前 3 千纪至公元前 1 千纪位于乌尔城的宗教建筑（在公元前 3 千纪晚期时长宽分别为 330 米和 195 米，到公元前 1 千纪时长宽分别扩大为 400 米和 255 米）。[2] 一般而言，乌尔与其他美索不达米亚南部的神庙的特征包括：轴对称性、高墙与高门，以及并入了比神庙功能区范围[3]更广阔的空间，这些神庙也由于"空"院落重复出现而闻名。这些院落占领并塑造空间，已经成为祭祀与节日活动的"表演剧场"，为社会凝聚力、宗教忠诚度或意识形态整合方面信息的传递提供了机会。[4] 其次，它们以点面相结合的方式围绕建筑物，使其看似封闭实则开放（关于城市宗教场所的更多讨论，参见本书第 10 章）。有时官方的重建工事会侵占附近的民用房屋，例如公元前 3 千纪中期哈法捷（Khafajah，位于美索不达米亚中部）的伊南娜（Inanna）神庙[5]或公元前 3 千纪晚期尼普尔（美索不达米亚南部）的伊南娜神庙的扩张行为。占用私人财产这一资格证实了领导人员与组织的权力，并且强调平衡规划的完美执行。

相反，美索不达米亚北部的神庙更多地是一些单个的房屋，或者是由一些房屋组成的较小的建筑物，没有南部那样的令人敬畏的、超大的院落。然而，北部神庙的墙建得比较厚，比如公元前 3 千纪在卡什卡舒克三丘（Tell Kashkashuk III，长 7.8 米、宽 6.6 米，但是墙厚 1.2 米）和马里的神殿，或者公元前 2 千纪在埃卜拉（Ebla）和布拉克丘的神庙。因此，这种"过剩空间"的模式仍然适应于美索不达米亚北部地区；它是被垂直地而不是水平地围住，这样类似的权力主张也可以实现。从外部看，北方与南方这些不同的建筑都有清晰的视野。

直到公元前 1 千纪的帝国都城开始（尼姆鲁德、霍尔萨巴德、尼尼微和巴比伦城），美索不达米亚的宫殿才比神庙更加有名，不过在更早期有少数宫殿也比较

---

① Smith, 'Form and Meaning'; R. Laurence, 'Modern Ideology and the Creation of Ancient Town Planning', *European Review of History*, 1 (1994), 9 - 18.

② C. L. Woolley, *Ur Excavations V: The Ziggurat and Its Surroundings*, Joint Expedition of the British Museum and the Pennsylvania University Museum (London: Carnegie, 1939).

③ B. Trigger, 'Monumental Architecture: A Thermodynamic Explanation of Symbolic Behaviour', *World Archaeology*, 22.2 (1990), 119 - 132.

④ T. Inomata and L. S. Coben, 'Overture: An Invitation to the Archaeological Theater', in T. Inomata and L. S. Coben, eds., *Archaeology of Performance: Theaters of Power, Community and Politics* (Lanham, Md.: Altamira, 2006), 11 - 44.

⑤ P. Delougaz, *The Temple Oval at Khafajah* (Chicago: Oriental Institute Publication 53, 1940).

有名(公元前 3 千纪位于伊拉克南部的基什[Kish]和埃利都[Eridu];公元前 3 千纪位于叙利亚的贝达尔丘[Tell Beydar]、比亚丘[Tell Bi'a]、马里[Mari]和楚埃拉丘[Tell Chuera];公元前 2 千纪位于叙利亚的布拉克丘、阿尔利马赫丘[Tell al-Rimah]、雷兰丘[Tell Leilan]和马里[Mari]),它们与神庙遵循类似的空间原理:纪念性建筑、对称结构,以及用过多房屋与巨大院落所围起的巨大空间。宫殿和神庙都需要大量的经济投入,在物质上体现和沟通精英力量与他们背后的城市组织。与阿兹特克的中央聚焦不同,美索不达米亚的神庙和宫殿被封闭的城墙所围住,只有有限的进入通道。但是城市居民已经在行政和经济上参与到了神庙和宫殿的事务,成为主要的雇佣劳动力,积极活跃于商业、制造业和土地管理中。进入神庙和宫殿也许会被限制,但是也不会被明显地禁止,而且很可能这已经成为许多城市居民日常生活的一部分了。

继柴尔德关于城市革命的著名文章后,在《城镇规划评论》(Town Planning Review)期刊中,研究美索不达米亚的学者法兰克福(H. Frankfort)提出了一个著名的现代主张,他认为从大约公元前 3500 年开始,美索不达米亚的城市就是"被十分清楚定义的、有活力的、有进取心的主体"。[①] 社会学家把现代的"创造性城市"看作是:集约型经济活动的集中地、移民运动的目的地、获取财富机会的中心地、资助弱势群体的系统,以及艺术与文学文化的源泉。同样地,美索不达米亚城市就是这样一个地方,发现最大的财富,聚集每天的工业生产与外来商品、诞生艺术与文学。现代城市和美索不达米亚城市都是技术与思想更新的创造性推动力。

但是法兰克福其文章的主要焦点是对比有规划的与无规划的美索不达米亚城市。他心目中的有规划城市的模型是新亚述帝国国王萨尔贡二世(Sargon II,公元前 721—前 705 年在位)的都城霍尔萨巴德,它有正方形城墙与位置非常精确的城门与建筑物(尽管并不是完全的对称)。与此相反,大多数美索不达米亚南部和北部的城市及其邻近地区(例如公元前 3 千纪位于巴格达东北部迪亚拉河谷[Diyala River Valley]的哈法捷[Khafajah]和阿斯玛尔丘[Tell Asmar],[②]与伊拉克北部的塔亚丘[Tell Taya],以及公元前 2 千纪的乌尔与尼普尔)无疑都是不规则的和"有机构成的",而且研究美索不达米亚城市的学者苦苦探究的无规划城市其实正是这些地方。"社区"在这里主要是指那些以房屋为主的不断建设的土地,在那里我们期待居民们有频繁的社会交流。上述事例表明,美索不达米亚的社区是"核心的",或者高度密集与聚集的。房屋依照空间大小及地界线被互相牵制,但是没有尝试一致的方位。房屋也不是严格意义上的几何形状,而且它们的外观轮廓与内部细分也随着时间的推移而逐渐变化;街道与小巷蜿蜒曲折、断断续续的,没有铺砌或排水之类的市内建设。房屋之间有共同的墙,并且连成片或街区(大约 5 至 15 座房屋为一街区)。极少有像街道、小巷或广场这样的公共空间。

尤其在乌尔,居民区与商业区靠近小神殿;几乎不存在显著的分区管理。在埃及(阿玛尔纳丘[Tell el-Amarna][③]),不同规格的房屋(可能表示居住者的不同地位)老是靠得很接近。对于贫富与地位差异,没有明确的隔离线。不同阶层的人们之间住得很接近,使得城市的邻里关系很融洽,有很强的社会凝聚力。甚至若干不同阶层的人们之间产生了互相融合与作用:住在一条街上或一个巷子里的人们之间经常有面对面的交流,在一个街区的人们之间的联系就没有那么频繁了,而在一个由若干街区和街道构成的更大的区域内的人们之间的联系就更稀少了,尽管他们有着相同的职业[④]或家族。邻里间的合作行为并没有被记录在文献中,而且邻里关系也不被认为是为了某种目的(如税收)而形成的社会单元;当人们参与世俗的或宗教的机构时,人们之间或家族成员之间可能不是住在一起的。

这种密集占用与不同种类的城市邻里关系在公元前 2 千纪早期的乌尔[⑤]和公元前 3 千纪的阿布·沙拉比赫(Abu Salabikh)、哈法捷及阿斯玛尔丘[⑥]表现得最为显著。然而,在公元前 2 千纪早期的尼普尔的"泥板山"的两个发掘地(TA 和 TB 区)却表现出不同的组合

---

① H. Frankfort, 'Town Planning in Ancient Mesopotamia', *Town Planning Review*, 21 (1950), 99 - 115.

② P. Delougaz, H. Hill, and S. Lloyd, *Private Houses and Graves in the Diyala Region* (Chicago: Oriental Institute Publication 88, 1967).

③ B. Kemp, 'Bricks and Metaphor', *Cambridge Archaeological Journal*, 10. 2(2000), 335 - 346; 343.

④ M. van de Mieroop, 'Old Babylonian Ur', *Journal of the Ancient Near East Society*, 21 (1992), 119 - 130.

⑤ C. L. Woolley and M. E Mallowan, *Ur Excavations VII: The Old Babylonian Period*. Joint Expedition of the British Museum and the Pennsylvania University Museum (London: Carnegie, 1976); K. Keith, 'The Spatial Patterns of Everyday Life in Old Babylonian Neighborhoods', in Smith, *The Social Construction of Ancient Cities*, 56 - 80.

⑥ Delougaz et al., *Private Houses and Graves*; Postgate, 'How Many Sumerians?', 54.

形式：TA 区代表了一种与乌尔类似的形式，即房屋按照各种方式自由组合，而 TB 区的房屋则按照更加正规的方式排列聚集。[1] 如上所述，我们很少知道有关这些相邻建筑的边界或典型形体特征的知识。街道与小巷限定了房屋的街区范围，进入内部的住房聚集区的通道如树枝状般繁多，不过外部边界没有那么多通道。其次，很可能靠近城市边缘的住房的密度要小于城中心的住房。在公元前 4 千纪美索不达米亚北部最早的城市中，有两座代表性城市，布拉克丘与哈姆卡尔丘，在其外城显示了扩散的居住模式：每个城市有一个由成批建筑物及其周围地区围成的中心地带，或者城市的一边显示出不太高的占用率，往往与农村相连。薛伯格经典的"前工业化城市"的描述可能适应于布拉克丘，他认为达官贵人的住宅与权力机构建在城中心，以中心为圆点向外两到三环的地区逐渐安置低层人群与脏污的工业区，[2]人们在对布拉克丘遗址边缘的发掘中复原了制革与制陶工业的证据。然而，这种同中心的组织并不适用于公元前 2 千纪中期的尼普尔，在那里由国王下令进行的城市向南扩张的活动主要是为上层人士提供宽敞的住宅。

在美索不达米亚的早期城市中（如古巴比伦的哈拉顿），偶尔有一些规划住宅案例，但是这些都是比较小的、只存在于一个时期内的居住区，比如行省首府或商业驿站。到公元前 1 千纪时，城市在对土地与领土进行控制方面的潜力被意识到，于是帝国领导者建造新城作为建立权力与维持统治策略的一部分。尽管我们有关新亚述都城居住区的知识不少（参见上文），不过在这一方面，新巴比伦时期南部的城市有更多的证据。巴比伦城与乌尔城都有基于几何原理的城市规划要素，包括正交直线街道勾勒的城市街区。然而，对公元前 1 千纪巴比伦城的完整城市网格的重建主要是根据不充足的资料进行的猜测。[3] 甚至庞大的新巴比伦帝国也不能忽视美索不达米亚城市有机组合的特性以及它们千百年来的传统。在巴比伦和乌尔，即使要建设新的直线街道，那些之前一直存在的小区和房屋的位置走向也不会改变。那时的房屋与街道的位置是不一致的，这导致了城市的平面看起来呈锯齿状，房屋呈不规则的四边形状。这是极少数的美索不达米亚与权力当局作对的案例之一，重要的是它是由占有城市大片土地的上层人士造成的。

虽然美索不达米亚城市自己有对若干等级的解释，但是这种解释也是不平等的。在拉普波特（Rapoport）的"高层次意义"中，[4]建筑空间可能反映一种文化的宇宙论与价值体系；当我们期待在美索不达米亚的纪念性建筑中获得这一点时，这些建筑却显得极富多样性，而且文献中丝毫没有这方面的记载。塔庙在外观上看起来很像山，但是山在美索不达米亚的价值体系中还没有河流重要。对我们而言，尼姆鲁德与霍尔萨巴德的正方形规划也许反映了传统上对领导者的别称："四方之王"，但是当时的文献并不支持这一观点。因此，透过美索不达米亚城市来探讨宇宙论与价值的尝试以失败告终。然而，拉普波特的"中层次意义"（把建筑等同于社会地位与权力的物质表达）与纪念性建筑、高度可见性、劳动力与资本投资，以及把它们定性为王室代表的清晰主张之间，对特定的公共结构而言是有关联的。一方面是高度可见性，另一方面却是进出神庙与宫殿有限的通道（它们与城市居民有最低限度的结合），这些都是没有明确表明的意识形态的反映。美索不达米亚城市很巧妙地匹配它的"低层次意义"，尤其是居住地区封闭的包装与明显无规则的空间化反映了其居民日常的经历与实践，尽管这也束缚了实践行为。

城市化周期

美索不达米亚的城市化并不是一个有规律的单向的趋势，而是视地区、个别定居点的情况有所不同。城市化的顶峰（这要求市中心在地区人口中占有最大的百分比）发生在公元前 3 千纪晚期的美索不达米亚南部及北部。"自然的"城市中心的最大规模也达到了这一点，约为 100 至 150 公顷。这个规模主要是基于农

---

① D. McCown and R. C. Haines, *Nippur I：Temple of Enlil*, *Scribal Quarter and Soundings* (Chicago：Oriental Institute Publications, 78, 1967); E. Stone, *Nippur Neighborhoods* (Chicago：Oriental Institute, 1987); E. Stone, 'Houses, Households and Neighborhoods in the Old Babylonian Period：the Role of Extended Families', in Veenhof, *Houses and Households*, 229 - 235; E. Stone, 'Mesopotamian Cities and Countryside', in D. C. Snell, ed., *A Companion to the Ancient Near East* (Oxford：Blackwell, 2007), 157 - 170.

② E. Burgess, 'The Growth of the City：An Introduction to a Research Project', *Proceedings of the American Sociological Society*, 18 (1923), 85 - 97; G. Sjoberg, *The Preindustrial City：Past and Present* (Glencoe Ill.：Free Press, 1960).

③ H. Baker, 'Urban Form in the First Millennium BCE', in G. Lieck, ed., *The Babylonian World* (London：Routledge, 2007), 66 - 77.

④ A. Rapoport, *The Meaning of the Built Environment：A Nonverbal Communication Approach* (Tucson：University of Arizona Press, 1990).

业可耕地面积,不过也适合于地区已有的交通技术、社会关系、经济交流,以及宗教与政治意识形态。

公元前3千纪的这次城市化浪潮实际上是第二波了,但是绝不是最后一次。最早的城市化地区出现在公元前5千纪晚期与前4千纪早期的美索不达米亚北部,以及公元前4千纪中期的美索不达米亚南部地区。在规模和数量上第一个顶峰出现在公元前4千纪晚期(约公元前3200年)。接下来,在大约公元前3000年城市化面临崩溃(我们极少论及此次崩溃),城市的数量缩减,甚至有些城市被废弃。在公元前3千纪时,经济与政治的变化复苏了城市化进程,但是在公元前3千纪末期却接连发生了两大逆城市化的事件。在公元前2千纪与公元前1千纪出现的城市化与逆城市化没有之前那么激烈,此种情况与政治和气候的发展紧密相连。

在美索不达米亚,一个长期有人居住的地区的兴衰史可以说明一般的居住地周期。美索不达米亚南部中心城市尼普尔可能一开始是公元前6千纪的一个面积几公顷的小农村(这个居住区被掩埋在后期使用的下面地层,但是通过渗透到后期地层的材料文化表现出来)。① 可能有一个小神殿位于尼普尔最重要的神庙(风神恩利尔神庙)的下面地层。在公元前4千纪晚期与乌鲁克扩张同时,尼普尔的规模大约为50公顷,再往后其规模不断缩小。但是到了公元前3千纪中期的早王朝时期,尼普尔的规模再次扩张,面积达到约40至50公顷,并且还有许多附属神庙和松散的社区。尼普尔的中心位置靠近幼发拉底河主干道,易于灌溉及交通运输,可以为农业土地提供充足水源,保证农作物生长,惠及附近其他村镇。此外,作为整个地区万神殿主神恩利尔所属的城市,尼普尔在宗教领域也享有重要的地位。恩利尔神庙是公元前3千纪晚期的阿卡德王朝王室权力扩张的目标。在地区混乱所导致的中断之后,尼普尔维持了一个相对稳定的规模与内部结构,只是在公元前3千纪的最后一个世纪里乌尔第三王朝的国王们扩张了它的规模。这次的扩张包括城墙的建造,其围绕的面积达135公顷,还有在城南边合并了一个新的以前没被占用的地区。与此同时,在恩利尔神庙的平台上建起了一座塔庙,其附近的伊南娜神庙也被扩建了,而且随着更大的建筑物与更宽的街道

的建设,邻近的房屋也得到恢复发展。

但是,在公元前2千纪尼普尔城的规模迅速收缩,起初是由于政治上的忽视与宗教上的重组降低了恩利尔的权威,最终的原因是环境恶化与幼发拉底河主干道水资源短缺。实际上,尼普尔在约公元前1720年就已经被遗弃了(部分被沙丘覆盖),只是从约公元前1400年开始,在新的加喜特国王的统治下它再一次成为政治扩张的目标。乌尔第三王朝时期的城墙被重建,另外新来人员为重建神庙计划提供了劳动力。城市南部再次被扩张的郊区房屋与花园填充,类似于今天的"城市蔓延"。② 从约公元前1225年到前750年,另一波来自东方民族的军事入侵引起的环境上和政治上的灾难,再次废弃了这座城市,除了在主神庙偶有修复之外。尼普尔接下来成为了新亚述帝国的要塞,这时期建造了一座最终的城墙,并且重建了更多的神庙,使其成为公元前1千纪中期城市居民与游牧民族之间交流的重要贸易中心。在公元前1千纪之后,随着其他地区的繁荣与地位的上升,尼普尔再一次衰微,在阿黑门尼德王朝与塞琉古王朝时期不再作为行省中心,公元1—2世纪作为帕提亚帝国的要塞,在此之后的萨珊波斯与伊斯兰统治早期其规模急剧缩小(可能成为当地的制陶中心),并且最终在公元800年左右被遗弃。

这些城市循环周期见证了尼普尔的扩张与萎缩历史,它从一开始只有几公顷大小发展为面积超过135公顷的庞大城市,从开始的自然发展进入到后来的城市规划。这些在规模与内部构造上的变化大体要归因于以下方面的结合:自然发展、政治趋向性与环境恶化或改善。这些导致尼普尔城展现出非同一般的"可持续性",包括它的中心位置及水道,但是这些优势在其他地区也存在;因此事实上,尼普尔在宗教上的重要性以及人们有关宗教的政治意识,才是关键的因素。这些周期的结果是尼普尔现在成为一个多土堆的废墟,在有的时候,这种废墟也构成了城市萎缩时期城市面貌的一个特征(详细论述参见下文)。尼普尔的城市周期也在美索不达米亚南部其他城市存在,比如乌尔。美索不达米亚北部的城市(如布拉克丘)也有类似的发展与衰亡的周期,只是由于不同的气候与政治原因,在

① See also M. Gibson, 'Patterns of Occupation at Nippur', in M. deJ. Ellis, ed., *Nippur at the Centennial* (Philadelphia: University Museum, 1992), 33 - 54.

② M. E. Smith, 'Sprawl, Squatters and Sustainable Cities: Can Archaeological Data Shed Light on Modern Urban Issues?', *Cambridge Archaeological Journal*, 20(2010), 229 - 253. 人们在拉尔萨[Larsa]的北角发现了类似的"郊区"; Y. Calvet, 'Maisons privées paléo-babyloniennes àLarsa: remarques d'architecture', in Veenhof, *Houses and Households*, 197 - 209。

周期的幅度与规模上与南方城市有所不同。城市的萎缩或逆城市化不应该被看作是本地区社会的衰退，而是作为一种适应策略。

城市后勤与相关问题

美索不达米亚南部的城市一直以来在后勤上有一个约束：在这干旱的地区，与河道与运河相连是至关重要的，因为在这儿农业只能依靠人工灌溉。河流与运河对于灌溉的作用是众所周知并且已经被多次地强调，但是它们对于交通运输的作用同样重要，因为船运是大宗农产品与建筑材料的主要运输途径。许多城市都是以水路为中心建造的（例如流经巴比伦、马什坎-沙皮儿［Mashkan-shapir］、拉尔萨和乌尔的运河，或流经尼普尔和巴比伦的河流）。勒·柯布西耶（Le Corbusier）的著名论断坚持认为"明日的城市"必须要远离河流，因为河流起到的服务作用不明显，而现代码头的污秽与工业破坏可能是他担心的问题。过去的美索不达米亚河岸，像城市边缘一样，处于未完全开发的状态，但是河岸旁可能有积极的城市元素存在，如市场、花园或豪宅。因此，对农业、交通运输与生命本身来说，水源可能决定着城市中心区的人口流动及空间分布，以及街道与纪念性建筑的布局等城市化蓝图。河流可能有多重作用。它们有固定的线路或者各功能区之间有限定的边界及流向。但是它们也可以为了促进流动性以及给城市提供其他优势从而改变河道。

美索不达米亚北部的城市并不是那么强烈地依赖河流与运河，因为那里的农业依靠降雨，尽管附近的水源也依然很重要。但是尤其是到了公元前1千纪进入帝国时代，在北方建起的许多人工运河带有双重目的，一方面是为那里依靠降雨的农业补充水源，另一方面是加强政府对城市与土地的控制力度，试图在思想和实践上将城市与统治中心连接起来。

尽管一味地强调城市中水源的重要性，但是在美索不达米亚城市中，人们还是经常要走很远的距离才能到河流与运河中取水。我们不清楚当时的人们会不会打井（这与印度河流域文明不同，参见本书第5章），而且在城市里也没有运河流经（除公元前2千纪的马什坎-沙皮儿和公元前1千纪的巴比伦有少数运河流经以外）。如上所述，我们还不清楚美索不达米亚城市的公共服务。有宗教服务，也有如防卫、外交和解决争端的服务，但是行政当局却没有提供日常生活中最基本的服务。

需要取水的地方，必须远离垃圾。垃圾却不是一个单一的问题，而是城市居民比其他小团体中的人们制造的更大、更棘手的难题。在美索不达米亚的城市中，城市空间的密集占用与市内设施的缺乏使得乱丢垃圾成为另一个问题。在新石器时代从采集狩猎到定居农业的转变过程中，物质文化的数量已经得到快速增加，这是一个不可阻挡的趋势的开始。市民们拥有更多的工具和陶器，他们经常打碎这些东西；加之食品废弃物、人与动物的粪便，以及生产中的残骸碎片，所有这些都成为城市垃圾的来源。传统观点认为，有些垃圾可以被移走并且撒在田地里（"施肥"），以增加土壤肥力；有证据表明这种回收垃圾的做法尤其在公元前3千纪的许多美索不达米亚北部地区盛行。其他垃圾只是被放在原处：在家里和街上，没办法只能填在地里，慢慢地街道地层也被填高了。可以说，垃圾就是地层，地层也是垃圾；两者都是考古学的基本挖掘对象。但是地层与肥料不等于所有的城市垃圾。在公元前4千纪中期的布拉克丘和公元前3千纪的阿布-沙拉比赫与乌尔，垃圾被用作构造与制作城市景观的材料来源。在布拉克，若干世纪以来，成堆的垃圾被用来覆盖因暴力反抗而死的人们，形成一个个巨大的墓地，部分垃圾被堆放到城市外围边缘，形成城市自然的外围城墙。在阿布-沙拉比赫与乌尔，垃圾被堆在神庙机构的商业区与工业区附近。这些垃圾堆由神庙祭品、泥板与泥印、家庭垃圾及废弃物组成。在个别情况下，那些含有特殊成分与在垃圾堆里十分显眼的垃圾被称为"神圣垃圾"。通过发现垃圾正面作用的这种垃圾堆的整合可能是解决问题的一个好方法。

对垃圾问题论述的不足成为勉强讨论美索不达米亚城市经历的其他问题的先兆。美索不达米亚城市是技术与思想进步的来源，但同时也是社会冲突与疏远的孵化器。战争不是城市所特有的，但是在美索不达米亚城市化之后，战争变得越来越频繁与正式化。这些战争冲突通过城市间对水源与土地的争夺引发（比如艺术与文献中表现的温马［Umma］与拉伽什［Lagash］之间的战争），或者是内部的社会冲突（比如布拉克丘的大型墓地）。城市很显然在运转着，或者它们的数量不会一直那么多，也不会一直长久存在下去，但是住在城市里的人们时常与高额花费与牺牲相伴。

从未完工的城市

考古学家们利用"阶段""地层"或其他显著的时间片段来想象与讨论包括城市在内的许多居住地。这些术语便于描述历时变化或停滞，能够有效地将一些地方与其他居住地相比较。但是美索不达米亚城市既是过程也是结果;它们不断地发展。尤其是,城市建设从未停止,不管是私人家屋墙的重建还是国家层面上的神庙建设。实际上,建设的持续性是任何美索不达米亚城市的特性。

从早期国家直到帝国晚期,都有持续性建设的案例。乌鲁克主要的宗教区埃安纳庙区最显著的特征是在公元前4千纪中期就达到了城市规模。特别是到了公元前4千纪晚期,这个庙区在短短200年左右的时间里经历了20多次的建设、拆除与重建的过程。通过重建,领导者彰显他们与传统价值的连接,但是通过建造更新更大的建筑,他们又将自己与将来的重建工作联系起来。整个城市景观由以下部分构成:旧建筑、新建筑、修复的建筑、废弃的建筑与土丘、公共空间以及施工工地。例如,公元前1千纪的文献中有对公共空间的描述,并且提到了废弃房屋的买卖。[①]

考古学家们也聚焦于"最终"的城市规划,但是可以论证的是,这种建设过程也是过去许多建筑项目所要达到的目标。新亚述的宫殿与新都城的建设可能有意延长了几十年。这种延期建设项目体现了对人们、空间与时间的控制。在阿兹特克与玛雅的建设项目中也有类似的观点,即强调劳动力的集合性、社会整合与思想的接受。[②]

腹地与城市、城市与城邦

亚当斯(R. McC. Adams)是强调腹地与城市相互作用这一美索不达米亚城市化理论最权威的支持者。[③] 城市与腹地的经济联系以及政治性城邦的重建,在传统上可以从一个地区围绕与连接任何一个城市的规模层次结构(若干农村、少量城镇、一个城市)的方面得到解释。文献记载对我们认识腹地与城市的重建也十分重要:文献证明在伊拉克南部城市温马周围有大约150个附属定居点,这些定居点大到城镇,小到农村甚至是更小的由几排房屋组成的建筑群。[④] 城市

与腹地一般在地理位置上是相连的,但是重要的资源与消费区(沼泽、草原)在经济上可能依附于邻近的或更远的城市中心。有关各种材料的长途贸易表明,遥远的地区也可能成为许多美索不达米亚城市的经济腹地(例如,乌尔王陵中的珠子来自印度河流域;参见本书第5章)。类似地,城市间的政治控制可以相连,也可以分散。在美索不达米亚南部,腹地常常沿着北、西、南、东的顺序向外延伸,其次是顺着河流与运河的方向延伸。在美索不达米亚北部,腹地更接近于克里斯泰勒(Christaller)的正多边形理论,但是也受到运输条件或由河流与裸露岩石所产生的阻碍的影响。

在早期美索不达米亚城市发展的经济模式中,人们往城市的迁移是城市产生的根本原因,这种迁移意味着腹地将工艺生产让渡给城市,城市引进手工艺,并将其转变为高效的、受到中枢管控的工业。城市居民及其经济上的协作造就了新的商品(精致的装饰品)以及日用品(陶器、纺织品)的商品化,进而与供求相联系。此外,越来越多的农业与农村腹地开始为城市出产更多的生活必需品以及原始资源(比如粮食、羊毛制成的纺织品,以及麦秆制成的砖块),以交换城市中的手工艺品。

因此,从公元前4千纪中期开始,以专业化、妇女的合作作用(尤其在纺织品加工中)与生产及需求相结合的后福特主义实际上已经成为美索不达米亚城市的典型特征。这反映了简·雅各布(Jane Jacobs)的"城市经济生活之火"[⑤]与索亚(Soja)的"聚集"(synekism)[⑥]理论,即紧密聚集的人们带来了积极经济的刺激,也使人们在经济上产生了关联。但是在美索不达米亚,市场和精英经济与工业不是一成不变的。早期城市的生产集中化与后期成熟城市的分散工业形成了鲜明对比。例如,在公元前2千纪早期,赤陶板生产地从乌尔转到了约1.5公里远的附近小镇迪克迪卡赫(Diqdiqqah),而尼普尔以东约24公里的乌姆·艾尔-哈弗利雅特(Umm el-Hafriyat)的制陶地从公元前3千纪直到前2千纪一直都为若干城市中心服务。手工

① H. Baker, 'From Street Altar to Palace: Reading the Built Environment of Urban Babylonia', in E. Robson and K. Radner, eds., *Oxford Handbook of Cuneiform Culture* (Oxford: Oxford University Press, 2011), 533 - 552.

② Smith, *Aztec City-State Capitals*.

③ 参见 Adams and Nissen, *Uruk Countryside*; R. McC. Adams, 'An Interdisciplinary Overview of a Mesopotamian City and Its Hinterlands', *Cuneiform Digital Library Journal*, 2008, 1; id., *Land behind Baghdad* (Chicago: University of Chicago Press, 1965); id., *The Heartland of Cities* (Chicago: University of Chicago Press, 1981).

④ P. Steinkeller, 'City and Countryside in Third Millennium Southern Babylonia', in E. C. Stone, ed., *Settlement and Society: Essays Dedicated to Robert McCormick Adams* (Los Angeles: Cotsen Institute and Chicago: Oriental Institute, 2007), 185 - 211.

⑤ J. Jacobs, *The Economy of Cities* (New York: Random House, 1969).

⑥ E. W. Soja, *Postmetropolis: Critical Studies of Cities and Regions* (Oxford: Blackwell, 2000).

制造可能已经瓦解了，生产的地理位置也改变了，但是在这两种情况下，正是城市的需求支持了这种变化并且使其成为可能。与工业分散性的这种类比，以及与其相关的劳动力住所，在19世纪80年代至20世纪芝加哥的普尔曼(Pullman)和卡柳梅特(Calumet)两个小镇以及印第安纳州的加里市(Gary)也可以看到。

在美索不达米亚，城市与政治国家经常被混为一谈。我们已知的最早国家在其核心有城市，而且最早的城市就是国家的中心。在某种程度上讲，美索不达米亚的城市网中的政治城邦是建立在经济的相互作用模式之上的，因为有证据表明某些早期的工场与手工制作至少是间接被控制的，或者是通过专门的精英资助，或者是通过机构的管理。由城市机构给农村人口提供的宗教与市内供应正好填补了城邦结构的剩余部分。美索不达米亚的腹地被看作是开发不充分的以及被剥削的那一方，导致这种结果的原因部分是因为在经济和经验上的这种基础，部分是因为古代文献的不平衡记载（偏向神庙与宫殿）。宗教活动、防卫等常常较少得到记载，人们也不清楚其真实的价值。美索不达米亚城邦是一个非常成功的政治、经济机构组织，当更大的区域性或地区性国家瓦解时，城邦经常获得受到默认的独立地位；反之，城邦则经常掩盖在帝国的外表之下。

文献与艺术中的美索不达米亚城市

美索不达米亚与埃及和罗马世界一样，留下了密集的考古证据与丰富的文献记载。美索不达米亚不仅有世界上最早的城市，而且还是文字最早的发明地，为了管理经济活动，文字在美索不达米亚南部城市被发明出来。当时的美索不达米亚人很快就掌握了这种记载历史、法律、科学、医学、数学与文学的新技能。

在美索不达米亚的信仰体系与政治言辞中，个别城市产生了巨大的影响。美索不达米亚的文献材料包括以下几类：哀歌，其产生背景是当一个城市被毁灭时以及它的保护神被移走时（如《苏美尔与乌尔毁灭哀歌》[Lamentation over the Destruction of Sumer and Ur]、《尼普尔哀歌》[Nippur Lament]）；伪历史文献，记录王权传到具体的城市（如《苏美尔王表》[Sumerian King List]）；以及军事行动编年纪，尤其是著名的新亚述国王们的编年纪（如辛那赫里布[Sennacherib]、阿淑尔巴尼帕[Ashurbanipal]），记载了若干敌对城市被毁。

然而，在美索不达米亚艺术中，城市很少被体现，

虽然在公元前1千纪的帝国艺术中，这一主题曾短暂流行过。新亚述的王宫浮雕中经常描绘包围与征服外国城市的场景，有时也有被俘的首领们列队拿着城市的模型的画面。在任何情况下，城市都是通过其最显著的特征表达出来的，就像从外面看，只能看到锯齿状的城墙与塔楼一样。这很像 *alu*/URU 用来表示任何居住地，这些艺术的表达十分具有通用性。

结语

美索不达米亚城市包含规划的神庙与宫殿以及没有规划的邻近地区与工业区这些基本要素，但是个别城市以不同的方式处理与安置这些要素。在帝国的人造城市出现之前，水道、交通线路及其与腹地的联系，这些是比防御或较高的象征性视野更加重要的位置变量。美索不达米亚的城市与城邦是成功的历时长久的组织体系，尽管它们被证明在日常后勤问题方面有困难，且存在潜在的社会压力。关于短期与长期的活动与趋势，个别城市和整个地区经历了不同的占用、发展与衰落的周期。最重要的是，美索不达米亚的城市是一个过程，一个永不停止变化、生产、消费、废弃与建设的场所。

参考文献

Adams, R. McC., *Heartland of Cities: Surveys of Ancient Settlement and Land Use on the Central Floodplain of the Euphrates* (Chicago: University of Chicago Press, 1981).

——'An Interdisciplinary Overview of a Mesopotamian City and Its Hinterlands', *Cuneiform Digital Library Journal* (2008): 1 www. cdli. ucla. edu/pubs/cdlj/2008/cdlj2008_001. html.

——and Nissen, H., *The Uruk Countryside: The Natural Setting of Urban Societies* (Chicago: University of Chicago Press, 1972).

Algaze, G., *Ancient Mesopotamia at the Dawn of Civilization* (Chicago: University of Chicago Press, 2008).

Baker, H., 'Urban Form in the First Millennium BCE', in G. Lieck, ed., *The Babylonian World* (London: Routledge, 2007), 66 - 77.

Childe, V. G., 'The Urban Revolution', *Town Planning Review*, 21 (1950), 3 - 17.

Emberling, G., 'Urban Social Transformations and the Problem of the "First City": New Research from

Mesopotamia', in M. L. Smith, ed., *The Social Construction of Ancient Cities* (Washington, DC: Smithsonian Books, 2003), 254 – 268.

Frankfort, H., 'Town Planning in Ancient Mesopotamia'. *Town Planning Review*, 21 (1950), 99 – 115.

Oates, J., McMahon, A., Karsgaard, P., al-Quntar, S., and Ur, J., 'Early Mesopotamian Urbanism: A New View from the North', *Antiquity* 81(2007), 585 – 600.

Smith, M. E., 'Form and Meaning in the Earliest Cities: A New Approach to Ancient Urban Planning', *Journal of Planning History*, 6/1(2007), 3 – 47.

Steinkeller, P., 'City and Countryside in Third Millennium Southern Babylonia', in E. C. Stone, ed., *Settlement and Society: Essays Dedicated to Robert McCormick Adams* (Los Angeles: Cotsen Institute and Chicago: Oriental Institute, 2007), 185 – 211.

Stone, E., *Nippur Neighborhoods* (Chicago: Oriental Institute, 1987).

——'Mesopotamian Cities and Countryside', in D. C. Snell, ed., *A Companion to the Ancient Near East* (Oxford: Blackwell: 2007), 157 – 70.

Ur, J., Karsgaard, P., and Oates, J., 'Early Urban Development in the Near East', *Science*, 317/5842 (2007), 1188.

van de Mieroop, M., *The Ancient Mesopotamian City* (Oxford: Clarendon, 1997).

Veenhof, K. R., ed., *Houses and Households in Ancient Mesopotamia* (Istanbul: Nederlands Historisch-Archaeologisch Instituut, 1996).

Yoffee, N., 'Political Economy in Early Mesopotamian States', *Annual Review of Anthropology*, 24 (1995), 281 – 311.

刘昌玉 译 陈 恒 校

第3章

古地中海世界城市

罗宾·奥斯本　安德鲁·华莱士-哈里德尔

49　　公元 2 世纪的希腊作家波桑尼阿斯(Pausanias)在《希腊纪行》的最后一部书中有对希腊中部福基斯(Phokis)的小城帕诺佩司伊(Panopeus)的著名讨论。在这一讨论中他问道:如果一个聚居区没有行政机构,没有体育馆,没有剧院,没有文娱中心(广场),没有公共饮水设施,能否被看作一个城市。古地中海城市化的现代讨论也已经关注城市个体,通常采用相似的方法,将挖掘出的防御设施、宗教设施以及市政中心作为希腊城市的必要特点。① 其他的研究已经构建了古地中海城市特征的清单,这个清单聚焦于更加抽象的品质,最有名的聚焦是戈登·柴尔德(Gordon Childe)做出的,他的清单包含这些特征:独特的手工技艺、书写的应用、社会的分层。② 古代城市的"必要特征"是"政治、宗教、文化中心的创建",然而即使是根据这一必要特征对城市做的最普遍的定义,也过度决定了什么可以被视为城市,而忽略了城市最基本的特征。对星罗棋布的古地中海城市来说,最重要的事实是,虽然它们或许会为成为自治和自给的单元而自豪,但它们不过是更广泛网络上的功能性节点。③

　　古希腊、古罗马文明(通常是那种纯正的城市生活)已经成为主导现代城市的精神支柱,关于古代城市的讨论,主要目的是向人们展示,有多少种不同的定居城市的方法早已在古代产生,并且揭示独立与依附之间的一些基本张力(经济或者其他方面的),这意味着城市总是需要更广阔的网络却也常常否认这一网络。

　　对古地中海城市独有的特点进行公开的讨论后,我们试图展现,古地中海的历史在古代怎样成为构建和利用城市网络的历史,怎样成为不同网络组织展开竞争的历史。继而我们探索各色城市在这些城市网络中发展出的,发挥了独特作用的事物。然而我们必须承认,人口相对稠密与规模相对较大的社区,总是既需要一些政治组织,也依赖一个更大的经济网络,我们强调政治与经济都不是城市化必需的主要动机,指出城市在具有有限政治与经济力量的群体中的运作方法。我们已经选择解释城市所维系的重叠功能与相互关系的范围,而不是去阐释在特定时期的特定城市或城市类型。我们认为这里没有像"古典的城市""希腊化城市""古代晚期城市"这样的事情。一些功能确实在某个特定的时段,在一些城市里被广泛地实施过,其他的功能在其他的时间也同样被广泛地实施过。但是在研究城市化的背景中更普遍。城市网络的重要性在于鼓励独特作用而不是通过节点分配这些作用,这是最重要的。 50

古代地中海城市的特点

　　古地中海盆地可以作为现代城市面临的残酷考验的镜子。显而易见,在公元前 1 千纪到公元 1 千纪前半段的广阔历史时期,我们可以看到一个密集的复杂

---

① 参见 Gustave Glotz, *The Greek City and Its Institutions* (London: Kegan Paul, Trench Trubner & Co. Ltd, 1929)。

② V. Gordon Childe, 'The Urban Revolution', *Town Planning Review*, 21 (1950), 9‑16。对柴尔德关于古希腊城市的讨论,参见 Mogens Herman Hansen 编著的 *The Polis as an Urban Centre and as a Political Community*, Acts of the Copenhagen Polis Centre, vol. 4. (Copenhagen: The Royal Danish Academy of Sciences and Letters, 1997), 87‑144 中的 Catherine A. Morgan and James J. Coulton, 'The Polis as a Physical Entity'。

③ 引文源自 Wolfgang Liebeschuetz, 'The End of the Ancient City', 载自 John W. Rich 编著 *The City in Late Antiquity* (London: Routledge, 1992), 1‑49 at 1。有人反对运用任何术语对特性进行定义,除了对人口密度特性的定义外,参见 Robin Osborne, 'Urban Sprawl: What Is Urbanization and Why Does It Matter?', 选自 Barry Cunliffe and Robin Osborne 共同编著的 *Mediterranean Urbanization 800‑600 BCE* (Oxford: British Academy/Oxford University Press, 2005), 1‑16。

的城市网络在古地中海世界发展出来,直到近代早期再也没有出现过与之相匹配的城市景观(参见区域地图 I.1)。

古地中海城市在三个方面极为引人注目:首先,古地中海城市中有很大比例的城市是有意识建造的,这些定居点远不是自然地成长的,它们是有计划的人工播种。古地中海世界是一个城市的世界,因为它的居民使它这样。他们所做的并不是一个城市建造的单一过程,而是一个重复的过程:所有地中海地区伟大的强权都通过城市建筑展现他们的力量。

最早可追溯到公元前 9 世纪,腓尼基人在西地中海开始了城市建造的程序,他们在北非海岸、西班牙南部、撒丁岛和西西里创建了一系列城市。在公元前 8 世纪、前 7 世纪以及前 6 世纪,希腊人建立的城市遍及地中海世界中心区域(最西边到达安普利亚斯[Ampurias],位于西班牙东北部的古恩波利昂[Emporion],"Emporion"为集市之意)、爱琴海北部、黑海、环地中海东部地区的末端(包括埃及的诺克拉提斯[Naukratis])以及利比亚。这些城市中的一部分是个体主动建立的,其他的是通过已存城市在别处建立新定居点的方式有意决定建造的,这些在别处建的殖民地都被期望与母邦保持联系。在公元前 5 世纪、前 4 世纪和前 3 世纪,最强大的希腊城市,尤其是雅典及随后的希腊化时代的君主(马其顿国王菲力二世[Philip II of Macedon]创建的模式,这种模式被亚历山大大帝以及他的继承者效仿),为了战略原因在所选择的位置建立有规划的定居点。罗马确立了它的统治,首先在意大利,然后通过创建新城市或者在老城市注入新移民的方式向外扩展,这些新城市通常被称为"殖民地",一种他们认为可以追溯到公元前 6 世纪的王国时代的模式,事实上这种模式可以再往前推三个世纪。在这些以这种方式播种的城市中,有大量的城市此后一直不断地成为人们的居住地。

这些城市得以成功创建很大程度上源于其第二个显著的特点:尽管古典古代因城邦而闻名于世,但是作为一个独立区域的中心,古代城市并不仅仅是孤立的人口中心,而是被融入到宗教、政治、经济的网络中。[1] 一些城市是网络的一部分,它们形状细长,其设计只为了达到一种特殊的效果,即在有限的方向上最大限度地提高连接性,腓尼基人建造的一连串城市即属于这种情况;值得注意的是这些网点上的许多城市,从未被后来的城市社区重复占据。[2] 但是大多数城市从一开始就是,或者说成为了这个密集而充满弹性的网络的一部分,这一网络最大化地扩大了内部城市所连接的方向和道路的数量。[3] 尽管这种连接是城市自己持续坚持的结果,但毫无疑问这既是城市自治重要性的原因也是城市自治重要性的体现。

正是这种独立"单元"的自治使得它们的城市网络更加紧密而有效率。每一个单元都被认为是围绕某一统治中心,由农场、村庄以及小定居点串联而成的独立网络。城市之间时常相互竞争以便控制更多的领土,同时也是对自己网络中组成部分的整合,成功的城市通过牺牲别的城市的利益获得更多的领土;但是所有人都明白,拓展其自身内部网络和拓展城市外部网络存在差异。雅典击败麦加拉(Megara)后控制它的领土是一件事情,而迫使麦加拉的城市网络加入雅典的联盟就是另外一件事了。

第三,存在于古地中海城市的社区已经意识到自身的法人地位并且消耗了相当大比例的资源用来发展公共福利、公共建筑以及其他纪念物,这些措施使得人们重视作为一个整体的社区,而不是重视社区中的个体成员。在古地中海的城市建筑中最吸引人眼球的是神庙和柱廊而不是宫殿和城堡,公共设施的建造在不同的城市是不同的,但达到某种深度的有纪念意义的公共设施是定期开放的,因为无论是授权或举行经济活动、公众自治或说运动会,音乐活动都是每一个重要宗教节日的中心组成部分。

综上所述,延续逾千年的古地中海城市有着自身显著的共同特征,然而古代城市和古代城市化不能被看做一个单一的现象。探讨古地中海经济特征的历史学家,把地中海通常在公元前 8 世纪到公元 6 世纪的整个历史时段当作一个单独的阶段,在这段时间内人

---

① 希腊城邦正在受到由汉森主导的大规模的特别调查,参见 Mogens Herman Hansen 所主编的 *A Comparative Study of Thirty City-state Cultures:An Investigation Conducted by the Copenhagen Polis Centre* (Copenhagen:Kongelige danske videnskabernes selskab, 2000),以及 Mogens Herman Hansen and Thomas Heine Nielsen 编著的 *An Inventory of Archaic and Classical Poleis* (Oxford:Oxford University Press, 2004)。

② Maria Eugenia Aubet, *The Phoenicians and the West:Colonies, Politics and Trade* (2nd edn., Cambridge:Cambridge University Press, 2001)。

③ Perigrine Horden and Nicholas Purcell, *The Corrupting Sea:A Study of Mediterranean History* (Oxford:Blackwell, 2000)。

类的居住区被同一种历史力量塑造着。① 从希腊和罗马的城市布局、社会和政治信息、独特的文化以及城市与乡村的关系上可以看出希腊和罗马的城市被范式化了。这一理论将会产生持久的影响，并且进一步支持了"仅有一座单一的古代城市，它和现代的城市相同"这一论点。

但是匆匆一瞥我们或称为城市的定居点，我们仅强调了在古代地中海世界发现的巨大多样性。尽管从最早的定居点的建立到复杂的帝国系统的创建——从亚历山大到罗马帝国——城市都是或者被认为是控制领土的手段。尽管城市通常作为社会、经济以及（或者）文化转换的引擎，并且被看作定义文明的一个标准，古代城市在形式和功能上太过多样，我们不能用任何简单的方式将它们与现代城市的景观扯上关系。

正如马克斯·韦伯所指出的，在政治上与经济上城市（包括它的次中心和村庄所构成的网络）对乡村的整合关系，使其与中世纪欧洲的城市截然不同，在中世纪的欧洲，城市与农村呈现出强烈的反差。② 古代实现了少数主要城市的联合，尤其是罗马本身。然而大多数古代城市中心的人口并不多（甚至文化底蕴深厚的雅典，包括港口城市比雷埃夫斯[Piraeus]，在这一区域拥有城市和郊区人口共 140000 人），甚至行政权力中心没有定居者也是可能的。当城市生产活动（例如，食物、酒、油、衣物、砖块等生产活动）与农村的生产紧密融合时，我们很难辨认城市经济的独特之处。遍及地中海地区的密集贸易网络形成了令人惊叹的货物交换水平，但是很显然只有在罗马帝国，这激发商业进化为独立的经济部门。

更重要的是，随着时间的推移情况确实发生了改变。所有早期的城市聚居区都很小，用现代城市的标准来衡量，它们中的许多是极小的。但是在古代的进程中，城市的平均规模都增加了，并且更明显的是，最大的城市和最小的城市之间的差距变大了。一个巨大的帝国中心罗马城发展到拥有百万人口并非易事，但是政治意义很小的城市——安条克或者埃及的亚历山大——其面积也扩展了 1.5 倍。克里斯泰勒考察在不同的经济、政治、文化条件下围绕中心区域形成的网络的不同性质时，他抽象地建构了力量种类，这在我们所

考虑的时间跨度超过 1000 年的作品中可以看到，这些力量在网络中产生的各种"流动"，这要求或者使得城市拥有不同的形式和功能。

作为网络历史的城市史

古代地中海世界的历史就是一个城市网络构建、扩展、聚集、消失的历史，网络和节点连接在一起，没有其中任何一个都是不可行的。在公元前 9 世纪到前 6 世纪之间，第一个可以称作城市的人类居住区出现了，新城市定居点的创建迅速将一个又一个城市连接起来。腓尼基人和希腊人都在距自己家乡很远的地方建立了新的居住区——腓尼基人在北非、西班牙、西地中海建立了居住区；希腊人在爱琴海北部、黑海、亚得里亚海、西西里、意大利、法国南部以及北非建立了居住区。③ 尽管移居者来自若干城市，与一个过去的特定城市相连接成为一种特权。这与新社区的独立自治是可共存的，但是可以确定的是，在网络中新城市的连接使它明白母邦对于自身的重要性。一些城市像优比亚岛（Euboee）的哈尔基斯（Chalcis），与邦外的一个或极少数的几个城市相联系；其他的城市像艾奥尼亚（Onia）的米利都（Miletos）与许多邦外的城市相连接。没有城市被认为在新城市创建的过程中发挥了很大的作用，那种认为它们仅仅是处理过剩人口的观点是没有事实依据的：它们运用有效的连接实现了网络的扩张。

很明显城市的扩张和文字的扩散同时进行，这并不是巧合。维系扩展到整个地中海地区的网络，交流是必不可少的。这就产生了对书写语言的需求；希腊人借鉴了腓尼基人的字母文字以及对外扩张的理念并不令人感到惊讶，同样不需要惊讶的是明显相近的字母来源于同一个母邦。书写对于城邦在空间上的扩展和在时间上的延伸都是必要的。书写的最早公共用途之一是记录法律，新的定居者注意到他们立法者的卓越故事。规律性源自固定的规则，这种规律性与城市在形式上展现出来的规律性是一致的。防御墙与最初的定居点很少有关系，相反，最初的定居点见证了不同公共区域的选定和城市空间被划分为块状，此种情况

---

① 对于所有不同的方式，Moses Finley, *The Ancient Economy* (Berkeley: University of California Press, 1973) 以及 Horden and Purcell, *The Corrupting Sea* 大体上都持这种看法。

② Max Weber, 'Die Stadt: eine soziologische Untersuchung', *Archiv von Sozialwissenschaft und Sozialpolitik*, 47 (1920-1921), 621-772, *Wirtschaft und Gesellschaft* 再版 (Tubingen: Mohr, 1922)。对于韦伯关于古希腊城市的观点参见 Mogens Herman Hansen, 'The *Polis* as an Urban Centre: The Literary and Epigraphical Evidence', 选自汉森主编 *The Polis as an Urban Centre*, 34-54。

③ Irad Malkin, *A Small Greek World: Networks in the Ancient Mediterranean* (Oxford: Oxford University Press, 2011).

如果在最初的时候没有形成彻底的惯例,通常在两代人的时间里,它会完全地惯例化。第一个网格状模式最早出现在公元前7世纪,早于公元前5世纪米利都的希波达莫斯(Hippodamus)的网状城市建筑理论。①

在早期,第三种如此独立建立的网络很好地阐释了城市中心和网络的相互依赖关系——伊特鲁利亚人或许是受到腓尼基和希腊影响的典型例子。伊特鲁利亚人掌握冶金资源,这使他们与希腊人和腓尼基人都建立了联系。从公元前8世纪到前7世纪,它们快速地进化为拥有城市中心的自治城市网络,再一次,并非巧合的是,伴随着独立的城市开始在波河流域的博洛尼亚附近和南意大利——最远到达与希腊人领土重叠的萨莱诺(Salerno)地区——建立新的社区,城市网络的同步扩张开始了。文字、复杂独特的城市文化的发展以及有规划的城市一起构成了伊特鲁利亚人的特征,就像希腊人和腓尼基人一样。这种网状的城市是伊特鲁利亚文明的玛扎博多(Marzabotto)和庞贝城的一大特色,就像腓尼基的索洛托(Solunto)一样。在意大利中心地区,这种城市网络的新形式迅速产生了影响:罗马迅速发展为公认的都市中心,成为公共集会的中心,卡托比奈山丘(Capitoline)得到了巨大的发展,实现了从公元前8世纪开始的向公民社会(cives)的转型。与此同时罗马的邻居拉丁姆(Lattium)以及其有潜力的社区,在处理好城市自治与网络连接的关系后,作为独立城市与罗马结成联盟。②

物质、服务以及观念在网络中的流通变化很小,无论是由于地理位置、自身资源,还是由于当地历史机遇的原因,一些节点(网络中的城市)成长为支配网络的中心城市。古希腊海外定居点的一个显著特点是,几乎不会选择认同自己属于拥有广阔领土的城市。因而在政治上实现对希腊大陆统治的雅典和斯巴达,仅仅被视为一个或两个较早城市的母邦。但是雅典和斯巴达这样的城市并不是没有网络:公元前6世纪斯巴达建立了一个城邦联盟的政治网络,以确保其在伯罗奔尼撒半岛的统治地位。公元前5世纪的雅典利用其他城邦需要雅典海军支持以抵御波斯的需要,建立了一个拥有250个城市(在希腊世界总共有1000多个城

市)的帝国,这是城市发展史上的经典案例。

雅典帝国的城市保留着名义上的自治,但是资源流动的平衡总是不稳定的,因为雅典流出的是军事力量,而流入雅典的是强制性捐款,当然,这也加强了自由贸易。这种不稳定的资源流动使网络外的城市产生了恐惧,从而将城市扩张怎样成为一种突出的现象显明出来。雅典意识形态上的对手斯巴达,以其原生性和分散性的类似于村落的定居点作为雅典城市结构理念的强力反对者站了出来。斯巴达的网络是纯粹政治性的,它拒绝海上贸易并且拒绝文化(加强联系)的交流。无论是斯巴达还是伯罗奔尼撒联盟网络上的其他大多数节点,都不十分看好城市化这条道路,联邦中唯一个城市化的单元是像柯林斯这样同时也是其他网络一部分的城邦。无独有偶,正是柯林斯这样的城邦促使伯罗奔尼撒联盟走上了与雅典相冲突的道路。

同样依赖于城市网络的是亚历山大大帝击败波斯皇帝大流士三世后建立的希腊化王国。早在亚历山大的父亲菲力时期,就已经运用马其顿的城市化和城市的建立作为其霸权扩张的工具,亚历山大与其后继者是积极的新城建设者,他们充分利用了网络向东扩张的潜力,远至阿富汗的阿伊哈努姆(Ai khanoum)古城。③ 这些建城活动以及波塞波利斯——波斯的行政和文化中心,亚历山大大帝用武力摧毁波塞波利斯城而被历史所诟病——提醒我们作为帝国节点的城市发挥(或者阻碍发挥)各种各样的作用。希腊化城市没有完全相同的,它们之间确实存在巨大的差异。亚历山大建立的第一座城市——埃及卓越的亚历山大里亚,是连接埃及与近东以及地中海地区的重要桥梁。

希腊化时期的君主建立的新城市并没有取代以前就存在的城市:皇帝并没有摧毁已经存在的城市网络而是充分地利用了它们,对中央集权和官僚机构的依赖通过那些在自己区域内拥有自治权的城市的工作而大大削弱了。尽管自治的理念以及对王权的传统敌对引发了意识形态上的紧张关系,这些城市却能很好地融入新的强权。无论是希腊化时代的皇帝还是此后产生的罗马规则——保留现有结构,甚至可以说,城邦象

---

① 对这一理论的调查,参见 Nicholas Cahill, *Household and City Organization at Olynthus* (New Haven: Yale University Press, 2002), 1 - 22。可参见下文第 60 页。

② 关于伊特鲁利亚城市化,参见 Nigel Spivey and Simon Stoddart, *Etruscan Italy* (London: Batsford, 1990); Vedia Izzet, *The Archaeology of Etruscan Society* (Cambridge: Cambridge University Press, 2007); Corinna Riva, *The Urbanisation of Etruria: Funerary Practices and Social Change*, 700 - 600 BC (Cambridge: Cambridge University Press, 2010)。

③ 关于亚历山大的首创性作用,参见 Peter M. Fraser, *The Cities of Alexander the Great* (Oxford: Oxford University Press, 1996);关于希腊化时代的城市,参见 Richard Billows 编著 'Cities',选自 Andrew Erskine, *A Companion to the Hellenistic World* (Oxford: Blackwell, 2003), 196 - 215, together with Jones, *Greek City*。

征性的建筑是希腊化时期奉为神灵的君主,在物质层面的一种表现方式。

李维注意到亚历山大帝国的扩张与罗马对意大利控制的扩展在历时性上是一致的。罗马扩张的机制不仅仅是连续不断的战争,更是一个耕植新的定居点的过程。无论对罗马公民还是对其他拉丁同盟者的殖民地来说,地方社区的自我管理无疑是一种控制领土的非常有效的方式。公元前4世纪到前2世纪,共和国中期的意大利罗马通常被认为是一个与罗马拥有不同地位、不同血缘关系的社区组合或者说镶嵌而成的国家。在帝国领域内没有一块完全相同的领土是帝国直接控制的,这是因为罗马也像亚历山大帝国以及它的继承者一样,是通过网络的扩张来实现对帝国的管理的,网络的节点始终是分开的并且保留了不同的特征与身份。①

都市中心在一些区域被证明比在其他地区更高效:在南意大利的希腊世界,或者意大利中部伊特鲁利亚人的世界,或者是波河流域,城市节点都在增长。但是多山的意大利中心世界——萨莫索人(Samnites)的领地,就像靠近罗马的萨宾山(Sabine)一样,依然保持着较低的城市化水平。与意大利相类似,希腊也存在这样的地区,在伯罗奔尼撒半岛和希腊西部的中心地带,其同代人看来是非城市化的,这一地区主要以部落组织和"万民"组织为特色而不是城邦。这种区别的严密性远远少于亚里士多德模式展现给我们的,但是萨莫奈(Samnium)和伊庇鲁斯(Epirus)的共同特征就是对一个部落与联邦的结合而成的潜在独立联盟的强烈认同感,在这个联盟内部构建了分散的网络节点并且加强了有纪念性意义的城市中心的发展。

奥古斯都的胜利及其新的帝国管理模式的发展只是部分地依赖帝国官僚机构的构建以及中央指挥系统的改善,城市节点的独立性在系统中依然十分重要,并且节点之间连接而成的大规模网络的潜力达到了空前的程度。奥古斯都以及他的继承者们在建设城市方面非常地活跃,无论是在意大利老殖民区的老兵殖民地,还是现在更重要的新的海外殖民地——尤其是西班牙、高卢、北非(这里的城市得到了显著的发展),当然也包括东地中海地区——都有他们的踪迹。城市也扩张到了新的、野蛮的地区,比如不列颠,人们常常在这

里建立十分壮丽的纪念建筑物。在城市化已久并形成自己典型风格的小亚细亚(土耳其)的数量众多的城市,人们在市中心看到了规模巨大的新的不朽的建筑的发展,这些建筑留下了明显的考古遗迹,但是与它相同的建筑却被发现在后来成为穆斯林国家的叙利亚到毛里塔尼亚的广阔领土内以弧形曲线广泛地分布。罗马的自觉意志被其之外的地区展现出来:埃及向来被罗马皇帝视为帝国的一部分,它渐渐地演化出一系列城市中心,这种演化有效地独立于罗马帝国的发展进程之外;法老建立的中央行政系统产生的心理印记影响巨大,坐落在海边的由亚历山大建造的亚历山大里亚成为异常中的异常,因为其无论是在托勒密王朝还是在罗马帝国的管理下都作为皇家权力的象征而被各方接受。②

罗马帝国不仅仅是一个城市网络,它是网络中的网络。如果罗马依赖省会城市,省会城市是区域的中心,那么它也同样依赖军事要塞。伴随着帝国的扩张,军团基地一直遵循着某种特定的方式推动着城市网络的扩张,士兵退伍后逐渐变成了城市的公民,并且军事要塞成为一座小城。一旦帝国的扩张停止,军事要塞的网络会迅速从公民政府的发展中分裂出来,但是在"罗马和平"的背景下仍然会发挥至关重要的作用。基督教的发展更加深了网络的发展,这种原生性的宗教通过教会等级体系协调他们的关系,教会中所有人都在体系中有自己特定的位置。所有这些分散的网络都是由以罗马道路网络为基础的高效的陆路交通系统运转的。

如果罗马帝国的成长可以归因于其对城市网络的扩张和巩固,那么它的崩溃也是基于城市的衰退。古代晚期的城市故事是多样的,随着城市可靠的政治与军队的支持,随着入侵和骚乱给城市之间的联系造成不同程度的破坏,各个城市经历了广泛多样的发展轨迹。在东地中海,城市网络的大部分是完整的并且城市也在繁荣发展。在北非,汪达尔人的入侵将城市网络完全破坏掉了,大量的城址被抛弃。罗马非常依仗一个完整的并且长距离的网络进行供给,其自身经历了大量的人口流失;港口城市奥斯提亚(Ostca)因失去其原有的作用而被遗忘。但是在西班牙、高卢、北意大利足够的当地网络存活下来,确保像马赛、米兰这样的

56

---

① Edward T. Salmon, *The Making of Roman Italy* (London: Thames and Hudson, 1982).

② 关于罗马西部,参见 Ray Laurence et al., *The City in the Roman West c. 250 BCE-c. AD 250* (Cambridge: Cambridge University Press, 2011)。关于埃及部分,参见 Alan Bowman and Dominic Rathbone, 'Cities and Administration in Roman Egypt', *Journal of Roman Studies*, 82(1992), 107-127; Richard Alston, *The City in Roman and Byzantine Egypt* (London: Routledge, 2002).

城市中心能坚强地延续下去。[①]

城市的层级结构

以现代的观点来看,人们往往以城市在层级结构中的地位来对其进行定位,这种定位包括其庞大的实体也包括其在法定程序上对城镇、乡村以及更小一级的村庄的领导权。对于我们已经描述过的网络——任何一个内部都有正式的层级——来说,这种等级划分是多样的。在古典古代的大部分时间里,人们常常看不到正规的城市层级结构。城市中的行政单位与其他的行政单位在本质上相同是最正常不过的了:雅典的城镇包含彼此分开的"德莫",比方说阿提卡地区,类似的现象在罗马的维西(Vici)和帕奇(Pagi)也是非常普遍的。但是我们的城市网络并不正式是网络层级结构组成部分的事实,并不意味着城市和其他聚居区或者说城市和其他城市之间没有不同。从某种意义上说这种差别是巨大的。

网络的点正好是贡献不同的各种节点。这或许是——如汉萨同盟的城市一样——因为不同的节点掌握着不同的经济资源;或许是因为不同的节点控制着不同的政治集群——例如组成彼奥蒂亚(Boeotian)联盟的城市是通过它不同的地方组织向它的士兵提供供给的。但是在通常情况下,不同的节点提供的并不是同一种类的不同品种的资源,而是汇聚不同种类的资源。这种供给上的不同是否会组成非正式的层级结构取决于不同种类的供给之间是否有清晰稳定的结构。最普遍的情况是,这种联系的不确定性确保了网络中能量流向的多元性。

环地中海地区资源的分散性,成为最初激发人们建立新的居住地的因素之一。那些人类聚居区获得了历史的肯定,至今仍在进一步地提供不同的资源,这种资源既有实物产业也有人类与神性的联合。但是对于占很大比例的城市来说,他们建立的这种联系连接了整个环地中海地区,把其他城市的变化幅度与其期望变化的幅度连接起来是轻松的,因此是这种联系本身而不是建立者需要有意义的投资。没有其他城市需要保持任何距离:即使相距很远,城市也会使自己与母邦保持联系或者锻造建立在经济或者宗教联系基础上的特殊亲密关系。在一个网络中建立发挥特定作用的城市,发现自身因为不同的需求与他网络的联系,在政

治和宗教的革新、战争或者天灾面前是不同的。地理会起作用但这种作用并不一定显现出来:地中海地区的城市通常会通过竞争来确保它们在网络中的地位不被对手取代。

只要我们的视角从严密的地中海周边地区伸向东部希腊化的帝国或者罗马西北部的行省,就会发现城市网络的特性发生了必要的改变。城市网络更多地依赖陆路交通,这意味着道路的重要作用。道路的修建既要求有初始的投资也要求后续的维护,一旦建立就必须要确定其最有价值的延伸方向。环地中海地区的联系方式能够自然地改变并且影响新的关系的建立,然而内陆帝国的关系会得到更坚决的维护。这种刚性的对比可以用来解释为什么定居点形成的层级网络会更多地出现在罗马帝国境内。由于陆路交通相对缓慢的特性,这在距离上有严格的限制,在这距离内确定类型的联系是有效的。这既降低了竞争力,也意味着城市网络的密度在合理的条件下将会展现出比环地中海地区更具连贯性的机制,当条件比较艰难时,这种网络极易瓦解,并且远离地中海沿岸的地区,其城市化的历史发展和衰落周期会加剧。

直到亚历山大在埃及建立亚历山大里亚城,才使得在地中海地区一个城市控制可靠的占相当大比例的剩余粮食资源成为可能。亚历山大的继承者托勒密王朝选择通过增加独特的政治和文化资源的方式,来充分利用这种独特的经济优势,尽管古城的城市规模很大,但不至于到达使其他城市发生严重扭曲的程度。尽管亚历山大里亚通过大面积的军事征服以及密切协调的政治经济网络实现了资源的集聚,但罗马发展的速度却比亚历山大里亚快。[②] 在这两个例子中,单一节点增长的基础是政治联合以及经济功能,节点自身的增长又会创造出具有吸引力的经济中心,这是层级结构不可避免的一部分。

地中海城市的多样性

作为附近区域交换中心的城市。庞培古城很少给现代研究者机会去探寻古代城市外表下的肌体,近距离地细细观察其组织结构,聆听其内心的诉说。但是,我们可以触碰到的这个城市,给我们的印象依然是虚妄的。庞培古城带给我们的并不是古代城市的一个理

---

① 参见 Rich, *City in Late Antiquity*。

② 参见 Neville Morley, *Metropolis and Hinterland: The City of Rome and the Italian Economy, 200 BCE-AD 20* (Cambridge: Cambridge University Press, 1996)。

想样本，而是在那不勒斯海湾早期帝国繁荣背景下，一个由时空塑造的特定事例的简要说明，它所揭示的要远远小于古城起初呈现在人们视野中的原貌。密集的商铺群揭开了这个城市商业生活的神秘面纱，商人群体的呼声敦促过路者投票支持商业的发展，并且精英群体的成员似乎为商业和政治的联合提供了必要的支持。偶然人物的出现似乎能够说明地中海地区商业贸易的庞大规模，例如乌·斯考卢斯（Umbricius Scaurus），他生产的被存放在双耳瓶中的鱼子酱在整个地中海西部地区都有发现，他总是在其镶嵌图案的中厅中自豪地描述这些极好的双耳瓶。不过，经过近距离的观察，庞培古城大多数贸易基本上是本地的、小规模的。他们的房屋揭示了繁荣在当地人口中广泛地扩散，远远超出了起支配地位的精英的范围，但是，在一个奴隶有着维护自己尊严的强烈愿望的社会，这种繁荣犹如过眼云烟，肤浅、易逝。这是一种极易破碎的泡沫——即使没有维苏威火山的喷发，它也会覆灭——同时它也是贯穿于整个罗马帝国的泡沫。[1]

工业之城。现代学者通常警告说，没有古代城市依靠工业，或者把商业贸易作为收益的核心。但是一些城市依赖于某种特定的产品并不是什么严重的问题，特别是古代世界的大量城市依靠其接近矿产资源的独特优势。雅典城在很大程度上依赖其领土南部的银矿，像萨索斯（Thasos）这样的城市，在其领土与城区地下都埋有意义重大的矿产。尽管在古代城市中矿产资源的确切所有者并不总是那么清楚，贵金属的开采权由古代城市轮流掌控是可以确定的，似乎其他矿产资源的开采也是如此，我们至少可以通过雅典试图用其控制的代赭石作为政治手段反对基亚岛（Kea）的城市一事做出判断。[2]

但是萨索斯，能够控制岛屿与希腊大陆海峡的位置的城市，其延伸的控制不仅仅是金矿和银矿，一系列详尽的印花细颈瓶生产技术的掌握与一系列售酒法令的颁行共同展现出城市与其特定产品之间的紧密关系，无论这种产品是食物还是矿产。正如色诺芬关于劳动分工的讨论与质量而不是数量有关，所以萨索斯本身也主要关注质量而不是数量。但这不能表明古代

城市对经济没有兴趣，这恰恰预示一个城市好的名声的扩展，萨索斯之所以被称为萨索斯，自然的本性是贴着高品质的酒与高纯度银的标签。

作为转运港口之城。如果有序是一些城市更喜欢的面貌，这一面貌是用来应对持续不断压力的伪装。对古代城市，尤其是港口城市来说，人们通常会发现它们管辖着一大批临时人口，他们并不对作为有序政治社会的城市感兴趣，他们仅仅是把城市作为他们会晤的地点而已。对许多城市而言流动人口的规模或许意义重大，但是我们不会怀疑，流动人口在公元前2世纪的提洛岛（Delos）占据了主导地位。尽管提洛岛在战略上位于爱琴海的中心，但是提洛岛从一个曾经是圣城的地方——它不仅仅是基克拉迪群岛（Cycladi，"绕转"之意）而且是整个爱琴海地区象征意义的中心——转化为进俗的中心，通过罗马给与的税收特权，围绕这一中心，转变了整个地中海的生活。

免税地位，犹如一份政治礼物，使得提洛岛的交易成本远低于其他地区，提洛岛成为人们感受地中海中部和东部经济脉搏必须关注的地方，由此提洛岛也成为人们感受地中海中部和东部政治脉搏必须关注的地方。提洛岛的领土狭小，资源匮乏，它唯一的显要资产就是它的地理位置，并且只有在提洛岛将这种地理优势转化为游客数目的情况下，这种优势才能被称为资源。提洛岛是这样一座城市，其内在的生命依靠海外的供给。[3]

国家之城。希腊历史学家在很长一段时间内宣称希腊城邦是一种特殊的政治形式。就其政治联合的特性而言，在其内部，城市和乡村发挥的作用是平等的，而且相互之间功能互补，城市并没有完全从乡村中分化出来，在乡村并没有起支配性作用的中心，当然城市也是如此。虽然在很大程度上这些观点如此令人信服，但是与之相反，最近的研究试图表明古代雅典的城市和乡村之间存在着明显的划分，已经成功地展示城市和乡村之间的纠缠（entwine）——在政治、文化以及经济方面被扩大化了。[4]

雅典从来就不是一个典型的希腊城邦。雅典规模庞大，无论是领土面积（2400 km²）还是稠密的人口

<hr>

[1] 事例得到了 Willem Jongman 有力地阐释，参见 *The Economy and Society of Pompeii*（Amsterdam：J. C. Gieben，1988）。

[2] 关于萨索斯，参见 Robin Osborne，'The Politics of an Epigraphic Habit：The Case of Thasos'，Lynette Mitchell 和 Lene Rubinstein 编著 *Greek History and Epigraphy：Essays in honour of P. J. Rhodes*（Swansea：Classical Press of Wales，2009），103-114；关于基亚岛，参见 J. Rhodes and Robin Osborne，*Greek Historical Inscriptions 404-323 BCE*（Oxford：Oxford University Press，2003），no. 40。

[3] 关于希腊化时代的洛斯岛社会，参见 Nicholas Rauh，*The Sacred Bonds of Commerce：Religion，Economy，and Trade Society at Hellenistic Roman Delos*，166-187 BCE（Amsterdam：J. C. Gieben，1993）。

[4] 有关此事的具有重大意义的探索，参见中文本第34页注释[1]。

上——引人注目的稠密人口不仅仅是在城市而且是遍及整个阿提卡半岛。以文学形式和碑文形式流传下来的丰富文本，清楚地揭示了他们政治活动的扩散。所有在雅典出生的满18岁的自由公民都可参加公民大会，500人议事会负责公民大会的所有筹备工作，它的存在或多或少地满足了雅典城邦的需要。但议事会人员是从雅典的139个德谟（乡村/小村庄）中选出来的，并且每一个德谟都有一定的名额，只有少数人来自小镇或者靠近小镇的地方。这些德谟都有其自己活跃的政治生活，它是雅典人学习如何政治的生活的本地背景。无论什么时候在雅典，地方行政长官以及政治活跃分子的分布都是谋划好的，人们发现这种现象大多数起源于城市以外，并且随着时间的流逝，这种趋势在增长而不是下降。①

可以说雅典作为民主国家的成功，恰好依赖于将那些具有奉献精神的人纳入到最需要多样经验的决策核心中。城市生活提供了一个模型和框架，这个模型和框架贯穿于社会中的每一个城邦，有些城邦规模很小，我们甚至不能称它们为城镇。即使用现在观察员的视角，雅典对当地社会的依赖看起来就像公民对城市的依赖一样，并不是每个德谟都会拥有一套完整的公共设施，剧院、圣殿、防御工事，这些城市中的标志性建筑在乡村中得到不同程度的复制。雅典城邦的工作就是，尽可能多地通过在全境复制城市来实现对领土内城市的统治。

有序空间之城。最早在公元前5世纪，政治思想家开始相信城市的规划也应该是社会的规划。米利都的希波达莫斯，他关于公元前5世纪的重要城市规划是可信的，亚里士多德在《政治学》中称他希望把城市的居民规划到有序的空间中去。② 最早的有序城市规划距离现在很久远，这些规划可以追溯到希波达莫斯之前好长一段时间，它是在社会工程意识或者理论还不明确的情况下实施的。但是从公元前5世纪起，如果没有考虑怎样在城市空间中划分人口以及与社会规划有联系的土地所有者，对城市进行规划是不可能的。

在一个希腊城市中创造空间秩序的一个极其明显的例子，是由塞利诺斯（Selinous）提供的，这座城市修建于公元前7世纪，在那里我们不仅可以看到城市房屋设计规划基本结构的改变，同时它为我们提供了统一的城市街景。③ 不同的城市通过不同的方式实现了相似的结果：古风时代庞培古城不规则的原初定居点已经扩展并被新的有规则的城市所包围。

城市作为服务中心。在本章开头引用的波桑尼阿斯对帕诺佩司伊的嘲笑，意在暗示塑造城市的是其本身提供的设施。无论是波桑尼阿斯还是当今采用相近的特征清单的考古学家、社会学家都是愚蠢的。设施的存在以及特定的生产能力共同促进了城市的构建，同时它们又是城市建构的结果。特别是当一个地区被选中用来建造城市，基础设施的准备就是很重要的事情了。

美赛尼（Messene）最充分地证明了这一观点。其修建的目的是作为防御堡垒，以应对统治伯罗奔尼撒半岛南部的斯巴达的复兴。这座城市不仅修筑了宏伟的城墙，正如波桑尼阿斯（4.31）所描述的以及近期的考古发掘所持续揭示的，它还拥有剧院、体育场、体育馆、城市广场、神殿、市政厅、公共浴所，以及大型的避难所。当然，在这个案例中，并非所有设施是在建城时被创建起来的。在罗马世界也是一样的，一些聚居区作为文明的中心建立起来，如在不列颠的殖民地科尔切斯特（Colchester）就为我们提供了一个标准福利设施的典范，但是随后这一切都湮没在历史发展的长河里。④

不过帕诺佩司伊的例子向我们展示了，城市的基础服务是如何提供的，即使没有特殊的为它们准备的庞大供给。与有计划的城市修建同时践行的是无计划的城市管理。

城市作为纪念物。众所周知修昔底德对斯巴达的武力与斯巴达城微不足道的物质表现形式之间的划分是草率的。一个希腊参观者用书写的方式记录了他的反应，他对雅典卫城以外的地方同样会粗略划分。纪念性的期望为城市创造了成为展览场所的机会。旅游城市最显著的例子出现在小亚细亚，它们中最引人注

---

① Robin Osborne, *Demos: The Discovery of Classical Attika* (Cambridge: Cambridge University Press, 1985), and *Athens and Athenian Democracy* (Cambridge: Cambridge University Press, 2010); Claire Taylor, 'From the Whole Citizen Body? The Sociology of Election and Lot in the Athenian Democracy', *Hesperia*, 76 (2007), 323 - 345.

② 参见中文本第36页注释①。

③ Franco de Angelis, *Megara Hyblaia and Selinous: The Development of Two Greek City-States in Archaic Sicily* (Oxford: Oxford University School of Archaeology, 2004), 132 - 134.

④ Christopher Mee and Anthony Spawforth, *Greece*. Oxford Archaeological Guides. (Oxford: Oxford University Press, 2001), 246 - 252. Philip Crummy, 'The Circus at Colchester (*Colonia Victricensis*)', *Journal of Roman Archaeology*, 18 (2005), 267 - 277.

目的要数阿佛洛狄西亚(Aphrodisias),阿佛洛狄西亚的主要资产是显而易见的——那就是它的名字。这为它提供了与罗马之间的某种象征性的联系,这种联系被表述为有纪念意义的,尤其重要的是通过对塞伯斯汀神殿(Sebasteion)的修建,一个巨大的帝国宗教中心出现了,这对各个方面都是有效的。在这里历史演变成了神话,同样神话也转化为历史,创造了一个奇异的世界。然而,不过度的犬儒主义,并且不忽略蕴含在这纪念性建筑中的宗教信仰是重要的。毫无疑问,是具有纪念性意义的城市本身而不是与之相关的宗教仪式,使这个城市成为统治的中心。什么地方建筑要求被欣赏,人们就跟随它奔向何方。①

文化的、宗教的、教育的、文雅的城市。亚历山大和他的继任者——托勒密王朝,在亚历山大里亚建立了一座新城市以便近距离地同地中海地区联系,把历史上带有孤立主义色彩的埃及带入地中海物资交换的主流之中。除了作为埃及主要谷物出口港的重要经济意义外,新建立的城市还担负着融合各个种族的重要作用,使作为统治阶级的马其顿和希腊人能够与当地人民建立联系并且鼓励移民——尤其是犹太人。通过图书馆和博物馆对文化和教育的推进作用,亚历山大里亚展现了对希腊遗产的传承以及对民族身份的强烈认同;亚历山大里亚迅速地使自己成为地中海区域主要的学术和科研中心之一,并且在把希腊文化从当地的现象中提取出来,转化成为一种"普遍的"语言或者柯因内语(koine)方面发挥了至关重要的作用,通过这种方式使东地中海区域不同国家的精英能够认同他们。种族的融合并不一定引发文化的融合,但会引发对主流文化新语言的界定。宗教发挥着重要的作用,亚历山大里亚以一种新的宗教实践者的身份出现在历史舞台上,例如,对艾西斯女神(Isis)的崇拜。在罗马帝国晚期亚历山大里亚保留了其原初的作用,在那里,人种上、文化上、宗教信仰上存在差异的不同种族相聚、通婚。偶尔也会爆发可以预想的小规模冲突。②

城市作为帝国统治的工具和结果。罗马一度是地标型的古代城市,被认为是一个打破规则的例外。虽然没有地中海城市能够可靠地实现主要食品——这些食品生长在城市的直接腹地——的稳定自给,然而大多数城市被认为在大多数的时间都能满足自身的需

要。罗马帝国的人口在公元前的最后两个世纪增长迅猛,其人口规模超过了100万。如此大规模的人口,其主要的食品供给依赖于对外进口,尤其是谷物。然而罗马仍能在其控制的领土上实现自给自足,首先是西西里,然后是埃及、北非,罗马从它们那里获得所需要的谷物以及其他所需要的商品。罗马就是这样一个城市,它与罗马帝国的权力纠缠在一起。帝国的权力能够提供史无前例的财富与人力资源,包括对奴隶的大规模依赖,罗马成为地中海地区最大的商品交换中心,拥有超乎想象的进口规模。对罗马统治的任何威胁(例如蛮族的入侵)都会使罗马城陷入危机,罗马城作为帝国权力的最终象征,帝国总是用其无与伦比的复杂建筑来展示对帝国的统治。在那里帝国的统治者总是用赏赐来维持流氓无产者的生活,以拉拢普通民众的力量,换取他们的支持。帝王与他的法院使罗马无可避免地成为地中海地区精英云集的中心。以同样的逻辑,当公元3世纪开始的军事危机与不稳定性要求帝王长时间地远离这个城市时,罗马位于城市层级结构最顶端的地位发生了改变,城市自身的发展也受到质疑。公元5世纪罗马人口的剧减告诉我们,帝国权力的崩塌导致城市很难生存下去,除非彻底地转变发展方式。可以说,重要的罗马主教的出现促使罗马城再次成为一种完全不同的网络体系中的顶端,当世俗的王国转化为神圣的王国的时候,罗马城的存活和复兴获得了保证。③

古代城市的建构

希腊、罗马的古迹很好地向我们阐释了城市产生的多种方式。人类居住区以及人类活动的密集性与集群性都要求并且能够满足大范围的多样的人类活动——不仅包括城市内部自生的活动,还包括从其他地方引入的活动。在许多城市里政治的、经济的以及文化的活动能够共同发展,但是我们还是能够追寻到可观数目的城市,其经济、政治、文化或多或少是独立发展的。不同的政治和社会秩序产生不同的需要和不同的影响,这些从不同的个体城市以及城市的不同形式反映出来,相对丰富的历史和考古资料清楚地揭示

---

① Kenan T. Erim, *Aphrodisias*: *A Guide to the Site and Its Museum* (Istanbul: Turistik Yayinlar, 1990); R. R. R. Smith, 'The Imperial Reliefs from the Sebasteion at Aphrodisias', *Journal of Roman Studies*, 77 (1987), 88 - 138.

② Peter M. Fraser, *Ptolemaic Alexandria*, 3 vols. (Oxford: Oxford University Press, 1970).

③ Catharine Edwards and Greg Woolf, 'Cosmopolis: Rome as World City', in Catharine Edwards and Greg Woolf, eds., *Rome the Cosmopolis* (Cambridge: Cambridge University Press, 2003), 1 - 20.

了城市居民对这些政治和社会需求的反应方式与接受程度。但是并没有城市孤立地发展，一个地区事件的可能性与不可能性受早已在别处发生事件的影响。只有在一个早已城市化的地区，罗马才能够发展；一个地区只有拥有像罗马这样的城市，类似于阿佛洛狄西亚这样的卫城才能建造；只有罗马这样的城市作为背景，庞培城的"泡沫"才能够维持。我们反对帕诺佩司伊无形的幕后作用，其秩序对塞利努斯（Selinous）具有强迫性，我们反对政治对城市结构无形的影响，萨索斯岛的城市迫使城市结构依赖于对经济资源的开发利用。

参考文献

Castagnoli, Ferdinando, *Orthogonal Town Planning in Antiquity* (London: Massachusetts Institute of Technology Press, 1971).

Greco, Emanuele, and Torelli, Mario, *Storia dell'urbanistica. Il mondo Greco* (Roma: Laterza, 1983).

Gros, Pierre, and Torelli, Mario, *Storia dell'urbanistica: il mondo romano* (Roma: Laterza, 1988).

Hammond, Mason, *The City in the Ancient World* (Cambridge, Mass.: Harvard University Press, 1972).

Hoepfner, Wolfram, and Schwandner Ernst-Ludwig, *Haus und Stadt im klassischen Griechenland* (Munich: Deutscher Kunstverlag, 1994).

Jones, A. H. M., *The Greek City from Alexander to Justinian* (Oxford: Clarendon Press, 1940).

Malkin, Irad, *A Small Greek World: Networks in the Ancient Mediterranean* (Oxford: Oxford University Press, 2011).

Nicolet, Claude, Ilbert, Robert, Depaule, Jean-Charles, eds., *Mégapoles méditerranéennes: géographie urbaines retrospective* (Paris: Maisonneuve and Larose, 2000).

Wallace-Hadrill, Andrew, *Houses and Society in Pompeii and Herculaneum* (Princeton: Princeton University Press, 1994).

倪凯译 陈恒校

第 4 章 非洲

大卫·马丁利　凯文·麦克唐纳

在非洲,除了地中海文明和尼罗河文明以外,人们几乎不认可前伊斯兰教时代文化,或者早期的城市化的存在。我们认为这在全球城市研究中是一个明显的遗漏点。在本章中,首先我们将回顾一些主题性和概念性的问题,然后简要地呈现关于非洲早期城市社会的一些调查结果。在这里要强调三个关键问题:十分广阔的地理范围和城市形态的结构多样性;对于建立等级更加森严的和异化分层的城市社会两者之间的明显分歧;对比城镇在国家形成和实现跨区域交流方面的不同功能。

毫不奇怪,提到城市化进程的本土化和集中化,人们就会发现非洲最早的城市(参见区域地图 I.3)大多发源于陆地上的大江大河流域,特别是尼罗河和尼日尔河。同样,沿着地中海、红海和东非的海岸——周围文明相互交流的主要源泉,也可以发现这种显著的城市发源现象。[①] 然而,非洲城市发展的形式以一种令人眼花缭乱的形式呈现,这就混淆了旧世界人们对"城市"标准定义的传统期许。

概念和方法论的问题

由于地中海文明(腓尼基、希腊、罗马)或者说在始于伊斯兰时代(除提过的大多数文明之外)一系列对外贸易的刺激的影响下,非洲早期的城市化被学界视为特殊的案例(埃及和尼罗河)。本章将提供一些确凿的证据来说明前伊斯兰时代城市中心已经开始自主地发展。苏丹的上尼罗河流域早期城市的出现已经得到学术界的认可(科尔玛[Kerma],库施王朝/

麦罗埃王朝),而现在人们还了解到在埃及的西部沙漠地区,撒哈拉沙漠中心,环绕着尼日尔内陆三角洲的非洲西部以及从公元前 1000 年晚期就出现的尼日尔大拐弯(Niger Bend)这些地区存在着早期城镇的遗迹。然而,有一点可以明确的是,这些非洲早期的城市化运动并不是一个均质变化过程的一部分,而是有显著的地方特殊性,所以这些早期的城市社会相互之间以及与同时代北边的地中海城市社会之间都有明显差异。当前早期城市社会的定义并不能应用到非洲所有的个例。[②] 如"前伊斯兰时代",我们并不想用其指代某一特定的日期,而是指伊斯兰(或欧洲)世界产生影响之前的新纪元。同样地,尽管有大量的例子显示在公元前 1 千纪晚期和公元 1 千纪的非洲存在着早期城市化的迹象,但就如同本章提到的伊费(Ife),在公元前 2 千纪的早期虽然也有城市遗迹存在,但其政体相对来说是原始和孤立的。[③]

对非洲早期城市化所有案例进行彻底的考察超出了本章所探讨的范围的,但是我们仍然选取了一系列形式多样并已被发现的城市居住地的案例。由于地理和文化上的差异,学者不可能想出一个能巧妙包含所有案例研究的城市化概念。人们在测量定居点大小和计算城市人口时,城市足迹测试法因其在操作上存在着不同的限制条件而成为一种不可信赖的测量方式。例如,撒哈拉沙漠中心区和撒哈拉以南区域的比较(参见插图 4.1)。对一些接受审查的地区而言,的确存在着一些书面证据可以证明城市的归属问题(埃及、马格里布[Maghreb]),但是许多涉及城市功能选址的案例必须并且只能由考古证据去证明。由于这些原因,人

[①] G. Connah, *African Civilizations. An Archaeological Perspective* (Cambridge: Cambridge University Press, 2001), 13.

[②] 参见 A. LaViolette and J. Fleisher, 'The Archaeology of Sub-Saharan Urbanism: Cities and Their Countrysides', in A. B. Stahl, ed., *African Archaeology* (Oxford: Blackwell, 2005), 327 - 352; R. J. McIntosh, *Ancient Middle Niger. Urbanism and the Self-Organising Landscape* (Cambridge: Cambridge University Press, 2005).

[③] 这一章的内容与比尔·弗罗因德(Bill Freund)的第 33 章的内容不可避免地有一些重叠。

们想明确地区分开城市和乡镇是不切实际的。广义上说，我们可以这样定义"城市"：它是一个集核型的聚居区，相比同时期的其他地域而言，其拥有更广阔的地理范围和更多的人口，拥有军事腹地作为生活支撑，在聚居区里，通常存在着专门的制造业，贸易，政治和/或宗教活动。再对比一下那些更下层的聚集地，这个地址或许要具有里程碑式的意义。在接下来的一个部分，我们也将讨论在一些早期城市建设背后的社会群体之间存在的一个特殊的区别：等级制和异化分层体系。

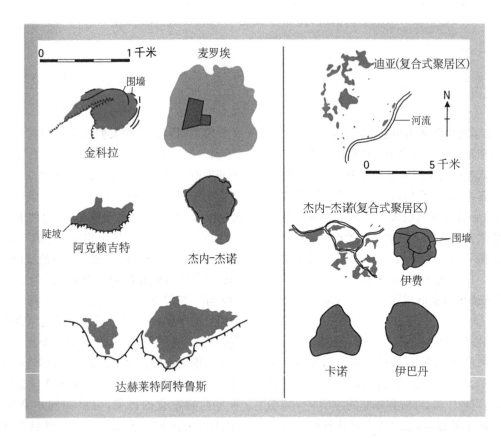

插图 4.1 若干非洲城市和典型城市遗址两种不同规模的聚集地之间的对比方案，阴影部分代表聚居区域。后伊斯兰时期，虽然伊费、卡诺(Kano)和伊巴丹(Ibadan)的疆域范围达到最广，但是仍被包含在与之相对应的迪亚(Dia)和杰内-杰诺(Jenné-jeno)周围延伸出的复合式聚居区内(编译自多种资料，马丁利剪辑)。

等级制和异化分层体系

尽管已出现的城市形态之间存在着很大的差异，但非洲城市化的许多案例似乎都和国家的形成过程息息相关。在城市化过程中，有一些地区被称为城邦(微型国家)，而另一些则被认为是区域性国家(或宏观)的形成基础。[1] 乍看上去，非洲城市化可能是按地域划分的，其往往存在于那些自然产生的高压等级制的社会中(埃及、加拉曼特[Garamantes])；而在其他社会中，更加异化的等级分层结构在起作用，有时，这种异化分层的体系会被包含在宽泛的等级结构之中(尼日尔中部位)。异化分层结构是一个凭借权力横向而不是纵向延伸的组织模型，它通过世袭家族和职业团队(思想上和技术上)二者之间的协商得出最后的团体决策。[2] 然而，基于对早期城市遗址更加严密的考察，贯穿在早期城市中的等级制度可能只是历史上和政治上的偶然。例如，最近在马里国家塞古地区的历史调查，就揭示了一种民间

---

① 参见 M. Hansen, ed., *A Comparative Study of 30 City-State Cultures* (Copenhagen：Historisk-filosoiske Skriter 21,2000)，11 - 34，这本书对此内容有更进一步的讨论。

② R. J. McIntosh, *The Peoples of the Middle Niger* (Malden, Mass.：Blackwell, 1998).

普遍接受的分类法，这种分类法将城市中心划分为三类：自古以来就存在的城市中心，半自治商业中心（*Markadugu*），由国家权力阶层建立起来的城市中心（*Fadugu* 或 *Dendugu*）。① 许多以异化分层结构组织的尼日尔中部城市，例如杰内（Jenne），因为其保留了相对健全的自治权使得其领土在不同时期遭遇多次入侵的情况下还得以幸存。同样地，国家授予某些地区这种自治权是出于以下两种情况的考虑：一是对"杀死会生金蛋的鹅"的恐惧——有自治权的城市因其拥有长期稳定的贸易网络而会促使其经济的繁荣。二是地区自身具有非常良好（"永恒"）的信誉。大型的居住区只依附于相对短暂的国家政权，因此，在当时这种考古文献资料难以保存下来。于是在这种情况下，虽然很早以前人们就着手进行了不同类型的非洲城市化之间的比较研究，但是从考古学上对等级制度和异化分层体系进行定义将会成为未来学术界争论的焦点。②

职能和连通性

前伊斯兰时代的撒哈拉和撒哈拉以南地区的城市化不仅和国家的形成联系紧密而且和远程的交流与贸易息息相关。由于地理位置上相互联结的便利为商品贸易交换提供了重要集散地，因此商业因素在当地、局部地区和跨区域地区间成为了促使非洲城市化形成的重要动因。例如，在埃塞俄比亚，公元前 1000 年的阿克苏姆王国（Kingdom of Aksum）把埃塞俄比亚高地上的贸易网点和远程贸易相结合，这样就打通了通往尼罗河谷与红海的道路。然而，特别是在我们已掌握了当时历史资料的情况下，人们认识到这一点很重要：由于宗教和（有时）皇室崇拜是推动贸易集散地的发展的关键因素，因此思想方面在非洲城市生活中扮演着重要的角色。在撒哈拉绿洲的中心，人们可以显而易见地发现那里的城镇和村庄常常加固防御工事，其作用可能不仅在于防御，还在于彰显地方的势力。无论是迪亚，杰内—杰诺还是伊费，撒哈拉南部的城市化使得大量冶金专家的存在和雕刻技艺的繁荣成为可能。尽管城市发展的轨迹的多样性已经呈现了非洲的风情，并让我们看到早期这些非洲城市社会存在着社会经济和结构方面的巨大差异，但是现今挖掘到的新证

据仍然提醒着我们去认真思考城市社会网络之间互相联系的巨大潜能。就像我们之前所认为的那样，学者从一些相关的要素中发现在城市发展的过程中存在着很强的地方性和自主的推动力，但是接下来我们举的一些例子将会说明：城市的发展和其他的城市网络是紧密相连的。例如，非洲西部的举世瞩目的发展和撒哈拉中心地带那些重大的变革发生在同一时期。事实不仅仅如此，我们还需要追溯到曾经被我们长久抛弃的传播者的言论，从他们那里，我们可以清楚地知道早期的撒哈拉地区和萨赫勒地区（Sahelian）的城市网络是彼此连接的。以上地区之间的相互交流的规模和实质值得我们进行更深入的调查和研究。对早期非洲城市发展历程来说，无论是陆路还是海路（以红海和印度洋为例），远程贸易似乎都占据着重要的一席之地。

尼罗河谷的早期城市化

公元前 4 千纪以前尼罗河谷就已出现了居住点集聚、城邦形成的现象，这一过程被完整地记录下来。然而，如果和大河流域孕育生命的潜能联系起来的话，在某种程度上，古埃及、科尔玛以及后来苏丹的库施、麦罗埃的国家发展一直以来被看作是非洲城市发源现象的例外。这是一个已经曝光的历史事实：由于人们将更多的注意力放在了庙宇和复合式坟墓上，所以事实上人们在进行尼罗河流域的挖掘工作时，只发现了若干规模相对较小的城市遗址。因而导致之前的人们一直认为埃及是一个没有城镇的国家，但如今我们已经发现了充分证据去证明庙宇周围存在大量的核心聚落。③ 同时我们也发现前王朝时期存在聚合城镇的证据在不断增加，尽管和美索不达米亚的城镇相比，这些早期城镇在总体规模、布局、组织结构方面没有表现出明显的特征。一般情况下，虽然某个城市中心特定阶段大量遗址的保存是因为它们是未经开发地区（就像阿玛尔纳［el-'Amarna］）或者拉罕/卡洪［el-Lahun/Kahun］并且这些城市存在时间较短，但从另一方面来说这些遗址的典型性值得怀疑。

尽管如此，埃及王朝丰富的图像和文本资料提供的实体环境数据证明：即使在等级森严的君主国家，城市聚居区也出现了这种类型的组织结构和职能。非

① K. C. MacDonald and S. Camara, 'Segou, Slavery, and Siinso', in J. C. Monroe and A. Ogundiran, eds., *The Politics of Landscape in Atlantic West Africa* (Cambridge: Cambridge University Press, 2012 in press).

② S. K. McIntosh, ed., *Beyond Chiefdoms: Pathways to Complexity in Africa* (Cambridge: Cambridge University Press, 1999).

③ J. Baines and J. Málek, *Atlas of Ancient Egypt* (Oxford: Phaidon, 1980), 聚焦点集中于庙宇/丧葬; Hansen, *Comparative Study of 30 City-State Cultures*, 14, 争论焦点在于埃及是否是一个城市化的国家。

洲城市化的一些早期阶段和近东地区青铜时代其他城市文明有相似之处,在这一时期埃及和它们是紧密联系在一起的,但是在很多方面埃及的社会结构也存在特殊之处。① 一些城镇和大的村庄具有非常特殊的职能——为坟墓和金字塔的施工人员提供住所或者是作为这一地区的行政中心——人们更多地将注意力集中于具有里程碑意义的复合庙宇或王室权力的中心。

在波斯帝国、希腊化、罗马统治时期,虽然这些埃及城市聚居地形式继续发展,但同时也对埃及古代城镇产生了复杂的外部环境影响。古典时期,人们保留了像俄克喜林库斯(Oxyrhynchus)这些遗址的大量文献资料,呈现出的这种聚居地的生活细节表明人们的生活达到了较高水平,但是这些遗址很少能够成为古代城市中心。现今人们收集到的不断增加的证据表明:埃及城市化从尼罗河不断扩散到西部沙漠新兴绿洲地区,并且早在公元前 1 千纪,这儿最终形成了一片延伸到中撒哈拉沙漠的绿洲聚居地。虽然埃及西部沙漠地带的绿洲城镇地区通常与埃及结成政治联盟,但在建筑、宗教、丧葬仪式方面却与埃及文化大相径庭。② 就像我们在接下来将会看到的,那些远离中撒哈拉的绿洲城镇明显秉持着不同于埃及/尼罗河流域的理念。

苏丹境内上尼罗河流域早期城市的发展与科尔马王国(公元前 2500—前 1500 年)以及库施/麦罗埃王国(约公元前 800—公元 350 年)的存在密切相关。尽管在某一段时期内,这些国家被认为对北方埃及法老制的模仿不够成熟,但现在很清楚的是,就它们当时自身的发展水平而言,它们也算是成熟的文明。③

红海商贸和阿克苏姆帝国

在公元前 500 年,人们对季风气候秘密的发现带动了红海、印度和东非之间商业路线的发展,这在罗马时期获得了进一步的扩展。近期的研究表明,这些商业联系的规模进一步扩大,持续得更长久,超出了先前的预测。红海海岸两边小型商业城镇的兴起是商业贸易发展其中一个方面的体现,如米奥斯·贺而莫斯港(Myos Hormos)、贝利尼凯(Berenike)、阿杜利斯港(Ardulis)和在非洲好望角对面的凯内(Kane)。④ 尽管这些海港城镇通常是小规模的,但它们都是沙漠地区海岸线上著名的世界性人口和物质文化中心。例如贝利尼凯城,尽管人口只有约 1000 人,但它却是个重要的货物转运和监管中心。到了罗马晚期,埃塞俄比亚独立王国日益增长的权力可能已经渐渐和海港城镇的发展相联系,并且其还控制了阿杜利斯城市的港口,但是事实上仍然有些港口走向了衰落。

阿克苏姆帝国成立于公元前 1 千纪,从它的首都到阿克苏姆所在的埃塞俄比亚高地需要 8—15 天的行程。从公元前 7 世纪到前 3 世纪,阿克苏姆帝国达到了它的鼎盛时期,此时它的政治力量扩展到阿拉伯南部,跨越了红海大部分,并延伸至苏丹的尼罗河流域。诸多王国发行了硬币,公元前 4 世纪,基督教传入,并且广泛分布开来。红海口的阿杜利斯港长期以来对阿克苏姆的经济发展发挥了极其重要的作用,不仅密切了与印度、东非的商贸往来,也促进了与阿拉伯南部、埃及和地中海的联系。同时它也与尼罗河上游麦罗埃帝国保持着畅通的陆路联系。⑤ 阿克苏姆帝国的都城,帝国永久的中心,早在公元 1 世纪的时候就被考古学家发现并挖掘出来。尽管这个都城最终被广泛地开发,但它的中心地带相较于墓地和石柱地带而言,开发得比较少。在这些成片的墓葬石柱中,最重的有 500 吨,最高的有 33 米,超过 24 块的基石"宝座"广泛地分布在首都,这些都显著地体现了这座城

① 参见 B. G. Trigger et al. , *Ancient Egypt. A Social History* (Cambridge: Cambridge University Press, 1983) and papers by Hassan and O'Connor in T. Shaw et al. , eds. , *The Archaeology of Africa. Food, Metals and Towns* (London: Routledge, 1993), 551 – 586;参见与此相对照的近东的情况,参见 sMcMahon, Ch. 2.

② 关于埃及的古典城市,参见 P. Parsons, *City of the Sharp-Nosed Fish: Greek Lives in Roman Egypt* (London: Weidenfeld and Nicholson, 2006), 9;另可参见本书 Osborne and Wallace-Hadrill, Ch. 3. 关于沙漠路线和发源于尼日尔河的西部绿洲,参见 M. Liverani, 'The Libyan Caravan Road in Herodotus IV. 181 – 4', *Journal of the Economic and Social History of the Orient*, 43. 4 (2000), 496 – 520;关于近年来在达赫莱绿洲的重要考古工作和其他一些事情,参见 A. Boozer, 'New Excavations from a Domestic Context in Roman Amheida, Egypt', in M. Bommas, ed. , *Cultural Memory and Identity in Ancient Societies* (London and New York: Continuum, 2011), 109 – 126.

③ D. N. Edwards, *The Nubian Past* (London: Routledge, 2004); D. A. Welsby, *The Kingdom of Kush. The Napatan and Meroitic Empires* (London: British Museum Press, 1996).

④ 近期最好的研究成果汇总于 S. Sidebotham, *Berenike and the Ancient Maritime Spice Route* (Berkeley: University of California Press, 2011); D. Peacock and L. Blue, eds. , *Myos Hormos—Quseir al-Qadim: Roman and Islamic Ports on the Red Sea. Vol 1. Survey and Excavations 1999 – 2003* (Oxford: Oxbow, 2006).

⑤ D. W. Phillipson, *Ancient Ethiopia. Aksum: Its Antecedents and Successors* (London: British Museum Press, 1998); D. Peacock and L. Blue, *The Ancient Red Sea Port of Ardulis, Eritrea* (Oxford: Oxbow, 2007).

市在其 500 年的鼎盛时期里具有政权和宗教的特征。考古证据表明，阿克苏姆帝国可能汇集了众多的工艺专家，包括石刻雕刻、石具制作、绳索制作、玻璃制作（或者加工制作）者等等。为了支撑这座中心城市（特别是粮食和木材的供给），这就需要来自腹地强大的供应网络，而近来的考古研究仅仅是开始对其做出评估。①

地中海地区及其港口腹地

在本书中的其他地方，我们论述了古典时期地中海的城市化，在这里，我们可以就非洲城市化的特点做一些评论。希腊，腓尼基，罗马曾在历史上不同时期先后入侵非洲北部沿岸的不同地区并且在那里建立殖民据点/实行帝国主义统治。近几十年来，人们对迦太基古城和大量的小型商业中心（如盖赫库阿勒[Kerkouane]）的遗址进行了广泛的挖掘，这一切更清楚地表明腓尼基/迦太基的统治对非洲北部的城市化是颇有贡献的。② 阿非利加——罗马的一个行省（大约在今天的突尼斯地区）拥有 300 多个城镇，因而成为罗马帝国统治时期高度城市化的地区之一。由于依照迦太基或希腊—罗马的统治时期绘制非洲城市的地图模型，先前大多数进行的考古挖掘工作已经非常接近这些聚居区的地理位置。但是人们很少关注这些非洲特殊城市的城市化与地中海地区标准城市化的分歧，以及忽略了它们为适应非洲城市所做出的调整的程度。

一些早期的城市中心一般是殖民地或者是外部政治力量控制的商业中心：希腊殖民的时期，希腊人在昔兰尼加地区（Cyrenaica）建立了昔兰尼（Cyrene）和希斯皮里德斯（Euesperides）；腓尼基人殖民时代，腓尼基人在北非建立了迦太基；罗马殖民时代，罗马人在北非修建了大马格纳城（Lepcis Magna）。然而，从罗马非洲行省内部的城市中心进行的大规模扩张，其范围已经远远超过了原来的殖民据点，这一点是依赖于与努米底亚王国（Numidian）和毛里塔尼亚（Mauretanian）王国有关的城市发展经验。虽然地中海沿岸这些非洲城镇的著名建筑的外部装饰存在着一些希腊和罗马风格，但许多古城遗址在很多方面显然还是带有非洲自身的特征，它们是按照宗教活动进行古城布局（努米底亚杜加地区[Thugga]曲折的小巷和罗马军事殖民地提姆加德地区[Thamugadi]整齐的棋盘式街道布局的对比）和命名的。一般而言，地中海沿岸的非洲的城市化是和世界的东部和西部地区紧密相连的，但是撒哈拉沙漠和撒哈拉沙漠以南地区表现的却是两种十分不同的城市化现象。③ 现今人们收集到大量的证据证明：在罗马时代的晚期，北非城市实质上正在经历一场深刻的变革。④ 这样的变革同样在地中海沿岸的其他城市上演，因此，这就使得迄今为止人们较少地考虑到非洲城市存在独特性的可能。

撒哈拉沙漠的中央地区

利比亚南部的加拉夏特王国的发现是证明在撒哈拉沙漠的中部地区存在着前伊斯兰时代城市文明的最好例子。虽然利比亚西南部（费赞[Fazzan]）在许多非洲的历史地图上属于空白区域，但这个区域包含了一个人口稠密的绿洲地区。⑤ 现代大多数人对撒哈拉沙漠中部地区的观念仅仅被限制在贫瘠沙漠绿洲中的早期欧洲旅行者和 19 世纪惨无人道的撒哈拉奴隶贸易这样一个固有框架内。我们需要打破这种限制性的观点。特别是，现在我们已经可以确定的是：一个名叫加拉曼特的人在撒哈拉沙漠利比亚地区大约 25 万平方千米的土地上建立一个强大的王国，并且这个王国延续到公元初的数百年后。加拉曼特人与古典文献记载的传统"游牧性野蛮民族"的形象相去甚远，他们实际上居住在城镇和村落中，并且会熟练运用复杂的

---

① J. W. Michels, 'Regional Political Organisation in the Axum-Yeha Area during the Pre-Axumite and Axumite Eras', *Etudes ethiopiennes*, 1 (1994), 61 – 80.

② 多种文献来源于 A. Ennabli, *Pour sauver Carthage. Exploration et conservation de la cite punique, romain et byzantine* (Paris: UNESCO, 1992); M. H. Fantar, *Kerkouane, unecite punique au Cap Bon* (Tunis: Maison tunisienne de l'edition, vols. I-III, 1983 – 1986).

③ R. Laurence, S. Esmonde Cleary, and G. Sears, *The City in the Roman West 250 BC to 250 AD* (Cambridge: Cambridge University Press, 2011); G. Sears, *The Cities of Roman Africa* (Stroud: The History Press, 2011).

④ A. Leone, *Changing Townscapes in North Africa from Late Antiquity to the Arab Conquest* (Bari: Edipuglia, 2007); cf. D. Stone, D. J. Mattingly, N. Ben Lazreg, eds., *Leptiminus(Lamta): A Roman Port City in Tunisia, Report no.3, the Urban Survey* (Ann Arbor: JRA Supplement, 2011). 以上学者都致力于研究沿海港口城市长远时期的城市志。

⑤ 参见 C. McEvedy, *The Penguin Atlas of African History* (London: Penguin, 1995, revised edn.).

灌溉农业技术。① 我们可以用一个令人信服的案例来鉴定游牧文明和农耕文明二者之间的区别：作为一个刚刚起步的国家，它得以建立的根基需具备两大支柱性的特征，即灌溉农业和城市化的聚居网络（这说明加拉曼特王国是农耕的文明古国）。加拉曼特王国的聚居区大约是集中在三个同方向的绿洲内（每个绿洲的长度为 100—150 千米），就是如今的莎提湿地（Wadi ash-Shati）、阿加尔湿地（Wadi al-Ajal）、祖维拉-迈尔祖格-巴巨（Zuwila-Murzuq-Barjuj）等低洼地区。在对绿洲带中心地区阿加尔湿地所做的考古挖掘工作中，我们已经发现了大量证明在它们的核心地带产生了伟大技术成就和丰富物质文化遗产的证据。加拉曼特典型的城市原型可以追溯到像金科拉（Zinkekra）一样的防御性的悬崖边上的石坡发展村庄（山头堡垒，它们是由简单椭圆型建筑集聚而成的核心聚居区，在公元前1000 年晚期，这个聚居区发展成为大型的人口中心，原来的建筑也被复合式的、多房间的土坯民居所取代。学者确信加拉曼特王国的首都贾尔马（Jarma，古代的加拉曼地区[Garama]）是建立于公元前 3 世纪并且是非洲典型的晚期遗址，它坐落在河谷的中心，远离悬崖陡坡，毗邻绿洲耕作区。深入研究贾尔马西部的塔卡利特（Taqallit）岬角周边地区，人们发现这个地区在公元前的最后几百年里同时拥有众多伟大的创造：不朽的墓地，被称为"弗各拉斯"（foggaras）的灌溉系统（相当于波斯的坎儿井[qanat]）以及大量的集核型人口聚居区。这就揭示当时这个殖民区的发展已经达到领先的水平。

73　　贾尔马建筑方面取得卓越成就的显著标志——当地主要的公共建筑物的方石堆地基和竖立的柱状石块（参见图 4.1，图 4.2）。有证据显示：建筑所取得的成就与撒哈拉沙漠大规模南北贸易连通以及工人进行一系列制造过程中所采用的尖端技术密切相关。② 加拉曼特的中心地带和周边地区的物质文化不平等，大规模的建筑堡垒、修筑防御工事和仅凭一声令下就可以耗费大量的人力物力去修建灌溉系统（估计动用了

77000 个人的劳动力），这一切都表明加拉曼特王国是一个政治军事集权的国家。虽然加拉曼特王国在其兴起初期是由几个城邦合并而成，随后在衰落时期又重新分裂成几个小型的城邦。这似乎可以很合理地说明它是一个城邦型国家。但是，现今人们收集到的可靠证据，已经可以鉴别出加拉曼特王国在其鼎盛时期是一个巨型的国家，而不是一系列分散的城邦之中的一员。

迄今为止，考古学家对加拉曼特人的聚居区的研究大多集中于首都贾尔马附近的阿加尔湿地腹地区域，只有一部分聚焦于对北部和南部绿洲地区加拉曼特遗址和伊斯兰时期聚居区的勘测研究。这些初步的考察研究表明：在北部和南部的绿洲带上都已经出现了大规模农业发展和乡村基层社会组织。对于理解加拉曼特王国和伊斯兰时期的费赞这二者之间的过渡与转型，迈尔祖格（Murzuq）是一个十分重要的地区，因为在古代晚期加拉曼特王国陷入其落日的余晖时，迈尔祖格是一个地区权力转换的所在地，王国的权力所辖的范围由南向东从阿加尔湿地的贾尔马转移到了东部的费赞地区。中古时期接连几个首都和现代初期的费赞都坐落在这片地区：祖瓦拉（Zuwila）、特拉甘（Traghan）、迈尔祖格、塞卜哈（Sabha）。从的黎波里到乍得湖、博尔努（Bornu）、加涅姆（Kanem）的撒哈拉以南的王国的直达路线只需穿过费赞的东部地区。近期的考古研究揭示了密集殖民化的加拉曼特人的防御性村庄已经呈现出有规划的布局，并且其中最大的遗址近乎接近一个城市的规模。迈尔祖格的绿洲地区的大规模扩张似乎可以追溯到公元初的数百年前，这有点晚于同样进行扩张的阿加尔湿地地区。③ 另一个利比亚的沙漠遗址是古达米斯（Ghadames，古代的塞德姆斯地区[Cidamus]），它能更好地阐明非洲早期城市化主题。考古学家已经挖掘和鉴定出大量的前伊斯兰时代的墓地，包括帝国晚期具有纪念性质的墓地，并且他们还找到了早期的绿洲城镇所可能分布的地点。一些其他的同样发源于前伊斯兰时代的撒哈拉绿洲中心地区，如阿尔及利亚的南部，有很大的可能性也利用了

---

①　在非洲的大多数文明当中，研究者往往会忽略和看轻加拉曼特文明，举例说明：Connah, *African Civilizations* (2001), D. W. Phillipson, *African Archaeology* (Cambridge: Cambridge University Press, 2005, 3rd edn.)和 Stahl, *African Archaeology* 很少提到加拉曼特）。近代对加拉曼特文明的研究，参见 D. J. Mattingly, ed., *The Archaeology of Fazzan*. Vol. 1, *Synthesis* (London: Society for Libyan Studies, 2003); Vol. 2, Site *Gazetteer, Pottery and Other Finds* (2007); Vol. 3, *Excavations of C. M. Daniels* (2010). Cf. M. Liverani, ed., *Aghram Nadarif. A Garamantian Citadel in the Wadi Tannezzuft* (Firenze: All'Insegna del Giglio, 2006).

②　D. J. Mattingly, 'The Garamantes of Fazzan: An Early Libyan State with Trans-Saharan Connections', in A. Dowler and E. R. Galvin, eds., *Money, Trade and Trade Routes in Pre-Islamic North Africa* (London: British Museum Press, 2011), 49 - 60.

③　M. Sterry and D. J. Mattingly, 'DMP XIII: Reconnaissance Survey of Archaeological Sites in the Murzuq Area', *Libyan Studies*, 42 (2011), 103 - 116.

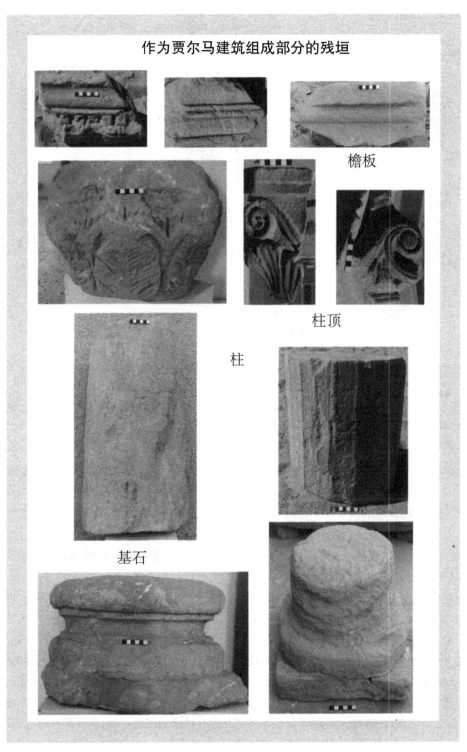

作为贾尔马建筑组成部分的残垣

檐板

柱顶

柱

基石

图 4.1　考古学者从撒哈拉沙漠中心加拉曼（古代贾尔马地区，利比亚）的加拉曼特人城镇重新找到的作为建筑组成部分的残垣。集锦照片来源于马丁利。

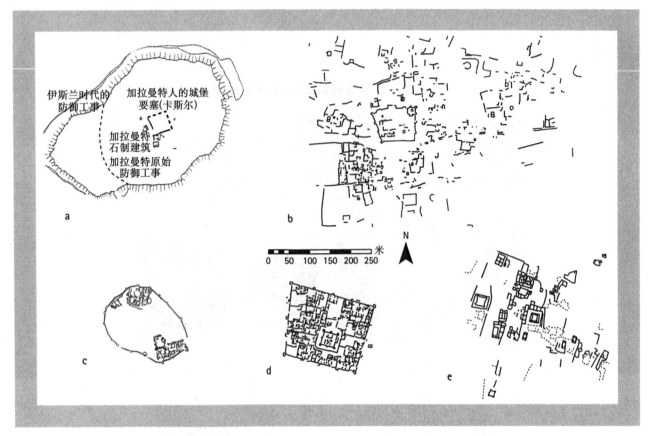

插图 4.2 加拉曼特人的城镇和防御型村庄的对比方案：(a)古代贾尔马地区；(b)卡斯尔-艾什-沙拉巴(Qasr ash-Sharraba)；(c)卡斯尔-滨-杜格赫巴(Qasr bin Dughba)；(d) HH₁；(e)HH 6-8(来自马丁利和斯特里[M. Sterry]的剪辑照片)。

"弗各拉斯"灌溉系统。[1]

尼日尔中部地区

1970 和 1980 年，罗德里克(Roderick)和苏珊·麦金托什(Susan McIntosh)在西非进行考古挖掘工作，他们首次在马里的尼日尔内陆三角洲发现了杰内-杰诺古城台形土墩遗址，这说明在大约 4—8 世纪期间，已经存在着前伊斯兰时代的城市化。对古城城市现状的定义部分借鉴于"新地理学"的概念，包括"位序-规模法则"(Rank Size Rule)和"中心地理论"(Central Place Theory)。杰内-杰诺古城是一个商贸往来的地区转运中心，它有着与之规模相当的核心土丘(33 公顷)并存在着许多专门的卫星型社区的遗迹(一个扩展的地区大约有 36 公顷)，这些是人们所定义的非洲城市构成要素的组成部分。[2] 非洲城市的定义可归纳为：包含本地化和经济多样化的集中型人群，拥有技工和学者，繁忙的贸易网络和存在着一个依赖于腹地为其提供生存保证的中心地区。

近期，罗德里克·麦金托什强调"自我产生"——而不是通过国家或者等级制度促使产生——是尼日尔中部地区城市化的本质。[3] 这来源于他早期的"脉冲理论"(Pulse Theory)：探讨西非旧石器时代经济分工与合作的起源。麦金托什认为尼日尔中部地区城市中心的产生是有组织、有计划地逐步形成的，这需要局部地区拥有供应的网络，以及拥有那些通过利用经济的合作性

---

① A. I. Wilson, 'The Spread of Foggara-based Irrigation in the Ancient Sahara', in D. Mattingly, et al., eds., *The Libyan Desert. Natural Resources and Cultural Heritage* (London: Society for Libyan Studies, 2006), 205-216.

② S. K. McIntosh, ed., *Excavations at Jenne-Jeno, Hambarketolo, and Kaniana (Inner Niger Delta, Mali), the 1981 Season* (Berkeley: University of California Publications in Anthropology, vol. 20, 1995); S. K. McIntosh and R. J. McIntosh, 'The Early City in West Africa: Towards an Understanding', *African Archaeological Review*, 2 (1984), 73-98; id., 'Cities without Citadels: Understanding Urban Origins along the Middle Niger', in T. Shaw et al., *The Archaeology of Africa*, 622-641.

③ R. J. McIntosh, *Peoples of the Middle Niger*; id., *Ancient Middle Niger*.

和分散的政治组织来维持群体多样性的专职人员。近期人们从迪亚(杰内-杰诺抽象意义上的宗主城市)考古挖掘出的文物证据中发现,在公元前8世纪到前4世纪它存在着大规模的卫星城市(面积大约有23公顷),拥有金融体系结构以及生铁冶金技术。这从理论上推后了尼日尔中部地区城市化出现的日期。[①]

然而,仍然有一些问题尚未解决:关于尼日尔中部地区台形土墩遗址(如迪亚和杰内-杰诺)是否真的是西非城市组织聚居区的起源,以及分层的"自我产生"是否是早期尼日尔中部地区城市化的唯一可行的城市化发展模型。旧石器时代和"新石器时代"的提希特(Tichitt,公元前1900—前400年)政权统治了大片领土,横跨了毛里塔尼亚东南部四分之一的土地并延伸到尼日尔中部地区的边缘地带。实际上,它独特的陶器存在于迪亚最早的居住区地层中(参见图4.2)。[②]提希特的许多遗址建筑由大量干石围墙筑成,并且存在着粮仓这类简单的内部结构建筑。提希特最大的遗址——达赫莱特阿特鲁斯(Dakhlet el Atrous),占地面积80.5公顷并由540堵围墙组成。现今我们还不能用像"城市"或者"典型城市"这样的字眼去描述提希特的大型聚居区,但我们却可以切实地提出质疑:为什么会出现这样的情况呢?就像杰内-杰诺的达赫莱特阿特鲁斯,它实际上是内部有着分级的地域性聚居区的一个大型中心。然而,在这样大量的提希特聚居区中,人们却缺乏证据去证明它是否存在生活遗迹,出现过职业专门化的现象(举例来说,冶金术)。直到最近人们在对它的挖掘中发现了提希特遗址的存在。但即使这样,也没有具体的实物证明当时提希特的长期远程贸易远不止限于少量的玛瑙和天河石珠的商贸往来。[③]同样地,和提希特同时代和同一季节的达赫莱特阿特鲁斯有许多干石围墙存在的问题也无法得到圆满的解决。尽管如此,尼日尔中部地区众所公认的那些城市,其所继承的那些大型定居地理应受到更多的关注。当大约从公元前3千纪开始,随着全新世撒哈拉地区出现普遍的干旱,那些游动的等级社会走向瓦解,这些大型定居地或许是这一漫长过程的产

图 4.2　1988 年,人们对迪亚(马里)的早期城市遗址进行考古挖掘工作。

---

① R. Bedaux et al. ,'The Dia Archaeological Project: Rescuing Cultural Heritage in the Inland Niger Delta (Mali)', *Antiquity*, 75 (2001), 837 - 848; id. , 'Conclusions: Une histoire de l'occupation humaine de Dia et de sa place regionale par la methode archeologique estelle deja possible?', in *Recherches archeologiques a Dia dans le Delta interieur du Niger (Mali): bilan des saisons de fouilles 1998 - 2003* (Leiden: CNWS Publications, 2005), 445 - 455.

② 提希特: K. C. MacDonald et al. , 'Dhar Nema: From Early Agriculture, to Metallurgy in Southeastern Mauritania', *Azania: Archaeological Research in Africa*, 44 (2009), 3 - 48;陶器: K. C. MacDonald, 'Betwixt Tichitt and the IND: The Pottery of the Faita Facies,Tichitt Tradition', *Azania: Archaeological Research in Africa*, 46 (2011), 49 - 69.

③ 达赫莱特阿特鲁斯: A. Holl, 'Late Neolithic Cultural Landscape in Southeastern Mauritania: An Essay in Spatiometrics', in A. Holl and T. E. Levy, eds. , *Spatial Boundaries and Social Dynamics: Case Studies from Food-Producing Societies* (Ann Arbor: International Monographs in Prehistory, Ethnoarchaeological Series 2,1993), 95 - 133;天河石珠: K. C. MacDonald, 'A View from the South: Sub-Saharan Evidence for Contacts between North Africa, Mauritania and the Niger, 1000 BC-AD 700', in Dowler and Galvin, *Money, Trade and Trade Routes*, 71 - 81.

物。① 所以换言之，对于公元前 1 千纪尼日尔中部地区的人来说，大规模的聚集——在一定程度可以说是"长时段"——并不是件新鲜事。

无论是自我产生还是由政治力量促使产生的大规模聚居区，我们也不要忘记一个事实：西非存在着悠久的独立国家的历史。在 8、9 世纪时，从第一位阿拉伯的旅行者进入萨赫勒地区时起，人们就公认西非存在着像加纳和考考（Kawkaw）一样的既存王国政权。② 这些国家中最早建立的一个国家——加纳帝国的起源时间可以一直追溯到 4 世纪，这有可能仍早于它的前身（例如提希特王国）建立的时间。书面的史料已经证明加纳、考考、马里之类的帝国已经存在着"首都"——这个术语不应该从传统的意义上理解：对于整个国家来说，它是具有行政管理或者经济意义的聚居地。而且这个地方应该是宫廷的所在地，大使馆的落脚点，神圣庄严的祭祀场所，集聚军事核心元素的要塞地区。它似乎并不需要提供重要的商业职能。我们可以推断出：以上这些信息来源于原始文献和近来对塞古这类更晚近时候的后继城市的研究（之前我们已经讨论过关于等级制和异化分层体系的议题）。这样的都城很有可能都是由单一的王朝所统治并且在王朝衰败时被废弃。③ 随后，一个都城的转变，通常要么是其遗址规模明显缩小（仅残存着村庄级别的人口），要么就是被完全抛弃。因而，一个都城存在时间的长短是把大型尼日尔中部地区政治型聚落区和更稳定的商业中心分离开来的一个关键因素。如果我们认同阿拉伯人早期的资料以及一些考古遗迹，我们就会发现商业中心的组织机构有着更好的分级体系，但环绕在它们身边的庞大政体中的政治组织机构更有可能拥有强大的强制性因素，包括奴隶制度。④

西非丛林

相对来说，非洲西部森林地区的城市生活在近代才显出端倪——大约是在 900—1300 年，当地的个人主义和自然原始的天性使得它们与现代的生活产生联系。伊费，拥有神圣的茂密丛林，复杂的艺术语言库，以河岸地带为中心，覆盖超过 1000 公顷的防御型沟渠，这些要素使之成为一个显著的例子。伊费是古代几个以墙围绕而成的尼日利亚城市之一，与这些城市相关联的是我们现在所熟知的约鲁巴人（Yoruba）。实际上，从传统意义说，伊费不仅是尼日利亚的第一个城市，也是创新世界的起点。⑤

伊费的起源也许可以追溯到被人们称为恩瓦（Enuwa，意为"我们面对面相视"）的现代城市内部的围城地区。考古学者通过对在这个区域内部挖掘到的出土物品进行放射性碳年代鉴定发现：这个地区存在于 600—1000 年之间，并且可能和当地首批在河岸和沟壁附近集聚并入住的当地居民相关。⑥ 欧赞（Ozanne）进行有力的争辩声称：伊费的逐步形成大致是围绕着当时的统治者奥尼——他的后代现今仍然统治这座城市——所在的神圣宫殿而进行扩展的一系列同心圆地区。⑦ 伊费巨大的范围里仅仅部分包含了房屋，更多是像农庄牧场一样的巨大开放区域，因此，当地人口的密度可能比较低，并且如果学者要对当地人口进行估算是存在一定困难的。

从伊费存在的早期开始，人们就开始参与当地农贸资源的交易，尤其是番薯、植物油、棕榈酒。然而长距离的贸易大约从 1000 年开始就一直持续地与出口挂钩，包括出口森林大象的象牙、可乐果、胡椒和奴隶。在一系列进口物方面，大规模的铜合金交易是显而易见的，特别是来源于撒哈拉沙漠原产地的普通黄铜棒，随后其在城市里被加工成主要铸件的器具。伊费的冶金学传统来源于尼日利亚古老、久远、精细的金属加工术，后者始于公元前 1 千纪的诺克（Nok）文化并且部分传承于伊博·乌库（Igbo Ukwu，大约 900 年）的铜合金制作传统。毫无疑问，这种金属的加工工人可以在城市中集聚出现的很关键的一个原因就是皇家承认冶金的合法化。伊费具有自然主义风格的陶器肖像雕刻

① K. C. MacDonald, 'Before the Empire of Ghana: Pastoralism and the Origins of Cultural Complexity in the Sahel', in G. Connah, ed., *Transformations in Africa: Essays on Africa's Later Past* (London: Leicester University Press, 1998), 71-103.

② N. Levtzion and J. F. P. Hopkins, eds., *Corpus of Early Arabic Sources for West African History* (Princeton: Markus Wiener Publishers, 2nd edn, 2001); cf. also P. J. Munson, 'Archaeology and the Prehistoric Origins of the Ghana Empire', *Journal of African History*, 21 (1980), 457-466.

③ D. C. Conrad, 'A Town Called Dakalajan: The Sunjata Tradition and the Question of Ancient Mali's Capital', *Journal of African History*, 35 (1994), 355-377. 例如，根据可考的历史材料，塞古在约超过 160 年的时间里有 6 个都城，平均每 26 年就更替都城一次。参见 MacDonald and Camara, 'Segou, Slavery, and Sifi nso' (2011).

④ P. J. Lane and K. C. MacDonald, eds., *Slavery in Africa: Archaeology and Memory* (Oxford: Oxford University Press, 2011).

⑤ T. Shaw, *Nigeria: Its Archaeology and Early History* (London: Thames & Hudson, 1978); cf. Connah, *African Civilizations*.

⑥ H. J. Drewal and E. Schildkrout, *Kingdom of Ife: Sculptures from West Africa* (London: British Museum Press, 2010).

⑦ P. Ozanne, 'A New Archaeological Survey of Ife', Odu, NS 1 (1969), 28-45.

起源于 900 到 1100 年之间的某个时段,最终发展成著名的铜合金雕刻。在此阶段结束之前,当时陶瓷碎片表面所记录的神殿可能是用于祭祀祖先和帝王,并且他们以赤土陶器或由铜合金制作成的半身雕像作为其关注焦点的组成部分。

伊费庞大的河湾网络和沟渠边界证明了其拥有大规模的公共劳动力,这成为伊费王国施行强迫和奴役的开端。从历史上来说,我们知道奴隶制度在这个地区是存在的,早期伊费以在赤土陶器雕刻牺牲的受难者或者堵住嘴的俘虏作为艺术表现形式。伊费的社会制度最终是高度压迫的制度,即使这并不是他们的初衷。

在追寻伊费王国建立背后的动力时,我们倾向于其意识形态的原因胜过经济的原因。伊费王权中的宗教因素在整个西非丛林地区似乎形成一个更广泛的推动王国发展趋势的动力要素。就如阿萨本(Asombang)写的:"历史学或者考古学还未证明:人们称伊费和贝宁这样的城市为军事和行政中心多过于宗教中心。"①从历史上喀麦隆西部城市巴非特(Bafut)的例子来看,阿萨本描述了一个和伊费十分相近的画面:居住在宫殿里面的一国之君同时也是教派的祭司长,被其同宗族竞争势力所居住的房屋包围,而王国中更多其他的定居点是从这个宗教中心向外辐射开来分布的。他进一步指出,作为一种经济诱因的替代品,个人控制自然的超自然力(如在绍索尔[Southall]部分地区的人工降雨一样)②或一种神秘的力量,在周围主要聚居区中心形成了一股核心势力并促使政治制度逐步发展。最终,随着宗教统治者权利的增强以及血缘世系家族的关系变得更加紧密,这种推动聚居区的中心和政体的发展的力量不仅仅包括宗教因素,还包括了商业因素和高压政治的因素。因此,伊费可能对于城市化给出了一个可供选择的途径:从一个宗教中心发展成一个城市。

结语

纵览早期的非洲城市,我们发现地区主义特别明显地搀杂到每个城市的自身环境里,贸易、宗教、政治和军事战略均受其影响。对非洲丛林地区来说,城市化的动力似乎最初是来源于神圣宗教自身的引力(宗教产生的城市生活?),最终发展成神圣王权,这种王权是由森林资源的长途贸易供养起来的。而撒哈拉沙漠以南其他地区存在着潜在的更深刻的对比。例如,撒哈拉中心地区具有城堡建设风格的遗址和普遍的西非萨赫勒地区以及特殊的尼日尔中部地区不设城防的"自我产生"的商业聚居区遗址的对比,这二者看起来有很大不同。然而这些趋势也不是绝对的,即使是在更早的时期(公元前1千纪),防御型的城市就以现今人们所熟知的乍得湖流域而闻名(如兹鲁姆[Zilum])。③确实,直到阿拉伯的地理学者在公元1千纪晚期第一次撰写关于萨赫勒的各个城邦记录,这才证实很显然它们当时拥有大量的"首都"或者是由城邦形成的城镇中心。

尽管非洲城市现象独一无二,但是仍有很清晰的证据表明许多早期的城市社会都是相互影响、相互关联的。特别是非洲萨赫勒和撒哈拉中心地区的例子说明:前伊斯兰时代贸易的往来、思想互动以及技术分享的增多似乎更加促进了地区之间的交流。④ 这种为了发展非洲城市化而进行跨地区交流的意义有待进一步的探讨和研究。

参考文献

Connah, G., *African Civilizations. An Archaeological Perspective* (Cambridge: Cambridge University Press, 2001, 2nd edn.).

Dowler, A., and Galvin, E. R., eds., *Money, Trade and Trade Routes in Pre-Islamic North Africa* (London: British Museum Press, 2011).

Edwards, D. N., *The Nubian Past* (London: Routledge, 2004).

MacDonald, K. C., 'Before the Empire of Ghana: Pastoralism and the Origins of Cultural Complexity in the Sahel', in G. Connah, ed., *Transformations in Africa: Essays on Africa's Later Past* (London: Leicester University Press, 1998), 71 - 103.

79

① R. Asombang, 'Sacred Centres and Urbanization in West Central Africa', in S. K. McIntosh, ed., *Beyond Chiefdoms: Pathways to Complexity in Africa* (Cambridge: Cambridge University Press, 1999), 80 - 87 (quote from 80).

② A. Southall, 'The Segmentary State and the Ritual Phase in Political Economy', in S. K. McIntosh, ed., *Beyond Chiefdoms*, 31 - 38.

③ 关于尼日尔中部地区:R. J. McIntosh, *Ancient Middle Niger*; McIntosh and McIntosh, 'Cities without Citadels'; Lake Chad basin: C. Magnavita et al., 'Zilum: A Mid-first MillenniumBC Fortified Settlement near Lake Chad', *Journal of African Archaeology*, 4 (2006), 153 - 169.

④ Dowler and Galvin, eds., *Money, Trade and Trade Routes*; P. Mitchell, *African Connections: Archaeological Perspectives on Africa and the Wider World* (Walnut Creek: AltaMira Press, 2005), 140 - 146.

McIntosh, R. J., *Ancient Middle Niger. Urbanism and the Self-Organising Landscape* (Cambridge: Cambridge University Press, 2005).

McIntosh, S. K., ed., *Excavations at Jenne-Jeno, Hambarketolo, and Kaniana (Inner Niger Delta, Mali), the* 1981 *Season* (Berkeley: University of California Publications in Anthropology, vol. 20, 1995).

——ed., *Beyond Chiefdoms: Pathways to Complexity in Africa* (Cambridge: Cambridge University Press, 1999).

——and McIntosh, R. J., The Early City in West Africa: Towards an Understanding. *African Archaeological Review*, 2 (1984), 73 – 98.

Mattingly, D. J., ed., *The Archaeology of Fazzan.* Vol. 1, *Synthesis* (London: Society for Libyan Studies, 2003).

Phillipson, D. W., *Ancient Ethiopia. Aksum: Its Antecedents and Successors* (London, British Museum Press, 1998).

——*African Archaeology* (Cambridge: Cambridge University Press, 2005, 3rd edn.).

Sears, G., *The Cities of Roman Africa* (Stroud: The History Press, 2011).

Shaw, T., Sinclair, P., Andah, B., and Okpoko, A., eds., *The Archaeology of Africa. Food, Metals and Towns* (London: Routledge, 1993).

Sidebotham, S., *Berenike and the Ancient Maritime Spice Route* (Berkeley: University of California Press, 2011).

Stahl, A. B., ed., *African Archaeology* (Oxford: Blackwell, 2005).

Trigger, B. G., Kemp, B. J., O'Connor, D., and Lloyd, A. B., *Ancient Egypt. A Social History* (Cambridge: Cambridge University Press, 1983).

胡　婷　译　陈　恒　校

第5章　南亚

卡梅隆·皮特里

　南亚的城市历史可追溯到 4500 多年前，包括两个主要时期的早期城市生活。一个是众所周知的印度河流域文明，时间约在公元前 2600 至前 1900 年；另一个是同样著名的早期历史阶段，时间约在公元前 500 到公元 500 年。大多数城市史的综合性论述往往会忽略南亚的古代城市，本章将试图复原印度河流域文明和早期历史阶段的城市，使之放在早期城市化进程中进行考量。

印度河流域文明跨越了广袤的土地，包括现在的巴基斯坦、印度、阿富汗，总面积超过 100 万平方公里（参见区域地图 1.4）。[1] 因为通常被描述为"城市化的"，但印度河流域只有五个聚落点是在原始大小的基础上发展成为城市（面积大于 80 公顷），即摩亨佐-达罗（Mohenjo-daro）、哈拉帕（Harappa）、拉齐噶里（Rakhigarhi）、朵拉维拉（Dholavira）和甘维瓦拉（Ganweriwala）（参见插图 5.1）。这些城市之间距离遥远，除了朵拉维拉，其他四个城市的位置都远离南亚西北部的冲积平原。被挖掘出的印度河流域城市展示了坚实的防御城墙、地台、房屋、下水道、用泥和（或）烧砖做成的水井盖，不过似乎没有明显的宫殿和宗教性质的建筑（参见插图 5.1）。[2] 一般假定，印度河流域文明受其主要城市的影响，虽然大多数已知的毗邻内陆大中心和广阔中间地带的聚落点是小规模、未成熟的，只能算是大型乡镇。印度河流域许多的聚落点，可被描述为"小城镇"（面积小于 40 公顷），虽然尚缺概念化，但它们无疑就是城市，并可能在印度河流域的世界中发挥了至关重要的作用。另外，乡村环境同样重要，但我们现在对这一印度河流域文明的重要构成要素仍缺乏了解。[3] 理解最早阶段南亚城市生活受限于对神秘且未破译的古印度文字悬而未决的辩论、对印度河流域政治制度和组织结构尚无共识的讨论以及对作为衰落标志的公元前 2 世纪印度河流域城市最终被废弃这一重大变革的理解的不足。

随着印度河流域城市的衰亡，在长达千年的时间内这一区域没有出现大规模的城市，虽然有一些聚落点的规模从本质上来说跟印度河流域中等规模城市差不多（面积约 30 公顷）。相当规模的城市直到公元前 1 世纪中晚期才出现，并且这次早期历史阶段的大规模城市化一直持续到公元 1 世纪中期。尽管两个城市的发展阶段之间有明显的相似之处，但在早期历史阶段，则诞生了更多的城市，并且它们都发展于多样化的地域和环境之中。早期历史时期城市化的主要中心集中于恒河平原，属于古印度十六大国（Mahajanapadas）的心脏地带（参见区域地图 1.4），这表明在两个早期城市发展阶段，城市中心的集中度主要向东部转移，另外，在印度次大陆的西北边境也有大量城市发展。城市规模、防御性城墙、公共设施、专业化的工艺、远程贸易、宫殿、宗教建筑都被认为是早期历史阶段城市的典型标志，这一时期还能看到不同类型城市的崛起，包括有些中心可能在某种程度上起到边境城市的作用，或被作为海陆直接贸易的进出口贸易中心（entrepôts，参见图 5.2）。早期历史阶段的城市同样对一系列政治环境起到了重要作用，包括新兴国家的发展，帝国的成长、

① G. L. Possehl, 'Sociocultural Complexity without the State: The Indus Civilisation', in G. M. Feinman and J. Marcus, eds. , *The Archaic State* (Santa Fe: SAR, 1998), 261 – 291.

② D. K. Chakrabarti, *The Archaeology of Ancient Indian Cities* (Delhi: Oxford University Press, 1995); Possehl, 'Sociocultural Complexity without the State: The Indus Civilisation', 261 – 291; J. M. Kenoyer, 'Indus Urbanism: New Perspectives in Its Origin and Character', in J. Marcus and J. A. Sabloff, eds. , *The Ancient City: New Perspectives in the Old and New World* (Santa Fe: SAR, 2008), 85 – 109.

③ R. N. Singh et al. , 'Changing Patterns of Settlement in the Rise and Fall of Harappan Urbanism: Preliminary Report on the Rakhigarhi Hinterland Survey 2009', *Man and Environment*, 35. 1 (2010), 37 – 53.

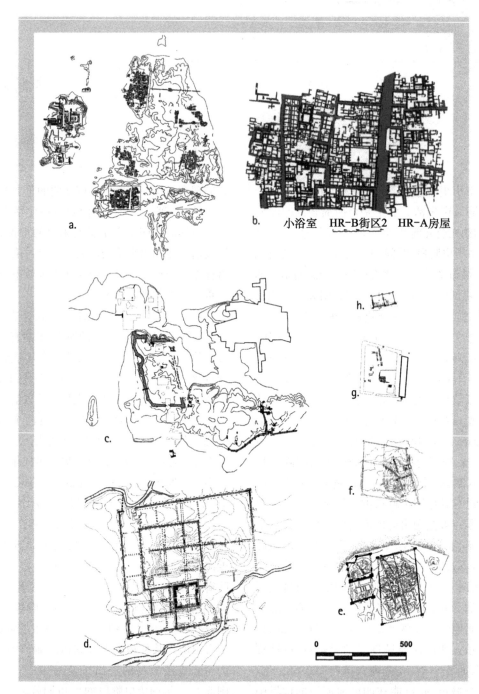

小浴室　HR-B街区2　HR-A房屋

插图 5.1　印度河流域的城市和小型城市中心的设计显示了不同规模聚落点的半正交式街区和离散式的城墙分布,包括:(a)摩亨佐-达罗;(b)靠近灰色区域左侧扩大的 HR 区域;(c)哈拉帕;(d)朵拉维拉;(e)卡里班根(Kalibangan);(f)巴纳瓦利(Banawali);(g)洛塔尔(Lothal);(h)苏克塔达(Surkotada)。

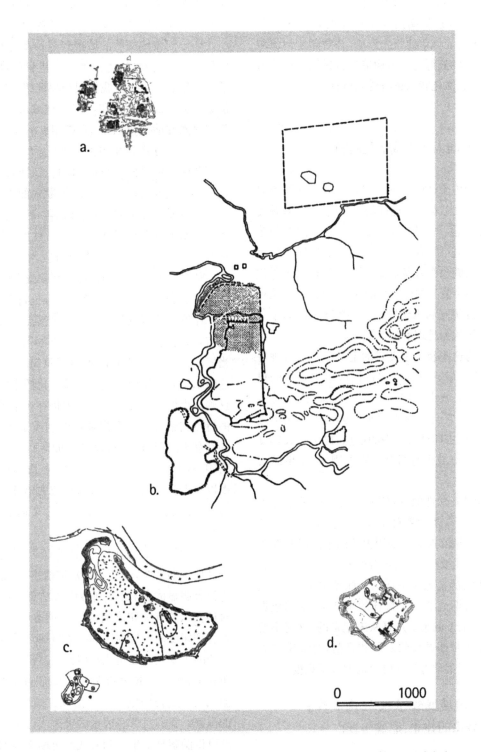

插图 5.2　印度河流域。摩亨佐-达罗与早期历史时期城市设计的比较,小型城市中心显示了不同规模的防御区域,包括:(a)摩亨佐-达罗;(b)位于塔克西拉(Taxila)左侧的比尔城遗址(Bhir)、中部的锡尔开普遗址(Sirkap)、右侧的锡尔苏克遗址(Sirsukh);(c)舍卫城(Sravasti);(d)比塔(Bhita)。

扩张、统一和瓦解。然而,对通常意义上的早期历史阶段的城外生活,我们的了解却很有限。

本章将通过考察早期南亚城市化的两个主要阶段,勾勒出古今南亚城市的概念形成,并对印度河流域及早期历史名城的起源与建筑构造进行讨论。这些城市的环境、景观和文化背景也将受到审视。

面向南亚的城市化问题

彼得·叶利佐夫(Piotr Eltsov)曾提出,南亚城市研究的大部分学术文献都是描述性的而非概念性的,并提出了一个核心问题——城市是什么——这个问题很难被前后一致地论述。[①] 他还坚持认为很难找到一个单一、普遍、全面的概念作为南亚城市的定义,他指出古代的南亚城市是一个复杂的社会政治和文化现象,可从各种方面对其进行研究和概念界定。虽然柴尔德的十条考古标准始终被认为是理解南亚城市的有用工具,[②]但叶利佐夫却认为这些经验主义式的定义是不适合理解南亚的,认为它们缺乏一种理解古代城市重要性的机制。[③] 叶利佐夫把城市看作一种历史现象,认为若要研究它,就不能将它与人内心关于历史动因的城市理念分割开,他借助古印度文字中的信息,提出定义印度河流域和早期历史城市有两个关键性因素,军事防御和权威。

除了要克服概念性问题,研究主要还受限于考古资料种类的引进,以及学界总是关注纵向而非横向的发掘。印度河流域文明和早期历史这两个阶段都缺乏正式的政府和历史文献,这意味着许多个世纪以来,我们所依赖的文献都是编年不详的。此外,尽管考古挖掘发现了各个时期南亚数以百计的聚落点,新的数据却显示,有成百上千的聚落点是从未记录的,这就不便于我们理解那些时期城市的发展和衰落,对证实过去关于城市/乡村聚落动力学的讨论也加大了难度。

印度河流域城市“实验”：南亚首个城市的建立、鼎盛与衰亡

有大量的出版物讨论了印度河流域文明及其城市,其中的关键论点会在本章得到概述,一系列新视角挑战了过去成熟的论点,它们的出现展现出学界对使用新视野研究印度河流域城市的渴望。

印度河流域文明的城市起源一直是个颇具争议性的问题,现在普遍认为当地城市进程的高潮早在公元前6世纪就已出现。我们很难保证用线性发展规律就能解释公元前3世纪印度河流域城市出现的原因,因为很显然在前城市时期,构成印度河流域文明的整个地区的生活方式有相当大的变化,人们并没有采用整齐规范的生活模式。例如,我们长时间认为印度河流域文明时期的居民过着田园牧歌式的生活,生存的经济来源主要依赖于牛、绵羊和山羊,粮食供给则依靠由冬季雨水加以支撑的大麦、小麦,然而,赖以生计的经济基础很可能在细节上或为适应当地环境而产生变化。从多方面来看,从印度河流域城市阶段到后城市阶段,区域变化这一模式始终持续进行着。

印度河流域仅仅只有五个聚落点发展成大规模的城市,而它们全是在约公元前2600至前2500年这相当短的时间内发展起来的,虽然只局限于几个中心,但这暗示了五个城市快速进行城市化的事实,另外,促使这些城市形成的社会经济动力仍存在争议。城市阶段的特点它聚集了一系列独特的物质文化,如漆成黑色的红黏土陶器,用滑石雕刻成的印章,立方体砝码,人物陶塑,由黏土、贝壳、铜、彩陶、石块等材料制成的手镯以及由各类宝石和半宝石做成的串珠。这些物品成为印度河流域文明的缩影,其意义远远超出了城市本身。

长时间以来,我们一直认为印度河流域文明有别于其他早期文明,例如它常常被描述为无法辨认的,因为没有明显的葬礼、雕刻传统或精英构成的痕迹。同时还交织着有关印度河流域精英本质的疑问,是否存在管理印度河流域地区的统治阶级？是否有过庄严而不朽的主要宗教建筑或宫殿？当然目前也没有证据证明战争频发。[④] 这些差异导致持续性的争论,印度河流域文明是否构成过一个国家？如果是,是怎样类型的国家？我们对那些因素的理解或许不可避免地受缺乏可供洞察日常生活和实践的可读文本的阻碍。有关城市文本的内容变得更加复杂难解,因为只有两个主

① P. A. Eltsov, *From Harappa to Hastinapura: A Study of the Earliest South Asian City and Civilization* (Leiden: Brill, 2008).

② 例如 M. J. Smith, 'The Archaeology of South Asian Cities', *Journal of Anthropological Research*, 14 (2006), 97 - 142。

③ Eltsov, *From Hanappa to Hastinapura* Singh et al., 'Changing Patterns of Settlement', 37 - 53.

④ 例如 Kenoyer, 'Indus Urbanism', 85 - 109; R. P. Wright, *The Ancient Indus: Urbanism, Economy and Society* (Cambridge: Cambridge University Press, 2010).

要的城市中心被广泛挖掘并拥有相关出版物,这两个城市是摩亨佐-达罗和哈拉帕。

摩亨佐-达罗位于印度河平原的信德省(位于巴基斯坦),西临印度河。在 20 世纪,摩亨佐-达罗是几个主要考古阶段的工作重点,也是印度河流域的聚落点中最广受考察的城市。[1] 摩亨佐-达罗的很多方面在印度河流域城市中出类拔萃,因为它是印度城市的大部分显著特征首次被发现的地方。该地区的两个主要遗址面积约有 100 公顷,整体覆盖面达 250 公顷,是南亚次大陆最大的城市,规模相当于同时期的大城市美索不达米亚(参见第 2 章)。摩亨佐-达罗主要由高耸的砖块平台构成,平台顶端覆有烧制的黏土砖;下城区则由独特的居住区域组成,同样也是建立在砖块平台之上。虽然有人提出摩亨佐-达罗的这种平台是在原始基础上建立起来以便防洪的建筑,[2]但由于现代较高的地下水位,使得考古挖掘不能探查出这种前城市时期的用地方式。[3]

这种高台,就像大浴场遗址(the Mound of the Great Bath)一样,是印度河流域文明众多不寻常又引人注目的建筑之一,其中的构造包括"浴场""仓库""祭司学院""柱状大厅",以及长久以来一直被作为早期历史阶段的产物,通常被描绘成佛寺的建筑物。这些遗址中至少有一部分是泥砖做成的军事防御墙;墙上至少建有一个出入通道,这些建筑中有许多是为精英建造的,因而保留了许多工艺的痕迹,如宝石、贝壳和皮革的加工工艺。[4]

摩亨佐-达罗的下城区由各种显著不同的区域组成,似乎主要是大小不一的房屋和工场。下城区的这一系列神秘的建筑,从原始挖掘的发现来看,其中至少有疑似宫殿的建筑,还有独特的双楼梯结构,可能是用来祭祀的场所(参见插图 5.1,HR-A,房屋 1),[5]另外还有一些大概是寺庙的建筑物。但学界并没有就这些建筑不仅仅是住房这点达成共识。

图 5.1　摩亨佐-达罗的烧结砖建筑,显示的是 HR-A 区域的房屋 8,人们通常称它为寺庙。这座建筑立于该地区的最高点并可俯瞰大浴场遗址。

若要对早期挖掘出的摩亨佐-达罗的两种建筑结构进行重新解读,可能就要加强对长久以来一些观念的复评。由硬币贮藏地点可推测(参见图 5.1),被称为寺庙和修道院的建筑是最早在印度河流域考古中被挖掘出来的,时间通常被定为贵霜帝国时期(公元 1 世纪早期)。然而,其建筑结构的布局和选址却十分契合

①　M. Jansen, *Mohenjo-Daro: City of Wells and Drains: Water Splendour 4500 Years Ago* (Bonn: Bergisch Gladbach Frontinus-Gesellschaft, 1993).

②　Ibid.

③　Kenoyer, 'Indus Urbanism', 85 - 109.

④　Possehl, 'Sociocultural Complexity without the State', 261 - 291.

⑤　Jansen, *Mohenjo-Daro*.

邻近的印度河流域时期结构，从对其建筑设计、施工技术的重估来看，有相关发现表明，它很有可能是大印度河流域文明时期的遗产，且耸立于城市最高处和最显眼的位置。① 虽然该建筑的准确功能尚不可知，但维拉蒂（Verardi）和巴尔巴（Barba）表示它可能是充当存储功能的宗教场所，用以存放不再使用的祭品。另外，北端的大浴场遗址也被不少精英建筑超出，包括两个主要的典礼场所（大浴场和非佛塔的建筑）都与精英建筑（祭司学院）分隔开，被置于各类大礼堂的两边（参见图5.2）。

图 5.2 印度河流域哈拉帕城遗址 F 中的谷仓或大礼堂。

HR-B的区域2（参见图5.1）最初被看作由七个独立房屋构成，不过维达（Vidale）认为整个区域其实是宫殿的入口，被由环状黄石灰岩做成的巨大柱子围绕住。② 维达还认为在皇宫后面有个仿照大浴场建造的小浴池（参见图5.1）。如果这种观点正确的话，那么这些评估将对我们重新解释印度河流域的居民、他们的社会经济状况、政治组织结构产生重大影响，也将会是自20世纪30年代以来，学者真正地正视了印度河流域不朽的宗教和宫廷建筑。

哈拉帕是首个被挖掘出的印度河流域文明遗址，近一个世纪一直是考古工作的重心。该遗址位于巴基斯坦旁遮普中心的拉维河（Ravi River）河床前端，从很大程度上来说哈拉帕是一座大城（面积约150公顷），至少包括四个独立区域，每个区域都被城墙包围，内有房屋和工场，出入受限于一个狭窄的通道。③ 哈拉帕城唯一被挖掘出的不朽建筑是位于遗址F的被称为谷仓或大礼堂的建筑，经常被用来和摩亨佐-达罗的大礼堂做比较（参见图5.2）。开掘者认为，该建筑表现了哈拉帕城市阶段聚落点持续增长过程的高峰，从中可以看出居民的资源采集网络在扩大，使用的符号和衡制趋于标准化，工艺生产活动在集约化和复杂化方面也在提高。④

朵拉维拉地处库奇兰恩（Rann of Kutch，即古吉拉特［Gujarat］）的卡迪尔岛（Kadir Island）上，在20世纪90年代被广泛挖掘。⑤ 朵拉维拉因坐落于印度河流域的一座岛屿上而显得与众不同，这座城市大约呈长方形，用于城市构造的主要原料是打磨或未打磨的石块。朵拉维拉是由一系列带围墙的建筑物构成，除围墙之外，组成这座城市的还有中城、礼教场所、城堡外庭，以及下城内的城堡，城市每个区域间还设置巨大的关卡

① G. Verardi and F. Barba, 'The So-called Stupa at Mohenjo Daro and Its Relationship with the Ancient Citadel', *Praghdara*, 19 (2010), 147-170.

② M. Vidale, 'Aspects of Palace Life at Mohenjo-Dano', *South Asian Studies*, 26.1(2010), 59-76.

③ Kenoyer, 'Indus Urbanism', 85-109, 文内罗列了关于哈拉帕的大量近期文献及细节以论证这种观点。

④ Ibid., 85-109.

⑤ R. S. Bisht, 'Dholavira and Banawali: Two Different Paradigms for the Harappan *urbis forma*', *Puratattva*, 29 (1998-1999), 14-32.

以限制通行。科诺耶（Kenoyer）认为这种设计暗示了城区内的等级制度及军事防御的功能。[1] 在南亚，朵拉维拉这种广阔且复杂的军防系统几乎罕见。[2] 虽然中城和下城由遍布各区域大街小巷的房屋和工场组成，但围墙内还有不少大面积的露天空间，似乎是用于以灌溉为基础的农业生产，另外还有由切割岩石建起的大型蓄水库，由此可见水对朵拉维拉的重要性。

剩下两座印度河流域城市则尚欠研究。拉齐噶里（约 80 公顷）位于印度哈里亚纳平原（Haryana）之上，发现于 20 世纪 60 年代，90 年代被挖掘出来。[3] 该聚居地由几个丘型区域组成，但与摩亨佐-达罗和哈拉帕不同，最大的遗址实际上立于最高处。虽然从遗址处观测到周围环绕着城墙，但除了露天平台、黏土烧砖房、工场区域、拜火祭坛和牺牲祭坑，人们对其他城市设计却知之甚少。甘维瓦拉（约 80 公顷）则似乎是城市时期建立在巴基斯坦东部科里斯坦沙漠（Cholistan）边境地带的原始之城。[4] 虽然这块区域从未被挖掘过，但因为表面工艺活动的痕迹它曾被描述为一座城市。关于这座城市有不少疑问，例如它是否该与有着相似规模的四座城市，即摩亨佐-达罗、哈拉帕、拉齐噶里以及朵拉维拉相提并论。[5] 而这种怀疑的由来是因为甘维瓦拉建在一系列印度河流域城市群的最南端，而不是出现在中心地带，而且从卫星拍摄的图像来看，甘维瓦拉的规模也比记录的小很多。

城市研究在印度河流域学术领域内占有重要地位，尽管一些小型城市中心总是被认为其差异与较大中心之间相比不够清晰，而且学者往往只论及它们与那些聚落点之间的关系。然而，这些比较小的城市中心在印度河流域世界中确实起了至关重要的作用。虽然在本章中详细讨论细节是不可行的，我们可以对其中的一个聚落点做简短的评论，并对其他一些聚落点进行评述。

卡里班根（面积约 11.5 公顷）位处印度拉贾斯坦邦北部一条干涸河道的南端，距离最近的城市聚落点约几百公里。在整个城市时期，卡里班根由两个带围墙的遗址组成，西面是两块被城墙分隔开的具有不同功用的区域，一块是精英居住区，另一块则由一些砖块搭建成平台，挖掘者认为它是用来进行仪式的场所，而东部低洼处的遗址似乎是一个大型住宅区。[6] 从卡里班根出土了很多著名的印度文明材料，前城市阶段人们使用的陶器类型至少沿用至该阶段末期，这既暗示了当地人口的连续性，又暗示了人们持续不断地仿制非出自本地的材料。同样的证据也可以在城市时期的小型聚落点的发展情况中看到，显示出当地居民融合已存在的地方物质文化并加以利用的特点。这些印度文明材料也出现在巴纳瓦利（面积 16 公顷）和法马纳（Farmana，面积 9 公顷），这两座城市都坐落于卡里班根东部，距离拉齐噶里城不到 60 公里。[7] 还有在哈里亚纳的一个小村镇，当地出土的文化材料更重要，是仅有的且数量有限的印度风格的小工艺品，主要是一些串珠和手镯。[8]

人们在古吉拉特已发现了许多小型的聚落点，都有明显的使用大量泥砖或石头建造防御性城墙的痕迹，在这些城墙内是各种分隔空间，明确标明哪些是非农村的范围，包括洛塔尔（面积 5 公顷）、希卡布尔（Shikarpur，面积 3.4 公顷）、昆塔斯（Kuntasi，面积 3 公顷）、格拉-哈罗（Gola-Dhoro，面积 2 公顷）、苏克塔达（面积 1.5 公顷）、坎默（Kanmer，面积约 1 公顷，参见插图 5.1）。从这些聚落点的形式和规模来看，其中一些很有可能是用来对当地可用原材料进行开采加工的要塞。

在摩亨佐-达罗的大量发现能够为我们理解印度河流域城市布局提供一种范式，即房屋被安排于由宽阔的主干道以及狭窄的街巷分隔开的相联系的区域内。对外行来说，这似乎已揭晓了摩亨佐-达罗的主要活跃时期，但已出版的著作却显示了有多个构建阶段需要被重写。[9] 史密斯（M. E. Smith）认为下城区不同

① Kenoyer, 'Indus Urbanism', 85 – 109.

② Bisht, 'Dholavira and Banawali', 14 - 32; Eltsov, *From Harappa to Hastinapura*.

③ A. Nath, 'Rakhigarhi: A Harappan Metropolis in the Saraswati-Drishadvati Divide', *Puratattva*, 28 (1997 – 1998), 39 – 45.

④ M. R. Mughal, *Ancient Cholistan: Archaeology and Architecture* (Rawalpindi: Ferozsons Limited, 1997).

⑤ Kenoyer, 'Indus Urbanism', 85 – 109.

⑥ B. B. Lal, 'Some Reflections on the Structural Remains at Kalibangan', in A. H. Dani, ed., *Indus Civilisation: New Perspectives* (Islamabad: Quaid-i-Azam University, 1981).

⑦ Bisht, 'Dholavira and Banawali', 14 - 32; V. Shinde, T. Osada, and M. Kumar, *Excavations at Farmana, District Rohtak, Haryana, India, 2006 -2008* (Kyoto: Research Institute for Humanity and Nature, 2011).

⑧ Singh et al., 'Changing Patterns of Settlement', 37 - 53.

⑨ Jansen, *Mohenjo-Daro*; E. Cork, *Rethinking the Indus: A Comparative Re-evaluation of the Indus Civilisation as an Alternative Paradigm in the Organisation and Structure of Early Complex Societies* (Oxford: BAR International Series 2213 Archaeopress, 2011).

区域的建筑呈半正交式街区形态,这暗示了虽然城市布局似乎是网格状形态,但并不是集中规划的结果。[①]这种半正交式布局是个体建造者的产物,他们在已有的矩形房屋上建造房屋,或是在更靠近固定建筑物而不是向中央集中的区域建造新房。主要的街巷似乎未受时间侵袭,但有明显的建筑改造和街道封堵的痕迹,在哈拉帕也发现过类似的痕迹。对摩亨佐-达罗建筑的详细研究显示了在早期建筑阶段就有过对大量的城墙和建筑进行改造翻修的活动,老旧的城墙会被作为地基再生利用,而建筑也越发显得脆弱。[②]

摩亨佐-达罗的许多房屋都自带水井,多达700个。[③]这种情况也在其他聚落点出现。住宅内部随时可获取水源这一发现证实了在摩亨佐-达罗许多房屋内部存在过厕所和沐浴设施,这个精心设计的系统使房屋能够连接顺延或低于街巷的下水道,最终水可以从平台排出。

早期研究揭示了印度河流域城市二分法的特点,即由精英主导的城堡和属于相对较低阶级的非精英所在的城镇,这暗示着存在一种等级社会结构。然而,对哈拉帕多处带围墙区域的勘测以及人们现在掌握的关于摩亨佐-达罗"下城"的知识让我们看到,城市一般由一些不同的区域组成,因此情况就显得相对复杂。对叶利佐夫来说,严格限制出入并且隐含重大意义的三维世界(三个世界分隔开来)的创造,是基于意识形态的原因而做的选择,其目的是划分社会-文化群体(宗教的或各行业的)之间的界线。[④]维达认为出现在摩亨佐-达罗 HR 地区的宫殿及小浴场标志着下城每一区域存在一种能够建造宫殿和祭祀的社会、经济、政治精英群体的社会结构,并与大浴场遗址的那些精英相抗衡。[⑤]科诺耶认为哈拉帕的正式规划区域和工场的分布预示着在每一区域存在精英、商人、地主和宗教领袖间的竞争关系。[⑥]总之,这些观点都暗示了没有哪个精英群体在印度河流域城市的等级形态中占主导地位。相反,这些城市是多中心的,相当于在社会经济各方面它们受多个精英群体支配,这些群体遵循明确的等级形式互相竞争,以复杂的方式相互作用。这种模式很容易在相隔离的单个聚落点内的小中心和乡镇中看到。

虽然印度河流域城市和聚落点的分布范围约有100万平方公里,但其中大部分都没有被充分挖掘,许多聚落点都没有被记录。由于无法准确计算出这些聚落点在城市阶段存在的时间,人们也不清楚它们是否是同时出现,所以目前我们无从论及印度河流域聚落点的密度和分布情况。[⑦]每个印度河流域城市的环境很显然各有特点,每个城市或受益或受害于当地的降雨模式、植被情况及可获取的自然资源。也许最值得关注但又很少被谈及的差异是每一个城市明显不同的水文系统。如今拉齐噶里所在之地是夏季季风和冬季降雨共同作用的地区,而哈拉帕、甘维瓦拉和摩亨佐-达罗则处于更西边,它们都分布于印度河冲积平原不同的降雨带。朵拉维拉所处之地现在的降雨量有限,但却靠近两条季节性河流,而且有几个由大型石块围成的蓄水库可帮助当地居民满足不可预知的用水需求。

印度河流域文明受同一农业模式影响的假设主要建立于对相似的可栽种的植物(小麦、大麦)和已驯养的动物(印度牛、山羊、绵羊和水牛)的广泛发掘上。然而,当地环境、植被、降雨和供水的多样性则迫使不同地区为顺利开展农业生产而进行适应,包括依赖夏季作物如水稻和(或)夏冬作物俱不偏废。特定地区个体动植物比例消减的证据能帮助我们清楚地感知变化的程度,目前几个研究项目正是以确定印度河流域及邻近地区人口生存实践的可变性的程度为目标的。[⑧]人们可以推测长期和短期河道何时被挖掘、何时消失,以及居民依靠沟渠、池塘和降雨的情况,后者尤其适用于收集充足的冬季雨水以种植无灌溉作物的地区。尽管灌溉往往被看作印度河流域农业实践的一个推进因素,但查克拉巴蒂(Chakrabarti)则认为灌溉扮演着关

① M. E. Smith, 'Form and Meaning in the Earliest Cities: A New Approach to Ancient Urban Planning', *Journal of Planning History*, 6 (2007), 3 - 47 (16).

② H. Wilkins, 'From Massive to Flimsy: The Declining Structural Fabric of Mohenjo-Daro', in U. Franke-Vogt and J. Weisshaar, eds., *South Asian Archaeology* 2003 (Aachen: FAAK 1,2005), 137 - 147.

③ Jansen, *Mohenjo-Daro*.

④ Eltsov, *From Harappa to Hastinapura*.

⑤ Vidale, 'Aspects of Palace Life at Mohenjo-Daro', 59 - 76.

⑥ Kenoyer, 'Indus Urbanism', 85 - 109.

⑦ Singh et al., 'Changing patterns of settlement', 37 - 53.

⑧ 例如 R. N. Singh et al. 'Settlements in Context: Reconnaissance in Western Uttar Pradesh and Haryana, April and May 2008', *Man and Environment*, 33. 2 (2008), 71 - 87。

键的角色。[①] 另外,池塘的作用在印度河时期也是值得考虑的一个因素。

查克拉巴蒂指出在印度河流域的聚落点中,没有显明证据表明规划和工艺实践之间有着直接关系,虽然摩亨佐-达罗的大小相当于洛塔尔的18倍,但两座城市都有用烧砖建的房屋、整齐的街道、排水道以及工艺生产等痕迹。[②] 用他的话来说,"从某种程度上来说,哈拉帕的聚落点使农村、乡镇和城市间的差异变得模糊不清"。[③]

很显然,印度河流域的大型城市中心之间都间隔相当大的距离,从280到835公里不等。[④] 这些距离强调了印度河流域文明的空间变化和政治组织相异于同时期的美索不达米亚,其中主要城市间的距离通常保持在25公里之内(参见本书第2章)。城市规模在很多方面都是一个重要因素,将印度河流域文明的规模视为一个整体并考虑其政治结构的性质,思考这么几个城市中心是否控制着所有可供生产的农业用地和聚落点的人口是很重要的。在乡镇占主导地位的背景下,印度河流域城市似乎是一种异数,这种城市分布意味着小型区域中心和城镇在互动过程和结构控制方面扮演了重要的角色。

对哈拉帕及其他聚落点中原石资源获取网络的细节分析暗示了随着时间的推移,印度河流域城市持续扩张,最终在印度河流域城市时期形成跨南亚西部整个地区的工艺生产网络。[⑤] 像古吉拉特的一些聚落点,特别是像格拉-哈罗这样的小型聚落点,可能还包括朵拉维拉,这些城市建立的一大动因正是它们渴望能获得当地各种各样丰富的石头和贝壳资源。实际上,朵拉维拉本身无法维持居民的生存,而这种谋求生存资源的计划都是由商人群体倡导的。[⑥] 这种整合涉及了更为广阔的贸易和获得原材料的活动,而这正是这些城市要达到的目的,以及赖以生存的关键。

还有明显的证据表明,在当地及远距离地区之间存在着成品综合贸易和交换的网络,当地贸易的证据主要显现在工艺生产的分布上,人们往往也能在经济不太发达的小村庄中发现这些证据。在印度河流域的聚落点中,位于伊朗东部陆地马可兰(Makran,位于巴基斯坦)沿海地区的苏特克根-多尔(Sutkagen-dor)和苏特克-考(Sutka-koh),还有靠近青金石资源丰富的阿富汗北部的西奥图盖(Shortugai),这些聚落点确切存在的理由还不清楚,它们有可能是靠近边境的聚落点,在促进贸易方面起着重要的作用,[⑦] 这种贸易还涉及印度河流域文明范围之外的邻近地区,这类远距离的资源采集活动由大型专司贸易交换的团体负责。[⑧]

从印度河流域聚落点挖掘出的奢华精美的工艺品在波斯湾和美索不达米亚也广为流传,比如在乌尔早期王朝(约公元前2600—前2400年,参见第2章)的皇家墓地中就发现了这类工艺品,这证明了当时是印度河流域城市首个全盛时期,然而,我们几乎没有发现外来商品进入南亚地区的痕迹,这说明为进行高品质印度工艺品生产而展开的资源贸易往来很快就断绝了,可能是因为一些原本赖以进口的原材料生产都已被本土化了(如铜)。对外贸易无疑是很重要的经济活动,但缺乏进口商品这一事实恰恰说明了印度河流域精英几乎不需要依靠外国去展现他们的声望和地位。

学界对印度河流域城市的本质,其宗教、社会秩序或组织原则还没有达成共识,能感知到的印度河流域文明的独特性在很大程度上是基于缺乏突出个体和重大的宗教建筑或宫殿的事实。然而,摩亨佐-达罗可能存在明显的宗教和宫殿建筑则引起了新看法,也许这些新观点中最引人注目的一点是这类建筑并不是孤立于城市的一部分,而可能分布于各个区域,这表明至少在城市内部,经济和政治的控制是非集权化的。

印度河流域文明政治整合的程度现在还不清楚,所有的争论大部分源于对印度河流域各地区物质文化集合的不同认知,然而,在很大程度上物质同质化的情况可能被夸大了,有关相似物质的大部分证据实际上只是一种过度强调地区间差异程度的虚饰。当一个新遗址被发现,报告中总要特别标明这是"印度河流域"发掘的物件,但其他很多物质文化遗产也同样被复原

① D. K. Chakrabarti, *The Oxford Companion to Indian Archaeology* (Delhi: Oxford University Press, 2006).

② Chakrabarti, *The Archaeology of Ancient Indian Cities*.

③ Ibid.

④ J. M. Kenoyer, *Ancient cities of the Indus valley Gvilization* (karachi: Oxford university Press, 1988), 50, Table 3. 1.

⑤ R. Law, 'Inter-regional Interaction and Urbanism in the Ancient Indus Valley: A Geological Provenience Study of Harappa's Rock and Mineral Assemblage', *Linguistics*, *Archaeology and the Human Past*, *Occasional Paper*, 11 (2011), 1 - 800.

⑥ T. J. Thompson, 'Ancient Stateless Civilisation: Bronze Age India and the State in History', *The Independent Review*, X. 3 (Winter 2005), 365 - 384.

⑦ Wright, *The Ancient Indus*.

⑧ Thompson, 'Ancient Stateless Civilisation', 371.

了，如过去使用的有独特装饰的陶瓷器皿和雕像，它们也可作为证明该地区差异性的文化物件。

这些观点对印度河流域文明能否称为一个国家的讨论具有重要影响。人们现已提出各种各样的对比模型，从以首领控制为基础的非国家政治结构，到城邦国家结构（我们可以设想，在这样的结构中，印度河流域的城市控制着15万平方公里之大的腹地），不一而足。然而无论怎样，各个城市和中心之间的互动也还不能充分得到解读。相反，也没有明显证据可证明印度河流域的每一个城市都是一个独立的政体，小型城市中心可能从属于较大城市，也可能拥有自己的政治权力。个别城市的人口可能受住在经济政治隔离区、属于不同等级、相互竞争的精英支配。这些群体和城市中的其他成员利用一系列独特的物质文化，包括用外来或本地可用的原材料制作肖像等物品，而各地使用相似的特殊技术进行工艺生产，最后的成品则进行广泛的交易。在城市和小型城市中心使用同类材料进行生产和交换表明城市人口之间可能是相互竞争的。这些要素都符合伦弗鲁（Renfrew）的同级政治模式（peer-polity），自治社会政治单体间的互动要比与外界的其他联系更值得注意，这种转变过程造成了同级间相互竞争的后果（如战争）。这样的竞争性模仿、象征性周期调节以及创新性的传播都增加了商品交换的数量。[1] 这种解说中唯一不符合印度河流域城市共识的要素便是关于战争的解释，科克指出，战争的证据在古代城市是尤为罕见的。[2] 因此，印度河流域文明和其他同时代社会的主要差别就在于暴力的表现，这可能与意识形态以及各中心的间距有关。

96 　早在公元前2世纪，似乎所有伟大的印度河流域城市中心的规模都在大幅度消减或消亡，或者聚落点的集中区域发生转移。这种变化到底是印度河流域城市系统的衰变或转型现在还无共识，引起这些变化的特定原因也很难弄清楚，可能的自然因素包括降雨减少、干旱、用以生产砖块的资源枯竭、人口增长、河流变道，人为因素则包括入侵、社会变革以及居民就自然变化做出的相关应对。[3] 有相当多的争议集中在部分古代河床存在的意义方面，有证据表明，这些河流曾横跨印度西北部的沙漠和平原，并被认为流量曾一度超过印度河的一条主要冰川河流的支流。然而，大量的证

据空白造成我们将这种过程时将之作为一个整体在评估，比如缺乏对哈拉帕晚期及随后时期的集中研究，缺失大量详细的年代记录以及与城市直接相关的气候和环境文献，也许其中最重要的是缺少人与自然环境相互交流以及做出相关应对的证据。城市占地向小村庄（农村）聚落点转移的趋势是很明显的，在后城市时期的印度西北部出现了许多小规模的居住地，但这些聚落点是建立于当时的而不是在更后期，而且有可能它们并不是同时出现的。

从村庄到十六大国再到帝国：
早期历史阶段的城市化

南亚城市发展的第二个重要时期被称为早期历史阶段，在这一时期印度次大陆的边缘地带首次出现城市形态。这一城市时期的中心区域位于恒河平原，十六大国的很多都城都在那里，包括王舍城和华氏城（摩揭陀国的首都），侨赏弥（Kausambi，跋蹉国［Vatsa］的首都），马图拉（Mathura，苏罗萨国［Surasena］的首都），哈斯提纳普那（Hastinapura，俱卢国的首都）以及舍卫城（拘萨罗［Kosala］的首都，参见区域地图1.4）。主要的城市还出现在塔克西拉（Taxila），查萨达（Charsadda，古称布色羯逻伐底［Pushkalavati］）以及白沙瓦（Peshawar，古称富娄沙富罗［Purushapura］，犍陀罗国的首都），毗底沙（Vidisha，支提国［Cedi］的首都），乌贾因（Ujjain，阿般提国［Avanti］的首都），布罗奇（Broach，位于拉塔［Lata］），拜腾（Paithan，位于阿萨卡［Asmaka］）以及位于斯里兰卡的阿努拉德普勒（Anuradhapura）。这些城市除了形态与印度次大陆的城市不同之外，两个城市阶段间在城市生活方面的主要差异在于早期历史阶段出现了大量的城市，这意味着城市人口普遍增长，社会政治组织也发生了变化。通过对城市遗址的挖掘，早期历史阶段城市发展情况几乎已被全面考察，但很多局部地区的动向还没有被充分挖掘，这阻碍了我们对这些城市生产生活的理解。

从很多方面来看，如何解释印度河流域城市化水平下降的情况对理解早期历史阶段城市起源的问题至关重要。就两个城市阶段之间的联系来看，持嬗变观点和持连续观点的学者间出现了理解上的"紧张关 97

---

① C. Renfrew, 'Introduction: Peer Polity Interaction and Socio-Political Change', in C. Renfrew and J. F. Cherry, eds., *Peer Polity Interaction and Socio-Political Change* (Cambridge: Cambridge University Press, 1986), 1-18 (6-7).

② Cork, *Rethinking the Indus*.

③ F. R. Allchin, ed., *The Archaeology of Early Historic South Asia: The Emergence of Cities and States* (Cambridge: Cambridge University Press, 1995), specifically chapter 3.

系"。一些学者提出的观点中有明显可证明连续性的要素，比如谢弗（Shaffer）指出两个城市阶段的食品生产经济（农业和畜牧业）具有相似性，并强调牛、大型定居点、泥砖、烧砖、建筑用石、大型公共建筑、水文特点、高度专业化的工艺生产、广泛分布的同质性物质文化、全面的内部贸易网络、统一的度量制度、书写载体等方面也都相类似。[①] 差异性则显现在对大米依赖的增加、确凿的军事建筑、武器数量的增加、出现货币、对政治经济精英和战争的历史记录以及出现四层聚落形态等方面。这意味着两个城市阶段间存在某种传统或遗产的交接，迫使学者利用各种各样的早期历史文献（如《政事论》[*Arthashastra*]）来建立印度河流域文明政治组织的解释模型。[②]

两个城市阶段间还有其他更根本的差异，其中最明显的就是已知最早的早期历史城市出现在不同的环境中，这些城市几乎分布在印度次大陆的所有区域，包括一些不曾出现印度城市的区域，这种情况强调了在两种城市动态间明显的空间差异。另外，现在也没有证据表明存在着一个连续不断的过程，导致各类早期历史阶段的城市的增长，目前人们也不太能就城市化率下定论，只能说在某些情况下城市化速度很快。印度河流域城市中心衰落与再现之间的时间间隔现在还不得而知，这在很大程度上受限于年代记录的缺失。两个城市阶段间的差异也反映了一个问题，即在没有明显参照点的情况下，传统是如何代代相传的。另外，这个时期可能并没有大型城市出现，而是由较小的城市中心作为权力和贸易的焦心。

在印度河流域城市衰落后，印度次大陆各地都出现了一系列独特的文化集合。[③] 这些物品往往被生活在小到中等规模的农牧型聚落点中的居民使用，他们可能是首领组织，最初并没有城市生活、乡镇规划、大规模贸易或写作的迹象。在恒河平原有证据表明，被称为"北部黑色抛光陶器"（Northern Black Polished Ware，简称 NBPW）的工艺品，约出现在公元前 600 年

一些地区，是人们成功使用当地特殊材料制作而成的，公元前 300 年则开始通用，聚落点发展成为主要城市（比如哈斯提纳普那和阿奇查特那[Ahichchatra]）通常与这些陶器息息相关。[④] 关于侨赏弥，厄多斯（Erdosy）指出，居民转而使用"北部黑色抛光陶器"（约公元前 550—前 400 年）正好恰逢周边地区聚落点规模激增（面积 50 公顷）以及主要壁垒建筑，二级中心（面积 12 公顷）和三级中心（面积约 6 公顷）出现之时，这都暗示了当时人口在大规模地增长。[⑤] 根据公元前 3 世纪考底利耶（Kautilya）的《政事论》来分析，厄多斯推测这种转变代表着一种政治和经济集中化的走向，从地区层面来看，农村过着田园牧歌的生活，小中心则发展了制造业、市场、治安和税制，城镇参与奢侈品制作，而这所有的一切都尽在大城市的掌控中。[⑥] 恒河平原的城市在地理上更靠近关键性资源，因而农业进行夏冬两季播种。另外，侨赏弥地处阿拉哈巴德（Allahabad）最为贫瘠的区域，却最靠近铁矿资源，王舍城中的小城市也是类似的情况。防御性建设和规划的迹象也非常重要，虽然早期历史时期城市周边所建的大量围墙通常被作为各中心间存在竞争和冲突的证据，但它们也意味着社会经济等级的存在以及精英们运用一些策略来维护自己的权力。

城市发展除了出现于恒河平原，其他地区也以不同的动力方式推动着城市发展。建立在印度次大陆极西端边陲之地的大型聚落点（白沙瓦山谷[Peshawar Valley]的查萨达以及班努盆地[Bannu Basin]的阿克拉[Akra]），这些地区独特的物质文化显示了发展过程中一些明显的转变迹象。这些庞大的聚落点靠近连接印度次大陆与更大的亚洲中西部的主要路线（分别是开伯尔山[Khyber]关口、库拉姆[Kurram]关口和托慈[Tochi]关口）。这些中心的发展似乎略早于恒河平原最早的城市，表明了这是一个独立的发展过程。皮瑞克（Pirak）和阿克拉也同样进行两季播种，它们位于干旱或半干旱的地区，少雨或夏季无雨。

① J. Shaffer, 'Reurbanisation: The Eastern Punjab and Beyond', in H. Spodek and D. M. Srinivasan, *Urban Form and Meaning in South Asia: The Shaping of Cities from Prehistoric to Precolonial Times* (Washington, D. C.: National Gallery of Art, 1993), 57 - 67.

② 例如 J. M. Kenoyer, 'Early City-States in South Asia: Comparing the Harappan Phase and the Early Historic Period', in D. L. Nichols and T. H. Charlton, eds., *The Archaeology of City-States: Cross Cultural Approaches* (Washington, D. C.: Smithsonian Institution, 1997), 51 - 70; Eltsov, *From Harappa to Hastinapura*。

③ Chakrabarti, *The Archaeology of Ancient Indian Cities*; id., *The Oxford Companion to Indian Archaeology*.

④ M. Lal, Settlement History of the Ganga-Yamuna Doab (Delhi: 1984); S. K. Jha, *Beginnings of Urbanisation in Early Historic India* (Patna: Novelty & Co., 1998).

⑤ G. Erdosy, 'City States of North India and Pakistan at the Time of the Buddha', in F. R. Allchin, ed., *The Archaeology of Early Historic South Asia: The Emergence of Cities and States* (Cambridge: Cambridge University Press, 1995), 99 - 122.

⑥ Erdosy, 'City States of North India and Pakistan at the Time of the Buddha', 99 - 122.

其他地区也能看到各种各样城市化的轨迹。在公元前1世纪末期，恒河平原南端的城市，例如乌贾因和毗底沙，早先城市发展阶段遵循的是改善了的已有的定居模式，它们可能受到来自恒河平原的居民的影响，就如"北部黑色抛光陶器"所反映的那样。公元前1世纪早中期也有证据表明港口城市在发展，包括地处讷尔默达[Narmada]河的聚落点，康坎[Konkan]河岸的索帕拉（Sopara）以及恒河三角洲地区的禅德鲁克图格尔（Chandruketugarh）。还有学者指出斯里兰卡的阿努拉德普勒城，其宗教机构是一种特殊神权政治的结果，虽然人们对这种观点是有争议的。①

有证据表明历史早期阶段城市的发展与规划是相对有限的，因为大规模的地面挖掘直到20世纪早期才开始，且只限于巴塔和塔克西拉。最早的早期历史城市的布局在很大程度上受河流和群山等自然景观特征的影响（如王舍城、马图拉和侨赏弥）。南亚历史早期阶段城市的最独特的部分是防御性城墙，它们是很多考古挖掘的重点（如侨赏弥、乌贾因和西素帕勒格勒赫[Sisupalgarh]）。这些围墙通常建立在庞大规模，面积近250公顷的巨型区域内，且由各类材料建成，包括烧砖、泥砖、粘土和木材。另外，围墙还包括其他起防御功能的建筑，如护岸、塔和城门。侨赏弥、王舍城和乌贾因周边最早的防御设施可追溯到公元前550年，大部分城市达到城市增长阶段的时间大概在公元前300年，值得注意的是，乔达摩佛在此期间诞生。另外，"北部黑色抛光陶器"和中孔银币在城市中的使用极为普遍。在恒河平原早期历史阶段的城市里还有用广布赤土做成的环形水井，泥砖和烧砖建筑以及水库。

恒河平原坚固的城市大致在同一时代崛起，南亚西端边陲地区被纳入阿契美尼德帝国（Achaemenid empire，约公元前520年）。这种政治扩张受到伊朗高原附属阿契美尼德的不同文化区域的影响。② 有限的考古挖掘并没有证据表明被纳入帝国之后，像诸如查萨达和阿克拉城一样，存在过波斯式行政楼宇或宫殿，但似乎有仿制阿契美尼德帝国饮酒器皿的痕迹，这可能意味着当地精英权威的象征以及某些烹饪的

实践。随后在公元前4世纪末期，马其顿王亚历山大入侵这一地区，但从公元前4世纪末期到前3世纪，在这段时期，孔雀王朝的形成和扩张影响着城市生活。在这一时期，人们可以看到集中化的政治权威表现，以摩揭陀为基点控制着整个印度次大陆，这直接导致了广泛的经济交流。孔雀王朝时期还能看到佛教的传播和雕刻的铭文，包括镌刻规范行为的法令。这些元素可能被故意作为一种政治策略使用。孔雀王朝有两个主要的都城，王舍城和华氏城（现称巴特那[Patna]），在他们的统治之下，城市被精心规划和建设，展示了独特的广场形态和对称的城门设计，这些显然是符合《政事论》中的观点的（如西素帕勒格勒赫）。

随着孔雀王朝的灭亡，许多新兴国家扩张至该区域，包括分别在南亚北部和中部的巽伽（Sungas）和萨塔瓦哈那（Satavahanas），巴克特里亚的希腊——大夏人（印度-希腊人）从中亚东部一直扩张到西北部地区。印度-希腊人入主南亚后的扩张使得不少新城市呈现正交规划的特点，表明他们希望建造一个包罗万象的世界的愿景（如谢汗代里[Shaikhan Dheri]、塔克西拉的锡尔开普以及贝格拉姆[Begram]）。有关巽伽对城市的影响的证据就没有那么明显了，虽然有政府赞助宗教建筑建设的证据，特别是对宗教地区如巴赫特塔（Bharhut）和桑吉（Sanchi）的装饰修整。在公元前最后一个世纪和公元1世纪还有别的部族入侵，如印度-斯基泰人（Indo-Scythians），印度-帕提亚人（Indo-Parthians）和贵霜人（Kushans）。

在早期历史阶段的南亚出现过地方或中等规模贸易活动的迹象。查克拉巴蒂指出产品和原材料生产活动，特殊地区产品生产的情况也造就了早期文献的特色（《政事论》中按印度次大陆各地产出来评价各地区）。③ 这种证据显示了公元前3世纪存在过泛印度经济，整个印度河流域文明时期无疑遍布着各类贸易交流网络。物资贸易包括北部黑色抛光陶器、各类珠子、中孔银币、石雕、各类时鲜食品，如谷物、棉花、纺织品、盐、香料和木材。④

在这一时期，贵霜人与西萨特拉普人（Western

① R. A. E. Coningham et al, 'The state of Theocracy: Defining an Early Medieval Hinterland in Sri Lanka', *Antiquity*, 81 (2007), 699—719, which is critiqued in S. Goonatilake, 'Social Construction and Deconstruction of a "Theocracy"', *Antiquity*, 85 (2001),1060—1065.

② P. Magee et al. , 'The Achaemenid Empire in South Asia and Recent Excavations at Akra in Northwest Pakistan' *American Journal of Archaeology*, 109 (2005). 711—741; C. A. Petrie, P. Magee, and M. N. khan, 'Emulation at the Edge of Empire: The Adoption of Non-Local Vessel Forms in the NWFP, Pakistan during the Mid—late 1st Mill bc', *Gandharan Studies*, 2 (2008), 1—16. '.

③ Chakrabarti, *The Oxford Companion to Indian Archaeology*.

④ Chakrabarti, *The Archaeology of Ancient Indian Cities*.

Satraps)和萨塔瓦哈那人在整个横跨南亚的贵霜帝国中形成广泛的商业和文化交流。在此期间,各种各样独特的外国商品进入印度次大陆,这表明当时就有通过波斯湾、阿拉伯、埃及和非洲沿岸与罗马世界进行远程贸易的情况存在,还出现了与中国以及东南亚的陆路交流。因此,各类截然不同的经济和贸易模式在城市化的第二阶段起了重要作用。各港口间的特定关系在一些历史文献中被提及,如《厄立特里亚海航行记》(*Periplus of the Erythrian Sea*),其中也提到在印度次大陆内部进行的交易活动。

公元 4 世纪,印度北部的王国主要被笈多王朝取代,笈多王朝时期通常被称为黄金时代和(或)婆罗门复兴时代,通过对一系列的梵语以及高质量艺术品生产的经典文本的解读,沙玛(R. S. Sharma)提出,笈多王朝时期标志着城市减少而农村人口增加、货币流通率和使用度下降、物品制造量减少的开始,他还指出从公元 3 世纪开始王国与罗马的贸易交流就变缓了。[①] 沙玛基于这些问题,虽然对不少早期历史阶段的城市进行了调查,却不明智地做出了当时普遍放弃城市中心的假设。实际上,并没有确凿的证据可以证明历史早期阶段末期存在着广泛的城市衰退现象,最有可能的是,一定数量的城市发展延续到中世纪,而有一些则存续至今。

结语

本章通过评估印度河流域以及早期历史阶段城市的空间、物质、环境、经济和政治背景,试图解释与说明这两个南亚早期城市化阶段的状况。虽然相互关联,但早期城市化的两个阶段似乎是独特的过程,被一段没有大规模城市出现的漫长时期分隔开来。然而现在有越来越多的证据表明,印度河文明的多中心城市受分级化的精英群体控制,不同于早期历史阶段帝国控制的模式,从两阶段间的组织、运作和对外贸易方面可以看到这种明显的区别。通过对旧有考古发掘的反思并提出新的模型(例如同级政治的作用),人们可能在对印度社会政治秩序的理解方面,特别是在印度各规模城市中心与包括内陆的聚落点之间的关系方面取得重要进展。类似研究方法也适用

于历史早期阶段的城市研究,当然这必须仰赖新兴考古挖掘技术。印度河流域城市消失的原因和影响,以及明确历史早期阶段末期城市是否衰退的问题将是未来研究的关键主题。

参考文献

Allchin, F. R. , ed. , *The Archaeology of Early Historic South Asia: The Emergence of Cities and States* (Cambridge: Cambridge, 1995).

Chakrabarti, D. K. , *The Archaeology of Ancient Indian Cities* (Delhi: Oxford University Press, 1995).

——*The Oxford Companion to Indian Archaeology* (Delhi: Oxford University Press, 2006).

Eltsov, P. A. , *From Harappa to Hastinapura: A Study of the Earliest South Asian City and Civilization* (Leiden: Brill, 2008).

Jansen, M. , Mohenjo-Daro: City of Wells and Drains: *Water Splendour 4500 Years Ago* (Bonn: Bergisch Gladbach Frontinus-Gesellschaft, 1993).

Kenoyer, J. M. , ' Early City-States in South Asia: Comparing the Harappan Phase and the Early Historic Period', in D. L. Nichols and T. H. Charlton, eds. , *The Archaeology of City-States: Cross Cultural Approaches* (Washington, D. C. : Smithsonian Institution, 1997), 51 - 70.

——'Indus Urbanism: New Perspectives in Its Origin and Character', in J. Marcus and J. A. Sabloff, eds. , *The Ancient City: New Perspectives in the Old and New World* (Santa Fe: SAR, 2008), 85 - 109.

Possehl, G. L. , 'Sociocultural Complexity without the State: The Indus Civilisation', in G. M. Feinman and J. Marcus, eds. , *The Archaic State* (Santa Fe: SAR, 1998), 261 - 291.

Singh, R. N. et al. , 'Changing Patterns of Settlement in the Rise and Fall of Harappan Urbanism: Preliminary Report on the Rakhigarhi Hinterland Survey 2009 ', *Man and Environment*, 35: 1 (2010), 37 - 53.

Wright, R. P. , *The Ancient Indus: Urbanism, Economy and Society* (Cambridge: Cambridge University Press, 2010).

黎云意 译 陈恒 校

---

① R. S. Sharma, *Urban Decay in India* (Delhi: Mushiram Manoharlal, 1987).

第 6 章　中国

夏南悉

105　　无论是在学术领域还是在社会-政治领域,中国都代表了一个对全球化论述的独特挑战。部分原因是历史的和地理的(参见区域地图 1.5)。尽管有边界变更,但中国拥有将近 4000 年的连续不断的王朝历史以及从东向西绵延 3000 多公里,南北距离占全国二分之一到三分之一的若干核心省份。在本书的讨论范围内,没有其他国家或地区的古代城市在 21 世纪仍被视作如此久远的过去的延续。语言障碍也是中国孤立于全球化之外的部分原因:中国有数千年的用以论述政治系统、人际关系、甚至是城市生活的书写历史,而且和近现代的学术文献一样广博,所以只思考古代城市而不考虑中国文化就是对关键问题的故意回避。如果要把任意时期的中国置于全球化的评估标准下,那就必须涉及到其古代史了。因为中国古代的城市化只通过考古调查记录下来,从而可以用评估世界范围内其他前文字文明的方式去评估中国古代城市。考古学记录确认中国最早的城市是延续了数千年的重要城市定居点,一些城市一直延续到今天。其中的大多数是在河流或靠近河流的地区发展起来的,这些城市有自己的统治者和宗教场所,有房屋、作坊和墓地,并且通过引进并在之后有所发展的冶铜技术而有了重要变化。考古发掘也证实了广阔区域内的贸易和商业。

　　中国城市化开始的日期由城市的定义决定。在历史学和语言学方面,中国城市最清晰的典型特征就是城墙。现在大多数中国考古学家把城市等同于在围墙保护下的定居点。这样的例子太多了以至于中国学者不仅把城墙视为中国城市化的最重要特征,也把城市的起源上溯到城墙的出现。中国汉字"城"可以根据语境翻译为城墙或城市;当实际的城墙并不存在时,围墙的含义就是隐含的。在中国,城墙的建立早于东亚或南亚的任何地方,也比在公元前 20 世纪幸存下来的书

106　写系统早几千年。然而,中国最古老的带有围墙的城市并不早于公元前 10000 年的耶利哥城墙。

　　在中国,"古代"这个学术名词也有标准含义。在中国建筑学和城市化的语境中,"古代"这个词("古"意为古老,"代"意为时代或时期)应翻译为"ancient period",这一时期一直延续到 19 世纪 40 年代。19 世纪 40 年代是中国与西方触碰的时代,其间发生了鸦片战争之类的事件。对城市规划者来说,19 世纪 40 年代之后的时期应被称为现代,这是中国无法拒绝与西方接触之后的时期。正如在大多数西方学术著作中一样,本书也将中国被分为更为合理也更短的几个时期。本章作为谈及中国的第一章,讨论的是这个国家最古老的城市,我们会展示与城市现象有关的最早的证据,直到中国在隋朝(公元 589—618 年)统治下重归统一。在这 6000 年的时间里,对早期中国城市的讨论可以根据技术或政治发展分出五个时段:前青铜器时代,青铜器时代,战国时代,第一帝国时代和大分裂时代。

有文字记录前的中国城市

　　在中国,扩大的家庭或因狩猎、采集或耕种而形成的更大单位的集体定居点也许在几千年前就已经共享城市的早期构造或结构了。使用石器并埋葬死者的居民所居住的有城墙环绕,并能够制造陶器的定居点可以追溯到公元前 6000 年。拥有一座基座宽 6 米、顶部收紧到 1.5 米的土制城墙,并大致成矩形、占地约 300 公顷的位于湖南澧县的一个村庄遗址就是这样一个例子。城墙被沟渠所包围,若是有预料中的护城河存在的话,那么这将成为余下的前现代时期中国城市的标准样式。往北几千公里,内蒙古敖汉旗遗址的占地面积与之大致相当,环绕其四周的是一个无城墙的沟渠遗址。存在于公元前 6200—前 5400 年的敖汉旗定居点的房屋成行排列。也许更加复杂并同样没有城墙的定居点遗址在河南舞阳县被发掘出来,这个遗址存在

于公元前 7000—前 5800 年，占地 550 公顷遗址，人们在里面发现了 9 个陶窑、15 个狗殉葬坑、32 个陶缸殉葬坑、45 个建筑物地基、349 座坟墓、370 个灰坑和数千件物品（包括一个长笛在内）。一个公元前 5000 年半地穴式的公社建筑在中国西部省份甘肃省的大地湾被发现。[①] 同样存在于公元前 5000 年，世界知名的仰韶文化遗址在陕西省西安市以东的半坡被发现。1000 年之后，占地 500 公顷的这个遗址包括：至少三个聚落的房屋、三个公共墓地、一个陶器作坊和一些家畜栏。[②] 一道近似圆形并被护城河围绕的城墙环绕着一个存在于公元前 3300—前 2800 年的位于河南郑州的仰韶文化聚落。这道城墙由厚木板中间夹着捣碎的多个土层构成。像护城河那样，这种在中国被用到公元前 2000 年的夯土城墙，可追溯到公元前 2000 年。我们并不能确定这种环形聚落在当时更受欢迎，也不能假设这种在几千年后的中国仍存在的常规建筑中使用的环形结构在这里被提前使用了。但湖南澧县的城头山遗址同样被环形的城墙和护城河环绕。[③] 城头山遗址占地 800 公顷，这比当时亚洲的任何聚落都大。因此，在公元前 3000 年，中国遍布着由夯土城墙保护的，被排水渠环绕的，有着系统排列的居民区，公墓，有时还包括作坊的聚落。

可以假设中国在公元前 3000 年时出现了一次城市革命。第一个主要变革在于规模的扩大。为了满足人口需要，城市向周边扩展的长度多达 90 千米。位于山西南部襄汾的陶寺就是这样一个例子。占地约 300 公顷并拥有数个被城墙包围的区域的陶寺是通过城市中心把社会组织在国家周围的先驱者或一个极早的例子，这一模式在之后的几千年中仍会延续。由于没有文献或是可靠的墓葬信息指导我们，所以就不能把陶寺视为一个城市国家。这个概念在之后的时期才会适用。城市革命第二个变革是"大房子"的出现，这个中国术语用来表明一个建筑物明显大于同一聚落中的其他建筑，大房子的存在可以被理解为宏伟的建筑或宗教场所。因此，我们可以进一步推断出存在国王或祭祀阶级。

关于公元前 3000 年中国城市化的一些最重要的证据是与新石器时期的龙山文化联系在一起的。有城墙环绕的龙山文化时期的聚落在黄河和长江流域被发现其数量超过 55 个。人们在河南古城寨遗址发现了三道城墙和几个大门。[④] 城墙和建筑地基是使用素土夯实技术建造的。中国最著名的龙山文化城市是发现于 20 世纪 20 年代的，位于山东章丘的城子崖。[⑤] 这座约公元前 2600 年的城墙呈不规则矩形，长约 445 到 540 米。同一时期的河南淮阳平粮台城遗址是最早的方形城市的证据。这种方形城市在之后的 2500 年里都是统治者都城的理想城市形态。这个占地仅 185 平方米的平粮台城遗址的两个特点将在日后成为众多皇帝都城的一部分：重要入口开在南城墙正中，并有一条将城市一分为二的大道。值得注意的是，平粮台城有排水管。它们的用途与印度古城摩亨佐-达罗的排水系统相似（参见插图 6.1）。

兴盛于公元前 3000 年左右的遗址提供了城市宗教建筑的强有力证据。辽宁牛河梁超过七米高的大型土堆遗址是红山文化（约公元前 4700—前 2900 年）的代表，并且因在其中发现了数个女性雕像的残片而以女神庙著称。一起被发现的还有覆盖着翡翠和其他贵金属的积石冢。[⑥] 在位于中国南部城市上海附近的云山和良渚文化（约公元前 3300—前 2000 年）的其他遗址中，人们发掘出了能够证明城市生活中宗教仪式完整性的祭坛和翡翠物品。[⑦] 刘莉认为这一时期的遗迹可能是祖先崇拜的证据，但另一种崇拜方式在中国却一直持续到 20 世纪。[⑧] 不管宗教仪式中的焦点是祖先、神明还是国王，从蒙古到浙江再到黄河流域的夯土

① 这三个遗址的情况参见 Wenwu 1996.12,26 - 29；Kaogu 1997.1,1 - 26 and 52；Henan Cultural Relics Research Institute, Wuyang Jiahu, 2 vols. (Beijing：Science Press, 1999)；and Wenwu 1981.4,1 - 8 and 2000.5,62 - 73。因为在阅读本书的读者中，中国和日本的读者只占一小部分并且为了尽可能地提供最广泛的参考资料，所以在应用东亚知名的期刊时，尾注和引文只给出了期刊的刊名、期号和页码。同时不那么著名的期刊的刊名和参考文献也是完整的。

② Xi'an Banpo Museum, Xi'an Banpo (Beijing：Cultural Relics Press, 1982).

③ Wenwu 1997.1,36 - 41.

④ Zhongyuan wenwu 2000.5,4 - 9.

⑤ Li Ji, Cheng-tzu-yai；the Black Pottery Cultures at Lung-shan-chen in Li-cheng-hsien, shantung (New Haven：Yale University Press, 1956).

⑥ Cultural Bureau of Chaoyang City and Liaoning Provincial Institute of Archaeology and Clutural Relcis, Niulianghe Site (Beijing：Academy Press, 2004).

⑦ Wenwu 1988.1,1 - 31 and Zhejiang Clutural Relics and Archaeology Research Institute, Yaoshan (Beijing：Wenwu Chubanshe, 2003).

⑧ Liu Li, 'Ancestor worship：An Archaeological Investigation of Ritual Activities in Neolithic North China', Journal of East Asian Archaeology, 2,1 - 2 (2000), 129 - 164.

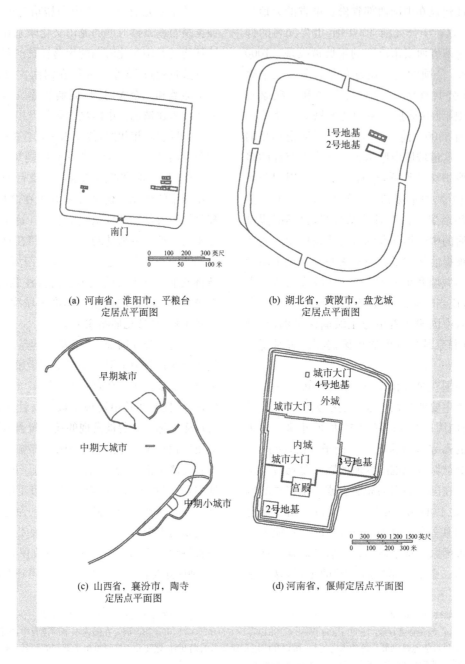

插图 6.1 中国：有城墙的定居点

(a)位于河南省,淮阳市,平粮台;(b)位于湖北省,黄陂市,盘龙城;(c)位于山西省,襄汾市,陶寺;
(d)位于河南省,偃师。

结构的城墙和祭坛的存在都证明了大约在公元前2500年以及在日组成中国的各个地区在宗教崇拜仪式上的一致性。

青铜器时代的中国城市

108

商朝的城市比过去的城市更大,并且有很多城市是由国王建造的。张光直指出,早期青铜器时代的城市几乎都是由统治阶级建立并为其服务的行政管理中心。考古发现一直支持着他的观点。公元前1千纪的中国大致处在铜铁并用的周朝(公元前1046—前221年),这一时期的文献记录告诉我们,迁都是商王室的经常行为。文献也提到城市的朝向比建造更重要。朝向取决于星星的位置、太阳照射的情况以及像铅垂线那样的建筑工具的使用。①

河南洛阳附近的二里头遗址占地400公顷。迄今为止没有发现城墙的遗迹。其四个文化层的日期大致是公元前1900—前1000年。出土的七个大型宫殿式复合建筑群、爵、鼎、香样式的青铜器,绿松石镶嵌的青铜牌匾以及翡翠、漆器、骨器和陶器都证明了二里头遗址城市生活的复杂多样。绿松石被认为是当地产出的,因为没有证据表明此地与别的区域有贸易联系。可以推断出二里头遗址是商王使用过的七个都城中的第一个。② 毫无疑问,今天河南省省会郑州市附近的二里岗遗址也是这些都城中的一个。二里岗遗址作为商王朝前期最重要的中心城市,它的外层城墙长7000米,部分地段的地基宽达30米。在这一主要城墙的南、西两面又发现了另一段5米长的城墙,这表明这个城市非常大并且有多个部分。城墙是由前青铜器时代的厚木板夹夯土方式建造的。至今发现的最大的宫殿地基占地约2000平方米。③ 在河南又发现了两个比都城二里岗遗址晚一个多世纪的带有围墙的城市。④ 在二里头遗址以北,毗邻洛阳的偃师遗址是一座约在公

110

元前1600年建立的城市。有时人们会把这个遗址称作尸乡沟遗址,因为有一条排水沟从中穿过,外层城墙环绕了约100公顷的区域,另外一道里层城墙与南面和部分西面城墙重叠。宫殿的地基大致坐落在城市中央,这个存在于公元前2000年中期的遗址的空间布局可以看成是三个同轴实体。其最外层城墙的厚度是里层城墙的两倍,并被一条宽20米的护城河环绕。七道大门提供了出入外城的进出口,并有一条宽阔的大道从中穿过。献祭牲畜的宗教场所,陶制神像以及排水系统都是城市的特征。⑤

在商朝时期,非都城的其他城市在中国很多地方兴盛起来。两个发掘最完好的遗址分别是武汉附近的盘龙城遗址和山西垣曲的古城遗址。在盘龙城遗址,一道大门和两座被认定是宫殿式复合建筑的,长290米、宽260米的主体建筑坐落在近似正方形的城墙内的东北面。⑥ 盘龙城遗址与同时期的都城二里岗遗址一起证明了约在公元前1400年,一个相似的城市化过程广泛存在于黄河和长江谷地地区。古城遗址的四段城墙长约336到400米。这道城墙的地基有二里岗城墙的一半厚,但南面和西面部分城墙的厚度达到了二里岗城墙的两倍。宫殿大致坐落在城市中心。⑦ 两个城市的宫殿区域都有沿中轴排列的建筑物。这些非都城的商朝城市也许是商朝众多都城的军事前哨基地。

商朝时期中国最重要的城市是商的最后一个都城殷墟(殷的废墟),它位于今河南省安阳市西北。在洹河两边各占地36公顷。自从20世纪20年代被首次发掘后,人们几乎每年都要对此进行考古发掘。遗址包括3000多个坟墓,2200多个殉葬坑和大约200个民宅地基,同样也包括了数以千计的铜制、骨制、铁制、翡翠、石制、陶制手工艺品,以及一个喇叭和一幅画的几段残片。人们也发现了一道呈矩形的商朝时期的城墙。这个遗址最著名的区域是城墙西面的西北岗,那

① N. Steinhardt, *Chinese Imperial City Planning* (Honolulu: University of Hawaii Press, 1900), 30 - 32.

② Chinese Academy of Social Archaeology Institute, *Yanshi Erlitou: 1959 nian-1978 nian kaogu baojue baogao* (Archaeology Report on Excavations of the Years 1959 - 1978 at Erlitou, Yanshi) (Beijing: Zhougguo Dabaike Quanzhu Chubanshe, 1999) and K. C. Chang, *Shang Archaeolory* (New Haven and London: Yale University Press, 1980), 342 - 346.

③ Henan Cultural Relics and Archaeology Research Institute, *Zhengzhou Shangcheng: 1952 - 1985 - nian kaogu fajue jianbao* (Excavation Report on *1952-1985* at the Shang City at Zhenzhou) (Beijing: Cultural Relics Press, 2001) and Henan Cultural Relics and Archaeology Research Institute, *Zhenzhou Shangcheng kaogu xinfaxian yu yanjiu, 1985 - 1992* (New Discoveries and Research in Archaeology of the Shang City at Zhenzhou, 1985 - 1992) (Zhenzhou: Zhenzhou Guji Chubanshe, 1993).

④ Tang Jigen, 'The Largest Walled City Located in Anyang, Chian', *Antiquity*, 74 (2000), 479 - 480 and *Wenwu* 2003.5, 35 - 44.

⑤ *Kaogu* 2000. 7, 1 - 2; 1999. 2, 1 - 22; 1998. 6, 1 - 8; 1984. 6, 488 - 506.

⑥ Hubei Cultural Relics and Archaeology Research Institute, *Panglongcheng: 1963 - 1994 - nian kaogu fajue baogao* (Report on Excavations at Panlongcheng from 1963 - 1994), 2 vols. (Beijing: Cultural Relics Press, 2001).

⑦ *Huaxia kaogu* 2000. 2, 16 - 35.

是王家墓地的所在地,那里出土了至少11个约公元前1250—前1046年的大型墓葬,以及数不清的小型墓葬,这些墓地都有殉葬坑。大部分民宅在另一个区域,仅在小屯的北面和南面有城墙。小屯也是著名的商王武丁的配偶妇好的墓葬所在地。①

若把商朝的城市置于全球视野的评估下,那么与印度河谷和美索不达米亚城市比较的焦点就在于商朝的城市是否是城邦。罗宾·耶茨认为中国对城市的分类有其自己的标准,而刘莉认为最大的商朝城市是出现了宗教仪式集中化的都城。②

通过殷墟遗址出土,我们知道了商朝每个重要都城的名字,以及于何时兴起,谁统治那里。殷墟的陷落也标志着商王朝的终结。之后的周朝分为主要都城在丰京和镐京的西周(公元前1046—前770年)和都城在长安(今西安)附近的洛阳的东周(公元前770—前221年)。尽管成书于公元前1千纪前期的《诗经》记载丰京有城墙,但陕西周厚的西周都城遗址并没有发现城墙。③ 对于周朝城市的广泛知识来源于当时各个城市的文字记录,这包括青铜器上的铭文和从中国古典时期(孔子,约公元前551—前429年)到汉朝的哲学专著,以及之后的官方历史、地方文献和学术发现。

《考工记》中记载的统治者的城市

一段有关周朝城市的文献是极为出色的,它是《周礼》中对于怎样建造王城(统治者所在的城市)的规定,它最初成书于周朝时期但可能在西汉时期保存下来。王城呈正方形,其城墙的位置由根据太阳阴影测出的中点决定。每边的城墙长九里,从那以后"九"这个数字就与中国皇室相联系。主干道贯穿整个城市。然而中央大道被城墙围绕的统治者宫殿所包围。宫殿朝南,后面是市场,统治者供奉其祖先的庙宇坐落在东面,西面是供奉土地和五谷的祭坛。④ 这个文明的典型景象是,无论意识形态还是建筑都遵循过去的传统

并拒绝创新,研究中国城市的学者们引用这篇文献,并捍卫它在2000年来中华帝国城市化问题上的绝对重要性。⑤

孔子生于公元前551年诞生于此处,山东曲阜和山西安邑都是按照这种规划建造的(正如商朝城市古城那样)。它们是东周后半期即战国时期(公元前475—前221年)仅存的两座城市。战国时期是史无前例的城市建造时期,每个国家的统治者都有自己的都城,每个统治者都有自己的军队并期望扩展自己的控制范围。在公元前1千纪的一段时期内,有100个或更多的城市同时存在。尽管战国时期是古希腊城邦概念最适用的时期,但像古代爱琴海模式那样的城市间竞争是不存在的。像孔子这样的哲学家可以从一个城市到另一个城市与他的学生和统治者们和平地分享知识,但每个国家的政治目标却是征服。广泛竞争存在的目的就是要拥有最强大的军队并成为唯一的统治者,没有像战国这个名字更适合形容这250年了。在公元前3世纪中期,只有七个大国幸存下来。

每个战国时代的城市都有一个区别于外墙,由围墙环绕的宫殿区域。关于市中心的王宫,有两种替代王城模式的城市建造方式占据了主导地位。一种以山西绛县为代表,在城市北部区域中心建造宫殿。但大多数采用第二种方式:采用不在同一轴线的多个城墙。毗邻的由城墙围绕的区域坐落在东、西、南、北四个方位,或者是出现在各个角上,并且偶尔出现多于两道城墙的情况。燕国都城下都,位于河北的赵国都城邯郸,位于山东的齐国都城临淄以及东周后期位于山西侯马的都城都是有多道城墙的城市。无论古籍上怎样强调宫殿应居于中央,但宫殿位于中央,位于北部区域中心或是分散但彼此相连成大城市的城市规划都将作为中国都城的样本延续上千年。

《考工记》中有关王城的记载也是市场存在的重要证据。考古发掘并没有证实市场一定位于宫殿后面。关于这一时期的一些其他文献也强调了东周后期商业

① Henansheng Anyangshi Difangshizhi Bianzuan Weiyuanhui, *Anyang shi zhi* (Record of Anyang), 4 vols. (Zhenzhou: Zhongguo Guji Chubanshe, 1998).

② 这些观点在 Norman Yoffee, *Myths of the Archaic State* (Cambridge: Cambridge University Press, 2005), 42 - 90, esp. 49 - 52 中有讨论和总结。

③ Bernhard Karlgen, *The Book of Ode* (Stockholm: Museum of Far Eastern Antiquities, 1950), 198.

④ *Guanzhong congshu* (Collected Writings of Guanzhong) (Taipei: Yiwen Publishing Company, 1970), *juan* 2/11a-12b.

⑤ 贺业钜提出了《考工记》的潜在意义,具体参见 'Kaogong ji' yingguo zhidu yanjiu (Research on the Builiding System according to 'Kaogong ji') (Beijing: Chian Architecture and Building Press, 1985). 这是社会学家 Paul Wheatly 在其 *The Pivot of the Four Quarters* (Chicago: Aldine Publishing Company, 1971)中的讨论焦点,该书在2008年以 *The Origins and Character of the Ancient Chinese City* 之名重新出版。夏南悉在 *Chinese Imperial City Planning* (Honolulu: University of Hawaii Press, 1990)中对中国城市化的特殊模式进行了讨论。

的整体作用。1972 年在山东临邑一处古墓中出土了一些竹简,其中包括一个叫作市法(有关市场的准则)的文献。① 根据市法的记载,市场由官员管理,特殊产品要在指定地点出售,扰乱市场秩序要受到惩罚。《左传》向我们提供了在东周的前战国时期市场官员就在尽职的信息。公元前 3 世纪,官员荀子的记录表明在东周早期市场官员就对市场的维持、清洁、交通、安全以及价格控制负有很大责任,在东周后期他们的职责扩大到销售、财产保护以及进口货物各方面。从文献中我们也获知,每个国家的市场都有自己的名字。

考古证据也提供了战国时期城市内部和城市间贸易的信息。刻有负责管理铸币及锻造青铜武器和器具的官员名字的印章可在附近很多区域找到。这说明这些工业都被国家严格控制。其他商品的作坊,比如制造农具和陶器作坊,几乎总是在远离宫殿的地区被发掘出来,因此这说明这些物品的生产、销售或分配都更多地由私人控制。在燕国都城发现的超过 30000 枚钱币证明了财富的规模并说明货币成为了重要的日用品。这个城市在公元前 4 世纪发生的一场大屠杀引出了这样一个理论,即急剧增长的城市人口对皇室控制城市的贸易和生产发起了挑战,于是这场大屠杀就是统治者重新获得城市控制权的声明。② 其他的考古证据说明,战争不仅仅在城市内部或城市之间进行,也在华夏国家与中国北部边界的蛮族之间进行。几乎确定属于斯泰基人的金制品在战国时期的墓葬中被发现。另外,缠绕的动物形状,交织在一起的图案以及镶嵌技术(这些是包括斯基泰人在内的各民族艺术的总体风格,各为"动物风格"),在战国时期的中国青铜器上占据主导地位。

战国时期幸存的七个国家最后在公元前 221 年被中国第一个皇帝,秦朝(公元前 221—前 206 年)的秦始皇(公元前 259—前 210 年)所统一。秦始皇对帝国的看法以及对帝国境内城市的管理之后则被西汉(公元前 206—公元 9 年)和东汉(公元 25—220 年,还有一个过渡时期的王朝新朝(公元 9—23 年)所继承。

中国最初的帝国城市

秦始皇在周朝早期都城镐京和丰京东北方向的咸阳建造了他的都城。宫殿和其他数不清的房屋地基与存放着用以在冥间守卫秦始皇的真人大小的武士俑的著名大坑一起被发现了。但咸阳的外部边界并没有找到。

像周朝那样,汉代中国的两个伟大都城位于长安和洛阳。每一个都有丰富的文献记录。值得关注的是两汉都城的两个特点。第一,长安外层城墙比其他任何都城都不规则,仅东面的边界是一条直线。这座周长为 25.7 千米的城市的规划图纸从 11 世纪起就被准确地记录在文献上了。这与实际发掘出来的规模相差无几。学者们试图从多个方面解释城市的不同寻常的形状,这些解释中包括认为城市的形状代表了大熊星座和小熊星座的观点。更相似的是,面向北面的 12—16 米厚的城墙是根据渭水的位置决定的。第二个与众不同的特点是大规模的宫殿用地。五个宫殿占据了城内的大部分土地,并且在西部城墙之外还有一座额外的城墙。尽管有八条主要街道从城市的大门发散出去,但众多宫殿没有让它们中的任何一条贯穿城市。建造在秦朝宫殿废墟之上的长乐宫占地 6 平方千米。与之对应的西边的未央宫占地 5 平方千米。城里的宫殿占用了这座都城三分之二的空间,这比之前任何一座都城为宫殿建筑提供的空间都要多。例如,公元前 2000 年中期位于偃师的商朝城市,宫殿与城市其余部分的比例是 1∶4.3,并在之后缩减到 1∶6;战国时代曲阜的比例是 1∶10。当像祭坛这样的其他皇室建筑被包括在内时,西汉的都城几乎仅仅是为皇室而建造的这一事实便更加明显了。长乐宫和未央宫之间是一座军械库。西部郊区是统治者的宗庙和其他祭祀建筑的所在地。另外,九位皇帝及其皇后的陵墓和陵寝位于长安以北的地区,并且在东南方又有两个皇室墓地和陵寝。

在皇帝眼中,都城的中心包括宫殿、陵墓和宗教建筑。从长安外层城墙的中央大门开始,向北可以在长乐宫和未央宫之间画一条直线,再向北这条直线可以连接到汉代奠基者及其皇后的陵墓,再向北七公里可以连接到被视为是天启圣地的巨大碗型坑。继续向北,这条直线可以一直延伸到汉代位于内蒙古朔方的军事指挥所。从南大门向南,同样一条直线可以连接到紫坞,最终这条直线向南延伸到位于长江流域的杭州的军事指挥所。从内蒙古到长江的由北向南的垂直连续直线与向东延伸到山东黄海海岸的直线一起构成

---

① *Kaogu* 1975. 6, 363 – 379.

② Chen Shen, 'Compromise and Conflicts: Production and Commerce in the Royal Cities of Eastern Zhou, China', in *The Social Construction of Ancient Cities*, ed. Monica L. Smith (Washington, D. C: Smithsonian Books, 2003), 290 – 310.

了一个十字交叉,在山东黄海海岸秦始皇树立了一座石碑作为其帝国的东部界石。① 汉代的长安不仅仅是为了皇帝的宫殿和坟墓而设计的,也是被汉朝的影响所达最远距离的四个重要点所限定的世界的中心。公元前2世纪,帝国的都城是中国的皇帝能被视为在世界上处于支配地位的媒介。

尽管市场在周朝时期就被视为中国理想城市的一部分,但汉代却是第一个能确认市场存在的时期。西汉长安的两个市场,西市占地250000平方米,东市的规模是西市的两倍。它们合在一起占据了有250000居民居住的160个区中的四个。② 无论那些被细分为20个更小部分的,由监察官治理以及被设计成邻里之间互相监视并报告其不轨行为的居民区是否有围墙环绕,长安的市场仅被划分为扇形。尽管被位于中央高塔之上的官员治理,那些高塔是时刻提醒人们汉朝政府拥有像当众鞭笞和处死这类权力的地点,市场仍然是市民可以聚在一起并摆脱一直监视他们的眼睛的唯一地方。③ 窑,青铜制造厂和铸币厂都位于西市。

一份仅是私人的对汉代市井生活的观察可在赋——这个在汉代以及之后几个世纪流行的文学体裁中找到。赋这个名词可以翻译成很多词,如赋体文学,散文诗,以及狂想曲。"娱乐无疆",班固在《西京赋》中写道,"……列肆侈于姬姜"。随后,在相似的作品中也有这样的描述:

尔乃商贾百族,
裨贩夫妇,
鬻良杂普,
蚩眩边鄙。
何必昏于作劳,
邪赢优而足恃。
彼肆人之男女,
丽美奢乎许史。

关于娱乐方面,作者还告诉我们:

尔乃建戏车,
树修旃。
伥僮程材,
上下翩翻……
撞末之技,
态不可弥。④

汉代长安无论在形式上还是象征意义上都是一座王城,但它同样也是一座能提供中国乡村所不能提供的机会和活动的城市。

东汉都城洛阳的人口是长安的两倍,但它的规模却只有更早的那座都城的一半。没有文献资料提到洛阳是拥挤的。更准确地说,从一开始皇帝就打算使其包括皇帝陵寝在内的都城采用朴素的风格,并使他的统治相比西汉和秦而言更加简朴。这点在有关洛阳的汉赋上得到了强调。当构建都城时,东汉的开国之君看了看长安的建筑,认为它超出了正常范畴并一再地削减规模。当人们认为它狭小、粗俗时,皇帝却嘲笑它的奢华和不适。⑤ 由此可见,东汉时期没有描写市场活动和市井生活的汉赋就不是巧合了。东汉时期的洛阳有几乎笔直的城墙,有12道大门和10个主要街区,它有两座宫殿,但却没有同时使用。洛阳也像长安那样在西部郊区建有祭祀建筑。两座宫殿显示出洛阳遵循了中华帝国的设计传统,尽管长安是一座更大的宫殿之城,但在洛阳之后所有的中国都城都将只有一个宫殿区域。从东汉开始,宫殿部分也都总是位于穿过城市的南北轴线上。

在汉代,强有力的国家经济和商业活动也在都城之外的重要城市有所发展。一些是像临淄和邯郸那样的在东周时期就存在的城市;另一些是在早期建城时期,像江苏南京、安徽合肥以及四川成都那样的从汉代时期就保留着主要城市地位的城市。汉代的军事指挥所也遍布整个帝国,一些筑有防御工事并带有像中世纪欧洲城堡那样的防御系统的城市分散在从新疆到蒙古再到北朝鲜的广大区域内。随卫戍部队一起传播的中国艺术和其他文化形式,为之后四个多世纪内的中国城市提供了精神生活的基础,直到中国进入大分裂

115

① *Wenwu* 1993.4,4 - 15.

② Mark E. Lewis, *The Construction of Space in Early China* (Albany: SUNY Press, 2006), 160 - 166 and id., *The Early Chinese Empires: Qin and Han* (Cambridge: Harvard University Press, 2007), 81 - 85.

③ *Toyoshi kenkyu* 21,3 (1962): 271 - 294 and Miyazaki Ichisada, 'Les villes en chine a I'Epoque des Han', *T'oung Pao* 48,4 - 5 (1960): 376 - 392.

④ David Knechtges,trans. *Wen xuan, or Selection of Refined Literture*, vol. 1: *Rhapsodies on Metropolises and Capitals* (Princeton: Princeton University Press, 1982), xiii, 181,203, and 235.

⑤ Ibid., 247.

时期。

大分裂时期的中国城市

我们已经清楚,从商朝开始,中国早期城市的主要信息都是关于那些统治者所居住的城市的,这种情况直到公元 6 世纪都未改变。在东汉之后的四个世纪里,超过 30 个王朝、王国和国家拥有都城,这是一个在从东亚到日本范围内的中国式城市都没有固定边界的时代。结果,当公元 581 年中国的重新统一翻开了历史的第二个篇章时,中国的城市类型在外族入侵下幸存下来并适用于隋唐的长期统一时期。

甚至在东汉结束之前,在洛阳就爆发了内战。起义者曹操在河北南部的邺城建立了魏国的权力基础。在中国东南部,孙氏家族在建业(今南京),建立了吴国的都城。公元 221 年 5 月,刘备(公元 161—223 年)宣布他自己成为蜀汉的皇帝,并在四川成都实施他的统治。这就是三国时期(约公元 220—280 年)。这一时期也有三种建城方式,每一种都是对公元前 1 千纪的建城方式的回应:邺城的宫殿区域在北部中心,建业的宫殿式大厅在城市中心附近,成都有多个毗邻的带有围墙的区域,这三个城市都有汉代的皇家祭祀建筑。野心勃勃的帝国建立者们也在夺取其他城市以扩展自己的势力。曹操占领了河南的洛阳和许昌,洛阳和邺城在其西北方向都有附带城防工事的扩建建筑,这些扩建建筑分别以金墉城和三台闻名。成都是公元 3 世纪时中国最富裕的城市之一,但人们却很少知道成都是通过七座桥与外界相连的。[1] 湖北武昌主要是都城在建业的吴国的陪都,它有一道独特的被木制和竹制围栏保护的外城城墙。曹操的建城事业甚至扩展到今天青海省西宁市下辖的一座城市,这座城市建于公元 214 年。这一时期,新疆遍布着绿洲城市,它们包括楼兰、尼雅、米兰和安得悦。每座绿洲城市遗址都有佛教的建筑废墟。

很多城市在约公元 280—386 年的一个世纪里为中国最重要的皇家和宗教建筑提供了空间。洛阳、建业和邺城在这一时期自始至终都保持着重要性。洛阳

在公元 265 年成为西晋的都城,但在公元 313 年被焚毁了。建业在公元 313 年变成了东晋的都城建康。刘渊在公元 307 年占领了邺城并把他的王国命名为汉。无论统治者怎样更迭,也不管偶尔出现的多种族混居,城市都极少改变。例如建业的竹制围栏就被它的后继者建康保留了下来。

建康是一座经济繁荣并十分美丽的城市,它以群山为界并被水道环绕。朱雀路两旁有成列的外来植物和开花树木。它有一个国立学院和祖先祭坛,而且它的宫殿包含了 3500 个房间。在公元 414 年东晋即将灭亡的时候,东晋的皇室家族转移到了一个叫"东府"的居住区。[2] 这座在建康东北方向,距其 60 公里,东西两面有城墙环绕的城市就是今天的杭州,其历史可追溯到公元前 5 世纪早期。[3]

当东晋在建康还握有权力时,北朝十六国在北方先后兴起。这些国家的建立者和塑造者大部分不是汉族,但大多数采用或适应了中国方式以便完成他们的帝国野心。有城墙的城市,中国类型的建筑以及宗教设施在他们眼中都是重要的方面。这一时期的城市至少有两个由城墙环绕的城区,外城和内城。外城的城墙通常有防御工事,有时还在城外延伸出城垛。城墙上有塔楼以便瞭望和射箭。统治者的城市有祭祀祖先的庙宇和皇家祭坛。每个城市都有水流流过、环绕或流向城市。十六国时期值得注意的城市有山西南部的平阳、河北南部的相国、陕西的铜湾以及在公元 331—384 年被强有力的统治者石虎、石勒先后统治并随后并入前燕的邺城。这一时期的邺城有每一百步一个城垛的防御城墙。[4] 这些城墙的砖块裸露在外。在内城,这座城市有五条平行的建筑轴线,沿线排列着宫殿、政府办公室和公园。长安在公元 4 世纪重新变得重要。除此之外,这座城市有东、西两座宫殿以及宽阔的大道,这一情况却很少为人所知。[5]

十六国众多都城中最有意思的城市之一便是甘肃武威姑臧的卧龙城。公元 11 世纪的编年史《资治通鉴》中的一篇有趣文章记载卧龙城有五个建筑群,每个建筑群都有一座宫殿。[6] 这篇文章被《晋书》所证明。

---

① 有关成都的早期历史,参见常璩:《华阳国志》,台北:商务印书馆,1983 年。

② 有关建康,参见《建康实录》。有关公元 220 至 589 年在今天南京的位置上先后兴建的六座城市的更多信息,参见朱偰:《金陵古迹图考》,上册,商务印书馆,1936 年。

③ *Wenwu* 1979. 9, 33 - 42 and 43 - 56.

④ *Kaogu* 1990. 7, 595 - 600; *Wenwu chunqiu* 1995. 3, 1 - 5 and 15; and Edward Schafer, 'The Yeh chung chi', *T'oung Pao* 76, 4 - 5 (1990): 147 - 207.

⑤ *Jin shu* (Standard History of Jin), *juan* 113, 2895.

⑥ *Zizhi tongjian*, *juan* 95, 2237.

《晋书》上记载居中的大厅被涂上五种颜色,它四周的每一边都有一个大厅。统治者根据季节的变化来使用这四个大厅。建筑与时间和空间的关系以及皇帝把建筑的进展作为时间流逝的隐喻是一个中国特有的概念。① 这种四边向中央集中的布局可追溯到王城时期并被汉代长安的规划所加强。

高句丽王国的 150 多个有围墙的城市在从中国东北到北朝鲜的广大区域被发现了。② 最重要的城市遗址位于辽宁桓仁、吉林集安和北朝鲜的平壤。高句丽城市建筑的鲜明特征是带有防御工事的山上城堡。桓仁的五女山城南北长 1500 米,东西宽 300 至 500 米。集安的国内城存在的时期是从公元 338 到 427 年。这座矗立在平原上的城市,其东、西、南、北方向的主要街道将城区分为六个部分。城市的宫殿还没有被定位。2.5 千米之外的是在 342 年被鲜卑慕容氏占领之后便被抛弃的丸都城。也许在中国其他地区建造山城的原因并不为人所知,但辽宁、吉林以及东北地区的地势造就了自然的山脉要塞同人造城墙的一体化。这种山城可以在公元 6 世纪的日本找到。

在汉朝之后四个世纪里的所有王朝、王国和国家中,最令人印象深刻的是仅仅繁荣了 41 年(公元 494—534 年)的北魏都城洛阳。杨衔之的《洛阳伽蓝纪》描绘的就是这座拥有 1367 座寺庙和寺院并笃信佛教的③这座城市提供了一个研究非本土王朝重要进程的完美例子。在这个例子中拓跋氏孝文帝公布了主要的社会文化改革方案并大获全胜,这个改革也可以被看成一个以使其臣民和国家更加汉化为目的的施工过程。因此,宗教建筑的制度化就成了中华帝国城市概念的一部分。

洛阳是北魏拓跋氏在公元 258 年建立的内蒙古盛乐和建于公元 398 年的山西平城之后的都城。尽管平城距北面的盛乐仅 100 公里,但这次迁都标志着北魏草原帝国时期的结束。平城,像东南方的建康那样,是

一座拥有城墙、宫殿、宗教祭坛、公园、花园、主要大道、军械库、粮仓、政府办公厅以及贵族居住区的城市。它的拓跋氏建造者见识过邺城并受到了邺城和早期洛阳、长安的影响。在公元 423 到 470 年期间,成千上万的人迁入平城并帮助完成建造计划。④ 平城是一个政治和佛教中心,它包含有将近 100 座佛教建筑和 2000 名僧侣、尼姑。⑤ 在公元 5 世纪 60 年代,五个佛教洞窟在云冈开凿,永宁寺也在这一时期开始建造。平城在公元 526 年毁于战火。

公元 5 世纪末,孝文帝迁都洛阳的时期是一个极度乐观的时期。像其王朝的创建者以及过去出现的有抱负的中国皇帝那样,他开始建造宗教建筑:祖先的庙宇,国立学院,环形护堤以及方形池塘。所有这些建筑都在公元 495—496 年完成。《魏书》中的一段有趣的文字告诉我们建筑木材来源于之前的宫殿和民船,像捣碎的泥土这样的替代材料则来源于皇室住宅。进一步阅读文献,我们会发现城墙是密集地建造在一起的,也许这意味着城墙是由几千年前就已使用的夯土技术建造的。⑥

开始时,孝文帝使用了东汉时期的洛阳城墙。他的城市宫殿立刻就超出了之前宫殿的范围。北面的邙山和南面的洛水提供了自然疆界,所以城市只能向东、西两面扩展。经过扩展的北魏城市包含了 220 个居民区,其人口估计超过了 600000 人。⑦ 规章区为官办渔业提供了房屋而龟市和另一个由市民建立的市场可以销售海鲜产品。⑧

当北魏在公元 534 年停止存在时,那些渴望统治这个国家和其人口的人将其分裂成东魏(公元 534—550 年)和西魏(公元 535—557 年)。高欢(公元 496—547 年)将东魏的都城迁到了位于废墟上的公元 3—4 世纪的前都城邺城。他通过水路从洛阳运来了建筑材料,并用这些建筑材料建造了他自己的临时居住区,根据《魏书》的记载,在高欢眼中城市的北部应该保留前

---

① *Jinshu juan* 86,2237 - 8.

② 王棉厚:《高句丽古城研究》,北京:文物出版社,2002 年。

③ Yang Hsuan-chih, *A Record of Buddhist Monasteries of Lo-yang*, trans. Wang Yi-t'ung (Princeton: Princeton University Press, 1984) and W. J. E. Jenner, *Memories of Loyang* (Oxford: Clarendon Press, 1981).

④ *Wei shu*, *juan* 23,604. 对平城的研究,包括 *Wenwu* 1997.11,38 - 46; *Beichao yanjiu* 1992.2,22 - 27; 1993.3,53 - 58; 1995.1,1 - 17; and 1995.2,9 - 14; and Li Ping, *Bei Wei Pingcheng shidai* (The Age of Northern Wei Pingcheng) (Beijing: Shehui kexue wenxian chubanshe, 2000). 另可参见 Jenner, *Memories of Lo-yang*, 18 - 37.

⑤ 有关佛教组织的信息,参见 *Wei shu*, *juan* 114,3030 - 3039.

⑥ Ibid., *juan* 62,1400.

⑦ Jenner, *Memories of Lo-yang* 117,109000 户以每户人口 5 人估算,参见 *Luoyang qielan ji*, *juan* 5,227; *Wei shu*, *juan* 18,428; and in *Wei shu*, *juan* 8,194.

⑧ Jenner, *Memories of Lo-yang*, 2000.

都城的元素,但南面的新城应更多地反映洛阳的面貌。① 像建康和洛阳那样,宫殿和祖先庙宇在新城墙建成之前就建好了。公元535年年初,76000名劳动力开始进行这个工程。② 10000人在公元539年的9至10月间从事皇宫的建造。③ 经过五年的建设,公元540年1月,高欢和他的宫廷迁入了南城。④ 十年后东魏被北齐取代,高氏家族正式将邺城升为主要都城。公元557年,北齐被北周取代(公元557-581年)。

北魏洛阳对邺城的强大影响直到20世纪90年代才为人所知,尽管20世纪30年代的考古发掘就已经暗示了这种影响的存在。⑤ 贯穿邺城的南北轴线从朱明门延伸到宫殿区域南部的中心入口并沿着一条笔直的道路向北延伸到北部外层城墙的大门。宫殿里外共有28个政府办公厅,与北魏洛阳和建康一样,邺城也有一座军械库,其人口分布在100个居民区里。富有的宅邸也在城墙里面。高欢的长子高成有一座住着姜室并包含权力部门的官邸。与此相关的少量信息说明富有的住宅由众多前面提供娱乐,后面提供住宿的庭

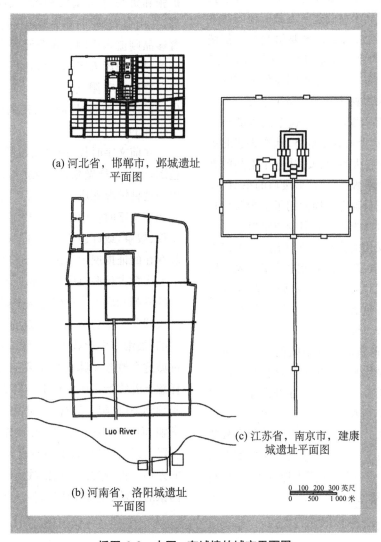

(a) 河北省,邯郸市,邺城遗址平面图

Luo River

(c) 江苏省,南京市,建康城遗址平面图

(b) 河南省,洛阳城遗址平面图

0 100 200 300 英尺
0   500   1 000 米

插图6.2　中国:有城墙的城市平面图

(a) 位于河北省,邯郸市,邺;(b) 位于河南省,洛阳市;(c) 位于江苏省,南京市,建康

119

① *Wei shu*, *juan* 12, 297 and *juan* 79, 1766.

② Sima Guang (1019-1086), *Zhizi tongjian* (Comprehensive mirror for aid in government), *juan* 157, 4867.

③ Ibid., *juan* 158, 4877.

④ *Wei shu*, *juan* 12, 303-304.

⑤ *Kaogu* 1997. 3, 27-32 and Zhu Yanshi, 'Research on the Palace-city of the South City of Ye of the Eastern Wei and the Northern Qi', in *Between Han and Tang*: *Visual and Material Culture*, ed. Wu Hung (Beijing: Cultural Relics Press, 2003), 97-114.

院组成。① 提供私人娱乐建筑和空间的后花园也是邺城最富有居民宅邸的一部分。如果文献记录是真实可靠的话,那么北齐的都城邺城有 4000 座宗教建筑和 80000 名男、女宗教人员。② 这惊人的数字即便是被夸大了,也仍能说明这些即使没有组织机构的宗教人员是随着迁都而从洛阳迁移过来的。

与此同时,北周(公元 557—581 年)的建设在长安进行着。公元 572 年,北周武帝处死了他的护卫并摧毁了众多在其王朝正式建立之前就已经建成的精美建筑。③ 武帝在皇室建筑上反对精心设计,并极力主张回到过去那种使用泥土和木材的建筑方式。他同时发布了一道有趣的命令,要求宫殿建筑要仿照北齐都城邺城的建筑样式,当时的北齐却是以奢华而著称的。④ 他的继位者,仅在公元 578—580 年期间在位一年的宣帝鼓励同样的以泥土和木材为材料的建筑样式。⑤ 宣帝把皇位让给了他年仅六岁的儿子,这个六岁的小皇帝被他外祖父所控制,这个人就是杨坚,他夺去了北周的皇位并于公元 581 年在大兴(长安)建立了隋朝的首都。这个新的都城位于西魏-北周都城废墟的东南面。

考古发掘并不能完全确定北周使用了多少汉代长安的建筑或者说北周时期的长安有多少建筑保留了下来。人们相信有三座汉代的大门仍在使用。⑥ 可以确定的是,西魏和北周的长安小于汉代的长安。太子居住在东宫,但由五座大门环绕的主要宫殿却在西面。⑦ 当公元 617 年唐朝的开创者进入长安时,他住在了也许是秦汉时期遗留下来的长乐宫中。⑧

同时在南方,富有的贵族们在隋朝的军队即将攻陷建康之际仍在追求提升他们的宅邸。这种行为使得当权者在公元 579 年颁布了一个禁止在城市住宅上过度浪费的命令。⑨ 然而,陈朝(公元 557—589 年)的最后一任皇帝却不禁止私人建造佛教寺院或其他宗教建筑。隋朝的奠基者摧毁了建康。当建康在唐后期至南唐统治时期(公元 923—936 年)于附近地区重建时,新的建筑位于废墟南面(参见插图 6.2)。

结语

尽管本章所讨论的早期城市时期比本书其他章节中的要长,但古代中国城市化的各个基本方面确实可以跨越 6000 年。首先,中国作为一个帝国,无论是在分裂时代还是前帝国时代都不存在没有城墙的城市。早期中国最重要的城市是都城,尽管这些都城基本上都位于主要河流上,但它们都不是城堡。征服、帝国扩张和贸易经由崇山峻岭、大漠孤烟穿越了亚州东部,在山口和绿洲,中亚的中间商把丝绸带到罗马而奢侈品则流入中国。在公元 600 年前,没有重要战役或贸易让中国人穿越大海,除了汉朝时期中国和日本列岛之间的有限交流。这一时期的中国是通过陆地生产的商品和通过陆地保护的商品和服务来维持整个帝国的。

在前文字时代,中国城市的突出特点是被城墙所包围,也许这样做是为了保护城市,但在之后的中国历史中这种情况就成了一种持久的自我定义。前青铜时代和前文字时代中国城市化的特点也可以由那些证明王权、奴隶,或许还有其他阶层存在的建筑以及证明宗教存在的证据展示出来。上述这三点都能在这个星球大多数古代城市中找到相似的对应物。中国青铜时代的商朝和周朝不仅仅是两个以青铜为材料设计和生产武器并大量建造宗教建筑的时期,也是两个毋庸置疑的,被编年史记载的国王统治都城的时期。在中国,都城这个概念意味着最重要的经济和宗教中心,也同样意味着统治者居住其中。这个概念从商朝开始一直延续到 20 世纪。尽管在宗教场所,崇拜中国皇帝始于秦朝,而且在 1000 年之后中国东南部的一些城市已拥有巨大财富,但都城始终没有失去作为中国首要城市的光环。青铜时代之后的战国时代可以同爱琴海城邦国家的政治、经济相比较,但这些城市有很大的不同之

① Fu Xinian, *Zhongguo gudai jianzhu shi* (History of Chinese Ancient Architecture), vol. 2 (Beijing: China Architecture and Buliding Press, 2001), 92.

② *Xu Gaoseng zhuan* (Biographies of Eminet Monks, Continued) (Beijing: Zhonghua Shuju, 19), 4908, *juan* 10, first biography 510.

③ *Zhou shu*, juan 6,107.

④ *Zhou shu* juan 6,103. 有关北齐建筑的奢华,参见 Steinhardt, 'Xiangtangshan and Northern Qi Architecture', in *Echoes of the Past*, ed. K. Tsiang (Chicago and Washington, D. C. : Smart Museum and Sacker Gallery, 2010), 59 - 77。

⑤ *Zhou shu*, juan 7,124.

⑥ Chinese Academy of Sciences Archaeology Institute, *Xin Zhongguo de kaogu faxian he yanjiu* (Archaeology Discoveries and Research in New China) (Beijing: Cultural Relics Press, 1984), 395.

⑦ *Zizhi tongjian*, juan 174,4248.

⑧ Ibid. , *juan* 184,5761.

⑨ *Jangkang shilu*, juan 20,802.

处。战国时期统一中国的理想来源于一位中国皇帝的决定，这也被视为是之后 2200 年中古老政治的延续。因此，城市历史学家经常认为后战国时代的城市都源于同一个建城方案，而且这一时期以儒家学说为表达方式的哲学理解也以同样的原因指导了中国官僚体系的建立：统治者的使命是在世界的中心进行统治而官员的社会作用是附属于统治者，这些都与王城的概念相一致。之后的汉朝补充了市场和娱乐设施，但即使是汉朝，中国也从未忘记作为首要城市的都城，以及都城的首要功能是作为为统治者服务的中心，这种观念十分有力以至于在公元 3 到 6 世纪的外族人口大量涌入中国的南北朝时期，每个重要城市都是都城。同样有力的观点被统治者用来摧毁那些不合适的建筑并宣称城市的朴素是为了国家的利益，汉至隋之间的城市化的新特点是宗教建筑。像中国城市中的所有其他建筑一样，中国的佛教、道教庙宇位于孔庙和当地神灵的寺庙旁边，并在余下的中国前现代化时期成为了通常的纪念性建筑。

中国城市当然是产品和服务的中心，但它更重要的功能却是服务它的国家或帝国。中国城市的城市空间像本书讨论的其他城市那样按照比例划分，而且在中国城市中，包括居民区和市场在内的规定空间所占的比例比本书中涉及的其他地理区域内城市的比例都大。在古代，中国最伟大的纪念性建筑都在城市里；之后，大多数纪念性建筑在城里，一些在宗教场所里，但城市及其郊区都只属于统治者。关注皇帝及其帝国的传统以及由此而来的统一性都是能定义和区分中国古代城市的因素。

参考文献

Chang, Kwang-Chih, *The Archaeology of Ancient China*, 4th edn. (New Haven: Yale University Press, 1986).

Falkenhausen, Lothar von, 'Stages in the Development of "Cites" in Pre-Imperial China', in *The Ancient City: New Perspectives on Urbanism in the Old and New World*, ed. Joyce Marcus and Jeremy Sabloff (Santa Fe: School for Advanced Research, 2008), 209 - 228.

Jenner, W.J.F., *Memories of Louyang: Yang Hsuan-Chih and the Lost Capital (493 - 534)* (Oxford: Clarendon Press, 1981).

Knechtges, David, trans., *Wen xuan, or Selections of Refined Literature*, vol. 1: *Rhapsodies on Metropolises and Capitals* (Princeton: Princeton University Press, 1982).

Shen, Chen, 'Compromises and Conflicts: Production and Commerce in the Royal Cities of Eastern Zhou, China', in *The Social Construction of Cities*, ed. Monica L. Smith (Washington, D.C.: Smithsonian Books. 2010), 290 - 310.

Steinhardt, Nancy S., *Chinese Imperial City Planning* (Honolulu: University of Hawaii Press, 1990).

Wheatley, Paul, *The Origins and Character of the Ancient Chinese City*, 2 vols. (New Brunswick and London: Aldine, 1971).

Xu, Hong, *Xian Qin chengshi kaoguxue* (Archaeology of Pre-Qin Cities) (Beijing: Yanshan Chubanshe, 2000).

白英健 译 陈 恒 校

专　题

第 7 章　经济

大卫·斯通

亚洲、欧洲、非洲以及美洲的早期城市经常短暂地上升一段时期并使其居民的生活产生很多变化。城市化的开始伴随着农业产量的增加、远距离贸易的扩展、管理阶层的形成、专门进行手工业生产的劳动力的出现以及城市周边地区人口的缩减。统治阶层的经济力量逐渐增强，但与此同时，获得财富的新机会也在不断产生。当早期城市发生倒退的时候，正如许多早期城市所发生的那样，我们都能在其中发现经济的衰退。本章的焦点是城市的产生对经济意味着什么，以及考察那些在城市建立过程中最重要的人们，包括农民、地主、手工业者、商人和管理者。本章首先论述那些形成之前学术基础的理论。然后转而考察新的科学研究成果以及发展出来的相应理论方法。这些都对现今的早期城市研究产生了深远影响。其中考察了经济的五个重要方面的相互关系：阶级分化；农业；声望产品（prestige goods）和远距离贸易；生产的专业化以及经济的衰落。本章所采用的对经济的定义是"为了供应社会所需而进行的生产、分配、交换和消费"。

三种主要资源为我们提供了早期城市的经济状况。首先，文献资料经常与早期城市一起出现，正如之前提到的美索不达米亚、地中海和中国，而且这一情况也一样出现在埃及、玛雅和其他社会。文献资料为我们提供了很多关于经济管理、税收和主要作物种植情况的信息。尽管这些文献资料倾向于用社会精英的视角向我们提供信息。其次，重要的城市遗址证明了贸易、劳动以及本地生产和消费的存在。最后，早期城市残存的环境证据或出土的遗址可以用来研究早期城市的生态、气候和农业生产。

在研究早期城市的经济时，采用世界范围的比较

方法是有益的。尽管不同的城市有不同的特点，但这些特点不是独一无二的，比较研究可以确定城市起源和城市功能方面的相似点，找出什么因素使它们同小城镇和乡村相近以及什么因素使它们有别于小城镇和乡村，并推断出它们兴起和衰落的原因。同样地，比较研究方法也允许研究者找出那些并不共享同一文化或不在相似地域内的城市的共同点，并在这些城市中建立起变迁的范围。然而一些特定的研究方法，如博厄斯的人类学也许认为这种比较是不可能的或没有效率的。但正如接下来要论述的那样，这种比较研究方法并不像看上去的那样不可行。

比较研究形成了研究城市经济最早的研究方法。菲斯泰尔·德·古郎士认为私有产权是区别有相似组织形式的伊特鲁利亚、希腊和罗马城市的关键因素。马克斯·韦伯进一步运用了比较研究方法，分析了"西方"和"东方"城市并认为前者的特点是公民权和以市场为导向的经济而后者的特点是专制和经济上的再分配。[1] 正如其他学者注意到的那样，这种观点代表了殖民主义和西方中心论的观点（参见本书第 9 章）。在这之后的学术研究继续把比较研究作为研究古代城市的方法，而且这一方法在今天仍保持着活力。它构成了 20 世纪后半叶和 21 世纪初重要研究成果的基础。[2]

什么形成了"早期城市"呢？正如本书中的多章内容所论述的那样（参见本书第 1 章），城市的定义一定不是绝对的，但它始于一种假设，即每个单独事例是随着变化而变化的，且不能展示所有特点。一般来说，城市是一个比周边地区人口都要密集的地方。它的居民包括不直接进行食物生产的社会上层和工人，尽管它

---

[1] Numa Fuetel de Coulanges, *La Cite antuque*, 2nd edn. (Paris：Durand，1966)，69；Max Weber, 'Der Stadt', *Archiv für Sozialwissenschaft und Sozialpolitik*, 47 (1921), 621－772。

[2] 参见 Joyce Marcus and Jenner Sabloff, eds., *The Ancient City：New Perspectives on Urbanism in the Old and New World* (Santa Fe：School for Advanced Research Press，2008)。

的其他居民有很大一部分仍然参与农业活动。履行非农业功能使城市区别于其周边乡村：在城市中心，领导者们制定政治和管理政策、举行宗教仪式、举办宴会，进行远距离贸易，生产专业商品以及传播意识形态。在早期城市的主要类型中，多样性是显而易见的。其中一种类型是同属一个文化群体的城市在力量、地位上大致相同，另一种类型是在一个文化群体中都城统治其他城市。前者被认为是一个包含一个城市中心和其周边区域的单一行政单位，即城邦国家。美索不达米亚、古希腊和玛雅通常被形容为是一个含有众多相互竞争城邦的文化共同体。在另一边则是"领土国家"，例如古埃及，以及像阿兹克特、印加和罗马那样的"帝国"，这四个复杂的早期国家的中心是四个都城，即孟菲斯、特奥蒂瓦坎（Tenochtitlán）、库斯科（Cuzco）和罗马。① 这些城市同城邦国家相比，其不同之处在于：这些城市更重视对远距离资源和领土的利用，这点往往是通过军事征服实现的。在评价领土国家时，我们应注意单个城市的经济，也应注意由多个城市共同决定的更大规模的经济。无论怎样，经济都是定义各种城市类型的有用手段。

129 当城邦国家乌鲁克达到占地 100 公顷的规模时（公元前 3200—前 3000 年），其周边农村生产出的剩余农产品支撑起了专业的陶器生产和服务供给。寺庙以及管理寺庙的人作为一个拥有土地，可以指导工人，同时又能收集、储藏并重新分配剩余产品的最大实体出现在社会上。② 出现在大约公元前 4000 年的乌鲁克和其他美索不达米亚城市被认为是世界上最早出现的或最重要的早期城市，并给予它们很多关注。然而，世界上其他地区早期城市的出现时间都比这晚得多。因此，长时间跨度和广阔的地理区域对任何比较研究来说都是重要的。本章讨论的地理范围从美索不达米亚到埃及、中国、印度河谷地、地中海再到中美洲和南美洲，覆盖了大约从公元前 4000 到公元 600 年的时间范围。③ 也重视那些只是比"一级城市"的人口相对少些的"二级城市"。最终，对"什么是城市"以及"如何用经济来定义城市"的疑问与我们现在所转向的那些问题即"早期城市经济的组成部分"和"如何解释早期城市中经济增长的重要性"相比就没那么有趣了。

有关早期城市经济的理论

回顾之前的理论成果对理解早期城市的经济发生了什么样的争论是很重要的。很多理论是从那些有关"国家的形成""复杂社会的发展"或是"文明的出现"的学术研究中产生的。术语的选择反映了当时的学术背景和学术兴趣，但这又涉及到相同的变化过程，即从史前时期向历史时期的转变。④ 这些理论都倾向于关注在城市起源时期经济的作用，但却很少关注在日常生活中或是在一段时期内经济的功用。因此，经济研究的某些方面被忽略了，特别是在与政治、宗教这样的主题做对比的时候。

卡尔·魏特夫的"水利假说"也许是关于古代城市经济增长的最著名的理论。魏特夫假设城市和阶层分化出现在那些偏少的降雨量迫使人们控制水资源以便获得可靠收成的地方（他提到了这些地方中的古代夏威夷、美索不达米亚、埃及、中国、印度、中美洲、秘鲁、印加、拜占庭和沙皇俄国）。魏特夫认为灌溉最初一定是一种由农民进行的小规模活动，但一经成功就被统治者利用，他们组织起所需的大量劳动力用来建设大规模的灌溉系统并从中征税。大规模的灌溉工程产出了大量的剩余农产品，这些剩余产品促进了人口增长、军队形成以及雇佣专业手工业者的出现，这些能够支持城市的发展。由于剩余产品的增加，统治者变得"专制"和"极权"。魏特夫把水利社会的统治者比作 20 世130纪中期社会主义苏联和中国的领导人，认为他们的"绝对权力"将官僚国家的奴隶制强加到三分之二的人类身上，并且是颠覆西方国家民主、自由的威胁。⑤ 尽管这一理论与冷战时期的政治很明显有关联，但它对至少 20 年内的早期城市研究产生了重要影响。首先，这一理论鼓励考古学家和历史学家根据早期城市的记录辨别出哪些社会是"水利社会"。其次，这一理论促进了对这些社会行为的专业解释，在这些社会中，统治者

---

① 在城邦和"领土国家"的定义方面，参见 Burce Trigger, *Understanding Early Civilizations：A Comparative Study*（Canbridge：Cambridge University Press, 2003），94 - 113。"帝国"定义参见 Carla Sinpopli, 'Empires', in Gary Feinman and Douglas Price, *Archaeology at the Millennium：A Sourcebook*（New York：Plenum Publishers, 2001），439 - 471。

② Mario Liverani, *Uruk：The First City*, trans. Zeinab Bahrani and Marc Van de Mieroop（London：Equinox, 2006）.

③ 本章涉及到一些公元 600 年之后的城市，并试图在本节中将"早期"城市和"中世纪"城市区分开。对欧洲和亚洲城市来说这个日期划分是可行的，但对美洲和撒哈拉以南的非洲来说，甚至是公元 600 年这个时期之后的城市都很难将其定义为"早期"城市。

④ Liverani, *Uruk*, 1.

⑤ Karl Wittfigel, *Oriental Despotism：A Comparative Study of Total Power*（New Haven：Yale University Press, 1957），447.

被认为是通过把农民上缴贡赋的行为和对劳动的需求制度化来获取权利和财富的,这与马克思的"亚细亚生产模式"相一致。最后,它促进了对"新进化论"的思考,这种理论认为社会的进步是一个从原始到现代的直线发展过程。支持在 20 世纪 30 年代至 70 年代占据人类学和人类考古学主流地位的新进化论的学者们发现魏特夫的观点很有竞争力,因为他提出了一种在全球很多社会中独自产生的模式(例如,通过以大型水利灌溉工程管理稀缺水资源的方式,小的平等主义社会变成了大的压制性社会)。随着对影响单个社会的专有因素的越来越多的重视,普遍模式不再流行了,新进化主义和魏特夫的水利假说也在 20 世纪 80 年代基本上被抛弃了。[①]

另一个争论的根源是早期城市和现代城市的对比问题。历史学家米哈伊尔·罗斯托夫采夫根据他所分析的古典世界提出了古代城市和现代城市有很多相似之处的观点。在强调韦伯书中存在殖民主义结论的同时,罗斯托夫采夫把罗马城市看成是致力于向其居民提供最大程度舒适的城市;这些城市看起来更像我们现代的西方城市而不是现今东方的城市和村镇。他把这些城市的富裕归功于一些资本主义因素,例如世界性的贸易,满是便宜商品的市场,工业的分散以及谁积攒的财富越多谁就越有影响力的观念。[②] 对罗斯托夫采夫来说,罗马帝国在公元 2 世纪就已经达到了一个很高的财富标准,因为它的经济是以一种理性的方式运行的。这种情况被称为"形式主义"(formalist)或"现代主义"(modernist)。经济史学家卡尔·波兰尼采用了一种截然不同的观点。这种观点通常被称为"形体主义"(substantivist)或"极简主义"(minimalist)。在早期城市中,土地并不经常处于组织或群体的控制之下,更多地是在私人控制下,并且那种商人中间阶层是很少存在的,波兰尼设想的是有一个强有力的政府来管理土地和贸易。他认为政府重新分配必需品并紧紧控制奢侈品的供应,并且互惠的或是再分配性质的交换比市场更重要。波兰尼与马克思的观点很相似,因为他认为古代经济是"嵌入"在社会关系和组织之中的。在这种观点下,当过去的人们开始行动时,他们的目的是创造、维持或是调整社会关系而不是追求利益。他和他的追随者,如研究希腊、罗马经济的摩西·芬利,排斥这种认为资本主义适用于早期城市经济的假设。芬利反对罗斯托夫采夫的认为存在大规模商业行为的结论,并根据文献资料指出地主致力于自给自足的目标并保持自己是否参与市场活动的自由。[③]

之前的理论受到了当时政治思想的影响并极度依赖古代文献上的记录。然而在世界的很多地区,城市的起源和文字的起源处于同一时期或早于文字的起源,所以对考察城市的起源而言考古学材料就特别重要。戈登·柴尔德在比较了世界范围内古代社会的考古学数据后,他提供了早期城市的 10 个特征:城市规模宏大并拥有庞大的人口;工人并不全职从事食物生产;对农业剩余产品征税;建立公共建筑;有一个统治阶层;有文字;有数字系统;有职业工匠;稀有原料处于重要地位以及拥有一个政治、经济团体。对柴尔德来说这些特征的存在意味着一次改变社会组织结构的"城市革命"。[④] 柴尔德的"城市革命"理论把技术进步和灌溉的发展视为刺激城市化的可能因素。新进化论者在 20 世纪 60 年代至 70 年代期间进一步发展了这些观点并探究了人类是怎样适应不断变化的人口和环境条件的。[⑤]

最近,布鲁斯·特里格(Bruce Trigger)和迈克尔·史密斯(Michael Smith)试图在更广阔的范围内同时利用文献和考古证据分析早期城市。特里格掌握了七个"早期文明"(美索不达米亚、埃及、中国商朝、玛雅、阿兹克特时期的墨西哥、印加和非洲约鲁巴)的政府管理、阶层系统、农业体制、税收和贡赋体系、城市结构、手工业专业化、贸易、宗教实践、信仰、法律系统以及书写系统的信息。通过对七个早期文明各个方面的

① 有关新进化论模式,参见 Marshall Sahlins and Elman Service, eds., *Evolution and Culture* (Ann Arbor: University of Michigan Press, 1960)。对新进化论的批评,参见 Norman Yoffee, *Myths of the Archaic State: Evolutiong of the Earliest Cities, State and Civiliations* (Canbridge: Cambridge University Press, 2005), 8-15 and 22-33。对魏特夫结论的批评,参见 Rorert Adams, *Heartland of Cities: Surveys of Ancient Settlement and Land Use on the Central Floodplain of the Euphtates* (Chicago: University of Chicago Press, 1981), 243-248。

② References from Milhail Rostovtzeff, *The Social and Economic History of the Roman Empire*, 2nd. edn. (Oxford: Clarendon Press, 1957), 142-177.

③ Karl Polanyi, 'The Economy as Instituted Process', in Karl Polanyi, Conrad Arensburg, and Harry Pearson, eds., *Trade and Market in Early Empires* (Glencoe, Ill.: Free Press, 1957), 243-270; Moses Finley, *The Ancient Economy*, 2nd. edn. (Berkeley: University of California Press, 1985).

④ Gordon Childe, 'The Urban Revolution', *Town Planning Review*, 21 (1950), 3-17.

⑤ 例如 Charles Redman, *Social Archaeology: Beyond Subsistence and Dating* (New York: Academic Press, 1978), 218-219 引用的早期研究。

深入分析,他总结道:在政治、经济、文化方面,这七个早期文明有很多相似之处,但也有同样多的特有因素。① 特里格注意到的相似之处是:存在两种政治组织形式(城邦国家或领土国家);领导人积累大量剩余产品作为财富的趋势;以及一个需要领导人花费大量资源建造寺庙、纪念碑、进行献祭的宗教信仰和一个利用超自然力量来加强领导人优势的礼拜仪式。不同之处表现在农业生产方式上,因为每个文明都要适应其自身的自然环境。同样地,早期文明的人口密度也是多种多样的,我们也找不到一种能开启城市化的特定人口密度。特里格的结论提供了用以反对那些认为相似的人类适应行为导致了世界范围内城市兴起的过于绝对化的新进化论的论据。这些结论也驳斥了认为每个文化(或"早期城市")都以自己的方式发展因而无法比较的相对主义。特里格反而显示出单一的解释体系并不能简单地适应于所有模式,尽管各个文化仍有很多共同之处。

迈克尔·史密斯在一篇对古代国家经济的评论中强调了多样性。对他而言关键的不同之处是政治组织类型和经济中商品化扩展程度的不同,而不是国家的大小。他定义了四种政治组织形式("弱国家"、城邦、领土国家和帝国)。② 他也定义了四种商品化等级(无商品化、低商品化、中商品化和前资本主义的发达商品化),这些等级需要做一番解释。无商品化经济缺少货币、市场和独立的商人;这种经济也许有为国家服务的职业化手工业和远距离贸易。在低商品化经济中,国家拥有很强的控制力;这种经济没有私有土地,但可能有商人和市场。中商品化的特点是存在货币、市场和商人,但缺少私有财产和对劳动力的控制。最后的等级是前资本主义的发达商品化:它有广阔的商品市场、广泛的土地私有权以及像银行和信贷那样的经济组织。通过把政治组织形式和商品化等级联系在一起,史密斯就可以描绘早期城市复杂经济的图景。在低商品化的这一头,人们可以找到印度河谷地和玛雅。在另一头的是亚述帝国、罗马帝国和古典希腊城邦。位于中间的是古代埃及、中国商朝、早期美索不达米亚城邦、特奥蒂瓦坎和印加帝国。史密斯的商品化概念对我来说有两项重要进步。首先是认识到在早期城市的研究中,不可能将经济从政治中分开,这提供了一种

将它们合在一起考察的方式。其次,这种理论在各个国家之中相互比较,而不是像形式主义或形体主义那样比较"原始"和"现代"经济。

新方向

对由特里格和史密斯展现的利用广泛考古学和文献资料的方法的继承显示出很大的前景。近几年,跨学科研究已经产出了大量的论据,同时也产生了很多论述包括环境状态、供给系统、贸易、健康状态和日常生活在内的重要研究对象的新理论。这一研究产生了众多研究者梦寐以求的,能够考察大多数人口"经济实际"的数据和分析框架。在某种程度上,这应归功于关注下层阶级问题并远离传统表面考古调查方式的实地考察和文献研究。这也归功于科学进步带来的对新技术的应用,这些新技术包括稳定同位素分析、中子活化分析和加速质谱放射性年代测定法。这些技术可以更加准确地识别考古遗址,并鉴定和计算起源时间。与此同时,随着社会科学的进步而产生的一些新理论为古代社会研究开辟出了几条新道路。在本章的余下部分,我所讨论的是这些研究是怎样影响早期城市经济的五个重要领域的,这几个重要领域是阶层分化、乡村、信誉、专业生产和城市的衰落。这五个领域对研究城市的形成以及影响城市居民生活的新经济模式的出现特别有帮助。

城市和社会分化

在全球范围内,从狩猎-采集团体向村庄,进而向城市转变的特殊轨迹有很多不同形式。但在关键步骤上,随着城市兴起而产生的经济、社会和环境因素引发了人类生活方式上的一系列"革命"。早期城市和不断进行的社会分化在世界的许多地区大致同时出现。我们可以将社会分化定义为一种经济、社会和政治不平等的集合体。厄内斯特·盖尔纳(Ernest Gellner)有关农业社会的社会结构模式可以用于早期城市,农业剩余产品是早期城市的物资和主要财富来源(参见插图7.1)。这一模式表明"经过分化并形成同一阶层的军事、管理、宗教、有时还有商业的统治阶

---

① 我在这里总结了特里格的理论,*Understanding Early Civilizations*,279 - 406 and 653 - 688。
② 我在这里总结了史密斯的理论,'The Archaeology of Ancient State Economies',*Annual Review of Anthropology*,33(2004),73 - 102。

层"位于"被隔离在一旁的农业生产者阶层"之上。[1]尽管如此,盖尔纳的模式仍引起了很多关于早期城市经济的质疑,例如社会分化是怎样出现的,又是怎样维持的?

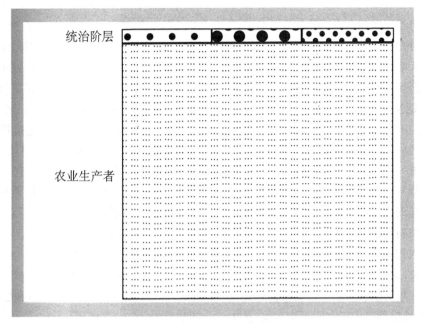

插图 7.1　早期城市的社会结构

"经过分化并形成同一阶层的军事、管理、宗教、有时还有商业的统治阶层"位于"被隔离在一旁的农业生产者阶层"之上(Gellner, *Nations and Nationalism*, 9)。

134　　有关社会分化的记录在旧石器时代晚期,也就是从尼安德特人晚期(50000—30000 年前)到现代人出现时期(50000—15000 年前),就已经存在了。最近的一项研究表明社会分化广泛存在于那些处于平等主义社会转型时期的狩猎-采集团体中,在这些团体中,生产过程中的竞争行为以及利用声望产品和剩余农产品的行为已经出现了。大多数评论者同意这种社会分化是在人们开始种植野生植物,将其带回营地并从中选择可以提供更多收成的种类之后扩大的(这一情况发生在大约 11000 年前的近东地区,但在此之后这一情况也独自发生在世界上的其他几个地区)。[2] 当人们越来越依赖驯化的植物和捕获并驯化了的动物为其提供大部分食物时,人们就开始长时间地待在固定的营地里,这就是最初的定居村庄。最初的农民可以通过精耕细作来供养村庄中的大量人口,因此这些村庄就比那些小型的狩猎-采集团体更有力量。久而久之,农业村庄中的一些成员通过拥有土地、采用更集中的耕作技术或是大丰收生产出了更多的粮食。通过这种方式他们积累了剩余的食物——早期村庄和早期城市基本的财富形式。他们与社会上的其他成员进行交换,以剩余的粮食换回商品或劳役,或是在宴会上提供食物以获得声望。久而久之他们获得了权力,同时其他成员也开始依附于他们。人类学研究指出:从农业村庄发展到城市有多种途径,但每种途径的核心都是一个能利用剩余农产品供养不断增长的城市人口的小型统治阶层。由于这些社会领导者获得了更多的控制权,他们就可以控制周边的小村庄,有时是通过战争手段,并进一步扩大人口数量。这种从早期农业村庄到城市兴起的长期考察是重要的,因为我们越是深入地研究农业村庄的经济就越能更好地观察这些农业社会是怎样变成城市的。其中一个未解决的问题是:无论研究者们把这种过程形容为从一个阶段向下一个阶段的"进步",还是把它形容为一种"强制转变",都无法回答是什么因素使得我们无法辨识出村庄。

---

[1]　Ernest Gellner, *Nations and Nationalism* (Oxford: Blackwell, 1983), 9.

[2]　过渡性的平等社会参见 Brian Hayden, 'Richman, Poorman, Beggarman, Chief: The Dynamics of Social Inequality', in Feinman and Price, *Archaeology at the Millennium* 231 - 272. 分化的开端参见 Douglas Price and Ofer Bar-Yosef, 'Traces of Inequality at the Origins of Agriculture in the Ancient Nera East', in Douglas Price and Gary Feinman, eds. , *Pathways to Power: New Perspectives on the Emergence of Social Inequality* (New York: Springer Science, 2010), 147 - 168.

城市和乡村

自从乡村农民通过生产剩余农产品的方式创造出了早期城市的大部分财富以来,对这些来自乡村的剩余产品的占用就成为掌握"经济权力"的重要因素。特里格的跨文化研究已经表明早期城市的统治阶层占用的剩余农产品的比例从十分之一到五分之一不等。[①] 在中国商朝(公元前 1600—前 1000 年),农民向国王、地区管理者或当地官员上缴全部收成的九分之一。这些农民同时也被要求一旦完成收获就要服一个月的徭役。古代埃及有类似的对税收和劳役的要求;古代埃及最著名的纪念性建筑金字塔,就是由服徭役的劳工建造的,以同样方式建造的还有尼罗河两岸的灌溉水渠。美索不达米亚人用收获的粮食交税或交租金,同时还向贸易商品征税,也有对劳役的需求。另一方面,印加通过徭役系统征集剩余农产品。农民在耕种自己土地的同时,还要另外耕种属于国家的小块土地、扩大

由美洲驼和羊驼构成的牧群的规模、提供军事服务、建造道路和桥梁或是制造纺织品、陶器和其他商品。这种用来供养官员、技工、普通劳工、军队以及统治者自身的对基本农产品的征收经常被称为"基本收入"。统治者需要占用剩余农产品的原因已经很清楚了,但早期城市居民容忍这些强制征收的税款、租金和劳役的原因却不那么明显。要知道征收基本收入的安排也许在前城市时期的村庄内就已经出现了,只是没那么繁重。早期城市的统治者通过提供"服务"来回报对剩余农产品的占用,这种服务大致以城市管理、在战争期间提供保护以及站在社区一边进行神圣调节的方式出现的。后面这些是最重要的:正如跨文化研究所表明的那样,当早期城市居民认为统治者是在为社会提供服务时,他们就愿意交出自己的剩余产品。[②] 插图 7.2 为我们提供了一个早期城市经济的简单模型,这一模型来源于马里奥·列维拉尼(Mario Liverani)有关乌鲁克剩余产品和服务的流动方式的图表。

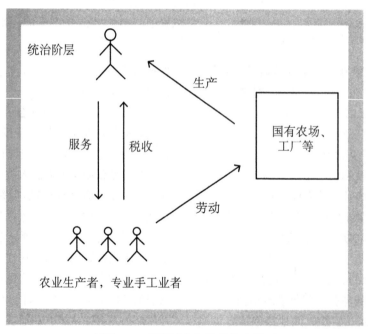

插图 7.2　早期城市经济的简要模型

根据对乡村的最新研究,我们应该转到考古学的地表勘察上来,这种技术已经收集了一些能判断早期城市规模的最重要的数据。这种技术在很早以前就开

始使用了,但在 20 世纪后半叶才显示出重要性。现在地表勘察已经在考古学调查中占了很大一部分比例。地表勘察经常关注的是一个区域而不是一个特定的城

---

①　经济技术参见 Yoffee, *Myths of the Archaic State*, 35。剩余产品参见 Trigger, *Understanding Early Civilizations*, 387。

②　基本收入参见 Karl Polanyi, *Primitive, Archaic, and Modern Economies: Essays of Karl Polanyi* (Garden City, N. J. : Doubleday, 1968), 186‑188, 324; Terence D'Altroy and Timothy Earle, 'Staple Finance, Wealth Finance, and Storage in the Inka Political Economy', *Current Anthropology*, 26 (1985), 187‑206。服务参见 Trigger, *Understanding Early Civilizations*, 490‑494; Yoffee, *Myths of the Archaic State*, 34‑40。

市,而且其研究范围是长时段而不是单独的某个时期,这一研究方法提供了一系列通过与城市周边地区对比产生的证据,借此能判断出城市是处于发展中还是正在衰落。在一篇早期的调查报告中,罗伯特·亚当斯(Robert Adams)写道:"美索不达米亚城市是以其周边乡村为代价发展起来的。"①因此,他认为城市化的过程伴随着一个同时期的反"乡村化"过程。美索不达米亚、墨西哥盆地、中意大利以及秘鲁的一系列相似结果表明这一过程对一些早期城市而言是共同的。

在美索不达米亚南部,地表勘察已经在埃利都、温马、乌尔和乌鲁克这些城邦国家中展开了。勘察记录表明在欧贝德(Ubaid)文化时期(公元前 4500—前 3500 年)城市数量及其人口都有快速增长。随着城邦国家在规模上的增长(例如乌鲁克由在公元前 3200 年时的 70 公顷增长到公元前 3000 年时的 100 公顷),乡村聚落的数量减少了。② 在另一边的墨西哥盆地,特奥蒂瓦坎和奎奎尔科(Cuicuilco)在公元前 3 世纪到前 2 世纪发展成拥有大致 20000 人口,占地达 400 公顷的大城市。奎奎尔科在公元前 1 世纪被火山爆发埋葬了,但特奥蒂瓦坎却扩大成一个占地 2000 公顷,人口 100000 的城市。在公元前 1 世纪末,特奥蒂瓦坎成为墨西哥盆地内唯一的大型定居点。在铁器时代早期(公元前 900—前 200 年)的意大利,在日后构成罗马的四座山上,即帕拉丁山、埃斯奎林山、奥庇乌斯山和西莲山,出现了小型定居点,而且相似的进程也可以在附近的伊特鲁利亚城邦国家中找到。在公元 200 到公元 800 年的秘鲁,"城镇"、"小村庄"和"乡村"的数量在阿亚库乔盆地(Ayacucho Basin)不断增长。三个定居地合并成一个城市,即坐落在一个 15 平方千米的大型考古区域内的,核心区域占地 80 公顷的瓦里城(Wari)。瓦里城的扩张——目前毋庸置疑的证据并不能提供一个精确的年表——始于城市对更远的地区施加影响。凯瑟琳娜·施赖伯(Katharina Schreiber)把这一过程形容为一种"国家层次的组织机构的出现"。③

定居模式的改变以及对强制征收的税款、租金和劳役的需要都对城市和乡村居民的生活产生了影响。很多新的城市居民仍然从事农业,几乎一定会到田野里耕作。在业余时间里,他们也许会找一些兼职,比如建筑、纺织、制陶或编筐。一些人也许会掌握珠宝制造、雕刻和冶金技术,这使他们获得了全职职业;另外一些人凭借财富或家族关系出任行政官员,例如书记员、税务员、工头、财产经理以及军事指挥官。那些仍留在乡村的人又受到了不同的影响。对乡村土地更高生产率的要求使得土地拥有形式经常变换。对土地而言,远离集中控制并且时常处于像私人、寺庙或国家这样的重要"利益集团"的控制之下是不稀奇的。④ 城市附近的乡村地产经历了生产"集约化",甚至在人口减少的情况下依旧如此。运输成本低廉的城市附近的农民也许会更加仔细地耕种自己的土地,他们会通过额外的除草、灌溉、犁地或施肥使收成最大化。远一些的土地可能用于放牧,因为肉可以在其"活着"的时候被运输到市场。这种过程被视为是"粗放型"的。通过这种方式,城市的形成也带动了与其相对的乡村的发展。

城市、远距离贸易和声望经济

在早期城市中,远距离贸易是获得经济权力的第二种方式。很多早期城市都位于盛产基本食物但缺乏有价值原料的地区。为了获得稀有商品,这些城市就需要进行贸易。腓尼基人向西班牙和意大利寻求矿石;玛雅从中墨西哥获得黑曜石;埃及在努米比亚取得黄金和黑檀木,在黎巴嫩取得雪松。只要运输成本低廉,商人就可以通过转运以贱买贵卖的方式获利。一块公元前 2000 年刻有楔形文字的石板记录了一个来自阿舒尔(Assur,今伊拉克谢尔特堡[Ash Shirqat])的美索不达米亚商人在其家乡购入了一批纺织品并通过驴队运到 900 公里之外的卡内什(Kanesh,今土耳其开

---

① Robert Adams and Hans Nissen, *The Uruk Countryside:The Natural Setting of Urban Socirties* (Chicago:University of Chicago Press,1972), 17.

② 在城市规模和分期方面,我采用了利维拉尼的观点,参见 Liverani,*Uruk*, 84。对美索不达米亚的调查结果,参见 Tony Wilkinson, *Archaeology Landscapes of the Near East* (Tucson:University of Arizona Press, 2003)。

③ William Sanders, Jeffref Parsons, and Robert Santly, *The Basin of Mexico:Ecological Processes in the Evolution of a Civilization* (New York:Academic Press, 1979), 98 - 129. Nicola Terrenato. 'The Versatile Clans:Archaic Rome and the Nature of Early City-States in Central Italy'; in Nicola Terrenato and Donald Haggis, eds., *State Formation in Italy and Greece:Questioning the Neoevolutiongist Paradigm* (Oxford:Oxbow Books, 2011), 231 - 244. Katharian Schreiber, *Wari Imperialism in Middle Horizon Peru* (Ann Arbor:University of Michigan, 1992), 90.

④ Trigger, *Understanding Early Civilizations*, 283 - 284. 有关农业的情况,参见 Ester Boserup, *The Conditions of Agricultural Grownth:The Economics of Agrarian Change under Population Pressure* (Chicago:Aldine Publishing Company, 1965)。

赛利[Kültepe])贩卖,获得了几倍于本金的利润;这个商人在返回的时候又购入了大量的银矿石并在其家乡贩卖,又获得了两倍的利润。同一个商人也可以通过交易锡来获利,相比卡内什而言,在阿舒尔锡比银更有价值。阿舒尔和卡内什之间的贸易是以市场为导向的而且其动机是为了获得利润,而不是因统治者之间互相交换礼物而"嵌入"在经济中,这些统治者会雇佣商人为其服务,这一点已经很明确地表现出来了。[1] 由于缺少像美索不达米亚那样详细的记录,我们很难判断其他早期城市的贸易是否也是以市场为导向的。阿兹克特社会中商人的地位明显表明他们能够在贸易中获利,而埃及和印加却显示出对商人行为更严密的控制。[2]

贸易不仅为城市带来了制成品也带来了原材料。那些只能从遥远地区获得的商品才有价值,而当这些商品又是以复杂的技术或工艺被制造出来时,它们就获得了额外的重要性。"财富经济"指的是对著名奢侈品的采购和制造,这些奢侈品通常由远距离贸易运来并且由技艺高超的工匠制造。[3] 通过雇佣城市手工业作坊里的工匠,统治者控制了由稀有进口原料制造的"声望"物品的生产,这种"声望"物品可以被定制,以便向统治者所在的社会传达适当的信息。为了展现"声望经济"是怎样运作的,我们应该转向铜器时代晚期的希腊城邦(公元前1500—前1200年)。[4] 迈锡尼、提林斯(Tiryns)和皮洛斯(Pylos)的大型宫殿拥有精心建造的会客厅,大量的贮藏设施和作坊。像迈锡尼那样宏伟的圆顶墓葬遍布在宫殿周围。墓葬和宫殿建筑都为我们提供了大量进口奢侈品的证据:金银珠宝、青铜武器、琥珀珠子、水晶碗和象牙器具。迈锡尼和皮洛斯的画作描绘了统治者在纪念场合使用声望产品的场景。[5] 当统治者在限制了稀有物品的流通后带着它们出现在公共场合时,他们就吸引了其臣民的注意力。统治者也会向高阶官员赠送声望物品,作为对其在征

收剩余产品和维持社会秩序上所做贡献的回报。但这种情况并不多见,统治者往往通过在政治体系中提拔这些官员来兑现对他们的承诺。墓葬中出现的与铜器时代晚期希腊城邦相距较远的进口物品也许显示出了对有价值商品的分配。正如布莱恩·伯恩斯(Bryan Bruns)所表明的那样,处于统治阶层之外的个体也会试图收集声望产品以便去挑战这个系统。相似的社会分化过程在美索不达米亚、西非、墨西哥以及秘鲁都有记载。[6]

声望产品的远距离贸易对许多早期城市而言都是常见的,包括史密斯商业化等级中的所有四个等级,但通过贸易获得基本食物却仅限于发达商业化等级。对那些周边地区生产的粮食不能满足城市人口需要的城市来说,购买基本食物就是一项重要的经济策略。在四个世纪里保持接近1亿人口的罗马帝国(公元前100—公元300年)也许是最知名的例子。罗马的统治者发展出一套涉及到生产、获取和进口食物的广泛系统,这套系统最初只包含谷物但随后就扩展到了酒、橄榄油和猪肉,而且这套系统免费为城市居民提供食物。[7] 食物供给来源于帝国境内的其他地区,主要包括埃及、西班牙、北非和南意大利。这套系统引起了帝国基础设施建设方面(道路、港口、航运)以及管理网络和商业联系的发展。当这套系统处于全盛时期时,行省城市捐助基本食物的经济投资是高昂的。北非的莱比提米纽斯(Leptiminus)提供了一个为首都生产并运输基本商品(橄榄油、酒和咸鱼)的港口范例。该城的核心部分在公元前50到公元250年从不到10公顷扩展到了40多公顷。它的居民区被设计成了格状街区,并建有一个450米长的防波堤和两个工业区(参见插图7.3)。同时,他们进口"声望产品"(大理石和金属)并资助"声望活动"(建设浴室和圆形剧场内的角斗比赛)。在这一时期,莱比提米纽斯遇到了

① Robert Adams, 'Anthropological Perpectives on Ancient Trade', *Current Anthropology*, 15 (1974), 239-258; Yoffee 2005, *Myths of the Archaic State*, 150. 有关市场导向,参见 Klaas Veenhof, *Aspects of Old Assyrian and Its Terminology* (Leidn: E. J. Brill, 1972), contradicting Kral Polanyi, 'Marketless Trading in Hammurabi's Time', in Polanyi, Arensburg, and Perason, *Trade and Market in Early Empires*, 12-26.

② Trigger, *Understanding Early Civilizations*, 342-355.

③ D'Altroy and Earle, 'Staple Finance, Wealth Finance'.

④ 尽管对青铜时代晚期的希腊定居点能否称为城邦仍有疑问,但它们的分类没有它们的功能重要。

⑤ 参见最近发表的 Bryan Burns, *Mycenaean Greece, Mediterranean Commerce, and the Formation of Identity* (New York: Cambridge University Press, 2010)。在政治、宗教和纪念环境下使用"声望"物品的事实表明将早期城市的经济从其他行为中分离出来是困难的。

⑥ Elizabeth Brumfiel and Timothy Earle, eds., *Specialiaztion, Exchange, and Complex Societies* (Cambridge: Cambridge University Press, 1987).

⑦ Neville Morley, *Metropolis and Hinterland: The City of Rome and the Italian Economy, 200 BC-AD 200* (Cambridge: Cambridge University Press, 1996),该书引用更早时候的参考文献。

城市发展的局限（尽管在其历史中的大部分时间里不是这样）并随着公元4世纪罗马供应系统的缩减而衰落了。[1] 莱比提米纽斯所强调的作用是拥有像港口这样具备专业经济功能的城市能够在广阔的贸易网络中发挥作用。它同样也表明罗马持续几个世纪之久的进口基本食物的非凡能力有赖于地中海相对低廉的运输成本。相比之下，阿兹克特和印加都在帝国境内以贡赋的形式征收基本粮食，但它们都是在本地消费而不是进行远距离运输，因为陆地运输并不那么方便。[2]

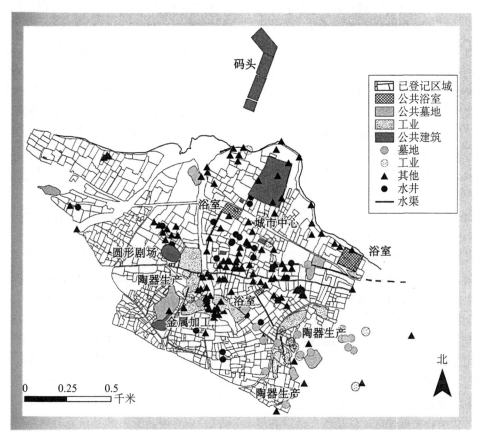

插图 7.3 公元 2—3 世纪的莱比提米纽斯，展示了被"生产外围"环绕的城市核心

城市和专业生产者

像金属、陶器、编筐、珠宝、纺织品以及其他商品生产者那样的专业手工业者为早期城市复杂的经济活动提供了信息。他们很早以前就在学术分析上占有重要地位，例如柴尔德就把他们的存在视为"城市革命"的基本条件。他认为当农民生产的食物足以供养全职进行专业生产的居民时，城市才能发展；反过来当这些居民获得了在雕刻、绘画或金属制造方面的优于兼职工人的技术时，他们的产品就更加精致、复杂了。由于专业生产者的出现，以获得原材料为目标的远距离贸易才能在城市中发展。柴尔德的观点随后经历了扩展和改良。对其进行反思的中心内容是凯西·考斯汀（Cathy Costin）对生产的"规模""环境""集中度"和"集约度"的分类。[3] 规模描述的是生产设施的组织情况和大小，这可以从小（家庭手工业）到大（工场）排列出来。环境指的是生产者之间的经济联系：他们是独自工作的，还是有人资助他们（通常的情况是为统治者制

　① David Stone, David Mattingly, and Nejib Ben Lazreg, *Leptiminus* (*Lamta*). *Report No.* 3: *The Field Survey* (Portsmouth, R. I.: Journal of Roman Archaeology, 2011).

　② Jeffery Parsons, 'The Role of Chinampa Agriculture in the Food Supply of Aztec Tenochtitlan', in Charles Celand, ed., *Cultural Change and Continuity*: *Essays in Honor of James Bennett Griffin* (New York: Academic Press, 1976), 233 - 257; D'Altroy and Earle, 'Staple Finance, Wealth Finance'.

　③ Childe, 'Urban Revolution', 6 - 16; Cathy Costin, 'Craft Specialization: Issues in Defining, Documenting, and Explaining the Organization of Production', *Archeological Method and Theory*, 3 (1991), 1 - 55.

造声望产品)？集中度指的是生产地点，而集约度指的是工人的劳动时间。美索不达米亚乌鲁克的考古发现修正了柴尔德的理论，列维拉尼认为柴尔德过分强调了城市中的专业化生产：当声望产品的生产由中央政府严密控制时，像陶器这样的普通产品却可以在乡村和城市中生产，这应归功于生产原料的广泛分布以及过高的运输成本——甚至是相对较短的距离。现在的研究者普遍认为手工产品，特别是那些由兼职工人制造的手工产品，不在政治组织的控制之下。因此，经济就以更独立的姿态出现而不是像之前人们所认为的那样"嵌入"在社会中。①

随着我们对生产专业化的理解得到修正，研究方向从严格的类型划分(家庭手工业/手工作坊/工场)转向更灵活的划分方式，因为研究者们已经承认生产的组织形式是多种多样的。尽管声望产品一直都是研究焦点，但人们现在关注的却是重要的实用商品。西班牙征服者贝尔纳尔·迪亚斯·德尔·卡斯提略(Bernal Diaz del Castillo)对特奥蒂瓦坎市场上贩卖的垫子、凉鞋、衣服、篮子、葫芦制品以及其他实用商品的描述表明这个市场进行的是非精英交易(参见本书第20章)。在庞培出土的一幅横饰带装饰画大概也反映了相似的市场交易；它展现了贩卖纺织品、鞋、青铜器皿以及其他日用品的场景。②

集中度、集约度、规模和环境都是可变的，所以我们不能简单地定义它们，也不能简单地解释它们。有关早期城市多样化的众多例子之一就是生产地点的多样化。对马什坎-沙皮尔(一座公元前2千纪早期的美索不达米亚城市)的考古调查，确认出一条穿过城镇中心的道路，在这条道路的两旁，人们找到了铜器碎片和铜矿渣，这说明这里是铜器作坊的所在地。陶器和珠宝生产集中在城市的东南部区域而且在城墙里面。有

关印度河谷地早期城市的考古证据表明这些城市有更加分散的生产模式。在哈拉巴(公元前2600—前2000年)，陶制、铜制和骨制器物的碎片都是单独出现的，并不与其他类型的碎片相混合，尽管打制石器、磨制石器和贝壳制品的碎片是在一起被发现的。城市中的五座坟堆都含有经过焦化处理的手工制品的碎片。在摩亨佐-达罗，日用陶器的生产遗迹分散在遗址中，但陶瓷手镯的生产却集中在东南区域，这说明了精英阶层对"声望产品"的控制。铜器时代晚期的希腊城邦也表现出了对"声望产品"生产的严密控制。③ 这些研究的共同之处是：生产声望产品的作坊都紧挨着位于城市中心的宫殿并且都有将有污染的工业放置在城市边缘的倾向，但这不会离市中心太远，因为太远会导致运输太麻烦或太贵，或是不能进行有效的控制。

城市的衰落

早期城市的经济的确很脆弱。城市的统治者依靠不断地从农民那里征集资源来保持他们的地位(如之前所述的那样)。但这个系统并不能持久，很容易受到被剥削阶层竞争统治权的影响。爱德华·吉本对世界最大的早期城市罗马的研究使得"衰落"这个主题闻名一时。也许是受到21世纪早期经济不稳定的影响(无论这确实如此还是人们感觉上如此)，衰落成为了流行话题。贾里德·戴蒙德(Jared Diamond)认为成功(或失败)应对崩溃的关键是认真处理(或忽视)日益恶化的自然环境。帕特丽夏·麦卡那尼(Patricia McAnany)和诺尔曼·叶菲(Norman Yoffee)提出了反对意见，他们认为社会很少完全地崩溃。根据叶菲的观点，这恰恰相反，"古代国家崩溃后最有可能发生的结果是以已经崩溃的社会为模板的新国家的最终崛起"。④ 研究衰落的

① Liverani, *Uruk*, 44 - 55. 讨论源于 Polanyi 在'Economy as Instituted Process'中的观点，这在 Smith 的'Archaeology of Ancient State Economies', 74 - 76 中已有评论。

② Bernal Diaz del Castillo, *Historia verdadera de la conquista de la Nueva Espana* (Madrid：Instituto 'Gonzalo Fernandez de OVIEDO', 1982), 190；Christopher Parslow, 'The "Forum Frieze"of Pompeii in Its Archaeology Context', in *The Shapes of City Life in Rome and Pompeii* (New Rochelle, N. Y.：Caratzas, 1998), 113 - 138.

③ Elizabeth Stone and Paul Zimansky, *The Anatomy of a Mesopotamian City：Survey and Soundings at Mashkan-shapir* (Winona Lake, Ind.：Eisenbrauns, 2004), 337 - 338；Heather Miller, 'Reassessing the Urban Structure of Harappa：Evidence from Craft Production Dsitribution', in Maurizio Taddei and Giuseppe De Marco, eds., *South Asian Archaeology 1997* (Rome：Istituto Italiano per I'Africa e I'Oriente, 2000), 77 - 100；Massimo Vidale, 'Specialized Producers and Urban Elites：On the Role of Craft Industries in Mature Harappan Urban Contexts', in Jonathan Kenoyer, ed., *Old Problems and New Perspectives in the Archaeology of South Asia* (Madison：University of Wisconsin Press, 1989), 171 - 181；Burns, *Mycenaean Greece*.

④ Edward Gibbon, *The History of the Decline and Fall of the Roman Empire* (London：Strahan and Cadell, 1776 - 1778)；Jared Diamond, *Collapse：How Societies Choose to Fail or Succeed* (New York：Viking, 2005)；Patricia McAnany and Norman Yoffee, *Questioning Collapse：Human Resilience, Ecological Vulnerabilitu, and the Aftermath of Empire* (Cambridge：Cambridge University Press, 2010)；Yoffee, *Myths of the Archaic State*, 137.

141

最好样本是玛雅文明和罗马文明，现在我们就转向它们。

　　玛雅研究的一个主要分支就是集中研究玛雅社会在古典时代晚期（公元750—900年）崩溃的性质、时间和严重程度。曾出现过很多对玛雅城邦的缩减或消失的解释，但现在大部分学者都认为环境和社会理论才是最为可信的，有详细的证据表明气候因素或是人类活动导致了一些区域的环境破坏。气候学家已经通过对湖泊沉积物氧元素的稳定同位素测定确认在玛雅北部地区曾反复出现干旱情况，公元800到1000年是历史记录中最干旱的时期之一。生态学家也发现沉积物增长、土壤腐蚀和过度砍伐与早期玛雅居民同时出现，而且佩滕（Petén）中部地区的湖泊沉积物大约在公元850年达到了最高值。在南部城邦科潘（Copan），孢粉测定显示了相同的破坏证据：地表的松林为了向玉米田提供土地而被清除，这些玉米田使城市人口在公元600到700年期间从5000人增长到28000人，但随后就开始全面衰落，大约在公元1050年重新回到5000人。另一方面，在西部的帕特克斯巴吞（Petexbatun）地区，骨骼分析并没有显示出压力的迹象，对这里的生态学调查表明这里存在对土地的过度利用，但却限制了生态恶化，而且稳定同位素测定也表明这里的居民在饮食上没有太多变化。所以这里的衰落是以精英阶层日益增长的对稀缺资源的竞争和为了控制邻近地区而进行地区冲突的方式出现的。约公元761年都城多斯·皮拉斯（Dos Pilas）被毁灭后，帕特克斯巴吞地区的贸易就衰落了，陶器生产被分割成小块，防御建筑大量出现，定居点也被抛弃，到了公元830年这个区域就几乎没有居民了。[①] 许多"社会因素"在别处也被注意到了，但却没有环境因素那么重要。另一种观点强调玛雅人的衰落既不是因为环境破坏也不是因为战争，相反玛雅人有很强的"适应性"，这种观点的支持者引用了公元900年后发生的从城邦所在的低地向北部海岸的大规模人口迁移作为证据。[②] 由于学术界还没有

达成共识，所以当一部分学者转向研究衰落城市的经济、政治和社会重组时，对玛雅的"崩溃研究"就详细记录下有关这些方面的信息。对这些结果的解释就成了活跃的学术争论主题，而且这无疑要比正统的单因果解释有分量。

　　有位学者统计了有关罗马帝国衰落的210种解释。在这些解释中有自相矛盾的，也有不大可能的，这些解释以"权利的废止、集权、权利的分散和平等权利"为开端然后跑到了"迷信、悲伤、大吃大喝和狂妄自大"上去了。也出现了很多经济上的解释，包括破产、气候变化、通货膨胀、人口过度增长、税收和欠发达。尽管这些解释有其优点，但将政治、经济和社会因素结合在一起的解释却更有分量。与研究衰落原因相比，这些解释是很难在早期城市中得到证明的，我们更应该关注的问题是：在城市社会崩溃时到底发生了什么。这是布莱恩·沃德-帕金斯（Ward-Perkins，英国考古学家、历史学家）的目标，他记录了从公元5到7世纪的生活标准的下降，这影响了罗马帝国境内的所有居民。他主要是通过对由考古调查和考古发掘确定的一系列物质文化（包括陶器、货币、玻璃、瓷砖以及房屋和教堂规划）的研究来形成自己的结论的。[③] 通过对比这些商品在罗马帝国境内可获得程度的趋势，他认为罗马帝国存在着广泛的衰落，各地区的衰落情况由各地区的发展情况和供给网络情况决定。对沃德-帕金斯而言，物质文化的消失代表着罗马帝国境内居民经济生化复杂性的下降，他们不得不习惯劣质的厨具和餐具、匮乏的货币交易以及越来越难以忍受的狭小房屋。通过这种方式，帝国的经济和城市走向了衰落。

结语

　　本章采用的比较研究方法显示了早期城市在广泛经济领域内产生的主要变化。早期城市的发展引起了

142

　　① 各种解释参见 David Webster, *The Fall of the Ancient Maya*: *Solving the Mystery of the Maya Collapse* (London: Thames & Hudson, 2002), 217, 328。玛雅北部地区参见 David Hodell, Market Brenner, Jason Curtis, and Thomas Guilderson 'Solar Forcing of Drought Ferquency in the Maya Lowlands', *Science*, 292/5520 (2001), 1367 - 1370；佩腾地区参见 Michael Binford, Mark Brenner, Thomas Whitmore, Antonia Higuera-Gundy, Edward Deevey, and Barbara Leyden, 'Ecosystems, Paleoecology and Human Disturbance in Subtropical and Tropical America', *Quarternary Science Reviews*, 6 (1987), 115 - 128；科潘参见 Webster, *Fall of the Ancient Maya*, 308 - 315；帕特克斯巴吞地区参见 Arthur Demarest, *The Petexbatun Regional Archaeology Project*: *A Multidisciplinary Stydy of the Maya Collapse* (Nashville: Vanderbilt University Press, 2006), 95 - 109; Kitty Emery, *Dietary, Environmental, and Societal Implications of Ancient Maya Animal Use in the Petexbatum*: *A Zooarchaeological Perspective on the Collapse* (Nashville: Vanderbilt University Press, 2010), 264 - 273。

　　② Patricia McAnany and Tomas Gallareta Negron, 'Bellicose Rulers and Climatological Peril? Retrofitting Twenty-first Century Woes on Eighth Century Maya Society', in McAnany and Yoffee, *Questioning Collapse*, 142 - 175.

　　③ 各种解释参见 Alexander Demandt, *Der Fall Roms*: *die Auflosung des romischen Reiches im Urteil der Nachwelt* (Nunchen: Beck, 1984), 695。生活标准: Bryan Ward-Perkins, *The Fall of Rome and the End of Civilization* (Oxford: Oxford University Press, 2005), 87。

农业及手工业生产上的重要变化,这包括劳动、贸易、财富和社会分化。我们应该把这些变化归功于新科学技术的应用和新理论的发展。我们同样也从学术焦点的转移上获益良多,这种转移是从对早期城市起源的研究转向研究城市居民的生活的动力。为了延续这些发展,我们需要在现在匮乏的研究领域中进行更深入的研究,这包括产权、劳动、大众消费、家庭和邻里关系的作用。我们也从文献和物质文化上获得了很多更完整的用以评估生活标准的环境数据,就像在研究玛雅城邦时所做的那样。我们需要在更广阔的范围内寻找包括家庭、邻里关系、城市、区域和跨区域在内的研究材料。通过对这些领域的研究以及努力扩大之前的研究主题,我们就会在未来对城市经济有更深刻的理解。

参考文献

Adam, Robert, *Heartland of Cities: Surveys of Ancient Settlement and Land Use on the Central Floodplain of the Euphtates* (Chicago: University of Chicago Press, 1981).

Brumfiel, Elizabeth, and Erale, Timothy, eds., *Specialization, Exchange, and the Complex Societies* (New York: Cambridge University Press, 2010).

Burns, Bryan, *Mycenaean Greece, Mediterranean Commerce, and the Formation of Identity* (New York: Cambridge University Press, 2010).

Childe, Gordon, 'The Urban Revolution', *Town Planning Review*, 21 (1950), 3 - 17.

D'Altroy, Terence, and Earle, Tinothy. 'Staple Finance, and Storage in the Inka Political Economy', *Current Anthropology*, 26 (1985), 187 - 206.

Polanyi, Karl, Arensburg, Conrad, and Pearson, Harry, eds., *Trade and Market in Early Empires* (Glence, Ill.: Free Press, 1957).

Smith, Michael, 'The Archaeology of Ancient State Economies', *Annual Review of Archaeology*, 33 (2004), 73 - 102.

Trigger, Bruce, *Understandng Early Civilizations: A Comparative Study* (Cambridge: Cambridge University Press, 2003).

Ward-Perkins, Bryan, *The Fall of Rome and the End of Civilization* (Oxford: Oxford University Press, 2005).

Webster, David, *The Fall of the Ancient Maya: Solving the Mystery of the Maya Collapse* (London: Tames & Hudson, 2002).

Wittfogel, Karl, *Oriental Despotism: A Comparative Study of Total Power* (New Haven: Yale Univesity Press. 1957).

Yoffee Norman, *Myths of the Ancient State: Evolution of the Earlist Cities, States and Civilization* (Cambridge: Cambridge Univesity Press, 2005).

白英健 译 陈 恒 校

第8章 人口与移民

卢克·德·里特

估算公元前 3500 至前 500 年欧洲、北非与亚洲城市人口的规模极其困难，一个显著的原因是"城市"这个术语可以用来表征完全不同的现象。在中国历史的大多数时期，外围城墙的存在被视为城市的一个显著特征。然而，如果我们以此为依据，那么一些很小的定居点都符合"城市"的标准。在古典希腊，所有自治城邦中心的聚核（agglomerations），无论大小，都可以被视作城市。这些中心当中的大多数筑有城墙，但是区分城市与其他定居点的基础标准依然是政治和行政组织。有关早期美索不达米亚的各种出版物关注定居点的规模，并将面积超过 10 公顷（包含 10 公顷）的所有定居点称为城市。虽然所有这些方法都可以自圆其说，然而涉及到符合城市标准的聚核的数量与城市人口的约略规模，这些辩护往往得不出普遍性的结论。[1]

在实践方面，任何量化的尝试都面对具体运用过程中文本资料几乎没有可靠人口数据的困难。这意味着那些对早期城市人口规模感兴趣的研究者，必须依靠考古发掘所提供的各种痕迹。然而，正如我们即将看到的，考古数据所揭露出来的结果在很大程度上是与人口的预估相符合的。

本章所要讨论的"向城市的迁移"建立在对强制迁移和自愿迁移的详细区分的基础之上。我同样关注殖民现象，就此而言，它导致了城市网络的横向扩张。关于迁移到城市这种现象的出版物也在临时性迁移和永久性迁移之间，以及从农村到城市的迁移和城市间的迁移之间进行了区分；其他重要的话题包括链式迁移——涉及血缘亲属或者是各种宗教团体成员，以及促进移民更好地融入前现代时期城市的经济和社会结构中的一体化迁移。很多关于这些方面的话题，现存的资料没有或者说几乎没有提及；这对于临时性迁移、城市间阶梯式的人口迁移以及一体化迁移的研究来说尤为真实。这些主题在下面将会被略过或者得到非常粗略地处理。

然而，尽管方法论问题比比皆是并且许多至关重要的问题无法回答，我们依旧可以得出城市的规模、城市化水平、古代欧亚特定区域从农村到城市的迁移规模等一些重要的结论。

美索不达米亚

在近东，城市生命的摇篮可以追溯到约公元前 8000 年巴勒斯坦的耶利哥以及约公元前 7000—前 5000 年土耳其地区的恰塔尔休于（Çatal Höyük）城。然而，横跨较大区域，可识别的城市文明的出现不早于公元前 4000 年（参见本书第 2 章）。关于这种发展的一些惊人例证在美索不达米亚被发现，在这里，乌鲁克定居点的面积，在约公元前 3600 年约为 70 公顷，然而到约公元前 3200 年乌鲁克的面积扩展到了约 100 公顷。在早王朝时期（公元前 2900—前 3500 年）乌鲁克的面积扩展到约 250 公顷。[2]

把这些数据作为城市人口预估的基础仍然是困难的。近代早期近东地区的人口密度为每公顷 250—400 人，这已经体现在有关苏美尔各种各样的村庄与城市的文献记录中。然而，这些数据也仅仅是指家居空间中每公顷定居的人口数量。根据大多数专家的建议，早期美索不达米亚的城市仅有三分之一的建筑区

---

[1] 城市的各种定义，参见本书第 6 章；R. Adam, *Heartland of Cities* (Chicago and London: University of Chicago Press, 1981); M. Hansen, *The Shotgun Method. The Demography of the Ancient Greek City-State Culture* (Columbia and London: University of Missouri Press, 2006)。

[2] Adams, *Heartland of Cities*; U. Finkbeiner, *Uruk Kampagne 35 – 37 1982 – 1984: Die archaeologische Oberflachenuntersuchung* (*Survey*), Ausgrabungen in Uruk-Warka Endberichte 4 (Mainz: Philipp von Zabern, 1991)。

域建有房屋。在此基础上，可以推测出早期乌鲁克可能有 20000 到 30000 定居人口。

在一本采用了大量农村调查数据作为立论基础的著作中，亚当斯声称乌鲁克城邦 70% 的人口居住在占地面积 10 公顷或者 10 公顷以上的聚居区内。[1] 然而，他对城市规模（400 公顷）的估算被广泛认为过高；更重要的是，他的团队所做的乡村调查并不是十分严谨。因此，他对城市化率的假设看起来似乎也是过高的。另一方面，乌鲁克仅仅是众多较大城市实体中的一个，从任何视角切入，与其同时代且存在于相对较小的区域内的许多大城市，在逻辑上必定会有更高的城市化率。

这些快速增长的城市人口从哪里来？乌鲁克的例子似乎在告诉我们，城市的扩张（包括广延和深度经验的扩张）是无法解释的，除非我们能够假定由偏远乡村南下进入乌鲁克地区的人口的流动规模。[2] 然而，这看起来似乎更像是一个农耕化的过程，在这个过程中数量庞大的半游牧民族成为农民并在城镇中开始了定居生活。后一个理论涉及"聚居地总面积五倍增长的假设"，这一过程看起来似乎在约公元前3000—前2500年的城市中已经发生，并没有影响到人口的五倍增长，因为早期半游牧民族定居者的考古发掘本来就是虚设的。

另一个十分重要的问题就是为什么选择美索不达米亚南部地区作为城市定居点的人口规模会如此之大？一个可能的解释就是研究发现公元前4千纪至前3千纪早期美索不达米亚地区对极其重要的资源（主要是土地和水源）的竞争加剧，这或使使偏远乡村地区的安全水平比较低；另一种可能的假设是，在美索不达米亚前王朝以及早王朝的特定环境下，采取定居城市的方式被看作一种向早期城邦政治、宗教、社会、经济社团的成员传达政策，进行教化的有效手段。

由于缺乏人口出生率和死亡率的直接证据，我们几乎不可能对美索不达米亚的城市人口动态加以描述。然而，因为家居建筑的紧密排列以及差劲的排水系统，我们可以合理地确定，城市的大部分人口生活在肮脏破旧的条件下并且有着极高的死亡率。很有可能需要连续不断地从偏远乡村地区迁入移民，以维持城市人口的规模。

有证据表明公元前3千纪晚期以及前2千纪早期大量的阿摩利人（Amorites）涌入南美索不达米亚地区，这些移民属于早期一批混居的半游牧部落，起初生活于幼发拉底河以西的地区。久而久之，有相当数量的拥有阿摩利姓氏的人（包括皇帝在内）开始在主要的城市被发现，例如，巴比伦和西帕尔（Sippar）。这意味着移民对美索不达米亚南部城市群存在的强大吸引力没有免疫力。[3]

公元前13世纪中后期亚述帝国的皇帝们营建了一系列新都，这向我们宣告了美索不达米亚的城市化进程进入一个新阶段。这一政策似乎在图库尔提·尼努尔塔一世（Tukulti-Ninurta I）统治时期就已经开始，他利用战俘奴隶修建卡尔-图库尔提-尼努尔塔城（Kar-Tukulti-Ninurta），并将奴隶迁入该城作为该城的居民。这个城市的城墙圈起了至少240公顷的土地。新亚述帝国（公元前934—前610年）的几个皇帝以此为例修建了一系列新的宫殿城市，例如，卡拉赫（Kalhu，面积360公顷）、杜尔-沙鲁金（Dur-Sharukkin，面积300公顷）、尼尼微（面积750公顷）。缺少城墙内部建筑区域所占比例的信息，使我们不可能估计这些城市的人口数量。在一份文献中，亚述纳西帕尔二世（Assurnasirpal II）声称在卡拉赫供养着69574人，但是如果这一数据可靠（这是绝对不可能的），它可能指的是参加就职典礼的人数而不是城市中定居人口的数量。唯一可以确定得出的结论是中期亚述与亚述新王国时期新建立的城市规模非常庞大，并且非自由移民在它们的建城过程中发挥了巨大的作用。

在新巴比伦帝国时期（公元前626—前539年），巴比伦成为美索不达米亚地区最大的城市。其外城墙圈住的城市区域面积不少于890公顷，人们普遍认为城市的大多数人口居住在内城墙圈住的面积400—500公顷的区域内，甚至在这一区域内房屋也并未完全建满。城市居民的人口数量再一次无法确定，但是主流观点认为巴比伦城的居民在公元前6世纪不可能超过50000人。[4]

令人遗憾的是，我们对公元前6世纪巴比伦城人口的民族构成知之甚少。大多数犹太人在耶路撒冷沦

① Adams, *Heartland of Cities*。关于公元前2500年80%的人口生活在南美索不达米亚超过40公顷的城市中的观点，参见 A. Kuhrt, *The Ancient Near East c. 3000 - 330 BC*, vol. 1 (London and New York: Routledge, 1995), 31。

② Adams, *Heartland of Cities*, 90.

③ D. Charpin, D. O. Edzard, and M. Stol, *Die altbabylonische Zeit* (Gottingen: Vandenhoeck & Ruprecht, 2004), 57 - 58, 80.

④ 亚述城市参见 M. van de Mieroop, *The Ancient Mesopotamian City* (Oxford: Oxford University Press, 1999); B. Oded, *Mass Deportations and Deportees in the Neo-Assyrian Empire* (Wiesbaden: Dr Ludwig Reichert Verlag, 1979). Babylon: T. Boiy, *Late Achaemenid and Hellenistic Babylon* (Leuven: Peeters, 2004), 233。

陷（公元前 586 年）以后被驱逐出城,看起来似乎犹太人将在农村而不是城市结束一生,然而出土印章上犹太人的名字向我们暗示被驱逐者以及他们的后代在城中存在。这条线索可能暗示我们迁往乡村聚居区的非自愿移民,随后出现了向城市自愿迁移的第二阶段。

古风古典时代的希腊以及希腊化世界

古风时代（公元前 750—前 500 年）的前几十年,人们目睹了城邦（polis）在希腊大陆、希腊岛屿以及小亚细亚西部海岸（参见本书第 3 章）许多地方的兴起。公元前 8 以及前 7 世纪出现的所有城邦都有一个可辨别的城市中心,斯巴达是一个显著的例外,在斯巴达占很大比例的成年男性公民居住在军营里。但是通过城市的外观评估从农村迁移到城市的人口数量依然极其困难。关于新城邦的创建源于决定"居地统一"（synoikismos）的故事可能在向我们暗示,为了支持单一的政治中心,部分的农村聚落被放弃。然而,发现被放弃的广布的希腊农村的考古证据非常困难。

古典时期城市化的城邦中心的规模,或许是支持已经发生一定程度的集聚的最好证明。正如最近对公元前 5 至前 4 世纪希腊城市的城市人口与城市规模的调查研究所揭示的,古典时期城市围墙圈围区域的规模暗示我们,城中存在大量的城市人口,即使我们假设仅有三分之一或者一半城内区域被用来定居。既然大量的人口转移到城市,国家必然会得出一个不甚合理的人口总数,不可避免地得出希腊世界的人口至少有 60％居住在城市的结论。[1] 毫无疑问,这并不是暗示希腊人口的这 60％主要从事非农职业。正确的结论应该是古典时代占相当大比例的农民更加喜欢居住在城市。有趣的是最终的历史画面与早王朝时期美索不达米亚地区考古发掘出土的资料惊人地相似。

古风时代我们也发现了大量希腊人殖民去意大利、西西里、昔兰尼加（Cyrenaica,现代利比亚）以及黑海地区殖民地的证据。在这一过程中出现的城市和城邦与希腊大陆以及小亚细亚西海岸的希腊城邦极其相似。举例来说,毫无疑问,西西里、南意大利以及北非的许多希腊城市拥有广阔的城墙,它必定容纳了公民人口的很大一部分。这些例子包括:叙拉古（圈围面积 1600 公顷）、塔拉斯（Taras,圈围面积 530 公顷）、昔兰尼（Cyrene,圈围面积 750 公顷）。通常情况下这些城市被圈围的土地只有五分之一到三分之一被用作居住用地,但是叙拉古的居住用地少于圈围面积的 10％。[2]

希腊大陆的雅典是到目前为止资料最丰富的城邦。依靠在伯罗奔尼撒战争初期雅典能够投入战场的重装步兵的数量,我们可以推算出此时的阿提卡半岛大约拥有 250000 人。这一估算包括定居在雅典的外邦人以及奴隶。最近一次对雅典以及比雷埃夫斯人口的估计分别为 35000—40000 以及 30000 人。[3] 所有这些估计都存在着很大的误差,尽管如此,得出阿提卡的一大特点就是城市化率远低于希腊城邦城市化率的平均水平的结论似乎是不可避免的。明显的解释是雅典与其他希腊城邦相比拥有更大的乡村区域。

人们早就意识到研究阿提卡的人口流动可以借助于被埋葬的碑铭加以追踪,这是因为克里斯提尼改革（约公元前 508 年）创立了一套体系,在这个体系中城市的公民和农村的公民（demoi）身份世袭。这就意味着任何一个从农村聚居地迁往雅典或者比雷埃夫斯的公民,其死后的纪念活动仍然属于其出生地。使用此类证据我们可以得出:收录在雅典、比雷埃夫斯或者沿阿提卡南海岸的城市区域的墓碑铭文中的城市公民的 60％来源于一个偏远的"德谟"。或者是刻印于石碑上的人,或者是这些人的祖先,必定有一个是从乡村迁入了城市。

60％的比例看起来似乎高得离谱,然而从任何方面来看,这与大多数人出生在阿提卡区域的农村,生活

---

① Hansen, *The Shotgun Method*, building on J. L. Bintliff, 'Further Considerations on the Population of Ancient Boeotia',选自 J. L. Bintliff 著 *Recent Developments in the History and Archaeology of Central Greece*, BAR International Series 666（Oxford: Tempus Reparatum,1997）, 231 – 252。

② R. Osborne, 'Early Greek Colonization? The Nature of Greek Settlements in the West', in N. Fisher and H. van Wees, eds., *Archaic Greece. New Approaches and New Evidence*（London: Duckworth with the Classical Press of Wales, 1998）, 251 – 270. Hansen, *The Shotgun Method*, 31 估计,在公元前 4 世纪至少有 300 万人居住在希腊的殖民地以及远离母邦的希腊化社区里。从任何角度看,殖民者从亚洲以及希腊迁往他都是在人口学上具有重要意义的现象。

③ 阿提卡的人口,例如 P. Garnsey, *Famine and Food Supply in the Graeco-Roman World. Responses to Risk and Crisis*（Cambridge: Cambridge University Press, 1988）, 90;雅典参见 I. Morris, *Burial and Society: The Rise of the Greek City State*（Cambridge: Cambridge University Press, 1987）, 100;比埃雷夫斯参见 R. Garland, *The Piraeus. From the Fifth to the First Century BC*（Ithaca, N. Y.: Cornell University Press, 1987）, 58。

在或者死于其家乡附近的村庄的观点并不矛盾。例如，有人已经证明在凯拉米克斯（Kerameis）偏远的 21 个"德谟"的成员中，约 62% 的人在其祖籍的德谟或者附近举行纪念仪式；姆诺斯（Rhamnous，在阿提卡的东北海岸）的"德谟"相应的比例甚至高达 76%。

有趣的是，在公元 4 世纪一系列关于成功解放奴隶的诉讼档案中，出现了一幅完全不同的画面。由于这些文本提供的信息，包括雅典公民奴隶主、定居希腊的客籍奴隶主以及被释放的奴隶的信息，使我们能够建构前奴隶（ex-slaves）有多少生活在不同于其出生地的德谟，有多少生活在其前主人居住的德谟。在所有这些案件中，约 85% 的奴隶主的原住地与奴隶的居住地不同，并且这些文件中提及的数目巨大的前奴隶呈现出居住在雅典城内，或者居住在紧临的雅典城外围。从这些数据中我们可以推导出大多数前奴隶漂泊到了雅典以及比雷埃夫斯。原因是显而易见的，因为在阿提卡其他区域从事商业和开办企业几乎是没有机会的。[1]

152　希腊化时代许多希腊类型的新城市在曾经属于波斯帝国的广阔领土上建立起来。这些新建立的城市有许多是由亚历山大大帝建立的，并且亚历山大大帝的直接继承者退伍军人构成了这些新建城市的人口的核心。据我们所知有少量的城市接受了大量的平民移民。例如，我们被告知叙利亚的安条克（Antioch）城——塞琉古王朝的首都之一——的人口主体就是由已经废弃的安提克尼亚（Antigonia）的雅典人、这一区域早期的定居者的后裔、塞琉古一世军队的马其顿退伍军人以及他们的妻子和儿女组成。男性人口的核心由 5300 人构成，随后经过快速的建设，安条克城的占地面积达到 225 公顷，一个世纪以后其人口被认为达到了 50000 人。

托勒密王朝的首都亚历山大里亚更加巨大，其城内区域不少于 825 公顷。最近的评估认为这座城市的人口在 200000 到 500000 之间，这意味着城内空间每公顷人口的密度在 240—600 人之间。对于这一时期的一个希腊城市来说，后一个数据似乎过高了。[2]

和安条克一样，希腊移民与他们的后裔构成了亚历山大里亚人口的绝大部分。有趣的是，我们恰巧知道亚历山大里亚也有埃及人和犹太人的聚居区，这些聚居区的存在证明亚历山大里亚城吸引了大量埃及原住民以及邻近地区的移民。

意大利罗马共和国与罗马帝国

从考古资料判断，公元前 6 世纪罗马已经是一个实体城市。这一时期，罗马城面积总共 285 公顷的区域由四部分组成。后一数据高于伊特鲁利亚、拉丁姆地区同时期的其他城市（最大的伊特鲁利亚城市维爱［Veii］的面积为 194 公顷）。然而，必须强调的是公元前 6 世纪伊特鲁利亚以及拉丁城市的城墙与宗教边界圈围了很大的区域，在这一区域内只有相对较少的区域可能建有建筑物。

同样地，我们没有理由假设公元前 4 世纪早期被称作赛维安（Servian）的城墙圈围的 427 公顷土地，一开始就有公共、宗教以及家庭建筑。更大的可能性是城墙圈围的区域一开始包含很大的空闲区域，这片空闲区域在公元前 4 至前 3 世纪逐渐地被填满。总之，其实在公元前 3 世纪的最后几十年几乎罗马的所有人口似乎都已经居住在城墙内部（intra muros）。[3]

随着罗马征服意大利，罗马用来巩固其在新征服地区统治的手段之一就是创立拉丁殖民地，在拉丁殖民地上的人并没有罗马公民权（参见本书第 3 章）。每一个拉丁殖民地都有一个城墙圈围的城市中心，这个中心对农村人口行使各种行政与宗教职能，毫无疑问也有经济功能。公元前 4 至前 3 世纪的一些拉丁殖民地被城墙圈围的区域非常空旷，公元前 3 世纪末的殖民城市比公元前 2 世纪的殖民城市要小很多。然而，因为有证据表明早期拉丁殖民城市仅有很少的一部分建有房屋，所以后期相对较小的殖民城市不一定拥有 153

---

① 城市墓碑参见 A. Damsgaard-Madsen 阁楼的葬礼题词，在 *Studies in Ancient History and Numismatics Presented to Rudi Thomsen* (Aarhus：Aarhus University Press，1988)，55－68 中被用作历史资料以及初步结果。乡村"德谟"参见 R. Osborne，'The potential mobility of human populations'，*Oxford Journal of Archaeology*，10 (1991)，231－251。

② 安条克参见 G. Aperghis，*The Seleukid Royal Economy：The Finances and Financial Administration of the Seleukid Empire* (Cambridge：Cambridge University Press，2004)，93. Alexandria：D. Delia，*Alexandrian Citizenship during the Principate* (Atlanta，Ga.：Scholars Press，1991)，275－292；C. Haas，*Alexandria in Late Antiquity. Topography and Social Conflict* (Baltimore：Johns Hopkins University Press)，46－47。

③ T. J. Cornell，*The Beginnings of Rome. Italy from the Bronze Age to the Punic Wars* (c. 1000－264 BC) (London：Routledge)，203；N. Morley，*Metropolis and Hinterland：The City of Rome and the Italian Economy*，200 BC-AD 200 (Cambridge：Cambridge University Press)，33－39.

更少的城市人口。唯一可以确定的是,在所有的时期,殖民地人口的大多数都居住在乡村。①

即使我们考虑到一些拉丁城市建立在既有城市基础之上的事实,也不能否认罗马的殖民政策导致罗马式的城市扩散到意大利大部分地区的事实。从移民史的视角来看,这种通过国家力量而不是自愿迁移而实现的移民现象是非常有趣的。这不能否认自愿移民在新征服的土地上发生过,但是完整证据的缺失,从而使得我们无法评估它的重要性。

在公元前 2 至前 1 世纪罗马城的居民数大约增长到 100 万,充足的考古证据证明许多较小的意大利城市在这一时期也变得更大。一些城市衰落的例子同样也能够被发现,但是这些城市仅限于南意大利的局部区域。

如同美索不达米亚早王朝和古典希腊的事例一样,各路学者已经试图估算居住在城市中的意大利人口比例。尽管并没有达成共识,主流的观点认为若将罗马包含在内,早期帝国时代意大利的城市化率约为 32%,若不将罗马包含在内,意大利的城市化率约为 20%。这一社会阶段的城市化率急剧下降,低于古典希腊已经估算出来的至少 60% 的城市化率。解释必定是这样的,并不像古典希腊的城市人口比例,早期帝国时代意大利的那些数据并不包含农业人口的很大比例。②

通过书写材料我们可以判断,在罗马的成长进程中自愿移民发挥了很重要的作用。例如,我们被告知在公元前 203 至前 187 年,12000 名拥有拉丁身份的移民已经迁入罗马。在公元前 1 世纪 60 年代早期写有关于罗马人口成分变化的文本资料中,撒鲁斯特(Sallust)说道:"一个坚持在农村通过自己的体力劳动依然过着艰苦生活,但是却受到公共与私人救济引诱的年轻人,已经变得更喜欢在城市懒惰的生活而不是令人厌恶的辛劳。"尽管这段话道德上的言外之意非常明显,组织机构向多达 320000 人的接受者提供的免费谷物,成为移民强有力的推动因素的基本观点是足够

可信的。

评估其他移民类型做出的贡献依然是困难的。有证据表明,早期帝国时代罗马城拥有大约 50000 名外邦人,并且据估算奴隶的数量约在 100000 到 300000 之间。由于有相当大比例的城市奴隶被解放,在城市经济中雇佣自由劳动者作为家庭佣工以及工人的罗马传统,有助于补充罗马的自由人口。另一方面,必须引入大量的奴隶以维持城市的奴隶人口。

不幸的是,关于移民网络或者其他运作方式——这些运作可以更好地使移民获得住房、食物与工作——几乎没有人知道。一些以经商为目的来到普特奥利(Puteoli)、奥斯提亚与罗马的外邦人,必定会受益于发源于特定城市和特定区域的商会与商业办事处的存在。有证据清楚地表明,确定的移民社团的存在,例如犹太人社团,使拥有相同背景的人群更容易在帝国内移动。然而,正如大卫·诺伊(David Noy)细致的观察所表明的,在罗马城市的任何地方都没有明确的单个民族整体集聚的证据。③

然而不考虑高水平的自愿和强制的移民,罗马在公元前最后两个世纪的迅速扩张是无法解释的,人们对移民在维持这些进程所创造的庞大人口方面发挥的作用更具争议。根据一项调查显示,罗马的人口情况与公元 18 世纪的英国极其相似,他们人口的毛出生率和毛死亡率差异都为 10%。从这一观点来看,需要大约 10000 名自愿或者强制的移民以维持罗马约 100 万的人口规模——罗马城被认为在公元 1 世纪就拥有约 100 万人口。

与这一观点相反,很多学者认为早期罗马帝国的卫生环境比近代欧洲早期大城市的"存在"(existing)更宜人。这种对立的观点并不令人信服。例如,有人已经证明源自罗马的早期基督教墓志铭提及的人口死亡率在夏末和初秋是非常集中的,这很好地反映了疟疾的致命影响以及它与其他季节性疾病的交互感染。④ 总的来说,避免得出罗马城的人口与前工业化时代许多其他大城市拥有极其相似的人口指数,并且

---

① P. Garnsey,'Where Did Italian Peasants Live?'(first pub. 1979),repr. in P. Garnsey(ed. with addenda by W. Scheidel),*Cities*,*Peasants and Food in Classical Antiquity*. *Essays in Social and Economic History*(Cambridge:Cambridge University Press,1998),107 - 133.

② 罗马参见 Morley,*Metropolis and Hinterland*,37;D. Noy,*Foreigners at Rome*. *Citizens and Strangers*(London:Duckworth with the Classical Press of Wales,2000),15 - 17。意大利城市化率参见 K. Hopkins,*Conquerors and Slaves*(Cambridge:Cambridge University Press,1978),68 - 69。

③ Noy,*Foreigners at Rome*,152.

④ E. Lo Cascio,'Did the Population of Imperial Rome Reproduce Itself?',选自 G. R. Storey 著,*Urbanism in the Preindustrial World*(Tuscaloosa:University of Alabama Press,2006),52 - 68;R. Sallares,*Malaria and Rome*. *A History of Malaria in Ancient Italy*(Oxford:Oxford University Press);W. Scheidel,'Libitina's Bitter Gains:Seasonal Mortality and Endemic Disease in the Ancient City of Rome',*Ancient Society*,25(1994),151 - 175。

避免得出需要相当规模的移民以维持城市人口的结论也是困难的。

近年来，为了实现对罗马与其他意大利城市移民水平与移民方式的更好理解，通过研究包含在骨骼和牙齿材料中的同位素的一些尝试已经施行。使用这种方法，有关一大群来自托斯港（Portus，在罗马的西部）的骨头的突破性研究，揭示出埋在这里的人有三分之一来自其他地区。通过对第一颗和第三颗臼齿的研究，我们同样能够证明很大比例的移民在孩提时代已经来到托斯港，这削弱了移民（通常情况下，绝大多数是年轻的成年男性）的传统观点。

采用这类分析的一个更深入的重要步骤是，最近的很多研究都采用同位素锶分析牙齿材料，以明确那些作为移民迁入罗马城的人以及迁入紧接罗马城的农村地区的人来自何处。这些用来分析的证据分别来自两个距离罗马城2到11.5公里的墓地。结果显示，105个个体中的7个锶元素所展示出来的比率与罗马本地个体的比率存在显著不同。这7个个体中的6个可能来源于意大利各地，但是有一个被认为很有可能来源于北非。有趣的是，一份研究55个牙齿个体中所含的氧同位素以及锶同位素的更精确的分析显示，这些个体中的20个并不起源于当地。这些移民中的3个为未成年人，一个个体拥有的同为素特征符合非洲人的特征。[1]

155　　因为在这个研究中用于实验的一个公墓坐落在距离罗马较远的地方，我们必须考虑所发现的样本一部分属于城郊的乡村而不是罗马城的人口。还有一个问题就是同位素的分析无法区别自由移民和奴隶。尽管如此，毫无疑问这是一种非常有前景的研究方式，在地中海世界（或者超出地中海世界）的人口迁移研究中具有引发革命性变革的潜力。

公元前2世纪末开始，人口迁移对罗马行省中出现的罗马风格的城市的兴起和发展同样发挥了重要作用。公元前122年，6000名意大利殖民者被派往迦太基重新填充迦太基地区与迦太基城的人口（迦太基城在公元前146年被推毁），尤利乌斯·凯撒派遣成千上万的公民殖民者以及退伍军人入驻西班牙、法国南部、北非殖民地与帝国东部的各个行省。

等到罗马由共和国转变为帝国，大量退伍军人继续定居在边境或靠近边境的已经存在或新建的城市中，在这一时期罗马的军队数量为300000人，并由两部分组成：已经招募的为军团服务的城市公民以及作为协助人员服役满25年而获得公民身份的非城市公民。由于公元1世纪大多数拥有公民身份的人生活在地中海的欧洲部分，并且因为多数辅助人员驻扎在他们被招募的区域以外，早期帝国军队的组成向我们暗示了高水平的区域迁移。随葬器物的铭文提到了士兵的出生地，使得我们能够追踪这些迁移人口的一部分。举例来说，公元70年驻扎在美因茨基地卫戍军团的大多数军人来自意大利以及南部高卢；驻扎在切斯特（Chester，临近与威尔士的边界）的第一军团包含来自巴尔干行省以及意大利北部的人口。[2]

那些服役25年以后存活下来的人通常留在了他们服役过的行省以公民身份定居了下来，这些驻地被建设为或者发展为殖民地。这些新建立的城市大多数都有严格地直交格网，而且其风貌具有很强的罗马色彩。然而，尽管由国家力量组织的围绕士兵的迁移以及退伍老兵的定居，对边界地区许多城市的发展发挥了关键的作用，罗马帝国大多数城市的生长，还是本土和区域性的移民进程以及精英购买城市奴隶的结果。

中国

最近的研究表明，中国城市生活的起源甚至可以追溯到更早的新石器时代之前（公元前3500—前2600年），那时，中等规模的原始城市已经开始在中国东北部的广大地区发展起来（关于更多中国城市的发展，参见本书第6章）。这些定居点基本上都是筑有城墙的 156 堡垒，圈围的土地面积为3.5到7.5公顷。在龙山文化时期（公元前2600—前2000年）较大的城市开始发展，这一时期见证了君主国的出现。这些城邦国家的都城占地面积通常在20—35公顷之间，尽管一些更大的城市遗迹已经被发现。考古学家已经提出最小城市

① T. Prowse et al., 'Isotopic Evidence for Age-related Migration to Imperial Rome', *American Journal of Physical Anthropology*, 132 (2007), 510-517; K. Killgrove, *Migration and Mobility in Imperial Rome* (PhD dissertation, University of North Carolina at Chapel Hill, 2010); ead., 'Identifying Immigrants to Imperial Rome Using Strontium Isotope Analysis', in H. Eckardt, ed., *Roman Diasporas. Archaeological Approaches to Mobility and Diversity in the Roman Empire* (Portsmouth, R. I.: 2010), 157-174.

② 共和国晚期的殖民参见 L. Keppie, *Colonisation and Veteran Settlement in Italy*, 47-14 BC (London: British School at Rome, 1983)。军团的起源地：M. Carroll, *Spirits of the Dead. Roman Funerary Commemoration in Western Europe* (Oxford: Oxford University Press, 2006)。

(覆盖面积仅几公顷)城内空间的人口密度在每公顷250人的范围内,但是这些估算并不能应用于更大的中心。通过分析考古学数据可知,更大城市多达三分之一的城内区域被复杂的宫殿区、神庙或者祭坛建筑物所覆盖,有迹象显示依然有三分之二的城内空间未建有房屋,这使得估算这些早期城市的人口规模异常困难。

早期青铜时代(公元前2000—前1600年)见证了控制30万平方公里的大邦国的兴起。1959年这些国家中的一个在二里头(距离洛阳不远)被发现。这个城市的占地面积大约375公顷,在如此大的区域内仅有宫殿区域(面积7.5公顷)受到城墙的保护。在这个宫殿区的北部、南部和东部是窑洞与作坊。一切如常,我们确实也不知道这个城市其他区域的人口密度。根据一些专家的意见,定居的人数可能在18000到30000之间,这意味着该遗址人口平均的密度在每公顷48至80人之间。[①]

二里头文化灭亡后商王朝兴起(公元前1600—前1046年),二里岗文化的中心郑州发展为一个面积不少于2500公顷的筑防城市,其中核心内城的占地面积为300公顷。据估算这个城市可能拥有多达10万的定居者。如果这一数据的幅度是正确的,郑州将是那个时代存在的城市中最大的一个。然而,应该注意到的是其他一些专家认为郑州的人口少于1万。这两种估算的不一致充分向我们阐释了,我们必须克服通过考古资料追溯人口多少时巨大的方法差异。

建造巨大都城的传统在周王朝(公元前1046—前403年)得以延续,这一时期的都城包括宗周(49平方公里)以及成周(靠近洛阳,15平方公里)。公元前7世纪以来周王"天下共主"地位走向衰落,这为区域性王国的出现铺平了道路,每一个王国都有自己的首都城市。这种格局一直延续到战国时期(公元前403—前221年),在这一时期区域性的霸权取代了名义上对周王朝的效忠。

战国时期最大的城市是临淄,齐国的首都(在山东半岛),占地面积约15平方公里。临淄是一个有趣的案例,它是中国历史上第一个人口的估算可以找到原始文字资料的城市,据记载临淄的人口为7万户。以

每户家庭4个人计算,这份资料暗示给我们的人口总数为280000。然而,因为聚居区的面积仅有300公顷,这份资料所展示的家居空间的人口密度为每公顷不少于900人。[②] 这么高的人口密度看起来似乎是不可能的,如果约15平方公里的土地全部被用为居住区,我们得到的每公顷居住人口约187人的人口密度更加可信,但是开始的假设作为这一可替代的估算的原因不可能是正确的。唯一可能的结论是70000户人口的数据是不可信的,或者所提及的人口是更大区域范围的人口。

157

相似的有关户主数量的解释是一份从与公元2世纪有关的人口普查得出的登记簿,这次人口普查似乎是针对当时汉帝国10个最大的城市进行的。根据这份登记簿汉王朝的首都长安有80000户人家,包含246200人。在这一时期长安城的城内面积(即城墙圈围面积)为36平方公里,但是同中国历史早期首都的事例一样,长安城仅仅有很少一部分城内的面积被用来定居。因为这个原因一些专家已经得出结论:公元2世纪人口簿上的户口数目包含那些居住在周围区域的人口。从另一方面说,长安行政区域内有很高比例的人口居住在城市内与城郊仍然是有可能的。同样需要注意的是,所有的司法行政人员、所有的贵族以及他们的亲属并不包含在人口普查的范围内,所以人口的数目在200000左右仍然是保守的。[③]

用个别城市可靠性如此之低的人口信息估算总体的城市化率几乎不可能。在公元2世纪,中华帝国的人口统计显示,当时人口数量大约为6000万。然而,城市居民的数量仅仅只能依靠首都城市以及其他各种类型的行政管理城市所拥有的名义上的平均人口加以估算。通过这种方式,一位专家已经将汉朝总人口的27.7%归为城市人口,每个城市拥有的人口数为10000或者更多。然而,通过分析最小的农村行政组织("亭")的居民,另一位学者得出汉王朝的城市化率达到17%。这一数据看起来甚至也是偏高的,因为汉王朝的总城市化率不可能超过后来更加繁盛的宋朝,在那时至少13%的人口被认为居住在城市中,

① 中国早期的城市化,参见 V. F. Sit, *Chinese City and Urbanism. Evolution and Development* (Singapore: World Scientific Publishing Co., 2010); N. Yoffee, *Myths of the Archaic State. Evolution of the Earliest Cities, States and Civilizations* (Cambridge: Cambridge University Press, 2005), 96。

② Ch. Sen, 'Early Urbanization in the Eastern Zhou in China (779 – 21 BC): An Archaeological View', *Antiquity*, 68 (1994), 735.

③ M. Loewe, *Everyday Life in Early Imperial China during the Han Period 202 BC-AD 220* (London: B. T. Batford and G. P. Putnam's Sons, 1968), 129.

此时的城市拥有 5000 或者更多的居民。①

在中国早期城市的创建与城市人口总量的维持方面移民发挥了多大的作用,我们知之甚少。这一领域较少可以确定的事实是强制移民至少在一些主要城市的人口增长中发挥了重要作用。例如,历史告诉我们,公元前 221 年秦始皇在击败他的最后一个对手后,从帝国各地迁移 120000 富贵家庭于秦帝国的首都咸阳,并使他们重新定居于此。不久后,也就是汉王朝初期,500000 人被迁居于成都及其周围地区。相似地,长安也在郊区留有大量的土地,使来自全国其他地区的富贵家庭重新定居。正如这些例子所展示的,这些强制移民的很大比例定居在这些城市的行政力量所能控制的区域内而不是定居在城市内部。尽管如此,毫无疑问,没有大量的强制迁移的人口流入,成都和长安的快速扩张是不会发生的。

158 有时候,我们还会听说移入一个首都城市的非自由移民。关于这一现象的一个阐释是司马迁关于汉武帝(公元前 141—前 87 年)统治早期,长安城扩张的解释:"政府机构的快速增长造成了功能的混淆,并且设置的政府机关数目也越来越多,此时由州迁往首都的奴隶的数量是如此巨大,以至于只有从黄河下游抽掉 400 万担谷物以及增加官员购买谷物的数量才能维持首都充足的食物供给。

然而即使自愿移民的提及更加稀少,这种迁移类型的发生也是不可否认的。在另一篇文章,同样也是对长安城的研究,司马迁写道:从帝国各地涌入的人口聚集在城中,建造长安附近的陵墓,四面八方向首都的集聚就像车轮的辐条一样呈放射状。土地是狭小的,而人口规模是庞大的,因此人们变得越来越老于世故、工于心计,并且转向开辟第二职业作为谋生的手段。②

往边境地区的迁移我们知道的更多,利用最近新发现的木片和竹简记录的详细信息,张春树的研究讨论了公元前 2 世纪晚期至公元前 1 世纪早期各种类型的移民在新征服的地区定居的情况。在汉武帝征服这

一地区之后,成千上万的垦殖者迁入这一地区,这些人包括轮驻的军队与数目庞大的罪犯。这些移民中的大多数作为驻屯军定居下来。然而,数十年后最大的驻军要塞在功能上变得越来越平民化,并且发展为区域性的中心。通过考古资料证明,这些城市中的大多数依然非常狭小,城内面积为 8.75—17.1 公顷。从长远来看,其结果是汉帝国城市系统的横向扩展而不会一个创新性的前沿社会的出现。

南亚

南亚城市化的历史可以追溯到公元前 3 千纪中期,在这一时期出现了四到五个大城市,这些城市中摩亨佐-达罗、哈拉巴是最著名的两个(参见本书第 5 章)。尝试估算这些城市的人口,运用一般的方法是有困难的。摩亨佐-达罗以及哈拉巴的占地面积似乎分别为 100 到 200 公顷或者 80 到 150 公顷。据有关资料显示摩亨佐-达罗的人口在 40000 人左右,但是,由于无法查清用于居住的面积的比例,建立在这一基础上的估算是不可靠的。③

由于从公元前 600 至前 500 年流传下来的书写材料不包含可靠的人口数据,我们几乎不能超越"公元前最后一个千年大量的可以辨别的城市在印度大陆上广泛出现"的结论(参见本书第 5 章)。孔雀帝国时期(公 159 元前 342—前 187 年)的首都华氏城是当时印度次大陆最大的城市团块,对于这个人们达成的广泛共识,我们是可以查验的。其外围防护城墙的圈围面积被认为不少于 2200 公顷,用这一数据预估华氏城的人口总数为 270000 人。然而,一些专家认为华氏城庞大的人口仅居住在占地为 340 公顷的内城空间内。根据这一观点,在孔雀帝国华氏城依然是最大的城市,但是人口可能只有 50000 人。

在孔雀帝国建立前以及建立之后至少还有 10 个我们已知城市的城市面积在 100 到 300 公顷之间。一

① 中国汉王朝的城市化率参见 Sit, *Chinese City*, 124; K. Chao, *Man and Land in Chinese History: An Economic Analysis* (Stanford: Stanford University Press, 1986), 47 - 48。关于宋王朝的中国参见 P. Bairoch, *Cities and Economic Development: From the Dawn of History to the Present* (Chicago: University of Chicago Press, 1988), 353, 它提出的城市化率在 10%-13% 之间;另参见 G. Rozman, *Urban Networks in Ch'ing China and Tokugawa Japan* (Princeton, NJ: Princeton University Press, 1973), 279 - 280。3000 或者更多的定居者中仅有 5% 的人口居住在城市,并且 De Weerdt 在本书第 16 章认为,宋朝 5%—10% 的人口居住在城市。

② Chun-Su Chang, *The Rise of the Chinese Empire*, vol. 2. *Frontier, Immigration, and Empire in Han China*, 130 BC-AD 157 (Ann Arbor: University of Michigan Press, 2007), 92.

③ E. g. U. Singh, *A History of Ancient and Early Medieval India* (Delhi: Pearson Education, 2008), 149. F. R. Allchin and G. Erdosy, *The Archaeology of Early Historic Asia: The Emergence of Cities and States* (Cambridge: Cambridge University Press, 1995), 57, 预测摩亨佐-达罗以及哈拉巴的占地面积均为 85 公顷。

个显著的例子就是侨赏弥城(坐落在恒河平原),在公元前600至前300年这个城市的占地面积大约是50公顷,但是在孔雀帝国时期它的外围城墙圈围的面积为200公顷,这200公顷的城内区域大约有四分之三筑有建筑物。由于城外郊区有额外的50公顷建有建筑,全部的建筑区域据估算约有200公顷。运用假设的每公顷160至200人的人口密度(根据城市内每公顷发掘的房屋数量),各路专家提出的关于侨赏弥城的人口总数估值在36000至40000人之间。[①]

令人遗憾的是,零散的考古资料甚至无法提供基础资料,让我们大致估算印度早期的城市数量。同样需要十分谨慎的是对孔雀帝国(覆盖了印度绝大部分领土)的人口规模的估算,据估算孔雀帝国的人口总量可能为1550万并可能达到惊人的1.81亿人。所有的这些原因使得任何对孔雀帝国地方、区域以及帝国整体城市化率的估算及推论似乎都注定失败。

为数不多的可以确定的事实是,公元前6世纪就已经开始的城市扩张的时期与普遍的人口扩张的时期是一致的,但是这两个现象之间的确切关系仍然存在争议。城市化可能的主要推动者是人口增长吗?是国家和城市的兴起刺激了人口的平稳增长吗?或者国家构建的过程、城市的扩张以及人口的增长是紧密相连、交互影响的吗?

通过分析考古资料,我们发现印度历史早期城市的发展速度远远高于农村的发展速度。[②] 在某种程度上,这种有差别的增长可以解释为由于缺少农村数据而造成的错觉。尽管如此,得出没有显著水平的由农村向城市的人口迁移,数目庞大的城市的同步扩张就不会发生的结论是可靠的。同样,在城市第一阶段的扩张之后,像华氏城、侨赏弥城这样的城市,需要一定规模的从农村到城市的移民以阻止城市的衰落似乎也是可能的。然而必须承认,没有具体的证据来支持这些推论。

结语

正如我们所看到的,探讨关于公元前3000—公元500年城市规模与城市移民是困难的。尽管如此,在美索不达米亚、古典希腊或许还有孔雀帝国,甚至最大的城市的居民也要少于10万的结论似乎是明确的。

希腊化时代的一些首都城市以及汉王朝时期中国的长安拥有多达20万的居民。但是在这一章所涵盖的时期中仅有早期帝国时期的罗马城的人口增长到大约100万。在前现代时期,州贡献的移民迁往新征服地区建立的殖民地是城市网络扩张的一个重要因素。与此同时,有证据表明由战争俘虏以及奴隶组成的强制移民在许多早期城市的发展过程中发挥了重要的作用。考虑到城市由肮脏破旧的生活条件造成的高死亡率,没有源源不断的移民涌入,拥有大量人口和密集定居的城市很可能无法维持。文本和考古资料支持这些推论,但是并不支持对潜在移民模式进行详尽的分析。

参考文献

Adams, R. M., *Heartland of Cities: Surveys of Ancient Settlement and Land Use on the Central Floodplain of the Euphrates* (Chicago and London: University of Chicago Press, 1981).

Chang, Chun-Su, *The Rise of the Chinese Empire, vol. 2. Frontier, Immigration, and Empire in Han China*, 130 bc-ad 157 (Ann Arbor: The University of Michigan Press, 2007).

Damsgaard-Madsen, A., 'Attic Funeral Inscriptions. Their Use as Historical Sources and Some Preliminary Results', in *Studies in Ancient History and Numismatics Presented to Rudi Thomsen* (Aarhus: Aarhus University Press, 1988), 55 – 68.

Eckardt, H., ed., *Roman Diasporas. Archaeological Approaches to Mobility and Diversity in the Roman Empire*, Journal of Roman Archaeology Supplement 78 (Portsmouth, R.I.: 2010).

Erdosy, G., *Urbanisation in Early Historic India*, BAR International Series 430 (Oxford: Tempus Reparatum, 1988).

Hansen, M., *The Shotgun Method. The Demography of the Ancient Greek City-State Culture* (Columbia and London: University of Missouri Press, 2006).

Noy, D., *Foreigners at Rome. Citizens and Strangers* (London: Duckworth with the Classical Press of Wales, 2000).

Oded, B., *Mass Deportations and Deportees in the Neo-Assyrian Empire* (Wiesbaden: Dr. Ludwig Reichert

---

① 华氏城参见 Allchin and Erdosy, *The Archaeology of Early Historic Asia*, 69。340 公顷这一较低的估值参见 ibid., 57. 其他城市:G. Erdosy, *Urbanisation in Early Historic India* (Oxford BAR International Series 430,1988), 59 and 74。房屋密度参见 ibid., 49。

② Erdosy, *Urbanisation*, 56,66, and 77.

Verlag, 1979).

Osborne, R., '*The Potential Mobility of Human Populations*', Oxford Journal of Archaeology, 10 (1991), 231 - 251.

Scheidel, W., 'Human Mobility in Roman Italy, I: The Free Population', *Journal of Roman Studies*, 94 (2004), 1 - 26.

Sit, V. F., *Chinese City and Urbanism. Evolution and Development* (Singapore: World Scientific, 2010).

van de Mieroop, M., *The Ancient Mesopotamian City* (Oxford: Oxford University Press, 1999).

倪 凯 译 陈 恒 校

第9章 权力与公民权利

马里奥·列维拉尼

164 权力结构与公民权利的关系长期以来都与东西方对立密切相关,且深受其影响。既然这样的对立被认为是过时而又扭曲的,为了在时间和空间上区分长达千年的"古代"(从约公元前 3000 至公元 500 年),我们就必须寻找更加客观的因素。因此,我们必须从研究历史着手,继而转向当代所构建的城市制度的比较描述,最终转向不断变化的制度特征对城市物质形态产生的影响的描述。

"意识形态"范式

直至公元 19 世纪中叶,古典世界(古希腊、古罗马)里的那些城市是人们所知晓的唯一城市聚落,即使是这些城市聚落也是因古代文献(史学家和地理学家们)而不是考古学而为人知晓的。除了庞贝和赫库兰尼姆(Herculaneum)的发现,小亚细亚和北非的古希腊和罗马城市的可见遗存提供了真正的城市聚落形象。相反,东方文明反是因其孤立的宫殿(波斯波利斯[Persepolis])或庙宇(埃及)为人所熟知。真正的城市古迹发掘始于公元 19 世纪中叶的希腊和美索不达米亚,然而我们不得不等待了长达一个世纪才在中国和印度发现类似的活动。

毫无疑问,由库朗日(Fustel de Coulanges,1864)撰写的第一本关于"古代城市"书籍①的特点是:专门致力于古典城市的研究;多以文献依据为基础;重点关注城市社区(la cité)的社会政治和文化(尤其是宗教)意识,而不是城市中心(la ville)的物质结构;并且巧妙地避开了上述在当时已经提供的东方证据。东方的城市被它们的崇拜者(莱亚德[Layard]在 1853 年的论述:"我们切不可通过欧洲的城市来评断东方城市"。)和它们的批评者(布克哈特[Burckhardt]在 1870 年的 165 表述:"尼尼微粗鲁的皇室堡垒";1898 年表述为"亚述王朝的庞大的军营")认为是"与众不同的"。② 东方城市被认为过度庞大(远高于亚里士多德式的或希波达莫斯式的标准),而且是过度集中于王宫,与此同时,与政治(广场[agora])、经济(市场)和文化交流(剧院)领域中的群体生活相联系的那些结构消逝了。可以这么说,既然"城市"的概念被古典模式所占据,东方的国家首都就不能被同样的术语所指涉,而被理解为希腊术语"polis"(城邦)的现代同等概念。东方城市是另一种存在,无论是亚述的"军事营地",亦或是埃及的"宗庙城市"(temple-cities)。③

对城市中城市结构的评估仅仅是对它们社会政治制度的不同评价的结果。西方城市是集体机构的所在地(国王位于外城区的城堡或是住宅之内),是政治自由、民主、经济企业的所在地;而东方城市势必被冠以负面价值的专制主义,广义的奴役,经济统制与再分配的特征。在 1822 至 1830 年的希腊独立战争后重新流行起来的"东西方比较"很容易被应用到对城市居住的评估之中——无论是现代的诸如奥斯曼帝国和中国,还是古代的那些在近东逐步发掘出来的城市。

---

① Numa F. Fustel de Coulanges, *La cité antique* (Paris:Hachette, 1864);参见 Moses I. Finley, 'The Ancient City from Fustel de Coulanges to Max Weber and beyond', in *Comparative Studies in Society and History*, 10 (1977), 305 - 327.

② Austen Henry Layard, *Discoveries in the Ruins of Nineveh and Babylon* (London:Murray, 1853), 640; Jacob Burckhardt, *Weltgeschichtliche Betrachtungen* (1905), in *Gesamtausgabe*, VII (Berlin and Leipzig, 1929), 65; *Griechische Kulturgeschichte*, I (Berlin and Stuttgart, 1898), 61.

③ 参见 Mario Liverani, 'The Ancient Near Eastern City and Modern Ideologies', in G. Wilhelm, ed., *Die Orientalische Stadt* (Berlin:Deutsche Orient-Gesellschaft, 1997), 85 - 108。

二分法持续了整整一个世纪,它的极盛时期可以在马克斯·韦伯的作品中寻得,因为他的《农业史》(Agrargeschichte,1909)为西方城市(从贵族的到民主的城邦)和东方王宫(官僚制的王国城市)的发展提供了两条独立的道路。后来他的文章《论城市》(Die Stadt,1921)通过东方的例子(以色列,伊斯兰,中国和日本)得出结论,认为它们缺少成为城市的必要条件:它们不是公民社会,它们缺乏公民观念。① 他甚至把西方城市归在"非法权力"的标题之下,以强调城市对抗政治权力的地位。这同样发生在大多数研究近代史的欧洲学者身上,他们认为,欧洲城市(如享利·皮雷纳颇具影响力的著作《中世纪的城市》[Medieval cities,1925]中的论述)从中世纪到现代工业城市的特定轨迹,商业的起源与公社(反君主)的态度,是一种正常的模式,这可以追溯到之前的历史和非欧洲的文明。②

迈向一个适当的通用范式

与此同时,占领近东和印度的殖民过程中,考古学家发现了遍布世界各地的许多城市,并认识到东方文明与东方城市在时间和空间上是如此的多元化,以至于传统上认为东西方之间对立的看法是站不住脚的。此外,在欧洲,对凯尔特和德国文化的日渐增长的兴趣延伸到了城市领域,远远超越了古典(地中海)风光,并丰富了城市风貌。同样,欧洲和近东轨迹的独特性由于对亚洲和新世界的其他轨迹的认识而遭遇挑战。最终,考虑到非雅典的、非民主的政体(王国和民族国家)在希腊世界也盛行起来,希腊模式的普遍性甚至在希腊世界内部都遭受着挑战。

对界定城市(与乡村相对)的公正标准的寻找在戈登·柴尔德的文章《城市革命》(The Urban Revolution,1950)中达到高潮。③ 他的"十点"标准一直以来饱受后世学者的批评(或误解),但是仍然保持着经得住考古检验的价值,并且有可能在应用上获得普及。④ 城镇化"原始的特征"可以用一种简化而又明显的方式概括出来,对城市起源的追寻势必得承认至少有三个不同的位置:美索不达米亚(外加埃及),中国和中美洲。

同一时期,对美索不达米亚的书面文献研究尤其丰富,使得人们以一种更现实、更细致的方式对政治结构的构造进行研究,在细节上,它们的水平不弱于古典世界的城市。我得承认,芝加哥东方研究所的利奥·奥本海姆(Leo Oppenheim)和"西帕尔计划"(Sippar Project)公认为扮演着特殊的角色,在这些研究中发挥了特殊作用。⑤ 他的方法基本要点是,除了"伟大组织"(王宫和寺庙)的核心作用外,私营部门也有其自身的政治结构和集体机构:一个所有公民(成人、男性、自由民)的集会和一个受限制的"长老"院。大规模组织和私营部门之间的平衡在时间和空间上经历了几次变化,但一般而言,东方城市的形象变得不再与古典世界和欧洲轨迹中的城市有很大差别。⑥

从非殖民化到"意识形态的终结"

在 20 世纪 60 和 70 年代期间,非殖民化让位于全球化,而新资本主义的胜利带来了"意识形态的终结"(如若不是历史层面的),这一趋势已然变得行而有效。一些旧有范式的顽固观念经历了显著的变化,并终结于一个更精致的结构中。"宗庙城市"曾经被认为完全(经济的和政治的)掌握在祭祀的精英阶层手中,这种模式现在已经精细化,甚至被抛弃。无论在物质遗存,

① Max Weber, *Agrargeschichte*, I. *Agrarverhältnisse im Altertum*, in *Handwörterbuch der Staatswissenschaften* (Jena, 1909); 'Die Stadt', *in Archiv für Sozialwissenschaft*, 47 (1921), 621 - 772.

② Henri Pirenne, *Medieval Cities. Their Origins and the Revival of Trade* (Princeton: Princeton University Press, 1925).

③ Vere Gordon Childe, 'The Urban Revolution', in *Town Planning Review*, 21 (1950), 3 - 17.

④ Michael E. Smith, 'V. Gordon Childe and the Urban Revolution: A Historical Perspective on a Revolution in Urban Studies', *Town Planning Review*, 80 (2009), 3 - 29.

⑤ A. Leo Oppenheim, 'A New Look at the Structure of Mesopotamian Society', *Journal of the Economic and Social History of the Orient*, 10 (1967), 1 - 26; Rivkah Harris, *Ancient Sippar: A Demographic Study of an Old Babylonian City* (Leiden-Istanbul: Nederlands Instituut voor het Nabije Oosten, 1975)。最好的例证就是亚述古城,参见 Mogens Trolle Larsen, *The Old Assyrian City State and Its Colonies*, (Copenhagen: Akademisk Forlag, 1976); Jan Gerrit Dercksen, *Old Assyrian Institutions* (Leiden-Istanbul: Nederlands Instituut voor het Nabije Oosten, 2004)。

⑥ Mario Liverani, 'Nelle pieghe del despotismo', *Studi Storici*, 34 (1993), 7 - 33; Daniel E. Fleming, *Democracy's Ancient Ancestors* (Cambridge: Cambridge University Press, 2004); Andrea Seri, *Local Power in Old Babylonian Mesopotamia* (London: Equinox, 2005); Gojko Barjamovic, 'Civic Institutions and Self-Government in Southern Mesopotamia in the Mid-First Millennium bc', in *Assyria and beyond. Studies Presented to M. T. Larsen* (Leiden-Istanbul: Nederlands Instituut voor het Nabije Oosten, 2004), 47 - 98.

还是文本中,宫殿的作用都是显要的,但是在我们这个时代趋势的框架中宫殿的作用已经没落。"再分配城市"(波兰尼的模型)的概念已遭驳斥,私营企业和贸易公司承担着更重要的角色。① 从全球范围来看,近期对城邦的概述势必在它的制度意义上放弃了城邦模型,包括每一个足够小到能仅仅集中于一个城市的政体。——这一趋势始于科林·伦弗鲁(Colin Renfrew)和他"早期国家模型"。② 本着同样的精神,最近有关帝国的概述包括"影子帝国"(shadow empires)和"扩大的复杂酋邦"(enlarged complex chiefdoms)。③

¹⁶⁷ 当然,诸如"权力"和"自由","专制"与"公民权"的概念不再被认为是两个对立世界的特有产物,两者共存于依赖复杂历史条件和发展趋势的不同方法中,这是受欢迎的。此外,图像模型的广泛使用——始于新地理学——使得城市结构,城市之间,以及城市与农村之间的关系形象化,有助于人们对现象做一致而又去历史化的评价。全球化的政治影响在有意为每一个国家提供平等的空间和机会,甚至是平等的身份方面是显而易见的。

然而,完全去意识形态化的方式冒着把意识和历史特征的孩子连同意识形态偏见的洗澡水一同倒掉的危险。平等的机会与时空的无差别的连续无关。历史学家的任务就是在连续性中找出变化,在同一性中找到特殊性。"古代"在世界范围持续了 4000 年之久,我们无法接受一种整体的模式,也无法接受任何阐释结构的各种事件的杂乱集合。既然过去的几个世纪中"整体的"与无偏见的模式已经被作为错误的引导而遭到抛弃,我们就必须朝着认同更客观、更细致入微的模式前进。对于这一问题来说,寻找一种普遍的、比较的方法是个严峻的任务,不仅是因为古典世界与东方世界在资源数量和研究水平上的巨大不平衡,而且由于我自身(但可能每个人都如此)能力的不平衡,我本身处于将要比较的几种历史轨迹中的一个当中。

政治制度:古代理论

在这里介绍古代的政治理论不太合适。然而,有

些话是必要的,因为古代理论除了是第一手的证据外,也对城市内部权力与公民权利之间冲突的现代评价发挥着影响。古代近东没有有关城市或国家的明确理论,然而许多不同性质的文本(神话、仪式、皇家铭文、智慧文学)经典都致力于研究王权和寺庙的起源与作用。无论国王是神本尊(埃及),还是代表神作为国家的"管理者"(苏美尔,亚述),神圣的起源和最高领主地位是关键概念:寺庙和王宫都在脱颖而出,而公民社会却没有得到特别关注。城市豁免和特权由国王授予"神圣的"城市(从尼普尔到亚述),以此作为对都城隍神的杰出声誉,而不是公民的认可。

古风、古典时代希腊的世俗哲学家、历史学家、立法者把权力的政治形式分为君主制、寡头制或民主制。这种选择范围甚至都被应用于波斯帝国(在希罗多德假想的止于大流士夺取皇位的辩论中),但大多数仍用 ¹⁶⁸于希腊城邦。然而,既然"纯净"的形式很难在希腊政体的真实存在中分辨出来,一种混合的形式逐渐脱颖而出,并在亚里士多德的《政治学》中被典律化。这种"混合政体"以一个独一无二的领导者(无论是国王还是暴君),一个受限制的议会(不论是世袭的或是选举产生的)和一个全体大会之间的互惠条件与存在为基础。从宽松的意义来讲,每一种古老的组织结构——从雅典到罗马帝国——都或多或少是混合而来的。而事实上,"东方"迦太基的政体是亚里士多德最赞赏的政体之一。在这里,有趣的是认为权力(由领导者所代表的)和公民权益(由大会代表)可以而且应该共生并共同合作的观念。混合政体理论传播到罗马(波里比阿)被人们采纳,最终被欧洲的人文主义者重新发现,混合政体理论对后世的政治理论发挥了显著的影响,但终结于启蒙运动和现代的"权力平衡"理论。

在这里将被提及的是,恰恰在亚里士多德撰写他的《政治学》之时,类似的文献内容也正在亚洲被创作而成,对于他们国家后世的政治思想产生了显著的影响。在中国,周礼(回溯到汉朝统一的时代)主要感兴趣的是理想城市的物质形态,纵是一种形式,然而,它反映出了一种体制模式。④ 在印度,考底利耶(摩揭陀

① Karl Polanyi, ed., *Trade and Market in Early Empires* (Glencoe, Ill.: Free Press, 1957),而新自由主义的方法可参见 Michael Hudson and Baruch A. Levine, eds., *Urbanization and Land Ownership in the Ancient Near East* (Cambridge, Mass.: Harvard University, Press 1999)以及该编者的后续各卷。

② Mogens H. Hansen, ed., *A Comparative Study of Thirty City-State Cultures* (Copenhagen: The Royal Danish Academy, 2000); see also D. L. Nichols and Th. H. Charlton, eds., *The Archaeology of City-States* (Washington, D.C.: Smithsonian Institution, 1997).

③ Susan E. Alcock et al., eds., *Empires* (Cambridge: Cambridge University Press, 2001).

④ Edouard Biot, *Le Tchou-li: ou, Rites des Tcheou* (Paris: Imprimerie Nationale, 1851). Cf. William Boltz, 'Chou li', in Michael Loewe, ed., *Early Chinese Texts. A Bibliographical Guide* (Berkeley: Society for the Study of Early China, 1993), 24-32;也可参见网页 http://ctext.org.

国孔雀王朝大臣)相传是(较晚的)《政事论》的作者,这是一本论述政府艺术的著作,更多强调的是权力高于公民权利,强调皇家行为而不是城市形态。印度也一样,《罗摩传》(Ramayana)中对阿约提亚城的乌托邦式的描述作为权威模式进入了后世传统之中。①

现代观念：城市与乡村

在原始的结构中,一个城市是国家领土的行政中心,是宫殿的所在地(或是拥有政治权限的寺庙的所在地)。这是城邦国家的模型,其地域范围包括中心城镇,周边的乡村、村镇和乡村营地。即使政权成长为一个"地区"或"民族"国家,并包含多个乡镇,每个乡镇仍然是其权力结构的所在地,拥有地方性的宫殿而不是皇家宫殿。我们将在下文提供更多的细节。

除了城市,还有乡村,在城市诞生之前长达数千年的新石器时期,乡村是唯一结构化且可供长期居住的地方,并且在后世城市化社会里也仍然是主要人口的所在地,但明显失去了独立性,并在与城市紧密相连的过程中处于一种不平等的关系中。阐明乡村与城市间的差异有助于更好地理解二者。此外,二者物质形态层面的差异更为明显——城市要比乡村大,通常有城墙,而乡村大多数都是"开放的"——在这里重要的是其制度形式。依照"权力"和"社区"的对比,我们可以 169 说乡村只有公共机构：集体机构、临时行政人员和根据年龄和亲属关系的随意的参与形式。城市不同与此,除了从乡村继承来的公共机构,城市也被赋予了行政和政治体制：一个宫殿和/或是一个或多个寺庙。权力通常是非民主的,具有遗传性的,且沿伸至整个领土范围(城市加乡村)。在实践中,宫殿的权力基于技术能力(经文抄写者,行政人员等),而不是基于亲属关系(这在领导人的选举中仍然是一个最重要的因素)。权力机构和公民社会之间的对立,尽管不影响乡村,会成为城市中的问题——虽然宫殿的压倒性力量为当地社区运行的不同策略留下了极少的空间。从这个角度看,古代城市似乎不同于欧洲中世纪和近代的城市。

公共机构

公元 19 世纪,乡村的模型起初是以塔西佗的《日

耳曼尼亚志》和对英属印度乡村的殖民描述为基础的,由于猜测乡村在时间中具有稳定性,最终这也运用于古代那些村庄,部分地补充那些难以理解的原始证据。② 乡村和城镇的公共部门都有一个全体大会(在紧急情况下聚集,或是解决战略问题),一个受限制"长老"会议(负责司法和内部政治事宜),外加一些公职人员和一个"市长",在与中央政府的联系中代表社区。在城市诞生之前时期的乡村中,这些机构足以满足社区的所有需求,然而,随着城市化和国家形式的出现,政治事务局限于宫殿中,地方机构保留了法律事务。在城市之中,宫殿的存在使当地机构职能的有限性表现得更为明显。

具体的细节和术语视情况而定。例如,斯巴达有一个 Gerousia(30 人长老会议),一个 Apella(公民大会)和五个执行官(Ephors)来管理内部事务。雅典的长老理事会(Areopagos)成了一个选举机构(Boulē[五百人会议]),公民大会被称作 Ekklēsia,而执政官被称为 Archontes。在前古典时期的美索不达米亚,公民大会被称为 puhrum("聚集")或简单的 âlum"城市",长老会议可以只是五个人的限制性机构,然而"首席执行官"(hazānum 或 rabiānum)由(或者根据)王宫指派。但一般而言,古代近东城市的体制机构与古代(或前克里斯提尼时代)希腊城邦没有多大的不同。罗马的集会转变为多个 Comitia(国民会议),要么以人口普查(Comitia centuriata)为基础,要么以部落大会(comitia tributa)为基础。

然而,"公民权"这一概念恰好提供了一个关键点。古代近东的市民和农民之间没有区别：每个生活在王国里的人(无论在城市,还是在农村)都是国王的附属品。在"国王的仆人"(宫殿管理机构的成员)和普通的"自由民"之间存在着一个基本的差异。国王的仆人没 170 有个人财产或生产资料,而自由人家庭拥有——因此他们在经济意义上是"自由的",尽管他们在政治上是服从于国王的。无论如何,国王的仆人拥有的社会地位和财富都要高于自由人。国王的仆人都聚居在城市里,而绝大多数的自由人家庭都居住在乡村,因此,西方观念中自由和城市之间的联系在古代东方并不成立。

相反,希腊的公民权是有选择性的,被居住在城市

---

① R. P. Kangle, ed., *The Kautiliya Artha śastra*, I-III (Delhi: Motilal Banarsidass, 1960－1963). 有关阿约提亚的论述见诸 Sheldon Pollock, '*Rāmāyana and Political Imagination* in *India*', in *Journal of Asian Studies*, 52 (1993), 261－297。

② Mario Liverani, 'The Role of the Village in Shaping the Ancient Near Eastern Landscape', in Lucio Milano et al., eds., *Landscapes*, I (Padova: Sargon, 1999), 37－48.

里的自由土地所有者持有，将外来人口没有土地所有权的工人排除在外。公民身份的限制概念以具体的要求为基础，这将是西方传统所特有的，尤其在中世纪的欧洲，与没有（和反对）王宫的城市模式相联系。

中央权力机构

根据定义，所有含有处理它们日常活动的中央机构的城市可以分为两种基本类型：王宫和寺庙。王宫是一个体制和建筑的复杂构成，包括：一个世俗统治者的住所，国家行政机关和档案的所在地，隶属于国家组织（工场和仓库）的经济活动所在地。这种王宫通常很大，拥有纪念性的装饰（供公众崇拜），而且往往是隐蔽和受保护的，不只保护其受外人的侵扰，也保护其免受普通民众的烦扰。

而寺庙的作用和责任更加多样化。在所谓的宗庙城市中可以包括政治领导的责任，但是这种模式很罕见（在早期美索不达米亚的乌鲁克时期）也很值得怀疑。"神圣的城市"有别于"行政城市"和首都城市（例如，在"第二次城市化"的印度），在其中寺庙可以没有宫殿独自存在。它可以由一个特有的寺庙组成（在一神教中如耶路撒冷圣殿，但是大城镇拥有多元化的寺庙或教堂以满足各个方面或"圣人"的需要），或者更常见的是一组寺庙，它们中最重要的寺庙服务于城市之神。

非典型形式

如上所述，古代城市中最常见的结构与"下城"（社区所在地）和"上城"（宫殿与寺庙所在地）的城市形式相一致。当然，公共空间和私人空间之间的多样性和区别在新规划的城镇里比在那些已然成型且无序的城镇里表现得更为明显。城堡可以位于市中心，但也可以位于城市的极端边缘。寺庙可以与皇宫分离，也可以封闭或进入到神圣的区域。在印度河流域，"公共"区域独立地位于拥有普通住宅的主高地右侧的高地。在印度的"第二次城市化"期间，宗庙城市（没有宫殿）不同于行政城市（有宫殿，但是没有寺庙）。以此类推。但是，我们特别要提到的是适当的不同模型。

这样的一个"非典型"模式可以被定义为"无堡垒城市"：大城镇，大到"乡村"的标签听起来都是不合适的，完全由私人住宅组成，没有内在的分区，没有城市规划，也没有公共建筑（除了宗教建筑）。这样的定居点可以被定义为城镇，而不是城市，它是极速扩展的村庄——拥有不被机构调整所平衡的人口结构的增长。最好的例证存在于古代编年史中的一些边界点上：要么在新石器时代文化晚期（例如东欧特里波里文化［Tripolye culture］中的大型定居点），要么在中世纪早期（例如中部尼日尔的前期和早期伊斯兰城镇）。①

与"无堡垒城市"相反的情况在古代更常见，从乌鲁克时期美索不达米亚周边的帕拉蒂尼中心（被阿尔斯兰特坡［Arslantepe］最好地论证了），或是青铜时代早期／中期中亚的阿姆河文明（Oxus civilization）中的城市，到青铜时代晚期迈锡尼文明的城堡，以及从公元前9到前6世纪的米底城堡。② 在这些例子里，普通民众并不居住在"下城"，而是分散到农村或游牧营地中，而这种模式似乎最适合半游牧社会。

城市化与政治

管理城市的政治结构和城市设置的物质间的冲突特征能有助于我们更好地、更均衡地评估权力和公民权利之间的关系——既避免了旧有理论的具有意识形态偏见的方法，也避免了更有近期趋势的去结构化方法。事实上，城市生活多种多样的功能需要物化为特定的建筑物或建筑群，从而使得总体规划和城镇外观能够很好地具有代表性，以确定特定历史时期和文化特征的权力与社区之间的关系。我们对于现存的或者缺失的各种公共建筑的调查将不可避免地被简化，以图为主流历史文化提供一个即时的评估。一个更好的对于时期和地区的更详细的划分，以及对例外事件的关注（不一定是少数的，例如伊特鲁利亚或凯尔特城镇）将会受到推崇，但也可能只是集体研究项目的一个结果，不能在这信口得出结论。

我们的尝试是为了把公共建筑分为两类：（1）权力的所在地；（2）公共生活的所在地。两者的区别可能有些模棱两可。所有的公共建筑大体上都是由中央权

---

① 特里波里参见 Philip L. Kohl, *The Making of Bronze Age Eurasia* (Cambridge：Cambridge University Press, 2009)。尼日尔参见 Susan and Roderick McIntosh, 'Cities without Citadels：Understanding Urban Origins along the Middle Niger', in T. Sinclair Shaw et al., eds., *The Archaeology of Africa* (London：Routledge, 1993), 622–641.

② 阿尔斯兰特坡参见 Marcella Frangipane, ed., *Alle origini del potere. Arslantepe* (Milano：Electa, 2004)。阿姆河参见 Philip Kohl, *The Making of Bronze Age Eurasia* (Cambridge：Cambridge University Press, 2009)。米底参见 David Stronach and Michael Roaf, *Nush-i Jan, I. The Major Buildings of the Median Settlement* (London and Leuven：Peeters, 2007).

171

力所建——希腊化时代至晚古背景下的"公益捐助"例外。但是第一类建筑掌握着政府的基本职能，由中央权力运行，而寻常百姓很难有机会接近；然而第二类建筑旨在为社区服务，由社区自身运行，并且可以被广泛使用。中间的案例依然存在，而一些建筑物（尤其是寺庙）可能根据历史时期分属于不同的阶级。但是，我们这种分类的一种总的启发性价值仍保持不变。

权力的所在

宫殿。正如城市的定义所暗含的那样，宫殿是无处不在的。它可能是国王的住所（在"首都"），也可能是管辖几个城市政治的长官的宫殿（省级宫殿）。出现这种情况正是由于技术原因和逻辑因素：经济的管理，当然也包括公正的维护，如若超越了一定的范围就不能轻易实现，因此，一个地区性国家（更不用说一个"帝国"）不得不成为一个多功能组织。

宫殿依据它所拥有的职能和政体的大小，规模可大可小。它可以集中所有的功能于一个单一的建筑物，也可以把不同的功能分散于独立的区域：为国王（和他的家人）提供住宿、礼仪接待设施、行政管理、储藏室、工作坊和档案馆等。各种权力辅助单位可以分散在城市区域中，当然更多的是集中在特定的区域内。在一些情况下，宫殿建筑群位于"城堡""卫城"或"内城区"内——这是城市规划中的一种可见模式，而且存在于对理想城市的描述中（如《周礼》中描述的前汉时期的中国）。印度河流域的方案是让"公共"建筑与普通城镇分属于不同的地段，或效仿中国的首都城市"紫禁城"那样的极端例子，或者复杂如巴比伦和尼尼微、波斯波利斯、罗马帝国（从尼禄的黄金屋［Domus Aurea］到多米里安的宫殿［Dominitian's Palatium］）和拜占庭这类城市的宫殿，令人印象也非常深刻。希腊（更准确地说是雅典）的城市模式中没有宫殿（其职能已移交给市政官员了），这在整个古代世界都是比较特殊的。

寺庙。无论相关性和复杂性有多高，寺庙始终存在于每一个城市的中心。寺庙作为权力所在地的年代甚至比作为王宫的所在地更久远（乌鲁克时期的"第一次城市化"中没有世俗的宫殿），并且出于多种原因，它的占地规模普遍很大。首先，多神的宗教信仰需要众多的庙宇来供奉不同的神。其次，寺庙的祭祀功能需要有一个宽敞的外庭院来容纳大量的人群。第三，古代世界的寺庙有主持重要经济活动的功能，这就需要额外的空间用于管理、储存，还需要专门化的工作坊。

寺庙大多集中在一个"神圣"的区域，可以是卫城（雅典模式），可以是有围墙封锁的区域（从乌鲁克的埃安纳到巴比伦的埃萨吉拉［Esagila］），可以是对称的宫殿区域（《周礼》），但也可以分散在城市的各个角落。寺庙的大小根据其功能而有所不同：如果只是管理宗教事宜，一个小神社的大小就够了，如果同时也要进行经济活动，那就需要一个庞大而复杂的寺庙。作为王宫的附属，寺庙要更小，而作为一个独立的机构，寺庙要更大。考虑到耶路撒冷寺庙的情况："第一种"出现的是一座依赖于王宫的小楼（传统的青铜时代黎凡特风格），"第二种"则庞大复杂些（巴比伦后期模式），作为犹太民族宗庙城市的经济、政治权利的所在地而存在。但事实是适当的宗教活动空间范围是可变的。如果宗教的存在关注的仅仅是神圣的装饰雕像，那么这类空间可以适当减少；而如果普通民都被获准参与到公共仪式中，这类活动空间就可以大大增加。

或许我们应当区分寺庙所属的类别，当被赋予了政治权力时，寺庙则被归入了第一类；而当寺庙管理着社区的宗教生活时，寺庙则被归入了第二类。在时间的演变过程中，尤其是在秉持"道德的"一神论的宗教出现后，寺庙在经济活动中扮演的角色变得不那么明显了，寺庙更多地倾向于对公众的援助而不是自身利益的索取，例如伊斯兰教的穆斯林清真寺和基督教的教堂等类似的机构。

墓地应该留下来作单独的讨论，对于尸体的处理变成了一件宗教与市政事务，墓地通常位于城市外围，为了权力的合法化和社会政治的凝聚力，墓地纪念性甚至达到了十分高的水平。在这里我们很难合理地处理好这个重大课题。

公共粮仓和仓库。我们可以用一种简化的方式赋予权力所在地再分配经济的经济结构，而赋予市场以社区功能。很显然，只要王宫和寺庙拥有大片土地，它们就不得不把产品集中到一个中心粮仓，然后才能把粮食供给它们的侍从和劳役工人。公共粮仓和民主机构在没有皇室的城市里也存在着，因为粮食的保存作为公共保障来应对不时的粮食短缺和日常供应问题，无论何时都是必要的。在其他各类公共仓库中，那些事关军事活动的仓库尤其重要：从军火库到兵工厂，到马厩（为马匹而建），再到兵营（为常备军而建），所有这些或多或少贯穿整个古代史发展过程。

法庭和监狱。在古代近东地区，法庭可以在任何交汇点出现（在城门口，在广场，在庙前，在大树下），这都取决于法官的地位（国王裁决或是长老决定），但大多数情况下是没有特定的建筑物的。在古希腊和古罗马世界里，法庭曾拥有专门的建筑物。相反，监狱在古代是普遍存在的,早期是作为王宫的附属建筑,在希腊、罗马以及后世的世界里这种情况变得更明显了。

防御工事。古代城市通常是有围墙的——而农村则不然。例外情况是很罕见的:斯巴达(在希腊化时代之前是没有城墙的)因其反常而著名。在一些地区与时期,整个地区被自然设置的屏障保护着,安全到使得任何防御工事都显得格外多余。例如青铜时代的克里特岛上的宫殿,这座岛屿被米诺斯王的"海上霸权"保护着;这同样适用埃及历史的某些时期,整个尼罗河流域都被大自然完美地守护着。然而,考古证据表明,埃及的城市无论在早期还是在其后的历史时期都有城墙保护。城墙的结构复杂,一般包括护城河、斜堤、按序排列的几道墙、很多的塔以及经过特别安排的城门。城墙占据了城市空间很大的比例,并且形成了独具风格的城市地貌形象。内部城堡除了被提高到更高的水平外,还提供了额外的防御工事。而在城墙外,堡垒和防御性障碍物还可以实现对城市空间的保护。

城市社区空间

公职人员的办公场所。在古代近东地区、古印度和中国,鉴别容纳社区公职人员的特定建筑十分罕见:亚述就有一个"官方命名的房子"。我们可以想象这类行政官员在他们的任期内,只用自己的房子作为办公地点接待他人。相反地,在古典世界里,为公职人员提供特定的建筑物是很常见的,如希腊的 *Prytaneion*(市政厅)或是罗马各种 *Praefeciti*(低级长官)的处所。但是罗马(拜占庭和中国亦然)负责城市生活各个领域(公共秩序、食物供给、城市供暖等)的官员都直接对皇帝而不是对社区负责。

集会场所。在古代近东地区的城市里,长老会并不需要特定的聚集场所,而全体大会(然而很少举行)只要有开放的场地就可以举行。随着雅典民主的出现,城市的全体大会举行得愈加频繁,以至于需要一个特定的(即使不是独占的)、有大片开放区域的集会空间。希腊的 *agora*(广场)和罗马的 *forum*(议事会)成为了城市生活的焦点,举行了各种活动,其中包括大会的召开和经济交往活动。公共集会和活动也在一些特定的建筑物(希腊议会拥有一个议事厅[*bouleutērion*],大会可以聚集在剧场里)中举行,尤其是在开放区域空间的周围:无论是集会还是议事会都由圆柱状的门廊包围着,希腊的 *stoa*(拱廊)亦或罗马和拜占庭的 *basiliaca*(长方形廊柱大厅)都是用来进行

政治、经济和文化活动的。相反地,亚洲的城市——从美索不达米亚和埃及到印度和中国——则没有相关的或者在设想中存在的广场结构。房屋周围有一片集中的开放空地的模式在村庄中相当常见。

市场。在古代东方的经济再分配过程中,人们不需要特定的和永久性的市场。长途贸易被王宫或寺庙的管理中断了,集市被定期安排在了寺庙的前面或城门之外。本地的交易通常在城市街道上或城门内进行。而在沿海或内河乡镇上,(卸)上货的码头是至关重要的地点(它的阿卡德语名称叫作 *kārum*,意为商人的区域)。在中国(根据《周礼》记载),市场位于王宫的北面,是作为王宫与商人之间进行交易的场所,而不是自由交易的空间。在两汉时期的中国,大型的市场也被用于进行各种活动。而印度(根据《政事论》可知)则不存在市场。

古希腊和罗马城镇的贸易机构比较与众不同,在这些城镇,市场有特定的地点,并且可以在城市规划中找寻到相关踪迹。古典组织自从希腊化时代过后也传递到了东方,并由此成为了伊斯兰城市继承下来的常见特征,在伊斯兰城市里,集贸市场(suq)和市场(bazaar)是一个划分明确并地处中央的区域。另一处便于贸易运行的建筑便是商队旅馆(caravanserai),这些大旅馆一般距离城市较远,在前古典世界和希腊时代鲜见踪迹,而在古代晚期经引进,后来发展为伊斯兰教的 Khan。

公开演出。古代近东地区没有进行公开演出的特定建筑物,古印度和中国也是如此。在古希腊,剧场成为了一个独立的机构,并且被古希腊和罗马帝国城市所继承。除了剧场,露天竞技场也是罗马时期的重要建筑(大剧场[Colisseum]就是显著的例子)。体育比赛和训练都在环形广场进行,如赛马就有赛马场。这类拥有古希腊和古罗马城市特征的建筑群是由拜占庭而不是伊斯兰城市发展壮大的。此外,在古印度和中国似乎没有空间容纳类似的建筑群,这似乎仍然是——至少在古代时期——相异于"亚洲观念"的。

对身体的关注。身处类似轨道上的是服务于大众身体健康(至少,要服务于广义的精英阶层)的建筑。这类建筑在古老的东方城市(从美索不达米亚到中国)是不存在的,它们在古典希腊城市开始发展起来,并逐渐成为古希腊和古罗马城市的一个显著特征,通常是以公共澡堂(公共浴池[Thermae])、体能训练的空间(体育馆[gymnasiums])或体育竞技的场所(运动场[stadiums])的形式出现的。从罗马模式看,公共浴池和体育馆被拜占庭城市继承,公共浴池(澡堂

[hammam]）随后成为伊斯兰（和旧土耳其帝国）城市的必备特征。某种疾病和流行病的公共援助形式早已存在，通常作为宗庙中万能的神的附属存在；但只有在古代晚期这种援助才成为一项持续性的城市制度，部分原因是基督教（后来是伊斯兰教）作用的结果。城市公园或花园（与个人私用的设施相区别）逐渐成为王宫的附属品或是皇家/帝国赠与社区的礼物。

对精神的关注。古代文明的非字母书写系统是如此的复杂，以至于需要花费大量的时间训练，由此产生了供职于公共管理机构的抄写员阶层。在"庞大组织"之外没有文献的遗留，普通民众更没有接近书面文献的渠道，所以学校、缮写室、档案馆和图书馆只在王宫或寺庙建筑内才存在。著名的尼尼微图书馆就位于宫殿的房间里，仅供皇家抄写员使用。写作的非行政用途、"公立学校"和开放文献作品渠道的概念只有在字母系统问世后才能实现。在希腊，教学只能在临时场所进行，尤其是在市场附近的拱廊内。古希腊城市内的大型图书馆（亚历山大里亚，也包括帕加马和其他城市）都是王室成果，但会为了智力（而不是行政）活动向学者开放。相反，中国自从公元前124年就成立了"太学"，它的成立有着明确的目的导向，它是为国家官僚机构培养和挑选候选人的地方，是属于当权者的，而不是属于城市的。同样地，第一个皇帝秦始皇（公元前221—前210年）以下令烧毁所有的古籍，并把古籍的副本保留在宫内的书库中以供高级官僚查阅而闻名。两汉时期，"学院"在皇城中变得普遍起来。

水源和垃圾排放。城市内部水源的可用性是预防城市被包围时的必需品，为了保证城内水供给的充足，水箱和隧道（通向水源）成为铁器时代地中海东部一带的共同特征。对沿河城市或位于冲积层的能够充分获取地下水的城市而言，获取水资源渠道的需求就显得不那么迫切了。贯穿希腊化时代、罗马时代和拜占庭帝国时代，不仅是在干旱地区，（在其他地方）城墙内的水池在规模和复杂程度上也不断地增长。沟渠成为古罗马和拜占庭城市景观的一个显著特征，城市结构中的公共喷泉是沟渠的一个补充。

从城镇起源到现今，脏水和液体垃圾的排放设施普遍存在于每一个城市居住区，它们起初是以小型下水道的形式出现在每一个街道的中心，最终逐渐连接，成为一个真正的、合理的污水处理系统。这些处理系统依据城镇的复杂程度和规模而变化，尤其是在古罗马和后来的历史时期表现得特别明显。而固体垃圾的

处理（诚然，在古代不是大问题）在前古典世界似乎成为了私人行为，没有"公共"部门来干预：在城内、街道里、未建设的区域和城墙四周，垃圾堆积如山。只有当街道需要扩建的时候，社区才会介入对垃圾进行全盘处理。

内部的衔接

在王宫的"总体权力"配置与那些公民权的局部的/分散的需求之间，我们可以找到一些协调组织和机构。在古代近东地区和古希腊，城市结构只有呈不规则形状的或正交网格分布的街区和街道之分，没有什么特殊含义。而外来商人单独居住在城墙外的区域是个特例。只有在古代晚期，不同的民族、宗教或工作坊的特殊区域才成为普遍现象，这些区域通常有墙壁包围（夜间就会被锁上）。在汉代的中国也发生了类似的现象，出现了工匠、商人和外来人口的专门分区。起初只是统治精英阶层（城墙包围的城堡）意识到了对城内保护的需要，后来随着多民族、多种宗教信仰的城市社区的出现，这种需求逐渐成为不可或缺的要求——然而一个规模相当的帝国会出于对不同区域监察的需要产生不同的检察官（汉朝的首都就被分为了160个不同的区域）。

除了单独区域的划分，特定的工作行业会产生他们所属的机构：商人、专业工人、职业军人的行会，曾经在王宫管理部门内会有这些自治集体的一席之地，特别是在近古（以及以后的历史时期）时期。特定分区出现时印度的种姓制度是否存在（已经是孔雀王朝时期）仍然无法确定。

结语

用基于权力的"东方城市"和基于公民权益的"西方城市"作为适当对比分析的结果，这种简单划分的传统观念已然被抛弃。① 两大主流历史阶段存在着相当大的分化。"行政城市"（从乌鲁克时期的美索不达米亚到印度孔雀王朝再延伸到中国的汉朝）的泛亚洲化模式存在仍然有怀疑价值，而其恰好发生在欧洲出现城市之前，所以这在相当大的程度上是（亚洲的）坚持与（欧洲的）创新之间的较量。在第一阶段，除了作为私人住宅的"剩余村庄"外，城市建造公共建筑仅仅是

---

① 幸存的古老方法参见 Eugen Wirth, 'Kontinuität und Wandel der Orientalischen Stadt', in Wilhelm, ed., *Die Orientalische Stadt*, 1-44.

出于权力的需求,而不是为了服务普通民众。而在第二阶段,两趋势改变了城市的形态:为社会服务和社区部门而建的建筑应运而生,寺庙逐渐把主要职能从权力范围转移至社区范围。

基本上,我们可以说自第一次城市化后,权力结构无时无刻不在我们身边。而与此相反,公共机构及其城市可见度,随着时间的推移逐渐增长。公元前1千纪中期以希腊为中心曾经出现过一次剧增。但是大多数公共机构都被西方(罗马帝国)和东方(希腊化,拜占庭,也包括伊斯兰城市)继承。以伊斯兰城市为例,尽管这些城市并不在古代历史的年代序列内,但伊斯兰城市仍然被推断为是希腊化和拜占庭城市的继承者,而不属于早已过时的前希腊化城市。作为从古代的美索不达米亚到伊斯兰城市的一个延续,虽然中途曾被希腊、罗马城市打断过,东方城市的存在明显是反历史建构的。

现代研究的主流一直以来都受到各种歪曲因素的干扰:位于城外的权力模式(在中世纪的城堡,或是在早期的现代住所),这种模式在古代还未找到相应的例子;古希腊"民主"城邦模式,然而这种模式对时间和空间的限制比较严格,不适合推为普适模式或范例。

一个强大的政治力量存在城市之中削弱了城市机构的作用,使城市社区能够以多种形式发挥显著作用。这对经济方面的影响是臭名昭著的,对法律(法条、皇家法令和权限的授予)的影响也是显著的。而同样与此相关的是它对城市生活的影响,通常以异于农村的仪式结构和庆祝事宜的形式来突出城市特征。而这些为了使权力合法化并增强社会凝聚力的仪式(节日、游行等等)都在特定的宫殿和庙宇里举行。

最后,不同于遭受奴役和贫困的农民,自由和富裕的公民类型来源于中世纪和近代早期的背景之下,但却不适用于绝大多数古代世界。自由不是政治意义上的歧视:不论是公共机构的家眷还是普通家庭的成员,都仅仅是国王的附属品。自由民(农民亦是如此)永远不应该失去自由地位,这个观念十分坚定,并由皇家债务减免等措施得以保护。相关术语通常被翻译为"自由"(freedom),这比"解放"(liberation,来自临时奴役)更贴切。然而,从整个城市社区的层面来讲,"自由"是皇家对税收和兵役的豁免。城市反对民众的"自由"正是在捍卫自身的特权。换句话说,我们不能把中世纪的名言:"城市空气带来自由"用于古代社会。寻求个人自由的人们更多地在从城市逃往农村,即使是在像树木繁茂的山丘和干旱的草原般极端的环境下。[①]

参考文献

Adams, Robert McCormick, *The Evolution of Urban Society* (New York: Aldine de Gruyter, 1966).

Fentress, Elizabeth, ed., *Romanization and the City: Creation, Transformations, Failures* (Portsmouth, R. I.: Journal of Roman Archaeology, 2000).

Greco, Emanuele, and Torelli, Mario, *Storia dell'urbanistica: il mondo greco* (Roma-Bari: Laterza, 1983).

Kostof, Spiro. *The City Shaped: Urban Patterns and Meaning throughout History* (London: Thames & Hudson, 1991).

Marcus, Joyce, and Sabloff, Jeremy, ed., *The Ancient City: New Perspectives on Urbanism in the Old and New World* (Santa Fe: School for Advanced Research Press, 2008).

Novák, Mirko, *Herrschafts form und Stadtbaukunst* (Saarbrücken: Saarbrücker Druckerei und Verlag, 1999).

Osborne, Robin, and Cunliffe, Barry, ed., *Mediterranean Urbanization 800 - 600 BC* (Oxford: Oxford University Press, 2005).

Schlingloff, Dieter, *Altindische Stadt* (Mainz: Akademie der Wissenschaften, 1969).

Smith, Monica, ed., *The Social Construction of Ancient Cities* (Washington, DC: Smithsonian Institution, 2003).

Trigger, Bruce, *Understanding Ancient Civilizations: A Comparative Study* (Cambridge: Cambridge University Press, 2003).

Van de Mieroop, Marc, *The Ancient Mesopotamian City* (Oxford: Oxford University Press, 1997).

Wilhelm, Gernot, *Die Orientalische Stadt* (Berlin: Deutsche Orient-Gesellschaft, 1997).

Yoffee, Norman, *Myths of the Archaic State: Evolution of the Earliest Cities, States and Civilizations* (Cambridge: Cambridge University Press, 2005).

施 瑾 译 倪 凯 校

---

① Daniel C. Snell, *Flight and Freedom in the Ancient Near East* (Leiden: Brill, 2001).

第 10 章 宗教与礼仪

贝尔德

181　　宗教一词并不是一个明确的术语。不论我们是遵循涂尔干的的定义,即宗教"是社会自我呈现的一套信仰与实践",还是把宗教视为一种古代生活要素,这种要素在古代人看来或许是并不明显的一种现代归类,早期城市生活的方方面面都与宗教息息相关。宗教活动是早期城市组织的一个要素,文化、权力、宗教和社会之间错综复杂的关系也正是城市自身的一部分。①本章将研究宗教活动与城市形态的关系,以及仪式和典礼在早期城市中的发展。本章还将探讨仪式和典礼在城市景观中所刻画的意义,以及随着时间的推移二者间的交流在城市中所塑造的宗教活动。本章不仅重点介绍古代地中海和近东地区的城市,还涉及其他地区早期城市的研究,其中包含关于中美洲和中国早期城市的对比论证。

　　我们在早期城市环境方面的研究所需要解决任务之一就是怎样调和各种考证资料。它们来自于包括古代的原始文献和考古遗迹等。这些材料都呈现出古代城镇的不同面貌,并且往往不同于地形图上的城镇:现实存在的城市和文字描述中的城市是不同的。城市是许多宗教活动的中心,它不仅满足了市民的需求,而且还成为其他人朝圣的地方。城市是一个衡量仪式和典礼的有用尺度,因为它们能够评估空间格局,并且代表城市宗教生活和城市生活的交流方式。

　　本章将通过对几个主题的研究来探讨早期城市中的宗教以及城市如何塑造宗教。首先,我们将通过宗教的空间性来探索早期城市宗教信仰的出现。然后讨论宗教的时间性,以及宗教历法和节日如何构成城市

182　日常生活的框架。其次,通过将时间和空间的结合来研究城市的宗教组织,并涉及宗教因素塑造的早期城

市形态,以及从城市之间的节日和朝圣来看待宗教运动。最后本章将讨论城市宗教社区,以及不同宗教的社区是如何在城市空间中共存或是如何使城市空间成为有争议的地方。

早期城市中宗教的空间性

　　在研究早期城市的宗教空间时,通过考古学的复原和一些已知的文本都是我们理解宗教在早期城市环境中如何发挥作用。早期城市宗教信仰的最明显的证明就是圣殿(参见本书第 9 章,列维拉尼关于无所不在的寺庙的论述)。几乎所有早期城市都有圣殿,但是它们的形式有很大的差异。美索不达米亚独特的寺庙是一个特有的城市现象,其中包括许多的建筑群。它们规模庞大,并且在政治、行政和经济领域具有超越现在被认为是"宗教"的作用(参见本书第 2 章)。② 献祭的祭坛是希腊和罗马的圣殿不可或缺的因素,并且圣殿的形式是多种多样的,它可以是宏伟庙宇中独特的圣所(temenoi),也可以变成城市的公共场所中普遍而简易的祭坛。③

　　在现代人看来帕特农神庙和万神殿可能受到了古代宗教的影响,但是也说明了这种影响与古代城市生活是息息相关的。通常在我们能够辨识的宗教中,是没有"世俗"空间的。在圣所之外的空间中,宗教已经遍布城市各处。例如每个城市都有守护神。游行庆典是街头的宗教活动,婚礼和葬礼是宗教庆典的组成部分。城市的分界线是仪式的分界线。城市的建筑,包括档案馆、法院和会议场所,通常都有自己的守护神。

　　① George L. Cowgill, 'Origins and Development of Urbanism: Archaeological Perspectives', *Annual Review of Anthropology*, 33 (2004), 525 - 549.

　　② Marc Van De Meiroop, *The Ancient Mesopotamian City* (Oxford: Oxford University Press, 1997), 215.

　　③ John Pedley, *Sanctuaries and the Sacred in the Ancient Greek World* (Cambridge: Cambridge University Press, 2006).

家庭也受到神的庇护,体现在人们房屋中或者在壁炉旁供奉神龛。① 日常生活和时间本身都是被一年当中节日的日历所决定。

城市空间与宗教产生联系的一根纽带之一就是仪式和典礼。在一些最早的城市中,公共场所举行的宗教庆典是形成"广场"(place)的重要因素之一,并且也是创造城市集体记忆的场所。"广场"是生活经验的场所,不仅仅为人类活动提供场所,还是一个随着时间的推移,通过在那里的人类活动而变得充满意义的地方。② 在美索不达米亚的巴比伦,举行阿凯图节(Akitu)的节日庆典时会涉及神像的游行,而这也是公众在一年中唯一能见到这种景象的时刻。③ 这样的场合不仅是一次展示神的机会,而且还能为社会成员提供一个大家一起感同身受的场所。在罗马早期,广场对罗马宗教的重要性有着不同寻常的意义。历史材料中一个众所周知的例子就是李维所写的关于罗马从公元前 390 年遭到高卢人劫掠到公元 1 世纪时期的这段历史。李维笔下的卡米鲁斯(Camillus)将军的演说词中,他拒绝把首都从罗马迁移到另外一个地方,支撑他这个论点的基础就是神和宗教仪式是与特定的广场绑定在一起的(5.52.2)。关于非洲早期宗教祭祀活动中心的内容参见本书第 4 章。

城市的界限通常都有宗教意义,并且城市的边界或者防御工事常常也是带有宗教色彩的边界。巴比伦有许多的城墙,包括内城墙和外面的一系列防御工事,这些城墙被希罗多德描述为空间十分宽大,一辆四匹马拉着的战车可以在上面穿过并且能够掉头(Hdt. 1.179)。这些城墙不仅保护了城市,并且把城市与充斥着野蛮人和一些牛鬼蛇神的乡村相分离。④ 城市边界的象征意义和宗教意义也可以从罗马城神圣的边界线(pomerium)中反映出来,从虚构的神话到城市的建

立,罗马一直是由一堵神圣的围墙保护着的。以此为基础,这条界线到罗马帝国时期完全成形,这条神圣的边界一直扮演着重要的角色,并且在罗马城拓展到远远超过这一界限后仍然保护着罗马城。在某些方面它也标志着罗马与非罗马的边界,当奥古斯都取缔在界限内埃及的异教时,并不是出于对外国宗教活动的敌视,而是强调在动荡时期什么才是最代表罗马的,并用这种方式强调罗马的同一性。⑤

城市也是神的家园。这或许意味着一个城市受到保护神的庇佑,例如女神雅典娜通过赢得与波塞冬的竞争,获取了市民对她的支持,最后成为了雅典城邦的守护神。在美索不达米亚地区,城市是神灵的住所,也得到神灵的庇护,例如当一个城市的神灵的雕像被敌人缴获时,那么这就意味着这座城市将会陷入混乱。相反,军事失败在文本中被记录为是因为城市的守护神离开了他所庇护的城市而造成的。根据公元前 12世纪的《创世史诗》来看,巴比伦这座城市是专门为马杜克(Marduk)作为他对其他神灵统治的回报而建。当马杜克的雕像从巴比伦失踪时,新年的庆祝节日也就不会再举办。⑥ 正如所有城市都有守护神一样,城市本身也可以成为神圣的化身。因此我们使用浮雕来展现罗马,从人格化的罗马,到女性化的昔兰尼(Cyrene)或是出现在雕塑作品中的安条克和她的金城冠(mural crown),都体现了城市的美德或者城市本身是可以受到人们崇拜的。⑦

宗教活动和节日也可能在城市产生有争议的空间。例如,地母节(Thesmophoria)作为雅典和其他地方祭祀得墨忒耳女神(Demeter)的一部分,通过在公共场所而不是在家中创造女性的空间以此来颠倒性别规范。

① David G. Orr, 'Roman Domestic Religion: The Evidence of Household Shrines', Aufsteig und Nierdergang der romischen Welt, II.16.2 (1978), 1557-1591; Karel Van Der Toorn, 'Domestic Religion in Ancient Mesopotamia', in Klass R. Veenhof, ed., Houses and Households in Ancient Mesopotamia. Papers Read at the 40e Recontre Assyriologique Internationale Leiden, July 5-8, 1993 (Istanbul: Nederlands Historich-Archaeologisch Instituut, 1996), 69-78.

② Tim Ingold, The Perception of the Environment: Essays in Livelihood, Dwelling and Skill (Abingdon: Routledge, 2000), 54,192.

③ Julye Bidmead, The Akitu Festival: Religious Continuity and Royal Legitimation in Mesopotamia (Piscataway, N.J.: Gorgias Press, 2002), 14; Benjamin D. Sommer, 'The Babylonian Akitu Festival: Rectifying the King or Renewing the Cosmos', Journal of the Ancient Near Eastern Society, 27 (2000), 87-95.

④ Marc Van De Meiroop, 'Reading Babylon', American Journal of Archaeology, 107/2 (2003), 265.

⑤ Mary Beard, John North, and Simon Price, Religions of Rome (Cambridge: Cambridge University Press, 1998), 177-181; Livy 1.44; Eric M. Orlin, 'Octavian and Egyptian Cults: Redrawing the Boundaries of Romanness', American Journal of Philology, 129 (2008), 231-253.

⑥ Van De Meiroop, The Ancient Mesopotamian City, 47-48.

⑦ Eireann Marshall, 'Ideology and Reception: Reading Symbols of Roman Cyrene', in Helen M. Parkins, ed., Roman Urbanism: Beyond the Consumer City (London: Routledge, 1996), 169-204.

早期城市中宗教的时间性

古代的历法是以宗教为主体的,并且穿插一些宗教节日,而这也将规律赋予了城市的生活,协调了日常生活的节奏以及神和自然世界的和谐。[①] 节日广泛地把历法、神灵、政治(例如当局颁布权威性的历法)和自然联系在了一起。在巴比伦的新年节日中,它的时节中就包含春分,它是创世之时的象征,年复一年,循环不已。通过寺庙的存在,它还证明了永恒性。[②] 除了历法时间的正规化之外,反复的宗教仪式也成为了一种使宗教日常化和宗教活动更具有组织性的方式。神圣的时间通过各种各样的方式渗透到日常生活之中。例如我们可以探究雅典的生产活动与泛雅典娜节(Panathenaia)息息相关的印有黑色图案的两耳细颈椭圆土罐,以及工匠和农民如何通过劳动生产陶瓷容器和增大陶器的容量。[③] 因此,节日历法中不断重复的宗教活动再次确认了超出宗教领域的社会行为。

节日并不是罕见的:雅典每年的节日总和为120天,而这些节日可以视作社区一级的宗教活动。生活和宗教已经互相融合,雅典的雅典娜节与粮食的生产周期以及天空中星座的运动联系紧密。[④] 由于历法是根据每个城市的宗教节日而定,每个希腊城邦都有自己的节日,并且它们已经融入了人们的生活之中,加强了社区认同,因此,当分析城市时间时,人们不仅以月亮的周期作为计算日期的依据,还可以从宗教节日的空间性入手进行分析。[⑤]

所有的早期城市都拥有属于自己的创始神话(foundation myth),通过这些神话把宗教塑造成社会实体和景观场所以获得合法性。这是创建城市认同的基础之一,也是区分一个城市与其他城市的途径之一。在罗马,从萌芽到城市形成的纪年是基于《建城以来史》的。传说中的罗慕路斯和雷慕斯是罗马社会借鉴其历史来定义其身份的一把钥匙,也是现实中的城市以传说中的那座城市作为根基的一种方式。在公元前4到前3世纪的时候,罗马正在计划自己的扩张,正巧这个神话出现了,而它的出现可以说是迎合了时代的要求。[⑥] 虽然我们无法得知是不是负责占卜的预言家(他们以动物的内脏来占卜)来决定一座新城市及其寺庙的位置(维特鲁威,《论建筑》I.4),但是值得注意的是,公元1世纪的一位作家写道,这对城市的基础建设有所帮助,同时也考虑到了气候、空气质量和供水的因素。我们都知道,人们许愿时奉献的资金是建立新城市中心的一部分,并且这种类似城市基金会的组织既有宗教性质也有实用性质。[⑦]

通过参照许多城市的历法而被创造出来的罗马城历法可以看到一年中被列出的节日。这些资料不仅包含对罗马的历史影响较大的节日,而且也展现了法庭和元老院等罗马的公共机构所受到的制约。因此,制定历法的祭司确保了宗教对公共时间的控制。[⑧] 在公元4世纪中叶,罗马历法的手抄本记录了异教徒和基督教的节日,以及主教和殉道者的祭礼同普遍的贵族文化融为一体的情况。基督教将会主宰公元4世纪的后半叶,古老的节日从日历中消失,取而代之的是包含了复活节的日历。虽然一些异教徒的节日仍在顽强地延续着,并且基督徒和异教徒之间的界限也变得颇为模糊,但是城市生活已经开始受到喜好基督教的皇帝的控制。[⑨]

---

① Robert Hannah, *Time in Antiquity* (London and New York: Routledge, 2009), 27.

② Van De Meiroop, 'Reading Babylon', 270 - 271.

③ Lin Foxhall, 'The Running Sands of Time: Archaeology and the Short-Term', *World Archaeology*, 31 (2000), 488 - 489.

④ Louise Bruit Zaidman and Pauline Schmitt Pantel, *Religion in the Ancient Greek City* (Cambridge: Cambridge University Press, 1992), 104. 关于雅典历法,参见 Stephen Lambert, 'The Sacrifi cial Calendar of Athens', *Annual of the British School at Athens*, 97 (2002), 353 - 399; Noel Robertson, 'Athena's Shrines and Festivals', in Jenifer Neils, ed., *Worshipping Athena* (Madison: University of Wisconsin Press, 1996), 28; Efrosyni Boutsikas, 'Astronomical Evidence for the Timing of the Panathenaia', *American Journal of Archaeology*, 115 (2011), 303 - 309.

⑤ Walter Burkhert, *Greek Religion*, trans. John Raffan (Cambridge, Mass.: Harvard Univeristy Press, 1985), 225.

⑥ 传统上所认为的建城日期是公元前753年,简写为AVC,李维里程碑式的史书也是以此为题的,*Ab urbe condita libri*. T. J. Cornell, *Th e Beginnings of Rome* (London: Routledge, 1995); Christina S. Kraus, '"No Second Troy": Topoi and Refoundation in Livy, Book V', *Transactions of the American Philological Association*, 124 (1994), 267 - 289; Gary B. Miles, 'Maiores, Conditores, and Livy's Perspective on the Past', *Transactions of the American Philological Association*, 118 (1988), 185 - 208; T. P. Wiseman, *Remus* (Cambridge: Cambridge University Press, 1995).

⑦ Peter Woodward and Ann Woodward, 'Dedicating the Town: Urban Foundation Deposits in Roman Britain', *World Archaeology*, 36/1 (2004), 68 - 86.

⑧ Agnes Michels, *The Calendar of the Roman Republic* (Princeton: Princeton University Press, 1967); Beard, North, and Price, *Religions of Rome*, 24 - 25.

⑨ Michele Renee Salzman, *On Roman Time: The Codex-Calendar of 354 and the Rhythms of Urban Life in Late Antiquity* (Berkeley and Los Angeles: University of California Press, 1990), 189, 96 - 98.

城市的宗教组织

城市的边界并不是宗教对城市的形成产生影响的唯一途径。宗教的游行活动也影响了城市的地貌。例如巴比伦的游行活动，就导致城外的新年宫殿形成了一条又长又直的大道，这条大道穿过伊什塔尔（Ishtar）城门一直到城内的马杜克神庙。道路是游行的关键，作为新年节日庆典的一部分，不仅带有浓浓的"年味儿"还标志着马杜克神作为守护神的地位和国王作为大祭司的权威。这可能是一年当中城市居民唯一能看到神的雕像和国王的时间，当然他们也能看到游行队伍中放置于战车之上的其他城市的神像，以及一些战利品和祭品。游行不仅是以整个城市作为背景来进行，在它结束之后仍对整个城市有着影响。沿着这条用石板铺成的道路的两旁有一些不易被人发现的石碑记录着这条路曾用于马杜克的游行，它曾经被巴比伦的尼布甲尼撒王命令用石灰铺满这条路。① 物质的城市、国家与宗教的力量是不可分割的，这样的游行加强了社会凝聚力，其表现出的权威性使街道也获得非凡的意义（参见本书第2章）。

作为宗教节日庆典中必不可少的游行，深刻地影响了城市的地形。相反，城市自身的发展则是影响城市自然地貌的一个环节。城市内的宗教游行是公民和宗教人士行使自己权力的一种手段。例如，在小亚细亚半岛罗马治下的以弗所城中有一段公元2世纪早期的希腊铭文详细地记录了在每年特定的时候，人们会携带雕像沿着城市中特定的路线进行游行。这些雕像包括罗马皇帝、传说中的城市创始人和该城市的守护神——阿尔忒弥斯（Artemis）。这项活动不仅展示了神灵，而且还是以弗所的宗教遗产和代代相传的市民习俗，而参加游行的人又以男性中的青少年（ephebes）为主。在铭文中经常可以发现对凯旋式中游行队伍的记录，这种游行在某种意义上也算是一种场所营建的实践活动。例如，当宗教游行的仪式表演开始在城市的某些地方举行时，它遵循的顺序是从国家的广场开始，以有关城市诞生的神话中所涉及的地点附近为终点。② 可以看出游行队伍依赖于城市的宗教仪式、神话和市民，并且最后和它们一起成为了城市景观的一部分。

在希腊，例如人们在谈泛雅典娜节举行的祭祀游行则是从城市的边缘地区到城市的中心，这种穿越城邦的作法象征着对城市空间的征服。在其他地方，例如酒神节的游行则是从城镇之外开始，而那里或许可以被称为圣殿的场所则通过一些追随者把这种原则用于城市空间的扩大。③ 一些宗教活动把城市和它的领土联系在了一起，例如对得墨忒尔的崇拜；在城市每年举行的伊洛西斯（Eleusis）神秘宗教活动中，游行队伍从雅典启程，一直到雅典城门之外15英里的伊洛西斯。④ 雅典的雅典娜节日大道是一条以泛雅典娜节命名的大道，它的历史可以追溯到曾经的一条穿过广场而抵达城市中心的道路，在修建卫城之前，它一直是城市宗教的中心。人们一般认为，著名的帕特农神庙的大理石雕塑展示了游行的许多内容，也展示了诸多参与者的风貌，从搬运祭品的人，到市政官员，以及神灵本身。⑤ 通过这种游行把民众都聚集在一起，展现了一幅符合民众理想的画面，从市民领袖到工匠艺人，也

① Van De Meiroop, *The Ancient Mesopotamian City*, 78；Van De Meiroop, 'Reading Babylon', 267-272。太阳的宗教和象征意义或许同样影响了美索不达米亚城市的布局，参见 Mary Shepperson, 'Planning for the Sun：Urban Forms as a Mesopotamian Response to the Sun', *World Archaeology*, 41/3（2009），363-378。

② G. M. Rogers, *The Sacred Identity of Ephesos：Foundation Myths of a Roman City*（London：Routledge, 1991）；Cecelia Feldman Weiss, 'Bodies in Motion：Civic Ritual and Place-Making in Roman Ephesus', in Kathryn Lafrenz Samuels and Darian Totten, eds., *Making Roman Places*, *Past and Present*（Portsmouth, R. I.：JRA Supplemental Series Number 89,2012），51-63。关于仪式的考古研究，参见 Colin Renfrew, 'The Archaeology of Ritual', in Evangelos Kyriakidis, ed., *The Archaeology of Ritual*（Los Angeles：Cotsen Institute of Archaeology, 2007），109-122。

③ Fritz Graf, 'Pompeii in Greece. Considerations about Space and Ritual in the Greek Polis', in Robin Hagg, ed., *The Role of Religion in the Early Greek Polis*（Proceedings of the Third International Seminar on Ancient Greek Cult, Organized by the Swedish Insititute at Athens, 16-18 October 1992. Acta Instituti Atheniensis Regni Sueciae, Series 80, xiv；Stockholm：Paul Astrom Forlag, 1996），58-60。

④ Susan Guettel Cole, 'Demeter in the Ancient Greek City and Its Coutryside', in Susan E. Alcock and Robin Osborne, eds., *Placing the Gods：Sancturaries and Sacred Space in Ancient Greece*（Oxford：Oxford University Press, 1996），199-216；Noel Robertson, 'The Two Processions to Eleusis and the Program of the Mysteries', *The American Journal of Philology*, 119/4（1998），547-575。

⑤ John Camp, *The Archaeology of Athens*（London：Yale University Press, 2001）；W. R. Connor, 'Tribes, Festivals and Processions：Civic Ceremonial and Political Manipulation in Archaic Greece', *Journal of Hellenic Studies*, 107（1987），40-50。有关对雕像的神话学解释，参见 Joan B. Connelly, 'Parthenon and Parthenoi：A Mythological Interpretation of the Parthenon Frieze', *American Journal of Archaeology*, 100.1（1996）53-80。有关雕像和游行，参见 Jenifer Neils, 'Pride, Pomp, and Circumstance. The Iconography of Procession', in Jenifer Neils, ed., *Worshipping Athena*（Madison：University of Wisconsin Press, 1996），177-197。

展示和巩固了当时社会阶层的等级制度。① 希腊的宗教是一种公共的活动，并且"城邦是表现出宗教凝聚力的关键"。② 类似雅典娜节日这样的节日，也会允许一些处于城邦边缘的政治群体参加，例如妇女和外邦人士。游行允许一些宗教团体直接参与，而宗教团体的成员能接触到城市的形态。

游行的道路和组织受到城市形态的塑造和约束，但是它们也影响了城市的环境。例如罗马世界东部城市帕尔米拉（Palmyra）的柱廊街道被认为是游行活动所产生的结晶。③ 在雅典，普罗彼拉伊阿（Propylaia）是通往卫城的巨大门户，它的部分建筑是为了卫城中庆祝泛雅典娜节的游行队伍而设计的。④ 对罗马来说，游行被描绘于早期时期。罗马的凯旋仪式的游行与城市环境的形态有关，游行的路线根据当地的广场和整体空间而规划，这使得城市本身变成了这种游行的记忆场所。⑤ 随着时间的推移，除了对建成环境产生了影响外，这种城市的发展也变成了一种传递社会记忆的手段，而这也和上文所讨论的记录和运用历法系统的实践不谋而合。⑥

187 游行活动并不是古代城市地貌与古代宗教相融合的唯一途径。宗教可能影响了城区内居民点和城镇规划的布局。在叙利亚的帕尔米拉，原始的定居点到了罗马时期逐渐发展成为围绕着圣所而建的城市：在城镇的街道和建筑中仍能看到一些保留下来的原始且不

规则的居民点的一些痕迹。城市的规划根据不同宗教的时间顺序来对它们加以保护，例如美索不达米亚地区本土的一些历史久远的宗教团体位于老城区，一些新出现的宗教组织则会出现在郊区。⑦ 巴比伦的马杜克神庙，不仅仅是城市组织的一部分，在人们的观念中它也代表着城市。⑧

奥古斯都以宗教为基础，使罗马城变得井井有条，他把城市的区域划分为各种街道。在街道的十字路口有家庭守护神拉尔（Lares）的圣祠。在诸如庞贝这样的城市中，街道的宗教活动十分明显。人们会在祭坛上面刻画拉尔神，而这也似乎标志着街道之间的界限。⑨

如果再把目光转向早期中美洲的城市，有人认为玛雅的城市布局受到了天文学的影响。在它的市政规划中不仅体现出了政治权威，还体现出了宇宙的一些原理（比如用城市的轴线代表太阳和银河的路径），而这赋予了城市空间神圣的权力。⑩ 墨西哥中部的特奥蒂瓦坎的城市设计被认为是它的建立者在刻意传达出其世界观。位于墨西哥盆地中央位置的这座城市比该地区的其他城市都要大好几倍，在公元3世纪的时候人口达到高峰，居民数量达到十万左右。它通过一条运河把城市划分为南部"水深火热的下层世界"和北部"从下层世界到天堂的通道"，而在城市举行庆典活动

① Lisa Maurizio, 'The Panathenaic Procession: Athens 'Participatory Democracy on Display?', in Deborah Boedeker and Kurt A. Raaflaub, eds., *Democracy, Empire and the Arts in Fifth-Century Athens* (Cambridge, Mass.: Harvard Univeristy Press, 1998), 307.

② 引自 Francois De Polignac, *Cults, Territory, and the Origins of the Greek City-State*, trans. Janet Lloyd (Chicago: University of Chicago Press, 1995), 78。

③ Susan B. Downey, 'Colonnaded Streets in the Greek East', *Journal of Roman Archaeology*, 14 (2001), 641 - 642。概览式的解读，参见 Ted Kaizer, *The Religious Life of Palmyra* (Stuttgart: Franz Steiner Verlag, 2002), 42, 200 - 202。

④ R. A. Tomlinson, 'The Sequence of Construction of Mnesikles' Propylaia', *Annual of the British School at Athens*, 85(1990), 408.

⑤ Beard, North, and Price, *Religions of Rome*, 40; Mary Beard, *Roman Triumph* (London: Belknap Press of Harvard University Press, 2007); Diane Favro, 'The Street Triumphant: The Urban Impact of Roman Triumphal Parades', in Zeynep Celik, Diane Favro, and Richard Ingersoll, eds., *Streets: Critical Perspectives on Public Space* (Berkeley: University of California Press, 1994), 152 - 153.

⑥ Paul Connerton, *How Societies Remember* (Cambridge: Cambridge University Press, 1989).

⑦ Michael Sommer, 'Palmyra and Hatra: "Civic" and "Tribal" Institutions at the Near Eastern Steppe Frontier', in Erich S. Gruen, ed., *Cultural Borrowings and Ethnic Appropriations in Antiquity* (Stuttgart: Franz Steiner Verlag, 2005), 288; Ernest Will, 'Le developpement urbaine de Palmyre: temoignages epigraphiques anciens et nouveaux', *Syria*, 60(1983), 69 - 81; Ted Kaizer, 'Introduction', in Ted Kaizer, ed., *The Variety of Local Relgious Life in the Near East in the Hellenistic and Roman Periods* (Leiden: Brill, 2008), 26.

⑧ Van De Meiroop, 'Reading Babylon', 263.

⑨ J. B. Lott, *The Neighborhoods of Augustan Rome* (Cambridge: Cambridge Univeristy Press, 2004); Ray Laurence, *Roman Pompeii: Space and Society* (London: Routledge, 1994), 41 - 42.

⑩ Wendy Ashmore and Jeremy A. Sabloff, 'Spatial Orders in Maya Civic Plans', *Latin American Antiquity*, 13.2 (2002), 201 - 215。相关评论，参见 Michael E. Smith, 'Can We Read Cosmology in Ancient Maya City Plans? Comment on Ashmore and Sabloff', *Latin American Antiquity*, 14/2 (2003), 221 - 228; Michael E. Smith, 'Form and Meaning in the Earliest Cities: A New Approach to Ancient Urban Planning', *Journal of Planning History*, 6/1 (2007), 3 - 47.

的地方，居于中心地位的是太阳金字塔。① 按照天文学的要求，城市许多的建筑物都位于北部偏东 15.5°的位置，这可能与宗教历法中的天文学因素有关。②

城市在某种意义上也可以被认为是一个整体的图景（imago mundi），反映出某种秩序（cosmos），而城市的建筑物和规划都表现出其居民的信仰。③ 中国古代城市也被认为在城市的布局中体现出宇宙的象征意义，而宗教仪式则被当作城市的先驱与内涵。宗教典礼是中国最早一批城市的重要活动之一，并且它对中国的城市规划有着非凡的意义，它把统治者置于他所控制区域的宗教仪式和政权的核心。城市的四面是地球和宇宙相对应的四个直角，城市的部分地区蕴含着宇宙的奥义。④

古埃及的城市在它们的布局中也有类似的象征意义。⑤ 在埃及南部的首都城市底比斯（Thebes），于公元前 14 世纪法老阿蒙霍特普三世（Amenhotep III）统治期间大兴土木。这包括对欧庇德（Opet）节和河谷（Valley）节游行活动的整改。在卡尔纳克神庙（Karnak）中就可以看出来受这两个节日影响的寺庙外观和游行方式。如果把底比斯的地形或者地貌看成一个整体的宇宙，那么其古迹就代表着宇宙的不同元素。尼罗河把底比斯划分为人间的底比斯和"天堂的"底比斯，节日中的游行则把二者联系在了一起。⑥ 整个城市把世俗的世界与天堂联系起来；通过建设城市中纪念统治者的建筑物和围绕这些建筑物的一系列游行活动的庆典仪式，统治者可以以此巩固自己的政治权力以及彰显他们与神的关系。底比斯并不是唯一的关于埃及宗教性质定居点的例子。埃赫那吞（Akhenaten）的首都阿玛尔纳（Amarna）建立于公元前 14 世纪，而这个首都城市的规划在一定意义上是埃赫那吞对阿吞神的崇拜带来的。在城市边界的石柱上能看出法老将整个城市包括宫殿、陵墓和寺庙的地方都划分为阿吞神的圣域。⑦ 将城市打造为圣域的规划并不常见，虽然如此，通过节日、游行和宗教生活中的其他侧面可以看出，世俗与日常生活的以及宗教方面的习惯影响了城市景观。

例如宗教游行活动，不仅对城市内部十分重要，对它们本身也有不寻常的意义，城市的网络也在各种文化宗教生活和日常生活中发挥了作用。例如泛希腊城邦同盟，一个在公元 2 世纪罗马皇帝哈德良统治时期建立的城市网络，其不仅是希腊各城邦联系的纽带还把皇帝置于人们的崇拜之中。这种宗教性质的城市网络带来了能够促进经济和创造文化的联系。⑧ 一些早期的城市也是朝圣之地。朝圣像游行活动一样，在

---

① 引自 Saburo Sugiyama, 'Worldview Materialized in Teotihuacán, Mexico', *Latin American Antiquity*, 4. 2 (1993), 103; George L. Cowgill, 'Teotihuacán: Cosmic Glories and Mundane Needs', in Monica Smith, ed., *The Social Construction of Ancient Cities* (London and Washington: Smithsonian Institution, 2003), 40。

② George L. Cowgill, 'Intentionality and Meaning in the Layout of Teotihuacán, Mexico', *Cambridge Archaeological Journal*, 10/2 (2001), 358 - 361; George L. Cowgill, 'The Urban Organization of Teotihuacán, Mexico', in Elizabeth C. Stone, ed., *Settlement and Society: Essays Dedicated to Robert McCormick Adams* (Los Angeles: Cotsen Institute of Archaeology, 2007), 261 - 295; George C. Cowgill, 'Teotihuacán as an Urban Place', in Alba Guadalupe Mastache, Robert H. Cobean, Angel Garcia Cook, and Kenneth G. Hirth, eds., *El Urbanismo en Mesoamerica/Urbanism in Mesoamerica*, vol. 2, (Mexico City and University Park, PA: Instituto Nacional de Antropologia e Historia and the Pennsylvania State University, 2008), 85 - 112.

③ Mircea Eliade, *The Sacred and the Profane. The Nature of Religion*, trans. Willard R. Trask (San Diego, New York, London: Harcourt Brace Jovanovich, 1957), 52.

④ Paul Wheatley, 'Archaeology and the Chinese City', *World Archaeology*, 2. 2 (1970), 159 - 185; Paul Wheatley, *The Pivot of the Four Quarters: A Preliminary Enquiry into the Origins and Character of the Ancient Chinese City* (Edinburgh: Edinburgh University Press, 1971); Nancy Shatzman Steinhardt, *Chinese Imperial City Planning* (Honolulu: University of Hawaii Press, 1990), 8 - 9.

⑤ Peter Carl et al., 'Viewpoint: Were Cities Built as Images?', *Cambridge Archaeological Journal*, 10/2 (2001), 327 - 365.

⑥ D. O'Connor, 'The City and the World: Worldview and Built Forms in the Reign of Amenhotep III', in D. O'Connor and E. H. Chine, eds., *Amenhotep III: Perspectives on His Reign* (Ann Arbor: University of Michigan Press, 1998), 154 - 156,163 - 171。O'Connor 主要以一份文献作为这个论点的基础，该文献是来自阿蒙霍特普纪念神庙的一块石碑。

⑦ Barry Kemp, 'The City of El-Amarna as a Source for the Study of Urban Society in Ancient Egypt', *World Archaeology*, 9. 2 (1977), 123 - 139; David P. Silverman, Josef W. Wegner, and Jennifer Houser Wegner, *Akenaten Tutankhamun. Revolution and Restoration* (Philadelphia: University of Pennsylvania Museum of Archaeology and Anthropology, 2006); Barry Kemp, 'Bricks and Metaphor', *Cambridge Archaeological Journal*, 10 (2000), 340,42.

⑧ Mary T. Boatwright, 'Hadrian, Athens, and the Panhellenion', *Journal of Roman Archaeology*, 7 (1994), 426 - 431; Panagiotis N. Doukellis, 'Hadrian's Panhellenion: A Network of Cities?', *Mediterranean Historical Review* 22/2 (2007), 295 - 308; Anthony Spawforth and Susan Walker, 'The World of the Panhellenion. I. Athens and Eleusis', *Journal of Roman Studies*, 75 (1985), 78 - 104; Anthony Spawforth and Susan Walker, 'The World of the Panhellenion: II. Three Dorian Cities', *Journal of Roman Studies*, 76 (1986), 88 - 105; A. J. S Spawforth, 'The Panhellenion Again', *Chiron*, 29 (1999), 339 - 352.

一年中特定的时期或者特定的季节举行，所以这种城市之间的活动也有着规律。哈特拉（Hatra）是几个世纪以来美索不达米亚地区最重要的城市，而其存在的原因似乎就是因为它是当时的宗教中心：①人们在那里发现了许多寺庙以及与宗教有关的文物，带有宗教色彩的铭文，在城市中心设有一个围墙和加固的避难所，这些都是为该区域的游牧人口和朝圣的人而建立的。②

早期美索不达米亚地区的城市尼普尔，它与巴比伦一样，是一个以信奉恩利尔神为主的宗教中心。朝圣者的目标自然是城市，因为城市作为一个神圣中心所具有的特性，尽管缺乏真正的政治或经济优势，但它从公元前5000年到伊斯兰时代一直存在着。宗教生活的坚韧性可以在一些寺庙中保持让人难以置信的持久力，包括对埃安纳女神的崇拜，其历史就可以追溯到几千年前。③

代表性的考古证据也能揭示早期城市中的宗教现象。在阿拉伯的一个小教堂里发现的一幅巨型马赛克，被称为"马达巴地图"（Madaba map）。它保存了近东许多城市在古代晚期的情形。它描绘了公元6世纪身处世界城市之林的耶路撒冷。④ 城市和小的城镇都在马赛克中被展现，在它们的城墙内，可以看到对包括耶路撒冷柱廊在内的中央纪念碑的描绘，马赛克的图案可能被绘制在朝圣者的地图上，并表现出了神圣的地理区域。城市之间的活动不仅是通过空间，而且也可以是在不同的地方之间，并且通过马赛克可以看出城市作为宗教场所的重要性。古代晚期的圣域是一个城市的世界，这些"圣域"则为居住在城市中的忠实信徒们创造出一个纯洁的宗教世界。⑤

城市环境中的宗教社区

古代世界的许多城市，充斥着不同的迷信活动与宗教习俗，即使是在包括基督教和犹太教在内的一神教崇拜最普遍的时期也是如此。在幼发拉底河流域的叙利亚中部古城杜拉-欧罗普斯（Dura-Europos），人们能够看到一座犹太教堂、一座基督教堂和一座密特拉神庙（Mithraeum）以及一些美索不达米亚和叙利亚本地的包括宙斯-迈吉斯托斯（Zeus Megistos）与阿塔加迪斯（Atargatis）在内的异教社区的身影，而人们可以看到它们出现在同一座城市之中。虽然其中的一些宗教社区具有排他性，但是并没有证据能证明在城市内部的这些社区不能共存，也没有证据能够证明这些社区在日常生活中受到隔离。一些居民参加多个教派组织的现象也是屡见不鲜，例如居住在杜拉-欧罗普斯的商人和来自叙利亚帕尔米拉草原的士兵，他们在社区中不仅崇拜自己的祖神，还参与到一些希腊和罗马的宗教活动中。⑥

在杜拉-欧罗普斯犹太社区的犹太教会中，人们至少都是会说两种语言的，我们还从中发现了希腊语和阿拉伯语的文本。⑦ 在遗迹中也可以看到拉丁文的铭

① Hendrik Jan Willem Drijvers，'Hatra，Palmyra，Edessa．Die Stadte Der Syrisch-Mesopotamischen Wust in Politischer，Kulturgeschichtlicher und Religionsgeschichtlicher Beleuchtung'，*Aufsteig und Nierdergang der Romischen Welt*，II．8（1977），799-906。有关古代朝圣的总体状况，参见 Jas Elsner and Ian Rutherford，eds．，*Pilgrimage in Graeco-Roman and Early Christian Antiquity*（Oxford：Oxford University Press，2007）。

② Lucinda Dirven，'Hatra：A "Pre-Islamic Mecca" in the Eastern Jazirah'，*ARAM*，18-19（2006-2007），366-367．

③ Van De Meiroop，*The Ancient Mesopotamian City*，215-228；G．Van Driel，'Nippur and the Inanna Temple during the Ur III Period'，*Journal of the Economic and Social History of the Orient*，38/3（1995），393-406；Mcguire Gibson，'Patterns of Occupation at Nippur'，in M．Dejong Ellis，ed．，*Nippur at the Centennial*（Philadelphia：University Museum，1992），33-54；Mcguire Gibson，'Nippur—acred City of Enlil：Supreme God of Sumer and Akkad'，*Al-Rafidan*，14（1993），1-18．

④ G．W．Bowersock，*Mosaics as History：The Near East from Late Antiquity to Islam*（Cambridge，Mass．，and London：Harvard University Press，2006），28，65-88．

⑤ O．A．W．Dilke，'Cartography in the Byzantine Empire'，in J．B．Harley and D．Woodward，eds．，*The History of Cartography Volume 1*（Chicago：University of Chicago Press，1987），258-275；Katherine M．D．Dunbabin，*Mosaics of the Greek and Roman World*（Cambridge：Cambridge University Press，1999），198-205；Yoram Tsafrir，'The Maps Used by Theodosius：On the Pilgrim Maps of the Holy Land and Jerusalem in the Sixth Century C．E．'，*Dumbarton Oaks Papers*，40（1986），129-145。关于迁移与位置，参见 Ingold，*The Perception of the Environment：Essays in Livelihood，Dwelling and Skill*，155。

⑥ Ted Kaizer，'Patterns of Worship in Dura-Europos．A Case Study of Religious Life in the Classical Levant outside the Main Cult Centres'，in Corinne Bonnet，Vinciane Pirenne-Delforge，and Danny Praet，eds．，*Les religions orientales dans le monde grec et romain：cent ans apres Cumont*（1906-2006）（Brussells，Rome：Institut Historique Belge de Rome，2009），153-172；Lucinda Dirven，*The Palmyrenes of Dura-Europos．A Study of Religious Interaction in Roman Syria*（Leiden：Brill，1999）．

⑦ Eric M．Meyers，'Aspects of Everyday Life in Roman Palestine with Special Reference to Private Domiciles and Ritual Baths'，in John R．Bartlett，ed．，*Jews in the Hellenistic and Roman Cities*（London：Routledge，2002），193-220；David Noy，'The Jews of Roman Syria：The Synagogues of Dura-Europos and Apamea'，in Samuel N．C．Lieu and Richard Alston，eds．，*Aspects of the Roman East．Papers in Honour of Professor Fergus Millar*（Turnhout：Brepols，2007），64．

文,它包含公元3世纪罗马军队在宗教建筑中的铭文,而在此期间,犹太教和基督教都在各自的建筑中进行宗教活动。所有这些都指向一个多语言和多元文化且许多宗教能够共存的城市。在杜拉-欧罗普斯,反映特定宗教观的并不是城市规划。正如之前讨论过的遗址一样,它存在一种相对"普世"的计划掩盖了只能从更微观的分析中才能识别的宗教多样性。① 这并不是说在杜拉城中没有明显能看到的带有宗教色彩的城市景观,实际上,融入许多圣殿中的塔楼使得它们在城市中显而易见。②

虽然这样的宗教多元化在一些城市取得了成功,但是在其他城市却失败了。罗马治下的亚历山大里亚就是这样的情况,犹太人被隔离到城市的特定区域,并在公元1世纪发生了反对犹太人的暴乱。犹太人随后被禁止进入剧院和市场,城市的公共广场成为了犹太首领饱受屈辱的场所。任何敢于挑战这种隔离空间的犯罪行为都将受到严酷的惩罚。③

190

宗教在社区中也扮演着其他的角色。例如献祭动物作为城市节日庆典的一部分,不仅能够取悦于高贵的神并将一些社区团结在一起,还能使社区的人们获得昂贵且富含营养的肉类,这些肉类只有联合社区中的许多人才能买得起。例如在泛雅典娜节中,有一个规模颇大的屠宰牲口的活动,以此来为市民提供食物。市民这种献祭动物的活动为大众的饮食提供了一个场所,并把公民与活动的参与者通过祭品与神联系起来。④

在古代晚期,基督教能够适应城市生活方式是确保其生存的原因之一,而许多城市也正是因为有教会的存在而留存下来。在古代晚期,东方的城市与西欧的城市相比显得更为成功,东方城市的特性在该地区发生了变化,其城市特性一直保存到伊斯兰时期(参见下文第14章,伊斯兰城市)。几个世纪以来,一些重要的城市宗教场所仍然在使用:在大马士革,一座建于公元1世纪的朱庇特神庙在公元4世纪变成了施洗者圣约翰的教堂,而在公元7世纪该城市被阿拉伯人占领时,基督徒和穆斯林都会在这里进行宗教活动。在这座清真寺的外墙部分,仍然能看到罗马神殿围墙中的古典石雕和圣约翰的圣祠,在今天它最后变成了倭马亚清真寺。⑤

结语

宗教是早期城市形成和发展的关键。宗教性质的圣所和寺庙是城市景观的核心部分,宗教也渗透在城市生活的方方面面中。宗教的游行活动遍及巴比伦、安条克和罗马等城市的街道。每支游行的队伍都是独一无二的,但是它们中的每一个活动的人都用相同的方式塑造了城市。在一些城市能够找到一些多元化的宗教社区,例如在杜拉-欧罗普斯。但是在包括耶路撒冷和亚历山大里亚在内的一些地方,共存最后演变成了排斥和暴力。

本章探讨了古代城市的宗教,并且在很大程度上我们认为宗教和城市是息息相关的:美索不达米亚的城市是宗教崇拜的中心,而在那些城市之外据我们所知并没有神殿存在。在古典时代也是如此,尽管此时的农村人口占据多数,但是希腊-罗马城市的宗教场所也分布于城市的外围,甚至一些农村的宗教场所都要依靠于城市。⑥

① J. A. Baird, 'The Graffiti of Dura-Europos: A Contextual Approach', in J. A. Baird and Claire Taylor, eds. , *Ancient Graffiti in Context* (New York: Routledge, 2010), 49 - 68; Richard N. Frye et al. , 'Inscriptions from Dura-Europos', *Yale Classical Studies*, 14 (1955), 123 - 213。有关杜拉的创建与规划,参见 Pierre Leriche, 'Le *Chreophylakeion* de Doura-Europos et la mise en place du plan Hippodamien de la ville', in Marie-Francoise Boussac and Antonio Invernizzi, eds. , *Archives et sceaux du monde hellénistique* (Paris: Bulletin de correspondance hellenique supplement 29, 1996), 157 - 169; Pierre Leriche, 'Pourquoi et comment Europos a été fondée à Doura?', in Pierre Brulé and Jacques Oulhen, eds. , *Escalavage, guerre, économie en grece ancienne. Hommages à Yvon Garlan* (Rennes: Presses Universitaires de Rennes, 1997), 191 - 210.

② Susan B. Downey, *Mesopotamian Religious Architecture. Alexander through the Parthians* (Princeton: Princeton University Press, 1988).

③ Richard Alston, 'Philo's *In Flaccum*: Ethnicity and Social Space in Roman Alexandria', *Greece and Rome*, 44 (1997), 165 - 175.

④ Zaidman and Pantel, Religion in the Ancient Greek City, 34; Marcel Detienne and Jean Pierre Vernant, *The Cuisine of Sacrifice among the Greeks* (Chicago: University of Chicago Press, 1989).

⑤ Hugh Kennedy, 'From Polis to Madina: Urban Change in Late Antique and Early Islamic Syria', *Past and Present*, 106 (1985), 3 - 27; Rene Dussaud, 'Le temple de Jupiter Damascenien et ses transformations aux epoques chretienne et musulmane', *Syria*, 3/3 (1922), 219 - 250; Oleg Grabar, 'La grande mosquee de Damas et les origines architecturales de la Mosquee', *Synthronon, Art et Archéologie de la fin de l'antiquité et du moyen âge* (Paris: Bibliotheque des Cahiers Archeologues, 1968), 107 - 114.

⑥ Van De Meiroop, *The Ancient Mesopotamian City*, 215; Pedley, *Sanctuaries and the Sacred in the Ancient Greek World*, 51 - 52; James Whitley, *The Archaeology of Ancient Greece* (Cambridge: Cambridge University Press, 2001), 294.

早期城市的宗教多样性和城市之间的差异是让人惊讶的。即使在古典世界之中，也有惊人的多样性。从雅典的卫城一直到整个大希腊地区城邦的神殿，从杜拉-欧罗普斯到美索不达米亚地区的城市中的庙宇，不论是古希腊-罗马还是犹太教或基督教，他们所崇拜的神都分散于城市的每一个角落。中美洲、美索不达米亚和地中海在很多方面并没有直接的可比性，但值得注意的是，无论是街道的形成还是圣殿或者其他建筑的建造，这些构成城市的重要因素都有可能涉及城市中的宗教信仰和宗教习俗。① 宗教节日中的游行也是公共宗教活动中经常见到的一种形式。市民和城市就好比是古代宗教的躯干，街道是它的血管，而历法和节日则是它跳动的心脏。

参考文献

Beard, Mary, North, John, and Price, Simon, *Religions of Rome* (Cambridge: Cambridge University Press, 1998).

Burkert, Walter, *Greek Religion* (first pub. in German as *Griechische Religion der archaischen und klassischen Epoche*, Stuttgart: Verlag W. Kohlhammer, 1977; Cambridge, Mass.: Harvard University Press, 1985).

Insoll, Timothy, *Archaeology, Ritual, Religion* (London: Routledge, 2004).

Pedley, John, *Sanctuaries and the Sacred in the Ancient Greek World* (Cambridge: Cambridge University Press, 2006).

Smith, Monica, ed., *The Social Construction of Ancient Cities* (London and Washington, D. C.: Smithsonian Institution, 2003).

Thesaurus cultus et rituum antiquorum (Los Angeles: Getty Publications, 2004 – 2006).

van de Meiroop, Marc, *The Ancient Mesopotamian City* (Oxford: Oxford University Press, 1997).

Wheatley, Paul, *The Origins and Character of the Ancient Chinese City* (First pub. as *The Pivot of the Four Quarters*, Edinburgh: University of Edinburgh Press, 1971; Somerset, N. J.: Aldine Transaction, 2008).

Zaidman, Louise Bruit, and Pantel, Pauline Schmitt, *Religion in the Ancient Greek City* (First pub. in French as *La Religion grecque*, Paris: Armand Colin Editeur, 1989; Cambridge: Cambridge University Press, 1992).

滕子辰 译 陈 恒 校

---

① 关于跨文化的讨论，参见 Carl et al. , 'Viewpoint: Were Cities Built as Images?'; Cowgill, 'Origins and Development of Urbanism: Archaeological Perspectives'。

第 11 章 规划与环境

有关早期城市的特点，人们所描述的一个关键特征是，它具有一个集中的组织结构，该结构往往与街道的棋盘式规划，或是作为住宅的不同的城市区域规划有关，亦或是和相关的工艺制造相联系。本章将要把我们所理解的地中海地区的希腊和罗马城市的规划作为起点，从我们比较熟悉的"西方"传统的城市规划转到对帝制中国城市这个我们不那么熟悉的领域研究。这种方法带有比较性，力图把地中海的城市和毗邻的更广泛的罗马帝国与帝制中国下的城市进行比较（调研地中海和中国城市的发展，参见本书第 3 章和第 6 章；也可参见区域地图 I.1，I.5）。比较研究的时期跨度很长，其间有关城市的记载伴随着一些对城市的考古调查得以幸存下来。该方法不能映射到缺乏书面说明的城市规划或是以文本形式展现的城市环境的文化之中。应该说，从一开始，古典地中海地区的城市和那些帝制中国的城市就来自完全不同的文化，然而共同的规划重点产生的结果在空间上是相似的，与此同时，又与完全不同的政治、社会重点的设定相联系。进行这个比较困难重重。按时间顺序而言，希腊、罗马城市的范围从公元前 6 世纪到公元 6 世纪，而这里所讨论的中国城市的时间范围从公元前 6 世纪到公元 9 世纪。我们还必须考虑技术发展在时间顺序上的差异，例如，窗户玻璃的广泛采用发生在公元 1 世纪的地中海，然而中国在公元 7 世纪才对此有所涉及。在人口结构的增长上也存在着根本的差异，中国和罗马在公元 2 世纪拥有相似的人口数：6000 万。但后来中国人口持续增长，到公元十世纪已经增长到了 8000 万；而罗马经历了人口下降，今天我们可以联想到的是因为公元 160 年之后一个世纪里"瘟疫"的影响所导致的。[①]

然而，当我们从西方到东方，再回过来继续做这个比较时，我们有可能在这两个帝国的背景下阐明规划对城市形式的组织的重要性。通过这次对于规划的审视思考，本章继而着眼于庞贝小城的城市环境相较于罗马城市的变化。 198

从古代城镇规划到城市的异位

能够说明那些对古代城市的研究已经成功地把规划与古代对于环境的理解联系起来当然最好。然而，事实并非如此。规划，尤其是在新城市的棋盘式街道布局的发展下，已然被视作一种积极的力量；而环境以及对在这种环境中的城市生活的批判在大都市中被认为简直糟糕透了。需要被认知的是，认为规划与环境条件相关的文献来源并没有从古代幸存下来。这个因素造成了一种情况，即与环境条件相关的规划或规划的缺失并不是基于原始数据的缺失，而是基于现代作家对于古代城市的解释性框架。在幸存下来的古代文本里的形式中，这种分裂可能表明规划和现存的城市形态之间没有关系。相反，规划被视作是与新城市的奠基相连的一个过程。

继英国 1910 年《城镇规划法》(Town Planning Act) 颁布之后，英国皇家建筑师学会举行了一个城镇规划会议，并附有帕特里克·格迪斯(Patrick Geddes)组织的一个展览。这一事件具有标志性意义，意味着规划主题与古代城市相连，并理应获得一些评论以揭示该事件如何塑造了对于古代规划的讨论。作为会议的一部分，一个关于古代城市规划的部分由设计好的关于古代城市规

---

① George William Skinner, ed., *The City in Late Imperial China* (Palo Alto, Calif.: Stanford University Press, 1977), 19; Walter Scheidel, 'A Model of Demographic and Economic Change in Roman Egypt after the Antonine Plague', *Journal of Roman Archaeology*, 15 (2002), 97-113. Walter Scheidel, *Rome and China. Comparative Perspectives on Ancient World Empires* (Cambridge: Cambridge University Press, 2009), 其中有最近盛行的对罗马和古代中国的比较。

第 11 章 规划与环境 **121**

划的幻灯片加以说明，它利用最近的发掘试图定义城市的范围和街道网络（例如锡尔切斯特[Silchester]）。卡姆登（Camden）古代史教授弗朗西斯·哈弗菲尔德（Francis Haverfield）在他的《古代城镇规划》（Ancient Town Planning）中收集了关于罗马和希腊的材料，该书出版于1913年。对于他的定义来说，城市规划的基础是直线型的街道以及在直角处街道的交汇。[①] 有趣的是，城市在古典希腊就已然存在，但未被界定为是规划而成的，根据亚里士多德的权威著述可知，公元5世纪米利都的希波达莫斯是把城市规划发展为围绕广场（agora）的网状街道的第一人。[②] 规划城市在地中海的考古遗址中发掘出来，与亚历山大统治下的马其顿征服小亚细亚之后建立的城市联系尤为密切。对于哈弗菲尔德而言，罗马人继承了希腊化理想的规划城市，并将其发展壮大，通过两条主干线（东西主道[Decumanus Maximus]和南北主道[Cardo Maximus]）把城市分为四个部分。有趣的是，哈弗菲尔德也看到了城市规划在中国的复苏，诚然，这位于附录中并认为这些规划与马其顿和罗马城市的发展中有一些趋同的地方。重要的是，他并没有把这些遥远国家的直线型城市中网格衍通的存在视作发展的共同起源。相反，他把这两种现象视作是相似历史条件下的发展，即面对野蛮敌人的文明帝国。[③]

与古代城市规划概念的发展相关的是关于早期城市，尤其是罗马城市的居民的生活条件的文学作品。刘易斯·芒福德（Lewis Mumford）在他著名的作品《城市发展史》中把罗马城市作为一个隐含的参照点，以此来区别战后新城镇（例如斯蒂夫尼奇[Stevenage]）和现代大都市；罗马的殖民地规划映射出了对新城镇优点的感知，然而古罗马却被视作涵盖了现代都市中所有已然腐朽或即将腐朽的内容。[④] 透过对拉丁文学的精心利用，对大都市生活的评判（目的是消遣），芒福德创造了一个

反乌托邦式的罗马，它太大了，是人满为患，是不卫生的。这也是被许多历史学家挑选的主题——尤其是亚历克斯·斯科比（Alex Scobie）的于反城市的拉丁文学文本和对恶劣生活条件的现代定义比较。[⑤] 从事文学作品研究，并且能够正视在特定种类文学作品中找寻到支持这些解释的历史条件的问题在于：文学不是统计学，受制于对生存的幻想，它与现实生活条件的联系仍然是一个未知数。这并不是说，伴随着从公元前200年到公元2世纪60年代，每个世纪的人口数成倍增长，生活在罗马是一种环境宜人的体验。然而，人们不断地移居到罗马，想必是认为相较于他们所来自的那个城市，罗马是一个更好的选择。至少，重要的是，罗马的城市环境受制于一系列的法律措施。例如，为了确保街道的清洁，确保饮用水不受污染，确保建筑物的高度受到限制。[⑥] 我们如何衡量不同于文献证据的法律证据仍然是一个不太确定的问题。

早期帝国中作为一种文化形式的棋盘式街道布局

城市中街道以直角的形式交汇，城市街区周围被安置了庭院和/或花园，这类规划的产生是书中所记载的希腊和罗马的古代城市特征。罗马创立的城市是通过测量师使用格鲁玛（groma）——一种呈垂直排列的有四个基本方位的测量仪器——选一个中心点开始布局。通过对准这些点，测量师可以由此设置出直线网格，并按照地形学特征——例如河流（如在波尔多），对这些网格进行排列。当然，还有其他的方式来实现类似的结果。中国著作《周礼》的最后一节被称为"考工记"，其讨论了城市的基础与设计，其中包括了一份对于古代中国城市勘测的叙述。[⑦] 中国与罗马所采用的

① Francis Haverfield, Ancient Town Planning (Oxford: Clarendon, 1913).

② 亚里士多德在《政治学》一书中就把现代规划的起始区别于没有直线型街道的比雷埃夫斯以及更早的城市，参见 Aristotle, Politics, 2.1267b, 7.1330b。Guy Métraux, Western Greek Land-Use and City-Planning in the Archaic Period (New York: Garland Press, 1978)是关于更早期的规划形式的著作。

③ John Ward-Perkins, Cities of Ancient Greece and Italy: Planning in Classical Antiquity (New York: G. Braziller 1974), 8 - 9, 与此有许多共同点的是 Ferdinando Castagnoli, Ippodamo di Mileto e l'urbanistica a pianta orthogonale (Rome: De Luca, 1956); Eddie J. Owens, The City in the Greek and Roman World (London: Routledge, 1992), 100 - 102。

④ Lewis Mumford, The City in History (Harmondsworth: Penguin, 1961); 关于这个问题, 参见 Ray Laurence, 'Writing the Roman Metropolis', in Helen Parkins, ed., Roman Urbanism (London: Routledge, 1997), 1 - 20。

⑤ Alex Scobie, 'Slums, Sanitation, and Mortality in the Roman World', Klio, 68(1986), 399 - 433; see Ray Laurence, 'Writing the Roman Metropolis'; Walter Scheidel, 'Germs for Rome', in Catharine Edwards and Greg Woolf, eds., Rome the Cosmopolis (Cambridge: Cambridge University Press, 2003)重申了斯科比的观点。

⑥ O. F. Robinson, Ancient Rome: City Planning and Administration (London: Routledge, 1992)。

⑦ 有关这部分内容的全面讨论, 参见 Yinong Xu, The Chinese City in Space and Time: The Development of Urban Form in Suzhou (Honolulu: University of Hawaii Press, 2000), 11 - 56。另可参见 A. F. Wright, 'The Cosmology of the Chinese City', in Skinner, ed., The City in Late Imperial China, 33 - 73, 该文对可以追溯到公元前7世纪有关这一过程的文本和线索, 有更宽泛的讨论。

过程非常相似,但是就定位棋盘式街道而言则是现代罗盘的基本方位点。起初,立柱被设立在城市的中心,使得太阳的影子可以被观测到。日升日落分别对应着西、东两个基点,而正午可以观测到北方,继而可以通过在夜晚观测北极星确认。这个过程可以循环往复,为中国的城市提供方向。既然建筑材料主要是木头,通过考古学对超过200多个早期的中国城市的考察,这一过程被认为是不确定的。① 《考工记》文本讨论了城市本身内部的空间划分:木匠把城市界定为一个边长为九里的正方形,每边都有三条通道,而在这个被划分好的城市空间内,分别有九条贯穿东西、南北的大道——每条大道都有九架战车车轨的宽度。② 现代罗盘的基本方位对于方向的强调与罗马城市颇有差异,然而对穿过整座城市的风异常强调,无论空气的好差。立柱在从基本方位点确认棋盘式街道布局的方向上有较大的通用性,而格鲁玛是对它的一种发展,也与流经罗马城市的不健康的空气息息相关。③

罗马和中华帝国产生的直线型城市空间惊人地相似,但是其中的差别也不容忽视:中国的城市拥有的大门要比罗马殖民地(例如阿尔及利亚的提姆加德[Timgad])多。在《考工记》理想化帝国首都的布局中,数字的使用对此做出了解释:九条街道与帝国的九州相连;城市每边的三个大门象征三大组成要素:天,地和人,涉及的是宇宙观念;而12个大门的总数与一年的12个月相关。④ 在该文献中,人们发现了与城市建设有关的形式几何学,还有土地分割与更宽泛的帝国观念、宇宙观念的关系。这些东西与罗马传统稍有不同,后者的关注焦点是文献,钱币(比如在奥古斯都的殖民地梅里达[Merida]印制出来的钱币)上的图像,以及通过厘定神圣边界(pomerium)展现出来的城市面貌。⑤ 随着帝国边界向前推移(通过征服新的土地),神圣边界也得到扩张,两条边界之间的关系由此

显明出来。也许更有趣的是对比罗马人和中国人关于城门建造的智慧的可能性。这些关键在于城市神圣疆界的两个空间和交叉点之间的变化,因此,需要考虑它们的位置。⑥ 值得注意的是,这些点可以通过巨大的拱门标记出来,例如里米尼(Rimini,意大利)标记了从弗拉米尼亚(由奥古斯都大帝恢复)到城市内部的通道。

规划城市的形式产生的都市效应是一个课题,然而西方并没有留存有古代的文献记载。不管怎样,确实有文本从帝制中国留存下来了,这些文本呈现了,或者说试图去描述城市。苏州刺史白居易在公元9世纪 描述了他的观点:

> 远近高低寺间出,
> 东西南北桥相望。
> 水道脉分棹鳞次,
> 里间棋布城册方。⑦

这座城市不像罗马的许多城市对应着特定的运河和水道(而考虑到城镇中现存的水域,如坎特伯雷),但是强调街道的棋盘式分布,街道里充斥着房屋与树木,寺庙被安排在城市空间的对面,这是集合了考古学证据中对罗马城市的一个愿景。不过,在审视直线型规划下城市的分布时,明显的是这种情况主要发生在水平的或平坦的土地上,例如在中国北方的平原;这可以与中国南方的规划形成对比,通过联系4世纪发展起来的风水的概念,可以联结纵横的沟壑、丘陵、山地、运河以及湖泊支流等特征。⑧ 根据在中国发现的自然景点,这大相径庭的城市基础哲学似乎使得多样化的城市形式的本质合理化了,这种方式类似于古希腊-罗马的论争,该论争就没有标准式特征的山上地带的正交

① Kwang-Chih Chang, *The Formation of Chinese Civilization: An Archaeological Perspective* (New Haven: Yale University Press, 2005).

② Paul Wheatley, *The Pivot of the Four Quarters. A Preliminary Enquiry into the Origins and Character of the Ancient Chinese City* (Edinburgh: Edinburgh University Press, 1971), 411-418.

③ 维特鲁威的《建筑十书》(*De Architectura*)作为城市建筑的第一因素,在卷三中开始了对寺庙的探讨,但是其他公共建筑的身影在卷五中得以窥见,与风、热、夏天、冬天等等相关。

④ Xu, *The Chinese City in Space and Time*, 34-36.

⑤ Joseph Rykwert, *The Idea of a Town* (London: Faber, 1976); Paul Wheatley, *City as Symbol* (London: H. K. Lewis, 1967),他于1967年11月20日在伦敦大学发表的就职演说中做了比较的工作。还有一些领域对基础性礼仪(包括献祭土地神)做了比较,参见 Wright, 'The Cosmology of the Chinese City', in Skinner, ed., *The City in Late Imperial China*, 36-37. 另可与 Ray Laurence, Simon Esmonde Cleary and Gareth Sears, *The City, in the Roman West* (Cambridge: Cambridge University Press, 2011)比较。

⑥ Xu, *The Chinese City in Space and Time*, 50.

⑦ Ibid., 23。

⑧ Wright, 'The Cosmology of the Chinese City', 53-54.

规划的应用进行了讨论。[①]

从共和制到帝制的规划城市

正式的公共广场是古希腊-罗马城市化的特征,但这些并没有在其他古代文化中出现(如中国的汉朝)。罗马从共和制到帝制的转变与这些公共空间的拓展,以及相关的新城市拥有公开讨论的广场密切相关。研究中国汉朝的学者认为,这类公共空间没有得到发展,是因为它们会促进公共会议的召开,并有可能会质疑皇权的统治。这一论点是合乎逻辑的,但如果转换到罗马帝国的情境下,我们需要问这样一个问题:这类广场服务的目的是什么?在某种意义上,它们的公共性允许发生在它们身上的行为被观察、观看,并包含其中。以建筑作为某种行为的容纳之所是罗马社会其他方面的一个特征——公共澡堂作为集体裸露的感知空间,餐厅作为精英阶层自我陶醉的地方,而卧室和妓院作为性交的场所。广场集处理法律纠纷、召开政治会议和举行集市诸种功能于一身。(参见图11.1)

图11.1 罗马广场:处于封闭空间中的罗马帝国广场。这里的墙被修建在纪念中心和苏布拉(Subura)的住房之间,以限制通道和改道交通。

这些活动通过观察被控制。因此,公共"广场"在罗马也变成了一个通过建造雕塑和纪念碑展示权力的地方——雕塑往往是完全自由的男性自由民所专有的,而纪念碑由男性自由民和女性自由民建造。在这里,奴隶和被释公民被排除在外,无法施加影响。因此,存在于罗马帝国城市中的公共空间并不能使我们认为罗马君主的权力少于中国帝王无所不包的权势。基于君主制的权力关系可以产生大不相同的城市空间构造,这种空间可被视作用来服务和巩固统治者权力的。在罗马,源于共和制的过往和希腊化君主制历史的空间,加上对希腊民主的认知,尤其是对雅典民主的认知,君主的权力受到协调,而寡头政治中为公民会议留有一席之地被视作它的一个基本特征。罗马君主制的权力建立在接管这些政治空间以及它们作为展现君主权力的场所而扩张的基础上。

在罗马君主的统治之下,城市的广场发生了转变,这导致各方城市变得极为相似,并有着相似的关注点——作为罗马帝国统治者的君王形象。罗马帝国的城市是拥有法律与政治结构实体的,这意味着它们独立于国家法律和政治决策的中心地带的空间、视觉组织形式的变化直接提供了它们与国家的关系以及君主形象的参考。这些变化使得罗马帝国的城市与中国的城市有了许多共同之处,它们都是作为帝国政府的工具而起源的,都是"同一个世界"中的一部分,城市的存在在其中交织着国家的不断更替。[②] 中国城市的中心区域是祖先的祠堂和重要的祭坛。公元前547年陈国被征服,国君和将军捧出社神之像和用于祖庙中的礼器,这体现了祖先和宗教崇拜对城市的重要意义。[③] 在中国的城市化中发现的神和祖先的重要性在罗马人的思想中也可以窥见一二。任何阅读过李维《罗马史》第5卷中关于维爱毁灭的原因的人,都将认识到罗马和维爱不间断的生存依赖的是与庙宇和神灵有关的宗教典仪。[④]

这些神灵的处所在中国城市的中心部分,空间上对应的是纪念神灵和城市论坛中的知名人士(已故的)的罗马形态。罗马君王的形象与这些论坛空间的重叠恰恰改变了罗马城市和罗马国家之间的本质关系,因此,这个关系与帝制中国内部的城市中发现的有城墙禁锢的市场有着更多的共同之处。

① Ray Laurence,'The Image of the Roman City',*Cambridge Archaeological Journal*,10(2000),346 – 348.
② Xu,*The Chinese City in Space and Time*,2.
③ Wheatley,*City as Symbol*,14.
④ Livy,*History of Rome*,5.1 – 24

规划城市的扩散

中国和罗马的哪些城市是在新征服的领土上建造的？这个过程需要做一些讨论。隋文帝在公元581年征服的领土南至长江，这是建都于长安的动力，此举将王朝的帝国野心包入囊中，占地规模约9×8平方千米，四周由绵延36.7千米长的城墙包围着，城墙外围是一条9米宽的护城河。① 这样的规模就人类劳力而言是令人印象深刻的，但是位于城市中心地位的宫殿仅在两年内便即竣工，而城市为皇帝提供了行使权力的所在地。支撑这种说法的是城市设计与宇宙之间的联系——南大门称作明德门，作为通向城市的关键点，能够穿越城市的边界，直接通至帝王的宫殿。② 大门共有五个通道入口（中央的一条是留给皇帝使用的），并由此通向宫殿，距此5000米远有一条宽155米的街道，街道两旁树木整齐地排列着。像长安其他的许多街道一样，这是一条供皇室成员入城的有效通道，若非如此，他们可能会被城市的居民看到，但是这样的话，城市居民能够随意进入并对他们心怀尊敬。③ 在街道的棋盘式规划中，街道有着等级区分，在其中，那些较宽的，并从皇城通向城市主要大门的街道具有优势地位，通常两个市场都坐落在那里。空间结构把城市分为了帝王的宫廷城市区域和其余的城市区域。公元9世纪有一位名叫阿布·扎伊德·哈桑（Abu Zeid al Hasan）的旅行者解释了这一特征，并指出城市部分的这种分区被君王、大臣、士兵、法官、太监和皇室占据着，而城市的其他部分则与人民、商人和市场联系在一起。当皇室成员去市场购买商品时，城市的两个部分之间发生着相互作用。④ 然而，当他们穿过城市的时候，会有一个接触的预防，甚至会有较高级别的官员巡视。⑤ 市场受到监管，并为每一个商贩规划了精确的空间划分，即使该市场可能成为娱乐场所，但权威的观点确曾存在，并且可以在对犯罪的执行方面得知。⑥

罗马国家在其新征服的领地推动城市化的努力，相较于中国建立新都城而言，规模要小很多。塔西佗极好地记述了他的岳父——不列颠总督阿吉利可拉（Agricola）的努力，以此来鼓励对新近征服的蛮夷采用罗马城市的建立模式：论坛、房屋、澡堂、柱廊，而此类事物对他们而言都可视作一种提升。⑦ 对这些建筑形式的吸收领会，连同拉丁铭刻的传播，肯定能绘制出整个罗马帝国西部省会的地图。就一切情况而论，都是当地人为这些结构的建设付出代价，而来自罗马政府（作为国家的代表）唯一的鼓励就是创建了城市化的动力。支持人们采用这些新的城市生活方式源于对于使用建筑的渴望，这些建筑在更早的50—100年前将他们排斥在外。英国和高卢城镇考古复原在上个世纪稳步发展，生产出了地图册和手册，在某些情况下包含棋盘式分布的城市规划，在其他情况下是带状发展的城市。纵观整个帝国，我们在公元头两个世纪里也在地中海区域的城市中发现了剧院和圆形剧场的扩散——在公元前50年的大部分时间里都被忽略了的一种城市建筑形式。君王可能会修建一些这种结构，但在大多数情况下，是其他的一些人改变了罗马帝国的城市，包括我们今天所认为的作为罗马城市化标志的一些特征。与此相反，在罗马，君主修建了所有具有新特色的建筑——正如我们所见的位于"城市中心"的罗马圆形竞技场，它是由维斯帕先（Vespasian）和他的儿子提图斯（Titus）下令修建的。⑧

无论在中国还是在罗马帝国，城市的数量并不是一成不变的。就罗马帝国而言，新的定居点的建立一直是考古调查的一个焦点。然而，长期以来，城市数量的不断缩减，一直很难被彻底调查。参照帝国境内的行政单位，膨胀和缩减的过程的轮廓被大致地记录在中国的历史文献中：公元前143年，汉代初期的1580个行政城市被缩减到了1180个，而同样地，唐代初期

---

① Chye Kiang Heng, *Cities of Aristocrats and Bureaucrats. The Development of Medieval Chinese Landscapes* (Honolulu: University of Hawaii Press, 1999), 2 - 3. Wright, 'The Cosmology of the Chinese City', 43 - 44（关于汉朝在长安建立的第一个帝国首都，规模约5×6平方千米）。

② Heng, *Cities of Aristocrats and Bureaucrats*, 3 - 4.

③ Ibid., 11 引用了 Ebn Wahab 关于这个主题的看法。

④ Eusebius Renaudot, *Ancient Accounts of India and China by Two Mohammedan Travellers* (London: S. Harding, 1733), 58 - 59; 关于法语译文和阿拉伯文本，也参见 M. Reinaud, *Relations des voyages faits par les Arabes et les Persans dans l'Indie et la Chine dans le IXe s. De l'ère chrétinne* (Paris: not stated, 1845).

⑤ 正如 Renaudot, *Ancient Accounts of India and China*, 48 - 49 里的细节描述。

⑥ Heng, *Cities of Aristocrats and Bureaucrats*, 19 - 23, 33 - 36.

⑦ Tacitus, *Agricola*, 19 - 22.

⑧ Suetonius, *Life of Vespasian*, 9.

的 1550 个行政城市直至公元 713 年被缩减到了 1235 个。① 这种情况表明,许多被建立的城镇都没有留存下来,或者说它们需要被重组,或是转到新的地点从而得到重建。这一观察指出了两个帝国共有的城市系统特点:城市的建设是一个共有的现象,但也与这些早期国家的定居形式内部的稳定程度相关联。然而,这些城市的建筑形式有一个最大的不同点——不像它们对应的罗马,中国的城市不是为了纪念而建的。②

城市规模与城市环境

205　　需要被认识到的是,古代世界中的城市规模多种多样,从小到少于 10 公顷,仅有几千人口的城市,到罗马或上海的占地超过七平方千米的大都市。规模和大小产生了完全不同的城市环境:在庞贝,一个居民步行到乡村大约只要一公里;而在罗马,要想在城市旅途中饱览沿途环境,往返于城市将近六公里很常见。大都市的规模是一个饱受迁移进去的作家怀疑和批评的对象;因此,小城镇被认为是一种理想模式,不会遭遇城市问题:肮脏、噪音、拥挤的人群和其他都市文化的特征——在罗马盛行的讽刺和警句中,伴随着对环境的不满和公民与环境问题的抗争。

在庞贝城内,66 公顷的地域中有三分之二的面积已经被挖掘出来了。我们今天所看到的城市是由建筑和公共空间组成的。建筑物占了挖掘出来的城市面积的 64.6%;而街道占了 17.7%,花园和耕作地块更占据了 17.7%。③ 因此,城市面积的三分之一被留作特定用途,居民在这样的空间里仅在户外就可以接触植物或是城市的其他居民。这里我们还应该补充的是,从奥古斯都大帝时代起,庞贝城已然通过水渠提供水源,并利用提高水箱进行储水和/或减慢水流的速度,这表明了水源供给的充沛。这种供给可以通过把雨水收集在水箱里,或者更早时候的水井(供水来源广泛)得到补充。到一定程度,它们就可以给知名的复杂建筑群如史塔宾(Stabian)浴池供水。因此,我们不仅应

该把庞贝城视作外部空间供应充足的典范,尤其是考虑到其房子的高度不超过两层,而且认为这个城市拥有良好的饮用水供应。但是有一个前提,公元 62 年和/或之后的一些年,地震的频发可能破坏了城市的供水。

罗马城市内发现的动物很难被重现,例如庞贝城,我们知道驴、狗,甚至是牛都圈养在屋子里,鸽子的骨架相传已在研究中被发现。庞贝城的镶嵌画展现了种类繁多的植物群和动物群,但它们中的大部分被用以创造一个不同环境的错觉:田园风光的理想被设置在远离城市的区域。不论如何,值得注意的是,与其他鸟类相比,鸽子连同野鸭、家禽和鹦鹉是很好的代表。④ 鸟类和其他物种出现在静物壁画里,它们或是用碗或是在鸟池喝水,或是在孩子们的手中。这些似乎是驯化的场景,而我们应该铭记的是,拉丁语中 columbarium(坟墓)一词源于拉丁文 columba(鸽子)。这些鸟也突然出现在尼罗河的镶嵌画和著名的亚历山大镶嵌画(Alexander mosaic)中。它们的无处不在恰可以证明野鸽的存在,而这一物种在大多数城市环境中都是不受欢迎的;鸽子也被描绘在庞贝的镶嵌画之中,在文学文本中也有过记录,栖息在诸如房子的山墙屋顶上。⑤ 很有可能鸽子的排泄物已被用来生产氨,206 用以漂洗或最终精加工/清洗衣物。

比之大都市——罗马或亚历山大里亚,庞贝和罗马帝国其他大多数城市的都市化规模存在着差异。大都市的城市环境是一件令人疑惑的事情,并产生了以城市化为核心的文学。城市中的许多作家都是移民,例如马蒂阿尔(Martial)就来自西班牙的比比利斯(Bibilis),这些作家把他们自己和罗马写入他们的作品之中。⑥ 不得不说,这是一种主观的文献记载,通过列举精心修建的卫浴建筑物或 thermae(公共浴场,总共有三个),论坛(共有四个)来衡量城市,依据客人全程约六公里的城市之旅来比较对城市的衡量。⑦ 城市现实主义的实现通过对城市之中重要古迹和遗址的部署,在文本中形成了一种进步感,与此同时,要把城市特定区域(如苏布拉)内包含的老年妓女的形象,与城

① Skinner, ed., *The City in Late Imperial China*, 21.

② Wright, 'The Cosmology of the Chinese City', 33 - 34.

③ Wilhelmina F. Jashemski, *The Gardens of Pompeii*, vol. 1 (New Rochelle: Caratzas, 1979).

④ 关于图像以及对鸟类形象的全面讨论,参见 Antero Tammisto, *Birds in Mosaics* (Rome: Acta Instituti Romani Finlandiae 18, 1997)。

⑤ 所有的这些位置都可以在文本中找到踪迹,参见 Jocelyn M. C. Toynbee, *Animals in Roman Life and Art* (London: Thames & Hudson, 1973), 258 - 259.

⑥ Victoria Rimmell, *Martial's Rome. Empire and the Ideology of Epigram* (Cambridge: Cambridge University Press, 2008).

⑦ Barbara K. Gold, 'Accipe divinitas et vatum maximus esto: Money poetry, mendicancy and patronage in Martial', in A. J. Boyle and W. J. Dominik, eds., *Flavian Rome: Culture, Image, Text* (Leiden: Brill, 2003), 591 - 612.

市的其他部分的形象包含寺庙、神圣的街道和君王的宫殿,直至城市的边缘并列考虑。① 拉丁作家的现实主义是通过对穿越城市行为的感官体验的暗示来实现的:潮湿而又肮脏的街道,滴着水的拱形渡槽,以及成群的动物和拥挤的行人。② 我们在马蒂阿尔的作品中发现的,随即也被尤维纳利斯(Juvenal)用于他第三部著名的《讽刺诗》中的主观现实主义,提供了城市环境发展的证据,使生活其中的居民有了不一样的感官体验,在其中,居民们第一次能够不离开城市而进行超过一小时的旅程——与在罗马的其他城市的旅程形成了鲜明的对比,正如我们所见的以庞贝为例,20 分钟之内的旅程就将把居民带离到城市的边缘并到达乡村。在这些文本中,对于城市的历史叙述依赖于对城市的凝望,无论是从奎利那雷山(Quirinal Hill)或是从贾尼科洛山(Janiculum)的视点观察——但一个重要的区别在于,前者的观察者被围于家庭或城市(urbs)之内;然而,后者是在这一情境之外,在乡村或是他所在的农村(农村住宅[rus])中。③ 这种文学作品的核心是一种环境,从另一种视点来看,是无限的城市,是对讽刺短诗的简单脉络,或是尤维纳利斯的《讽刺诗》第三卷中一系列场景的累积的把握。④ 在他们的作品中,作者可以将自己作为读者置身于街道上,行走在潮湿而又肮脏的街巷中——并指出他们对城市的理解——在一定程度上异于他们的读者在其作品中看到的内容,也与住在家中的城市居民相背离,他们实际上是城市中的农村住宅,亦或是城市中的乡村居民。罗马,作为西方最大的都市,精英和民众共享其中的城市环境,但是这两个群体的生活通过城市的居住类型和旅行方式而区别开来。其结果是,精英阶层(城市管理人员)所创造的城市体验形式促进了公共互动——广场、澡堂和宗庙的建筑物;然而,与此同时,这在很大程度上忽略了城市居民的生活条件。

非正式规划与法律

对于这一点的解释给予了正式规划以特权,并认为街道的棋盘式分布与城市机构在塑造城市方面承担着重要作用。然而,要规划的远远不止这些。任何一座城市之中,个人采取行动来塑造,居民(包括他们自己),使用城市便利或是为其他的人提供房屋出租的方式。很少有古代城市容易进行详细的分析,这需要对个体塑造城市经验的干预进行全面的总结。中国的城市都是木质结构,因此,甚至在今天的考古记录中鲜有证据证明房屋的存在。相反,地中海和欧洲地区中由石头建成的城市在后世经历了一整套的循环利用策略,这在一定程度上导致了一些证据的丢失,关于房屋的入口曾在何处在很多地方已不为人知。经历过 79 年的维苏威火山大爆发,唯一留存下来的庞贝古城为考古学家们提供了一个城市实验室,可以研究其中的一切,从通过研究道路上车轮车辙,了解交通运行,到研究长凳的分布,人们可能坐在长凳上观望公共街道。⑤

庞贝城街道最显著的特点是,许多街道都相当简单地阻碍过往车辆的通行,这是因为庞贝人不仅希望阻止车辆进入他们的广场,或靠近他们的圆形竞技场,也希望能阻止车辆穿越大量的小巷。城市规划的基本特征不是为了促进车流量,而似乎是阻碍和限制交通。对交通的限制使得交通开始集中在城市中的主要路线上,从大门通向城市的核心区域。也正是在这些面向交通开放的核心路线上,公共喷泉,当地神灵的社区圣地,以及大多数的商铺都被安排在这里——在街道路口或十字路口汇聚的这些特征具有深远的意义(参见图 11.2)。较大房子的选址也同样被吸引到这些城市的主要路线上了,其结果是加固这些房屋的外墙可能

① Martial,*Epigrams*,1.70,全面的讨论参见 Ray Laurence, 'Literature and the Spatial Turn: Movement and Space in Martial's 12 Books of Epigrams', in Ray Laurence and David Newsome, eds., *Rome, Ostia and Pompeii: Movement and Space* (Oxford: Oxford University Press, 2011).

② Martial,*Epigrams*,5.22; R. E. A. Palmer, 'Jupiter Blaze, Gods of the Hills, and the Roman Topography of CIL VI. 377', *American Journal of Archaeology*, 80 (1976), 43–56.

③ Martial,*Epigrams*,4.64. Paolo Liverani, 'Ianiculum', in Vincenzo Fiocchi Nicolai, M. Grazia Granino Cecere, and Zaccaria Mari, eds., *Lexicon Topographicum Urbis Romae Suburbium* III (Rome: Quasar, 2005), 82–83(关于位置问题)。可参见 Martial Epigrams, 7.17, see Guillermo G. Vioque, Martial, Book VII. A Commentary (Leiden: Brill, 2002), 136–143。

④ Paul A. Miller, '"I get around": Sadism, Desire, and Metonymy on the Streets of Rome with Horace, Ovid, and Juvenal', in David H. J. Larmour and Diana J. Spencer, eds., *The Sites of Rome: Time, Space, Memory* (Oxford: Oxford University Press, 2007), 138–167.

⑤ Ray Laurence, *Roman Pompeii: Space and Society* (Routledge: London, 2007); papers in David J. Newsome, and Ray Laurence, *Rome, Ostia and Pompeii: Movement and Space* (Oxford: Oxford University Press, 2011),其中发展了在塑造城市过程中的个体和集体行为的概念。

图 11. 2　庞贝城的街口：左边是一个祭祀的神坛，中间横排的石头意在使行人抬脚，使其
远离街道上的污物，右边位于十字路口的是一个法庭。

会通过改变街道的铺设，提升房屋前人行道的高度逐步改变人流量。

这些因素都改变或破坏了人与交通的畅通。① 我们可以由此推断，过往车辆和交通流在城市环境的管理中很少得到重视。这也许并不奇怪，在一个只有 66 公顷的城市里，城市之旅步行不消 20 分钟就能实现。要注意的是交通流并不像在后世的那样，在古代城市这并不是一个问题。

对交通的反感并不是庞贝独有的：公元前第一个世纪晚期的状态明确了罗马存在的限制。一天中的前九个小时内，大型的车辆（农用车或大车）在城市中是被禁止通行的，但是为建设寺庙的人供应材料，或是为运送牧师所要使用材料的车辆明显除外。② 这一状态也指出所有者或房主在享受他们的特权时要为街道的维修承担责任，包括对妨碍道路使用的积水的防治。房主也要承担排水沟的维修义务，排水沟如果堵塞或散发出气味会对健康造成威胁。有趣的是，当观察罗马时，令希腊作家斯特拉博（Strabo）印象深刻的竟然是排水渠、污水渠和水渠旁的道路。③ 城市规划为市民引水入城，再通过水渠把水排出去。然而，相反的，

街道更多的为城市居民而不是为交通流提供使用空间。对街道的维修根据上文所讨论到的法规而言，是地方行政官的重要职责，包括街道清理（从铺设路面将垃圾或污垢清扫出去）和人行道的铺设。该法规的重点是为了创建一条可以维持使用的街道，该街道禁止大型车辆的使用，尽管并不禁止小型车辆、驮畜、垃圾车或其他形式的车辆的使用。这一法律的应用经受了地域性因素与诠释的考验，可能产生我们今天所见到的庞贝城的街道设计。但是，意图很明显：街道是作为公共空间以供使用的，而法律的制定也是为其服务的。有关街道的法令，其适用范围包括通往罗马的道路，直至距离城市一英里的地方。这些道路两旁排列着坟墓——正如今天在阿庇亚古道所能看到的那样。毗邻道路的坟墓主将负责道路的维护。最早的罗马法典——十二铜表法，其条文规定墓葬应在罗马城市之外。罗马法热衷于保护个人在城外进行尸体埋葬的权利。这成为罗马城市的一个显著特征，因为祖先也是在城市本身的边界之外被埋葬并以供纪念的。墓穴以房屋或是近似房屋的形式被拥有，可以任由它们的所有者改造成他们所认为合适的样子。④

① 全面的讨论，参见 Laurence and Newsome, *Rome, Ostia and Pompeii*, and Marina Weilguni, *Streets, Spaces and Places. Three Pompeian Movement Axes Analysed* (Uppsala：Boreas, 2011)中的论文。

② 关于 Tabula Heracleensis 的翻译，参见 O. F. Robinson, *Ancient Rome. City Planning and Adminisatration* (London：Routledge, 1992)；Michael Crawford, *Roman Statutes* (London：Institute of Classical Studies, 1996), 372 - 378。

③ Justinian, *Digest of Roman Law*, 43. 23；Strabo, *The Geography*, 5. 3. 8.

④ Justinian, *The Digest of Roman Law*, 11. 7 - 8；on the Twelve Tables Cicero *On the Laws*, 2. 23. 58,2. 24. 61.

创建街道上拥有喷泉的城市需要是优先的——这些喷泉与隔绝了下水道的脏水、死水、臭水的沟渠相连——这种优先通过一种宏观供给的组合系统实施，并且依靠城市居民来维护城市的肌理(fabric)。这允许一定程度的灵活性，可以将街道的棋盘式布局重新配置成新的格局，并且可以通过在房屋前建造石砌台阶来阻止车辆侵占人行道的行为。法律的颁布是零星的，并且受到相关解释的影响，其结果是，在棋盘式规划中会出现一个被分割成块的整体，而街道是相互隔绝的。街道的围墙是一个规划行为，影响到整个城市的街道网络——无论这一规划在纸上可能看起来像什么。法律和住户对于交通的这些非正式对策的应用与后期发现的规划密切相关，与控制城市环境中的活动的需求相关。

结语——规划古代城市的环境

由本章中查证的罗马与中国早期城市之间的相似之处得出了一些关于早期城市中规划与环境关系的结论。在许多情况下，棋盘式布局规划是新城市空间的内部划分的基础，并创建了一个正式的结构，其中财富可以被分配，而且伴随着空间的分配，权力得以发挥作用(宫殿、市场、论坛)。棋盘式规划是新城市形式的特征，是中央集权指导下的城市的扩散。然而，一旦建立，城市环境通过新的公共纪念碑或者活动的新指定地或者新中心发展，而发生改变，亦或是通过街道对过往车辆的封闭发生改变。罗马或庞贝城街道之外的环境是由房屋、公寓楼和花园(或庭院)组成的。这种组合为室内和户外生活，以及家养和野生动物(包括鸽子)创造了一种环境。罗马的清水供给充沛，也为长期居住的男性居民提供免费的粮食。这种供应为罗马维持了较多的人口数量，对城市环境造成无计划的影响，这已然被文学论述通过描绘拥挤、吵闹而又脏乱的街道记录在案。

参考文献

Chang, Kwang-Chih, *The Formation of Chinese Civilization: An Archaeological Perspective* (New Haven: Yale University Press, 2005).

Haverfield, Francis, *Ancient Town Planning* (Oxford: Clarendon, 1913).

Heng, Chye Kiang, Cities of Aristocrats and Bureaucrats, *The Development of Medieval Chinese Landscapes* (Honolulu: University of Hawaii Press, 1999).

Laurence, Ray, 'The Image of the Roman City', Cambridge Archaeological Journal, 10 (2000), 346 – 348.

——*Roman Pompeii: Space and Society* (London: Routledge, 2007).

——and Newsome, David, Rome, *Ostia and Pompeii: Movement and Space* (Oxford: Oxford University Press, 2011).

——et al., *The City in the Roman West* (Cambridge: Cambridge University Press, 2011).

Robinson, O. F., *Ancient Rome: City Planning and Administration* (London: Routledge, 1992).

Rykwert, Joseph, *The Idea of a Town* (London: Faber, 1976).

Scobie, Alex, 'Slums, Sanitation, and Mortality in the Roman World', *Klio*, 68 (1986), 399 – 433.

Skinner, George William, *The City in Late Imperial China* (Stanford: Stanford University Press, 1977).

Weilguni, Marina, *Streets, Spaces and Places. Three Pompeian Movement Axes Analysed* (Uppsala: Boreas, 2011).

Wheatley, Paul, *The Pivot of the Four Quarters. A Preliminary Enquiry into the Origins and Character of the Ancient Chinese City* (Edinburgh: Edinburgh University Press, 1971).

Xu, Yinong, *The Chinese City in Space and Time. The Development of Urban Form in Suzhou* (Honolulu: University of Hawaii Press, 2000).

施 瑾 译 倪 凯 校

第二部分 近代早期城市

概　览

区域地图 II. 1　欧洲

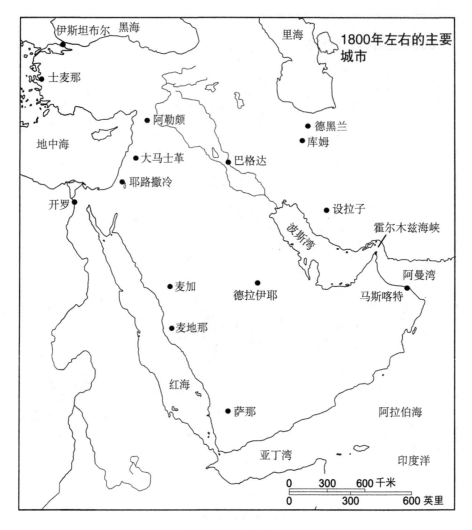

区域地图 II. 2　中东

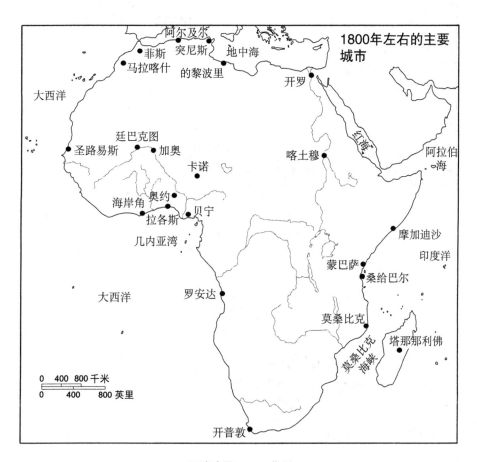

区域地图 II.3 非洲

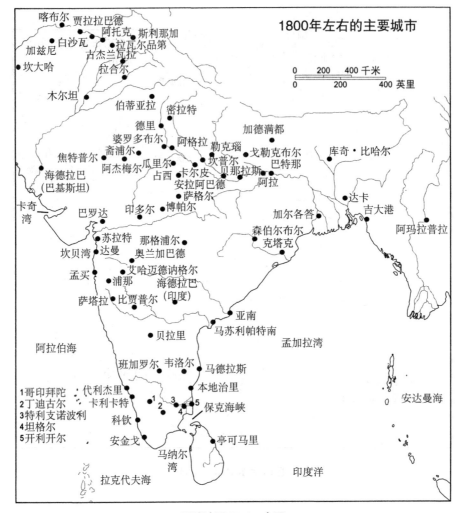

区域地图 II.4 南亚

图中文字：

1800年左右的主要城市

0 200 400 千米
0 200 400 英里

喀布尔　贾拉拉巴德
阿托克　斯利那加
白沙瓦　拉瓦尔品第
加兹尼　古杰兰瓦拉
坎大哈　拉合尔

木尔坦
伯蒂亚拉　密拉特
德里　加德满都
婆罗多布尔　阿格拉　勒克瑙　戈勒克布尔　库奇·比哈尔
斋浦尔　坎普尔　巴特那
焦特普尔　占西　卡尔皮　贝那拉斯
阿杰梅尔　瓜里尔　安拉阿巴德　阿拉
海德拉巴（巴基斯坦）　萨格尔
印多尔　博帕尔　达卡　吉大港
巴罗达　加尔各答　阿玛拉普拉
苏拉特　那格浦尔　森伯尔布尔
达曼　奥兰加巴德　克塔克
坎贝湾　艾哈迈德讷格尔
孟买　浦那　海德拉巴（印度）
萨塔拉　比贾普尔
亚南
贝拉里　马苏利帕特南
阿拉伯海　孟加拉湾
班加罗尔　韦洛尔　马德拉斯
1哥印拜陀　代利杰里　本地治里
2丁迪古尔　卡利卡特　保克海峡
3特利支诺波利　安达曼海
4坦格尔
5开利开尔　科钦
安金戈　亭可马里
马纳尔湾　印度洋
拉克代夫海
卡奇湾
1　2　3　4　5

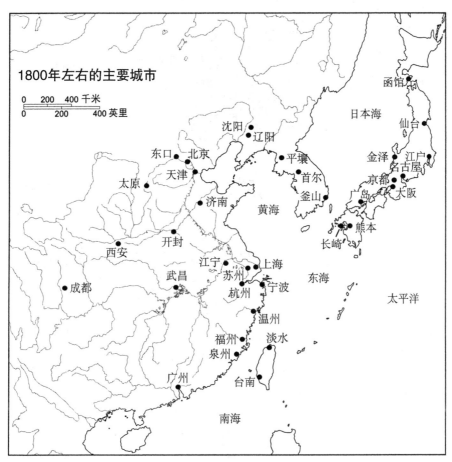

区域地图 II.5 东亚

区域地图 II.6　拉丁美洲

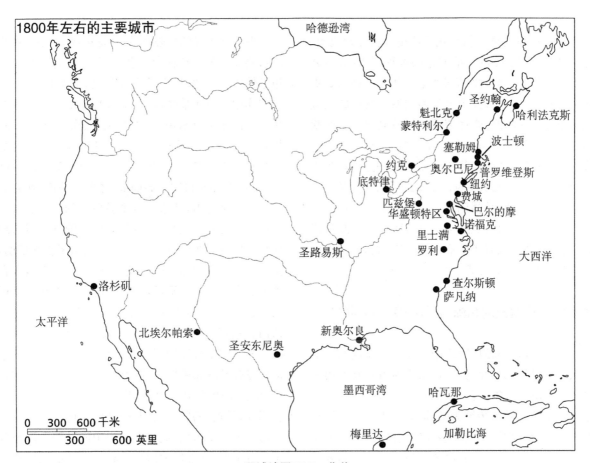

1800年左右的主要城市

哈德逊湾

圣约翰
魁北克
哈利法克斯
蒙特利尔

塞勒姆
波士顿
约克
奥尔巴尼
普罗维登斯
底特律
纽约
匹兹堡
费城
华盛顿特区
巴尔的摩
诺福克
里士满
大西洋
罗利
圣路易斯

查尔斯顿
萨凡纳

洛杉矶

太平洋

北埃尔帕索
新奥尔良

圣安东尼奥

墨西哥湾
哈瓦那

0　300　600 千米
梅里达
加勒比海
0　300　600 英里

区域地图 II.7　北美

第 12 章 中世纪欧洲

马克·博纳

本章从中世纪欧洲城市化的历史进程开始说起。首先,我们要谈到 1000 年前城市的种种不明起源,并探讨城镇兴建的不同时期及相关影响因素。而后是更带主题色彩的叙述,涉及中世纪盛期城市发展的黄金时代城市的不同功能;进而,我们的笔锋转向中世纪晚期对城镇造成影响的危机与变革。然后,我们会把目光投向城市自治的发展,自韦伯以来,这一点常被视为中世纪欧洲城市的独有特色。本章最后的部分考察城市自治思想的演化、传播问题。本章的中心论点强调人口、经济与政治变量之间的相互影响,正是此种影响,产生了充满生机而富有弹性的城市景观,并为导向最初的"现代性"的那股潮流提供了支持。[①]

中世纪城市欧洲的起源(古代晚期—11 世纪)

中世纪城市欧洲的起源如何?提出这个问题可能会给人一个错误的假象,让人误认为城市在欧洲历史上是一个全新的现象。事实上,在许多情况下,中世纪城市是以坚实的城市传统为基础的,至少在深受罗马帝国或"罗马精神"影响的那些欧洲地区是这样(参见本书第 3 章,并可参见区域地图 I.1;有关后来的发展状况,参见区域地图 II.1)。[②] 在天主教会的组织工作中,罗马古代的城市遗产仍发挥了最显著的影响,在发展自身的教区体系时,天主教会接管了罗马的"城市"网络。由此,出现了遍布欧洲而分布又极不均衡的各个教区,在整个中世纪,天主教维持着这种状况。此种教区以意大利为起点,其数量令人印象深刻。意大

利是罗马在古代的核心区域,在这里,哪怕是一些小型城市仍能作为主教驻地。事实证明,后者的存在对城市的性质——"哪里有城市,哪里就有主教"——具有决定作用。而在某些地区,这却是一个极无可能的现象。拿低地国家来说,这里有根特、布鲁日(Bruges)、伊普尔(Ypres)、里尔(Lille)、杜埃(Douai,法兰德斯[Flanders]城市)、安特卫普、布鲁塞尔、马利纳(Malines)、布拉班特(Brabant)之类的城市,在它们的中世纪城墙之内,从未见过主教驻地的踪影。直到反宗教改革之时,人们方才看到教会地图顺应城市现状而作出修改。在地中海地区以外,城市考古学证明,在罗马—凯尔特时期以前以及罗马时代,许多地方存在着人类定居中心。不过,这些定居地并不必然发展出或保存下来了"城市的"品格。在欧洲东部,首先是莱茵河、多瑙河沿岸以外的地方,城市发展几乎未受基督教后来的领土吞并的影响。相反,莱茵兰地区城市生活的显著发展深受罗马前例的影响,在后来的数百年里,斯特拉斯堡、沃尔姆斯(Worms)、施派尔(Speyer)、美因茨、科隆、乌特勒支(Utrecht)及它们的主教因此而扮演了重要角色,这些主教当中的某些人渐渐获得了采邑主教、选帝侯的地位。教权借助俗权得到了提升,因为神圣罗马帝国皇帝授命大量主教掌有教区辖地的统治权。在意大利,至少在波河(Po)河谷,此举催生了城市控制下的市镇(contados)。

在古代晚期权力结构消散后的数百年里(5—7世纪),城市生活常现衰败之象,竟至于沦落到这样的地步——人们寄居在大型公共建筑中。由此产生的结果

---

① 我曾与一些人探讨本章内容,他们使我受益匪浅,其中很多人值得我特别称谢。他们有豪厄尔(Martha C. Howell,哥伦比亚大学)、帕万(Elisabeth Crouzet-Pavan,巴黎大学)、比扬(Claire Billen,布鲁塞尔大学)、阿纳德(Peter Arnade,夏威夷大学)。编辑友善地帮助笔者修改文本,萨奇(Susie Sutch)则帮助笔者对英文做了润色。

② 城市起源以及城市的"定义"是饱受争议的问题。近来,深受城市考古学的影响,有人对我们的认识做了综合,参见 Adriaan Verhulst, *The Rise of Cities in North-West Europe* (Cambridge: Cambridge University Press, 1999);Chris Wickham, *Framing the Early Middle Ages. Europe and the Mediterranean 400 - 800* (Oxford: Oxford University Press, 2005)。

是,在更早时候的公共建筑身上,发生了某种形式的"私有化",位列其中的有罗马大斗兽场(Colisseum),维罗纳(Verona)、卢卡(Lucca)、尼姆(Nîmes)和阿尔勒(Arles)的竞技场。除此之外,还有许多神庙、陵墓、剧场、教堂、浴室以及贵族豪宅。它们被分割成块,用于安置逃避战乱者。

3世纪以降,先是有日耳曼部落的侵入;在后来的9、10世纪,又有维京人、匈人以至撒拉逊人(Saracens)的袭扰。连续不断的侵略,对公共秩序产生了莫大的威胁,并导致局势不稳,由此而使防卫城市中心地带蔚成潮流。甚至修道院及其周边郊区都作了防御,成为配备守卫设施、封闭式的小型定居地,法国北部就有一些实例,如康布雷(Cambrai)圣热里修道院(Saint-Géry)、理姆斯(Reims)圣雷米修道院(Saint-Rémi)、苏瓦松(Soissons)圣梅达尔修道院(Saint-Medard)、桑斯(Sens)圣科隆布修道院(Sainte-Colombe),以及巴黎附近的圣但尼修道院(Saint-Denis)。在古高卢的地中海部分、意大利北部,随着地方权力的衰退,武装起来的小团队发展起来,他们受控于城楼里(卡尔卡松[Carcassonne]、图卢兹[Toulouse]、贝吉尔[Béziers])、竞技场中(尼姆、阿尔勒)、公共浴室(埃克斯[Aix])的贵族。这些"武士"(milites)与"贵人"(boni homines)的存在,产生了一种特殊的城市—贵族关系,它与中世纪欧洲许多其他地方的城市—贵族关系迥然相异。[1] 就在此时,在穆斯林控制的伊比利亚半岛(711—1492年)、西西里(827—1091年),发展起了引人注目的城市文明。在这两个地方,城市文明都在11世纪达到了顶点。929年以后,科尔多瓦(Córdoba)成为倭马亚哈里发国家的首都,它属下的21个市镇、两个区合成一块,居民数达10—20万。[2] 在伊斯兰教统治下,巴勒莫(Palermo)成为西西里新都,它在10世纪亦达到10万居民的规模。在这两个城市,都出现了以伊斯兰教为基础、融合希腊(拜占庭)以及古代传统的文化繁荣,在它的影响下,富裕的城市文明所结的硕果能与巴格达的荣耀争光。相比之下,西欧的城市生活走向萎缩,正如特里尔(Trier)地图(参见插图12.1)所显示的。在图中,到约1100年时,这座古城已经缩减为一个以教堂、主教府及其附属设施为中心的防御重地。接下来,到13世纪,该城获得发展,并有了新城墙。即便如此,古城的废弃空间仍未被重新填满。到1200年时,在特里尔这类城市有多少的教区教堂,我们就能窥见多少的城市墓地,这让我们想起了勒高夫(Jacques Le Goff)的话。他说,与古代相反,中世纪城市是让"死人成为城里人,由此,城市也是亡人之城"。[3]

事实证明,修道院的发展常常对地方和(或)区域市集点的兴起具有决定作用,后者能演化成城市定居点或刺激郊区的发展。就英国而言,坎特伯雷、伍斯特(Worcester)、温切斯特(Winchester)遵循的就是这条路线。农业有了增长,教会地主生产的剩余农产品走向市场。由此,在所谓的"加洛林文艺复兴"(770—900年)期间,日益具有市场意义的众多"小岛"发展起来。除了皮雷纳(Henri Pirenne)曾强调过的长途贸易的影响,有关城市的发展,正是欧洲内部的经济、商业动力为之提供了主要的推力。[4] 不过,这远不是一个直线发展的过程,出现挫折总是有可能的,欧洲环北海地区早期商业据点的命运证明了这一点。这些据点也就是所谓的"集市"(emporia),如低地国家的克托维克(Quentovic)、多姆堡(Domburg)、多雷斯塔特(Dorestat),以及英国、斯堪的纳维亚海岸的汉姆维克(Hamwic)、里伯(Ribe)、海泽比(Haithabu)、比尔卡(Birka)。9世纪以来的维京人侵让它们的活动迅速偃旗息鼓,只留下考古证据,作为其昔日所扮演的重要角色的见证。

1000年以前,欧洲城市经历了这样一个艰难时期。随之而来的是一个引人注目的漫长时代,从11世纪直至13世纪晚期—14世纪早期,城市出现了持续发展。这对各种城市面貌产生了不同影响,城市网络中的重要变革就是因此而生的。

增长与发展(11—13世纪)

在韦伯列出的城市类型中,中世纪城市是以生产型(或产业型)城市的面貌凸显出来的,以此而与古代

---

① 参见布舍龙(Patrick Boucheron)、门杰特(Denis Menjot)、博纳的综合分析。'La ville médiévale', in Jean-Luc Pinol, *Histoire de l'Europe urbaine. I de l'Antiquité au XVIIIe siècle* (Paris: Le Seuil, 2003), 308-317 (2010年瓦伦西亚大学的西班牙语译本已可获得)。

② F. Miranda Garcia, Y. Guerrero Navarrete, *Historia de Espana. III: medieval, territorios, sociedades y culturas* (Madrid: Silex Ediciones, 2008), 47-53,64-65。

③ Jacques Le Goff, *Histoire de la France urbaine. II: la ville médiévale des Carolingiens à la Renaissance* (Paris: Le Seuil, 1980), 15。

④ 参见延续至今的经典之作: Henri Pirenne, *Medieval Cities. Their Origins and the Revival of Trade* (Princeton: Princeton University Press, 1923)。

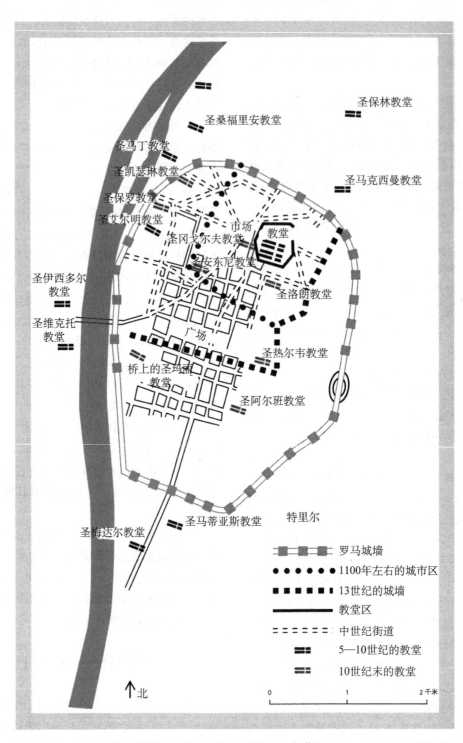

圣保林教堂

圣桑福里安教堂

圣马丁教堂

圣凯瑟琳教堂

圣马克西曼教堂

圣保罗教堂

圣艾尔明教堂

市场

教堂

圣冈戈尔夫教堂

圣安东尼教堂

圣伊西多尔
教堂

圣洛朗教堂

圣维克托
教堂

广场

圣热尔韦教堂

桥上的圣玛丽
教堂

圣阿尔班教堂

圣马蒂亚斯教堂

特里尔

圣梅达尔教堂

北

▦▦▦▦	罗马城墙
••••••	1100年左右的城市区
■■■■	13世纪的城墙
——	教堂区
------	中世纪街道
▥▥	5—10世纪的教堂
▤▤	10世纪末的教堂

0   1   2千米

插图 12.1　中世纪(古代晚期—13 世纪)特里尔地图,以皮诺尔(J. -L. Pinol)编《欧洲城市史》(*Histoire de l'Europe urbaine*, 2003)第一部分为依据。

消费型城市相对立。虽然如此,在不同地方,中世纪盛期对欧洲城市产生影响的各种结构性过程产生了迥然相异的后果。人们大量引述过欧洲城市化程度最高的两大地区之间的相似性,其中一方是意大利北部、中部,另一方是尼德兰南部,它们的城市化率几乎达到了30%。即便如此,这种相似性却在近来遭到了希托里尼(Chittolini)的挑战。[1] 人们需要讨论不同的城市定居点发展战略,因为后者构成了漫长的中世纪经济增长期——从11世纪延伸到13世纪晚期——的特色。尽管如此,相似的趋势在欧洲不同地区都是显而易见的,从西向东,它们遵循着大略相同的模式和时间顺序,最重要的例外只有伊斯兰教统治下的西班牙,即阿尔-安达卢斯(Al Andalus)。在城市欧洲兴起的过程中,有哪些因素发挥了作用? 在这方面,凸显出来并值得我们注意的有以下几点:经济发展,权力,宗教利益以及思想进步。城市化程度最高的那些区域的复兴再一次引起了人们的关注,它们继续享有高水平的城市

化,哪怕城镇居民的绝对数量有着剧烈波动。在城市与政治、王朝权力的关系中,同样具有重要地位的是区域背景,由此,城市统治大面积领土(以集体权利或私人财产的形式出现)的问题再次具有了关键意义。到这个漫长的城市发展期之末,随着基督教欧洲内部殖民化运动的展开(时间约当新千年前后),远至这片大陆北疆、东疆的地方都蒙受影响,由此,1240—1300年,神圣罗马帝国每十年有多达300座新城拔地而起。[2]

首先看经济发展。农产品剩余以及城市市场——它能对前者进行分配、让其商业化——的存在具有决定性的重要作用。[3] 利用农业增长以及常与之相随的大规模土地屯垦,从而推进商业点的发展,这样做让大地主能收获非常明显的利益。1080年以降,在法国西部,地主不再要求农民在重要的宗教节日上缴佃租,他们转而选择城市市集的开市时点。12世纪阿拉斯(Arras)这类两极城市的发展道路让我们看到了区域经济、商业发展怎样构成了城市发展的动力(参见插图12.2)。克兰

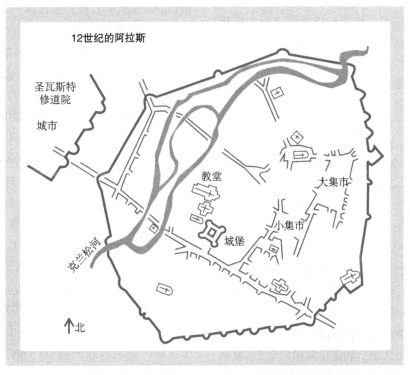

插图 12.2　12 世纪的阿拉斯地图,以皮诺尔编《欧洲城市史》第一部分为依据。

① Giorgio Chittolini, 'Urban Populations, Urban Territories, Small Towns: Some Problems of the History of Urbanization in Northern and Southern Italy (Thirteenth-Sixteenth Centuries)', in Peter C. M. Hoppenbrouwers, Anteun Janse, and Robert Stein, eds., *Power and Persuasion. Essays on the Art of State Building in Honour of W. P. Blockmans* (Turnhout: Brepols, 2010), 234 - 235.

② 有关这个问题以及在城市定义问题上讨论后韦伯模式的著作,参见 Peter Johanek, F. -J. Post, eds., *Vielerlei Städte. Der Stadtbegriff* (Cologne, Weimar, and Vienna: Böhlau, 2004); Ferdinand Opll and Christophe Sonnlechner, eds., *Europäische Städte im Mittelalters* (Innsbruck-Wien: 2010).

③ 有关城市与其直属腹地的辩证关系,参见 Paulo Charruadas, *Croissance rurale et essor urbain à Bruxelles. Les dynamiques d'une société entre ville et campagnes* (*1000 - 1300*) (Brussels: Academie Royale de Belgique, 2011).

松(Crinchon)河的一岸,是旧城的中心区(也就是原来的"城区"),它继续作为主教及其属员的驻地,此河的水能为纺织业的相关活动提供支持;河的另一岸,沿一条罗马古道,是一座以圣瓦斯特(Saint-Vaast)修道院为中心的城镇,有两个集市与之直接相邻,其中较小的集市是谷物、布料、皮革进行贸易的地方,较大的集市是铁制品、兽皮的交换场所。两个集市在数百年时间里成为城市的光荣,因为它们持续扮演着关键中转站的角色,使得来自周围广大乡村的农产品能进入当地和不同地区之间的市场。

显然,封建世界及其生产体系能毫不费力地与城市世界共存。这解释了一个引人注目的现象:王公地主们愿意促进市集的发展,并恩赐城市种种权利,对过境权加以确认,授予免税权,以求为集市的组织、参与市场者的人身安全提供便利。除此之外,正如我们在阿拉斯身上看到的,经常发挥作用的还有教会因素。因为许多城市或市镇是在修道院或其他教会公地附近发展起来的,这些地方需要将自身土地上生产的剩余产品摆上集市,比如羊毛。区域经济交换在更大范围的城市网络里得到整合,后者常在不同的交易圈(它们在统治者的支持下进行运作,如香槟、英国、法兰德斯、德意志中部)中得到强化并正式成形,并与日益增长的国际贸易联系起来,特别是地中海沿岸、北欧、欧洲波罗的海地区的国际贸易。[①] 随着贸易的繁盛,对港口城市网络的需求有所增长,因为这样的网络将内陆贸易与海洋连接起来。在法兰德斯伯国,阿尔萨斯的菲利普(Philippe of Alsace)伯爵(1157—1191 年在位)沿法兰德斯海岸创建了一些面向英国的新港,如加莱(Calais)、格拉沃利讷(Gravelines)、敦刻尔克(Dunkirk)、纽波特(Nieuport)、达姆(Damme)和比尔乌里埃特(Biervliet),这让内陆的布料生产中心,如圣奥梅尔(Saint-Omer)、伊普尔、布鲁日、根特能与英国羊毛市场建立海上联系。至于伊比利亚北部的大西洋海岸,借助巴斯克(Basque)、加利西亚(Galician)与坎塔布连(Cantabrian)地区港口和港口城镇的形成,此地也在约 12 世纪中期以至 14 世纪早期发展起来。[②] 波罗的海地区的经济日益发展起来,从德国延伸到波兰再到此地,是欧洲的一块农业沃土,城市商人对这片土地的海岸有着加以掌控的政治欲望。由此形成了德国的汉萨同盟(Hanseatic League)。这个组织是在 13 世纪晚期正式成形的,其时,它是一个商人协会,渐渐地,发展成一个城市同盟。该组织下属的成员城市超过 100 个,这让它在中世纪期间成为一股重要的政治力量,能与俄国诺夫哥罗德、挪威卑尔根(Bergen)、西欧伦敦以及布鲁日这样的"外国"站点保持井然有序的联系。

再说权力的影响。许多新城市是王公、封建领主或教会高层政治、经济雄心的直接产物,这些人将"城市"权利授予新的或现存的定居点,以此,他们尝试着对各自的领地作出界定。由此,这些定居点化为堡垒,有助于其所属地区抵挡其他领主的勃勃雄心。在亚奎丹(Aquitaine),法国卡佩主朝(Capetian)列王创建了这类"堡垒"型新城镇,他们以此力图钳制纯洁派(Cathars)异端运动。地方领主、图卢兹伯爵、法国国王之间的冲突愈演愈烈,由此而导致了一波新"堡垒"型城市或曰"新城"的建设潮。经由图卢兹伯爵雷蒙七世(Raymond VII,1222—1249 年在位)之手,有约 40 座这类新城拔地而起,它们的形状堪称典型,城市平面呈网格状。早期近代以及现代,在殖民地新建立的定居地上,人们能看到这类城市形状、平面再现于世。在英、法两国国君对抗之时,法国西南地区成为前线,双方都大建新城,以作地方堡垒之用,以此而极力巩固自身对新征服领土的控制。1222 年,科尔德(Cordes)建了起来;1370 年,昂茹堡(La Bastide d'Anjou)矗立在地平面上。在此期间,人们数得上的新城不少于 450 座,其中 350 座是在 1230—1340 年修建起来的。这些城市的诞生通常起源于土地所有者(在许多情况下是修道院)与政权所有者之间的契约。在中世纪英国也产生了类似潮流,尽管是在更小的规模上。主要是在爱德华一世在位时期,英王在威尔士创建了约 10 座新城,以英国"殖民者"填充之,其用意是在威尔士边疆兴修城市,作为堡垒。在神圣罗马帝国境内,重要的地方王朝如霍亨斯陶芬王朝(Hohenstaufen)在莱茵河谷、阿尔萨斯,维特尔斯巴赫王朝(Wittelsbach)在巴伐利亚,扎林根王朝(Zähringen)在后来的瑞士,均采取措施加强自身的地区影响力,并确立自身相对于帝国权力而言的政治身份,它们的手段是大建城镇,作为根据

---

① 对商业集市历史的概括性考察,参见 Franz Irsigler, 'Jahrmärkte und Messesysteme im westlichen Reichsgebiet bis ca. 1250', in Volker Henn, Rudolf Holbach, Michel Pauly, and W. Schmid, eds., *Miscellanea Franz Irsigler. Festgabe zum 65. Geburtstag* (Trier: Porta Alba Verlag, 2006), 395-428.

② Beatriz Arizaga Bolumburu, 'Las actividades economicas de las villas maritimas del norte peninsular', in *Las sociedades urbanas en la Espana medieval. XXIX semana de Estudios Medievales, Estella 2002* (Pamplona: Gobierno de Navarra, 2003), 195-242.

地。在德国内陆,地方政治统治者(常常还有宗教领袖)以自身的教俗权力基础——布尔格斯特(Burgstadt)与多姆堡(Domburg)——为中心,兴建或发展起城市来。在伍兹堡(Würzburg)、埃尔福特(Erfurt)、明斯特(Münster)、奥斯纳布吕克(Osnabrück)、不来梅(Bremen)、汉堡、帕德博恩(Paderborn)、哈尔伯斯塔特(Halberstadt)以及马格德堡(Magdeburg),8世纪以后形成的新主教辖区发展成重要的城市中心,因为帝国的组织意味着采邑主教能行使重要的政治、军事权力。

在德国北部介于基尔、里加(Riga)之间的海岸地区,人们看到了数以百计的城市定居点的形成,如1143年荷尔斯泰因伯爵阿道夫二世创建的吕贝克(Lübeck),伯爵借用了一个斯拉夫废弃定居点留比斯(Liubice)的名字为此地命名。在北欧、波罗的海地区,超过100座城镇接受了以吕贝克宪章为基础的宪章,从而推动它们融入在经济、政治两方面都具有重要作用的城市网络,即汉萨同盟。在日耳曼、斯拉夫的影响力碰撞、交集的中欧东部地区,城市化的动力包括以德国"殖民者"为主的移民,他们走的套路是建城(locatio civitatis)。新定居点获得像马格德堡或吕贝克那样的权利,这在日耳曼文化、政治霸权的扩散上发挥了至关重要的作用。如同在其他领域,欧洲也经历了城市中心的组织过程,以及不同社会、种族群体相互适应的方式。一个引人注目的例子是意大利大型商业城市(最重要的是威尼斯)中所谓的"客栈"(fondaci)。这个词源自阿拉伯语"funduq",意为专为招待外(基督教)商而设的旅馆,它通常在空间上与周围城市区隔开来,由此而颇易识别。[1] 作为一种模式,此种做法遍布欧洲—西方世界。

228 城市本身也卷入到新城市定居点的形成过程中,比如,在意大利高度城市化的那些地区,许多历史悠久的大城市发挥了带头作用。这种做法得以确立是在1183年,其时,与德国皇帝签订的《君士坦茨和约》(peace treaty of Constance)让许多城市拥有了自治权。在波河河谷、威尼托(Veneto)以及伦巴第(Lombardy),新的城市中心得以建立,与此相随的常常是城市对既有农村定居点的承认。在许多情况下,这些定居点通过"博尔格弗朗哥"(borgo franco)或"卡斯特尔夫朗科"(castel franco)的名号为人们所识别。仅皮埃蒙特

(Piemonte)一地,人们便确认了约200个市镇。在撒丁尼亚岛,海上强权热那亚、比萨建起了新的基地,它们通常对有时显得古老的罗马城市架构进行再利用,以便将堡垒打造出来,满足它们在这片地中海区的商业扩张需求。比萨人重建卡利亚里(Cagliari)城的方式证明了此种行动颇近于"殖民"事业。在大陆的托斯卡纳(Tuscany)、佛罗伦萨、锡耶纳(Siena)、卢卡、阿雷佐(Arezzo)互争雄长,它们往地图中添加新的城市,力求削弱本地区的其他重要城市,加强对属下市镇的控制。

再谈宗教。圣徒崇拜以及遍及基督教欧洲的一项流行习俗——朝圣——使城市定居点得以建立,以求为大量朝圣客行路提供方便。在西班牙,有多条道路通往圣地亚哥-德孔波斯特拉(Santiago de Compostela),11世纪晚期—12世纪上半叶,在比利牛斯山脉与圣地亚哥之间,兴起了许多重要的新市镇。这些新市镇吸引了大量移居者,它们或在渡河之"道"上拔地而起,或建于靠近修道院或主教驻地的地方。与此同时,某些更古老的城市,如潘普洛纳(Pamplona)、哈卡(Jaca)、埃斯特拉(Estella)、布尔戈斯(Burgos)或莱昂(Leon)重获新生,取得很大发展,因为它们位于"道路"旁,位置至关重要。莱昂、卡斯提尔(Castile)以及后来葡萄牙的国王利用教会、天主教对伊斯兰统治区的"再征服",扩展自己的势力,其中隐含着重要的意图,也就是扩展城市定居点、城市权利。在加泰罗尼亚(Catalonia),那些伯国君主、阿拉贡(Aragon)国王通过类似城堡的基地,将对经济增长的积极追求与保护新的基督教人众的愿望结合起来。在基督教的影响到达更远的南方,往瓦伦西亚(Valencia)、穆尔西亚(Murcia)推进时,这一战略的身影一再出现。

最后是思想的进步。比如,教士会或修道院属下若有声誉卓著的学校,除了满足城市日益增长的对更好的受训行政人员的需求外,它们还能吸引外面的人进入城市。再者,中世纪的另一项遗产——大学——出现了,对某些城市来说,这意味着一项具有根本意义的进步。此前,在更古老的大学城,如博洛尼亚(Bologna)、巴黎、伦敦或蒙彼利埃(Montpellier)——这些地方在1200—1215年发展出真正的大学,教会、大学当局与主管市政机构的关系是复杂的,且常常生出许多问题,因为大学领导人、学生要求的大量特权常常

① 参见下文第15章,更可进一步参见 Donatella Calabi and Derek Keene, 'Merchant's Lodgings and Cultural Exchange', in id., ed., *Cultural Exchange in Early Modern Europe*, vol. 2: *Cities and Cultural Exchange in Europe*, *1400 - 1700* (Cambridge: Cambridge University Press/ESF, 2007), 318 - 331。

与城市利益相冲突。

皇帝、国王以及王公对城市施加的压力意味着在某些情况下,是城市被迫接纳大学,与此同时,其他城市则相互竞争,争抢大学。尽管如此,我们还是能看到这样一个模式:中世纪大多数大学位于欧洲南部城市,这反映的是高水平的城市化以及俗众公共生活、成文法的较早出现。1374 年,布拉格大学建立,这标志了中东欧历史的一个转折点。中世纪晚期,伴随着这个事件,经济发展与民族感情的觉醒推动了另一波新大学潮的兴起。[1]

危机与衰落(14—15 世纪)

在人口学家肖尼(Pierre Chaunu)笔下,1300 年左右的西方世界是"一个人满为患之地"。正是在这个时候,人们亲历了一次大危机,它从根本上改变了经济与城市发展的进程。1000 年以后,是一个为时甚长、经济在整体上持续增长的时期,在 13 世纪最后的 25 年里,这个时期渐渐步入衰滞,这给城市社会带来了直接而重要的后果。危机激发了大量严重且旷日持久的社会、政治冲突,在法兰德斯、意大利北部、加泰罗尼亚地区的大型城市中心,形势非常严峻。城市工人大量集中在某些专业部门(纺织生产部门很引人注目),这意味着下滑的生活水平会产生严重的政治动荡。结果,从约 1275 年以降,第一波整体动荡向欧洲城市社会扩散,继则以不同强度表现出来,直至约 1320 年。在此之后,又兴起了更多的这类城市动乱潮,比如约 1380 年的城市动乱潮。这样的反抗运动还指明了如下事实:到 14 世纪开始时,马尔萨斯所说的经济瓶颈已经到来,1315—1317 年,一次大饥馑袭击了欧洲西北部,这是未来发生的一长串大饥馑当中的第一次。在某些情况下,我们能对死亡率进行衡量,其中,城市的死亡率是最高的。这样,在 1316 年 5—10 月,法兰德斯的工业城市伊普尔丧失了 10% 的人口。在接下来的一些年里,立陶宛、英国、波兰某些城市中的食人场面被记载下来。毫无疑问,食人是《圣经》谈论的一个话题,虽然如此,这里的"食人"却证明了饥馑所引发的社会动荡。[2]

祸不单行。1347—1350 年,黑死病袭击欧洲,全部人口至少有三分之一因此而丧命,城市所受的创伤尤其严重。更重要的是,鼠疫横行,几乎每十年、十五年就重新爆发,这意味着直到 15 世纪中期,每一代人都不得不面对一次或更多的巨量死亡的冲击。有一点很关键,也就是最具生育能力的年轻成人受创最深。他们未及发展出免疫力,再者,还有一个事实:他们常常处在营养不良的状态下。受这两个因素的影响,他们格外容易受到反复爆发的疾病的影响。与发生在乡下的事情相反(在那里,有许多村庄遭到废弃),城市继续吸引新的人群从腹地过来,城市网络展现了引人注目的恢复能力,虽然人口规模经历了大幅衰减。人口萎缩产生了非常重要的后果。比如,房产、财产价值的急剧下降连同财富的实质性再分配,所有这些推动了社会关系经过重新界定的城市社会的产生。虽然能揭示问题的精确资料仍难觅踪迹,一份例外的材料却不在此列,比如 1427 年首次佛罗伦萨户口总调查。此次人口普查是为财政目的而展开的,它让我们能看到男女首次成婚年龄日渐增长的差异:对男人来说,这个年龄约为 25—30 岁;相比之下,女人进入婚姻时要年轻得多。[3] 结果,形成了这样一个城市社会:在这个社会里,寡妇再婚以及青年男子青春期延长推出了严重的社会问题,产生了一种动荡的政治气氛。

衰落所导致的一个后果在城市面貌上体现出来。在许多城市,大量建筑遭废弃,无人居住,这使得成片成片的城区荒芜,它们通常是在乡郊。哪怕从乡下往城市或城市之间有众多移民,这只在部分程度上抵消了城市所受的损失。直到 15 世纪下半叶,人口才开始缓慢恢复过来。尽管如此,一直要等到 1800 年后工业化加速推进,城市欧洲才全面复苏,并达到约 1300 年时已获得的人口规模。近代早期,某些西欧商业据点具有极其重要的地位,如安特卫普、阿姆斯特丹和伦敦,这使得它们在一定程度上逃过了经济衰退,并因多样化的国际贸易(包括对波罗的海地区的贸易)而欣欣向荣,到 1500 年,它们享受了日益增长的高生活水平,这吸引了许多新来的人。[4]

---

[1] Hilde De Ridder-Symoens, ed., *A History of the University in Europe*, vol. 1: *Universities in the Middle Ages* (Cambridge: Cambridge University Press, 1992).

[2] William Chester Jordan, *The Great Famine. Northern Europe in the Early Fourteenth Century* (Princeton: Princeton University Press, 1996).

[3] David Herlihy and Cristiane Klapisch-Zuber, *Les Toscans et leurs familles. Une étude du catasto florentin de 1427* (Paris: Ed. CNRS, 1978).

[4] 参见下文第 14 章。

总体上的局势动荡,更准确地来说,战争与饥馑,也让人们将目光重新投向堡垒建设,并关注城市防卫、使其更不易受到外来攻击的需要。由此,人们将资源重新投入到城墙、城门以及堡垒的建设中,这不仅对建筑环境产生了重要影响,且对一种更有效的财政结构发挥了重要作用。这种财政结构也就是税收与贷款,它们能为建设项目提供资金。它们的发展反过来促进了财富再分配以及社会不公的滋生,这埋下了新的社会冲突的隐患。

如果说在中世纪晚期,城市从整体上经受了反复爆发的人口灾难所带来的后果,那么,在欧洲城市体系中,我们还能看到某些根本性的变化。南北欧之间的传统陆路贸易路线以香槟市场为中心,由于有新的更好的交流、交易手段,该贸易路线从 13 世纪晚期起便迅速衰落,让位于发展起来的大西洋海岸贸易。在大西洋海岸,众多港口城市被卷入整体性的商业繁荣中。西班牙北部海岸城市,法国大西洋海岸城市,英国南部、东南部海岸城市,14 世纪晚期以来发展为勃艮第低地国家的那片区域的海岸城市,生成了一个由众多商业、经济据点组成的网络。在这个网络中,城市利益、城市政策构成了驱动性的力量,正是它们,从背后促成了布鲁日与安特卫普的位置转换,使后者在中世纪末期成为西北欧的领头市场。

在意大利大型航海城市热那亚、威尼斯,还有佛罗伦萨、米兰,兴起了新的造船方法、航海技术以及更高级的保险措施,它们逐渐扩散到欧洲大西洋海岸,并发挥了作用,先是为葡萄牙、西班牙,后是为英国、尼德兰的早期殖民事业提供了支撑。早先编撰的历史认为北德汉萨同盟区在新的金融发展浪潮中落后了,不过,与此相反,中世纪欧洲的这个地区改良了自己的行商之道,以为其大宗谷物、木材、兽皮、毛皮生意的增长提供支持。

南德是内陆城市如纽伦堡、奥格斯堡(Augsburg)、乌尔姆(Ulm)的兴盛之地,借助威尼斯,这些城市能与地中海、中东直接接上线。15 世纪,这里出现了以另一种极端方式呈现出来的显著城市发展,其突出特点是纺织、冶金经济活动中的结构改造。

自 11 世纪的十字军东征以来,战火连绵不断。尽管如此,中东的阿拉伯港口、商业城市,如阿勒颇(Aleppo)、亚历山大里亚、开罗,继续在与西方的贸易中扮演重要中介的角色。整个中世纪,东西货币汇率

或许对东方有利。不过,在奢侈品跨洲贸易中,热那亚、威尼斯还有加泰罗尼亚以至普罗旺斯港口商人的商业活动一直保持着重要地位,无论在进口(香料、丝绸)还是出口(主要是纺织品、白银)中,都是如此。通过这些商品的进出口,欧洲城市与亚洲经中东这个中介联系起来。与中东及以外地区的贸易还让经验的积累成为可能,事实证明,在欧人开始对亚洲、美洲进行殖民探险时,此种经验派上了用场。

中世纪城市及其遗产

以上,我们对城市社会、它漫长的发展期及尾随其后的危机作了考察,这些因素对中世纪欧洲不同地方造成的影响是不同的。虽然如此,还有一个问题摆在我们面前:欧洲中世纪城市留下了什么遗产? 在这里,韦伯提出的某些观念不可避免地进入我们的思考范围。其中,中世纪的自治理念或许是最引人注目的话题了。这个自治理念,成就了"市民"的崛起。所谓"市民",即"市镇"中的平常居民,他们享有一整套的个人权利,与此同时,身负一系列职责,参与到公共事业当中去。古雷维奇(Gourevitch)指出,中世纪市民是一个极为例外的欧洲史现象,据此,在当时的拜占庭或伊斯兰社会中,人们是看不到它的身影的。[1] 最近编撰的史书认为,在对欧洲中世纪史进行分析时,"自治主义"值得像"封建主义"或"议会主义"那样给予关注。当城市获得一定的经济、政治影响,从而令自身与传统势力(无论是教会还是君主国家[国王与皇帝])处在一种特殊关系中时,城市史中的自治因素便涌现出来,并获得了自己的存在形式。各地发展水平的不均解释了自 12 世纪起,为何自治体在意大利北部、中部遍地开花,而在南方仍付诸阙如。在南方,继弗雷德里希二世皇帝对自治体进行镇压之后(如 1232 年对墨西拿的镇压),是诺曼人的征服,这使得类似的自治运动不能开花结果,而考虑到先前拜占庭、伊斯兰时代此地走在前面的城市发展,"开花结果"本是有潜在可能的。基于类似的原因,北德海岸城市很早便发展起了城市自治,而东德城市几乎未受影响。第一波自治潮在 1070—1130 年荡涤法兰德斯、皮卡德(Picard)地区,它们的基础都是自由市民(free burghers)之间的双向誓言。这是一种"共同誓言"(conjuratio),其内容是保证城市内

---

① Aaron Gourevitch, *Les catégories de la culture médiévale* (Paris: Gallimard, 1983)(原本为俄文本,1972 年版)。

部的自由、和平。①

除了界定自身与外部世界的关系，自治体还重新整理了城市的内部组织。在许多情况下，自治体将先前的城市组织接管过来，或是以后者作为自身的基础。在西北欧，人们能看到一个很早的实例，那便是圣奥梅尔城的"行会"，它在11世纪末便发挥作用，其前身是以保护城市商人、互助为宗旨的一个组织，后演化为一个面向所有正规市民的组织。自13世纪以来，诺夫哥罗德的商人组织是所谓的"伊凡百人团"，它扮演着类似的角色。由于积极的商人组织的存在，诺夫哥罗德、莫斯科成为参与到自治潮中的两个俄国城市。

这将韦伯当作原型的欧洲城市的另一关键要素揭示了出来，即自治城市组织的影响。比如，在阿勒佐，1098年的一份非公证文件提到两个城市行政官的存在；与此同时，1111年，教皇帕斯卡二世给这座托斯卡纳城市的"全体市民"写了一封正式信件，这让我们能明确地得出结论：到那时为止，该城已存在一个自治的城市政治组织，在其中，城市行政官发挥着积极作用。在许多情况下，先是文献中提到主事的城市官员，然后才出现有关城市组织存在的司法证据。

中世纪盛期封建欧洲的政治混乱与权力碎化以决定性的方式强化了自治运动。事实证明，在许多城市，地方主教的权力不再能保障为商业所渴求的和平。人们所知的最早的自治法令之一是1117年的皮斯托亚（Pistoia）自治法令，它要求地方行政官确保城市及周边市镇的和平，它们多多少少覆盖了主教辖区，也就是旧时的"城区"。毫不令人感到奇怪的是，法国北部历史最悠久的自治体全是在主教城市的背景下发展起来的，如康布雷（1077年）、圣昆廷（Saint-Quentin，1081年）、博韦（Beauvais，1099年）、拿永（Noyon，1108—1109年）以及拉昂（Laon，1110—1116年）。自治体反映了城市经济精英的利益与主教封建权力之间愈行愈远的关系。他们与城市的和平运动虽有紧密联系，但这并未阻止他们对威胁到本城的统治者作出武力回应。不过，到12世纪末，像法王菲利普·奥古斯都这样的精明统治者成功地将自己的政治议程与城市和平运动的政治议程结合起来，仅在1180—1190年间，这位国王便颁下了不下28张自治体许可证。而在数十年前，即1127—1128年间，法兰德斯伯国的一次重要

政治危机经过某种方式的演化，让城市的利益与伯国新王室即阿尔萨斯王室的利益恰好取得了一致，这些城市包括法兰德斯的大城根特、布鲁日、圣奥梅尔以及里尔。阿尔萨斯王室挫败法王推出的人选，获得权力，结果，城市首次在政治舞台上有了某些作为。一个世纪后，这些城市的代表前进到政治的中心舞台，并在国际政治尤其是在与英国订立商业条约方面，作为"法兰德斯参议会"（'scabini Flandriae'，不再是某个城市的参议会，而是法兰德斯伯国的参议会）发挥重要作用。像参议会这样的典型城市组织能用其他方式扩展自己的代表权、代表功能，因此，它们的行动所覆盖的范围超出了本地区。

据韦伯所说，市政管理权是中世纪自治体的特征。参议员、行政官以至兼地方法官、行政官于一身的其他公务人员，构成了一个市政权力层级。在这之下，是一个有时显得复杂的多层级组织体系，它融宗教、慈善以至行业组织于一体。这是一个藏龙卧虎之地，里面满是雄心勃勃的男子汉（女人仍被排斥在公共生活之外）。这些男人活跃于公共场合，因为他们感觉到自己对后来的第一条自治体原则——"公益"——负有责任。② 城市居民意欲组成一个联合体，一个能自由集会、进行内部磋商的组织。这个愿望具有极为重要的意义，以至于在许多情况下，行政官或参议员画像成为城市向外部世界展示的最佳图像，比如印章上的行政官或参议员画像（参见图12.1：1195年的默朗城［Meulan］印章）。原来的史书或许过分强调了参议员治下的城市与行政官治下的城市之间的区别。说到底，城市的统治形式，参议员、行政官、市政官（jurats）、副市长（echevins）、市政委员（regidores）这类名称的命名方式，参与到施政过程中的各级当局之间的关系……凡此种种，对应的都是来自罗马法的一条基本指导原则："牵涉众人之事需经众人协商、认可。"该原则最初是为解决私有财产纠纷而创制出来的。

事实上，许多城市政府往往沦入到一小群寡头的统治之下。引导大量选举的复杂规则、程序很少能保证其成果与20世纪早期的自由主义理想——"城市民主"（urban democracy）——对上号。当然，城市政府是以选举成功后授予官员的权力为基础的。不过，波动不定的选举人数量，基层预选（教区、街区、行会、公司、

① Knut Schulz, 'Denn sie lieben die Freiheit so sehr...' Kommunale Aufstände und Entstehung des europaischen Bürgertums im Hochmittelalter (Darmstadt: 1992); Peter Blickle, Kommunalismus: Skizzen einer gesellschaftlichen Organisationsform, 2 vols. (Oldenbourg: 2000).

② 参见 Elodie Lecuppre-Desjardin and Anne-Laure Van Bruaene, eds., De Bono communi. The discourse and Practice of the Common Good in the European City (13th -16th c.) (Turnhout: Brepols, 2010).

图12.1 12世纪末的默朗自治体印章,引自 B. Bedos-Rezak, *Corpus des sceaux francais du Moyen Age. Tome premier: les sceaux des villes*, Paris, 1980, n°413, p. 323。

界限,对新来者的涌入及其获取城市所提供的社会、司法和政治保护的途径,它还进行管控。事实上,哪怕是在人口危机最严重的时刻,城市仍吸引着新来者,尽管人口危机导致了城市的墓地效应。这样,对许多人来说,住在城里的好处很明显胜过它的坏处及其所固有的风险。城市对新来者持歧视、限制态度。早在1191年的根特城市宪章中便有如下说法:新来者如经审定"对城市和众人全然无用"便可驱逐。

从出现于14世纪的城市账簿中,我们能看到对那些经审定无益于城市者所课的特别税。如果这些措施还没有将他们赶走,随之而来的可能会有驱逐令。被下逐客令的人胆敢违反这类措施,便是将自己的生命置于险境。由此,中世纪城市不仅提供各种以城市为本的福利设施,从而让生活变得更美好、解决各种社会需求,而且还对享受福利的人群作了清晰界定,并进而塑造了社会行为、劳动力市场以及经济机遇。从它那里,生出了城市自身的边缘阶级,以及公众对与边缘阶级相伴的边缘行为的恐惧,这导致了针对麻风病患者、同性恋者、犹太人、乞丐之类群体的压制行动。

人是否身为市民,以及是否具有因此身份而来的权责,这是欧洲城市共同体的一个基石,它以某种方式极大影响了后来欧洲社会的发展。至于以另外的方式处理个体居民权利的其他城市文明,这样的事情并未发生在它们身上。[②]

公会),决议方式,游移的票决形式(有时以人数为准,有时以质量为准)……所有这些因素使得直接的"民主"过程几乎无法实现。选举、决策的复杂体系在自治体政治结构中反映出来,此种结构在绝大多数情况下有着三个层面。基本面是由所有拥有完全政治权利的男性居民或市民组成的市民大会,它在理论上拥有最高权力、决策权,不过在实际上很少召开会议;第二个层面是多少受到限制的议事会,它在某些情况下包含几十个成员(如果不是有更多参与者的话),他们是行会及类似组织的代表;最后一个层面是执行组织,包括参议员或行政官,其职责是处理日常政治、金融事务。在建筑上,反映了此种政治结构的是北意大利自治城市最古老的那些市政厅,如布雷西亚(Brescia,1187年)、维罗纳(1193年)、贝加莫(Bergamo,1200年)以及克雷莫纳(Cremona,1206年)的市政厅。所有这些市政厅都在地平面上建有大型走廊,它面向集市,预备接待大型民众会议;再往上的一排房屋是议事会、市长、参议员的集会处,更大规模的"民众"大会几乎是在字面的意义上支持着上面的集会处。[①]到后来的一个时期,即约13世纪中期,在意大利中部(博洛尼亚是一个有据可查的例子)、法兰德斯的大型城市中心(如里尔、根特、布鲁日),都建起了新的中心集市广场。它们通常是花费不菲的重要工程,其结果是产生了可供公众进行政治集会的开放公共空间。

城市是一股积极力量,它对个体市民的能量加以集合、融汇。除了执行这项功能,它还界定公民身份的

城市记忆与意识形态的构建

在许多城市大厦中,最珍贵的藏物可能是公共钱柜(*arca communis*)了,这里面装着公社档案、金融文件。城市记忆的编排及其对教士垄断文化的冲击,体现了城市在中世纪中晚期的解放及其自治。此种城市实用文化自12世纪起便已显明,首先是在意大利北部城市中。在这些城市,城市政治组织(从巡回法官[*podestà*]到民众政权)的所有发展与城市编档权在数量、质量上的进步是携手并行的。此种编档权具有更大的条理性,在城市政治家、行政官员手中,它成为一件有力的工具,具有强大的力量,因为它还成功地为城市控制周围乡村提供了助力。赫利希(David Herlihy)、朱伯(Christiane Klapisch-Zuber)有很好的理

---

① 相关的概括性看法,参见 Elisabeth Crouzet-Pavan, *Les villes vivantes. Italie XIIIe-XVe siècle* (Paris: Fayard, 2009)。

② Leo Lucassen and Wim Willems, *Living in the City. Urban Institutions in the Low Countries*, *1200 - 2010* (New York: Routledge, 2012)(即将出版)。

由认为 1427 年佛罗伦萨的人口普查是文艺复兴时期的一座丰碑，它在思想上与许多著名的艺术品一样给人以深刻印象。[1] 在这方面，洛伦采蒂（Ambrogio Lorenzetti）在托斯卡纳锡耶纳市政厅留下的"好政府"画像浮现在我们眼前。[2]

在实用文化之外，伟大的城市意识形态传统也发展出来。在这种传统里，得自罗马法、教会法的灵感，以及源于大学、教会改革运动的思想，两者结合起来，产生了有关市政权力的新观念，其中心便是众人对"公益"所承担的责任。从 13 世纪起，方济各、多明我托钵僧就将此种城市意识形态往前推进。[3] 帕多瓦的马西略（Marsiglio of Padua）写有名著《和平卫士》（Defensor Pacis，1324 年），它说明了亚里士多德主义的权力来源观如何在公民的自由公共集会中找到了自己的源头，此种集会是意大利城市的城市经历、习惯的组成部分。

在这之前，意大利发展出了一种非常独特的习俗，时值 12 世纪晚期之后。它以平息城市精英的内部争斗、冲突为标的，其做法是将城市统治权集中在所谓的"巡回法官"手上。这个"巡回法官"从当时的领头家族中产生，他接受培训，充当专业的仲裁角色。巡回法官在意大利北部城市的游走是个引人注目的现象，它对政治理念、习惯具有一种统一作用，在发展极具城市特色的统治术上亦是一种有效工具。在城市特许权利的扩散上，我们观察到同样的运动也存在于法典、习惯的传播过程中。比如，低地国家城市鲁汶或德国中等城市苏斯特（Soest）的特许状，就被大得多的城市如科隆或吕贝克所采纳，后者反过来影响了波罗的海沿岸大量城市中心的特许状。这在文化、政治方面表现了欧洲城市之间的模仿、效法的重要性。

在王朝更替以及行政官进行年度宣誓仪式时，公民之间以及城市政治体—统治者之间的政治契约会进行重订，这将时间维度包含了进来。[4] 针对双方的一系列权利、义务会被大声宣读，人们会起誓，如有必要，还会进行商讨、争论。在这方面，欧洲城市再次成为中世纪意义上的种种自由的温床：不是个体公民的自由，而是集体事业的自由。中世纪的城市是共同体的

一种变异形式，在它里面，公义、和平、协调不过是神之爱的表现形式。共同体说到底是宗教的共同体，从属于城市意味着不作不信者、异端或持异见者。一句话，中世纪城市有双重性质涌现出来：其一，城市共同体产生并强化共同体成员之间的联系纽带；其二，它毫不留情地将那些不顺从者驱逐出去。

结语

总而言之，中世纪城市为欧洲城市在近代早期的重要发展铺平了道路。中世纪期间产生的城市网络、城墙以内的城市空间、许多中世纪城市组织，继续成为前现代欧洲城市的突出特征，虽然它们也历经变化，经受潮流和日益增长的外力的冲击。如前所见，中世纪的某些发展依受影响地区的不同，其所产生的后果也不相同，某些地区在时间上落在了后面。此种"区域性"在接下来的数百年里还会延续。对城市的中世纪经历来说，有关个体市民、集体责任的某些清晰观念以及对市民共同体的归属感（它近于宗教情感）具有关键意义，这两者还构成了前者的特征。正是在观念以及文化表达领域，欧洲城市将在 1500 年以后遭遇最大的挑战。对于宗教叛乱、经济困境、新的战争手段、全新的消费品、新的异域文化、新的生产消费技术，以及更中央集权化的强大"国家"的成长，城市会作出什么回应？在下一章中，我们将对此种回应的性质进行讨论。

参考文献

Boone, Marc, *A la recherche d'une modernité civique. La société urbaine des anciens Pays-Bas au bas Moyen Age* (Brussels: Editions de l'ULB, 2010).

Cohn, Sam K., *Lust for Liberty. The Politics of Social Revolt in Medieval Europe, 1200 – 1425* (Cambridge, Mass.: Harvard University Press, 2006).

Crouzet-Pavan, Elisabeth, and Lecuppre-Desjardin, Elodie,

---

[1] David Herlihy and Cristiane Klapisch-Zuber, *Les Toscans et leurs familles. Une étude du catasto florentin de 1427* (Paris: Ed. CNRS, 1978).

[2] Patrick Boucheron, '"Tournez les yeux pour admirer, vous qui exercez le pouvoir, celle qui est peinte ici". La fresque dite du Bon Gouvernement d'Ambrogio Lorenzetti', *Annales. Histoire sciences sociales*, 6 (2005), 1137–1199.

[3] Francesco Todeschini, *Ricchezza francescana. Dalla povertà volontaria alla società di mercato* (Bologna: Il Mulino, 2004); M. S. Kempshall, *The Common Good in Late Medieval Political Thought* (Oxford: Oxford University Press, 1999).

[4] Elodie Lecuppre-Desjardin, *La ville des cérémonies. Essai sur la communication politique dans les anciens Pays-Bas bourguignons* (Turnhout: Brepols, 2004).

eds., *Villes de* Flandre *et d'Italie (XIIIe-XVIe siècles). Les enseignements d'une comparaison* (Turnhout: Brepols, 2008).

De Ridder-Symoens, Hilde, ed., *A History of the University in Europe*, vol. 1: *Universities in the Middle Ages* (Cambridge: Cambridge University Press, 1992).

Ginatempo, Maria, and Sandri, L., *L'Italia della città: il popolamento urbano tra medioevo e rinascimento (secoli XIII-XVI)* (Florence: Le Lettere, 1990).

Gourevitch, Aaron, *Les categories de la culture medievale* (Paris: Gallimard, 1983).

Isenmann, Eberhard, *Die deutsche Stadt im Spätmittelalter, 1250 – 1500. Stadtgestalt, Recht, Stadtregiment, Kirche, Gesellschaft, Wirtschaft* (Stuttgart: Ulmer, 1988).

Le Goff, Jacques, *Histoire de la France urbaine. II: la ville médiévale des Carolingiens à la Renaissance* (Paris: Seuil, 1980).

Lecuppre-Desjardin, Elodie, Van Bruaene, Anne-Laure, eds., *De Bono communi. The Discourse and Practice of the Common Good in the European City (13 th-16 th c.)* (Turnhout: Brepols, 2010).

Pinol, Jean-Luc, *Histoire de l'Europe urbaine. I de l'Antiquité au XVIIIe siècle* (Paris: Seuil, 2003).

Pirenne Henri, *Les villes et les institutions urbaines* (Paris: Librairie Felix Alcan, 1939).

Scheller, B., 'Das herrschaft sfremde Charisma der Coniuratio und seine Veralltäglichungen. Idealtypische Entwicklungspfade der mittelalterlichen Stadtverfassung in Max Weber's "Stadt" ', *Historische Zeitschrift*, 281 (2005), 307 – 336.

Schulz, Knut, *'Denn sie lieben die Freiheit so sehr...' Kommunale Aufstände und Entstehung des europäischen Burgertums im Hochmittelalter* (Darmstadt: Wissenschaftliche Buchgesellschaft, 1992).

Verhulst, Adriaan, *The Rise of Cities in North-west Europe* (Cambridge: Cambridge University Press, 1999).

Weber, Max, *The City* (Glencoe, Ill. : Free Press, 1958).

Wickham, Chris, *Framing the Early Middle Ages. Europe and the Mediterranean 400 – 800* (Oxford: Oxford University Press, 2005).

屈伯文　译　陈　恒　校

第 13 章　近代早期欧洲:1500—1800 年

布鲁诺·布隆德　伊利亚·凡·达姆[①]

关键性转折的时代?

240　　1683 年,扎根在安特卫普的哈萨尔(Hazart)神父抱怨道:"我们的祖先强大有力、富足且行事公义,他们可能无法认识自己的后代。"[②]由于不能理解自己的信众不断变化的生活方式,他产生了这种"历史创伤感"。1700 年以后,此种情感在尼德兰南部城市中间积聚了更大的力量。数十年后,另一位神父更清楚地说明了根特富裕市民尤其令人感到苦恼的问题:

> 他们在舞会或集会中度夜;他们将白日大量时光浪费在睡觉上;醒来……他们赶着去喝茶,饮咖啡或享受巧克力……他们不是去向神祷告,弥撒在他们心中成了休闲时刻,在那时,他们可以谈笑问候,并欣羡最时新的穿着……而后,他们赶着回家,吃好长一段时间的中饭,完后,在登门拜访或接待访客中度过下午。如此这般,他们的时日消逝如梭。[③]

对于很明显属于都市的优雅消费模式,以上文字作了描述。当时的道德家用自己的笔,做了 17—18 世纪欧洲快速变化的城市生活方式的见证人。毫无疑问,近代早期对城市欧洲来说是一个"关键性转折"的时代。[④] 在该时期,城市发展出一种"城市"生活方式。它将在未来成为对社会而言具有统率作用的行为准则。到最后,此种生活方式越出了城市界限,并仍在为今日的城市世界提供激励。不仅如此,主要城市定居点的地理分布最终得以成形并巩固或许也是在近代早期,今日的欧洲城市世界在很大程度上仍是以此作为模板的(参见区域地图 II. 1)。

虽然如此,从许多方面来说,近代早期的城市成就　*241*是谈不上有什么惊人之处的。无论在微观的城市层面上,还是在作为一个整体的城市世界的层面上,此论都可成立。事实上,人们可以猜想,1450—1750 年,这几百年"欧洲城市化"进程的变化体现在程度而非性质上。近代早期欧洲城市化进程没有一个方面是堪与中世纪盛期、19 世纪的"革命性"成就相提并论的(参见第 12、25 章)。不过,在本章中,对欧洲城市史的此种目的论看法并非我们所要遵循的路径。相反,本章提出的看法是,如果人们强行寻求近代早期城市欧洲的"新"、"现代性",那么,对更好地理解独特而非比寻常的近代早期城市经历来说,它所起的是模糊而非清晰我们的认知的作用,是对我们无所助益的。这样,本章所提到的"近代早期"便是一个确认年代的工具而非一个概念。不过,近代早期不是一个呆滞又无聊的长时段,在下文的若干段落中,这一点会得到证明。这些段落谈到了近代早期城市的形态、经济、文化,还有出现在最后一个部分中的社会结构。

城市面貌

在本章所探讨的历史时期内,近代早期绝大多数城市的中世纪网格平面并未有大变。城墙、城门仍是城市面貌的基本特征,比如,在德国,所有超过 5000 居

　　①　安特卫普大学城市史研究中心。作者邮箱:Bruno. blonde@ua. ac. be;Ilya. vandamme@ua. ac. be。

　　②　引自 Alfons K. L. Thijs, *Van geuzenstad tot katholiek bolwerk. Antwerpen en de contrareformatie* (Turnhout:Brepols, 1990), 189。

　　③　J. B. Vermeersch, *Den handel van de ballen en comediën, gestelt in de weeg-schale van gerechtigheyt en min hebbende bevonden* (Ghent, 1738), 50 - 51。

　　④　Peter Clark, *European Cities and Towns:400 - 2000* (Oxford:Oxford University Press, 2009), 109。

民的城市都是有城墙的。[1] 不过,在欧洲各地,由于坚固的意大利式要塞(trace italienne)的引进,细长的城墙、高耸的城门得到重新塑造。像意大利式要塞这样的封闭堡垒全副武装,以应对战争中的种种变化,而在和平之时,它可用作绿树成荫的华美马道。穿过近代早期城市的城门后,人们见到的道路常以狭窄、不规则的蜿蜒形状铺散开去,它反映了绝大多数城市的有机起源以及形态方面的路径依赖。与几何式城市规划、重建有关的文艺复兴观念(以及后来巴洛克时期的观念)只是偶尔发挥了作用,它们通常瞩目于在经济上具有重要意义且有着代表性的城市空间,如广场、市政厅、贸易大楼、交易所、教堂以及通往贵族宅邸(palazzi)的道路。政治或宗教权力的影响尤其重要,1590 年以后在洛林公爵查理三世统治之下南锡(Nancy)的重建充分证明了这一点(参见图 13.1)。不过,当局很少有意愿或具备这种能力故意毁弃既有街道并与根深蒂固的财产权利作斗争的,它们所专注的目标转而变为老的城市中心或城墙附近的郊区,这里

被寄托了人口增长的愿望。莱茵河岸的海德堡极具典型意义,它虽遭受一次又一次军事攻击,却保持传统的形象如故(参见图 13.2)。而当毁灭性的灾难临到时,现有的城市便能加以彻底重建,1693 年地震后的西西里诺托壁垒(Val di Noto)便属此例。在诺托、莫迪卡(Modica)、希克利(Scicli)这类城市,城市政府抓住机遇,一切从头开始,通过清晰的社会计划,它们设计出几乎同质的巴洛克式城市。虽然如此,总的来说,建起来的新城惊人的少。除此以外,新建成的城市还强调某些宗教理念或是政治—军事规划,比如哈布斯堡大公阿尔布雷希特(Albrecht)建设的小型"救治"之城斯海彭赫弗尔(Scherpenheuvel),宗教战争期间建于布拉邦的伊莎贝拉城(1609 年),或雄心勃勃的俄国彼得大帝创建的帝都圣彼得堡(1703 年)。事实证明,它们当中的某些城市,比如建于 1555 年的法国军事城市埠湖瓦日(Brouage),便很易遭受攻击,由此而不适于未来的城市发展,如此情形让其成为当时欧洲城市体系"固定性质"的见证者。

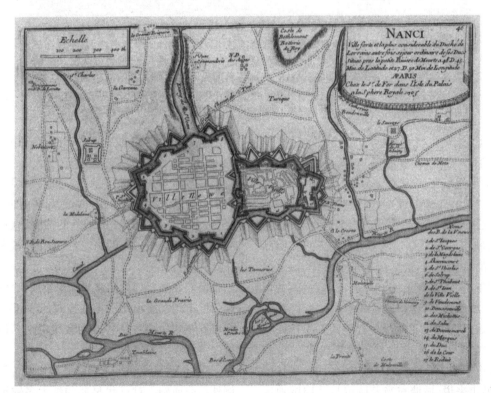

图 13.1　18 世纪早期的南锡地图。该图展现了有机生成的旧城与后来更具几何构造色彩的那些城区之间的区别,后者是围绕一个中心广场建起来的。材料来源:Nicolas de Fer, *Table des forces de l'Europe, avec une introduction à la fortification*(Paris:Chez J. F. Benard, 1723),**University of Antwerp, Preciosa-library**。

---

[1]　James D. Tracy, 'To Wall or Not to Wall:Evidence from Medieval Germany', in James D. Tracy, ed., *City Walls:The Urban Enceinte in Global Perspective* (Cambridge:Cambridge University Press, 2000), 84 - 85 and tables.

图 13.2　18 世纪早期的海德堡城景。这座德国城市以其古老的大学享有盛名，不过在三十年战争（1618—1648 年）期间，它遭受了猛烈围攻，17 世纪末，路易十四的军队复又蹂躏了它。该城绝大多数公民隶属清教，这让它特别容易遭受因宗教而引发的战争的打击。材料来源：Nicolas de Fer, *Table des forces de l'Europe, avec une introduction à la fortification* (Paris: Chez J. F. Benard, 1723), University of Antwerp, Preciosa-library。

243

243
　　直到 18 世纪（对欧洲绝大多数地方来说，最早是到 1750 年之后），某种"城市复兴"才真正扎下根来。英国保守的中世纪城市面貌尤其换上了新颜，与此同时，它们将重点放在了新的休闲、娱乐空间上，如咖啡屋、音乐厅、歌剧院、剧场、公园以及体育场。同样在这个时期，西欧城市开始根据追求秩序、清洁的文明品味，翻新自身的基础设施，这导致了排水系统、街道照明、道路的变革，人行道有了统一的街道名，喧闹的市场有了秩序。虽然如此，这样的发展机制并未广泛发挥作用，其在数量上的重要性也是有限的。在首要和最重要的意义上，19 世纪前的城市发展仍是一个缓慢、适度增长占据着主导地位的过程。

　　对大量城市来说，城墙充当着城市与其周围地区的分界线。虽然如此，城乡经济、社会却是紧密交缠在一起的。而在另一些城市里，城市及城市以外地区的空间界限是模糊不清的，因为人们几乎能在城市的各个角落发现猪、狗、羊和其他牲畜。与此同时，为城市提供物资的需要引致连续不断的农民涌入潮，使他们几乎在每一天都充斥着城市的街道、广场，尤其是在赶集之时。近代早期的某些城市面貌更加"乡村化"，因为人们预期的人口增长只是有一段没一段的。这样，绝大多数城市便将磨坊、城市绿地、果园、菜园设在城内的空置建筑用地上。不过，正如乡村向城市内部蔓延，城市化也吞噬着城市周边的田野、森林、草地。沿着长长一条通向城门的房屋带，酒馆客栈林立，人们可在此进行公开拍卖、饮酒、赌博活动。城外的花园则可供市民们在星期日悠闲漫步。巴黎或伦敦这类更大规模的城市则发展出几乎无法控制的郊区（*faubourgs*），它以五花八门的各行各业为夸耀，这些行业受到了集聚经济的吸引。

244

　　不过，话又说回来，这样的"城市延伸"现象仍属于例外而非通例。对近代早期的绝大多数地方来说，人们需要问的是相反的问题：将城市与以农业为主导的社会区别开来的最低城市门槛是什么？对人类定居点来说，人们认其为城市，面积与人口密度当然不是充分条件。先前的几波城市化浪潮将成千上万城镇散布在欧洲的地面上，它们虽然嵌在广大的农村经济海洋中，但自身有着独特而多面的经济、宗教、服务功能。比如,瑟米尔-昂-布希欧纳(Semur-en-Brionnais)就被人们普遍感知、确认为一座城市,它是 18 世纪末的一个勃艮第小城。这个人类定居点只有区区 400 居民,不过,虽然其经济基础较为狭窄,它却执行着行政与征税功能。由此,这座小城收聚了一群人数虽少但却引人注目的社会精英,包括官员、食利者、律师,而没有游客到访这个设墙的定居点,该事实或许让人们对其社会、物理结构的城市性质生出怀疑。[①] 在别的地方,城市网络几乎是清一色的小城镇的天下。在位处北欧边缘地带的挪威,到 1530 年时,人们只能数出区区三座城镇,其中,拥有 6000—7000 居民的卑尔根遥遥领先于各有约 1000 居民的特隆赫姆(Trondheim)、奥斯陆。[②]

在城市欧洲的历史上,如果近代早期是一个关键性转折的时代,这一点无疑没有展现在城市面貌上,而乡村维度在城市面貌中持续享有的重要性亦未对此作出证明。

城市经济

从经济史家的角度来看,1500—1800 年这几百年的城市与雄伟壮丽是搭不上边的。事实上,按弗里斯(Jan de Vries)的话说,近代早期的城市化"缓如蜗行"。[③] 然而,虽然总体成就平平,但是,如果将近代早期世界的种种变化贬作没有意义,那就大错特错了。总体层面上相对稳定的人口、城市化数据常常掩盖了不同城市演进道路的重要差异。事实上,在近代早期,城市定居点的命运常有很大反差,之所以产生这种现象,乃是基于一种将时间、地理、功能、等级方面的差异融于一身的综合逻辑。另外,城市体系内部的变化也会为质量方面的重要发展提供助力。

从 1450 到 1650 年,是"漫长"的 16 世纪。在这期间,城市发展呈现出相当平均的分布状态。受马尔萨斯所说的经济、人口动力的驱使,欧洲各地城镇在人口上有所增长。在该时期,农产品价格、农业佃租的上涨,资源从乡村生产者到业主手中的转移,让地主、农民二者都获得了好处。他们是住在城镇还是农村并不碍事,通过消费,他们促进了城市的生产与买卖活动。整个这段时期,城市居民手上掌握的东西有了巨量增

长,这样,收入从农村流向城市。无论是结构方面的发展,还是短期的危机,它们都促进了乡村财富向城市居民手中转移,此事大规模地在意大利半岛上演。比如,到 16 世纪末,威尼斯城的财产与周边陆地(terra ferma)交缠得难解难分。事实证明,投资农业经济的城市居民渴望确保自己的物资供应(谷物、酒、橄榄油之类的东西),并向往稳定的租佃收入,与此同时,保护自己的财富免受物价上涨的压力。此外,在原来的高度城市化地区,如意大利或低地国家,我们甚至可以认为几乎整个乡村地带都成了城市经济的组成部分,它从根本上与由大大小小的城市组成的网络搅在一起。不管怎么说,像法兰德斯或荷兰这类地区的高度专业化、商业化的农业,与之相搭配的是实质上的城市文化。通过夏日避暑胜地或乡村别墅,城市生活方式几乎在所有地方深入乡村。所谓乡村别墅(villa rustica),也就是安全而享有声望("类似于城堡")的避居之所,当夏季时,城市贵族在这里躲避因烈日炎炎而令人窒息的城市的污秽肮脏。

表 13.1　1500—1800 年经估算的欧洲平均城市化率(%)

	1500	1700	1800
欧洲地中海地区	17	19	17
西欧	15	21	21
偏远的北欧	2	5	8
东欧	5	5	6

材料来源:Peter Clark, *European Cities and Towns*, 400 - 2000 (Oxford, 2009), 128.

总而言之,在很大程度上,"漫长"的 16 世纪的"城市繁荣"当归功于城市经济与日益扩张的乡村之间的复杂互动。城市通过许多方式获得益处。一些城市得到了商业门户或工业生产中心的地位,其他城市则扮演了剩余农产品、初级工业品进行集散的市场或中心的角色。不过,到该时期之末,形成中的城市危机的最初征兆已经出现。欧洲农业日益沦为入不敷出的牺牲品,同样的社会力量与马尔萨斯所说的种种动力——在 15 世纪晚期、16 世纪的大多数时间里,它们曾促进

---

① Serge Dontenwill, '"Micro-villes" ou "villages-centres?" Recherches sur quelques localités du Maconais-Brionnais aux XVIIe-XVIIIe siècles', in Jean-Pierre Poussou and Philippe Loupès, eds., *Les petites villes du moyen-age a nos jours* (Paris: Editions du CNRS, 1987), 255 - 281, esp. 261.

② Finn-Einar Eliassen, 'The Mainstays of the Urban Fringe: Norwegian Small Towns 1500 - 1800', in P. Clark, ed., *Small Towns in Early Modern Europe* (Cambridge: Cambridge University Press, 1995), 22 - 49.

③ Jan De Vries, *European Urbanization*, 1500 - 1800 (London: Harvard University Press, 1984), 254.

了经济增长——使城市体系陷入困境。更甚者,在许多地区,宗教战争加剧了城市危机。法国、荷兰在16世纪晚期深受创伤;德国城市在三十年战争期间损失惨重。比如,美因茨在1629—1650年间受到沉重打击,丧失了几乎一半人口。

不只如此,16世纪末还标志着欧洲城市人口地理分布的一个转折点。在数百年的时间里,意大利城市执欧洲城市化之牛耳,不过自16世纪起,它们不得不让位于北方国家的城市了。当然,即便在18世纪末,帕勒莫、罗马与威尼斯这类地方均拥有14万—15万人口,那不勒斯的城镇居民更是在40万以上,在欧洲城市等级体系中,这样的人口数几乎到达了顶端。不过,到那时,西北欧已然坐上帅位,伦敦人口达到了近100万这样的惊人数量,城市潜能所发生的地理位移由此得到了最清晰的体现。

16世纪期间,意大利城市的表现引人注目如故。虽然有西班牙、葡萄牙在全球贸易上的竞争,威尼斯这类城市仍继续扮演着奢侈品重要产商的角色,并承担着黎凡特贸易商品之门户的功能。黎凡特的贸易商品有香料、丝绸等,它们的交换对象是经过仍然活跃的陆路贸易线路抵达意大利的欧洲半奢侈品。虽然如此,种种不利条件的结合在16世纪末严重打击了意大利的有利地位。农业生产率曲线趋向缓滞,与此相随的是财政压力上升、没有竞争力的工资、去工业化,以及在与黎凡特贸易中的市场份额的丧失。类似的力量影响着伊比利亚半岛的城市。虽然不好进行概括,但是英国、荷兰在大西洋贸易上的竞争,本土市场由于失衡的农业体系、社会两极化、沉重的赋税而产生的更多问题,使得西班牙、葡萄牙城市体系的很大一部分在经济增长方面受到侵蚀。这样,早在16世纪早期,欧洲城市化的中心地带便转移到了北方。尤其是安特卫普以及布拉邦、法兰德斯、荷兰、泽兰(Zeeland)的城市网络起到了表率作用,它们所遵循的从根本上说是斯密式的经济发展模式。安特卫普沟通着英国、德国、意大利、西班牙、本地的贸易和各种产业,它发展为重要的贸易据点。虽然低地国家的城市对乡村保持着很大压力,从波罗的海地区进口的越来越多的产品却避免了谷物供应方面的瓶颈。

在令人精疲力尽的三十年战争之后,1648年的《明斯特和约》《威斯特伐利亚和约》带来了欧洲向往已久的政治稳定,虽然稳定的时间并不长。不仅如此,和约的签订还标志着城市经济与其乡村基础之间的关系开始了循环变化。尽管如此,堪与中世纪晚期的险境相比的危机并未生成。虽然1650年以后城市经济急剧增长的势头趋向平缓,某些城市甚至丧失了部分人口,在表现上不如人意,不过在很大程度上,16世纪的发展成就得到了保持。此种发展水平停在高位的现象,受惠于城市精英参与土地经营、国家金融事业良多。通过给富裕城市居民提供相对稳定的收入,它帮助城市免受因去工业化或国际贸易市场份额缩减而产生的收入损失的影响。另外,虽然国家形成的过程逐渐限制了城市政权的政治自治权限,且战争、工程建设常将沉重税负压在人们身上,然而城市人群并不只是受损失的一方(参见本书第23章)。日益增长的国家债务的主要受益者往往是城市居民。结果,常常抽自乡村经济的税流又注入到了城市经济体系中。许多城市在国家机器的扩展中获得了支持,剩余产品的抽取日益被纳入统治范围以及国家的控制让城市受益甚巨。近代早期,马斯特里赫特(Maastricht)这类卫戍城市(garrison cities)获得了重要地位,哪怕军人并不总是心情最畅快的一群城市居民。由征税官、国家官员组成的核心队伍日益成长,很明显,他们的影响力不是可计量的人数或收入方面的重要性可以估算的。作为高级中产阶层、精英阶层的成员,这些国家官员大大增加了城市作为文化、消费中心的吸引力。在此过程中,他们间接地推动了文化气氛的形成,吸引越来越多的土地所有者进入城镇。哪怕是很小的城市,它们都从食利户的存在与开销那里获得了大笔收入,而在这方面,大都城、大都会在经济、文化的重要性上远远盖过了城市等级体系中的其他城市(有关日本的情况,参见本书第18章)。

在17世纪下半叶期间兴盛起来的一连串都市令人印象深刻。到18世纪末,马德里、维也纳、柏林、巴黎、伦敦、华沙、圣彼得堡以及那不勒斯站在了欧洲城市等级体系的顶端。由于有美妙的宫廷生活和经过扩展的官僚组织,这些都市成功地吸引了高级贵族以及与他们一道的军官、大量行政人员,并使其集中在此。这是国家形成过程产生的副产品,它对社会、经济所起的推动作用是巨大的(参见本书第21章)。

除了这些城市,我们同样可将若干大西洋港口确认为增长、发展的中心,它们虽在规模、影响上有其局限,但很显然亦有其重要地位。从里斯本到利物浦,大量欧洲港口城市参与到扩展大西洋、东亚贸易的事业中,并从与其他城市体系的全球性联系中获益。与先前的地中海商人相比,驶向大西洋港口的船队进行了创新,它们将亚洲、美洲的奢侈品与数量日益增长的廉价货物(如蔗糖、烟草、茶、咖啡之类的东西)结合起来。我们看到了作为商品门户的港口城市的迅速扩展,与此同时,内陆所受的影响也是很大的。通过一个复杂的运输、分配网络,殖民地的各种货物促进了运输流的日益发展,并为零售、流动商贩提供了支持,这些商贩构成了一条长供应链——消费来自彼岸大陆的茶、咖啡、烟草、蔗糖以及时新产品的人群日益扩大,该供应链旨在满足他们的需求——的最后一环。

虽然进行总结是一件冒险之事,但是除了英国的地方城镇,绝大多数中等城镇在我们探讨的这几百年里面临着增长放缓以至彻底崩坏的问题。在1650—1750年这个时期,大多数小城镇同样丧失了动力。从地理角度来看,连续不断的"地图重划"(布罗代尔会提出这个术语)使得荷兰城镇在17世纪、英国城镇在18世纪产生变化。虽然吸引了大量眼球的是阿姆斯特丹,但是,将谈论对象转为经过融合的兰斯塔德(Randstad)城市网络——由荷兰—泽兰诸城镇组成的城市统一体——可能会更加正确。到17世纪下半叶,荷兰城市化率飙升为惊人的42%。有若干原因能帮助我们对此种"荷兰奇迹"进行解释,其中有以下几点值得我们提及:廉价且容易获得的能源供应;较高的农业、工业劳动生产率;航运技术的进步;不难得到的廉价资本;经由海上军力的快速扩展而获得的国家暴力;积极的贸易政策;最后但并非不重要的一点——城市网络本身多中心的性质,这使得各地能深入发展所长,且让交易更为频繁。代夫特(Delft)由于其陶器产业而变得闻名遐迩,与此同时,哈勒姆(Haarlem)、莱顿则是专业性的纺织中心。不过,到1700年,荷兰将领导权拱手让给了英国,后者是18世纪最具活力的经济体。通过某种方式,伦敦将所有必要的资源结合起来,以为都市的平衡发展提供助力(参见本书第21章)。该城充当了国内、国际以至殖民地贸易的门户,集聚了国家的政治、司法与行政权力,并发展为一个重要的消费中心,为日益受到都市生活方式吸引的地主提供服务。到1700年,约有60万居民生活在伦敦,至启蒙时代末期,这个数字渐渐增至约100万。虽然财富、经济权力不可避免地向都市集中,大量小型地方城镇却繁荣依旧。值得注意的是,乡村同样产生了大量新型的专业化城镇。

1750年之后的时代见证了一波新且猛烈的城市化浪潮。不过,这一次,欧洲的城市化再次打上了"自下而上的城市化"的标记。在欧洲各地,有着产业、专业以及农村集市功能的小城镇显著地恢复了自己在先前数百年失去的地位,虽然恢复的幅度不大。很明显,虽然工业化在这里面发挥了作用,特别是在英国和南尼德兰,但是,在城市等级体系底端,对这种富有活力

的新机制贡献最巨的是人口、农业增长。另外,这个时代还见证了专业化海滨旅游胜地、矿泉城市的突破性发展。

尽管如此,总体而言,1800年以前,城市欧洲的经济增长潜能是有限而有选择性的。不平衡且速度缓慢的城市化成就反映了这一点,特别是在早期近代往后的时期。事实上,相比常常受人赞誉并构成18世纪特色的近代化与变革,漫长的16世纪全欧范围的城市发展更令人印象深刻。通常来说,近代早期城市世界的种种变化更多地是收入分配而非收入生成的产物。在手工工场这样的微观层面,与强劲经济增长的缺失并行的是种种引人瞩目的缓滞发展模式。诚然,我们能辨别出向更大的生产单位迈进的微弱趋势,可是,从经济上看,构成城市面貌之第一和最重要特征的是小工场。在这里,以行会为基地的匠人以有限的资本、适度的技术手段对原材料进行处理。行会虽无处不在,但要对其功能、具体情况或其作为经济组织的重要性作出概括是件极为困难的事。在某些情况下,比如在里昂丝业中,行会看似走在了技术、组织的进步、创新的前沿。而在别的地方,比如17世纪的威尼斯,纺织行会未能认识到不断变化的消费者偏好的重要性。通过继续强调自身产品原有的"质量"塑造过程,这些行会死抱着传统不放并最终将自己边缘化。在自身经济活动的顶端,行会还能具备代表身份、展开互助、举行社交和饮宴活动,不过,这些功能因行会、地点、时间的不同而不同。

缓滞在总体上占据了主导地位,虽然如此,有三大转折仍需我们加以密切关注。第一点也是最重要的一点,中世纪晚期、近代早期的城市并未垄断工业生产。相反,工业日益乡村化甚至导致了某些原工业化地区的兴起。不过,由于乡村工业生产的强劲发展常常是通过附带就业的方式进行的,故此,它对城镇经济潜能的腐蚀可谓微乎其微。城乡之间演化出一种任务上的分工。通过这种分工,城市里的经营者、商人专务提供资本,并管理如下事宜:生产的组织以及将乡村造的半奢侈品投入市场。与此同时,城市中心继续专事顶端奢侈品的制造,此项工作所需要的新潮技术、资源只有城市才能提供。

第二,虽然历史学家对大规模的工业出口部门给予了很大关注,然而,就近代早期的绝大多数城市尤其是那些成功的城市而言,它们所依仗的是高度分化的行业结构。事实上,近代早期城镇在社会、经济上的复原能力有很大一部分存在于千千万万的匠人、专业人士中,这些人为当地人及其腹地提供食物、鞋子、炊事

用具、绘画作品、娱乐、各种专门服务以及宗教上的慰藉。在近代早期的历史进程中，从这个提供种种货物、服务的复杂经济—社会网络里，人们能分辨出一股明显的趋势——第三部门的发展。文化的商业化、商品化对文化产业的发展有所贡献，如引人注意的剧场、歌剧院，除此以外，零售部门（retail sector）尤其有强劲的表现。总的来说，零售商在城市社会中的人数及其重要性有所增长，此种现象不只限于正在扩展的经济部门。从经济的角度来看，零售部门在生产率方面的收益并不大，它很难称得上是"零售革命"。虽然如此，以传统方式组织起来的手工店铺日益增多，这使公开市场上的零售活动或集市环境黯然失色，对耐用品来说，情况尤其如此。

第三，城市活动日益往城市等级体系中的大型中心区集中，这对经济产生了重大影响。都市以其吸收广阔腹地人口的潜能而著称。正如我们将在本书其他地方所讨论的，近代早期城市被打上了经久不衰的"墓地"效应的标记。高死亡率、低出生率的巧妙结合驱使城市不断地以移民来更新本地人口（参见本书第 22 章）。往上走的社会流动的前景让某些人欢欣鼓舞（参见本书第 24 章），不过，在很大程度上，移民的到来创造了许多他们要渐渐加以解决的问题：他们当中的许多人属于短期移民，并且推迟成婚（即使他们成了婚），这样，就促成了低生育率。虽然如此，快速发展的都市及其不稳定的人口规模，两者相结合产生的效应是很大一部分剩余乡村人口被转移掉了。尽管可能并不最具代表性，伦敦的例子却是最引人注目的。它曾遇到过每六个英国新生儿便有一个在伦敦的事情。[1]

另外，为这些大城市供应食物、建筑木材、燃料的需要同样构成了重要的动力，促进运输、交通体系的改进。很明显，就成本/运费的幅度来说，海上、内河航运占有优势。凭借自身的综合船运网络，荷兰人在 17 世纪率先整合了自己的多中心城市体系。不过，很值得注意的是，在许多欧洲地区，自 17 世纪晚期以降，促进区域市场整合的是道路设施的改进。英国的众多公路促进了运费下降，增加了运输效率，扩展了商品市场。除此之外，同样的交通改善也影响了巴黎盆地。在别的地方，占据优势地位的有时是技术进步，比如奥属尼德兰。我们无需强调便可知晓，交通进步有助于运输成本减少、知识交流增多以及产业的专业化。

说到知识交流，我们需要讨论大城市的另一项重要成就。有一个矛盾现象：一方面，都市生活方式以有利于自己的方式扭曲了城市等级体系，另一方面，它又保持着一种强大的吸引力。人们常能看到，在人口方面，位于都市附近的城镇、乡村是停滞不前的，而通过专业化以及对都市物资供应链的整合，它们又在经济上有精彩表现。此事产生的一些结果属于"软事物"，但并不代表其没有力量。其中，都市文化发展为地方上一股极为强大的力量。路易十四在战场上有着各种各样的命运，然而，法国宫廷与巴黎消费模式却有着巨大的吸引力。整个 18 世纪，法国各地与海外的品位达人对巴黎趋之若鹜，追求最新时尚。有一件事情极具讽刺意味。伯吉克（Comte de Bergeyck）是西属尼德兰贸易保护政策最热烈的拥护者之一，然而，他在去往西班牙途中在巴黎逗留数星期，买了装点门庭所需的男子服饰用品。[2] 那些没有足够资财去有名的"圣奥诺雷街"（Rue Saint Honore）的人则转向当地的时尚店铺。这些商店打着出售法国最新时尚商品的幌子，将距离巴黎有成百上千公里之遥的消费者吸引过来，大把花钱，后者所为的很显然是进行多余而浮华的消费。经过必要修正，人们很容易就能将适用于巴黎的真理套用在其他都市身上。尽管许多法国人、英国人从未去过国都，都市的生活模式却深深地渗透到社会中，影响着人们的文化、消费偏好。都市的成长潜能并不限于那些根基深厚的重要城市，圣彼得堡的例子清楚表明了这一点。该城是彼得大帝在 18 世纪开始时新建的，然而没过多久，它便在欧洲城市等级体系中达到了领先位置，它的发展史可由以下数字得到说明：1750 年，住在这里的人约有 95000，到 1800 年，居民数达到了 220000。

总而言之，一方面，城市化总的趋势表明了在推动近代模式的经济增长上，近代早期城市并不成功，另一方面，不断变化的位序/规模等级体系显示了重要的数量变化。同样重要的是，就工业化之前数百年的城市变化而言，城市文化模式、行为模式的巩固可能作出了最重大的贡献。

① Edward Anthony Wrigley, 'A Simple Model of London's Importance in Changing English Society and Economy, 1650－1750', in E. A. Wrigley, *People, Cities and Wealth. The Transformation of Traditional Society* (Oxford: Blackwell, 1987), 137.

② Koen De Vlieger-De Wilde, *Adellijke levensstijl. Dienstpersoneel, consumptie en materiële leefwereld van Jan van Brouchoven en Livina de beer, graaf en gravin van Bergeyck (ca. 1685-1740)* (Brussels: Koninklijke Vlaamse Academie van Belgie voor Wetenschappen en Kunsten, 2005), 75－82.

城市文化

如果说城市欧洲在近代早期经历了一次关键性转折，那么，我们很可以肯定，我们首先并且最重要的是在城市文化层面追寻这种"转折"。15世纪末—19世纪初期间，城市欧洲见证了独特的都市上层生活方式的最后辉煌。自中世纪晚期以来，城市便转变为消费变革、文化创新的主要舞台。虽然消费社会并不是说将乡村撇开，但是它主要是城里人物质观的不断演化。借助内容明确的资产阶级行为模式，此种物质观在"消费社会"的巩固上具有关键作用。从中世纪晚期开始，随着市民对财产的热爱开始改变城镇外貌、内在机制以及市民的社会行为，家居大量出现，商品变为神灵。

在所有这些变化中，最显眼的变化可能与城镇房屋的"石化"有关。虽然欧洲每个地区有其建筑传统和偏好的建筑材料，不过，在约1800年时，城市普遍是由石头、砖块堆出来的，木材、茅草不再使用。这个过程是从中世纪开始逐渐展开的，或者说，在毁灭性的火灾临到后，这个过程突然加速，1666年大火灾之后的伦敦就是如此。某些地区如斯堪的纳维亚直到近代方才亲历石制房屋取代木制结构的过程，相比之下，从很早的时候开始，热那亚、佛罗伦萨或威尼斯这类意大利繁荣城市便拥有了富有声望的城市石景。

毫不令人感到奇怪的是，在意大利、低地国家，人们能分辨出"物质生活复兴"这类事物最初的萌芽：在15、16世纪的历史进程中，人们在意大利城市精英的宅邸里见证了更舒适而多样的室内环境的诞生。很明显，家庭用于"物质享受"的开销份额在上升，或者至少由这一点而派生出来的东西越来越多，如家具、绘画作品、陶器、日常所用的不同物品，还有"奢侈"品。另外，由于室内环境紧跟不断翻新的时尚潮流，变来变去成了这些装配充分的房屋的特色。17、18世纪，在巴黎、阿姆斯特丹这类都市，人们对瓷器、玻璃品、茶和咖啡套具、钟表、窗帘等的狂热追求在更广阔的大众范围内获得反响。在面临经济困难、崩溃的城市，如沙特尔（Chartres）或代夫特，以至北欧、东欧城市的外围，人们同样能看到这些东西的扩散。兴起于17、18世纪的"新消费模式"与中世纪晚期消费模式之间的物质分野很可能并不是那样大。在更早的时候，历久不衰的是

一种以浮华、奢侈为特色的消费模式，自那以后，此种消费模式并未丧失自己至关重要的地位。回过头看，印刷机、新布料、陶器、更廉价的大众画作早已将一条道路呈现在人们面前，它以门槛不高的中产阶级"消费模式"为目标，学者们认为此种消费模式构成了后来近代早期的特征。

与此同时，整个近代早期，具有"城市特征"的高度商品化的行为模式一直停留在人们的视界内。这些行为模式不只表明了人的社会地位，还反映了他们对"舒适""愉快""受尊重""热爱家庭"之类价值的关心。很显然，如同我们在前面所强调的，贵族、宫廷人员的吸引力对城市的造就甚巨，不过，更加深入的观察告诉我们，是城镇改变了这些精英的思想框架而非相反。①

以上，我们谈到了物质文化的扩散及其日益增长的复杂性，与此相伴的是室内空间的多样化。在17世纪早期的奥格斯堡，约70%的家庭的居所至少包含四户人家。② 这或多或少是绝大多数欧洲城市的典型现象，哪怕是富人之家，住在阁楼、地窖或后堂的仆役或租佃家庭都算是它的组成部分。尽管如此，情况发生了变化：这些家庭混杂在一起、存放家庭财物的房屋有了分化。更严格的有关性别区分、隐私的种种观念凸显出来，导致中世纪的开放式厅堂发生了根本调整。隔板、天花板以及楼梯对房屋作了新的划分，让个体家庭成员能有"自己"独居的房间。某些房间开始作出安排，用于展开某些家庭闲暇活动，比如读书、用餐、穿衣等。在富贵之家，走廊、客厅铺设垫子、皮椅和珍贵的奢侈品，以为到访客人提供热情的接待。城市的"待客文化"发展起来。正如饮茶、喝咖啡开始成为每日的例行公事，登门造访他人，与他们玩牌、下象棋或者听音乐让18世纪城镇居民的生活更加多姿多彩。伴随着这个过程，家庭中的半开放空间获得了重要地位。③

消费行为不仅渗入民居，它还在公共空间中占据了中心舞台。中世纪城市欧洲早就有了高度商业化的城市景观，比如交易会、市场、沿街叫卖的商贩以及成排成排的工艺品店（通常而言，这样的店是家居的第一个房间，从街道可直接进入店面）。很显然，这样高水平、多样化的物资供应继续强化着近代早期城市的吸引力。没有任何乡村能够提供这样大范围和质量的商品。在18世纪像巴黎或伦敦这样的都市区，时尚店铺的精巧设计、装饰既是人们艳羡的对象，又是人们挖苦

---

① Ronald G. Asch, *Nobilities in Transition*, *1550－1700*. *Courtiers and Rebels in Britain and Europe* (London: Arnold, 2003).
② Christopher R. Friedrichs, *The Early Modern City 1450－1750* (London: Longman, 1995), 40.
③ 与中国茶室的比较，参见下文第17章。

的目标。18 世纪巴黎著名的编年史家用生花妙笔描述了富有魅力的商店，它们装饰了大量镜子、明亮的枝形吊灯、精致的蜂巢式抽屉，还有漂亮的长桌。无独有偶，1727 年，笛福批评伦敦店主把钱花在浮华的家具、镀金的飞檐、玻璃墙幕上，所为的不过是装点"门面招徕客人"。撇开笛福的抱怨不说，大凡旅游指南，少不了参观这类都市商业街的内容，它们会指导上层社会的读者从悠闲的浏览橱窗、文明观赏中得到乐趣。不过，绝大多数城市店主仍是在相当传统的住所展开活动的，他们将自己的客户基础建筑在更古老形式的相互信任、长期私人关系上。零售商的人数日渐增长，其原因不在于绝大多数前提条件更齐全了，也不在于销售手段更能吸引顾客了。事实上，欧洲城市居民的人数日益增多，这就为一种坚挺的物质主义生活观扫清了宗教、道德上的障碍。能承担私恶后果者，其私恶能造成公益，这样的观念早在得到曼德维尔（Mandeville）的鼓吹之前便被人们所采纳。不过，它在都市背景下获得了更广泛的道德、社会认同。

到 1800 年，在吃、穿、生活这些方面，欧洲城市中的中产阶级居民与 1400 年时的先人有了差别。欧洲城市的"商品化"进程不仅改变了城市空间，也改变了时间观念：所谓闲暇与不工作的时间，即是在逛街、享乐（去看戏、听音乐、读书、喝饮料、漫步、健身）中"消费"的时间。城市中的悠闲浪子只需加快脚步，便能成为人们谈了许多的 19 世纪城市中的那种人物角色。

这样，一方面，我们看到消费方面的种种变化，另一方面，行为改进与社会行为模式的界域日益频繁地变动。[1] 这个过程的城市特征在城市居民对乡村习俗的描述方式上可以得到反映，至少从中世纪晚期以来，后者在前者眼中是粗陋、野蛮、不雅的。有关重大行为变革的宫廷起源，已有许多著述，不过，作为各自时代最具影响力的两位教育家，卡斯蒂廖内（Castiglione）、伊拉斯谟在探讨廷臣问题时，均从城市背景出发进行思考、写作，这绝不是一个巧合。在行为的改进方面充当了主要动力的正是城市世界，它使前者渐渐"行进"到以下不断变换的领域："羞耻""隐私""增加身体的自控力"。在城市社会的界限内，按适度行为模式行事的机会以及接受此种教育的权利呈现出不均等分配的态势。比如，在南尼德兰高度城市化的布拉邦中部地区，

甚至小城市、大村庄中的射击团、剧团都受到了城市礼仪的压力，深受其影响（15 世纪）。再比如，如有人行为不正，乱吐痰或是骂人，他就会遭到驱逐。按照同样的方式，人们甚至能这样说：欧洲自杀率的下降与其说是制度进步的结果，不如说是日益发展的城市文化的特殊产物，在后者的作用下，暴力的行为模式日益受到谴责并被边缘化。[2]

社会结构

在 15 世纪早期的一个虚构故事中，塞尔米尼（Gentile Sermini）构造出一个富农角色，名"马塔诺"（Mattano）。此人不仅富足，而且渴望进入锡耶纳政界。虽然如此，不幸的是，马塔诺很快失去了政治、社会上的尊崇地位。他意欲以金钱换取政治资本的雄心未能生出果实，因为他的同僚发现，在坐在桌边时，马塔诺缺乏基本的社交技巧和适度的城市用餐礼仪。[3] 这个故事展现了移居城市的乡下人在进城时面临的文化门槛问题。另外，它还深化了我们的意识，让我们看到城市的文化项目在多大程度上推动了社会不公的繁殖。再者，严禁越界消费的限奢法律——尽管它们的执行可能很没有效率——提醒我们：礼仪、商品以及社会地位是非常紧密地联系在一起的，特别是在相对而言没有特色的超大型城市的世界里。

以上所谈的便是带有进出机制的复杂社会结构。正是它，在近代早期城市发展的某些最根本特征以及动力机制中扮演了中心角色（参见本书第 24 章）。无穷无尽的乡村移民大军来到城市，比起自己抛在背后的乡村世界，他们所面对的是一个远为复杂、不平等的社会。社会是复杂的，它的表现、特征在很大程度上受制于城市规模及其所执行的功能，除此之外，它们还与文化、制度以及其他背景因素有关，而这些因素随着城市、地区的不同，可有很大差异。这样，从社会的角度来看，根本不存在"近代早期城市"。总的来说，嵌在城市居民区中的亲缘、血缘、地缘关系同样在城市生活中发挥了重要作用，它们正是构筑乡村社会的关键建筑材料。除了这些"传统的社会交际方式"，人与人之间的关系还能在公民团体之类的组织中锻造出来，举一

---

① 有关作为礼仪摇篮的城市，也可参见第 24 章。

② Maarten F. Van Dijck, 'De stad als onafh ankelijke variabele en centrum van moderniteit. Langetermijntrends in stedelijke en rurale criminaliteitspatronen in de Nederlanden (1300 – 1800)', *Stadsgeschiedenis*, 1. no. 1(2006), 7 – 26.

③ A. J. Grieco, 'Meals', in Marta Ajmar-Wollheim and Flora Dennis, eds., *At Home in Renaissance Italy* (London: V&A Publications, 2006), 251 – 252.

些例子,如行会、城市民兵队、剧团、射击团、宗教团体等。到近代早期后面的时期,俱乐部、各种协会增加了社会结构、城市社会的复杂性。另外,通过借贷、赠礼、认教父教母、聊天和其他许多相互关系,非正式的人情纽带产生出来。这些相互关系形成的场合有市场、教堂、水泵附近、洗衣盆旁边、酒馆、旅馆、咖啡屋、剧场、舞场以及其他社会场所。总而言之,虽然城市在时空方面存在着差异,但是,多种社会、文化交际环路的同时存在构成了它们的特色,无论这些环路是正式还是非正式的;至于大量个体,则在多样化的环路中流动。在上面提到的若干背景中,某些让人们有机会构建社会资本,其他的则更有助于人际关系的形成。不过从总体来看,对一个隐含不稳定甚至暴力因素的社会环境来说,经过互相依赖的各链条之间的复杂互动,此种社会环境的整体稳定度得到了提升。

财富与收入分配总是极不平衡的。无论是在 16 世纪的法兰克福,还是在 18 世纪的巴黎,近代早期欧洲城市社会最显眼的社会特征即是社会不平等。一小撮官员、食利者、商人占据了城市财富的大头。不过,虽然这些事实上的巨富吸引了人们的注意力,城市社会最与众不同的特征或许是在人口密度较大的中产阶级中形成的。专业人士、店主、旅馆老板、大量匠人,简而言之,也就是"中产阶级",有着体面的收入,并全面参与到引人注目的城市文明的构建中去。不过,一个人在社会层级中所处的位置越往下,思想、手工技艺和/或经营事业的资本的重要性就越无足轻重。在社会层级的底部,人们能看到大量无手艺的劳动者、运输工人、洗衣妇等,简而言之,也就是只有劳动力可以出卖的那些人,他们常以非正规的方式受雇于人。这类人拥有、挣到的不过是城市财富、收入中的一小部分。

不过,社会不平等的延续(更常发生的情况是加剧)并未妨碍个体层面的社会流动。特别是在财富积累与联姻策略相结合时,前者能巧妙地为人们在社会上的雄图大志服务。然而,个人的社会流动机会呈现出不均等分配的态势,故此,从全局来说,向上、向下的社会流动在很大程度上相互抵消了。进入社会交际圈、各种组织、宗教团体以及获取教育、资本的渠道是否通畅,限制了改善生活的机会。通过这种方式,城市社会中很大一部分人从许多具有战略意义的网络中被排除出去。比如,女性主要通过婚姻获得声望、社会地位,她们常常在自己的丈夫过世后,成功地保持了这种地位。再比如,人们允许寡妇继续经营其死去丈夫的

———————————
① 参见下文第 23 章。

店铺。然而,虽然男女都是通过婚姻获得地位的,社会就其本身而言却是绝对的男权社会。个别女性作为零售商受到人们的尊重,商人之妇常常由于丈夫不在身边而享有极大的自主权,不过在一般的行会中,人们是绝不会看到亲女性现象的。在城市中,女性与任何正式的政治或行政权力完全不沾边。随着大学教育的重要性与日俱增,女性还面临着教育差距的问题,尽管到近代早期之末,男女文盲之间的差别缩小了。

政治权力的分配同样是不平等的,在这里,一个双方互利的格局再次生成:其中一方是初生的近代国家,另一方是地方上的城市寡头精英。虽然近代早期城市丧失了大量自治权,且城市统治者常常受到监督(如果不是从王公那里接受任命的话),然而,城市统治者本身却日益根据寡头、财阀政治的原则被遴选出来。① 再者,在地方层面,城市当局拥有无可争议的权力,而在教会的支持或配合下,它日渐侵入城市居民的私人生活领域。这表明,市民与各式各样居民的生活日益受到关注。关于这一点,不仅许多禁令(如举行礼拜时禁止光顾酒馆)对其有所表现,在将穷人边缘化并最终定罪的具体策略上,它也得到了反映。近代早期城市无力产生实质性的经济增长,与此平行的是城市的总体社会惰性,特别是城市在解决自身所面临的重大社会挑战(最重要的是贫困)上的失败。由于来自济贫体系的压力越来越大,城市政府、济贫官员被迫越来越多地将身强体壮者排除在救济范围之外,不惟如此,救济本身也讲条件了,比如牵涉到穷人宗教、道德行为的严格法令。这样,近代早期城市对一无所有而住在它们里面的芸芸众生来说,所带来的好处实在是少得可怜,如果有的话。

结语

在宏观层面上,近代早期城市中贫困、社会不公的长期延续是与持续性经济发展的缺位相搭配的。说得更精确一些,虽然城市发展与经济增长在 1750 年以后再次启航,18 世纪的成就相比较而言仍是微小的。我们常常看到,由于英国所取得的有大量实证的例外成就(人们常将这一点与 19 世纪工业化、城市化问题上的目的论视角结合起来),这个观点常常被遮蔽掉。确实,就微弱经济发展、缓慢城市化的通例而言,英国是一个重要的例外。在整个近代早期,这个国家几乎在

每一阶段都累积了经济收入,城市化则与此并肩而行,独特的社会结构、城市文化就是这样获得深入发展的。这种混合动力机制最终导致了近代早期之末大量"城市创新"喷涌而出,比如专业化城镇的扩散、引人注目的商业文化、城市建筑与规划的复兴。不过,在欧洲其他地方,缓滞成为通例。将时钟往回拨两个世纪,我们会看到,16世纪的城镇居民很少在寻找生路、讨生活上经历了那样多的困难。不过,越过这个显而易见的缓滞现象,我们看到,国家的形成、收入的再分配以及"贵族的城市化"塑造了一个城市网络,由它所提供的经济平台构成了现代城市欧洲的基础。另外,更重要的是,这个城市网络还为某种"城市生活方式"提供了原料,此种生活方式至今仍在当代欧洲文化中占据中心地位。在这方面,不可否认,近代早期对欧洲城市而言是一个关键性转折的时代。

参考文献

Clark, Peter, *Small Towns in Early Modern Europe* (Cambridge: Cambridge University Press and Editions de la maison des sciences de l'homme, 1995).

——*European Cities and Towns, 400 - 2000* (Oxford: Oxford University Press, 2009).

——and Lepetit, Bernard, *Capital Cities and Their Hinterlands in Early Modern Europe* (Aldershot: Scholar Press, 1996).

Cowan, Alexander, *Urban Europe, 1500 - 1700* (London: Hodder Arnold, 1998).

De Vries, Jan, *European Urbanization, 1500 - 1800* (London: Methuen, 1984).

Epstein, Stephan R., ed., *Town and Country in Europe, 1300 - 1800* (New York: Cambridge University Press, 2001).

Friedrichs, Christopher R., *The Early Modern City, 1450 - 1750* (London: Longman, 1995).

Hohenberg, Paul M., and Lees, Lynn Hollen, *The Making of Urban Europe, 1000 - 1950* (Cambridge, Mass.: Harvard University Press, 1985).

Lepetit, Bernard, *The Pre-industrial Urban System: France, 1740 - 1840* (Cambridge: Cambridge University Press, 1994).

Nicholas, David, *Urban Europe, 1100 - 1700* (Basingstoke: Palgrave Macmillan, 2003).

Pinol, Jean-Luc, ed., *Histoire de l'Europe urbaine*, 2 vols. (Paris: Seuil, 2003).

屈伯文 译 陈 恒 校

第 14 章 中东：7—15 世纪

多米尼克·瓦莱里安

中世纪中东主要对应的是穆斯林统治区,它们绝大多数是在 7 世纪中期—8 世纪的第一个大征服时代被穆斯林占领的,其中既有东方地区也有西方地区(马格里布、西班牙以及后来的西西里)。不过,穆斯林的霸权并不完整,因为拜占庭帝国在安纳托利亚保有大量领土,君士坦丁堡则一直挺立到 1453 年。另外,从 11 世纪末以降,十字军运动让拉丁基督徒能从西欧移居东方,其范围不仅包括叙利亚城市,而且包括塞浦路斯、福西亚(Phocea)这类殖民市场,以至黑海海港。如果说在环境限制、区域贸易网络结构的特别作用下,所有这些城市显示出了某些共同特征,那么新的发展模式与其他潮流的扩散则对伊斯兰城市产生了强大影响。

19 世纪、20 世纪早期,东方学学者尝试界定伊斯兰城市的某些特点,他们认为,对 7 世纪以至 20 世纪中亚、大西洋之间的广大区域来说,这些特点可能具有重要意义。[①] 这是一种本质主义的想象,其主要促因是人们所了解的传统城市实际上是奥斯曼城市。到今天,此种想象已被人们抛弃。历史学家转而强调环境、发展成果的多样性,这些环境、成果有时是伊斯兰教以前的各大帝国留下的遗产,除此以外,它们有时也是伊斯兰教在各地演化的产物。今日的绝大多数历史学家已放弃了如下观点:城市的主要特征从内在来说被认为是与伊斯兰教相关联的。

从城邦到麦地那(7—11 世纪)[②]

在穆斯林开始征服拜占庭帝国时,他们只有有限的城市传统,它基本上是在阿拉伯商旅城市、绿洲地带——主要是麦加、麦地那——形成的。许多征服者来自与城市无干的贝都因游牧世界。这样,阿拉伯穆斯林主要是通过与新征服国家的联系而适应城市生活并反过来发展出自己灿烂的城市文明的,这些国家常常具有较高的城市化水平。一些被征服的地区,如叙利亚、埃及、东马格里布或也门已有历史底蕴深厚的城市遗产,尽管阿拉伯半岛的沙漠由于自然条件的限制仍少有城市的踪影。在这些被征服地区,穆斯林统治者创建新城,并对既有城市网络进行维护,尽管城市的等级体系有所调整。

就重要的人类定居中心的选址而言,一些结构性要素仍具有重要意义。首先是环境要素,这是一个以水资源缺乏为特色的气候区。只有在水源供应足够养活人们并能灌溉耕地的情况下,城市才能发展起来。这样,大小河流都对城市生活的发展作出了贡献,这其中不仅包括理所当然的尼罗河,还包括叙利亚奥伦特河(Orontes),以及大马士革巴拉达河(Barada)这类更小的河流。同样,泉水的存在让沙漠绿洲的发展成为可能,比如麦地那或西吉尔马萨(Sijilmâsa)。

主要的交通路线构成了从古代到中世纪城市选址的第二个持续性要素。尽管陆地交通路线有所变动,它们在部分程度上仍受到自然条件的限制。某些商旅线路的终点站具有有利地位,阿勒颇的情况就是这样。同样,港口继续成为重要的交易场所,比如也门或地中海沿岸的港口。尽管如此,地中海地区的情况却产生了变化:穆斯林港口成为前线城市(thaghr)。由于受拜占庭舰队的威胁,这些城市的影响力在伊斯兰教初兴的几百年里往往走向衰落。另一方面,沿着另一个

---

① André Raymond, 'Islamic City, Arab City: Orientalist Myths and Recent Views', *British Journal of Middle Eastern Studies*, 21/1 (1994), 3–18.

② Hugh Kennedy, 'From Polis to Madina: Urban Change in Late Antique and Early Islamic Syria', *Past & Present*, 106 (1985), 3–27.

将农耕地带与大草原、沙漠隔绝开来的接触区,发展起了许多大城市。这样,亚历山大里亚、安条克以至迦太基不再是重要的都市,起而代之的是福斯塔特(Fustât,即开罗)、大马士革以至凯万(Kairouan)。在没有彻底放弃地中海的情况下,穆斯林世界重新确定了方向,转向内陆,762年阿巴斯王朝(Abbasids)创建巴格达一事确证了这个演化过程。

如果那时穆斯林世界的大多数人口仍不是穆斯林,伊斯兰教只会是迁居城市的征服者、统治者的宗教。无论是像麦地那或大马士革那样拥有帝都身份,抑或是作为地方上的大城,可以确定的是,城市是穆斯林权力、军事力量的焦点所在,其周边区域由它组织起来。新建的某些城市拥有双重功能,它们既是军事防卫的中心,又是对被征服区进行控制的重镇,这类城市有埃及的福斯塔特(即开罗)、7世纪初作为巴勒斯坦行省首府建立起来的拉姆拉(Ramla)以及马格里布的凯万。它们是城市化的军营,旨在迎接不同的阿拉伯部落军队,其地址选在具有战略意义的十字路口,由此而使它们能有效控制被征服区。与新城有关的规划常常以网格状街道为特色,这些街道将划给不同部落及

其臣属的板块分隔开来。[1] 只有在征服者的控制力变得更强大时,军营才慢慢转化为真正的城市,而政治、宗教组织则使得新的大型建筑建造起来(宫殿、清真寺、藏宝库,参见图14.1)。[2] 巴格达是阿巴斯哈里发国家的国都,它建立时遵照的是环形设计,其中心是哈里发的宫殿、大清真寺,它们宣示着一种统治天下的雄心。不过,许多城市是以前存在的各大文明留下的遗产。比如在大马士革(倭马亚哈里发国家[661—750年]的国都)、亚历山大里亚、的黎波里和科尔多瓦,穆斯林就利用了原来的城市。他们的移居并未造成暴力震荡,城市空间组织方面的变化并不迅猛。早在拜占庭末期便已显现的演化迹象延续下来,公共空间(广场,即宽阔的商业街)在这种情况下逐渐兴起。不过,在帕尔迈拉(Palmyra)这样的地方,倭马亚时代的市集仍沿着石柱廊主街分布,道路的商业功能被保留下来。[3] 除此之外,和科尔多瓦一样,在大马士革,穆斯林开始时是与基督徒共用大教堂的,数十年后,教堂被拆毁,用于修造清真寺。在没有导致城市空间剧烈颠覆的情况下,穆斯林使城市空间保持了一定的延续性,伊斯兰教的痕迹更清晰地加诸其上只是个逐步发展的过程。

图14.1 开罗艾哈迈德·伊本·突伦(**Ahmad ibn Tûlûn**)清真寺(876—879年)。

① Hichem Djaït, *Al-Kûfa, naissance de la ville islamique* (Paris: Maisonneuve & Larose, 1986),91 - 132.
② Sylvie Denoix, 'Founded Cities in the Arab World', in Salma K. Jayyusi et al., eds., *The City in the Islamic World* (Leyden and Boston: Brill, 2008),115 - 139.
③ Alan Walmsley, 'Economic Developments and the Nature of Settlement in the Towns and Countryside of Syria-Palestine, ca. 565 - 800', *Dumbarton Oaks Papers*, 61 (2007),344 - 345.

在这些更古老的城市,新统治者的行政、政治权力经过了一个逐步组织的过程,承载着拜占庭或萨珊王朝行政传统的地方精英为此提供了助力。结果,新统治者住在了城里原有的宫殿中,有时住在专为他们预备的地方,不过无论如何,其住处都是在城里。有时,大清真寺,也就是奉哈里发之名进行宣讲(khutba)之地,与宏伟的宫殿连在一起。尽管如此,至少在开始的时候,行政权力仍掌握在地方精英手中,他们常是新归附的穆斯林。

还有一些守卫边疆的城市,如叙利亚北部直面拜占庭帝国的城市,或海滨城市。在它们身上,更浓重地体现了军事功能。边疆社会在这里成形,它带有更浓厚的军事色彩,其统治者享有更大的自主权,志愿军则承担起圣战之责。这些城市另外的一个特色是发展程度较高的防御设施,特别是修道院卫堡(convent-fortresses,或名"里巴特"[ribats])的存在。所谓"修道院卫堡",也就是有信仰的战士的住所,比如苏塞(Soussa,即突尼斯)的修道院卫堡。倭马亚王朝组建海军使得一些兵工厂建立起来或是重新焕发生机,此地再度从海滨人口的海事活动中获益。[1]

对统治者的宗教——伊斯兰教——来说,城市是确认其地位、使之扩散开来的关键工具。当时的统治者还不是来自社会上的多数人群。清真寺很快建立起来,作穆斯林聚集起来祷告以及进行星期五宣讲活动的场所,哪怕在最初的时候,这些清真寺并未像今天看上去那么具有纪念意义、壮观荣耀。以大马士革为例,倭马亚大清真寺直到8世纪初才修建起来,取代老的教堂。穆斯林的征服导致了社会的伊斯兰化,有关其节奏、表现形式,我们至今仍所知不多,不过,城市的节奏要快一些。而该现象导致的结果是与宗教科学有关的穆斯林学术环境的兴起,此种学术不仅对《古兰经》、先知传统(hadiths)进行研究,且以法律、神学、阿拉伯语为钻研对象。某些城市由于与统治者有密切关联,或是与统治者的神圣性沾边,因此而成为伟大的科学、学术中心。比如麦地那,它在法律科学的发展中具有重要地位,还有大马士革和凯万。穆斯林宗教的这个发展阶段以内部分工为特征,后者的根源包括宗教、政治两方面。如果说大多数统治者属于逊尼派(尤其是倭马亚、阿巴斯这两个哈里发政权),另一些人承认的则是伊斯兰教的另一重要分支什叶派,比如也门的扎

迪教派,最重要的是法蒂玛(Fatimid)哈里发国家,这个政权于969年在开罗建都并使其成为一个伟大的思想、宗教中心。在以上两派之外,还有地位较逊的哈瓦利吉派(Kharijits),它存在于阿曼、马格里布。在马格里布,鲁斯塔姆王朝(Rustamids)、米德拉鲁王朝(Midrarids)分别创建了塔赫特城(Tahert)、斯基玛萨城(Sijilmâsa)。

另外,城市思想活动不仅限于宗教领域。穆斯林还有基督徒、犹太人,他们一起参与到一次规模巨大的文化运动中。这场运动继承了希腊、波斯人的传统,并通过大量文献的翻译、大量新著述的创作发展了它们。统治者身边的人发挥了重要作用,比如在哈姆丹(Hamdanid)王朝统治下的阿勒颇,这些人就将大量学者、诗人、科学家吸引到宫廷中。

庞大的伊斯兰帝国从中亚延伸至大西洋,特别是地中海南岸地区,莫不被囊括在内。就由单一权力、最重要的是由共同语言文化统一起来的一个庞大经济区来说,帝国的形成为它的兴起作出了重大贡献。[2] 相同的货币通行于帝国全境,贸易、交换由此而大得便利。与此相同,统治者对道路网络的关心促进了人员、货物的流动。这从另一方面推动了特别让城市受益的贸易发展。城市是各地的交易场所,它们组织与自身腹地的交易,并常在扩大了的贸易网的构建方面发挥着重要作用。某些城市尤其具有举足轻重的地位,也就是位于沙漠边缘或海边或十字路口的城市,比如阿勒颇、大马士革,或东撒马尔罕城市。900年以后,布哈拉(Bukhara)成为印度或阿拉伯香料之类东方产品的重要交易场所,而后在地中海再对这些产品进行分配。与此相同,霍尔木兹海峡附近的索哈(Sohar)在进入波斯湾上发挥了重要作用,而在马格里布,塔赫特、斯基玛萨在9世纪时由于从穿越撒哈拉的黄金贸易中得利而成为重要城市。

新的贸易网以及不断扩张的商业使得一个新商业阶层产生出来,并在城市社会中占据了显赫地位。人们必须得把有时与政权有关联的最重要的那些商人与集市上的小零售商区别开来。大商人将广阔的网络发展起来,并在重要的城市建起富达科斯(funduqs,一种兼作客栈的密集建筑),也就是既能用作货栈、交易、征税场所又能作为旅馆的闭合建筑。它们的使用者包括阿拉伯穆斯林,尤其是那些行商者,在此之外,也有信

---

① Antoine Borrut, 'L'espace maritime syrien au cours des premiers siècles de l'Islam (VIIe-Xesiecle): le cas de la région entre Acre et Tripoli', *Tempora. Annales d'histoire et d'archéologie de l'Université Saint-Joseph*, 10-11 (1999-2000), 1-33.

② Maurice Lombard, 'L'évolution urbaine pendant le haut Moyen Âge', *Annales ESC*, 12/1 (1957), 7-28.

从获得伊斯兰教宽容的其他宗教的人,主要是犹太人(他们由于流散在各地,从而参与了一个庞大的商业网络)①和基督徒。

地方贸易活动集中在市场,后者有时含有作坊活动的内容。作坊设在城市最繁忙的地方,或在中心(如在大马士革的直行大街),或在城门附近。贸易活动在街道或成群的街道中密集展开,吃的东西则在与乡村有着密切联系的城门附近售卖,至于书籍或纺织品,其交易的地方靠近清真寺。往昔有人说这样一个集市(sûqs)世界混乱无序,实则后者是非常有条理的。主管市场的政府官员是市场监督官(muhtasib),他负责执行管控交易的法令,并扮演惩治缺斤短两者的角色。不过更一般地来说,他负责监管城市生活,公共卫生、公共空间保护的问题尤其在其职责范围内。② 不过,此时的伊斯兰城市缺乏在中世纪基督教欧洲城市发展起来的行会之类的自治组织。至于劳力市场,哪怕它经过了组织,仍在市场监督官的控制之下。

伊斯兰城市没有城市自治,且城市本身所拥有的独特组织或市民空间没有法律地位。除了少数为时短暂的例外,这两点确是伊斯兰城市的一个特征。城市的统治者是尊奉至高者之名的总督(wâli),辅弼人员有附属于他的行政官、司法官,尤其是在伊斯兰教法(sharî'a)之下审案的卡迪(qâdî)。教法非为某个城市或者某个地区量身定做,实适用于整个伊斯兰世界,哪怕在对法律、地方习俗的理解上,有一定的多样性存在。

唯一在政府那里获得正式承认的组织是非穆斯林宗教群体。这些受保护民(dhimmîs,尤其是基督徒、犹太人)是得到宽容的圣书(《圣经》)教信徒。作为对认同穆斯林统治的回报,他们能依据自己的法律敬拜神、进行自身的组织活动,并拥有自己的领袖。他们对本群体的成员握有权柄,穆斯林统治者用他们作中介,尤其是在财政事务上。不过,在城市面貌上,宗教群体的组织并未体现出来,与它们有关的居住区亦付诸阙如,哪怕某些教堂或会堂能构成社会关注的焦点。

尽管如此,仍有某些社会团体,即便它们没有在法律上获得承认,仍能在城市生活中发挥作用。举例来说,某些居住区就属于这种情况,它们以小市场、清真

寺(masjid)为中心组织起来。一种团结意识从中产生,有时还附带添加的宗教或地理认同的要素,由此而导致了不同居住区之间的对抗。我们还找到了年轻人的团体(fityân),有时,它们就是一些多少带有"流氓团伙"性质的组织,团结、友谊以及共有价值观的纽带将其组织成员联系起来。在叙利亚,从 10 世纪起,便有组织起来的城市军事团体(ahdâths)存在,它们在某个世袭长官(rais)——通常由某个大贵族之家世代传承官位——的领导下,维护公共秩序。这些团体有着身份诉求,这些诉求有时与它们在外敌入侵下要保卫的城市有关。不过,在自身政策与城市(或者,至少是最富裕的市民)的利益相冲突时,这些团体也会造政府的反。尽管如此,这些组织从未产生出为时长久的政治结构,亦未执行直接的城市权力。③

10、11 世纪阿拉伯地图学家绘制的伊斯兰世界地图让我们看到了高度城市化的某些地区,它们围绕一些城市中心组织起来,一个密集的道路网则将这些中心联系起来(有关这些中心以后的发展状况,参见区域地图 II.2)。其中某些城市有着惊人规模。比如在 11 世纪初,巴格达的面积估计在 50—70 平方千米之间,人口数则在 60—200 万之间;科尔多瓦的面积为 49 平方千米,人口数为 10—50 万;托莱多(Toledo)的面积为 10 平方千米,人口数为 37000。这个城市网络既包括更古老的前伊斯兰城市,也含有许多新建的城市,后者一般与穆斯林军队的迁居有关,到后来,则与新的王朝联系在一起。新的穆斯林统治者移居到这类城市中,此举导致了不断推进的伊斯兰化——不仅是城里人的伊斯兰化,而且是周围乡村的伊斯兰化。这样,对新的伊斯兰文明在被征服区的传播来说,城市扮演了主导者的角色。

拜占庭安纳托利亚的城市

虽然穆斯林不断展开行动,意图推翻拜占庭帝国,不过,后者在安纳托利亚进行抵抗,直到 11 世纪下半叶塞尔柱土耳其人的征服为止。此地的城市保留了拜占庭城市传统,后者在很大程度上承自罗马,并在国都君士坦丁堡身上有最完全的体现。君士坦丁堡是帝国

---

① Shelomo D. Goitein, *A Mediterranean Society. The Jewish Communities of the Arab World as Portrayed in the Documents of the Cairo Geniza* (Berkeley-Los Angeles: University of California Press, 1967 – 1988).

② Pedro Chalmeta, *El zoco medieval. Contribución al estudio de la historia del mercado* (Almeria: Fundación Ibn Tufayl de Estudios Árabes, 2010).

③ Claude Cahen, 'Mouvements populaires et autonomisme urbain dans l'Asie du Moyen Age', *Arabica*, 5 (1958), 225 – 250;6 (1959), 25 – 56,233 – 265.

特大城市,面积为 8.3 平方千米,在 10 世纪时,其人口数在 20—30 万之间。该城的权力代表者是皇帝,他的皇城位于市中心,与圣索菲亚教堂和东正教主教管区相距不远。教会在拜占庭城市中占有重要地位,有钱有势的教堂或修道院发挥了重要的宗教、文化和经济作用。这样,某些居住区就围绕着对城市空间有建构作用的大型修道院发展起来了。

城市与附近乡村保持着紧密联系,它们是农产品的重要市场。① 城市有重要的集市,比如以弗所或某些大型港口(如士美拿[Smyrna]或特拉比松[Trebizond],它们有着活跃的国际贸易)的集市。在这些城市,城市当局由于财政原因扮演了重要角色,有帝国城市官员负责征收商业税(kommerkion)。不过城市也是地主居住的地方,有时,这些人坐领着远方的地产。总的来说,拜占庭贵族是城市贵族,他们占据着主要的行政、宗教职位,此种情况尤其在国都为甚。除此之外,贵族们还是城内大量财产的所有者。

剩下的城市人口主要以手工艺、贸易为业,他们的根基是 ergastèrion(既是作坊又是商铺的一种建筑)。他们的某些活动受到政府的严厉控制,主事官员则是城市行政官(eparch),这个城市官员负责对行会以及更一般的公共秩序进行调节、控制。比如,他调节与帝国宫廷紧密相连的奢侈品——丝绸——的生产、与某些食物有关的贸易,以确保城市物资得到有效供应。虽然这些贸易受到严密控制,大多数商业或手艺活动却不是这样。由此,谈论中央计划经济是错误的。

11—15 世纪的"骑士之城"

11 世纪见证了穆斯林世界大变革时代的开始。变革的缘由起于新人群的到来,尤其是东方的土耳其人,13 世纪之后尾随而来的是蒙古人;在西方,则是来自撒哈拉的阿尔摩拉维德(Almoravid)柏柏尔人(Berbers),以及来自埃及的希拉利(Hilali)阿拉伯人。这些移民及其创造出来的新政治力量导致这片区域日益变得不安全,至少是在开始的时候。而后,城市中的政治组织、统治者的地位亦因此而改变。除以上外,11世纪还是欧洲开始在地中海进行扩张的时代,其手段既包括军事干预(十字军运动、发生在伊比利亚半岛的收复失地运动以及诺曼人对西西里的征服),也包括日益增长的商业活动。

所有这些动乱的一个结果就是区域政治、军事地图(包括地方上的城市等级体系)的转变。1071 年以后,塞尔柱的征服让安纳托利亚绝大多数地方落入穆斯林的控制之下。该征服过程随着穆罕默德二世对君士坦丁堡的占领而告完成,这座城市后来成为帝国新都。先前,一些安纳托利亚城市如康雅(Konya)、布尔萨(Bursa)成为保持独立的土耳其统治者的驻所,与此同时,该地区所有的城市逐渐伊斯兰化。自 13 世纪中期以来,蒙古人的入侵引发了城市的大灾难(有时是大量人口遭强制迁移),并在 1258 年导致了阿巴斯哈里发国家的灭亡。结果,作为马穆鲁克(Mamluks)掌权并击退蒙古入侵之地,开罗在中东城市等级体系中巩固了自己的地位,并成为那个地区的领头城市。快速的城市发展催生出一个大都市,其面积为 21 平方千米,14 世纪时的人口估计有 27 万。更一般而言,原来的伊拉克城市网络丧失了活力,落在了叙利亚—埃及地区的后面。

政治动乱,尤其是各大哈里发国家(巴格达的阿巴斯王朝、开罗的法蒂玛王朝)的失败所导致的第二个结果是权力的分散化,以及大量昔日的中等城市晋级为都市,它们陷在激烈的相互竞争中。阿勒颇(12—13世纪有 50000—85000 人口)、大马士革的情况即是如此;在安纳托利亚,则有布尔萨、马拉蒂亚(Malatya);在西方,则有布吉亚(Bugia)、特莱姆森(Tlemcen)、塞维利亚(Seville)。这些城市成为行政、文化中心,最重要的是成了新的军事统治者基地。

最后,在 11—12 世纪,我们在某些港口看到了新的经济中心(在更次要的层面上,还有新的政治中心)的发展。地中海沿岸地区首先受到了影响。此地不仅是直面基督教威胁的边疆地带,从根本上说,考虑到航行技术的长足发展以及欧洲人在地中海地区的贸易活动,它还是一个商业意义上的交界面。这样,亚历山大里亚成为国际商业的重要站点,为它提供支持的是法蒂玛王朝实行的一项政策:转移从东方经过红海的贸易路线,以削弱波斯湾的地位。② 在耶路撒冷王国陷落后(1291 年),因十字军运动而一度在基督教控制下的叙利亚港口保持了重要的海上贸易中心的地位,特别是贝鲁特。至于马格里布,其海岸城市颇为繁荣,其中某些城市成为政治首府,如布吉亚③或突尼斯,其他

---

① Cyril Mango and Gilbert Dagron, eds., *Constantinople and Its Hinterland* (Cambridge: Cambridge University Press, 1995).

② Christian Décobert, Jean-Yves Empereur, and Christophe Picard, eds., *Alexandrie médiévale 4* (Alexandrie: CEAlex, 2011).

③ Dominique Valérian, *Bougie, port maghrebin* (1067–1510) (Rome: École française de Rome, 2006).

城市则成为重要的交易场所,如休达(Ceuta)、奥兰(Oran),以及 14 世纪以来的阿尔及尔。在所有这些港口,意大利、普罗旺斯、加泰罗尼亚的商人们跑过来做生意,并建立起重要的贸易点。在地中海以南,日益发展的通往印度、远东的交通路线推动了红海港口的发展,如艾札布(Aydhab)、吉达(Jedda)和亚丁(Aden)。[1]所有这些港口城市成为洲际层面上的交易场所和贸易网络站点,与此相随,一个多种族的国际化社会发展起来,至少对靠近港口的地方来说是这样。

以上是发生在横跨中东的城市等级体系、网络中的种种变化,除此之外,还有一个重要且具有普遍意义的发展,即专业化的军事统治者驻在穆斯林城市。土耳其人、库尔德人、德莱木人(Daylamite),而后是东方的马穆鲁克统治者(像西方的柏柏尔人一样),他们任用新的军事精英作为城市统治者,这些人常常是新来者,有时是归化伊斯兰教不久的信徒。此种趋势由于在该区域反复发生的战争,由于在东方进行有效军事防卫——先是防卫法兰克人后是防卫蒙古人的威胁——的需要而得到加强,在哈里发权威衰退的情况下,这些情况将新的政治合法性赋予了军事化的土耳其人、马穆鲁克。这些新领导者还自称是与什叶派敌对的逊尼派的支持者。

政治权力的军事化导致了加尔桑(Jean-Claude Garcin)所命名的"骑士之城"的出现。[2]武士像洪水一样涌入城市,不管他们是雇佣军还是人数更多的军事奴隶(马穆鲁克),后者来自亚洲、东欧,经过转变、受训成为军人。如前所述,马穆鲁克于 13 世纪中期在埃及、叙利亚掌权。他们不独施行政治、军事控制,而且攫取了大多数经济资源。作为统治者,他们掌控了所有的城市组织,特别是与公共秩序、安全有关的组织。这样,治安人员、卡迪(即法官)就是由他们所任命、作他们的代理人了。至于由卡迪所指定的市场监督官,其权力延伸到社会生活的控制、伊斯兰教法在城市公共空间中的执行上去。

新的军事精英致力于重新塑造、调整城市面貌。城市统治者住在城堡(qal'a)中,后者此时建在城市中心以外的地方,其用意不仅是保卫城市中心,也是为了保护统治者免受城里人的伤害。比如,在开罗,萨拉丁下令在山上建城堡,与主要的城市居住区保持距离。权力从城市中心转移出来意味着城堡的主人与城市的

主人有别。与此同时,由于新城墙的修建(特别是在有外部威胁的时候),城市空间的军事化色彩更加浓重。竞技场(hippodrome)和战士训练场建立起来,它们通常位于城外的城堡附近。最后,这些统治者为自己建造的宫殿有助于重构城市空间,并根据军事、阅兵的需要在城里建造大型环形道路。

统治者对城市结构的干预还延伸到义产身上。这些统治者创立新的义产,以增强自己的合法性,他们通常是外邦人,归化伊斯兰教的时间不长。通过这种方式,他们能证明自己的虔诚,以及在捍卫宗教特别是逊尼派上的作用。穆斯林城市满目可见新的清真寺、宗教学校(madrasas)、神秘主义者的修行场所(khanqas),以及安养院(maristâns),比如 12 世纪的统治者努尔丁(Nûr al-Dîn)建于大马士革的安养院。统治者的慈善活动还包括水利事业,他们尝试(通过打井、修渠)解决因人口日益增长而引起的水资源短缺问题,阿尤布王朝(Ayyûbid)统治下的阿勒颇、哈夫西德王朝(Hafsid)统治下的突尼斯就曾出现过这样的情况。宏伟的城市建筑铭刻了人们对建设者们的怀念,后者有时被葬在其所修建筑附近的陵墓中,这些建筑则刻有缅怀其慷慨美德的铭文。

统治者办慈善事业的一个有利工具是义产(waqf)。这项举措所造就的产业是不可转让的,禁止销售、分割,更重要的是不可没收。这样的法律安排对慈善事业的融资来说是极为有利的,由此,它在城市、军事精英那里派上了用场,这些人中间还包括女人,以开罗为例,许多义产的创始者是妇女。创建义产的人提供从市场、商铺、浴所或乡村地产而来的长期性收入,以此而确保建筑兴修起来并得到维护。自 11 世纪起,通过这些新义产及环绕它们而成长起来的城区,义产制度对城市发展作出了很大贡献。尤其是在奥斯曼土耳其,建起了引人注目的建筑群,包括清真寺、安养院、教育设施、图书馆以及在它们周围的其他设施。对义产的维护及融资来说,所有这些都是必需的,由此,新的居住区产生出来。以布尔萨为例,该地的大清真寺建于 1399 年,是城市的精神与经济生活中心,其附属设施包括三所穆斯林学校、一个神秘主义者的修行场所、若干为商人设立的旅馆(caravanserais)以及一间公共浴室(hammam)。

---

[1] Éric Vallet, *L'Arabie marchande. État et commerce sous les sultans rasūlides du Yémen* (6626 - 6858 / 1229 - 1454) (Paris: Publications de la Sorbonne, 2010).

[2] Jean-Claude Garcin, 'Toponymie et Topographie urbaines médiévales à Fustat et au Caire', *Journal of the Economic and Social History of the Orient*, 27/2 (1984), 113 - 155.

11 世纪后,其他的新人群启动了城市的发展,并促进了城市社会结构的演化。首先是凶猛的农村移民潮,尤其是在乱世之时。比如 11 世纪晚期在马格里布,希拉利游牧部族的到来导致大量人口逃向海岸城镇。12 世纪,在与十字军运动有关的军事行动展开之时,黎凡特也出现了这类现象。至于安纳托利亚,自 11 世纪末起,土耳其穆斯林迁居到此,并在拜占庭帝国的废墟上发展起一个新的城市网络;与此同时,对来自穆斯林世界各地(尤其是马格里布、伊比利亚半岛,以及 13 世纪中期蒙古征服之后的伊拉克)的人来说,叙利亚、埃及地区的城市成为重要的人口福地。

由此产生的结果是来源迥异的各种人组成了一个大杂烩,它往往将第一次穆斯林征服产生的旧的社会分野抹除掉。这个城市重组过程带有城市人口逐步伊斯兰化的浓重色彩,基于此,伊斯兰教成为绝大多数中东城市的主流宗教,而在北非,本土基督教彻底沦亡。以前,城市中的主导人群由在征服中获利的阿拉伯氏族部落组成,除此以外,还有他们的仆从(阿拉伯人与非阿拉伯人都有),这些归化者与他们有着密切关联。由以上可知,往昔的社会分野不再重要,由此而兴起了其他的社会分野标准。种族差别的要素并未完全消失,尤其是新近到来的从武人员,他们只是在部分程度上与其他人口融合起来。14 世纪末以降的切尔克斯(Circassian)马穆鲁克便是这样。他们从东欧带来自己的家人,并形成了一个封闭的贵族集团,它在很大程度上与城市社会的其他人群隔离开来。不过,此时决定社会地位的主要变量归根结底来源于以下几个方面:在政治、社会上与统治者的亲密度;财富(土地以及商业活动);参与到知识的世界中(这带来了晋身政界、宗教圈的机会)。

城市精英(khassa)在社会中的主导地位不仅源于其财富,更多地是源于其文化权。这些贵人在城乡都有财产,哪怕他们与身为军事、政治精英的统治者有竞争关系。他们还参与贸易,至少在穆斯林世界、印度洋的范围内是这样。虽身为富人,这些精英人士的身份毋宁说是由文化权以及由此而产生出来的行当决定的。最杰出学者的传记不仅对知识作了强调,且以浓笔重彩刻画了这些人的虔诚,以此推进了对城市及其精英的缅怀之情。

从 11 世纪起,叙利亚、埃及成为重要的文化中心。来自伊拉克以及马格里布、穆斯林西班牙的学者的大量涌入成了它们可以利用的有利条件。开罗、阿勒颇、大马士革这类城市汇集了穆斯林、阿拉伯人的文化、科学以及文化遗产。在这项遗产的保存、传播方面,这些城市发挥了关键作用;就原创性的新知识的保存、传播而言,它们所起的作用更甚。

文化、科学资本在同一家族内世代相传,这样,通达知识大门的优先权利意味着在知识阶层中,存在着严重的社会连续性。尽管如此,社会流动性在某种程度上依然存在,这要感谢穆斯林学校这个组织。该组织兴起于 11 世纪末,其初兴之地在伊拉克、波斯,而后它们扩散至叙利亚、埃及以及安纳托利亚,再后来,从 13 世纪起,又扩散到更远的西方。这些宗教学校在经济上得到义产的支持,其目的在于教授年轻人基本知识和技能,方便他们踏上宗教、法律工作岗位,或是进入国家的管事单位中。穆斯林学校还是逊尼派对抗什叶派的意识形态工具,因为逊尼派创始人及其传人控制了受其任命、支薪的教师队伍。来自所有社会群体的学生获得自由教育,通过这种方式,穆斯林学校促进了有知识的精英人士的有限更新。

这些人对知识的垄断保证了"宗教学者"(ulama)在城市社会中的显赫地位。他们意识到自己是城市身份的代表者,对于其他人,他们有着道德上的权威。此种权威不独来自他们的社会、经济地位,亦源于他们在城市中的日常工作,包括对城市的管理。他们承担了领祷者(imams,即带领祷告者)、清真寺宣讲师(khatib)以及卡迪或市场监督官的职责。除了这些,他们还通过自己的义产,参与城市慈善事业。不过,在很大程度上,他们在城市社会中的角色是与他们所维持的与军事精英的关系相连接的,军事精英是他们紧紧依附的对象。

11、12 世纪,在发生政治危机(有时还有权力真空)时,城市精英阶层的成员会发挥重要的政治作用,有时,这会导致城市自治政府的建立。城市精英成功地团结起来,并对处在其权威下的居民进行组织,暂时性地执行了王公的功能。以休达为例,在阿尔摩哈德(Almohad)哈里发国家崩溃后,城市商业精英阶层成员成功地掌握了权力。[①] 尽管如此,这种情况从未导致真正的合议权力的产生,亦未促成"自治体"像在同时期的西欧那样成形,此外,当城市精英确实地掌握城市统治权时,他们往往要设立唯我独尊的城市领主。另外,大家族通常会寻求与力量削弱的王公或总督共享权力。在 12 世纪早期的大马士革,某个世袭官员统

---

① Halima Ferhat, *Sabta des origines au XIVe siècle* (Rabat: Al Manahil, 1993).

领着能捍卫城市免受外部威胁（如果需要的话）的民兵队，与此同时，民兵队在推进自身利益上也很积极，虽然如此，他们的统领从未完全拒斥王公的权威。

一旦回到政治稳定的局面并迎来强大的王朝，如叙利亚的赞吉王朝（Zengids），以及其后叙利亚、埃及的阿尤布王朝，西方的阿尔摩拉维德、阿尔摩哈德王朝，地方精英的领导权迅速衰落。比如，人们常能看到在马穆鲁克政权以及继北非、西班牙阿尔摩哈德王朝而立的若干苏丹国身上发生的情况：王朝统治者因为贵族对民众怀有的权威而对之加以利用，并任他们为统治者与民众之间的中介。这些贵族受到严密的控制，渐渐地，他们的职业生涯、财富操于统治者之手，他们的卡迪官职、穆斯林学校教师职位以至行政官的位置都是从后者来的。这样就形成了一种因地区而异的权力均衡，在马穆鲁克的地界上，统治者的权威变得更加兴盛。

269 有关其他城市人口，我们所知的就少得多了，尽管这些人构成了居民中的大多数。有关他们的资料都出自精英人士之手，它们呈现给我们的是一个有限、不完全的小匠人或商人的世界。后者在叛乱发生时出现在文献中，不过其社会地位不易确定。尽管如此，他们与地位飘忽的边缘化危险人群——弃民——是区分开的，哪怕这两个群体之间的界限并不清晰。现在，人们开始对来自这个匠人、商人世界的口头文学进行研究，结果显示出一个活生生的世界，一个对贫困和社会混乱的危险常怀畏惧之心的世界。匠人、商人发展出自己的文化，它与在穆斯林学校受教的精英阶层的博雅文化截然不同。

社会变革、新的社会—经济分野导致原有的部落、区域统一体走向瓦解或遭致削弱。新的团体浮出水面，首先是宗教团体。伊斯兰教成为强势宗教，并对城市面貌、社会组织产生了日益增强的影响，在此背景下，宗教认同的地位更坚固地得到确认。弱势宗教（犹太教、基督教）往往在某些城区聚居，不过带有忏悔意味的同质化隔离区并未形成。以大马士革为例，基督徒、犹太人围绕着多马城门（Bâb Tûmâ）、东城门（Bâb Sharqî）聚居，其所在地在东城区。按照同样的方式，新团体以四所重要的伊斯兰教逊尼派法律学校为中心发展起来，更多见的则是前者围绕着神秘主义运动形成。苏非兄弟会（Sufi brotherhoods）的兴起让这些团体以

入会宗教仪式、圣人崇拜为中心组织社会活动，这些受到崇拜的圣人有些是城市的保护者。

另外，居住区成为一种新型统一体的集中体现形式。与更古老的"传统穆斯林城市"的理念——它所描述的城市空间是一片混乱的——不同，此时的居住区在事实上因为宽阔的街道而有着极高的条理性，这些街道对不同城市板块的界限作了清晰勾画。在这些居住区里，空间通过错综复杂的小街道组织起来，这些小街道有时是死胡同，有时是某些私人、家族的领地。这实际上是一种有着双重组织的空间：一方面，城市中心是公共场所、公共组织（大清真寺，专门服务于长途贸易的市集）的所在地，其结构是通过开放式的大道形成的。另一方面，居住区呈现出更为封闭、内守的状态，其活动带有更严格的地方色彩。绝大多数日常生活发生在这里，里面的人对它有着土生土长的忠诚感。①

与城市本身一样，居住区并无任何法律地位，且与行政或征税单位均无对应关系。尽管如此，它们所叫的名字是确认某种身份的名片，在不同居住区的居民发生争吵或斗殴的场合，这种"身份"就会浮现出来。在新的城区（尤其是乡郊），人口的来源相对来说可能比较单一，因为都是些新近搬来的移民。在时局混乱之时，这些城区会用墙壁、大门封围起来。同样，城市基础设施也有标示城区中人身份的作用，比如穆斯林的聚祷所（伊斯兰教寺院[masjid]）、圣人墓或集市。

城市职业极端分化，劳动分工引人注目。② 许多 270 贸易部门与乡村、农业世界相连，比如对农产品进行加工的那些贸易部门（肥皂厂、炼糖厂，除了这些，还有玻璃厂、染坊、纺织作坊）。小商人可能兼作匠人，而其他人是专从一业，如经纪人（simsars），他们将供应商与购货者连接起来。除了这些人，我们还发现了一个更广阔的搬运、运输人员的圈子。

居住区、商业区在空间上没有明显分隔。比如，家居能作为纺织作坊的所在地，只有少部分制造活动由于其产生的效果、造成的滋扰的原因，是在家庭以外的地方进行的。这样，制革厂通常将基地设在城市之外，这不仅是因为它所产生的污染，还由于这样做能更易获得丰富的水源供应。对陶器或造纸厂来说，这一点同样适用。不过，绝大多数商业活动是沿着主要集市组织起来的，那里是店铺、交易场所林立之地。人们还

---

① Sylvie Denoix, *Décrire Le Caire. Fustât-Misr d'après Ibn Duqmâq et Maqrîzî : L'histoire d'une partie de la ville du Caire d'après deux historiens égyptiens des XIVᵉ-XVᵉ siècles* (Cairo: IFAO, 1992).

② Maya Shatzmiller, *Labour in the Medieval Islamic World* (Leiden, New York, and Cologne: Brill, 1994).

发现某些交易是在大清真寺附近展开的，比如书籍还有香料或精美织品之类奢侈品的买卖。不过，创建时间更贴近当下的那些集市（比如基于给义产提供资金支持的目的而设立的集市），将商业活动吸引到新城区，从而为新经济区域的兴起作出了贡献。

尤其重要的是兼作旅店的大货栈（名为 *funduq*、*wakala*、*khan*），它们通常建在城市以外或靠近城门的地方，在这里，货物在征税后进入市场或商铺。① 这些建筑给人一种整齐划一的感觉：它们有一个封闭的内院，周围是存放东西的房间（底层）、外商招待所（上层）。与此相似，市场（*qaysâriyyas*）由若干大型建筑组成，中间是通道，周围是商铺，整个市场由一扇门锁起来。某些旅店——大货栈是专为非穆斯林商人准备的，特别是欧洲基督徒。基于安全以及经济方面的原因，它们常位于城墙以外的地方，比如 13 世纪阿勒颇的威尼斯商馆。它们构成了住着商人的自治飞地，与其他的人隔绝开来；它们有着自己的主事官员、法律，并享受着由与基督教国家签订的和约加以保证的种种特权。住在里面的人有完全的信仰自由，并配有酒馆（有时还有商铺）等设施。不过这些人行踪不定，只有主事官员、牧师以及停留时间更长的商人们不在此例。无论如何，为了减少这些基督教商人与当地人之间的直接联系，一切手段都被派上了用场。② 不过，渐渐地（尤其是在 15 世纪），某些这类商人住的时间更长，他们学习阿拉伯语，并与当地商人社会建立了更密切的联系。

如果说绝大多数城市商业活动局限在纯粹的当地乃至地区范围内，那么，穆斯林世界中的某些城市却是某个庞大的商业交易网的组成部分。由此，珍妮特·阿布-卢格霍德（Janet Abu-Lughod）能说 1250—1350 年存在着某个"形成中的世界体系"，它由数个相互联系的次级体系——其范围从东亚、南亚到中东，从中东再到欧洲——组成。③ 从 13 世纪中期起，丝绸之路尤其从蒙古和平中得益，同时期的大型商旅城市、安纳托利亚港口的发展因此而成为可能，前者如经常有欧洲商人光顾的可汗尼德（Ilkhanid）苏丹国首府大不里士

（Tabriz），后者如阿亚斯（Ayas）、特拉布松（Trabzon）。商业繁荣尤其在埃及（开罗、亚历山大里亚以及南方的库斯［Qûs］）、红海贸易路线上（借助亚丁港的发展，这个港口是东方香料、瓷器和丝绸的主要卸货点）涌现出来。印度洋上的这种海上贸易是穆斯林富商的掌中之物，比如专事香料贸易的卡里米（Karimi）商人。这类商人与军事精英保持着密切联系，后者同样是此种商业的参与者。按照同样的方式，马格里布港口成为穿越撒哈拉的商旅贸易的终点站，这条贸易线路上的交易对象有黄金、奴隶（奴隶交易主要存在于 15 世纪）。通过这些终点站，西非与地中海贸易网络联系起来。在地中海地区，绝大多数贸易掌握在意大利、加泰罗尼亚或普罗旺斯商人手中。中世纪的地中海是多事之地，尤其是十字军运动。虽然如此，贸易从未彻底消失，正是这些商人，在亚历山大里亚或君士坦丁堡这类大型港口城市的经济中发挥了关键作用。另外，热那亚、威尼斯还控制了东地中海的某些城镇，如法马哥斯塔（Famagousta）、希俄（Chio）、卡法（Caffa），它们作为殖民社会发展起来，并与其统治者的海上贸易有着密切联系。

卢格霍德还认为，在 14 世纪中期之后，上面所提到的那种经济一体化现象走向了失败。不过，这个观点是可商榷的，哪怕在 1347 年之后，大灾疫引起的危机导致了贸易交流中断和城市人口缩减。某些城市受到流行病的反复打击，受创深重。以君士坦丁堡为例，1361—1470 年，疫病爆发 12 次；开罗，1363—1514 年，55 次。正是在开罗，1430 年秋，三分之一人口——9 万人——死于非命。④ 14 世纪末、15 世纪初，由于军队的蹂躏（比如 1401 年巴格达、大马士革所受的洗劫）和重税的压榨，帖木儿的征服让该地区的许多城市遭到毁灭。不过，某些城市很快通过乡村人口的移入让人口充实起来。与此同时，它导致了城市人口的乡村化，精英人士的大规模更新，以及城市面貌上的重要变化，因为有大量被毁建筑、废墟存在。⑤ 某些城市由于自己的都市身份而得到好处，比如开罗，1517 年，它是

---

① Olivia R. Constable, *Housing the Stranger in the Mediterranean World. Lodging, Trade, and Travel in Late Antiquity and the Middle Ages* (Cambridge: Cambridge University Press, 2003).

② Dominique Valérian, 'Les marchands latins dans les ports musulmans méditerranéens: une minorité confinée dans des espaces communautaires?', in Méropi Anastassiadou-Dumont, ed., *Identités confessionnelles et espace urbain en terre d'islam*, *Revue des Mondes Musulmans et de la Méditerranée*, 107 – 110 (2005), 437 – 458.

③ Janet L. Abu Lughod, *Before European Hegemony. The World System AD 1250 -1350* (Oxford: Oxford University Press, 1989).

④ Patrick Boucheron and Julien Loiseau, 'L'archipel urbain. Paysage de villes et ordre du monde', in Patrick Boucheron, ed., *Histoire du monde au XVe siècle* (Paris: Fayard, 2009), 671.

⑤ Julien Loiseau, *Reconstuire la Maison du sultan (1350 -1450). Ruine et recomposition de l'ordre urbain au Caire* (Le Caire: IFAO, 2010).

人口超过20万的最大伊斯兰城市(参见图14.2);又如君士坦丁堡,它在1453年以后被选作奥斯曼帝国新都;还有帖木儿帝国治下的撒马尔罕、赫拉特(Herat)。15世纪初,新的贸易网络重建起来,经济繁荣回归,重新活跃起来的不仅有阿尔及尔(参见图14.3)、突尼斯、贝鲁特这类港口城市,还有威尼斯商人经常光顾的内陆城市,如阿勒颇、大马士革(在这里,黎凡特的贸易盛况空前)以及摩洛哥的非斯(Fès,在这里,热那亚人的身影一直存在到15世纪末)。在当时的世界经济中,中东城市仍扮演了关键的中介角色,将基督教欧洲与东方市场(印度、中国)或撒哈拉沙漠以南地区联系起来。

图 14.2　开罗马穆鲁克苏丹设立的旅店—大货栈,1504—1505 年。

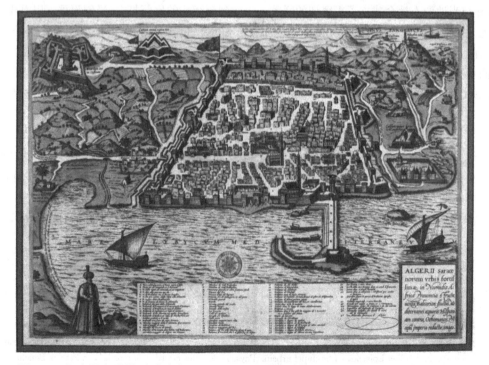

图 14.3　阿尔及尔城景,来自布朗(Georg Braun)、荷根伯格(Franz Hogenberg)的《全球城市图集》(*Civitates Orbis Terrarum*,第一版,科隆,1572 年)。

结语

273 对中世纪的阿拉伯地图学家来说，城市是这样一个地方：它集一定数量的功能于一身，从而保证其在当地、地区以至更广区域的影响力。这些功能有两个方面的内容：其一，学术以及著名宗教组织的存在；其二，贸易、经济活动。不过，城市同样还是权力的栖息地。此种权力在很早的征服时代便带有军事性质，自11世纪以来，情况复又如是。它的作用是形成、塑造城市空间。除以上外，城市精英也在社会、城市活动的组织上发挥了重要作用，不过他们一直处在统治者的控制之下。

14世纪中期的危机导致了因黑死病而起的城市人口大灾难，在新的乡村人口大量涌入的影响下，城市空间与城市社会乡村化之间的矛盾产生出来。自15世纪以来，经济得到复苏，城市空间因此而重新组织起来，并往理性化的方向发展，其标志是居住区、商业区的分野更为清晰，污染行业与其他行业被强行分割开来，富人、穷人居住区的社会隔离更为严重。其结果是阿拉伯城市的率先崛起，它将在奥斯曼的统治下得到发展，并一直持续到殖民时代（参见下文第15、32章）。

参考文献

Eddé, Anne-Marie, Bresc, Henri, and Guichard, Pierre, 'Les autonomismes urbaines des cités islamiques', in *Origines des libertés urbaines. Actes du XVIᵉ Congrès des Historiens Médiévistes (Rouen, 7–8 juin 1985)* (Rouen: Presses Universitaires de Rouen, 1990), 97–119.

Garcin, Jean-Claude, 'Le moment islamique (VIIᵉ-XVIIIᵉ siècle)', in Claude Nicolet, Robert Ilbert, and Jean-Charles Depaule, eds., *Mégapoles mediterraneennes* (Paris, Aix-en-Provence, and Rome: Maisonneuve & Larose, MMSH, École francaise de Rome, 2000), 90–103, 103–147.

—— ed., *Grandes villes méditerranéennes du monde musulman médiéval* (Rome: École française de Rome, 2000).

Hourani, Albert H., and Stern, Samuel M., eds., *The Islamic City* (Oxford-Philadelphia: Cassirer and University of Pennsylvania Press, 1970).

Jayyusi, Salma K., ed., *The City in the Islamic World* (Leiden and Boston: Brill, 2008).

Lapidus, Ira M., *Muslim Cities in the Later Middle Ages* (Cambridge, Mass.: Harvard University Press, 1967, 2nd edn. 1984).

屈伯文　译　陈　恒　校

第 15 章　奥斯曼城市：1500—1800 年

厄布鲁·博亚尔

275　　　与伊斯兰世界的中世纪城市、中东民族国家的城市、现代殖民城市(参见本书第 14 章和 32 章)相比,奥斯曼城市是通过两个要素加以界定的:其一,它在帝国内的处境;其二,它在等级上对帝都伊斯坦布尔的臣属地位。不过,在这个框架内,不同城市虽不同程度地遵循着某个一般性模式,城市本身却让人们看到了区域差异,它们反映了不同区域的传统。从帝国的广阔疆域来看,这一点是毫不令人感到奇怪的。在近代早期,帝国疆域西起匈牙利,东至伊朗;北达克里米亚,南抵也门,沿北非海岸,直到摩洛哥。由此,塞利姆一世(Selim I,1512—1520 年在位)对开罗的征服(1517 年)并未完全打断该城的历史。马穆鲁克的建筑遗产是显而易见的,建于 1528 年的苏莱曼(Süleyman)总督清真寺就体现了这一点,这座清真寺虽以奥斯曼的建筑计划为基础,却带有许多马穆鲁克建筑的特征。[①]

　　不过,无论地区之间有何差异,伊斯坦布尔(布罗代尔所谓的"城市巨兽"[②])的地位仍是至高无上的。这不仅是因为它的国都身份,而且由于它是人口最多、规模最大的奥斯曼城市,又是政治权力的安身之所、商业与消费的中心。对许多人来说,伊斯坦布尔是人间天堂,离开它就像"鱼儿离开海洋"。[③] 甚至对苏莱曼一世(1520—1566 年在位)来说,伊斯坦布尔都是一个无与伦比的城市。这位皇帝在西方以"苏莱曼大帝"之名为人所知,也是巴格达、布达(Buda)这些大城市的征服者。[④] 由于自己在埃迪尔内(Edirne)事件中所起的

作用,宗教领袖阿凡提(Feyzullah Efendi)于 1703 年遭流放,该事件在部分程度上是民众对苏丹事实上的离京行为——从伊斯坦布尔去往埃迪尔内——的抗议。对于自己被放逐出京,阿凡提沮丧地评论道:"死都比去埃尔祖鲁姆(Erzurum)强。"[⑤]

　　伊斯坦布尔的地位牢固,稳坐在帝国城市等级体系的顶端。虽然如此,还有其他的重要城市,其地位是不容置疑的,比如属于阿拉伯各省的开罗、大马士革、阿勒颇以及巴格达,位于安纳托利亚的布尔萨、阿玛西亚(Amasya)、马尼沙(Manisa)、屈塔希亚(Kütahya)、特拉布松、迪亚巴克尔(Diyarbakır),巴尔干半岛的埃迪尔内、帖撒罗尼迦(Thessaloniki,即瑟拉尼克[Selanik])以及贝尔格莱德(有关约 1800 年的中东地图,参见区域地图 II.2)。另有一些城市在某些时期兴起为重要城市,比如伊兹密尔(İzmir,即士美拿)在 18 世纪成为一个重要的国际贸易点。16 世纪期间,无论在地理面积还是人口上,奥斯曼城市都经历了一个大扩张时期。我们手上能拿到的资料让我们不易决定精确的人口数,虽然如此,15 世纪晚期伊斯坦布尔的人口数约在 10 万左右,而到约 1580 年时,这个数字飙升至 70 万。在同一时期,布尔萨人口约为 71000;埃迪尔内,3 万;安卡拉,约 29000。据估计,1537 年阿勒颇的人口数为 8 万,到 1683 年,这个数字上升到约 115000 的层次。17 世纪,伊斯坦布尔的人口数很可能在 70—

276

①　D. Behrens-Abouseif, *Islamic Architecture in Cairo. An Introduction* (Leiden: Brill, 1992), 158.

②　F. Braudel, *Civilization and Capitalism, Fifteenth-Eighteenth Centuries*, vol. 1: *The Structure of Everyday Life: The Limits of the Possible*, Sian Reynolds (trans.) (London: Phoenix Press, 2002), 52.

③　Ahmet Cevdet Paşa, *Ma'rûzût*, Y. Halaçoğlu, ed. (Istanbul: Çağrı Yayınları, 1980), 51.

④　İbrahim Peçevi, *Peçevi Tarihî*, M. Uraz, ed. (Istanbul: Neşriyat Yurdu, 1968), I, 74.

⑤　A. Özcan, ed., *Anonim Osmanlı Tarihi* (1099 - 1166 / 1688 - 1704) (Ankara: Türk Tarih Kurumu Basımevi, 2000), 233.

80万的区间内,它由此成了当时最大的欧洲或中东城市。① 拜人口增长以及日益繁兴的贸易所赐,16世纪见证了奥斯曼城市规模的大扩张。此种趋势在17世纪延续下去,尽管速度未像以前那般迅速。与此同时,城市的发展、繁荣逐渐与外部世界而非奥斯曼帝国内部的因素更有关联,此种趋势在18世纪变得更为显著。

无论权力或规模怎样,所有奥斯曼城市与其乡村腹地有着根深蒂固的分别,因为帝国存在着严格而内嵌的城乡分野。奥斯曼帝国对从乡村地区向城市的人口流动实行控制,在这项政策的作用下,此种城乡分野得到了有效加强。国家竭尽全力阻止这类人口流动,因为农民放弃土地会导致人口、赋税两方面的损失,另一方面,乡村人口涌入城市会令城市社会陷入瘫痪并导致混乱,这是奥斯曼政府一直倾全力加以阻止的。大量乡村土地为城市精英所有,后者的财富源自其地产,18世纪土地持有习俗的改变对此种制度起到了加强作用。

虽然奥斯曼城市或许与其乡村腹地的人口有着严格界分,它们自身却常常通过国内贸易网络产生紧密的相互联系,不仅如此,它们还与奥斯曼边疆以外的世界联系起来。开罗由此成为耶路撒冷造肥皂的最重要买家,它们也是此种肥皂的需求者。特拉布松是黑海沿岸最重要的港口城市,它拥有此种地位既因为它是伊朗丝绸的转运港,又因为它与帝国的重要商业中心——伊斯坦布尔和克里米亚——有着贸易关系。② 奥斯曼城市的兴衰还跟它们与外部世界的联系有关。因为帝国在国际贸易中是一个有着统一体身份的积极参与者,且是地中海盆地中的一个关键角色,除了是一个重要的进口市场,它还出口自己的商品,并扮演了东西贸易、南北贸易重要转口区的角色。由此,国际、国内贸易走势的变化会对奥斯曼城市产生影响。形势上扬时,以伊兹密尔为例,这座城市在地理上位于安纳托利亚西海岸,在距离上相对远离奥斯曼帝国中心的

控制,基于此,它在17、18世纪由于地区范围内外商活动的增加而发展起来。而在形势下转时,以吉达(Jeddah)为例,由葡萄牙人进入红海而引起的香料贸易路线的改变对它产生了反面影响。在17世纪最后的25年里,与伊朗贸易(特别是丝绸贸易)的衰落削弱了阿勒颇作为国际贸易中心的地位。外商对阿勒颇市场纺织品需求的减少对安特普(Antep)织布工的销布量有着直接影响,相应地,购买其产品再在阿勒颇售卖的商人也走向衰落。③

除了贸易网络,朝圣也扮演了城市间联系纽带的角色。在很大程度上,大马士革的重要地位、发展、扩张与其朝圣路线上的重镇身份有关。沿着这一路线,来自鲁米利亚(Rumeli,帝国欧洲部分)、安纳托利亚、波斯和伊拉克的朝圣客与"奥斯曼高官和皇室成员"行走在同一条道路上,这就是这条路为什么又叫"帝国大道"的原因。④ 奥斯曼城市之间的相互联系或它们在帝国组织结构中的地位有时对它们的生存具有关键意义。比如,在1783—1784年的大饥荒期间,据编年史家亚巴蒂(Al-Jabarti)所说,开罗人就没有"屈服在饥饿的脚下",因为有上帝的保守以及从安纳托利亚、叙利亚运来的粮食。⑤ 哪怕在不那么艰难的时世,一座城市也要依赖另一城市的支持。麦地那的部分收入来自埃及的各种义产(vakıfs,阿拉伯语形式为 waqfs),如果没有这类外快,麦地那将会"在悲痛和困苦的手上被击倒"。⑥

本章首先考察奥斯曼城市的城市面貌,而后探讨它们所面临的压力、问题,而后是城市的治理,最后是城市与苏丹、帝国政府的关系。

城市形态

15世纪下半叶,出现了现存最早的奥斯曼帝国编

---

① Ö. L. Barkan, 'Essai sur les données statistiques des registres de recensement dans l'Empire ottoman aux XVe et XVIe siècles', *Journal of the Economic and Social History of the Orient*, 1/1 (1957), 27 (page range: pp. 9 - 36); A. Raymond, 'The Population of Aleppo in the Sixteenth and Seventeenth Centuries according to Ottoman Census Documents', *International Journal of Middle East Studies*, 16/4(1984), 458 (page range: 447 - 460); R. Mantran, *Istanbul dans la seconde moitié du XVIIe siécle* (Paris: Librarie Adrien Maisonneuve, 1962), 47.

② S. Faroqhi, *Towns and Townsmen of Ottoman Anatolia. Trade, Crafts and Food Production in an Urban Setting 1520 - 1650*, (Cambridge: Cambridge University Press, 1984), 105.

③ C. C. Güzelbey and H. Yetkin, eds., *Gaziantep Şer'î Mahkeme Sicillerinden Örnekler (Cilt 81 - 141) (Miladi 1729 - 1825)* (Gaziantep: Yeni Matbaa, 1970), 77.

④ K. K. Barbir, *Ottoman Rule in Damascus 1708 - 1758*, (Princeton: Princeton University Press, 1980), 109.

⑤ J. Hathaway, ed., *Al-Jabartī's History of Egypt* (Princeton: Markus Wiener Publishers, 2009), 148.

⑥ Ahmed Vâsıf Efendi, *Mehâsinü'l-Âsâr ve Hakāikü'l-Ahbâr*, M. İlgürel, ed. (Ankara: Türk Tarih Kurumu Basımevi, 1994), 225.

年史之一,其作者阿希克帕夏札德(Aşıkpaşazade)描述了奥斯曼(?—约1324年在位)的事迹。在从拜占庭人手中夺取布尔萨附近的城镇卡拉贾贝伊(Karacabey)后,奥斯曼创建了以他的名字命名的奥斯曼国家。奥斯曼将教堂变为小清真寺(mescits),建立了一个市场,任命了一位法官、警务官(subaşı),发布了法律(kanuns),并设立了尊奉其名义的星期五宣讲仪式(hutbe)。① 这些举措确立了未来奥斯曼城市统治的基本内容。就像一本奥斯曼土地登记簿所说的,城镇是"星期五祷告仪式举行的地方,是交易之所"。② 这样,奥斯曼城市生活便以清真寺建筑群、市场为中心铺陈开来。有的人还认为另一种公共建筑具有重要地位,即公共浴室。它被认为是奥斯曼城市面貌不可或缺的组成部分,由此,照17世纪著名的奥斯曼旅行家瑟勒比(Evliya Çelebi)的评价来看,缺少公共浴室是城市落后的标志。③ 在奥斯曼帝国最初的几个首都布尔萨、埃迪尔内中,以市场、清真寺、公共浴室为中心的城市模型得到了体现。在1453年征服伊斯坦布尔后,穆罕默德三世(1444—1446年、1451—1481年在位)下令修建"供商人使用的雄伟市场、集市、交易场所,以及为那些来来往往的人所使用的旅舍",④除此之外,还有"壮观且耗费不菲的浴室"、"将丰富的水源从乡村引向城市的"水渠。⑤ 此种城市模型复又得到体现。至于开罗,在1517年征服该城后,奥斯曼精英修筑了清真寺、商铺、泉水之类的设施,此举推动了城市的发展,商业、居住区以它为中心兴起。

奥斯曼城市面貌更进一步的特征是其军事建筑,其中最重要的是俯瞰帝国许多城市的城堡。根据自己的安全需求,奥斯曼人在自己征服的城镇修复了大量城堡,或是另起炉灶新建,它们在各个城市的情况是不一样的。奥斯曼中央政权对军事设施保持着(或曰努力保持着)严密控制,有关各地城堡、军队活动、军事事务的办理,不断有情报送到伊斯坦布尔。在正常情况下,军事一般在国家的直接控制之下,这样,各地城市的防务由伊斯坦布尔进行安排。而在动乱之时,则由各个城市自己承担起防务,比如在杰拉里(Celali)叛乱

期间。在16世纪末尤其是17世纪上半叶,这场叛乱对安纳托利亚有着重要影响,当时,安纳托利亚中部的众多城市在1602—1607年间向中央政府求批,让它们能自费扩展城堡或是修建堡垒(palankas)。⑥

奥斯曼城市的另一个决定性特征是社区(mahalle),由奥斯曼城市空间划分而成。社区以清真寺、教堂或会堂为中心形成,它包含数个居住区,这些居住区里有水井、公共浴室、初级学校、苦行僧修行所(tekkes)、墓地和满足小区日常需求的小商铺(参见图15.1)。社

图 15.1 伊兹密尔街景

材料来源: Robert Walsh, *Constantinople and the Scenery of the Seven Churches of Asia Minor* (London and Paris, 1839?)。

① Âşık Paşazade, *Osmanoğulları'nın Tarihi*, K. Yavuz and M. Y. Sarac, eds. (Istanbul: K. Kitaplığı, 2003), *bab*s 14‑15, 339‑342.

② 引自 Ö. Ergenc, 'Osmanlı Şehirlerindeki Yönetim Kurumlarının Niteliği Üzerinde Bazı Düşünceler', *VIII. Türk Tarih Kongresi. Ankara: 11‑15 Ekim 1976* (Ankara: Türk Tarih Kurumu Basımevi, 1981), II, 1265 (page range: 1265‑1274).

③ R. Dankoff, *An Ottoman Mentality. The World of Evliya Çelebi*, with an afterword by G. Hagen (Leiden and Boston: Brill, 2004), 50.

④ Tursun Bey, *Târîh-i Ebü'l-Feth*, M. Tulum, ed. (Istanbul: İstanbul Fetih Cemiyeti, 1977), 67.

⑤ Kritovoulos, *History of Mehmed the Conqueror*, C. T. Riggs, trans. (Westport, Conn.: Greenwood Press, 1970), 105.

⑥ M. Akdağ, *Türk Halkının Dirlik ve Düzenlik Kavgası. Celalî İsyanları* (Ankara: Barış, 1999), 450‑451.

区、居住区都是重要的行政单位，中央政府对这种建制加以利用，作登记人口以备征税之类的事情。不仅如此，这两者还对城市的社会结构具有根本作用。社区人口可能由来自同一乡村地区、有着相同职业、收入档次相同或信奉同一宗教的人组成。在多民族、多宗教的奥斯曼帝国，它们也可能由有着各种宗教信仰的人组成，此种人口构成复杂的社区并不仅见于伊斯坦布尔、开罗或大马士革这类大城市，它们也存在于安纳托利亚的中等城镇中，如安卡拉，在这里，人们发现犹太人、基督徒、穆斯林混住在一起。

各种挑战

由此，与中世纪伊斯兰教的前辈城市一样，奥斯曼城市也是以清真寺、市场、公共浴室以及军事建筑为中心建立起来的，并划分为若干社区。虽然如此，城市面貌由于城市命运的起伏而处在永不停歇的变化过程中，它受到中央政府政策、冲突、战争、自然灾害以及商业模式的影响。许多奥斯曼城市位于活跃的地震带，城市的某些部分甚至整个城市遭到地震打击、大量人口死于非命是有可能的。1509年，一次大地震沉重打击了伊斯坦布尔。在描述该地震的危害时，16世纪的编年史家凯末尔帕萨扎德（Kemalpaşazade，即伊本·凯末尔［İbn Kemal］）这样说道："巨大的圆顶化作废墟，古代建筑遭到毁灭。"[①]所有奥斯曼城市都易蒙受火灾。1688年，伊兹密尔爆发了一次大地震，尾随其后的大火将新建的桑卡克伯努（Sancakburnu）城堡化为瓦砾，火势无法控制，火情借助风力愈演愈烈，最后，城市沦为一片焦土。[②]在盖利博卢（Gelibolu，即加里波利［Gallipoli］），1564—1565年的火灾吞噬了多达1000间的房屋，织品市场大半遭毁。苏莱曼一世给当地法官下令，命其调查火灾起因，并找出肇事者。[③]哪怕没被瓦砾埋葬或是被烧成焦炭，城里人还是有被灾疫夺命之虞。城市是商业活动密集之地，由此也是人口不断进出之所。在这里或主要贸易路线上的定居

点，传染病传播得尤其迅速。据某些材料所说，在1778年袭击伊斯坦布尔的大瘟疫中，三分之一的城市人口死去。相比之下，在1781年发生在帖撒罗尼迦的瘟疫中，每天的平均死亡人数为300，当时，这个重要的商业中心有8万人口。1785年，另一座港口城市阿卡（Acre）有一半人口丧生在瘟疫之下。[④]这类人口浩劫产生的作用是毁灭性的，它减少了人口（由此，也减少了劳动力），中断了贸易，缩减了税收。

在近代早期，奥斯曼国家既扩张边疆，又致力于边地的巩固，许多奥斯曼城市尤其是那些边疆城市成为攻战、遭受抢掠以至洗劫之所。托卡特（Tokat）是丝绸之路上一座重要的安纳托利亚中部城市。据16世纪的编年史家奈斯里（Neşri）所说，这座城市受到白羊王朝统治者乌宗·哈桑（Uzun Hasan）所率军队的毁灭性打击，以至于"那些残暴的压迫者施于托卡特身上的伤害，五倍于帖木儿对锡瓦斯（Sivas）所作的事"。[⑤]在奥斯曼与伊朗萨法维国家（Safavid state）的交界处，还有一些奥斯曼城市。对波斯、奥斯曼商人之间的贸易来说，它们是具有关键意义的重地。这些城市在16世纪一直是军事攻击、劫掠的目标，而17、18世纪的多次毁灭性战争对帝国全境的许多城市都有影响，对它们造成打击的有暴力行动、劫掠行为和移民潮等。

国内动乱迫使乡村人口进入城市，杰拉里叛乱时期所发生的事情便是这样。与此同时，盗匪也会迫使乡村人口在有城墙的城市寻找避难所，或者，城里人在盗匪的逼迫下放弃城市，寻找更安全的城堡作藏身之地。1783—1784年的地方权力斗争使得农民发现自己处在无法承担的税负之下，作为回应，他们逃向开罗。在那里，据当时的编年史家亚巴蒂所说，他们生活在贫困、痛苦之中，勉强糊口于城市街区：

> 农民背井离乡，因为没有水灌溉田地，且有人压迫他们。他们携妻带子散布在城市，因饥肠辘辘而哭泣，他们吃的是瓜皮和散落在街上的其他垃圾，以至于收垃圾的人竟不能找到可拾之物。

280

---

① İbn Kemal, *Tevârih-i Âl-i Osmân. VIII. Defter*, A. Uğur, ed. (Ankara: Türk Tarih Kurumu Basımevi, 1997), 279 - 280.

② E. Eldem, D. Goffman, and B. Masters, *The Ottoman City between East and West. Aleppo, Izmir and Istanbul* (Cambridge: Cambridge University Press, 1999), 115.

③ *6 Numaralı Mühimme Defteri* (972/1564 - 1565). *Özet-Transkripsiyon ve İndeks* (Ankara: Başbakanlık Devlet Arşivleri Genel Müdürlüğü, 1995), order 105, 60.

④ D. Panzac, *Osmanlı İmparatorluğu'nda Veba* (1700 - 1850), Serap Yılmaz, trans. (Istanbul: Tarih Vakfı Yurt Yayınları, 1997), 38.

⑤ Mehmed Neşrî, *Kitâbı Cihan-Numa. Neşrî Tarihi*, F. R. Unat and M. A. Köymen, eds. (Ankara: Türk Tarih Kurumu Basımevi, 1995), II, 799.

他们贫穷至极，以至于马、驴、骆驼的尸体都成为他们狼吞虎咽的对象。一瞅见某头死驴被扔出来，一大群人便围起来将它切割并赶忙吞下。某些人甚至将生肉圈圈咽下，因为他们实在是太饿了。许多穷人受饥至死，不仅如此，生活成本继续上升，物价飞腾。现金成为稀缺之物，绝大多数商业交易都是以货易货的食品交换。人们独独囤积食物、谷物、黄油之类的东西。①

有时，进入城市的移民是有所发展的城市繁荣的结果，18世纪发生在伊斯坦布尔身上的事情便是这样。那时，大量移民受帝都所提供的经济机会的吸引，其人数威胁到了帝都的内部秩序。当局数度下令，对城市公共浴室、旅店（hans）进行搜查，那些被发现非法居留的人需逐出城市。② 在事实证明这些措施未能收效时，当局又发令至各行省，命后者阻止以帝都为方向的人口流动。1747年，马拉什省（Maraş）官员收到一份诏令（ferman，皇帝的命令），要求社区伊玛目（imams）对需逮捕的移民加以确认，并弄清人口流动的原因。那些鼓动或引发人口流动的人需加以惩治。③

281

对奥斯曼城市造成影响的人口迁移并不总是战争导致的。因为奥斯曼国家执行了一种"强制迁移"政策，它以这种手段强行将令人心烦或具有潜在威胁的人群从帝国的一个地方迁走，并将他们安置在另一个地方。比如，巴耶济德一世（Bayezid I，1481—1512年在位）将人口从安纳托利亚迁至今南希腊，④而他的父亲穆罕默德二世则将安纳托利亚卡拉曼（Karaman）的作乱者移至伊斯坦布尔。15世纪的奥斯曼历史学家凯末尔对后者作了记载，他评论道：穆罕默德"将卡拉曼行省的全体人众绑在一起，安置在伊斯坦布尔"。⑤

人口还可能因为他们自身被需要而非其作乱者的身份被迁移。穆罕默德二世决定让伊斯坦布尔"回归往昔的繁荣"，因此发出"诏令至全国各地，命它们将尽可能多的居民送往帝都，不仅仅是基督徒，还包括他自己的臣民以及大量犹太人"。⑥ 诏令中谈到的人群必须迁走，"违者处以死刑"。⑦

除了战争或人口迁移这类因素，日益增长的商业繁荣或统治者的奇思妙想也是造成奥斯曼城市物理结构成长、变化的原因。在日益繁荣且本城商业中心正处在扩张过程中的开罗，富裕的开罗商人（包括塔基亚[Taqiyya]）建了17座新的商人货栈。⑧ 就在这时，苏丹艾哈迈德一世（Ahmed I，1603—1617年在位）将多位宰相位于伊斯坦布尔中心区的宅邸夷为平地，因为它们妨碍了他的大清真寺计划，这座清真寺是要与圣索菲亚大教堂匹敌的。它就是艾哈迈德苏丹清真寺，在西方，它以"蓝色清真寺"（Blue Mosque）为人所知。相关的清真寺建筑群完工于1617年，如今，它构成了伊斯坦布尔城与众不同的空中景象的组成部分。18世纪，开罗城的富人在西城区建了许多新的豪华居住区，⑨无论是开罗还是伊斯坦布尔，都见证了富裕中产市民兴修的公泉设施在数量上的增长。

城市运营

除了伊斯坦布尔与17世纪后期被苏丹变成事实上的国都的埃迪尔内，奥斯曼城市的行政管理一般围绕着伊斯坦布尔任命的三人团展开：总督（行省最高官员），卡迪（Kadi，法官/行政官）；警务官（subaşı，负责安全事务的官员）。由中央任命的其他重要官员有市场监督官（muhtesib）、征税官（mültezim）以及建筑监督

① Hathaway, Al-Jabartī's History of Egypt, 147 - 148.

② E. Boyar and K. Fleet, A Social History of Ottoman Istanbul (Cambridge: Cambridge University Press, 2010), 139,254.

③ Güzelbey and Yetkin, Gaziantep Şer'î Mahkeme Sicillerinden, 50.

④ Oruç, Oruç Beğ Tarihi [Osmanlı Tarihi-1288 - 1502], N. Özturk, ed. (Istanbul: Çamlıca, 2007), 219, facsimile 148b; R. D. Kreutel, ed., Haniwaldanus Anonimi'ne Göre Sultan Bayezid-i Velî (1481 - 1512), N. Öztürk, trans. (Istanbul: Türk Dünyası Araştırmaları Vakfı, 1997), 45; B. S. Amoretti, ed., Šāh Ismā'îl I nei ≪Diarii≫ Marin Sanudo (Rome: Istituto per l'Oriente, 1979), 12.

⑤ Kemal, Selâtin-nâme (1299 - 1490), N. Özturk, ed. (Ankara: Türk Tarih Kurumu Basımevi, 2001), 176.

⑥ Kritovoulos, History of Mehmed the Conqueror, 93。可参见 E. H. Ayverdi, Fatih Devri Sonlarında İstanbul Mahalleleri, Şehrin İskanı ve Nüfusu (Ankara: Doğuş Limited Şirketi Matbaası, 1958), 70 - 84。

⑦ Doukas, Decline and Fall of Byzantium to the Ottoman Turks, H. J. Magoulias, ed. and trans. (Detroit: Wayne State University Press, 1975), ch. xlii, 241.

⑧ N. Hanna, Making Big Money in 1600: The Life and Times of Isma'il Abu Taqiyya, Egyptian Merchant (Syracuse, N. Y.: Syracuse University Press, 1998), 127 - 133.

⑨ A. Raymond, 'Essai de geographie des quartiers de residence aristocratique au Caire XVIIIème siecle', Journal of the Economic and Social History of the Orient, 6/1 (1963), 58 - 103.

官（mimarbaşı）。在他们之下的有副官（naib）、其他行政官，这些人是本地人，由受命于伊斯坦布尔的官员加以任用。除了这些官员，还有一些不属官僚队伍的因素发挥了关键作用，它们是行会、宗教组织、社区（mahalles）以及义产。这一整套结构的主宰者是伊斯坦布尔，它所依凭的是中央的任命权以及以下事实：人们总是可以且经常向伊斯坦布尔、苏丹本人提出上诉，无论他们是通过卡迪抑或是本人亲力亲为。

对奥斯曼政府来说，城市行政管理的基本要求是维持秩序。这里的"秩序"概念不仅限于城市的总体安全，而且包括按规定行事的内容——每个人在自己的职责范围内做事，并服从国家和社会的规则。为了确保这样的"秩序"，国家需要满足三个基本要求：其一，养活城里人；其二，给城市提供保护；其三，为它提供可靠的市场，商品价格要公道，货物的质量要有保证，市场秩序要得到有效控制，因为对伊斯坦布尔来说，运作良好的市场意味着平静无事的民众。①

总督（bey）的准确头衔是 sancakbeyi 或 beylerbeyi，具体什么头衔则视他们所辖省份的大小、重要性而定。他是一省之长，其职责不仅在于维护一省的总体安全或执行中央的命令，而且在于发展、改进自己治下的城市。这些最高级别的总督挑选不同官员，管理重要的省会，如开罗、大马士革。② 城市日常管理、当地人的各种事务以及法律执行属于卡迪的管辖范围，他们身兼二任，既是行政官，又是法官。卡迪由苏丹在乌力马（ulema，宗教组织）阶层中挑选，他不在总督的权下，而是听命于苏丹。在奥斯曼帝国的法律体系中，人们看到了五花八门的各种法庭：基督徒法庭、犹太人法庭以及不同逊尼派学校的法庭。所有这些法庭统归哈纳斐派（Hanafi）卡迪监管。负责城市安全的则是警务官，他的工作是维持秩序、处理一切动乱。安全力量为警务官提供帮助，他们是驻在各省的土耳其军队的组成部分。③

卡迪是主要的司法长官，对整体行政有管理之权；警务官则处理安全方面的事务。相比之下，城市商业生活的管理者是市场监督官，他的职责是为贸易创造良好的环境，使其依法进行。虽然并不总是能取得成功（比如 16 世纪耶路撒冷的例子），一般而言，国家会投入很大心力，支持、便利并推进城市商业活动以及奥斯曼城市之间的跨地区、国际贸易。市场、旅店的安全成为优先处理的问题，有关有序商业活动的条例得到严格执行。市场监督官在各个市场进行巡查，检查商品质量（比如对面包的质量进行监管），从而杜绝缺斤短两、被盗货物在市场上出售的情况。任何被发现不遵守条令的人，由市场监督官交给卡迪处理。以官方定价控制城市市场（参见图 15.2）被当作国家的"要事"之一。④ 国家通过这个机制控制市场价格，将后者设定在被视为公平的价格水平上（尽管情况并非总是这样，且并非所有人都这样看）。不仅如此，国家还通过这个机制为各种商品设立标准。在各个省，市场监督官与卡迪一道设定官方定价，与此相对，在伊斯坦布尔，决定官方定价的是尊贵的宰相。在伊斯坦布尔以外的各行省，权势贵族（ayan）、长老（eşraf，重要而有声望的贵族）、行会在官方定价的设定上起了一定的作用。

对城市运营来说具有重要作用的另两个重要官员是征税官、建筑监督官。前者的职责是在城市及其腹地征税；后者的职责是对包括国家、私人建筑在内的所有建筑进行监管，从而确保正确的材料得到使用，建筑的修建符合正确的标准，工人能用心施工，腐败不搀杂到工程中去。

虽然城市组织等级体系中的顶层官员是由伊斯坦布尔委任并下派的，在各个较低的层面，我们也能看到当地人的身影。伊斯坦布尔任命的官员可能来去迅速，比如在 1650—1700 年间，被派往布尔萨的卡迪有 62 位。与此相对，由当地人充任的卡迪副官、文书（katibs）却代表了一支有着延续性的重要队伍。⑤ 征税官常常征召当地人为身为税吏的自己做事，行省税收体系内部由此有了一个强大的地方要素。

在本地或由伊斯坦布尔任命的官员之外，城市行政管理的另一个部门由城市人中间的不同地方性群体所占据，其中有在城市商业生活中发挥了重要作用的

---

① M. S. Kütükoğlu, ed. , *Osmanlılarda Narh Muessesesi ve* 1640 *Tarihli Narh Defteri* (Istanbul: Enderun Kitabevi, 1983), 7.

② H. İnalcık, *The Ottoman Empire. The Classical Age 1300 - 1600* (London: Phoenix Press, 2000), 104 - 118; A. Raymond, *Grandes villes arabes a l'epoque ottomane* (Paris: Sindband, 1985), 124 - 125.

③ M. Akdağ, *Türkiye'nin İktisadî ve İçtimaî Tarihi*, C. II 1453 -1559 (Ankara: Türk Tarih Kurumu Basımevi, 1971), 67 - 73.

④ Ö. L. Barkan, 'XV. Asrın Sonunda Bazı Buyuk Şehirlerde Eşya ve Yiyecek Fiyatlarının Tesbit ve Teftişi Hususlarını Tanzim Eden Kanunlar I', *Tarih Vesikaları*, 1/5 (1942), 326 (page range: 326 - 340).

⑤ N. Abacı, *Bursa Şehri'nde Osmanlı Hukuku'nun Uygulanması* (17. *Yüzyıl*) (Ankara: T. C. Kültür Bakanlığı Yayınları, 2001), 58 - 62.

图 15.2　集市林立的伊斯坦布尔

材料来源：Robert Walsh, *Constantinople and the Scenery of the Seven Churches of Asia Minor*（London and Paris，1839?）。

284　行会。行会数量依城市、时代的不同而不同，视劳动的分化程度、城市大小与所处位置而定。17、18 世纪，在大马士革、阿勒颇存在着 160—180 个行会，哈马（Hama）的行会数量稍逊。相比之下，在规模远为庞大、富裕程度更高的开罗城，行会数量在这个时期达到了 240 或 250 个。[①] 行会借助自身的等级结构进行运作，它促进了城市的经济稳定，控制了竞争，保护了行会成员，与此同时，它还对消费模式的变化作了回应。行会对其成员的行动采取集体负责制。这样，在同一市场活动的商人或匠人就要对发生在本市场的抢劫之类的犯罪行为负责。由此，1591 年，在有人从市场的防盗保险箱中将金钱偷走后，伊斯坦布尔老布料市场的所有商人为此而被捕并受刑。[②] 行会还在城市社会生活中扮演了极为醒目的角色，比如，它们参与到穆罕默德王子受割礼之类的庆典活动中，这个穆罕默德也就是后来的穆罕默德三世（1595—1603 年在位），他是

穆拉德三世（Murad III，1574—1595 年在位）之子；或参与到欢迎凯旋苏丹返回帝都、为君王出征送行之类的仪式中。

如前所述，城市行政管理中的另一个要素是社区，因为它，当地人能更密切地参与到城市的实际运作中去。施之于行会的集体责任概念亦在社区中发挥作用，在社区里，当地人同样为其居民的行为担负责任，他们互作对方之善行的保证者。一次未破案的谋杀或居民个人不道德的行为是整个社区的责任。一般而言，社区的问题在社区内部解决，只有在事实证明问题无法解决于内部的情况下，社区才会上诉至外部权威那里。比如，1565 年，当伊斯坦布尔苏丹吉尔卡米（Sultangircamii）社区的居民想驱逐五个品性败坏的女人时，他们便这样做了。开始时，由伊玛目率领的一群居民闯入其中一个"品性败坏"的女人家中，她叫"艾

---

① A. Rafeq, 'The Economic Organization of Cities in Ottoman Syria', in Peter Sluglett, ed. , *The Urban Social History of the Middle East*（*1750 - 1950*）（New York：Syracuse University Press，2008），106（page range：104 - 140）；A. Raymond, 'The Role of the Communities（tawa'if）in the Administration of Cairo in the Ottoman Period', in *Arab Cities in the Ottoman Period. Cairo, Syria and the Maghreb*（Aldershot：Ashgate Variorum，2002），237.

② Selâniki Mustafa Efendi, *Tarih-i Selânikî*, M. İpşirli, ed. （Ankara：Türk Tarih Kurumu Basımevi，1999），I，231 - 232.

尼"(Balatlı Ayni),是一个军人的妻子。大伙儿就她的败德行为对其提出警告,他们还可能尝试着将她赶出社区。不过,这群人遭到了反击,由此,他们状告到苏丹那里。苏丹下令将这五女当中的四个女人的房子卖掉,并将她们逐出社区。至于艾尼,则加以监禁,直到她的丈夫从前线返回。① 与艾尼不同,绝大多数人并不怕与社区对着干,不过,在面对像上面那样的压力时,他们往往选择投降。就确保城市秩序、预防城市人中间的犯罪与不端行为来说,这种"自我维安"机制发挥了重要而有效的作用。社区作为有效而具有凝聚力的单位发挥作用,作为其头领的是长老(他们是受人尊重的居民)和宗教组织的领袖,如伊玛目、拉比或神父,这些人还是社区与外部权威之间的联系纽带。社区享有很大的自治权,它在其居民中间维持治安,从自身居民身上抽取赋税,并服务于自己的需要。

还有一项设施满足了城市人最基本的需要,由此而在城市生活中扮演了关键角色。它也就是早在中世纪伊斯兰城市中便具有重要地位的义产(参见本书第 14 章)。vakıf(义产)常被译作 pious foundation,虽然如此,相比后者可能隐含的意思,前者之无所不在的程度要高得多,且是城市结构的中心支柱。因为义产的收入、所包含的建筑物构成了城市的福利举措,它为城市提供水资源、医疗、教育服务,并满足着宗教方面的需要。借助自身范围内的公共浴室、商铺、旅店,义产还在城市经济中起到了关键作用,因为这些设施提供了工作岗位,创造了收入,并普遍推动了城市的商业活动。义产并非苏丹、皇室成员或由伊斯坦布尔任命的高级官僚的专利,因为处于社会更下层的市民也根据自己所掌握的金融手段,建立了义产,并设立了现金形式的义产。这样,仅有微博资产的人也能为城市的福利供给做出贡献。1783 年,锁匠胡赛因(Çilingir Elhaç Hüseyin)在巴勒克埃西尔(Balıkesir)的市场中开了一口大的泉眼。从这口泉眼流出来的水反过来注入六个社区的小泉眼中。锁匠胡赛因还利用从两个商铺、一座磨坊得来的收入,设立一处义产,用以为上面提到的泉眼提供维护、修缮经费。② 义产还为穷人提供膳食。法提(Fatih)清真寺建筑群(位于伊斯坦布尔)中的施舍处由穆罕默德二世完工于 1470 年。1545 年,它每日为 2500—3000 人发放食物,不论这些人的宗教信仰如

何。帝国全境许多带有义产性质的施舍处将这种做法作为效法对象。③

除了提供福利,义产还为城市商业提供了大量基础设施。义产资金常常投入大型市场、旅店的建设中,或是用于修缮、重建因地震、火灾之类的灾难而损毁的商业设施。除了兴修建筑本身,义产还能将土地出租出去,用于建筑事业。许多更小的商业建筑,比如公共浴室、面包房或其他商铺,构成了义产的组成部分,它们由此为市民提供了工作机会。

当地人在城市管理中发挥了作用,行会、社区、义产也有着自己的影响。凡此种种,使得伊斯坦布尔对行省城市的控制从未达到完全或绝对的地步,因为在贯彻中央控制权的问题上,国家与城市人口之间总是有一个博弈的过程。帝国政府或许希望在更大程度上掌控下属行省城市,虽然如此,像距离、交通这样的问题对此形成了阻碍。除了这些,奥斯曼政府的政策也构成了阻碍性因素:政府限制所选任地方官的任期,旨在防止奥斯曼官员在任职地区建立权力基础,削弱有效的中央控制权。随着时间的推移,中央发现越来越难以将自己的权威加诸行省城市之上,地方行政官变得越来越独立。比如,18 世纪晚期,阿里(Tepedelenli Ali)总督掌握了约阿尼纳(Ioannina)的管理权,并让这座城市成为其"自治"王国的首府。

无论是中央还是地方势力,对它们来说,掌控城市都是一个重大挑战。经济压力常常产生无法控制的后果和禁卫军的暴力。1481 年穆罕默德二世驾崩后,正是这些军队在伊斯坦布尔造成了大破坏;在 1703、1730 年的叛乱期间,这一局面再次上演;除了在 1792 年导致许多安特普长老逃亡外,1804 年,这些人的穷奢极欲还引发了针对他们的民众起义。④ 所有这些意味着城市秩序总是处在一种脆弱的平衡之中。某些产品比如谷物的短缺会导致投机活动。举例来说,在 16 世纪最后 25 年里,奥斯曼、萨法维王朝之间爆发战争,在这期间,急剧上涨的物价促使投机者在伊斯坦布尔囤积食物,并竭力垄断进入该城的物资。市场的波动性会让官方定价——它并不必然能对变化的形势作出快速反应——的执行变得很困难,消费模式的变化会让商人们罔顾官方定价,尽管有鞭打或罚款的危险存

---

① 5 Numaralı Mühimme Defteri (973/1565-1566) (Ankara: Başbakanlık Devlet Arşivleri Genel Müdürlüğü, 1994), order 281, Özet ve İndeks, 53 and Tıpkıbasım, 121.

② K. Su, XVII ve XVIII inci Yuzyıllarda Balıkesir Şehir Hayatı (Istanbul: Resimli Ay Matbaası, 1937), 31-32.

③ A. S. Ünver, Fâtih Aşhanesi Tevzînâmesi (Istanbul: Türk Tarih Kurumu Basımevi, 1953), 11, fn. 9.

④ Güzelbey and Yetkin, Gaziantep Şer'î Mahkeme Sicillerinden, 100.

在。因为形势下行的市场导致的损失虽然惊人，形势上扬的市场创造的利润却也是可观的。这样，在接近16世纪末的时候，人们对橄榄油——这是抢手货耶路撒冷肥皂的主要原料——需求的增加使得商人们将与橄榄油销售价、销售地有关的条令撇在一边。[①] 在这种背景下，义产的灵活性就发挥了极大的优势。因为义产并不必然受其初设时的契约的限制，由此，它的功能是可以重新确定的。这样，它就能对市场潮流或由火灾、地震引起的商业财产损失之类的灾难快速作出反应。义产能够转移资金、为即时上马的重建工程投资，这使得它为城市贸易的延续作出了重大贡献。

苏丹与城市

归根结底，帝国全境的所有奥斯曼城市，无论它们有着怎样的地区差异或在本地区有着怎样的重要性，它们一直是从属于伊斯坦布尔的。因为帝国的命令可以通过中央委派的高级官员直接传达给它们，而且经过卡迪或城市居民，人们不断地向帝都、苏丹提出上诉和参考意见。这个体系意味着，在等级上，伊斯坦布尔和苏丹本人对帝国其他城市有着切实、真正的主导权，来自中央的某种层次的直接干预始终是存在的，虽然它依时间、地点的不同而有所浮动。帝国的命令能够并且确实对城市结构产生了直接影响，比如，1600年，苏丹穆罕默德三世下令将若干制革厂迁到开罗中心区以外的某个地方，因为他想在制革厂的原址上建造一座清真寺。[②] 与此相似，1545年，苏莱曼一世下令，让斯梅代雷沃（Smederevo，即斯梅代尔［Semendire］）的卡迪在这座被火灾毁灭的城市的某个地方建造房屋，它们与城堡有一定距离，并不直接与城堡的城墙相对，从而避免对城堡造成伤害。接下来，苏莱曼一世派骑兵指挥官（sipahi oglanları kethüdası）穆罕默德查验皇帝诏令的执行状况。[③] 在战争时期，特别税（avarız，后来变成了常规税）的征收对行省城市有着直接影响。

由此，1534年，苏莱曼一世命卡拉曼行省的人准备必要的钱财，用来租用阿勒颇的骆驼，以服务于奥斯曼对萨法维王朝的战争。[④] 苏丹们还将城市物资供应的问题挂在心上。1545年，苏莱曼一世下令给鲁米利亚的卡迪，他与伊斯坦布尔、埃迪尔内缺少羊肉有关。他命卡迪做到以下事情：让杰洛普人（celeps）立刻将自己手上的存货送往这些城市。如有任何迟延，拿卡迪问罪，革除职位。实际上，按照苏莱曼的说法，这次短缺首先是卡迪玩忽职守的结果。[⑤]

在奥斯曼城市体系中，伊斯坦布尔处在顶尖之位。此种地位不仅是权力所结的硕果，且是关联到声望的一件事情。是什么让伊斯坦布尔、17世纪晚期的埃迪尔内与所有其他奥斯曼城市区别开来？答曰：苏丹的存在。这正是伊斯坦布尔之为帝都、之为帝国中心的原因。

无论在传统上，还是在帝国的整个历史上，苏丹的角色之一便是主持正义者。在奥斯曼国家早期，民众能直接向巴耶济德一世（1481—1512年在位）请愿，后者"早上时坐在一个开放式的空间里，下面是民众。他聆听民众的苦情，主持正义"。[⑥] 这项让民众诉苦于苏丹的习俗为后世苏丹所沿袭，由此，在苏丹巡城或去参加星期五祷告或从星期五祷告返回时，民众可向苏丹请愿。举例来说，穆拉德三世就经历过不少这样的事情。[⑦] 民众可以从行省赴京，亲自转达他们的苦情，亦可通过卡迪或某些人将情况上报给苏丹知道。请愿可以涵盖许多事情，民众抱怨的事情从腐败的官员、不公正的惩罚或所受的暴力之苦（麦地那居民在18世纪60年代请求苏丹制止贝都因人的攻击，后者产生了严重后果），[⑧] 到经济困难、不虔信的行为、不公正的监禁。某个不属于穆斯林的奥斯曼臣民（zimmi）提出上诉，她说自己出身奥斯曼臣民（reaya），先前已经结婚，而后被卖给埃迪尔内的某个人。结果，苏丹下令让滕斯法（Temesvár，即提米斯法［Timişvar］）总督、利波瓦

---

① A. Cohen, *Economic Life in Ottoman Jerusalem* (Cambridge: Cambridge University Press, 1989), 78 - 79.

② A. Raymond, 'Architecture and Urban Development: Cairo during the Ottoman Period, 1517 - 1798', *Arab Cities in the Ottoman Period. Cairo, Syria and the Maghreb* (Aldershot: Ashgate Variorum, 2002), 252.

③ H. Sahillioğlu, ed., *Topkapı Sarayı Arşivi H. 951 - 952 Tarihli ve E-12321 Numaralı Mühimme Defteri* (Istanbul: IRCICA, 2002), order 253,192.

④ A. Aköz, ed., *Kanunî Devrine Ait 939 - 941/1532 - 1535 Tarihli Lârende ［Karaman］ Şer'iye Sicili. Özet-Dizin-Tıpkıbasım* (Konya: Tablet Kitabevi, 2006), 19 - 22.

⑤ Sahillioğlu, *Topkapı Sarayı Arşivi H. 951 - 952 Tarihli ve E-12321 Numaralı Mühimme Defteri*, order 488,352 - 353.

⑥ İ. H. Uzunçarşılı, *Osmanlı Devletinin Merkez ve Bahriye Teşkilâtı* (Ankara: Türk Tarih Kurumu Basımevi, 1948), 1.

⑦ S. Gerlach, *Türkiye Günlüğü 1573 - 1576*, T. Noyan, trans. (Istanbul: Kitap Yayınevi, 2007), II, 524,602.

⑧ Çeşmi-zâde Mustafa Reşîd, *Çeşmi-zâde Tarihi*, B. Kütükoğlu, ed. (Istanbul: Edebiyat Fakültesi Basımevi, 1959), 34.

(Lipoıa)卡迪调查此事。① 安卡拉民众抱怨酒馆的事情，他们将后者看作是罪恶之源；他们还抱怨酒鬼调戏去浴室(hamams)洗澡的妇女、骚扰去学校的儿童。作为回应，穆拉德三世下令关闭安卡拉的所有酒馆，并以虔诚的口吻说道："勿让酒把穆斯林掳去。"② 与此相似，1646 年，帖撒罗尼迦某个社区的居民也对社区清真寺附近的一个酒馆心生怨恨。在这个酒馆喝酒的是一些非属穆斯林的人，喝酒一事让社区的穆斯林居民深感痛苦，由于这类异教徒的行事，这些居民前往清真寺祷告受到了阻碍。作为回应，苏丹易卜拉欣(İbrahim，1640—1648 年在位)下令关闭了这个酒馆。③ 许多请愿与商业事务有关，比如欺诈、征税、不动产出售以及 1571 年发生在安卡拉制鞋匠身上的一件事情。这件事情与原材料的供应有关，当时，作为事件相关方的行会对安卡拉卡迪抱怨说：皮革匠在没有首先满足制鞋匠需求的情况下，将皮革卖给了"外人"。卡迪将案子呈报给苏丹，苏丹下令禁止该城皮革出口，直到制鞋匠的需求得到满足为止。④

苏丹还直接参与到伊斯坦布尔城的管理之中，他要让自己知道当地的情况。在部分程度上，他采取以下措施做到这一点：他由一个特殊的护卫陪同，微服私访，巡幸城市。在这类视察之行中，苏丹查验军事设备，检查交易活动，看商品是否以公道价格、未短斤缺两售出，货币条例是否得到执行，并确保人们作出正确的社会行为。苏丹们对自己的见闻并不总是感到满意。穆拉德四世(1623—1640 年在位)是一位以严厉著称的苏丹。当他碰见某些人罔顾有关社会行为的法令(比如抽烟，或是晚上不打灯在街上行走)时，便将他们就地正法。⑤

结语

16 世纪，随着帝国领土的扩张，贸易、商业繁荣的增长以及总体人口的增加，奥斯曼城市在总体上经历了一个快速发展的时期。在 16 世纪，奥斯曼城市的兴衰取决于帝国的内部动力机制；而到了 17、18 世纪，此种情况逐渐发生了改变，因为奥斯曼边界以外的外部世界的影响变得更具渗透性。欧洲的军事压力日益增大，多条海上长途贸易路线发展起来，除了这些，西欧商人对区域市场的渗透更加深入，对奥斯曼城市工业来说，国际竞争越来越激烈。虽然如此，从总体来说，在伊斯坦布尔领导下的奥斯曼城市继续享受了适度的繁荣、增长，直到 18 世纪的最后几十年。

尽管在时间长河中历经变换，在整个近代早期，令奥斯曼城市获得其身份的是它在奥斯曼帝国内部的地位；决定其运作的是奥斯曼统治体系的灵活性，以及构成城市运作环境的地方风土人情，城市人与当局之间的权力博弈，以及社区、义产所扮演的角色。帝国各地城市的特征有很大差别，各地的不同文化、宗教以及它们与中央的距离对此做了体现。然而，无论有什么样的差异，它们却是具有凝聚力的一个奥斯曼整体的组成部分，因为，说到底，奥斯曼帝国境内的所有道路都通向伊斯坦布尔。

参考文献

Boyar, E., and Fleet, K., *A Social History of Ottoman Istanbul* (Cambridge: Cambridge University Press, 2010).

Eldem, E., Goffman, D., and Masters, B., *The Ottoman City between East and West. Aleppo, Izmir and Istanbul* (Cambridge: Cambridge University Press, 1999).

Faroqhi, S., *Towns and Townsmen of Ottoman Anatolia. Trade, Crafts and Food Production in an Urban Setting, 1520 - 1650* (Cambridge: Cambridge University Press, 1984).

Raymond, A., *Grandes villes arabes à l'époque ottomane* (Paris: Sindband, 1985).

Todorov, N., *The Balkan City 1400 - 1900* (Seattle: University of Washington Press, 1983).

屈伯文 译 陈 恒 校

---

① *6 Numaralı Mühimme Defteri*, order 1441, 349.

② H. Ongan, ed., *Ankara'nın 1 Numaralı Şer'iye Sicili* (Ankara: Türk Tarih Kurumu Basımevi, 1958), 5.

③ M. Tulum et al., eds., *Mühimme Defteri* 90 (Istanbul: Türk Dünyası Araştırmaları Vakfı, 1993), order 83, 66.

④ K. Su, 'XVI. Asırda Ankara'ya Âid Vesikalar', *Ülkü. Halkevleri ve Halkodaları Dergisi*, 1/93 (1940), III, 265.

⑤ Naima, *Târih-i Na'îmâ*, M. İpşirli, ed. (Ankara: Türk Tarih Kurumu Basımevi, 2007), II, 756.

第16章 中国：600—1300年

魏希德

定义与范式

公元前3千纪，由方形墙壁围绕起来的大型定居点以及具有特色的礼仪建筑兴起；进入公元前1千纪，一个由城邦组成的城市体系发展起来；公元前3世纪期间，最初的几个帝国首府建成。而后，在接下来的数百年里将成为中国城市规划特征的那些城市形态、结构特征，构成了城市规划者、建筑师能够利用的宝藏（参见本书第6章；亦可参见区域地图I.5）。方形墙、礼仪建筑、市场、呈网格状的居住区、天然处于中心地位的中央或地方行政总署，所有这些构成了理想城市类型的要素。从比较的角度来说，这些要素还逐渐决定了中国城市的独特性。本章首先考察使中古中国城市逐渐得以成形的新标准，而后，将这个重新成形的过程追溯到地方、区域经济的商业化那里去。本章概述了与经济、人口增长相伴的城市社会的扩展、分化，而后转向叙述城市空间的转变，这是国家权力为城市生活作出调适的最明显标志之一。

在对中国城市与其他城市（尤其是欧洲城市）进行比较时，人们最常引用并与此处论题相关的可能是中外城市的以下差异了：中国城市是嵌入到行政等级体系中的，这个等级体系从理论上说是抵制城乡之分的。在整个中华帝国史上，城市中心总是更大范围行政区（州、县）的组成部分。行政区对乡村地区、城市中心是放在一起管的，它将各个地方的人融入到一个施政体系中，后者的顶点是位于京师的朝廷。对社会空间进行这样的划分，隐于背后的是官僚主义的逻辑。在它的作用下，不仅城乡分野的存在、确认变得没有可能，连城市概念本身也失去了可能性。

虽然如此，城乡差异在后世帝国财政政策中占据了核心地位，并见载于大量文学体裁中。在发生于8—12世纪的剧烈社会—经济—文化变革中，此种差异在当时的中国疆域范围内变得更引人注目、显而易见，该时段覆盖的时期包括：唐（618—907年）末、五代十国（907—960年）、宋（960—1276年）。

到11世纪中期，全部人口被分入两类户口中，以便征税：其一，住在城市街道上（坊郭）的人；其二，住在乡村的人。到该世纪之末，有人观察到城市似乎成了避税天堂，唯有乡村家庭经常被要求承担强迫性的劳役。作为辩护，高级官员孙升（1038—1099年）指出城市的独特功能对国家、乡村的幸福生活均具关键意义："（此种征税上的差别）非（意味着我们）不知城郭之人优逸而乡村之民劳苦也。夫平居无事之时，使城郭之人日夜经营不息，流通财货，以售百物，以养乡村。"[①]孙升表达了人们的一种共同认知：城市是商铺集聚之所，车水马龙，永不停息。到宋代，这种认知就并不止于指涉国都的市场或大型贸易中心了；知名度更低的州县治所以及集镇的数量迅速增长，人们对它们有同样的记述。本章将描绘的城市化过程在城市不断变换而扩张的地界上得到了集中说明（有关后来的城市发展状况，参见区域地图II.5）。

传统上，城市定居地的范围由城墙加以界定，后者将前者与周围乡村区别开来，孙升及其同代人使用的术语——"城郭之人"——仍反映了在人们的集体意识中，设墙的封围建筑附带着这层意思。尽管如此，被划作城市户的人不仅包括设墙的州县治所里（或者，住在

---

① 李焘：《续〈资治通鉴〉长编》（北京：中华书局，2004年），394.9611—9612。引自Umehara Kaoru, 'Sōdai no kotōsei o megutte', *Tōhō gakuhō*, 41 (1970), 378。亦可参见梁庚尧：《宋代社会经济史论集》（台北：允晨文化，1997年），第592—618页；Mark Elvin, *The Pattern of the Chinese Past* (Stanford: Stanford University Press, 1973), 164‑178。

大量没有设墙或墙垣折损的州县治所里)的居民，[1]还包括住在某些乡郊——它们兴起于有着更多人口的城市的外围——的人，以及集镇的居民(政府在集镇的存在仅限于几名小官，他们的主要职责是监督商业税的征收)。

这样，在本土划分框架中确定城市空间时，界定正规城市的社会—经济标准发生了变化，人们认识到了发生在城乡市场网络中的社会—经济变化与历史潮流。20世纪学者们对中国城市史的理解对此做了回应。施坚雅(William Skinner)摈弃了韦伯提出的有关中国城市的理想类型，代之以区域市场体系的循环历史发展模式，此种体系是一个网状的中心地等级体系。在中心地区理论的指导下，施坚雅以功能标准、联系来定义城市定居点：功能标准，最重要的是城市定居点在多大程度上执行了像供应大量物资、服务这样的经济职能；联系，即城市定居点与交通网络、其他经济中心的联系。次而言之，城市中心是行政、宗教、文化职能的产物，这些功能的服务对象是城市中心周围的腹地。施坚雅的模式主要建立在晚近几百年中国史的基础上，虽然如此，他却为当代经济史家(比如斯波义信、伊懋可[Mark Elvin])的看法提供了支持。这些经济史家认为，在唐、宋之间发生了一次"城市革命"。这次革命的特征不仅在于中心地数量的实质性增长(据施坚雅估计，增长到1500—1600之数)，而且在于官僚机构的精简，这是一股总体趋势：官方对市场、商业、社会管理、行政管理的参与减退。[2]

说官僚机构在这个时期以上述幅度直接从各个领域收缩可能是言过其实了，因为政府对城市户籍登记的兴趣以及在帝国境内遍设商税点的举措表明，朝廷和学者—官僚精英发展起了保持着对市场力量的控制的基础设施。尽管如此，在具有主导地位的城市行政、礼仪功能之外，人们还确认并发展了城市中心的社会、经济、文化特性，在某些情况下，这些特性甚至盖过了城市的行政、礼仪功能。这是一个新的现象。本章试图解释：重大的人口变革，受到地方、中央政府政策以

及习俗推动的"市场化"、商业化，以及来自民间的原动力，凡此种种，如何导致了中国各地快速而引人注目的不平衡城市化过程。本章所讨论的各种城市，如都市、沿海城市、堡垒型城市、内地城市，在总体上支持了帝国的行政结构。它们做到这一点并非因其复制了理想化的帝国城市，而是因为中央—地方政府与各种社会群体的互动产生了以下结果：在城市中进行、与城市有关的社会—经济变革以及文化生产的扩张。正是这些因素，使得城市特性与帝国范围的融合都有了发展空间。[3]

唐宋变革之际的市场化、商业化

在跨越唐、宋的数百年里，中国社会经历了许多重大变革。人口上，从北到南的人口分布发生了重大转变。历史上，北中国是中国人口最多的地区。统一中国王朝(秦、汉、隋、唐)的国都均设在北方。公元1千纪期间，发生了数次由北往南的移民潮，不过唯有始于8世纪中期的那个内乱时代引发的移民潮才产生了历久不衰的影响。据估计，606年，在登记在册的人口中，南方居民的比例占23%，相比之下，742年，这个比例达到了43%，到1078年，更升至65%。[4]

人口分布的变化与总人口的实质性增长是同步进行的。政府数据显明，1223年，在宋朝控制下的南方居民总数比宋朝统治南北时其治下的总人口数还要高。是年，宋朝的总户数为13349322，按每户5.2人的比率来计算，总人口数为69416474，而1102年的总户数为12196307。这个总人口数也比唐朝记载的多个总人口数要高(比如，742年的总户数为8973634)。此种人口增长只是在部分程度上拜女真人占领北方所赐；不止如此，北方看起来也有人口向上增长的趋势。我们手上掌握的数据告诉我们，在12世纪晚期—13世纪早期，北方人口从约700万户增至约1000万户。[5]

在城市史的背景下，更可注意的是：就南宋时(1127—1176年)有相关数据留存下来的州县来说，城

① 有关江南城市城墙建设的起伏状况，参见斯波义信：《宋代江南经济史研究》(南京：江苏人民出版社，2001年)，第291—321页。有关13世纪对淮河地区破旧城墙的描述，参见华岳：《翠微南征录北征录合集》(合肥：黄山书社，1993年)，第172—173页。

② G. William Skinner and Hugh D. R. Baker, eds., *The City in Late Imperial China* (Stanford: Stanford University Press, 1977), 24-27.

③ 有关沿着这些线索对明代城市史的扩展性分析，参见 Fei Si-yen, *Negotiating Urban Space: Urbanization and Late Ming Nanjing* (Cambridge, Mass.: Harvard University Asia Center, 2009)。

④ Shiba, 'Urbanization and the Development of Markets in the Lower Yangtze Valley', in John Winthrop Haeger, *Crisis and Prosperity in Sung China* (Tucson: University of Arizona Press, 1975), 16-18.

⑤ 吴松弟：《南宋人口史》(北京：人民出版社，2008年)，第97页；梁庚尧：《宋代社会经济史论集》；梁方仲：《中国历代户口、田地、田赋统计》(上海：上海人民出版社，1980年)，第121，230页。有关从户口数到人口数的逆转，参见吴松弟：《南宋人口史》，第105—114页；久保田和男：《宋代开封研究》(上海：上海古籍出版社，2010年)，第90—97页。

市居民相比乡村人口，其人数相对较多，所占比例相对较大。州县分三种：少量大州县，总户数在50000以上；数量较多的中等州县，总户数在5000—49999之间；一般州县，总户数在1000—4999之间。总起来看，城市居民在州县人口中所占比例一般从3％到14％不等。不过，也有若干州县，其30—40％的人口住在城区。长江一线、沿海地带，有2—3万户数的大城市更为常见，而在当时的南宋帝国全境，广泛分布着这种规模的城市。[1]

在不断增长的镇的数量上，日益提高的城市化水平同样得到了体现。镇的数量最初是在10世纪有了急剧增长，不过，这些定居点更类似于早在魏（386—534年）、唐时便构成了城市面貌突出特征的堡垒。人们基于防务的需要，沿着主要的交通站、海疆地带和某些行政辖区的外围建立了包括驻军在内的小型定居点。在宋初诸帝削平10世纪在中国各地建立的独立王国后，作为更大范围的军权集中运动的组成部分，许多堡垒由官方夷平。某些堡垒早就转为市镇，其居民提供制造、商业、运输以及其他服务。11—13世纪，新的市镇涌现出来，它们一般与州县城市保持适度距离，它们开始在一个等级化的市场网络中扮演重要角色。通过这个网络，乡村地区与不住人的集市（草市）、各种规模的市镇以及规模更大且融入行政管理等级体系的城市联系起来。市镇在地理上的分布是不平衡的。以两浙路而言，市镇往往扎堆在北部平原附近、沿海地带。从产生的商业税来评判，市镇的规模及其产生的财富有着很大差异，端赖它们与重要交通路线距离的远近而定。[2]

在人口变革、城市化进程以外，中国社会还在数量、质量上经历了大规模的经济变革，由此而使得历史学家以"革命"称呼之。有关经济变革的范围以及朝廷的相关态度，一个引人注目的标志是不断变化的农业、商业税在宋朝国家收入中所占的比例。传统上，自秦汉古典帝国以来，中华帝国政府是通过从农业税而来

的收入为自身提供支持的，而农业税有土地税、人头税两种形式。而到了11世纪，来自商业税以及酒、盐之类产品国家专卖的收入，差不多与来自农业税的收入持平了。[3] 所谓"商业税"，即是对各地市场、跨地区贸易中的交易行为征收的赋税，它还包括对边疆、港口的国际贸易所征的关税。在接下来的200年里，南方从商业税中获得的收入继续增长，与此同时，在比例上，农业税的重要性（即便其绝对量是上升的）有所下降，它从11世纪中期占总收入的56％下降到约占20％。[4] 另外，赋税征收常以现金的形式进行。据估计，到1085年，70％的税收是通过现金方式征收的。[5] 经济的货币化为产品、货物的市场化提供了进一步的助力。

国家财政基础的这种变化告诉我们：中国经济经历了一个商业化的过程。宋朝不同地方的农民不再过着自给自足的生活。以广州这类南方地区为例，许多地方专务水稻种植，主要产品沿海陆、运河输向北方。跨地区水稻市场的发展让市镇、城市能专务此业，并因其生产的特种产品、制造商品而获得声誉。福建许多沿海行政区的人口有大量增长，[6]它们虽依赖进口的粮食、蔗糖、棉花、大麻、水果、鱼类、瓷器、铁、木材、纸张、书籍的出口却让它们繁盛起来。

人们能在中国各地发现中等和大规模的城市，在这个意义上，城市化可算一个分布范围相对广泛的现象。这些城市约有31％分布在北方，这告诉我们：中国社会的商业化并不主要是一个南方（或说得更具体些，长江下游）现象。[7] 这些城市是商品的主要消费者，它们在一体化的地区、区域、跨地区体系中占据着核心地位。绝大多数研究表明，经过修正的施坚雅模式能用在600—1300年的中国经济身上。施坚雅在地文学标准的基础上将中国疆土划分为几个具体的大区，现在，这些大区的边界经过重划，并在某种程度上变得更具有可渗透性。不过，在很大程度上，人们公认：就绝大多数商业活动而言，它们是围绕着区域中

① 梁庚尧：《宋代社会经济史论集》，第507—537页；Elvin, *The Pattern of the Chinese Past*, 175 - 176；Shiba, 'Urbanization and the Development of Markets', 20 - 23；Liu Guanglin, 'Wrestling for Power. The State and Economy in Later Imperial China 1000 - 1770' (PhD dissertation, Harvard University, 2005), 200。

② 陈田灿、奚建华：《浙江古代城镇史研究》（合肥：安徽大学出版社，2000年），第173—181页；有关宋代市镇的列表，参见傅宗文：《宋代草市镇研究》（福州：福建人民出版社，1989年）。

③ 漆侠：《宋代经济史》（上海：上海人民出版社，1987年），第406页。

④ 同上书，第443—444页。

⑤ Dieter Kuhn, *The Age of Confucian Rule*：*The Song Transformation of China* (Cambridge, Mass.：Harvard University Press, 2009), 248。

⑥ Billy So, *Prosperity, Region, and Institutions in Maritime China*：*The South Fukien Pattern*, 946 - 1368 (Cambridge, Mass.：Harvard University Asia Center, 2000), 142.

⑦ Liu, 'Wrestling for Power', 230 - 231.

心城市、一些商业点而不是一个帝国范围的一体化市场进行的,其中,区域中心城市有帝都长安(直到 900年)、开封(950—1130 年)、杭州(12—13 世纪)等,商业点则有成都、广州等。①

东北海岸沿线的城市中心同样与更大范围的海上贸易网络联系起来。通过后者,欧洲、非洲、西亚、印度半岛、东南亚的城市,城市—国家、转口港连成一片(参见本书第 19 章)。唐朝位于海岸、运河沿线的城市住着不同的外商群体,包括朝鲜人、爪哇人、马来人、阿拉伯人、印度人、犹太人以及其他人。宋时,广州、泉州、明州成为东亚、东南亚、南亚、西亚商人的主要贸易中心,他们也在这些城市设立了外商社区。在沿海城市及其腹地的发展中,身在跨文化的城市网络中产生了实际的效果,尽管我们仍不清楚这类贸易对整个宋朝经济的影响。由于从泉州可以将许多货物贩运出去,福建南部逐渐从边疆区变为高度一体化的商业化区域,里面包括许多大城市以及大量从事制造、贸易的城镇。② 其出口产品包括香料、矿产、金属产品、陶瓷器、宝石、丝绸之类的纺织品以及蔗糖、酒、盐之类的消费品。进口产品包括金属、靛蓝染料、布帛、木材这类原材料。③

297　广州的情况表明,农业、商业发展并未通过简单的因果关系——更先进的工业技术、新的秧苗产生了剩余农产品和商业化——相互联系在一起。中央、地方政府以及包括实业家、小商人、文人在内的地方精英推动了基础设施的完善,并改进了种种条件,以催生更紧密的区域一体化。桥梁搭建起来,城区以及交通路线沿线铺设了道路。在苏州府,桥梁数据说增长了三倍,在 11 世纪 10 年代—12 世纪 90 年代期间,从 63 座发展到 288 座。④ 同样,纸币和信用制度的发展在一定程度上便利了远途贸易。长期的铜币短缺使得政府最后采用了纸币。这项政策模仿的是早先某些民间地方的做法,它们这样做是为了减少长途交易中的现金损失风险。

城市社会

商业化对中国社会所有阶层都产生了影响。周期性举行的乡村集市是遍见于宋帝国各地的现象,集市

平均每十天开一次。有些集市在佛教寺院附近举行;其他集市点最初在开阔地举行,后演化为长期性的商铺、旅店所在地,并发展为城镇。集市不仅为剩余农产品的销售提供了一个交易点,它还促进了劳动分工。除了务农,老百姓还投身以下场所做事:油店、茶园、造纸厂、养鱼场、水力磨、米店、果园、菜地(它们为市民提供新鲜产品)。不同家庭专营不同的行当,有的种植特殊农作物,有的制造特殊产品,有的从事贩运。大城市的劳动分工更为突出。除了农业、产品加工、运输领域雇佣的劳力,城市还需要各种各样的办事员、仆役:从当铺职员、门童、随员到演员、乐师、棋手,不一而足。

商业以私人利润最大化为前提,在许多精英家庭眼中,它仍是一个令人心生疑虑的行业。对雄心勃勃的男性精英而言,受教育并通过科举考试入仕是更受欢迎的人生轨道,因为考试在 10、11 世纪已成为最具声望的入仕之道。考虑到成功的希望从来渺茫且有更加黯淡的趋势(在人口更密集的城市化行政区,情况尤其如此),为了赢得地位、权力,不同家庭在策略上各显神通。从商成为一个具有吸引力的选择。在指导家庭礼仪、管理的书中,男性精英将从事商业、制造作为合适的选择提出来,以图避免永远存在的向下层社会流动的危险。虽然对追求私利的批评从未间断,在充满诱惑的城市(比如帝都或长江三角洲的繁荣城市),书香之家和政府官员仍积极参与到商业中,从合伙长途贸易、海外商业冒险到土地出租,不一而足。　299

精英家族不仅受到城区投资前景的吸引,更好的社交环境(公立学校、私立学校、茶寮、饭店、红灯区、寺庙、园林)也让他们心驰神往。在宋、元两朝由当地居民写成的回忆录中,国都开封(参见图 16.1)、杭州的文化生活可谓万古流芳。类似的公共空间吸引人们往上爬,或是在文化上令人们对城市、市镇产生兴趣。文人在靠近官府、文化或风景胜地的地方购买房产,或是租赁房屋。外居地主在乡村成为普遍现象;还有一些人的前途不定,比如学子、落榜考生,他们当中的某些人定居下来,从事教学、行医、文书、诉讼和其他为人服务的行当。温州、福州府(福建)这类州府下辖许多繁华的县,从它们那里出来的子弟不断地在科举考试中

①　Skinner, *The City in Late Imperial China*, 24; Elvin, *The Pattern of the Chinese Past*, 170 - 171;斯波义信:《宋代江南经济史研究》第 3 章;*Prosperity, Region, and Institutions*, esp. ch. 6。

②　*Prosperity, Region, and Institutions*, 138 - 139.

③　Ibid., 62 - 67.

④　梁庚尧:《宋代社会经济史论集》,第 553 页。

技压群雄。这样的地方吸引了大量学子前来,由此,它们作为学术中心赢得了地区乃至全国范围的声誉。

图 16.1 张择端画作《清明上河图》(12 世纪)摘景。这幕桥景展现了北宋国都开封熙熙攘攘的城市生活景象。开封街区是个公共空间,在这里,各种小贩走卒不分昼夜地售卖商品,有好几层楼的私家建筑则随处可见。

城市同样是行政人员、军人家庭、宗教人士、实业家、小业主、匠人、娱乐工作者、佣工的栖息地。行政人员的数量因地而异:在集镇,不过寥寥数人;在州县治所,有数十人以至数百人;在国都,有数千人。他们或住在衙门(政府办公的地方)附近,或者在既有或前景看好的某个城区租房。地方城市的军事人员,其数量从数千到几万不等,他们或住在扎堆于内城某些特殊角落的军营中,或住在大城市不断扩张的乡郊地区。虽然从理论上讲军营生活受到严厉的管制,某些人却观察到:在国都与地方城市,虽然最初的几代皇帝锐意让士兵远离城市生活中的奢侈品与娱乐活动,并为此而设立了规章制度,但这些规章制度走了样,以至于军人家庭与市民混住在了一起。

佛教、道教神职人员占据着庙宇、寺院,它们为所有居民的生活提供了一个关注焦点。它们主办集市、节日,提供礼仪上的服务,它们的敲钟声有报时作用。记录宋、元宗教胜地的地名录常常列举每个城市的多个相关地点。据估计,每座寺院的僧人数量在数十人到数百人不等,因此,宗教人士在中国城市中是一支重要的社会力量。

在城市的日常运营中,不同类型的商人发挥了关键作用。苏州这类大城市对四处奔走的实业家还有大商人具有吸引力,前者活跃于跨地区贸易中,后者则在不同地方拥有多处产业。这些城市的街道上布满由当地人经营并有着各种大小的店铺、商店,小贩走卒常来常往,他们或摆摊,或走着叫卖食物、小商品。商业据点还是一个人数日益扩张的阶层——包括地产经纪人、批发商、中间商——的容身之所。他们出租住房或货栈,并在本地与进口商品、服务的买卖事宜中扮演中间人角色。这类服务常常能从旅店直接获得,或通过旅店的中介作用得到。晚唐以来的多个传奇故事告诉我们,在人们眼中,出身社会下层、上层的男男女女都能扮演这类角色,某些成功故事几乎让主人公在自己的有生之年尝试了所有类型的商业机会。

在市镇、城市,人们还能发现匠人的大量存在。他们被安排在公办店铺中,与军用部门的人员一起工作。这些店铺从事必需品的制造,比如军事装备、印刷材料(书籍、印版、历书、纸币)、运送税粮或用于海上防卫的船、纺织品、礼仪用具以及装饰品。除了中等与大型公办店铺,还有数量更多的小型店铺,它们常常是由家庭经营的,遍布大街小巷。城市里还有丝织匠、铁匠、金属匠、鞋匠、瓦匠、木匠、建筑材料供应商、制扇人,以及准备提供人们能想到的任何日用品以满足需求的那些人。

从我们手上掌握的证据来评判,店铺看似并未扎堆在工业区,它们在空间上相对分散。基于非常实际的考虑,比如方便获取原材料,身在同一行当中的店铺常集中在同一城区。有关某些城区一些特殊商品买卖的重要性,地名为人们提供了指南。"瓶铺巷"(意译。——译者注)"丝行桥""纸廊巷""靸鞋桥"都是宋、元之间的苏州地名,它们就是典型的例子。① 匠人不只是参与制造,他们还直接将产品卖给顾客。某些市镇、城市专事某些产品的制造,比如铜制品、瓷器、印刷材料或纺织品。这类专业化城镇是中间商、实业家的目标区域,他们供应为帝国、海外其他地方所需求的产品。

---

① 梁庚尧:《宋代社会经济史论集》,第 452 页。

城里满是大量搬运工、仆人的身影,他们每日的生活是为富户、官府、粮仓、店铺、商店以及游客提供服务。在国都开封、临安(即杭州),大量娱乐团体、个体艺术家为人们提供了令人眼花缭乱的多种娱乐选择。到13世纪中期,杭州的娱乐区超过了20个,构成其特色的有如下事物:戏院、为看客讲故事的舞台、歌剧、音乐表演、跳舞、木偶戏、皮影戏、杂耍。街道、旅店、茶寮周围也是表演的场地。在娱乐区,从业女性(在较次要的程度上,还有从业男性)为客人提供歌唱、跳舞、作陪以及性服务。这里的许多工作人员是经过政府备案的娱乐从业者,他们要在官方举行活动时提供服务,其他的人则可自行其是。在人们对宋代城市文化的认知中,国都的娱乐活动持续占有显赫地位,杭州的宋代城市主题公园显明了这一点。即便如此,娱乐区、公共表演空间在许多宋、金、元时的城市中都有存在,比如大都、平阳、东平、真定、湖州、温州、兴元、苏州、镇江、成都、袁州。和地方产品会让城市闻名遐迩一样,南北城市也会因地域表演模式、风格而享有盛誉。①

301　　流动性构成了所有社会阶层的特征。学子奔走四方,寻找更好的受教育机会,并参加地方、国都的各种考试。官员则定期轮换,通常每三年一次;军人之家亦是如此。宗教人士则去往其他寺院、庙宇。商人、掌握专门手艺的匠人(比如切木匠、雕塑匠、娱乐团体)也到处走动,寻找商机或做事抽佣。搬运工、仆役,有时还有妇孺,则与其他行路人为伴。②

　　在人们的认知中,城里人的生活标准是奢侈的,有人估计,和以后的几百年以及其他地方相比,宋代城市的生活标准相对较高。③　不过,当时的证据表明,大多数城里人(比例为50—60%)或许生活在贫困之中。年景好的时候,他们勉强糊口;年景差、通货膨胀、天气严寒、发生战争的时候,他们连糊口都难做到。在有大量乞丐行乞街上的城市,乞丐头会将乞丐们组织起来,这些头领会与政府、慈善组织联络,在乞丐有着最大需要的时候分发食物或衣物。

　　在其他行当的从业者中,类似的"组织化"结构也被采用了。在唐代城市中,属于同类的行当早就集中在某些特定的市场区域了。不过,特定行业的自然集中是否也会导致行会的形成,这就是个至今仍在争议之中的问题了。到11、12世纪,行会活动的证据就非常充分且毫无含糊之处了。杭州有梳匠、珠宝匠、帽匠、靴匠的行会,此外,包括鱼、大米、蟹、鸡、酒、蔬菜、古物在内的各种产品,其经营者莫不有自己的行会。行会负责人与批发商、远程贸易商确定价格,并确保行会成员为政府供应产品、服务,在强迫劳役的环境下,它们是无规则课税的对象。行会希望商人成为会员,他们可以从行会提供的保护中受益,比如,行会保护他们免受奸商、政府直接干预的伤害。作为组织,行会是在地方精英—地方政府的互动基础上繁荣起来的,不过,另一方面,它们也因与腐败的政府官员沆瀣一气而受到抨击。④

　　从大量的福利组织那里,人们能获得保护,不受其他种类生命威胁因素的伤害。这些福利组织或属公办,或属私营,或是地方精英、地方官僚合办的事业。在苏州城,身属特殊的受保护人群——老人、遭遗弃的妇孺——的人有自己的栖身之地;此外,还有为那些有需要的人提供免费药物的药店,以及为那些无力购买棺木的人提供免费葬具的慈善组织。至于其他城市,它们也有医院、药房、孤儿院,这些设施或源于官方政策的要求,或通过居民捐赠兴建起来。在某些情况下,这些组织的寿命并不长,虽然如此,它们一直是人们的建筑、重修对象,且是人们口中的论题。⑤　和今天一样,人们很少怀疑社会福利是需求总是胜过供给的一个领域。排水系统、防火设施(它以如下方式存在:每隔一段距离安装大型水箱)同样有利于民众的健康和安全。在杭州,保洁工人据说每日都要收集人的粪便,其他人则清理垃圾。在国都,治安部门遍布城市各处,302下级行政区的长官们则有数量较少的公共安全人员作为辅弼。

　　中古中国的城市化进程、城市社会的历史并未遵循一条直线式的道路。在许多地区出现了人口增长的现象,不过,同样是在这些地区以及其他一些地方,人们见证了人口的衰减。开封城一度是中古世界最大的城市之一,在12世纪30年代之后,它经历了一次挫

---

　　①　梁庚尧:《宋代社会经济史论集》,第613—616页;Wilt Idema and Stephen H. West, *Chinese Theater*, *1100 - 1450*: *A Source Book* (Wiesbaden: Steiner, 1982)。

　　②　有关宋代的社会流动性,参见 Zhang Cong, *Transformative Journeys*: *Travel and Culture in Song China* (Honolulu: University of Hawaii Press, 2010)。

　　③　Liu, 'Wrestling for Power', 197 - 204.

　　④　Kuhn, *The Age of Confucian Rule*, 209 - 210;全汉昇:《中国行会制度史》(台北:食货,1978 年);梁国楹:《略论宋代城市工商业行会的形成》,《德州学院学报》2004 年第 20 卷第 5 期,第 37—40 页;魏天安、戴庞海:《唐宋行会研究》(郑州:河南人民出版社,2007 年)。

　　⑤　梁庚尧:《宋代社会经济史论集》,第 444—445 页。

折,从此再未获得它在中国城市中曾享有的显赫地位。在整个中古时期,依据外国商人是否到来、区域经济和政府所授特权的情况如何,沿海城市广州经历了扩张、收缩的循环。当它在一个高度商业化的城市体系中以核心城市的姿态崛起后,它在13世纪上半叶经历了一次衰落。不过,在蒙古治下,它适时恢复了元气,从而给外国商人留下了深刻印象,这些商人的故事还进入到广为人知的马可波罗行纪中。至于一些城市中心,如福建的汀州,经历了引人注目的人口增长,不过,城市中心的高人口密度同样导致了乡村、山区腹地的人口衰减。

城市空间的转变

人口增长、商业化、劳动分化与劳动力的流动与城市空间的逐渐转变是同时发生的。对商业活动的空间、时间限制逐渐松弛;里坊制下的围墙被拆毁,代之以界限不清晰的城区;郊区的范围蔓延开来;用于居住或商业活动的多层建筑兴建起来。凡此种种,在7—13世纪统治中国的历代王朝的国都历史上得到了最清晰的体现。虽然如此,类似的发展趋势也构成了中国各地城市的发展特征。

6世纪晚期、7世纪,在长安城得到重建后,与汉长安皇宫巍峨雄伟的气势相比,当时的历史见证者笔下的同一个都城呈现出西洋跳棋棋盘的格局。在唐代,都城长安被划分为100多个里坊,14条东—西向街道、11条北—南向街道构成了这些被围墙圈起来的方形居住区。就像我们在第6章中谈到过的有关中国早期城市的古典模式,里面说到,城市主街从城墙一端笔直延伸到另一端。小型街巷则以网格样式对每个里坊作进一步的划分。进入里坊需要经过有人把守的入口,此外,里坊还厉行宵禁,以便于维护公共秩序。当时的游客指出了里坊制中的社会区隔,因为贵族之家、高级官员聚居在西北区的繁华里坊。另一方面,平民、来自中亚的住客更可能住在西面小而拥挤的居住区。[①]

就新国都而言,在城市新增加的面积中,不断增长的居民数量(从汉代的20万估计数[参见本书第8章]发展到唐代的100多万)占用了更大比例的土地(估计占到了八分之七)。尽管如此,行政区的中心、权威地位在城市规划、建筑面貌上得到了清晰呈现。国都让

人印象最深的道路是朱雀大街,其长超过5000米,宽为155米。它直达皇城、宫城的中南门,将长安分成大致对称的东、西两个部分。皇城周围有10米高的城墙,皇城入口的城门塔楼更高,相比之下,长安城巨大的居住区里的绝大多数房屋就黯然失色了。今日对该城的复原将基本上一马平川的城市面貌呈现在我们面前,其面积广至约84平方千米,像小雁塔、大雁塔这样的标志性宗教建筑充满其间,其高度达到了45米、64米的水平,它们与皇城城墙背后的广大宫殿建筑并立争雄。

长安在国内外尤其以其市场而享有盛名。这座城市位于丝绸之路的一个终端,通过该路线,唐代中国商人与他们的中亚、西亚同行联系起来。该城是那些敏于买卖者的集聚之所,这些人出售、购买来自亚洲大陆各地的产品、流行事物和新东西。该城的两个主要市场是东市、西市,它们正好位于沿皇城南围而走的那条主道的南面,并分布在朱雀大街以对称形式相互对立的两边。这些市在面积上约为大型里坊的两倍,不过,它们同样被带门的围墙给圈起来,并通过由相互交织的街巷组成的网格,进一步细分成块。有着各种大小的商铺充满着大街小巷,其所售商品从非常基本的用品(比如肉、包子、低等丝绸、历书)到从远方运来的奢侈品(比如犀角、龟甲、人参),不一而足。长安市场还进一步为居民、游客提供从跑腿、住宿到文献复制、哭丧、娱乐的大量服务。最初的茶寮出现了,在那时,茶刚成为受到更多赏识的饮品。在对公平交易秩序进行维护、强制执行交易限时(从日中直到日落前七刻)制的过程中,市场监督官及其属员对所有交易、活动进行监管。

作为一个有计划建设的城市,长安城的规划与宇宙原理合拍,人们对之进行管控,以维护天子及其朝廷的至高无上性。不过,这种设想并未得到严格执行。贸易活动自始至终存在于某些里坊中,而且,随着时间推移,贸易场地越来越多地涌现出来。商业活动如火如荼展开的地方就在皇城大门附近,由此,大量官员、皇帝属下人数可观的侍从队伍成了重要的消费者。其他交通要地同样成为贸易中心,包括进出外城的城门,供应粮食的谷仓(这些粮食从帝国各地运来,以满足长安人口的需求)。[②] 雄心勃勃的人们原来的住处只是面向本里坊的街巷,后来,他们凿破外墙,意图将生意范围扩大到主街上,或是让自己有更开阔的视野。商

---

① 本部分在部分程度上以下面的材料为基础:Hilde De Weerdt, 'Les centres du pouvoir impérial: les premières capitales de la Chine', in Jean-Paul Desroches and Ilse Timperman, *Fils du ciel* (Brussels: Mercatorfonds, 2009), 98-115。

② 宁欣:《唐宋都城社会结构研究——对城市经济与社会的关注》(北京:商务印书馆,2009 年),尤其是第 211—316 页。

业从里坊折腾到主街上,历届政府意识到这是一个不可阻挡的现象。伴随着这个过程,积极进取的商人、居民从长安的宽阔大街取走了一些地方,除此以外,某些人还悲叹这座城市丧失了某些光耀。

自10世纪晚期以降,抵达新都开封的外国使节、海外商人会对这座城市产生深刻印象。铭刻他们心底的不再是先前访问唐朝廷的旅客所见到的空阔大街,以及藏在重重里坊围墙之后的日常生活的幽暗神秘,而是开放而灵活的城市布景,在里面,狭窄的街道两旁店铺林立,居住区没有围墙阻隔,紧密相连,凡此种种,构成了开封城市空间的主导特征。相比唐长安皇城,开封皇城的规模大大缩减。今人的估计表明,开封皇城的规模甚至还要小,其所占面积只有唐时长安宫城的十分之一。开封身上带着社会—经济变革的种种印记,正是此种变革,使得城市规划的古典理想与城市发展的现实之间的矛盾得以扩大。在中华帝国史上的九大古都中,开封在很大程度上是由于经济原因而被选为都城的,在这方面,它可谓首例。

长安为群山环绕,水路可通。与此不同,开封城位于黄河平原,从纯粹的军事战略角度来看,以之为都是一个成问题的选择。虽然如此,由于该城与黄河、大运河的交界地相近,在将宋帝国繁荣的东南经济区与欠发达的中、北部地区连接起来的商业网络中,它成为一个关键点。经过深思熟虑后,最初几位宋代君主与更讲求实际的臣僚达成了一致意见,后者认为开封能更容易地供应宫廷所需,由此,军队驻扎在了那里。[①]

人们采取的权宜做法超出了上述范围,它导致了一个新的城市政权的产生。该城市政权的特征是:对商业活动的限制有所松弛;商业活动扩散到城市空间中的各个地方。即便里坊在名义上仍然存在,其表现形式不再是经安排呈对称分布的居住区,它们也不再以这样的形式发挥控制居民进出的作用。同样,商业活动不再集中在由官方指定、控制的市场区或数量较少的额外交易场地(历史上,这样的场地曾在长安存在过)。开封街区是各式商人不分昼夜售卖商品的公共空间,也是有很多层的私家建筑遍地开花的场所。各种各样的专门市场仍然存在,不过它们以方格形状在城市各地的街道角落成长起来。比如州桥的肉市,或和乐楼旁边的马市。设在某些地点的特殊产品专卖市场吸引着大量商人、顾客。

在位于今北中国的女真军队占领这座都城后,有些人回忆了该城的种种引人入胜之处。对这些人来说,开封首先是一个娱乐城市。除了昼夜不息的商业,它还提供最好的餐饮、戏剧表演服务。餐馆、楼堂的数量成千上万,某些甚至有数层高,它们提供来自宋帝国各地的佳肴美味。红灯区容纳了大量妓寨、戏班子,它们为优伶、说书人、歌人、舞者、木偶师提供了工作机会。虽然长安也在少数里坊设置红灯区,且在某些佛寺的地界上有戏院存在,但是,与宋朝都城满目可见这类场地相比,差异是引人注目的。从当时的城市文学作品来判断,娱乐业的发展、扩散与该行业顾客的多元化是齐头并进的。国都的行政、文化精英仍是娱乐业的顾客,不过,与其他城市居民、暴发户的经历有关的故事证明了商人、中间商与流动人口新近获得的显赫地位及其行踪不定的状态。[②] 皇帝与平民都是这类娱乐活动的爱好者。

宋代皇城占地不足,但却赢得了影响力。从行政中心散溢出雨点般的各个政府衙门,遍布城市各处。不仅如此,政府官员连同皇帝及其侍从都是城市年庆、宗教事件、城市娱乐活动的明显参与者。一直以来,街头游行都带有某种神秘的魅力,事实证明,这是一种从潜在来说带有强大力量的合法活动。不过,自11世纪以降,这些活动获得了另外的重要意义,因为它们看似满足了人数日益增长的官员、学者的需要,由此而将皇帝的美德与对民众的关心体现了出来。

就城市而言(比如开封、杭州以及其他在数百年前以地方设墙城市起家的其他城市),人口增长激化了社会冲突、环境压力。开封最初是造了封闭式的新围墙的,用以容纳成千上万的官员和数量更巨的军人之家。不过,在哪怕是经过扩展的内城都不再容得下成千上万工作、生活于此的人口时,大型郊区被纳入城市的范围内了。根据最近的一项估计,到11世纪中期,开封总人口可能高达140万,其中住在九个郊区的有30万—40万。[③] 高人口密度以及开封持续散发出来的吸引力导致了房地产价格高企,随之而来的是问题丛生的权贵聚敛。在一份评议中,作为讨论的问题,这类聚敛行为受到攻击,因为它们"殊非盛世所宜有"。[④] 至

久保田和男:《宋代开封研究》第1章。
② 宁欣:《唐宋都城社会结构研究》,第133—150页。
③ 久保田和男:《宋代开封研究》,第109页。
④ 赵汝愚:《宋名臣奏议》,《四库全书》版(卷四三一—四三二)(台北:台湾商务印书馆,1983年),100.17b。引自久保田和男:《宋代开封研究》,第81页;West, 'The Confiscation of Public Land in the Song Capital', *Journal of the American Oriental Society* 104, no. 2(1984), 321–325。

第16章 中国:600—1300年 **191**

于杭州城,其人口在 12 世纪中期—13 世纪中期从约 50 万增至约 100 万,[1]人口对水域的侵蚀超过了长安行政官员曾经历过的水平,因为居民开始自行填塞运河、其他水域,以建造住的地方。考虑到在其他城市发生的一个事实——对水域的侵蚀导致了交通问题、火灾时取水不易、历史遗迹销声匿迹,杭州地方政府试图扭转趋势,还原旧的水道。结果表明,这股趋势难以遏止。由此,到 13 世纪中期,杭州的数条水道已被填满。[2]

在唐、宋变革之际以及其后,边远城市既反映了城市化的多样性,又反映了理想城市类型的延续性。11 世纪,成百上千的堡垒型居住地四处建立起来,它们是攻防两用军事计划的组成部分。宋人的精力集中关注在黄土高原地区城市防御网络的修建上,该地区大略覆盖了以下省份的部分地区:山西、宁夏、陕西、甘肃、内蒙古、青海。在这片土地上,西夏军队早就建立了数以百计的堡垒型居住地。

考古学家已经提出如下观点:边疆的居住地复制了中等中国城市的理想特征。比如,少量城门向主要的集市敞开,而正是这些集市将城市分为不同的功能区。这些居住地往往在面积上与更远离边疆的那些城镇相仿,它们一般容纳了数千名将士。即便军事人员、军事的优先地位构成了这些地方的规划、生活的主导特征,征税记录却表明:许多这类地方同样积极参与到贸易——无论是国内贸易还是跨边境贸易——当中。这样,管理更为宽松的城市政权——贸易发展在这样的城市里有足够的发展空间——看似一直延伸到了北方边疆的人工城市网络中。不过,规划型城市的理想在中都、大都(分别是女真人建立的金朝、蒙古人建立的元朝的首都)身上得到了实现。[3] 除此之外,还有一个事实:人们在陕西北部、青海东部发现的堡垒型定居地有着坚固的方形围墙。这两点对完美的封闭方形围墙历久不衰的重要意义作了有力强调。虽然市民不再住在符合古典理想的城市中,它对城市规划者想象力的持续控制却可以得到验证,这一点不仅在边疆一线的城市身上有所体现,也可证之于不同城市的理想规划,这些城市留下的与众不同的足迹被载入地方志和文献大全中。当时的城市规划图并不能让现代读者得着门径,一窥历史上的城市生活真貌。不过,它能将文化生产的多样性——它本身即是此种多样性的体现——展露在人们面前。[4]

结语

7—14 世纪,中国各地有着全世界最大的一些城市(也许不是最大的城市)。在中古时代,中国社会也可算是城市化程度最高的地区之一。若干城市有着数十万人口,少数城市的人口突破了百万大关。无论在北中国还是南中国,有着成千上万人口的大中型城市遍地开花;新的城镇起先主要因为军事原因而兴起,自 11 世纪以降,其数量日益增长,且在日益扩展的生产、运输、消费网络中扮演了联系点的角色。在仍是一个农业帝国的国度,城市人口在总人口中所占的比例不过 5—10%,虽然如此,在某些地区,尤其是长江沿线、东南沿海地区,这个比例在 30—40% 之间。以南方为方向的移民,农业、制造业方面地区专业化的发展,跨地区、跨文化的贸易,中央、地方政府与城市居民对商业发展的积极参与……所有这些都为"城市革命"做出了贡献。

就城市内部而言,从早先的几个朝代继承下来的里坊制逐渐崩溃,在时间、空间上对商业、娱乐的限制走向松弛。社会福利、宗教、教育、文化场地连同商业、娱乐的集中构成了城市空间的决定性特征。城市虽无自治权,其独特的地位却在政府政策中获得承认。城市生活还是大量其他文献、视觉表演所要处理的对象。印刷出来的地图或刻在石头上的地图描绘了理想化的皇城。歌曲、戏剧、城市人的回忆录以及日益增多的笔记将不同城市的不同面相、不同经历、人们对它们的不同解读呈现出来。城市空间的扩展在城市文学的扩展上得到了体现,不过,与城市的社会—经济史不同,中古中国城市的文化—政治史在很大程度上还是一片未被探索的领地。[5] 在这里,可能显出了欧洲、中国中古城市史的最大差别之一:即便中国社会可能是城市化程度最高的中古社会,相比欧洲城市,它里面的城市并未得到充分研究。随着中国历史学家将眼光放在更大范围的城市、文化生产—城市的关系、城市考古学上,

① 梁庚尧:《宋代社会经济史论集》,第 510—517 页。
② 同上书,第 544—547 页。
③ Nancy Shatzman Steinhardt, *Chinese Imperial City Planning* (Honolulu: University of Hawaii Press, 1990), 148 - 160.
④ Steinhardt, *Chinese Imperial City Planning*, 138 - 147.
⑤ 奚如谷(Stephen West)、斐志昂(Christian de Pee)、李瑞(Ari Levine)诸君过去的文章与行将发表的专著改变了我们对宋代城市文化史的认识。

进一步的探索或许能改变全球城市史中的此种失衡状态。[1]

参考文献

Benn, Charles D., *Daily Life in Traditional China: The Tang Dynasty* (Westport, Conn.: Greenwood Press, 2002).

Elvin, Mark, *The Pattern of the Chinese Past* (Stanford: Stanford University Press, 1973).

Gernet, Jacques, *Daily Life in China on the Eve of the Mongol Invasion, 1250 - 1276* (Palo Alto: Stanford University Press, 1970).

Heng, Chye Kiang, *Cities of Aristocrats and Bureaucrats: The Development of Medieval Chinese Cityscapes* (Honolulu: University of Hawaii Press, 1999).

Kuhn, Dieter, *The Age of Confucian Rule: The Song Transformation of China*, History of Imperial China (Cambridge, Mass.: Belknap Press, 2009).

梁庚尧:《宋代社会经济史论集》(台北: 允晨,1997 年).

斯波义信:《宋代江南经济史研究》(南京: 江苏人民出版社, 2001 年).

Skinner, William, ed., *The City in Late Imperial China* (Palo Alto: Stanford University Press, 1977).

So, Billy, *Prosperity, Region, and Institutions in Maritime China: The South Fukien Pattern, 946 - 1368* (Cambridge, Mass.: Harvard University Asia Center, 2000).

Steinhardt, Nancy Shatzman, *Chinese Imperial City Planning* (Honolulu: University of Hawaii Press, 1999).

Thilo, Thomas, *Chang'an: Metropole Ostasiens und Weltstadt Des Mittelalters 583 - 904* (Wiesbaden: Harrassowitz, 1997).

Xiong, Victor Cunrui, *Sui-Tang Chang'an: A Study in the Urban History of Medieval China* (Ann Arbor: Center for Chinese Studies, University of Michigan, 2000).

屈伯文 译 陈 恒 校

---

[1] 有关对中日两国学界宋代城市史研究最新潮流的评论,参见 Wu Songdi, 'Tairiku Chūgoku ni okeru Sōdai toshi shi kenkyū kaiko (1949-2003)', *ōsaka shiritsu daigaku tōyōshi ronsō*, 14(2005), 19-50;平田茂树:《宋代城市研究的现状与课题》,辛德勇、中村圭尔:《中日古代城市研究》(北京: 中国社会科学出版社,2004 年),第 107—127 页;杨贞莉:《近二十五年来宋代城市史研究回顾(1980—2005)》,《台湾师大历史学报》2005 年第 3 期,第 221—250 页。

第 17 章　中国：1300—1900 年

罗威廉

　　如魏希德在第 16 章中所说，到 1300 年，中国已拥有全世界最大的某些城市，且中国是当时世界上城市化程度最高的社会（这个观点是有争议的）。这些城市既未享有且未明确追求从无所不管的政府那里来的"自治权"，不过，它们确曾享受过一定程度的自我管理权。明（1368—1644 年）、清（1644—1911 年）两朝的中国城市史以特殊方式延续了这些成就。乡村地区引人注目的商业化为不断行进的城市化贡献了力量，此种情况尤其见于城市等级体系的底端，因为那里是市镇广泛分布并获得发展的地方。源自不同地域的群体参与到国内长途贸易中，它们在国内移居活动的加剧导致了更具天下视野的城市人的产生，并为城市文化的革新作出了贡献。极为复杂的城市社会、经济推动了民间组织、半公共组织的大规模建设潮，这极大地提升了城市在自我管理方面的能力，并最终促进了人们所感知的帝国重要性下降的情况出现。

明代早期

　　长久以来，现代中国的民族主义大叙事将蒙元王朝（1279—1368 年）描述为中国历史上的一个黑洞，特别是相对唐、宋的城市成就来说，它是一个巨大的倒退。不过，万志英（Richard von Glahn）和其他人近来推出的著作却反过来说明：城市繁荣继续发展下去，整个 14 世纪的绝大多数时候都是如此。城市，尤其是沿海城市，其发展受到了蒙古政策的推进，这些政策常常是亲私有财产并鼓励海上贸易的。正如万志英所得出的结论："江南城市、商业发展的真正断裂并非发生在饱受诟病的蒙古统治时期……而发生在明代早期专

制统治恢复之后。"[1]

　　就中国城市—商业发展而言，明代早期确实构成了一个关键性的挫折时代。明朝创立者朱元璋（明太祖）对长江下游地区的行商世家有着强烈仇恨，因为后者曾在他打天下的过程中反对过他。基于此，他在形势允许时立刻将其摧毁，强迫它们的子弟从事匠役或卑贱的劳动。1371 年，他发布禁令禁止海上旅行（至少在短期内是这样），对在许多先前繁荣的海港继续进行的沿海贸易、与东南亚的贸易，则严厉压制。以实物、劳务缴税的通行做法给商业造成了严重阻碍。

　　明代早期社会所受的管制细致入微。人口被分成世袭的若干职业群体。起初，这些群体的数量较多，如郎中、学士等，但它们很快归为以下三类：军籍、匠籍、民籍。三个群体各归一个独立的中央政府机构管辖，在财政、劳役事务上各有自己的职责，并且尽可能地分开居住。大规模的政府重置人口是存在的，虽然如此，个体层面的旅行却受到禁止。平民被分配的估税额不大，他们被划入里甲制下的互助群体，一般情况下不得离群。在这方面被网开一面的是职业商人，他们在帝国全境运送货物的需要得到认可，不过要受到严密的监管。离家后，他们被要求在带有官方色彩的客栈登记、歇脚，相关记录每月送交地方官，以备查验。总而言之，在明初的几位皇帝治下，职业、地域流动理所当然地受到遏制，由市场推动的商业发展、城市化亦同遭此运。[2]

　　明代早期，最引人注目的城市创新当数两京即南京、北京的修建了。明太祖治下南京的成长可谓世上最显人力的事情了。他初占该城是在 1356 年，短短 20

---

　　[1]　Richard von Glahn，'Towns and Temples：Urban Growth and Decline in the Yangzi Delta, 1100 - 1400'，in Paul Jakov Smith and R. von Glahn, eds.，*The Song-Yuan-Ming Transition in Chinese History* (Cambridge, Mass.：Harvard University Asia Center, 2003)，211.

　　[2]　刘敏：《试论明清时期户籍制度的变化》，《中国古代史论丛》第 2 辑（1981 年 9 月），第 218—236 页；Edward L. Farmer, *Zhu Yuanzhang and Early Ming Social Legislation：The Reordering of Chinese Society Following the Era of Mongol Rule* (Leiden：Brill, 1995).

年里,他将一个不起眼、人口可能只有 10 万的元朝地方政府驻地变成一个人口百万(或百万以上)的帝都。在太祖的命令下,一支建筑大军建起了一座新的宫城、天坛、地坛、太庙,以及迄今为止"中国最大的古城,最高、最长、最宽、最坚固、给人的印象最深的城墙"。该城被分为行政网格区与按职业分配的居住区。当时有些人在元朝崩溃时帮助了某个与太祖争夺权力的对手,他们因此被发送到西南的烟瘴之地,另有新人被征召填补其空缺。

明代早期的南京是大量国家雇员占据主导地位的一座城市,这些人包括:15000 名中央官员及办事员,约 8500 名发俸学子,还有多达 20 万的将士。迅猛增长的城市人口主要不是通过市场而是通过命令手段获得给养的。南京周围的长江下游地方行政区是整个帝国农业生产率最高的地方之一,它在财政上饱受榨取,以至于最富裕的家庭都处在常年欠税的状态下,这在从那以后的数百年里一直是个问题。到明朝统治的最后一个世纪,南京可能将自身重新建设成了一个跨地区贸易的重镇,由于该城著名的秦淮河岸娱乐区的存在,它也成为文化、娱乐方面的中心。不过,此景在好色成性且反商业的明太祖治下是难以见到的,他的新都是一个效法古代帝国的模范,功能单一的防卫、行政城市。[1]

朱元璋崩于 1398 年,其孙继位为帝。不过很快,朱元璋年轻的儿子开始动手推翻侄儿的皇位,1402 年,他成功地自立为永乐皇帝。而后,他开始规划将自己的有效统治中心从南京迁往后来成为今北京的那座城市,因为南京充满了对其篡权持敌意的人。这座城市昔日在"大都"的名义下充当元朝的都城,在明太祖时,其名为"燕",是未来的永乐皇帝的藩地。在如火如荼地展开 20 年建设后,永乐于 1421 年迁都至此。虽然如此,城区半空、人口锐减的南京在官方意义上仍是排在第二位的"南方"都城。[2]

相比南京,地理环境让帝都北京能将城市格局更规整地建立在古典的方格模式上。中央御道沿线呈真正的北—南向排列,两侧是天坛、先农坛,宫殿位于中北部,严格呈现出两侧对称的形状。每一个细节都经过了深思熟虑,以求让这座城市成为宇宙轴心。[3] 这样,和太祖的南京比起来,从一开始,北京就更多的是其环境的有机产物。作为国都,征召在其人口增长上

起到了作用,而自愿的城市化看起来至少是一个重要因素。此外,相比南京的情况,北京原有的精英人士、平民在该城被指定为国都后留下来的比例要高得多。太祖的南京具有某种多民族城市的色彩。而北京,哪怕在成千上万的蒙古包迁走并代之以中国式的庭院城市住房之后,仍是一座真正的多民族城市。另外,相比第一座明朝都城,北京在某种程度上仍与北中国更广阔的区域经济有着更紧密的联系,尽管在供应长江下游的稻米从而养活新都的皇室集团、官员、将士上,大运河发挥了关键作用。都市人口对奢侈品、煤炭和建筑材料的需求使北京成为增长引擎之类的事物。不过,考虑到明朝建立者命令式的经济立法,真正商业"革命"的出现或许至少要推延又一个百年了。

第二次商业革命

中国近代城市史——此外,我还要加上中国的早期现代性——真正的始点在于我所谓的"商业革命"。这次革命起于 16 世纪中期,其核心时段是某位中国史家称呼得极好的一个时代——"从万历(1573—1619 年在位)到乾隆(1736—1795 年在位)"。从量的方面来说,第二次商业革命与宋朝治下的第一次商业革命不同,两者之间的一个关键区别是以下一个事实:第一次商业革命虽开了长途跨地区贸易的先河,贸易范围涵盖了大量商品,但是,在不同城市中心之间运输奢侈品的贸易具有根本意义。相比之下,第二次商业革命牵涉到低值大宗基本品的巨量交易。这样,无论是乡村还是城市人口,都被深深地卷入进来。在帝国的许多区域,一般农家开始为地区以外的市场进行生产,其基本消费则依赖地区以外的产品。各地的产品专业化趋势出现了。数量更巨的客居外地者频繁在帝国范围内流动,他们不仅包括商人,还包括卷入大大扩展的运输工人队伍的各色人群:搬运工、车夫、赶畜人、船夫。

为什么是在这个时段?从部分程度上说,我们在此处看到的似乎仅是种种潮流的自然发展及其地理扩展的结果。这些潮流在明代早期强行植入命令经济之前便已很好地运作起来,随着明王朝日益无力执行其

① F. W. Mote, 'The Transformation of Nanking, 1350 - 1400', in G. William Skinner, ed., *The City in Late Imperial China* (Stanford: Stanford University Press, 1977), 101 - 154. 引文出自第 134 页。

② Susan Naquin, *Peking: Temples and City Life, 1400 -1900* (Berkeley: University of California Press, 2000).

③ Jeffrey F. Meyer, *The Dragons of Tiananmen: Beijing as a Sacred City* (Columbia: University of South Carolina Press, 1991).

对职业、地域流动的种种限制，它们愈有如虎添翼之势。不过，晚明政府的政策同样对长途贸易的发展作出了积极贡献。比如，由于在西北、北方边疆日益受到非中国民族的威胁，朝廷委托民间商人从中国中部运送大量粮食、战争物资到前线，作为回报，朝廷将在跨地区食盐分配网络中经销食盐的权利——这是高利润的买卖——赐予这些人，朝廷以此解决自己的后勤问题。

另一个刺激因素是新大陆白银的大量生产。从16世纪开始，明代中国成为巨大的吸银器，来自墨西哥、秘鲁的白银，超过三分之一流入了中国，用于交换后者出口到欧洲、北美的商品：丝绸、瓷器以及其他制造品（还有后来的茶）。白银流入对帝国的银本位货币经济产生的有利影响是难以估量的。① 从晚明开始渐渐地直到清朝中期，帝国政府实施所谓的"一条鞭法"财政改革。由于土地税、人头税以银而非实物的方式估定，乡村家庭有了进一步的动力从自给自足转向种植商品作物，这促进了国内跨地区贸易的快速发展。

此种跨地区贸易的头号产业部门是棉产业。正如黄宗智的简明之论："1350年，还没有一个中国人穿棉布；到1850年，几乎所有农民都穿上了棉布。"②长江三角洲先前是帝国的粮仓，此时的它进行快速的自我变更，从一个余粮区转为缺粮区，因为农户从种植水稻转向种植棉花。到1775年，一位地方官员估计道：该地区只有约四分之一的农业人口种植任何一种意义上的谷物。该地区的棉加工业发展得更为迅速，到清朝时，更进一步地从北中国、长江中游的新种植区进口原棉成为必要。棉花要求大量肥料，这最终催化出跨地区的沿海贸易，其对象是来自东北地区的豆饼肥料。在人口稠密的长江下游地区，人们发现了供养非食物生产者的新需求，在它的作用下，更远的在江西、湖南、最终还有四川的某些上游地区变为专业化的出口粮食生产者。

到19世纪，中游转运港汉口经手了大量商品的大规模转运事务，它们有大米、食盐、大豆、特殊食品、茶、草药、原棉、丝、成品织物、木材、兽皮、煤炭、铜和其他金属、纸以及难以计数的其他商品。该港还有一群天涯旅客寄居在此，他们来自极不相同的各个地区。关于跨地区贸易的惊人规模，从汉口至长江下游的大米贸易给我们提供了一条线索。据估计，到18世纪30年代，这条路线的大米贸易量每年在10—15亿磅之间。③ 到约1800年，10%以上的帝国大米，四分之一的原棉，半数以上的棉布，90%以上的生丝，接近全部的茶、盐生产都进入市场，而非由产家自行消化。④ 甚至在明代常被禁止的民间海上贸易在康熙帝解除最后的"禁海"令（1683年）后也得到了决定性的动力，这对包括上海在内的沿海港口是有利的（远早于19世纪的"西方影响"），这些港口开始获得重大发展。⑤

近代早期中国的城市化

正如魏希德在第16章中所指出的：1977年，施坚雅革新了我们对晚期中华帝国城市体系的认识。他证明了，中国并不存在一个一体化的城市等级体系，相反，它拥有的是各自独立的多个城市等级体系，它们包含于帝国的10大"宏观地文区"中。就近代早期而言，随着商业化、常规人口流动的规模加剧，这一点在绝大多数等级一面积曲线走向平缓一事上得到了反映。也就是说，随着各种产品的区域市场、城市等级体系越来越有效地一体化，中小城市以快于地区性大城市的速度成长起来。⑥ 有关描绘主要城市中心的地图，可参见区域地图 II. 5。

在明代早期的命令经济下，城市精英主要通过对乡村的财政、租金榨取而获得生计。随着此种命令经济让位于商品化农业、城市及其腹地之间的市场化交易，帝国最大的那些城市往往将其数百年前的规模延续下来，大致不变。不过，发挥协调作用的城市空间（比如地方行政治所）、未设行政机构的市镇，此时担负着管理大城市—腹地市场交易的责任，它们在数量、大小、繁荣诸方面都经历了增长。在快速商业化的地区，

---

① Richard von Glahn, *Fountain of Fortune：Money and Monetary Policy in China，1000－1700* (Berkeley：University of California Press，1996)，ch. 4.

② Philip C. C. Huang, *The Peasant Family and Rural Development in the Yangzi Delta，1350－1988* (Stanford：Stanford University Press，1990)，44.

③ William T. Rowe, *Hankow：Commerce and Society in a Chinese City，1796－1889* (Stanford：Stanford University Press，1984)；Han-Seng Ch'uan and Richard Kraus, *Mid-Ch'ing Rice Markets and Trade：An Essay in Price History* (Cambridge, Mass.：Harvard University Center for Chinese Studies，1975)，77.

④ 吴承明：《论清代前期我国国内市场》，《历史研究》1983年第1期，第99页。

⑤ Linda Cooke Johnson, *Shanghai：From Market Town to Treaty Port，1074－1858* (Stanford：Stanford University Press，1995).

⑥ Skinner, 'Cities and the Hierarchy of Local Systems', in Skinner, ed., *The City in Late Imperial China*，275－352.

比如福建、湖南、四川，以及不那么商业化的北中国平原，周期性的集市大量增加。另外，长期性的市镇也在帝国各地新建起来，而以长江三角洲为最甚。这个地区事实上是一个"城市区"，没有哪家农户是要跑半天以上路程到达一个真正的市镇的。这类市镇渐渐发展出更复杂的街道格局，其居住区根据产品种类而走向专业化，人口则增至成千上万的水平。换句话说，晚期中华帝国的城市化几乎是西欧城市化的反面，最引人注目的事件发生在城市等级体系底端。

这在部分程度上反映了近代早期西欧—清帝国人口增长的不同性质。在部分程度上得益于新大陆农作物的引进，大陆两端都经历了加速进行的新发展，在有清一代，中国人口很可能增长了三倍。不过，人们观察到，欧洲的发展有很大部分是在大城市，这是人口从不堪人口重负的乡村移出来的结果；而在中国，经历了最大发展的那些地区是位处偏远的乡村地区，特别是新开垦以备人住的高地、沼泽地。由于这些地方从一开始便发展商业化的农业，故此，新的小型交易中心（小市镇）成为必要的补充。①

西方的影响与"城乡差距"

西方商人以越来越多的人数叩关中国海岸城市是从清朝前中期开始的。而在 18 世纪 60 年代之后，按照法律规定，他们只能在广州进行活动。此种情势在 1842 年《南京条约》签订后改变了，该条约为第一次中英"鸦片战争"画上了句号，并让位置更北的数座沿海城市向西方商人、客居者开放。接下来签订的多个条约，渐渐地打开了北中国其他口岸以及长江上游内陆地带的大门。由此，"条约口岸"、外国"租界"的时代到来了。在经过一段时间的口岸试验期后，上海作为中西贸易最重要的转口港、西方对帝国产生影响的桥头堡崛起。这座城市的发展是惊人的：到 1910 年，上海的人口是 130 万，而在 20 世纪 90 年代它刚刚开启其崛起之旅时，住在这座城市里的人达到了 1500 万。

长期以来，有关条约口岸特别是上海在中国城市史上的独特性、它们在中国"现代化"进程中的变革作用，人们有各种各样的夸张说法。在很大程度上，晚近的学术研究为这些说法提供了支持。伟大的社会学家

费孝通在 1953 年说：在开埠前，上海"只是一个小渔村，它在传统经济中所扮演的角色是微不足道的"。②现在，我们知道，情况恰恰相反，上海自明朝以来，便是国内跨地区棉花贸易的一个中心，是东南亚、日本的重要贸易伙伴，在 1736 年以后，还是重要的海关税务所。到向西方开放前夕，上海早已有 20 万人口，它经手的运输量很可能与伦敦持平或是胜过后者。

条约口岸最后成了新混合人群的栖息之地，并展示了具有重大意义的西方、日本文化模式。从社会、文化上说，这是毫不令人感到奇怪的。不过，此论同样犯了言过其实的错误。1895 年的《马关条约》结束了中日战争，并首次将在开放的条约口岸设立外国工厂定为合法。在这之前，除了上海，没有哪个条约口岸的外国人是在 100 人以上的。不过，从另一方面来说，这些具有重要意义的商业城市早就是人口高度混杂的城市了，里面的中国人呈现出高度多样化的态势，他们来自帝国各地，在向西方开放的年代，情况仍是如此。此外，甚至上海这个极端事例也并非像幼稚的作家所说的那样"例外"。事实上，它只是本土社会的某个特殊部分——一个"另外的中国"——的最新体现。这个"另外的中国"一直向外看，并与其他全球文化有着深度互动。③

城市社会

谁住在近代早期的中国城市中？在很大程度上，对这个问题的回答有赖于我们所考察的城市属于哪种类型。市场等级体系与行政等级体系（地方行政治所—省会城市—帝都）并无很完美的重合关系，基于此，在不同城市之间，中心地的人口、社会结构会有全面差异。我们可以开封、上海、南京为例。开封是省会城市，但仅在地方上具有商业方面的重要性；上海虽仅是一个地方行政治所，它在国内、海上贸易中却发挥着非常重要的作用；至于南京，无论其行政还是商业功能，都具有相对平等的重要性。相比上海之类的城市，在开封这类城市中，官、吏、军人既在人数上优胜，又在社会上具有更重要的地位。另外，虽然晚期中华帝国所有重要的城市都是某种意义上的"口岸"，有大量运

---

① James Z. Lee and Wang Feng, *One Quarter of Humanity*：*Malthusian Mythology and Chinese Realities* (Cambridge, Mass.：Harvard University Press, 1999)；刘石吉：《明清时代江南市镇研究》(北京：中国社会科学出版社, 1987 年)。

② Hsiao-Tung Fei, *China's Gentry*：*Essays in Rural-Urban Relations* (Chicago：University of Chicago Press, 1953).

③ Marie-Claire Bergere, '"The Other China"：Shanghai from 1919 to 1949', in Christopher Howe, ed.，*Shanghai*：*Revolution and Development in an Asian Metropolis* (Cambridge：Cambridge University Press, 1981)，1 - 34.

输工人集中在此,然而它的功能却是在以下两者而非其他城市身上有着最清晰的表现:其一,内河转运港,比如四川重庆;其二,海上贸易中心,比如福建厦门。除以上外,还有大量专业化的制造城市存在,比如瓷器城市江西景德镇,炼铁城市广东佛山,炼盐城市四川自贡。在 20 世纪最初的 10 年里,铁路的兴起在主要铁路线的沿线地带创造了河北石家庄之类的新工业城市。

近代早期的中国城市是引人注目的多民族城市,它容纳着大量多少带有"外国色彩"的中国人群体,它们来自不同的语言、文化区。在重庆、汉口、九江、南京、苏州和佛山这类重要的商业中心,人们可以看到大量这类起源于各地的群体。从法律上说,晚期中华帝国臣民有经过登记的出生地(户籍),不过至少在清朝统治时期,寄居行为没有遭遇实质性的障碍。事实上,许多商旅人士出生、一直生活的城市与自己的户籍地相距遥远。这类客旅的身份往往在遥远的祖籍、日常生活并居住的地方之间维持着良好的平衡。另外,他们的客旅意识可能会非常浓重,举例来说,沿着商业城市的路线演出的剧团在所去之地用观众熟悉的语言,为他们熟悉的乡亲表演戏剧,这就会加重后者的客旅意识。这类从商客旅的数量简直无法计数,其中最重要的当数徽州客商(盐商、米商)、山西客商(票号掌柜),后来加入其中的还有来自广东、浙江宁波的茶商。除此之外,还有来自江西、湖南和许多其他地区的商人。[1] 东道城市是这些商旅群体共存并展开日常交往的地方,它们是真正的容纳四海人士的城市中心。

在某些高度商业化且同样长时间集聚了富裕文士的城市,比如广州、扬州,绅/商的地位差异仍是引人注目的。在其他缺乏土著文士的城市,比如汉口,商人就是真正的城市精英。[2] 不过,哪怕在商人中间,也存在一股长期趋势:他们要接受古典教育,并且获得绅士的地位(如果只有通过联姻或自己的后代才能实现的话)。到 19 世纪晚期,许多商业中心出现了混合型的"绅商",人们最好将他们理解为"商人"。

城市平民包括店主、小商人、匠人,他们构成了绝大多数大城市的核心人群。匠人的数量可能会给人以深刻印象。比如,约 1750 年,在南京运作的丝织机不

下 3 万部。大量手工行业呈现在人们面前,仅苏州一地数得过来的就有 70 个。每个大城市都有自己的一系列有着广阔市场的土特产。经济专业化与寻找商机的过程是充满活力的,它使得手工业不断地再分化,结果,我们看到,苏州造纸匠最后将自身分入到八个具体的专业部门中去。[3]

近代早期中国的迅猛城市化产生出一个庞大的原始城市无产阶层。这个群体既包括长住的本地居民,如仓管员、码头工人、在本城活动的搬运工,也包括变动不居的另一个人群,如船员、车夫、长途搬运工,这些人是群集在"民市"找饭碗的。不论是本地运输工人,还是在城市之间跑的搬运工,他们一般都被组织到由劳工老板(把头)召集起来的劳工群体(帮)中。

重要的商业城市还是底层阶级一个重要的安身之所,这些人的数量很明显是在日益增长着的。乞丐是城市生活的一个长期性特征。在近代早期,他们常常被组织起来,并像其他劳工一样寻求独属于自己的势力范围。由此,他们常常弄收原始形式的保护费的名堂,从而避免商铺、民家给他们上缴固定的费用。因洪水、饥荒而产生的乡村难民周期性地扩大着乞丐队伍,他们与常年操持此业的乞丐关系并不和睦。无论乞丐还是难民都有男有女,他们会在家庭的环境下生活。这样,我们看到了来自底层阶级的另一个问题,它更令人烦恼:城市未婚男性或曰"光棍"的数量日益增长。在家庭文化占据主导地位的一个社会,这些人的存在明显是一个威胁。这些人产生的根源基本上是社会总体的性别比例失调,因为这个社会常将清除女婴作为抑制人口增长的"预防性"措施加以施行。更成问题的是,这些人往往扎堆,特别是在城市中。[4] 在许多城市,他们的数量在 19 世纪的第三个四分之一段时急剧增长。这些"痞棍"常年处于失业状态,他们由于自己的"无赖"以及威胁其他市民的癖好而令许多人感到恐惧。

城市居民区往往融商业、居住功能于一身,走很远的路去上班的事情并不多见。北京以其宽大的庭院住房(四合院)闻名,这种住房面向狭窄、普通的胡同。而在条约口岸上海,许多移民住在新式的出租房(石库门)中。在更一般的商业城市,上有行商场所、下有家

---

① Fujii Hiroshi, 'Shin'an shōnin no kenkyū', *Tōyō gakuhō*, 36.1 - 4 (1953); Terada Takenobu, *Sansei shōnin no kenkyū* (Kyoto, 1972); Nishizato Yoshiyuki, 'Shinmatsu no Nimbo shōnin ni tsuite', *Tōyōshi kenkyū*, 26.1 - 2 (1967).

② Steven B. Miles, *The Sea of Learning: Mobility and Identity in Nineteenth-Century Guangzhou* (Cambridge, Mass.: Harvard University Asia Series, 2006).

③ 彭泽益:《中国近代手工业资料》(全四卷,北京:生活·读书·新知三联书店,1957 年)。

④ Matthew H. Sommer, *Sex, Law, and Society in Late Imperial China* (Stanford: Stanford University Press, 2000).

居空间的市房较为普遍。居住区常以一个民族群体或职业群体为主，不过，住在城市边缘的乡村难民、"棚民"的棚户区是个例外，这里常是鱼龙混杂之地。社区的一体意识非常强烈，事实上，卢汉超令人信服地描述了早在晚清时便存在于上海的"城市村庄"效应。①

除了日益严峻的犯罪、人际暴力问题，近代早期中国城市还是大量冲突、群众运动上演的舞台。在晚明的长江下游城市（包括南京、苏州、杭州），摇摇欲坠的明政府愚拙地开征新税，以图缓解自己的财政危机，这些城市极端复杂的反抗、暴力行动模式从根本上来源于此。这些行动让城市中的下层绅士、店主、匠人甚至军人走到了一起，结成不稳定的同盟，反对享有特权的"权贵"市民、乡村精英以及国家的代理人。最暴力的行动于 1582 年发生在杭州，当时，成千上万的人聚集起来，毁坏这座城市的城墙、城门，并纵火焚市。②

晚明的群众运动是引人注目的，因为它们通过某种方式，将完全不同的人群组织为一体，他们看似是以集体方式对市民意识——它与中国马克思主义学者所称的"封建"政治、经济政权相对立——做了表达。虽然如此，此种情势并未延续到清朝，因为那时的城市动乱传达的几乎总是城市中的某个特殊社会群体的利益，将矛头指向其他城市社会群体。匠人罢工较为普遍，比如 1742、1817 年的铸币工人罢工，1730 年苏州的压布工罢工，1736 年景德镇的陶匠罢工，以及贯穿整个清朝的铁匠、木匠、织工罢工。商人则多次罢工，抗议征收新的商业税。18 世纪晚期，在商业口岸至少发生了 12 次船夫起事。

不过，最普见的城市群众运动类型可能是粮食暴动了，因为在这个时期，城市人越来越依赖在市场上购买主食。和同时期的西欧一样，粮食暴动有其"道德经济"的基础和程式化的套路。其针对的目标通常是官仓和粮商的货栈。行动是激烈且具有破坏性的，不过，它们并不特别具有暴力色彩。地方官常对暴动者持同情态度并作宽大处理。粮食暴动在许多城市都有发生，尤以中国中部各地为甚，因为这里的粮食市场发展得最充分。在粮食进口区，比如江南，人们虽可见到暴动的身影，不过，最常发生此类事情的是像湖南这样的

粮食出口区，在这些地方，对本地消费者来说，跨地区出口商定的高额粮价是人们眼中的不公平天价。从时间上说，通常是在人口、商业化快速增长、发展的时期，发生大量的粮食暴动，比如 18 世纪 40 年代以及国家崩溃的时期（比如 20 世纪早期）。③

为了制服城市（有强大治安力量的帝都北京除外）中长期存在的暴力威胁，帝国采取的措施是在地方层面设置人数较少的维稳力量（保甲），一些帝国军队则归地方政府调配。近代早期的中国城市一个引人注目的现象，也就是它们处在治安力量的控制之下，在和平之时，地方的法律执行、秩序保障在很大程度上是民团、保安队的职责，它们掌握在城市人自己手中。

城市文化

虽然某些早先的学者提出过种种看法，④近代早期中国城市的文化与乡村文化是有着极大差异的，对于这种差异，城市人有着高度的认知并为此感到自豪。明清城市中充满了社交和表现文化的场所，其中许多场所（包括街道本身）是露天式的。不仅本地居民出门散步、聊天，商人、街头歌手、木偶师、药品宣传、武术表演也在街头竞争地盘。在上海的居住区，有面向街道的"老虎灶"店铺，它们供应开水和其他日用必需品，人们在这里聚集、谈天。庙会在城乡都是很常见的，不过在大城市，它们的气氛更热闹、内容更丰富。行会积极参与到其中，各种各样非出自本地的外来商品琳琅满目。⑤

不过，最具特性的社交场所是茶馆。茶馆早在唐代便出现了，至少在帝都是这样。然而，它广泛传播开来却是在商业化、城市化程度更高的帝国晚期。与伦敦的咖啡馆或酒吧一样，茶馆是近代早期富有特色的一个城市组织。在重要的清朝城市中，几乎每条街都有一个茶馆，其数量数以百计。茶馆是大量人际交往、社会关系展开的中心。它们充当着多种半正式社会组织大本营——诗社、原始工会、"秘密社会"的分会——的角色。它们是商人、地主、大夫、书记的办公场所，又是承担理发、清洁耳朵之类的服务功能的地方。茶馆

① Hanchao Lu, 'Away from Nanjing Road: Small Stores and Neighborhood Life in Modern Shanghai', *Journal of Asian Studies*, 54.1 (1995), 92 - 123.

② Richard von Glahn, 'Municipal Reform and Urban Social Conflict in Late Ming China', *Journal of Asian Studies*, 50.2 (1991).

③ R. Bin Wong, 'Food Riots in the Qing Dynasty', *Journal of Asian Studies*, 41.4 (August 1982), 767 - 788.

④ Mote, 'Transformation of Nanking', 103.

⑤ Di Wang, *Street Culture in Chengdu: Public Space, Urban Commoners, and Local Politics, 1870 - 1930* (Stanford: Stanford University Press, 2003).

还举行细致的礼仪活动——调解纷争，也就是人们所知的"讲茶"。在"讲茶"活动中，双方各有大量参与者，证人则依序被传唤，有时，由茶馆主人作出评判。这种活动常常以圆满结局告终。

茶馆还是娱乐场所。成都茶馆的小二们操着与众不同的行话，且提着长嘴茶壶，他们是意蕴丰富的一道风景线。茶馆是为斗鸟、其他争斗物事下注的赌场，是专业击鼓歌人、说书人的表演舞台；在某些城市，还有专门的"书场"兴起。茶馆常常身作二用，既是澡堂，又是剧场。[①]

清朝城市是孕育中国戏剧的大舞台。在扬州这样的重要商业中心，富商们争着为自己的剧团撑台，它们在会馆为各不相同的广大城市观众表演。寺庙庭院在与所奉神灵有关的节日为露天表演提供场地。18世纪，在皇室的支持下，这些长江下游的戏剧传统在京师汇聚，结果是我们今日所知的"京戏"横空出世。在广州，商人们于1891年建造了四座宏伟的戏院，他们参照了30年前广州老乡在旧金山唐人街所建的剧场模式。[②]

320　近代早期的中国城市还是性交易的中心。在沿海、内河口岸，人们尤其能看见有着细致分级的一大堆妓女，从生活艰困的街头妓女，到有着最好修养的交际花，不一而足。后者像更出名的日本艺妓一样，不仅诱惑力十足，且精于音乐、文学。帝国名声最著的欢场有个缓慢转移的过程，它们从晚明的南京秦淮河岸，转到清朝中期扬州运河上的彩饰游船，再转到19世纪晚期的花花上海。这些交际花文化的中心吸引着来自各地的男性旅客，他们用意蕴丰富的典雅礼仪与当地的著名居民往来。在某些学者看来，此举在男性中间推动了一种龙凤配的新婚姻潮流，男人们要求配偶要能为其提供他们在交际花身上找到的那种富有修养的乐趣。围绕着这些欢场，表达了深深的矛盾情感的大量通俗文学涌现出来。[③]

不过，与更早时的中国城市相比，近代早期中国城

市最与众不同的文化特征可能是印刷的无所不在。稍有文化的人在这个时期急剧兴起，在很大程度上，这是一个城市现象。它向社会下层蔓延，从而将"小市民"囊括进来，不分男女。18世纪，此种现象的一个标志是售卖眼镜的店铺快速增加。一个新的商业部门——出版业——产生了，它们经营的是大量新体裁的廉价书籍，从而为一个新的中层读者群体提供服务。通过专业文书、说书人、大众宣讲师这样的中间人，此种新的印刷文化与原来的口头文化有了交集，后者的内容因前者而变得更为丰富。在这个过程中，许多新的白领职业在文人圈的边缘兴起，如编辑、校对、书籍推广。此种新的印刷文化包含了以下材料：流行爱情故事、色情文学、武侠小说。除了这些，还有极其丰富的廉价指南书：科举考试的答案书、婚葬行为手册、故事书、模范契约手册、商旅路线指南、艺术收藏手册、自医手册、性事指南、教派经典、记载每日善行与过失的簿册，等等。整体而言，对晚期中华帝国文化、社会以至政治的发展来说，上述各个领域的商业化、民主化是有着重大意涵的。

与城市文化的兴起相关的是商业广告与更富时尚意识的新消费文化的兴起。商标、品牌获得大发展；大约从唐朝开始，店铺标志便加入了文字的内容，与店铺标志共同发挥作用的是贴在店门上的迎客门联；"日用类书"则对来自异地而如今在每个城市都能买到的特殊商品进行介绍和推销。19世纪晚期，新闻社的出现大大扩展了登广告者的影响范围。在长江下游城市，女装、发型、化妆品方面的时尚"以令人眼花缭乱的闪电速度"不断翻新，与此同时，来自苏州、扬州这类时尚中心的不同风格在更广阔的区域市场彼此竞争着。[④]

近代早期中国城市中的结社

增大的人口压力，日益扩张的充满经济机遇的结　321
构，两者结合起来令近代早期的中国城市成为龙争虎

---

①　Suzuki Tōmō, 'Shinmatsu Kō-Seku no chakan ni tsuite', *Rekishi ni okeru minshū to bunka*（Tokyo：Kokusho Kankōkai, 1982），529-540；Di Wang, *The Teahouse：Small Business, Everyday Culture, and Public Politics in Chengdu, 1900-1950*（Stanford：Stanford University Press, 2008）；Fei Li, 'The Traditional Style of Storyhouses in Yangzhou', in Lucie Olivova and Vibeke Bordahl, eds., *Lifestyle and Entertainment in Yangzhou*（Copenhagen：NIAS Press, 2009），271-285.

②　Colin Mackerras, *The Rise of the Peking Opera, 1770-1870：Social Aspects of the Theatre in Manchu China*（Oxford：Clarendon Press, 1972）；May-ho Chia, 'A Preliminary Study of Theaters Built by Cantonese Merchants in the Late Qing', *Frontiers of History in China*, 5.2（June 2010）.

③　Patrick Hanan, trans., *Courtesans and Opium：Romantic Illusions of the Fool of Yangzhou*（New York：Columbia University Press, 2009）.

④　Antonia Finnane, 'The Fashionable City? Glimpses of Clothing Culture in Qing Yangzhou', in Olivova and Bordahl, *Lifestyle and Entertainment*, 62-74.

斗之所。对此，人们作出的一个回应——我会建议把它当作整个这段时期的标志性社会潮流——是通过富有创造型、扩张性的结社过程，追求团结一体的状态，此风蔓延至诸多功能领域。最具有重要作用的自然是亲族或家族团体了。家族团体通常以市镇或乡村为中心，在城市生活的许多方面具有重要作用的则是亲族关系。在近代早期，亲族团体经历了一个非常具有创造性的组织创新过程，由此，我们几乎可以肯定，它为各个城市生活领域中的大规模结社（association-building）提供了样板。

更大规模的商业企业就是一个例子。虽然一般的零售商铺仍停留在小型夫妻店的水平上，像汉口叶开泰药店这样的大型家族企业却通过系列分店的设立，实现了大扩张，每一分店由直系家族成员管理。1863年，传统纺织商人出身的孟氏家族在北京主要的商业集点开设了大型绸缎庄——瑞蚨祥，它随后又在天津、哈尔滨、苏州、杭州这类城市新开了50家分店。在大量制造行业中，史无前例地兴起了许多大型作坊，个体匠人则集中在某个实业家的领导之下，后者为前者提供原材料并对生产成果实行按件计资。以苏州为例，我们看到的染布坊超过了450家，平均每家约有24个工人。① 虽然缺乏强劲的商业信用市场或现成的公司法，人们还是发现了种种创造性的方法积累商业资本。在炼盐之城自贡，实业家们在高度优化的书写契约制度的基础上，通过"堂"（家族信托组织）来打造流行的私人资本，从而创造出大规模且富有灵活性的伙伴关系，他们设立中央集权的管理机构监督不同部门，并通过互相捆绑的投资，达到了引人注目的供应链、生产线、营销网络的垂直整合。②

还有一些其他的男人没有享受到家庭或亲属关系带来的好处，他们以兄弟会、帮派的形式组成了自己的团体，我们有时将之称为"秘密社会"。在以台湾地区、东南沿海为方向的汹涌移民潮中，有一些单身汉参与其中，他们在很大程度上要维护自己的利益从而与有组织的家族团体对抗。这些人组成了松散的会堂联盟，也就是我们所知道的"天地会"或"三合会"。这些人以食盐、鸦片走私者的身份为自己谋得出路，他们最后成了广州、其他东南城市地下世界的主宰者。三合会的分支哥老会同样在成都、其他长江上游城市横行霸道。至于沿长江、大运河运送漕粮的船夫，他们组成了在生活上互相帮助的劳工团体，在道路沿线的每一个重要口岸都有他们的旅店。在发展的过程中，这些团体逐渐罩上了一层民间佛教的色彩，它们发展为青帮，20世纪上海的犯罪力量、警力都在它的控制之下。③

其他城市社会组织则以更为正统的宗教习俗为中心。城镇无论大小，总有一些乃至很多的社区寺庙。这些寺庙由托管会管理，其资产投资于当地市场、地产。在每年的宗教节庆日，它们都会举行游行活动。活动期间，它们的主神会离开自己的神位，由人在轿上抬着在寺庙区周围游走（"巡"）。这些宗教节庆常常同时进行，以便好奇的市民能根据每年的时间安排参加许多的节庆。除了寺庙，城市常常还有更大规模的神庙，它们一般是"城隍庙"，其管辖范围是整座城市。城隍庙里的机构负责人由寺庙托管会派出的人轮流担任。小庙的神每年会请求大庙"传香"以使自己重新得到圣化，组织上的等级秩序因此得以巩固。在地方遭受灾劫（比如瘟疫或战争）时，所有城市寺庙的负责人会联合起来，组织大规模的驱魔大会（"醮"），以保护城市免受邪灵、饿鬼的攻击。④ 另一种形式的宗教组织是香会，其组织者是在城市周边群山朝拜著名寺庙的市民。对这些朝圣客（通常是女人）来说，朝圣是虔诚、休闲的统一体，基于此，在朝圣之路沿线，发展起了大量茶寮、纪念品店。⑤

近代早期城市中的旅客群体在自己客居之地成立了基于地缘关系的团体（会馆）。其中最早的当数在帝都北京由举子成立的会馆，不过，随着晚明、清时商旅的大发展，这类团体更普遍地由商人建立起来。就本身而言，这些团体与更古老的商人组织或匠人行会（"行"）有着重叠关系，自晚唐以来，后者便是重要的中国城市为人所耳熟能详的一个特征。清代的商业口岸

① 刘永成：《试论清代苏州手工业行会》，《历史研究》1959年第11期，第21—46页。

② Madeleine Zelin, *The Merchants of Zigong：Industrial Entrepreneurship in Early Modern China* (New York：Columbia University Press, 2005).

③ David Ownby, *Brotherhoods and Secret Societies in Late Imperial China* (Stanford：Stanford University Press, 1996)；Cai Shaoqing, 'On the Origin of the Gelaohui', *Modern China*, 10.4 (October 1984)；David Kelley, 'Temples and Tribute Fleets：The Luo Sect and Boatmen's Associations in the Eighteenth Century', *Modern China*, 8.2 (July 1982).

④ Wang Shih-Ch'ing, 'Religious Organization in the History of a Chinese Town', in Arthur P. Wolf, ed., *Religion and Ritual in Chinese Society* (Stanford：Stanford University Press, 1974)；Mingming Wang, 'Place, Administration, and Territorial Cults in Late Imperial China', *Late Imperial China*, 16.1 (June 1995).

⑤ Susan Naquin and Chun-fang Yu, eds., *Pilgrims and Sacred Sites in China* (Berkeley：University of California Press, 1992).

无不收容了许多行会,某些城市的行会数量超过了100个。在上海、汉口、重庆这类城市,小团体常常聚合成大的综括性组织:许多同业行会经相互联系,成为更具包容性、有着共同地域渊源的团体,比如"广东帮",反过来说也是一样。随着时间的推移,分类更细的行会,比如经纪人(与批发商或零售商相对)行会或学徒(与师匠相对)行会也出现了。行会有着范围广泛的各种功能,既包括经济功能(管理入行事宜、设定标准和价格、形塑某种商品的地方市场),又包括范围更广的社会、文化、宗教功能。它们在经济上由会员缴纳的会费给予支持,与此同时,某些行会也在以下领域有着广泛的经济利益:市场、码头、商铺以及其他城市出租物业。①

如果说行会是绝大多数近代早期城市中最具势力的社会—经济组织,那么,隐然具有最重要的政治作用的当属慈善事业了。中国近代的城市慈善事业史起于16、17世纪长江下游城市中志趣相投的"慈善家"("慈善人")组织。有时,这些慈善事业有着特别的目的,也就是积累佛教所谓的功德,其表现形式是善人们将鸟类、小动物买来放生("放生会")。有时,它们是为了行范围更广的、在很大程度上具有象征意义的善事("同善会")。有清一代,特别是在18世纪第二个25年时的雍正皇帝治下,国家重新在民众生养方面采取主动措施,并为此而推动地方精英在每个地方行政治所建立育婴堂、普济堂,这些设施由私人资本、"公"费给予经济支持。不过,哪怕是在这里,相对于浩大需求而言的慈善事业规模告诉我们的是:办慈善的用意更注重垂范作用而非解决实际问题。

此种情况在19世纪的进程中有了改变,由于帝国政府重新走向衰落,而在更大、更复杂的城市中,人们对社会服务的供给又有着明显需求,一股慈善事业的创办潮因此而兴起。起初存在的是大量专业组织:废纸回收机构、贞妇之家、收敛无主尸体的组织、救生船机构、施粥舍,等等。不过,到19世纪30、40年代,在许多城市,这些不同的功能集合成一种新的慈善机构——"善堂",这样的事情在19世纪中期的动荡后复又出现在许多其他城市。在汉口,到19世纪90年代,以社区为本的在营善堂至少有35座。在如日中天之时,善堂有着范围广泛、多方面的功能,它们由领薪的专业人士照管,在财政上,则由社区事业所缴纳的费用和城乡财产捐赠合力给予支持。②

晚清城市的公共领域

在帝国晚期的城市中,志愿组织的数量、类型有了很大发展,它们承担起类似于政府的大量社会服务功能。某些历史学家观察到这些现象,他们在里面逐渐看到了独特的中国"公共领域"的兴起(有关公共领域,可供比较的讨论参见本书第23章)。这种概念飞跃得益于人们注意到了以下现象:在近代早期的中国词语中,"公"字——与"官"、"私"相对立——的运用与日俱增,用以描述新的精英行动领域。③学术界对援引这个哈贝马斯的术语存在着反对声音,虽然如此,在帝国存在的最后半个世纪,表面上与政府无干的各种组织是以无可抵挡的加速之势承担起城市公共服务功能的。这些活动在功能上日益具有包容性并以整个城市作为影响范围。早期的一个例子出现在炼铁城市佛山身上,在这里,地方文士的一个共治团体于18世纪晚期建立了一个事实上的市政厅,它位于城中心的庙宇附近。这些名士在地方政府的默许下行事,不过并未使用政府的名义,也未得到国家的经济支持。他们参与的"公事"范围包括管理学校、城市粮仓。做这些事的活动资金来源于该团体征收的城市码头税,以及从有利可图的船渡事业中获得的收入。在山东条约口岸烟台,一座对整个城市发挥影响的善堂在1889年建立起来,其基础是民众所缴纳的费用。④

在地方产生危机的时代,城市行会或地缘组织能

① Rowe, *Hankow: Commerce and Society*; *Bryna Goodman, Native Place, City, and Nation: Regional Networks and Identities in Shanghai, 1853-1937* (Berkeley: University of California Press, 1995); Richard Belsky, *Localities at the Center: Native Place, Space, and Power in Late Imperial Beijing* (Cambridge, Mass.: Harvard University Asia Center, 2005).

② Fuma Susuma, *Chūgoku zenkai zendō shi kenkyū* (Kyoto: Dōhōsha Shuppan, 1997);梁其姿:《施善与教化:明清的慈善组织》(台北:联经出版事业公司,1997年);Joanna Handlin Smith, *The Art of Doing Good: Charity in Late Ming China* (Berkeley: University of California Press, 2009); William T. Rowe, *Hankow: Conflict and Community in a Chinese City, 1796-1895* (Stanford: Stanford University Press, 1989).

③ Mary Backus Rankin, *Elite Activism and Political Transformation in China: Zhejiang Province, 1865-1911* (Stanford: Stanford University Press, 1986); Rowe, 'The Public Sphere in Modern China', *Modern China*, 16.3 (July 1990).

④ Mary Backus Rankin, 'Managed by the People: Officials, Gentry, and the Foshan Charitable Granary, 1795-1845', *Late Imperial China*, 15.2 (December 1994), 1-52; Inspectorate General of Customs, 'Chefoo', in *Decennial Reports, 1882-1891*, 60.

以极大的主动性携手行动,至少能暂时执行明确的政府功能。拿四川重庆来说,在面临导致地方官逃遁的太平天国起义时,由八个省外商会组成的临时联盟展开了对该城的全面管制;20 年后,在一位法国传教士被杀后,同一个行会联盟将该城从法国炮船的炮轰下救赎出来。在城市范围内,排除官僚的"公共"管理越来越走上正规制度化的道路——这构成了清朝最后 10 年的特征,其顶点便是 1905 年上海城厢内外总工程局的建立,这是一个由商会领袖、城市主要行会领导的组织。这是少有疑义的"城市自治"。

若干总结性比较

到我们讨论的历史时期之末,清代中国拥有异常发达的城市经济,以及复杂的城市政治、文化。虽然如此,它主要还是一个乡村社会。据施坚雅估计,在该时期之末的 1893 年,有 4000 或以上居民的城市共有 877 个,其在帝国总人口中所占的比例在 5—7% 之间。[①] 这个比例远低于欧洲,就后者而言,据利斯夫妇(Andrew and Lynn Hollen Lees)所说,1800 年时 14.5% 的人口是住在有 5000 及以上人口的城镇中的,这个比例到 1910 年飙升至惊人的 43.8%。这个差异反映的并不是中国城市人口的稀少(施坚雅认为 1893 年时的中国城市人口超过了 2350 万),而是这样一个事实:近代早期,中国的显著人口增长更多地发生在乡村、为务农而新开垦的边缘地带、小市镇而非城市。事实上,唐宋中国的城市化率很可能高于 1893 年时的中国。

正如麦克莱恩(James McClain)所强调的(参见本书第 18 章),明清中国的城市形式、功能与德川日本有着明显不同。两个帝国都有规模庞大的帝都(南京、北京与江户、京都),都满目可见规模更小的行政治所(官僚制中国的地方政府、封建日本的堡垒式城镇)。不过,排除这些相似性,中国更高层面的乡村城市化以迥异于日本的方式创造出一个城市体系。作为一个过度发展的堡垒式城市,大阪完全主宰了日本全国性的大米、棉花市场,这里面很大程度上体现的是命令经济。与此相比,中国有大量的地区性大城市,在这些城市里,市场交易与行政活动抢着在功能上发挥主导作用。除此之外,中国还有某些特大型的工商城市,它们不执行任何意义上的行政功能。

无论相比中国还是日本,在政治上更加分权的欧洲,普见于东亚社会的大量行政城市从根本上说是缺乏的,尽管身在教会等级体系中的教会城市在微弱的程度上扮演了这种角色。相比中国,行政当局在决定城市制度方面只发挥了较小的作用,此种情况一直延续到民族国家兴起、巴韦(Bas van Bavel)及其同事所谓的"首都效应"(参见本书第 21 章)出现为止。事实上,在西欧,贸易特别是水运贸易是城市发展的主要动力,这一点似于中国而与日本相异。近代早期欧洲最大的城市往往与海外贸易有关系(威尼斯、阿姆斯特丹、伦敦),中国的情况却不是这样。换句话说,直到 19 世纪晚期上海有了显著发展,此种情况才适用于中国。

尽管如此,近代早期欧洲、日本、中国的城市展现出了许多共同特征。从文化上说,城乡差异意识在三地城市都有增长。在所有三个社会中,日益攀升的识字率、"印刷革命"催生了小说以及各种指南书,与此同时,咖啡馆、茶馆这样的社交场所呈现出欣欣向荣之势,戏院则享受了全面繁荣。地域流动加剧(在欧洲、中国更甚,日本稍逊),旅居城市、行踪不定变得更稀松平常,社会组织愈趋复杂并很好地表达了自己的利益,城市组织大大扩展了自己的救济职责。从这种意义上说,近代早期的城市化确实是一个欧亚现象,如果不是全球现象的话。

参考文献

Goodman, Bryna, *Native Place, City, and Nation: Regional Networks and Identities in Shanghai, 1853 - 1937* (Berkeley: University of California Press, 1995).

Johnson, Linda Cooke, ed., *Cities of Jiangnan in Late Imperial China* (Albany: State University of New York Press, 1993).

Meyer-Fong, Tobie, *Building Culture in Early Qing Yangzhou* (Stanford: Stanford University Press, 2003).

Naquin, Susan, *Peking: Temples and City Life, 1400 - 1900* (Berkeley: University of California Press, 2000).

Olivova, Lucie, and Bordahl, Vibeke, eds., *Lifestyle and Entertainment in Yangzhou* (Copenhagen: NIAS Press, 2009).

Rankin, Mary Backus, *Elite Activism and Political Transformation in China: Zhejiang Province, 1865 - 1911* (Stanford: Stanford University Press, 1986).

Rowe, William T., *Hankow: Commerce and Society in a Chinese City, 1796 - 1889* (Stanford: Stanford University

---

① Skinner, 'Regional Urbanization in Nineteenth-Century China', in Skinner, ed., *The City in Late Imperial China*, 225 - 226.

Press, 1984).

—— *Hankow: Conflict and Community in a Chinese City, 1796 – 1895* (Stanford: Stanford University Press, 1989).

Skinner, G. William, ed., *The City in Late Imperial China* (Stanford: Stanford University Press, 1977).

Wang, Di, *Street Culture in Chengdu: Public Space, Urban Commoners, and Local Politics, 1870 – 1930* (Stanford: Stanford University Press, 2003).

屈伯文 译 陈 恒 校

第 18 章 日本的前现代城市

詹姆斯·麦克莱恩

328　　1590 年夏,大军阀德川家康指挥一支由武士团组成的先锋军进入广阔的关东平原,这里是日本最肥沃的粮食产区。而后,在位于江户湾最深处的一个小渔村,家康建立了一个堡垒型的居住地。10 年之后的 1603 年,自 7 世纪中期以来其家族世代为日本君主的天皇任命家康为将军,这个职位将统治全国的权力授予了他及其后裔,除此之外,还有维护法律、秩序以及领导武士阶级的特殊使命。为了让本家的未来获得保障,家康最后将自己的全部军队——其数量达数十万——安置在他所建的堡垒型居住地的周围。随着商人、匠人进入这里,以便满足军用需求,这个江户小镇成长为人口过百万的大都市,到 1700 年,它已是世界上最大的城市,且是现代东京的前身。

作为一个有卫星城的大都市,江户的兴起并非孤例。在标志着进入 17 世纪的那几十年里,实力强大的地方诸侯——大名——在日本各地修建着自己的堡垒型居住地。这些军人领袖,其人数一般在 220—250 个之间,他们的领地约占日本国土的四分之三。这些人向德川家的军事霸权宣誓效忠,并同意按照幕府所制定的广泛政令管理自己的领地。很快地,和江户一样,这些大名的大本营成为充满活力的各种人群的集聚中心,包括武士、商人、匠人团体。这些大本营的发展引发了世界上伟大的城市革命之一。1580—1610 年,今天日本最大的城市近半是在这个短短的时期产生的,其存在形式是堡垒型城市。它们从北方的仙台,到日本中部的金泽、名古屋,再到南方、西方的广岛、熊本,不一而足(参见区域地区 II. 5)。

329　　和它们的数量一样,这些堡垒型城市的规模同样给人以深刻印象。约 140 座这类城市至少拥有 5000 人口,巨无霸城市金泽、名古屋则以 10 万人口夺冠(江户、帝都京都、商业城市大阪也是如此)。到 1700 年,在日本的堡垒型城市建设潮全速进行时,只有尼德兰、英格兰—威尔士有着可与日本相抗的人口密度。这是一个引人注目的城市发展世纪,新城市既深深地从过往的历史中吸取教训,又为未来的日本人留下存之久远的遗产,直至现代。

往事概览

虽然 17 世纪日本城市化的规模令人感到吃惊,不过,就近代早期的城市史而言,并非里面的所有东西都是新的。当然,城市本身也并不都是新的。7 世纪中期,所谓的"太阳王系"居住在日本中部,它是一个强大的氏族。它收服了自己的对手,并宣布了《大化改新之诏》,从而确认了自己对日本列岛的统治。在接下来的数十年里,这个世系的历代首领将自己尊为天皇,他们受命开启一段神话般的历史,这段历史证明了皇家的神圣起源,建立了中央、地方官僚机构从而扩展帝国对全部国土的控制,催生了贵族以充实新岗位,发布了法令、税律,并建立了首都充当新政府的大本营。早先在飞鸟谷、奈良展开的城市建设经证明太过局促之后,天皇于 794 年创建了一个面积广大而存之长久的城市,他将它叫作"平安京",意为平稳、和平之都,该城后来以"京都"之名为人所知。

从一开始,京都的规划便是为了对天皇的雄心作切实的展示。城市规划者仿照中国模式,设计出宏伟的东—西向道路网格,与南—北向街道相交;城北划出一块面积大且形状对称的围地,用以安置官僚机构、皇室住所(这样就可以更好地享受来自吉利的南方的温暖阳光了)。在皇宫周围,天皇将居住地配给为自己服务的贵族,并安排一座风景优美的花园,作散步、休闲之用。在城南,天皇建立了令人印象深刻的罗生门,面向朱雀大街,这条街是 300 尺宽的中央大道,从始点到皇宫区共有 2.5 英里;天皇还支持建造两座高大的护国寺庙,并为市场的建造提供物资。一首 9 世纪的诗歌描绘了帝国早期京都的繁华:"日显绿,夜显绿,极目望远,莫不是绿。闪闪发光,有如珠宝。哦,何物闪光?是朱雀大街垂柳的低悬树枝。"①在接下来的数百年里,京都将历经浮沉,正如皇家本身既享受了容光焕发的时刻,又曾遭逢几乎陷入贫困的绝境。不过,无论时间之流如何跌宕起伏,京都都会将一份历久不衰的遗产加诸日本城市史之上。正是为此,政治精英将努力规划表达其权力、权威诉求的城市。

京都还成为日本经济消费、生产的重要中心。终中古之世,从12世纪末直至16世纪的大部分时间里,京都的人口可能在10—15万之间徘徊。一般而言,在这些人中,约有1万人出身大皇族、社会地位显赫的贵族之家;约3万人(有的时候甚至要翻一倍)是军人(及其家属、作为附属的服务人员),他们受命维护法律、秩序,甚至最初是贵族禁脔的市政管理特权,也日渐受到这些人的侵蚀;另外还有1万人左右属于佛教僧尼。相应地,这些被划分为多个层次的城市精英与农民、当地的匠人以及商人有依赖关系。农民耕耘城里的田园,种出蔬菜,水果;匠人、商人生产、分配制造品,包括衣物、鞋子、寝具、餐具、梳子、针、扫帚、灯油、清酒、酱油等,它们对日常生活来说具有关键作用。至于具有高超技艺的匠人,他们的生产水平稍异于他人。他们很自豪地为城市特权阶级生产大量奢侈品,比如冠冕、丝袍、折扇、佛坛用品、练书法和作墨画的上好纸张、品茶会的用具。

中古时期(14世纪以来的历史最引人注目),数量日益增长的城镇布满了日本大地。大量卫星城像项链珠子一般分散在京都周围,我们马上能想起的就有堺市(Sakai)、大山崎町、平野乡。这些城市为首都居民提供另外的商品、服务,包括纺织品、佛像、木材以及来自中国、朝鲜的各式商品,比如医药、绘画、宗教文献、香料。再远一点的地方城镇通常专营某些产品,比如加工海洋食品、干果、蔬菜、盐、漆器。而后,这些产品通过交易中心、港口(著名的有濒临日本海的小滨、可眺望到内海的尾道以及九州海岸的博多)分发出去,在日益兴起的全国商品贸易中,这些交易中心、港口充当了重要的联系节点。散步在商业城镇之间的是宗教社区,它们依傍重要的地方神宫、寺庙(其中比较突出的是京都附近的天王寺、位于日本中北部山区的善光寺)成长起来,为徒步旅行的热心朝圣客提供食物、住所和其他服务。总而言之,16世纪早期,拥有至少1万人

口的这类社区有40个乃至更多,其中最大的社区(天王寺、善光寺)有着三倍于此数的人口。

中古后期,大量城镇中的平民百姓锻造了另一份遗产,即城市事务的自我管理。京都自身在15世纪晚期受到暴力的创伤,尤可注意的是在15世纪60、70年代,成千上万的军队在该城街区相互混战。"在这一片焦土之上",某人写道,"人迹灭绝。一个又一个街区,唯见鸟类给人以生命的气息"。②为回应此种状况,普通居民开始将自己组织到以"町"之名为人所知的自治组织中,这是由街道两旁的家庭组成的社区团体。相应地,町众,也就是住在那些具有社会、地理双重属性的社区(16世纪30年代其数多达200个)中的商民、匠民,承担起了以下责任:预防犯罪、调解城市内部争端(婚外恋、商业争端等)、防火、污水和垃圾处理、互助防病或扶持遭意外之灾打击的某个社区家庭,以至在城市治理体系走向衰落时(15世纪晚期、16世纪早期)展开自卫。

京都并非孤例。16世纪初,自治组织在日本遍地开花,比如位于国都地区的宇治、山田,伊势神宫附近的大凑,内海旁边的兵库,九州的博多。在所有这些城镇,居于领导地位的市民(放债人、酿酒商、将大米与其他商品从乡村运往日本城市中心的船主)组织自己的长老议事会,对地方事务进行管理。大量文献让我们知道了与堺市有关的许多事情。该城位于大阪湾岸边,与京都相距不远,15世纪晚期,它作为重要的铁器、纺织品生产中心以及与中国、亚洲大陆贸易的重要转口港兴起。到16世纪30年代,该城约4万居民几乎全赖做生意为生,其中许多人跻身全国最富之人的行列。除以上外,当时的欧洲观察家有时还将这个海岸城市与自治的欧洲城市政治组织作比附。耶稣会旅行家是最早得出此种印象的一批人。在日期可确定为1561年8月17日的一封信中,葡萄牙耶稣会士维列拉(Gaspar Vilela)写道:"堺市是个大城市,里面有许多有势力的大商人。它像威尼斯一样是由执政官统治的。"③

不幸的是,维列拉并未明确说明他在这里使用的"商人执政官"是什么意思。虽然如此,关于这座城市,可追溯到15世纪80年代的第一份可信的日文材料记载了一些公开发布的法律布告,我们由此知道该城有

---

① Ivan Morris, *The World of the Shining Prince: Court Life in Ancient Japan* (New York: Kodansha America, 1994), 23.

② 引自 Mary Elizabeth Berry, *The Culture of Civil War in Kyoto* (Berkeley: University of California Press, 1994), 29。

③ 'Gaspar Vilela: Between Kyūshū and the Kinai', *Bulletin of Portuguese/Japanese Studies*, 15 (2007), 23, with reference to Luis Frois, SJ, *Historia de Japam*, ed. Josef Wicki JS (Lisbon: Biblioteca Nacional de Lisboa, 1976-1985,5 vols.), vol. 1,234.

一个管事的议事会。① 到 16 世纪 30 年代(维列拉在一个世纪后抵达日本),堺市被分为约 10 个町,均由实力强大的社区商人实行寡头统治。在町之上的是由富裕市民组成的一个具有代表性的议事会,它以"会合众"之名(按字面意思理解也就是"聚会的团体")为人所知。它早就开始对泛社区事务施展自行授予的管理权了,比如征税、维护法律和秩序、管理市场、调节地方上的争端、建造并维护公共建筑、为地方宗教节庆提供支持。

在中古晚期的日本、欧洲,人们所设想的城市独立同时出现了。可以理解,当今的历史学家对此种现象可能隐含的历史意义生出了兴趣。② 随着比较问题进入学术讨论范围,日本学者发现揉成一团的许多让人困惑的问题摆在了自己面前。首先,他们必须要面对令人头晕目眩的欧洲范例城市,它们从很明显的主权城市,比如因维列拉有名的推介之言而浮现在我们心中的威尼斯城市—国家,到卢塞恩(Lucerne)、多特蒙德(Dortmund)的威斯特伐利亚城镇(明登[Minden]、明斯特)这类"特许"城市,再到 16 世纪晚期(其时,在皇权遭到内战的削弱后,一位新王亨利四世重新申明自己的终极主导权)像马赛那样的城市,不一而足。其次,在日语中创造新词汇的需要使得历史分析层面的努力变得复杂起来。人们争辩说,在现代日语中,"自由"一般对应英文"free""freedom",它被人们用于形容城市—国家;相比之下,哪怕在日语中,"自治"都是一个含义模糊的词语,人们用它来覆盖城市史其他多方面的内容,从"特许"到"自我治理"、"自我管理",不一而足。最后,在学界的争论中,有一个观念所占的分量越来越重:欧洲应被当作"典范",其他传统当以这个标准乃至普世的模式作为参照。③

总而言之,令人失望的含糊术语,使人目不暇接的一系列欧洲范例城市,沉甸甸的欧洲经验之重,使得人们难以将日本、欧洲城市放在同一历史轨道中。而人们最后达成的一致意见是:日本城市的议事会并未挑战传统的治理结构;日本市民继续向宫廷缴税或是向强大的地方军阀纳贡,以从根本上换取独立空间,管理

自己的内部事务。结果是,日本商人从未给自己设定获得特许权或是建设城市—国家的使命,因为这些是让他们从外部权威的控制下完全独立出来的举措。这样,在日语中,得当之举或许是说"自我管理"、"自我治理"而不言"自治"或"自由城市"。平民在地方上的自我管理是中古晚期出现的一个现象,它在日本史的背景下产生,其本身没有必要强与外部事例进行比较。虽然如此,正是这个现象,为接下来我们将看到的日本城市发展留下了另一项重要遗产。

近代早期的江户:城市形貌

德川家康对日本历史的大致状况是熟悉的。他首次进军江户地区时,建设了一个军事堡垒,用以抵御外来攻击。1603 年,他被天皇任命为将军,此后,他着手规划新城。这座城市要能进一步安置日本的新统治中心,并体现其作为当时的国家统治者的尊荣。正如京都体现了天皇雄踞日本政治文化合法性顶端的激切心愿,家康希望江户切切实实地呈他对权力、对此时此地的统治权的渴望。

规划的江户城堡面积广阔、气势雄伟,它充当着新城的地理、心理枢纽。在跨越 16 世纪晚期、17 世纪初期的几十年里,依靠引人注目的工程技术,家康的建筑团队(有时,有成千上万的工人受到征召)削平诸山,将江户湾附近的低海拔区填平。他们从约 90 英里外的伊豆半岛开挖花岗巨石,并用船运到工地,用来建造坚固的城墙。他们还调整河道,从而组成一个向心的护城河体系。至于城堡内部,家康的设计师们将之分为若干小城堡,各有自己的护城河、城墙、城门。这些防卫设施既为官僚机构提供了空间,又为储藏武器、必要守城物资的货仓准备了地方。中心城堡以"本丸"之名为人所知,它位于城堡建筑群坚固的核心地带,是将军及其一大家子人的住所。

完工后的江户城堡耸立在这片大地上。其大规模的石墙高达 50 英尺,直刺云天;其周长约有 11 英里。一座五层高的雄伟主楼从城堡内部的建筑群中赫然凸

① Kikō Daishuku, 'Shoken nichiroku', in Tōkyō Daigaku Shiryō Hensanjo, ed., *Dai Nihon kokiroku*, vol. 4 (Tokyo, Tōkyō Daigaku Shiryō Hensanjo, 1964), 66.

② Wakita Osamu, *Kinsei hōken shakai no keizai kōzō* (Tokyo: Ochanomizu Shobō, 1963), 284 - 312; Wakita, 'The Social and Economic Consequences of Unifi cation', in John W. Hall et al., gen. eds., *The Cambridge History of Japan*, vol. 4; Hall, ed., *Early Modern Japan* (Cambridge: Cambridge University Press, 1991), 110 - 121; and Wakita, with James L. McClain, 'The Commercial and Urban Policies of Oda Nobunaga and Toyotomi Hideyoshi', in John Whitney Hall et al., eds., *Japan before Tokugawa* (Princeton: Princeton University Press, 1981), 231 - 237.

③ 参见 Wakita Haruko, with Susan Hanly, in Hall et al., eds., *Japan before Tokugawa*, 295 - 326, and Sasaki Gin'ya, 'Nihon chūsei toshi no jiyū-jichi kenkyū o megutte', *Shakai keizai shigaku*, 38 (October 1972), 96 - 111.

出,远在数英里外便可看见,它矗立在那里,宣示着德川政权的强大、荣耀。对那些拥有足够特权进入城堡地面的人来说,雅致的小桥、优美的花园令人赏心悦目,据说,它们的设计者是著名的茶商、花园设计师科小堀远州。

家康及其后裔子孙还对城堡周围的军事社区作了特别的规划。开始时,历代将军是在城堡以西、以北为自己的直属仆从安排住地。成千上万的可靠仆从被安置在那块扇形一样的楔状土地上,他们由此获得了一层防护,免于遭受来自武藏平原的可能攻击,这块平原是天然的四战之地。到17世纪30年代,德川幕府在地方大名身上实施"参觐交代制度":200个或更多的地方大名每隔一年均需在江户居住,此外,所有大名均需将自己的主妻、继承人长期留在江户为质。为此,将军直接将江户城堡主城门以东的地方划给最忠诚的大名居住,那是备享尊荣的一块土地。这些大名也就是在幕府担任官职的所谓"谱代大名"(意为同盟大名)。最后,幕府将剩下的大名,也就是不那么可靠的"外样大名"安置在与城堡有一定距离的地方,虽然这么说,这却是在隐没于城堡南面的群山的向阳坡挑选出来的地方。[1] 历史学家已经用概念来表示这一经过深思熟虑的城市规划模式,即"螺旋式"。此种模式有意通过既能防卫城市又能承认地方大名的声望、权力的城市规划来对武士阶级作出安排。[2]

和人们可以预期的相同,幕府还大量投资在基础设施上,从而让武士阶级能在自己的江户地产上享受生活。比如,工程师们改变河道,从乡郊的井之头池引水,为螺旋式的武士居住区提供饮用水。而后,由于17世纪50年代的城市人口扩张,幕府修建了复杂的运河、水闸、下水道网络,用来从30英里以外的城外水源地引水。[3]

大江户——商人的江户

起初,幕府努力建设江户并将其形貌塑造出来,由此产生的是一个享有特权的城市武士阶级。不过,到18世纪早期,许多平民(事实上,是难以计数的更多的人)也像武士一样住在了江户。起初,幕府决定将手下的附从武士安置在江户,它要求的是地方大名在城里有住处,由此产生的是一个人数约有50万的核心人群。这些武士需要食物、建筑材料、衣物——太阳之下的一切东西。对日本各大堡垒城市的武士来说,情况亦复如此。由全国城市武士产生的大量消费需求引发了商业革命,在它的影响下,商品的生产、分配受到推动,达到了前所未有的规模。除此之外,中古时代超乎人们想象的数家连锁商号也从这次商业革命中获得动力。17世纪,各个地方的男男女女离开自己的耕耘之地,进入新的城市中心,特别是江户。到18世纪20年代,有可能住在将军首府的平民至少达到了80万众,他们包括商人、匠人、演艺人员、妓女、神职人员。

17世纪商人、匠人的大量涌入动摇了早期的城市规划,结果,以武士为主导的堡垒城市变为平民百姓口中的"大江户",也就是民众之城。显然,他们将这个都市的形貌引到了全新的方向上去了。移民越来越多地沿城市陆路、水路迁入空白地带,以及大名居所下方的谷地,由此而产生了以下概念:武士、政府官员所住的"高城";平民所住的"低城"。1657年,发生了毁灭性的明历大火灾。在这之后,成千上万的商人、匠人之家在跨过墨田河寻找更安全的新的生活空间时,将农田变成了城市的延伸地带,"家康城"的东界原是由这条河确定的。随着其他平民家庭财富、资本的积累,它们向西推进,进入以前的乡郊地带,比如市谷、四谷、赤坂、麻布(它们都位于今东京的中心地区)。不仅如此,人们还看到了与这个现象同时发生的人口运动、震荡,它将一种新的地理形貌——不同于原来的以武士为中心、有序的螺旋城市形貌——带给了江户。[4]

此外,城市人还占用了幕府最初留作公用的土地。幕府投资兴建跨越江户主要运河、水道的大桥,并下令维持道路畅通,以便在火灾发生于狭窄的商业区——这是司空见惯之事——时,人们有足够的空间夺路而逃。对火灾的恐惧还促使将军手下官员将城市中心的某些地区指定为防火区,它们是有意空置出来的块状领地,用途是防止火势蔓延。不过,从商人的角度来

① 一些江户地图证实了这样的安排。参见加州大学伯克利分校东亚图书馆藏书籍,www.davidrumsey.com/japan/view.html。

② Naitō Akira, 'Edo no machi kōzō', in Nishiyama Matsunosuke and Yoshiwara Ken'ichirō, eds., *Edo jidai zushi* (Tokyo: Chikuma Shobō, 1975), and his *Edo, the City That Became Tokyo: An Illustrated History*, trans. and ed. H. Mack Horton (Tokyo: Kodansha International, 2003), 34-35.

③ Hatano Jun, 'Edo's Water Supply', in James L. McClain et al., eds., *Edo and Paris: Urban Life and the State in the Early Modern Era* (Ithaca: Cornell University Press, 1994), 234-250.

④ Jinnai Hidenobu, *Tokyo: A Spatial Anthropology*, trans. Kimiko Nishimura (Berkeley: University of California Press, 1995), 61-64. 江户不断变化的形貌可在城市地图的演化中寻得线索,例如可参见 McClain et al., eds., *Edo and Paris*, 20,26,44.

看,这是富有价值的商业空间,他们由此抵不住诱惑侵入了这些领地。在1657年的灾难之后,官员们在江户桥设立了一个重要的防火区,这块三角领地沿着一条重要水道分布,长约200码。它靠近日本桥,其时商都江户正在兴起的核心地带就位于这个地区。幕府有着种种最美好的意愿,然而,快速行动的商人闯了进来,广开商铺:批发商设立货栈、存储设施,演艺人员在说书的厅堂表演节目。① 人们还能看到,占用公地的现象还发生在江户的重要桥梁身上,比如两国(日本地名。——译者注)大桥。该桥跨度为200米,建于1703年的另一场大火之后,在雄心勃勃的商人手中,此地成为江户最重要的娱乐区。

335 平民还通过其他方式将家康城变为商人之城。御

茶水是江户城堡正北方的一个地区,最早提到此地的书面文献解释了城市工程师在17世纪20年代所做的事情:他们削平了一座小山,调整了河道,并开挖出一条数十米深的运河,从而为幕府中枢准备了一条全新的外护城河。不过,过了一段时间之后,随着太平之世的到来以及江户崛起为日本的商业中心,这条水道的军事意义渐渐遁入人们的记忆当中。19世纪早期,斋藤月岑出版了一系列著名的指南书籍,里面谈到流经御茶水地区的这条水道是一个商业集市,商人们将载满各样货物的平底船泊在这里(参见图18.1)。② 与此同时,商人的财富、进取精神早已将官方规划的江户城市形貌破坏掉,并将它改造成大江户、伟大的城市、平民之城。

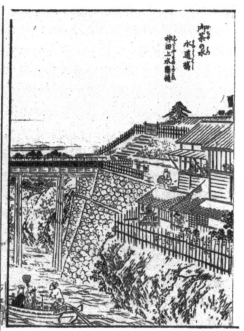

图18.1 "御茶水":江户城堡前的护城河成为商业水道和观景点。材料来源:Saitō Gesshin, *Edo meisho zue*, vol. 1。

江户:都市的治理

在家康及其继承人(特别是家康的孙子家光,

1604—1651年在世,1623—1651年担任将军)将江户确立为日本的行政中枢时,他们还创造了许多统治市民的方法。就城市治理的最终形式而言,它反映了都城的双重性质。归根结底,到家光之时,江户已成为正

① James L. McClain, 'Edobashi: Power, Space, and Popular Culture in Edo', in McClain et al., eds., *Edo and Paris*, pp. 105 – 131. 有关两国的事例,参见Jinnai, *Tokyo*, 87 – 91。

② Naitō, *Edo, the City That Became Tokyo*, 54 – 55 中有用笔墨绘成的御茶水工程图。将它与以下两者进行比较,对于御茶水军事意义的丧失以及它被重新确定为一个商业、娱乐场所,我们就能加以理解了:Saitō Gesshin, *Edo meisho zue* 中的图画,说明文字由长谷川雪旦提供,见于早稻田大学图书馆的馆藏资料,可登陆 http://archive.wul.waseda.ac.jp/kosho/ru04/ru04_00409 (image 53);安藤广重的版画,见于波士顿美术博物馆的馆藏资料,可登陆 www.mfa.org/collections/object/ochanomizu-from-theseries-famous-places-in-edo-edo-meisho-237605。

在兴起的全国商业生产体系的繁荣中心,且是国家统治的中心。一方面是初始阶段的总体城市规划,另一方面是商业资本、财富所激发的更为无序的有机冲力,江户的演化史即是对此二者的结合所作的回应。就江户本身而言,它早已是一个分区的城市,其居住区有着清晰的划分:武士的"高城"与作为平民的商人、匠人的"低城"。江户的城市治理机构注意到了这种二元现象,就好比它通过平衡来自上层的权威与来自下层的自我管理,让创新与传统走到了一起一样。

在经过初时的某种试验之后,家光创制了一个行政体系,它将监管江户武士的责任交托给在国家行政结构中担任高位的那些人。更准确地说,在幕府中,构成了主要决策机构的是老中,他们对江户城中充满大名住所的地带进行监管。至于将军直属仆从所居住的社区,则在若年寄的管辖范围内,这些人组成了第二重要的执行机构。这些幕府官僚制定并发布各种法令,比如 1615 年的《武家法令》(它确立了地方大名的行为法度)、1632 年的《诸士法度》(该法适用于将军的直属家臣)。这两个法令都有周期性的修订,至于对所有武士的举止、着装、居家样式以及可以从事的娱乐活动进行管理的禁奢法令,则形成了它们的补充。执行这类法令则分属好几个层次的低级武士官员的职责,这些人有的任职大番组(意为"规模较大的卫护单位"),该组织负责巡视城堡附近的武士居住区并向老中、若年寄报告情况。

幕府还通过相似的方式发布法令、创建行政结构,用以对城里的商人、匠人区进行管治。比如,1655 年,幕府官员发布了名为《江户町中定》的法令;在其后的1742 年,发布了《公事方御定书》,它对与所有平民有关的法律、惩罚措施、司法程序作了综汇。大量禁奢法令一方面深化了武士之间的差异,另一方面也促进了他们与商人、匠人之间的分化,因为它们授予武士特权,令其能携带武器、拥有姓氏(商人只有店名作为自己的姓,比如"油屋甚平"),可穿上用精丝做成的衣物(与此同时,限制平民只能穿棉、粗麻、苎麻织物),可在喜庆的日子享用某些特殊食物。执行数量日增的法令是交托给老中的使命,这些人反过来对许多武士职能机构有所依赖,其中最引人注目的是城市行政官(町奉行,从 1631 年起设置两名),以此对平民区的日常活动进行监管,惩罚暴力犯罪,并判决重要的城市案件、审评民众的诉求。[①]

虽然权力日益往国家高官手上集中,江户商人、匠人却有很大空间实行本社区的自我管理。整个近代早期,武士政府的规模一直不大,基于此,幕府将许多重要职能交由商人、匠人去行使。为此,一系列细化的辅助职位在江户平民区诞生。到 18 世纪早期,江户城里的约 75 万平民分散在 1500 多个居住区中。幕府下令所有居住区的土地所有者(或其代理人)将居民组织到所谓的"五家组"中,由它负责满足社区的福利需求并确保所有人遵守法律。以约 5—7 个社区为一组,将军手下的老中指派某位商人领袖担任名主。名主的总数约为 260 个,这些平民反过来要向三位城市长老(町年寄)汇报工作。还有三大显赫商人家族的头领们,他们在世袭的基础上担任职务,其作用在于:通过协助武士级别的行政官、长老,并与名主、五家组合作以确保它们完成自己的使命,达到连接国家与社区的目的。

合成一体的商人代表、代理机构行使了许多重要的特权。町年寄的其他职责包括:分配、征集所估的赋税;代表城市行政官监察刑事审讯;处理无关暴力的争吵、争端。名主的工作层面对普通商人、匠人之家有着最直接的影响。他们要保存财产、人口数据,公开确认享有特殊权利的市民,监管消防队,摆平社区里的小争端,主持节庆活动,维护本地的街道、桥梁,为遭受疾病或经济拮据困扰的家庭排忧解难,关怀弃儿和陷入病中的旅客。他们甚至在治安方面也贡献了自己的力量,因为从黄昏到黎明将居住区锁住的大门是他们进行精心维护的,社区街道的夜巡工作是他们安排的,小罪犯是他们看押的。

将军手下的官僚组织是显而易见的,且成文法令很明显闯入了相关领域,虽然如此,从许多方面来说,将军的权威不易穿透将武士住所围起来的那堵墙壁。大名的院子通过高墙、坚门与城市其他地方隔绝开来。在这些私人领地中,每个大名享有很大尺度的自主权。他能自由决定手下仆从的薪俸,管理自己的家事,甚至对侵犯其财产的罪行的含义作出界定,并决定给予何种惩罚。同样,通过标志着进入特殊领地的入口,划给将军直属家臣居住的地方也与城市其他地方隔绝开来。在特殊领地中,武士们有可能亲自管理家属、仆从的生活。17 世纪,将军下令建造了警卫室,它让武士治下的江户有了治安力量。它的存在是这些武士居住区实行自治的物证。这类警卫室约有 900 个,掌管它们的是一小撮哨探;其中绝大多数警卫室在经济上由

---

① 城市行政官手下还有 50 个警务人员(与力),另外还有约 200 个巡逻人员(同心)。他们负责商人、匠人区的治安工作。参见 Katō Takashi, 'Governing Edo', in McClain et al., eds., *Edo and Paris*, 51。

大名、直属仆从的团体加以支持,在人员组成上由它们加以指派,从而达到在"高城"维护法律与秩序、和平与稳定的目的。

最后,治理江户从不是一个简单的问题。确切地说,德川氏历代将军并未对权力作出否定:他们发布法令,意在为江户所有住民制定一套内容广泛的民事、刑事规则,就好比他们将权力塞到行政结构中,让后者能代表统治中枢行使权威。不过,在日本史上,哪怕德川幕府有能力比以前的统治机构更深地侵入民众的生活领域,逐渐地积累对于后者的特殊权利,它还是为武士、平民存留了对日常生活的许多方面进行管理的空间。地方自治——即受到特许在自己的社区内独立行事——是对过去的认可。从某个方面来说,它是中古自我治理遗产的实现,就它本身而言,它又是留给现代日本的一笔重要遗产。

江户的文化生产

近代早期,江户崛起为文化生产的主要中心。城市本身的结构由地理、经济、行政等因素填充而成。与此相似,文化也是拼凑而成的,在城市中,住着地位、所属阶层不同的各种群体,它们所作的贡献将文化"拼凑"出来。拿武士方面来说,他们给自己设定的地位是作两大精英传统的继承人。一方面,他们努力让武士的伦理保持活力,在过去的混战年代,正是此种伦理形塑了武士的行为。这样,哪怕德川家在 1600 年以后为日本奠定了伟大的和平,战场上的功绩隐入模糊不清的记忆之域,江户武士仍在高田马场(位于今新宿的一个社区)之类地方所设的跑道上练习骑术,并在晴朗的下午聚集起来,用木剑、钝箭进行模拟战斗。资产更丰的人还远足去往城郊的猎场,他们在那里用网罗捕鸟,并用武器、弓箭射杀鹿、野熊。

不过,对江户武士来说,勇武的含义不只是精于武艺并对血腥的运动怀有热情。*Bubun* 意味着文学、军事成就的阴阳融合,它成为那时的口号。武士因此学习儒家经典,以求获得教益,知道怎样做有能力的行政官。除此之外,他们还像之前的历代京都贵族一样,下笔创作和歌——这是一种几乎与天皇首都一样古老的古典诗歌体裁。近代早期的精英武士还投身于城市风景画的创作,并为能剧戏院提供资助。前者是一种与禅宗、中古生活有联系的传统艺术形式,能剧则是让天皇、武士心境平和的戏剧。艺术与国家是不可分的,这一点至少在最精英的统治阶级的话语中得到了体现。作为国内有着特权地位的群体,江户武士在参与对文化的追求时,还寻求与光荣的过去保持一致,他们借此将自己打扮成当时社会无可争议的典范群体。[①]

江户商人、匠人创造了新的文化追求。俳谐(俳句的前身)在平民中风行一时。比如,到 1670 年,印书坊印制了 133 部俳谐选集,在该世纪末,一个文人指出:"俳谐在我们的社会中已变得极为流行,以至于刚入门的人、女帮厨都要试上一手。"[②]这些短诗下笔即成,它们意在将喜剧的戏谑与人体感官富有刺激性的快感融合起来,把它当作一种方式,启开对城市平民价值观、体验的新理解。同样是在这几十年里,向平民看齐的戏院、散文文学也繁荣起来。江户成为大量歌舞伎戏院的容身之所,这些戏院常年有新作上演。此时最负盛名且据说是第一个完全靠写作收入生活的可能是井原西鹤(1642—1693 年),他出身商人之家,许多与城市生活有关的故事出自他的手笔。

新诗、散文、戏剧都肯定了平民生活的价值并对武士社会作了文学上的批评。比如,西鹤写诗极尽优雅,这使得他的商人读者莫不动心——男欢女爱、财源滚滚。"松、竹、李",在一首诗的开端,西鹤提到了古典诗歌中传达再生的持久性、再生之美的三样标志性事物,"不再管用。今朝要紧的是钱袋鼓鼓,装满黄金、白银、铜币"。[③]同样,歌舞伎戏剧《助六》在 18 世纪初呈现在满席观众面前,它赞扬保护家园免受无理、粗暴的武士侵扰的年轻商人,并谴责了过去中古时代的将军不能代表所有民众的最大利益进行统治。松尾芭蕉(1644—1694 年)是最著名的俳谐诗人,他反古典和歌而行之,歌颂日常生活中的世俗之事。比如他写一次旅行的体验:"跳蚤虱子咬,我卧床睡觉,一匹不停撒尿的马,走到我的床边。"他的创作还从侧面预示了武士的衰落,城市平民的能量、活力日益胜过他们:

① 精英主义—文化生产的这种联系与人们所熟悉的以下观念形成了对应:国家是艺术品,艺术是国家的作品。这个观念至少可以追溯到布克哈特的作品那里(Jacob Burckhardt, *The Civilization of the Renaissance in Italy*, New York:Harper and Row, 1958)。

② Ihara Saikaku, *Some Final Words of Advice*, trans. Peter Nosco (Rutland, Vt.:Charles E. Tuttle, 1980), 128.

③ Ihara Saikaku, 'Nihon eitaigura', in Asō Isoji and Fuji Akio, eds., *Taiyaku Saikaku zenshū*, vol. 12 (Tokyo:Meiji Shoin, 1975), 1-2.

夏草繁茂，
古代武士的梦想、雄心，
今日仍在？[1]

视觉艺术最清晰地展现了武士、平民的命运变换。《江户图屏风》是著名的"江户风景图"，它是向精英武士文化表示敬意的作品。该屏风长约 36 英尺，高约 6 英尺，其中的风景图展现了约 1630 年时城市生活的广阔全貌，图中部分内容描绘了商人的活动和早期的戏剧制作。虽然如此，该屏风的佚名作者所勾勒的整体格局是以"高城"为关注点的。大名的住所，连同漂亮的门，精致的内寝，风景如画的花园，迅速进入观赏者的眼帘。占据屏风中心位置的是有着高耸主楼的江户城堡，其庞大规模给人以深刻印象，站在上面，城市风景尽收眼底。图中还可见长长一列朝鲜使节携带礼物进入城堡，它给人们的视觉启示是：德川幕府的政治合法性甚至延伸到了日本海岸以外的地方。[2]

340　　　与以上内容形成鲜明对比的是，木刻版画艺术家让作为其主顾的商人、匠人的世界具有了不朽的价值。虽然浮世绘下分许多小类，照安藤广重和其他享有盛誉的艺术家的心意来说，他们是希望摈弃官方所树立的旗帜——对善良政府、高等文化作了实际呈现的江户——的，作为代替，他们以平民之城，也就是平民百姓能在幸福生活中得到乐趣的大江户，作为自己的雕刻对象。[3] 对江户所作的特别有名的再现可在《名所江户百景》中看到，这幅史诗性的画作是安藤广重在漫长而富有创造性的职业生涯晚期开始创作的。[4] 绝大多数这类版画以"低城"的繁荣店房作为着力点，它们所描绘的平民享受着商业成功的果实，并参与到节庆

和其他闲暇活动中。它们一般将幕府、精英武士所营造的环境放在背景中。以版画《山下町日比谷外樱田门》为例，它画的是平民在新年放风筝，风筝在大名住所、城堡顶上的天空翱翔。[5] 和御茶水一样，大名住所和武士政府中枢已成为历史的遗迹，是平民所据之城的背景。

其他城市

江户是吸引历史学家眼球的闪亮明星，它验证了遍见于日本堡垒城市——数目超过 200——中的种种潮流。当然，这些城市自有其地域个性。某些城市，比如会津若松是被陆地包围并身处多山的北方地区的城市，这里的人们学会了歌颂漫长的冬季，并珍惜短暂的夏季。其他城市比如鹿儿岛则是气候炎热的海岸城市，它的交往对象是各个与日本相邻的民族。这些城市的形貌也各不相同，某些城堡几乎傍海而立（比如德岛的城堡），还有许多城堡则处在河流冲积三角洲中的高地上（比如广岛城堡），其他城堡折入距离海岸有数英里的地方，紧邻地势高耸的高地（比如仙台城堡）。[6] 纵然有这样那样的差异，在日本各大城堡城市中，我们仍能见到作为原型的江户城貌，就这些城市的历史演进轨道而言，此种情况也适用。在日本各地，大名都挑选最易防守的地点作为自己最安全的住所，周围配以城墙、护城河。他们在这里训练武士，并招徕商人、匠人来此；他们还建造位于城堡附近且在地理上与平民区隔开的武士区，并兴修公共服务基础设施，虽然武士对这些设施享有优先使用权，但它们也为着满足所有人的需要；他们发布法律、政令，它们虽确认

---

① Matsuo Bashō, *The Narrow Road to the Deep North and Other Travel Sketches*, trans Nobuyuki Yuasa (Baltimore：Penguin Books，1966)，118 - 123.

② 《江户图屏风》现藏于日本国立历史民俗博物馆，可登陆 www. rekihaku. ac. jp/gallery/edozu/index. html 观看。有关屏风画的定期，人们多有争议，不过一般认为这些图画意在描绘 17 世纪 30 年代（或可能是 17 世纪 40 年代）的江户。参见 Suwa Haruo，'Edozu byōbu no gaisetsu'，in Suwa and Naitō Akira，eds.，*Edozu byōbu* (Tokyo：Mainichi Shinbunsha，1972)，n. p.，and Suitō Makoto，'"Edozu byōbu" seisaku no shūhen—sono sakusha • seisaku nendai • seisaku no ito no mosaku'，*Kokuritsu Rekishi Minzoku Hakubutsukan kenkyū hōkoku*，18 (1991)，27 - 43。

③ 许多博物馆已将馆藏版画发布到网络上供人使用，不过前面提到的波士顿博物馆的馆藏尤其全面。

④ 布鲁克林博物馆拥有全套版画，并将它们发布在网络上供人使用(www. brooklynmuseum. org/opencollection/research/edo)。对此处提出的论点作了证明的是以下版画：'Hibiya and Soto-Sakurada from Yamashita-chō' (number 3)，'Suruga-chō' (8)，'Nihonbashi Bridge and Edobashi Bridge' (43)，'Suidō Bridge, Surugadai' (48)，and 'The City Flourishing, Tanabata Festival' (73).

⑤ William Coaldrake，'Metaphors of the Metropolis：Architectural and Artistic Representations of the Identity of Edo'，in Nicolas Fieve and Paul Waley，eds.，*Japanese Capitals in Historical Perspective*：*Place，Power and Memory in Kyoto，Edo and Tokyo* (London：Routledge Curzon，2003)，143 - 146.

⑥ 对堡垒城市的经典分析包括 Harada Tomohiko，*Nihon no hōken toshi kenkyū* (Tokyo：Tōkyō Daigaku Shuppankai，1973)，Toyoda Takashi et al.，eds.，*Kōza：Nihon no hōken toshi* (Tokyo：Bun'ichi Sōgō Shuppan，1983)，and Yamori Kazuhiko，*Toshizu no rekishi* (Tokyo：Kōdansha，1970)。有关最近的概括性分析，参见 Yamamura Aki，'Capitals and Towns in Early Modern Times'，in Kinda Akihiro，ed.，*A Landscape History of Japan* (Kyoto：Kyoto University Press，2010)，89 - 112.

了大名显赫的政治权威,但也将权利赐给了武士之家、平民,令其能决定自己的日常生活;他们还容忍乃至鼓励文化活动,以满足地位不同的各个群体的心理需求。

与江户一道位于日本城市金字塔顶端的是京都、大阪,它们是另外两个具有全国意义的人口大市。在整个近代早期,京都继续充当天皇以及服侍他们的贵族的住所。不过,德川氏历代将军采取精心措施,将这座古代帝都纳入新的政治主流中。由此,1615 年,武士政府通过颁布《禁中并公家诸法度》确立了自己无可置疑的主导地位。该法度凡 17 条,对天皇及其宫廷的日常生活作了规定,结果是,天皇及其宫廷被限制在纯粹的礼仪活动范围内(该法度第 1 条规定:"天皇在各种技艺能力之中应当以研习学问为先")。① 为免有人对宫廷从属于军阀的关系生出误解,10 年之后,在该城中心地带新建的大规模堡垒——二条城——中,德川氏的将军驻扎了自己的武士军队,作为武士权威的有力显现。

虽有幕府摆出的种种姿态,但所有这些无碍于京都是一座平民之城。在整个近代早期,它保持了自己作为传统艺术品、奢侈品的主要生产、消费中心的地位,17 世纪末,参与丝织品制造、销售的人可能多达 1 万。另外,1689 年的行业清册列出了 54 个"钱商"的名字。所谓"钱商",也就是从事以下业务的人:放贷、发放支票、提供对日益发展的全国分配体系有推动作用的其他金融服务。引人注目的是,若干零售商店在京都首次开业了,包括未来的大丸百货(1673 年)、高岛屋百货(1829 年)。除以上外,就京都贵族所追逐的那些风雅来说,许多平民化的文化追求最初是从京都起源的。众所周知,歌舞伎是从低俗、淫秽的戏剧演化而来的,后者最初由阿国搬上京都鸭川河岸上的舞台。在人们笔下,歌舞伎的形象常常是某个涂口红的僧人,后者又与日本最著名的神宫之一有关。同样,所谓的"假名草子"(一种定义较为宽松的散文体裁)、旅行指南、武士故事以及用易读的发音字母书写的宗教书籍(这让它们成为日本最早被大量读者阅读、售卖的书籍)……凡此种种,均起源于 17 世纪初的京都,这预示了该世纪末商业出版的爆发性成长。

大阪位于京都正南方,它有意识地推进自身的建设,做一个商人之城。对于这一点,人们很少能提出异议,因为大阪是日本中部重要的大米、批发市场,用今

天的话说,这里是"国家的厨房"。此外,在 17 世纪初该城的 38 万居民中,90% 以上的是商人、匠人。在闲暇之时,这些人也会全心参与到新的平民娱乐活动中。井原西鹤说到底是一个大阪富商的儿子;与歌舞伎艺术共用某些剧作家、戏剧主题的木偶戏也是在这里兴盛起来的。不过,与京都一样,大阪也在幕府的直接控制之下。17 世纪 20 年代,幕府在这里建了一个大城堡,其占地面积近 175 英亩,在一个沉溺于建筑的时代,它是最宏伟的幕府工程之一。驻在此地的武士官员发布法令,并通过一个行政结构——与为江户创制出来的那个行政结构相似——进行统治。尽管如此,与江户、京都、其他的堡垒城市一样,大阪平民也被组织到成群的社区中,由他们自己的代表进行管理,平民的日常生活属于这些代表的职责范围。

留给现代日本的遗产

19 世纪中期,帝国主义西方闯入亚洲。根据常见的分析线条,这些人进入亚洲地区的城市中心、口岸城市,他们的掠夺行径、残暴入侵迫使日本和其他传统社会抛弃自己的过去,拥抱一个全新的、输入外国事物、面向外部的现代社会。不过,这个公式化的叙述绝不是那样简单。到 19 世纪 50 年代,日本城市已然走过一段漫长、内容丰富、形式多样的路程,它充当了过去与未来之间的桥梁。简而言之,到 19 世纪中期,并没有不可弥合的裂缝将日本历史撕裂开来。事实上,日本走过的长达数百年的城市化历程是种种遗产诞生的泉源,普通的日本人在面对新时代的挑战时,能对这些遗产加以利用。

当然,日本的过去并不能预先决定自己的未来。正如韦利(Paul Waley)所言(参见本书第 29 章),在 19 世纪的最后几十年、20 世纪最初数年,现代化、工业化、西方化(还可以加上日本自身创建殖民帝国的行动)引发了大量变革。无可怀疑,明治时代构成了一次真正的转型体验。不过,确切地说,新的从未完全消除旧的。现代日本的祖先传下来的东西有:多种范式、多种相互竞争的遗产。日本的前现代城市是政治权威的聚积之地,是制造和资本积累的活跃中心,是文化创造的起点。在城市中心的范围内,政治精英确认了自己的领主权利,与此同时,平民悄无声息地管理对其生活具有最重要影响的日常事务。传统日本国家的城市

① 对法度全部条款的分析,参见 Lee A. Butler, *Emperor and Aristocracy in Japan*, *1467–1680* (Cambridge, Mass.: Harvard East Asian Monographs, 2002), 113–114。

可以由上层进行规划，正如它们可以同时从下层成长起来——回应商业财富所发出的命令、所表达的诉求。它们是"受到国家支持的"文化表演的舞台，是艺术创新的温床，此种艺术创新给平民带来了荣耀，并颠覆性地将他们放在与社会精英平等的精神层面上。

考虑到从过去传下来的多重遗产，我们就不会对以下事情感到奇怪了：在现代，某些日本人试图对城市环境作出规划，与此同时，其他人更愿意相信个人意志的无形之手；某些人拥护极权、希望打造强大的官僚组织，与此同时，其他人信任呼应了历史上的市民自治的民主统治形式；某些人继续举行华美的仪式，给某些历史悠久、围绕着帝国与武士理念产生的价值观致意，与此同时，其他人以大众文学为工具，表达对自己所见的当下种种不平现象的不满。通过所有这些方式，日本的现代社会将传统与新潮、土产与外货结合起来。

参考文献

Berry, Mary Elizabeth, *The Culture of Civil War in Kyoto* (Berkeley: University of California Press), 1994.

Fieve, Nicolas, and Waley, Paul, eds., *Japanese Capitals in Historical Perspective: Place, Power and Memory in Kyoto, Edo and Tokyo* (London: Routledge Curzon, 2003).

Gay, Suzanne, *The Moneylenders of Late Medieval Kyoto* (Honolulu: University of Hawaii Press, 2001).

Jinnai Hidenobu, *Tokyo: A Spatial Anthropology*, trans. Kimiko Nishimura (Berkeley: University of California Press, 1995).

McClain, James L., Merriman, John M., and Ugawa, Kaoru, eds., *Edo and Paris: Urban Life and the State in the Early Modern Era* (Ithaca: Cornell University Press, 1994).

——Wakita, Osamu, eds., *Osaka: The Merchants' Capital of Early Modern Japan* (Ithaca: Cornell University Press, 1999).

Naitō, Akira, *Edo, the City That Became Tokyo: An Illustrated History*, Tokyo: Kodansha International, 2003。由霍顿(Mack Horton)译成英文并改编、作序，插图制作者为穗积和夫(Hozumi Kazuo)。

Nishiyama, Matsunosuke, *Edo Culture: Daily Life and Diversions in Urban Japan, 1600 – 1868* (Honolulu: University of Hawaii Press, 1997).

Rozman, Gilbert, *Urban Networks in Ch'ing China and Tokugawa Japan* (Princeton: Princeton University Press, 1974).

Sorensen, André, *The Making of Urban Japan: Cities and Planning from Edo to the Twenty-first Century* (London: Routledge, 2004).

屈伯文 译 陈 恒 校

第 19 章 东南亚的港口城市：1400—1800 年

包乐史

在自己的先驱性著作《早期亚洲贸易论集》(*Observations Concerning Early Asian Trade*，创作于20世纪30年代早期)中，雅各·范勒尔(Jacob van Leur)富有哲理地谈论了一个事实，也就是近代早期许多著名的亚洲港口城市已然衰落。"今日一连串的亚洲大港，从苏伊士到神户，只有少数还保留了旧名，甚至人们对它们的记忆只是像声音一般飘忽不定，没有切实、可感的东西留存下来。在死城泽兰、西弗里斯兰(Friesland)——荷兰黄金时代的城市，人们很难想象历史上存在的国际航运、世界贸易……同样，东方、亚齐(Achin)、马六甲、巨港(Palembang)、万丹(Bantam)、图巴(Tuba)、勃固(Pegu)、坎贝(Cambay)、霍尔木兹海峡、马六甲海峡，这些地方的航运贸易，在古代享有的盛誉亦少有遗迹传世。"[1]

1400—1800年间，就人们所指称的"早期"全球化的发展及其向原始全球化的过渡而言，许多今日几被遗忘的亚洲港口城市是作出了贡献的。事实上，要对这些港口城市在全球化过程中的作用做积极评价并非易事。在自己里程碑式的著作《文明与资本主义》(*Civilization and Capitalism*)中，布罗代尔挑出了一系列的欧洲港口城市——威尼斯、安特卫普、热那亚、阿姆斯特丹、伦敦，在他看来，在近代欧洲经济的形成中，这些城市充当了主要的推动者。[2] 在《欧洲霸权之前》(*Before European Hegemony*)中，卢格霍德令人信服地提出如下观点：甚至在更早的时候(1250—1350年)，从欧洲一直延伸到中国的洲际贸易经济便在季

风亚洲兴起了。[3] 不消说，在前现代亚洲的海上世界中，由于面向季风海域中的海岸贸易或是长途贸易，大小不一的港口城市也发挥了关键作用。由于欧洲、中国对热带商品、香料的需求大增，东南亚岛区在15—17世纪经历了海上贸易的大发展，对于这个时代，里德(Anthony Reid)给出了一个合适的名称——"商业时代"。[4]

季风的规律

在航海时代，占据主导地位的季风体系决定了航运——往返于中国海、印度洋、阿拉伯海之间——的节奏和组织，吹季风的时间约为六个月，它们在东北季风、西南季风之间转换。大量商人社区参与到这个广阔的贸易网络中。季风亚洲的绝大多数港口城市在海岸、海岛之间的交通中扮演了集散点的角色。还有某些更大规模的港口，它们沿亚洲内部的航路分布，位处战略要地，由此而充当了长途航运的转口港，这些长途航运将红海、阿拉伯海、孟加拉湾、爪哇海、南中国海等海域连接起来。如乔杜里(K. N. Chaudhuri)所评论的，海上商业在三个自然区中发挥了作用：第一个自然区，从红海、波斯湾到古吉拉特(Gujarat)、马拉巴尔(Malabar)；第二个自然区，从印度海岸出发，沿着每年都有人走的航线，到印度尼西亚群岛；第三个自然区，从印度尼西亚群岛到南中国海，它将热带岛屿区与中、

---

[1] 'Some Observations Concerning Early Asian Trade' (*Eenige beschouwingen betreffende den ouden Aziatischen handel*, Middelburg, Academisch proefschrift, 1934), in J. C. Van Leur, *Indonesian Trade and Society*, *Essays in Asian Social and Economic History* (The Hague: W. van Hoeve, 1967), 5 - 6.

[2] Fernand Braudel, *Civilization and Capitalism 15th-18th Century* (Berkeley: University of California Press, 1992), vol. 3, 89 - 279.

[3] Janet L. Abu Lughod, *Before European Hegemony: The World System A. D. 1250 - 1350* (Oxford: Oxford University Press, 1989).

[4] Anthony Reid, *Southeast Asia in the Age of Commerce 1450 - 1680* (New Haven: Yale University Press, 1988 - 1993), 2 vols.

日两国的港口连接起来。①

这是商品、人员、观念在海上的交流。从 7 世纪以来,在某些交通集散城市的拉动下,这样的交流运作起来,这类城市有中国东南部的泉州(马可·波罗所谓的"刺桐"[Zaiton])、广州,依傍马六甲海峡的室里弗逊(Sri Vijaya),印度次大陆的古里、坎贝,以及波斯湾、红海的门户霍尔木兹、亚丁(参见区域地图 II. 2、II. 4、II. 5)。值得注意的是,在这些城市中,我们在后面提到的中东港口通过沿海、陆地交通与地中海贸易世界联系起来。和穿越中亚沙漠地带、远为古老的陆地商旅贸易一样,海上丝绸之路也将欧洲地中海经济、中东经济、印度次大陆经济、远东中国经济连接起来。

公元 1 千纪,尾随着贸易船只,印度教、佛教从印度次大陆向东南亚大陆海岸、印度尼西亚群岛传播,对原住民的生活方式来说,此种传播带有丰富的意涵。中国僧人曾乘船到印度收集圣典、领受教训,他们的古代游记指出,苏门答腊的室里弗逊王国控制着印度洋、南中国海之间的市场,它是成千上万佛教僧人的栖身之所,这些人在这里建造了大量寺院。② 作为印度宗教海外扩张的见证者,柬埔寨吴哥窟的宏伟宗教建筑或爪哇中部的婆罗浮屠佛塔、普兰巴南寺庙群至今犹存。

公元 2 千纪之初,来自阿拉伯、波斯湾、古吉拉特的冒险商人将伊斯兰教带往东方。这种新宗教通过海港渗透进来,除了巴厘,没有哪个地方不将其奉为主流信仰,佛教、印度教的地位几乎被彻底取代。只是在东南亚大陆,佛教还留下一片地盘。

在有关印度—伊斯兰世界之形成的开创性研究中,安德烈·温克(André Wink)简述了海上丝绸之路诞生后印度洋贸易更大的发展。③ 7—11 世纪,中东获得了经济霸权,不过 11—13 世纪,欧洲、中国处在上升阶段。14—16 世纪,伊斯兰教在印度洋内部、周围巩固了自己的地位,新的亚洲世界经济连同印度崛起于亚洲的中心,中东、中国充当了两个动力极。16、17 世纪见证了穆斯林王朝控制下的各大新帝国的诞生,最早的欧洲贸易强权的进入,以及亚洲内部海上贸易的急剧增长、绕过好望角的亚欧洲际贸易。18 世纪,疆

348

域辽阔的伊斯兰帝国开始走向瓦解,取而代之的是规模更小的后继国家以及初生的欧洲殖民帝国。

在我们看来,这些发展多多少少在东南亚岛屿圈上得到了反映。11 世纪,爪哇的印度王国满者伯夷(Majapahit)灭亡了苏门答腊的室里弗逊古王国。该国反过来由于新的穆斯林港口政治体在海岸的兴起而遭到削弱,并最后在 16 世纪末让位给了新兴的伊斯兰王国——马塔兰(Mataram)。17 世纪之后,爪哇北海岸港口政治体走向衰落。在何种程度上,这是马塔兰或西方侵略势力领土吞并政策(抑或两者兼而有之)的后果? 这是一个至今仍引起人们热议的问题。④ 无论情况如何,我们都看到,在近代早期,欧洲东印度公司的海上帝国以洲际贸易为基础,开始将自己的魔爪伸向这片区域。到 18 世纪中期,荷属东印度公司设在巴达维亚的政府已控制爪哇北海岸的绝大多数地区,此外,通过执行分而治之的政策,它还将马塔兰残余领土直接分为两个苏丹国:日惹(Yogyakarta)、苏腊卡尔塔(Surakarta)。

港口城市的类型

就印度洋而言,其内部同时存在着不同次级海洋体系之间的区域贸易。港口城市的等级体系由此产生,从充当腹地或国外进口产品之门户的集散港,到服务于洲际贸易、将货物卸载—储存—中转到其他地方的殖民地港口,其地位各不相同。一般而言,这些港口身上带着某些相同的基本特征,比如作为地方政权之象征的堡垒、清真寺、教堂或庙宇、称量货物的税关、钱商和叫卖商人往来从事业务的市场。

港口有大有小,类别各异。邦加(Indu Banga)引墨菲(Rhoads Murphy)的话说:"绝大多数港口的码头并不好,许多好的码头又没有什么船。"他指出,如果港口是物流、人流在海陆之间中转的门户,那么,好的码头——也就是水位较深的避风区——并不必然能发挥港口那样的作用,如果它缺乏腹地的话。⑤ 实际上,由于主流季风的关系,港口一般是泊船区、沿着海岸分布

① K. N. Chaudhuri, *Trade and Civilisation in the Indian Ocean: An Economic History from the Rise of Islam to 1750* (Cambridge: Cambridge University Press, 1985), 102.

② Paul Wheatley, *The Golden Khersonese, Studies in the Geography of the Malay Peninsula before A. D. 1500* (Westport: Greenwood Press, 1973), 40 - 44.

③ André Wink, *Al Hind: The Making of the Indo-Islamic World* (Leiden: Brill, 1990 - 2004), 3 vols.

④ Reid, *Southeast Asia in the Age of Commerce*, vol. ii, 281 - 289.

⑤ Indu Banga, *Ports and Their Hinterlands in India 1700 - 1950* (New Delhi: Manohar, 1992), 10.

的贸易滩,在一年中间,人们能光顾它的时间只有几个月。在别处,对在河流入海口内的港口城市进行的海上贸易,地方政权能施加某种程度的控制,这些港口城市提供安全的泊船区。人们已经观察到,由于环境原因,绝大多数这类港口城市都经历过近乎循环的兴衰运动。水文状况的变化无常、土壤侵蚀、持续进行的三角洲形成过程,连同频繁发生的热带风暴……在所有这些因素的作用下,大规模的洪水爆发,或是泥沙在河流入海口淤积,港口城市与海洋的关系因此而常常断绝。结果,在很大程度上,印度洋城市由于生命力脆弱而缺乏发展的延续性,这些城市被温克称为"脆弱的城市"。[1]一些港口城市缺乏重要的腹地,其生存只有仰赖它们在季风所过路线上的战略位置。作为货物转运点,它们基本上充当了长途贸易转口港的角色。

撇开环境因素不论,东南亚岛区港口城市的兴衰亦与地方政治有着密切关系。外商群体如感觉自身安全并未得到很好保证,或相信地方统治者并未对他们有公平的举措,他们常常会整体迁移,到能提供更好前景的邻近港口去。这类在马来半岛东西两岸展开的竞争有许多实例,比如在马六甲海峡,亚齐、柔佛(Johor)受困于连续不断的竞争,它们竞相提供优厚条件吸引外商。同样,宋卡(Sonkhla)、北大年(Pattani)在马来半岛东岸进行竞争。事实上,为了成为商旅能进行贸易而没有内地势力过度干预的安全天堂,港口城市不得不保留一定程度的政治自治。只有在中、日两国自给自足的世界秩序里,人们才能看到受到严格控制的门户港口比如广州、长崎。

东南亚的港口城市

翻看印度洋地图,我们会发现:东南亚岛区横亘在亚洲内部的航海线上。在航海时代,有两个海上通道方便了印度洋、东方海域之间的航运:其一,马来半岛、苏门答腊之间的马六甲海峡;其二,苏门答腊与爪哇之间的巽他海峡。进入这些通道后,东西两向的航运都必须要等到本年度以内的季风转向后才能返航,在卸货、将货物存在陆地并再次起运的地方,人们能发现许多作为城市的转口港。这些商业中心主宰了亚洲

内部西南亚、南亚、东亚之间的海运,没过多久,还控制了整个马来地区的航运。[2] 在马六甲海峡,马来半岛的港口城市马六甲在15世纪早期取代了苏门答腊的室里弗逊势力,100年后,葡萄牙人占领了这座城市。

在巽他海峡附近,一系列转口港兴起于西爪哇地区,比如印度王国巴查查兰(Pajajaran)的大港雅加达,它在16世纪被伊斯兰港口城市万丹取代,后者反过来在17世纪被荷兰城市巴达维亚取而代之。

如果说马六甲苏丹国在15世纪有着至高无上的统治权,那么,1511年,它的地位被葡萄牙的马六甲给取代了,后者反过来又在17世纪为巴达维亚所超越(1619年),巴达维亚是荷属东印度公司(简称"VOC")设在爪哇的新基地。[3] 从传统上说,马六甲是印度洋、南中国海之间主要的航运通道,相比之下,对荷属东印度公司经过好望角往返欧洲的船只来说,巽他海峡的地理位置更加优越。在香料群岛(马鲁古群岛[Maluku])、爪哇产米的西北海岸(Pasisir),有一些集散港;在深入苏门答腊、帛琉群岛热带林区的河流的入海口,有多个马来港口城市。它们组成了一个大范围的网络,无论是葡属马六甲,还是后来的荷属巴达维亚,都像是爬在这个网络中的蜘蛛。从1567年开始动工的西班牙马尼拉城扮演了双重角色:一是跨越太平洋的帆船贸易的终点站;二是中国东洋航线上的集散点,这条航线从东南沿海省份福建一直延伸到印度尼西亚群岛东半部的香料群岛。

马来港口城市

公元1千纪末,东南亚兴起了两种政治体系,印支半岛、印度尼西亚群岛分别为其代表:一是以河流冲积平原为基础的内陆农业社会(比如爪哇的满者伯夷、马塔兰);一是沿海岸分布的港口城市,其事业重心在内河、海上贸易(比如马来半岛上的马六甲)。有时,一个城市还身兼二任,既是海港,又是为务农社会服务的内地都市,一个很好的例子就是位于湄南河口的大城府,它是暹罗的首都。17世纪,这是一座位于环暹罗湾港口城市等级体系顶端的城市,与此同时,它又是出口大米、鹿皮的暹罗王国的行政、礼仪中心,王国有许

---

① Andre Wink, 'From the Mediterranean to the Indian Ocean: Medieval History in Geographic Perspective', *Comparative Studies in History and Society*, 44 (2002), 416-420.

② 罗德曼(Dietmar Rothermund)对"商业中心"的定义是:"市场。在它里面,人们或多或少能不断地获得大量商品,且各式顾客、商人能在可预见的供求环境下毫无阻碍地碰头。"参见'Asian Emporia and European Bridgeheads', in R. Ptak and D. Rothermund, eds., *Emporia, Commodities and Entrepreneurs in Asian Maritime Trade*, ca. *1400-1750* (Stuttgart: Steiner Verlag, 1991), 3.

③ VOC 是 *Verenigde Oost-Indische Compagnie* 常用的首字母缩写形式,用来指"联省共和国东印度公司"。

多河流深入到禁止行猎且布满热带森林的腹地。由于大城府的理想位置,暹罗王能够使该城的贸易活动促进自己对广阔疆域的统治。

在这里的分析中,马来港口城市的"理想类型"是我们首要关注的问题。就位置而言,这些港口在等级体系中有着相互连接的关系,它们各自扮演了不同的角色。它们或是转口港城市,处在长途季风航路——印度洋与南中国海由它连接起来——沿线的战略位置上;或是为内河系统、区域沿海贸易、岛间航运服务的港口城市。无论大小,该区域的所有传统港口最初都是通过马来港口城市的形式发展起来,它们从印度教—佛教国家室里弗逊(它在9—12世纪横跨马六甲海峡),到著名的港口城市马六甲(其统治者在15世纪初改宗伊斯兰教),形态各异。霍尔(Kenneth R. Hall)对马来港口城市的演进作了细致分析,他说:就国家形成的过程而言,这些城市中心的兴衰与海上贸易的命运有关。[①] 不可避免地,这类全球性港口城市的伊斯兰化对城市结构、形态产生了彻底的影响。清真寺的地位变得和地方统治者的王宫一样重要,制度化的港口活动比如停泊税、称重费用的征收以及进出口税的管理从国外传入,从中东到印度尼西亚群岛的海上世界,莫不见它们的身影。

港口城市马六甲

传说马六甲转口港系巨港王子拜礼米苏拉(Parameswara)于1402年创建。1391—1392年,满者伯夷王国的爪哇军队对这位王子的故国展开攻击,他被迫离乡远去。人们认为这位统治者在约1413年皈依了伊斯兰教。作为一个伊斯兰港口苏丹国,马六甲崛起为首屈一指的马来港口城市,在该地统治者的仁慈统治下,来自遍布季风亚洲的数十个国家的商人造访此地,在这里生活、进行贸易。由于有着井然有序的民事、军事官僚组织以及海洋法律(Undang undang Melaka),此地被人们视作典范,受到印度尼西亚群岛其他港口城市的广泛崇敬、效仿。[②] 在马六甲被葡萄牙人征服后不久,皮雷斯(Tomé Pires)于1511年造访此地,他估计在这个全球化城市,流行的语言不少于84种。他公正地赞扬道:此地的行政组织特别适于满足季风亚洲海上贸易的需要。[③] 葡属马六甲像自己的前辈城市一样,成为无比重要的香料贸易中心:"无论谁作马六甲君主,威尼斯的咽喉都控制在他手上。"[④]

马六甲的首要功能是为海上贸易提供便利,因为它提供了一个安全的转口港,在这里,东、西商品能暂时存放而后转运出去。这个商业中心的统治者宣称要为出身不同种族的商旅提供安全的泊船服务,并保护他们的安全。这个马来港口城市不像其欧洲、中国姊妹城市那样有城墙护卫,相反,在绝大多数外国旅客眼中,人们对它的印象是:大量分散的村庄围绕着一个行政中心,中心内含皇室领地,也就是苏丹及其廷臣的住所。虽然伊斯兰社会通过许多方式照顾其信众的福利需求,那些典型的城市社会组织比如医院、孤儿院、穷人之家却付诸阙如,后来,这些组织在欧洲殖民地的港口城市中发挥了极为突出的作用。

绝大多数外商是季节性的商旅,他们待在港口的时间只有几个月,以展开自己的贸易。与此同时,他们要等到下个季风期才能返乡。作为热带森林所环绕的城市,马六甲缺乏农业出产能供养约2万市民以及成千上万商旅的腹地。[⑤] 结果,它要依赖从爪哇、暹罗、勃固、孟加拉运来的大量粮食。在这方面,这座城市虽无陆地上的腹地,却有海洋上的腹地。

以主从关系为基础在地方统治者之间建立的私密同盟在海上贸易中发挥了重要作用,此种贸易的范围在各个方向都扩展到了200英里以上。这种互利的交换经济为市民、住在转口港边远地区的岸民提供了基本商品。作为附属城市,马六甲附近的港口城市吉打(Kedah)、雪兰莪(Selangor)为马六甲长期保持领导地位提供了支持,海民(orang laut)在战争时期永远是可以依靠的对象——他们通常被编入海军,在苏丹任命的将军(laksamana)之下做事。那时和现在一样,海盗代表了马六甲海峡地区长期存在的一种破坏力量。[⑥]

① Kenneth R. Hall, *Maritime Trade and State Development in Early Southeast Asia* (Honolulu: University of Hawaii Press, 1985).

② Liaw Yock Fang, *Undang-Undang Melaka: The Laws of Melaka* (The Hague: Martinus Nijhoff, 1976).

③ Tomé Pires, *Suma Oriental* (Complete Treatise on the Orient), 2 vols. (London: Works Issued by the Hakluyt Society, second series, lxxx, xxc, 1944).

④ Ibid., 287.

⑤ 里德制作了一些表格,里面显示了高得不可思议的马六甲人口数——多达10万,相比之下,其他人给出的人口数是2万。

⑥ Luis Filipe Thomaz, 'Melaka et ses communautés marchandes au tournant du 16e siècle', in Denys Lombard and Jean Aubin, eds., *Marchands et hommes d'affaires asiatiques dans l'Océan Indien et la Mer de Chine, 13e-20e siècles* (Paris: Editions d'Ecole des Hautes Etudes en Sciences Sociales, 1988), 39.

葡萄牙人的到来

1498 年,当达伽马在卡利卡特(Calicut)的碇泊处停船,"寻找基督徒与香料"时,他和随员没花多长时间便了解了印度洋贸易世界的运作原理。10 年之内,葡属印度(*Estado da India*)的设计师阿尔布克尔克(Afonso de Albuquerque,1453—1515 年)开始征服印度洋绝大多数位于战略要地的港口城市。又一个 10 年之内,他和自己的后继者已打下了葡萄牙亚洲海上帝国的基础,他们占领了波斯湾的门户——霍尔木兹,印度东北海岸的达曼、第乌、果阿,印度东南海岸的科钦(Cochin),锡兰岛的科伦坡(Colombo)。他成功地建立起一个通道(*cartazes*)系统,在它的影响下,所有亚洲交通必须得通过这些港口,缴纳关税从而获得安全通行的权利。1511 年,阿尔布克尔克征服马六甲,将其统治者驱逐,并将该港口变为葡属印度大西洋贸易网络的"商业中心"。葡属印度为这个港口提供强大的防御设施,这样,它便能控制所有路经马六甲的海运。[①] 以马六甲为起点,葡萄牙人向东扩散到香料群岛,在这里,他们成功地从诱人的丁香、肉豆蔻贸易中分得了一杯羹,这些贸易是在它们的原产地进行的。1521 年,他们抵达中国广州。不过,直到 50 多年后,他们精明的外交努力方才让葡萄牙人在澳门、日本长崎获得立足之地。这两个远东港口都有着不见于亚洲其他地方的典型特征。澳门有一个不易看到的半岛突入珠江,葡萄牙人获准在每一年里,每隔一段时间与省会城市广州进行贸易。就日本而言,受某个地方大名邀请的耶稣会士将所有葡萄牙人的生意集中在长崎海湾,不过,在 16 世纪最后的 10 年里,由于日本走向统一,这个边缘海港遂融入德川幕府正在兴起的日本世界秩序中。天主教神父、最后还有来自澳门的葡萄牙商人在 1639 年遭到驱逐,只剩下荷属东印度公司的属员,他们成为唯一受到许可在德川日本进行贸易的西方人。

在马六甲苏丹国灭亡后,附近的伊斯兰港口城市(比如亚齐、柔佛、万丹)不断地相互竞争,以求别人承认自己是苏丹国的合法继承者,并获得在群岛权势等级秩序中的主导地位。穆达(Iskandar Muda)是亚齐的魅力型统治者,通过一系列在苏门答腊、马来半岛的征服行动,他早就在北苏门答腊获得了无可争议的领袖地位。在这之后,他在伊斯兰教的名义下,领导了以基督教葡属马六甲为对象的数次征伐(17 世纪 20 年代),不过都被击退。在爪哇西海岸,作为胡椒产地的港口城市万丹在 16 世纪 80、90 年代实现了流星般的崛起。它还充当了福建帆船海运"西洋"航道的终点站。这条航道沿着越南、柬埔寨、暹罗海岸以及马来半岛、苏门答腊的东海岸走,从南中国海一直延伸到爪哇。

关于遭葡萄亚人干涉的传统贸易网络,有当时的一份上好材料流传至今,即皮雷斯的《东方志》(*Suma Oriental*)。他说:

> 与马六甲相比,世上一切事物、土地、地区均为粪土。因为马六甲是季风末端的港口,是大量帆船、船只到访之地,来者付费,不付费献礼,献礼和付费差不多。为此,由于该国国王在出航的每一艘航船上都注入了投资,故此,它成为马六甲列王聚敛大量钱财的方式。由此,毫无疑问,马六甲列王定然是富甲天下的。[②]

他继续说明苏丹对高级官员的协助有所依赖,比如在所有民事、刑事事务上倚仗大法官(*Bendahara*),除此人之外,全国海军统领(*Lasakmana*)也是苏丹的求助对象。*Tumenggon* 是城市的主要行政官,他依赖的对象是四个港口主管(*syahbandar*),后者对沿海岸居住的不同行商人群进行管理。第一个人群是古吉拉特商人;第二个人群是所有其他的来自西方的商人;第三个人群是来自群岛的马来商人;最后一个人群是来自中国、琉球群岛的商人(绝大多数是中国人)。[③] 这表明,在马六甲海岸受到季风洗礼的人口大杂烩被分作不同的种族群体,他们住在不同的居住区,受自己的首领、自己的法律管治,事实上,这是一种在"治外法权"概念存在之前便已存在的治外法权。

在对马六甲进行管理的一个半世纪中(1641 年,在遭受一年的围攻之后,该城落入荷兰人之手),葡萄牙人建设了一座雄伟的堡垒,堡垒另有保护城墙里的殖民城市的功能。葡萄牙人还将大量典型而富有特色的欧洲组织引入堡垒的建造当中。和在所有其他的葡萄牙殖民地一样,在马六甲,教会及其附属组织占据着

[①] "葡属印度"是葡萄牙国王赐给帝国亚洲领地的名字。它不是一个连成一块的国家,而是从东非到日本的许多堡垒、舰队、社区的集合。

[②] Pires, *Suma Oriental*, vol. 2, 251.

[③] Ibid., 265.

中心位置。仁慈堂（casa de misericordia）提供了关键的社会、经济服务，它照顾孤儿，管理殖民社会中的种种遗产，并为商人提供贷款。不过，和在葡属印度首府果阿一样，土著商人由于缴纳关税、其他税收的缘故，仍然贡献了城市收入的大头。两座城市在很大程度上都是建立在强迫的基础上的，因为葡萄牙行政当局迫使土著商人到这些港口停泊并缴纳费用。在葡萄牙殖民社会中，有两类殖民者，即未婚的战士（soldados）与操持家务的已婚人士（casados），他们构成了城市社会的支柱。当时，对葡萄牙殖民港口城市有最精辟观察的当事人可能是林斯霍滕（Jan Huyghen van Linschoten），他是果阿主教的秘书。在自己的《游记》（Itinerario）中，他对 16 世纪末果阿堕落市民的社会生活作了生动而不谄媚的叙述。①

残存的马来港口城市

有一些城市以最初的马六甲苏丹国的行政为模仿对象，只是其规模要小得多，它们也就是一般意义上的马来城市政治体（negeri），其组成要素是地方统治者加上其属员，他们以河流入海口作为自己的权力根基。统治者在自己身边聚集了一个由 orang kaya（富人之意）组成的商人精英群体，他们在政府中有很大的发言权。② 具有人类学倾向的学者比如阿达亚（Barbara Andaya，他研究的是占碑）、沃伦（James Warren，他研究的是苏禄）、维佐约（Muridan Widjojo，他研究的是蒂多雷[Tidore]）最常研究这类城市的特点——它常常表现为它们或多或少容易成为被吞噬的对象。它们的统治者参与地方性的奴隶贩卖、猎奴行动，并垄断出入河口的交通运输，其使用的方式与强盗贵族并无不同。③ 在现代到来之前，东南亚岛区一直人口稀疏，由此而饱受长期性的人力不足之苦。此种情况对港口城市及其腹地亦有影响。这些按照等级制组织起来的社会是以主从关系为基础的，其统治者常常卷入到海外

猎奴行动中，以加强自己的人力、充实船运人员。结果，东南亚港口城市可见大量从事劳役的奴隶，他们来自不同岛屿——绑架或购买奴隶之所——的不同地方。④ 就绝大多数这类城市——它们的特征是特殊的生产、组织模式——的位置而言，它们与重要的长途贸易市场有一定距离。在地区权力秩序中，它们间歇性地兴起、衰落着，作为半自治的城市，它们一直存活到了 19 世纪，直到最后被西方帝国主义的扩张吞灭为止。在某些港口城市，orang kaya 的地位看似与欧洲港口城市中占据统治地位的商人精英相似。以北大年王国为例，数位王后相继统治这个国家。人们认为这是地方精英限制统治者专制权力的一种举措。在其他港口（比如万丹、望加锡），地方统治者逐渐收紧了对港口城市的控制，并变为里德所谓的"专制统治者"。⑤ 无论政治情形如何，让外商感到奇怪的是主宰市场的竟然是女人。关于这一点，莱佛士爵士（Sir Thomas Stamford Raffles）说得很清楚："丈夫将金钱方面的事情全盘交托妻子是很平常的事。女人全权参与市场事务，买卖都由她决定。俗语说爪哇男人在金钱事务上是傻瓜。"⑥

在近代早期欧洲港口身上，布罗代尔确认了有利的社会变革条件，而由于自身与众不同的特征，这些条件在东南亚港口城市身上并未体现出来。事实上，这些城市并不存在市民自觉之类的东西，而客居商旅所感受并要处理的完全是来自专制权力的种种压力。

欧洲的影响

人们发现了环好望角的航路，这在后来导致了葡萄牙人、荷兰人、英国人在亚洲的海上帝国的兴起。由此，传统商贸网络、港口城市的体系本身不得不直面一些新的挑战。正如丹麦历史学家斯特恩斯加德（Niels Steensgaard）所表明的，到 1600 年，以亚欧贸易为服务对象的海洋航线已然偏离传统的海上丝绸之路。大西

---

① H. Kern, ed., *Itinerario, Voyage ofte schipvaert van [Jan Huygen van Linschoten] naer Oost ofte Portugaels Indien 1579 - 1592* (Itinerary, The Voyage of Jan Huygen van Linschoten to East or Portuguese India 1579 - 1592). Linschoten Vereeniging lvii, lviii, lx (The Hague: Martinus Nijhoff, 1955 - 1957), 3 vols.

② 亚齐、万丹、望加锡这类港口城市的统治者起先是平起平坐的一群人中的领袖。据里德所说，在 17 世纪的历史进程中，他们在竭力保护自己、不使西方侵入自身的领地时，日益展示出"专制"倾向。

③ Barbara Watson Andaya, *To Live as Brothers: Southeast Sumatra in the Seventeenth and Eighteenth Centuries* (Honolulu: University of Hawaii Press, 1993); James Warren, *The Sulu Zone, 1768 - 1898* (Singapore: NUS, 2007); Muridan Satrio Widjojo, *Cross-Cultural Alliance-Making and Local Resistance in Maluku during the Revolt of Prince Nuku, c. 1780 - 1810* (Leiden: Brill, 2009).

④ Reid, *Southeast Asia in the Age of Commerce*, vol. 1, 133.

⑤ Ibid., vol. 2, 211 - 214.

⑥ Ibid., vol. 1, 162 - 165; Thomas Stamford Raffles, *The History of Java* (London: John Murray, 1817), vol. 1, 353.

洋的贸易风推动着欧洲的横帆船,经好望角往返印度群岛,传统的从波斯湾、红海到地中海的跨大陆商旅路线几乎被完全取代,由此,昔日享有盛名的西亚转口港遭到了沉重打击。[1]

新来到的欧洲人为自己建造了像葡属马六甲、西属马尼拉(1567 年)、荷属巴达维亚(1619 年)这样的堡垒型殖民港口城市。由于建在容易防守的岛屿或以前亚洲城市的废墟上,这些堡垒充当了欧洲在东南亚的海上帝国的大本营,它们或订立契约,或动用武力,从而在这些地区的集散港口之间创造了新的等级关系。

渐渐地,欧洲殖民港口城市构成了一种新的综合城市:它"综合"了传统马来港口城市的许多方面以及西方有关城市形态、建筑、行政的许多观念。对造访的亚洲商人来说,港口布局在很大程度上未有变动。出自不同种族的港务主管仍然是港口的象征,殖民地政府力图将他们安置在各自所属的区域内。而不同之处在于:在殖民地的大背景下,由于欧洲财产法律的引进并同等地以公证书形式适用于欧洲、亚洲移居者,他们能参与到确保其财产享有更大安全度的活动当中去。作为欧洲在亚洲的桥头堡,葡属马六甲、荷属巴达维亚、西属马尼拉这类城市在全球化早期阶段扮演了集散点的角色。由于来自欧洲母国的殖民者并未源源不断地到来,中国移居者遂在马尼拉、巴达维亚两地迅速构成了中坚阶层。正如巴达维亚的建设者科恩(J. P. Coen)所指出的:"为我们服务的没有比得上中国人的。"中国非法移民不受拘束的大量涌入导致了种族冲突的频繁发生,特别是在马尼拉,西班牙人对中国移民展开了不下六次的大屠杀。1740 年,荷属巴达维亚同样发生了这样的一次种族屠杀,城市中问题丛生的种族关系因此袒露无遗。[2]

东方的皇后:近代早期殖民港口城市的理想类型——巴达维亚

巴达维亚是荷属东印度公司的大本营,从许多方面来说,其早期历史与葡属马六甲相似。15 世纪,这座港口城市(时称"巽他格拉巴"[Sunda Kelapa])充当了巴查查兰印度王国胡椒的主要输出门户。1527 年,井里汶(Cirebon)苏丹派出一支在法塔西拉(Fatahilah)

王子统帅下的远征军去征服巽他格拉巴。为了表彰王子的胜利,新上台的统治者将这座城市命名为"雅加达",数十年后,该城成为附近万丹苏丹国的臣属地。在 17 世纪的头 10 年里,荷属东印度公司总督数次征服马六甲未果,他们由此决定将大本营设在爪哇,其附近便是通过巽他海峡的要道。荷属东印度公司、英国东印度公司(简称 EIC)均在万丹设有大型工厂,作为一个统治严密的国家,万丹并没有提供荷兰人盼望的经营自由、安全环境,以便他们发展自己在群岛的贸易网络。1619 年,荷兰总督科恩逐走雅加达的地方统治者,削平其王宫,在废墟之上建起了殖民城市巴达维亚。从根本上说,新城是一个傍海的坚固堡垒,其后方是经过精心规划的设墙城池。它成为荷属东印度公司贸易网络的巢穴(rendez-vous),并很快发展为近代早期最显赫的东南亚港口城市。

巴达维亚位于一个海湾的湾头,该海湾介于大海与山脉之间。它是一座笔直挺立的城池,格局呈几何形状,面积为 2250×1500 平方米,用珊瑚石造成的城墙将它围护起来。城墙包括 24 座堡垒,而为一条深深的护城河所围绕。该城异乎寻常地将大量空间划给货栈、码头,这一点强化了该城的商业性质。荷属东印度公司每年平均派出约 25 艘船只往返亚洲,任一时候,在亚洲贸易路线上穿梭的船只数约为 40。荷兰精英商人最初住在雄伟的城堡中,从这里可远眺泊船区。与此同时,城市本身按照一定的方式进行规划,从而容纳公司职员、荷兰自由市民以及其他民族的人。就最后一个人群而言,该城的存在有赖于其中某些人(亚洲出身的自由基督教市民)的军事援助,有赖于另一些人(中国人)的手工艺。这与马尼拉形成了鲜明对比,在后者那里,西班牙人在自身与中国移民之间保持着严格界限,后者独自住在城外的中国城(Parian)中。而在巴达维亚,荷兰人、亚洲基督徒、中国人住在城里(intra muros),来自印度尼西亚群岛、印度次大陆各地的家庭奴隶为他们提供服务。建城 10 年后,巴达维亚已经有 8000 居民,其中 1375 人属欧洲自由市民,1912 人属公司仆役。[3] 由于几乎所有的公司仆役都是在未婚时来到东方的,故此,他们不得不给自己找亚洲出身的当地新娘。结果,绝大多数欧洲市民的血统是混杂

---

① Niels Steensgaard, *Carracks, Caravans, and Companies: The Structural Crisis in the European-Asian Trade in the Early Seventeenth Century* (Copenhagen: SIAS, 1973), 155 - 169.

② Leonard Blussé, *Strange Company: Chinese Settlers, Mestizo Women and the Dutch in VOC Batavia* (Dordrecht: Foris, 1986), 73 - 96.

③ Hendrik E. Niemeijer, *Batavia. Een koloniale samenleving in de 17de eeuw* (Amsterdam: Uitgeverij Balans, 2005), 39.

不纯的。① 据估计,18世纪上半叶,巴达维亚及其郊区的亚欧居民总数达到了10万之数,住在城里的约为1.5万。几乎一半的城市人口是由家庭奴隶构成的。

极为引人注目的是,直到18世纪中期,葡萄牙语仍是城里的通用语言。另外,亚欧妇女在这座贸易之城中发挥的作用是很大的。如果说公司官员是禁止从事民间贸易的,他们的妻子却常常卷入到各种商业冒险中。

在乡郊地带(直接与城市相邻的郊外),公司对大片土地作了分配,这里是"各个从武民族"的聚居地,他们集中在自己的村庄(kampongs)里。这些人有巴厘人、布吉人(Burgis)、马都拉人(Madurese)、安汶人(Ambonese),在有征召的时候,他们为荷属东印度公司在群岛其他地方展开的军事行动提供军队。建城约50年后,它与附近万丹苏丹国之间的关系已然稳定,考虑到城郊地区已无安全隐患,精英商人群体的成员遂移出城里,在乡村大建美宅。中、荷实业家抢着在内地砍伐热带丛林,并开垦土地用于种植甘蔗。和葡属马六甲的情形一样,在早期阶段,巴达维亚亦无力在食物、木材等必需品上自足,它不得不依赖从爪哇北部海岸沿线的集散港运来的物资。到世纪之交,该城已打造出自己的腹地。中国、爪哇园艺师、农民为城市、停在泊船区的舰队提供食物。甘蔗、咖啡种植园基于出口的目的在城市附近的平原、海角建立起来。

港口设施呢?最初泊在巴达维亚的船只必须得通过令人眼花缭乱的岛群,即千岛群岛(Pulau Seribu),而后才能到达有着良好防卫的泊船区。东印度公司商船、土著人的船只、中国人的帆船就停在这里,与巴达维亚城堡相距约一英里,设墙的城池则位于吉利翁河(Ciliwong River)出海口附近。由于将地址设在翁瑞斯特岛(Pulau Onrust)这样的岛屿上,许多码头、船具厂便随地备着各样的材料、专业人员,在荷属东印度公司商船从欧洲出发航行六个月以上,或是从台风肆虐的中国海域返航时,为其提供维修服务。两条长长的导水运河从海岸向海洋延伸,用以引导吉利翁河的脏水。更小的本地小船沿着运河进进出出,它们泊在内地的港口,也就是所谓的"鱼市"(Pasar Ikan)。

358 在巴达维亚,荷属东印度公司当局将母国市民社会中所有发达的城市组织照搬过来,比如市政厅、医院、法庭、教堂、教养机构、救济院。遗产管理所

(boedelkamer)建立起来,这是一个特别适应殖民社会的需要的救济机构,与葡萄牙人的仁慈堂并无不同。当地的社会机构,比如孤儿院、养老院、医院、穷人墓地诚然建立在荷兰经验的基础之上,不过,由于热带地区的高死亡率(能提供直接帮助的直系亲属的缺乏更加剧了这一状况),这些机构在东方能满足更为急迫的社会需求。在印度尼西亚国家档案馆(Arsip Nasional Republik Indonesia)中,馆藏的公证文献超过8000卷,它们证明了在巴达维亚的多种族市民社会中,公证人在记录法律事务上发挥了至关重要的作用。

极为有趣的是,荷兰城市建筑、机构与典型的中国城市机构有着对应关系。比如中国诊所,它是典型的子承父业的组织;衙门式的中国官员府邸;公堂,中国官员及其属吏每周开会的办公场所;与城墙直邻的中国寺庙,以及中国市民丧葬用的大型墓地。② 由于帝国政府严禁中国妇女出海,住在巴达维亚的中国男人不得不就地寻找当地出身的伴侣。巴厘女子以其美貌、饮食习惯而受到他们的青睐。由于这些伴侣的印度教信仰,她们不必像自己的伊斯兰教姐妹一样遵守猪肉禁忌,这可是中国人的主食之一。从中国丈夫与当地妻子的杂婚中,兴起了所谓的"土生华人"(peranakan)群体,他们渐渐成为巴达维亚中国人中的主流人群。中华会馆档案中有关中国市民的人口材料(时间可追溯到18世纪80年代)显示,新郎平均年龄是新娘的两倍,比如,28岁对14岁。这看似隐含着下面一层意思:男人直到拥有足够财富养家糊口时才结婚。③

最后,巴达维亚充当了广阔的内亚洲贸易网络的中心,它所利用的信息网络极其复杂,总督、东印度群岛议会因此而能够对全亚洲商品价格的发展状况、政局了如指掌。过去,一系列的网络包含在印度洋各大内海中,它们的运动范围被季风的运动范围所覆盖。而到了此时,一个相互间有紧密关联的系统首次浮出水面,它将荷属东印度公司所有的航运活动融入到一个一体化的贸易网络中。巴达维亚的贸易导向特征、坚固的防卫设施、种族混杂的状况及其对母国城市机构的照搬,凡此种种,让旅客生出了这样一种印象:这座城市代表了"热带地区的荷兰"。其他人透过这层表面的装饰看待问题,他们发现了这座城市令人惊叹的

① Jean Gelman Taylor, *The Social World of Batavia*, *European and Eurasian in Dutch Asia* (Madison: University of Wisconsin Press, 1983), 33 - 51; Niemeijer, *Batavia*, 32 - 49; Blusse, *Strange Company*, 156 - 171.

② Blussé, *Strange Company*, 78 - 79.

③ Leonard Blusse, Chen Menghong, *The Archives of the Kong Koan of Batavia* (Leiden: Brill, 2003), 19.

中国元素,基于此,他们将中国城理想化,将它当作另一种生活、社会组织的代表。[1] 为了与东南亚社会的传统保持一致,在以下几个方面,荷属东印度公司属员的妻室(绝大多数是混血儿)也发挥了至关重要的作用:凝聚社会结构;为金钱、财产的传承提供渠道;贸易伙伴关系。这一点通过不同方式表现出来。嫁过两三个丈夫的巴达维亚富寡妇是抢手货。几乎所有的公司属员在到东方时都处于未婚状态,此外,由于赞助对于在公司等级秩序中获得晋升来说具有关键意义,故此,娶一个富寡妇或某个公司高层雇员的妙龄女儿被看作是进入成功殿堂的门票。[2] 正如泰勒(Jean Gelman Taylor)所指出的:"在东印度群岛处于核心地位的是女人,土生土长的女人,她们将男人带进种种赞助——受保护的关系中,比如岳父—女婿,连襟……关键的家庭关系并不存在于父子之间,而存在于男人与其姻亲之间。"[3]

巴达维亚城是一个复杂的多面城市,荷兰、中国人的殖民运动都在它身上留下了印记,虽然如此,该地区土著港口城市的许多特征仍继续在它身上存留下来。在对外关系中,身在该城城堡中的总督、东印度群岛议会继续对传统的礼仪秩序表示尊崇,力图把自己打扮成受到富人支持的本土统治者。每个到访该城的当地商人都会有以下评价:和群岛其他地方一样,该城的贸易事务最先由港务主管进行处理。这位主管不仅在贸易事务上提供翻译人员,且会在起草外交信件交给邻近港口城市的事情上,与马来人的首领展开合作。

作为地区海上霸权国家的首都,巴达维亚与其在爪哇海周围的多个附庸国有着广泛的外交往来。来自国外的使臣经常到访,他们会受到隆重欢迎并被护送到巴达维亚城堡。在这里,他们的国书会呈交给以官方身份出现的总督、东印度群岛议会议员。

在巴达维亚及先于它的葡萄牙城市——马六甲——之间有一个重大差别。在葡属印度,已婚人士享有参与民间贸易的极大自由,相比之下,在荷属东印度公司所建的城市中,出现了相反的状况。按照历史学家普遍的判断,这是强大的荷兰贸易公司在面对激烈的英国竞争时(18 世纪)走向失败的原因。大规模的民间事业被看作对荷属东印度公司美好生活的威胁,它们由此遭到严禁。对巴达维亚市民来说,自由贸易从该城创建伊始便是富有争议的问题。总督科恩曾呼吁公司领导人:应给自由的市民社会创造空间,令其能像葡属印度的葡萄牙人那样自由经商。过后,国内曾召他回国,解释自己的观点,而他未能作到这一点。1648 年,在科恩死后 20 年,巴达维亚的自由市民向荷兰联省议会请愿,他们抱怨本市政府缺乏荷兰自由社会所拥有的一切自由。他们宣称,该城在政治上处于无权地位的中国市民事实上享受了比他们还多的好处。[4] 荷属东印度公司约有 2.5 万雇员为自己服务,和自己的姐妹公司一样,它令人艳羡地保持着自己的垄断地位——不仅是在亚欧之间的贸易路线上,且在它于亚洲本身所创建的城市中。这一点在最后削弱了巴达维亚在亚洲的商业中心地位,到 18 世纪开始时,该城已成为一个商业恶地。

在位于低地国家的公司董事会看来,巴达维亚变成了一个寄生型的消费城市,消耗着公司的组织力量——不仅包括金融上的损失,还包括人力的吞噬。自 18 世纪 30 年代起,不断有灾疫袭击巴达维亚,受此影响,每年因此死去的人不下于总人口的六分之一。不过,对地方经济造成了最大打击的可能是 1740 年在城里发生的针对中国人的可怕屠杀,在城外的中国流民所举行的一次失败起义之后,他们成为同市民众所展开的报复行动的牺牲品。结果,巴达维亚的城市经济——该城的自由中国市民渐渐在该领域占据了主导地位——受到重创,从此再未完全缓过劲来,哪怕是在中国移民重返此地之后。有关港口城市的衰落,环境因素也发挥了自己的作用,并且促使政府将自己的办公场所搬走,并将一些机构安置在远离海岸城堡的内地。在更高的基础上重建的这座城市更为有效地转变为荷属东印度群岛的现代首府,它所展现的某些特征与位于亚洲别处的许多姊妹殖民城市相同(参见本书第 43 章)。

结语

近代早期的欧洲殖民港口城市对东南亚的贸易分布产生了重大影响,即便如此,引人注目的是,传统马来港口城市一直存活到 19 世纪的帝国主义盛期,它们

① H. Kroeskamp, 'De Chinezen te Batavia als exempel voor de Christenen van West-Europa', *Indonesie*, 3 (1953), 346 – 371.

② Leonard Blusse, *Bitter Bonds*, *A Colonial Divorce Drama of the Seventeenth Century* (Princeton: Markus Wiener Publishers, 2002).

③ Jean Gelman Taylor, *The Social World of Batavia*, *European and Eurasian in Dutch Asia* (Madison: University of Wisconsin Press, 1983), 71.

④ Blussé, *Strange Company*, 83.

在那时才放弃了自己的政治独立。巴达维亚最终成为荷属东印度公司的大本营是很突然的。到 18 世纪末，这座港口所扮演的角色——贸易分配转口港——基本上为印、中之间的英国港脚贸易（country trade）所掩盖。第四次英荷战争（1780—1784 年）、拿破仑战争导致了荷属东印度公司的衰落、崩溃，并且敲响了巴达维亚这个商业中心的丧钟。至于英属东印度公司及其建立的印度港口城市，它们从港脚商人及其与日益勃兴的中国贸易之间的关系中获得了好处，因此而获得拯救。相比之下，荷属东印度公司为了维护自己的垄断地位，落得个悲惨的结局。具有讽刺意味的是，英国在孟加拉的行政中枢加尔各答虽为同样的健康危害、疟疾、其他灾疫所困扰，它却存活并繁荣起来，因为相比巴达维亚，加尔各答这座商业城市为其市民提供了充足的机会，使其能从事自己的生意、走自己的学问之路。

除以上外，由于日益恶化的多个生态因素，像果阿、巴达维亚这样的近代早期殖民港口城市已成为疟疾、其他致命灾疫产生的温床，它们由此而不再适宜人居。它们只能进一步向内地搬迁，由此而丧失了自己的原始特征。乡村贸易的兴起、舞台上的关键角色东印度公司的衰亡、殖民地行政中心从疟疾肆虐的海岸向高地的撤退，凡此种种，导致了一些新型殖民城市的建立，它们有着不同形态（参见本书第 31、40 章）。后来，在 19 世纪初，一种新型殖民港口城市兴起了，它有人造的港口、码头。在这些城市中，殖民政府为海上贸易、客运的组织工作提供了便利，它自己的干涉则减少到最低点。1819 年，人们看到了新加坡的形成。

361

参考文献

Banga, Indu, *Ports and Their Hinterlands in India 1700 –*
1950 (New Delhi: Manohar, 1992).

Blusse, Leonard, *Strange Company: Chinese Settlers, Mestizo Women and the Dutch in VOC Batavia* (Dordrecht: Foris, 1986).

——*Visible Cities: Canton, Nagasaki and Batavia and the Coming of the Americans* (Cambridge, Mass.: Harvard University Press, 2009).

Brouwer, Cees, *Al-Mukha Profile of a Yemeni Seaport* (Amsterdam: D'Fluyte Rarob, 1997 – 2010), 3 vols.

Chaudhuri, K. N., *Trade and Civilisation in the Indian Ocean, An Economic History from the Rise of Islam to 1750* (Cambridge: Cambridge University Press, 1985).

Gupta, Ashin Das, *Indian Merchants and the Decline of Surat c. 1700 – 1750* (Wiesbaden: Franz Steiner Verlag, 1979).

Hall, Kenneth R., *Maritime Trade and State Development in Early Southeast Asia* (Honolulu: University of Hawaii Press, 1985).

Haneda, Masashi, *Asian Port Cities 1600 –1800. Local and Foreign Cultural Interactions* (Singapore: NUS Press, 2009).

Niemeijer, Hendrik E., *Batavia. Een koloniale samenleving in de 17 de eeuw* (Amsterdam: Uitgeverij Balans, 2005).

Reid, Anthony, *Southeast Asia in the Age of Commerce 1450 – 1680* (New Haven: Yale University Press, 1988 – 1993), 2 vols.

Wink, André, *Al Hind: The Making of the Indo-Islamic World* (Leiden: Brill, 1990 – 2004), 3 vols.

屈伯文　译　陈　恒　校

第 20 章 拉丁美洲

菲利普·费尔南多-阿梅斯托

早在亲眼看见新大陆之前，探险者心中的新大陆便充满了想象中的城市。在中世纪晚期的地图上，人们推测的一些岛屿散布在大西洋中，其中有一个岛屿，即"七城岛"。葡萄牙人之所以如此称呼这个岛屿，是因为它与七个逃亡神父的故事有关。人们传说，在穆斯林侵略西班牙时，他们在海外创建了教区。哥伦布所撰写的第一份报告有一个早期版本，其中有一幅西班牙地图极为醒目，上面满是刺破天空的教堂塔尖、角塔。在人们的想象中，有一个城市世界横亘在大西洋上，人们太向往它是事实，以至于无法将之排遣出去。在拉普拉塔河，西班牙人听说了有关内地一些城市的虚幻传闻。1540 年，在"西波拉"（Cibola）、"基维拉"（Quivirá）故事的激励之下，科罗纳多（Francisco Vázquez de Coronado）从墨西哥向北急进，他们最后找到的是一个令人失望的地方——堪萨斯的一个草棚区。

人们盼望新大陆能将许多城市显现在世人面前，虽然这个愿望有迷狂之处，但并非全属幻想。在美洲部分地区，确实存在着一些土著城市，这是从它们自定义的城市含义来说的：所谓"城市"，便是成千上万人口的密集聚居地。[①] 西班牙君主成功地将几乎所有的土著城市世界收入囊中，没有城市的地区，则留给自己的竞争对手葡萄牙人、荷兰人、法国人、英国人。帝国因此而形成。通过并吞人口最稠密的地区，西班牙人创建了近代早期世界唯一兼有海陆性质的大帝国。相比之下，其他欧洲人局限在海岸立脚点的范围内，传统的亚非帝国仍受限于陆地。葡萄牙的美洲殖民地直到17 世纪晚期才拥有海岸地区，那时，米纳斯-吉拉斯（Minas Gerais）的黄金让内地的城市建设成为可能。来自圣保罗的奴隶们袭击了内地，至于圣保罗，它是在1711 年获得特许成为城市的，不过它相距海洋只有 40

英里多一点。在整个殖民时代，这座城市一直不大，且对附近的桑托斯（Santos）港有依赖关系。

由此，我关注的重点在于西属美洲（有些地方会涉及葡属美洲，参见区域地图 II.6）。在对土著以及殖民者带来的城市传统进行考察后，我会叙述殖民城市的物理、社会结构，以及它们所经历的重大经济、政治、文化变革。本章最后探讨介于独立运动、全球工业化的影响之间的种种革新，它们是下章所要讨论的主题。

土著传统

有关一些不朽建筑的物证表明：在安第斯地区、中美洲，有着规整秩序的人类聚居地由来已久。就安第斯地区而言，公元前 3 千纪存在于干涸海岸、秘鲁低谷的物质遗存显明了城市生活的存在。至于中美洲，最早而可信的相关物证可追溯到稍往后一点的时期，它们存在于韦拉克鲁斯（Veracruz）、塔巴斯科（Tabasco）的潮湿低地中。再往后，城市生活向移居者可以对山地高原的生态多样性进行利用的地方扩散。

早期城市处在不稳定的状态下，并受到周期性衰落或毁弃的影响。虽然如此，它们开启了一个真正的传统。在墨西哥中部，西班牙人发现了一些城市建设者，他们是带着怀旧情绪———些中世纪的欧洲人可能就是这样对待罗马物质遗存的——看待倒塌的大城市特奥蒂瓦肯（Teotihuacán）的。从建筑区的规模来看，这座城市在公元 1 千纪中期可能容纳了 10 万以上的人口，不过在约 300 年后，它遭到废弃。在秘鲁则有查文德万塔尔城（Chavín de Huantar），它是最早得到记载的城市，建在高于 1 万英尺的地方。从约公元前

---

① William Fash and L. López Luján, eds., *The Art of Urbanism* (Cambridge, Mass.: Harvard University Press, 2009).

1200 年开始,该城持续存在了约 700 年,它一直是后世雄心勃勃的高地城市的样板。海岸城市昌昌(Chan Chan)可容纳 3 万人众,它存在的时间可能长达四五百年,之后,到 15 世纪晚期,高地入侵者将其毁灭。这座城市在更大的规模上延续了早先的维修、建筑方法。该城的征服者印加人看似是怀着崇高敬意看待蒂亚瓦纳科城(Tiahauanaco)的遗存的,这座城市的海拔在 12000 英尺以上,公元 1 千纪下半叶,其所供养的人口与昌昌相似。

那时,塔巴斯科、韦拉克鲁斯的城市生活已然销声匿迹,不过在附近往南走的低地,最早的一批玛雅城市(人们在它们里面新发现的遗存可追溯到公元前 4 世纪)建筑师延续或复活了某些技艺、审美感觉。从 2 世纪以降,玛雅建筑师看似从最早的都市——埃尔米拉多(El Mirador)——的废墟中吸取了经验,这座城市是由于生态环境的限制而遭废弃的。在多雨的乌苏马辛塔(Usumacinta)谷地、危地马拉的贝旦(Petén)、伯利兹(Belize)、北部的洪都拉斯,成百上千的城市—国家互相争战达 500 年之久,其中许多城市—国家的人口在 2—5 万之间。此种乱局一直持续到 9、10 世纪期间,那时,一次相对而言突如其来、使人无所适从的巨变摧毁了各个城市的精英阶层,令它们的田地荒芜,并使不朽的建筑走向末日。① 不过,尤卡坦(Yucatán)、危地马拉高地的新城市(或翻新的城市)保存了许多老城市的传统。

西班牙人最早在尤卡坦发现了聚居形式的城市生活。迪亚兹(Bernal Díaz)自称是最早的城市探索队伍中的一员,1517 年在海面上发现城市的事情,他是亲身经历者。他们将所发现的城市命名为"大开罗"(El Gran Cairo),这或许是由于一个假象——该城有绘上鲜艳色彩的金字塔。② 它可能是该地区主要的两个贸易城市之一,埃德纳(Edná)或图卢姆(Tulúm)。在这里,木制的独木舟靠岸,交换从墨西哥中部海岸(掌握在阿兹特克手中)到今巴拿马的沿海航路上的商品。早先时,在自由分布的广场中进行城市布局是典型的做法,该城并未依样画葫芦,而是沿着大略呈网格状的街道布局,这些街道是新翻修的产物。该地区的城市有着一段问题丛生的历史,由于身在几乎不下雨的台地上,它们要依靠地下水源,覆盖地面的是生命力顽强

而不出产庄稼的灌木丛。从图卢姆往内陆走,便是遭废弃达数百年之久的科巴(Cobá)。相互对立的王朝之间不断混战,身属最大城市之列的两个城市因此而人去城空,它们是 13 世纪的奇琴伊察(Chichén Itzá)、14 世纪的玛雅潘(Mayapán)。

至于危地马拉高地,西班牙侵略者在 16 世纪 20 年代到达这里,他们在此处遇见了令人印象深刻的石城。伊科姆奇(Iximché)是喀克其奎(Caqchiquel)威严的核心区域,由于遭受入侵,该地的人口四散逃去。1526 年,卡斯蒂略(Bernal Díaz del Castillo)曾待在这座空城中,据他说,该城有"精美的公共建筑、房屋","它们和统治邻近省份的酋长们的同类建筑一样奢华"。③ 库乌马卡吉(Cumarkaj)是喀克其奎的竞争对手奎契(Quiché)的首府,它是一座同样雄伟的城市。1526 年,作为降服该地区的恐怖征服的组成部分,阿尔瓦拉多(Pedro de Alvarado)清空这座城市并将之付诸一炬。该城的布局如下:最高处是神庙,由楼阁或举行礼仪活动的房屋支撑起来;陡峭的台阶通往神庙;周围是相互连接的广场,附带环形宫殿、贵族宅邸。相比当时尤卡坦海岸的贸易城市,这座城市与"古典"时代被废弃的城市有着更多的相似之处。

更宽泛地说,同样的布局构成了中美洲各地城市的特征。规模最大、最雄伟的建筑群位于墨西哥谷地。特诺奇蒂特兰(Tenochtitlan)是墨西哥城的所在地,它位于一个复杂的贡赋交换体系的顶端,这个体系包含 300 个以上的社区。它是一个超大型的都市,无力自给自足,其人口规模虽有争议,最少亦可能达到了 8 万之数。它位于一个湖泊的中心地带,其农田是人们通过对湖底的费心整理而得来的。由于所处位置的高度在 7000 英尺以上,许多居民生活必需品无法在本地获得,包括贵族宴会用的可可、礼仪活动所需要的橡胶和香料、用于展示的翡翠和黄金、扮神时用的绿咬鹃翎毛,以及最重要的满足日常穿衣、武士装备棉甲之需的棉花。长途贸易和劫掠由此具有至关重要的意义。我们几乎可以肯定,在西班牙人到来之前的阿兹特克国家档案中,有贡赋表传世,或曰,人们曾从该档案中抄录过贡赋表。这些表让我们看到产品交换怎样将墨西哥谷地的生态整合起来,这个生态系统根据战争所塑造的权利等级体系,以来自远方的产

---

① David Webster, *The Maya Collapse* (London: Thames and Hudson, 2002); Vernon Scarborough, *Flow of Power: Ancient Water Systems and Landscapes* (Santa Fe: American Research Press, 2003), 50,110.

② Bernal Díaz del Castillo, *Historia verdadera de la conquista de la Nueva España* (Mexico City: Robredo, 1939), i, 55.

③ Linda Schele and Peter Mathews, *The Code of Kings* (New York: Simon & Schuster, 1999), 298.

品供应诸城市。① 在经过一些调整后,该系统在西班牙的征服之后继续存在下去,西班牙人由此而能维持大城市的运转。

在欧洲人看来,原有的土著城市中心具有可识别的城市特征。它们拥有经济方面的功能,虽然如此,最重要的是,其存在、特征都有赖于具有重要地位的宫廷的存在。就玛雅城市而言,施行统治的王朝拥有极为显赫的地位,以至于现存铭文几乎绝口不提其他东西。高高在上的条脊有时饰以国王的面具,它们位于神庙顶部,意欲向旅客展示这样的城市形象——招徕贸易,如果可能,还抵御侵略。米斯特克人(Mixtec)的世界占据了今墨西哥西南部的绝大部分地区,这里的城市在规模上相对较小,且分布较为杂乱,仅有的存留至今的文献是列王、列后表。城里给人印象最深的建筑常常是宫殿,或曰,能超过它们的只有神庙,它们一般以带有环状符号的檐部为突出特征。绝大多数城市通过多种方式表达自己的身份。许多神庙供奉着神物,它们吸引着来自其他城市的朝圣者。它们很可能都收藏了具有纪念意义的"圣包"('sacred bundles')、英雄(或神祇)留下来的遗物。②

不同的城市模式从中美洲传播开来。大卡萨斯(Casas Grandes)是奇瓦瓦(Chihuahua)的一个贸易站,鹦鹉羽毛在这里进行加工,它是一个重要的边境城市。③ 自16世纪20年代起,西班牙人渗透到今美国东南部,那时,他们发现了许多真实的农业定居点,它们围绕静默的土堆聚集在一起。④ 约13世纪,这个文化区从其顶峰状态萎缩下去,那时靠近今圣路易斯的卡霍基亚(Cahokia)可能有约1.5万人口。或许是由于西班牙人带来的病菌,继续存在的城市生活自16世纪40年代起经历了急转直下的剧变,因为这些病菌对没有免疫力的人来说具有致命作用。与此同时,在北美西南部,人们看到的是一个与众不同的城市传统,它将西班牙观察家所谓的"城市"分散在这片土地上。1540—1542年,科罗纳多领导了对这些地方的第一次重大入侵,他是这样描述它们的:有坚固的房屋200—1200间,最多四层,用土砖砌成,房屋架构为木结构,墙壁厚度有半码,用以"灰、煤炭、尘土"制成的灰泥填充。⑤ 超过一个半世纪之后,西班牙人在这个地区建立了很明显更雄心勃勃的定居地,它们的降雨稀少,农业依靠灌溉。

城市还在安第斯地区大量繁殖,特别是在穆伊斯卡(Muisca)文化区(位于今哥伦比亚)、庞大的印加帝国。就前者来说,它那里的国家相对较小并以城市为中心;至于后者,它在16世纪早期发展到了顶峰,其疆域从今厄瓜多尔北部延伸到了智利比奥比奥(Bío-bío)河附近。在安第斯地区如同在中美洲,城市兼有政治、宗教和经济功能,它是不同王朝、庙宇的栖身之所。有一个现象可称之为"生态帝国主义",城市还充当了为它提供服务的商业中心。城市推动劳动力、产品在许多环境区之间穿梭往来,这些环境区或涵盖在印加世界广阔的纬度范围内,或处在不同的经度上。说起这些地方的气候、阳光与降雨的频率,它们会因在陡坡沿线所处的位置而表现出很大的不同,或随谷地的阳面、阴面而有很大差异。⑥

就西班牙人到来之前南美的其他地方而言,人们没有发现与城市层次的定居地相关的有力证据。不过,1540年,首个沿亚马逊河展开行动的西班牙探险队报告了如下情况:巨大的木制高脚住房聚集在一起,沿着河岸,每隔一段距离便能看到神庙。在最大的住房聚集区,也就是他们所谓的"奥马瓜"(Omagua),观察者们报告那里有5万居民。按照惯例,历史学家对这些说法是将之看作旅行家的胡言乱语加以排斥,因为这些旅行家被令人沮丧的陌生环境搅得发狂了。然而,这个地区是有供人密集定居的潜力的,如果人们

① Michael Smith, *The Aztecs* (Oxford: Blackwell, 2003); Edward Calnek, 'The Internal Structure of Tenochtitlan', in *The Valley of Mexico* (Albuquerque: University of New Mexico Press, 1976); Frances Berdan and Patricia Anawalt, *The Codex Mendoza*, 4 vols. (Berkeley, etc.: University of California Press, 1992).

② Verenice Heredia Espinoza, *Cities on Hills: Classic Society in Mexico's Mixteca Alta* (Oxford: Archaeopress, 2007); Julia Guernsey and F. Kent Reilly, eds., *Sacred Bundles: Ritual Acts of Wrapping and Binding in Mesoamerica* (Barnardsville: Boundary End, 2006).

③ Glenna Nielsen-Grimm and Paul Stavast, eds., *Touching the Past: Religion, Ritual and Trade* (Provo: Brigham Young University, 2008).

④ David Thomas and Matthew Sanger, eds., *Trend, Tradition, and Turmoil: What Happened to the Southeastern Archaic* (New York: American Museum of Natural History, 2010).

⑤ George Parker Winship, *The Journey of Coronado, 1540-1542* (New York: Barnes, 1904), 95-99.

⑥ Craig Morris and Donald Thompson, *Huánuco Pampa: An Inca City and Its Hinterland* (London: Thames and Hudson, 1985); Craig Morris, 'State Settlements in Tawantinsuyu: A Strategy of Compulsory Urbanism', in M. P. Leone, ed., *Contemporary Archaeology* (Carbondale: Southern Illinois University Press, 1972); Felipe Fernández-Armesto, 1492 (San Francisco: Harper, 2010), 202-209.

367

在淤泥区从事耕作、在沟渠从事水产养殖的话。或许，和北美东南部的情况一样，欧洲人的疾病毁灭了这里的城市生活。[①]

殖民城市的结构

在无城之地，西班牙、葡萄牙殖民者决定建造城市，激励他们的想象是如此夸张，以至于结果很难与想象相符合。最早的一个西班牙拓居地纳维达德（Navidad）是由哥伦布下令建造的，它大略呈栅栏状，是用取自圣玛利亚号（Santa María）的木材围成的，离伊斯帕尼奥拉岛（Hispaniola）的东端有一定距离。时值 1492 年的圣诞节。雕刻匠手下的纳维达德呈现出以下夸张的景象：光鲜亮丽的石头、高耸的塔楼，起重机给正在成型的屋顶吊石头。1493 年，哥伦布重返该地时，堡垒已被摧毁。下一年，他呼请伊莎贝拉女王在一个沼泽、危险地带建城的举动宣告失败。豪哈（Jauja）是西班牙在秘鲁建立的首个基地，此地由于太过荒凉、不易防守而归于沉寂。工程过于雄心勃勃地上马，而后人们的幻想迅速破灭，最后建筑被抛弃……这样的模式反复发生了无数次。不过，在某些英雄人物的坚持之下，也有一些另外。比如在危地马拉，最早的首府圣地亚哥-德-洛斯-卡瓦耶罗斯（Santiago de los Caballeros）虽然前后改换了多次面貌，最后仍在火山下建造起来。1743 年，该城的彻底毁灭将美丽如画的安提瓜（Antigua）遗址留给了人们。[②]

建城看起来几乎是人们的一个本能举动。有两个英国人，如果他们在动荡的边疆相遇，便会成立一个团体。西班牙在相似的情况下则会建城。西班牙统治下的美洲是两个城市传统交汇之地：土著的城市传统与植入的城市传统。城市的价值观主宰了西班牙人的礼仪观。自中世纪晚期以来，西班牙贵族几乎全是城镇居民。在很大程度上，基督教王朝（包括葡萄牙）的领土再征服历史可以通过边疆城市获赐特许状的形式体

现出来。就发现于意大利的古代传统（参见本书第 12 章）而言，西班牙城市一般不会让人们看到它对此种传统的强烈继承关系，或者说，不会显现出相应的自治冲动。虽然如此，它们倾向于张扬自己的个性和城市的荣耀，无论是自治公社的叛乱，还是旷日持久、令人痛苦的一段诉讼史，都体现了这一点。前者发生在 16 世纪 20 年代，是一次失败而规模甚大的反抗运动，其斗争对象是王室、贵族对城市政权的侵犯；后者是贯穿整个 16、17 世纪有关城市管辖权限的法律争端。科尔特斯（Cortés）在登陆今墨西哥时做的第一件事情便是创建韦拉克鲁斯（Veracruz）城。他的动机是复杂的，因为一市之长的权威给他另外从事的海盗事业蒙上了一层合法色彩，[③]不过就这种做法来说，它是历史悠久的城市思维习惯的产物。

城市规划即便完全实现，这个"实现"过程往往要消耗数代人乃至数百年的时间，它反映的是再征服时代的传统。这在圣达菲（Santa Fe）这类城市身上可以体现出来。圣达菲是 1490—1492 年费迪南、伊莎贝拉监督对格拉纳达的围攻的地方，它与其说是古典意义上的城市，不如说是军营。该城布局看似成了典范：成排成排的住房呈直角排列，中央广场是军训之地，周围是礼拜、施政之地。早期的城市规划是征服者或神职人员——以其能力来看，他们最难说是没有教养的了——的即兴之作，而非专家的作品。从 16 世纪 70 年代以来，国王三令五申给予支持的是这种网格城市模式，由此，它看起来几乎是大老粗想也不会想的自然选择。[④] 大字不识一箩筐的皮萨罗（Pizarro）就亲自动手设计了利马城，它是由 137 个对称排列的小区组成的大网格。[⑤] 库斯科（Cuzco）的情况比较特殊，因为它保留了自己在被征服以前的街道格局。不过，殖民城市给人们的网格印象太过强烈，以至于《全球城市图集》的画师在描绘这座城市时，竟错误地套用了常见的网格城市模式。1549 年，大批进行城市规划的匠人随巴伊州萨尔瓦多（Salvador de Bahia）的总督苏沙

① Felipe Fernández-Armesto, *Civilizations* (New York：Free Press, 2000)；Colin McEwan et al., eds., *Unknown Amazon：Culture and Nature in Ancient Brazil* (London：British Museum, 2001).

② Kathleen Deagan and José María Cruxent, *Columbus's Outpost among the Taínos* (New Haven：Yale University Press, 2002)；Bernabé Cobo, *Historia de la Fundación de Lima* (Lima：Imprenta Liberal, 1882), 8；Enrique Torres Saldamando, Pablo Patrón, and Nicanor Bolona, eds, *Libro Primero de Cabildos de Lima*, *primera parte* (Paris：Paul Dupont, 1888), 1 - 4, 12；Augusto Acuna, *Los terremotos de Antigua* (Guatemala：Nacional, 1973)；José Luis Villatoro, *Fundacion y traslados de la capital de Guatemala* (Guatemala：Pineda Ibarra, 1983).

③ John Elliott, 'The Mental World of Hernan Cortes', *Transactions of the Royal Historical Society*, 5th series, 17 (1967), 41 - 58.

④ Valerie Fraser, *The Architecture of Conquest：Building in the Viceroyalty of Peru*, *1535 - 1635* (Cambridge：Cambridge University Press, 1990).

⑤ Cobo, *Fundación*, 43.

(Tomé de Sousa)来到巴西,由于受周围地形的限制,这座城市呈现出类似于网格的三角格局(参见插图 20.1)。①

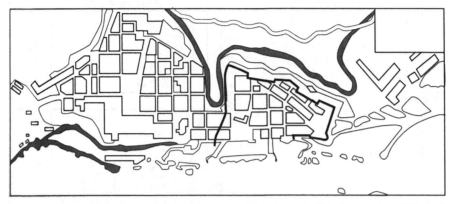

插图20.1 萨尔瓦多(以阿尔贝纳斯[João Teixeira Albernaz]的水彩规划图为基础,约 1616年)。

虽然在规划方面一般向欧洲通例看齐,西班牙(较次要的还有葡萄牙)殖民地通常只有取得土著的协调才能建立起来。这是不为人知的征服故事,它告诉我们,在每一个动用武力的时期,成百上千的和平协商活动在土著与新来者之间进行着,它们是"外来客效应"的产物。所谓"外来客效应"(stranger-effect),也就是某些文化在多大程度上愿意把外来客当作仲裁者、圣人、高贵的联姻对象乃至国王来欢迎。②为了建设利马城,皮萨罗与地方酋长协商土地、劳动力的事情。即便是在通过旷日持久、极具破坏性的围攻征服的特诺奇蒂特兰,科尔特斯也表示了对政治现状的尊重,他所作的事情是将守下败将、阿兹特克首领夸特莫克(Cuauhtemoc)扶上王位,向他表示敬意,并用西班牙人标准的示好动作对其表示安抚。一旦西班牙人掌握了权力,获得了保障,他们便常常毁弃约定。科尔特斯在与夸特莫克一起征伐玛雅领土时将其置于死地。利马议会从未正式承认过这两人在地方层面上达成的约定。

通过拆毁旧的结构,一切从头开始,西班牙人可以突出与过去的断裂(参见插图20.2)。对土著来说,西班牙人在这种情况下上马的工程具有全新的审美意味,他们是在地震频发的环境中大胆地树起了脆弱的建筑。这样的勃勃雄心受到了以下三个条件的促动:

其一,征服很明显带有命定的性质,这给它带来了势不可挡的力量;其二,建筑环境的怪异激发了新的思路;其三,劳动力容易获得。

1554年,距离征服墨西哥仅一代人的时间,一本指南书籍便描述了上述事情所产生的效果。③ "城市之旅让身心多么的舒畅!"人们所想象的游客如是赞道。"房子就是……最富裕、高贵的城市所应有的房子。"嘈杂的声音、热闹的交通让唯一的一条街道有了市场的样子,人们抬眼望,可以看到总督属官富丽堂皇的官府露台。"世上没有任何事物",游客继续说道,"能比得上"大型方块场地,即游客所谓的"广场"。看得目瞪口呆的游客走过天花医院,"密涅瓦(Minerva)、阿波罗和缪斯女神的宫殿",以及分别为出身混合家庭的男孩、女孩准备的学校。异域元素是显而易见的——土人、市场上的本土食物。"许多名字闻所未闻!"游客惊叹道,"还有许多从未见过的水果"!指南书的作者甚至以缺憾为美:在奥古斯丁会的房子完工后,"它会成为第八大世界奇迹"。到1590年,墨西哥城有了大学、斗牛场、戏院、医院、图书馆、印刷厂、城市教区,以及数量足以与欧洲重要的城市中心相匹敌的人口。该世纪末,大量道路也铺设起来。1604年,不属官方的大诗人巴尔武埃纳(Bernardo de Balbuena)宣称:

① Jorge E. Hardoy, 'European Urban Forms in the Fifteenth to Seventeenth Centuries and Their Utilization in Latin America', in *Urbanization in the Americas from Its Beginnings to the Present* (Chicago: Aldine, 1978), 233.

② Matthew Restall and Felipe Fernández-Armesto, *Conquistadores: A Very Short Introduction* (Oxford: Oxford University Press, forthcoming).

③ Francisco Cervantes de Sálazar, *Comentaria in Ludovici Vives Exercitationes Linguae Latinae* (Mexico City: Brisensem, 1554), dialogues 2 and 3.

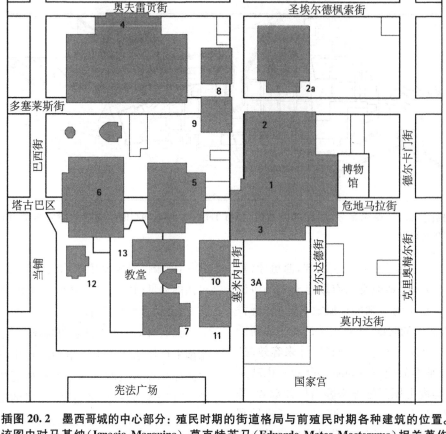

插图 20.2 墨西哥城的中心部分：殖民时期的街道格局与前殖民时期各种建筑的位置。
该图由对马基纳（Ignacio Marquina）、莫克特苏马（Eduardo Matos Moctezuma）相关著作
（*Arqueología mexicana*，October，1995）中的材料进行重新整理得来。重要地点：（1）主神
庙（敬献给维齐洛波奇特利神[Huitzilpochtli]、特拉洛克神[Tlaloc]的二神庙）；（2）鹰神庙；
（2a）从属于鹰神庙的武士礼拜堂；（3）美洲虎神庙；（3a）特斯卡特利波卡（Tezcatlipoca）神
庙；（4）神父学校；（5）羽蛇神庙；（6）环形广场；（7）太阳神庙；（8）蛇神庙；（9）齐楚阿科托尔
（Chichuacoatl）神庙；（10）七蛇神庙；（11）苏齐奎泽儿（Xochiquetzal）神庙；（12）喷泉；（13）骷
髅头神庙。

370

对帝国来说，

在西方所有地方中，

大小、地段方面的最佳之地是墨西哥，

大量人口幸运地聚集在此。

371 　　语法学家、诗人、神父、戏剧演员维拉洛博斯
（Arias de Villalobos）曾在 17 世纪 10、20 年代经营一
所学校。对他来说，"除了马德里，再没有什么高贵城
市"比墨西哥城更伟大的了。①

　　利马有着同样的引人入胜之处，并有为其大唱赞
歌的人，安通尼奥·莱昂·皮内洛（Antonio de León

Pinelo）算是第一个。自 17 世纪 20 年代以来，这位杰
出的法官、文人将生平最后 40 年的大部分时光用在了
捍卫新大陆的荣耀上，欧洲有一些嘲笑新大陆的人，皮
内洛要反击他们对新大陆的不重视或诽谤。他从未完
成自己计划写作的利马史著作，不过，利马城呈现给他
的荣耀感对他在 1656 年出版的里程碑著作产生了影
响，他由此在书中宣称：上帝将伊甸园放在了美洲。
1687 年，也就是在一次大地震将利马人口减至约 4 万
人之前不久，利马的外国移民后裔巴尔德斯（Rodrigo
de Valdés）将这座城市称作"美洲的罗马"。对与他同
时的同胞梅伦德斯（Juan Meléndez）来说，利马是"最西

　　① Margarita García Luna O. and José N. Iturriaga de la Fuente, *Viajeros extranjeros en el Estado de México* (Mexico City：University
Autonoma，1999)，141–143；Serge Gruzinski, *La ciudad de México：una historia* (San Diego'，Fondo de Culture, Econonica de US，2004)，
200ff.

边的世界的皇后之城"。①

或许，唱赞歌的人是辩护得过头了。不过，美洲是处女地（tabula rasa）的观念激发了教会人员、市民们的梦想，前者向往使徒时代的纯洁，后者想象古代的美德。这两股动力都激活了在欧洲无法实现的城市理想。在这里，乌托邦主义者能将维特鲁威的妙想付诸实践，建设如下所述的那类城市：它们有着宽阔的直行街道、十字形的交叉路口、空旷的广场、井然有序的空间、完美的几何形状。除了面向海洋的防卫设施，城市别无城墙。就在墨西哥被人们发现前不久，莫尔将乌托邦设在了新大陆，根据流行的审美标准来看，墨西哥城在它自己的时代真正地成为最完美的城市。它一直是其他殖民城市的样板，这其中包括绝大多数建在北美的城市。②

在整个殖民地时期，无论墨西哥城的艺术生命还是自然生命都是强劲有力的，有三样突出的事物有助于确保这一点：其一，总督官署；其二，大量教团，它们为艺术提供赞助；其三，积极进取的城市贵族，他们是征服者、本土王室的后裔。破坏性较大的叛乱产生了独立的结果，并开启了墨西哥历史上相对停滞的时代，而在这之前不久，洪堡（Alexander von Humboldt）称赞这座首府是"欧洲人在世界范围内建造的最好的城市之一。"③按洪堡的计算，到那时，该城容纳了 137000 人口。

有一种东西，人们或许可称之为"城市人的愿望"。它们在下述城市中传播得很广：这些城市有地方统治机构，有知识分子的组织，尤其是有特别法庭（audiencias，作为人们最后的求助对象的法庭，只限于在向西班牙情愿时发挥作用）、座堂（有主教住在里面）。所有市民往往有着与自身分量或经济能力不相匹配的要求，他们逼着国王恩赐特许权，并让他们有权染指邻近的城市。就功能、起源来说，殖民城市之间相差极大。这些城市起初的状况可谓五花八门，有的是传教所，有的是堡垒，有的是行政中心，有的是地方或区域市场，有的是采矿营地，有的是海边的贸易站，有的是土著人群居之地，有的是神庙。虽然如此，它们一般是遵循富有原创性的规划发展而来的，对早期殖民精英开明的后继者来说，这些规划是有吸引力的。

城市的网格布局是行政命令的产物，虽然如此，城市的社会结构是混乱而不成型的。关于这一点，矿业城市萨卡特卡斯（Zacatecas）、波托西（Potosí）可谓最佳范例，它们在创建以来的短短数年时间里便急剧成长起来，容纳了超过 10 万之数的人口。④ 比利亚尔潘多（Cristóbal de Villalpando）是 17 世纪晚期墨西哥最赶潮流的艺术家，他创作的一幅画直接涉及到了与城市疯狂发展相伴的种种社会问题。未被同化的土著美洲人、乞丐、麻风病患者以及底层人民争相一睹其画作。城市里存在着按种族、阶级因素加以界定的分区。萨尔瓦多绝大多数的"土著美洲"居民是在海湾沿线（Rencôncavo）生活、工作的。到 1630 年，利马共有八所分布在城里不同地区的医院，每所医院服务于一个特殊的人群兼特殊的客户，它们分别是土著美洲人、西班牙人、麻风病患者、神职人员、海事人员、孤儿、妇女、正在康复的病人。18 世纪中期，危地马拉首府圣地亚哥（Santiago de Guatemala）下辖数个分区，它们分别归属西班牙人、混血儿、"土著美洲人"、在语言上西班牙化的土著（这些土著是匠人的来源，这些匠人在许多地区的城市中满目可见，包括土著城市）。索奇米尔科（Xochimilco）是墨西哥城附近的一座土著城市，1563 年，该城发布的命令列述了以下人群：木匠、石匠、伐木工人、金属匠、渔夫、羽毛加工师、鞋匠。这个证据充分表明传统经济、殖民经济之间的相互渗透。⑤

即便是在土著美洲人、殖民者混住的城市，新西班牙首任总督所支持的维持两个不同的区——"土著"区与西班牙区——的政策仍留下了经久不衰的印记。许多城市驱逐或试图驱逐"土著美洲人"，它们获得了不同程度的成功。分区事实上是专为不同种族预备的，

372

① Antonio de León Pinelo, *Epítome de la Biblioteca oriental y occidental, náutica y geográfica*, i, ed. Horacio Capel (Barcelona: 1982), xxiv; Guillermo Lohmann Villena, 'La "Historia de Lima" de Antonio de Léon Pinelo', *Revista de Indias*, 12, no. 50 (Madrid, 1952), 766ff.; Manuel Lucena Giraldo, *A los cuatro vientos: las ciudades hispanoamericanas* (Madrid: Pons, 2006), 129–172.

② Richard Kagan, 'A World without Walls: City and Town in Colonial Spanish America', in James D. Tracy, ed., *City Walls: The Urban Enceinte in Global Perspective* (Cambridge: Cambridge University Press, 2000); Rodolfo Segovia, *El lago de piedra* (Bogota: Ancora, 2001); Jorge E. Hardoy, 'The Scale and Functions of Spanish American Cities around 1600: An Essay on Methodology', in *Urbanization in the Americas*, 87–88.

③ Alexander Humboldt, *Political Essay on the Kingdom of New Spain* (London: Longman, 1811), ii, 38.

④ Sharon Bailey Glasco, *Constructing Mexico City: Colonial Conflicts over Culture, Space, and Authority* (New York: Palgrave Macmillan, 2010); Richard Warren, *Vagrants and Citizens: Politics and the Masses in Mexico City from Colony to Republic* (Wilmington, Del.: Scholarly Resources, 2001); Alexandre Coello de la Rosa, *Espacios de Exclusión, Espacios de Poder* (Lima: IEP, 2006).

⑤ Matthew Restall, Lisa de Sousa, and Kevin Terraciano, *Mesoamerican Voices* (Berkeley: University of California Press, 1995), 67.

它们是身份塑造的场所，而身份有的时候处在对抗或冲突的状态下。比利亚尔潘多的画对体现了种族多样性的个别领域作了颂赞。在画的前景部分出现的是精英人士，他们仪态优雅、细心有礼，它们所夸耀的对象是财富、地位、欧式品味。喷泉周围则是挑水的人聚集的地方，在这里，土著小贩的茅草货摊分布得整整齐齐，而土著妇女——她们当中的许多人身着欧式服装——在时髦的雨伞下坐着。

在西班牙统治区，黑人的数量从来不多，由此，他们未能形成自己的聚居区。甚至在获得解放后，他们仍倾向于在其他人群中散居。18 世纪有一幅画描绘了墨西哥城的阿拉米达（Alameda）公园，我们从中看到了一个资产阶级家庭，它处处显示出矫揉造作的虚礼：身为白人的父母自豪地陪伴着自己的黑人小孩。一段说明文字漫不经心地解释道：这样怪异的描画常常是对历史的无知所造成的后果。在矿业城市、葡萄牙人建立的城市中，许多小区满目可见黑人的身影，他们是产业工人以及家庭仆役的大规模供应源。他们还建立自己的"逃人"之城，它们一般以防卫堡垒的形式出现。有时，这些城镇还能修成正果，比如在巴西北部的帕尔马里斯（Palmares），它在 17 世纪晚期被葡萄牙军队摧毁之前可能拥有超过 1 万的居民。[1]

环境的影响在城市的形成过程中发挥了推动作用。比利亚尔潘多让我们看到，在墨西哥城主广场的背后，一座火山若隐若现。这提醒人们该城的辉煌蒙受了上帝的恩典。建筑师们渐渐掌握了针对地震不稳定状态的城市规划技巧。在安提瓜，他们的天才在 18 世纪圣克拉拉（Santa Clara）修道院的拱廊身上得到了体现，走廊是用大量蹲拱支撑起来的。水源供应是考验西班牙工程师的一个问题。"为了服务于公益和民众的健康"，1552 年，利马城市议会如是说，"我们有必要打一口或许多口井，以便人们能打到干净的水"。因为从山脊下来的融雪"污浊不堪，散播疾病"。[2] 引水渠成为西班牙统治的应有之义——仁慈、效率——的象征，而在西班牙帝国主义者眼中，作为自身引水渠之前辈兼模仿对象的常常是罗马帝国的引水渠。到1600 年，墨西哥城有了两条引水渠。16 世纪 60 年代，利马开始修建一条引水渠，因为医生怀疑利马河是疾

病之源。某些环境问题经事实证明是难以解决的。[3]这方面最引人注目的例子是墨西哥城，该城傍湖而建，这使得该城面临着洪水、地面缓慢下沉的威胁。一次又一次抽干湖水的行动均告失败。

经济与政治变革

以下几个问题同样对人们提出了挑战：富有吸引力的定居地；源源不断的劳动力供应；尤其是随着殖民城市的兴起、拼搏和壮大，土著人口经历了从未见载于历史的最突然、严重且经久不息的人口灾难之一，在几代人的时间里，90％的人口销声匿迹，接下来的人口恢复过程呈现出不均衡、不普遍的态势，直到 18 世纪为止。以这种人口灾难为背景的城市化看似是矛盾的。（有关殖民地时代城市的可靠数据少之又少，不过，表20.1 让我们看到了众口公认的一些数据。）西班牙当局定期展开他们所谓的 congregacion 运动，也就是对人数日益减少的人群进行重新安置，以图确保城市人口规模保持在高位上。不过，土著美洲人往往抵制这样的举措。

以上事情所导致的部分结果是，西班牙行政官员一直盼望着在劳动力方面摆脱对土著美洲人的依赖，在食物方面从玉米的束缚下解放出来。普埃布拉（Puebla de los Ángeles）建于 1531 年，是西班牙人居住的城市。在它附近是更古老的土著城市乔鲁拉（Cholula）。这两座城市之间的关系表明了上述问题的存在。西班牙国王是为自给自足的西班牙农民建立普埃布拉城的。方济各会选中的第一批殖民者人数甚少，他们"一贫如洗而又值得施予援手"。国王、教会希望这些殖民者能在没有强迫劳役的环境下发展起来：在国王而言，有些人对王权的背离令他感到愤恨；相比之下，许多托钵僧谴责的是某种制度——一种本该利用土著而实则造成了西班牙人的孱弱或腐化的制度——在道德上产生的消极效果。然而，在这里，如同在所有其他地方一样，西班牙城市摆脱土著之帮助的梦想经事实证明是虚幻的。当局招引土著建设普埃布拉。一年之后，雨水冲垮了泥砖造成的建筑，而"临时"

---

① E. Kofi Agorsah, ed., *Maroon Heritage*（Barbados：Canoe, 1994）；Dirceu Lindoso, *O poder quilombola*（Maceló：EDUFAL, 2007）.

② Bertram Lee, ed., *Libros de cabildos de Lima*, iv（Lima：Torres Aguirre, 1937），507.

③ J. Legorreta, 'El agua y la ciudad de México', in Juan Bromley and Jose Barbagelata, *Evolución Urbana de Lima*（Lima：Lumen, 1945），57.

表 20.1 特选拉美城市的人口数,16—18 世纪
(以人口调查报告或官方估计为依据)[a]

城市	年份	人口数
布宜诺斯艾利斯	1522	1203
	1744	10056
	1773	24363
哈瓦那	1608	约 10000
	1741	约 18000
	1791	51037
利马	1599	14262
	1614	25434
	1700	37234
	1755	52627
墨西哥城	1599	约 50000
	1742	约 98000
	1772	112462
巴拿马城	1610	4831
伯南布哥(Pernambuco)	1570	约 6000*
	约 1585	约 12000*
波托西	1572	约 120000
	1610	约 160000
	1700	约 70000
	1780	约 22000
基多(Quito)	1582	5448
	1650	15750
	约 1670	约 40000
智利首都圣地亚哥	1613	10617
	1758	约 21000
	1800	约 30000
巴伊州萨尔瓦多	1570	6600*
	1585	约 12000*
圣多明各	约 1520	约 3000
	1606	约 5000
萨卡特卡斯	1608	4510

* 白人。

[a] Aviva Chomsky, Barry Carr, and Pamela María Smorkaloff, *The Cuba Reader*: *History*, *Culture*, *Politics* (Durham: Duke University Press, 2003), 37; Jorge Hardoy and Carmen Aranovich, 'The Scale and Function of Spanish American Cities around 1600: An Essay on Methodology', in *Urbanization in the Americas from Its Beginnings to the Present* (Chicago: Aldine Publishing Company, 1978), 72 - 79; H. B. Johnson, 'Portuguese settlement, 1500 - 1580', in Leslie Bethell, ed., *Colonial Brazil* (Cambridge: Cambridge University Press, 1987); Cynthia Milton, *The Many Meanings of Poverty*: *Colonialism*, *Social Compacts*, *and Assistance in Eighteenth-Century Ecuador* (Stanford: Stanford University Press, 2007), 27; Richard M. Morse, 'Urban Development', in Bethell, ed., *Colonial Spanish America*, 178, 183, 189, 192.

税收每年都重新开征达 10 多年之久。为西班牙人工作的印第安人免于缴税。酋长们订立私人契约,为殖民者供应人力。就推进城市建设而言,普遍的现象是地方所采取的举措往往比帝国政策更有功效。拜忠心耿耿的居民所赐,利马从 16 世纪中期混乱的内战局势中崛起为一座大都市,这些居民包括土著监护人(encomenderos)、西班牙妇女、黑人、匠人。[①]

欧洲侵略者带来的主要影响是经济方面的。通过某些方式,西班牙人到来之前的经济显示出了令人瞩目的韧性:整个 16 世纪,贡赋清单显示的是未受干扰的农业生产模式,产品仍是按原方式记载的那些产品,除此之外,常常保持不变的是记号系统,它是用西班牙人到来之前的象形文字表示的,前征服时代的老档案用的就是这样的系统。不过,渐渐地,新的生产部门闯了进来。特拉斯卡拉(Tlaxcala)是一个百分之百的土著城市,位于墨西哥谷地。16 世纪中期,该城经营着养猪、种温柏、种桃树等多个产业。圣卡塔利娜(Santa Catalina Texpán)是同时期的一个米斯特克城市,它专事丝绸、马具、马匹这三个生产部门,在西班牙人到来之前,这些东西都是人们闻所未闻的。牧场、牲畜的经营吸引了土著精英的目光,城市和与其相近的腹地在经济上的关注焦点由此发生转移,落在了人口稀少、地处偏远的乡村。不过,有的时候,新的经济活动也会在城市范围内进行。比如,利马议会(cabildo)订购本市的绵羊。小麦、橄榄油、葡萄向田野、集市渗透。作为一种供应全球市场的燃料,胭脂虫发挥了新的重要作

375

① Camilla Townsend, ed., *Here in This Year*: *Seventeenth-Century Nahuatl Annals of the Tlaxcala-Puebla Valley* (Stanford: Stanford University Press, 2010), 7 - 8; Rik Hoekstra, *Two Worlds Merging*: *The Transformation of Society in the Valley of Puebla*, *1570 -1640* (Amsterdam: CEDLA, 1993), 64, 72, 234; Julia Hirschberg, 'Social Experiment in New Spain: A Prosopographical Study of the Early Settlement at Puebla de Los Angeles, 1531 - 1534', *Hispanic American Historical Review*, 59, no. 1 (1979), 1 - 33; Ida Altman, *Transatlantic Ties in the Spanish Empire*: *Brihuega*, *Spain and Puebla*, *Mexico 1560 - 1620* (Stanford: Stanford University Press, 2000); James Lockhart, *Spanish Peru* (Madison: University of Wisconsin Press, 1994), 257.

用,它激起某些人抱怨说商业贵族正在取代传统贵族。[1] 由于西班牙人的存在,新大陆的城市卷入到路程更远的贸易活动中,而这在土著人统治之下是绝无可能的。哈瓦那、韦拉克鲁斯、卡塔赫纳(Cartagena)、阿卡普尔科(Acapulco)、卡亚俄(Callao)之类的重要港口成长起来,并与穿越大西洋、太平洋(自16世纪60年代以来)的贸易路线联系起来,并由此而与日益发展的全球贸易网络搭上线。西班牙将大量金条输出到欧洲,在此之外,1571年之后的马尼拉成为与西班牙银币、白银有关的大型航运的目的地,这些银币、白银出自阿卡普尔科,是用来交换中国丝绸、瓷器、青铜器、翡翠的(参见本书第19章)。西班牙殖民港口拥有大型军事、海运设施,占据主导地位的商业贵族,以及海滨文化。在16世纪以前,这些事物是不可想象的。

374 　　经济创新影响了权力的分配。以普埃布拉为例,由于有可靠的劳动力供应、日益增加的移民以及西班牙给予的经济支持,它将乔鲁拉(Cholula)甩在后面,成为商业中心。从16世纪晚期起,大规模的长途贸易迫使印度安商人向西班牙人俯首称臣,因为后者的骡子、马车比土著人的运输工具更有效。对邻近的印度安城镇,普埃布拉并未施以正式的管辖。虽然如此,西班牙人对土著乡村及其资源有着极大的控制权,从16世纪30年代起,他们获得了本城以外的土地。有一种抱怨传播范围甚广,且有着鲜明的特色,索奇米尔科议会就曾有过这样的抱怨(早在16世纪60年代,它就开始抱怨丧失了对传统的腹地下属城镇的管辖权,在这些城镇中,地方精英"努力使自己获得自由并赢得独立地位")。人口灾难导致了贡赋减少;在商业上,暴发户或闯进来的竞争者获得了胜利。在这些因素的综合压力下,土著贵族弯下腰来。[2]

　　不过,土著人的组织以引人注目的韧性活过了征服时期。在多种族混杂的城镇中,土著区有着不同程度的自治权,此种情况常常延续到17以至18世纪,在某些情况下,甚至贯穿整个西班牙统治时期。以普埃布拉为例,它是来自乔鲁拉、特斯科科(Texcoco)、托托米华坎(Totomehuacan)、特拉斯卡拉、墨西哥的印第安人的聚集之地,在这个城市,自治的土著人群住在自己的社区中。特拉斯卡拉的例子让我们看到了西班牙权力如何逐渐侵蚀了土著人的组织。这个地方的四个分

区各由所归属的统治王朝管辖,传统上,这些分区轮流承担最高的职责。西班牙人到来之后,无论何时发生内部争端,他们都是显而易见的仲裁人选。除此以外,西班牙人还引进了大量干涉性的改革措施,其中最引人注目的是1535年西班牙仲裁者推出的如下举措:议会行使领导权以两年为期;土著的传统自治权也遭到了一定程度的削弱。另外,在某些地方,土著贵族除非在西班牙的征服中被承认为入侵者亲密的合作者,否则他们要努力争取财政上的豁免权,这种权利是与西班牙贵族联系在一起的。比如,在索奇米尔科抱怨丧失管辖权的时候,该城议会乞求的是豁免该城"身为绅士、自由贵族的400土著"的负担。一般而言,土著组织的衰落是大势所趋,非西班牙的官方行动所能制止,因为它是非人力所能左右、残酷的经济—人口变革的产物。[3]

政治统治与城市文化的克里奥尔化(creolization)

　　印第安城镇以外的政治统治遵循的是欧洲模式。 376 最高统治者常常有意识地对此种模式进行修订,以图避免享有世袭管辖权的封建贵族的出现。在巴西,国王建立了城市议会,由议员、行政官、律师、王室代表以及监察员构成。虽然有每年一度的选举,绝大多数议会领导人却是地方甘蔗种植园主、贵族出身。[4] 统治西班牙城镇的城市议会受到了马德里更严密的控制,里面充斥着王室派任的人。

　　就葡萄牙治下的领土而言,没有任何土著城市传统存活下来。从17世纪晚期起,经济变革影响了财富、权力在地区之间的分配,也就是在这时,部分内地开始得到开发,人们追逐的目标先是黄金,后是钻石。对纺织品的需求促使最早的一批工厂在亚马逊平原、米纳斯-吉拉斯兴起。贝伦(Belém)早在1655年便正式成为城市,这座处在亚马逊河口的城市位于与新的经济机遇绝缘的北方,它为了自己能存活下去而拼命挣扎,尽管人们在亚马逊平原作了许多努力,创建新城、堡垒,以防备西班牙人的侵犯。另一方面,在米纳斯-吉拉斯,装饰着亚历昂德里诺(Aleijadinho)雕刻作品的魅力城市在奥鲁普莱多(Ouro Preto)、孔戈尼亚斯(Congonhas)兴起。作为一个转运内陆产品的合适港

　　① Restall et al., *Voices*, 76,87-93,131-133.

　　② Hoekstra, *Worlds*, 72,234; Altman, *Ties*, 50; Hirschberg, 'Experiment', 8; Restall et al., *Voices*, 69.

　　③ Townsend, *Here*, 9; Restall et al., *Voices*, 70-72.

　　④ Charles Boxer, *Portuguese Society in the Tropics: The Municipal Councils of Goa, Macao, Bahia, and Luanda, 1510-1800* (Madison: University of Wisconsin Press, 1965), 73.

口,里约热内卢繁荣起来,并取代了萨尔瓦多成为最大的城市,到 18 世纪中期,其人口可能达到了 25000 之数。1763 年,殖民政府的主要机构迁移至此,那时,咖啡生产已经开始。过了几代人的时间,该城的人口数翻了两番。在拿破仑入侵葡萄牙期间,里约热内卢成为逃亡王室的驻跸之所,这确认了它的至尊地位并使其获得了尊荣,从而达到了可与利马以及墨西哥城并驾齐驱的地步。①

对于王室的出现,整个巴西海岸弥漫着一种心满意足的情绪,这有助于解释为什么这里的城市精英对"母国"会抱有相对同情的态度。而在绝大多数西班牙殖民地以及巴西内地城镇,风起云涌的是对自治以至独立的渴求。这些地方与它们要抗争的权力中心通常相距甚远。缓慢的交通让君主国的许多地方在很长的时间里不易展开相互联系,这让城市精英有了坐大的机会。城市成为克里奥尔(creoles)身份、分权主义(有时还有分离主义政治团体)的摇篮,此种现象在 17 世纪日益频繁地出现,在 18 世纪更甚。

身属精英的居民对自己的城市有何观感?狂欢节为此提供了展现的舞台。对于这个完美的概念,利马城几乎是在圣母成为教会正式崇拜对象的那一刻全心加以实践的。1656、1657 年,该城当局用烟花、世俗化的花车游行取代了大众游行、宗教游行,花车上展示的有七头蛇像、野人、花卉、国王形象以及装备火炮的微型船。黑人乐队则提供伴奏音乐。大学花车配有巨大的大学校徽,接下来另有六辆花车,其队伍由 1500 个着各色服饰的人组成。裁缝、五金行会在人工湖中建了一座城堡,四艘模型舰船在攻击它。黑人团体则出资让斗牛场景上演。国王诏令中规定了各种具体的节庆,除此之外,还有各地自行确立的多种节庆,各个城市利用这些机会庆贺自己的建城纪念日。以瓜地马拉首府圣地亚哥为例,征服者的土著同盟的后代就装备了自己的游行队伍。城市徽章、提供赞助的宗教人士的形象、与城市史有关的事件,凡此种种,常涵盖在游行活动的范围内,其用意是打造、显夸具有崇高价值的英雄故事。

到 18 世纪中期,就杰尔比(Antonello Gerbi)所谓的"新大陆之争"(la disputa del Nuovo Mondo)而言,走向精致的城市礼仪活动及其日益增长的花费常为此作出了有意识的贡献。这场争论由地理学家德堡(De

Pauw)、布丰(Buffon)开启其端,他们谴责美洲从骨子里就逊于欧洲,由此而激起了声势浩大的反对浪潮,越来越多尖牙利齿、血气方刚的克里奥尔知识分子发起了对他们的讨伐。② 由此,毫不令人感到奇怪的是,在乡村地区贡献了梦想千年王国的叛乱者的时候,城市是导向独立的种种精英政治运动的繁盛之地。从某些方面来说,18 世纪的西属、葡属美洲是非正式的"城市同盟体",它就像罗德(Ferdinand Lot)所理解的晚期罗马帝国(参见本书第 3 章),在那里,城市领导人开展有效的自治,其眼光绝对地指向自己——他们是带着这样的视角作出决策的。要干涉的地方越远便越要干涉,这种关系常常令它们愤恨不已。在米纳斯-吉拉斯,位居八个官方指定城市之首的奥鲁普莱多在 18 世纪晚期培育了独立运动,对于来自里约热内卢的命令,圣保罗激烈的抵制、蔑视情绪由来已久。新格拉纳达王国独立宣言的目录是城市特殊性的象征,因为所有城市不仅宣示自己相对于君主国的独立性,也宣示自己与其他城市的区别,有的时候,后者还更胜前者。

基多首当其冲,于 1809 年 8 月 10 日拒绝了利马总督的权力。一些天后,卡塔赫纳效仿基多的故事,在这里,城市议会放弃了对马德里的服从,转而归向波哥大当局。1810 年 6 月 14 日,该城议会罢免了该城总督。下一个月,卡利(Cali)城(今日自封为"独立运动的先驱城市"[ciudad precursora])的众位独立之父废黜了总督,与此同时,苏克罗城(Socorro)在国王的名义下,"为了捍卫神圣而不可剥夺的人权",对总督提出了指控。类似事件还发生在潘普洛纳(Pamplona)、基布多(Quibdó)、内瓦(Neiva)、诺维塔(Nóvita)、马里基塔(Mariquita)、卡萨纳雷(Casanare)、希龙(Girón)、波帕扬(Popayán)、希达拉(Citará)以及其他许多城市。这些城市相互确保着自身的独立。在卡塔赫纳、圣达菲,直到来年 11 月,起义者才明确推翻了"未让民族获得自由、自主"的西班牙统治。哪怕到了那个时候,由于相互之间的嫉妒,乱局仍延续下来,并引起对立城市之间的关系断绝。只是由于它们的语言,一个假象才得以保留下来:在大西洋两侧,有一个单一的"西班牙民族"。圣达菲、通哈(Tunja)确立了自身作为微型共和国首府的地位。1812 年,安蒂奥基亚首府圣达菲(Santa Fe de Antioquia)的贵族宣布成立"安蒂奥基亚

---

① Maria Fernanda Bicalho, *A cidade do império*: *o Rio de Janeiro no século XVIII* (Rio de Janerio: Civilizacao Brasileira, 2003).

② Antonello Gerbi, *La disputa del nuovo mondo* (Milan: Adelphi, 2000); Jorge Cañizares Esguerra, *How to Write the History of the New World* (Stanford: Stanford University Press, 2001).

国"，并"光复"自己的主权。①

独立与作为小说背景的城市

378　　　关于在世界别处发生的日益加速的经济—人口变革，从 19 世纪早期—中期，本章所述城市开始不完全地感受到它们所带来的影响。拿利马、卡亚俄来说，由于世界对海鸟粪的需求增加——这是密集型农业的产物，它们因此而获得繁荣。与此同时，黄金贸易成就了米纳斯-吉拉斯城镇的兴盛。在该世纪的下半叶，人们对亚马逊平原橡胶的需求使马瑙斯(Manaus)，一个从前的上游堡垒、布道所，变成一个新兴都市，城里的资产阶级生活设施应有尽有，包括著名的歌剧院，它是自 1884 年以来耗费大量人力建起来的。不过，通常而言，独立并未启开新的纪元。19 世纪晚期，全球工业化浪潮兴起(与此相伴，重要产品的大规模出口发展起来)，此外，还有大规模的移民。只有这些宣告了新时代的到来，工厂、乡郊、贫民窟、公园、露天咖啡馆、夜市生活因此而涌现出来。②

　　与此同时，城市主广场(plaza mayor，或曰 largo，后者是与前者相对应的葡萄牙语)、公园仍是非常重要的公共空间，它们是人们进行社交、形成社团的场所。公共领域的发展态势延续到 19 世纪早中期，印刷机的数量有了极大增长。报纸、小册子、分册书籍提供了一个背景世界，富有想象力的作家们在这个世界中受到锻炼，并为自己的作品找到了出路。在工厂、各种公共空间里，读者发展起来，虽然他们的文化水平不高。③

　　在拉美想象力丰富的伟大散文作家中，最早的那一批记载了自己所居城市的生活。西里洛·巴尔韦德(Cirilo Valverde)的小说《塞西利亚瓦尔德兹》(Cecilia Valdes)出版于 1839 年。该书以种族混杂为背景，叙述了哈瓦那的近亲乱伦与谋杀。④ 相比之下，自 19 世纪 40 年代以来，充斥在莫雷(José María Cordovez Moure)《圣达菲波哥大回忆录》(Reminiscencias de Santa fé y Bogotá)中的是一个引人生出怀旧之情的世界：舞蹈、狂欢、学校场景、犯罪、体育事件以及决斗。

1848 年，苏苏那加(Narciso Aréstegui Zuzunaga)在秘鲁出版《霍兰神父在库斯科的生活场景》(El padre Horán: escenas de la vida de Cuzco)。在这本书中，叙述者的回忆扭曲性地再现了数年前发生该偏远城市的一个真实故事——一个精神错乱的托钵僧强暴并谋杀了一位姑娘。该书有关城市背景的叙述控诉了种族、财富方面的分化。下一年，在阿根廷，萨缅托(Diego Sarmiento)的著作《法昆多》(Facundo)面世，人们常常认为该书在拉美小说传统中占有重要地位，它的副标题是"文明或野蛮"。对位于大西洋世界边缘的边疆居民而言，这个两难处境是活生生呈现出来的，而城市是他们追求典雅、文明生活的舞台。

　　总体而言，19 世纪中期的城市小说家让人们看到了由各种新的独立空间组成的城市，而在殖民时代的文献中，人们几乎不能将这些"空间"分辨出来。女主人以内省的态度管理着有产家庭，并热忱地捍卫着它，而在这样的家庭中，养家糊口的男性就像候鸟一样，在公共领域的不同目标站之间往返。至于情侣，他们望眼欲穿，希望越出那些在道德上受到管制的领域以及包办婚姻，以寻得机会。⑤ 有一个名为"风俗主义"(costumbrismo)的著名运动，画家、小说家共同参与其中。在该世纪下半叶，它对种种乡村价值观作了赞扬——阿根廷或委内瑞拉或巴西牛仔的独立精神、瓜拉尼(Guaraní)农民的浪漫品质、作为国家象征的群 379 山、自然界其他的宏伟创造、如画风景所蕴含的崇高感。以哥伦比亚浪漫主义作家西尔韦斯特雷(Luis Segundo de Silvestre)为例，在 19 世纪 80 年代的小说中，他曾将自己的平凡主角之一命名为"文明人"，与此同时，对于一个现象——真正的城市文明人认同乡下人所怀有的自然美德，他又持赞扬态度。

　　巴西人的著作显示了类似的主题。阿泽维多(Aluísio de Azevedo)笔下的人物虽然向往城市，但按寓意而言，至少在未受玷污、浪漫化的田园牧歌生活中，他们要更为幸福。《公寓》(Casa de pensão)是 1884 年的著作，它创作的对象是一次真实的谋杀案，它发生在寄宿于里约热内卢公寓的迁徙学徒中间，或曰，它是

　　① Felipe Fernández-Armesto, 'Las independencias colombinas en la historia mundial', in Juan Carlos Torres, ed., El gran libro del bicentenario.

　　② Robert Gwynne, Industrialization and Urbanization in Latin America (Baltimore: The Johns Hopkins University Press, 1986).

　　③ Susana Zanetti, La dorada garra de la lectura: lectoras y lectores de novela en América Latina (Buenos Aires: Beatriz Viterbo, 2002), 107 - 108.

　　④ Jorge Romero León, Retórica de imaginación urbana. La ciudad y sus sujetos en Cecilia Valdés y Quincas Borba (Caracas: CELARG, 1997).

　　⑤ M. Velazquez Castro, 'La intimidad destapada: la representación de la mujer en el Mercurio Peruano (1791 - 1795)', in Luis Bravo Jáuregui and Gregorio Zambrano, eds., Mujer, Cultura y Sociedad en América Latina, iii (Caracas: University Central, 2002), 181 - 198.

在乡村背景下发生的。《贫民窟》(*O cortiço*)出版于1890年,它可能是第一部以可辨识的贫民窟为背景的拉美小说。阿西斯(Joaquín María Machado de Assis)的早期作品为正在兴起的城市资产阶级的不幸遭遇发出悲叹。《精神病医生》是他在1882年创作的小说,它以某偏远城市的精神病房为背景,除了精神病人,该书全力关注的对象渐渐及于心智正常的人。

简而言之,风俗主义是以下内容的表征:全球工业化的影响正在浮出水面(或曰已经显现),它塑造了第26章所述的新的城市面貌,并颠倒了萨缅托及其门徒从以前的殖民地、前殖民地时代继承的城市价值观。

结语

拉美是在鬼城、遗迹、失败的想象中走自己的城市史道路的。虽然如此,在这样一段漫长的时间里,在这样一个辽阔的区域,身处恶劣环境、数遭毁灭性打击(土著文明的崩溃以及随后而来的大量变革、革命)而仍有某些东西延续下来,这个现象看似是颇引人注意的。土著城市传统历经前殖民时代那样多的灭绝行动、危机而不灭,其中某些传统在征服时代之后延续下来。尽管如此,由于西班牙人、葡萄牙人将新的城市形式添加到既有的城市类型序列中,后者因此得以扩张。新的城市形式有殖民社区、布道所、矿业城镇等,既有的城市类型则包含行政中心、市场、堡垒、港口等。这样,城市的数目有了巨量增长,与此同时,它们融入到全球贸易网络中。如同前殖民时代的状况,当时的城市仍是权力中心、政治变革的温床。虽然独立并未给城市生活带来多大影响,但是,由于城市成为小说的背景——最重要的是成为精英谴责的对象,人们的观念发生了改变。

参考文献

Aguilera Rojas, Javier, *Fundación de ciudades hispanoamericanas* (Madrid: Mapfre, 1994).

Butterworth, Douglas, and Chance, John K., *Latin American Urbanization* (Cambridge: Cambridge University Press, 1981).

Houston, James M., 'The Foundation of Colonial Towns in Hispanic America', in Robert P. Beckinsale and James M. Houston eds., *Urbanization and Its Problems: Essays in Honour of E. W. Gillbert* (New York: Barnes and Noble, 1968).

Jay, Felix, *Urban Communities in Early Spanish America, 1493 - 1700* (Lewiston, N. Y.: Edwin Mellen Press, 2002).

Joseph, Gilbert M., and Szuchman., Mark D., *I Saw a City Invincible: Urban Portraits of Latin America* (Wilmington: SR Books, 1995).

Kagan, Richard, *Urban Images of the Hispanic World, 1493 -1793* (New Haven: Yale University Press, 2000).

Kinsbruner, Jay, *The Colonial Spanish American City: Urban Life in the Age of Atlantic Capitalism* (Austin: University of Texas Press, 2005).

Navarro Garcia, L., ed., *Elites urbanas en hispanoamerica* (Seville: Universidad de Sevilla, 2005).

Schaedel, Richard, Hardoy, Jorge Enrique, and Kinzer Stewart, Nora, *Urbanization in the Americas from Its Beginnings to the Present* (The Hague: Mouton, 1978).

Solano, Francisco, *Historia urbana de Iberoamérica*, 3 vols. (Madrid: Consejo Superior de los Colegios de Arquitectos de Espana, 1987).

Vidal, Laurent, ed., *La ville au Brésil, XVIIIe-XXe siècles: naissances, renaissances* (Paris: Indes savantes, 2008).

屈伯文 译 陈 恒 校

专 题

第 21 章 经济

巴斯·凡·巴韦尔　马腾·博斯克　艾特乔·布林　让·路腾·凡·赞登

引言和理论框架

385　　在前工业时代的经济和社会里,城镇的部分功能可谓至关重要。首先,城镇通常是行政、司法、宗教中心并提供相应服务。它们同时也是交易中心,为贸易、交通和金融提供服务,而工业一般也集中在这里。[1]于是,传统观念通常将城镇视为前工业化世界唯一的鲜活力量所在。它们是停滞落后的乡村经济中的现代岛屿。[2] 这种观点根深蒂固,但目前已经大大落伍了:遥远并散乱的农村也具备了城市的部分功能并成为创新的沃土,它们大多以土地资本主义、农村市场和原始工业化的新形象出现。即便城市功能大同小异,但作用清晰可见:绝大多数非农功能一般都集中在城镇。

　　由此可见,你可以这样认为,城市功能发展得越多越成熟、非农份额越大,城市就会越大。大城市也需要一个高产的农业部门,对供养城市非农人口游刃有余。因此,由于缺乏可信的经济数据,一般假定城市化率水平和大城镇的存在是目前乃至潜在、未来发展的社会经济发展水平的代名词。[3] 至少可以证实目前的经济局势。高度城市化需要生产大量剩余农产品,将农产品运输到遥远的城市,这是社会能力的一个表现,也间

386　接地说明了城市为了吸引农业盈余发展了这些先进功能。如此推论,高度城市化展现了农业和运输部门的高度发展水平,或许也意味着城市工业和服务业的发达。

前工业时期,从长江流域到美索不达米亚,从尼罗河三角洲到地中海和北海的北岸,在这些经济发展核心区域出现最高程度的城市化,这个事实正好可以印证上述推论。从中世纪末至现代初期,日本、中国和印度的部分地区、伊拉克、埃及、西班牙、意大利、低地国家和英格兰都经历了15％甚至是20％的城市化程度,少数地区(8 世纪至 10 世纪的伊拉克,文艺复兴时期的意大利北部,15 世纪至 18 世纪的低地国家)其实还超过了这个水平。[4]

这些地区的高度城市化水平确实可以看作当地经济高速发展的一个象征。即便如此,高度城市化也无法清晰表明能对未来的经济增长存在人们想象的巨大潜能。考虑到这种潜能,情况变得越来越复杂,这已经从长时间参差不齐的城市化发展水平上窥见一斑。上述区域中的部分地区出现城市化率的进一步增长,如北海地区,而其他的却停滞不前,如伊拉克;这种分化肇始于中世纪鼎盛时期。

我们只有承认维持城市化水平的潜在机制的不统一,才能理解这种分化。理解和解释城市化进程及其差异要求我们研究这些潜在的机制并将发展进程置于更广泛的经济和社会背景中。经济尤其是前工业化的主要经济部门——农业部门是如何支撑城市化的呢?农业部门的剩余产品是如何流向城镇的?后者的答案既涉及到流动所需的物质设备,也就是交通工具,也涉及到社会和制度手段。城镇吸引剩余产品的方式堪称五花八门,有经济形式和非经济形式。而城镇吸引剩

---

[1]　Adriaan Verhulst, *The Rise of Cities in North-West Europe* (Cambridge: Cambridge University Press, 1999).

[2]　经典案例,参见 Paul M. Sweezy, *The Transition from Feudalism to Capitalism* (London: NLB, 1976); Philip T. Hoffman, *Growth in a Traditional Society. The French Countryside, 1450-1815* (Princeton: Princeton University Press, 1996).

[3]　Paul Bairoch, *Cities and Economic Development. From the Dawn of History to the Present* (Chicago: The University of Chicago Press, 1988).

[4]　这里所用城镇的人口阈值是指 10000 人及以上的居住区。"城市化"一词的用途:在一个地区或国家,生活在城市的总人口的比例,该比例超过这个值。

余产品的方式很大程度上决定了它能否刺激城镇的进一步发展。

这就产生了韦伯(Weber)定义的消费型城市和生产型城市的区别。韦伯将中世纪欧洲工业化或者生产型城市与古典时代消费型城市做了对比,[1]其差别得到更深层次的细化——比如,调查消费型城市的过剩人口是否购买本土或外地的商品,或者在奢侈品或大宗商品上花费很多[2]——至少对于理解古典和中世纪经济史富有相当成效。为了让韦伯的分类适用于我们的分析,我们用"市场导向"(market-oriented)来代表他的生产型城市,用"强权导向"(coercion-oriented)来代表消费型城市,因为后者意味着使用政治强制渠道将农村的剩余产品输入城镇。此外,我们增加了一个更深层次的区别,即集权和分权体系。其结果以表格形式呈现,我们将依据这个插图来做分析(参见插图21.1)。

插图21.1　前现代时期的政治体制和经济模式

	强制	市场交易
集权体系	集权强制:马德里、莫斯科、德里、江户[东京]	17世纪和18世纪的大阪和伦敦
分权体系	分权强制:14世纪和15世纪的托斯卡纳、莱茵兰和佛兰德斯	中世纪中期的欧洲城市,北美城市

集权模式扎根于传统的国家本位的城市里。这里是政府和军队守卫(或占领)的重心,它们用行政、军事防卫来获取税收,它的地位与国家和君主紧密相关。王国的繁荣,领土和人口的扩张都会带动城市的发展,首都尤为如此,它是卓越的君主导向型城市。然而,此类城市的最佳位置在王国的中央区域;如巴格达、大马士革、马德里、德里(莫卧儿帝国的首都)或者莫斯科这些首都就是典型的例证。它们没有必要接近交通要道,因为它们不需要为了商品交易而追求较低的交通成本。商业活动必不可少——因为不得不依靠周边环境来供养城市和供给其他消费品——但由于商业功能源自政治和军事职能,所以位居次要。

分权式强制是因为中央政府衰弱,首都没那么重要,税收也不再是收取农村剩余产品的主要途径。这种城市被标杆为城市精英导向型。这类城市经常履行管理职能,尤其是生产和服务职能,但增加了一个特殊的部分:通过强制拥有农村财富或农产品,通过强制或者更多地通过财产权即经济强制来控制剩余农产品。也就是通过拥有土地所有权、课税、采邑或奴隶产业来实现。这个类型通常结合了对农村非农活动和市场交易的控制,还会使用武力扫除沾染到这些领域的敌对城市或国家。极端情况下,城市精英能成功地建设一座自己掌控的城邦,组建独立的财政体系来作为将农产品引入城市的手段。爱普斯坦(Epstein)举例子证明,托斯卡纳(Tuscan)的城市系统和经济在中世纪鼎盛时期的繁荣之后大幅停滞就是因为这个结构的出现,范·巴维尔(van Bavel)对中世纪晚期的佛兰德斯——被三个大城市控制——也持同样的观点。[3]

另一方面,市场导向型城市的经济基础是与邻近的内地和其他遥远的(市场导向型)城市之间进行商品生产、交换并为其提供商业或市场服务。国际贸易是这些城市繁荣发展的一个重要成因。这些城市与统治者和国家的关系并不那么密切,它们的命运一定程度上独立于所属的政治实体,因为它们拥有独立的经济体系。显然,国家的空间中心位置对于此类城市来说就没有必要性了,事实上,处于重要贸易航路上的战略位置——得益于该地的贸易流量——对这类城市至关重要。因此,为了到达遥远的重要市场,理想的"市场导向"城市要么坐落于海边,或通航河道之上,或者处在陆上贸易航道的枢纽。被韦伯和皮雷纳(Pirenne)研究过的中世纪欧洲"理想类型"的生产者城市,堪称经典,妇孺皆知——因为在1800年之前的世界经济中,这种城市体系极为罕见。由于这些城市的经济基础是与农村进行商品交易,这样的城市系统将会生成专业化和商业化过程,从而也构成了不间断的经济变化和城市发展,而强制下的城市将更加依赖所属国家的生命周期。理论上,市场导向型的社会主导优势创造了一个平衡的城市体系,它有开放的市场等级,在这样的等级里,可能导致某个中心城市的统治地位。伦敦在

①　1922年马克斯·韦伯(Max Weber),Guenther Roth and Claus Wittich, *Economy and Society：An Outline of Interpretive Sociology* (Berkeley：University of California Press, 1978); Moses I. Finley, *Ancient History：Evidence and Models* (London：Chatto and Windus, 1985).

②　参见 David R. Ringrose, *Madrid and the Spanish Economy, 1560-1850* (Berkeley：University of California Press, 1983).

③　S. R. Epstein, 'Town and Country：Economy and Institutions in Late-Medieval Italy', *Economic History Review*, 46 (1993), 453-477; Bas J. P. van Bavel, *Manors and Markets. Economy and Society in the Low Countries, 600-1600* (Oxford：Oxford University Press, 2010).

英国经济中的作用就是一个典型,大阪也是其中之一:它是真正的"市场导向"城市,然而,它获得核心地位的部分原因是国家的结构(参见下文)。[1]

如后者所示,这些类别互不排斥,当然,一些城市还互相取长补短。社会绝不是由一个城市类型组成的。我们仍然认为时间尤其是空间格局能够被识别,它们将引领我们进一步理解城市化的长远发展。我们认为城市类型的区别普遍表现在城市系统的结构中。首都是典型的国家导向城市。判断一个城市系统依靠国家的程度,可以参考最大的城市(一般是首都)中的城市人口份额。例如在近期,阿德斯(Ades)和格莱泽(Glaeser)证明了城市领先性(urban primacy)的这个标准与国家的政治经济有关系:"城市巨人基本上源于一小撮居住在首都的精英代言人手里的集权。这种权力允许领袖们从各地提取财富,然后在首都进行分配。"[2]高层次的城市"领先性",即是首都或最大城市占据城市总人口的高份额,因而表明该城市是国家导向型,反之,一个典型的市场导向型城市系统相较平衡,城市领先性水平相对更低。

本章全篇将采用这个观点来分析全球各地的城市化模式并将它们与不同的经济现象联系起来。在接下来的几节中,我们首先比较南美与北美之间城市化模式的区别,然后再比较更加混杂的中国和日本体系。最后,由于有更好的原始资料和近期的调查研究,对中东和欧洲不同的长期发展轨迹进行一个更加彻底的比较分析。最终,我们着眼西欧的轨迹,这里的差异性比较大,丰富的原始资料能为这个研究指明道路。

典型例证:美洲的城市体系

让我们开始美洲之旅,它的城市发展在近代早期呈现出惊人的差异。埃利奥特(Elliot)在他的研究《大西洋世界的帝国》(*Empires of the Atlantic World*)中详细比较了西班牙和英属北美的城市体系。[3]从一开始,西班牙殖民者将城市——老城和新城——作为控制领地和人口的中心。1500年,拉丁美洲的西班牙属地已经较北美大陆更加城市化,这得益于墨西哥的阿兹特克人和安第斯山脉印加人的成熟文明。[4] 帝国首都——特诺奇蒂特兰(Tenochtitlán,居民可能多达10万)和库斯科(Cuzco,8万居民)——是当时世界上最大的城市之一。[5] 此番宏伟持续了近代初期的大多数时间——某种意义上,西班牙接管了两个帝国的很多体系并注入了欧洲官僚秩序。特别之处在于,大城市(墨西哥城、库斯科、基多、波托西[Potosí])都位于内陆(利马[Lima]是一个最大的例外,它是由西班牙人新建的城市)。各种形式的强制劳动是获取财富的主要途径,大多数剩余价值转化成白银去充盈西班牙的国库。西班牙殖民者明显将城市作为一个统治新获领地的工具,如有需要,还会建设新城市(将乡村的人口以更大的单位形式集中起来,以增强统治和增加税收)。然而,他们使用的强制劳动的系统不完全是新的——在阿兹特克和印加帝国,各种形式的强迫劳动随处可见(对于印加人,他们没有货币和市场贸易,而强制劳动就是组织分工、为城市生产价值的主要途径)。西班牙人沿用了这些体系并融入他们自己的制度。经过一个世纪之后,他们逐渐转变为市场导向的控制形式,但是没有从根本上改变国家的政治结构。新墨西哥和秘鲁的总督辖区城市因此成为中央集权体制控制下的"强制导向"城市的典型。

北美的城市体系完全不一样:1500年时,这里几乎空无一城。密西西比文化创造了一些一定规模的城市聚集区,但是在人口暴跌之后,这些城市迹象几近消亡。1700年,北部最大的城市波士顿仅仅7000居民;18世纪时,城市才开始发展,但是城市化水平仍然十分低下。1800年,纽约和费城拥有65000居民,成为最大的城市,然而仅有墨西哥城的一半大小。然而,北美的城市位于沿海,成为北美内陆与世界市场的重要交通中枢。这些最单纯的生产者城市在一个分散的政治控制下运行,特别是在1776年之后。

如果我们仅仅在城市化水平上衡量经济上的成功,那么西属拉丁美洲就是一个"成功案例",北美则"溃不成军"。1800年时,北美仅有3%的人口居住在居民超过1万的城市,而在墨西哥和安第斯山地区,城市人口达到7%到10%。可见,城市体系的长期动

① Masahita, Fujita, Paul Krugman and Anthony Venables, *The Spatial Economy: Cities, Regions and International Trade* (Cambridge, Mass.: MIT Press, 1999)提供了一个十分有益的理论性经济文献综述,涉及在不同经济环境下,(不同种类的)城市体系(内生)的出现。

② Alberto F. Ades and Edward L. Glaeser, 'Trade and Circuses: Explaining Urban Giants', *The Quarterly Journal of Economics*, 110.1 (1995), 199–258, esp. 224.

③ J. H. Elliot, *Empires of the Atlantic World: Britain and Spain in America 1492–1830* (New Haven: Yale University Press, 2006).

④ 参见上文,第20章。

⑤ 对于城市规模的估算参见 Tertius Chandler and Gerald Fox, *3000 Years of Urban Growth* (New York: Academic Press, 1974).

态——在西属拉丁美洲和英属北美——完全不同。这里出现一个"命运逆转"的例子，那些最初城市化水平最高(社会最复杂)的南美地区发展相当缓慢，而北美却迅速赶超南方，而且一直保持惊人的领先态势。关于个中缘由，一直是个备受争议的话题，例如，是否与殖民者植入的体系有关(由阿西莫格鲁[Acemoglu]等人提出，2001 年)，或者与可利用资源和能力相关(恩格曼[Engerman]和斯科洛夫[Sokoloff]，1997 年)。[1]事实上，在西属美洲，银发现于某些"中心"位置，如此促进了对当地经济的集中控制；而从北美提取的资源(从海狸皮到木材)分散在整个大陆，因此不会有这样的集权制度。而更重要的是西班牙殖民国家将已有的政治体制移植到这里，以集中形式收取财富，而北美却没有集权传统，这里的英国和法国殖民地始建于荒土——更精确地说采用了欧洲体系和市场体制。显而易见，城市体系的结构明显折射出经济上南辕北辙的发展走向。

特色混合体：日本和中国

美洲城市体系或多或少都是"市场导向"和"强制导向"的"纯粹"版本。在世界的另一头，我们很难发现如此"理想模式"，它们的体制更为复杂。日本就是一个好典型，因为它的大城市是两个极端。在德川幕府(Tukogawa，1603—1868 年)统治下，日本出现了城市繁荣，这个国家成为世界上城市化最繁荣的地区之一(10％以上的人口居住在居民超过 1 万的城市里)。城市结构由三个城市主导：江户(Edo，今天的东京)，人口多达 100 万，可能是 18 世纪世界上最大的城市，而大阪和京都，人口分别约 30 万和 40 万，也是相当规模的大城市。这个城市发展高峰首先反映了新政权统治下的中央集权体制。在 15 世纪末至 16 世纪的艰苦内战之后，政治专制集中在东京，幕府将军住在这里，所有的封建领主必须在此置产和居住(为了确保他们对统治者的忠诚，领主的部分家人不得不终身居住在这里)。因此，东京是一个典型的消费城市，和天皇的统治中心京都(政权微弱)一样。[2] 同时，大阪成为一个

中心集市；全国绝大多数水稻作物在这里贸易，为国家税收献上一份厚礼。随着国家权力的集中和税收系统效率的增强，大阪作为一个中心市场的重要性逐日增强，它开始发展各种补充产业：例如商业住房的出现，商业活动还扩大到银行业。市场效率的进一步提高归因于各种创新(例如大米市场的期货契约)，日本其他地区的大米市场以大阪为中心集成一个商业营销网。

中国的情况有些类似。明朝末年，中国经历了(参见本书第 17 章)昙花一现的"商业革命"，对城市体系影响重大。在明朝开国君主的专制集权下，城市体系出现严重失衡，带有强烈的"皇都效应"：当南京再度成为国都，它的人口规模立刻从 1300 年的不足 10 万飙升到 1400 年的 50 万左右——1421 年迁都北京后，于 1500 年回落到 15 万人左右。相反，北京从 1400 年的 15 万人口增加到 1500 年的 70 万，再到 1800 年的 110 万——从而超过东京，成为世界上最大的城市。[3]16 世纪的商业革命引出更加平衡的城市体系，然而，由于许多(相对较小)商业城镇的崛起，尤其是长江三角洲下游地区，这里出现一些大城市，如杭州(人口从 1400 年的 25 万增至 1800 年的 40 万)，苏州(从 12 万增至 24 万)，上海(19 世纪时出现大幅增长)，南京也不例外。这些商业大城市控制着经济。在南方，广州是另一个贸易中心，它在 1800 年的人口规模多达 80 万。身为庞大的中华帝国的一部分，每个大城市都有自己独特的城市网络。[4]

诚然，按照城市领先性测量标准——居住在最大城市里的人口占城市总人口的份额——中国和日本没有太大区别。1800 年，日本约三分之一的城市居民住在东京，这个份额非常高；中国约 19％(北京)，中国比日本更大，就国家实际而言，这个份额同样很高。这体现了两个国家不同的政治经济：在人均基础上，日本较中国动用了更多的资源。两国的高水平领先性同样紧密联系着国家的政治经济，按照近代早期的标准，它们的政治经济非常集中。结果，出现了一个大大有别于欧洲的城市系统，这个差异可能有助于理解欧亚大陆两端城市发展的动力体系，在大分流(the Great Divergence)观点中，对这个差异的解释还有待进一步

① Daron Acemoglu, Simon Johnson, and James Robinson, 'The Colonial Origins of Comparative Development: An Empirical Investigation', *American Economic Review*, 91 (2001), 1369 - 1401; Stanley Engerman and Kenneth Sokoloff, 'Factor Endowments, Institutions and Differential Paths of Growth among New World Economies: A View from Economic Historians from the United States', in Stephen Haber, ed., *How Latin America Fell Behind* (Stanford, Calif.: Stanford University Press, 1997), 260 - 304.

② 参见上文，第 18 章。

③ 参见 Chandler and Fox, *3000 Years of Urban Growth*。

④ G. William Skinner, ed., *The City in Late Imperial China* (Stanford: Stanford University Press, 1977).

探索。①

欧洲和中东：走自己的路

美洲和东亚的例子论证了在 1800 年以前的世界经济中，城市结构不尽相同。这些简要的案例研究是基于印象主义的证据，但没有用到这些地区城市发展所记录的广泛数据集。由于这个主题的研究没有间断，在欧洲和中东(包括北非)城市发展案例中会出现更加详实的细节分析。这个地区特别有趣，因为在 1800 年之前的时间里，它来了一个戏剧性的"命运逆转"。约 900 年时，世界上城市化水平最高的桂冠很可能被中东地区摘走，也许最早的城市在这里诞生并不是偶然现象(在美索不达米亚和巴比伦王国)，在 7 世纪和 8 世纪的阿拉伯征服之后，新一轮的城市繁荣刺激一批大城市如巴格达、大马士革、巴士拉(Basra)的出现。今天的伊拉克境内，大约三分之一的人口居住在城市(900 年时)，无与伦比的最大城市就位于此地。相反，800 年或 900 年的欧洲没有一个(大)城市——罗马和君士坦丁堡除外(但即便罗马也缩小到罗马帝国时期罗马的 5% 到 10%)。西欧的其他大城市(科尔多瓦[Córdoba]、塞维利亚[Seville]和巴勒莫[Palermo])是伊斯兰世界的一部分。

800 年至 1800 年期间，发生了戏剧性的变化：西欧向前发展为世界上城市化水平最高的地区，而中东的城市化水平却停滞了。这显然反映了不同地区经济的分歧倾向：西欧的财政和人口呈现持续增长，而中东经济的任何方面都停步不前。用总人口概数来说明：中东/北非的总人口在 1800 年是 2720 万，仅稍微高于 800 年的数据(2420 万)；同样的时间，西欧的人口增长了 5 倍(从 1930 万到 10780 万)。②

为了解释这些迥异的现象，我们综合三个地区 800 年至 1800 年期间的城市人口结构的详细数据集：中东和北非(从摩洛哥到伊拉克、沙特阿拉伯和土耳其，但是不包括伊朗)，西欧(包括德国、瑞士、意大利和所有西欧国家)，中欧和东欧(从奥地利到乌拉尔)。这三个地区在(人口)规模上有一定的可比性：约 800 年的东/中欧在三地中人口最少，仅约 1000 万(其他两地约有 2000 万)，但这部分欧洲增长最快——1800 年时达到近 7500 万，是中东地区人口的 3 倍。

表格 21.1 标示了三个地区城市系统发展的基本特征。它用所有国际标准展示了 800 年时的西欧城市化水平极低，中世纪有了相当多的增长，但仅在 16 世纪就赶超了中东的水平。城市总人口从 800 年时低于 25 万到 1800 年的近 1400 万，充满强烈的戏剧色彩。最初，在中世纪期间，东/中欧的城市增长也呈现一片光明，尽管发展水平不及西欧。但 1400 年后，城市化进程停滞不前了，与西欧差距扩大。现代早期，这里出现一些大城市，但一律都是首都城市，它们让当地其他城市相形见绌。跟首都城市的作用和/或政府驻地有关，这些城市的居民数增至 10 万甚至更多，包括莫斯科和维也纳，之后还有柏林、布拉格和华沙。最极端的例子是圣彼得堡，1713 年以来为俄国首都，可就在建都前十年，这里还是一片荒芜。

表 21.1　欧洲、中东和东/北非城市发展的关键指标，800—1800 年

	800 年	900 年	1000 年	1100 年	1200 年	1300 年	1400 年	1500 年	1600 年	1700 年	1800 年
城市人口≥10k(百万计)											
西欧	0.23	0.35	0.79	0.96	1.73	3.27	2.45	3.73	6.20	7.69	13.84
中欧/东欧	0.07	0.20	0.32	0.32	0.45	0.74	0.71	0.92	1.29	1.45	3.39
中东/北非	1.52	1.83	1.77	1.88	1.84	1.70	1.60	1.71	2.36	2.45	2.45
总人口(百万)											
西欧	2.9	3.3	3.8	4.6	6.4	9.9	7.6	10.4	13.5	14.8	23.8
中欧/东欧	10.1	11.2	12.5	15.7	21.0	25.3	21.6	28.8	36.3	43.2	74.8
中东/北非	24.2	25.2	26.3	23.3	23.7	25.7	20.3	22.1	27.4	25.1	27.2
城市化率(百分比)											
西欧	1.2	1.6	3.4	3.4	4.7	6.1	6.5	7.2	9.5	10.2	12.8
中欧/东欧	0.7	1.7	2.5	2.0	2.1	2.9	3.3	3.2	3.6	3.4	4.5
中东/北非	6.3	7.3	6.7	8.1	7.8	6.6	7.9	7.8	8.6	9.7	9.0

---

①　在 K. Pomeranz，*The Great Divergence. China，Europe and the Making of the Modern World Economy* (Princeton：Princeton University Press，2000)中，城市化几乎不起作用。

②　本节所有的预测都依据 Maarten Bosker，Eltjo Buringh，and Jan Luiten van Zanden，'From Baghdad to London，Unraveling Urban Development in Europe，the Middle East and North Africa，800‑1800'。比较前文，第 13 章。

	800 年	900 年	1000 年	1100 年	1200 年	1300 年	1400 年	1500 年	1600 年	1700 年	1800 年
最大的城市(1000 居民)											
西欧	75	95	100	80	80	120	100	150	300	575	948
中欧/东欧	30	60	45	42	40	75	95	70	100	130	300
中东/北非	350	450	300	250	200	220	250	280	700	700	500
城市领先性(百分比)											
西欧	33.2	26.8	12.6	8.3	4.6	3.7	4.1	4.0	4.8	7.5	6.8
中欧/东欧	42.9	30.8	14.2	13.1	8.9	10.1	13.5	7.6	7.7	9.0	8.8
中东/北非	23.1	24.6	17.0	13.3	10.9	12.9	15.7	16.4	29.6	28.6	20.4

如上述的解释，中东出现了第三种模式，它的城市化水平开始于 6% 至 7%，到 17、18 世纪仅增加到 9%。它的城市总人口在 1500 年时仅比 800 年时高出一点点，近代早期城市总人口数量的增长很大程度上集中在伊斯坦布尔，1600 年时，它的总人口激增到 70 万（这个过程使它成为世界上最大的城市之一，1800 年的西方只有伦敦超越它）。

鉴于伊斯坦布尔的例证，中东地区城市和城市体系的盛衰一般而言与这个地区大国的兴衰有关——尤其是早期伊斯兰哈里发王国和奥斯曼帝国。此地相对高的城市领先性反映出如下特点：尤其是在 800 至 1000 年间（随着阿巴斯帝国的繁荣）再后来在 1500 年后——奥斯曼帝国鼎盛之时——这些帝国的都城占有城市总人口的巨大份额（参见表格 21.1）。中欧在 8 世纪——或 9 世纪——也有类似的经历，但是内涵却不一样：当时此地只有少数几个城市，这意味着最大的城市很容易占据城市总人口的巨大份额。当这些地区的城市体系在 900 年之后开始扩张，领先性份额瞬间下降到一个反映出均衡的、分散的城市结构的水平。西欧发生领先性份额下降是在政治分裂期间——加洛林王朝逐渐崩溃，由诸多小"封建"王国组成的支离破碎的政治体系形成。这是欧洲城市体系结构从根本上区别于中东的标志之一。

两种城市体系——西欧体系、中东与北非体系——之间的交互作用极其有限。几乎没有证据证明这两地之间跨越宗教界线进行重要的结构性交流（消极的或积极的），尤其是在边境地区。[①] 这些城市体系下的经济发展动因主要源于城市内部。然而，如先前的研究所示，800 年至 1800 年期间，欧洲和伊斯兰世界的差异不是因为两地农业潜力的不同。相反，我们发现在长期的经济发展中产生变异的主要原因是本土

制度和运输模式的不同。

在欧洲，濒临海域刺激了城市发展。欧洲贸易很大程度上集中在水路运输上。在伊斯兰世界，沿海城市的比例高于欧洲，但是这些城市通常不比内陆城市发达。真正的穆斯林大城市包括巴格达、大马士革、费斯(Fès)、马拉喀什（Marrakech）、开罗和科尔多瓦(Córdoba)，都远离海域深居内陆（伊斯坦布尔是一个典型的例外，但它于 1453 年才成为穆斯林城市）。相较穿越撒哈拉沙漠和印度洋的穆斯林主流贸易来说，伊斯兰世界的地中海贸易只是旁门左道。在伊斯兰世界，商旅贸易比马、牛和/或轮车贸易更加有效。然而，随着时间的迁移，这种以骆驼为基础的运输形式不会有更多的高效收益，相反，欧洲的水上贸易，尤其是航海贸易却与之形成鲜明对比。水上运输证实了长远的利益，生产力有了更大的增长，这得益于造船、航海术的（技术上的）创新和航海的改进。

西欧与中东/北非之间的城市发展差异的第二个重要因素就是一系列的制度。都城对城市规模有极大的积极影响。有趣的是在欧洲和伊斯兰世界里，都城的这种效力十分相似。同样，在教会组织中拥有突出地位的城市比其他城市更大，它们在教会中的地位更是尤为重要。特别是在欧洲，主教对教会事务无所不及，他们拥有、运用庞大的政治权力，在地方经济中扮演重要的角色。都城地位或教会等级制度中的重要角色会产生异常巨大的影响力，这也证实了这些城市的消费主义本质。[②] 统治者所在地和(或)主教辖区吸引着人口以及用作公共支出和皇室特权的资金，这些资金更倾向于此类城市，可以创造更多就业和商业机会。然而，欧洲和伊斯兰世界的都城效应在经年演变中产生了巨大的差异。首都从一开始就支配着穆斯林世界。在 800 年至 1800 年期间，尽管伊斯兰世界的政治

395

---

① Bosker et al., 'Baghdad to London'.

② Weber, as in Roth and Wittich, *Economy and Society*.

版图发生了本质的变化，但首都的支配范围没有显著变化。而与之对比的欧洲，在相同的时段内，我们发现刚开始并没有体现出明显的首都福利，但首都的影响力在与日俱增。从 13 世纪之前，我们开始关注首都福利，但仅从 16 世纪开始，欧洲首都城市确实开始支配欧洲城市景观，其程度和穆斯林世界如出一辙，甚至有过之而无不及。首都效应的增长清晰地反映了欧洲国家（缓慢）形成的过程。[①] 法国加洛林王朝崩塌之后，欧洲在政治上严重四分五裂，导致出现了一个东拼西凑的复杂的政治实体，开始局部行使政治权力，或者仅由单一的城市构成。然而最终，随着中央集权政府大都位于首都，成功的地区或者城邦能够巩固更大的领地，导致形成新的更强大的领土国家（法国、西班牙和英国），它们庞大的集权政府基本位于首都。像马德里、柏林和维也纳这些城市几乎完全依靠这样的政府职能，而圣彼得堡和都灵的此项职能却受到争议。[②]

欧洲和中东/北非长期而来的不同的城市发展模式的一个主要成因就是代议制机构：地方参议政府和/或国会代表。欧洲的这个进程有目共睹，但是这种制度却在伊斯兰世界没有出现，他们仍然由一个强大的中央官僚机构统治着。[③] 欧洲参议制度的发展对当地城市的发展起到直接的积极的重大影响，例如，允许经济运行者发展有利的市场机制。总的说来，欧洲对地方参议政府的重要探索与伊斯兰世界缺失这种自下而上的体制建设存在鲜明对比。最终，在欧洲和伊斯兰世界的政治分裂之后，迎来了强大国家的崛起。然而，欧洲城市凭借对地方和国家决策的影响力，更好地抵御了新兴强国的"蚕食"。因此，欧洲城市发展的重心顺理成章地完全转移到部分地区（尤其是荷兰和英国，也包括瑞士和瑞典），它们与法国和西班牙不同，例如，城市能维持地方政权并在国家代议机构中增强它们的地位。

西欧：纵横交错、拼凑而成的轨迹

跟中东相比，西欧城市化的轨迹一目了然，但是，当我们放大地观察欧洲，欧洲西部的城市表现为八仙过海，各显神通的特点。在部分程度上，这个印象也许

来自众所周知的国家发展的必然结果，更多的资料和研究成果让我们比世界上其它地区能更好地透视这里的细微差距。当然，西欧的多样化存在一些现实的基本因素。其中，主要是政治分裂，因为这片区域被几十个甚至几百个政治单位覆盖着，它们各具特色。[④] 显然，至少在罗马时代和近代早期之间，这里缺乏一个庞大且组织严密的中央政权。这里的帝国大多朝生暮死、外强中干、虚有其表，它们的都城也是如此。因而，这为其他城镇或城镇联盟取得政治权力提供了机会。这种情况与世界其他地区形成鲜明对照，它们最先进的城市化地区——尼罗河三角洲、美索不达米亚或长江三角洲——正是被一系列的大帝国所统治。

第二个显著的原因就是西欧的各个部分仅有微弱的城市化传统，或者没有丝毫城市化迹象。后者适用于处于罗马帝国之外的西欧北部，而同时期，由于罗马帝国衰亡，帝国西部开始出现城市衰落和城市人口的大幅下降。因此，在第二个千年之初，城市化成为西欧许多地方的一个全新现象。精英们很大程度上都集中于乡村的修道院、城堡和领主庄园内。这与西欧南部截然相反，这里的城市虽气息微弱但还一直存在，而且和世界上许多其他地区一样，城市保留了一些行政职能，精英群体也居住在城市里。

最后一个因素与前述两个相关——在前面的章节中已经提到过——在贸易和工业生产中的经济职能对城镇崛起的作用通常比世界其他地区更大。城镇或城市精英获得的政治力量或强权主要是经济崛起的二次发展。

由于这三个层面不同程度地存在于西欧社会，而且不同的时空在不断地变化发展，于是拼成了一幅色彩斑驳的马赛克，其内涵丰富，形式多样。如此而言，西欧是一个不同城市星系组成的微观宇宙。我们为欧洲城市化勾勒一条中心轴：意大利北部、低地国家和英格兰。约 1000 年之后，欧洲城市化出现三个核心区域，它们具有一定相似性。在意大利北部、莱茵兰和低地国家，中央权力相较微弱，部分原因是城市的不断崛起。[⑤] 在相对松散的市场交易体系中，贸易和出口工业的繁荣推动了这些城镇的发展。这些地区也就是政

---

① 参见举例 Charles Tilly, *Coercion, Capital, and European States*, AD 990 - 1990 (Cambridge, Mass.：Blackwell, 1990)。

② Jan de Vries, *European Urbanization*, 1500 - 1800 (London：Methuen, 1984)。

③ 参见下文，第 23 章概述。

④ W. P. Blockmans and J. -P. Genet, *Visions sur le developpement des états européens：théories et historiographies de l'état moderne*. Actes du colloque organisé par la Fondation européenne de la science et de l'École francaise de Rome, Rome 18 - 31 mars 1990 (Rome：École Francaise de Rome, 1993)。

⑤ W. P. Blockmans, 'Voracious States and Obstructing Cities', *Theory and Society*, 18 (1989), 733 - 755。

治二次开发区域,城镇和城市精英开始获得政治强权,他们主要通过特权、垄断、常备军、司法权、财政税收和权利归属控制周边农村地区,也开始着手建造城邦,这个特点在 13 世纪以后显得尤为突出。这些强制手段经常被用于商品市场,也被用于土地、劳动力和资本交易,除此以外,别无其它,最典型的是科隆、根特和佛罗伦萨。① 另一方面,城市精英和城市市场有助于冲破庄园领主的权力,增强自由和增加雇佣劳动力,但同时,城市精英支配了土地和租赁市场,也控制了乡村劳动力。

意大利中部和北部的城镇和城市精英对此更是游刃有余,导致出现一个分权体系。14 世纪和 15 世纪,大城市通过军队和建造更大的政治实体成功地消灭了小的城市,就如佛罗伦萨在托斯卡纳的所作所为(1406 年征服比萨),也如在战胜其腹地的威尼斯。随着佛罗伦萨人口占据中世纪末托斯卡纳前十位城市人口总数的一半以上,城市领先性的增势在这些地区大为显著。② 根据爱普斯坦(Epstein)所述,有关体系阻碍了进一步的经济发展,降低了乡村的生产力,抹杀了城市化的渺茫前景。③ 约 1300 年,城市化率达到顶峰,然后出现停滞甚至慢慢下降。

在低地国家南部和法国最北部,之后还有伦巴第,城市化进程随着君主权力的增强而半途停止:他们是中世纪末的佛兰德斯伯爵、法国国王和 15、16 世纪的伦巴第公爵。尽管一些强权手段由城镇、贵族阶层和城市行会获得,根特表现更明显,而佛兰德斯城却没有成功建成真正的城邦。④ 仍然是这片地区,从 14 世纪开始,随着城市化率达到 33%,城市领先性不断增长,城市化进程停滞,但是到了 15 世纪,城市化率回落到 25%。

在低地国家北部,城市化进程在 14 和 15 世纪才开始真正腾飞,此时的城镇面临着已经建设完备的公国,所以它们没有任何城市化的强制手段。在这里,城市化进程最大程度地进行着。在一个分散的市场体系里,很多中等城镇势均力敌,由王公轮流进行政治监察,且不能削弱城镇的行政地位和政治自主权。在这样的背景下,从 14 世纪到 17 世纪,城镇逐日发展,以至于当时出现最高的城市化率,城市人口超过人口总数的 50%,城市之间争奇斗艳、百花齐放。因而城市领先性低。⑤ 直到 16 世纪末才开始有所改观,如阿姆斯特丹的惊世成长,得益于它成功的经济和欧洲贸易的中心地位,但是在 17 世纪,也越来越多地混杂着一些强制因素,最明显的是在海外。同时,在 17 世纪末,阿姆斯特丹的人口达到 21 万的新高,随后便停滞和下降了,一直持续到 19 世纪。在所有的这些案例中,不论是意大利北部,还是在低地国家,超级城市的发展未必意味着它俱备更深层的经济潜能。

继阿姆斯特丹之后,伦敦取而代之成为北海海域最强动力的城市中心。在城市结构中,它可以被归为集中市场贸易的典型。在中世纪中期,英格兰处于适度城市化阶段。最近评估的城市化率比之前的高一些,但当时至多 10% 至 15% 的英国居民住在城镇。中世纪后期,这个数据达到 15% 至 20%,但英格兰的城市化仍然无法和西欧其他地区匹敌。⑥ 然而在英格兰,伦敦作为城市中心始终坚持到底并脱颖而出,它依靠了(国际)贸易,受助于泰晤士河的战略地位,得益于中央集权王国坚定不移的首都角色,实现从 11 世纪到 13 世纪长期的城市急剧发展。大约 1300 年,伦敦拥有大约 8 万至 10 万人口,对于英格兰来说是个庞大的数字,差不多相当于意大利北部的大型城市。在英格兰,它的地位也是无与伦比的,最临近的城市只有它的一半大小,距离最近的大城市距离伦敦 100 公里甚至更远。其他城市人口都分散在很多省和上百个小市镇。英格兰具有城市人口分散的特点,这一点超过大多数西欧其他地区。

中世纪末,英格兰的城市人口也处于停滞甚至衰退阶段。伦敦也是如此,尽管它基于国际贸易、国内贸易、制造业和服务业之上仍然财力雄厚,在英格兰轻松地领先于其他地区。伦敦更是成为英国的国际贸易中心,理所当然,它在英格兰的政治资本就更胜一筹。16

398

399

① Bas van Bavel, 'Markets for Land, Labor, and Capital in Northern Italy and the Low Countries, Twelfth to Seventeenth centuries', *Journal of Interdisciplinary History*, 41 (2011), 503-531.

② Epstein, 'Town and Country'.

③ 出处同上,对于城市化率参见 P. Malanima, 'Urbanisation and the Italian Economy during the Last Millennium', *European Review of Economic History*, 9 (2005), 97-122, esp. 101-103。

④ D. Nicholas, *Town and Countryside. Social, Economic and Political Tensions in Fourteenth century Flanders* (Brugge: De Tempel, 1971).

⑤ Jan de Vries, *European Urbanization*. 对于之后的发展,参见下文,第 25 章。

⑥ C. Dyer, 'How Urbanized Was Medieval England?', in J.-M. Duvosquel and E. Thoen, eds., *Peasants and Townsmen in Medieval Europe. Studia in honorem Adriaan Verhulst* (Ghent: Snoeck-Ducaju & Zoon, 1995), 169-183.

世纪和 17 世纪,城市开始复兴,伦敦也是独占鳌头,抢占先机,它的人口从 16 世纪 50 年代的 7.5 万激增到 17 世纪 50 年代的 40 万。如此而论,伦敦成为西欧最大的城市(仅有巴黎与之不相上下)。而且,直到 17 世纪末和 18 世纪,伦敦一直保持这种快速增长的势头,到 1800 年左右,它的人口数几乎达到上百万。英格兰总的城市化率同步上升,1700 年前后达到 33%,1800 年左右达到 42%。① 近代初期的伦敦没有通过武力或强权构建或增强它的地位,而是通过中世纪时期的因素推动其发展:在国际贸易、分配、服务和工业的中心地位,还加上它始终是强大国家的首都。然而,从 17 世纪末,整个国家和它的精英开始以殖民姿态向海外武力扩张,在英国种植园使用奴隶和运用契约劳工的形式。

伦敦和上述西欧其他例子表明,在之前所述的模式上增加了两个新形态。首先,在前工业时期的西欧,城镇的崛起和城市化的加速大多产生在市场交易的加强和分散的政治权力下,而且在一个城市领先性较低的均衡的城市体系内。这在一定程度上适用于所有率先推进城市化进程的区域。其次,所有地区随后快速进入集权,大多数地区伴随着与日俱增的强权作用。最后,这种现象经常由城市精英引领,这在意大利尤为明显。

结语

本章讨论了城市化与城镇规模的关系、与经济发展的关系错综复杂。现存大城市不一定是经济发展的指示器,更不用说能预测未来的发展。城镇当然需要剩余农产品和一个高产的农业部门,它们需要一个先进的物质和制度基础来为城市引进剩余产品。然而,不同的体系可以完成这个过程:市场体系或者朝贡、税收体系,集权的或分权的体系。这些体系确实促进或者阻碍了城市更进一步的发展。经济发展和城市化之间的关系通过制度和社会政治的来统筹协调,这从世界不同地区的发展经验中可见一斑。总的来说,我们发现,均衡的城市体系为长远的经济发展创造了最好的条件。一旦权力不论是政治、军事或宗教的权力,过于集中到一个或少数几个城市及其精英之处,仅有这些城市才会继续发展,而其他的更小的城市和乡村则沦为强权城市的牺牲品。就全球而论,关于前现代晚期,城市导向出现东西方大分流的论点愈演愈热(参见本书第 34 章),基于此,从我们讨论过的多元历史背景显示,强权导向型城市体系的长远命运不如那些更加均衡的城市体系,后者城市间通过商品、人口和思想交流来共享城市和经济发展的利益。

参考文献

Acemoglu, Daron, et al., 'The Colonial Origins of Comparative Development: An Empirical Investigation', *American Economic Review*, 91 (2001), 1369 - 1401.

Bairoch, Paul, *Cities and Economic Development. From the Dawn of History to the Present* (Chicago: University of Chicago Press, 1988).

Bavel, Bas J. P. Van, *Manors and Markets. Economy and Society in the Low Countries, 600 - 1600* (Oxford: Oxford University Press, 2010).

Blockmans, W. P., 'Voracious States and Obstructing Cities', *Theory and Society*, 18 (1989), 733 - 755.

Bosker, Maarten, Buringh, Eltjo, and Zanden, Jan Luiten van, 'From Baghdad to London, Unraveling Urban Development in Europe, the Middle East and North Africa, 800 - 1800', working paper, Utrecht, 2011.

Engerman, Stanley, and Sokoloff, Kenneth, 'Factor Endowments, Institutions and Differential Paths of Growth among New World Economies: A View from Economic Historians from the United States', in Stephen Haber, ed., *How Latin America Fell Behind* (Stanford: Stanford University Press, 1997), 260 - 304.

Epstein, S. R., 'Town and Country: Economy and Institutions in Late-Medieval Italy', *Economic History Review*, 46 (1993), 453 - 477.

Fujita, Masahita, Krugman, Paul, and Venables, Anthony, *The Spatial Economy. Cities, Regions and International Trade* (Cambridge, Mass.: MIT Press, 1999).

Verhulst, Adriaan, *The Rise of Cities in North-West Europe* (Cambridge: Cambridge University Press, 1999).

Vries, Jan de, *European Urbanization, 1500 - 1800* (London: Methuen, 1984).

汤艳梅 译

---

① Peter Clark, ed., *The Cambridge Urban History of Britain*, vol. 2 (1540 -1840) (Cambridge: Cambridge University Press, 2000), 4.

第22章 人口与人口迁移:欧、中经验的比较

安妮·温特

本章所要处理的主题是中世纪晚期、近代早期以城市为方向的移民现象,涉及人口、空间、社会、经济、政治、文化等各个方面。本章将对13—18世纪的欧洲经验进行考察,并探讨它与自宋至清的中国城市之间的异同(参见本书第12、13、17章)。对于王国斌所倡导的真正的"对称比较",[①]由于材料的限制、语言的障碍,我们在这方面的系统求索受到拦阻。本章因此改换路径,在首先对欧、中进行比较性的探讨时,主要借助来自欧洲经验的启示。在讨论城市移民在人口方面所享有的总体重要性之后,本章转过来将不同的移民模式并列起来、进行比较,而后考察移民管理的多方面内容、对城市整合方式来说移民的整体意涵。虽然存在方法论上的欠缺,此种比较路径可以启发我们以新的视角,看待世界其他地方的移民模式,比如前现代中东的移民模式。

作为城市生活关键组成要素的移民

无论是在工业化之前的欧洲还是中国,移民对城市生长、发展而言均具至关重要的意义。在度过公元1千纪的转折点之后的头300年里,城市扩张浪潮构成了西欧的特征,新的城镇居民的涌入,使得大量城市建立、发展起来。同样,在以斯拉夫、波罗的海地区为目标的东向扩张浪潮中,人们使用积极的征召政策,以充实新建立的城市。[②]哪怕在某种程度上拥有了处在临界线上的人口,中世纪、近代早期的欧洲城市仍需不断地充实自己的人口。作为通例,死亡率总是高于出生率——这是与所谓"城市墓地效应"有关的一个现象,基于此,城市依赖新居民不断涌入以保持自身的人口数量,并不断繁殖以求获得发展。就前工业化时代的城市而言,由于灾疫或其他致命的危机,脆弱的人口不时受到灾难性的人口锐减的打击。在这种情况下,新居民从乡村涌入城市不啻于构成了城市持续存在的生命线。根据弗里斯的计算,在近代早期的北欧,城市总人口的任何净增长需要人口不断地以两倍于城市人口的平均数从乡村移向城市,这个过程常常是以小城镇为跳板,梯次进行的。由于绝大多数以城市为方向的人口流动不过是暂时停留,故此,在这些人一生中的某个时刻,以各样方式参与移民活动的人数仍是很多的。举例来说,在17世纪的北欧,最终体会了城市生活滋味的乡村成人超过了10%。[③]反过来说,实质性的城市衰落往往与实质性的人口迁出相联系,西班牙收复失地运动之后的科尔多瓦以及1585年之后的安特卫普即属于这种情况。

故此,哪怕是在人口增长相对停滞的近代早期城市,在市民总数中,出生在城市范围以外的市民所占的比例都达到了约30%。反过来说,快速增长的城市(比如17世纪的阿姆斯特丹),其人口主要由新近的移民组成。显然,在这类情况下,通过年龄、性别、家庭构成、宗教以及教育等因素,移民潮的结构在很大程度上对城市人口结构发挥了决定性的作用。由于绝大多数

① Roy Bin Wong, *China Transformed. Historical Change and the Limits of the European Experience* (Ithaca: Cornell University Press, 1997), 2.

② Robert Bartlett, *The Making of Europe: Conquest, Colonization and Cultural Change 950 - 1350* (London: Penguin Press, 2003), 5 - 9, 15 - 18, 177 - 182.

③ Jan de Vries, *European Urbanization, 1500 - 1800* (London: Methuen, 1984), 175 - 207。亦可参见 Jan Lucassen and Leo Lucassen, 'The Mobility Transition Revisited, 1500 - 1900: What the Case of Europe Can Offer to Global History', *Journal of Global History*, 4, no. 3 (2009), 361。有关对城市墓地效应的重要反思,参见 Allan Sharlin, 'Natural Decrease in Early Modern Cities: A Reconsideration', *Past and Present*, 79 (1978), 126 - 138。

城市移民往往年龄不大,是十几二十多岁的单身成人,故此,他们在城市的逗留壮大了城市年龄金字塔结构中的中间阶层,并推动了城市婚姻市场的发展。在完成受训或是攒够了钱从而能组建自己的家庭后,许多人会离开城市,虽然如此,移民仍贡献了超过一半的城市婚伴。与本地人联姻的事很常见,尽管相比当地出生的婚伴,作为移民的婚伴年龄往往稍大。虽然有一段时间差,城市生育率,最终还有死亡率都受到了这类婚姻的影响。①

由于材料方面的特殊问题,对工业化之前中国城市的城市人口制度进行评估是件更为困难的事情。由于人口登记是在区的层面上进行的,城乡人口一并计入,故此,对于城乡在发展、生育率、死亡率方面的差异,我们往往难以作系统的区分、比较,不仅如此,对移民总数进行估算也殊非易事。文献材料中常提到客旅——在"原籍"以外的地方居住的人——在帝国晚期城市中的存在,这表明在当时,移民已是司空见惯之事。不过,由于客旅渐成一种代代相传的身份,这个人群还包含了早期移民后裔的成分。无论如何,既有材料证明了:就实现中国人口在地理分布上的变革、让城市化的推进成为可能而言,移民扮演了关键角色。拿晚唐—宋这段时期来说,长江下游谷地的城市发展是与下述大规模的移民运动相联系的:大量人口从北方平原移向多山的南部、东南沿海。另外,我们还可清楚看到,移民的存在还会随城市在人口、经济上的沉浮而发生变动。比如,在蓬勃发展的都市,比如帝国晚期的上海,移民占据着主导地位;而在同时期正好经历了经济重要性下滑过程的城市,比如临清、扬州,移民的影响力就比较微弱。②

由此,无论在欧洲还是中国,移民、流动都是城市生活中一个无所不在的特征,在个体城市人口曲线的起伏中,它们还是发挥决定作用的一个主要因素。尽管如此,对两个地区城市移民的总体发生率进行比较并不是件简单的事。就前现代而言,与总体移民机制

有关的直接材料并不存在,在这种情况下,城市人口数、其他关键数据——人们能获得的最佳间接估数——差不多是最好的资料了。不过,由于这些材料在质量上参差不齐,因此,它们并不容易通过空间、时间进行比较。人们可以获得的估计数据告诉我们,在公元2千纪的头几百年里,无论是中国还是欧洲都发生了引人注目的城市扩张,它导致的结果是:到13世纪,两地看似达到了大致相当的总体城市化水平——10%的城市化率,在这里,人们是使用5000居民的标准来界定一个城市的,尽管相比欧洲,中国数得上的大城市更多(其人口超过10万)。虽然中国城市化可能推进得更远一些,自16世纪以来,它的城市在总人口中所占的比例却开始下滑,到19世纪早期,降到了仅5%的低位,而到那时,作为对照的欧洲城市化率达到了13%的水平。中国城市化的相对衰落发生在明末特别是清代,它是与中国总人口的急剧增长携手并行的,后者主要集中在乡村、边疆地带。虽然如此,这并不意味着中国城市人口的绝对规模有任何缩减。③另外,地区之间有着重要的差异:在欧洲、中国城市化程度最高的地区,城市化率超过了30%的水平。虽然如此,考虑到移民在前现代对城市人口发展所具有的关键意义,至少从16世纪以来便显现出来的不同趋势表明:相比同时代的欧洲,在明清时代的中国,城市移民数量在总人口中所占的比例要低一些。

从长期来看,住在城市中的欧洲人的比例是增加的,这里面隐含了下面一层意思:在城市的相对吸引力—乡村经济机遇的对比关系中,发生了结构性的变化。此种变化受到了以下两个长期机制的推动:农民边缘化;人们对经济收入的依赖日益增强。虽然由此导致的劳动力流动只有一部分以城镇为直接目标,许多人从城市回到了乡村,但是,上述变化产生的纯粹结果是:从长期来看,无论在绝对还是相对的意义上,城市居民相对乡村居民的重要性都有了累进的增长。④而在整个近代早期,中国城市居民在总人口中所占的

① de Vries, *European Urbanization*, 175 - 198; Ad van der Woude, 'Population Developments in the Northern Netherlands (1500 - 1800) and the Validity of the "Urban Graveyard" Effect', *Annales de Démographie Historique* (1982), 55 - 75.

② Yoshinobu Shiba, 'Urbanization and the Development of Markets in the Lower Yangtze Valley', in John Winthrop Haeger, ed., *Crisis and Prosperity in Sung China* (Tucson, Ariz.: University of Arizona Press, 1975), 15 - 22; George William Skinner, 'Urban Social Structure in Ch'ing China', in George William Skinner, ed., *The City in Late Imperial China* (Palo Alto: Stanford University Press, 1977), 538 - 546.

③ Paul Bairoch, *Cities and Economic Development. From the Dawn of History to the Present* (Chicago, 1988), 352 - 358; Mark Elvin, *The Pattern of the Chinese Past* (London: Methuen, 1973), 176; James Z. Lee and Wang Feng, *One Quarter of Humanity: Malthusian Mythology and Chinese Realities, 1700 - 2000* (Cambridge, Mass.: Harvard University Press, 2001), 116; George William Skinner, 'Regional Urbanization in Nineteenth-century China', in Skinner, ed., *The City*, 229; de Vries, *European Urbanization*, 76.

④ de Vries, *European Urbanization*, 175 - 252.

比例缩小了，这表明在人口分布——从乡村到城市——方面推动长期性变化的结构性机制并未发挥作用，因为相比欧洲，中国农业在很大程度上仍由小规模的独立农户主宰。[①] 这并不意味着中国社会更缺乏流动性，事实上，由于有国家扶持的地域扩张、内部徙民机制，对于在低地形成的人口压力，有多个重要的向乡村徙民的方案可供选择。不过，虽然长途徙民模式作为劳动力安置机制或许有效地发挥了作用，但是，就人们在欧洲观察到的日益增强的无产化趋势——它对从乡村到城市的移民模式来说是有其意涵的——而言，堪与比拟的中国潮流并未出现。[②] 另外，移民类型、移民路线、因移民运动而引起的关注或管理达到了什么水平，所有这些在中、欧之间也可能有很大差异。

强迫移民与自愿移民

移民是工业化之前城市生活的一个普遍特征，虽然如此，在目的、距离、持续时间和移民类型上，各种移民活动可能存在着巨大差异。然而，移民活动所蕴含的种种差异绝少能清晰辨明，由此，只有把它们看作一个连续统一体上的不同极点而非使其截然对立起来，它们才常常能得到更好的理解。笔者在这里讨论的是一个常见的区分：强迫移民与自愿移民。[③] 战争、迫害、人身不自由、流放可能严重地束缚了（如果不是起了完全的束缚作用的话）自由选择的空间，奴隶贸易便是最极端的例子。不过，即便是强迫的移民，它还是可以容纳选择空间的，比如在决定最终目的地这一事项上。16世纪，马拉诺犹太人（Marranos）遭受迫害，并几乎全部被逐出伊比利亚半岛，这时，他们对商业站点（比如佛罗伦萨、威尼斯、米兰、君士坦丁堡、萨洛尼卡、安特卫普、阿姆斯特丹、汉堡）的偏爱证明了经济考虑

在移民决定中的重要性。还有一个事例对此种悖论现象作了证明。在荷兰反抗运动期间，南部低地国家估计有10万居民大规模地向北迁徙，在那里，他们最终充实到荷兰共和国那些迅猛发展的城市中，纺织业、商业经营也由于他们而获得了重要的推动力。诚然，军事乱局、宗教迫害很明显是这些人移民的重要促因，不过，现有的研究已经证明：对更好的经济机遇的追求也常常是一个动力因素。[④] 反过来说，哪怕人们是在不那么紧迫的环境下作出移民决定的，不完全的信息或有限的经济机遇仍常常是给他们造成严重限制的因素。[⑤]

这样，在个体层面上，我们很难将他们归入自愿移民还是强迫移民的范畴中。虽然如此，战争以及人身不自由在发生率、性质上的差异培育了总体移民规模、模式上的差别。在中世纪、近代早期的西欧，大规模的人口迁徙主要是在宗教迫害、战争的背景下发生的，比如中世纪晚期的十字军运动或16、17世纪的宗教战争。在欧洲竞争性国家体系的背景下，城市和身在别处的政府常常敏于抓住机遇，吸引有钱人或是有手艺的逃难者。在许多情况下，这些人最后充实了人口（主要是城市人口），增加了城市的种族多样性，比如普鲁士的胡格诺教徒，或威尼斯的伊比利亚犹太人。不过，在东欧，由于"翻版农奴制"的存在，人们普遍丧失了人身自由，这就为城市移民设置了障碍。[⑥] 在工业化以前的中国，大规模的人口运动、流徙通常是在军事动乱、政权更迭的背景下发生的，比如在金朝占据北中国之后发生的大规模人口南迁，或晚明大屠杀之后的人口填四川。相应地，帝国扩张与殖民、拓居政策是齐头并进的，这些政策涉及到向边疆地区的大规模移民、对不同种族群体的强制迁移、对它们所采取的集中和/或

---

① 虽然许多中国农民日渐参与原工业化活动，但是相比欧洲，他们仍在极大程度上保留了与土地的联系。Gang Deng, *The Premodern Chinese Economy: Structural Equilibrium and Capitalist Sterility* (London: Routledge, 1999), 36 - 121; Wong, *China Transformed*, 47。

② William T. Rowe, 'Social Stability and Social Change', in Willard J. Peterson, ed., *The Cambridge History of China*, vol. 9, 1: *The Ch'ing Empire to 1800* (Cambridge: Cambridge University Press, 2002), 477 - 484; Lucassen and Lucassen, 'The Mobility Transition', 376 - 377; Kenneth Pomeranz, *The Great Divergence: China, Europe and the Making of the Modern World Economy* (Princeton: Princeton University Press, 2000), 84 - 85, 288; Wong, *China Transformed*, 47.

③ 亦可参见 Jan Lucassen and Leo Lucassen, 'Migration, Migration History, History: Old Paradigms and New Perspectives', in Jan Lucassen and Leo Lucassen, eds., *Migration, Migration History, History: Old Paradigms and New Perspectives* (Bern: Lang, 1997), 11 - 14。

④ J. Briels, *Zuid-Nederlanders in de Republiek 1572 - 1630: een demografische en cultuurhistorische studie* (Sint-Niklaas: Danthe, 1985).

⑤ Leslie Page Moch, *Moving Europeans: Migration in Western Europe since 1650*, 2nd edn. (Bloomington: Indiana University Press, 2003), 16.

⑥ 这并不意味着在欧洲没有总体上的人口流动。参见 Lucassen and Lucassen, 'The Mobility Transition', 372 - 373。

打散的举措。有的时候，人口迁移的路程非常远。[1]由于空间、时间的作用，不同的协调型、强制型人口运动的发生率、效力会有很大差异。虽然如此，相比欧洲，国家干预看似在中国发挥了更重要的作用，从而促使大规模的人口迁移得以实现。（除了中国）只是在俄罗斯，我们才看到大规模的人口流徙、强制迁移，它们的目标尤其指向建在该国东部边疆的新城镇。

城市移民的金字塔结构

除了强制、自愿移民，还有另一组差别有助于我们区分不同的城市移民模式。这组差别与人口流动的时长、距离有关，它们往往与移民的社会背景有联系。对旧时西欧的既有研究显示了不同移民路线的存在。据此，城市的直接腹地常是学徒、家庭仆役、日工以及其他相对而言不那么需要专门手艺的工人的来源地，相比之下，专业匠人、白领工人通常在不同城市中间流转，所行范围甚广。来自城市周围乡村的移民流构成了一个更大范围的社会—经济—政治关系、互动网络的组成部分，通过这个网络，城市与其腹地连接起来。该网络包含市场联系、土地所有权、管辖权等内容，对绝大多数乡下人来说，它在事实上扮演了移民信息主要传递者的角色。至于从城市乡村腹地以外的地方招来的移民，他们通常更喜欢沿着将不同城市连接起来的贸易—行政网流动。一般而言，这些人比与之相对应乡村移民手艺更高，且/或社会地位更优越，他们参加的是更具排他性的社会网络，后者为他们提供的是更精挑细选、更有效且所涉地域范围更广的移民信息。这类社会网络有匠人行会、商人网络。[2]

这样，从上面的文字解说来看，城市移民呈现出类金字塔的结构。宽阔的塔基由乡村移民构成，他们没有什么技艺，此种移民所覆盖的地域范围相对较小。就承担不需要专业技能的劳动密集型活动而言，由于来自城市腹地的移民为此提供了必需的人手，故而他

们在城市经济的运营上发挥了关键作用。这是因为在以有机能源为基础的前工业化背景下，甚至是专业活动都需要大量非专业人手完成配套任务，比如拖拉东西、打包、拆包、保持火烧和踩车轮。在 17 世纪的伦敦，甚至是一间小型面包坊都需要 12 个人手，其中某些人不需要专门手艺。不只如此，乡村移民还常常能利用自己在基础行业——比如食品加工业、零售业或木工行业——中的比较优势，且常常拥有足够技能从事专业要求低的活动，比如纺纱、编织、裁缝以及造房子。社会网络、征召信使可以帮助他们进入城市劳动市场并建立某些专门的行业市场。[3] 许多人的流动系季节性、暂时性的人口迁移，与此同时，来自城市腹地的移民有很大一部分最终在其终点城市结婚、定居，由此而为城市人口作出了关键贡献。也正因如此，作为人口征召对象的腹地获得了城市"人口基地"的称号。人们观察到，人口基地的空间轮廓有着长期的延续性，这一点构成了它的特征。由此，我们能够证明，城市与其腹地之间的移民渠道是深深"嵌入"到社会里面的。[4]

相比之下，组成城市移民金字塔顶的是专业人员、高端移民，这些人往返于大范围的城市之间。他们不受某个目的地的限制，其眼光所关注的是特殊的经济机遇，相比那些短途移民模式而言，这种长途移民模式停驻性更差：新的机会出现，这些人迅速现身；同样，别的地方前景看好，他们马上闪人。商人、匠人、种族网络常常提供重要的制度框架，以为这些人的流动开路，这类网络有中世纪的汉萨同盟、意大利商人行会、法国行业公会（compagnonnages）和胡格诺社群。由于对专业匠人、商人、放贷人的稀有技艺、资源有着加以利用的迫切需求，各城市当局常在吸引、留住这些人群一事上相互竞争，它们采取的方式是授予这些人群特权，为其提供保护，让其得利。[5] 就其本身而言，这些招徕政策最多只能收一时之效，相比之下，有一个关

① Pamela Kyle Crossley, Helen F. Siu, and Donald S. Sutton, eds., *Empire at the Margins: Culture, Ethnicity, and Frontier in Early Modern China* (Berkeley: University of California Press, 2006); William T. Rowe, *China's Last Empire: The Great Qing* (Cambridge, Mass.: Harvard University Press, 2009), 92–95.

② Jean-Pierre Poussou, 'Mobilité et migrations', in Jacques Dupâquier, ed., *Histoire de la population française*, vol. 2 (Paris: Presses Universitaires de France, 1988), 99–143; Etienne Francois, ed., *Immigration et société urbaine en Europe occidentale, XVIe-XXe siècle* (Paris: Recherche sur les Civilisations, 1985).

③ Marlou Schrover, 'Immigrant Business and Niche Formation in a Historical Perspective. The Netherlands in the Nineteenth Century', *Journal of Ethnic and Migration Studies*, 27 (2001), 295–311.

④ Poussou, 'Mobilité'.

⑤ Denis Menjot and Jean-Luc Pinol, eds., *Les immigrants et la ville: insertion, intégration, discrimination (XIIe-XXe siècles)* (Paris: Harmattan, 1996); Hugo Soly and Alfons K. L. Thijs, eds., *Minorities in Western-European Cities(16th-20th Centuries)* (Brussels: Institut Historique Belge de Rome, 1995).

系网,即将城市与城市网络连接起来的商业一人际关系网,它的密度看似决定了城市间移民模式的停驻性。以中世纪晚期法兰德斯在纺织生产方面的城市网络为例,它推动了一条经久不衰的城市间移民——移民主体是技术娴熟的纺织工人——路线的形成,这条路线一直存在到荷兰起义为止。而后,该路线得到扩张,并在一定程度上转移到了荷兰共和国、英国的纺织城市。[1] 对于这条路线上的移民的影响,城市当局有较高评价;他们的社会地位较高;由于行路甚远,他们身上充满了"异国他乡的味道"……所有这些有助于解释为什么长途移民常在历史著述中获得了极大的关注。在新工业技术、商业技巧的传播中,在城市网络的整合中,他们有时发挥了至关重要的作用。虽然如此,在与腹地移民进行比较时,他们在数量上的重要性仍属有限。不仅如此,按事情的本质来说,他们在人们所观察到的一个现象——从长期来看城市总人口的增长——中并未起到什么作用。在城市移民的金字塔结构中,也有地主的一席特殊地位。他们以城市为方向的移民证明了中世纪晚期城市化模式的一个重要向度,正是在这些人手里,越来越多的城市房屋修建起来,以满足全欧范围内——特别是在都市中——的临时居住之需。[2]

妇女也在城市移民的金字塔结构中占据着一席特殊地位。整体而言,迁徙的距离越远,妇女的比例就越低。单身女性的移民主要限于专业要求不高的腹地移民,年轻的女子受到征召,在城市家庭作数年仆婢。考虑到家庭事务劳动密集型的性质,城市中产、上层之家对仆婢的需求量是很大的。这常常导致女人的数量在移民金字塔结构的底端超过了男人。事实上,绝大多数女性移民进入城市是作仆婢的。[3] 许多人(如果不是绝大多数人的话)在工作、攒钱一些年后便离开城市,虽然如此,也有一大部分人最终在城市结婚、定居。她们继续从事与已婚身份相协调的非专业性工作,比如作浣衣妇、织妇、旅店或商铺的老板娘。另外,弱势女性比如寡妇、单身母亲对城市心向往之,因为在城市的背景下,不同赚钱策略结合起来的可能性更大,包括

接受慈善捐助。另一个为女性移民在城市的存在作出了很大贡献的群体是妓女,她们常在不同城市之间走动。[4] 不过,整体而言,妇女在城市间的移民路线中不具有充分的代表性,那些居于城市移民金字塔结构顶端的妇女通常是匠人、商人、地主或官员之家的一分子。

就中国的多种移民模式而言,我们了解的情况不多。中国的人口分类、登记是在区的层次上进行的,由于它的这个性质,城市周围乡村向城市的移民常常并未被记录为人口流动,当时的人也并不必然将之看作人口流动。这样,有关城市腹地移民之规模、性质的直接证据就少之又少了,中、欧城市移民模式的详细比较因此受到阻碍。绝大多数提到城市移民的地方都出现在当时的文献中,而就中国而言,它的历史资料所提到的移民是一种更具"外来色彩"的移民,包括从相对较远的地方迁过来的移民,从本地管辖范围以外地方来的移民,说特殊方言或语言的移民,将独特的信仰、习惯和风俗带过来的移民。其中许多人所操持的各种专门职业有着强烈的地域划线色彩,一位长老会传教士对帝国晚期杭州的评论为此提供了证明:

> 实际上,所有木匠、木雕工人、裱糊匠、细木工和药商都来自宁波。茶商、布商、盐商、旅店老板来自安徽。瓷器商来自江西,鸦片商来自广东,酒商来自绍兴。许多钱商也是绍兴人,还有许多铁匠……苏州是大量官员、"歌"女、餐馆老板的来源地。[5]

这些移民当中的绝大多数属于商人、匠人以及官僚圈,它与我们在欧洲城市身上所确认的移民金字塔"顶端"结构能形成对应。在中国,我们还能找到与欧洲城市的地主移民相对应的现象。和在欧洲一样,在区域间市场的扩散、整合以及新技术的传播上,中国城市之间的匠人、商人长途移民看似发挥了重要作用。同样,移民社群、各种移民网络能提供成功的组织框

① Nigel Goose and Lien Bich Luu, eds., *Immigrants in Tudor and Early Stuart England* (Brighton: Sussex Academic Press, 2005); Peter Stabel, *Dwarfs among Giants: The Flemish Urban Network in the Late Middle Ages* (Leuven: Garant, 1997).

② Peter Clark, *European Cities and Towns, 400-2000* (Oxford: Oxford University Press, 2009), 44.

③ Antoinette Fauve-Chamoux, 'Servants in Preindustrial Europe: Gender Differences', *Historical Social Research*, 23, no.1 (1998), 112-129.

④ Lotte van de Pol and Erika Kuijpers, 'Poor Women's Migration to the City: The Attraction of Amsterdam Health Care and Social Assistance in Early Modern Times', *Journal of Urban History*, 32, no.1 (2005), 44-60.

⑤ Frederick Douglass Cloud, *Hangchow: The City of Heaven, with a Brief Historical Sketch of Soochow* (np: Presbyterian Mission Press, 1906), 9-10.

架,促进受限于亲缘、种族关系的城市间商人—匠人网络的发展,来自山西、陕西的盐商在杭州就是这样作的。① 在许多情况下,晚清的城市商人行会可以将其历史追溯到明代早期在移民中间建立的互助同乡会(会馆),虽然文献证明前者有着更早的其他渊源。② 另一方面,中、欧城市在地方自治、移民政策方面的差异告诉我们:相比欧洲,在对高端移民进行引导上,中国城市的"招徕政策"所发挥的作用要小得多。

与欧洲相比,中国城市网络的规模、特点意味着城市间移民的渠道是在不同层面上运作的。弗里斯观察到,在近代早期,欧洲城市网络日益整合起来,从多中心体系向单中心体系的转变为此提供了证明。相比之下,施坚雅的观点是:中国的城市化是在大量不同的宏观经济区的背景下发生的。③ 哪怕是克劳德(Cloud)在帝国晚期杭州所确认的"外来"移民群体,其中的绝大多数所走过的迁徙路程不会超过数百英里。某些移民是在不同区域之间流转,大都市则吸引着来自帝国各地的移民,除却这些,中国的绝大多数城市间移民很可能是在宏观区域的城市体系之内进行的。由此,虽然难以定量且存在着重要的例外,相比欧洲,中国城市间移民路程的中间值并不必然更大一些。不过,相比中国城市间移民一般发生在帝国范围内,欧洲绝大多数在城市间流动的高端移民常常跨越了国界。

中国方面的资料为数甚少,虽然如此,就连接城乡的移民渠道而言,发挥了这种"渠道"作用的看似是劳动承包制度、学徒制以及人际关系网。除此之外,中国的资料还指明了:在中国,存在着从腹地招徕移民的模式,它类似于将欧洲城镇与其"人口基地"联系起来的那些移民模式。④ 以上,我们对中国乡村—城市移民在长时段的总体发生状况作了考察,不过,相比欧洲,它们从总体规模上看可能较逊。就中国乡村—城市移民在长时段的总体发生状况而言还有另一个与之相关的中、欧差别:在种种移民、劳动力流动中,中

国妇女的参与率是较低的。这个现象反过来与几乎遍及中国各地的妇女早婚(相比欧洲而言)有关,她们是在 20 岁不到而非接近 30 岁的年纪结婚的。由于没有与欧洲的"早期成人"相似的人生阶段,中国没有出现可与欧洲妇女家政组织相提并论的机构,而在欧洲,这样的组织对女性移民来说具有决定性作用。更宽泛地说,在中国,家庭以外的女性劳工远不是那么常见的。虽然重要城市的红灯区吸引了妓女、花客、交际花,从总体上看,单身女性向城市移民的发生率相当低,且通常只是作为男性移民或家庭移民的附庸存在的。⑤ 由于家庭移民、男性移民相对来说更为重要,移民对城市婚嫁、生育模式的影响相应地就有所缩减。

如此说来,和欧洲一样,在中国,腹地移民在维持城市人口数量上无疑发挥了重要作用,虽然如此,由于资料方面的问题,要对此进行定量、定性是件极为困难的事。总而言之,相比欧洲,中国乡村—城市移民的长期净收益要更少一些,这是从它与总人口的关系来看的。这里面存在着结构方面的原因——它们与不同的乡村、农业环境相关,与此同时,较能说明问题的原因或许还有:妇女、单身移民的低参与率降低了移民对城市人口直接和间接的贡献。长途移民路线有更多的材料可资为证,它让我们清楚地看到了其与可在欧洲身上确认的城市间移民模式的相似之处:移民主体是匠人、商人和官员,他们掌握了较为抢手的技能、资源,并通过职业、种族或亲缘纽带联系起来,其所从事的专门职业呈现出多样化的色彩。和中国一样,在欧洲,对文化习惯、风俗、信仰的交流、融合,技术创新的传播,城市劳动力市场的供应以及统治精英的更新来说,各种城市移民模式是一个重要的工具。虽然匠人、商人、其他移民在城市间的流动是促进大城市都市文化发展的手段,不过,对于城市价值观的传播来说,城乡之间连续不断的人口交流起到了重要传输器的作用。⑥ 城市移民,无论他们是短途还是长途移民,是青年还是老人,是男人还是女人,都极少依靠个人的力量。相反,

① Antonia Finnane, *Speaking of Yangzhou: A Chinese City, 1550 - 1850* (Cambridge, Mass.: Harvard University Asia Center, 2004), 43 - 68; Rowe, 'Social Stability', 481, 540.

② Peter J. Golas, 'Early Ch'ing Guilds', in Skinner, ed., *The City*, 555 - 559.

③ Skinner, 'Regional Urbanization'; George William Skinner, 'Cities and the Hierarchy of Local Systems', in Skinner, ed., *The City*, 275 - 352; Vries, *European Urbanization*, 158 - 172.

④ Mark Elvin and George William Skinner, *The Chinese City between Two Worlds* (Palo Alto: Stanford University Press, 1974); Susan Mann, 'Urbanization and Historical Change in China', *Modern China*, 10, no. 1 (1984), 89 - 90.

⑤ Lee and Feng, *One Quarter of Humanity*, 63 - 68; Pomeranz, *The Great Divergence*, 102 - 103; Bonnie G. Smith, *Women's History in Global Perspective* (Chicago: University of Illinois Press, 2004), 78.

⑥ Peter Clark and Bernard Lepetit, eds., *Capital Cities and Their Hinterlands in Early Modern Europe* (Aldershot: Scolar Press, 1996).

在考虑挪动自己的位置并将之付诸实践时,他们会利用种种社会关系、人际关系网。

城市移民的管理

虽然移民对城市经济、人口都具有至关重要的作用,但是,地方以及地方以上的当局并不必然会以欣赏的眼光看待他们。由此,它们创制了若干管理措施,对他们的流动进行限制、控制以至压制。对各种移民活动进行干涉的动机是复杂多样的,它们会因不同的时空条件而有很大差别。不过通常而言,它们的关注焦点无非有以下几个方面:社会—政治稳定;地方资源的保护;劳动力、商品以及服务方面的供应渠道、城市市场的管控。由于这些人的流动性,相关的人口登记、控制工作可能变得复杂起来,基于此,当局可能认为他们是对政治秩序的威胁,尤其是在社会动荡或政权更迭的时候。少数族群不受控制的流动会挑战以种族中心主义(或民族主义)政策为中心建立起来的政治框架。与此同时,赤贫的乡下人大规模地涌入城市,会将紧张的公共服务、资源(比如济贫事业)逼向崩溃的境地。另一方面,移民是关键的供应渠道:流动商人在城市、地区之间搭建起至关重要的贸易桥梁;游走的匠人在传播新技术、为城市产品开拓新市场上起到了作用;还有,无论短途还是长途迁徙过来的工人,它们在激发城市对劳动力的需求上都发挥了关键作用。由此,移民政策通常是种种限制性管理举措与支持性政策的综合产物。就前者而言,它们的用意在于限制移民通过社会流动表现出来的潜在破坏能力,并保护本地资源,这是一方面。就后者而言,它们旨在招徕最"有价值"的移民——某些移民很明显比其他人更"稀缺",这是另一方面。在移民身上所付的代价、所得的收益往往随利益群体的不同而呈现出不均等的分布态势,由此,最后谁是"稀缺"移民、谁是"多余"移民,以及这两种移民的定义都有赖于地方势力之间的关系,以及地方与地方以上当局之间的关系。[1]

有多种管理举措对城市移民模式发挥着影响,在它们当中,我们能区分出以下三种类型:其一,限制总体流动自由的举措;其二,限制流入的举措;其三,只监管迁居过程本身的举措。所有三类举措之间的主要差别存在于本章所讨论的各大区域之间,一方面,它们与城市政治自治方面的差异有关,另一方面,它们与个人自由方面的差异有联系。在西欧,从中世纪盛期开始的城市兴起过程与个人自由的回归是密切相连的。在城市连续住上一段时间便能使从前的奴隶免除对封建领主的个人义务,而在 14 世纪的危机之后,奴隶制的整体衰落将施诸个体流动之上的残余封建限制一扫而空。[2]某些特殊人群比如那些领取济贫救助者可能有长期待在某地的要求,某些弱势群体亦不时遭到强制迁移。虽然如此,在近代早期,绝大多人数在法律上是有迁徙自由的。此种流动自由与东欧同时期兴起的"翻版奴隶制"加在个体流动身上的种种限制形成了鲜明对比,后者遏制了城市发展的动力。在明清中国,流动自由受到帝国户口登记制度的约束,此种制度将每户人家安置在某个地区。明初的控制比较严厉,不过,对移民的限制到后来变得宽松起来,户口迁移也变得更加方便。[3]

当我们从与人口流动的总体自由有关的限制措施继续谈下去,讨论那些特别与城市移民有关的限制措施时,一些重要的分歧再次浮现出来。在西欧,绝大多数城市享有的政治自治、"自由"意味着在移民问题上,它们能追求自己的招徕、限制、驱逐政策。这样,对任何研究中世纪晚期或近代早期城市政策的人来说,他们所熟悉并反复探讨的一个主题便是:旨在推进那些被认为有价值、有用之才的流入并限制"无用外来客"进来的城市政令。值得指出的是,这些政策常常与中央政府的意愿、努力相违背,对后者来说,社会稳定、政治统治方面的考虑往往盖过对城市当局形成促动的经济考虑。比如,在都铎时代的英国,主要由于社会稳定方面的考虑,国家对劳动力流动加以限制,然而,城市当局对此进行灵活的抵制,因为它们要招徕足够的劳动力。反过来说,在 18 世纪的大失业期间,里昂当局意欲将总医院(Hôpital Général)设作当地丝绸工人的专用医院,而不是满足在经济上没有价值的那些底层大众的需求。而按照王国政策的设想,满足后者的需求是有抑制流民的用心的。[4]

① Bert De Munck and Anne Winter, eds., *Gated Communities? Regulating Migration in Early Modern Cities* (Aldershot: Ashgate, 2012).

② David Nicholas, *The Growth of the Medieval City: From Late Antiquity to the Early Fourteenth Century* (London: Longman, 1997), 156-157.

③ Rowe, *China's Last Empire*, 92.

④ D. Woodward, 'The Background to the Statute of Artificers: The Genesis of Labour Policy, 1558-1563', *Economic History Review*, NS 33, no. 1 (1980), 40; Jean-Pierre Gutton, *La societéet les pauvres. L'exemple de la généralité de Lyon*, 1534-1789 (Paris: Les Belles Lettres, 1970), 458-462.

在中国，城市并未享有类似程度的政治自治，且它们在行政层面是与其腹地一起受地区层面的帝国政府管辖的，基于此，城市准入方面的自治政策就没有什么实施空间了，与此同时，在城市居留并不需要附加任何特殊的个人自由、个人特权方面的条件。这有助于解释，相比欧洲，为什么中国中央政府设计的移民政策——它们常常要避免人口的流动——对个体城市的命运会产生大得多的影响。举个例子，在明代早期，政府追求的反移民、反城市政策产生了挫伤城市发展的效果。① 同样，高度的随意性构成了扶此抑彼的帝国城市政策的特征，它促使不同城市之间发生人口大变动，比如，在新王朝或新统治者建都、迁都时，或全部城市人口因政治原因遭迁移时，便会发生这样的事情。② 另外，中华帝国全境的迁徙法律在原则上是整齐划一的，相比之下，欧洲竞争性的国家—城市体系给用脚投票留下的空间要大得多。

对城市移民更进一步的管理措施牵涉到与迁居有关的问题。这些措施针对移民在城市定居，特别制定了某些条款，比如他们应住在哪里，他们应与谁生活在一块，他们可以从事怎样的工作，他们是否享受救济服务，等等。以 16 世纪乌尔姆的城市政府来说，它便详细规定了：外来居民从早晨的工作钟声响起便开始上班，一直到晚上钟声再度响起为止；不许养狗；不许在自家以外饮酒、或是进入酒馆、或是在一星期中的工作时间赌博；不许在日落后集会。违者处以驱逐出境的惩罚。虽然如此，这些治安、调控方面的限制措施意味着：严格管制常常只是作为处理棘手问题的备用手段发挥作用，它们不是普遍执行的政策。③ 与行会、市民权有关的管理措施属于能直接限制新来者的经济选择的那类管理举措，在它们的影响下，某些行当成为某个行会的成员和/或某些市民的专享领域，互有联系的多个准入条件——资金或其他方面的条件——则代表了对移民起到阻挡作用的不同障碍。比如，在 16 世纪早期的根特，新来者加入木匠行会相对来说要更为困难，因为对行会师傅的孩子、当地出生的市民来说，入会费要低得多。少数族群不时被安排到城市的某些特殊角落居住，比如威尼斯的犹太隔离区。

通过相似的方式，城市政策、链式移民网络、职业专门化的结合产生了通常具有多种族色彩的大量社区，它们是近代早期中国城市形态的显著特征。中国城市中的"行会"的特征、功能与欧洲围绕生产而建立起来的行会是不同的：从同乡行会、群体中走出来的主要是官员、商人，它们的社会、商业功能往往盖过在产品、劳动市场管理方面的干涉功能。虽然如此，在移民群体的社会化方面，同乡行会、商人行会以及社区组织（"会"）确实发挥了重要的作用，以确保前者遵行地方成法、调解争端、扮演与既有各种团体相对的政治组织的角色。④

整合

移民的停驻时长、新来者的社会背景、移民所使用的渠道、各种发挥作用的管理措施、当地的机会结构，在这些方面的差异产生了城市结构中不同的整合、融合模式。在日常语言中，人们常对"整合"概念作如下理解：所谓"整合"，系指"外来因素"被同化到一个相对稳定的环境中。不过这种理解系对与近代早期城市移民模式有关的种种挑战的误解。在"整合"概念的本来意义——不同的社会互动层面上不同群体、个人的相互依赖、相互联系——上，我们能对上述内容有更好的理解：挑战在多个方向上发挥作用，城市结构的构造、机制至少有着和移民本身的行动一样的决定作用。

近代早期欧洲城市中的整合问题面临着有趣的悖论：一方面，与城市政府有关的意识形态话语强调与地方人口从属于城市自治体有关的种种观念，其表现是地方市民权；另一方面，城市居民有很大一部分事实上是移民、非市民。城市市民权通常能通过联姻或购买的方式获得，虽然如此，这仍是超出许多移民能力范围之外和/或他们所不敢向往的事情。城市人口由此常常表现出如下结构特征：一方面是稳定的核心人群，即拥有市民身份的居民；另一方面是由暂时性的移

① Edward L. Farmer, *Zhu Yuanzhang and Early Ming Legislation：The Reordering of Chinese Society Following the Era of Mongol Rule* (Leiden：Brill, 1995), 52,89.

② 参见本书第 16、17 章中有关近代早期中国城市的那些案例。

③ Jason P. Coy, 'Earn Your Penny Elsewhere：Banishment, Migrant Laborers, and Sociospatial Exclusion in Sixteenth-century Ulm', *Journal of Historical Sociology*, 20, no. 3 (2007), 285 - 286；Marie-Claude Blanc-Chaleard et al., ed., *Police et migrants en France, 1667 - 1939* (Rennes：Presses Universitaires de Rennes, 2001).

④ Donald R. Deglopper, 'Social Structure in a Nineteenth-century Taiwanese Port City', in Skinner, ed., *The City*, 633 - 650；Kristofer M. Schipper, 'Neighborhood Cult Associations in Traditional Taiwan', in Skinner, ed., *The City*, 651 - 678；Sybille van der Sprenkel, 'Urban Social Control', in Skinner, ed., *The City*, 609 - 632.

民组成的"浮动人口"。① 许多移民只是暂时性地在城市驻足,虽然如此,在"城里人"、"外来人"之间划上显明的界线却属误人之举。某些新来者迅速在城市精英中间获得自己的一席地位,与此同时,穷困的"当地人"在许多方面被排除在政治自治体之外。移民在社会层面并未成为孤立的个体,而是常常嵌入到各种社会支持网络中,从这些网络中,他们能建立起与城市结构的各种联系。我们并不在本地"城里人"与移民过来的"外来人"之间划出界限,而后,我们需要作更多的研究,以揭示城市整合、融合——它们是作为整体的城市社会的特征——不同的交叉方式和层面。

非亲缘纽带使个体与城市社会联系起来。这种纽带的广泛存在已被确认为近代早期欧洲的一个独有特征,它是城市生活在人口方面的种种特征的产物。高死亡、高移民率使得许多个体没有可以依赖的家庭关系,基于此,志愿组织发展起来,接管了亲缘网络在情感、援助两方面的功能。互助组织、联谊会、各种协会、俱乐部、团体在城市的背景下广泛存在,这不仅让新来者获得了多重渠道进入地方社交网络中,也促动了市民社会的发展。② 毫无疑问,各种社会、政治、文化、经济、宗教组织在整合的道路上发挥了重要作用,在某些情况下,它们与移民管理的各个方面直接联系起来,比如,行会的成员身份决定了新来者是否从事某些行当。与此同时,重要的是,我们应该认识到这些组织的成员身份是有社会分层、多样化的,且它们会使用不同的标准:既有容纳标准,又有排除标准;既有正式标准,又有非正式标准。比如,在16世纪晚期的罗马,为了获得加入圣西克斯特医院(Hospital of Saint Sixtus)的资格,申请人要证明自己在城市有长期居住经历;而在18世纪的安特卫普,屠宰行业的准入资格仍是半世袭的。不过,排除机制有时也有利于移民。比如,在17世纪的阿姆斯特丹,熟练工人对以平整布匹为业的师傅心生抱怨,后者有很多来自汉堡,他们偏爱雇佣自己的同胞。而在18世纪的维也纳,烟囱清扫行会完全在移民的主宰之下。

不那么正式的整合机制对各种组织形成了补充,

在整合模式的构造上,前者的重要地位至少是不逊于后者的。这些整合模式包括住宿安排、婚姻模式、社区网络。由于许多移民是年轻的单身成人,住宿安排——与雇主同住、与其他家庭同住抑或住在公寓——提供了第一个切入点,让他们能在新环境中深化社会关系。③ 移民结婚的时间要稍晚一些,且相比他们在本地出生的对应人群,他们更常与同为移民者结婚。虽然如此,婚姻却是一种强大的整合机制,它常常决定了一些年轻成人最终在城镇定居、一些人会继续住下去。如果我们选取移民与当地出生居民的互动——比如与住宿安排或婚姻模式有关的互动——这个方面展开衡量工作,那么,绝大多数研究告诉我们的是:相比来自城市移民金字塔结构高端区域的高端移民来说,腹地移民的"整合"程度更高。相应地,前者更经常参与的是远超出城市范围的种族网络或地方层面以上的网络,比如商人组织或宗教社群。由于许多人意图在别处有更好的前景浮现时挪动位置,因此,相比地方层面日益发展的各种联系纽带,维持上述那种类别的远距联系对这些人来说具有更重要的意义。从这个意义上说,"嵌入地方"意义上的整合不应必然地被认为是成功的一把标尺,而应被看作是迁徙范围有限的一个标志。

中国城市并未培育出与欧洲城市自治主义相类的意识。在欧洲,此种意识与自治政治组织的观念有着紧密联系。④ 虽然如此,地方习俗、信仰(比如对城市神的崇拜)却培养了城市、社区认同,浓厚的地域、血缘认同意识则对它们形成了补充。后者通过户籍登记、姓氏团体的重要政治、社会、文化意义体现出来,并受到它们的推动。⑤ 对如此不同的组织结构进行比较实是艰难至极之事,虽然如此,在中国,相比欧洲的情况,与移民地理、祖先渊源有关的网络、组织看似在更长的时间里有着重要得多的作用。比如,就地方人口的归属而言,在欧洲,无论是正式还是非正式的相关概念,它们往往以出生地或居住地为主要依据;而在中国,原籍、姓氏传承的制度意味着某些城市居民仍可能被认为是"移民群体"的组成部分,哪怕他们已有数代人住

① Marc Boone and Maarten Prak, eds., *Individual, Corporate and Judicial Status in European Cities*(*Late Middle Ages and Early Modern Period*)(Leuven: Garant, 1996). 与以下论文进行比较:Sharlin, 'Natural Decrease'.

② Katherine A. Lynch, *Individuals, Families, and Communities in Europe, 1200–1800. The Urban Foundations of Western Society*(Cambridge: Cambridge University Press, 2003).

③ Bert De Munck, 'From Brotherhood Community to Civil Society? Apprentices between Guild, Household and the Freedom of Contract in Early Modern Antwerp', *Social History*, 35, no. 1 (2010), 1.

④ Wim Blockmans, 'Constructing a Sense of Community in Rapidly Growing European Cities in the Eleventh to Thirteenth Centuries', *Historical Research*, 83, no. 222 (2010), 575–587.

⑤ Skinner, 'Urban Social Structure', 522–527,538–549.

在城市中。[①] 反过来说，同乡行会常常构成了新来者进入城市结构的最重要的切入点。在这方面，值得注意的是，就绝大多数中国行会的起源来说，它们可以追溯到同乡行会那里。此种行会以共同的种族背景为基础，在城市移民中建立起来，这些移民感到有必要强化自身的地域来源，以此加强自身在城镇中的地位。他们的用意在温州的宁波商会会规前言中表现得清清楚楚：

> 在温州，我们发觉自己处在孤独的境地。重山大海将我们与故乡隔开；就温州方面的人而言，我们的行商激起了他们的嫉妒；我们饱受侮辱、伤害，有冤无处申……正是这种情况，促使我们承担起建立本会的责任。[②]

416 相比欧洲，在中国，原籍、姓氏传承在城市移民中间持续保持的重要作用要更大一些（它是在以下环境中实现的：城市范围内的其他网络、服务处于缺失或低度发展的状态）。结合上文的内容，此种情况可能为下述现象提供了助力：相比欧洲城市，在中国城市中，以来源地为依据的种种区分发展得更强劲，且确认得更有力。

结语

中世纪晚期、近代早期，欧、中各有自己的城市移民模式、道路，将这两者进行比较可不是件简单的事。因为双方的材料不同，除此之外，还有语言障碍以及历史编撰传统的差异。虽然本章体现的只是初步的比较性探索，但是，中、欧之间的大量异同已浮现出来，它们会为进一步的研究提供重要线索。第一条关键差异是：相比欧洲，在中国，乡村—城市移民的重要性看似较逊，至少，以乡村—城市移民的长期净结果来衡量、以全国总体状况为参照，情况是这样的。这一点从以下事例中可以得到证明：在我们所探讨的这个时期，中国的城市化水平呈现出衰减之势，欧洲的城市化水平则呈现出增长之势。由于直接材料的稀缺及其内容的变化多端，对中、欧腹地移民模式进行系统比较受到了妨碍。虽然如此，很可能以下因素能为中国城市化水平的衰减之势提供部分解释：小型农业的强力复苏；总体来说女性的结婚年龄更低；与欧洲相异的家庭模式；以乡村为方向的替代性移民方案。所有这些减

弱了来自乡村的冲击力和农民边缘化的趋势。中、欧其他的重要差异体现在干涉、管理的层面上：在中国，中央政府的效力看似更大，就其本质而言更为整齐划一，与此同时，低水平的地方自治、没有诸侯并立局面排除了某种城市竞争——争夺"有价值"的移民——存在的可能性，而在欧洲，此种竞争可谓司空见惯之事。相比之下，大规模人群迁移或对人口迁移的普遍限制看似更易在中国而非欧洲的背景下实现。

就处于高端、手艺精熟的那类富裕移民而言，我们能在中、欧移民模式、道路之间辨认出许多相似之处。这些移民沿着我们所命名的"城市移民金字塔结构"的顶端在不同城市之间游走。无论在中国还是欧洲，商人、官人、匠人主要利用的是将不同城市连接起来的专业或种族移民网络。唯有细致的比较方能让人们在这个问题上得出令人信服的看法，照这样看，相比欧洲，中国这些城市间移民的总体迁徙路程看似并不必然更远一些，尽管帝都毫无疑问地吸引着来自帝国各地的移民。

虽然如此，我们又一次看到，中、欧在融合、整合模式上有着重大差异。在绝大多数中国研究、中国资料中，有一个引人注目的现象：人们在原籍、祖先身上附加了重要的意义，这些东西是帝国户口登记制度培育出来的，中国城市中的同乡行会所发挥的重要作用是对它们的体现。同乡行会通常是新来者最初的集汇点，人们从它们那里获得经济、社会、文化、政治支持——这些与社区、行业、宗教组织所提供的服务有重叠之处，无论是移民还是他们的几世子孙后代，都可以 417 从同乡行会那里获得帮助。这与欧洲城市中的整合模式形成了引人注目的对比。在某些例外的情形下，少数族群可以在数代人的时间里持续居留下去，虽然如此，城市自治体的政治概念，大量不以来源地为基础的正式、非正式组织和整合机制，在人口归属概念中附加在出生地或居住地身上的重要意义，所有这些促使新来者以庞大得多的规模、快捷得多的速度融入到欧洲城市的城市结构中。

参考文献

Boone, Marc, and Prak, Maarten, eds., *Individual, Corporate and Judicial Status in European Cities (Late Middle Ages and Early Modern Period)* (Leuven: Garant, 1996).

---

① Munck and Winter, *Gated Communities*; Skinner, 'Urban Social Structure', 545-546; Finnane, *Speaking of Yangzhou*, 265-296.

② Cited by Golas, 'Early Ch'ing Guilds', 556.

Clark, Peter, *European Cities and Towns, 400 – 2000* (Oxford: Oxford University Press, 2009).

Crossley, Pamela Kyle, Siu, Helen F., and Sutton, Donald S., eds., *Empire at the Margins: Culture, Ethnicity, and Frontier in Early Modern China* (Berkeley: University of California Press, 2006).

Lee, James Z., and Feng, Wang, *One Quarter of Humanity: Malthusian Mythology and Chinese Realities, 1700 – 2000* (Cambridge Mass.: Harvard University Press, 2001).

Menjot, Denis, and Pinol, Jean-Luc, eds., *Les immigrants et la ville: insertion, intégration, discrimination (XIIe-XXe siècles)* (Paris: Harmattan, 1996).

Moch, Leslie Page, *Moving Europeans: Migration in Western Europe since 1650*, 2nd edn. (Bloomington: Indiana University Press, 2003).

Munck, Bert De, and Winter, Anne, eds., *Gated Communities? Regulating Migration in Early Modern Cities* (Aldershot: Ashgate, 2012).

Pomeranz, Kenneth, *The Great Divergence: China, Europe and the Making of the Modern World Economy* (Princeton: Princeton University Press, 2000).

Skinner, George William, ed., *The City in Late Imperial China* (Palo Alto: Stanford University Press, 1977).

Vries, Jan de, *European Urbanization, 1500 – 1800* (London: Methuen, 1984).

屈伯文 译 陈 恒 校

第 23 章 权力

维姆·布洛克曼斯　马乔琳·哈特

421 所谓"权力",便是限制他人之行动自由及其行为的能力,哪怕他人对此作出反抗。很显然,权力之实施有赖于当事方手上所掌握的手段,它们从劝说、经济激励到威胁或人身胁迫的强力推行,不一而足。从质上说,权力手段随技术发展而变迁;从量上说,它随各种时空条件的集聚、累积而呈现出不同形式。[1] 所有这些因素有赖于一个社会的价值导向,亦有赖于该社会能利用的自然环境开发技术,除了这些,社会分层、分化也是发挥作用的影响因子。

在快速商业化的一个时代,大量中世纪欧洲城镇发展起来,它们要求在一个分权化的社会中掌握富有成效的新型资源抽取方式。由此,自治型欧洲城市的产生所需要的优越条件涌现出来了,在韦伯看来,此种城市的决定性特征是以成文宪章为基础的排他性市民身份。韦伯认为,自治的城市机构具有引人注目的重要作用。它们促进了西方城市的内部凝聚、认同、经济发展,最重要的是,它们"在最低程度上所享有的自治以及城市当局因此在市民参与选举事宜上的管理权利"亦蒙其惠。在韦伯那里,这与东方城市相对于国家权力的孱弱形成了鲜明对比,因为东方城市中不存在受到法律保护的市民阶层,即便在它们那里存在着施行自我管理的行业组织。[2]

以西方城市所拥有的权力为基础,新的政治参与形式产生出来,来自底层的代表也包含进去。不过,此种城市自治并非普见于欧洲各地的现象,不惟如此,尾随国家形成的过程,大多数典型的韦伯式自治城市不得不将自己的绝大多数权力让渡给新兴的统一领土国家。本章旨在辨明工业化以前的欧洲、中国、伊斯兰世界在城市权力方面的差异。本章先从总体上探索权力的生态基础,继则说明不同的分层结构。就理解资源流动对不同城市群体所具有的潜在作用而言,这些结构具有至关重要的意义。

生态环境与资源抽取

422 只有满足这样一个时空条件——大量的农业剩余持续地产生出来,城市发展才有可能,这是一个基本事实。以此为前提,我们能得出这样一个结论:在不同的前工业化社会中,城市化的规模因时空条件的不同而呈现出极大的差异。作为通例,人们能观察到,城市最早的生发之所是在这样的地区:它们有适宜的温润气候,且有丰富的灌溉水源,另有沿河或沿海的便利交通设施。

美索不达米亚、埃及、北印度、中国不仅是最早一批城市文化的摇篮,且其自然环境能让其城市发展至一定规模、密度,它们是世界其他地方在数百年的时间里都无法想象的(参见本书第 2、4—6 章)。沿印度河、恒河干道及其支流分布的冲积平原构成了灌溉系统的骨干,通过这种方式,农业生产率得到了提升,以至于在约公元前 2500—前 1500 年这段时期,人们所估计的城市人口数发展到了成千上万的规模。自 10 到 18 世纪,城市化稳步推进,它们在 120 个重要的中心地带集中展开,其在总人口中所占的比例估计达到了 15%。在莫卧儿王朝治下(16 世纪中期—18 世纪早期),最大的都市达到了数十万的人口规模。由于宫廷的存在,阿格拉(Agra)人口摇摆在 50—66 万之间;苏拉特

---

① 有关对"权力"的讨论,参见 Michael Mann, *The Sources of Social Power*, vol. 1 (Cambridge: Cambridge University Press, 1986), 1 - 32。

② Max Weber, *The City*, trans. and ed. Don Martindale and Gertrud Neuwirth (Glencoe, Ill.: The Free Press, 1958), 81 - 88, 100 - 104, 120.

(Surat)则有约 20 万人口。① 再说 8 世纪的中国,唐都长安有人口 100—200 万。到 1100 年,人口过 10 万的城市,其人口数占到了总人口的 6—7%。到 12 世纪,北宋都城开封可能达到了 100 万的人口规模。南宋国都杭州的人口数则在 60—70 万之间。粮食在灌溉的田地里进行精耕细作,大规模的水运四通八达,在它们的有利影响下,高水平的商业化受到推动,资源抽取亦乘上了东风之便。②

城市所在地位于大河沿岸的肥沃灌溉平原,这一点同样有助于解释许多伟大城市在伊斯兰中东的兴起(参见本书第 14 章)。大马士革、巴格达、萨马拉(Samara)、福斯塔特/开罗最初是重要的军事、行政中心,后逐渐发展至令人瞠目的规模,人口超过了 10 万。权力中心的位移会迅速地导致某地衰落,与此同时,推动其他地方的扩张。以阿巴斯王朝埃及行省的首府福斯塔特为例,这一点能得到很好的说明。在宫殿、军营区以外,福斯塔特的商业功能由于其所处的地理位置——位于红海十字路口、尼罗河东岸——而发展起来。969 年征服埃及的法蒂玛王朝统治者将自己的宫殿建在往北约 4000 米的地方,此地逐渐成为快速扩张的开罗的中心地带。从 10 到 12 世纪,西方所有重要城市(包含菲斯[Fez]、科尔多瓦这样远的城市,唯一的例外只有晚期罗马帝国的东都君士坦丁堡)无不在伊斯兰教的势力范围内。它们无一不是重要的信用、金融、手工生产中心,且是长途、区域贸易的市场。至于阿巴斯王朝国都巴格达,它在 9 世纪可能达到了 30 万的人口规模,到 13 世纪,法蒂玛王朝国都福斯塔特/开罗的人口数增长到了约 25 万。到 15 世纪,格拉纳达达到了类似的人口规模。③ 不过,在 10 世纪 20、30 年代,北伊朗、巴格达受到了异常寒冬天气的打击,此种天气与 11 世纪以至 13 世纪 20 年代的干旱相伴,变成一种历久不衰的气候类型。持续不断的寒冬受到了西伯利亚强风系统的影响,深受其害的不仅有棉花种植,还有其他的农作物,比如海枣、无花果、柠檬树。在这类气候波动的影响下,在蒙古征服前夕,巴格达人口大幅减少。④

不过,无论伊斯兰城市的规模、活动到底有多么的令人印象深刻,它们的发展始终没有越出地中海、亚热带气候区的范围。它们的发展、繁荣有赖于以下因素的综合:人们的选择——将它们选作政治、宗教中心;有利的地理位置——位于长途贸易沿线;精细的商业化农业生产;获得本地高端匠人的青睐。在这方面,它们与印度、中国城市化区域中的城市有着引人注目的相似之处,事实上,工业化以前的所有城市都是围绕着经济、社会、宗教、政治中心建立起来的。虽然如此,资源提取的条件、能力在不同地方是有差别的。大量谷物的稳定供应以及相应的运输、储存条件所产生的可畏资产为中国的集权国家提供了便利。达到这样一种水平的能力让中国皇帝拥有了种种资源,由此而能将其他的权力竞逐者断然甩在后面。其他地方的权力体系表现得更为脆弱:在印度,这是高度易变的气候条件的产物;在伊斯兰世界,它是游牧民族所征赋税的波动性所导致的;而在欧洲,它是农业经济的微弱剩余所造成的。⑤

实事求是地说,审查约 10、11 世纪的欧洲,我们能挑出来与中东城市相媲美的城市只有君士坦丁堡、科尔多瓦、格拉纳达。它们之所以具有重要地位,其原因在于它们所具有的都市地位,它们位于异常肥沃的地区,处在具有战略意义的十字路口。拿安达卢西亚(Andalusia)来说,它与阿拉伯世界其他地方在文化上的一致性便利了它的海外联系。而自 11 世纪以来,北部、中部意大利逐渐占据了显而易见的主导地位,阿马尔菲(Amalfi)、帕勒莫这类早先的发达南方城市退居其后。约 1300 年,北部、中部意大利城市达到了自己的人口高点,因为威尼斯、米兰、佛罗伦萨各自拥有的人口至少在 10 万以上,热那亚、博洛尼亚可能各有约 8 万人口。此时,分散在这些城市周围的其他 20 座城市可能各有 2 万以上的人口。在这个时期,欧洲第二大最密集的城市区是低地国家的南部,尤其是法兰德斯。有人甚至认为,在约 1300 年时的法兰德斯,根特拥有 6.5 万以上的人口,布鲁日的人口很可能接近 4.5 万。另外,靠近阿拉斯的圣奥梅尔、里尔、杜埃、伊普尔的人

① Monica Juneja, 'Vorkoloniale Städte Nordindiens. Historische Entwicklung, Gesellschaft und Kultur, 10.-18. Jahrhundert', in Peter Feldbauer, Michael Mitterauer, Wolfgang Schwentker, eds., *Die vormoderne Stadt. Asien und Europa im Vergleich* (Vienna and Munich: Oldenburg, 2002), 108-114.

② Mark Elvin, *The Pattern of the Chinese Past* (Stanford: Stanford University Press, 1973), 113-199, 250-267; Arthur Cotterell, *The Imperial Capitals of China. A Dynastic History of the Celestial Empire* (Woodstock and New York: The Overlook Press, 2007), 33.

③ Peter Feldbauer, 'Die islamische Stadt im "Mittelalter"', in Feldbauer et al., *Die vormoderne Stadt*, 91-95.

④ Rich ard W. Bulliet, *Cotton, Climate, and Camels in Early Islamic Iran* (New York: Columbia University Press, 2009), 69-95.

⑤ Eric L. Jones, *The European Miracle. Environments, Economies and Geopolitics in the History of Europe and Asia* (Cambridge: Cambridge University Press, 1987), xxii-xxiii.

口在 2—3 万之间。直到 16 世纪,这个城市群才为布拉邦城市群所胜过,安特卫普——阿尔卑斯山以北首座跨越 10 万人口大关的贸易都市——以及 17 世纪的阿姆斯特丹的发展尤其为此提供了助力。

欧洲最大的城市无一是因政治首府的身份而兴起的,它们的成长均受惠于其特别有利的地理位置——位于陆上贸易路线上——以及它们与海外的联系,所有这些让它们有了自己的资源获取渠道。不过,它们当中的某些城市也有借助其在政治上的关系而获得扩张的。以伦敦、巴黎为例,在经济上,有利的地理位置为其非比寻常的规模提供了支持,它们在更高层面的王国中所享有的优越政治地位更让其如虎添翼。通过广泛地吸收剩余人口,它们成为王国中规模最大的城市。① 就权力关系而言,我们需要突出以下两者之间的差别:其一,在初兴王朝国家的首都有着集中表现的那种权力结构——它基本上是封建式的权力结构;其二,依赖自身与其腹地、长途贸易网络之间的联系并由此而依赖另外的资源提取系统的商业都市。

城市与领土国家之间的各式权力关系

强大封建权力的兴起并非人们手上所掌握的起源提取方式的自动产物。拿中国来说,许田波(Victoria Tin-bor Hui)让我们看到的是,秦朝由于其采取的新政策而崛起为"战国"时代(公元前 475—前 221 年)的胜利者,这些政策在部分程度上系对秦朝对手的"上佳作法"的模仿。早在公元前 4 世纪,借助大规模的灌溉工程,以及各种各样的农具、技术建议,粮食连同其他农作物的精耕细作得到推进。政府规定,男女在 20 岁前必须成婚,有更多孩子的家庭则享受补助,由此,人口增长获得了助力。改进了的户籍制度便利了赋税的征收。以精英政治为基础的行政体系逐渐扩展到掌握了社会生产的四个社会层面,它以年度政情报告为基础,

施行赏罚。秦朝由此巩固了自己的征服成果,并继续提升了集权化资源提取的水平。农民被迫承担以劳役形式存在的军事、公共工程义务。公元前 1 世纪,强调义务以及对原则之忠诚的儒家哲学成为统治性的帝国意识形态,官员由此将自己看作民众的保护者。每个新王朝建立的帝都都反映了宇宙的秩序:鼓楼一直处在中心位置,维护着城市的秩序。②

值得注意的是,战国时代恰逢一股商业化的潮流正在兴起。在这股潮流的影响下,受惠于新的贸易机遇,中国商人能够聚集起大量资源,这与中世纪晚期欧洲的商人是不同的。不过,秦国的兴起让以城市自治为方向的趋势嘎然终止,秦统治者通过引入商人等级制度有效地抑制了商人阶级,因为此种制度将沉重的赋税压在商人头上并限制了他们的流动。相比之下,汉朝(公元前 202—公元 189 年)的政策要宽松些,商人财富的积累受到许可。不过,商人是严禁以任何象征性的举动(比如穿贵重的衣裳、携带武器或骑马)夸饰自己的身份的,政府职位亦与他们绝缘。韦伯认为,对欧洲城市的发展而言,某种类型的自治是必不可少的。然而,中华帝国的创建方式对此种自治的兴起构成了阻碍,因为中华帝国的创建有赖于运用大规模的暴力抽取大量物力、人力资源,以满足军事、礼仪、行政方面的需要。③ 不过,即便如此,中国皇帝动用资源为权力服务的能力总会受到政治—经济均衡状态的影响,由于中央统治受到削弱或经济发生出人意料的突然扩展,此种均衡状态会发生变化。唐朝(618—907 年)支持与突厥、波斯这些地方建立贸易联系,它还允许粟特商人在位于帝国北部的两京——长安、洛阳——定居,粟特人的庙宇甚至在集市区附近兴建起来。粟特人还在黄河下游谷地的小城镇中确立了自身的存在,在那里,他们能直接同丝匠打交道。约 750 年,国家收入的 55% 来自在丝绸、大麻织物身上征收的赋税,这证明了

① Giuliano Pinto, 'Poids démographique et réseaux urbains en Italie entre le XIIIe et le Xve siècle', in Elisabeth Crouzet-Pavan and Elodie Lecuppre-Desjardin, eds., *Villes de Flandre et d'Italie (XIIIe-XVIe siècle). Les enseignements d'une comparaison* (Turnhout: Brepols, 2008), 13-27; Peter Stabel, 'Composition et recomposition des réseaux urbains des Pays-Bas au bas Moyen Âge', ibid., 44-53; Giorgio Chittolini, 'Urban Population, Urban Territories, Small Towns: Some Problems of the History of Urbanization in Central and Northern Italy, 13th-16th Centuries', in Peter Hoppenbrouwers, Antheun Janse, and Robert Stein, eds., *Power and Persuasion* (Turnhout: Brepols 2010), 227-241; Peter Clark, *European Cities and Towns, 400-2000* (Oxford: Oxford University Press, 2009), 37; Patrick Boucheron, Jean-Luc Pinol, and Marc Boone, eds., *Histoire de l'Europe urbaine*. vol.1. *De l'Antiquité au XVIIIe siècle: genèse des villes europeennes* (Paris: Seuil, 2003), 395; Derek Keene, 'London from the Post-Roman Period to 1300', in David M. Palliser, ed., *The Cambridge Urban History of Britain*. vol.1: 600-1540 (Cambridge: Cambridge University Press, 2000), 196-202.

② Victoria Tin-Bor Hui, *War and State Formation in Ancient China and Early Modern Europe* (Cambridge: Cambridge University Press, 2005), 60-67, 81-92, 103; Mark Edward Lewis, *The Early Chinese Empires: Qin and Han* (Cambridge, Mass.: Harvard University Press, 2007), 17-19, 31-40; Cotterell, *The Imperial Capitals*, 18, 28, 41-49.

③ Hui, *War and State Formation*, 210-213; Lewis, *The Early Chinese Empires*, 32, 75-76, 102.

帝国与粟特商人之间的密切联系。还有阿拉伯、波斯商人，他们亦可在南中国的许多港口定居。[①] 进入宋朝统治时期（960—1279 年），规模最大的那些中国城市享受了极大程度的商业自由，这一点与 16、17 世纪明帝国治下的那些城市没有区别。

与中国相比，欧洲的人口增长、贸易网络扩张是在没有强大王朝国家的情况下发生的。在农业的商业化进程发生时，封建领主的统治手段是世袭政治而非中国那样的精英政治。中国皇帝和伊斯兰世界的苏丹一样，能随意开征商业税，并对铁、武器、盐、酒、茶的生产施行国家垄断。相比之下，欧洲统治者无法将强制性的垄断确立起来，他们当中的绝大多数人受制于习惯法，至少在原则上，哪怕是农奴这样的群体都能受到它的保护，免受任意的压榨。欧洲封建权力结构更多的是一种双向结构。1215 年的《大宪章》便清楚地显明了仆从免受封建领主侵犯的权利，哪怕其领主是国王。此种封建模式扩展为更具普遍性的公法准则，在限制王权的种种举措中，我们很明显也能看到伦敦城的身影。旨在保护市民的封建反抗权利的扩展还有一个早得多的实例，它可以追溯到 1128 年的 8 月 22 日。蒂埃里（Thierry）担任法兰德斯伯爵不久，便让手下最显赫的贵族们确认了授予圣奥梅尔的种种特权，这些贵族立誓帮助市民们，防止其特权和习惯法受到伯爵的侵害。13 世纪晚期，反抗权成为布拉邦公爵授予各社会阶层（包括市民）的全部特权的组成部分。作为自由人，市民们只在少数服务项目上对王公负有义务，绝大多数这类项目与国家的防卫事务有关。

服务于中国战争的资源提取主要仰仗强制原则，相比之下，欧洲的战争更多地依赖金融精英与君主携手合作的意愿，由此，协商、讨价还价变成了影响欧洲战争的因素。[②] 另外，相比中国（征兵制），欧洲的战争往往要付出多得多的代价（因为要聘用雇佣军），由此，欧洲战争对金融精英的那种依赖关系得到了加强。自11 世纪以降，欧洲快速发展的城镇通过防卫城墙的建造和民兵的组建，保护了自己的自由免受封建领主的侵犯。12 世纪晚期，伦巴第城市结成联盟，依靠它，这些城市有效抵御了红胡子腓特烈皇帝的军事侵犯。

上面谈到了商业化的时点、中欧在国家效率方面的差别、欧洲的双向封建结构、代价更大的欧洲战争。

不过，它们并不是仅有的一些相关因素。就此而言，将天主教会的世俗结构纳入考虑范围具有至关重要的意义。按照晚期罗马帝国的传统，天主教会在人员、财产两方面享有法律、财政上的豁免权，由此，另一条抽取大量资源的路径就掌握在了它手上。在长达数百年的时间里，天主教会事实上是西欧唯一复杂、稳定的权力结构。主教们有效地对意大利、帝国的绝大多数城市及其腹地施行统治。受惠于自身与掌握政权者的相互关系，天主教会实现了扩张，它的种种行动蒙上了圣战——旨在传播正确的信仰、扩散神圣的王权——的合法色彩。正是借助于此，它能在意识形态上取代与之竞争的贵族阶级的地位。到 10 世纪末，主教们通过"总体和平"观念的推进，保护了农民、市民免受封建暴力的侵害。

在欧洲，相对的人口过剩迫使拥有大型地产的教会地主、贵族地主将更大的人身自由让渡给农民，后者由此能够着手对新的可耕地进行清理。同样，地主们不得不放弃对那些逃离领地并在新兴城镇定居者的领主权。自 10 世纪以降，原有的城镇收获了人口增长，新的人口聚居地沿运河在各个十字路口兴起。无论是身在新兴农业领地的群体，还是在蓬勃发展的城镇定居的人们，他们都发展出自身的生活方式，并有特权、特别的自由作为倚靠，3 世纪以来便成为通例的仆役身份离他们远去。市民的人身自由、高水平的自治、一套特殊的保护个体市民及其财产权的法律规定，所有这些构成了授予城乡自治体的典型特权，它们属于地方领主"让渡出来"的权利。尽管如此，自治体实行全盘自治、自行其是的例子是少之又少的，因为土地贵族仍然拥有强大的势力，另外，通过扩张地盘、消灭更弱小的对手、将自己的领地集聚为领土国家以至王国，他们创建着空前庞大的权力结构。

外部压力、威胁促使最早的自治体创造出将人们团结在一起的联系纽带，其正规表现形式是口头誓词（coniurationes）。地位相仿的人们以志愿方式相互缔结"水平的"社会关系，它取代了先前的"垂直"依附关系。在理想状态下，人们认为自治体的内部关系带有和平的性质：访客须得在城门卸下武器，市民之间的纷争由于限武令而受到管控。1114 年瓦朗谢讷

① Etienne de la Vaissiere, *Histoire des marchands Sogdiens* (Paris: College de France, 2002), 133-174; Jonathan Skaff, 'Documenting Sogdian Society at Turfan in the Seventh and Eighth Centuries: Tang Dynasty Census Records as a Window on Cultural Distinction', ibid., 311-341; Binglin Zheng, 'Non-Han Ethnic Groups and Their Settlements in Dunhuang during the Late Tang and Five Dynasties', ibid., 343-362; Cotterell, *The Imperial Capitals*, 54,73.

② Charles Tilly, *Coercion, Capital, and European States, AD 990-1990* (Oxford: Blackwell, 1992).

(Valenciennes)获得的城市特权即典型的所谓"城市和平特权"。无论在什么地方,只要市民们感到自己有足够强大的力量,便会以赎买的方式取消地方领主(通常是主教或修道院长)加在其自由身上的种种限制。有一些住在古老城镇的匠人以贵族仆役的身份居于受奴役的地位,他们逐渐发展壮大,赎买了自己的自由,就像作为整体的自治体那样。赎买通常意味着市民得到人身自由,人们有权通过法律、军事手段,地方立法,公正的司法保护社区、市民及其财产。行会、社区组织推动了联合型政治文化的发展,公共节庆又促进后者更往前进。在绝大多数蓬勃发展的城市中,相对于市民们日益扩张的地盘,领主(或主教)城堡或修道院渐渐边缘化,而在先前,它们曾主宰地方达数百年之久。即便这些城堡或修道院的象征性存在或许体现了某种象征性的价值。

这样,在欧洲,除了走向中央集权的初生领土国家,另有三种不同的权力结构兴起,它们均有自己的发展逻辑,且均能独立地抽取资源、掌控不同的权力手段。教士掌握的是导善、信仰工具,贵族以武力的行使获得了自己的地位,市民则是市场的主宰者。教士、贵族从自己的领地获得租金、税收,相比之下,累积起来的流动资本让市民能以相当低的利率从事大型借贷。这些差别化的背景令不断变换的同盟、联合关系的形成成为可能。在绝大多数城市化率低的国家,占据主导地位的是贵族、封建领主、教士之间的联合,比如北欧、中欧、东欧。相比之下,城市利益通常在城市化率高的区域得到了更好的表达。虽然如此,我们在欧洲看到的典型现象是:所有的权力竞逐者总是会采用联盟方式强化自身的地位,联盟对象可以是封建领主、教士或市民当中的任一阶层,这使得各方不断地采取平衡行动,从而任何群体都无法在三大阶层的全部势力范围内获得垄断或主导地位。

在绝大多数非欧洲国家中,阶层联合上的这种随机变动是不存在的,因为在这些国家,作为通例,宗教势力相对领土权力的掌握者来说其力量并不稳固。在中国,不同的宗教派别为儒家意识形态所取代,后者被稳固地确立为国家的工具。从本质上说,与宗教怨愤相混杂的政治对立基本上一直停留在地方的层面上。

至于伊斯兰教逊尼派治下的区域,地方宗教领袖(ulama)依赖国家获取资源,国家、宗教形成不可分割的一个整体,民法、封建法、伊斯兰教法之间的区别是不存在的。[1] 在奥斯曼帝国,城市官员都是由苏丹任命的。身兼行政、司法二任的卡迪管辖着多个人群,包括宫廷人员、逊尼派穆斯林、基督徒、犹太人。[2] 而在伊朗,人们所走的是另一条路径,在那里,萨法维王朝(1501—1722年)引进的是伊斯兰教什叶派。教士对宗教税收享有直接控制权,而无需经手政府,这让地方宗教领袖能获得独立而重要的政治地位。通过自身的资源抽取体系,伊朗教士掌握了强大的城市网络,教育、战争事业在他们手上得到组织,这推动了他们与所有城市团体的联合,这与欧洲的情况是不同的。在伊朗,宗教与国家之间的分野由此导致了一种势力均衡,不仅如此,此种格局的运作还是有利于典型的以城市为基础的利益集团的。[3]

保障城市经济的运作

10—13世纪期间,欧洲的手工生产、贸易以未见于早期市场的规模发展起来。城市的生活方式意味着人们与农业有着间接的关联,因为绝大多数市民不再自己生产粮食。由此,所有城镇都仰赖乡村供应食物、原材料,它们用来交换这些东西的是手工艺品,相比人们常在乡村之类地方获得的手工艺品,这些城市手工艺品有着更高的品质。只有宫廷所在的城市、都市和主教驻地能倚靠其他的以强制为基础的收入渠道,归根结底,这些城市能对更广大的区域实行直接的政治控制。

由此,城市市场是各种联系的交汇点,贸易路线沿线的安全形势因此成为必需。从潜在的方面来说,这使得城市经济容易遭受外部势力的干涉。城市的规模越大,其产业越复杂,城市所需扩展的腹地就越广。比如,自12世纪早期以降,沿泰晤士河,伦敦往上游方向控制了65千米以内的交通,往下游方向控制了61千米以内的交通,由此,河北、河南众支流的市场也落在了伦敦的控制范围内。[4] 科隆商人有效地垄断了沿莱茵河下游至多德雷赫特(Dordrecht)的交通,特别是垄

---

① Ira M. Lapidus, *Muslim Cities in the Later Middle Ages* (Cambridge: Cambridge University Press, 1967), 188.

② 参见上文第15章。

③ Nikkie R. Keddie, *Modern Iran. Roots and Results of Revolution* (New Haven: Yale University Press, 2006), 16, 26, 68; Said Amir Arjomand, 'Religion, Political Action and Legitimate Domination in Shi'ite Iran: Fourteenth to Eighteenth Centuries AD', *Archives Européennes de Sociologie*, 20: 1 (1979), 59–109.

④ Derek Keene, 'Issues of Water in Medieval London to *c.* 1300', *Urban History*, 28 (2001), 167.

断了他们最有价值的主打产品——酒——的运输。[①]
根特商人同样垄断了该城两条河流（莱厄河[Leie]、斯海尔德河[Scheldt]两岸）沿线的交通，其控制范围延伸到了伯国的边界，其目的尤其在于保护自己的主要市场——谷物市场。由于地理位置更优越的城市有着垄断倾向，小型城镇在发展方面受到了限制，这样，前者的进一步发展获得了更多的空间。

与以上所述有着最直接关联的是以下几种商人：其一，与长途贸易打交道的商人，他们常常创造出种种自我组织的方式，以在相互团结的基础上保护彼此；其二，结伴旅行的商人；其三，与地方当局谈判的商人。商人们创造出来的这类行会、同盟降低了风险，其运作是以相互信任为基础的。在这些因素的影响下，交易成本也减少了。[②] 由于商人在早期城镇的经济精英阶层中属于最显赫的成员，这样，对于他们有效地接管了日益发展的城市的统治权一事，我们就不必感到大惊小怪了。毫无疑问，他们是出于大家心知肚明的私利而做出如此举动的，此事导致了以下后果：直到 14 世纪，城市内部常能听见直率批评的声音，其靶的是商人垄断经营、商业、政治、司法权力的行为。

城市内部的权力关系有赖于城市的经济结构、人口规模。拿最大的工商业中心来说，自 13 世纪以降，数百人规模的暴动便发生多次，在某些情况下，比如在佛罗伦萨、根特这样的城市，有成千上万的纺织匠人揭竿而起，他们对国际上的风吹草动尤其敏感。在许多城镇，这些冲突使得匠人以更高的水平参与到政治中去，并自行组织起来。大型城市的政府由此不再是原来的贵族阶级的独占领地，它不得不开放各级职位给那些出身中间阶层以至高级匠人的新来者。此事隐含的意味是：在公共权力与商人行会之间，我们需要作出功能上的区分。自治体或许仍是所有市民平等权利的代表者，不过身属精英的实业家、大商人常常遵循的是自身的资本利益最大化逻辑。

对要求获得以产品、租金、赋税形式存在的收入的

城市地主来说，城市附近的乡村可以成为市场管理、征收商税、施行行会垄断、以优厚的经济—法律条件进行资本投资的场所。在极端的情况下，如果没有强大的最高统治者存在（14、15 世纪的中、北部意大利就是这样），此种有利条件往往导致在一定区域内最大城市的主导下的城市国家的产生。[③] 在这种背景下，占据统治地位的城市所扮演的角色与争夺领地资源控制权的封建领主没有根本区别，二者的差异仅在于：城市对本地所享有的特权、经济利益、自治表现出了更大的关注。

为了行路安全，个人发挥主动性进行自我组织仍是人们的主要选择。航海保险是热那亚商人的标志，它与风险向大量伙伴关系领域的扩散是结合在一起的。在巴塞罗那、马略卡（Mallorca）、瓦伦西亚，《康索拉多海商法典》（Consulado del Mar）是一部专门规范海上贸易的特殊法典，其立法目的是维持规范的海上关系。威尼斯以国家的形式组织、维护商船队，这是它创造出来的解决风险问题的独特路径。至于大西洋、北海、波罗的海沿岸地区，贸易保护有赖于以下两者的结合：其一，个人的积极进取；其二，自治体或君主国当局为保护海外侨民而采取的干涉行动。为了解决从属于不同国家、司法体系的贸易伙伴之间的争端，协商、报复、抵制以及在不可避免的情况下发动战争都是人们所取的典型做法。相比许多其他的实例，德国汉萨同盟在最广阔的层面上体现了此种公私联合，另外，它在 1358 年发生的转变——从一个商人行会组织变为某个商业城市政府——清楚标示了我们早先在商人组织与城市政府之间所作的区分。[④]

欧洲的特异之处在于殖民贸易公司的建立，它是以下两者最复杂的融合成果：其一，私人的组织；其二，受到中央政权许可的护商行为。这是一种以城市资本家与国家强制权力的结合为手段的资源抽取方式。虽然如此，从本质上说，它在各地有着极大的差

---

① Franz Irsigler, 'Kölner Wirtschaft im Spätmittelalter', in Herman Kellenbenz, ed., *Zwei Jahrtausend Jahre Kölner Wirtschaft* (Cologne: 1975), 242 - 243.

② S. Ogilvie, *Institutions and European Trade. Merchant Guilds 1000 - 1800* (Cambridge: Cambridge University Press, 2011), 41 - 159; Wim Blockmans, 'Formale und informelle soziale Strukturen in und zwischen den großen flämischen Städten im Spätmittelalter', in Peter Johanek, ed., *Einungen und Bruderschaften in der spatmittelalterlichen Stadt* (Cologne, Weimar, Vienna: Bohlau, 1994), 1 - 15; Wim Blockmans, 'Regionale Vielfalt im Zunftwesen in den Niederlanden vom 13. bis zum 16. Jahrhundert', in Knut Schulz, ed., *Handwerk in Europa* (Munich: Oldenbourg, 1999), 51 - 63; Wim Blockmans, 'Constructing a Sense of Community in Rapidly Growing European Cities in the Eleventh to Thirteenth Centuries', *Historical Research*, 83: 222 (2010), 575 - 587.

③ Daniel Waley and Trevor Dean, *The Italian City-Republics* (Harlow: Longman, 2010); P. J. Jones, *The Italian City-State: From Commune to Signoria* (Oxford: Oxford University Press, 1997).

④ Rolf Hammel-Kiesow, *Die Hanse* (Munich: Beck, 2008).

异。西班牙、葡萄牙的这类公司所获得的财产归根结底是属于国家的，只有一小部分商人从中得利。相比之下，荷兰、英国的殖民公司基本上是商人掌控下的企业。荷兰东印度公司的制度反映了荷兰共和国的联邦结构，该共和国的城市享有异乎寻常的高度自治。公司的六个商部悉数位于不同的城市，负责船队的装配事宜；股票售卖给大量投资者；收益归属不同的地方商业精英。英国东印度公司同样由商人本身加以经营，其股票在市场上买卖，收益同样归给股票交易的参与者，只不过这些收益常常被榨取出来，用来给政府贷款。与荷兰东印度公司不同，英国东印度公司并不受自治城市组织的影响，相反，它是一个国家色彩浓厚得多的组织，在它里面，以伦敦为大本营的商人享有最重要的地位，他们是获益者。殖民公司在全球性的规模上接过了商人行会在中世纪所扮演的角色。①

在欧洲以外的地方，并未见这样强大的长途贸易公司崛起。虽然如此，在较小的规模上，我们在别处也能看到商人组织、行会的身影，它们为自身成员的生意提供保护并促进其发展，通过信用的生成，它们还减少了交易成本。与此同时，共同的（宗教）仪式、节庆还加强了人们的一体意识。中国的同行、同乡组织以令人惊异的高水平自治运作着。这些组织的一个重要职责是调解商人之间的纠纷，某些组织还保有自己的防火队或组建起了自己的民兵团。不过这类组织是在没有获得特许的情况下存在的，与之相对的欧洲行会，其独立的组织结构正是由这些"特许"加以保证的，这意味着前者有突遭国家干涉的风险。1219 年，中国南宋王朝发布命令，规定进口的奢侈品应以丝绸、锦缎、瓷器的形式支付代价，从而防止白银外流。不过，国家政策并不只有抑制贸易的一面。尤其是 1684 年对海外贸易的解禁导致了清代中国商业活动的发展，新的行会、各种组织的成长受到推动。19 世纪晚期是另一个引人注目的商业竞争不受限制的时代，在那时，甚至有执行中央银行基本功能的金融行会不时兴起，它促进了地方市场的稳定，并满足了跨区域长途贸易的种种需求。②

同样，在奥斯曼帝国，行会的自治水平各有差异。

绝大多数行会最初是作为志愿组织存在的，它们不仅对贸易、生产进行管理，且提供互助以防疾病、死亡。许多行会渐渐在行政上充当了地方政府与商铺之间的联系纽带，行会从当局那里接受指令。来自上头的控制在伊斯坦布尔表现得最厉害，在大马士革、赛里斯（Seres）之类的地方城市则表现稍逊。同样，丝织匠不得不应付地方当局经常性的骚扰，因为丝绸在对外贸易中具有重要地位，相比之下，鞋匠、制革匠人的行会常常被放在一边，无人搭理。③ 这样，无论在奥斯曼帝国还是中华帝国，商人、匠人都建立了堪与欧洲相比的贸易、生产组织，不过，其活动范围在很大程度上有赖于当时的中央、地方当局给予它们的（暂时性的）操作空间。与此相比，欧洲商人可以依靠种种传统、制度安排，它们长时间地充当了权力、协商的基础。

本于城市的政治代表权要求

这样，非欧洲商人、行会成员并非总是处在无权的地位上。尽管欧洲城市组织的法律地位所带来的那种强大支持是它们所缺乏的。欧洲城市以至规模更小的城镇有权与所有其他的公共权力组织、民间团体进行协商，无论是在它们所属的领土范围之内还是之外，其目的是通过法律手段保护自己的市民，哪怕是在本市以外的地方。在 15 世纪的法兰德斯、布拉邦、荷兰，城市代表作为己方的代表，与德国汉萨同盟、英王、卡斯提尔国王的代表进行谈判。在自己的商业利益与君主的利益发生冲突时，谈判各方会进行磋商，以获得妥协方案，在绝大多数情况下，君主会明白：对他的税入而言，其治下市民的收入是基础。④ 欧洲城市的法人资格有助于它们对国家统治者的专断举措进行反抗，为达此目的，它们会在许多场合将授予它们的种种特权摆出来，另外，它们还会为本市市民的安全、财产权提供保证。这一点在牵涉到商业资本时显得特别重要，因为商业资本在国际关系中代表着一笔独立而具有战略意义的资产。

独特的城市行政构成了欧洲城市权力的基盘，与

① Ogilvie, *Institutions and European Trade*, 228 - 230, 322 - 330.

② Linda Cooke Johnson, *Shanghai. From Market Town to Treaty Port*, *1074 - 1858* (Stanford: Stanford University Press, 1995), 107 - 110, 124 - 128; William T. Rowe, *Hankow. Commerce and Society in a Chinese City*, *1796 - 1889* (Stanford: Stanford University Press, 1984), 175.

③ Nelly Hanna, 'Guilds in Recent Historical Scholarship', in Salma K. Jayyusi et al., eds., *The City in the Islamic World* (Leiden: Brill, 2008), 895 - 923.

④ Wim Blockmans, 'Representation', in Christopher Allmand, ed., *The New Cambridge Medieval History*, vol. 7, *c. 1415 - c. 1500* (Cambridge: Cambridge University Press, 1998), 29 - 64.

之相配对的是独特的预算，另外经常出现的还有极大程度的财政自主。独特的城市需要这些特别的事物。在欧洲以外的地方，地方行政常与城镇的管辖范围有重叠之处，郡县的边界可能划到了城市里面。地方的财政自主是不存在的。不过，在中国、伊斯兰教的地界内，非正式的城市自治是存在的，地方贵族以这种方式向政府官员建言、为其提供支持。这些"贵族"与国家之间的关系具有流动不居的特征。国家强大时，地方贵族扮演的是政府代理人的角色；在国家衰落或出现危机之时，他们展开实质性的自治。地理距离构成了另一个影响因素。拿奥斯曼帝国来说，伊斯坦布尔无疑是受控最严的城市，而对于边远的省会城市比如阿尔及尔、突尼斯，中央政府便鞭长莫及了。进入 18 世纪，我们甚至能看到这样的现象：的黎波里总督（shaykh）竟有经常召开的城市贵族议会为其提供支持。这类地方上的中介角色常常捍卫着本群体的利益，并为降低赋税或要求其他特权鼓与呼。[1] 在日本，甚至有记载说商人主导的堺市（靠近大阪）在 15、16 世纪将自己当作一个独立的行政单元，施行自治。[2]

与这些非正式的城市行政组织关系密切的是社区组织。这类组织承担着不同的职能，比如打击犯罪、控制火情、处理垃圾、调解纠纷、协助征税、为地方宗教活动提供支持（特别是在中国、日本），展开互助以防备疾病、死亡，在战争之时展开防卫工作。针对这些服务，或许人们展开了相应的征税工作。我们又一次看到，这些地方组织各自享有不同程度的自治，自治水平视地方与中央政权的距离而定。[3] 以江户为例，幕府通过选任社区首领对地方施加严密控制，它以此减弱了地方政府的独立性。

事实上，无论是伊斯兰国家还是中国，真正的城市行政有很大一部分是留给非国家部门去做的，这让地方精英及其组织能管理其日常生活，并拥有独立于统治者的社会权力、影响，独立的城市身份、荣耀也因此得到了强化。[4] 不过，为公民提供保护的法律手段是不存在的，此外，由于地方贵族通过高度私人化的关系网络与政府展开亲密合作，独立而能发出自己声音的中间阶层的发展受到了阻碍。和在欧洲一样，经济权力在伊斯兰国家、中国并不能轻易地转化为政治权力。城镇的资本积累一直处在威胁之下，因为伊斯兰世界、中国的法律体系并未发展出相应的机制对抗商业风险，或是使人们免受随意征税、没收财产的侵害。除以上外，在伊斯兰世界、中国，执行缓冲功能的强大势力亦付诸阙如，它能限制中央政权的随意压榨和令人意想不到的征税、索求；相应的城市保护措施也不存在，它们能保护实业家、商人免受野心勃勃的王公的横暴行为的侵害。[5] 在中国，盐商积聚起了可观的财富，而他们在国家与商人群体之间扮演了某种中间人的角色，这与法国旧制度下有势力的包税人没有什么不同。这些盐商甚至得到了"官商"的称号。对绝大多数中国商人来说，获取政治权力的最佳途径是买地、加入绅士行列，而后让自己的子孙受教育，以便让他们努力获得帝国的官位。[6] 至于伊斯兰世界，以经商为本的财富传续受到更进一步的阻碍，因为此地的财产继承模式往往对积累的资本进行分割处理，与此同时，由于某伙伴方退出、失去合作能力或死亡的关系，经济上的伙伴关系常常处在分崩离析的危险之下。[7]

欧洲城镇的财政自主却逐渐受到侵蚀，典型的韦伯式城镇亦受到影响。统一王朝国家的兴起削弱了典型的欧洲城镇自治，这是规模经济所产生的直接后果。在规模经济的影响下，领土国家的统治者具有了利用优越军事技术以及人数空前的军队的能力。新时代的皇帝、国王对城市社会施加了更大的财政压力，虽然以前的特权仍延续下来，新的管理措施、新的行政网络却越来越多地渗透到既有的城市自治体系中。城市自治的衰落程度在欧洲各地表现不一。领头的商业城市普遍保持了高水平的自治，只要君主在从它们的服务中获益时不从经济上榨干它们。事实已经证明，商人精英统治下的重要自治城市比领土国家更容易获得贷款。当这些精英以求取租金为意、在经济上不再那么

① André Raymond, 'The Management of the City', in Jayyusi et al., eds., *City in the Islamic World*, 775 - 794.

② 参见上文第 18 章。

③ S. Van der Sprenkel, 'Urban Social Control', in G. William Skinner, ed., *The City in Late Imperial China* (Stanford: Stanford University Press, 1977), 615.

④ Susan Mann, *Local Merchants and the Chinese Bureaucracy, 1750 -1950* (Stanford: Stanford University Press, 1987), 13; 参见上文第 15 章。

⑤ Van der Sprenkel, 'Urban Social Control', 632; Rowe, *Hankow*, 209 - 210; Mann, *Local Merchants*, 21.

⑥ Antonia Finnane, *Speaking of Yangzhou. A Chinese City, 1550 -1850* (Cambridge: Cambridge University Press, 2004), 264.

⑦ Timur Kuran, *The Long Divergence. How Islamic Law Held Back the Middle East* (Princeton: Princeton University Press, 2011), 79, 98.

有活力时,他们便为王朝国家的统治铺平了道路。① 相比直到 18 世纪末仍保持着自治地位的荷兰城镇,地中海地区的城市自治事实上已灰飞烟灭,引人注目的例外只有威尼斯。大量德国、法兰德斯、布拉邦城镇成功地保持了自治地位,不过,它们必须得付出越来越高的代价,以缴税或借贷的方式获得此种地位。无论如何,它们不再有机会为本市以外市民的特殊利益提供保护。只是在下面一件事情上,城市获得了某种补偿:地方精英可将自己应缴的国家税收保持在一定的限度上,以维护自己的利益。②

尽管国家的权力日益增长,然而,哪怕是在国家控制下的城市,仍有某些地方逃避着从上头来的直接控制。在世界各地,市场、酒吧、咖啡屋、茶馆之类的地方构成了"公共空间",人们可方便地在此进行快速交流,从潜在的方面说,他们能形成涉及到政府决策的关键意见。在伊斯兰世界,清真寺是城市中主要的户外集会场所。作为慈善信托组织所保有的宗教捐赠产业,义产在城市范围内进一步扩展了社会交流的基础设施,它采取的做法之一便是设立客栈。③ 伊斯兰国家、中国的统治者采取了某种自由放任的政策对待地方的治理、管理,这个事实让地方贵族、组织有了讨论政治问题的空间。事实上,国家并无能力掌控万事万物。中国富商组织所拥有的独立财富并不只是用于救济事业,它们还为节庆、表演提供赞助,它们捐赠出来的茶馆、公园成为重要的社交中心。茶馆甚至扮演了某种公共法庭的角色,相比地方政府的审判,中国人常常更喜欢茶馆仲裁者的决断。④

这些社交空间让所有的争论都能上演,不过,绝大多数争论限于地方事务、边缘话题。按照哈贝马斯的看法,近代早期西欧的"公共领域"构成了某种全新的事物,因为与之相伴的是某种更为开放并达到全国规模的政治论争,此外,在荷兰共和国、英国、法国,涌现出了各种各样的报纸和大量的小册子。⑤ 欧洲酒吧与中国茶馆或受伊斯兰世界义产资助的社交集会场所确有差异。中国茶馆有义务在墙上张贴公告,警戒人们勿论国事,在危机关头,茶馆还常常闭门歇业。受义产资助的各种组织也有着种种不利条件,因为从接受义产的捐赠之日起,其运作规则便固定下来,这样,它们便无力适应新的形势。⑥

至于英国、荷兰的公共领域,它们依据传统,包含高度政治化的特殊元素。英国本身的城市自治随地方的不同而表现出极大差异,与欧洲大陆相比,英国城市的财政自主程度总是低很多。不过,在许多市政组织中,代表们是通过自由选举的方式被选出来的。在 18 世纪,这些选举堪称社区的大事,而这样的选举在法国大革命以前的欧洲大陆却是闻所未闻的。即便实行选举的范围不一定很大,且进入英国公共领域的通道并不像人们常认为的那样通畅,此种本于城市、与更大范围政治参与的新观念有关的传统所产生的影响却是不容置疑的。⑦

渐渐地,与市民权、议会代议制有关的这类理念还传播到了欧洲的其他部分,乃至扩散到了欧洲以外的地区。沃莱特(Mercedes Volait,参见本书第 32 章)让我们看到:19 世纪伊斯兰城市政府的新型代议制度常常以之前存在的非正式城市管理形式为基础。在中国境内,公共领域在 19 世纪晚期各种商会建立后获得了发展动力。这些精英组织的成员来自以前的行会、商会,它们能对政府施加很大的压力,并抵制随意征收的赋税。这些商会是新型政治自觉的繁衍地,1872 年,最早的一份重要的国文报纸出现了,此种政治自觉得到进一步的推动。⑧

结语

综览整个欧亚大陆,城市的权力基础在于各种因

---

① David Stasavage, *States of Credit: Size, Power, and the Development of European Polities* (Princeton and Oxford: Princeton University Press, 2011).

② Clark, *European Cities*, 209 - 211; Richard Bonney, ed., *The Rise of the Fiscal State in Europe c. 1200 - 1815* (Oxford: Oxford University Press, 1999), 152 - 156.

③ Hugh Kennedy, 'From Polis to Madina: Urban Change in Late Antique and Early Islamic Syria', *Past and Present*, 106 (1985), 16.

④ Kwam Man Bun, *The Salt Merchants of Tianjin: State-Making and Civil Society in Late Imperial China* (Honolulu: University of Hawaii Press, 2001), 85 - 87; Johnson, *Shanghai*, 99.

⑤ Jürgen Habermas, *The Structural Transformation of the Public Sphere: An Inquiry into a Category of Bourgeois Society* (Cambridge: Polity Press, 1989), 25 - 26; Robert Darnton, *The Forbidden Best-Sellers of Pre-Revolutionary France* (New York and London: W. W. Norton, 1996), 236 - 239.

⑥ Kuran, *The Long Divergence*, 111; Di Wang, 'The Idle and the Busy: Teahouses and Public Life in Early Twentieth-Century Chengdu', *Journal of Urban History*, 26: 4 (2006), 419, 424; Johnson, *Shanghai*, 109 - 110, 141.

⑦ P. J. Corfield, *The Impact of English Towns 1700 - 1800* (Oxford: Oxford University Press, 1982), 147 - 152.

⑧ Mann, *Local Merchants*, 19, 153 - 154; 参见上文第 17 章。

素的融合,在它们当中,尤其引人注目的有两点:其一,独立地掌控资源的抽取;其二,相关政治背景下的势力均衡。受制于生态因素,就全球范围来说,欧洲城市是在后来发展起来的,其规模相对较小。在10—13世纪,稳固的经济、人口增长便利了欧洲教会组织的扩张,不仅如此,封建领主以及他们当中最成功的竞争选手——领土国家的王公——的势力扩张亦得到了促进。教会、贵族、领土国家的王公,三者构成了一个既相互对抗又相互补足的权力结构,在这种三角关系的背景下,城市发展起来,并成为一个新的权力竞逐者,它们引以为本的是一种全新的资源抽取体系。在这种典型的势力均衡格局下,城市的自治体获得了法律—政治实体的身份,在与君主、教会、贵族以及外部利益集团的对抗中,它们可以作为一个整体推出自己的代表。考虑到这些城市掌控着巨大的商业资本,它们的呼声是必须引起重视的。

至于伊斯兰、中国世界,势力均衡格局在较早的一个时期便以快于欧洲的速度倒向中央统治者一方,这抑制了自治城市团体的发展。不过,在任何一个地方,城市人都可进行联合,并从中央统治的暂时衰落中获益,这在不同国家位置更偏远的那些地区表现得最明显。无论在中国还是伊斯兰国家,真实的地方行政都是一个难以进行定义的领域。基于此,地方贵族有机会填补其中的空白,并建立起城市议会、商会、行会和社区组织。通过这类组织,城市贵族推动了自己和本群体的利益,虽然相比欧洲,他们的成功率通常更低且持续性更差(由于强大的法律保护措施、财产权的缺失)。不过,欧洲城市组织所拥有的强大力量也能够导致排斥他人的结果,犹太人、其他非基督徒并未受到全心全意的宽容对待。相比之下,中国、伊斯兰城市更为宽容,且常常有从属其他宗教的外商的居住区,至少在中世纪是这样的。

在很大程度上,城市自治、典型的以城市为本的公共领域可以看作是以不同规模出现在欧洲本土的一种现象。它们所扮演的角色以及存在于它们里面的城市要素所发挥的作用取决于不断变动的权力基础。对城镇来说,这些基础主要包括以下几个方面:城镇的人口规模;经济—金融的繁荣;交通设施;城镇在行政、经济、财政、司法事务上的特权;军事力量。就成千上万位于人口稀少地区的小城镇而言,教会、地主、王公的统治地位一直延续到19世纪。哪怕在城市化率更高的许多西方地区,城市自治在17、18世纪亦走向衰败。

城市丧失了在城市以外地区施行统治的能力,不过,它们最富进取精神的市民们却将自己组织到公司中,从而将脚步迈向了全世界。尽管如此,经事实证明,原有的权利、选区仍拥有强大的力量,18世纪晚期激进的新型政治代议要求的提出得到了它们的推动。在欧洲以外的地方,人们能同样感知到这类发展态势,虽然有更为顽固的障碍阻挡人们朝更广阔的权力参与方向迈进。话说回来,不论在东方还是西方,从典型的以城市为本的公共领域中生发的这些政治要求都有深厚的历史根基。

参考文献

Blickle, Peter, ed., *Resistance, Representation, and Community* (Oxford: Clarendon Press, 1997).

Blockmans, Wim, Holenstein, André, and Mathieu, Jon, eds., *Empowering Interactions. Political Cultures and the Emergence of the State in Europe 1300 – 1900* (Farnham: Ashgate, 2009).

Bonney, Richard, ed., *The Rise of the Fiscal State in Europe c. 1200 – 1815* (Oxford: Oxford University Press, 1999).

Feldbauer, Peter, Mitterauer, Michael, and Schwentker, Wolfgang, eds., *Die vormoderne Stadt. Asien und Europa im Vergleich* (Vienna and Munich: Oldenbourg, 2002).

Lapidus, Ira M., *Muslim Cities in the Later Middle Ages* (Cambridge: Cambridge University Press, 1967).

't Hart, Marjolein C., *The Making of a Bourgeois State. War, Politics, and Finance in the Dutch Revolt* (Manchester: Manchester University Press, 1993).

Tilly, Charles, *Coercion, Capital, and European States, AD 990 – 1990* (Oxford: Blackwell, 1992).

——and Blockmans, Wim P., eds., *Cities and the Rise of States in Europe A. D. 1000 to 1800* (Boulder, Colo.: Westview Press, 1994).

Tin-Bor Hui, Victoria, *War and State Formation in Ancient China and Early Modern Europe* (Cambridge: Cambridge University Press, 2005).

Weber, Max, *Economy and Society* (Berkeley, Los Angeles, and London: University of California Press, 1978).

屈伯文 译 陈 恒 校

第 24 章 文化的表象

彼得·伯克

本章是有关表象或图像的一篇比较文章,其基本目的在于确认全球不同地方的人们(城里人、城外人,富人、穷人、男人、女人等)以何种方式感知城市(惊羡、热爱、恐惧或厌恶)。本章所关注的既包括物理形态的城市(作为艺术品的城市),也包括社会形态的城市(作为想象的共同体或不同人群之集合)。欧洲、西亚、东亚的大城市(也就是人口在 10 万或以上的城市)将是本章的主要讨论对象,包括殖民城市,欧洲、土著传统交汇、冲突、互相渗透的混合城市。正是由于这些城市,某种"相互联系"并可资比较的历史才成为可能。有关对这些城市的概括性考察,读者可特别参见本书第 12—13、16—19 章。

在作比较之时,日期不可避免地会引出一些问题。以中国为例,改朝换代的年份导致重大的历史裂变,比如 960 年(唐朝终结、宋朝开始)、1368 年(明朝开始)、1644 年(清朝开始)、1911 年(帝国终结)。而在日本,主要的转折点在于 1600 年,那时,德川氏兴起了;还有 1868 年,即天皇"重掌大权"、现代化政策出台之时。作为一项在各方之间作出调节的举措,本章以下内容会以 1000—1850 年这段时期作为讨论对象,其重点又在最后几百年的时段,因为那时的资料更为丰富。

和所有的材料一样,这些资料在解决问题的同时也引出了问题,虽然它们的内容丰富、形式多样。什么问题呢? 它们既是真实的,又是虚构的;既有成文材料,又有图像材料。就欧洲而言,我们讨论的绝大多数城市在这段时期仍然存在,其格局的很大一部分、在某些情况下还有它们的许多建筑都留存下来,它们构成了后来大得多的人口聚居区的"历史中心"。有关欧洲城市,规范体裁的文字或导引性质的介绍有许多,除此之外,还有旅游杂志、小说、诗歌、戏剧(比如以 17 世纪的伦敦为背景的"城市喜剧")中的短篇描述。视觉材料包括地图、城市风景画、表现城市生活的木刻画、版画。一句话,如果我们要对中世纪或近代早期欧洲城

市(在次要的层面上,还包括南北美洲的殖民城市)的表象进行研究,呈现在我们面前的将是多得令人无法选择的材料。

至于亚洲,相关材料就没有那么丰富了,不惟如此,对于无法识读汉语、日语、阿拉伯语、土耳其语和其他语言的学者们来说,其中的许多材料还没有办法进行理解。就日本而言,传统城市在物质形态方面的痕迹很少留存于世,不过,作为补偿,文字、图像方面的材料是丰富的,特别是 17 世纪以降的那些材料。至于中国,相关材料要少一些。而在伊斯兰世界,某些历史上的城市中心存续下来,不过有关城市的本土图像少得可怜。

不消说,材料不可尽信,人们的偏见、花言巧语需以宽容待之。表象并非对社会真实的简单反映,而是通过双重滤镜——个人体验、进行表象的种种套路——对社会真实进行呈现。比如,表象依据文学、图像体裁的套路形成自己的风格。颂歌作者和讽刺作家都对证据进行选择、掌控。旅客尤其是外国游客看到的仅是城市的一小部分,或许,他们对自己所见的还有所误解。文学、图像上的套路无处不在,特别而又不独在乞丐、小偷所组成的"下流社会"身上,人们能看到这一点。对于这些套路,人们应加以认可而非鄙弃,因为与所有其他表象一样,对史上人类认知之形成,它们做出了自己的贡献。

本章以下内容的编排并非依据历史分期或地区,而是依据三大主题:作为艺术品的城市;理想城市;社会形态的城市。

作为艺术品的城市

在某种意义上,一座既定城市的最佳表象即是该城市本身。它的形象体现在城市格局、重要建筑、城市

空间上，并在城市的宗教、世俗礼仪中表现出来。①

以巴格达为例，这座城市自762年以降获得重建，其表现形式是一个圆圈，它要展示的或许是宇宙的形象。13世纪的米兰被描述为一座环形城市，"这象征着它的完美"。文艺复兴建筑著作有关理想城市的讨论强调了规则布局的需要，这些城市有时呈现出星星的形状。

在分布于世界各地的不同地区，我们都能看到以网格布局为基础的城市。如此规划可能是为了减少交通方面的问题，不过它也可能是理性布局的标志。与宋都中都、元都大都一样，唐都长安是采取此种格局的范例城市，它们都是北京的先驱。日本奈良、京都、朝鲜公州的建设者都以长安为样板。一些欧洲城市亦照此布局，从13世纪苏塞克斯（Sussex）的温切尔西（Winchelsea）到18世纪爱丁堡的新城，不一而足。阿兹特克城市特诺奇蒂特兰（意为"神的殿"）同样以网格布局，新大陆的许多殖民城市亦然，其中有墨西哥城、利马、波托西、费城。

440　　在欧洲，市政厅的兴建始于中世纪晚期，其肇因不仅在于实用方面的考虑，亦在于人们将它们当作城市之荣耀、权力的象征。② 它们代表了自治（在实践中，这通常意味着寡头政治）的理想。厅内装潢物常有体现美德者，无论它们是来自罗马史（比如佛罗伦萨、锡耶纳市政厅的象征物：斯凯沃拉［Mucius Scaevola］将手放在火上的图像）还是《旧约》（比如阿姆斯特丹市政厅的摩西、所罗门像）。③ 安特卫普新市政厅镌刻了铭文——"安特卫普城议会、人民"（简称SPQA），这很明显是为了与古罗马作比较。④ 再一次，城市之间的竞争通过表象呈现出来，甚至荷兰共和国小城市恩科豪森（Enkhuizen）的市政厅都镌刻了"SPQE"（意为"恩科豪森城议会、人民"）这几个令人骄傲的字母。教堂、行会大厅能够多方位地体现城市的荣耀、财富，在18、19世纪，有着同样功能的是剧场、音乐厅、博物馆、图书馆、美术馆。医院也一样，比如米兰的马乔雷医院（Ospedale Maggiore），自15世纪以降，它便是一处招引游客而来的胜地。

1743年，布里斯托尔交易所（Bristol Exchange）开

张。开张仪式上的一句话清楚说明了人们建造此类建筑的共同动机："公共建筑一直享有盛誉，人们认为它们是国家之智慧、荣光的象征。"除了这些，人们还可加上一句：作为城市身份的象征，建筑还是一种竞争形式，它们通过其他方式，以华丽的外表延续了战争。由此，我们看到，锡耶纳人立定心意要让自己的市政厅（Palazzo Publico）比佛罗伦萨市政厅（Palazzo della Signoria）更高。

同样，在伊斯兰世界，清真寺、光塔、市场、公共医院发挥着象征、实用两方面的作用（有关欧洲对开罗城景的描绘，参见图24.1）。像大马士革大清真寺、伊斯坦布尔蓝色清真寺这类地方，既是游客的祈祷之所，又是他们的游览胜地。在南亚、东亚，各种寺庙（无论是印度教、佛教还是道教的庙宇）所扮演的就是清真寺、教堂那样的象征性角色。著名的实例包括北京的五塔寺，京都的禅宗寺庙南禅寺。⑤ 无论东、西，人们费心建造的城门同时发挥着装饰、防卫的作用。某些这类防卫设施还享有大名，比如北京以其"九门"（这个数字在1550年之后增至13）而闻名。

空旷的场所特别是广场有着象征、实用两方面的用处。14、15世纪，广场已是意大利人生活的组成部分，某些著名的广场甚至出现得更早，比如约1200年威尼斯的圣马可广场（Piazza San Marco）、约1300年佛罗伦萨的市政广场（Piazza della Signoria）。16世纪，著名建筑师圣索维诺（Jacopo Sansovino）受威尼斯总督之命，给圣马可广场美容。他清理了广场上的商铺、货摊，建起了一座图书馆，并在广场钟楼的地基上建起了一座钟楼（loggetta）。1600年时，巴黎仅有两个广场，相比之下，伦敦广场的历史是在17世纪随着考文特花园的兴建而真正拉开序幕的。

有些欧洲广场出自著名建筑师之手，比如贝尔尼尼之于圣彼得广场（Piazza San Pietro），或芒萨特（Mansart）之于巴黎胜利广场（Place des Victoires）、路易大帝广场（Place Louis-le-Grand）。它们得以建造起来，其目的是让统治者的权力在公众心中留下深刻的印象。特拉法加广场（Trafalgar Square）融胜利之象征　441

① Kevin Lynch, *The Image of the City* (Cambridge, Mass.: MIT Press, 1960).

② Maria Bogucka, 'The Town Hall as Symbol of Power', *Acta Poloniae Historica*, 75 (1997), 29-38; Robert Tittler, *Architecture and Power: The Town Hall and the English Urban Community*, c. 1500-1640 (Oxford: Clarendon Press, 1991).

③ Nicolai Rubinstein, *The Palazzo Vecchio 1298-1532: Government, Architecture, and Imagery in the Civic Palace of the Florentine Republic* (Oxford: Oxford University Press, 1995).

④ Holm Bevers, *Rathaus von Antwerpen* (Hildesheim: Olms, 1985).

⑤ Susan Naquin, *Peking: Temples and City Life 1400-1900* (Berkeley: University of California Press, 2000).

图 24.1　1549 年的开罗鸟瞰图，出自帕加诺（Matteo Pagano）之手。
材料来源：*Civitates Orbis Terrarum* by Georg Braun and Franz Hogenberg（1st edn. Cologne, 1572）。

（在这方面，它是围绕纳尔逊建造起来的，此人的纪念柱建于 1843 年）与帝国之象征于一身。为了让广场给人以更深刻的印象，它们通常配有喷泉、塑像和其他"装饰"。在西属美洲，相比西班牙本土，广场享有更重要的地位。殖民城市的中心常常是阅兵广场（Plaza de Armas），它们是教堂、地方政府的所在地，对西班牙在西班牙人占少数的地区的统治来说，这些广场构成了它的象征。

另一方面，在世界其他地方，广场就不那么重要了，如果说存在着广场的话。在 1453 年土耳其人占领君士坦丁堡之后，他们用覆顶的市场取代了某些广场。更一般地来说，在伊斯兰世界，宗教集会场所在清真寺，与此同时，世俗集会是在城外露天场所（maidan）举行的。萨法维王朝统治下的波斯构成了这项通则的重要例外。伊斯法罕（Isfahan）的"国王广场"是为了 17 世纪早期的阿巴斯（Abbas）王而兴建起来的，其面积是圣马可广场的七倍。

北京的天安门在 1651 年成为广场，由人们对天安门外的空间进行清理而成，不过在那个时候，其面积只相当于今日的四分之一。在德川时代的日本城市，广场一般是稀缺之物，它们常以用作过道而非集会场所的大型空间的形式存在。相比欧洲，人们常在日本城市的边缘地带发现刑场，而在欧洲，处决犯人是人们有意在市中心举行从而让围观者目睹的公共仪式。

欧洲广场还是许多其他仪式的背景之地，这些仪式集体展现了城市面貌、其社会结构以及历史。米兰、马德里、威尼斯便曾荣获"礼仪城市"或"庆典城市"的雅号。比如，人们经常提到圣马可广场及其附近小广场上的表演场景，特别是总督本人在自己的总督府"官署"中观赏重大事件时所见的场景。[1] 不过，出类拔萃的礼仪城市是罗马，因为各种各样的庆典层出不穷，比如复活节庆典、圣徒封圣仪式、新任教皇的一种任职方式（possesso）——绕城仪式、官方圣年（1450、1500、1550、1600 年等）开年庆典。和穆斯林朝觐麦加一样，天主教徒往罗马朝圣亦可看作一种入教仪式。对此项仪式而言具有关键意义的是七大主要罗马教堂之行。16 世纪晚期，教皇西克斯图斯五世（Sixtus V）下令修建将这些教堂连接起来的新道路，人们利用城市规划来促进礼仪的功用。[2]

442

---

① 　Ian Fenlon, *The Ceremonial City：History, Memory and Myth in Renaissance Venice*（New Haven：Yale University Press, 2007）.

② 　Gérard Labrot, *L'image de Rome：une arme pour la Contre-Réforme, 1534 - 1677*（Lille：Atelier Reproduction des Thèses, 1978；repr. Seyssel：Champ Vallon, 1987）；M. Visceglia, *La città rituale：Roma*（Rome：Viella, 2002）.

在教会城市,守护圣徒在城市象征上发挥了重要作用,比如圣马可之于威尼斯,圣但尼(St Denis)、圣杰纳维夫(St Genevieve)之于巴黎,圣依西多禄(St Isidore)之于马德里。[1] 在佛罗伦萨,城市守护人圣施洗约翰的节庆是重要的宗教节日。该城还有一个重要庆典是游行,人们从大教堂(Duomo)到维琪奥桥(Ponte Vecchio)再经市政广场返回,参与活动的有修士、托钵僧、世俗教职人员、唱歌的少年人、各种宗教团体等。游行队伍路经装饰得富丽堂皇的各大街道,在这样的场合,城市往往披上了最美的衣装。一路伴行的还有奏乐者、守护圣物者,尾随其后的是呈现种种圣景的花车,比如圣约翰诞生及其给基督施洗的场景。该庆典一个更不寻常的特色是佛城治下众城(比如比萨、阿雷佐)敬献给圣徒的官方贡赋。换句话说,圣徒便是在其保护下的城市的化身,这样,游行庆典从根本上说便是佛城自身荣耀、权力的展示,是它对其他城市统治权的集中确认。

在新教世界,由于宗教改革,礼仪领域发生了许多重大变化。守护圣徒及其节庆销声匿迹了,取而代之的是其他礼仪,其中有伦敦的市长就职巡游(Lord Mayor's Show),它是教皇绕城就职仪式在英国的一种世俗版本。每年的10月29日,新任伦敦市长上路巡游,他通常坐在马车上,从市政厅去往威斯敏斯特宫进行宣誓。在返回"城市"(换句话说,即伦敦的商业中心)途中,市长会在圣保罗大教堂附近驻足,并在举行于教堂墓地里的"盛会"上接受祝福。而后,他会骑马横穿城市,展开巡游,重要行会或"城市团体"的成员会尾随其后。一行人穿过凯旋拱门,观赏更多的表演场景。游行活动将街区变为剧场,城市的社会结构一览无余。"这个说法在街区表露无遗,城市在这里将自身呈现给自己。"这并不是说城市是铁板一块。事实上,在礼仪程序方面,相互对立的个体或行会的争论常常导致活动的中断。[2]

在整个欧洲,权力的中央集权化由王室入城或统治者在国都(从马德里到莫斯科)巡游这类礼仪而得到彰显。[3] 至于东亚,城市礼仪活动同样具有重要意义。传统中国城市常有一条从南到北的主干道,游行队伍便沿着这条道路前行。中国的城隍扮演着天主教世界守护圣徒那样的角色。在对清代早期北京作了最细致描绘的艺术作品中,有一些是有关一次游行的画作,此次游行发生在1713年,是为了给康熙皇帝的60岁生日祝寿。在日本,宗教节庆在露天举行,尤其是三个节庆具有重要地位,它们各自在一个大城市举行,即京都祇园祭、大阪天满祭、江户山王祭。许多人来到城市观赏这些节庆。京都祇园祭的历史可以追溯到约1000年。游行活动中具有重要地位的是制造精良的大型彩车,塑像安在车轮上,由人们拉着走。和在欧洲一样,成群的城里人从城市的不同角落赶来,争相建造最好的彩车。[4] 江户山王祭同样包含你追我赶的彩车建造活动,游行队伍获准穿过城堡的地面,将军则像威尼斯总督一样,从高处观赏游行活动。这些每年一度的节庆在大量保存至今的屏风画——从16世纪晚期的到17世纪中期的——上得到展现。

理想城市及其对立面

城市在这个时期通常被人们理想化。它们构成了不同乌托邦的背景,比如康帕内拉的《太阳城》(1623年)、安德鲁(Johannes Valentinus Andreae)的《基督城》(Christianopolis,1619)。某些城市被人们当作世界的中心(caput mundi),其中引人注目的有罗马、耶路撒冷。与此同时,后来的一些城市自称是新罗马或新耶路撒冷。比如,11世纪"秃头"鲁道夫(Rodolphus Glaber)的编年史说道,奥尔良曾被描述为新耶路撒冷。与此同时,人们以同样的方式想象着新西班牙的图拉城(Tula)。[5] 城市间的竞争由此延伸到了艺术表现领域。早在4世纪,君士坦丁堡便被描述为新罗马。13世纪的帕多瓦是"事实上的第二罗马"(quasi secunda Roma)。相似的断语还将用在15世纪的佛罗伦萨、威尼斯,16世纪的塞维利亚身上。更不同寻常的则是伦敦,它被叫作"新特洛伊"。在苏丹穆罕默德于1453年征服君士坦丁堡后,一些俄国人宣称莫斯科是第三罗马,"第四罗马将不复存在"。

① Maria José del Río Barredo, 'Literatura y ritual en la creación de una identidad urbana: Isidro, patrón de Madrid', *Edad de Oro*, 17 (1998), 149-168.

② Robert Darnton, 'A Bourgeois Puts His World in Order: The City as a Text', in *The Great Cat Massacre* (New York: Basic Books, 1984), 107-144, at 120.

③ Maria José del Río Barredo, *Urbs Regia: Madrid Capital Ceremonial de la Monarquia Católica (1560-1650)* (Madrid, 2000).

④ Haruko Wakita, 'La fete de Gion a Kyoto', *Annales: Histoire, Sciences Sociales*, 52 (1997), 1039-1056.

⑤ Pablo Escalante Gonzalbo, 'Tula y Jerusalem', in Clara García Ayluardo and Manuel Ramos Medina., eds., *Ciudades mestizas* (Mexico City: Condumex, 2001), 77-88.

颂扬城市的文学体裁(无论是口头的还是成文的)起源于古希腊、罗马,在印度则起源于往世书时代(约300—1200年),在那时,它们以"mdhdtmya"之名为人所知。这类作品(fada'il)同样常见于伊斯兰文学中,包括出自巴格达迪(al'Khatib al'Baghdadi,卒于1071年)之手的多部城记、城史,其中有关于巴格达的著作(它强调了清真寺、浴室数量之庞大),或马克里兹(Taqi al-din al-Maqrizi,卒于1442年)有关开罗的著述。就西方而言,以类似于巴格达迪的手法创作的《罗马珍奇录》(*Mirabilia Urbis Romae*,12世纪40年代)强调了罗马的种种奇事,相比之下,13世纪80年代的《米兰珍奇录》(*De magnalibus Mediolani*)则使用了数据统计的修辞手法,强调了罗马的规模、财富,比如,它指出罗马有120座塔楼。①

444

在意大利文艺复兴期间,有关城市的颂体文学以古典范例为榜样,它们变得日益流行,其中声名最著者当数托斯卡纳人文主义者布鲁尼的《佛罗伦萨礼赞》(*Laudatio Florentinae Urbis*,1444年)。布鲁尼称赞佛罗伦萨是世界上前所未有的最干净的城市。虽然人们对布鲁尼的这个说法不以为然,他的做法却在米兰、布雷西亚和其他地方成为效法对象。与此同时,出自许多不同作家之口的所谓"威尼斯奇迹"凸显了该城独一无二的社会和谐、良好政治。有许多颂体文学与指南书完美地结合在一起,其中有圣索维诺的《高尚之城威尼斯》(*Venezia città nobilissima*,1581年)以及卡帕奇奥(Giulio Cesare Capaccio)的《那不勒斯城指南》(*Il forastiero*,1634年,与那不勒斯有关)。

其他国家的作家也加入到这个竞争行列中来。比如,15世纪的苏格兰诗人邓巴(William Dunbar)发出名言,称呼伦敦是"万城之花",人文主义者普罗扎(Alfonso de Proaza)则发布、出版了《赞瓦伦西亚的演讲》(1505年)。在视觉艺术上与这些演讲形成对应的是16世纪中期的一幅画作——《布鲁日的七大奇迹》(*Septem Admirationes Civitatis Brugensis*),人们将它归为克雷森斯(Pieter Claessens)的作品,它可谓古代世界七大奇迹的微型版。

从狭义上界定,城市颂体文学到16世纪末便步入衰落阶段,1604年德克(Dekker)写作的歌颂伦敦的小册子为我们提供了一个晚期实例。从广义上界定,此种文学一直延续到了本章所覆盖时段的末期(事实上,延续至今),其表现形式是指南书籍。这方面的先锋著作是圣索维诺的《威尼斯名物录》(*Cose notabili de*

Venezia,1558年),隔了一段时间后,还有介绍佛罗伦萨、那不勒斯、阿姆斯特丹、巴黎、伦敦的书籍尾随面世(说起伦敦,1681年有两本相互竞争的相关指南书籍出版)。城市指南书籍在明代中国、德川日本亦有出版,其中有京都指南书籍(1658、1665、1678、1685年)、江户指南书籍(1662、1677年)、大阪指南书籍(1675年)。这些书的版面越来越大,读者因此而能按街道对城市中的地方进行寻索。基于此,某些指南书籍或许可以冠以更合适的名称——"地址录",与此相对应的书籍有布勒尼(Nicolas De Blegny)的《简易巴黎地址录》(*Livre commode des addresses de Paris*,1692年)或18世纪的伦敦行名录。

指南书常配有地图,那时,城市地图在欧洲、中国、日本都是一种日益重要的印刷项目(参见图24.2,江户部分城区的地图)。巴巴里(Jacopo de Barbari)的威尼斯地图(1500年)是这方面著名的早期实例,尾随其后的是北京地图(1560年)、伦敦地图(1560年)、那不勒斯地图(1566年)以及以"全球城市图集"闻名的地图集(1572—1617年,它以其全球规模而显得不同寻常)。与指南书一样,自16世纪以降,城市地图显示了越来越多的街道甚至房屋方面的细节信息,比如1629年巴拉塔(Alessandro Baratta)的那不勒斯地图,1670—1673年分为五个区的江户大地图,约1676年奥格尔比(John Ogilby)、摩根(William Morgan)的伦敦地图,等等。

作为一种绘画体裁,城景画兴起于16世纪,它与风景画相对,并形成了对后者的补充。在荷兰,城景画特别享有重要地位,比如维梅尔(Jan Vermeer)的《代夫特之景》(*Delft*,作于约1660年),或贝克赫德(Gerrit Berckheyde)在稍晚些的时候创作的系列画作——《哈勒姆风景》(*Haarlem*)。与卡纳莱托(Canaletto)、桑德比(Sandby)创作的伦敦城景画一样,卡氏本人在18世纪创作的威尼斯城景画同样令人难忘。这种绘画体裁日益受到人们的欢迎,不仅画作数量的增长体现了这一点,它们以版画形式得到复制同样对此作了证明,这其中,至少有一些版画是服务于旅行市场的,为达此目的,这些版画会用多种语言书写标题,从而将这点显明出来。杰出的艺术家比如安藤广重创作了以城市街道为对象的木刻画,它们的数量日益增长,这告诉我们:日本民众和与之对应的欧洲人群一样,差不多在同时培养着同样的品味。

445

445

①　J. Kenneth Hyde, 'Medieval Descriptions of Cities', *Bulletin of the John Rylands Library*, 48 (1966), 308 - 340.

虽然内容细致且在最后产生了"实感效应",这些艺术作品并不总是真实可靠的。巴巴里著名的威尼斯地图便被描述为"道德地理学"的一个实例,与此同时,耶稣会的北京地图(1688 年)同样对这座城市作了规范化、理想化的处理。[①] 就城景画而言,人们可提出类似的观点。在即兴绘成的画作与以同样的风景作为创作对象的版画(其创作目的有时是为了出版)之间作出比较,结果显示,从法兰德斯艺术家温贾德(Anton van Wyngaerde,他在 16 世纪 60 年代创作城景画)笔下的西班牙到瑞典艺术家达赫伯格(Erik Dahlbergh)笔下的《瑞典的古往今昔》(*Suecia Antiqua et Hodierna*,1660-),广场变大了,街道变宽了,公共建筑变高了。[②]

图像、文字方面的抄袭或循环利用乃常见之事,一个有名的事例便是所谓的"纽伦堡编年史"(Nuremberg Chronicle,1493 年)。在这本书中,相同的木刻画用来呈现四个不同城市的面貌,它们是大马士革、维罗纳、曼图亚(Mantua)、那不勒斯。另外,在 17 世纪一部冠名"交通不便的巴黎"(*L'Embarras de Paris*)的版画作品中,有塞车景象出现,许多与之相竞争的艺术家以它作为模仿对象。至于文字,佛教僧侣、作家朝仓治彦曾描述过江户的剧场区,满是生动的细节。事实上,他是将医生兼诗人中川喜云对京都的描述搬了过来,而他依样画葫芦的成果反过来成为《江户雀》作者的效仿对象。

欧洲城市常以女性作为自己的化身,比如马格德堡("处女之城")。在三十年战争期间,人们记载这座城市遭到了"强暴"(换句话说,遭到了劫掠,1631 年)。在丁托列托(Tintoretto)的画作中,威尼斯是以高贵夫人的形象出现的。在 17 世纪的威尼斯诗人波塞奈罗(Giovanni Francesco Busenello)那里,这座城市是"海上皇后,水中女神",而在英国诗人福特(John Ford)口中,它又成了"众城之后"。

城市常被描述为"文明"(civilization)、"优雅"(urbanity)之所,18 世纪,它还被称为"礼貌"(politeness)之地。所有这些术语都来自指称"城市"的不同单词(*civitas*,*urbs*,*polis*)。人们对城市进行颂赞的另一主题是自由,特别是我们今日所谓的消极意义

上的自由——摆脱控制。威尼斯、安特卫普、阿姆斯特丹、巴黎、伦敦都有自由之家的雅号。以 16 世纪的威尼斯贵族萨努多(Marin Sanudo)为例,他曾写道"像所有其他地方一样,这是绝不屈从任何人的一个自由国度"。外国人渐渐接受了威尼斯的这种自我观感。法国学者布丹(Jean Bodin)在自己的《七日对话录》(*Colloquium Heptaplomeres*)中曾令自己的某个角色口吐以下言语:"人们能以最大自由生活在那里。"

不过,到 16 世纪 60 年代,随着威尼斯受到教会更加严厉的控制,因其"伟大的自由"而受到某个威尼斯商人佐恩卡(Giovanni Zonca)赞颂的变成了安特卫普。再往前 10 年,法兰德斯议会的议员们曾抱怨大量人众涌进安特卫普,"以求能按照自己的异端之见在那里生活"。此事确证了佐恩卡的看法。

在当时的某些人那里,近代早期都市的自由是与默默无闻的生活联系在一起的。对此,有人喜,有人恶。在居留伦敦期间,博斯韦尔(James Boswell)逐渐以越来越欣赏的态度赞扬他所谓的"免于被人指手画脚、遭受无聊责难"的自由。17 世纪的一个巴黎人写道:"人们变换省份,从一个角落到另一个角落,不会引人注意(*inconnu et cache*)。"[③]

城市,尤其是大城市,还被描述成移民的乐土,即便那里的街道不是用黄金铺成的,那也是社会流动机会满溢的福地。迪克·惠廷顿(Dick Whittington)是个穷小子,后成为伦敦市长,他的故事在 17 世纪的英国广泛流传,最终形成了四行歌谣的形式:"乡下的穷小子|尽管你出身卑微|由于有神的照护|你在合适之时成为大人物。"

传统的城市编年史常常是表达城市荣耀的一种方式,基于此,自 15 世纪以降,它以一种新体城市史或城市古史的面貌在欧洲出现。此种历史是意大利人文主义者(比如比昂多[Flavio Biondo])的创造。比昂多创作了《罗马重建》(*Roma Instaurata*,1444 年),不久后,维特波(Viterbo)、拉文纳(Ravenna)、布雷西亚和其他地方的研究著作相继面世。随后产生的是西班牙众城(比如瓦伦西亚、托莱多)、法国众城(比如巴黎、尼姆、里昂)最后是英国众城(比如埃克塞特[Exeter]、伦敦,

① Jürgen Schulz, 'Jacopo de'Barbari's View of Venice', *Art Bulletin*, 60 (1978), 425 – 472.

② Richard L. Kagan (1986), 'Philip II and the Art of the Cityscape', repr. in Robert Rotberg and Theodore Rabb, eds., *Art and History* (Cambridge: Cambridge University Press, 1988), 115 – 136; Börje Magnusson, 'Sweden Illustrated: Erik Dahlbergh's Suecia Antiqua et Hodierna as a Manifestation of Imperial Ambition', in Allan Ellenius, ed., *Baroque Dreams* (Uppsala: Uppsala University Library, 2003), 35 – 39.

③ Peter Burke, 'Imagining Identity in the Early Modern City', in Christian Emden, Catherine Keen and David Midgley, eds., *Imagining the City* (Oxford: Peter Lang, 2006), vol. 1, 23 – 38.

图 24.2　江户地图：表 1，1670 年。地图以阿波领主、御目付北条氏长的实际测量工作为依据，由幕府下令出版。整个江户城被画在了五张表中。

1598 年斯托[John Stow]的《伦敦概览》[*Survey*]便是以伦敦为写作对象的)的史记。[①] 到 1600 年，经过印制的这类史书超过 30 种，进入 17、18 世纪，其数量应该更众。

伊斯兰世界同样存在着城市史传统，尽管它们只能以手稿形式传世。上文提到过巴格迪有关巴格达的著作、马克里兹有关开罗的著作，这些书内含历史方面的内容，类似于图伦(Ibn Tulun，卒于 1546 年)有关大马士革的著作。[②] 以城市为对象的视觉艺术作品相对稀缺，不过，16 世纪的一幅微型画栩栩如生地展示了 16 世纪的伊斯坦布尔城景(参见图 24.3)，进入下一个百年，在伊兹尼克(Iznik)石砖上按照规范方式描绘麦加、麦地那之类的城市成为一种风尚。

城市在人们眼中并非总是福地。对某些欧洲人来说，城市不是新耶路撒冷，而是当代的巴比伦。从 14 世纪谈及阿维尼翁(Avignon)的彼特拉克到 19 世纪论到伦敦的布莱克(Blake)，这个比附一再在历史上出现。为城市大唱赞歌的人看到的是美丽、整洁、干净，相比之下，其他观察者看到的却是丑恶、混乱、肮脏(比如出了名的"巴黎之肮脏"[*boue de Paris*])。[③] 甚至被市民引为自豪之由的城市规模也让某些游客感到惊骇。17 世纪 80 年代，一位苏格兰人游访伦敦，对他来说，这座城市给他的印象是"广阔的荒原"。同样，在卢梭的一部小说《新爱洛绮丝》(*La Nouvelle Hélöise*，1761 年)中，某个人物角色口中的巴黎是"大沙漠"。

大城市逍遥自在的生活并非对每个人都有吸引力。拿培根来说，他在自己论友谊的散文中，引用了拉丁谚语"大城市是大荒野"，并评论道："在大城市，朋友分散各地，基于此，就绝大多数情况而言，存在于小城镇里的那种友谊是不见于大城市的。"17 世纪中期，佩蒂特(Pierre Petit)笔下的巴黎房屋住满了这样的家庭：他们像许多蛮族部落那样自囿于本家的小圈子，"彼此不知对方之名"。100 年后，另一位巴黎人指出：

①　Peter Clark, 'Antiquarians and the English City', in Derek Fraser and Anthony Sutcliffe, eds., *The Pursuit of Urban History* (London: Edward Arnold, 1983); Gino Benzoni, 'Gli storici municipali', in *Storia della cultura veneta* 4 (Vicenza: Neri Pozza, 1984), 72 - 83; Rosemary Sweet, *The Writing of Urban Histories in 18th-Century England* (Oxford: Oxford University Press, 1997).

②　Franz Rosenthal, *A History of Muslim Historiography* (Leiden: Brill, 1952).

③　Emily Cockayne, *Hubbub: Filth, Noise and Stench in England, 1600 - 1700* (New Haven: Yale University Press, 2007).

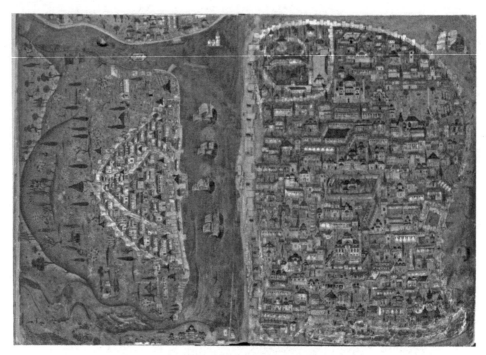

图 24.3　16 世纪描绘伊斯坦布尔的奥斯曼微型画。

"在同一房檐下住了很长时间的人们也不了解彼此。" 18 世纪晚期,记者梅西耶(Louis-Sebastien Mercier)评论道:在巴黎,"人与人之间形同陌路"。此论很明显是修辞上的惯用语句,故此,我们不应太过拘泥于其句意。另一方面,在对一种新城市观的社会根基进行重组的意义上,我们当以严肃的态度看待此论。[①]

同样,城市的声景以及所谓的"味景"并不是所有人都满意的。居民、游客都经常带着厌恶之心提到城市的噪音,比如"哒哒的马蹄声",狗吠声,沿街叫卖声,匠人锤击东西的声音,钟响声。17 世纪的英国游客认为巴黎的臭味可与伦敦相提并论,不过,哪怕是埃弗林(John Evelyn)这样的伦敦人都抱怨这座都市"乌黑的空气"。1786 年,歌德造访意大利,维罗纳、威尼斯的肮脏让他震惊不已。他在自己的日记中写道,"在路上行走的时候","我发现自己在想着卫生方面的管理措施"。这个问题并不仅仅是欧洲人面临的问题。以北京为例,谢肇淛在自己的《五杂俎》(1608 年)中将它描述为一个不利养生也不清净的城市:"京师住宅既逼窄无余地,市上又多粪秽,五方之人,繁嚣杂处。"

游客早已觉察到上述众城的生活节奏远远快于其他地方。斯摩莱特(Smollett)《汉弗莱·克林克》(*Humphry Clinker*,1771 年)一书中的某个人物发现,

在伦敦,"无处不喧闹,无人不匆忙"。博斯韦尔也评论了"匆忙"现象。匆忙甚至延伸到了语言领域,梅西耶注意到"巴黎人以其口快而闻名遐迩"。

肮脏、恶臭、混乱、噪音、匆忙,城市远不是只有这些罪过。在 15 世纪一位佛罗伦萨诗人的口中,威尼斯是新的所多玛,而在奥特韦(Thomas Otway)的戏剧《威尼斯得免于难》(*Venice Preserved*,1682 年)中,皮埃尔这个人物角色将威尼斯——有时被看作处女的一座城市——称作"亚得里亚海的妓女"。在某些人眼中,18 世纪的伦敦是天堂,而在其他人看来则是披着城市外表的地狱。[②]

以城市为对象的讽刺文学常以诗人尤维纳利斯(Juvenal)有关古罗马的著名讽刺篇章为样板,人们常可见到这类文字。英国人马弗尔(Andrew Marvell)写有攻击阿姆斯特丹的文字;意大利诗人塔索尼(Alesssandro Tassoni)则把巴利亚多利德(Valladolid)、马德里当作靶子。再如诗人布瓦洛(Nicholas Boileau),他写就了一整套有关巴黎的讽刺作品,还有科勒泰(François de Colletet)以"讽刺诗"形式写成的《巴黎的问题》(*Tracas de Paris*,1666 年)。盖伊(John Gay)著有《琐事》(*Trivia*,1716 年,或名《伦敦街区的漫

①　Burke, 'Imagining Identity'.

②　Arthur Weitzman, 'Eighteenth-Century London: Urban Paradise or Fallen City?', *Journal of the History of Ideas*, 36 (1975), 469-480.

步艺术》）一书，它生动地描述了迎候心思不慎的行人的种种危险。以对伦敦之爱而享有盛名的约翰逊在1738年出版了有关该城的讽刺作品，书中对该城的肮脏、污秽大加鞭挞。[①] 除了文学，图像也可能传达出讽刺意味，比如霍迦斯（William Hogarth，他本人是一个伦敦人）的著名版画作品《金酒街》（Gin Lane）、《一个妓女的历程》（Harlot's Progress），哪怕我们有时很难确定艺术家本人的态度，他们或后退，或前进，在责难与保持令人愉悦的超脱姿态之间徘徊。

另有一些艺术作品更明白地坦露了作者的心意，比如布列塔尼的雷蒂夫（Nicholas Rétif de la Bretonne）。此人是一个出身乡下的男孩，来自勃艮第，他在18世纪晚期迁徙到巴黎，并开始了自己成功的文学创作生涯。他取得成功的一部著作是小说《堕落的农民》（Le paysan perverti，1775年）。雷蒂夫相信城市使教育、优雅品味扩散开来，不过他又认为此种城市文明所耗费的代价太过高昂。据他所说，城市满是伪君子、骗子，他们腐蚀了无知的农民，促使其将自己的传统价值观抛诸脑后。我们在下一个部分将回过头来谈论这些骗子。

社会形态的城市

对社会结构的呈现可分官方、非官方两种。以中国为例，社会在官方意义上可分为四个群体：士、农、工、商。德川日本有着相似的社会体系：武士、农民、工匠、商人（最后两个群体获名"町人"）。不过，无论在中国还是日本，都有某些渐渐富裕起来的商人，尤其在18世纪，他们的消费方式属于精英阶层的消费方式。在日本城市的行业名录上，我们将目光往下移，便会看到对某些行业的细致描述，它们会削弱一般人心中的地位观念。[②]

至于欧洲，官方意义上的社会体系由"三等级"组成，即教士、贵族、其他人。由于每日接触不同种类的人群，欧洲市民眼中的社会结构看似非常特别，它与19、20世纪的阶级社会观并无不同：有时是两个社会阶级（贵族与平民，或"有产者"与"无产者"），有时是三个社会阶级乃至更多。另一方面，在欧洲人、亚洲人、非洲人、土著美洲人常混杂在一起的殖民城市，具有最重要地位的非官方社会体系秉持的是"肤色区分标准"，位居顶端的是白人，底端的是黑人，中间的是各色混血儿。这是一种以种族为据的表现社会结构的方式。而在某些城市，人们在"体面人"（gente decente）、"粗人"（plebe）这类群体之间所作的划分对种族划界法构成了补充，如果不是取而代之的话。

在意大利城市，特别是在佛罗伦萨，人们常区分出两个群体：富人和穷人，或者，用当时更生动的口语来说，"肥仔"（popolo grasso）和"瘦子"（popolo minuto）。某些文献提到过介于这两者之间的"中间"群体，其名为"mediocri"或"uomini di mezzana qualità"。另有一些人将"民众"与"残渣人群"区分开来。在意大利以外的地方，人们作出了同样的区分。以法国为例，人们像意大利人一样谈论"小百姓"（menu peuple），将他们与富人（les riches，aisés，opulents）作比。在大革命前夕，梅西耶在巴黎人中间区分出八个阶级：大贵族、律师、金融家、商人、匠人、初级工人、佣人、穷人（grands seigneurs，gens de robe，financiers，négociants，artisans，manoeuvriers，laquais，bas peuple）。在别的地方，他又将"小百姓"（petit peuple）或"小无产者"（petit-bourgeois）与"民众"区分开来。城市的征税框架促使人们采用此种模式的阶级划分法。由于城市生活日益让人们彼此区隔，结果，人们产生了以貌取人的需要。此种阶级划分法基于这些而获得了更高的可信度。

18世纪有关伦敦的某些材料强调了城市的拥挤、混乱给社会等级制度带来的威胁："在这里，一个打扫乌黑烟囱的工人挡住了去往奥尔德曼（Alderman）墓地的去路，一个扫地的则与教区牧师抢道。"[③] 在斯摩莱特小说《汉弗莱·克林克》中，一个威尔士乡绅对伦敦的深刻印象是此地缺乏"秩序、尊卑。不同人群挤在一块，他们有建筑搬运工、底层技工、酒保、税吏、店主、讼棍、市民、信使"。[④]

对社会等级制度构成威胁的另一个人群是"暴民"，也就是城市中的乌合之众。在文献、图像和有教养的人心中，这些人是以"多头怪兽"的形象出现的，他们容易造成无序状态、掀起动乱、盲目施暴。当时谈论

① Ian Donaldson, 'The Satirists' London', *Essays in Criticism*, 25 (1975), 101-122.

② Mary Elizabeth Berry, *Japan in Print: Information and Nation in the Early Modern Period* (Berkeley: University of California Press, 2006).

③ Tom Brown, *Amusements* (London: J. Nutt, 1700).

④ Tobias Smollett, *The Expedition of Humphry Clinker*, ed. L. M. Knapp, rev. P. G. Bouce (Oxford: Oxford University Press, 1984), 88.

动乱、起事的资料常将群氓当作一种自然力量来处理，用来描述这些动乱、起事的词语有热病、洪水、暴雨、火灾、地震。① 和欧洲编年史家一样，阿拉伯编年史家将"民众"(amma)与"暴民"(ghawgha)或"流浪人群"(ayyarun)区分开来。② 无需多言，在这些材料中，充满了偏见、陈词滥调。虽然这些材料不应按句意进行理解，它们仍不失为有价值的证据，至少，它们反映了当时某些人的态度。

和日本行业名录的情况一样，欧洲各行各业的情况也得到了生动的细致描述，它们所发挥的作用是削弱了社会等级制（城市的拥挤发挥了同样的作用）。16世纪，一种新的艺术表现形式诞生，并在17世纪、最重要的是在18世纪扩散开来，它关注的是罗马、巴黎、伦敦和别处的"叫卖"现象。此种艺术表现形式即是版画或木刻画，它描绘了大量行业的景象，特别是在大街上能亲眼看见的那些行当，比如卖水或醋的，卖帽子或衣服的，唱歌的和卖柴火的。③ 这些艺术作品构成了女性工作状况的珍贵证明，后者在许多其他资料中并不受到重视。以佐皮尼(Gaetano Zompini)出版的《威尼斯大街上的流动行当》(The Itinerant Street Trades of the City of Venice，1753年)为例，它里面包含60幅蚀刻版画，它们让我们看到了以下女性形象：算命的、做佣人的、卖油炸食品的、卖二手衣服的、出售剧场座位票的。不过，在这里，人们须得再次注意理想化的现象——在这类展现"叫卖"的作品中，靓女的数量应看作是一个警示。这些图像是为中产、上层阶级的收藏市场而生产的，这告诉我们：大街上的各式行当日益被看作"亮丽的风景线"。

这类图像并不限于欧洲。在莫卧儿王朝统治下的印度，手稿插画有时会描绘修建建筑这类行当（女人承担工地搬运工的角色）。④ 广州有两位中国艺术家，他们在18世纪晚期创作了一系列描绘大街上的各种行当的画像，其销售对象很可能是欧洲人。⑤ 相比之下，菱川师宣的日本百业系列画作（1685年）是以当地人

为销售对象的。

至于伊斯兰世界，那里的人们看似对各种合法的城市行当不存相似的兴趣。不过话说回来，阿拉伯作家似乎最早以乞丐、小偷(Banu Sasan)所组成的城市下流社会为创作对象。9世纪的文献早已表现出对各类骗子的兴趣：假道学；假癫痫；假残疾；等等。10世纪的诗人都拉夫(Abu Dulaf)写成了一份乞丐名册，扎曼(Badi az-Zaman)则描绘了各种各样的小偷，进入13世纪，叙利亚作家藻巴里(Jaubari)为后者的著作增添了不少细节。⑥

而在奥斯曼帝国，18世纪的佚名文献《奇物论》(Risale-i Garibe)以同样的方式描写了乞丐的各种伎俩。由于伊斯兰世界、基督教地中海世界之间的紧密联系，到15世纪，阿拉伯文献（至少是那些充斥其间的思想）已传至欧洲，这时，与《奇物论》相似的著作亦开始在意大利、德国流传。到16世纪，细水已汇成洪流，并涌向波希米亚(Bohemia)、波兰、法国、英国和其他地方。⑦ 格林(Robert Greene)著有关于"使诈行骗"的小册子，出版于16世纪90年代，它们是上述文学体裁的生动实例。这类作品还启发了西班牙的"流浪汉"小说，包括阿莱曼(Mateo Alemán)的《古斯曼·德·阿尔法拉切》(Guzmán de Alfarache，1599年)、塞万提斯的《林孔内特和科尔塔迪略》(Rinconete y Cortadillo，1613年)。

这类著作满目可见陈旧的主题，其中最重要的是秩序颠倒的世界——下流社会，还有下流社会的头头们、各种团体颠覆了正常的社会等级制。除此之外，某些著作还有从其他著述进行窃取的行为。这类著作既是偏见的抒发渠道，又以偏见为致胜手段，读者们以此获得窥阴之乐。实事求是地说，里面谈到的某些诡计确有其事，并一直发挥作用，直至今日。不过，不同类型乞丐、小偷之间的劳动分工却是人们想象的一种大城市景象了。

这种以流氓为创作对象的文学看似不见于东亚，

451

① Herbert M. Atherton, 'The "Mob" in Eighteenth-Century English Caricature', *Eighteenth-Century Studies*, 12 (1978), 47-58.

② Claude Cahen, 'Mouvements populaires', *Arabica*, 6 (1958); James Grehan, 'Street Violence and Social Imagination in Late-Mamluk and Ottoman Damascus (ca. 1500-1800)', *International Journal of Middle East Studies*, 35 (2003), 215-236.

③ Vincent Milliot, *Les cris de Paris ou le peuple travesti (16e-18e siècles)：les représentations des petits métiers parisiens* (Paris：Publications de la Sorbonne, 1995); Sean Shesgreen, *Images of the Outcast：The Urban Poor in the Cries of London* (Manchester：Manchester University Press, 2002).

④ Ahsan Jan Qaisar, *Building Construction in Mughal India：The Evidence from Painting* (Delhi：Oxford University Press, 1988).

⑤ Shijian Huang and William Sargent, *Customs and Conditions of Chinese City Streets* (Shanghai：Shanghai Classics Press, 1999).

⑥ Clifford Edmund Bosworth, *The Medieval Islamic Underworld* (2 vols., Leiden：Brill, 1976).

⑦ Bronisław Geremek, *Les fils de Cain：l'image des pauvres et des vagabonds dans la littérature européenne du 15e au 17e siècle* (French trans., Paris：Flamarion Oxford University Press, 1991).

不过在日本,自 17 世纪晚期以降,至少有一个此种文学的替代物兴盛起来。和欧洲一样,在德川日本,廉价的流行文学发展起来。"假名草子"一词可译为"小书",它通常以演员、交际花所构成的世界——所谓"浮世"——以及他们所居住的三大城市红灯区为描述对象,三大城市红灯区即京都岛原、大阪新町、江户吉原。[①] 不惟如此,浮世和这些红灯区还是新兴版画艺术的主要题材。介绍不同城区状况及其居民的著作大量出版,其中有《东物语》(*Azuma monogatari*,1642 年)、《吉原人他ばれ》(*Yoshiwara hito tabare*,1680 年,一本交际花名录)、《四国色里案内》(*Shokoku irozato annai*,1688 年)。[②]

"浮世"概念或许并非与伊斯坦布尔这类伊斯兰城市无关,在 17 世纪的作家切莱比(Evliye Çelebi)那里,伊斯坦布尔城是一个酒馆遍地、嫖客云集的城市。[③] 尽管如此,"浮世"用在威尼斯、阿姆斯特丹或伦敦身上要合适得多,即便这些城市的浮世并不是按照日本那样的方式成形的。1535、1566 年,有关威尼斯交际花的介绍著作问世;1630、1681 年,介绍阿姆斯特丹妓女的书籍产生。至于伦敦,浮世的中心是考文特花园、德鲁里巷(Drury Lane)。1757—1795 年之间,每年都出版的《哈里斯考文特花园名媛录》(*Harris's List of Covent Garden Ladies*)以文学方式将花园场景、园中胜地告诉给读者。[④] 到今天为止,我们仍不清楚这些名录到底是色情文学还是指南书籍,这难道是 18 世纪的一种竞猜游戏?

结语

在上文中,我们讨论了前工业化世界不同地区的城市在艺术上的表现形式,除了它们之间的区别,一些引人深思的相似之处也呈现在我们面前。无论在中国还是欧洲,城门都被强调为安全的象征。罗马的教皇任职方式与东亚统治者的传统绕城仪式有相似之处,与此同时,我们在佛罗伦萨、京都都能看到一个现象:不同匠人群体争着建造最好的游行花车。无论在印度、阿拉伯世界还是欧洲,城市颂体文学都构成了一种

文学体裁,伊斯兰世界、欧洲的乞丐、小偷文学则有着许多共同特征。在许多重要的方面,比如在对富有教养的交际花的需求上,日本、威尼斯的浮世便很相像。如果说乞丐文学让我们看到了"相互联系的历史"(connected history)的一个实例的话,那么,就不同浮世之间的相似之处来说,它们是伴随相距遥远的不同城市的成长、分化而独立产生出来的。

除以上外,自 17 世纪以降,城市指南、地图、小书、假名草子构成了欧洲、日本之间的相似之处。在这两个地区,这些事物的兴起都构成了艺术商业化的实证,艺术日益以从未见过城市原貌的大众为服务对象。与商业化相联系的是竞争,我们可以肯定,以下事情的发生绝不会是偶然之事:1658 年,出现了相互竞争的京都指南书籍;1663、1664 年,出现了相互竞争的阿姆斯特丹指南书籍;1681 年,出现了相互竞争的伦敦指南书籍。大多数城景画是在某些城市人口最密集的地方创作出来的,比如日本本州岛、意大利北部、荷兰。

另一方面,伊斯兰世界与欧洲、东亚均有差异的地方在于:它仍是一个手稿文化区而非印刷文化区,与此同时,以人物为对象的公共艺术的受禁同样影响了对城市的艺术呈现。韦伯在欧洲、世界其他地方的城市之间所作的比较或许吸引了人们过多的关注,东亚、伊斯兰世界史方面的专家对其已有所批评。虽然如此,就艺术表现上的重大差异尤其是公共空间(比如广场)、市政建筑在欧洲的重要性而言,韦伯提供给我们的是可信的解释,虽然他让人们关注的是自治相对而言在西方所享有的重要意义。

参考文献

Behringer, Wolfgang, and Roeck, Bernd., eds., *Das Bild der Stadt in der Neuzeit, 1400 - 1800* (Munich: Beck, 1999).

Buisseret, David, ed., *Envisioning the City* (Chicago: University of Chicago Press, 1998).

Chaix, Gerald, et al., eds., *La ville à la Renaissance: espaces-représentations-pouvoirs* (Paris: H. Champion, 2008).

[①] Howard Hibbett, *The Floating World of Japanese Fiction* (London, 1959).

[②] Jurgis Elisonas, 'Notorious Places: A Brief Excursion into the Narrative Topography of Early Edo', in James McClain et al., eds., *Edo and Paris* (Ithaca, N. Y.: Cornell University Press, 1994), 253 - 291; Teruoka Yasutaka, 'Pleasure Quarters and Tokugawa Culture', in C. Andrew Gerstle, *Eighteenth-Century-Japan: Culture and Society* (Sydney: Allen and Unwin, 1989), 3 - 32.

[③] Shirine Hamadeh, *The City's Pleasures: Istanbul in the 18th Century* (Seattle: University of Washington Press, 2008).

[④] Hallie Rubenhold, *The Covent Garden Ladies* (London: 2005); Lotte van der Pol, *The Burgher and the Whore: Prostitution in Early Modern Amsterdam* (Oxford: Oxford University Press, 2011).

de Seta, Cesare, et al. , *Città d'Europa: Iconografi a e vedutismo dal xv al xix secolo* (Naples: Electa Napoli, 1996).

Frugoni, Chiara, *Una città lontana*, Eng. trans. *A Distant City: Images of Urban Experience in the Medieval World* (Princeton: Princeton University Press, 1991).

Kagan, Richard L. , and Marias, Fernando, *Urban Images of the Hispanic World* (New Haven: Yale University Press, 2000).

McClain, James, Merriman, John M. , and Ugawa, Kaoru, eds. , *Edō and Paris* (Ithaca: Cornell University Press, 1994).

Merritt, Julia F. , ed. , *Imagining Early Modern London* (Cambridge: Cambridge University Press, 2001).

Meyer, Jeffrey F. , *The Dragons of Tiananmen: Beijing as a Sacred City* (Columbia: University of South Carolina Press, 1991).

Petitfrere, C. , ed. , *Images et imaginaires de la ville à l'époque moderne* (Tours: Maison des Sciences de la Ville, Université François-Rabelais, 1998).

Quesada, Santiago, *La idea de ciudad en la cultura hispaña de la edad moderna* (Barcelona: Universitat de Barcelona Publicacions, 1992).

Weber, Max, *The City*, trans. (Glencoe, Ill. : Free Press, 1958).

屈伯文 译 陈 恒 校

第三部分 现当代城市

概　览

约2000年时各大城市的人口数

1. 阿姆斯特丹　　● > 4,000,000
2. 鹿特丹　　　　○ > 2,000,000
3. 布鲁塞尔　　　● > 1,000,000

莱茵—鲁尔城市区
4. 鲁尔城市区(多特蒙德、埃森、
　杜伊斯堡)
5. 杜塞尔多夫城市区
6. 科隆/波恩城市区

7. 法兰克福/莱茵—美茵城市区(美茵
　河畔的法兰克福、威斯巴登、美因茨)
8. 莱茵—内卡城市区(曼海姆、路德维
　希、海德堡)

大西洋

北海

泰恩河畔的纽卡斯尔

都柏林

利兹

曼彻斯特

伯明翰

英吉利海峡

里尔

巴黎

比斯开湾

波尔多

马德里

里斯本

拉巴特

菲斯

卡萨布兰卡

阿尔及尔

突尼斯

地中海

马赛

都灵

米兰

里昂

慕尼黑

斯图加特

亚琛

纽伦堡

布拉格

比勒费尔德

汉诺威

汉堡

柏林

华沙

哥本哈根

波罗的海

斯德哥尔摩

赫尔辛基

圣彼得堡

莫斯科

明斯克

基辅

华沙

卡托维茨

维也纳

布达佩斯

布加勒斯特

贝尔格莱德

索菲亚

敖德萨

黑海

伊斯坦布尔

布尔萨

伊兹密尔

爱琴海

雅典

爱奥尼亚海

亚得里亚海

罗马

那不勒斯

第勒尼安海

巴塞罗那

0　150　300 千米
0　　150　　300 英里

区域地图 III. 1　欧洲

区域地图 **III.2** 中东

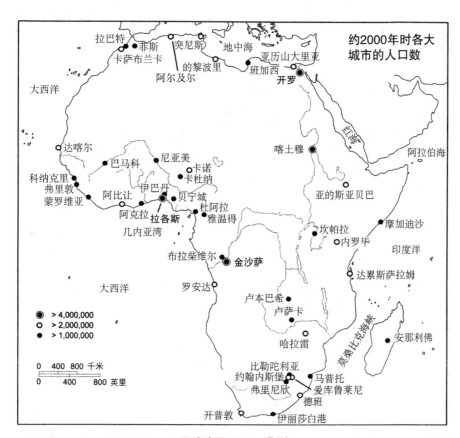

区域地图 III. 3 非洲

区域地图 III. 4　南亚

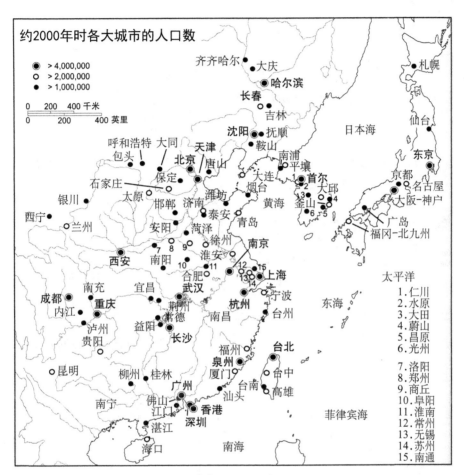

约2000年时各大城市的人口数

- ◉ >4,000,000
- ○ >2,000,000
- ● >1,000,000

0 200 400 千米
0 200 400 英里

齐齐哈尔　大庆　　　　　　　　　札幌

哈尔滨

长春

吉林

呼和浩特　大同　　　　　沈阳　抚顺　　　日本海　　仙台
包头　　　　北京　唐山　　鞍山　南浦　平壤
石家庄　　保定　　　　大连　　　东京
银川　　　太原　潍坊　烟台　　　　京都
西宁　　　　　　济南　　黄海　　　　名古屋
　　　兰州　　邯郸　泰安　　　金山　　大阪-神户
　　　　　安阳　菏泽　青岛　　　　　　广岛
　　　　　　　徐州　　　　　　　　福冈-北九州
西安　7 8　9　淮安　南京
　　南阳　10　11　12　15
　　宜昌　合肥　13　14 上海
成都　　　　武汉　　宁波　太平洋
内江　荆州　　　　台州
泸州　常德　南昌　　　东海
贵阳　益阳　长沙
　　　　　　　　福州　台北
昆明　柳州　桂林　泉州　台中
　　　　　　厦门　高雄
　　　广州　汕头　　　菲律宾海
南宁　佛山
湛江　香港　深圳
海口　南海

日本海

太平洋
1. 仁川
2. 水原
3. 大田
4. 蔚山
5. 昌原
6. 光州
7. 洛阳
8. 郑州
9. 商丘
10. 阜阳
11. 淮南
12. 常州
13. 无锡
14. 苏州
15. 南通

首尔　大邱

区域地图 III.5　东亚

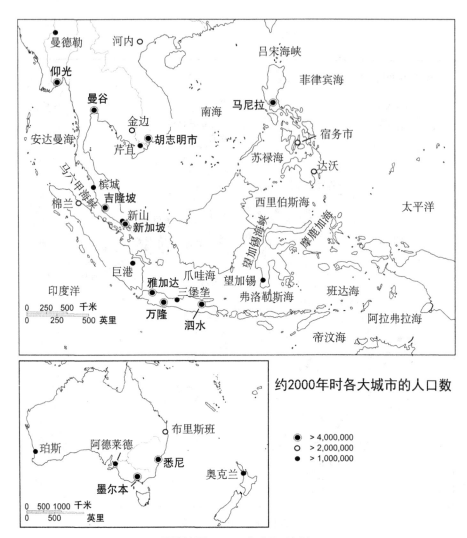

曼德勒
河内
吕宋海峡
仰光
菲律宾海
曼谷
金边
马尼拉
胡志明市
南海
宿务市
安达曼海
芹苴
苏禄海
达沃
马六甲海峡
槟城
吉隆坡
西里伯斯海
棉兰
新山
太平洋
新加坡
望加锡海峡
摩鹿加海
巨港
雅加达
望加锡
班达海
印度洋
三堡垄
爪哇海
弗洛勒斯海
0 250 500 千米
万隆
泗水
阿拉弗拉海
0 250 500 英里
帝汶海

约2000年时各大城市的人口数

珀斯
布里斯班
阿德莱德
悉尼
奥克兰
墨尔本

⬤ > 4,000,000
◯ > 2,000,000
● > 1,000,000

0 500 1000 千米
0 500 英里

区域地图 III. 6 东南亚、澳洲

区域地图 III.7　拉丁美洲

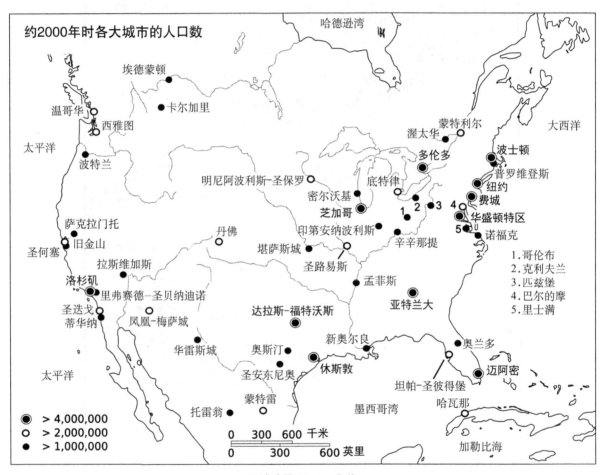

约2000年时各大城市的人口数

哈德逊湾

大西洋

埃德蒙顿

卡尔加里

温哥华
西雅图

蒙特利尔
渥太华

太平洋

波特兰

多伦多

波士顿

底特律

普罗维登斯
纽约
费城
华盛顿特区
诺福克

明尼阿波利斯-圣保罗

密尔沃基
芝加哥

萨克拉门托
旧金山

丹佛

印第安纳波利斯

1 2 3 4

5

圣何塞

辛辛那提

拉斯维加斯

堪萨斯城

洛杉矶

圣路易斯

里弗赛德-圣贝纳迪诺

孟菲斯

1.哥伦布
2.克利夫兰
3.匹兹堡
4.巴尔的摩
5.里士满

圣迭戈
蒂华纳

凤凰-梅萨城

亚特兰大

达拉斯-福特沃斯

奥兰多

华雷斯城

奥斯汀

新奥尔良

迈阿密

太平洋

圣安东尼奥
休斯敦

蒙特雷

坦帕-圣彼得堡
哈瓦那

托雷翁

墨西哥湾

● > 4,000,000
○ > 2,000,000
● > 1,000,000

0 300 600 千米

0 300 600 英里

加勒比海

区域地图 III. 8   北美

第 25 章　欧洲：1800—2000 年

安德鲁·利斯　林恩·利斯

19、20 世纪期间,欧洲城市人口出现了爆炸性的增长。在工业化、国家发展的双重压力下,从乡村到城市、从小城市到大城市的移民运动得到促进,从而产生了这个结果。欧洲城市发展是在这样一份独特的城市遗产的框架中发生的:城址、重要的城市格局的长期延续;相对稳定的城市等级体系;有效的地方自治传统;发达的市民意识(有关此种意识在前现代的发展状况,参见本书第 12—13 章;有关约 1800 年的主要城市分布图,参见区域地图 Ⅱ.1)。过去 200 年欧洲城市化的突出特征是革新、对传统的尊重。本章将循着这条路线,将重点放在以下方面:技术变革的影响;环境与社会问题的兴起;为解决这些问题而展开的志愿、官方行动。

城市发展

在漫长的 19 世纪,欧洲城市的整体规模经历了不同寻常的增长。1800 年时,除俄罗斯帝国外,欧洲只有 14.5％的人口住在城市或其他有 5000 以上居民的地方行政单位中。而到 1910 年,这个比例升至 43.8％。住在"大"城市——居民数在 10 万以上——中的人口比例的增长更为引人注目。城市扩张首先发生在英国,其他国家尾随其后。1800 年时,伦敦是英国唯一的大城市,而在接下来的 50 年里,另有 10 个地方跨过了 10 万人口的门槛。像曼彻斯特、伯明翰这样的工业中心,以及利物浦、格拉斯哥这类港口城市,其规模增长了三倍。至于比利时,随着其工业化进程的展开,它的制造业城市、港口同样取得了快速扩张。而后,城市大跃进运动向北方、东方扩散。该世纪下半叶期间城市的扩张节奏尤其在中欧表现得非常迅速。 1850—1910 年,除了柏林,许多其他城市至少在规模上增长了五倍,其中有布雷斯劳(Breslau)、慕尼黑、斯图加特。在斯堪的纳维亚、俄罗斯帝国,城市人口大约增长了一倍。到 19 世纪末,真正的巨无霸城市在一些国家出现,巴黎、柏林、维也纳、莫斯科、圣彼得堡跨过了百万人口大关,伦敦以其 650 万的居民数成为全球城市之冠(参见表 25.1)。

表 25.1　欧洲大城市的发展,1800—1910 年

欧洲	英国	法国	德国	俄罗斯帝国
1800：2.9(21)	1801：8.2(1)	1801：2.8(3)	1816：1.9(2)	1800：—(2)
1850：4.8(43)	1851：21.8(11)	1851：4.6(5)	1849：3.1(4)	1850：—(2)
1900：12.3(143)	1911：40.7(39)	1911：14.6(15)	1910：21.3(48)	1910：—(20)

材料来源: Andrew Lees, *Cities Perceived*; *Urban Society in European and American Thought*, *1820 -1940* (New York: Columbia University Press, 1985), 4 - 5; B. R. Mitchell, *International Historical Statistics*; *Europe*, *1750 -1993* (London: Stockton Press, 1998), 72 - 74。在每一行中,年份后面的第一个数字表示拥有 10 万及以上人口城市在总人口数中所占的比例,括号内数字表现这类城市的数量。

在 20 世纪的绝大多数时间里,城市发展的势头仍旧,虽然各地的发展态势不均,且城市化的脚步稍微慢了下来。两次世界大战、俄国革命虽然毁灭了许多城市,打断了移民运动,城市却因重建而走上了重新发展的道路。就欧洲整体而言,在 1900—1950 年之间,人口数在 10 万及以上的城市从 163 个增至 190 个,在 1950—1990 年之间,从 190 个增至 290 个。到该世纪中期,人口过百万的城市区广泛散布在从英国到苏联

的大片土地上。甚至雅典、布加勒斯特都加入了这类城市的行列。这类地方与其说是界限分明、受中央管控的一个个城市，还不如说是城市带。到1950年，莱茵—鲁尔工业城市群拥有690万人口，是世界第四大城市区（参见本书第41章）！

"二战"之后，在重建与战后经济繁荣的数十年里，大量城市挤进欧洲最大城市的行列（参见表25.2）。

工作机会继续流向大城市，将各地的人吸引过来。越来越多的城市跨越法律界限，从老的城市中心衍生出规模日益扩大的环形郊区地带。到1970年，瑞典、丹麦、希腊、捷克斯洛伐克、苏联50%以上的人口可以算作城市人口，相比之下，在西欧城市化程度最高的那些地区——英国、比利时、荷兰，这个比例达到或超过了80%。[1]

表 25.2 欧洲大城市的发展，1950—1990 年

	西欧	北欧	欧洲地中海地区	中、东欧	俄国（欧洲＋亚洲两部分）	总数
1950	93	3	31	29	32	190
1990	111	4	57	44	74	290

材料来源：Jean-Luc Pinol, ed., *Histoire de l'Europe Urbaine*, II (Paris：Seuil, 1903)，572.

进入20世纪70、80年代，城市发展模式开始转变。对城市人口有所影响的是两种非常不同的动力机制。汽车和富裕的生活让许多人可以寻找更好的住所、更大的空间，曾经繁华的老城区因此丧失了许多居民。与此同时，工业衰落阻碍了人们迁往老的制造业、港口城市。日益加剧的国际竞争沉重打击了许多大西洋、波罗的海港口。城市制造业在事实上的崩溃促使兴盛一时的工业城市（比如曼彻斯特、列日[Liége]、埃森）进入衰落阶段。发展的势头在苏联、巴尔干半岛、东欧延续下去，直至1990年苏联帝国崩溃，不过自那以后，许多工业城市乃至某些重要城市比如圣彼得堡丧失了一些人口。虽然如此，到20世纪末，欧洲已成为一个以城市为主导的大洲，在这里，公民当中的绝大多数是住在城市里的（参见区域地图 III.1）。

城市发展的速度是由经济结构上的差异决定的。城市身处区域、国际性的生产—交换网络中，这些网络在19世纪由于工业化而发生了变革。一待蒸汽机、纺纱机、动力织布机让工厂化的纺织生产成为可能，这门行当便迅速成为一种城市行业，它培育了许多快速发展的工业城市。一开始，这些城市仅存在于英国北部，不过，很快，它们向比利时、法国西北部、莱茵兰扩散。这类城市的鼻祖是曼彻斯特，有时，它被称作英国的"棉都"，它是在19世纪20—40年代获得其优越地位的。很快，它成为该区域众多小城市所仰望的中心城市，并为众多公司提供营销、金融方面的服务，为国际市场供货。[2]

这股早期的工业化浪潮是以煤炭为动力源的，煤炭的开采使得约克郡、南威尔士、比利时博里纳日地区（Borinage）、鲁尔河谷矿坑周围的城市发展起来。廉价煤炭连同新的冶炼技术使得铁以及后来的钢铁生产发生了革命性变化，谢菲尔德（Sheffield）、列日、圣埃蒂安（St Étienne）、埃森（Essen）等城市的发展得益于此。随着乡村转变为城市，从英国西北部直到比利时、法国东北部、莱茵—鲁尔地区，我们可以看到一个堪为中坚的新的城市化带。

19世纪下半叶，富有进取心的企业家将蒸汽机、新机器引进许多位于中欧的老欧洲城市中，南方、东方亦有此种情况。柏林、米兰、巴塞罗那、华沙、莫斯科作为重要的工业生产中心兴起，世界贸易的快速发展得到了支撑。到该世纪末，由于可用商业电力的发展打破了矿井与工厂之间的联系，事实上，任何城市，只要人力、运输（原材料、终成品的运输）条件具备，它们便能扩展自己的以出口为导向的制造业。

新的运输方式加速了19世纪中期工业城市化进程的启动。铁路于19世纪20年代晚期在英国获得推广，[3]在后来的数十年里扩展到整个大陆，英国、法国的工程师负责修建，英国、法国的资本负责融资。到1870年，西欧、南欧所有国家都有了本国的铁路网，到1900年，这些网络之间形成了极为紧密的联系。在汉堡、格拉斯哥这类港口城市展开业务的汽船公司同样获得了飞速发展。海陆交通网促进了世界贸易的发

---

① Paul Bairoch, *De Jéricho á Mexico：Villes et économie dans l'histoire* (Paris：Gallimard, 1985)，288.

② Andrew Lees and Lynn Hollen Lees, *Cities and the Making of Modern Europe*, *1750 - 1914* (Cambridge：Cambridge University Press, 2007)，41 - 59.

③ 参见 J. R. Kellett, *The Impact of Railways on Victorian Cities* (London：Routledge, 1969).

展,城市的更大发展由此获得了动力。旅行不再是件难事,代价不再那么昂贵。这些新的交通网是围绕沿海港口、国都这样的重要城市发展起来的,在长途贸易、工业、政治权力方面早得便利的地方,其发展因此不啻于又添一翅膀。不仅货物能很快从欧洲生产商那里到达美洲或亚洲市场,且年轻的工人们能离开自己在原普鲁士或意大利南部的村庄,更方便地去往埃森或米兰。长久以来,伦敦便是英国境内移民所向往的福地,不过,到19世纪晚期,它成了成千上万俄国、东欧移民的目的地,这些人是坐火车、轮船过来的。直到1994年海底隧道开通,英国、大陆的铁路系统接通,欧洲大地的旅行路线才真正统一起来。

虽然新的交通方式起初起着集聚人口的作用,不过,它们也促进了人口的分散化。有轨电车以及地铁、区间铁路系统将工人、店主从远的地方带到商业区,晚上又将他们送回家中。到1930年,巴黎铁路部门所记载的年旅客行程次数是8.88亿次!廉价的交通费用让乘车上下班成为可能,由于城市的发展,上下班的行程变得越来越远。内燃机的兴起尤其具有重要意义。到20世纪20年代,整个英国的商业公交部门让乡下人在城市购物、游玩成为可能,这样,更大规模的郊区城市化便得到促进。在后来的数十年里,日益上升的私家车数量提出了种种巨大挑战,诚然,上下班方便了,可交通堵塞、空气污染也产生了。拿伦敦来说,到20世纪20年代,有执照的司机数量约为10万,早在"二战"之前,汽车便已重塑了这座城市的面貌。别的地方也是如此,人们想出种种门道,让城市里以及不同区域城市间的便捷交通成为现实,不过,由于城市里的停车空间赶不上汽车数量的增长,此举的实行遂日益艰难。

虽然城市化常常且有充足的理由与工业化扯上关系,我们要放在心上的却是:它还与国家的形成、欧洲各国政府在规模上的兴起有着紧密联系。19世纪见证了数个新民族国家的建立。希腊牵头,尾随其后的是比利时、罗马尼亚、意大利、在哈布斯堡帝国内享有部分主权的匈牙利、德国、塞尔维亚。所有这些国家都有国都,它们由于成为新的行政中心而获得了重大发展。雅典、布鲁塞尔、布加勒斯特、罗马、布达佩斯、柏林、贝尔格莱德,在很大程度上,所有这些城市增长的居民数量得益于它们所获得的新地位——作为本国政治生活、行政管理的中心点。进入20世纪,新的国都

继续产生。布拉格(先是捷克斯洛伐克的首都,后成为捷克共和国的首都)、华沙(波兰)、都柏林(爱尔兰)、维尔纽斯(立陶宛)、里加(拉脱维亚)、萨格勒布(Zagreb,克罗地亚)以及另外六个城市获得了首都的地位。与此同时,早在19世纪前便已获得主权国家首都地位的其他城市,比如伦敦、巴黎、维也纳、圣彼得堡、斯德哥尔摩、马德里、里斯本,它们同样从一个过程——在国家层面上发挥的首都功能越来越多(无论这些国家的历史是长是短)——中获益匪浅。在满足国民需求上,民族国家所扮演的角色越来越多,此事的实现有赖于官僚、其他国家雇员在数量上的增长。在他们当中,许多人所住的地方要么是国家的政治中心,要么是在地方层面上展开本国行政的其他地方。

无论是工业企业的工人,还是公共部门的职员,抑或是向广大城市人口提供各种服务的人,这些城市居民有很大一部分是移民过来的。在欧洲大陆,绝大多数城市的发展并非自然发展,此种情况一直延续到19世纪晚期。就法国、德国、俄国、意大利、匈牙利和瑞典的大城市来说,其人口死亡率通常超过出生率。城市婴儿死亡率一直居高不下,直到1900年以后。由此,城市发展主要是人口从乡村、小城市进行大规模迁移的结果。随着农业用工的较少和城市工资的上升,越来越多的男男女女在城市里寻找新的机遇,或是当工人或是在城市服务业领域就业。他们中的绝大多数人风华正茂,是未结婚的成人,家里或村里的其他人是他们的榜样,他们要走的是那条千万人走过的道路。成千上万的爱尔兰人在利物浦、伦敦定居,[①]在数量上堪与之相比的波兰人则费尽千辛万苦迁往杜塞尔多夫和鲁尔河谷的其他城市。[②]许多移民行为属于短期行动,年轻人经常转换地方。约1850年时,欧洲城市约半数的居民是在生活地以外的地方出生的。移民在城市居民中所占比例在后来的数十年里有所下降,不过到1890年,它在法国还维持在43.7%的高位,在普鲁士保持在46.1%的水平。绝大多数城市移民来自城市附近的地方,至于伦敦、巴黎、柏林这类"世界"城市,其所吸收的巨量移民不仅有来自城市周边地区的,且有来自欧洲其他国家、帝国的。通过轮船航线和长途铁路,这些城市与偏远之地连接起来,每年都有成千上万的新来者被吸引到城市。

以欧洲城市为方向的移民运动在历史上有一个波

---

① 参见 Lynn Hollen Lees, *Exiles of Erin：Irish Migrants in Victorian London* (Ithaca：Cornell University Press，1979)。

② 参见 James H. Jackson, *Migration and Urbanization in the Ruhr Valley，1821－1914* (Atlantic Highlands：Humanities Press，1997)。

动的过程。战争、革命、经济萧条有时迫使人们踏上迁徙的路途,有时又阻碍着人口流动。随着时间推移,各国政府对征召劳工越来越感兴趣,除此之外,它们还努力加强对本国边界的控制。在征召、控制劳工的时代之后,是人员遣散、归国、重建的时代,就在这时,战争、革命、经济萧条这类压力因素也在20世纪发展到顶点。20世纪20年代期间,在美国政府限制来自南欧、东欧的移民时,法国政府努力引进外国劳工,尤其是让他们重建该国北部的城市、工厂。相比之下,在20世纪30年代期间,共产党人逃离西班牙城市,成千上万的犹太人离开德国、波兰、匈牙利城市,他们往更远的西方寻找避难之所。"二战"期间以及其后,大规模的人口迁徙仍在继续,其时,强征入伍的劳工、囚犯返回家乡,苏维埃政府则将日耳曼民族从东欧驱逐出去。

⁴⁶⁹ 1945年以后,随着欧洲经济的复苏,西北欧大规模的劳力短缺给南方、东方创造了大量的用工机会。数百万来自葡萄牙、西班牙、意大利、希腊、土耳其、北非的移民涌进西北欧的工业城市、首都。20世纪70年代期间,每年有超过10万的土耳其人到达德国。按照人们通常的设想,这些人待下来只是暂时的,没想到男性移民将自己的家人接了过来,女性移民则步入婚姻并作出留下来的决定。除了"外来工人",还有成千上万躲避殖民战争、后殖民时代权力斗争的逃难者。不计其数的印尼人、苏里南人(Surinamese)迁居荷兰的重要城市,与此同时,还有更多移民逃离阿尔及利亚和撒哈拉以南的法属殖民地,移居法国城市(参见本书第35章)。①

等级体系与网络

城市总是存在于城市网络中的。② 在工业城市化浪潮之前,四处点缀着欧洲大地的是从爱尔兰到乌拉尔山的大量市镇、小城市。到1800年,也就是在进入工业城市化高潮前夕,英国、低地国家、意大利人口过1万的城市之间的平均距离仅有30千米,这个数字在西班牙、法国、德语国家稍大一点。在这些国家,一个精力旺盛的步行者或是骑马的人不用花一天时间便能在城市之间穿梭,逛集市更是易如反掌。借助道路、河流的连接作用,一个移民网络覆盖在欧洲大陆的各大平原、低地之上。某些城市是专务某个行当的重地,比

如港口、旅游胜地或制造业、矿业城市。在这些地方,劳工的力量反映了某些行业的主导地位。另有一些城市是纯粹的市镇,它们是乡下人买卖东西的场所。对那些准备进城购买货物、服务的人来说,规模更大、行业更多样的城市所供应的商品范围要广得多。至于那些拥有大学、教堂以及港口的城市,它们所吸引的新来者的来源地要更广阔一些。这些人需要住房、食物,这就为更多的移民提供了工作机会。随着国家行政力量的成长,法庭、监狱、政府机构得到扶持,同样,这些机关的驻扎地——城市——也得到国家的帮助。

走向城市化的各个地区发展出由各大中心地组成的等级体系。最大的中心地常是一国之都,不仅最重要的政治、宗教组织坐落在此,银行、外国公司通常还有工厂也落户此处。除了国都,各国还有区域中心城市、地方城市,这些城市有雇佣律师、书记、教师的下级法院、机关、学校。虽然相比首都,这些城市在规模上要小一些,它们的富有(相对而言)、多种多样的组织却吸引了稳定的人流,大量青年工人、中产者蜂拥而入。

城市等级体系在欧洲各地呈现出不同的面貌。约1850年,在中央集权程度更高的国家,比如法国、英国、葡萄牙、瑞典、丹麦、哈布斯堡帝国,首都的规模数 ⁴⁷⁰ 倍于这些国家的第二大城市。雅典、布达佩斯在20世纪后期加入这些城市的行列。所有这些重要城市都将巨量国家资源、人口吸收到自己身上来。相比之下,比利时、荷兰、德国、意大利北部城市所呈现的是密集格局,由它而生的城市体系是围绕着许多中等城市组织起来的。这种模式拥有长盛不衰的生命力。在荷兰,阿姆斯特丹、海牙、莱顿、乌特勒支仍是相互保持独立而又形成互补的城市,英国伦敦集于一身的政治、经济、文化功能是由这些城市共同承担的。第三种模式可在西班牙、俄国见到。在这些国家,是两个主要城市(在西班牙是巴塞罗那、马德里;在俄国是圣彼得堡、莫斯科)相互竞争,夺取资源、权力。各国城市网络既是对工业时代发展模式的反映,又是对各地历史遗产的呈现。今日的欧洲是否有一个超越国界的整体城市网络?对此,学界内部是有争议的。长久以来互相联系在一起的道路、铁路网络证明了各地之间的联系,不过,政治分野连同贫困构成了人口流动的障碍。20世纪的国际冲突将欧洲大陆分裂成两大作战阵营,在此

---

① Leslie Page Moch, *Moving Europeans: Migration in Western Europe since 1650*, 2nd edn. (Bloomington: Indiana University Press, 2003).

② Brian J. L. Berry, 'Cities as Systems within Systems of Cities', *Papers and Proceedings of the Regional Science Association*, 19 (1961), 147-163.

之后的冷战不仅分裂了柏林,且限制了北约、华约国家之间的交流。欧盟逐步扩张,从最初的 6 个成员国扩展到现在的 27 个,结果形成了一个庞大的地区,在该地区里,公民们有自由迁徙的权利。此种扩张所发挥的作用是削弱了国界的重要性,通过以布鲁塞尔为大本营的欧盟官僚组织、以斯特拉斯堡为大本营的欧洲议会,欧洲国家、城市得以连成一体。

重要的欧洲城市不仅相互之间有紧密关联,且与海外城市关系密切。城市网络走向全球早在数百年前便开始了。欧洲西海岸城市比如波尔多、利物浦、里斯本通过海洋与美洲、非洲联系起来。由于地中海的存在,从马赛去往阿尔及尔、从那不勒斯去往的黎波里和班加西(Bengazi)的旅行变得容易起来。轮船将旅客、邮件从伦敦带往中国香港,或从汉堡带往上海并返回。全球性的人员、货物、文化交流通过城市及城市的交通网络运作起来,正是此种交流将欧洲城市体系与亚、非、美的城市体系联系起来。

在过去的两百年里,欧洲城市取得了影响深远的成就,在这个背景下,我们今日如何看待城市网络以及城市发展的水平呢? 自 1800 年以来,整个欧洲最大、最重要的城市保持了惊人的连续性。它们都是多功能城市,其中绝大多数在数百年里都是政治首都。伦敦、巴黎至今仍是欧洲仅有的"世界城市",它们在全球层面上发挥政治、经济、文化影响。19 世纪期间,虽然经济发展、区域整合创造了新的城市巨星,比如曼彻斯特、利物浦、埃森,20 世纪晚期的去工业化进程却减损了它们的重要性。莫斯科、柏林、布鲁塞尔、美茵河畔的法兰克福、米兰、马德里至今仍以二级城市的身份发挥作用,虽然它们在国际、地区层面上都有自己所要扮演的角色。西北欧城市的主导地位在 20 世纪晚期有所衰减,因为在 20 世纪 50 年代以后,南方城市区获得了飞速发展。沿地中海岸,从巴塞罗那出发,中经 _471_ 法国南部,直到意大利中部、北部,经济发展让老城市重新焕发生机,并产生出富有活力的城市区,它们衍生出自己的行政管辖范围。总而言之,今日与 1800 年的情况迥然不同的是:1800 年时,住在城市中的欧洲人只占很小的一部分,而到今天,在欧洲大陆,只有少数地区——主要是斯堪的纳维亚的极北之地和巴尔干半岛部分地区——仍可被认为在很大程度上是"乡下"。

社会问题:实在与感知

特别是在 19 世纪上半夜,日益上升的城市人口规模产生了巨大的问题,在很长一段时间里,地方当局看似无力解决这些问题。这些问题涵盖物理、生理、社会、政治等方面,它们促使人们齐声抱怨城市生活的质量。在 19 世纪 50 年代中期的狄更斯小说《艰难时世》中,工业城市的生活不适得到了经典呈现,在这本书中,狄更斯对"焦炭城"的处理含蓄地批评了他眼中的曼彻斯特城市生活——沉闷、没有心肝的自私自利。同样是在 19 世纪 50 年代中期,德国民族志学者里尔(Wilhelm Heinrich Riehl)对这类城市作了更直白的批判。在他写到"由于大城市的丑恶,欧洲正向疾病迈进"时,他心里想的肯定是城市的一大堆毛病。这些毛病不仅影响了欧洲人的身体健康,且损害了人们所居社区的社会福利,在里尔看来,社区的突出特征是其内聚力的严重缺乏。这样的情感在 19 世纪 50 年代以前已获得广泛表达,在此之后很久,许多作家仍发出这样的声音。[1]

对城市的大量批评源自大部分城市居民所处的恶劣环境。由于成长极为迅速,大城市的肮脏变得极为危险。不发达的污水处理系统导致干净饮用水的缺乏,这个问题在 19 世纪 30—60 年代期间产生了严重后果。在这段时期,霍乱的反复爆发导致大量人口死亡。此种疾病从俄国向西传播,于 1832 年在中欧、东欧爆发。从那年起以至该世纪末,数百万欧洲人饱受此病折磨,其中的绝大多数人住在城市贫民区,身染此疫者至少有三分之一倒毙。其他传染病同样使城市居民遭受非比寻常的磨难,其中就有伤寒、痨病,这些疾病的发生直接与恶劣的卫生条件相关。[2]

对干净水源缺乏的问题,人们给予了大量关注,疫病爆发横行的情况有所缓解。此时,人们越来越多地将注意力集中在劣质住房上。过度拥挤的住房缺乏足够的如厕场地。早在 19 世纪 40 年代,卫生改良专家便广泛注意到了疾病与这类住房之间的关系。后来,在对城市环境的批评中,劣质住房产生的恶果成为一个更为突出的特征,因为新房建造的步伐仍远远落后于城市人口的增长。相应地,"贫民窟"看似是以燎原之势往城市四处蔓延了。伦敦东部在这方面表现得尤 _472_

---

① Andrew Lees, *Cities Perceived*: *Urban Society in European and American Thought*, *1820 - 1940* (New York: Columbia University, 1985), 37 - 38, 83 - 84.

② Anthony Wohl, *Endangered Lives*: *Public Health in Victorian Britain* (Cambridge, Mass.: Harvard University Press, 1983).

其显眼,而许多其他城市已存在类似的问题。以柏林为例,工人家庭像沙丁鱼一样被塞进所谓的"出租营房"中。再如布达佩斯,1911 年,该城某工人区的大量住房系由木棚组成,按照某个观察家的说法,它们就像是一排"监狱牢房"。还有一座建筑,里面住的 97 个人共享两个厕所。它那里的典型公寓包括一间房、一个无窗厨房。总体而言,进入 20 世纪,过度拥挤的问题有所缓解,不过,在 1938—1945 年之间,大量住房由于对城市的轰炸而遭到毁灭。

相比其他城市居民,易受肮脏水源、过度拥挤之损害的群体不仅仅是穷人,还有青年人。以兰开郡、柴郡为例,1841 年,每 1000 个新生儿中便有 198 个不满一岁即夭折。那时,相比乡村,所有北方英国城市的婴儿死亡率要高出约 50%。至于法国,一到五岁儿童的死亡率在 1886 年是 30.3‰,这个比例在巴黎则是 58.2‰。死亡率在工人居住区往往是最高的,在中产、上层阶级居住区则低得多。

整个 19 世纪,死亡率随城市规模的不同而不同,尽管相比乡村,城市地区青春期人群、青年人的死亡率要高一些是一个事实。以巴黎为例,1886—1890 年,居民死亡率是 23.69‰,不过在人口数少于 5000 的城市,这个比例仅有 20.91‰。过度拥挤的问题往往在规模最大的城市中表现得最严重,这是个尤其致命的问题。考虑到另外一个事实——城市出生率远比乡村低,许多观察家对如下情况感到畏惧就不值得大惊小怪了:由于耗尽了来自乡下的新鲜人力资源,城市人口结构最终老化,并开始走向衰亡。还有一些人担忧城市本地人口的低出生率与长途移民的高发生率相结合,会以在他们看来具有威胁性的方式彻底改变城市社会。[1]

除了以上因素,与对身体健康的种种威胁相伴的看似还有其他的危险源,在城市精英看来,它们也危害着道德健康。在当时许多人眼中,城市是社会病态、其他反常社会行为的温床。有关城市化、城市生活在使人们向恶发展上所起的作用,性混乱、酗酒、自杀、犯罪看似为此作了注脚。时人经常指出宗教对城里人的约束力下降。[2]确实,在城市发展的过程中,教会在欧洲所发挥的参与作用下降了,此种现象尤以在城市为烈,不过,不同国家的情况是极为不同的。一般而言,天主教会相比新教教会要更为坚挺一些。将目光转向某些特别的反常行为,我们会发现情况同样复杂。在 19 世纪晚期的德国,虽然财产犯罪在城市比在乡村更为频繁(因为在城市有更多可见之物可以偷),暴力犯罪却不那么频发了。尽管如此,人们的相关感知、恐惧依靠自身之力构成了一个社会现实,它促使人们相信:城市存在着许多需要补救的问题。20 世纪,就收纳海外第一、二代移民的城市地区来说,同样的恐惧也能在它们那里看到。比如巴黎的郊区,在那里住有大量北非移民;再比如柏林的克罗伊茨贝格(Kreuzberg)区,在那里住有数量异常的土耳其"外来工人"及其子女。虽然各国需要这些人的劳动力,就移民本身而言,他们确实的以及在人们心中的身份却是外来者,由于肤色、宗教、语言上的差异,他们从生物、文化的角度来说构成了对大多数人的威胁。虽然欧洲城市一直以来是收容有阶级之分(常常还有宗教、种族之分)的各类人群的,在反移民派别兴起的问题上,欧洲人的文化多元认知(以及他们常怀有的怨恨之心)却起到了推动作用。[3]

对那些意欲改变政治、社会现状的人来说,大城市还充当了主要的活动舞台。1830 年,革命在巴黎、布鲁塞尔爆发。到 1848 年,不独巴黎,柏林、维也纳、布达佩斯、米兰都爆发了革命。进入 1871 年,巴黎烽烟再起。[4] 1905 年,革命又在圣彼得堡发生。与此同时,相比其他地方,有组织的社会主义力量在西欧获得了多得多的选票支持,即便领导这股势力的人并未积极追求革命,至少他们在口头上是为之摇旗呐喊的。以德国为例,在 1898 年举行的选举中,社会主义者在设于大城市的帝国议会选区获得了 60% 的议席,相比之下,在该国其他地方,社会主义者只获得了 5% 的议席。进入 20 世纪,在"一战"期间和"一战"之末,改变国家政治制度之举在彼得格勒、柏林集中上演。1968 年,在巴黎,1989、1990 年,在布达佩斯、莱比锡、柏林、布拉格、维尔纽斯,发生了同样的事情。

解决问题

面临这些挑战,出身中、上阶级的改革团体致力于卫生、社会方面的改良运动。总体的趋势是(特别是

---

① 参见 Adna Ferrin Weber, *The Growth of Cities in the Nineteenth Century: A Study in Statistics* (Ithaca: Cornell University Press, 1899), 343 - 367。

② 参见 Lees, *Cities Perceived*, 154 - 155, 158 - 159。

③ Leo Lucassen, *The Immigrant Threat: The Integration of Old and New Migrants in Western Europe since 1850* (Urbana: University of Illinois Press, 2005).

④ Mark Traugott, 'Capital Cities and Revolution', *Social Science History*, 19 (1995), 147 - 168.

19 世纪中期以来）：人们不再盲信纯粹市场力量的优越性，在志愿、政府两个层面实施更积极有为之举成为人们的方向。

整个 19 世纪，通过有组织的慈善活动缓和城市病的行为随处可见。志愿组织集资援助穷人，与此同时，它们通过教育努力使后者的行为发生改变。大范围的宗教复兴发生了（它在部分程度上是对法国大革命的反动），和自由放任主义的福音一样，它有时也推动了上述现象。慈善人士在英国尤其活跃。从 19 世纪 20 年代开始，伦敦和其他城市地区的"探访团体"便扩散开来。同样在这个时期，波尔多、里昂以及巴黎的女天主教徒群体强化了自己的行动，帮助生病的大人和失去双亲的小孩。[1] 在同样一个世纪里，再往后，努力推动社会慈善事业的不仅有服务社会的新教、天主教团体，还有大量世俗组织，包括源于伦敦的慈善组织协会、法国的慈善工作总局、德国济贫与慈善协会。不愿落后于人的俄国也建立了大量慈善团体。[2]

世俗改革家对政府施加了强大压力，促使其净化城市的物质环境，其中表现突出的是医生。这些人力主改善污水处理系统、纯净水源、铺设道路、安装更好的通风设备，他们掀起的运动起于法国、英国，时间是 19 世纪 20 年代。它的巅峰成就是在英国取得的，1848 年，《公共健康法案》获得通过，该法要求地方当局承担起许多新的管理职责。19 世纪 50 年代，在塞纳河总监豪斯曼（Haussmann）男爵的领导下，巴黎展开了大规模的城市重建运动，其引人注目的内容包括：新的污水处理系统修建起来，过度拥挤的住房被拆掉，新的市场拔地而起。[3] 与巴黎"豪斯曼化"（Haussmanization）相提并论的壮举不仅可在里昂、马赛见到，在巴塞罗那、维也纳，人们亦能目睹类似的情形。所有这些城市在该世纪第三个四分之一段时都经历了大规模的重建。[4] 这类重建活动需要有力的城市政府、征税能力、金融制度，相比其他地方，这些东西在欧洲出现得更早一些。

19 世纪晚期、20 世纪早期见证了城市政府在权力、职责上的急剧增长，在它面前，早先发生过的任何变革都相形见绌。在精力充沛的市长以及富有远见的

城市议会的领导下，城市承担起越来越多的功能，其用意是改善自身治下民众的生活。在市政当局对水务公司的掌控日益增强时，受前者雇佣的工程师们通过引进技术创新，发现了让城市变得更有益于健康的种种方法。城市自有的水务设备与其自有（或至少接受其管理）的天然气、电力设备形成了完整的系统。这类设施从表面看来属于"自然垄断"，但人们普遍相信它们是作为"公共设备"发挥作用的。在人们口中，这些设施连同其他服务（比如屠宰场、市场的维护）的提供常享有"市政社会主义"的美誉。不过，市政服务并不是以纯粹的慈善为基础的。肯定地说，干净的水源是一种公共产品。虽然如此，消费者应出资购买此种产品，就像购买天然气、电力一样，销售所得则有利于为自身不产生利润的其他服务提供经济支持。公共交通（mass transit）最初以有轨电车为工具（起始于 19 世纪 80 年代），它们靠电来发动，继之而来的则是地铁。公共交通向城市全境蔓延，不仅如此，更广阔的城市区也包含在前者的延伸范围内，这样，各个城市区便连成一块。[5] 城市政府还建设医院、学校、孤儿院、职业介绍所，以此努力增进自身的人力资本，这些机构极大地扩展了提供给城里人的社会服务的范围。[6]

积极有为的市政建设，何处堪为典范？当时来自许多国家的各类人士表达了对德国城市政府所获成就的高度赞赏（有关作为模范创新型城市的柏林，参见本书第 38 章）。[7] 到"一战"前夕，人们可以清楚看到，在水、气、电等市政服务领域，德国城市政府走在了前头，它们的社会服务同样获得了高度发展。获得此种领导地位所耗费的代价是巨大的。1870—1913 年，德国城市的市政预算规模大大增加，就全国而言大约增长了 11 倍。除了德国，英国也有在城市扶持下取得进步的突出事例。就英国来说，伯明翰、格拉斯哥均作为积极市政建设的重镇享有盛誉（参见图 25.1），斯堪的纳维亚的情形亦复如是。相比之下，在地中海国家、东方地区，市政进步的步伐要慢得多。虽然如此，市政活动水平的日益增长几乎是随处都可见到的现象。

①　Lees and Lees, *Cities*, 170 - 179.

②　Adele Lindenmeyr, *Poverty Is Not a Vice：Charity, Society, and the State in Imperial Russia* (Princeton：Princeton University Press, 1996).

③　David Pinkney, *Napoleon III and the Rebuilding of Paris* (Princeton：Princeton University Press, 1958).

④　参见 Robert Hughes, *Barcelona* (New York：Knopf, 1992), 278 - 279。

⑤　John McKay, *Tramways and Trolleys：The Rise of Urban Mass Transport in Europe* (Princeton：Princeton University Press, 1976).

⑥　Marjatta Hietala, *Services and Urbanization at the Turn of the Century：The Diffusion of Innovations* (Helsinki：SHS, 1987).

⑦　参见 William Harbutt Dawson, *Municipal Life and Government in Germany* (London：Longmans, 1914)。

图 25.1 伯明翰,约 **1889** 年。市政建筑(美术馆、市议会)出现在前景中,处在中心位置,它们让在背景中显现的工厂黯然失色。工业、城市的扩张提出了种种挑战,市政当局勇敢地作了应对,此即这幅画的歌颂主题。材料来源:*Edwin Hodder, Cities of the World*, IV(*c*. 1889), 41。

475

在两次世界大战之间,地方政府承担了越来越多的职责。公共住房建设以相当大的规模开展起来。在英国,1919 年,一份《住房法案》获得通过,它使得"议会"住房首次获得国家的实质性补助。利物浦当局在 20 世纪 20、30 年代建造了 38000 所住房。维也纳、斯德哥尔摩市政当局同样建造了为数不少的新房。公交系统则得到扩展并走向融合。1929 年,巴黎地铁延伸到郊区,柏林市政府则成功推动了有轨、轻轨电车的协调。大萧条使得城市政府提供济贫、其他社会服务的压力增大。这类事态发展所导致的结果是城市雇员队伍迅速膨胀。以赫尔辛基城市职工队伍的规模为例,在 1931—1941 年之间,它增长了 50%。①

476

建筑师们想象着新的城市形式,并在新技术、科学的帮助下对各种城市问题宣战。在此过程中,与怎样才算一座"好城市"有关的种种标准有条不紊地浮出水面。柯布西耶(Le Corbusier)主张将巴黎中心区的大部分地方弄平,将上面的人口迁到高耸的公寓楼中,从而将绿地植入这片地区。现代建筑国际大会(简称"CIAM")组建于 1928 年,它到处为现代建筑样式提供支持,并推动将城市活动划入不同的功能区。② 整个欧洲的规划者所想的不仅是老城在技术层面的现代

化,还有交通模式的重新设计,公共交通的扩展,以及以新公园、现代社会住房为中心的社区的建设。在 20 世纪 20、30 年代获得支持的观念在 20 世纪 40 年代期间仍保持着自己的吸引力。战争开始后不久,欧洲各国政府组建起负责提出城市重建计划的机构。1943 年,英国城乡规划部成立,它有对全国进行规划的权力。里面的工作人员有伦敦大学城市规划教授阿伯克隆比(Patrick Abercrombie),与他合作的是一个建筑师团队。他们负责提出详细的战略,以解决两方面的问题:其一,伦敦受难区的重建;其二,通过建立新城、外围居住区重新分配人口。维希法国、比利时、挪威同样有中央规划部门,负责提出对战后城市秩序的特殊规划。

在今天看来,1940—1945 年欧洲城市的受难规模是难以想象的。冲突双方的军事战略家们认为,走向胜利需经毁灭城市生活这一条道路。毁灭的对象不仅是工厂、铁路、港口,还包括城市中心。德国对伦敦、考文垂的空袭令成千上万人无家可归,它们还让住房以及教堂、学校、医院变成一片焦炭。在东线,德国飞机炸平了斯大林格勒、列宁格勒。在从苏联和东欧其他地区撤退时,德军有计划地将华沙炸毁,如同许多俄国

---

① Peter Clark, *European Cities and Towns*, 400 - 2000 (Oxford: Oxford University Press, 2009), 342 - 343.

② Eric Paul Mumford, *The CIAM Discourse on Modernism*, 1928 - 1960 (Cambridge, Mass.: MIT Press, 2000).

城市一样。在英、美空军展开的袭击下,德国大城市约50%的建筑区遭到毁灭,结果导致40—60万的居民死亡。瓦砾堆积如山,塞满城市的街区;水电供应设施必须得从头建起。考虑到地方服务所存在的巨大缺口,人们很难知晓从何处作起。①

虽然规划者们盼望着彻底更新、实现现代化,时间、资源方面的种种限制却意味着人们必须要作出妥协。人们需要立马住上新房、有新的工作场所,然而事实证明,既有的街道、土地所有权模式很难进行变更。另外,大众对已逝城市世界的怀旧之情阻碍了彻底变革城市秩序的政治意志。由此,建筑工人在一座又一座城市造起了无甚特色的实用低矮建筑,他们利用了既有的街道线、地面格局。本土各种各样老旧的简单建筑样式促进了历史连续性的幻想。纽伦堡、弗莱堡、明斯特重建了本城最重要的纪念建筑,而对剩余的大部分建筑,它们所取的方略是改造性重建,其采用的材料、颜色、规划皆类于传统样式。华沙丧失了90%的建筑,在重现过去的努力中,它的重建迈出了更远的步伐。战后波兰政府很快作了立法,规定华沙城里的所有土地属于市政当局,城市规划者们获得了很大的发挥空间。虽然新的道路缓解了交通问题,老的市中心在很大程度上却是根据战前的地图、图样重建的。重修的王城成为民族文化博物馆。不仅是个体建筑,社区、主要街道(它们有自己的复杂建筑群,包括教堂、宫殿、各种纪念建筑)也在重建之列。只有极少数城市选择雄心勃勃的现代模式进行重建工作。考文垂有新教堂,柏林汉萨小区有整洁的公寓楼,鹿特丹有中央购物区。作为具有纪念意义的突出事例,它们证明了最新的规划被引入到城市风景中。

到20世纪60年代,人们越来越将重心放在新的工程建设上,造出来的建筑给人以强烈的冲击。马歇尔计划和欧洲经济共同体的成立启动了西方的经济复兴,不仅重建事业,许多城市的扩张都由此获得经济支持。在建筑大军的努力下,公交体系向外延伸,环形道路得以建成,市中心的交通压力得到缓解。人们以匠心规划新城,绿地、各种城市服务设施成为中心,各地的城市发展、分权潮流成功地得到推进,比如斯堪的纳维亚、荷兰、法国、英国、爱尔兰。国家规划城市之举遍传整个欧洲。东欧、俄国的共产党政权建设了1000多座新城,用以为本国经济的快速工业化提供支持。由于国家掌握土地且资源由政府加以分配,各国当局能按照自己的意愿设置人类居住地,并将工人迁徙到那里,以充实新工厂。苏维埃国家的规划者意图创建能体现平等—现代社会之理想的社会主义城市。国家在社区单位中建设、分配公寓住房,人们从社区单位领受公用场地、必要的各种服务。市民使用公共交通上班、进入市中心,那里有为政治集会、文化活动预备的公共空间。严重的住房短缺和有限的消费品、服务使绝大多数人的生活水平均等化,结果,因社会分层而产生的区隔在很大程度上消失了。中央计划规定了城市的形式,不过,此举并不必然能发挥有效作用或是对未来作出充分的想象,以解决长期性的问题和不足。这些新城市所缺乏的不仅是充分的服务、交通,还有足够的住房。由于更注重满足实际需求,大众娱乐、文化生活方面的设施遭到忽视。虽然如此,无论是在西欧还是东欧,都发生了建筑方面的变革。②

文化与闲暇

一直以来,城市的意义都不限于提供住房、工作场地。它是市民聚集起来举行庆祝、学习、娱乐活动的地方。城市社会为文化活动提供了大量空间,它们能满足人们各种各样的品味。文化繁荣与经济机遇、社会服务联系在一起,它推动着市民对本城心怀忠诚、热爱之情。③

早在19世纪,大城市便强调了自身对高等文化以及政治权力、威望之传统象征物的向往。游览任何一座重要的欧洲城市,行人都会路经大量令人印象深刻的建筑物,其中许多是按数百年前的古老样式新建起来的。不只市政厅——它们作为城市身份的象征具有特别重要的意义,铁路站点、银行、歌剧院、剧场、音乐厅、博物馆都促进了优雅城市环境的形成。④ 这些建筑为政治、经济以及文化生活提供了平台。观赏歌剧、音乐会、戏剧表演让富人们有机会炫耀自己的财富和文化品味。巴黎卢浮宫、马德里普拉多博物馆、柏林"博物馆岛"上的展馆属于艺术、民族风情博物馆。19世纪早期至20世纪30年代之间,这些博物馆连同成

① Jeffry M. Diefendorf, *In the Wake of War: The Reconstruction of German Cities after World War II* (New York and Oxford: Oxford University Press, 1993), 13 - 17.

② R. A. French and F. E. Ian Hamilton, eds., *The Socialist City: Spatial Structure and Urban Policy* (Chichester: Wiley, 1979).

③ Clark, *European Cities*, 305 - 330.

④ Tristram Hunt, *Building Jerusalem: The Rise and Fall of the Victorian City* (New York: Holt, 2005), 227 - 258.

百上千的其他博物馆在欧洲城市建成，作为传统高等文化的收藏宝库，它们给人们留下了深刻印象。另外，它们不仅欢迎中上层人士，且越来越多地向工人开放。先前，博物馆的开馆时间局限于工作日、周六，因此给人们造成不便，后来周天也开馆，人们因此而获益。约1900年，汉堡博物馆长作出了雄心勃勃的一项举动，用以招徕观赏者，他的做法是不仅陈列传统艺术品，并将地方艺术品、实用艺术品纳入展览范围。① 从19世纪50年代开始，英国各市政当局尝试通过另一种方式推进对大众的"启蒙"，它们大建公共图书馆，里面训练有素的图书馆员可以尝试用各种方法培养人们对优秀文学的热爱。无论是民间慈善家还是地方官员，他们都努力扩展对高级闲暇活动富有吸引力的"公共空间"，大城市由此成为文化创新、文化融合之地。

城市政府还致力于通过推动健康的娱乐活动来改善市民"品格"。城市公园是对富人穷人都有吸引力的露天公共空间。维多利亚公园于1842年建于伦敦东部，它是一块面积190英亩、为大量住房和工厂所环绕的绿地。许多其他城市以它作为效法对象，它们所涉及的公共空间不仅能让市民观赏绿地，且能展开各种健身活动。里昂热尔兰球场（Gerland stadium）、莫斯科高尔基公园是人们可去的游泳、踢足球或观看赛事之地。到1939年，赫尔辛基的一个体育委员会开放了86个公共体育场地。对居住区日益因社会阶层之故而分隔开来的城市而言，以各类人众为开放对象的新公共空间的建设可谓具有重大意义的运动，其目的是建设民主的公共文化。

城市文化有很大一部分以集市娱乐活动的形式体现出来，其消费者是那些有足够支付能力的人。人们被吸引到城市的商业空间，促成此事的是他们追求娱乐而非修身养性的愿望。吃、喝、②买东西是此种文化的中心内容。社区各有自己的酒馆、俱乐部、饭馆，不仅如此，连市中心也有这方面的需求。18世纪晚期，在巴黎出现了公共酒馆这种新事物，此后，这种举行优雅饮宴活动的地方便在市中心沿新建的大马路传播开来。布鲁塞尔、米兰有玻璃覆顶的展览馆，消费者因其橱窗展示、咖啡厅、煤气或电力照明而被吸引过来。百

货公司的出现尤其让中产阶级出身的妇女受益，因为它们让后者有了安全而尊荣的购物之地，不仅如此，在那里，她们还能找到享用中餐之所、干净的如厕之地以及休息的地方。无论是巴黎的博尔马谢百货公司（Bon Marche，开业于19世纪50年代），抑或伦敦的塞尔福里奇百货公司（Selfridge）、柏林的韦尔特海姆百货公司（Wertheim）（均开业于1900年前后），它们都是震动人心的新型消费殿堂，市民蜂拥而入是为了观赏最新的商品样式和豪华陈列，这些商品来自世界各地（参见图25.2）。③ 商业剧场同样吸引了各种社会背景的消费者。城市的舞台为人们提供了各样的表演节目，从古典戏剧到当代的戏剧、歌剧、歌舞杂耍、音乐剧，不一而足。柏林莫特利剧场、巴黎黑猫剧场属于卡巴莱式剧场（Cabarets），它们提供的服务将美酒、讽刺歌曲、短剧融合在一起，以飨当地市民、旅客。④ 更多市民喜欢去的地方是音乐厅，因为在那里，饮食、妙乐所费的代价相对较低。

新的城市商业娱乐形式极大地丰富了城市流行文化。在世纪之交后不久，新近成形的电影工业快速发展起来。到1912年，在伦敦，经常放映电影的场所几乎有600处。就德国城市而言，电影院的数量在1910—1928年增长了五倍（参见第39章）。专业体育团队的成立让城市之间的赛事成为可能，不仅如此，城市流行文化亦因之而变得更有活力。19世纪80年代，一个足球联盟在英国成立，到1911年，几乎所有人口在10万以上的英国城市都有了专业的足球团队。随着足球热向整个大陆蔓延，意大利、西班牙以及德国城市很快也有了自己的足球团队，至于北欧国家，1945年以后，冰球获得了大量人众的追捧。

结语

由于市民经济、社会地位以及所属社会的财富有所区别，今日欧洲城市的生活质量因此而呈现出极大差异。深度的城市贫困至今仍见于许多城市，特别是在有来自欧洲以外国家的移民居住的地区，或是经济增长落后的地区。尽管如此，相比之下，对美国来说，

① 参见 Jennifer Jenkins, *Provincial Modernity：Local Culture and Liberal Politics in Fin-de-Siècle Hamburg*（Ithaca：Cornell University Press, 2002）。

② 参见 W. Scott Haine, *The World of the Paris Café：Sociability among the French Working Class*（Baltimore：The Johns Hopkins University Press, 1996）。

③ Geoffrey Crossick and Serge Jaumain, eds., *Cathedrals of Consumption：The European Department Store，1850－1939*（Aldershot：Ashgate, 2009）。

④ Peter Jelavich, *Berlin Cabaret*（Cambridge, Mass.：Harvard University Press, 1993）。

图 25.2　波茨坦广场。20 世纪 90 年代早期,柏林墙被拆除,在这之后,该广场成为世界最大、最具创造性的建筑场地之一。大量新建筑所在的城区多年来是荒无人烟的废弃之地。材料来源：Bildarchiv Preussischer Kulturbesitz。

479

因破损太厉害而不得不放弃的住房数量要少得多。总体而言,作为富人意图居住的地方,城市中心保持了自己的吸引力,以郊区为方向的移民相对而言受到了限制。在大部分地区,有效的管理和城市规划防止了松散市场所引发的分离效应。某些历史学家所谓的"欧洲城市"仍旧以下面两点作为自己的突出特征：其一,人类居住地分布稠密、相对拥挤；其二,高水平的城市服务,其中的公共交通常常成为引人注目的对象。[①]从许多方面来说,过去两百年里欧洲城市的故事是且仍然是一部充满光辉业绩的历史,因为它们解决了技术变革、人口爆炸以及民主化所提出的大量难题。过去的城市化时代所留下的遗产很好地适应了 20 世纪全球经济—政治变革所产生的压力。

参考文献

Cohen, William B., *Urban Government and the Rise of the French City: Five Municipalities in the Nineteenth Century* (New York: St Martin's, 1998).

Daunton, Martin, ed., *The Cambridge Urban History of Britain*, vol. 3: *1840 – 1950* (New York: Cambridge University Press, 2000).

Diefendorf, Jeffry, ed., *Rebuilding Europe's Bombed Cities* (New York: St. Martin's, 1990).

Hamm, Michael F., ed., *The City in Russian History* (Lexington: University Press of Kentucky, 1976).

Hard, Michael, and Misa, Thomas J., eds., *Urban Machinery: Inside Modern European Cities* (Cambridge, Mass.: MIT Press, 2008).

Hohenberg, Paul M., and, Hollen Lees, Lynn, *The Making of Urban Europe, 1000 – 1994* (Cambridge, Mass.: Harvard University Press, 1995).

Jerram, Leif, *Street Life: The Untold History of Europe's Twentieth Century* (Oxford: Oxford University Press, 2011).

Lees, Andrew, *Cities Perceived: Urban Society in European and American Thought, 1820 – 1940* (New York: Columbia University, 1985).

——and, Hollen Lees, Lynn, *Cities and the Making of Modern Europe, 1750 – 1914* (Cambridge: Cambridge University Press, 2007).

Olsen, Donald, *The City as a Work of Art: London, Paris, Vienna* (New Haven: Yale University Press, 1986).

---

①　参见 Hartmut Kaelble, 'Die Besonderheiten der europäischen Stadt im 20. Jahrhundert', *Leviathan：Zeitschrift für Sozialwissenschaft*, 29 (2001), 256 – 294。

Sutcliffe, Anthony, *Towards the Planned City: Germany, Britain, the United States, and France, 1780 - 1914* (Oxford: Blackwell, 1981).

Weber, Adna Ferrin, *The Growth of Cities in the Nineteenth Century: A Study in Statistics* (Ithaca: Cornell University Press, 1899).

Winter, Jay, and Robert, Jean-Louis, eds., *Capital Cities at War: Paris, London, Berlin, 1914 - 1919*, 2 vols. (New York: Cambridge University Press, 1997 - 2007).

屈伯文 译 陈 恒 校

第 26 章 拉丁美洲

艾伦·吉尔伯特

正如第 20 章告诉我们的,拉丁美洲有着悠久的城市传统。[1] 阿兹特克、印加、玛雅文明建设的重要城市有库斯科、昌昌、乔鲁拉、特奥蒂瓦肯、特诺奇蒂特兰,以它们作为帝国的重镇。西班牙将这些哥伦布到来之前的标志性建筑尽数抹去,在废墟之上建起了自己的帝国圣殿。进入 19 世纪早期,拉美绝大多数地区获得独立,虽然如此,绝大多数人的生活并未真正发生改变。[2] 大多数人仍旧住在乡村,拉美绝大多数城市进入暂时的衰退之中。[3] 拉美近代城市化直到 1880 年以后方才真正启动,那时,拉美南部若干地区开始发展出成功的出口制度并开始了工业化。

本章首先考察直到 2010 年为止的城市化潮流。其次,探索城市体系的面貌。再次,审视城市生活的质量。最后讨论全球化对城市的影响。

独立之后

从独立到"一战",拉美经济发展的节奏在很大程度上依赖于出口生产。事实上,直接与英国进行贸易的愿望是推动独立斗争的主要动力之一。虽然如此,整个 19 世纪,绝大多数国家努力为之的是发展出口市场。[4] 有一个事实:安格斯特拉(Angostura)苦味酒曾是委内瑞拉主要的对外交易产品。这说明直到 20 世

纪 20 年代,这个国家仍处在落后状态。不仅如此,甚至在人们发现有利可图的产品时,成功都可能转瞬变为失败。巴西橡胶的繁荣历史以及哥伦比亚、秘鲁靛青、海鸟粪工业的兴衰堪为此事的绝佳例证。

没有成功的出口产品,经济发展便会受限,城市成长便呈缓慢之势。结果:"到殖民时代之末,典型的拉美城市在规模上并不显大,此种情况一直延续至 19 世纪末。1880 年,40 个最大城市的平均人口在 35000 人上下,拉美只有 8 个城市的人口超过 10 万。"[5] 以委内瑞拉的加拉加斯为例,从 1810 年国家独立到 1880 年,该城几乎没取得什么发展。

19 世纪期间,就大多数城镇而言,城市生活的变化幅度相对不大。相对于自身的农业腹地而言,它们绝大多数属于行政、商业、宗教三合一的城市。不平等的土地占有制度和蹩脚的管理坑害了农业,受此影响,能快速成长的城市有如凤毛麟角。从物质形态上说,绝大多数城市亦变化甚微,中央广场、网格状道路布局保留了很长一段时间。精英人士所居之地靠近大广场,广场附近是政府、教会权力交集之地。平民百姓住在更远的地方,穷人主要集中在拥挤不堪的租房区。棚户区非常少见,究其缘由,是因为缺乏廉价交通,工人们被迫选择靠近工作场地的地方居住。除了手工艺

---

① 本章对拉美的定义包括那些绝大多数人口讲西班牙、葡萄牙语的美洲国家。如此,它便排除了英属、法属、荷属殖民地,波多黎各亦包含在有效排除范围之内,因为自 20 世纪 50 年代以来,该国和拉美剩余的地方一样,与美国有着更多的共同点。

② 的确,就某些基本要素而言,数百年来几乎未有什么变化出现。"比如,在绝大多数拉美地区,平均寿命(20—35 岁)、婴儿死亡率(每 1000 个出生婴儿中死亡近 300 个)与罗马帝国的状况相仿,一直到约 1900 年时都是如此。在绝大多数国家,识字率在成人中未达到 30% 的水平。"参见 J. H. Coatsworth, 'Structures, Endowments, and Institutions in the Economic History of Latin America', *Latin American Research Review*, 40 (2005), 129。

③ R. Morse, 'The Development of Urban Systems in the Americas in the Nineteenth Century', *Journal of Interamerican Studies and World Affairs*, 17 (1975), 7。

④ 在迪亚斯(Porfirio Diaz,1876—1911 年)治下,墨西哥经济对外国投资开放,采矿、制造业比较繁荣,铁路网的长度从约 750 英里增至 1900 年的 1.2 万英里。

⑤ C. S. Sargent, 'The Latin American City', in B. W. Blouet and O. Blouet, eds., *Latin Americaand the Caribbean: A Systematic and Regional Survey* (2nd edn., London: Wiley, 1993), 172 - 216。

生产,制造业难觅痕迹。绝大多数本地精英靠乡村地产过活,尽管某些人在地产、商业领域进行的投资越来越多。除了天主教会,另有许多人拥有供出租的产业,绝大多数人便是以此找到自己的栖身之所的。城市提供的服务是初级的,直到外国公司开始引进有限的电力、供水和交通体系时,此种状况才得到改善。城市形式最初的真正变革是由电车的引进(约 1870 年)开启其端的,甚至到那时,能到新建郊区去的只是精英人士。①

南椎体地区的城市化(1880—1914 年)

就拉美绝大多数地区而言,出口生产的发展是缓慢的,虽然如此,阿根廷、乌拉圭、巴西南部的情况却非常不同。拿阿根廷来说,出口收入在 1870—1900 年之间增长了五倍,小麦出口占出口总量的比例从 5% 上升到了 50%,剩下的出口产品绝大多数属于羊毛、肉类。② 潘帕斯(Pampas)农业区在 1872—1895 年之间增长了 15 倍,差不多在同一时期,铁路长度从 460 英里增至 10000 英里。至于巴西,咖啡生产呈爆炸趋势,年出口量从 19 世纪 50 年代的 10 万吨增至 1900 年的84 万吨。

19 世纪晚期,各种新技术的出现给出口商带来了极大帮助。汽船、电报改善了拉美与欧洲之间的交通状况,铁路则将生产地与港口连接起来。随着羊毛、肉类、小麦输向海外,阿根廷成为繁荣的大西洋贸易最大的受益者,并成为英国属下非正式帝国的非正式首都。到 1914 年,阿根廷的人均国民收入赶上了德国、荷兰。

485 1895—1914 年,阿根廷人口翻倍,到“一战”爆发时,四分之三的阿根廷人是第一或第二代的移民。同样有大量移民涌入的是乌拉圭、巴西南部、智利,直到今日,这些国家大量人众的姓氏都可为此作出证明。

这些地区的重要港口、运输中心和矿业城市扩张迅速。到 1880 年,布宜诺斯艾利斯仍是一个带有殖民风格的小城市。虽然如此,其人口数从 1880 年的 29 万增至 1905 年的 120 万,这主要是来自意大利、西班牙的移民加以推动的结果,到 1895 年,移民在总人口中占据了半壁江山。③ 随着本城的繁荣程度日增,布

宜诺斯艾利斯开始将自身变为拉美的第一座欧式城市。电力、供水系统得到改善,重要的港口工程也开始动工。城市美化工作包括宽敞街道的建设,其中最重要的是五月大道(Avenida de Mayo)。这条道路意欲与香榭丽舍大街(Champs Elysées)一较高下。1897年,一条电车路线开通,1913 年,该地区最早的地铁(subte)转入运营。城市精英渴望将布宜诺斯艾利斯变成世界上主要的文化中心之一,在此背景下,科隆剧院在 1908 年开张后便成为顶级歌剧演员经常登台表演的场所。④ “到 1910 年,连巴黎人都称赞这座城市是南美的巴黎……拉普拉塔河流域美丽而尊荣的皇后。”⑤

再往北,出口突如其来的急剧增长同样推动了某些城市的重大发展。亚马逊平原的橡胶热(1879—1912 年)使得马瑙斯快速发展起来,此地的橡胶大亨们竞相炫富。他们给城市穿上新装,在他们手上,一座能容纳 700 人的剧院经过多次工程中断,最终于 1896年落成。还有一个实在的案例:通往玻利维亚的铁路的完工以及日益增长的对北智利硝酸盐的需求使得安托法加斯塔(Antofagasta)迅速跃升为智利的第四大城市。

城市发展的另一动力源与该地区许多都市日益重要起来的地位有关。1880—1905 年,波哥大、蒙得维的亚(Montevideo)、圣地亚哥、里约热内卢的人口至少增长了一倍乃至更多。日益增强的民族团结、城市收入(主要来自以对外贸易为对象的征税)为人口扩张提供了助力。

上面谈到了一些引人注目的城市发展实例,虽然如此,到那个时候,拉美绝大多数城市的规模仍是很小的。1905 年,人口数超过 50 万的城市只有两个,即布宜诺斯艾利斯、里约热内卢;除了它们,人口超过 25 万的城市只有四个,即哈瓦那、圣地亚哥、蒙得维的亚、圣保罗。此外,哪怕是在快速扩张发生的地方,城市生活的本质亦未发生显著变化。拿欣欣向荣的潘帕斯地区来说,“1880—1910 年罗萨里奥(Rosario)的快速发展并不意味着此地的经济生机勃勃,日益走向复杂化。这座城市只是简单地挥霍租金收入,压榨其肥沃腹地的价值”。⑥

---

① 1970 年,阿马托(Amato)描述了城市精英是如何利用新的交通方式,从而到达城市以外的欢乐场地的。

② J. R. Scobie, *Argentina: A City and a Nation* (Oxford: Oxford University Press, 1964), 119.

③ G. Germani, 'El proceso de urbanización en la Argentina', *Revista Interamericana de las Ciencias Sociales*, Unión Panamericana, 3 (1963). 即便到了 1914 年这样晚的年份,生于阿根廷以外地区的居民仍占到了 49% 的比例。

④ 有关该城发展的整个历史,参见 J. R. Scobie, *Buenos Aires: Plaza to Suburb 1870-1910* (Oxford: Oxford University Press, 1974).

⑤ Scobie, *Argentina*, 164.

⑥ M. Johns, 'The Urbanisation of a Secondary City: The Case of Rosario, Argentina, 1870-1920', *Journal of Latin American Studies*, 23 (1991), 489-513.

20 世纪 30 年代以来的快速城市化

1930 年以后,拉美城市发生了巨大改变。各国人口增长率的突然激增对此贡献甚巨。1930 年,严重的灾疫开始销声匿迹,人均寿命预期从 1930 年的 34 岁增至 20 世纪 80 年代早期的 65 岁。虽然如此,从总体而言,出生率仍居高不下,结果,拉美人口数从 1930 年的 1 亿增至 1980 年的 4.25 亿。绝大多数人仍在乡村生活,而后者从殖民时代以来常常未出现重大变化。随着人口增长,很早以来便深陷赤贫者所受的经济压力加大了。

幸运的是,虽然遭遇了世界大萧条,经济仍开始以加速度增长。在布宜诺斯艾利斯、麦德林(Medellín)、墨西哥城、蒙特雷(Monterrey)、圣保罗,人们看到了制造业发展的种种初期征兆。另外,如果说 20 世纪 30 年代期间的世界大萧条使拉美出口商身陷重大困境,另一方面,它还给各地制造商提供了机会,让他们能用新产品替代日益稀少的进口商品。[①] 制造业发展起来,经济增长虽然缓慢,但总体上处于持续进行的过程中。由此,乡村人在城市就有了种种机遇。相比正式工作岗位所能容纳的人口数,迁移城市的人口数要多一些。虽然如此,绝大多数移民的成功经历吸引了更多人尾随他们的足迹。城市环境诚然艰苦,不过,相比在乡下的生活,绝大多数人在城市所得到的是真正有所改善的境遇。虽然获得公共服务(比如教育、电力、饮用水)的门路并不宽敞,但不管怎样,它都要比在乡下获得这些东西轻松一些。尽管城市精英心怀恐惧,城市化仍将被证明是一段真正的成功的历史。不管怎么说,它都为身处极不平等、极不公平社会中的乡村贫民提供了有效的安全阀。

移民对拉美的影响是巨大的。1940 年,拉美三分之一的人口住在城市,20 年后,这个比例是二分之一,到 1980 年,又变为三分之二。从单纯的数字来说,这些数据便已说明问题,虽然如此,它们仍非常地让人吃惊。1950—1990 年,拉美城镇人口从约 6900 万增至 3.13 亿。1940 年以后,绝大多数大城市发展迅速,在 20 年时间里,有些城市的人口翻番,甚至增长了三倍。20 世纪 40 年代期间,卡利(哥伦比亚)、加拉加斯(委内瑞拉)、圣保罗人口的年均增长率超过了 7%。表 26.1 告诉我们,在 20 世纪 30 年代以后,拉美绝大多数

地区的城市化进展迅速,到 1980 年,该地区的大量城市人口已占多数。不同国家的城市化水平并不一样,在更广阔的层面上,人们可用经济发展速度的差异来解释此种现象。最富裕的国家城市化程度最高,最贫穷的国家乡村人口的比例最高。

表 26.1　拉美若干案例国家城市人口所占份额,1930—2010 年

国别	1930	1950	1970	1990	2010
阿根廷	(38)	(52)65	79	87	90
玻利维亚	(14)	(20)34	40	56	62
巴西	(14)	(21)36	56	75	87
智利	(32)	(45)58	75	83	89
哥伦比亚	(10)	(22)33	55	68	75
厄瓜多尔	(14)	(18)28	39	55	67
瓜地马拉	(11)	(13)25	36	41	50
墨西哥	(14)	(26)43	59	71	78
秘鲁	(11)	(20)41	57	69	72
委内瑞拉	(14)	(35)47	72	84	94
拉美*	(14)	(26)41	57	71	79

材料来源:UNDESA (United Nations Department of Economic and Social Aff airs) (2007), *World Urbanization Prospects*:The 2007 *Revision Population Database*, http://esa. un. org/unup/index. asp for 1950 to 2010. 括号中有关 1930、1950 年的数据来自 T. W. Merrick, 'Population Pressures in Latin America', *Population Bulletin*, 41:3 (1986), 23. 该文使用更为保守的定义:人口过 2 万的城市中人才算城市人口。

*1950—2010 年的数据包含英属、法属、荷属加勒比海地区和环加勒比海地区。

高增长率连同不断革新的技术极大改变了绝大多数城市的特征、形貌。借助经过改善的各种交通形式(尤其是电车和巴士),精英团体开始从市中心向新的郊区迁徙,后者处在最为人所向往的环境优雅地带。他们在下面一些地方建设精英社区:海滩地带,比如里约热内卢科帕卡瓦纳(Copacabana)、利马米拉弗洛雷斯(Miraflores);波哥大、基多以北的绿色森林;地势再低一点,更宜人居的,还有世界上地势最高的首都拉巴斯城(La Paz)的多座山坡。巴士逐渐改变了穷人的生活品质。现在,路程较长的路线他们亦能往返了,由此,从城内出租房搬到新棚户区的人数增加了。1930—1980 年,自建房构成了新房的主要来源,此种

---

① 20 世纪 30 年代,绝大多数拉美国家缺乏所需的外汇购买英国或美国的进口商品。1940 年以后,欧美工厂集中精力于生产武器,以至于它们的出口量锐减。

住宅虽不享有正式的所有权,但却逐渐取代租赁房,成为主要的住房形式。

20世纪80年代以后缓慢的城市化

487　　表26.2告诉我们,1980年以后,城市发展速度逐渐慢下来,在这个变化过程中,下降的生育率起到了关键作用。1970年,尼加拉瓜妇女一生中平均生产7.2个孩子,相比之下,这个数字在今日是2.8个。下降的生育率起到了推动年均人口增长率——从20世纪50年代的2.8%降至今日的约1.2%——减缓的作用。慢下来的人口增长反过来既减少了城市移民数量,又降低了城市的人口自然增长数量。事到如今,绝大多数城市的发展速度比以前要慢得多了。

表26.2　1950—2010年城市人口、总人口的增长率

年份	城市人口 年增长率(%)	总人口 年增长率(%)
1950—1955	4.4	2.7
1960—1965	4.4	2.8
1970—1975	3.8	2.4
1980—1985	3.0	2.1
1990—1995	2.4	1.7
2000—2005	1.9	1.3
2005—2010	1.7	1.2

材料来源:UNDESA(United Nations Department of Economic and Social Affairs)(2007),*World Urbanization Prospects*:*The 2007 Revision Population Database*,http://esa.un.org/unup/index.asp。

488　　该地区的人口输出有时亦在减缓城市发展上发挥了推动作用。到2000年,美国有西班牙裔人口约3530万,这对某些拉美国家产生的影响是巨大的。[1] 同年,墨西哥总人口的约19%、萨尔瓦多总人口的16%、古巴和多米尼加总人口的11%都生活在美国。假设这些移民没有迁居海外,拉美地区许多城市的发展可能会快很多。

　　20世纪80年代的债务危机同样是减缓城市发展的一个因素。随着城区环境的恶化,潜在移民住在城市的亲友会建议他们留在原地,至少从总体上说,乡下没有缺食之虞。这对许多城市人口产生了严重的影响。由于某些民营企业经营失败,某些政府职位被砍掉,失业现象因此浮出水面。节约运动需要削减政府预算,对许多项目的补助亦需缩减乃至砍掉。调整运动的另一题中之义是货币贬值,进口商品的价格因而推高。除了那些富得流油从而能够将钱存在海外账号上的人,所有的人都是受害者。中产阶级利用自己的积蓄方才存活下来,穷人的办法是将更多家庭成员投入劳务市场(参见表26.5)。城市贫困率急剧上升,城市贫民数量翻了一倍(参见表26.7)。

488

城市体系的面貌

　　直到20世纪30年代,拉美经济都属外向程度颇高的经济。在对外贸易扩张时,重要的港口、交通中心会有很明显的发展。某些首都亦能从中获益,因为它们是重要的贸易中转站,比如布宜诺斯艾利斯、蒙得维的亚、利马。不过,哪怕首都既非港口又非出口中转站,好处总不会离它们而去,因为各国政府会以对外贸易为征税对象,然后将其中的可观份额用于首都的建设。结果,首都的主导地位往往得到增强。构成例外的有哥伦比亚、巴西这类国家,它们的大城市麦德林、圣保罗成功地发展出强大的制造业部门。虽然如此,在绝大多数国家,日益主宰本国国民经济的是首都。[2]

　　拉丁美洲的外向战略从未完全改变过,不过在1930年以后,它变得模糊起来,20世纪50—60年代,489更进入衰退阶段。促成此种转变的是一种新的发展战略。拉美国家在部分程度上采取保护本国市场免受外部竞争冲击的作法,以此来实现工业化。进口替代工业化(简称"ISI")可以让拉美地区不再那么依赖外部世界,它能通过这种方式改变拉美的面貌。在大国,此种战略最为成功,不过即便是在这些国家,进口替代工业化都无力解决失业和促进收支平衡的问题。虽然如此,进口替代工业化确实起到了促进制造企业落户大城市的作用,而这进一步扭曲了城市体系。

　　此种战略步入消亡阶段是从1973年世界石油价格上涨开始的。由于绝大多数国家在石油问题上依赖外国供应商,故此,油价翻两番在整个拉美地区引发了严重的收支平衡问题。危机在1982年8月达至顶点,

----

　　① J. R. Logan,'The New *Latinos*:Who They Are,Where They Are',Lewis Mumford Center or Comparative Urban and Regional Research,New York University at Albany(2001),1.

　　② 20世纪20年代,委内瑞拉发现了石油。在此背景下,加拉加斯成为石油收入最大的受益者,即便石油的生产是在该国极西之地和东部进行的。

那时,墨西哥政府承认自己无力偿付债务。继墨西哥之后,一长串拉美国家发现自己处在类似的困境中。将进口替代、政府赤字财政、厉行补贴结合起来的路子不再能维持下去,失去的 10 年由此开始。

结构调整需要削减政府预算和消费需求,开放市场迎接外部竞争,并以更大的力度鼓励出口。然而,这个方子鲜有取得完全成功者,大城市所受的打击尤其严重。由于政府推行货币贬值政策,撤除免受进口商品冲击的保护壁垒,削减各种补贴,许多企业宣告倒闭。1980—1988 年,墨西哥城丧失了 12 万个以上的制造业岗位,降幅达 14%。

虽然如此,如果说新的经济模式削减了传统制造业重镇中的工作机会,对众多先前属于工业落后地区的城市而言,它也是许多岗位的创造者。墨西哥北海岸沿岸地区为此提供了最好的佐证。由于比索价值大跌,墨西哥的生产成本下降,北美、日本公司遂在新工厂(*maquiladoras*)投入了大量资金。1980—2006 年,外商投资注入华雷斯、墨西卡利(Mexicali)、蒂华纳(Tijuana)这类边疆城市,边疆地区的工业用工人数从 117000 增至 905000。如今,某些这类工厂设在了边疆以外的地方,其所雇佣的人数远远超过了 100 万。墨西哥的制造业结构随着经济重心的北移而发生转变。

城市的主导地位、超级城市以及 "被扭曲的"城市体系

拉美包含世界上最大的某些城市。表 26.3 开列了重要的城市,并让我们看到这些城市是在 1950 年以后快速发展起来的。[1] 虽然如此,让拉美城市与其他大陆的城市区别开来的并不是前者的纯规模,而是拉美各国城市体系的结构。在许多国家,大城市人口占总人口的四分之一以至更多(参见表 26.4)。乌拉圭在这方面表现得非常明显,因为该国几乎一半的人口住在蒙得维的亚。相比之下,考虑到下列国家大得多的人口规模,阿根廷、智利、秘鲁总人口的三分之一住在各自的首都一事就更非比寻常了。

如此高水平的人口集中通常意味着一国首都比该国第二大城市要大得多。诚然,在其他大陆,"一城独大"是相当常见的现象,比如欧洲的伦敦、巴黎、维也纳。可是,在拉美,此种现象通常达到了登峰造极的地

步。拿利马来说,其人口数是秘鲁第二大城市阿雷基帕(Arequipa)的 10 倍。规模更大的布宜诺斯艾利斯,其人口数是科尔多瓦的 9 倍。当然,事情也有例外。巴西就有两座超级城市,而它们都不是首都。厄瓜多尔有两座大城市,而瓜亚基尔(Guayaquil)港口在规模上超过了首都基多。[2]

表 26.3　人口数在 400 万以上的拉美城市,
2010 年(以千人为计算单位)

城市	1950	1980	2010
圣保罗	2234	12089	19582
墨西哥城	2883	13010	19485
布宜诺斯艾利斯	5098	9422	13089
里约热内卢	2950	8583	12171
利马	1066	4438	8375
波哥大	630	3525	8320
贝洛奥里藏特(Belo Horizonte)	412	2441	5941
圣地亚哥	1322	3721	5879
瓜达拉哈拉(Guadalajara)	403	2269	4408
阿雷格里港(Porto Alegre)	488	2133	4096

材料来源:UNDESA(United Nations Department of Economic and Social Affairs)(2007),*World Urbanization Prospects:The 2007 Revision Population Database*,http://esa. un. org/unup/index. asp。

表 26.4　1950、1980、2010 年各国人口在大城市的聚集率(百分比)

城市	1950	1980	2010
蒙得维的亚	54.1	49.9	44.6
巴拿马城	19.9	31.5	39.3
圣地亚哥	21.7	33.3	34.3
布宜诺斯艾利斯	29.7	33.5	32.1
亚松森(Asunción)	17.5	24.1	31.4
圣何塞	15.3	22.4	29.5
利马	14.0	25.6	29.0
圣地亚哥多明各	9.0	20.9	22.5

材料来源:UNDESA(United Nations Department of Economic and Social Affairs)(2007),*World Urbanization Prospects:The 2007 Revision Population Database*,http://esa. un. org/unup/index. asp。

一城独大与人口规模并不是一回事情,即便在评

---

①　超级城市有着不同定义:人口在 800 万以上;人口在 1000 万以上;人口在 1200 万以上。

②　玻利维亚、委内瑞拉不再是一城独大的国家。至于传统上城市分布最平衡的国家哥伦比亚,则仍保持了本身的特色,即便波哥大的发展近来超过了它的主要对手麦德林。

论家那里，以下两者常常是混淆不分的：其一，人们从"扭曲的"城市分布中推测出来的问题；其二，人们从"过度的"城市规模那里推测出来的问题。地位独大的亚松森、蒙得维的亚、巴拿马城的人口都未超过200万，相比之下，某些"独大"城市比如墨西哥城在人口方面属于巨无霸，并未享有独大地位的圣保罗也是如此！

随着时间变迁，该地区多国政府对城市发展的速度、模式感到忧虑。长期以来，多国政府所提出的规划是减缓以最大城市为方向的移民潮，鼓励贫困地区的发展。许多国家启动了江河流域、地区性的发展项目，尤其是在巴西、哥伦比亚、墨西哥和委内瑞拉。某些国家的政府甚至兴建了新都，比如巴西利亚、伯利兹的贝尔墨潘（Belmopan），还有至少在字面上作了阿根廷新都的别德马（Viedma）。在这些工程中，取得很大成效的可谓凤毛麟角，可以说，经事实证明取得成功的只有巴西利亚、圭亚那城的兴建，以及墨西哥某些江河流域工程。毫无疑问，这些项目几乎无一收到了工程表面上的主要目的之一——扶贫——的功效。

或许，具有讽刺意味的是，就在绝大多数政府丧失对以地区平衡为目标的规划的兴趣时，最大规模的那些城市的发展速度慢了下来。在"失去的20世纪80年代"期间，墨西哥城、圣地亚哥、圣保罗的人口鲜有增长。自那以来，其他一些因素在减缓超级城市的发展上同样发挥了作用。空气污染、交通阻塞、昂贵的地价和办公费用促使一些企业另择附近的小城市作为驻所，或是兴建下属工厂。其他企业的结局更简单——倒闭了，因为没有政府保护，它们无力与进口货竞争，尤其是来自中国的商品。

当然，全球化与新自由主义式的重建对城市发展的影响方式是有重大区别的。墨西哥许多中等城市做得不错，相比之下，在其他地方，繁荣起来的是某些最大的城市。以圣地亚哥、波哥大、布宜诺斯艾利斯为例，它们都促进了自身在本国的主导地位。

站在事后诸葛亮的有利角度来看，兴许各国政府不应如此忧虑一城独大的问题。人口增长的速度在那些独大市下降得很厉害，在更有效的管理之下，一些最恶劣的经营不当现象得到了改变。不过，针对那些明显带有分权意味的战略，人们或许能提出以下有力论点：这些战略常常收效甚微。考虑到大城市的发展慢了下来，以上解释与地区发展政策并无多少关联。

城市生活质量：移民

考虑到20世纪40年代以后的城市发展速度，拉美地区的移民过程经事实证明带有令人惊异的和谐色彩。城市环境哪怕再不好，都强过乡下，人们正是为此而迁居城市。那些移民城市者觉得自己在城市有很好的谋生机会，他们或是介于15—35岁的青壮年，或是能读会写的人士，或是掌握了可用于市场的技能的人，比如司机、砖匠。相比男人，年轻女性移民城市的可能性更高，因为她们在田野里能派上用场的地方较少，而在城市中又能获得更好的工作机会，比如作侍女、清洁妇、店员甚至是妓女。移民潮产生了女性数量占优的城市。比如1951年的波哥大，就20—24岁这个年龄段而言，每100名女性对应的是77名男性。

迁居城市诚然是真正的挑战，不过，拉美绝大多数贫穷的移民者很好地应对了挑战。人们几乎看不到"边缘化""非理性""绝望"或"贫穷文化"的影子。即便有些移民来自非常不同的社会，他们极为想望的是适应自己在城市里的新生活，为此，他们调整自己的生活方式、衣着甚至语言。该地区绝大多数移民从未返乡，这是与非洲许多地区移民现象的一个重大差别。

许多拉美城市昔日是移民之城，有时，它们甚至被指定为农民的城市。[1] 不过，渐渐地，自然人口增长所作出的贡献凸显出来了。由于移民普遍年龄不大，他们生养孩子的地方是在城市。另外，虽然相较乡村地区，城市地区的生育率下降得更为迅速，生在城市的人口所占的比例却有所增长。到20世纪80年代，就城市化程度最高的国家而言，仅三分之一的城市人口增长可归功于移民，虽然在那些后起之国，这个比例要高得多：在玻利维亚，这个比例是64％，在萨尔瓦多是55％，在巴拉圭是56％。

非正式部门：家庭与工作

就绝大多数拉美城市而言，一个长期性的问题是人们无法获得有足够报酬且稳定无虞的工作机会。劳

① 例如，W. Mangin, ed., *Peasants in Cities: Readings in the Anthropology of Urbanization* (Boston: Houghton Miffl in, 1970), and B. Roberts, *Cities of Peasants* (London: Edward Arnold, 1978)。

动力的供应量急剧增长,这既是由于寻找工作的年轻人的数量有了增加,且由于寻找支薪工作的妇女日益增多。[1] 令人感到惊奇的是,失业并非该地区的主要问题,虽然在经济危机时,失业有时会蹿升到非常高的水平。一般而言,失业状况处在低位,因为人们找到了在"非正式部门"获得收入的方法。表 26.5 让我们看到,有四分之一到二分之一的城市工作岗位是不支薪的,在有的地方,非正式工人所占的比例随时间变迁有所增长。

表 26.5 拉美若干城市地区"正式"、"非正式"工作的分布状况表(1990—2008 年)

国别	年份	雇主比例	领薪职工比例	非领薪工人职工比例
玻利维亚	1989	2	18	30	49
	2007	7	12	37	44
巴西	1993	4	14	45	36
	2008	5	13	49	31
智利	1990	3	不详	不详	30
	2006	3	11	60	26
哥伦比亚	1991	4	12	49	35
	2005	5	8	42	46
墨西哥	1994	4	16	54	25
	2008	4	13	61	21
秘鲁	1997	6	13	38	44
	2008	6	12	38	44
乌拉圭	1990	5	22	46	28
	2008	5	15	48	32
委内瑞拉	1990	8	21	42	28
	2005	4	18	39	40

材料来源:UNECLAC, *Social Panorama of Latin America 2010* (Santiago:UNECLAC, 2010)。

非正式部门的工作范围极为广阔,包括开车、当保姆、擦鞋、作街头买卖、出卖肉体、作案等。从业者有男有女,虽然后者常常在家庭劳务、店铺打杂方面特别占据主导地位。虽然绝大多数工人挣得不多,某些人却发家致富。不过,最有利可图的事业需要的不仅是经验,还有门路。[2] 非正式部门的规模还会依经济状态而上下起伏。在急剧通货膨胀或经济衰退之时,正式部门的工人常常通过非正式工作补足自己的收入,最贫困的家庭被迫将年龄最长的孩子送出去作工。[3]

有体面收入的工作岗位的稀缺产生了许多社会问题,对此,穷人以富有创造性而又清心寡欲的法门应对着。自力更生建造自己的住房堪为此事的最佳例证。在拉美城市,绝少无家可归之人,因为穷人愿意用有限的资源购买砖头、水泥、玻璃和窗框,也就是建造房屋的必要材料。就该地区的绝大多数城市而言,一半甚或一半以上的房屋都是不合格的建筑。人们要么是侵入别人的地盘,要么是通过地下交易购买土地,通过这些方式,他们获得土地。当局通常对此类行为保持沉默,因为它们没有可替代的政策对这些人口进行安置。

当然,在置身事外的观察家那里,自助建房是饱受诋毁之事。"就社会失序的权威指标而言,无论它是无知、营养不良、疾病、工作不稳定、非法的两性交合、酗酒、暴力犯罪还是人们所熟悉的任何一种社会失序现象,作为一个群体的贫民区人口都是上不得台面的。"[4]虽然如此,事实是,自助建房使绝大多数拉美城市得以从灾难下解脱出来。脆弱的房屋群有时在一夜之间拔地而起,慢慢地,它们发展为更坚固的社区。10年以上的定居点通常有许多的高层砖头建筑。渐渐地,当局为这些贫民区提供各种服务,住在昔日非法定居点的居民日益获得了好名声。往昔的棚户区成为普通工人阶级所住的郊区。

当然,上述"自助"过程有着极大的缺陷。被占用的土地常常容易受到洪水或山体滑坡的侵袭。如果说水电供应相对而言能快速解决问题,污水处理、办学、医疗设施或许就需要多年时间才能落实到位。除此之外,还有一点是毫无疑问的:居民们不得不耗费大量精力规划、建设自己的家园,为此,他们不得不多年住在未完工的住房中。自建的住房诚然是能发挥作用的建筑,不过在条件更好的社会,它就不是必要的了。[5]

493

494

---

[1] 就城市地区而言,2010 年,超过 15 岁的女性约有半数在支薪岗位上工作,相比之下,男性在同样岗位上工作的比例约为 80%。

[2] M. Hays-Mitchell, 'The Ties That Bind: Informal and Formal Sector Linkages in Street Vending: The Case of Peru's *Ambulantes*', *Environment and Planning A*, 25 (1993), 1089.

[3] 尽管如此,有两位作者指出,对产业工业或政府雇员来说,创建非正式的企业并不总是一件容易的事。参见 H. Hirata and J. Humphrey, 'Workers' Response to Job Loss: Female and Male Industrial Workers in Brazil', *World Development*, 19 (1991), 671 - 682。

[4] F. Bonilla, 'Rio's Favelas: The Rural Slum within the City', repr. in Mangin, ed., *Peasants in Cities*, 74 - 75.

[5] J. F. C. Turner, 'The Squatter Settlement: An Architecture That Works', *Architectural Design*, 38 (1968), 357 - 360.

各类服务、交通、基础设施的供应

拉美各国政府有一件事做得还算漂亮,也就是为本国的城市人口提供了基本的服务。[①] 与非洲、印度次大陆绝大多数城市的境况相比,拉美大多数城市居民能够享受各项基本服务、使用基础设施(参见表26.6)。19世纪晚期的城市服务是由私营(通常是外国的)企业提供的。不过,各国逐渐接管了水电、卫生设施的供应事宜。直到晚近,这股趋势才扭转过来,私营企业经签约,成为无效率的公共企业无法落实的各种服务的供应者。不过私有化进程呈现出极不平衡的态势。在某些地方,人们对供水私有化存在着很大争议,这减缓了私有化的步伐。另外,绝大多数左翼政府不欢迎私有化。

表26.6 拉美若干国家装有水电、污水处理设施的
城市家庭比例(1990—2006年)

国别	年份	自来水	污水处理	电
阿根廷	1990	97	58(1995)	100
	2006	99	62	100
玻利维亚	1990	90	52	97
	2006	93	56	100
智利	1990	97	84	99
	2006	99	93	100
哥伦比亚	1990	98	95	99
	2006	98	94	100
危地马拉	1990	87	70	87
	2006	94	66	96
墨西哥	1990	94	79	99
	2006	97	90	100
乌拉圭	1990	95	57	98
	2006	98	66	99

材料来源:UNECLAC, *Statistical Yearbook for Latin America and the Caribbean* (Santiago:UNECLAC, 2007), 71.

如果没有大规模的交通体系,广大郊区,无论是正式还是非正式的郊区,都永不可能发展起来。随着时间推移,该地区绝大多数大城市发展起了高速公路、巴士终点站、铁路网乃至地铁。不幸的是,绝大多数城市也承受了现代性的负面效应,比如交通阻塞、远距离上班、交通事故、空气污染。引发这些问题的主导因素无疑是私家车。拉美现今拥有6000万辆汽车,其中绝大多数集中在城市。无论在什么地方,汽车的数量都在增长,以墨西哥城为例,1980—2006年,其汽车保有量从230万辆增至520万辆。

贫困的城市化

在最近50年里,该地区的贫困已从一个乡村现象转变为主要见于城市的问题(参见表26.7)。

表26.7 拉美城市贫困发生率(1970—2009年)

年份	总人数		城市人口		乡村人口	
	单位:百万	%	单位:百万	%	单位:百万	%
1970	115	40	41	25	74	62
1980	149	41	71	30	78	60
1990	213	48	129	41	84	65
1994	222	46	138	39	84	65
1999	230	44	146	37	84	64
2005	209	40	147	34	62	59
2009	196	33	132	28	64	30

材料来源:UNECLAC, *Social Panorama of Latin America 2010* (Santiago:UNECLAC, 2010)。

以下几个因素可以对此转变作出解释。首先,就乡村而言,无论在先前还是未来,贫困发生率都远高于城市,为此,许多乡下的穷人搬到了城市。第二,20世纪80年代的债务危机对城市造成了沉重打击,城市人口中的穷人比例因而从1980年的30%增至1990年的41%。第三,虽然经济环境在1990年以后普遍有所改善,且城市贫困率有所下降,但由于城市人口增加了,城市贫困人口的绝对数量上升了。

虽然贫困蔓延到城市,绝大多数赤贫者仍以乡村为家(参见表26.8)。来自哥伦比亚的数据告诉我们,在21世纪早期,相比该国最贫困、最偏远之地乔科(Chocó)的妇女,该国首都女性的预期寿命要长12年。表26.8中的材料让我们看到,城市化有助于减少贫困。它还告诉我们,相比小城市,大城市地区的生活条件普遍要好一些。

---

① 2010年,古巴、委内瑞拉两国由于断电而损失惨重。两国政府将事由归为雨量缺乏,对此持反对意见者则认为此事的肇因是投资的短缺。

表 26.8　按区域选择的若干拉美国家的
贫困发生率（2007—2009 年）

国别	贫困线以下的人口比例（%）				
	年份	全国	大城市地区	其他城市地区	乡村地区
玻利维亚	2007	54.0	40.6	44.9	75.8
智利	2009	11.5	8.3	13.8	10.4
哥伦比亚	2009	45.7	22.1	44.7	64.5
哥斯达黎加	2009	18.9	16.7	25.4	19.5
萨尔瓦多	2009	47.9	32.6	49.5	57.6
洪都拉斯	2007	68.9	47.8	64.0	78.8
尼加拉瓜	2005	61.9	48.7	58.1	71.5
巴拉圭	2008	58.2	48.8	58.2	66.1
乌拉圭	2009	10.4	12.8	9.1	5.9

注意：有关阿根廷、巴西、厄瓜多尔、瓜地马拉、墨西哥、巴拿马、秘鲁、多米尼加共和国、委内瑞拉，我们无法获得完整的资料。

材料来源：UNECLAC, *Social Panorama of Latin America 2010* (Santiago：UNECLAC, 2010)。

不平等与城市社会的分化

如果说城市发展帮助该地区的许多人摆脱了贫困，那么，城市发展所采取的形式对减少收入不平等来说就没起到什么作用了。拉美城市将一个令人沮丧的现实呈现在人们面前：该地区的收入、财富分配极不平等。事实上，巴西的戈亚纳（Goiâna）、福塔莱萨（Fortaleza）、贝洛奥里藏特、巴西利亚均可跻身世界上最不平等的城市之列。紧紧追随其后的是波哥大、布宜诺斯艾利斯、智利的圣地亚哥、墨西哥城。[①]

拉美、加勒比海地区的不平等现象是以下两者留下来的遗产：一是殖民主义；二是绝大多数共和政府在严肃应对该问题上的失败。传统的土地持有形式、种族歧视、质量低劣的教育和保健设施、极权与不民主的政治统治（一直存在到相对晚近的时候），凡此种种，都助长了长期的不平等。人们过去常认为，随着国家变得更富裕，不平等会销声匿迹（参见本书第36章），不过，在拉美，此事并未显出真正发生的迹象。[②]

收入不平等一直是社会—社区分化的激化因素。

在拉美，城市富人住在享受优良服务的社区豪宅中，相比之下，穷人要自己建造居所，享受的服务不那么齐全。高尚社区有豪华的饭馆、电影院、俱乐部，它们是向欧洲或美国的同类社区看齐的。至于拉美最贫穷的居住区，它们在发达国家的城市中就找不到自己的对应物了。

就拉美绝大多数地方而言，不平等的现象愈益突出。在此背景下，许多人忧虑社会两极分化的程度在加深。人们特别担心的一个问题是：一种新型的社区分化在迅速扩张。如今，在绝大多数拉美城市，封闭式社区可谓一个司空见惯的现象。人们担忧的是这类社区自有大量设施，比如办公场所、超市、娱乐设备，它们在事实上成为"独立王国"。在里约热内卢，有一个新兴的繁荣地带，里面包含购物商场、封闭式社区，也就是蒂如卡沙州（Barra de Tijuca），根本没有穷人住在那里。沙洲属于例外现象，更常见的是贫穷的城市，人员构成单一的社区。

虽然封闭式社区发展起来，相关证据告诉我们的却是：拉美社区分化的现象并未趋于恶化。"一般而言，拉美城市精英代表的仅是三分之一住在高收入地区的人口。哪怕深入到街区层面，2002年圣地亚哥精英的分化指数也没有超过40%。相比之下，美国郊区无论在种族构成还是收入结构上都具有更多的社会同质色彩。此种'同质'在时间的变迁中更具有稳定性。"（参见本书第27章）[③]

另外，虽然富人、穷人所居之地常处于有所差异的城市两端，这却不是一个通例。在地形复杂的城市，不同社会阶级所居地区通常连在一起。就里约热内卢而言，人们在许多富人区可以看到从山腰上发展出来的贫民窟，它们与富人区彼此相邻。再说加拉加斯，这里的高档国家俱乐部亦有与之相邻的低端居住区。

全球化及其影响

在历史上，许多来自外部的经济、社会、文化力量改变了拉美。欧洲征服显然在人口、文化、经济、贸易上改变了这个地区。独立运动同样对法国、美国的历

---

① 这里根据的是联合国人居署对各个地区 109 个国家的城市的考察结果（*State of the World Cities 2010/2011：Bridging the Urban Divide*）。所有在列城市的基尼系数都超过了 0.5，四个在列的巴西城市甚至超过了 0.6。至于其他极端不平等的城市，绝大多数存在于非洲或东南亚。http://www.unhabitat.org/documents/SOWC10/R8.pdf。

② 参见 S. Kuznets, *Modern Economic Growth：Rate, Structure and Spread* (London：Yale University Press, 1968) and A. G. Gilbert, 'Inequality and Why It Matters', *Geography Compass*, 1 (3) (2007), 422-447。

③ B. R. Roberts and R. H. Wilson, eds., *Urban Segregation and Governance in the Americas* (Basingstoke：Palgrave, 2009), 133。

史经历产生了深刻影响，接下来则是阿根廷、乌拉圭成为英国属下非正式帝国的核心。再往后，美国渐渐主宰了拉美经济、政治生活的大部分领域。就建筑而言，外国影响的浪潮横扫了整个拉美地区：殖民时代葡萄牙、西班牙的规划；欧洲的纪念建筑；先是英国后是加利福尼亚的住宅风格；柯布西耶式的现代主义；还有最近的后现代主义。另外，自约1970年以来，拉美便日益努力地全心参与到全球化的世界经济中去。

城市精英对城市进行了现代化的改造，以求改善自身在世界经济秩序中的地位。新的国际港口，摩天大楼、购物广场和现代酒店的扩散，"世界贸易中心"的开张，凡此种种验证了人们所作出的上述努力，至少在大城市是这样。无论在社会还是文化上，拉美都开怀拥抱全球化。外国电影、电视节目、手机、游戏扫荡了整个拉美地区。令人遗憾的是，绝大多数城市都可见到麦当劳、汉堡王、丹尼斯（Denny's）和其他国际连锁公司的身影。

幸运的是，除以上外，拉美城市还为全球文化作出了很大贡献。在音乐方面，如果没有桑巴、萨尔萨、巴萨诺瓦（bossa nova）舞曲，门德斯（Sergio Mendes）、夏奇拉（Shakira）这类超级巨星以及林荫道俱乐部（Buena Vista Social Club），世界会变成什么样？拉美作家包括数位诺贝尔文学奖获得者。另外，如果没有贝利、马拉多纳、罗纳尔多、梅西，足球的历史将会失色很多。

"你追我赶的"城市

经济全球化对拉美地区的影响在不同地方表现出很大的差异。墨西哥城、圣保罗、圣地亚哥、布宜诺斯艾利斯这类城市在全球贸易、金融上起着重要的中介作用，它们的商业区、富裕郊区日益将此种角色凸显出来。依赖矿业开采（铜矿、锡矿、金矿、银矿、石油）的城市同样在世界经济中找到了自己的位置，虽然它们所取的方式并不那么上得了台面、并不那么雍容华贵。另外，国际旅游也发挥了很大作用，墨西哥坎昆、古巴巴拉德罗（Varadero）这样的新兴世界旅游胜地因此而产生，此外，无论好坏，像库斯科、卡塔赫纳这样的文化名城也由此而发生改变。

绝大多数拉美城市极力吸引外资和企业总部落户本城。在发挥全球作用的竞赛中，它们美化了城市中心，兴修了新的博物馆、文化中心，并建设了酒店群。

在举办国际会议、体育赛事方面，竞争是激烈的。城市竞争力的国际排行榜此时定期公布于世。最近若干年里，圣地亚哥、圣保罗、迈阿密轮流占据了首席地位。[1]迈阿密出现在拉美城市竞争力榜单中反映了该地区在"全球化"方面已达到了很高水平。

国际竞争存在的问题是：相比参赛的城市数量，胜利者的数目必定极为有限。在头20名以外的绝大多数拉美城市不会有光明的前景，除非它们拥有某些特别的行业，比如旅游业或毒品业。全球化不可能在小城市当中产生众多的胜利者。诚然，它们仍会充当服务于周围乡村经济的行政—商业中心，但是，能成功地从拉美偏远地带脱离出来的城市是少之又少的。

城市治理、分权与乱政

在历史上，城市治理一般而言是薄弱的环节，由此，拉美地区存在的绝大多数问题不能通过它得到充分解决。另一方面，许多城市政府比评论家所认为的还要雄心勃勃。服务供应方面的普遍改善意味着国家、地方当局不再扮演清一色的糟糕角色。另外，一些城市政府最近还明确地增加了投入。

如今，绝大多数政府（包括国家和地方层面）都是经过民主投票选出来的，这与极权的20世纪70年代构成了鲜明对比。选上来的地方官员常常显示出与以前的不同之处：腐败减少了，税入增加了，公共投资增长了，公共生活的质量逐渐改善了。库里蒂巴（Curitiba）、阿雷格里港、波哥大为此作了最好的证明，许多其他国家的地方政府以它们的经验作为样板。

在连续经济增长、政治稳定的国内背景下，城市治理的改善要更为容易。相比洪都拉斯或玻利维亚，巴西或智利城市的有效运营要容易得多。不仅如此，如果市长拥有充足的来自中央政府的金融、政治支持，这个条件同样能发挥有利作用。即便分权如时髦风潮一般席卷了整个这片地区，它也只是在以下情况下才构成有利条件：地方政府积极有为，并有足够资源承担政府职责。[2]不幸的是，有太多的城市当局不能满足这些最低要求。拿巴西来说，在该国5500个市政府当中，最多只有500个是积极有为的。至于哥伦比亚，或许它的1000个市政府当中只有100个是能胜任这项职责的。结果，太多的小城市仍然运行得非常糟糕乃至腐败横生。

---

① 参见 *America Economía's annual survey. http：//rankings. americaeconomia. com/2010/mejoresciudades/ranking. php*。
② 虽然许多首都的市长来自于一国总统对立的政党，这些城市仍呈现出一派繁荣的景象，墨西哥、哥伦比亚、秘鲁的情况即是如此。

在某些类型的城市,改善治理很明显是件复杂的事。在新兴城市防止社会、环境问题的发生一直是个老大难的问题。20世纪50—60年代期间,沿美墨边界,有一些城市急剧发展起来。而无论我们是在什么意义上谈论"可持续发展",很显然,这个东西在这些城市的发展中、在委内瑞拉的石油中心属于稀缺之物。当下,亚马逊平原的许多边疆城市正亲身体会着同类问题。[1]

还有一些"城市"位于规模大得多的城市区的边缘,它们同样为解决快速发展所带来的问题而奋斗,比如位于拉巴斯边缘地带的埃尔阿尔托(El Alto)、与波哥大邻近的索阿查(Soacha)。在这两座城市占据主导地位的都是低收入者所住的自助社区,这些社区既未经过充分规划,亦未得到积极管理。随着越来越多的城市在规模上越出单个行政区的界限,这类问题在未来有可能继续增加。在该地区的超级城市中,唯有波哥大,其人口的多数是住在单个行政区里的。至于墨西哥城,其半数人口住在联邦区(Federal District),半数住在墨西哥州。圣保罗和墨西哥城一样,因为它的"都市治理相对缺乏真正的制度框架"(参见插图26.1)。[2]

插图26.1 圣保罗:越出城市边界的城市发展。

对拉美城市化的评价

在历史上,拉美城市化的口碑并不好,不过,许多消极看法纯由孤陋寡闻所致。城市发展是个巨大的挑战,虽然如此,许多人因此而能够改变自己的生活。它将人们的工作场地由田野变为办公室、店铺、工厂和城市街道。它还将人们的住所从缺乏服务设施的典型村房变为拥有一定服务设施的房屋以及自助住宅。除了这些,它还有助于人们调整对宗教、自身社会地位的思考方式。政治亦逐渐发生改变,从乡村地主的禁脔变为由城市人口投票决定(有时他们还能影响重大决策)的事情。在这个意义上,城市化可说是20世纪期间发生在拉美生活领域的最富革命性的变革。

在不平等、人们一贫如洗的大环境下,经济发展的速度一般而言是令人失望的,而在人口以飞快速度增长的一个时期,城市化竟未变成真正的灾难,这实在算是一件令人惊奇的事情。当然,如果我们否认该地区的城市仍面临着多得无法胜数的问题,那会是非常愚蠢的。虽然如此,这些事实告诉我们的是:城市化从

① J. O. Browder and B. J. Godfrey, *Rainforest Cities: Urbanization, Development and Globalization of the Brazilian Amazon* (New York: Columbia University Press, 1997).

② J. Klink, 'Recent Perspectives on Metropolitan Organization, Functions and Governance', in E. Rojas, J. R. Cuadrado-Roura, and J. M. Fernández Güell, eds., *Governing the Metropolis: Principles and Cases* (Washington, D. C.: Interamerican Development Bank, 2008), 77–134.

总体上说起到了改善生活质量的作用。到今日,绝大多数家庭能够享受到种种基本服务,且在绝大多数城市,人们能指望活到 75 岁以上。多数人能消费得起像电视机、手机这样的耐用商品,绝大多数城市相比从前有了更多的公园和休闲设施。

另一方面,该地区能够且应该会作出好得多的成绩!有关该地区的城市化,人们一直心怀不满的一个问题是:贫困仍是一个普遍现象。更糟的是,在过去的 40 年里,生活在贫困中的城市人口比例还微有上升,贫困人口数则急剧增长,从 1970 年的 4100 万增至 2009 年的 1.32 亿。

就更好的工作机遇、基础设施供应、增多的休闲机会而言,城市化给人们带来了许多好处。而在此之外,它又带来了一大堆的相关问题。空气、水污染看似变得更严重了,城市延伸则让人们的行路方式变得复杂起来。就日益上升的事故率、交通阻塞而言,汽车在许多城市是肇事元凶。不平等现象同样在该地区的绝大多数城市有所增加,社会、社区两级分化的迹象越来越多地涌现出来。这或许是或许不是另一个社会问题——不断上升的犯罪率——的推动因素。

与拉美城市化相联系的种种过程常让人们遭受厄运,有不公平的现象是必然的,有时,这些过程还表现出邪恶的色彩。不过,在此种背景下,与发生在亚、非大部分地区的事情相比,拉美城市发展无疑应被视为一股积极的力量。

参考文献

Amato, P., 'Elitism and Settlement Patterns in the Latin American City', *Journal of the American Institute of Planners*, 36, (1970), 96 - 105.

Browder, J. O., and Godfrey, B. J., *Rainforest Cities: Urbanization, Development and Globalization of the Brazilian Amazon* (New York: Columbia University Press, 1997).

Caldeira, T., *City of Walls: Crime, Segregation and Citizenship in Sao Paulo* (Berkeley: University of California Press, 2000).

Chant, S., 'Population, Migration, Employment and Gender', in R. Gwynne and C. Kay, eds., *Latin America Transformed: Globalization and Modernity* (London: Arnold, 2004), 226 - 269.

Davis, D. E., *Urban Leviathan: Mexico City in the Twentieth Century* (Philadelphia: Temple University Press, 1994).

Gilbert, A. G., *The Latin American City* (London: Latin America Bureau and Monthly Review Press, revised and expanded edn., 1998).

——'Good Urban Governance: Evidence from a Model City?', *Bulletin for Latin American Research*, 25 (2006), 392 - 419.

——Hardoy, J. E., and Ramirez, R., eds., *Urbanisation in Contemporary Latin America: Critical Approaches to the Analysis of Urban Issues* (Chichester: Wiley, 1962), 191 - 204.

Hardoy, J. E., ed, *Urbanization in Latin America: Approaches and Issues* (New York: Anchor Books, 1975).

Harris, W. D., *The Growth of Latin American Cities* (Athens: Ohio University Press, 1971).

Morse, R. M., *From Community to Metropolis: A Biography of São Paulo* (New Haven: Yale University Press, 1958).

Perlman, J., *The Myth of Marginality* (Berkeley: University of California Press, 1976).

Roberts, B. R., *The Making of Citizens: Cities of Peasants Revisited* (London: Edward Arnold, 1995).

——'Globalization and Latin American Cities', *International Journal of Urban and Regional Research*, 29 (2005), 110 - 123.

Scobie, J., *Buenos Aires: Plaza to Suburb 1870 - 1910* (Oxford: Oxford University Press, 1974).

屈伯文 译 陈 恒 校

第 27 章 北美

卡尔·阿博特

504 　　加拿大、美国城市体系的发展经历了三个有重叠之处但又泾渭分明的阶段,它所遵循的是大西洋工业世界一般的城市发展模式。最先出现的是欧洲殖民据点,它们是法国、英国、西班牙、俄国于 16 世纪初直至 19 世纪初建立的(参见区域地图 II.7)。接踵而至的是一个为时百年的大陆扩张阶段,其时,欧洲正进行着工业城市化。到 1900 年,美国、加拿大在城市化方面获得了重大成果(表 27.1)。再下来便是最近百年里国家体系的巩固,以及它们与世界经济日益扩张的联系(参见区域地图 III.8)。每一阶段都有一种突出的主导能源/交通体系:行船所需的风力;驱动轮船和铁路的煤炭;使汽车、飞机跑起来的石油。城市在本身而言是空间体系,它们又是空间网络的构成要素。基于此,使人口、产品、信息流动起来的那种能力为土地使用、区位设了限。工人住地与上班的地方能隔多远?特大都市能延伸得多广?新城市在受限于不同动力——马力、蒸汽动力或波音 747 飞机——之时在何地、以何种方式兴起?就这些问题的答案而言,能源、交通方面的技术可谓为其设定了框架。

　　北美城市生来便具近代气息,在自由资本主义的滋养下逐渐发展成熟。无论是古代的制度还是中世纪的城墙,它们都在 19、20 世纪勒住了急速扩张的缰绳。歌德注意到了美国的好处,他写道:"美国,你比我们的旧大陆有着更好的条件。"它不为毫无价值的记忆、冲突所困扰。[①] 条件好虽不能保证有好的结果,但是,政治进步看起来会受阻更少。

　　在美国革命的余波中,港口城市(还有被它们融入大西洋经济中的商业腹地)为 1789 年的联邦宪法、一个能支持经济发展的民族国家提供了动力和支持。过了一代人的时间,进入 1832 年,托克维尔意欲了解新兴城市中的新大陆社会,便在纽约、蒙特利尔、匹兹堡("美国的伯明翰")、辛辛那提(托氏发现此地"呈现了工业、劳动力在各发展阶段的清晰印迹")之间游历。[②] 505 新城市既呈现了经济发展的场景,又让人们看到了志愿组织、团体以创造性方式组建起来的画面,托氏从中发现了它们与法国之间的迷人差异。

　　如果说"现代"意味着一系列的自由制度,那么,"现代性"便是一种生活和文化的风格。现代制度令技术、经济创新成为可能,不惟如此,它还让各个生活领域——从工作到闲暇到艺术传统——的脚步加快。巴黎、柏林、伦敦都自称是现代性之都,芝加哥在 19 世纪 90 年代、纽约在 20 世纪 20 年代亦发出同样的呼声。欧洲人认为,人们在这些城市能追赶新潮。虽然如此,有时这些城市也让人感到气馁,比如吉卜林(Rudyard Kipling)在造访芝加哥之后便"急切地想望再莫踏足此地"。[③] 有时,城市的活力又会将这些阴霾一扫而空,比如遭流放的托洛茨基于 1917 年抵达美国,他说:"我现在身处纽约,一座简单而富有奇幻色彩的城市……世界上唯有这座城市对我们所处的现代作了最全面的反映。"[④]

　　如果说北美城市在起步时便具近代色彩,同样,它们迈向成熟的步伐也是很快的。地理学家区分了两种城市体系:其一,一城独大型(比如曼谷或利马)的城市体系,独大城市远胜过其潜在对手;其二,大量大城市以竞争伙伴身份展开互动的城市体系。北美的情况与第二种模式切合,它是作为由不同地区组成的一个

---

①　歌德于 1827 年论及"美利坚合众国",在 1831 年由文特(Amadeus Wendt)出版的一本书(*Musen-Alamanach*)中,他发表了自己的看法。

②　George W. Pierson, *Tocqueville and Beaumont in America* (New York: Oxford University Press, 1938), 543,552.

③　Rudyard Kipling, *From Sea to Sea*; *Letters of Travel* (Garden City, N. Y. : Doubleday, Page and Co. , 1913), Part II, 139.

④　Leon Trotsky, *My Life* (New York: Grosset and Dunlap, 1960), 270.

整体发展起来的,这些地区的胜出城市(比如亚特兰大)只是通过渐进的方式才从二级城市(比如查特努加[Chatanooga]、查尔斯顿[Charleston])中分离出来。结果,北美表现得与德国有某些相似之处,后者是由独立的多个政治单位组成的国家,其政治、经济中心——汉堡、慕尼黑、法兰克福、莱比锡——与帝都柏林平起平坐,有的时候甚至超过了后者。

本章包含以下几个部分。第一部分简要介绍前工业化时代的北美城市。而后的几个部分探讨 19 世纪的经济扩张,日益壮大的工商业中心的内部社会动力机制,以及随着汽车兴起而不断变化的发展模式。最后一个部分考察以 21 世纪的都市作为自身产物的新型城市动力机制。

帝国据点

自 16 世纪晚期以至 19 世纪早期,帝国主义的欧洲掌握了一块庞大的领地。该领地后来演化成美国、加拿大,分布其上的还有许多帝国据点(imperial outposts),也就是为贸易、定居和宏伟的政治诉求提供场所的地方。最早出现的是西班牙的圣奥古斯丁据点(1565 年)、圣塔菲据点(1608 年)。次则是俄国的纽阿尔汉格尔斯克据点(New Archangel,即锡特卡[Sitka],1608 年)。法国则建设了魁北克(1608 年)、新奥尔良(1718 年),控扼了进入两大水系的通道。荷兰于 1626 年建设了新阿姆斯特丹据点。英国在 17、18 世纪沿北美大陆东端设立了一系列贸易城市。

并非所有小堡垒或小型殖民贸易据点都算得上城市。虽然如此,确有某些堡垒或据点发展为长期性的人类定居地,那里的居民能拥有自己的财产并以公正的城市司法为追求,不惟如此,那里的地方经济日渐多样化,其意义不仅是为传教团或军队提供支持那样简单。崛起为新英格兰统治中心的波士顿就是一个例子。事情起于 17 世纪 40 年代(清教徒展开殖民运动的第二个十年)的经济危机,当时,英王和议会之间的战争要求对英国清教徒手上的种种资源进行征用。在来自英国的移民和投资呈衰减之势以后,新英格兰人不得不寻找自己的市场和贸易伙伴,波士顿就在这时兴起为顺应形势的便利商业中心、港口。消息首先传到居民与船主、商人、海员混杂的波士顿。非清教徒大造房屋、商业设施,城里商人积累的财富使该城与清教殖民地其他地方的差距扩大了。

1775 年,查尔斯顿、魁北克(1763 年以后成为英国领地)、波士顿、纽约、费城的总人口从 8000 增至 4 万,这在规模上达到了与英国地方中心城市等量齐观的地步。[①] 就商人们的社会雄心而言,殖民地城市也是不落人后的。商人们以大都市的生活方式作为自己的样板。人们的生活是以滨水区为中心展开的。比如,在美国革命之前,与曼哈顿突出部相邻的东河是纽约码头、仓库云集之地,点缀其间的是为海员、码头工人服务的廉价酒馆。再往后几个街区,便能见到许多货栈,与之混杂在一起的是数量更多的坚固房屋、咖啡厅,咖啡厅是商人们交流最新消息的地方。百老汇的低端地带靠近岛屿突出部的堡垒,这里挤满了美丽的城市楼房,里面满是进口饰品、瓷器。匠人、小店主所居之地离市中心稍远一些,而与公共市场、异议教派——浸礼宗、卫理公会——的教堂接近。

这一系列海岸城市走向成熟的过程与全球经济日益扩张的历史是重合的。大型海港的发展、繁荣有赖于由小城市、乡镇组成的多个网络。在这些网络的作用下,出口原料得以汇集起来,进口食物、制造品则得到分配。新英格兰的乡村商人将地方产品聚集起来,供给哈特福德、纽黑文或朴茨茅斯的中产阶级。再往北,利润丰厚的皮毛贸易在蒙特利尔、魁北克随处可见。往南,纽约主宰了哈德逊河谷的商业,费城则执肥沃的特拉华河谷商业之牛耳。沿海岸行驶的船队将来自北卡罗来纳州萨凡纳(Savannah)、威名顿(Wilmington)的各种商品带到查尔斯顿。1775 年,城市、大型城镇的人口在英属北美的总人口中所占的比例没有超过 5%。虽然如此,它们却是神经中枢、权力中心:先是政治革命的发动者;后是英国的战略打击对象;再后是独立政权的所在地。美国革命使得 13 个殖民地与加拿大分离开来,不仅如此,它还在以下交通路线之间造成了政治冲突:其一为圣劳伦斯河自然交通线,它通过加拿大深入内陆;其二是穿越阿巴拉契亚山脉的多条交通路线,它们的起点是位处更南方的许多城市。

核心区与北美大陆

北美城市体系的形貌成形于 1815—1870 年这段时期,往后 50 年是丰富阶段。发挥作用的是两个历史过程,它们都是 19 世纪交通革命、国内贸易扩张的产物。第一个过程是多个核心区内制造业和金融权力的

---

① 18 世纪后期,大西洋海岸以西最大的殖民城市是:新奥尔良,人口数为 4000—5000;圣安东尼奥,人口数为 1000—2000。

发展，它们有东南的巴尔的摩核心区、东北的蒙特利尔核心区、西北的明尼阿波利斯核心区、西南的圣路易斯核心区。第二个过程是大量商业城市在北美南部、加拿大和美国西部的建立，它们对出产棉花、木材、矿物、食物的内陆资源进行开发、统筹。

19世纪20、30年代的运河以及其后的铁路是核心区形成的条件。蒙特利尔、波士顿、纽约和费城争相与大湖区、俄亥俄河谷的新兴城市建立联系。最引人注目的故事当数纽约的发家史。伊利运河是纽约市承办的工程，它于1825年将五大湖与哈德逊河的航运联系起来。除此之外，纽约市还兴建了一系列依靠运河的城市（雪城、罗切斯特、布法罗），从而使纽约的商业得以扩张。借助日益发展起来的腹地，港口成了最早的按正规方式运营的跨大西洋航运公司青睐的地方。商业资本、技能的集聚让纽约成为南部棉花的交易场所，这加强了该城在大西洋经济中的枢纽地位。到1860年，纽约及其姊妹城市布鲁克林的人口高达100万，是费城、柏林或曼彻斯特的两倍。

巴尔的摩的兴起同样让人印象深刻。起初，它是依靠契萨皮克湾（Chesapeake Bay）一侧海峡的某个落后地区，到19世纪30、40年代发展为全国第二大城市，这得益于其种麦腹地的兴起。在1812年的战争中，该城是英国侵略军的一个关键目标。它是思想生活的中心，按照记者奈尔斯（Hezekiah Niles）的说法，它还是"联邦所有大城市羡慕、嫉妒"的对象。[①] 1828年，此地目光远大的居民破土动工，兴建了北美第一条商业铁路。它选择了一种前沿技术与纽约、费城、华盛顿、里士满的运河竞争。

整个阿巴拉契亚山区最大的三座城市是俄亥俄河畔的辛辛那提、密西西比河畔的圣路易斯、密歇根湖畔的芝加哥。用历史学家韦德（Richard Wade）的一句动人的话讲，它们作为"边疆的矛头"发展起来，以提供物资、服务为职事，并具备开拓市场的能力。受此影响，农民们将阔叶树林、草原开垦为麦田、猪场。19世纪最初的几十年里，大量农民沿俄亥俄、印第安纳、肯塔基境内的小河移民他乡，辛辛那提商人将玉米做成酒，麦子磨成面粉，猪制成咸肉、皮革、肥皂，将制成品售予南部的种植园、东部的城市，从中获取了大量财富。1850年以后，随着移民向西扩散，进入密苏里、伊利诺伊、爱荷华、威斯康辛，辛辛那提被圣路易斯、芝加哥所超越。

总而言之，大西洋港口、新兴中西部城市构成了北美的核心地带，1860年，这个区域包括10大城市当中的9个：纽约-布鲁克林、费城、巴尔的摩、波士顿、辛辛那提、圣路易斯、芝加哥、蒙特利尔、布法罗。排除在这个核心区外的只有新奥尔良。将大西洋、阿巴拉契亚山脉两侧城市连接起来的新兴铁路在美国内战（1861—1865年）中发挥了决定性的作用，如果这场战争提前十年爆发，历史可能会呈现出另一番面貌。通向纽约、费城、巴尔的摩的铁路让内陆各州有了一种相对于原有贸易通道——它沿密西西比河而下，途径新奥尔良，将俄亥俄河谷与本国东北部连接起来——的替代选择，并将北方融入到经由战火炼成的强大民族国家中。1860年，全美20大城市中只有1个、100大城市中只有9个位于即将成立的南部邦联，这是一个绝佳的信号，表明南北双方在发动战争上的力量对比。

508

在接下来两代人的时间里，上述核心区聚集了北美制造业的实力。和欧洲一样，北美工业化是分阶段进行的。纺织生产、农产品加工是第一阶段，而后是钢铁工业的发展，再后是19世纪晚期、20世纪早期电力、化学、石化工业的兴起。自19世纪80年代起，铁路运输、快速邮递、电报、电话让大量企业能为制造业、服务行业效力。在纽约、多伦多、费城、圣路易斯、芝加哥的多元经济中，人们能看到工业的繁荣景象，此种景象同样见于专务某些产品的中等、小型城市，比如产钢的匹兹堡，产橡胶的阿克伦（Akron），制陶的托伦顿（Torenton），最后是产汽车的底特律。在1922年刘易斯（Sinclair Lewis）的小说中，"齐尼思"（Zenith）城生产浓缩牛奶、纸盒，是房地产经纪人巴比特（George F. Babbitt）的家乡。它有新建的市中心摩天大厦，铁路旁边有工厂，郊区有新修的平房区，堪为上述工业城市的缩影。

迟至1950年，上述美国核心地带以区区7%的本国陆地面积，容纳了全国人口的43%，占据了国家总收入的半壁江山，提供了70%的制造业岗位。它同样是政治、文化权力的中心，在专利、科学家、企业总部、总统候选人、列在名人录中的各类人物等方面，占有相当大的份额。沿伊利湖—安大略湖—圣劳伦斯河一线有一个狭长地带，位于此地的加拿大领土在本国具有更加显赫的地位。

对大陆核心地带构成补充并为之效力的是南部、西部的门户城市。其中一些是内陆的铁路中心，比如

---

① *Niles Weekly Register*, 19 September 1812, quoted in Seth Rockman, *Scraping By: Wage Labor, Slavery, and Survival in Early Baltimore* (Baltimore: The Johns Hopkins University Press, 2009), 16.

温尼伯（Winnipeg）、堪萨斯城、达拉斯、亚特兰大。其他则是海岸门户港口，比如加尔维斯顿-休斯顿（Galveston-Houston）、旧金山、温哥华（参见本书第43章）。1860年，人口在1万以上的只有新奥尔良、旧金山。不过在随后的60年里，由于这些门户城市为农民、矿工、木材工人进口了大量制成品，将原材料加工成食物、金属、木制品推向国内、国际市场，它们获得了爆炸性的发展。

就太平洋海岸而言，最早的门户城市是拥有通向内陆水道之路径的港口。在加州淘金潮的背景下，成百上千的大洋航船造访了旧金山，从它们那里卸下的小船沿萨克拉门托（Sacramento）河驶向加州中央谷地、许多矿藏的入口。沿哥伦比亚河往上行80英里，波特兰的精明商人掌控了整个哥伦比亚盆地的贸易，这是一块像多瑙河流域那样巨大的地区。还有来自温哥华南端的维多利亚商人，他们以皮吉特湾（Puget Sound）、乔治海峡的美加两国边界地带为服务对象，可谓小规模地扮演了新加坡在东南亚海上世界所扮演的角色。1869—1893年，穿越大陆的多条铁路完工，铁路终端城市加入了相互竞争的城市之列：温哥华有超越维多利亚之势，奥克兰与旧金山展开角逐，洛杉矶则有雄霸整个海岸的雄心。

铁路还成就、创造了一系列的内陆门户城市，大略来说，这些城市沿着北部温尼伯—南部达拉斯—沃思堡一线将大陆一分为二。在这之间的是一些繁忙的普通城市，比如威奇托（Wichita）、堪萨斯城、奥马哈、明尼阿波利斯-圣保罗，它们里面有仓库、铁路广场、面坊、牲畜栏、食品加工厂。它们经营农具、建筑材料、五金器具、家庭用品，为草原农民、大平原牧场主提供服务，后者的劳动成果经由这些城市汇集起来、进行加工，最终输送到世界上的各个市场（读者可参考铁路在创造内罗毕新城上所起的作用，以作比较。参见本书第33章）。

大陆城市化背后的推动因素不仅在于市场、工业资本主义的扩张，也在于政府所发挥的作用。美国内战爆发前存在的运河系由各州（美国）、加拿大各种政府机关承担的项目。公路、铁路企业期望从自己所服务的城市那里得到赞助并如愿以偿。1850年以后，美国联邦政府通过了巨量的土地授予令，其用意在于推动伊利诺伊中央铁路、联合太平洋铁路、北太平洋铁路和其他具有关键意义的铁路的建设，正是这类铁路让奥马哈、塔科马（Tacoma）这样的地方成为重要的城市。加拿大政府同样动用了资金和土地授予令，以确保穿越大陆、以温哥华为方向的加拿大太平洋铁路的完工，这是英属哥伦比亚并入加拿大联邦（1867年）的一个条件。

就美国而言，联邦储备银行体系的创立（1913年）确认了已经成熟的城市—区域分布格局。出于对单一国家银行的权力的恐惧，国会决定将全国分为12个银行区，它们的中心设在地位最突出的那些商业城市（参见图27.1）。对于发出指命的决策委员会，这些城市用详细的文字说明其商业地位，全国成千上万的银行则经过选择，分别在其所归属的区域中心的管理之下。有许多城市得以胜出是毫无悬念的，比如波士顿、纽约、费城、芝加哥、圣路易斯、明尼阿波利斯、旧金山（洛杉矶在人口上极具实力，但在金融力量上尚有不足）。其他入选城市则系从停滞城市中分别出来、处在上升状态的城市，这样，脱颖而出的就是克利夫兰而非辛辛那提，堪萨斯城而非奥马哈，亚特兰大、达拉斯而非新奥尔良。在加拿大，蒙特利尔一直保持着主导金融中心的地位，直到20世纪30年代多伦多将蒙特利尔远远甩在后面为止。

盛大的移民运动

住在这些城市中的是什么人？充斥在这些快速成长的北美城市——从多伦多到旧金山——各地的新市民是些什么人？他们来自何方？内部移民与跨界移民之间的对比态势如何？

最引人注目的新来者是漂洋过海来的那些人，比如旧金山的中国工人、密尔沃基的德国人、波士顿和多伦多的爱尔兰人、纽约的意大利人。1815—1914年，新来者的规模有所膨胀。约3000万欧洲人在这100年里进入美国，其中近半数是在20世纪头20年里到来的。1850—1914年，约300万移民进入加拿大。当然，并非所有人都留了下来，尤其是穿越大西洋的旅行变得越来越容易，工人因此而能够在北美度过数年乃至数十年的时光后返回家乡。绝大多数有长期居留打算者会以城市而非西部边疆的农场作为自己的选择。1920年，就美国在外国出生的白人而言，其中75%的居住地在城市，这里面包括88%的俄国移民、84%的意大利移民。

移民北美是那些更大规模的人口交流——全球人口因此而得到了重组——的组成部分（参见本书第35章）。除了北美，为数甚巨的欧洲人还移向澳大利亚、新西兰、南非、智利、阿根廷、巴西。除了加利福尼亚，中国、日本工人还航行到了墨西哥、南美。到19世纪末，布宜诺斯艾利斯、芝加哥在许多方面呈现出相似之处

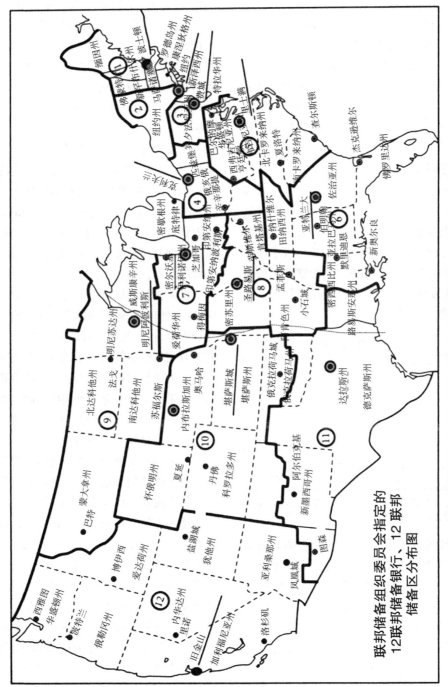

联邦储备组织委员会指定的
12联邦储备银行、12联邦
储备区分布图

图 27.1 联邦储备组织委员会指定的 12 联邦储备银行、12 联邦储备区分布图。

（参见本书第 26 章）。它们都是新兴城市，其发展与肥沃的农业腹地同步，在数量上，这两座城市的移民及其后代都以三比一的比例超过了所谓的老居民。美国城市化率从 1870 年的 26％变为 1920 年的 51％，加拿大则从 1871 年的 20％变为 1921 年的 50％，与此相似，1870—1914 年，阿根廷城市化率从 25％变为 53％。

海外移民有自己的口音、本民族的教会、母语报纸、食品店、社区。他们在北美城市中是招人眼的新来者。虽然如此，在充实新城人口方面起了同样的重要作用的是美国人、加拿大人。由于机械化减少了对农场工人的需求，这些人像潮水一样从农场涌入城市。青春年少的人们离开家庭农场，他们追求的是明亮的城市之光，而非宽阔无垠的西部世界。中西部的人移向芝加哥和许多小城市。法裔加拿大人从魁北克乡村移向蒙特利尔、新英格兰的工厂城市。非裔美国人移向南部城市，而后，从 20 世纪 10 年代开始，他们大量迁往北部城市。甚至在先驱者将小麦区推进到大平原时，新英格兰、中西部乡村的人口仍在流失当中。19 世纪 80 年代，伊利诺伊州所有小镇——管辖面积约为 36 平方英里的低级地方行政单元——有五分之三发生了人口流失现象。

表 27.1　1850—2001 年的北美城市化

	美国		加拿大	
	％（城市）	％（大城市）	％（城市）	％（大城市）
1850/1851	12		13	
1900/1901	40		37	
1950/1951	64	56	62	43
2000/2001	79	80	80	64

注：加拿大（人口数在 1000 以上的城市；人口普查都市区）；美国（人口数在 2500 以上的城市；有着各种定义的都市区）。

年轻人离开小城市去往大城市，他们是那时的小说家着力塑造的人物形象。豪威尔斯（William Dean Howells）作品《塞拉斯·拉帕姆的发迹》（*The Rise of Silas Lapham*，1885 年）中的主人公是一个商人，他雄心勃勃地将一个成功的企业从小城市缅因迁到波士顿。在凯瑟（Willa Cather）的作品《啊，拓荒者！》（*O Pioneers!*，1913 年）中，林斯特鲁姆（Carl Linstrum）离开内布拉斯加州的乡村，去往芝加哥，以遂其成为商业艺术家的心愿。他或许在不知情的情况下与威斯康辛少女米伯（Coroline Meeber）坐在了同一辆有轨电车上，这个米伯是德莱塞（Theodore Dreiser）作品《嘉莉妹妹》（*Sister Carrie*，1900 年）中的人物，她同样迁到了大城市芝加哥。

在小说家们心中萦绕的问题是快速城市化所耗费的社会成本，相比之下，城市领导人追求的是让自己的城市保持运转状态。许多人从欧洲那里寻求指导：向伦敦学习下水道建设的技术；向德国学习城市规划的经验，以及公共图书馆、美术馆的模式（参见本书第 25 章）。1903 年，美国领导人决定适时对华盛顿纪念碑核心区进行升级，而后，他们派遣专家到欧洲各大都会进行公费考察。本内特（Edward Bennett）曾为渥太华、底特律、波特兰进行过城市规划，像他这样的城市规划专家一再地以欧洲为参考对象。他在 1911 年说过，波特兰在规划本城的滨河地带时，当以布达佩斯为样板。

在 19 世纪上半叶，城市可谓商业区、居民区的大杂烩，贫家富户常常比邻而居。以铁轨为基础的交通（19 世纪 30、40 年代是马拉有轨电车，70 年代是电缆车，1889 年以后是电力机车）让城市得以将自身规模扩大到以前的 10 倍以上。由于有了游刃有余的空间，市中心划分成工业区、商业区、办公区，分区之举有赖于新的交通技术。

横向扩张的城市有着各方面的物质需求：水源供应、废水处理、交通运输以及开阔的空间。有足够的决心和资本，这些问题自可迎刃而解，而这两样东西都是北美城市所富有的。不惟如此，它们还属于北美人——无论是修建穿越大陆之铁路者还是城市规划专家——乐于解决的那些种类的问题。更艰巨的挑战在于寻得共识、共同的文化，以克服宗教、种族之争和劳动市场中的自私自利行为。

一个办法是通过正规的政治过程解决问题。时人痛责与机器政治联系在一起的腐败现象，然而，在使移民群体适应移居国文化方面，各种党派组织发挥着重要作用。人们是按照永动机的要求设计出经典的政治机器的。一方面，选区网络、选区工作人员要照护选民（很多是移民及其子女），广派工作岗位、施行救助，并确保所有人最终能投票。在天平的另一端，政治领袖许可城市经营各种合法行业，并为沙龙、妓院、赌场提供保护，以换取财政支持，这样，不仅领导人的腰包充实了，众多政治斗士的报酬亦能得到偿付、投票人的各种需求亦能获得资金支持。这类政治机器在纽约、波士顿可由民主党人加以掌控，在费城、波特兰则可由共和党人进行操作。一方面，它们为满足移民、穷人的切实需求贡献了力量。另一方面，就提供社会服务而言，使用这类政治机器可谓一种代价高昂而无效的方式，另外，它们还将一些重要的利益集团挤到一边，也就是与地方政府不怎么打交道的实业家，以及缴纳了赋税但没得到什么回报的中产居民。正是这些投票人,为19世纪偶尔取得成功的那些改革市长提供了支持,并成为进步主义的市政府结构变革所倚靠的力量,在变革的影响下,党魁/政治机器体制逐渐走向终结(在某些南部、西部城市,此种情况直到20世纪40年代方才出现)。

在市政府下属的各种权力结构中,文化、政治差异以无法遏制的方式逐渐生成。自古以来,地方政治实体(城市以及目标单一的服务区)便是由国家、省区创设出来的,它们是各级政府最后的落脚之地。以19世纪为例,城市治安力量一旦呈现出腐败或有碍中产阶级的目标之象,国家立法部门便会对其施加控制,这已成了一个周期性现象。进入20世纪,国家越来越多地将"地方自治"许可授予城市,使之得享一定程度的自治,虽然如此,城市创收的能力常常继续受到限制。加拿大各省仍握有改变地方政治结构的权力并在有的时候付诸实施,这反映了城市与省区在党派、政治上的差距。

中产阶级对腐败政治的厌恶促进了城市危机意识的高扬。19世纪70到90年代的经济萧条,大企业的兴起,来源地——从北欧到南欧、东欧——变化多样的移民……所有这些引发了聚焦在大城市身上的恐惧。评论家所指摘的不仅是充斥着操奇特语言的新来者的社区,而且是种种无序现象的发生,比如1863年纽约城的征兵暴动,1877年全国范围的铁路罢工,1886年由无政府主义者在芝加哥干草市场制造的爆炸事件。在《纽约的危险阶级》(*The Dangerous Classes of New York*,1872年)中,对巴黎公社遭血腥镇压念兹在兹的布雷斯(Charles Loring Brace)描述了一个长期存在的底层阶级。在《我们的国家:可能的未来与当下的危机》(*Our Country:Its Possible Future and Its Present Crisis*,1885年)中,斯特朗(Josiah Strong)宣称"我们文明中的危险元素无不在城市中大大滋长、聚集"(他指的是沙龙、移民、社会主义者、罗马天主教会)。① 将城市看作文明致命威胁的文章充斥着流行杂志,以及一连串对此种危机作出回应的乌托邦、反乌托邦小说中。特别是贝拉米(Edward Bellamy)大受欢迎的作品《回顾》(*Looking Backward*,1888年),里面展望了为民主社会主义所救赎的2000年的波士顿。

事实上,在历史学家那里,对上述问题的解决办法被归在"进步主义"(Progressivism)的名目之下。所谓"进步主义"也就是一系列的改革思想,在它们的影响

之下,底特律、克利夫兰与伯明翰、格拉斯哥这类英国城市形成了一致的思想,后者的地方政府是干涉市场从而促进社会正义、繁荣的。改革者们用建筑法令、租赁法规对贫民窟进行治理,由此而朝政府干预民间住房市场迈出了第一步。清教神职人员借助社会福音鼓吹积极入世的基督教。睦邻会社运动(settlement-house movement)借鉴了英国的经验,在它的安排下,受过大学教育者住在移民社区中,安排职业教育、布置游乐场地、组织消费合作团体,并做支持童工法、工会组织的工作。最著名的事例当数亚当斯(Jane Addams)建于1889年的芝加哥赫尔馆(Hull House)。它里面的居民进行社会调查,并与芝加哥大学刚兴起的学科社会学的实践建立了联系。

进步主义者的目标是地方政府的结构。选出一个诚实的市长只能解决问题于一时。没有政治组织的支持,改革派候选人会像清晨的光辉一样迅速黯淡下来,相比之下,政治大佬则会等待自己的时机。为了实现更具长远意义的变革,改革者们以"整体"或社区投票制取代了由选区选出城市议会的做法,党派投票变为无党派投票,赞助人酬谢职位制变为正规的城市公务员制度,市政当局变为职业经理人。所有这类变革有利于中产阶级更甚于工人,有利于受教育良好的本土人士更甚于移民。代顿(Dayton)国家收银机公司(National Cash Register Company)的老总总结了进步主义事业所走的路径,他将城市比作一个企业,它的股东就是民众。他主张城市事务应由训练有素的专家进行有效管理。在代顿这座工业城市采取委员会—经理人政府的管理形式以及整体选举制之前,社会主义者以25%的得票率赢得了若干市议会议席。在这之后,他们的得票率虽攀升至44%,却未获得一个议席。由此,对桑巴特的有名困惑——为什么美国没有社会主义,中产阶级进步主义运动的成功给出了部分答案。

在更为平常的那些日常生活领域,历史学家探索了市民是怎样争夺街道、公园这些公共空间并对其进行划分的。他们还认为,日报、职业体育这类新事物让移民、本土人士有了共同的舞台分享某些经历。在历史学家科恩(Lizabeth Cohen)笔下,芝加哥的工人阶级从种族分化状态(1920年)进化到20世纪30年代的统一格局。大部分变革源于带有种族色彩的小卖部、银行、教堂、报纸的衰落。芝加哥人改弦更张,越来越多地在连锁商店购物,收听全新的全国广播网络,并观赏

---

① Josiah Strong, *Our Country:Its Possible Future and Its Present Crisis* (New York:Baker and Taylor, 1891), 177.

好莱坞的电影。从与主流文化的拥抱中,走出来了一个白人工人阶级,其成员虽保留自己的种族身份意识,却承认共同的需要会在大萧条期间为强大的工联运动提供支持。

在政治动乱、经济发展、大城市的空间分化日益扩大的情况下,也存在着适合女性的种种新机遇。商业通信规模急剧膨胀,它要求档案橱的储物柜里装满打印信件,这就为女性进入办公室工作领域铺平了道路。这股趋势起于内战期间的华盛顿,其时,由于壮男被吸收到军队中,妇女就填补了文秘方面的人员需求。到19世纪70、80年代,女性越来越多地找到了文秘、打字员、接线员、商场文员之类的工作。它推动了高校文凭在19世纪晚期以不同寻常的比例落在女性头上,确保了她们在信息处理工作上的竞争力。到1900年,女性在全国速记员、打字员的队伍中占据了76%的份额,在收银员、簿记员和会计中,这个比例是29%。快速增长的城市人口同样为小商人大开机会之门,这些人经营的行当有饭馆、食品杂货店、公寓、洗衣店、缝纫铺。在1880年的旧金山,有1500名女性业主,人数约为工作女性总数的十分之一。

19世纪晚期、20世纪早期,在工作场所以外之地,女性同样构成了一股日益强大的公共势力。消费区的扩张、百货公司的兴起产生了在物质、文化上让中产阶级妇女感到放心的城市空间。在费城,她们可在斯特罗布里奇斯(Strawbridges)或沃纳马凯斯(Wanamakers)消费,在豪华的餐厅享用中餐,在宽街(Broad Street)音乐学院欣赏音乐会。她们的工人阶级姐妹独自住在旅馆、公寓中,她们所参与的娱乐活动虽无需花费太多代价,其内容仍可称得上不落俗套。与之相比,中产阶级妇女不仅领导了安置房的建设,且其中越来越多的人参与了市政决策的方方面面,其范围早已越出城市美化、所谓的“城市家政”这样的传统主题之外。

在职业女性以及1870—1920年所有其他改革者的帮助下,到我们可以称为“大陆时代”的那个时期之末,北美城市已解决了自身在治理、公共服务上的许多基本问题。历史学家蒂福德(Jon Teaford)将这称为城市管理所取得的意外胜利。市民们能用上干净的水,能去公园,用上崭新的桥梁、有轨电车。中产阶级因为这些东西而能避开拥挤的市中心,由独户家庭组成并享受有轨电车线路服务的新社区受到他们的青睐。

在20世纪开端之时,北美城市从总体上可被称呼为经济机器。虽然如此,身处“机器”中的新兴富商阶层找到了机会模仿欧洲的文化习俗。在富有才能的景

观建筑师、设计师团体的指导下,城市官员发展出精致的公园、林中道路系统。城市领导人承办了国际博览会、世界博览会。民间赞助商建立了许多图书馆,它们由私人图书馆转变为公共机构。企业大亨们向新大学大量捐赠,从海外收集来的艺术藏品,他们或转借或捐赠给了新建的博物馆。以芝加哥为例,19世纪90年代早期,在短短三年时间里,便有以下机构获得赞助:芝加哥交响乐团、芝加哥艺术学院位于密歇根大道的宏伟大楼、芝加哥大学。

到19世纪晚期,城市领导人还意识到:许多城市 的发展已越出了狭窄的城区范围。对此,某些城市的应对之策是进行大规模的城市合并。芝加哥的面积从60平方英里增至1889年的185平方英里;1900—1915年,洛杉矶则从28平方英里膨胀至260平方英里,它的扩张利器是新获得的水源供应。身处其他背景之下的美国市、郡政府——历史上享有独立地位、有着不同功能的地方政治实体——则合并为统一的市政府。丹佛、费城、圣路易斯可谓突出的事例,不过,1898年,纽约、布鲁克林两城以及三个郊区郡合为统一的纽约超级城市,在此次大规模合并面前,上述三城黯然失色。

新兴的文化包含以下几个要素:充满机遇;进步主义改革;中产阶级迁入郊区。对多数人而言,此种文化带来的好处是极多的。不过说到另外一个方面,此种文化也带有白人色彩。郊区的舒适,土生土长的美国人比新到的移民更容易享受到,另外,相比非裔美国人,意大利人、波兰人在这方面更占优势。20世纪初,非裔美国人在美国北部城市中是一支弱小而引人注目的力量,而从20世纪10年代直至60年代,他们以日益攀升的数量从南方的农场、城市迁居北部、西部的城市。抵达已人满为患的城市意味着没有多余的工作岗位、住房,基于此,他们不得不硬着头皮挤进劳动力市场、社区,与新近到来的欧洲移民、在本地出生的工人阶级抢饭碗。

非裔美国人城市化的好处在于:它为黑人企业、组织集中了足够的办事人员。对非裔美国人的生活而言,亚特兰大因此而成为一个繁荣的中心,其欣欣向荣的商业区沿奥本大街(Auburn Avenue)分布,多所学校合并为亚特兰大大学。华盛顿是黑人生活、文化的另一个中心,联邦政府的工作岗位为此地的中产阶级提供了支持,雄心勃勃的非裔美国人被吸引到霍华德大学去。纽约的哈林区(Harlem)在20世纪10年代由白人社区变成黑人社区,它以缩影的形式让我们看到:在足够的文化生产者、消费者集中于同一个城市时,会出现多少种文化方面的可能性。不惟如此,哈林区的

转变还有利于20世纪20年代该区非裔美国人文学、音乐的复兴(有关此时作为创新型城市的纽约的更多状况,参见本书第38章)。在诺福克(Norfolk)、匹兹堡、密尔沃基这类更小的城市,黑人工人阶级在争取公平工资、体面居住环境方面取得了一定胜利。

非裔美国人城市化的消极面是黑人隔离区的产生。20世纪10年代中期,非裔美国人以更快的速度从南方乡村迁往北方城市,因为"一战"切断了来自欧洲的劳动力供应。白人社会能适应并以一种漫不经心的态度看待非裔美国人的存在,因为后者总共在城市人口中只占据一个零头。虽然如此,拿底特律来说,到1930年,其黑人居民达到了12万之数,相比1910年的6000人,这形成了一种不同往日的挑战。白人的应对之策是划分种族界限,从而确定哪些地区适合黑人居民住,哪些地方不适合。他们通过一对一的暴力行动,利用发生在圣路易斯东部(1917年)、华盛顿(1919年)、芝加哥(1919年)、塔尔萨(Tulsa,1921年)的种族冲突以及"一战"期间发生在底特律、莫比尔(Mobile)、纽约的另一波动乱潮,强化了种族界限。

在暴力行动之外,白人还借助土地工作、地方政府的行动确定隔离区。治安部门纵容黑人社区的罪恶活动,以此作为保护白人社区的手段。城市政府对各种基本服务持漠视态度,因为黑人没有什么政治影响力。二元住房市场同时限制着黑人买家、租客,令其活动范围不出有限的若干社区之外,这些社区对固定供应的迫切需求使得租金达到极高的程度,并产生过度拥挤、房主放任不管的问题。无论大小城市,问题产生的基本套路是相似的。和底特律的12万非裔美国人一样,丹佛7000非裔美国人面临着同样的歧视。随着问题愈益恶化,隔离区(或社区按照习惯单独划给非裔美国人的居住区)沦为贫民窟。

1910—1940年,有200万非裔美国人从南方迁移出去,此举产生了最早的那些黑人隔离区。20世纪40、50年代,另有300万人离开南方,去填充赫希(Arnold Hirsch)所命名的第二批隔离区。最早的隔离区在很大程度上是私人行为的产物,相比之下,第二批隔离区由于借助了政府之力而得到扩张。为了市中心的复兴和高速公路的建设,联邦投入资金进行了土地清理,此举在迈阿密使得成千上万的非裔美国人流离失所,在芝加哥使得无数人背井离乡。与此同时,置换

性的公共住房使得黑人重新在一些新老隔离区的社区聚集,比如旧金山的猎人角(Hunters Point)社区、洛杉矶的中南社区。

汽车当道

19世纪的交通史是由大陆经济与超过12万英里的铁路交织而成的。20世纪的交通史则见证了密集且将权力集于一身的城市发展为向四处蔓延的城市区。此种变化的推动者是大批量生产出来的汽车和由汽油税提供资金支持的道路建设工程,包括长达47000英里的美国州际高速公路。要达成此种变化,必要的前提条件是大陆国家丰富而廉价的土地,只有这样,人们才能建设面积广阔的新造环境。此事产生的结果是:无论在加拿大还是美国,城市生活都成为主流(参见表27.1)。

郊区发展的步骤是很清晰的。首先是19世纪富裕的铁路郊区,比如芝加哥北海岸或费城"铁路干线"(宾夕法尼亚铁路西线所取的名字)上的小镇。而后是1890—1920年工人阶级、中产阶级的电车郊区,再后是20世纪20年代最早的那些以汽车为导向的郊区("花地高原"[Floral Heights]有巴比特的家,里面有现代的盖瓦浴室,它就在这样的郊区里)。1945年以后,繁荣和汽车文化带来了乡郊居住区的大发展,在该世纪最后10年,平房和错层式房屋所构成的郊区演变成"边缘城市"。美国成为一个多数人口住在郊区的国家(郊区人口占总人口的52%),它以如此身份步入石油供应达到峰值、全球气候发生变化的世纪。①

有关通汽车的郊区的学术、通俗著作为数甚巨且相互抵牾。就经济等级体系的每一个层面而言,郊区的选择都让大量家庭享受了种种好处。在菲茨杰拉德(F. Scott Fitzgerald)虚构的长岛中,成千上万的工人阶级家庭生活在郊区的舒适之中。对所有的"盖茨比"(Jay Gatsby)来说,这些家庭利用有轨电车、T型汽车远离城内的居住区。密尔沃基出身少数族群的工人阶级将投资用在新房建设上,以提高自身的经济地位。位于多伦多、洛杉矶郊区的许多家庭属于自建房屋者,20世纪20、30年代,他们购买廉价地皮,一间连着一间,建造房屋。"二战"之后,由于美国存在强大的工会

---

① 根据美国人口普查局的定义,大都市统计区="中心城市"+与其有紧密经济联系的周边郡县。又,按定义,身在大都市统计区而不在中心城市的人属于"郊区居民"。就人口普查都市区而言,加拿大统计部门使用的是另外的定义,基于此,我们很难对美、加两国的情况进行直接比较。

且人们能获得由政府赞助的贷款,更多这类家庭有能力买下自己在郊区的栖身之地。在莱维敦(Levittown)、纽约、莱克伍德(Lakewood)、加利福尼亚和其他从事大规模生产的郊区,此种"栖息之地"是以900平方英尺房屋的形式存在的。

下面,我们从叙述转向评论。对于郊区蔓延之类词汇的精确含义,人们没有达成一致意见,遑论对不同居住环境的优缺点进行理解了(参见本书第42章)。蔓延可能包含以下意味:低密度的城市发展;非连续性的城市;多中心的城市发展。这些特点有可能汇聚在一起,也可能不汇聚在一起。凤凰城是围绕多个中心发展起来的,其发展呈现出低密度的态势,虽然如此,其发展轨迹仍是非常紧凑的。洛杉矶有多个中心,但相对拥挤,相比亚特兰大、费城,郊区蔓延的现象并不那么突出。至于加拿大城市,一般而言,它们的格局比美国城市更为紧凑,不过相比温哥华,大城市蒙特利尔、多伦多要更拥挤一些,相比渥太华、卡尔加里(Calgary),所有这三座城市又要拥挤一些。

城市区的水平扩散给地方治理出了难题。到20世纪20年代,纽约的大小已超过1898年大合并时的规模。到20世纪50年代,洛杉矶的面积同样非该世纪早期大规模合并时该城的面积可比。芝加哥、圣路易斯之类重镇的领导人发现本城深陷在由独立的郊区城市所组成的圆环之中,这些城市在教育、土地使用、税收政策上有自己的追求,意图避免中心城市存在的种种问题。印第安纳波利斯、纳什维尔、迈阿密的市—郡合并也要解决这样的问题,不过,持续的郊区扩张让这些城市的政府不能全盘解决问题。哪怕是多伦多,其实际发展亦超出了人们所预想的多伦多都市(1954—1998年)的范围,该地一半人口此时住在城市周围的郊区。在加拿大、美国,拥有20万乃至更多居民的所谓"郊区"包含德克萨斯州的阿灵顿(Arlington)、科罗拉多州的奥罗拉(Aurora)、安大略省的米西索加(Mississauga)、魁北克省的拉瓦勒(Laval),以及其他许多地方。

人们经常批评郊区不给女性提供机会,虽然如此,事情的真相是:郊区激发女性在政治上发挥直接的作用。战后郊区作为人们奋战的前沿地带,要求人们采取快速行动确保健全的教育,并缓和郊区蔓延给物质环境造成的种种影响。回应这些挑战的行动让女性获得了许多机会参与城市工作,磨练政治技能,竞选地方公职。女市长在20世纪50、60年代尚属稀有动物,到21世纪便是司空见惯的现象了。对女性(比如阿拉斯瓦西拉[Wassila]郊区安克雷奇[Anchorage]市长佩林[Sarah Palin])来说,郊区政府已是构筑政治生涯的一条重要路径。

虽然现代的城市景象看似是从纯粹的市场力量而生的,实际上,它们是公共行为的产物。联邦建设项目为郊区高速公路、下水道提供了赞助,并确保郊区能获得贷款。至于市中心,联邦拨款为20世纪50、60年代的城市改造工程提供了支持,并挽救公共交通于危境。地方政府为体育设施、会议中心、零售商场提供赞助,改造城市的思想倾向因此而延续下来,所有经济发展其实是19世纪赞助铁路现象的最新表现。

另一方面,在重建事业的列车全力开动时,美国决策者"再度发现了"城市贫困现象的持续存在,尤其是存在于深陷新隔离区的非裔美国人中间的贫困。20世纪60年代的"城市危机"导致了以极端方式组织起来的暴力活动的爆发,参与其中的黑人将目光瞄准白人权威的代理人以及种种象征事物,1965年洛杉矶瓦茨(Watts)区、1967年纽瓦克(Newark)和底特律就发生了这类事情。这场危机还导致了重大联邦项目(比如经济机遇办公室、模范城市)的诞生,用以增加工作岗位、改善住房状况、教育和公共服务。这些项目与约翰逊总统及其"对贫困的战争"有着密切的联系,进入20世纪70年代,它们在很大程度上退出历史舞台,让位给实体项目。

贫困现象长期延续的原因在于美国城市的空间经济。20世纪40、50年代的工业扩张吸引了非裔美国人在底特律、洛杉矶、奥克兰这类城市从事足以养家糊口的各种工作,它看似为日益壮大的黑人中产阶级打下了基础。不过,从20世纪60年代开始,工业部门的岗位转移到郊区,虽然如此,非裔美国人仍可在那里安家。进入20世纪70年代,工业部门的许多岗位便完全消失了。由此,在步入成年阶段时,非裔美国人的婴儿潮一代会发现自身处在边缘位置,这导致了黑人中间长期居高不下的失业现象(相对白人而言)。在贫困现象集中的社区,这个问题发展到最严重的地步。2000年,约800万美国人——有黑人、白人、西班牙人——住在这类社区,里面超过40%的居民是穷人。与外界隔离让人们难以追求住房方面的平等、受好的教育,由此而使贫困现象愈形恶化,这对老套的隔离区文化起到了强化作用,并限制了人们获得工作、加入到求职网络中去。

自20世纪70年代以来,美国有三股潮流交互作用着。住房平等立法、逐渐展开的郊区合并缓和了因种族而生的社区分化现象,从数据上衡量,自1920年以来,社区分化在2000年表现得最微弱。新近移民当中的大多数同样以郊区为家,由此,无论是美国还是加拿大,其种族多样性都有了增加。与此同时,以收入、教育层次为据的分化现象加剧了,它导向的是以阶级为依托而非以种族为依托的社会分化。与这股趋势相联系的是贫困向郊区蔓延的现象,因为内城的复兴将穷人家庭赶到了更破旧、环境更恶劣的郊区。

后工业化时代的国际城市

2009 年,通用、克莱斯勒两大汽车公司双双破产,这告诉我们北美经济已发生改变。"二战"对欧洲、东亚而言或许是一场灾难,但在美国、加拿大,它却是一股巨大的城市建设动力,1945—1974 年的"大繁荣"便是由此开启。自 19 世纪早期以来,工业能力的建设一直未有中断,虽然如此,在 20 世纪最后的 25 年里,此种经济改变了方向。和在欧洲一样,重工业迁出原来的城市,它们常常跨越国界,搬到拉美或亚洲。更多的工人转而在规模庞大的服务业部门做事,城市官员将目光转向电子工业、软件/多媒体、医疗服务和生物科技。

与产业外流相反的是移民的涌入。移民配额制度对北欧人有利。1965 年,这项制度被废除,美国的大门向拉美、亚洲的大规模移民敞开,在此种情况的推动下,1960—2000 年,生于外国的美国居民在总人口中所占的比例从 6% 增至 12%。2001 年,在国外出生的加拿大人占该国总人口数的 18%,这是 1931 年以来的最高比例。新来者重新调整了历史上的移民城市(比如纽约、多伦多)的社区版图,并让洛杉矶、温哥华这类城市变为容纳四海人士的社会。坐上多伦多登打士大街(Dundas Street)沿线的有轨电车,漫步走过拥挤的皇后大街,驾车穿越洛杉矶县的郊区……所有这些都给人们留下了活力四射的世界城市的印象。

在移民、国防经济、休闲经济的推动下,自 20 世纪 60 年代以来,南部、西部城市超越了老工业核心区的城市。这些阳光地带的城市生机勃勃,它们重新调整了大陆的城市体系。洛杉矶是与纽约并峙而立的重镇。迈阿密、亚特兰大、达拉斯、温哥华取代普罗维登斯(Providence)、布法罗、温尼伯,成为经济中心。西部的城市成为"二战"后消费文化的发动者和试验田。它们已成为大众娱乐(好莱坞)、多媒体创新(旧金山)、技术创新(硅谷)的中心。美国模式的封闭式郊区同时成为中国、印度这类新兴富裕国家所效法的样板。

诚然,城市发展在很大程度上体现于郊区,虽然如此,人们的哀叹——在郊区蔓延、购物中心和边缘城市

办事机构的冲击下,市中心走向灭亡——或许夸张其辞了。事实上,虽然边缘城市站了起来,许多城市仍发展出松散然而欣欣向荣的市中心。这些中心区从原来的银行、政府部门、会议场所集结之地向外延伸,覆盖了公寓群、历史悠久的一些城区、竞技场地。这样的中心区有数英里长,覆盖了 3%—5% 的城区已开发土地,绝大多数为整个城市服务的公共设施、组织身在其中。用脚走路是不现实的,不过,可以肯定的是,人们可以"使用铁路"。事实上,识别市中心的一条最佳路径是考察新的铁路运输线路,比如即将使西雅图"南中心区"与华盛顿大学连接起来的那条铁路线路。

正如一个一个的星系合成为星系团,一个一个的城市区亦聚集成规模更大的组织。地理学家戈特曼(Jean Gottmann)于 1961 年确认波士顿—华盛顿为"大城市群",在他笔下,该城市区中的个体城市保留了自己的身份,在此之外,作为长达 400 英里的大规模城市区的成员,它们又有着互动关系。50 年后,城市学家重温戈特曼的观点,将北美划分成若干大区。每个大区都有独特的历史认同,它们围绕高容量的交通线路组织起来。这些大区包括波士顿—华盛顿城市群、芝加哥—多伦多—匹兹堡城市群。它们早在 20 世纪 60年代便已被人们确认,每个城市群拥有 5000 万居民。卡斯卡迪亚城市群(Cascadia,即温哥华—西雅图—波特兰城市群)、洛杉矶—圣迭戈城市群、墨西哥湾沿岸城市群、皮埃蒙特(Piedmont)南大西洋城市群亦身在大区之列。它们可谓日本东海道城市群、中国珠江三角洲城市群、欧洲米兰—曼彻斯特核心地带的北美版(有关对当代大城市的总体分析,参见本书第 41 章)。

结论

城市是推动北美发展的引擎。19 世纪,它们是大陆边疆的矛头,工业生产能力的巢穴,移民的终点站,充满活力的社会环境——就是在这里,加拿大、美国的国家认同在相互迁就的城市生活中被锻造出来。同样是在城市范围内,人们的富裕生活、汽车为中产社会的兴起与巩固提供了支持。无论男女均可从中受益,相关的代价也都是他们承受得起的,在这方面,少数族群的情形越来越让人乐观。

城市之间或许是不同的。虽然如此,当代城市体系与殖民时代城市体系有一个重要的相似之处。早期的欧洲前哨据点目光向东,以求与外界建立商业联系,与伦敦、巴黎、马德里的官员进行思想交流。进入 19世纪,虽然横跨大西洋的交通网络仍具有重要意义,对

美、加两国而言,最重要的工作却是利用城市之间的联系,打通大陆经济、国与国之间的各项关节。相比之下,在最近的半个世纪里,借助互联网时代的思想、贸易流以及航空时代的人员流动(2007—2009 年,美国有 14 个航空港、加拿大有 3 个航空港每年接待的国际乘客数量在 300 万以上),北美城市又一次经历了国际化。纽约的信息、金融产业令它成为与伦敦、东京并立的全球城市,洛杉矶、芝加哥、多伦多紧随其后。规模更小的北美城市同样直接在国际上发挥着作用。斯帕坦堡(Spartanburg)、南卡罗来纳、波特兰、俄勒冈这类城市的前景本来不被人看好,他们所吸引的外资却正好与休斯敦石油工业技术的输出达成了平衡。亚特兰大的国际联系可与巴塞罗那、丹佛、赫尔辛基相提并论。总而言之,历经 200 年时光,作为国际网络的组成部分,北美城市又回到了起点上。

参考文献

Abbott, Carl, *How Cities Won the West: Four Centuries of Urban Change in Western North America* (Albuquerque: University of New Mexico Press, 2008).

Cronon, William, *Nature's Metropolis: Chicago and the Great West* (New York: Norton, 1991).

Dennis, Richard, *Cities in Modernity: Representation and Production of Metropolitan Space, 1840 - 1930* (New York: Cambridge University Press, 2008).

Deutsch, Sarah, *Women and the City: Gender, Space and Power in Boston, 1870 - 1940* (New York: Oxford University Press, 2000).

Goldberg, Michael, and Mercer, John, *The Myth of the North American City* (Vancouver: University of British Columbia Press, 1986).

Goldfield, David, *Cottonfields and Skyscrapers: Southern City and Region, 1607 - 1980* (Baton Rouge: Louisiana State University Press, 1980).

Hamer, David, *New Towns in the New World: Images and Perceptions of the Nineteenth Century Urban Frontier* (New York: Columbia University Press, 1990).

Hirsch, Arnold, *Making the Second Ghetto: Race and Housing in Chicago, 1940 -1960* (New York: Cambridge University Press, 1983).

Meinig, Donald, *The Shaping of America: A Geographical Perspective on 500 Years of History*, 4 vols. (New Haven: Yale University Press, 1986 -2004).

Nash, Gary, *The Urban Crucible: The Northern Seaports and the Origins of the American Revolution* (Cambridge, Mass.: Harvard University Press, 1986).

Teaford, John, *The Unheralded Triumph: City Government in America, 1870 - 1900* (Baltimore: The Johns Hopkins University Press, 1984).

Wade, Richard, *The Urban Frontier: The Rise of Western Cities, 1790 - 1830* (Cambridge, Mass.: Harvard University Press, 1959).

屈伯文 译 陈 恒 校

第28章 中国：从1900年到现在

司昆仑

　　1900年以前的中国城市正处于变化之中。本书中，罗威廉（参见本书第17章）就谈到了数量不断增加的"通商口岸"和正在发展的香港，作为中国主要城市的香港正处于英国的控制之下，这使得许多中国人开始接触到一些新的城市现象，如报纸、有轨电车、电力、百货商店，以及国外有关城市管理的思想。直到1900年，虽然这一时期中国沿海城市人口的物质生活已经有了很大的改变，但在当时的社会条件下，统治着这个国家的清朝官僚却从未对城市地区提出什么新的愿景。尽管经济和技术不断地发展，缙绅之士的观念却仍停留于旧有领域中，即国家统治者将杰出的官员派往各个地区的行政中心去"关心民众"，维持秩序和征收税务，戊戌政变后流亡的康有为还曾写作预计，如果可以让全国各地经济均衡发展，缩小城市和农村之间的差异，中国将会避免西欧工业国家的社会问题。

　　正如罗威廉所言（参见本书第17章），这种官僚管理，社会同质，城乡生活差别不大的中国社会愿景，在很大程度上一直是一个神话。尽管如此，1900年以来的中国城市几乎全都被标上了分裂的标签——帝国秩序的瓦解，迅速融入世界经济，大萧条危机的到来，规模惊人的战争，近来的工业和商业反常激增——城市所发挥的作用已经引起了政治领导者和理论家相当多的持续性的思考。在不同的时代，城市和它们的定居者们被呼吁去"强盛国家""为人民服务"，或者是"创造和谐社会"。他们有时欢迎国外的影响，有时将其拒之门外，具有中国特色的现代化城市历史反映出国家集中的目标与多元化人口所带来的创造力和创新能力之间的紧张关系。

　　以下内容按时间顺序叙述了中国城市生活的变化，以及20世纪和21世纪初期塑造城市体系的政治和经济环境的变化。第一部分讨论了清朝最后十年中启动的城市行政改革和技术革新以及1911年清朝灭亡后中国进入混乱时期的城市发展状况。第二部分考察了1949年中华人民共和国建立后都市生活的新时代。最后一部分调查了1978年"改革开放"后的城市生活。孔诰烽和詹少华（参见本书第34章）对1978年后中国城市体系的变化方面也做了一定深度的考察。2000年左右的城市空间格局参见区域地图III.5。

　　应该牢记自1900年以来的中国城市的历史叙事，因为它是在面对众多的方法论的挑战之后得以建立的。与在本书中讨论过的其他地区相比，现代中国拥有非常密集的城市系统和数以百计大小不同的城市地区，包括以农村公社为市场中心的小城镇，区域贸易中心和行政中心，以及巨大的工业城市和港口。比如上海和以广州为核心的珠江三角洲城市聚集区。在这一时期，中国的各方势力在塑造中国的城市体系的过程中都起到了非常重要的作用。接下来的内容就会探讨各方政权所制定的政策，例如户口的流动限制（户口登记）体系。针对城市规模和城市生活其他方面的统计数据都能反映出国家政治。20世纪的上半叶，中国缺乏一个稳定的国家政权或者说卷入了战争，城市和与城市有网状联系的地区人口数量大起大落。尽管学者们对个别城市的考察已经有了一定的深度，但仍然没有针对这一时期的城市变化给予细心、全面地概述。对于1949年之后的一段时期，地理学家陈金永分析了官方统计数据是如何上报城市人口数量的，这应归因于国家对城市行政区域特殊定义，定义中涵盖了高密度住宅区域和大面积的以农业为主的腹地。[①] 然而，

---

① Kam Wing Chan, *Cities with Invisible Walls：Reinterpreting Urbanization in Post-1949 China* (Oxford and New York：Oxford University Press, 1994), 34.

近几十年来在城市人口统计数据中仍然将农民工排除在外,这低估了中国城市的规模,尤其低估了吸引了数以万计移民的工业化沿海城市和省会城市的规模。总之,这一章仅仅是概述,中国城市化的历史仍是一个复杂的话题。

都市政策的转变,通信和城市生活,1900—1948 年

524   1901 年,清政府开始实行"新政",这一改革迅速重塑了中国的省会城市和其他主要城市。在反外国势力运动兴起之后,外国列强占领了北京,这些改革就是由外国列强强加给这个王朝的。1900 年的义和团运动就是为了加强政府对社会局势的控制力,但是新政的范围像日本明治维新改革一样迅速扩展(参见本书第 29 章)。省级政府创建并尝试了新的城市机构:商会、专业的警察部队、官办学校和地方组织。[①]

    凭借新政的推行,中国城市的变化极大地加速了封建制度的瓦解。像商会和省级议会这样的新的城市机构为本地人反抗中央政策提供了新的平台,比如外国贷款协议。许多在日本经过训练过的学生和军官都聚集在省会城市。为了支持改革,(政府)增加了新的税种,这使得农村的不满日益发酵。在大规模的起义中,清政府垮台。

    早期建立于 1912 年的中华民国多年疲软。各地军阀对中央政府只是形式上的尊重,他们控制了大部分原清朝统治的领土。在某种程度上,中央的疲软加速了省级城市的发展。长期的战争和盗匪猖獗促使人口向相对安全的城市转移。许多军国主义者为了被视为潜在的国家领导人,鼓励其所在城市进行基础建设,带动经济增长,赞助精心设计的建设项目,比如(建造)新的商业街和公园。图 28.1 展示了改造之前的成都街景。

    聚焦城市发展在很大程度上使新政的议程得以延续。但是,这中间的联系却没有得到重视:在共和国内,新鲜感才是价值本身。从 20 世纪初开始,有些地区的管理者接纳了如火如荼的国际规划运动,在日本学习的学生也逐渐归来。欧洲和美国也建立了大学的院系,这些院系教授城市管理知识并且拥有传播城市规划管理知识的期刊,例如,在欧洲、日本和美国的城市开始使用"花园城市"的概念和标准用于道路和建筑构造。

525

图 28.1　成都,1928 年。一条主要街道在开始扩建之前的典型场景。在轿子和穿长袍的行人之间可以看到很明显的黄包车和电线杆。(United Church of Canada Archives, Toronto: catalog no. UCCA, 98.083P/25N.)

    尽管各地的军阀极力(希望)将他们管理之下的城市建设成不朽的功业,然而一些省会,甚至是北京自身都不及 1912 年和 1949 年的上海夺目耀眼。作为中国最重要的经济和文化中心,上海迅速地崛起。19 世纪 60 年代之初,这个城市(上海)由中国管理的区域(华界)、以英国为主导的公共租界、法租界三部分组成。1910 年至 1930 年之间,这三个区域的人口总数增长了三倍,约为 300 万。绝大多数的移民是中国人,他们来自上海的周边地区,新的就业机会吸引了他们。这

　　① 　Kristin Stapleton, *Civilizing Chengdu: Chinese Urban Reform, 1895-1937* (Cambridge, Mass.: Harvard University Asia Center, 2000).

些就业机会包括工业、交通和其他领域，甚至是性工作和家政服务。第一次世界大战期间，对纺织品和其他产品的需求带动了这个城市的经济发展。中国和日本的企业家纷纷在上海建立工厂。上海成为金融、贸易和航运中心。总部位于上海的出版商和电影院将这个城市的时尚风潮和文化思想传遍全国。①

525 上海支离破碎的政治结构，数量庞大的人口和财富吸引了激进分子和罪犯们，他们在行政辖区内不断流动，从一个辖区的当局者成为另一个辖区的当局者。② 进城务工者往往先加入当地的协会组织，比如商务组织。这让他们更好地融入了城市生活之中，偶而他们也会对城市和国家政策产生一定影响（参见本书第17章、35章）。1921年中国共产党在法租界成立，1925年5月30日中国工人因抗议在日本工厂遭受的待遇，遭到了公共租界警察的杀害，在五卅惨案后，共产党逐渐壮大起来。

526 中国共产党和国民党日渐崛起。1923年在共产国际的调和下，两党商讨合作关系。共产国际代表在其位于香港附近的广州基地协助训练国民党军队，使北京政权的合法性受到挑战。1926年，为了将整个国家置于国民党的控制下，蒋介石率领这支军队"北伐"。在长江流域的主要城市迅速取得胜利后，蒋介石的对手纷纷投降。1927年，在沿长江位于上海西边的南京建立了新的政府。

蒋介石的国民党政府恢复了晚清新政的大部分议程，试图通过新的警察，建筑法规，整修街道，建设学校、公园和监狱，让城市秩序井然。③ 晚清时期，尽管政府的许多措施试图触及到全国范围内的各个社群，但大多数的钱和精力包括新的资本都投入到了最大的城市中，这些城市立即吸引了大批的求职者和来自饱受战争蹂躏、强盗横行的地区的人们。

由于时局动荡，全国范围内的城市化进程不大可能有本质上的提升，全国的统计数据非常可怜。然而南京、上海和其他像天津一样的港口城市却发展迅猛。同样，英国控制下的香港和日本占据下的东北城市，包括大连和哈尔滨也迅速发展起来。其他城市虽增长缓慢，但许多已拥有了"现代城市"的特征：电力、电影院、有轨电车。铁路网连接着中国东部最大的城市，上海，作为中国对外的主要窗口，经济上得到了更多的关注。

国民党控制下的城市政府继续独裁。虽然国民党呼吁民主统治，但也仅仅通过一段时期的"训政"让人们为成为好公民做准备。20世纪30年代早期，城市的法律法规对于城市居民来说只充当了顾问的角色，而城市居民的意见则应该通过商会和劳动协会等组织与城市领导者共享，这些组织需在政府的要求下进行注册登记。省长从蒋介石的军事指挥员盟军中进行挑选，由国家领导人任命，以市长为首的市政府则由省长任命。

20世纪30年代，这种自上而下的城市行政结构得以巩固，然而，各种社会和文化运动在过去几十年里发展起来，继续改变着中国城市建设的经验。清朝最后几年，为了提倡女性教育和家庭改革建立了女子学校。到20世纪30年代，在上海，工厂出现了更多的女性劳动力，富裕女性更多地被接纳为专业人士和主要消费者。④ 沿海城市中产阶级的住房开始被规划设计，比如上海大量的住宅街区，对于小家庭而不是一般的大家庭，这已成为文化规范。⑤

经济增长导致了许多城市的结构性变化。为了使交通更方便，1912年上海周围的一些古城墙被拆除。20世纪初，实业家张謇在其位于上海北边的家乡——南通创建了一个新型工厂城镇，市内有钟楼、工厂宿舍、学校和博物馆。卢作孚，民生航运公司的创始人，他在长江上游的重庆北碚也做了同样的事。两个典型城镇 527 的规划都得到了大量的杂志和大众传媒的宣传，它们

① Christian Henriot, *Shanghai, 1927－1937: Municipal Power, Locality, and Modernization*, Noël Castelino, trans. (Berkeley: University of California Press, 1993); Gail Hershatter, *Dangerous Pleasures: Prostitution and Modernity in Twentieth-Century Shanghai* (Berkeley: University of California Press, 1997); Sherman Cochran, ed., *Inventing Nanjing Road: Commercial Culture in Shanghai, 1900－1945* (Ithaca, N. Y.: Cornell University East Asia Program, 1999).

② Frederic Wakeman, Jr., *Policing Shanghai, 1927－1937* (Berkeley: University of California Press, 1995).

③ Charles D. Musgrove, 'Building a Dream: Constructing a National Capital in Nanjing, 1927－1937', in Joseph W. Esherick, ed., *Remaking the Chinese City: Modernity and National Identity, 1900－1950* (Honolulu: University of Hawai'i Press, 2000), 139－157; Zwia Lipkin, *Useless to the State: 'Social Problems' and Social Engineering in Nationalist Nanjing, 1927－1937* (Cambridge, Mass.: Harvard Asia Center, 2006).

④ Emily Honig, *Sisters and Strangers: Women in the Shanghai Cotton Mills, 1919－1949* (Stanford, Calif.: Stanford University Press, 1992); Karl Gerth, *China Made: Consumer Culture and the Creation of the Nation* (Cambridge, Mass.: Harvard University Asia Center, 2004).

⑤ Lü Junhua, Peter G. Rowe, and Zhang Jie, *Modern Urban Housing in China: 1840－2000* (Munich: Prestel, 2001).

迎接了成千上万的游客,并带动了其他城市里钟楼、博物馆和工厂复合式结构的形成。① 轮船和铁路的使用使越来越多的专业人士和学生可以进行长途旅行。20 世纪上半叶,成千上万的年轻人乘轮船到日本、美国和欧洲去学习。20 世纪 30 年代,中国上海和香港成为世界上最活跃的客运线路和货运航运之一。中国的企业家成功地在香港、东南亚进行投资,其份额甚至超越了其在上海和家乡的工业和商业上的投资份额。

城市在文化上经历了相当大的动荡。在上海,遭受饥荒的难民乞讨于夜总会的门口,借助于电影制作人和流行小说家,上海成为了爵士乐时代漫不经心的象征。但是,与北京和一些省会城市一样,上海的大学也促进了左翼组织的成长,热心的学生教工人进行阅读并让他们知晓什么是社会不公。1927 年,一场血腥的大清洗后,共产党的活动开始转入地下,离开了城市。1934 年,为了抵制受到西方影响的备受谴责的颓废思想,同时也为了阻止中国共产党的政治思想的传播,南京国民政府推出了新传统主义新生活运动。国民党试图将儒家修辞与法西斯军事纪律结合起来,在定期组织的集会上,领导者向集合起来的学生和士兵进行宣讲,然而,这种方式却对城市生活并没有产生什么影响。

国民党在他们新首都仅仅存在了 10 年,1937 年日本全面侵华,国民党放弃了南京。1937 年至 1945 年之间,中国所有的东部沿海城市都处于日本的控制之下,受到了很大的破坏。在战争期间,数以万计的中国难民涌入了日本人无力征服的中国西部和西南部的省会城市。工厂和学校疏散至国民党的战时陪都重庆,以及桂林、昆明和成都。② 1941 年之后,盟军在这些城市建立了基地,至此结束了 1939 年和 1940 年日本空军对这些城市的恐怖轰炸。在与日本战争期间,对中国西部资源的注入在很多方面加速了中国内陆城市经济和文化的转型。1949 年后,新中国政府建立,这一过程以不同的形式仍在继续。

1945 年日本战败使国民党得以重返东部城市——包括自 1895 年以来就处于日本控制之下的台湾台北部地区,以及东北的城市。20 世纪 30 年代初期以来,作为日本控制之下伪满洲国的一部分,东北已经发展成为工业中心。然而,对国民党来说,在这些城市地区重新建立起稳定政权是一次不可逾越的挑战。这些城市的基础设施实在一团糟。国债已经被耗尽。返乡的难民要求归还财产并且惩罚留下的"合作者",通货膨胀加剧了人们的恐慌。就在共产党率先进入中国北方时,国民党政府在其核心城市丧失了公信力。1949 年,中国共产党在国民党控制的东北城市对其进行围剿之后,开始进军中国的南部并且轻而易举地占领了国民党其余的地区。混杂着惶恐、好奇和期望的心情,中国各地厌战许久的城市居民开始夹道欢迎中国共产党的军队。国民党两百万人从大陆撤离到台湾地区,这其中包含领导人、军人和国民党的拥护者。而这时中国共产党已宣布北京为中华人民共和国的首都。

毛泽东时代的城市,1949—1978 年

1949 年以前的中国共产党的领导人缺乏管理大型城市的经验。然而,三年内战不仅使他们在组织、纪律和宣传方面的技能得到磨练,还使其获得了苏联这一盟友。在中国城市的发展历史中,苏联所起到的作用还没有得到充分的研究。20 世纪 50 年代,北京和其他省会城市开始建立大型的中央广场和纪念碑式的政府大楼。当然,其中很大程度上要归因于苏联。③ 在北京,许多城墙被拆除,取而代之的是环形道路以及铁路系统。中国共产党效仿苏联的经济增长模式,在第一个五年计划中强调集中决策和发展重工业。政府很快发行了自己的货币,结束了令城市陷入通货膨胀。紧接着私人企业开始施行国有化。

工作单位和居委会这些新的机构架构了毛泽东时期中国的城市生活。各个工厂、学校、医院、商店和政府部门把自己的员工组织进一个个工作单位,由一个个中国共产党的相关部门进行领导。工作单位提供住房、医疗保健和定量的票证。虽然并不是所有的,但大部分的工作单位都会在一个中心站点提供住房。一些大型工作单位的大院内还包含商店、学校和

---

① Qin Shao, *Culturing Modernity*：*The Nantong Model*，*1890 - 1930* (Stanford, Calif.：Stanford University Press, 2003)；Zhang Jin, *Quanli, chongtu yu bianqe—1926 - 1937 nian Chongqing chengshi xiandaihua yanjiu*〔权力,冲突与变革：1926—1937 年重庆城市现代化研究〕(Chongqing：Chongqing Publishing House, 2003)。

② Joshua Howard, *Workers at War*：*Labor in China's Arsenals*，*1937 - 1953* (Stanford, Calif.：Stanford University Press, 2004)。

③ 王军,《城记》,北京：生活·读书·新知三联书店,2003 年。

诊所,居民几乎没有外出的需要。①20世纪20年代到30年代,在上海,随着密集住房的增加,上海保留了自身独特的风格,然而作为单户住宅所建造的公寓被配分给许多家庭。在没有大型工作单位的地区,居委会发挥了重要的作用。在这样的社区里,居民定期见面,了解并讨论政府的政策。退休人员一般在居委会中担任官职,巡查不寻常的事件并报给当地的公安机关。

妓院、赌场和鸦片烟馆被关闭,在"改造营地"和监狱里面的性工作者、吸毒者被"再教育"。教堂、寺庙和清真寺被解散或者需要服从党的监督。政治标语被写在学校和工作单位大院的大门上,出现在整个城镇的横幅上。20世纪60年代,工人和士兵的制服已经完全取代了以前的长袍马褂和紧身连衣裙,成为革命热情的象征。工作单位存有全部人事档案,这些档案对他们的"阶级背景"做了详细的说明——无论他们是来自工人阶级"好"的家庭还是来自资本家或地主阶级"坏"的家庭。阶级背景和记过处分会阻碍人们的住房分配或者阻碍人们从工作单位获得结婚许可。②

中国共产党领导之下的第一个十年,生活在官方指定城市区域的中国人口的百分比几乎翻了一番,达到19%或1.25亿人(参见表28.1)。然而,城市的行政区域囊括了城市核心区域和周边的农村,这其中很多人主要从事农业,很像清朝时的地方基本的行政单位——县。虽然如此,从1952年到1958年,产业工人的数量从510万增至2316万人。许多工人离开农村,来到现有的或新的东北工业地区、沿海地区和省会城市。③

与清末的改革家康有为一样,毛泽东也相信中国可以避免西欧和其他国家工业化进程中伴随着快速城市化而出现的社会问题。他认为,工业化的兴起可以同时遍及整个中国。20世纪50年代后期,与苏联日益紧张的关系使中国在世界贸易中处于孤立状态,为了防范潜在的苏联入侵,将战略性工业转移到内陆城市,毛泽东开始推行自己独特的经济发展规划,即1958

表28.1 中国城镇农业、非农业及人口总量,1949—2010年(表示为国家人口总量的百分比)

年份	全国人口(百万)	城镇非农业人口	城镇农业人口	城市行政区域内人口总量	城市区域细化后的城市人口总量
1949	541.67	—	—	10.6	—
1955	614.65	—	—	13.5	—
1961	658.59	16.1	3.2	19.3	—
1970	829.92	12.7	4.7	17.4	—
1975	924.20	12.6	4.8	17.3	—
1980	987.05	14.0	5.3	19.4	—
1982	1016.54	14.5	6.3	20.8	21.1
1985	1058.51	17.0	19.3	36.3	23.7
1990	1143.33	17.7	35.2	52.9	26.4
1995	1211.21				31.7
2000	1265.82				36.2
2005	1306.28				43.0
2010	1339.72				49.7

注:1982年中国共产党开始重新定义人口数量的范围,排除了包含原来城镇行政区域里的大部分非城市地区。

资料来源:1949—1990 - Chan, *Cisies with Invisible Walls*, 24 - 25;1995 - 2005 - Chan, 'Fundamentals of China's Urbanization and Policy', *China Review*, 10;79 (2010);2010 - 'Press Release on Major Figures of the 2010 National Population Census, 28 April 2011', www. stats. gov. cn/english/news and coming events,2011.

年大跃进。尽管在20世纪70年代,上海仍然是制造业城市,然而,对基础设施建设的大量投资却使中国西部软弱无力的城镇转变成工业中心,1964年开始的"三线建设"就是其中的一部分。④例如,位于四川西部的绵阳就成为了中国新生核武器工业的总部。不那么敏感的工业部门着重强调的是地方和地区的"自给自足",而不是国家经济一体化。

---

① David Bray, *Social Space and Governance in Urban China:The Danwei System from Origins to Urban Reform* (Stanford, Calif.:Stanford University Press, 2005).

② Andrew G. Walder, *Communist Neo-Traditionalism:Work and Authority in Chinese Industry* (Berkeley:University of California Press, 1986).

③ Wang Sanhou, 'Shilun woguo chengshihua guochengzhong de renkou liudong'(中国城市化过程中的人口流动),*Chengshi shi yanjiu*(城市史研究),4 (January 1991),1 - 17.

④ Barry Naughton, 'The Third Front:Defence Industrialization in the Chinese Interior', *The China Quarterly*, 115 (September 1988), 351 - 386.

大跃进试图通过创建农村公社解放农村生产力，用更好的管理资源支持密集农业和当地工业的发展。然而大跃进的失败给中国的城市造成了深刻的影响。最重要的是户籍制度被写入了法律，它在制度上将农村和城市人口一分为二。户籍制度的制定目的是为了防止人口的流动，尤其是农村人口向城市的迁移。在1959到1961年的自然灾害时期，国家从农村征用粮食，然后通过工作单位所分发的配给券把粮食分发给拥有城市户口的人。① 维持了都市社会稳定，创建了专门的城市公民权利系统，继续限制人口流动和资源的获取。②

1966年开始的"文化大革命"，冲击了中国的城市。毛泽东号召年轻人起来参加"红卫兵"。学生和年轻的工人组成"红卫兵"，逮捕老师和管理人员，指责他们试图恢复资本主义以及进行其他反革命行为。各个级别的政府官员被罢免。1967和1968年，在文化大革命的高潮时期，"红卫兵巡逻队"监察公众行为——攻击穿着色彩鲜艳衣服或发型新异的城市居民——洗劫疑似反革命分子的房屋。寺庙及其他革命前的旧有象征被催毁；大学关闭，人们用无处不在的"红宝书"里毛泽东的口号进行沟通并以此来问候。

从1968年开始，毛泽东用军队来恢复城市的秩序，并指示红卫兵去国营农场和国家最贫穷地区的村庄工作。下乡政策证明通过体力劳动和向农民学习的方式来深化革命经验是合理的，这一政策影响了1700万年轻人的命运。在经历初期经济上的混乱之后，工业和农业的总产值在20世纪60年代后期和20世纪70年代初期稳步上升，然而，对于城市来说，吸收数以万计政治化的年轻人进入城市就业仍然很困难。1976年毛泽东去世，"文化大革命"结束，大部分的知识青年逐渐返回到城市。

毛泽东主义者强调重工业、集体生活，以及公开监督下的革命文化一体性，在物质上确保了中国在这些方面能够与其他反消费主义的社会主义国家同步。昏暗的国营商店和餐厅在有限的时间内开放，通常没有什么可卖的。公共建筑和公寓常被忽视，大部分是用质量低劣的混凝土构造的，公交车往往是拥挤的。

尽管之前的状态使社会产生了裂痕，拥挤的城市环境却意味着人们要与邻居密切接触。夏天，为了躲避室内的酷热，人们经常将自己的小床放置在过道里。毛泽东时期的城市，自行车成为了最珍贵的财产。在北京天安门广场四周宽阔的街道上出现了越来越多的自行车。20世纪80年代的城市中自行车随处可见，这一现象说明，毛泽东时代之后，中国的经济发展重点开始转向轻工业和消费品，经济繁荣始于这一转折。

中国的新都市时代，1979年至今

从20世纪80年代早期开始，三十年间，经济迅速发展，中国的城市彻底改变了。分散的经济决策，之前遭到禁止的私有和半私有化形式企业合法化，开放中国的大门，允许外国投资和对外贸易，鼓励工人到沿海中心的行业工作，这些改革带动了经济增长。邓小平主持了这次"改革开放"政策，直到他1997年去世，改革一直贯彻执行着。

毛泽东时代之后的改革使城市化的总体水平大大提高了：中国国家统计局1978年统计的城市化比率为8%，到2005年为43%，2010年这个数字已接近50%。③ 正如孔诰烽和詹少华详细论述的（参见本书第34章），20世纪80年代，政府政策倾向于发展和增加小型城市，但是新近却导致了越来越多的人口集中于最大的城市中。在人口稠密的沿海省份，如江苏、浙江、福建、广东，像温州和义乌（参见下文第41章）这样的小城市如雨后春笋般成为专业的商品生产中心。

20世纪80年代早期，最壮观的城市实验是在经济特区进行以出口为导向的工业化进程。遵循着在台湾地区和亚洲其他加工出口区的模式，中央政府授权这些地区拥有特殊的法规和有利的税收结构，极大的鼓舞了外国资本在经济特区的投资。然而，中国经济特区的扩展仍然超乎预期，在香港以北的珠江三角洲地区形成了巨大的工厂城镇。首个也是最令人印象深刻的经济特区就是深圳，它毗邻香港，位于广东省（参见插图28.1），从1980年到2010年，从一个只拥有

---

① Fei-Ling Wang, *Organizing through Division and Exclusion*：*China's Hukou System* (Stanford, Calif.：Stanford University Press, 2005)，44－46.

② Dorothy Solinger, *Contesting Citizenship in Urban China*：*Peasant Migrants*，*the State*，*and the Logic of the Market* (Berkeley：University of California Press, 1999).

③ Fulong Wu, 'Beyond Gradualism：China's Urban Revolution and Emerging Cities', in Fulong Wu, *China's Emerging Cities*：*The Making of New Urbanism* (New York：Routledge, 2010)，3.

30000 人口的社区成长为拥有 900 万合法居民的城市,在中国,这个城市国内生产总值位居全国第四,同时也是人均生产总值最高的城市。[1]

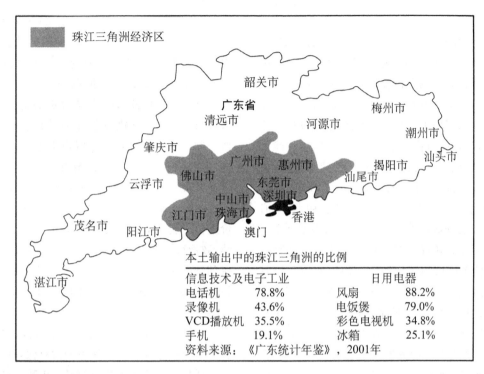

珠江三角洲经济区			

本土输出中的珠江三角洲的比例			
信息技术及电子工业		**日用电器**	
电话机	78.8%	风扇	88.2%
录像机	43.6%	电饭煲	79.0%
VCD播放机	35.5%	彩色电视机	34.8%
手机	19.1%	冰箱	25.1%

资料来源:《广东统计年鉴》,2001年

插图 28.1 珠江口

在过去的三十年里,人们开始质疑有关政策。1992 年,邓小平视察深圳,重申了中央政府关于支持经济特区的政策,并且表示这一发展模式还将会扩展到其他地区,包括临近上海的港口——浦东。发展的步伐迅速加快,1997 年,邓小平去世之后不久,香港回归中国,这时出现了许多看衰香港的预言,它们对深圳产生了很大的影响,当然这些预言并没有发生,香港依旧繁荣。事实上,深圳建立了国际机场和巨大的货柜港口,离香港只有一小段距离,这两个城市之间的合作远远超越了它们之间的竞争。[2]

香港的投资者和代理商成为深圳国外业务以及整个珠江三角洲地区繁荣的主要媒介。2004 年,省级领导人连同香港的相关人士,在广东珠江三角洲的中心地带,跨越 9 个省和两个特别行政区(香港和邻近的澳门,前葡萄牙占据,1999 年回归中华人民共和国)率先建立了一个泛珠江三角洲经济区。主要是为了协调基础设施投资,更有效地在工业和旅游收入方面与快速发展的以上海为中心的长江三角洲地区进行竞争(参见本书第 41 章)。[3] 再往北,一个新的国际港口天津(中国四个直辖市之一,相当于省,2010 年市政管理的人口为 1300 万),通过高速铁路与北京相连接。这两个城市成为中国北部规划的核心,与韩国、日本、俄罗斯远东地区相链接。

这种大规模的区域规划是改革时期中国城市繁荣的特色之一。中央、省级和地方一级的领导,鼓励创业精神,在推动经济发展方面起了重要作用。权力的关键在于体制,如户籍制度和土地所有权制度。例

[1] Yiming Yuan et al., 'China's First Special Economic Zone: The Case of Shenzhen', in Douglas Zhihua Zeng, *Building Engines for Growth and Competitiveness in China: Experience with Special Economic Zones and Industrial Clusters* (Washington, D.C.: The World Bank, 2010), 55-86.

[2] Terry McGee, George C. S. Lin, and Mark Wang, *China's Urban Space: Development under Market Socialism* (London: Routledge, 2007), ch. 5.

[3] Yue-Man Yeung and Shen Jianfa, eds., *The Pan Pearl-River Delta: An Emerging Regional Economy in a Globalizing China* (Hong Kong: Chinese University Press, 2008).

如，为给地铁站、写字楼、公寓、购物中心的建造腾出空间而整理城市街道。① 中国共产党的领导层已成功地向群众输送了信心，它可以促进经济的发展并且已经学会了处理潜在的挑战，不断扩大自己的队伍。

中央政府将城镇化视作经济发展大局的一部分。在旧的帝国主义官僚体制下，地方官员寻求上级的评价和举荐，尽管有效的地方行政管理被中央定义为晋升的前提条件，但中央政府更多的需要是忠于中央而不是在专职上有特殊的贡献。行政区划指的并不是包含共同的利益和城市化水平的社区，而是尽可能创建城乡条件混合在一起的标准单元。毛泽东时代，即使在当时以农村公社为基础的工业化有所发展，但户籍制度仍造成了巨大的城乡差异。在转型初期，政府一直强调"综合治理城市和农村地区"（城乡合治）。② 在中国，集中管理的和省级城市包含的区域有几种不同的形式，包括直辖市和城市地区。1997年重庆被宣布为第四个直辖市，它是中国面积最大，人口最多的直辖市，是三峡大坝规划的一部分。重庆的东部位于长江上，能够绕过四川省政府。③ 在2006年，重庆的地理面积略小于奥地利：约82000平方公里。它的人口超过了2800万，其中大部分是农民，超过了委内瑞拉。④

534 　　中央在调整省级、地方政府的结构和实行物质激励带动经济发展方面能力是有目共睹的。毛泽东时代，省级城市不足100个。到了改革开放时期，这个数字翻了三倍，出现了数百个新建立的县级市。地理学家邢幼田认为，在21世纪，城市化已经取代了产业化成为地方官员行政功绩的主要标志。在中国，市级政府的大部分收入是通过批准土地的使用权获得的，有时，像广州这样的城市，在十年之内城市的建筑面积甚至翻了一倍。⑤ 为了吸引投资，他们以建立新商业中心区为宏伟愿景进行大力宣传，聘请著名的外国建筑师设计标志性的摩天大楼和新的街景。在重建文化民族主义的后革新时代，为了促进旅游业的发展，著名的历史街区和历史遗迹包括教堂、犹太会堂和佛教寺庙都被翻新或重新修建。这些旅游景点有很多的海外华人和外国游客来往参观。

邢幼田所分析的新都市主义（New Urbanism）增加了政府和开发者们的财富，中国的社会主义城市景观消失殆尽。1949年之前的上海大部分的城市结构也发生了同样的事情。虽然一些老城区，像苏州、杭州、扬州这样著名的山水城市仍旧努力增加旅游收入，但快速的城市建设往往使城市在外表上越发相似。刑幼田已经诠释了在城市中心、城市边缘以及乡村边缘地区土地纷争的差异化，在核心区域，有时拆迁为发展让路，会引发了一些邻里抗议和诉讼。在珠江三角洲工业化城市的边缘地区，社区会与市政府讨价还价，"都市村庄"成为他们失去大部分土地的补偿，政府赋予他们建造自己的集体经营的租赁房屋的权利。⑥ 由于工业开发区和新的卫星城的建设，居住在市区边缘的人往往在得到了补偿的情况下失去土地。

户籍政策在转型期仍然继续施行，这一政策严格区分了有国家经济安全保障和没有保障的区域，但是，户口迁移的注册变得相对容易。市政府开始为在新开发地区购买房屋的移民提供城市户口。21世纪初，数千万移民劳工中的大部分在城市各类产业中工作，然而，这些人会回到家乡庆祝新年和结婚，仍然保持着与家乡的联系。家乡的户口会使他们拥有集体财产，如果他们在工作的地点注册户口就会得不到这些财产。政治学家王飞凌指出，由于户籍制度限制人口的流动性，遭到了越来越多的批判，然而，他认为作为排除多余人口的工具，强大的市政府发现了户籍政策的价值。中央政府虽进行了温和的改革尝试，但并没有带来大的变化。（参见本书第35章，里奥·陆卡森有关户口详细讨论）⑦

移民与地方政府除了在土地问题上有冲突外，工 535

　　① Børge Bakken, ed., *Crime, Punishment, and Policing in China* (Lanham, Md.: Rowman and Littlefield, 2005).

　　② Jae Ho Chung, 'Introduction', in Jae Ho Chung and Tao-chiu Lam, *China's Local Administration: Traditions and Changes in the Sub-national Hierarchy* (New York: Routledge, 2010), 11.

　　③ Tse-kang Leng, 'Centrally Administered Municipalities: Locomotives of National Development', in Chung and Lam, *China's Local Administration*, 40.

　　④ John Donaldson, 'Provinces: Paradoxical Politics, Problematic Partners', in Chung and Lam, *China's Local Administration*, 15-16.

　　⑤ McGee, Lin, and Wang, *China's Urban Space*, 94.

　　⑥ You-Tien Hsing, *The Great Urban Transformation: Politics of Land and Property in China* (New York: Oxford University Press, 2010), 129. 书中指出这样一个都市村庄每平方公里应该覆盖174450人。

　　⑦ Fei-Ling Wang, 'Renovating the Great Floodgate: The Reform of China's Hukou System', in Martin King Whyte, *One Country, Two Societies: Rural-Urban Inequality in Contemporary China* (Cambridge, Mass.: Harvard University Press, 2010), 335-364.

业化和中国城市的快速发展也给他们带来了额外的压力和挑战（参见本书第34章）。20世纪90年代初，中国沿海和内陆人口的收入水平差异巨大，[1]这刺激了一大批的移民。1999年，中央政府推出了一项重大计划"西部大开发"，这一政策主要为了改善内陆城市的交通基础设施，并鼓励外国资本在内陆城市进行投资。三峡大坝的建设是这一尝试的一部分，它对数个城市超过一百万的人口进行了迁移，利用大坝的水力发电是为了推动这一地区的进一步发展。同样，新的铁路将拉萨与东部城市相连接，将西藏自治区的城市与乡镇开放出来，不断发展壮大，融入到中国经济发展浪潮之下。正是因为政府如此大力度投资，在21世纪初，中国沿海城市和西部收入的差距有所减小。但是在中国西部的农村和城市之间的收入差距仍然存在。[2]

在中国，污染和环境恶化的问题一度非常严重，有时糟糕的空气质量会威胁到城市居民的健康。过度工业化消耗了黄河东部支流大部分的水资源，其盆地出现了夏南悉所讨论的许多古老的城市（参见本书第6章）。中央政府推出一项雄心勃勃的计划，用汉江的水，中国中部长江的支流，供应北京和其他北方城市。由于长期的生态环境效应，三峡大坝的建设肯定会对长江流域的城市产生复杂的影响，这些影响有可能是巨大的。环境问题与经济的发展相比是居于次要地位的。许多中国公司已开始使用"绿色技术"，并且市政府也敦促其使用。

当代中国城市的日常生活

当代中国城市的日常生活的特征是可观的社会经济和多元的文化，这与以往时期的中国城市正相反。除了像摩天大楼和交通堵塞这样的物质差异，最显著的区别来自农村地区移民的存在，即流动人口。在中国城市中安置移民的方式有几种。在改革初期，省级和县级政府成队地组织农村的劳动者，市政府和代理商会雇佣他们到城市进行建设或者是参与其他

工程。这些工人通常住在临时宿舍和建筑工地（大多数仍然一样，参见图28.2）。政府机构也招募和鼓励训练农村妇女去当保姆，她们一般总是住在城市雇主的家里。[3] 在过去的二十年，越来越多的人独自前往城市，尽管他们经常得到先到（城市）的亲戚和邻里的帮助。

广州附近的工业区移民在"城中村"找到了廉价的出租屋。在其他城市，民工可以在未经政府批准的情况下租到房屋甚至建造房子。最有名的例子是北京的浙江家园，社区中的移民是来自浙江省的，他们从事小型商业和裁剪衣服等服务类的工作。1995年，北京政府出台了相关政策，拆除了未经许可建造的49座大型民宅庭院。为移民孩子设立的民工学校经常关闭，这些孩子并不适应公立学校。人类学家张力认为由于面临各种复杂繁冗的限制，移民极其脆弱。许多久居城市的居民将他们视为犯罪的来源和社会障碍。[4]

总之，存在于中国城市之中巨大的收入差距（参见本书第34章）影响着基础设施、住房和社会生活。到21世纪初期，中国城市人口中"中产阶级"数量预计将会高达3.5亿，然而给城市居民的饱含争议的津贴将很难估量，在官方统计的数据中，许多城市家庭的"灰色收入"通常被排除在外。2001年，中央政府意识到城市贫困问题的存在，尤其是在国有企业改制后下岗职工的贫困问题，于是制订了最低收入保障制度。在2007年，差不多有2300万城市居民（不包括移民）符合最低收入保障制度的条件。地理学家吴缚龙和他的同事通过社会救济的数据分析了贫困家庭的分布规律，发现在同一个城市区域里，贫困越来越受到空间的限制。[5]

新中产阶级成员通常住在新的封闭式的公寓里。这些公寓设有门禁，会有公园、俱乐部场所、超市等设施与其搭配。房地产开发公司与地方政府密切合作建设这些建筑群。很多家庭购买未建完的新房子，然后支付三分之一的费用去安装配件、电器、地板等。2006

① Gu Chaolin, Shen Jianfa, and Yu Taofang, 'Urban and Regional Development', in Yue-man Yeung and Jianfa Shen, *Developing China's West: A Critical Path to Balanced National Development* (Hong Kong: Chinese University of Hong Kong Press, 2004), 177-211.

② Björn Gustafsson, Li Shi, Terry Sicular, and Yue Ximing, 'Income Inequality and Spatial Differences in China, 1988, 1995, and 2002', in B. Gustafsson, et al., *Inequality and Public Policy in China* (Cambridge: Cambridge University Press, 2008), 35-60.

③ Hairong Yan, *New Masters, New Servants: Migration, Development, and Women Workers in China* (Durham, N.C.: Duke University Press, 2008).

④ Li Zhang, *Strangers in the City: Reconfigurations of Space, Power, and Social Networks within China's Floating Population* (Stanford, Calif.: Stanford University Press, 2001).

⑤ Fulong Wu, Chris Webster, Shenjing He, and Yuting Liu, *Urban Poverty in China* (Cheltenham: Edward Elgar, 2010), 3, 117.

图28.2　上海的一个建筑工地。工人临时的宿舍前面是2010年上海世博会广告牌,上面写着"城市让生活更美好!"。

年,在云南省的昆明市,有两千家公司专业从事装修房屋,雇佣了50000移民。①

中国城市的地理扩张和不断壮大的社会经济分区增加了私人汽车的使用量。自1990年以来,城市中自行车在城市的使用频率大幅下滑。2008年北京奥运会和2010年上海世博会促使城市地铁系统不断发展。大部分的省会城市都在不断的修建新的地铁线路扩建旧的地铁线路。作为城市居民廉价的选择,公交车继续存在着,城市郊区无牌照的出租车数量经常超过许可的数量。

未经授权的建筑和无牌照出租车的存在表明,中国的城市并没有达到他们大量的官方规定标准。②

特别是备受关注的有关城管事件,在管理小摊贩和街道生活其他方面,某些城管强制执行城市法规、滥用职权的行为被曝光。对于城市群体潜在破坏力的恐惧和负面宣传越来越敏感,为了使这些机构更能够被

公众接受,很多市政府已经推出了相关的解决方案。最显著的创新出现在成都,2010年成都某个城区决定,聘请身高高的,长相漂亮的,年龄在18岁到22岁的女性做城管。③

中国家庭性质的变化反映了城市生活变化。自1979年以来,新的计划生育条例规定大多数夫妇只能生育一个孩子。这个限制在农村地区有所放宽,然而,在城市里独生子女家庭已成为常态。所以家庭生活常常以孩子为中心,父母和祖父母在纵容溺爱孩子的同时还要求他在学校和音乐课上表现优秀。由于父母们担心受污染的食品会伤害他们唯一的孩子,食品质量成为中国生活的一个亮点。④ 父母们会对他们成年孩子的婚姻伴侣提前进行了解。在许多城市里,父母们定期聚会来交换关于婚姻前景的信息。

"独生子女政策"让父母们担心自己老的时候会得

① Li Zhang, *In Search of Paradise*:*Middle-Class Living in a Chinese Metropolis*(Ithaca, N. Y.:Cornell University Press, 2010), 73.

② 广州的《南方都市报》尤其以大胆的报道而出名。2003年非典疫情的报道,参见 Philip P. Pan, *Out of Mao's Shadow*:*The Struggle for the Soul of New China*(New York:Simon & Schuster, 2008), 235 – 267.

③ Sharon LaFraniere, 'Chengdu Journal:Enforcement Takes on a Softer Side in China', *New York Times*, 1 December 2010, www.nytimes.com/2010/12/02/world/asia/02china.html.

④ Khun Eng Kuah-Pearce and Gilles Guiheux, 'Framing Social Movements in Contemporary China and Hong Kong', in id., *Social Movements in China and Hong Kong*:*The Expansion of Protest Space*(Amsterdam:ICAS/Amsterdam University Press, 2009), 9 – 23.

不到赡养。就像在日本，人口老龄化和不堪一击的关于家庭成员赡养老年人的设想迫使使社会和决策者不得不考虑新的照顾老年人的办法。在中国的城市中，地方政府为老年人的社区中心拨款，老年人在这些社区里可以得到满足并被供养。[①] 为了给退休人员提供养老金，市政府也采取了相应的措施。[②]

在过去的三十年中，城市生活已经变得更加多样化。各种娱乐场所随处可见。得到官方批准的寺庙、教堂和清真寺吸引着信徒和游客们。高等教育迅速扩展开来，像上海和南京这样的大型城市在市郊创建了"大学城"。虽然城市内部的文化多样性有所增加，但随着中国所有地区都融入了全球市场，中国城市生活的区域独特性在一定程度上有所下降。

结语

历经三十年的雄心计划和基础设施的投资，以及国外持续不断的影响，中国城市成为了当代城市研究的中心。国际商业和外国企业已经锁定了北京、上海和广州。2009年，国际咨询公司麦肯锡在一份报告中预计，到2030年在城市生活的中国人口将达到10亿，它建议企业要为中国城市扩张所带来的机会做好准备。该报告的作者指出，城市扩张发生在方方面面，他们建议政府应鼓励创建几个覆盖人口为5000万的"超级城市"，以此能够有效地利用土地，减少能源成本输出。他们表达了对于政府在塑造城市化进程中所起到的监管和激励作用的信心。[③]

然而，另一些分析则对中国政府实现城市规划者的梦想能力进行了质疑。吴缚龙认为，中国的城市繁荣是历史条件所赋予的，是"低城市化"的后社会主义国家采取了前社会主义政策，最重要的户口政策将城市和乡村区分开，使中国在全球经济中拥有优势。[④] 作为廉价劳动力，被剥夺城市福利的农民工不会永远存在。人口结构的不断变化和不断增加的工人期望迫使珠江工业区的工资上升。就如为了城市发展征用土地所带来的愤怒一样，劳资纠纷呈现上升趋势。

中国城市将继续震惊世界吗？它们将继续受控在中央政府管理之下吗？城市居民，包括新近的移民，对他们的环境能够获得更多的掌控吗？正如陈向明和亨利·费茨（Henry Fitts）所提到的（参见本书第41章），自上而下的市政管理方法使区域内的基础设施规划更简单明了，在第38章，玛丽亚·希特拉（Marjatta Hietala）和彼得·卡拉克则认为，这种市政管理方法可能会阻碍"创造性"城市空间的增长。

参考文献

Bray, David, *Social Space and Governance in Urban China: The Danwei System from Origins to Reform* (Stanford, Calif.: Stanford University Press, 2005).

Campanella, Thomas J., *The Concrete Dragon: China's Urban Revolution and What It Means for The World* (New York: Princeton Architectural Press, 2008).

Chan, Kam Wing, *Cities with Invisible Walls: Reinterpreting Urbanization in Post-1949 China* (Hong Kong: Oxford University Press, 1994).

Esherick, Joseph W., ed., *Remaking the Chinese City: Modernity and National Identity, 1900 – 1950* (Honolulu: University of Hawaii Press, 2000).

Friedmann, John, *China's Urban Transition* (Minneapolis: University of Minnesota Press, 2005).

Hsing, You-Tien, *The Great Urban Transformation: Politics of Land and Property in China* (New York: Oxford University Press, 2010).

Ma, Laurence J. C., 'The State of the Field of Urban China: A Critical Multidisciplinary Overview of the Literature', *China Information*, 20 (November 2006), 363 – 389.

Strand, David, *Rickshaw Beijing: City People and Politics in the 1920s* (Berkeley: University of California Press, 1989).

Visser, Robin, *Cities Surround the Countryside: Urban Aesthetics in Postsocialist China* (Durham, N.C., and London: Duke University Press, 2010).

Wu, Fulong, ed., *Globalization and the Chinese City* (New York: Routledge, 2006).

539

---

① Alice Chong, Alex Kwan, and Gui Shixun, 'Elder Care', in Linda Wong, Lynn T. White, and Gui Shixun, *Social Policy Reform in Hong Kong and Shanghai: A Tale of Two Cities* (Armonk, N. Y.: M. E. Sharpe, 2004), 183 – 216.

② Mark W. Frazier, *Socialist Insecurity: Pensions and the Politics of Uneven Development in China* (Ithaca, N. Y.: Cornell University Press, 2010).

③ Jonathan Woetzel et al., *Preparing for China's Urban Billion* (Shanghai: McKinsey Global Institute, 2009), www. mckinsey. com/mgi/reports/pdfs/china_urban_billion/China_urban_billion_full_report. pdf.

④ Fulong Wu, 'Beyond Gradualism', 16.

Zhang, Li, *Strangers in the City: Reconigurations of Space, Power, and Social Networks within China's Floating Population* (Stanford, Calif.: Stanford University Press, 2002).

李 娜 译 陈 恒 校

第 29 章 日本

保罗·韦利

542　　1868 年的明治维新给人以历史上的重大转折点之一的印象。确实,对于约在此时发生的重大历史断裂,我们很难加以否认。武士阶级的成员从重要的城市逃离,江户(这座城市很快变成了东京)尤其在 19 世纪 60 年代的动荡岁月中丧失了约三分之一的人口。留下来的人中有匠人、商人,还有许多已丧失领地、更为穷困的武士。艰难的时局持续了数十年;人们的生活极度困苦,收入下降。就城市而言,军事区域、寺庙领地、居民区的界限在明治统治初期被废除。封建领主的权利被"赎买",他们所继承的在领地内征收土地税的权利化为政府债券。[①] 封建领主在天皇新都的住宅则沦为空地。

　　近代早期的日本早已高度城市化(参见本书第 18 章;亦可参见区域地图 II.5)。不同的城市扮演了不同的功能性角色,比如堡垒、港口、市镇,在这之中,堡垒又占据了主导地位。就明治时代(1868—1912 年)的大部分时间而言,大行于世的是快速进行的经济—社会变革,在这种情况下,城市获得了一些新的或经过修正的功能。许多堡垒城市成为行政中心。举个例子,金泽是强大的加贺领主的统治中心,由于藩国被废,在经过一个短暂的行政巩固过程后,此地在 1872 年成为石川县的首府。

　　不断变化的时局推动了两个新的城市横滨、神户的发展,它们满足着外国商人的需要。除了是日本与外部世界之间的商业联系纽带,它们还是文化的中心。虽然如此,在明治时代形成滚滚洪流的是日本"三大城市"京都、大阪、东京的大发展。该国的第一条铁路完工于 1872 年,它将横滨与附近的东京连接起来。到 1887 年,东京与大阪连接起来;到 1907 年,起于北方的青森,终于该国西南的熊本(九州)的多条铁路建成。铁路成为更大规模的水路交通的组成部分。尤其是在各个城市中(其中最为突出的是大阪、东京),占据主导地位的运输方式是船运,东京(以及在它之前的江户)543尤其通过水路网与广阔的关东平原联系起来。如果说工业物资的运输意味着沿海港口城市的重要性增长,那么,就各个城市内部而言,人流、物流在有所改善的城市街区流通依靠的是数量日益增长的桥梁。往后,在 20 世纪的历史进程中,铁路、公路这样的基础交通设施推动了日本太平洋沿岸城市带的发展,以东京、名古屋、大阪—神户—京都为中心的不断膨胀的城市区在其中赫然而立。纵观整个近代,工业生产以压倒性的态势集中在太平洋沿岸,尤其是集中在三大城市区(参见表 29.1)。

表 29.1　住在城市与密集居住区中的日本人口的比例,
1903—2000 年[a]

	总人口	城市人口(%)	密集居住区人口(%)
1903	48542736	6809976(14%)	—
1908	51741853	8299744(16%)	—
1913	55131270	8999264(16.3%)	—
1920[b]	55963053	10096758(18.0%)	—
1930	64450005	15444300(23.9%)	—
1940	73114308	27577539(37.7%)	—

---

① André Sorensen, 'Land, Property Rights, and Planning in Japan: Institutional Design and Institutional Change in Land Management', *Planning Perspectives*, 25: 3 (2010), 279 - 302; Kōzō Yamamura, 'Pre-Industrial Landholding Patterns in Japan and England', in Albert M. Craig, ed., *Japan: A Comparative View* (Princeton: Princeton University Press, 1979), 276 - 323; Kōzō Yamamura, 'The Meiji Land Tax Reform and Its Effects', in Marius B. Jansen and Gilbert Rozman, eds., *Japan in Transition: From Tokugawa to Meiji* (Princeton: Princeton University Press, 1986), 382 - 399. 所有日本人名均照常见的日文顺序排列(姓在先),除非它们是以英文著作作者的形式出现。

	总人口	城市人口（%）	密集居住区人口（%）
1950	84114574	31365523（65.2%）[c]	—
1960	94301623	59677885（72.1%）	38648657（43.7%）
1970	104665171	75428660（76.2%）	52704136（53.3%）
1980	117060396	89187409（76.2%）	66358923（59.7%）
1990	123611167	95643521（77.4%）	73839118（63.2%）
2000	126925843	99865289（78.0%）	78510281（64.7%）

a 密集居住区是相互接邻的数平方公里的土地，其人口密度超过4000人/平方公里，总居民数超过5000。由于日本的行政区域要么是过度规划（将大量乡村、山区地带包括进来），要么是规划不足（包含城市下属的那些相邻的卫星城），基于此，密集居住区往往是更有内在一致性的衡量城市化规模的标尺。

b 此日期前面的数据来自户籍。1920年以来的数据来自人口普查。

c 住在城市区的人口比例在20世纪50年代发生了急剧增长，这是因为行政单元进行了战后的首次合并，结果，城市的数量有所增加。

材料来源：Sorensen, *The Making of Urban Japan*, 172, and *Historical Statistics of Japan*（http://www.stat.go.jp/english/data/chouki/index.htm）。

此种人口、生产能力的集中愈演愈烈。在近期的数十年里，由于日本首都对城市等级体系的主宰达到了削弱其他城市区（甚至包括大阪这座拥有卫星城的城市）经济、社会结构的地步，这种现象在我们所谓的东京"单极化"过程中攀至顶峰。东京及其周边的卫星城今日的人口超过3500万（规模两倍于大阪—京都—神户城市区），在全国总人口中约占30%，而日本人口的60%以上住在从东京到福冈（九州岛西南）的狭长海岸地带。东京在城市等级体系中所处的主导地位为长期存在的地方特色流失现象提供了助力，这在所谓的城市面貌东京化身上得到了体现。沿着日本的太平洋岸，发生了始而缓慢进行、继则快速推动的城市发展进程，到更晚近的时候，往中心地集中成为此种过程的发展方向。它们在本章中表现为一个反复出现的主题。这些快速进行而在地理上分布不均的城市化进程在表29.2、29.3中得到了清楚的体现，读者亦可参见区域地图 II.5。

表 29.2　人口在 100 万以上的日本城市的人口增长（2000 年）

	札幌	仙台	东京	川崎	横滨	名古屋	京都	大阪	神户	广岛	北九州[a]	福冈
1920	102580	118984	3699428	21391	422938	429997	591323	1252983	608644	160510	—	95381
1930	168576	190180	5408678	104351	620306	907404	765142	2453573	787616	270417	—	228289
1940	206103	223630	7354971	300777	968091	1328084	1089726	3252340	967234	343968	—	306763
1950	313850	341685	6277500	319226	951189	1030635	1101854	1956136	765435	285712	—	392649
1960	523839	425272	9683802	632975	1375710	1591935	1284818	3011563	1113977	431336	—	647122
1970	1010123	545065	11408071	973486	2238264	2036053	1419165	2980487	1288937	541998	1042321	853270
1980	1401757	664868	11618281	1040802	2773674	2087902	1473065	2648180	1367390	899399	1065078	1088588
1990	1671742	918398	11855563	1173603	3220331	2154793	1461103	2623801	1477410	1085705	1026455	1237062
2000	1822368	1008130	12064101	1249905	3426651	2171557	1467785	2598774	1493398	1126239	1011471	1341470

a 北九州在1963年由五个市合并而成。

材料来源：*Historical Statistics of Japan*（http://www.stat.go.jp/english/data/chouki/index.htm）。

表 29.3　不同地区制造业在总产值中所占份额

	该地区在日本国土面积中所占份额（%）	1909	1920	1930	1940	1950	1960	1970	1980
东京城市区	4	18	20	21	29	22	28	30	27
名古屋城市区	6	11	10	11	10	11	12	13	13
大阪城市区	5	35	33	31	25	23	23	20	17
三大城市区	14	64	62	62	63	56	64	63	56
太平洋城市带	23	73	74	74	78	72	78	76	71

东京城市区：东京都，包括千叶县、埼玉县、神奈川县。

名古屋城市区：爱知县、岐阜县、三重县。

太平洋城市带：三大城市区、静冈县、广岛县、山口县、福冈县。

材料来源：Sorensen, *The Making of Urban Japan*, 170；*Historical Statistics of Japan*, 2：414-418。

19 世纪 80、90 年代：两个视角

19 世纪 80、90 年代时值明治中期，在这段时间里，日本最大的那些城市经历了重塑，以求对现代化——西方化的城市环境下新的制度安排、新的基础设施作出反映。在这几十年的时间里，日本有三股不同的力量扎下根来，它们是现代化、工业化和西方化。基础设施经历了现代化，占据主导地位的制度化意识形态经历了西方化——社会变革是据此进行精心安排的产物。西式观念、制度、技术的引进总牵涉到一个转化、适应的过程，这在日本城市的布局身上可以清楚地看

见。走向城市化的现代社会的产生，其题中之义是城市基础设施的大规模变革。人们不得不构建起一种新的城市秩序意识。市中心需为政府、金融组织以及军队准备地盘。新的行政、商业中心亦在需求之列。

日本城市（尤其是东京）在明治时代以前的城市结构经历了这种转变，在这个过程中，领头武士家族的宅院由于位处要地、规模适中而使得转变迅速发生。江户是一座满是高墙、大门的城市，它是围绕一连串壕沟、固墙建起来的，将军和他的近臣、属员就住在里面。在明治维新（1868 年）前后不久，江户城堡越来越多的地方毁于火灾。不过，尽管发生了这件事情，更有可能的是由于这块带有权力气息的地方所具有的内涵，明治天皇最后还是搬了回去，尽管他的大本营是在按西式风格新建的一座宫殿。城堡周围的大片居住区先前是强大的封建精英人士所居之地，此时亦转变为军队和新政府机关的地界。和先前的城市布局一样，新的城市布局在全国各地许多原来的堡垒城市身上亦得到了反映。虽然在规模上与江户有别，这些地方的领头封建领主的宅院亦落入政府之手，并成为地方政府的所在地。

在德川幕府统治之下，城市经济变得复杂、多样起来，势力强大的商人们通过商会联合起来。随着政治、土地占有制度的变化，许多商人对政局和帝国新都的地理区划施加了自己的影响。与三井家族有关的利益集团在今日东京矗立着股票交易所的那块地方展开了

土地兼并，它以此而确立了自己的强大地位；与此同时，后来以"三菱"闻名的那个家族控制了大片地区，它们今日是该国许多领袖企业总部的所在地。处在萌芽状态的现代日本资本主义在东京的土壤上留下了自己的权威印记，企业占有土地成为市中心一个历久不变的突出特征。[1]

城市翻新意味着在这样早的一个历史时期，人们需得将作为历史遗产存在的街巷贫民窟铲除。将贫困和"不洁净的"职业从公众视线中消除、转向城郊，这个过程也在大阪上演着。[2] 在新的城市秩序中，交通运输方面的需求是题中之义。道路上的天然、人为障碍物被移除，各种交通工具尤其是使用轮子的交通工具（包括黄包车）要求路面平整、畅通无阻。[3] 哪怕是最窄的水道，上面也要建造桥梁，桥梁的数量有了增长。无论是在东京还是大阪，先前恰好为人所忽视的现代西式基础设施的兴修都构成了城市政策的主要特征。[4] 让城市居民安居乐业的考虑则放在了后面。

人们在 19 世纪 70 年代引进了煤气灯，用来为某些重要街道提供照明，另一方面，十多年后，最早的街道电力实验展开了。[5] 空间被腾出来，以备大量现代城市组织比如大学、医院和学校之用。西式消费、娱乐方式（有时是经过西化的传统消费、娱乐方式）开始出现。东京中心区有一个先前为人所忽视的角落，在那里，发生了独一无二的城市化实验。银座区早在 1872 年时便毁于一场大火，该区建筑成为最早用砖头重建的建筑，其道路亦成为首先铺设起来的道路。事实上，银座区与其时落成不久的一座火车站接壤，这座火车站是该国第一条铁路线——连接东京与横滨——的始发站。按照规划，该区是要利用自己的店铺橱窗、道旁树木和煤气灯，成为展示西方城市生活的窗口。在经历初期的重大困难后，无论对东京还是全国来说，银座都成了展示现代城市生活的窗口，是体现现代商业、技术、消费习惯所能带来的好处的典范。

大约在人们对新银座进行规划时，日本最早的一些公园亦处在规划过程中。这样的公园有五个，它们全处在德川时代东京的大众娱乐区。该国首座"西式"

---

① Fujimori Terunobu, *Meiji no Tokyo keikaku* (Meiji Plans for Tokyo) (Tokyo：Iwanami Shoten, 1982), 177.

② Jeff Hanes, *The City as Subject：Seki Hajime and the Reinvention of Modern Osaka* (Berkeley, Calif.：University of California Press, 2002), 183.

③ Ishizuka Hiromichi, '*Meiji Tōkyō no sakariba to hiroba, dōro kisei*' (The Crowded Places, Open Spaces, and Road Regulations in Meiji Tokyo), in Tōkyō Toritsu Daigaku Toshi Kenkyū Sentaa (Tokyo Metropolitan University Center for Urban Studies), ed. *Tōkyō：Seichō to keikaku, 1868-1988* (Tokyo：Urban Growth and Planning, 1868-1988) (Tokyo：Tōkyō Toritsu Daigaku, 1988), 43-52.

④ Hanes, *The City as Subject*, 180.

⑤ Fujimori, *Meiji Plans*, 184.

公园直到 1903 年才开放,它位于东京中心区的一个军队练兵场——日比谷。① 而在将块土地用概念加以说明,对其布局进行设计的过程中,规划者和政治家们遇到了困难,这揭示了西式城市空间在被引入日本城市时,人们需得对之作一番转换的工作。日比谷公园在一些年后完工,时值 1905 年,直到这时,它才成为政治聚会的场所。在反对缔结终战(与俄国的战争)条约的暴力性抗议中,某些这样的政治聚会甚至蔓延到了公园周围的街区。

或许,令人惊异的是,此时经历了最伟大变革的日本城市是京都。这座城市饱受长时间的衰落之苦,借助皇室的捐赠,它力图再造一座新城,在这个过程中,大型的西式道路修建起来、街道照明得到配备、有轨电车亦进行了规划。一座纪念性的神宫拔地而起,即平安神宫,周遭的土地被清理出来,用来安置不同的政府部门。② 通过这种方式,西方城市生活的许多内容被引进日本。这个过程是缓慢的,而且它是以有利于现有城市土地利用规划的面貌出现的。

在京都、大阪身上稍作犹豫后,东京被选作了国家和帝国的首都。大阪保留了自己在商业上的突出地位,相比之下,东京成为国家在各个方面的生活的中心。而东京应该成为什么样的首都呢?有关东京的发展方向,明治中期发生了一场激烈的论争:它是应该成为巴黎或柏林式的大型"巴洛克"首都,抑或是通过政府对港口的倾力扩建,让首都成为伦敦式的大型商贸中心?论争从未真正获得解决,不过,经济条件的限制不可避免地促使宏大的巴洛克规划降格,这些规划的作者是日本政府邀请的杰出的德国工程师。③ 在人们首次尝试以协调方式对日本城市的形貌进行管控时,论争达到高峰。1888 年的《东京市区改正条例》(Urban Improvement Ordinance)主要关注道路、桥梁和城市基础设施。该条例在东京身上发挥了一段时间的作用,只不过随着可用储备基金的缩减,其效力日见减少,在首都以外也未产生什么影响。

明治政府由以前的武士组成,他们主要来自边远地区,这些人并不情愿创造条件,让有竞争力的权力架构在全国最大的那些城市形成。1878 年,其他的城市

配备了市长、市政府,而东京、大阪、京都却享受不到这种待遇,直至 1898 年,政府才在大范围的不满面前屈服下来。

在东京、大阪和其他最大的城市中生活就像存在于一个需双眼四顾的世界中。有关城市生活的体验,作家们的地形描写让我们有了很好的观感,他们用怀旧的词语展开描述,对不断变换的城市地貌、人情,他们常常发出惊叹之声。平出铿二郎即是他们中的一员。他有关东京礼仪、风俗的著述从 1898 年开始出版,它为我们描绘了一幅引人入胜的城市画面,在其中,纪念四季变迁的传统娱乐游戏与新的娱乐项目(比如踏车、钓鱼)共存,甚至共享空间。④ 他的著作和其他材料是有价值的文献,它们让我们对工业时代之初日本城市的生活有了更全面的了解。

明治时代日本绝大多数城市将一种两面情形从德川时代继承下来。由于武人阶级——武士——在历史上被迫离开自己的领地,并在领主城堡的周围扎根(这些领主自身必须在固定的时段住在将军的首府),基于此,日本全境的堡垒城市既是消费中心,又是工艺生产中心。随着政局稳定下来,到 19 世纪 80 年代,消费快速发展起来,城市人口亦开始快速增长。而值得指出的是,日本城市变迁、成长中的一个关键要素,即是工艺制造的强大力量。匠人阶级的成员与以前的武士(其中许多人沦入贫困之境)结合在一起,组成了城市的生产者阶层,为城市市场制造各式各样的产品,在很大程度上,对该阶层进行管控的是批发商—承包商(日语"问屋")。正是从这个生产体系中,成熟的城市工业资本主义发展起来,与其一道的还有大量的小制造商,他们成功地实行创新并将自己转化为工业资本家。

政治、经济剧变对日本城市(还有农村)生活造成了革命性影响,尽管如此,日本城市的地理状况仍保留了许多德川时代的特色。在这几十年里,地面格局演变缓慢,不过,变革的速度越来越快,其终极动力是处在起步阶段的城市工业化,其中心是大阪,次则是东京。到 1886 年,大阪已有 5000 家工厂(比东京多 1000

---

① Paul Waley, 'Parks and Landmarks: Planning the Eastern Capital along Western Lines', *Journal of Historical Geography*, 31: 1 (2005), 1 - 16.

② Paul Waley and Nicolas Fiévé, 'Kyoto and Edo-Tokyo: Urban Histories in Parallels and Tangents', in Fieve and Waley, eds., *Japanese Capitals in Historical Perspective: Place, Power and Memory in Kyoto, Edo and Tokyo* (London: RoutledgeCurzon, 2003), 1 - 37.

③ Fujimori, *Meiji Plans*, 228; Hanes, *The City as Subject*, 178.

④ Hirade Kōjirō, *Tōkyō fūzoku shi* (A Record of Tokyo Customs), 3 vols. (Kyoto: Yasaki Shobō, 1975 [1899 - 1903]).

家),雇工超过 20 万。① 不过,全国各城市的成长趋势并不一致。整个这段时期,"三大城市"——东京、大阪、京都——的人口有了强劲增长,生机勃勃的港口城市比如长崎、函馆以及横滨、神户亦复如是(其人口在 1878—1898 年期间增长了一倍),相比之下,从前的一些堡垒城市(比如富山以至金泽)此时发现自己已游离于经济活动的大潮之外,人口增长无从谈起。②

20 世纪 20 年代二都市的扩张

到 20 世纪 20 年代,明治中期的那种徘徊状态已消失不见,日本城市基础设施快速走向现代化。日本城市迅速地向外扩展。黄包车的数量急剧下降,其地位被有轨电车以及其后的巴士所取代。③ 到 20 世纪 20 年代中期,东京、大阪之类的城市已有大规模的有轨电车网络,它们与日益扩张的地铁网络连接起来。从 20 世纪 10 年代的大阪开始,私人运营的地铁迅速(并持续)成为日本城市的关键特征。其所有者、运营者系商业大亨,这些人还在地铁沿线发展房地产,并在终点站建设大量的百货商店。④ 在这些对日本城市生活起形塑作用的人当中,居其首者便是小林一三,即阪急公司的老板,他运营着大阪的一条地铁线。正如桑德(Jordan Sand)在其历史著作《现代日本的房屋与家居》(House and Home in Modern Japan)中所言,小林在自己的地铁线的两个出口端打造了许多不同的旅游胜地。数年之后,在东京,全国排名最前的工业家之一涩泽荣一下属的一家铁路公司,在刚出东京地界的铁路线终端建设了一片花园郊区。据说,田园调布是受到了霍华德(Ebenezer Howard)的第一座花园城市(位于莱奇沃斯[Letchworth])的启发,如果说前者不是以后者为样板的话。

私人运营的新铁路线吸引人们住在郊区,与此同时,日本最大的城市(还有一些小一点的城市)中的旧城区迅速成为重要的制造业中心,其特征便是小工厂大量存在,中间夹杂着规模大得多的大厂。大阪的领

导人很自觉且很骄傲地称本市是日本的曼彻斯特,它继续作为工业活动的中心存在,这是它从数百年的德川时代承继下来的一个角色,尽管这顶桂冠迅速让东京接了过去。⑤ 工业生产在若干年里(直至大陆爆发全面战争之时)转向东京这个政治中心,与此同时,东京港口的疏浚、改善使得海岸沿线的京滨工业带发展起来。⑥

几乎全部的近代工业都位于日本狭窄而日益城市化的冲积洪泛平原,它受到第一次世界大战的刺激,其时,殖民地市场突然向日本商品敞开大门。先前由蒸汽提供动力的制造工厂经历了电气化,从而为此种发展提供了便利。此外,约略在此时,燃气、电力被引入越来越多的家庭,自来水亦是如此(除了污水处理系统)(参见表 29.4a-b)。

表 29.4a　东京部分行政区享受燃气供应的家庭数量

行政区	1885	1890	1911	1926
日本桥	127	394	14722	12909
麻布	—	23	6545	11385
浅草	15	71	16949	16396
本庄	—	—	16571	12660

材料来源:由《东京都统计年鉴》(Tokyo Statistical Yearbook)整理而来。

表 29.4b　东京部分行政区享受电力供应的家庭数量

行政区	1911	1926
日本桥	16178	17789
麻布	9463	17957
浅草	26320	51867
本庄	19223	47752

材料来源:由《东京都统计年鉴》整理而来。

这 10 年里的灾难性事件是 1923 年的关东大地震,整个东京的中部、东部几乎化为废墟,川崎、横滨亦

---

① 引自以下著作中的官方数据:Tōkyō Hyakunenshi Henshū Iinkai (Tokyo Hundred Year History Editorial Committee), ed., *Tōkyō hyakunenshi* (A History of Tokyo's Hundred Years), vol. 3 (Tokyo, 1979), 380。

② Takeo Yazaki, *Social Change and the City in Japan: From Earliest Times through the Industrial Revolution*, trans. David Swain (Tokyo: Japan Publications, Inc., 1968), 312。

③ Carl Mosk, *Japanese Industrial History: Technology, Urbanization, and Economic Growth* (Armonk, N. Y.: M. E. Sharpe, 2001), 168。

④ Jordan Sand, *House and Home in Modern Japan: Architecture, Domestic Space and Bourgeois Culture, 1880–1930* (Cambridge, Mass: Harvard University Press, 2003), 132。

⑤ Hanes, *The City as Subject*, 195。

⑥ Mosk, *Japanese Industrial History*, 244。

如是。这场天灾导致约十万人死亡,并引起了一些局部灾难,不过其后果不足以改写日本的城市生活。从废墟中站起来的城市与先前的城市迥然相异。地震让土地在部分程度上实现了标准化,主要的街道也有所扩展,不过,有一些进步早在地震前便经过了规划。许多房屋重建起来,不过,它们却未被要求安装火力调节器(这在当时的情况下极具讽刺意味),享受此种待遇的房屋的范围在后来经过了无限扩展,这直接导致它们在战时的空袭中遭毁。① 地震的主要后果是使成千上万的东京居民丧失家园,迫使他们迁移他方,在许多情况下,他们是迁到了匆匆建立起来、规划严重不足的城郊地区。

1932 年,人们正式确认了此种城市人口向外扩展的现象。其时,城市的边界向外移动,从城市周围的土地中,人们划出了 20 个新的行政区,添加到既有的 15 个行政区的行列里。而在七年之前,大阪已经历类似的行政区扩展过程。城区人口增长以及与此相伴的城市扩张是在全国各地复制的一个模式。20 世纪 20 年代的第一次全国人口普查以及 1930 年进行的人口普查的结果告诉我们:最大的那些城市,其人口发生了急剧增长,这之中尤以东京都为甚,尽管该城发生了灾难性地震,随后其市中心、内城的居民大量流出(参见表 29.2)。与此同时,在这 10 年之中,所有行政区的人口均增长了 12%,超过了三万。

如果说关东大地震是个或许给日本城市带来新起点的事件,那么,1919 年全国首个城市规划法(Urban Planning Law)的通过同样可以此语评之。20 世纪 20、30 年代,该法在逐城加以实施的基础上贯彻下去。与此配套的则有为数众多的其他措施,包括一座接一座城市引进城区规划。该法在东京的效力由于地震而深受限制,在此之后,一部更加深入的临时法律得以通过。城区规划是描述性而非规定性的,它承认既有的土地利用模式,而不是试图指定新的模式。②

对日本城市生活的形塑而言,更为重要的是关一(Seki Hajime)所享有的地位及其所采取的规划,此人是 1923—1935 年的大阪市长。③ 在致力于缓解城区过

度拥挤问题的一代政治家、官僚当中,他可谓其中的杰出代表,他偏好的解决问题的良方包括建设花园城市。该时期许多城市、社会改革是在市级而非全国层面推进的。社会福利立法是个能说明问题的案例,大阪、冈山于 1917 年首先创制了区专员(hōmen iin)制度,不过,全面的立法措施要到 1929 年才颁布。④ 该制度在很大程度上有赖于新管理、职员阶层中的成员的志愿行动。⑤ 就东京而言,市政府在 1919 年便已设立一个社会福利机构,它在确证、处理贫困现象上发挥了重要作用。与此同时,各日本城市均设立了卫生组织(exsei kumiai),它们最初由各地公民倡议成立,此时则成为地方政府的管辖对象。在随后数十年里,特别是在 20 世纪 20 年代,全国各城区均建立了居民协会,其中许多是以卫生组织为样板的,其作用是在推动形成有社会凝聚力的居民区的问题上,为市民社会奉献强大的力量。

在人们笔下,20 世纪 20 年代常以某种黄金时代的形象出现,在这期间,一种独特的大众城市文化发展起来,由领薪职员组成的中产阶级日益成长,他们有闲暇进行享受,有金钱用来消费。东京、大阪和其他大城市的某些区域渐渐与消费风俗、闲暇娱乐、购物人流(许多是年轻的女性)联系起来。它们的原型是银座,在 20 世纪 20、30 年代,银座无疑是东京城里最时尚的地方。此地的咖啡馆、商铺、奶吧将西方商品、日本人的鉴赏力精巧地结合起来。它是新兴中产阶级在城里的小天堂。曾有一段时间,东京上班族的人数处在增长过程中,而对于现代中产阶级的城市生活方式应是怎样的,人们必须有所认识。在这时,铁路、地产大亨堤康次郎投资典型的城市村庄,他希望后者能吸引城市职员、管理阶层的成员。⑥ 不过,那些进入银座、看着橱窗而不买东西的人,许多只是白天在城里,他们或者是在店里打工的人以及其他的低收入雇员,对他们来说,这些融合和、洋的西式房屋不是自己该来的地方。

日本政府在住房供应上未发挥什么作用,在这个领域,掌握特权的是私人。社会住房的试验受到限制;

① Ishida Yorifusa, 'Japanese Cities and Planning in the Reconstruction Period: 1945 - 1955', in Carola Hein, Jeffry Diefendorf, and Yorifusa Ishida, eds., *Rebuilding Urban Japan After 1945* (Basingstoke: Palgrave Macmillan, 2003), 17 - 49.

② Horiuchi Kyōichi, *Toshi keikaku to yōto chiiki sei* (Town Planning and the Zoning System) (Tokyo: Nishida Shoten, 1978).

③ Hanes, *The City as Subject*.

④ Kida Jun'ichirō, *Tōkyō no kasō shakai: Meiji kara shūsen made* (Tokyo's Underclass Society: From Meiji to the End of the War) (Tokyo: Shinchōsha, 1990), 93; Koji Taira, 'Public Assistance in Japan: Development and Trends', *Journal of Asian Studies*, 27, no. 1 (1967), 95 - 109.

⑤ Sally Ann Hastings, *Neighborhood and Nation in Tokyo, 1905 - 1937* (Pittsburgh: University of Pittsburgh Press, 1995).

⑥ Sand, *House and Home*, 234.

作为国家在公共住房问题上最早展开的举措,同润会在关东大地震后设立于东京,不过由它建成的住房数量不过7000处。中产阶级中的绝大多数人无论是住在东京还是其他城市,其居住状况均稍嫌拥挤,小小的两层木结构排屋便是其容身之所,很少人的住房跟工厂雇工及其家属的住房有所区别。日本的快速工业化将大量男工、女工(或带家属,或未带家属)吸收到城市中,其中许多人受到工厂纪律、漫长工时、低收入的严格限制,他们便在这种情况下过活。1923年,地震将东京的许多恶劣住房聚集之地清空,虽然如此,贫困却未被根除。到20世纪20年代末,东京与大阪、绝大多数其他日本城市一样,一方面是用木头建造的恶劣住房,另一方面是对大多数城市居民来说,引人注目的贫民区并不多见,这两者的奇特结合构成了城市的特色。

与欧洲殖民列强一样,占领并重塑重要城市、建造新城成为日本在朝鲜、台湾地区、中国之帝国政策的重要组成部分(有关对日本帝国主义侵略期间的中国城市更为全面的讨论,参见司昆仑[Kristin Stapleton]撰写的论中国城市的第28章)。汉城、台北的总督们将帝国的权威转化为富丽堂皇的建筑。朝鲜人遭到分流,从而为日本殖民者、商人及其家属辟出新的居住区。那些规划日本在亚洲的前进之路的官员可以叫建筑师、规划师为自己效劳,后者不会错过可在没有常规阻碍的情况下(并且,常常以空白状态为起点)展开规划的机会,这可是他们绝无可能施之于国内的工作方式。日本人令沈阳成为其属下的傀儡满洲国的首都。他们在此处规划了一座新城,与当时既有的规模巨大、充满雄心的殖民地相邻。主要的官方建筑由许多大道连接起来,它们呈辐射、网格状,与此相衬的是大量绿地。①

土地调整意味着对相邻的那些地块进行科学管理,并提供基础设施,这是对土地所有者奉献小块土地的回报。日本人在其殖民地大规模地试验这种办法。往后,特别是在第二次世界大战之后,此法日渐被用作对城乡地区(市中心特别是位于城市边缘的土地)进行再开发的工具。

日本城市的毁灭与重建

灾难、毁灭是日本城市史上的一个主题,可以认为,它也是一个引起人们过度联想的主题。就纯粹的受灾规模来看,"二战"末期日本城市所受的地毯式轰炸所造成的毁灭产生了最严重的后果。刚刚重建的东京、横滨已在1923年的灾难性地震中遭毁。后来,神户大部分地区在1995年的一次地震中被毁灭,尽管伤亡率要低得多(伤亡人数在6000左右)。而除了这些,在现代日本城市生活史上,还有许多其他灾难引发了无数的死亡。其中,人们能举出1910年对东京及其周边城市造成打击的大洪水,1938年令神户、大阪大部分地区限于瘫痪的洪水(造成616人死亡),1959年令约5000条人命丧失的伊势湾台风,1964年的新潟地震(26人死亡),1982年的长崎山洪(损失了299条人命),2011年3月11日给日本东北部许多地方造成毁灭性打击并造成多达2万人死亡的地震、海啸。以上所举并未穷尽所有灾难,不过它让我们知道了这些灾难的频繁性及其所覆盖的地理范围。战后不久的那段时日是灾难频发的时期之一,自1945至1960年,大约每年死于灾祸之下的人数超过1000。不过,"二战"期间的轰炸所造成的灾难(在这其中得以幸免的只有京都、金泽)、"二战"末期广岛和长崎因原子弹而遭受的毁灭才是无与伦比的。

在战后不久的几个月里,人们为那些遭毁的日本城市制定了一系列雄心勃勃的规划,到最后,气魄最为宏大的当属富有远见的规划师石川荣耀为东京拟定的规划。不过,在全国勒紧裤腰带的一个时代,能用来将这些规划付诸实施的资金少得可怜,事实上,从比例上讲,东京所享有的财政支持甚至少于其他城市。人们要做的,绝大部分并非这些规划中所设想的有序重建以及园地的供应,而是住房的快速供给(在"大多数重建方案……要与战前的规划文化、观念和技术保持一致"的情况下)。② 土地调整将成为以垂直线对日本城市进行重塑的工具。尽管如此,情况并不让人乐观,土地调整得到有效执行的只有少数城市,名古屋即在其中。早在战前,人们已将这项措施用于这座城市周边的农业区,而在战祸之后,人们再用它来铺设市中心以及整个市区的新大道。结果,该市杂乱无章、不成规划的面貌一扫而空,而对许多城市而言,此种面貌却是它们的标志。

在占领军控制日本的那六年,发生最大变化的是乡村,不过对这些变化的影响感受最敏锐的是经历城

① David Buck, 'Railway City and National Capital: Two Faces of the Modern in Changchun', in Joseph Esherick, ed., *Remaking the Chinese City: Modernity and National Identity*, 1900–1950 (Honolulu: University of Hawaii Press, 2000), 65–89,79.

② Carola Hein, 'Rebuilding Japanese Cities After 1945', in Hein et al., *Rebuilding Urban Japan*, 1–17,3.

市化的那些地区。同盟国推动的土地改革项目在1947年完成，它导致了无法补救、没有条理的郊区发展模式的产生。与此同时，正如索润森（Sorensen）所言，在拟定新的战后宪法的过程中，日本人的表述所产生的结果是强大的财产权得到强化。[1] 20世纪中晚期日本城市扩张的基本模式深深印上了以下两者的痕迹：其一，小土地所有制；其二，土地所有者根深蒂固的追求所有权的本能。

20世纪60、70年代：大都市——高速增长时代的日本城市

在战后的数十年里，通过全国冲积洪泛平原大规模的城市化和工业化，日本的面貌发生了巨变。由于洪泛平原填满了混凝土，陆地通过加速进行的填海工作而向海洋延伸。在1955—1970年的高速增长期，太平洋海岸带沿线的人口呈现出指数级的增长态势，而纵贯整个列岛，无论大小城市，人口增长都很快速，哪怕是在一轮又一轮行政区合并上演的情况下。日本大部分海岸地区铺上了混凝土，与此同时，人们还通过所谓"联合公司"（kombinaato）的建设，打造出服务于重工业的特殊地带。这个联合公司是巨型的工业复合体，其得名源自相应的苏联工业复合体，它是围绕着石化、炼油工业发展起来的。事实上，整个狭长的日本太平洋海岸带只是在从福冈到东京的那一段才有小小的断裂，它早已转化成消费品的生产基地，这些商品向世界市场渗透并最终充斥其中。将海岸带全部连接起来的是新干线，也就是子弹头列车线，沿"东海道"、从东京到大阪的是这条铁路线的第一段，它按时完工，从而为1964年的东京奥运会提供服务。奥运会自身也为不同的城市"现代化"项目提供了催化剂，其中著名的有东京空中高速公路的修建（其他大城市尾随其后）。

经济的快速增长促进了建筑师、发展商的兴趣。丹下健三之类的权威建筑师为一座新城提出了夸张的规划方案，以满足殖民东京湾的目的，虽然这一切并未实现，他们却在为不同大都市工程项目——将要在20世纪80年代在海湾沿线修建——奠定基础上发挥了作用。此种宏大的发展导向型的城市规划，其巅峰便是田中角荣首相的《日本列岛改造论》（*Rebuilding Japan：Plan for the Remodelling of the Japanese Archipelago*，1973年）。它促动了全国的土地投机热，最后使人们拟定的许多规划退出历史舞台。[2] 经济发展如此迅速，以至于政府在1960年的收入倍增计划中所定的经济目标迅速超标完成。经济增长的绝大部分成果集中在太平洋岸的东海道走廊。此种集中在政治上激起了一定程度的反对声浪。中央政府在该时期的区域、土地发展规划在顺应两派——上述反对派，以及拥护中央的派别——的呼声之间摇摆。最后，不同规划所产生的后果便有可能趋向中和。不过，无论如何，就20世纪50、60年代的绝大部分时间而言，增长是如此迅速，以至于制定规划几乎成了无用之举。

以工业品出口、国土的大规模开发（以混凝土为手段）为基础，日本人一心一意地追求某种形式的经济增长。不过，这是不可持续的。到20世纪60年代，大量致命性的环境污染事件爆发，除此之外，还有许多较小的污染事件，法院最终作出有利于原告的审判。全国上下，民心沸腾，他们将选票投给改革派的市长、政府，让它们管理日本最大的那些城市。日本地方政府系统早已经过彻底的调整、重塑（在很大程度上，这是在太平洋战争后的那些年里完成的）。虽然如此，地方自治在人们眼里常常只有很小的发挥余地。通过拨款机制、借调、法律架构，中央政府握有很大的控制权，尽管在快速发展的时代，中央、地方对于发展方向有着极大的总体协调性。

面对散漫发展的态势，日本政府于1968年对《城市规划法》作了一次重大修正，其背后的主要意图是引导城市往合乎人们心愿的方向发展，以此而达到对城市之发展进行形塑的目的。城市控制区、推广区涌现出来，不过正如赫伯特（Hebbert）、中井（Nakai）告诉我们的（其观点令人信服）：它们产生的结果有所偏差，因为在免税措施推动人们建设城市控制区时，战略意义上的农民土地租赁促进的却是城市推广区的无序转变。[3] 另外，面积在1/10公顷以下的土地，其所适用的"例外条款"导致丧失规范基础设施、"火柴盒式的"微型建筑遍地开花。

尽管战时受灾的规模甚大，住房建设在很大程度上仍掌握在私人之手。整个战后岁月，国家供应的住

① André Sorensen, *The Making of Urban Japan：Cities and Planning from Edo to the Twentyfirst Century*（London：Routledge，2002），155.

② Tanaka Kakuei, *Building A New Japan：A Plan for Remodeling the Japanese Archipelago*（Tokyo：Simul Press，1973）.

③ Michael Hebbert and Norihiro Nakai, *How Tokyo Grows：Land Development and Planning on the Metropolitan Fringe*（London：STICERD，1988）.

房一直处于有限状态,因为在国家看来,这主要是每个家庭的责任。平均住房面积仍然较小,大城市的生活通常而言要昂贵些。不过,国家对住房问题的干预并不是完全缺位的。从 20 世纪 60 年代开始,日本住宅公团(Japan Housing Corporation)便在东京、大阪、名古屋之类大城市的边缘地带建造新城。后来的新城则由私营铁路公司开发出来,里面主要是互不相连的建筑。不过,在 20 世纪 50、60 年代,就日本各大城区而言,四层的公寓楼都建成一个样式。它们以"团地"(danchi)之名为人所知,其用意是在舒缓城市杂乱格局的同时,为快速增长的城市人口提供住房。婴儿潮的那一代人恰如其分地获得"团地"一代的美名。不过,这些人所住的房子随着他们的老去也变得老化,由此,进入 20 世纪 90 年代,对日趋败落的住宅地该怎样处理的问题进入人们的视野。

舒适生活所需的许多配套设施付诸阙如,而坐在拥挤的列车上、来回往返漫长的路程成为年轻女职员、无处不在的领薪男雇员(工薪族)的标准生活方式。往返的路程直至 20 世纪 80 年代一直处于增长的过程中,而不断攀升的房地产价格促使房主不断地向外迁移(继续推行的促进房屋产权的政策、公司负担雇员交通费的常例使这一趋势加速)。

车站职员将来回往返的乘客塞进拥挤的列车中,或者,交警戴着脸罩,站在繁忙路段的中心位置——通过这样的画面,人们对日本城市生活的寻常场面一览无余。空气质量低劣、绿色空间构成了此时城市生活场景的共同要素。以 1979 年一本泄露出来的文献为契机,决定性的时刻到来了,在该文献中,欧洲共同体的一位官员这样形容日本人:"住在兔窝里的工作狂。"日本的反应既包含愤慨之情,又包含赞同之意。在以相对于生活质量而言的国民生产总值为参考时,许多人用国富民穷来描述日本。

后泡沫时代的日本城市

相比其他的绝大多数国家,日本经济更好地适应了 20 世纪 70 年代昂贵的能源价格。日本早已成为世界第二大经济体,进入 20 世纪 80 年代早期,人们目之为经济管理的典范。与此同时,日本手上掌握着与美国、其他国家贸易得来的巨量结余,其水平如此之高以

至于人们认为其不可持续。一方面是为了寻求安全的避风港将利润寄回国内,另一方面是来自美国要求日本扩大内需的压力,两者相结合导致日本大城市(特别是东京)发生了猖獗的土地价值投机活动。这股热潮产生了一种荒唐的事态,以此为据,东京皇宫的价值据说与整个加利福尼亚州的价值相等。

1991 年,经济泡沫破灭,其时,正值一系列政治丑闻当中的第一桩爆发。到 20 世纪 90 年代中期,土地价格跌至 20 世纪 80 年代早中期的水平。不过,大量城市项目的车轮仍在滚动。作为大型城市项目一个必然的组成部分,时间差意味着 20 世纪 80 年代规划的许多项目事实上要到 21 世纪最初 10 年方才开花结果,到那时,日本政府再一次促进了城市空间的大开发(在很大程度上,此次大开发又是为了增强国际竞争力)。

近几十年里,以下两者构成了日本城市的特征:一是人们前赴后继地(事实上,是过度地)投入资本开发城市,促使日本那些最大的城市去水平化,进入令人眼花缭乱的立体化状态;二是职能、资金和人口向东京集合城市集中(有关这个问题的更多内容,参见本书第 38 章)。在高端服务业向东京转移时,地方城市由于不设在城里的购物中心、美国式的条形发展格局的扩散而遭受进一步的打击。无论如何,从 20 世纪 90 年代早期经济泡沫崩溃开始,深度萧条看似已困扰着日本社会,从非正统、持异见的政客(包括喜剧演员,就东京而言,则是极端的民族主义者石原慎太郎)在市长选举中胜出,我们可以看到这一点。

自 1980 年以来,人们已提出了许多措施,意在使更为有序的特征融入城市面貌中,并将更大的影响力赋予居民(在这方面,最引人注目的是实施于 1980 年的区域规划制度)。不过,这些举措往往在经过改造后,沦为没有管制力的措施,与创制于 20 世纪 90 年代、21 世纪最初 10 年里的大量其他措施一道发挥作用。它们所产生的集聚效应容许高得多的房屋面积率的存在,基于此,巨量新型的垂直离地空间得到利用,日本城市高层建筑的数量大大地加速增长。①

房价急剧增长,在更晚近的时候又往下跌,此种情势对日本城市的生活造成了震动性影响,哪怕在许多方面,生活已变得更舒适(参见表 29.5)。随着土地、

① Sayaka Fujii, Jun'ichirō Okata, and André Sorensen, 'Inner-City Redevelopment in Tokyo: Conflicts over Urban Places, Planning Governance, and Neighborhoods', in A. Sorensen and Carolin Funck, eds., *Living Cities in Japan: Citizens' Movements, Machizukuri and Local Environments in Japan* (London: Routledge: 2007), 247 - 266.

房产的价格走低,在东京以及大阪、一到两个其他的大城市,出现了往在市中心生活回归的趋势。在 20 世纪 80 直至 90 年代呈急剧下降之势的市中心区人口数量又一次开始回升,此种情形已有数十年未见了。虽然如此,地方城市的情形未见得有多大变化。就各县首府的人口而言,其数量在百万以下者在 20 世纪 60、70 直至 80 年代增长迅速(在许多情况下,此种态势甚至延伸到了 20 世纪 90 年代)。虽然如此,在这之后,许多城市的人口数量开始摇动,并开始走下坡路,这是一个不可避免要扩散开来、走向深化的过程。就许多地方城市而言,走向萎缩的人口、去管制化的做法连同其他措施(它们有利于设在城外的购物、用餐设施的建设)导致了无可挽回的衰落。与此同时,随着零售商店从更小的城区迁出,消费在大城市渐渐发挥了更大的作用,四处扩散的各种亚文化则培育了城市的多样性。

表 29.5　城市平均地价指数(1980—2010 年)

	全部的城市土地	六大城市
1980	70.7	67.8
1990	133.9	276.8
2000	100.0	100.0
2010	58.5	70.9

六大城市:东京的 23 个区(大约相当于伦敦的 33 个区);横滨;名古屋;京都;大阪;神户。

2000 年是基准年(3 月 31 日)。

材料来源:日本不动产研究所(http://www.reinet.or.jp/)。

不过,如果人们认为日本的城市生活空间与邻国的城市生活空间是截然分离的,那就大错特错了。就最近几十年而言,日本的生活方式与韩国、台湾地区、中国的生活方式有许多共同点存在。这一点并不让人感到奇怪。事实上,如果说日本人发展经济的路径具有极大的影响力,而它对城市地区、城市生活竟无某种相关的影响,那就显得非常奇怪了。如此,就我们上面提到的每个国家或地区而言,在过去数十年里,我们看到了极具弹性的城市环境走向物质化的现象。城市地区从以生产为本转向以金融及相关产业、消费者、文化资本的活动作为动力源,商业利益集团利用了此种转变,由此而将企业资金投入城市土地、房产。在此压力下,城市环境处在不断的变化过程中。同样是在过去的几十年里,日本文化及其属下四处扩散的多种亚文化所产出的大量产品潮水般地渗入邻国,这股潮流虽不是单向度的,其主要水源却是从日本流

出的。

结语:规划、资本与持续不断的变化

日本市政领导人以及城市地区的普通居民此时面临着重大挑战(此种挑战将迅速复制在中国大城市身上),它也就是人口不断减少、"城市不断萎缩"。如果管理得当,危可转为机。如果放任不理,后果堪虞。不过,这些问题超出本章的叙述范围了。

通观本章,有三条主题线索呈现在我们面前:城市面貌;城市治理;城市生活空间。我们从中对现代日本城市的变革节奏产生了认识。此种变革以城市边缘地区的外向自由扩张、市中心及其周边地带的向上发展作为动力(特别是在最近的几十年里)。日本最大的那些城市向周边的农地延伸,将邻近的市镇并入自身;这些城市是在农地被转为城市用地时,通过增量扩展的方式做成此事的。随着这个过程的逐步展开,它们还往空域推进,利用因建筑管制措施的松弛而产生出来的垂直空间。由于视觉证据仍处于匮乏状态,我们有时很难想象早先时代(现代更早一些的时候)的情形,那时,日本城市地区主要是两层木结构房屋的天下,主流的交通方式则是黄包车。虽然日本城市频遭火灾、洪灾,政客、规划师却并未以城市面貌塑造者的身份展开引人注目的重大行动,相反,逐步展开却持续不断的毁了再建的过程为城市建设提供了潜在的动力。日本城市居民不得不对不断变换的日常生活空间作出回应并去适应它。

参考文献

Bestor, Theodore, *Neighborhood Tokyo* (Stanford, Calif.: Stanford University Press, 1989).

Dore, Ronald, *City Life in Japan: A Study of a Tokyo Ward* (London: Routledge, 1958).

Fieve, Nicolas, and Waley, Paul, eds., *Japanese Capitals in Historical Perspective: Place: Power and Memory in Kyoto, Edo and Tokyo* (London: RoutledgeCurzon, 2003).

Fujita, Kuniko, and Hill, Richard Child, eds., *Japanese Cities in the World Economy* (Philadelphia: Temple University Press, 1993).

Gordon, Andrew, *A Modern History of Japan: From Tokugawa Times to the Present* (Oxford: Oxford University Press, 2003).

Hanes, Jeff, *The City as Subject: Seki Hajime and the Reinvention of Modern Osaka* (Berkeley: University of

California Press, 2002).

Hastings, Sally Ann, *Neighborhood and Nation in Tokyo, 1905–1937* (Pittsburgh: University of Pittsburgh Press, 1995).

Sand, Jordan, *House and Home in Modern Japan: Architecture, Domestic Space and Bourgeois Culture, 1880–1930* (Cambridge, Mass.: Harvard University Press, 2003).

Sorensen, André, *The Making of Urban Japan: Cities and Planning from Edo to the Twenty-first Century* (London: Routledge, 2002).

Yazaki, Takeo, *Social Change and the City in Japan* (Tokyo: Japan Publications Inc., 1968).

屈伯文 译 陈 恒 校

第 30 章 南亚

普拉桑特·吉达姆

一直以来,印度社会以农耕特色著称于世,以至于掩盖了印度城市的影响力。拥有漫长而且复杂的城市化和城市历史的南亚次大陆在过去的 200 年中对经济、社会和政治发挥了巨大的作用。本章概述了自 19 世纪中期以来的现代南亚城市的关键发展历史,也就是结束英国王权的直接统治之后到 21 世纪初期,适时,南亚开始在全球经济大舞台上扮演重要角色。

第一部分考察了英国殖民统治者改造印度城市的方式,还讨论了三个主题。首先,描绘了城市化的发展趋势和变化格局。其次,研究了英国统治下的城市管理的性质。第三,展示了印度城市如何成为创造国家和社会之间的新的主要中间地带——公共领域,这对印度不同阶层的集体想象的新形式的出现起到决定作用。

第二部分将焦点转移到后殖民时期,确定了城市发展模式的连续性和变迁。这部分突出城市发展模式和结构上的主要趋势,评估了城市管理并反映了南亚城市不断变化的公共文化。

英国统治时期的南亚城市:
城市化趋势和模式

殖民时期的南亚城市化进程具有一个突出特色,即在"漫长的 19 世纪"显得出奇的稳定。确实,根据有效的证据,无论数量上还是质量上都表明,尽管城市人口达到绝对值的翻倍,次大陆还是在这个时期的大多数时间处在一种"去城市化"状态。1800 年,估计有 1760 万人口居住在城市中心;这相当于次大陆总人口的 11%(参见区域地图 II. 4)。但到了 1872 年,城市总

人口降到 8.7%,直到 1911 年,城市人口比例才回升到 19 世纪初期所取得的水平。[1]

"去城市化"塑造了 19 世纪上半叶印度的许多地方,与 18 世纪时的城市增长景象形成鲜明的对比。一个有影响力的研究团队表明莫卧儿帝国的衰亡伴随着严重的权力分散和地方继承国的崛起,它们凭借贸易、经济和政治的日益紧密联系而壮大。[2] 显然,这些王国的崛起刺激了城市中心的扩张,不论大小城市都开始发展,因此加速了莫卧儿大城市德里和阿格拉(Agra)的衰落。前一类城市如海德拉巴(Hyderabad)和勒克瑙(Lucknow),它们是由莫卧儿王朝的继任者开拓的独立辖地之首府。后一类城市包括各种各样的小城市、市镇和行政中心,它们因商人、市场和国家的相互作用而迅速成长。

随着这些地方性的继任国于 18 世纪末纷纷屈服于英国王权之下,在他们的统治下,曾经繁荣的城镇尝到了苦果。尤其是维持这些城市中心经济的王室规模和影响力缩小了。重要的是,它们不再对商品和服务产生同等需求,即便这二者曾经在腹地风靡一时产生了积极影响。同样,日趋瓦解的由各继承国维持的大型军队及军备设施,更进一步加速城市的衰落。随着经济的衰退,这些城市中的手工艺者和文人墨客步入贫困深渊。[3]

前殖民时代的城市结构的衰落也因新政权的政策而雪上加霜。随着殖民统治的进一步加深,就愈加限制了本土商业精英的权势,他们也曾经为 18 世纪的城市注入了活力。关键是殖民国家企图夺回下放给税收

① James Heitzman, *The City in South Asia* (London and New York: Routledge, 2008), 119-120.

② C. A. Bayly, *Rulers, Townsmen and Bazaars: North Indian Society in the Age of British Expansion 1770-1870* (Cambridge: Cambridge University Press, 1983), 110-162.

③ Ibid., 303-368.

农的行政权,并加强控制最有利可图的商贸。[①] 同时,殖民当局也试图进行更直接地干涉,以限制商业资本参与宗教机构和公司的商业交易。反之,这种做法导致中小型市镇和行政中心的萎缩,这些地方曾是 18 世纪的主流城市景观。

然而,殖民早期城市化的缓慢步伐被次大陆部分地区的突然发展打断。最显著的是印度东、西部沿海地区的新殖民港口城市的崛起。到 1850 年,加尔各答和孟买人口总数分别超过 40 万和 50 万,是次大陆最大、发展最快的城市。这些城市行政、商业和教育体系的集中吸引了大量的外来人口。[②] 同时,英国东印度公司统治的巩固也促进了新省城和地区城镇的出现。

在 1857 年大暴动之后的二十年里,各种因素刺激了次大陆不同区域的城市化进程。毋庸置疑,其中最重要的是现代交通运输系统的发展。尤其是 19 世纪下半叶,铁路网发展迅速,更密切地联系印度和世界经济的同时,也加深了城镇和乡村的联系。例如,19 世纪 70 年代和 80 年代,印度东部发展最快的城镇一般都位于"恒河平原的农业带上新建的铁路沿线"。然而,在接下来的二十年里,位于中央省南部地区的城镇和贝拉尔(Berar)经历了最快的增长,因为它们与印度东西部的海港联系紧密。[③] 尽管铁路通过夺取集镇贸易,确实破坏了前殖民市场的城镇,但他们也"振兴了一批发挥重要作用的更小更老的服务和枢纽型的定居点,如沃达尔(Waltair,维沙卡帕特南 [Vishakapatnam])、巴雷利(Bareilly)、密拉特(Meerut)和那格浦尔(Nagpur)"。[④]

殖民地港口城市——孟买、加尔各答、马德拉斯(Madras)、科伦坡(Colombo)和卡拉奇(Karachi)——继续以最快速度增长,因为它们是铁路和轮船的终端

站。1869 年苏伊士运河的开通戏剧性地缩短了欧洲之行的时间,孟买发展尤为迅速就得益于此。[⑤] 科伦坡的增长更让人惊讶,它依靠不断兴盛的咖啡、茶叶、椰子和橡胶的出口贸易赢得快速崛起并成为南亚最大的港口。[⑥] 殖民统治之后迅速崛起的另一个港口就是卡拉奇。在美国内战期间,信德省(Sind)成为重要的棉花种植中心,卡拉奇则成为广泛商业利益的磁石。而且,苏伊士运河开通之后,卡拉奇成为欧洲船只停靠的第一个港口,因而助推它成为出口贸易中的一个关键中转输运中心。[⑦]

19 世纪中期开始,一个更有利的经济气候刺激了次大陆的城市化进程。农产品出口贸易的繁荣和经济作物物价上涨复活了一系列的城市中心。在此背景下,同样重要的是孟买(棉纺织品)和加尔各答(黄麻)这样的港口城市开始现代工业化,它们成为"超级首要"城市,支配周边内陆,限制了它们所管辖的中等城市的增长。因此,到 19 世纪末,这两个城市吸引了大量农村移民,他们因这里的工作前景和薪金蜂拥而至。而这些移民也继续保持着他们与农村的关系,周期性地在城市和农村之间来回流动。[⑧]

总的来说,次大陆的城市化进程在维多利亚时代后期和爱德华时代相对迟缓。其中一个主要原因是瘟疫于 19 世纪 90 年代吞噬了次大陆的很多地区。一战前的这场瘟疫夺走了 100 万以上的人口,城市情况更为严重。

直到 20 世纪 30 年代,印度城市化速度才开始加快。由于农产品价格大跌,英国管理方撤回资本又让信贷缺口增大,殖民国继续推行"通货紧缩政策"引发了经济萧条,并进一步带来严重的农村危机。[⑨] 随着资本开始流向城镇,劳动力亦然,他们追逐大城镇和城

① David Washbrook, 'India, 1818–1860: The Two Faces of Colonialism', in Andrew Porter, ed., *The Oxford History of the British Empire: The Nineteenth Century* (Oxford: Oxford University Press, 1999), 395–421.

② Rajnarayan Chandavarkar, *History, Culture and the Indian City* (Cambridge: Cambridge University Press, 2009), 206–235.

③ Atiya Habeeb Kidwai, 'Urban Atrophy in Colonial India: Some Demographic Indicators', in Indu Banga, ed., *The City in Indian History* (Delhi: Manohar, 1994), 167.

④ Heitzman, *City*, 124–125.

⑤ Rajnarayan Chandavarkar, *The Origins of Industrial Capitalism: Business Strategies and the Working Classes in Bombay, 1900–1940* (Cambridge: Cambridge University Press, 1994).

⑥ K. Dharmasena, 'Colombo: Gateway and Oceanic Hub of Shipping', in Frank Broeze, ed., *Brides of the Sea: Port Cities of Asia from the 16th-20th Centuries* (Honolulu: University of Hawaii Press, 1989), 152–172.

⑦ Indu Banga, 'Karachi and Its Hinterland under Colonial Rule', in Indu Banga, ed., *Ports and Their Hinterlands in India* (Delhi: Manohar, 1992), 337–358.

⑧ Chandavarkar, *Origins*; Ranajit Dasgupta, 'Factory Labour in Eastern India: Sources of Supply, 1885–1946', *Indian Economic and Social History Review*, 8: 3 (1976), 279–329.

⑨ C. J. Baker, *An Indian Rural Economy, 1880–1955: The Tamil Nad Countryside* (Oxford: Oxford University Press, 1984); Chandavarkar, *History*, 224–225.

市里不断增加的多样化经济带来的诱人薪酬。① 因此在 20 世纪 30 年代，当英属印度总人口增长 15％时，它的城市人口增长了 30％还要多。明显的是，"超过 10 万的城镇人口增加了几近四分之三，而城市人口总数的增加不足三分之一。"②

殖民统治的最后十年，不论是住在乡村的贫困人民还是恐怖隔离区的难民，都随着移民潮涌入城市，加速了城市化进程。1941 年至 1951 年间，城市人口净增 1830 万，这个数字相当于 1901 年至 1941 年这 40 年的全部净增总人数。

然而，城市化速率在殖民统治的大多数时间都是相对缓慢和不均的，尽管如此，这个时期的城市聚落的类型在不断多样化。当然，一些城市中心延续了殖民前的特色。它们多数是行政城镇，在 1857 年之后的数十年里发展成省级和地区级水平。

其他城市开始出现工业资本主义世界的城市特色，这是 19 世纪末国际贸易迅速扩张的结果。孟买和加尔各答就是典型，它们是印度主要的制造业和货运中心，与从纽约到利物浦的全球著名港口城市一样，具有相似的关口功能、社会结构和建筑形式（参见本书第 43 章）。

然而，19 世纪之后出现的其他城市却具有明显的殖民特征（关于殖民城市的更多信息参见本书第 40 章）。因此，从 18 世纪末往后，英国发展了"兵营"城镇，证实了英国东印度公司不断军事化。兵营最初是一种军事营地，它们位于具有战略价值的地区，一般接近城市中心，但是又与其互不相容。1857 年之后的几十年里，随着军事安全的需要成为统治印度最重要的因素，它成为一种更正式的永久居留的形式。到 19 世纪 60 年代，南亚有 114 个军事营地，它们是独立的、自给自足的城市中心。其中一些城镇——例如坎普尔（Kanpur）和班加罗尔——超越了兵营城镇的军事根基，成为主要的商业和工业中心。③

由于印度强烈的热带气候和对印度山地的不断认知，人们意识到凉爽的印度高原气候更有助于身体健康，因此引发"避暑山区"的发展。19 世纪，英国建设了 80 多个此类居住区。在夏季，整个殖民政府机构都迁移到避暑山区，如西姆拉（Simla）、乌塔卡蒙德（Ootacamund，［Udagamandalam]）、大吉岭（Darjeeling）、马哈巴莱斯赫瓦尔（Mahabaleshwar）和奈尼塔尔（Nainital）。到 19 世纪末，这些避暑区成为熙熙攘攘的城镇，印度的英国人群体频繁地聚集在这里工作、社交和重建"家园"。④

殖民统治下的城市治理

19 世纪中期以后，治理南亚城市中心对于殖民地来说成为一个越来越重要的优先事项。殖民当局不再把城市和城镇看作"税收机构的总部和农产品出口的中转站"。⑤ 殖民当局对城市管理越来越重视，其背后有各种因素。首先，在镇压 1857 年暴动之后，这个殖民国家面临新的经济压力——通货膨胀、汇率变动、不断增加的军费开支——使英帝国的预算处于紧张状态。为了避免税收增加致使农民制造骚乱，殖民当局开始着力开发和增强城市中心的财经潜能。此外，殖民城镇大量的军队也要求改善城市基础设施，尤其是维护军队健康的卫生设施。⑥

为了发展城镇，殖民国家需要着手一个城市投资和再建规划。但在 1857 年暴动的余波中，统治者的财政困难意味着它不能也不愿意考虑这个任务。殖民国家对该难题的反应就是将城市管理的责任转嫁给公民机构，他们提高部分税收来满足市政需求。因而，印度殖民地的市政当局向城镇居民加速收税并提供必需的市民便利设施，城市得以快速发展。

当然，早在 19 世纪殖民时期之前，印度就已经存在公民团体了。特别是作为首都的孟买、加尔各答和马德拉斯（Madras）具备独特的地方自治传统，这种英国模式的传统可以追溯到 18 世纪。但是这些城市的市政管理受到高度限制，很少满足居住于此的大量贫

565

① Nandini Gooptu, *The Politics of the Urban Poor in Early Twentieth Century India* (Cambridge: Cambridge University Press, 2001).

② Chandavarkar, *History*, 225.

③ Ibid., 132-135; Chitra Joshi, *Lost Worlds: Indian Labour and Its Forgotten Histories* (New Delhi: Permanent Black, 2003); Janaki Nair, *The Promise of the Metropolis: Bangalore's Twentieth Century* (New Delhi: Oxford University Press, 2005).

④ Dane Kennedy, *The Magic Mountains: Hill Stations and the British Raj* (Berkeley, Calif.: University of California Press, 1996).

⑤ Douglas Haynes, *Rhetoric and Ritual in Colonial India: The Shaping of a Public Culture in Surat City, 1852-1928* (Delhi: Oxford University Press, 1992), 111.

⑥ J. B. Harrison, 'Allahabad: A Sanitary History', in Kenneth Ballhatchet and John Harrison, eds., *The City in South Asia* (London: Curzon Press, 1980), 166-195.

穷印度人的需求。这种情况在小城市里更加糟糕,连最基础的便民设施都十分匮乏。

从19世纪60年代开始,市政当局在城镇发展过程中扮演了重要角色。他们提高了地方税收,辨别和认定财产权,起草法律管理"公共空间"的使用,规范各种各样的城市活动。他们也要提供一系列的市民服务:治安监管、环卫、照明、道路养护和市场许可与监管。因此,他们介入城市居民的日常生活,其程度达到次大陆史上之最。

实际上,市政机构在管理热情上有选择倾向,偏爱殖民地精英的居住区(参见图30.1)。由此,城镇里穷人的住处就遭到严重忽视,他们恶化的居住环境和明显的基础便民设施的缺失会滋生各种流行病。对他们而言,绝大多数印度城市居民对市政当局的活动报以冷漠、不理解和敌意的复杂态度。尤其是穷人,他们经常是市政政策针锋相对的对象,因而他们将这些机构视为一种生存的威胁,而不是服务提供者。[1]

图30.1　欧洲人居住区,加尔各答,1922年。

另一层面,1857年事件之后,将权力和责任移交给地方机构,让殖民国家有机会追求另一个管理国家的重要目标。这就是招募印度人,通过拓宽合作圈"为帝国终端服务"。尽管有些变化开始得比较早,但1882年著名的里彭五月决议(Ripon Resolution of May)具有重大意义。它为地方委员会的建立做好了准备,地方委员会包含管理地方选区的民选议员和政府官员。起初,表决权或成为市政机关的一员受到财产和教育资格的高度限制。市政府也出现资金短缺,时常资金不足。此外,尽管伴随着里彭改革的宏伟宣言,平民统治仍然牢牢控制着地方委员会。因而,在19世纪末,除了一小撮财阀和专业精英,很少有印度人对市政事务感兴趣,这就不足为奇了。然而即便限制重重,受过教育的印度精英首先开始在市政领域反对这种不公正现象并抵制殖民统治。

第一次世界大战的爆发满足了印度对地方自治的进一步的改革要求。直到1918年,随着蒙塔古-切姆斯福德(Montague-Chelmsford)的宪政改革报告,该议题被再次推向高潮并得到解决。蒙特福德(Montford)计划引进"两头政治"原则,将政治责任分为中央和省级政府两部分。在这个计划之内,地方自治成为一个"转移"项目,被置于省级立法机构的控制之下。它还实施了新的"预算税收条款"(Scheduled Tax Rules),让地方当局独家支配一系列税收类别。如此,随着20世纪20年代中期经济环境的复苏,城市机构得以着手一系列市政工程。[2] 此外,一战后公民权的扩大使很

①　Gooptu, *Politics*, 66 - 139.
②　Heitzman, *City*, 161.

多中产阶级参与到市政活动中来。的确,在20世纪20年代,民族主义政治家越来越多地控制了英属印度自治市。很多国会中坚分子在这个政治范围里学习政府管理艺术:艾哈迈达巴德(Ahmedabad)的沙达尔·瓦拉布哈布海·巴德尔(Sardar Vallabhbhai Patel)、阿拉哈巴德(Allahabad)的贾瓦哈拉尔·尼赫鲁和加尔各答的苏巴斯·旃陀罗·博斯(Subhas Chandra Bose)就是最著名的例子。

然而,20世纪30年代,上一个十年标志性的市政管理和制度出现许多逆转倾向。尤其是《1935年印度法案》(Government of India Act of 1935),它为省立法机构下放了更多的财政权力,废止了充实地方财政的税收条例,让光鲜亮丽的市政府黯然失色。[①] 因此市政府再也吸引不了雄心壮志的政治家们,他们转战省级政府这片更加美丽广袤的绿茵地上。

殖民统治下的城市公共文化

殖民统治下的南亚城市中心也变成新的城市公共文化出现和强化的关键所在。在城市里,印度人遇到并接受"公共"和"私人"的新观念,就是在这儿,他们开始认识到联盟和社交这些新模式的力量。五花八门的联合团体的快速发展证明了这一点,如种姓和宗教团体、商业协会、民族主义组织、公益信托、工会组织和体育俱乐部。同时,城市还出现生机勃勃的印刷产业,用英语和本土印度语印刷出大量书籍、报纸、期刊杂志、福音传单和小册子。

19世纪印度出现的"公民社会"(civil society)的轮廓可能由殖民国家决定并受到当时英国模式的启发,但是实际特性由本土主观因素决定。尤其是越来越多的印度城镇居民开始为了共同的目标结成同盟。

城市化、现代化与联盟行为的扩张之间绝对不是简单的因果关系。各种不确定因素——作用于地方层面或国家层面,也作用于特定事件、个人和变化事物中的交互关系网在不断增长——对协调潜在的结构性力量和具体的联合团体之间的关系发挥了重要的作用。

当殖民时期印度的城镇和城市里的社团生活以惊人的速度扩张时,两个互相制衡的趋势显而易见。一方面,那些年由印度人建立的若干俱乐部、会社和信托是结构上的"混血",结合了志愿和强制责任的会员标准。另一方面,这里也发展了更多自愿联合组织的范式,它们坚持长期会员资格的开放获取原则。

殖民时期印度城市公共舞台上的协会活动存在含混不清和自相矛盾的影响。此时成型的大量社团和会社的成员确实具有共同社交和团结的能量,也促使他们关心"共同利益"。同样,每到急速深远的社会变革时,他们就在城市社会中发挥一种"综合"功能。这些组织不会总坚持自治、平等和协商决策的价值观。他们也并非没有紧张和冲突。有时,当他们的成员为了权力和名利相争时,这种联盟就会随之被瓦解。在其他实例中,联盟行为会深度分裂城市社会,甚至导致暴乱。此外,"现代"形式的集体社交有助于重建各种被公认的根基情感和"传统的"身份认同。

城市公民团体活动丰富多样,确保了殖民时期印度的公共领域不是一个"同类的、一致的、统一的空间"。正相反,公共空间是一个"分割的"领域,通过"社区身份被重新界定"这样的对立逻辑,"自主、理性的个体"观念被抵消。因此,在相互对话的过程中和时刻存在的暴力危机中,城市公共文化顺势形成。[②]

城市公共空间的另一个显著的特色是塑造了印度中产阶级集体身份。通过在公共空间的活动,"殖民时期印度有教养的、受人尊敬的、但不是最富有、最有权势或影响力的男性"自称"中产阶级",他们成为新的"英国统治下的本土社会的管理者和主导政治权力的野心家。"[③]尤其是20世纪初,中产阶级参加各种形式的旨在加强社区和国家联系的公民活动。他们建立并经营中学、高校、图书馆、济贫院、合作信用社以及在洪灾和饥荒这类灾难期间开展救济工作。此外,他们使用西方服务和联合慈善的理念,还有印度长期的服务(seva)和慈善(dana)传统,传播和实践积极公民权、爱国热情与"建设性的民族主义"。[④]

然而,我们不应该想当然地认为城市公共文化是

① Heitzman, *City*, 161-162; Hugh Tinker, *The Foundations of Local Self-Government in India*, *Pakistan and Burma* (London: Athlone Press, 1954), 129-188.

② Neeladri Bhattacharya, 'Notes towards a Conception of the Colonial Public', in Rajeev Bhargava and Helmut Reifeld, eds., *Civil Society*, *Public Sphere and Citizenship* (New Delhi: Sage Publications, 2005), 130-156.

③ Sanjay Joshi, *Fractured Modernity: Making of a Middle Class in Colonial North India* (New Delhi: Oxford University Press, 2001).

④ Carey A. Watt, *Serving the Nation: Cultures of Service*, *Association*, *and Citizenship* (New Delhi: Oxford University Press, 2005).

由中产阶级一手主导的。从19世纪末开始,城市工人阶级也开始出现各种组织,从教育事业到自主社团。在两次世界大战期间,他们的政治抱负开始呈现更加激进的状态。这些年,城市贫民中工会、慈善社团、改革主义社团和志愿团层出不穷。同样,摔跤俱乐部(akharas)也大量涌现,其活动范围从培养工人阶级信徒的体能,到殖民时期席卷印度城市的周期性暴力事件中对敌方政党进行强有力的打击。[1]

当代南亚城市化的趋势和模式

在后殖民时期,南亚城市化最显著的方面在于城市人口规模和影响力的大幅增长(参见表30.1、2和区域地图III.4)。1950年,南亚城市人口约为7100万,总人口约4.54亿。到2007年,城市人口达到4.77亿,占据次大陆总人口的三分之一。在同一时期,人口至少达到10万的城市中心的总数在增长,势头相当惊人:从1950年的91个暴涨到550个。其中,435个在印度,65个在巴基斯坦,9个在尼泊尔,6个在斯里兰卡。估计有3亿800万人居住其中,总体上占城市人口的65%和总人口的21.8%。此外,2007年,56个南亚城市超过百万居民,占城市总人口的40%。其中,10个是"巨型城市",每个城市拥有人口超过500万。总体算来,这些"巨型城市"拥有1.07亿人,占城市人口的22.5%,占次大陆总人口的7.6%。[2] 参见图30.2,看看当代的金奈(Chennai,马德拉斯)。

表30.1　南亚城市人口,1950－2007年

	1950			1975			2007		
	总人口[千]	城市人口[千]	城市人口比例	总人口[千]	城市人口[千]	城市人口比例	总人口[千]	城市人口[千]	城市人口比例
印度	357561	60936	17.0	620701	132406	21.3	1049874	350658	33.4
巴基斯坦	36944	6473	17.5	68294	17985	26.3	164541	68186	41.4
孟加拉国	41783	1774	4.2	73178	7214	13.3	146887	47063	32.0
尼泊尔	8643	231	2.7	13548	654	4.8	28196	7184	25.5
斯里兰卡	7782	1193	15.3	14042	2736	19.5	21064	3501	16.6
不丹	734	15	2.1	1161	53	4.6	2259	479	21.2
马尔代夫	82	9	10.6	137	24	17.3	,345	130	37.6
总计	453529	70631	15.6	791061	161072	20.4	1413167	477200	33.8

引自:海兹曼《城市》,第176页(Heitzman, City, 176)。

表30.2　南亚巨型城市,1950—2007年

	1950年人口[千]	1950—1955年平均增长率	1950—1955年平均人口增长[千]	1975年人口[千]	1975—1980年平均增长率	1975—1980年平均人口增长[千]	2007年人口[千]	2005—2010年平均增长率	2005—2010年平均人口增长[千]
加尔各答	4513	2.27	10840	7888	2.71	22840	14769	1.71	25420
孟买	2857	3.7	11500	7082	4.02	31520	18905	1.93	36800
金奈	1491	2.68	4280	3609	3.05	11880	7159	1.74	12580
德里	1369	5.26	8260	4.426	4.56	22640	15785	2.42	38700
海德拉巴	1096	1.45	1660	2086	3.52	8020	6358	1.97	12680
卡拉奇	1047	6.09	7440	3989	4.71	21180	12231	2.65	32880
艾哈迈达巴德	855	3.27	3040	2050	3.74	8680	5348	2.20	11920

①　Gooptu, *Politics*, 185－320; Chandavarkar, *Origins*, 168－238.

②　Heitzman, *City*, 175－181.

	1950 年人口[千]	1950—1955年平均增长率	1950—1955年平均人口增长[千]	1975 年人口[千]	1975—1980年平均增长率	1975—1980年平均人口增长[千]	2007 年人口[千]	2005—2010年平均增长率	2005—2010年平均人口增长[千]
拉合尔	836	4.02	3720	2399	3.67	9660	6634	2.71	18240
班加罗尔	746	4.61	3860	2111	5.74	14020	6751	2.21	15080
达卡	417	5.13	2440	2173	8.10	21680	13251	3.25	43900

引自：海兹曼《城市》，第180 页(Heitzman, *City*, 180.)。

图 30.2 现今印度金奈的天际线。

然而,这些统计看不清南亚不同国家的城市化水平的显著差异。一方面,巴基斯坦在 20 世纪 80 年代开始经历了相对高水平的城市化,它的主要城市是巨大的城市群,包含城市、城郊和城市边缘居住区。另一方面,斯里兰卡和尼泊尔显现出相对低水平的城市化。[1]

此外,与纯粹数据传达的印象相反的是,自 20 世纪 50 年代开始,南亚的城市化没有按照高速、直线和连续增长的轨迹发展。确实,城市增长率显示出不连续和周期性逆转的特点。就这一点而言,印度显得尤为突出。在 1951 年人口普查前十年,印度的城市人口年增长率是 3.47%。但是城市年增长率在 1961 年的普查中跌至 2.34%。20 世纪 60 年代的城市增长率再次增至 3.21%,很大程度上是因为城市中心的规模扩大,而非新城的建立。在随后的十年,城市人口年增长率再次增长到 3.83%。许多类似的增长是新城发展的结果,其中,一千多个城市首次被列人人口普查。20 世纪 70 年代城市增长率的惊人涨姿引起关于“超城市化”(hyper-urbanization)的疯狂猜测。但是出乎意料的是,1991 年的普查“记录了城市增长的滑铁卢”。20

世纪 80 年代期间,3.1% 的城市增长率“远远低于官方预测”。同样的模式在之后的十年里反复出现,这与各种政府机构的预测相反,他们计划在经济自由化背景下城市人口会增至 4.1%,但人口普查数据记录了仅 2.73% 的年增长率。[2] 然而,2011 年印度人口普查的临时结果显示,前二十年的减速正在逆转,城市化率再一次出现起色。

某种程度上,印度城市增长率的某些变化是“明显的反常现象”。例如,1961 年的人口普查质疑 1951 年对城市中心相当宽松的定义,撤销了 803 座城镇之多,合计减少总人口 440 万。但是 20 世纪 80 年代到 90 年代之间城市人口增长率的衰落不单纯是“定义上的”因素。相反,它体现了近二十年发生的宏观经济的变化。尤其是 20 世纪 90 年代期间的工业增长过程是私营部门“资本密集”和公共部门萧条懈怠,这样就降低了城市劳动力的需求,减少了农村移民的涌入。为了避开城市对土地和环境的限制,越来越多的大制造企业移至农村和大城市边缘,从而也影响了城市各单位部门的就业。同时,在 20 世纪 90 年代,非组织部门吸

573

① Shreekant Gupta and Indu Rayadurgam, 'Urban Growth and Governance in South Asia', in Tan Tai Yong, ed. , *Societies in Political and Economic Transition：South Asian Perspectives, 2007 - 2008* (New Delhi：MacMillan, 2009)，359 - 394.

② K. C. Sivaramkrishnan, Amitabh Kundu, and B. N. Singh, *Oxford Handbook of Urbanization in India* (New Delhi：Oxford University Press, 2005).

引移民的能力也严重受损。结果,城市工业增长没能将农民有效地吸引到城镇,让狂热的决策者们空欢喜一场。①

"农村贫困导致的移民"极大地驱动城市化是一个根深蒂固的观念,根据十年一次的普查数据记录,印度城市化的最新研究向这一传统观念发出了挑战。相反,有人辩称,"自然增长比例占据城市增长的首要份额,达到60%",而纯粹的农村—城市移民在城市增长中"仅占约21%"。②

南亚的城市结构(*urban structure*)继续表现出过去长期殖民的历史遗留。最显著的就是英属印度的大城市在独立后仍然是次大陆最主要的城市景观。根据2011年印度人口普查,三个最大的城市群是孟买(Bombay,1840万);德里(1630万)和加尔各答(1410万)。值得注意的是,这三个城市人口增长率在过去十年开始减慢。尽管如此,根据绝对数据,它们在过去60年里的人口增长也是相当惊人的:1950年,孟买的人口约280万,德里130万,加尔各答450万。巴基斯坦的卡拉奇(Karachi)和孟加拉国的达卡同期增长也是壮观无比。卡拉奇的人口从1950年的100万之多发展到2007年的1200多万。达卡的例证甚至更加惊心动魄:它从1950年的40万猛增到2007年的1300万以上,达到"3177%的增幅"。③

有趣的是,20世纪末,在许多"巨型城市"中,老城远远不如城市周边发展迅速。个中原因纷繁复杂。其一,密集的城市产业群和产业带沿着巨型城市的边缘发展。同样,周边地区的快速增长也是因为这些城市中心区域的可利用资源的逐日匮乏以及生活成本高昂。

重要性仅次于"巨型城市"的是"百万以上"(million-plus)的城市,每个城市的人口都在100万到500万之间。2007年,南亚有46个这样的城市,总人口达到8400万。这占该区域城市人口的17.5%,总人口的5.9%。④ 这些"百万以上"城市是所有类别城市发展最快的。根据2011年印度人口普查的预期数据,过去十年里,百万级城市从35个增加到53个。

但是"巨型城市"和"百万以上"城市的崛起并不是后殖民时代南亚城市化唯一的显著特色。还有一个同样突出的发展就是"中等"城市的迅速增长,人口数目在10万以上,但是不足百万。2007年,这个类别的城市达到494个,人口总数达到大约1.18亿,占城市人口的25%。这些中等城市各有千秋。部分兼具重要市场和行政中心的职能于一身,位于"低级别中心城市的顶端"。其他城市是"有助于凝聚或聚集相关产业和服务的草根资本主义"的发展结果。而还有一些城市是"由某个大城市20到40公里开外的一些前城镇和辖区职能中心发展而来"。⑤

在这些"中等城市"之下就是大量10万居民以下的城市。很多这类城市在"紧邻百万城市或巨型城市的地区丛生,由毗邻大都会城区的辐射区域的村镇"进化而来。⑥ 在印度,即使这些小城市的人口呈现绝对增长,但其增长率直到最近还是低于那些拥有10万以上人口的所谓"第一等级"城市。

显然,在近几十年里,南亚部分地区的城市化模式开始在城市化水平和城市增长率之间出现一个重大的逆转。例如,在1951年至1991年的40年中,印度的发达地区——马哈拉施特拉邦(Maharashtra)、吉吉拉特邦(Gujarat)、泰米尔纳德邦(Tamil Nadu)和卡纳塔克邦(Karnataka)——城市化水平高而城市增长率却中等偏下。相较而言,同时期的落后地区——比哈尔邦(Bihar)、拉贾斯坦邦(Rajasthan)、奥里萨邦(Orissa)和中央邦(Madhya Pradesh)——城市化水平低却显示出高度城市增长率。然而,1991年和2001年之间,许多发达地区城市增长率超出国家平均水平,而"拖后腿"地区却低于平均水平。因此,印度最发达地区和欠发达地区的城市化过程存在"二元论"。⑦

独立后的国家和城市

南亚后殖民国家的政策和行为已经决定性地影响了城市发展进程。它们通过三种途径来实现这个过程。首先,在独立后不久,南亚新政权开始建造新的首都或省会城市以及工业城镇。其次,国家经济政策和

---

① K. C. Sivaramkrishnan, Amitabh Kundu, and B. N. Singh, *Oxford Handbook of Urbanization in India*(New Delhi:Oxford University Press,2005),46.

② Ibid.,154.

③ Heitzman,*City*,179.

④ Ibid.

⑤ Ibid.,178-213.

⑥ Ibid.,213.

⑦ Sivaramkrishnan, Kundu, and Singh,*Oxford Handbook*,82.

投资对促进大都市的资本积累过程起到至关重要的作用。第三，国家政策也对次大陆城市管理的性质产生重要影响。

20世纪下半叶，南亚的各国政府周期性地着手新首都的建设。在巴基斯坦，1958年10月，穆罕默德·阿尤布·汗将军（General Muhammad Ayub Khan）政变的一个后果就是放弃卡拉奇的首都地位。军人政权开始在拉瓦尔品第（Rawalpindi）附近发展新首都的宏伟计划，一个希腊设计师康斯坦丁诺斯·多亚德斯（Konstantinos Doxiades）当选执行此项任务。多亚德斯将伊斯兰堡设定为一个"枢纽城市"，这里将是一个融合"人、社会、建筑和自然"的整体。到2007年，新首都的人口超过80万，他们中的大多数受雇于城市的行政和军事机构。次大陆另一端的达卡也于20世纪60年代建设了一个国家首都飞地。[①]

在印度，独立后的第一个十年出现一批新的邦区，需要新的首府城市。其中最著名的就是奥里萨邦（Orissa）的布巴内斯瓦尔（Bhubaneswar），旁遮普邦的昌迪加尔（Chandigarh），古吉拉特邦（Gujarat）的甘地纳格尔（Gandhinagar）。[②] 在建设新首府的同时，次大陆政府还与国外合作开发了新的工业城镇。例如，1961年印度政府在中央邦（Madhya Pradesh）的比莱（Bhilai）建设了一个大型钢厂，得到了苏联的支持。其他两家钢厂在次年建成，第一个是在奥里萨的鲁吉拉（Rourkela，与德国合作），第二个是在西孟加拉（West Bengal）的杜加普尔（Durgapur，与英国合作）。十年之后，印度政府与苏联签订协议，在比哈尔邦建立了波卡罗钢铁之城（Bokaro Steel City）。从一开始，国家就主导着"模范城镇"的生活，为雇员提供住处和市民便利设施，也为他们的教育、社会和文化生活建构框架。但是，随着城市化步伐加快，这些城市吸引了大量移民。结果，它们便"和南亚其它大城市如出一辙了。"[③]

政府投资是许多城市中心长期发展坚挺的原因。其中最显著的例子就是班加罗尔，在印度独立后的几十年里，这里建立了很多重要的工业。这里聚集了一

些大规模的企业，如重要的国防设备供应商印度斯坦航空有限公司（Hindustan Aeronautics Limited, HAL）；制造电话设备的印度电话公司（ITI）；还有一家手表制造公司和印度斯坦机床公司（HMT）。在这些工厂附近，衍生出一系列第二产业来满足它们的需要。很多其他政府机构致力于科学和技术——最著名的是国家航空研究室（NAL）和印度空间研究组织（ISRO）——进一步巩固了班加罗尔首要工业城市的地位。正因为如此，这样的发展环境使它成为在20世纪90年代末崛起的印度信息技术革命中的擎天柱[④]（更多关于班加罗尔的信息参见本书第38章）。

自从20世纪90年代初以来，印度的很多地方政府也想通过全球化和经济自由化的需求来改造城市。例如，马哈拉施特拉邦政府按照中国香港和上海的发展路径，努力将孟买改造成"国际都市"。为此，它于2004年任命了一个"特别小组"，将城市转变为"亚洲领先服务中心之一"，着重打造一个集高端金融服务、信息技术、零售、娱乐、建筑和消费于一体的混合城市实体。[⑤]

但和它的殖民前身一样，后殖民时代的国家把行政权力强制凌驾于城市之上。孟买的城市规划和发展很快陷入公共工程资源分配和利用的混乱泥潭中。核心的城市政策成为民主体制下不同阶层之间利益竞争和冲突的偶然产物。

后殖民国家的政策也是理解南亚城市公民治理性质的一个关键性解释变量。这里的一个显著的特色就是殖民时期和后殖民时期城市管理的相似之处。因为在这些新近独立的民族国家所辖区域里，城市地方自治机构的政治和财政自治如殖民时期一样，受到中央和省政府的严重限制。[⑥]

例如，1947年之后的印度，市政府继续处于州政府的管辖之下，州府有权限制民选公民机构的权力。此外，与殖民时期相同，印度州政府经常建立"半国营"机构，它们"负责为国家安装和执行供水和排水、住房供给、城市规划"。[⑦] 这些官僚机构绕开了民选的市政

---

① Heitzman, *City*, 191-192; Sten Nilsson, *The New Capitals of India*, *Pakistan and Bangladesh*, Scandinavian Institute of Asian Studies, Monograph 12 (London: Curzon Press, 1973), 139-203.

② Ravi Kalia, *Bhubaneshwar: From a Temple Town to a Capital City* (Delhi: Sage Publications, 1994); Ravi Kalia, *Chandigarh: The Making of an Indian City* (New Delhi: Oxford University Press, 1999).

③ Heitzman, *City*, 194-195; Nandita Basak, *Dynamics of Growth*, *Regional Perspective: Experience of Five Indian Industrial Towns*, *1961-1991* (Calcutta: Firma KLM, 2000).

④ Heitzman, *City*, 193-194.

⑤ Ibid., 207.

⑥ Gupta and Rayadurgam, 'Urban Growth'.

⑦ Heitzman, *City*, 199.

府,阻碍了在公民领域里参与民主政治的热情。①

有趣的是,正因为19世纪末举步维艰的财经问题引发殖民国家向城市自治投怀送抱,20世纪末的印度经济困难逼迫它"将大权下放给城市地方机关并鼓励它们努力自筹经费"。从20世纪80年代中期起,开启市场主导策略,目的是随着权力下放到地方当局,从城市中心生成"盈余"。这种国家政策再调整的一个重要部分就是1992年的《宪法(第七十四条修正案)》(Constitution [Seventy-Fourth Amendment] Act),它赋予地方机构更高的权力来"管理和控制城市"环境。②

对"新自由主义"管理模式的批评者强调:它扭曲了当代印度城市发展的模式。其一,为了增加城市资金积累,这种范式的政策力图加强国家发达地区"大城市"(metro-cities)的城市基础设施。结果,小型和中等城市,尤其是那些"拖后腿"地区的城市,就会趋向凋零,城市会出现高度贫困、市民基础设施匮乏。同时,城市管理的"权力下放"刺激印度大型城市的"土地和市民服务私有化",从而加剧了现存城市间的差距并将它们割裂为"富有殖民地和贫穷殖民地"。③

独立后的城市公共文化

当我们转向南亚城市的公共空间,会发现它更多地在不停的变化,近年表现最为突出。特别是从20世纪80年代末,整个次大陆的城市公共文化发生了一个巨大的转变。在这个时期的南亚城市中出现了两个新的发展。首先,城市中产阶级的重要组成部分已经发生深刻变化,它伴随着全球化和经济自由化过程的消费新模式。第二,城市普通群体渴求从现代化边缘走进来,而城市公共领域就成为帮他们实现新政治诉求的核心区域。

在当代印度,这种发展已经昭然若揭。印度中产

阶级公共文化长期受到甘地的斯巴达式生活理念和尼赫鲁的国家发展意识形态的影响,这两种思想都劝阻过度消费。在绝大多数人生活在贫困线以下的社会里,这种节俭和克制被视为一种政治需要。此外,中产阶级也受到相对温和的经济环境的约束。然而,自从20世纪90年代初,印度中产阶级的文化定位发生了惊人的转变。④ 尤其是"新中产阶级"不断增强的消费能力带动了一系列急促的消费文化和发展,强烈地表现为购物商场的生生不息,其中满是琳琅满目并然有序的国内外商品和形象,现在成为许多印度城市的主流景观。这些消费地点和形式成为"中产阶级"这个公认术语必要的一部分,近年来所谓的"宝莱坞"电影就是一个极致表现(参见本书第39章)。⑤ 此外,通过大众媒体对"全球城市形象的强化传播",对现今的印度中产阶级认知和接触城市贫民的方式产生了重大影响。⑥

同时,在"民主革命"年代,平民阶层也开始提出自己对城市空间的要求。确实在近年来,"次等人"已经成为南亚城市大街上一股日益明显、话语愈多的存在力量。在某些情况下——尤其是在孟买,由湿婆神军党(Shiv Sena)领导的"本土主义者"运动——演变为一种"难以掌控且不可预知"的公共空间集体暴力形式,用来反抗国家机构或"反对政敌及其他团体"。但是神军党并不是独一无二的;整个次大陆的城市政治都普遍存在动员"年轻的、游荡的平民男性作为活动分子和观众"的特点。其结果,南亚城市中曾扎根精英和平民阶层中的"家长式"文化已经严重受损。⑦

结语

21世纪伊始,南亚位于新的全球"城市革命"的震中。据统计,到近十年中期,这里将占据全球十几个最大城市群中的五个。此外,根据联合国的一份报告,到

① Mahesh N. Buch, *Planning the Indian City* (New Delhi: Vikas Publishing House, 1987), 132-143.

② Annapurna Shaw, 'Urban Policy in Post-Independence India: An Appraisal', *Economic and Political Weekly*, 31: 4 (27 January 1996), 224-228.

③ Amitabh Kundu, 'Urbanisation and Urban Governance: Search for a Perspective beyond Neo-liberalism', *Economic and Political Weekly*, 38: 29 (19 July 2003), 3079-3087.

④ Leela Fernandes, *India's New Middle Class: Democratic Politics in an Era of Economic Reform* (Minneapolis: University of Minnesota Press, 2006).

⑤ Rachel Dwyer, 'Zara Hatke!: The New Middle Classes and the Segmentation of Hindi Cinema', in Henrike Donner, ed., *A Way of Life: Being Middle Class in Contemporary India* (London: Routledge, 2011), 184-208.

⑥ Partha Chatterjee, *The Politics of the Governed: Reflections on Popular Politics in Most of the World* (New Delhi: Permanent Black, 2004), 143-144.

⑦ Thomas Blom Hansen, *Violence in Urban India: Identity Politics, 'Mumbai', and the Postcolonial City* (New Delhi: Permanent Black, 2004), 37-38.

2030 年,很可能会有 8 亿南亚人居住在城镇和城市。

本章试图说明这段非凡变革的历史进程。当然对此也有争议,认为这个过程既无不可避免,又不是单一发展。19 世纪的大部分时间里,南亚经历了缓慢而且不均匀的城市化进程。即便在最近的几十年里,当城市居民的绝对数达到令人难以置信的比例时,增长阶段与城市化率下降的阶段交替出现。

前述内容也突出了殖民力量用史无前例的方式铸造南亚城市结构、管理和公共文化的过程。此外,还表明了殖民残留仍然在这些城市保有足够的分量,即便在后殖民时代也是如此。而近年,当代南亚城市开始了增长的轨迹,这在数十年前是不可想象的。确实,在全球化和经济自由化力量的驱动下,这些城市象征着南亚城市现代化经历的可能性和风险。对部分人而言,它们是创造性改革与事业的活力地带。另一些人则想到"贫民星球"的反乌托邦景象,标志就是城市贫穷、拥挤的棚户区城镇、混乱的政治和暴力。但是在这两种观点的背后,潜伏着一种焦虑的认知,即南亚城市也许代表着"地球城市文明的未来"。①

参考文献

Ballhatchet, Kenneth, and Harrison, John, eds., *The City in South Asia* (London: Curzon Press, 1980).

Banga, Indu, ed., *The City in Indian History* (Delhi: Manohar, 1994).

Bayly, C. A., *Rulers, Townsmen and Bazaars: North Indian Society in the Age of British Expansion 1770 – 1870* (Cambridge: Cambridge University Press, 1983).

Blom Hansen, Thomas, *Violence in Urban India: Identity Politics, 'Mumbai', and the Postcolonial City* (New Delhi: Permanent Black, 2004).

Broeze, Frank, ed., *Brides of the Sea: Port Cities of Asia from the 16th-20th Centuries* (Honolulu: University of Hawaii Press, 1989).

Chatterjee, Partha, *The Politics of the Governed: Reflections on Popular Politics in Most of the World* (New Delhi: Permanent Black, 2004).

Fernandes, Leela, *India's New Middle Class: Democratic Politics in an Era of Economic Reform* (Minneapolis: University of Minnesota Press, 2006).

Gooptu, Nandini., *The Politics of the Urban Poor in Early Twentieth Century India* (Cambridge: Cambridge University Press, 2001).

Heitzman, James, *The City in South Asia* (London and New York: Routledge, 2008).

Nair, Janaki, *The Promise of the Metropolis: Bangalore's Twentieth Century* (New Delhi: Oxford University Press, 2005).

Nilsson, Sten, *The New Capitals of India, Pakistan and Bangladesh*, Scandinavian Institute of Asian Studies Monograph 12 (London: Curzon Press, 1973).

Sivaramkrishnan, K. C., Kundu, Amitabh, and Singh, B. N., *Oxford Handbook of Urbanization in India* (New Delhi: Oxford University Press, 2005).

汤艳梅 译 陈 恒 校

---

① Suketu Mehta, *Maximum City: Bombay Lost and Found* (London: Review, 2004), 3.

第 31 章 东南亚和澳大利亚

霍华德·迪克　彼得·林莫

东南亚没有冲击到世界上其他地方,如中国、日本或印度这些国家(参见本书第 28—30 章),但是 2012 年,审视世界上任何一个城市都不能忽略这片区域。新加坡是当之无愧的世界城市,吉隆坡正在奋起直追;雅加达和马尼拉是巨型城市,拥有 2000 万人口,相当于整个澳大利亚洲的人口总数;曼谷是人口达到 1000 万的大城市;仰光、泗水和西贡(胡志明市)拥有约 500 万总人口,其他 12 个城市有 100 多万人口(参见表 31.1)。100 万人口可能是大市镇变成城市的一个门槛。总的来说,东南亚的 6 亿人口一半以上居住在城市,跟整个亚洲的平均水平一致(参见区域地图 III.6)。自 20 世纪 30 年代以来至殖民时代的结束,这是一个巨大的变化,当时最大的城市不到 50 万人口,整个区域的城市化水平不过只有 10%。

表 31.1　东南亚和澳大利亚主要城市的人口,1850—2010 年(百万)

	约 1850 年	1930 年	1980 年	2010 年
马尼拉	0.2	0.3	6.9	19.6
巴达维亚/雅加达	0.1	0.4	6.0	15.4
曼谷	0.1	0.5	4.7	8.9
西贡/胡志明市	n. a.	0.3	2.9	6.1
新加坡	0.1	0.6	2.4	4.9
吉隆坡	—	0.1	0.9	4.9
仰光	0.1	0.4	2.4	4.7
万隆	n. a.	0.2	1.5	3.3
泗水	n. a.	0.4	2.0	3.0
棉兰	n. a.	0.1	1.3	2.7
河内	n. a.	0.1	0.9	2.7
宿务	n. a.	n. a.	0.5	2.5
巨港	n. a.	0.1	0.8	1.8
三堡垄	n. a.	0.2	1.0	1.7
金边	n. a.	0.1	0.2	1.5
达沃	n. a.	n. a.	0.6	1.4

续　表

	约 1850 年	1930 年	1980 年	2010 年
孟加锡	n. a.	0.1	0.6	1.4
新山市	n. a.	n. a.	0.2	1.1
曼德勒	n. a.	0.1	0.5	1.0
乔治城/槟城	n. a.	0.1	0.3	1.0
澳大利亚				
悉尼	0.04	1.2	3.2	4.5
墨尔本	0.03	0.9	2.8	4.0
布里斯班	0.008	0.3	1.1	2.0
珀斯	0.006	0.2	0.9	1.6
阿德莱德	0.03	0.3	0.9	1.2

注:1850 年的数据来源不一;1930 年的数字来自于米歇尔(B. R. Mitchell)的《世界历史统计学:非洲、亚洲和大洋洲 1750～2005 年》[*International Historical Statistics: Africa, Asia and Oceania, 1750-2005*, 5th. edn. (Basingstoke: Palgrave Macmillan, 2007)];1980 年数据来自联合国秘书处经济与社会事务的人口司《世界城市化前景:2009 年修订本》(*World Urbanization Prospects: The 2009 Revision*, http://esa. un. og/wup2009/unup/);还有 2010 年 100 万以上城市的数据源自托马斯·布林克霍夫(Thomas Brinkhoff)《世界上主要的城市群》(*The Principal Agglomerations of the World*, http://www. citypopulation. de/world/Agglomerations. html)。

从比较研究的视野,东南亚城市真的如同文献资料里提到的那样与众不同吗?有没有东南亚"模式"的城市或者是共有的城市经历?这一章将首先回顾东南亚城市的历史轨迹;其次,讨论城市管理和国家;第三,鉴别现今城市的等级;第四,通过航线网络将地域性特征连接到国际关系中来探索城市动力学。因此,东南亚的城市化被认为存在特殊性,这种特质源于热带季风气候,同样源自相应的文化模式;同时,最先通过殖民,而现在更多地通过全球化和工业化引入的现代技术缓解了气候的限制,使之更符合西方城市的标准。遍布东南亚城市的变化也是纷繁复杂,绝不具有单一的普遍性。

二战以前，东南亚几乎不被看成一个地区，它只是一块简单的英属殖民地（缅甸、新加坡、马来亚、沙捞越[Sarawak]和北婆罗洲），荷兰殖民地（荷属东印度群岛/印度尼西亚），法国殖民地（印度支那）和美国殖民地（菲律宾），仅有泰国仍保有自主权。[1] 如果非要给这个区域做一个消极的界定，那就算是印度以东，中国以南和澳大利亚以北地区。然而，自从 1967 年，东南亚自称东南亚国家联盟，发起国从最初的印度尼西亚、马来西亚、新加坡、菲律宾和泰国五个国家增加到十个，即文莱、柬埔寨、老挝、缅甸和越南。但是这并不意味着东南亚可以闭门造车和独立存在：它最多是一个毗邻印度、中国和澳大利亚的一个开放区域（参见插图31.1）。

作为一个地区，东南亚的人口能与欧洲媲美，但是文化上有太多的不同。这里从来没有被完全大一统过。宗教也种类繁多：伊斯兰教、佛教、印度教和基督教。然而，如安东尼·里德（Anthony Reid）所言，这里有一个共同的文化根基。[2] 今天，在主要的城市，人们的生活还是趋同国际中产阶级模式。然而，自从独立后几十年来，主要的倾向是将曾经在殖民统治下的不同民族联合为一个共同的民族特征。和欧洲一样，公共教育体系强加在民族语言之上，现在通过国家电视网得到进一步强化。然而，在泰国和菲律宾的穆斯林外围，"想象中的（国家）共同体"仍受到一个无定形的伊斯兰世界支持者的质疑（参见本书第32章）。[3]

尽管与东南亚一衣带水，澳大利亚仍然是一块孤傲的大陆，经协议被排除在东南亚国家联盟之外，与东北亚大量贸易，但是在情感、文化和安全纽带上倾向美国和欧洲。作为一个近代殖民地，它的城市历史和

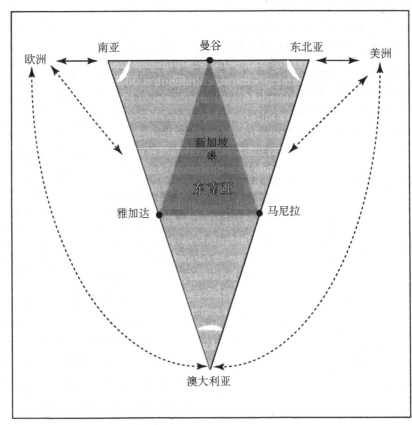

插图 31.1　东南亚：一个连接南亚、东北亚和澳大利亚的开放体系。

①　Paul Kratoska, Remco Raben, and Henk Schulte Nordholt, *Locating South East Asia : Geographies of Knowledge and Politics of Space* (Singapore: Singapore University Press, 2005).

②　Anthony Reid, *South East Asia in the Age of Commerce*, 1450 – 1680, vol. 1: *The Land Below the Winds* (New Haven: Yale University Press, 1988).

③　Benedict Anderson, *Imagined Communities : Reflections on the Origin and Spread of Nationalism* (London: Verso, 1983; revised and enlarged, 1991).

结构也十分特别。从文化角度上,澳大利亚过去曾具有很强的盎格鲁-凯尔特(Anglo-Celtic)的风格,尽管受到白澳政策(White Australia Policy)的固化。而从1945年起,移民开始来自欧洲,近年更多的是亚洲移民,将这里变成更有活力的多元文化社会。

城市发展轨迹

对亚洲城市的认识已经因殖民晚期的城市研究文献的演变而遭到严重扭曲。尤其是影响力很大的马克斯·韦伯(1864—1920年)和亨利·皮雷纳(Henri Pirenne,1862-1935年)的著作,他们创立了一个理想类型,即意大利或者汉萨(Hanse)联盟自治自由贸易城市。① 沦为殖民地之前的亚洲城市被贬低成下等城市,因为它们受制于统治者,而且没有政治自主权。卡尔·马克思的"亚洲生产方式"也对此存在消极影响。从伊斯坦布尔、开罗到东京,亚洲最大的城市并没有被当作繁荣的大城市,而是被描绘成堕落帝国和亚洲独裁者的臃肿、放纵和内向的都城。东南亚城市如河内、大城府/曼谷、曼德勒(Mandalay)、双生子城市苏拉卡尔塔和日惹(Surakarta and Yogyakarta)都被描述为没有现代气息的宫殿城、光怪陆离的古代残次品。然而,最新研究证明了殖民前的港口城市,它们是繁荣的商业枢纽和商业中心,在殖民入侵时被摧残(参见本书第19章)。

到19世纪,城市活力存在于殖民首都和港口城市新加坡、槟榔屿、巴达维亚(雅加达)、仰光、西贡和马尼拉,所有相对较新的城市和建筑都或多或少带有欧洲风格(参见本书第40章)。这些殖民城市都不是特别大,甚至到了1930年,人口也没能超过50万,而城市化的总体水平也不过10%。

独立之后,随着农村—城市移民引发各地区省会城市规模的大爆发,它们再次被消极地纳入"第三世界城市"。在西方人眼里,(东)亚洲城市仍然不是真正的城市,而在2012年,东南亚主要城市被列为世界级别的城市,是每个国家最具活力的地方,即便这里充满拥挤和贫穷、堵塞和污染。

当代东南亚的城市动力与前殖民时代产生了共鸣。里德(Reid)回溯到早期欧洲记录和一些中国资源,证明在16和17世纪,东南亚的很多王国出现高度城市化和主要城市如马六甲、大城和河内(Thang-long),它们的人口至少达到10万,其规模堪比欧洲最重要的城市。② 最近关于吴哥窟(柬埔寨)的研究证明,在14世纪后期的全盛时代,这个"水力城市"的人口可能高达百万。③ 爪哇国马贾柏希特王国(Majapahit)的首都也可能拥有这个规模。这关键是看所辖范围的大小(参见本书第19章)。

直到殖民时代的开始,东南亚的城市都是门庭大开的,宫殿和寺庙在中心位置,周边环绕着一群混合建筑和绿色苍穹的小村庄,许多硕果累累的树,还有蔬菜园、鸡、牲畜,这些都是城市的一部分。对于早期的欧洲人和中国人而言,它们根本不是城市,但是我们现在可以认定它们是最初的城郊。在吴哥窟和东爪哇或中爪哇这样的水稻区域,灌溉供养着高密度的城市边缘社区,也为工业、公共工程、军队和家政服务提供劳动力。他们为外国人划区以供他们经商贸易并首先对自己的领袖负责。

早期殖民港口城市吸收了很多东南亚大都会的元素,孕育了新的城市活力。西班牙的马尼拉和荷兰的巴达维亚在16世纪末17世纪初被设计为欧洲港口城市,有城堡、城墙和利于商品及人口流通的运河,也提供水源和环卫系统。④ 因为存在被攻击风险,其他贸易点也加强了小规模的防御工事。在城堡和城墙的外围是外贸聚居区,还有手工业者和贡丰队(Kampong)或不太忠诚的"土著"人口,他们以家奴身份种植粮食和充当劳动力。然而,外表往往具有一定的欺骗性,实质上是另一番天地。城墙里的风貌一片欧化,但华人区里滋生了很强的商业活力和手工艺。这一点,新加坡是举世瞩目的典型,它由托马斯·拉弗尔斯(Thomas Raffles)于1819年建于一个小岛上。尽管它有一个小城堡,但它从不是一个封闭城市,只有一小撮欧洲人提供了基本的国家职能,主要人口是中国人、马来人和印度人。新加坡位于东南亚,但是从一开始,它就是欧洲、中国、印度

① Max Weber, *The City* (New York: Free Press, 1968); Henri Pirenne, *Medieval Cities: Their Origins and the Revival of Trade* (Princeton: Princeton University Press, 1948).

② Reid, *The Land below the Winds*.

③ Damian Evans, Putting Angkor on the Map: A New Survey of a Khmer Hydraulic City in Historical and Theoretical Context (PhD thesis, University of Sydney, 2007).

④ Robert R. Reed, 'The Colonial Origins of Manila and Batavia: Desultory Notes on Nascent Metropolitan Primacy and Urban Systems in South East Asia', *Asian Studies*, 5 (1967), 543-562.

和马来人的世界性混合体,而中国的作用是最大的。①

一直到19世纪中期,大多数东南亚地区还没有进入殖民时代和现代。图表31.2a暗示了这里是如此与众不同。在东北亚,当日本和朝鲜仍与世界贸易隔离时,中国的通商口岸和香港尚未超过中国的门户、商业中心城市广州。在西班牙的马尼拉有一个对中国贸易的离岸基地,但他们没有对南方的菲律宾地区构成影响。法国人还没有强势来袭:越南有三个独立王国,东京(Tonkin)、安南(Annam)和科钦(Cochin)。英国占领了下缅甸,但是英国国旗仅仅在远东的槟榔屿、马六甲和新加坡这些微小的定居点上飘扬。只有爪哇是邻土殖民地,因为荷兰人通过爪哇战争(1825—1830年)艰难地赢得了胜利,但是整个马来群岛其他部分的荷兰人仅出现在一系列的贸易站里。总之,东南亚是一个风起云涌之地。这里不再出现能击败西方势力的大王国,也没有动力能推动西方帝国的扩张。在东南亚,主导城市可能比它们的前身要小,不能与广州或加尔各答相媲美,更不用说北京或东京(江户)了。

假如没有19世纪中期之后风靡欧美到东南亚的技术革命,这种城市形态将会一成不变。1870年发生了两件决定性事件,即开通苏伊士运河实施商业运输,电报缆线从马德拉斯延长到新加坡,到1871年直通到中国和日本,1872年穿过爪哇到澳大利亚。②汽船、火车和电报让殖民势力管理和开发更多的领域成为可能。随着电力和医药的改进,居住在热带的欧洲人更加安全和舒适。奴隶制度被彻底废除。然而在18世纪,巴达维亚和马尼拉是欧亚混居社会,由暂住的白人男性组成的骨干人员管理,到19世纪末,它们变成欧洲中产阶级白人家庭的繁荣之地。以19世纪末的新加坡为例,他们依赖从日本进口的出租马车和人力黄包车。③20世纪初,这种模式渐渐被电车和汽车所取代,这加速了白人群体从肮脏的城镇城市向宽敞的园林化郊区的转移。很多中国人继续居住在他们的旧

中国城的商铺里,而几乎没有任何权利的本土人或挤入渐增的像贫民窟的小村庄(贫民区,barrios),或在城市边缘自得其乐。对他们来说,拥有一辆自行车是一种奢侈,到20世纪30年代,便宜的日本进口自行车唾手可得。

然而所有的诸如此类的现代化都没有带来城市规模的大幅扩张。1850年到1930年之间,东南亚最大的城市由10万增长到50万,但是从城市化整体水平来看没有明显的增长(参见图表31.2b)。与此同时,东京的人口飙升到500万,上海达到300万,加尔各答增至150万。东南亚城市明显落后,部分原因是政治,部分是经济因素。西方势力设法开发殖民地资源和土地的出口潜力,这就要求劳动力分配到农业和采掘垦殖业里。④制造业仅仅占有GDP的10%左右,仅够满足交通基础设施和出口工业的加工需求,还要为少数殖民中产阶级提供舒适家园和新鲜食品。当局不允许农村移民行为,除非是对家仆、常备劳动力和周期性码头工人的需要。

20世纪40年代,随着日军入侵和摆脱殖民统治的独立战争的加剧,原有的殖民秩序被打破。荷兰再也无法控制印度尼西亚,法国对越南也是如此。1946年美国承认菲律宾独立,1957年英国给马来亚自由。最后一个完全独立的国家是1984年独立的文莱。政治独立也打破了殖民时的城市秩序,即便它曾为欧洲人保留了最好的土地,维护了对城市移民的相对严格的控制。

在日军占领期间,为了逃离饥荒和强制劳役,移民开始失控,这加速了农村的混乱,增强了都城工作、非正规部门的吸引力。1930年,雅加达的城市人口有53万;到了1948年中期,它的人口成倍增加超过百万,到1961年达到300万。⑤农村的移民大潮创造了新的城市动态。部分移民迁入到现有的低收入贫民区,像雅加达的凯邦卡尚(Kebun Kacang)和马尼拉的通多区

① Song Ong Siang, *One Hundred Years' History of the Chinese in Singapore* (Singapore: University of Malaya Press, 1967).

② H. Dick and Peter J. Rimmer, *Cities, Transport and Communications: The Integration of South East Asia Since 1850* (London: Palgrave Macmillan, 2003).

③ Peter J. Rimmer, 'Hack Carriage Syces and Rikisha Pullers in Singapore: A Colonial Registrar's Perspective on Public Transport, 1892 - 1923', in Peter J. Rimmer and Lisa M. Allen, *The Underside of Malaysia History: Pullers, Prostitutes, Plantation Workers...* (Singapore: Singapore University Press, 1990), 129 - 160.

④ Ian Brown, *Economic Change in South-East Asia, c. 1830 - 1980* (Kuala Lumpur and New York: Oxford University Press, 1997), 15 - 46; and R. E. Elson, *The End of the Peasantry in South East Asia: A Social and Economic History of Peasant Livelihood, 1800 - 1990s* (London: Macmillan, 1997).

⑤ Dean Forbes, 'Jakarta: Globalization, Economic Crisis and Social Change', in Josef Gugler, ed., *World Cities beyond the West: Globalization, Development and Inequality* (Cambridge: Cambridge University Press, 2004), 273.

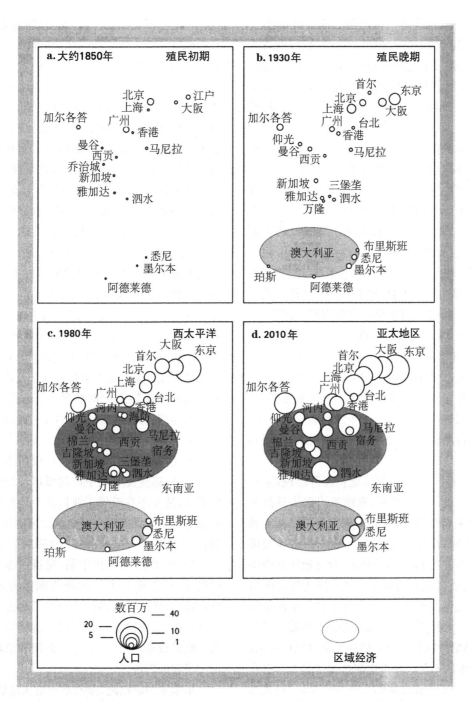

插图 31.2 　东南亚：一个新兴的城市区域：（a）1850 年（人口超过 2.5 万的城市）；（b）1930 年（人口超过 20 万的城市）；（c）1980 年（人口约 100 多万的城市群）；（d）2010 年（人口超过 200 万的城市群）。

(Tondo District)；其他的盘踞在河流和运河两岸、轨道沿线和街头巷尾；还有一些在城市边缘的农村土地。[1]但是移民不是快速城市化的唯一驱动因素：从前的乡

村也成为城市结构的一部分。

尽管只有马尼拉遭遇严重的战争破坏，但殖民时期的其他所有基础设施网络也很快被淹没殆尽。[2]公

---

①　Lea Jellinek, *The Wheel of Fortune：The History of a Poor Community in Jakarta* (Sydney：Allen and Unwin, 1991)；and Michael Pinches, *Anak-Pawis* [Microform]：Children of Sweat：Class and Community in a Manila Shanty Town (Clayton, Vic.：Monash University, 1984).

②　Alphonso J. Aluit, *By Sword and Fire：The Destruction of Manila in World War II, 3 February-3 March 1945* (Manila：National Commission for Culture and the Arts, 1994).

共交通从有轨电车和公共汽车沦落为非正式的小公汽/吉普尼和三轮车系统。停电变成家常便饭；电话通信停止运转；人类污水混杂城市废物流入河流、运河和地下水；甚至网状供水也受到污染。在二三十年里，典型殖民城市雅加达、马尼拉、仰光和西贡也几近失调。

一般人非但没有受到这种趋势的影响，反而因首都城市里的更好机会而受到强烈吸引。首先，正式部门因为国外投资的紧缩而陷入经济衰退，新的收益机会更多了。其次，公共部门的支出和官僚机构集中于这些首都城市。第三，人口增长开创了对服务的新需求，还创造了之后非正式部门机会的增长，鼓励了积极的移民。有固定收入的中产阶级深受其害，尤其是政府官员，还有老师和医务人员，他们不得不寻找其他生存之道。这就是第三世界的环境，当时有很多评论，特里·麦吉(Terry McGee)很好地捕捉到了这一现象，在他的经典著作《东南亚的城市》(The City in South East Asia)中有"伪城市化"(pseudo-urbanization)的描述。[1]只有新加坡保存了完整的城市秩序。土地利用规划、公共运输和福利住房系统在1959年之后继续实行，由社会主义人民行动党(PAP)的李光耀政府精心规划和制定。[2]

20世纪80年代，随着新的工业化经济浮现，第三世界格局开始改变。独立之后，东南亚国家依靠高关税和配额限制去刺激进口，以此实现工业化目标。然而，结果十分凄凉，出现无竞争性、高成本制造和经济萧条现象。日本成功了，随后是韩国、台湾地区和中国香港，促使东南亚国家利用廉价劳动力的优势转向出口导向型工业化的新模式。[3]当新加坡和马来西亚陆续开始这种工业化新模式时，工业化初期的内陆城市曼谷、雅加达和马尼拉吸引了更多的移民来到城市外围，加剧了基础设施的不足。城市空间扩张到附近的耕作平原，激发特里·麦吉提出他的乡镇(desa-kota)模式来说明这样一种多孔扩张的大城市区域。[4]从经济视角来看，这些多节点和扩散形态令人联想到乔耳·加罗(Joel Garreau)提出的在美国盛行的边缘城市说。[5]

20世纪70年代，新加坡城市化新模式的苗头变得明显，到80年代，东南亚其他主要城市亦然(参见插图31.2)。它的外在表现就是高耸的办公大楼、酒店和公寓林立。迄今为止，东南亚一直是低楼层城市，也有显著例外，即马尼拉新的、美国人支持建立的金融商业中心(CBD)马卡迪(Makati)。其直接的原因就是热带季风气候，需要有遮阴、层高充足和对流空气，辅以吊式电风扇。因此，房屋建筑倾向于宽敞、加上瓷砖地面、走廊和以遮阳挡雨并能保持通风的百叶窗设计。

空调是一项技术突破，它让高楼在热带地区成为可能。这样，天花板就不得不降低来减少大量热风，从而减少每平方米建筑面积的单位成本。但是首先，商业环境必须充分改善以吸引不动产建筑的投资。因此，高楼大厦首先出现在新加坡，它在20世纪70年代初期取得了工业化的成功，而马来西亚、泰国和印度尼西亚要到80年代才有这样的成就。1996年，马来西亚通过开放吉隆坡456米高的马来西亚石油双子塔来展示其宏伟姿态，是当时世界上最高的两座建筑。

迅速变化的天际线最一目了然地证明了东南亚主要城市的土地利用模式的快速转变。与摩天大楼一同崛起的还有高层公寓和酒店、广阔的多层大型购物中心和影城、迅速发展的中产阶级居住的带门禁的城郊住宅区，甚至还有毗邻工业区的整座新城。所有的这些都意味着成百万民众自觉或被迫地从拥挤的市中心和村落边缘转移，将城市的足迹带向更远的天边。

到20世纪90年代中期，建筑热潮变成一种疯狂投机，由低汇率和廉价的外资刺激而成。1997年中期，泰国金融体系遭到挤兑引起了金融危机并迅速蔓延到东南亚、中国香港和韩国。这就是著名的亚洲危机。此后数年，未竣工的建筑框架和空旷的大片土地证实了它的野蛮。

东南亚跟跟跄跄、参差不齐地从危机中复苏，金融体系得到加强。就制造业而言，东南亚的发展前景受到中国影响，因为中国发展成一个低成本的海外投资

① T. G. McGee, *The South East Asian City* (London：Bell, 1967).

② Lee Kuan Yew, *From Third World to First：The Singapore Story, 1965 - 2000* (New York：Harper Collins, 2000).

③ Mohammad Ariff and Hal Hill, *Export-Oriented Industrialisation：The ASEAN Experience* (Sydney：Allen and Unwin, 1985).

④ T. G. McGee, '*Urbanisasi* or *Kotadesasi*? Evolving Patterns of Urbanization in Asia', in Frank J. Costa, Ashok K. Dutt, Laurance J. C. Ma, and Allen G. Nobel, eds., *Urbanization in Asia：Spatial Dimensions and Policy Issues* (Honolulu：University of Hawaii Press, 1989), 93 - 108；id., 'The Emergence of *desa-kota* Regions in Asia：Expanding a Hypothesis', in Norton Ginsburg, Bruce Koppel, and T. G. McGee, eds., *The Extended Metropolis：Settlement Transition in Asia* (Honolulu：University of Hawaii Press, 1991), 3 - 25；and id., 'Metrofitting the Emerging Mega-Urban Regions of ASEAN：An Overview', in T. G. McGee and Ira Robinson, eds., *The Mega-Urban Regions of South East Asia* (Vancouver：UBC Press, 1995), 3 - 26.

⑤ Joel Garreau, *Edge City：Life on the New Frontier* (New York：Doubleday, 1991).

点。新加坡将重心放在金融、物流和商业服务上,是唯一能与中国的两位数增长不相上下的东南亚国家。危机之后的其他地方仍然一蹶不振,经济增长不超过6%。不过,印度尼西亚升级成为二十国集团(G20)之一,而泰国曾震惊一时的发展却受到政治动乱的抑制。

从 2012 年的优势来看,亚洲金融危机可以看作减慢了但绝非改变了东南亚城市新兴的建成环境。尤其是汽车和空调这两项技术,连同预应力混凝土,一直是所谓的第一世界要素的载体。[1] 旅行者全程身处空调环境,从机场到饭店再到办公室和商场,从舒适区感受东南亚的异域风情。在舒适空间之外的是另一个城市,酷热、拥挤和汗流浃背,数百万计人在贫困边缘争扎。与新加坡和中国香港一样,其他通常隐蔽贫穷和充满廉价劳动力的城市会随着增长的收入和公共介入,可能被供以新住宅,被安顿在高层公寓里,分城市繁荣一杯羹。这与西班牙、葡萄牙、希腊、中国和巴西的轨迹和成果如出一辙。同时,直到战后繁荣时期,东南亚巨型城市仍保持双城状态,正如伦敦、巴黎和纽约一样。如果存在任何显著的物理差别,那么东南亚城市是其他寒冷城市无可比拟的全年炎热。因此,生活方式不同,还有政治和文化也不同。城市从表面上看彼此没有什么差别,尤其是那些高层怪物,当然这并不意味着城市之间相似度高,或者人们突然具有同样的言行举止。其实只是世界变得越来越小的缘故。

澳大利亚没有经历过如此波澜起伏的城市化过程。因为在 1788 年悉尼的第一个白人居住区之后很长一段时间,新殖民地不过只是城市飞地,即敌对国大陆海岸线上的"强悍港口"。[2] 广阔的陆地后来逐步升级发展畜牧业,没有引发大量内陆城镇的崛起。反而,从 19 世纪 50 年代之后的铁路建设将出口引导回到主要的沿海城市。1850 年,澳大利亚城市化水平达到 40% 左右,到 1900 年的淘金热之后达到 50%,东南亚

到下一个世纪也没有达到这个水平。[3] 到了 1901 年的联邦时代,墨尔本的人口达到 50 万,是一个繁荣兴旺的城市,悉尼也相差无几;到 1930 年,两个城市都达到了百万标线(参见本书第 40 章)。[4] 尽管远离英国,澳大利亚城市从文化角度上与之十分合拍。1945 年之后发生了改变,大量欧洲移民造就了空前的多元文化社会,近年呈现出更多的亚洲元素。如 2006 年,9.3% 的澳大利亚人口具有亚洲血统,其中,墨尔本占据16%,在悉尼占 17%。[5]

城市管理和国家

在殖民时代之前,亚洲主要城市各行其是,不是皇家首都就是城邦。统治者通常拥有绝对权力,但把管理任务委托给官员,有时让受皇家青睐的外国人担当。在保障秩序和稳定的情况下,外商团体通常被授予充足的自治权。[6]

当欧洲势力在东南亚建立贸易据点和殖民地时,他们通常建立与他们母国一样的城市管理模式。1620年,荷兰东印度公司在巴达维亚(雅加达)建立了此地第一个市政局(Gemeente),它在 1710 年所建的雄伟的市政厅今天仍然可见。[7] 在公司的庇护之下,市政局负责管理少数欧洲人和亚欧混血市民。根据以往的惯例,华人社区仍然由他们自己指定的官员治理。

苏伊士运河开通之后,欧洲人口增多,运河开通让东南亚城市交通便利,更好的布局和环境卫生也让城市更加怡然舒适,随后出现城市政府的典型模式。1901 年,美国人为马尼拉引进了民选市议会。之后1904 年,荷兰政府通过《地方分权法》(Decentralization Act)允许当时的荷属西印度群岛的主要城市组建民选市政局。这些新的市政当局对规划、公共建设和服务进行管理,但他们只是为欧洲人服务,对于"本土"

① Peter J. Rimmer and Howard W. Dick, *The City in South East Asia: Patterns, Processes and Policy* (Singapore/Honolulu: NUS Press/University of Hawaii Press, 2009), ch. 5.

② Geoffrey Blainey, *The Tyranny of Distance: How Distance Shaped Australia's History* (Melbourne: Sun Books, 1968).

③ Lionel Frost, *The New Urban Frontier: Urbanisation and City-building in Australasia and the American West* (Kensington, Sydney: New South Wales University Press, 1991), 167.

④ Frost, *The New Urban Frontier: Urbanisation and City-building in Australasia and the American West*, 26 - 27.

⑤ ABS, 2914. 0. 55. 002 - 2006 Census of Population and Housing Media Releases and Fact Sheets, 2006 (Canberra: Australian Bureau of Statistics), www. abs. gov. au/ausstats/abs @. nsf/7d12b0f6763c78caca257061001cc588/5a47791aa683b719ca257306000d536c! OpenDocument.

⑥ Anthony Reid, *South East Asia in the Age of Commerce, 1450 -1680*, vol. 2: *Expansion and Crisis* (New Haven: Yale University Press, 1993), 119 - 129.

⑦ Adolf Heuken, *Historical Sites of Jakarta* (Jakarta: Cipta Loka Caraka, 2007), 33 - 52.

村落(kampongs)却放任不管,而且主要关注影响欧洲人生活的环境卫生事务。① 同时,英国将市政局引入新加坡、槟榔屿和仰光,法国将它引进到河内、海防、西贡和临近的华埠(Cholon)、岘港(Tourane/Da Nang)和金边。

到了两次世界大战期间,除了泰国以外的东南亚大部分地区都实施城市管理体系,包括规划和建设城市基础设施,主要关注大量欧洲中产阶级的舒适生活和福利。② 在公共卫生上,市政局对市中心的"本土人"和华人区域也有所管理,但是几乎没有意向改善穷人的居住环境。在秩序井然的外表背后,新加坡的廉价公寓不堪入目,勤奋的人力车夫和妓女饱受其苦。③

这种殖民地的城市管理模式在独立后很快衰败。新的各国政府致力于集权而不是放权治理,市政府自然衰退。市政委员会和城市机构如运输、电力和水务的资金短缺,极大地约束了它们根据不断增多的人口需求来有序地设置税费和弥补通货膨胀的能力。有轨电车系统被迫停止,供电中断,水无法饮用。同时,面对土地兼并和非法土地买卖,土地利用管理也失效。④

然而尽管存在这些经济和社会问题,东南亚的各国首都仍被当作新国家的标志和希望。新加坡城邦自成一国,而吉隆坡并不是与生俱来的首都。在 1957 年马来亚独立之前,吉隆坡是一个仅有 31.6 万人口的普通城镇;而现在却是一个尽情蔓延、熙熙攘攘的拥有 500 万人口的大都市。越南特色在于西贡,西贡在 1954 年至 1976 年之间是(南部)越南共和国的首都,目前仍然比首都河内更大。这些首都大城市不仅仅是国家政府所在地,也是通过军事政变或如 1789 年的巴黎人们起义一样推翻政府的地方。后者最近爆发在 1986 年的马尼拉,1973 年、1992 年和 2006 年的曼谷以及 1998 年的雅加达。对仰光民众起义的担忧导致缅甸成立军政府,建立了一个新的内陆首都内比都(Naypyidaw,很讽刺的是,名称意思是"国王宝座")。⑤ 马来西亚政府也建立了一个新首都布城(Putrajaya),但是将它移到远至吉隆坡的边界,作为塞城(Cyberjaya)附近的一个新中心,打造成仿效硅谷的"多媒体城市走廊"。⑥

城市管理不会总是依照国家的意愿而井井有条。亚洲危机之前,在东南亚首都之间出现强烈的差别,里梅(Rimmer)和迪克(Dick)把它们分为"计划性城市"和"自组织城市"。⑦ 计划性城市就是当城市需要资金投资现代化基础建设时,国家政府接管市政局和规划过程。最显著的两个例子就是新加坡和吉隆坡。相对之下,在印度尼西亚(雅加达)、菲律宾(马尼拉)和泰国(曼谷),此类规划就得不到政府支持并获得相应资金。

二者最典型的区别就是对城市交通的管理。满足大城市的内部运输需求是一个巨大的挑战。灵活小巧的汽车是理想的交通工具,它适合人们日常出行,但同时大量汽车又带来拥堵。一些东南亚城市通过谨慎规划来处理这个挑战。新加坡是一个杰出的案例,在市中心区域对机动车征收重税,并征收交通拥堵费,还用这笔资金建造一个精细的捷运系统。⑧ 吉隆坡也是一个更加依赖私家车的计划性城市。其他东南亚首都也在规划中,但表现不是特别突出。雅加达、马尼拉和曼谷是"自组织城市",拥堵驱使它们探索直达交通。在日本规划师和资金帮助下,马尼拉和曼谷在改装地面

① Howard Dick, *Surabaya, City of Work: A Socioeconomic History, 1900 - 2000* (Athens/Singapore: Ohio University Press/Singapore University Press, 2002/3); and Susan Abeyasekere, *Jakarta: A History* (Singapore: Oxford University Press, 1987).

② Brenda S. A. Yeoh, *Contesting Space: Power Relations and the Urban Environment in Colonial Singapore* (Kuala Lumpur and New York: Oxford University Press, 1996).

③ James F. Warren, *Rickshaw Coolie: A People's History of Singapore, 1880 - 1940* (Singapore and New York: Oxford University Press, 1986); and James F. Warren, *Ah Ku and Karayukisan: Prostitution in Singapore, 1870 - 1940* (Singapore and New York: Oxford University Press, 1993).

④ Dick and Rimmer, *Cities, Transport and Communications: The Integration of South East Asia Since 1850*, Part III.

⑤ Dulaypak Preecharushh, *Naypyidaw: The New Capital of Burma* (Chiang Mai: White Lotus 2009), xv.

⑥ Tim Bunnell, *Malaysia, Modernity and the Multimedia Super Corridor: A Critical Geography of Intelligent Landscapes* (London: Routledge, Curzon, 2004); and Ross King, *Kuala Lumpur and Putrajaya: Negotiating Urban Space in Malaysia* (Singapore: NUS Press, 2008).

⑦ Peter J. Rimmer and H. Dick, 'Appropriate Economic Space for Transnational Infrastructural Projects: Gateways, Multimodal Corridors and Special Economic Zones', *No. 237 ADBI Working Papers from Asian Development Bank Institute* (ADBI: Tokyo, 2010). http://www.adbi.org/fi les/2010.08.06.wp237.asia.tr... uctural.projects.pdf.

⑧ Sock-Yong Phang, 'How Singapore Regulates Transportation and Land Use', in Shahid Yusuf, Weiping Yu, and Simon Everett, eds., *Local Dynamics on an Era of Globalization* (Washington, D. C.: The World Bank, 2000), 159 - 163; and Phang Sock-Yong and R. Toh, 'Road Congestion Pricing in Singapore, 1975 - 2003', *Transportation Journal*, 43 (2) (2004), 16 - 25.

轻轨公共交通系统上取得了一定成功,而雅加达还处在专用公交车道阶段,发展举步唯艰。[1]

澳大利亚城市继承了英国民选市政府的传统。自从 1901 年建立联邦以来,市政局就成为第三层且最底层的政府。随着州政府在规模和复杂度上的发展,地方政府在权力上或资金上都无法与之并驾齐驱。堪培拉和布里斯班是仅有的两个单一地方政府职能的首都城市。其他所有城市都是高度分散的。这就引起一种政治真空,于此,就没有任何层次的政府部门接手城市基础设施建设的规划和投资。讽刺而言,澳大利亚的主导城市悉尼和墨尔本,目前也面临着和许多东南亚城市一样的公共建设匮乏问题,只不过没有那么严重。

澳大利亚的城市交通问题不严重,部分是因为人均收入远远高于除新加坡之外的其他任何东南亚地区。然而,固定路线公共交通仍然是 19 世纪末的简单辐射型城市的模式,所以新兴的多节点的城市环线必须大量依靠道路交通,而人口迅速增长导致了日益恶化的拥堵。即使出现更高效节能的轨道公共交通和更快的城际铁轨连接技术,州政府和联邦政府迄今为止还不能仿效财力远不如它们的东北亚政府调动资金全面建造此类基础设施。

城市等级体系

2010 年,联合国人口司记录了东南亚 23 个人口超过 100 万的城市群。[2] 这个数据包括人口超过 1000 多万的巨型城市雅加达、马尼拉和曼谷,其次是 500 万左右的胡志明市、新加坡、吉隆坡和仰光(参见插图 31.2d)。它们在人口上都超过了澳大利亚最大的城市悉尼和墨尔本,但是也远远低于最大的中国城市和东京、首尔。不过,就算是联合国这样权威的汇编统计,也容易陷入测量城市人口公认的困扰中。[3] 行政边界通常低估了功能性的城市居群。托马斯·布林克霍夫(Thomas Brinkhoff)所指的功能性集聚区"包括一个中心城市和与之相连的临近社区,例如,通过生生不息的建成区域和上班族"来与中心城区互通,但是这个标准也是灵活的。[4] 例如,首都雅加达省 2010 年的普查人口是 960 万;布林克霍夫认定是 1540 万;我们的估计是 2000 多万,数目和马尼拉一样。[5] 同样,东爪哇市的泗水统计人口是 280 万;布林克霍夫提供了 300 万的数据,而我们对泗水城区和城郊人口的估算是 500 万。[6] 新加坡的官方人口数 490 万也被低估了,它的人口功能性地溢出到毗邻国家,如马来西亚(新山市,Johor Bahru)和印度尼西亚(廖内群岛,Riau Islands),主要是集装箱港口(丹绒柏乐巴斯港,Tanjung Pelepas)及货物集散地、制造业、造船厂、旅游地和高尔夫球场这些领域的人口溢出。考虑到带状发展区、通勤区域和城市边缘地区活动的性质,对大城市延伸区域当然不存在精确的界定。对巨型城市职能规模的任何估算都应不超过 6 位数(参见表 31.1)。

澳大利亚的城市等级几乎是天壤之别的。当悉尼于 2010 年增长到 450 万的大都市时,墨尔本达到 400 万,布里斯班达到 200 万,珀斯有 170 万,阿德莱德 120 万,1913 年建立起来的内陆首都堪培拉仍然只有 37 万左右人口。[7] 当联邦议会不开会时,政治家和他们的幕僚返回家乡,这里就会回落为一个乡村城镇。包括商业在内的所有其他方面,州首府成为国民生活的多重中心。尽管共享同样的民族文化、联合航空交通以及现代通讯,这些省会仍然是彼此保持距离并保持独有的特性。在西南部的珀斯和东海岸中部的布里斯班之间横亘着 4000 公里的海岸线,飞机是唯一最快连接两地的交通工具。这种大陆模式更像北美洲而不像亚洲任何地方。澳大利亚城市蔓延到广阔区域的倾向也类似北美洲,但是不同于美国的是,它们没有贫穷的

① Peter J. Rimmer, '"Look East": The Relevance of Japanese Urban Planning and Technology to South East Asian Cities', *Transportation Planning and Technology*, 11(1986), 47 - 87; id., *Rikisha to Rapid Transit: Urban Public Transport Systems and Policy in South East Asia* (Sydney: Pergamon Press, 1986); and Rimmer and Dick, *The City in South East Asia: Patterns, Processes and Policy*, ch. 8.

② UNPD, *World Urbanization Prospects: The 2009 Revision Population Database*, United Nations Population Division, 2010. http://esa. un. org/unpd/wup/unup/index_panel2. html.

③ Gavin W. Jones and Mike Douglass, eds., *Mega-Urban Regions in Pacific Asia: Urban Dynamics in a Global Era* (Singapore: NUS Press, 2008).

④ Thomas Brinkhoff, *The Principal Agglomerations of the World*, www. citypopulation. de/world/Agglomerations. html. 四个超过百万人口的联合国城市群不在布林克霍夫的清单里,巴生(Klang,110 万)和茂物(Bogor,100 万)分别被并入吉隆坡和雅加达;海防(200 万)和内比都(100 万)被遗漏;但乔治城/槟榔屿在列表之内。

⑤ Rimmer and Dick, *The City in South East Asia: Patterns, Processes and Policy*.

⑥ Dick, *Surabaya, City of Work: A Socioeconomic History, 1900 - 2000*.

⑦ ABS 3218. 0: Regional Population Growth, Australia, 2008 - 2009 (Canberra, Australian Bureau of Statistics, 2010). www. abs. gov. au/ausstats/abs@. nsf/Latestproducts/3218.

市中心飞地(参见本书第27章)。

仅凭人口数目不能说明全世界范围内的城市排名。位于拉夫堡大学的全球化和世界城市组织(Globalization and World Cities [GaWC])将123个城市排序,标准是"高端生产者服务业"(会计业、广告、银行业/金融、法律和管理咨询),结果显示:与欧洲和东北亚不同,东南亚的巨型城市没有跻身于世界的"指挥和控制中心"。[①] 而新加坡上榜,与中国香港共同列入在最好的阿尔法(alpha)城市组的前十位,与伦敦、东京和纽约一个阵营。在澳大利亚排名第一的城市悉尼落入第二组贝它(beta)组,但是这里仍然不见其他东南亚城市的身影。曼谷、马尼拉和雅加达与吉隆坡同时出现在第三组作为三流的或伽马(gamma)世界城市,这一组还有澳大利亚的墨尔本。剩下的其它东南亚城市中,只有胡志明市还具备一点世界城市的特点。

然而,这样的排名最微妙和敏感的是实施标准。GaWC的调查结果表现出对欧洲和北美的偏袒和对澳大利亚、东南亚城市信息的匮乏。例如,当挑出澳大利亚阿德莱德的时候,研究忽略了更有活力的州首府布里斯班和珀斯。它也没有提到柬埔寨首都(金边)、缅甸首都(奈比多)或者印度尼西亚第二城(泗水)、马来西亚第二大城(槟榔屿)、菲律宾(宿务岛)和泰国(清迈)。随后的排名修订作了一些改进,将吉隆坡提升到"全球城市"的地位,因为它的国际证券市场与新加坡、中国香港实力相当。[②] GaWC尤其强调金融和专业服务,而不是生产力基础,因为金融和专业服务是新国际分工的重要构成因素,对城市形态产生巨大影响。而白领服务业集中在高层商业中心区,掌握新经济基础的工业园区被分散到城市周边,甚至越过城市官方边界。这些工业园区以出口市场为导向,在沿海和主要交通干道上汇聚成带状和集群的区域形态,吸引劳动力和相关服务。在商业中心区和城市边缘之间是城郊中心区,其核心是大型购物中心,这是一个封闭的私人空间,它合并了曾经遍布大街小巷的绝大多数商业和社会要素。

城市动力

亚洲繁荣的实体经济更好地体现在商品流通、人口熙攘和信息流通上。通过信息化和虚拟化实现贸易流通网络的非物质化——曼纽尔·卡斯特(Manuel Castells)把它称作"流动空间"(space of places)——在这种"流动空间"中,通过城市门户、沿着城际长廊,物料流通结构的重要性与日俱增,而前者非物质化与后者递增的重要性之间存在矛盾。[③]

东南亚的主导城市在集装箱货运、航空货运、航空客运和互联网领域是全球排名前25的重要枢纽,所以其地位清晰可见。根据流通产业来排序排名突出了新加坡在东南亚作为贸易中枢门户的重要地位,尤其是在集装箱货运、航空货运和航空客运领域,即便它不属于互联网使用的前25强(参见表31.2)。吉隆坡和曼谷也在同样三项中上榜。在国际物流中的如此实力巩固了它们作为生产地的吸引力,有助于在本土城市集中发展经济。尽管印度尼西亚拥有20国集团的新地位,但雅加达总体现代物流远远落后,即便其丹戎普里奥克(Tanjung Priok)港口的集装箱货运排名靠前。

澳大利亚没有一个城市在四个交通和通讯标准下跻身全球枢纽25强,反映了作为通往北美和欧洲主干线的亚太地区门户,澳大利亚是个南部死胡同(cul-de-sac)。连接澳大利亚和东南亚的是与新加坡相通的集装箱运输、航空货运、空乘和通讯网,其中,新加坡就是通往欧洲的一个近海门户。

连接东南亚和澳大利亚门户城市的运输通道展现在国际航空运输的密集程度上(参见插图31.3)。按照每天12次及以上航班的标准,有两条双弧线航线:一条是新加坡和中国香港这两个超级中心之间的直飞航班,另一条是从雅加达到吉隆坡和曼谷的航空延伸线路。马尼拉与新加坡和中国香港有直接往来,因而势头很猛。中国香港北部的延伸航线对东京、首尔、北京和上海成扇形散开。

---

① Jonathan V. Beaverstock, Richard G. Smith, and Peter J. Taylor, 'A Roster of World Cities', *Cities*, 16 (6) (1999), 445-458.

② Peter J. Taylor, David R. E. Walker, Gilda Catalano, and Michael Hoyles, 'Diversity and Power in the World City Network', *Cities*, 19 (4) (2002), 231-241; and Peter J. Taylor, 'Shanghai, Hong Kong, Taipei and Beijing within the World City Network: Positions, Trends and Prospects', 2006. http://ebookbrowse.com/the-world-city-network-positionstrends-and-prospects-doc-doc-d12195562.

③ Manuel Castells, *The Information Age: Economy, Society and Culture*, vol.1: *The Rise of the Network Society* (Oxford: Blackwell), 1996, 2nd edn. 2000; and Kathy Pain, 'Global Cities, Gateways and Corridors: Hierarchies, Roles and Functions'. International Conference on Gateways and Corridors, Vancouver, 2-4 May 2007. www.gatewaycorridor.com/roundconfpapers/.../Pain_Kathy_Vancouver.pdf.

表 31.2 集装箱运输、航空客运、航空货运和互联网枢纽全球排名前 25 位,2008 年

关口	模式							
	集装箱运输		航空货运		航空客运		互联网	
	排名	百万	排名	百万	排名	百万	排名	千兆比特每秒(Gbps)
		标准箱		公斤		乘客		
新加坡	1	29.9	7	1.9	7	36.3	—	—
丹绒柏乐巴斯港	18	5.6	—	—	—	—	—	—
合计	—	35.5						
香港	3	24.5	2	3.7	4	47.1	19	380
深圳	4	21.4	—	—	—	—	—	—
广州	8	11.0	—	—	—	—	—	—
合计	—	127.9						
吉隆坡/巴生港	15	8.0	22	0.6	25	17.8	—	—
曼谷/林查班	21	5.1	14	1.1	10	30.2	—	—
雅加达/丹戎普里奥克	25	4.0	—	—	—	—	—	—

注:TEU 是二十英寸等量单位;kg 为公斤;pass. 为乘客;Gbps 为通过国际边界连接都市圈的互联网宽带连接单位千兆比特每秒。集装箱港、航空货运和航空客运枢纽集中在半径 100 公里的范围内(如曼谷/林查班和吉隆坡/巴生港)和在同样半径内的多个国际集装箱港口组合在一起,不考虑行政边界(如新加坡/丹绒柏乐巴斯港)。

资料来源:*Containerisation International Yearbook*,2010 (London:Informa Ltd,2010);ACI,2010. Annual Traffic Data,2008. Airport Council International http://www. aci-na. org/stats/stats_traffic (accessed 7 June 2010);Telecommunications Geography International, *Telecommunications Geography* (Washington,D.C.:TeleGeography Inc.,2010).

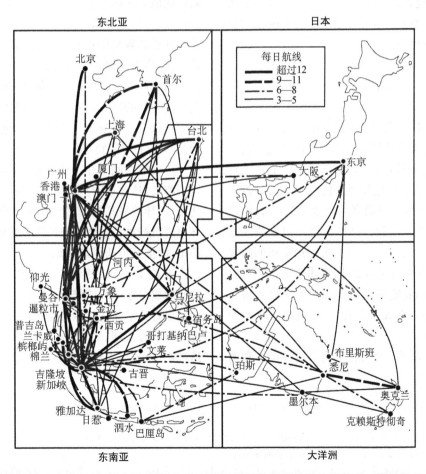

插图 31.3　每日直飞东南亚(包括中国香港)和澳大利亚机场的国际航空公司航班。资料源于 *OAG Flight Guide;The Complete Guide to Air Travel in Alphabetical from/to Sequence*,vol. 11:8[February,2010]。

每日 3 到 11 次的低频航班穿梭于东南亚各首都之间,它们是斯里巴加湾市、文莱、河内、金边、仰光、万象,还有二线城市宿务岛、西贡和泗水以及旅游中心巴厘岛、兰卡威岛、普吉岛和暹粒市(Siem Reap)。

两种模式显示澳大利亚的旅客运输非常保守。新加坡、吉隆坡、曼谷和中国香港是往来于欧洲的乘客中转站,而澳大利亚省府城市悉尼、墨尔本、布里斯班和珀斯在这层面上的人气要虚弱得多。这个结果很正常。尽管澳大利亚被列为繁荣的20国集团中的一员,但它的2300万人口还不及马来西亚,也没有支配性的国家中心。

澳大利亚与东南亚的关系淡泊如水,表现为它不在东南亚国家联盟(ASEAN)之列。第二次世界大战中澳大利亚与美国关系的不断加强,还加上1958年之后与日本,随后与韩国和中国的繁荣贸易缓慢地削弱了澳大利亚的英国殖民地的定位,而战后移民增强了它与欧洲的文化羁绊。虽然东北亚是澳大利亚的长期主要出口市场,但自20世纪80年代以来,亚洲移民才成为主导,主要是来自中国和南亚的移民。抛开中国和越南血统不说,此地东南亚的人口成分远远低于预期。这跟墨西哥人移民美国意义不同,也不像在欧盟内部那样的人员自由流动。

结语

无可争辩,在1800年之前,东南亚人均收入可以媲美欧洲。殖民主义及其相关的商品生产模式促进了人口和产出的稳定增长,但生活水平却持续低迷。自20世纪中期开始,非殖民化和经济民族主义又导致了几十年的政治动荡和经济萧条。然而,从1965年以来,新的国际分工以空前的经济增长把东南亚拉回到世界经济的轨道。新加坡是世界上人均最富裕的国家之一,而印度尼西亚也晋级为20国集团成员国。与中国和印度一样,可以肯定的是东南亚的人均收入将会持续增长并且超过百万人口会脱贫,迈进城市化和中产阶级的生活方式。

东南亚城市区域的广度和密度将会持续扩大和增加,这个期望在情理之中。预测到2050年,马尼拉人口会达到4300万,雅加达会达到3800万,曼谷会达到3500万,西贡达到2000万。[①]

在澳洲,城市扩展有可能由持续的高移民率来推动。官方估计,到2056年,墨尔本人口会达到750万,悉尼达到660万,布里斯班450万。[②] 它们依旧不是巨型城市,但收入和生活水平仍然将比新加坡以外的大多数东南亚国家更高。

会让这些长期预测落空的可能是可持续性。在澳洲,最严重的问题是缺乏淡水和农业边界的缩减。大城市从内地引水,对矿物燃料过分依赖,对能源的利用也严重低效。这些问题只能通过大量的投资来解决,而目前还没有这方面的政治意愿。因此,大众的压力将削减外来移民和人口增长。

在大多数东南亚城市,较大的弱点是气候变换和海平面上升。除了河内和吉隆坡这样的内河城市以外,其他大城市全部位于潮汐区,因此按照气候学家所言,这些城市会因海平面上升而遭受严重侵害。近年,这个弱点已经由于地下水的抽出和高层建筑的压力引起的地面下沉而加重。随着运河和地表变成广袤的硬表面,被采伐的内陆地区对降水的储存缺失,这些城市也容易遭遇频繁的严重水灾,再加上高峰潮汐和海平面上升,将会不仅让它们功能失调,还可能最终会对稠密的居住区有致命危机。雅加达三分之二地区被认为是易受淹没的地方;到2050年,曼谷、胡志明市和马尼拉都被认为是特别容易洪水泛滥的地区,其损失代价会是GDP的2%到6%。[③]

历史的讽刺不止一个。很多东南亚人口,尤其是马来群岛,从前过着水上生活。荷兰人占领雅加达(巴达维亚)导致城市环境的大灾难,那时,在内陆采伐森林而进行糖种植导致运河淤塞并变成有毒蚊蝇的繁殖沃土,周围的鱼塘也是如此。[④] 在18世纪后期,高尚的巴达维亚(Batavia)变成一个臭名昭著的死亡陷阱,像西非的奴隶堡垒一样糟糕。

尽管技术和适应性可能让东南亚城市恢复与水环境的和谐关系,但是好像更是纯粹的人口密度,如老巴达维亚,让城市太过污秽不堪并逼迫大多数城市退居

---

① SCF, Your City by the Year 2050? Skyscraper City Forums, 2010. www. skyscrapercity. com/showthread. php? t=521990&page=9.

② ABS, 3222. 0 - Population Projections, Australia, 2006 to 2101 (Canberra, Australian Bureau of Statistics, 2008). www. abs. gov. au/Ausstats/abs@. nsf/mf/3222. 0(2010年11月18日访问使用)。

③ World Bank, *Climate Risks and Adaptation in Asian Coastal Megacities*, 2010 http://digitalmedia. worldbank. org/CoastalMegacities (2010年11月18日访问使用)。

④ Leonard Blusse, *Strange Company: Chinese Settlers, Mestizo Women and the Dutch in VOC Batavia* (Dordrecht: Foris, 1986).

内陆。事实上，只有在近几个世纪，这些城市才获得了看似永久的安定。在前殖民时代，皇家首都经常迁移，有时出于被征服，有时由于火山喷发和资源枯竭等环境因素，有时只为图个吉利。木结构可以拆开然后重新拼装，而加固的混凝土是不易改变的。缅甸的首都早已在内陆重建，即便是由于政治和战略上的原因。

因此，东南亚可能是世界上第一批将混凝土、空调和汽车等危害环境的技术用到极致的地区之一。一个新的城市化模式可能需要重新拾起关于如何与水、地球、太阳和风和谐共存的知识。如此，这里将会是一片乐土，那些不能享受能源密集型生活方式的人们将不再被迫忍受一个仅供苟且的恶劣的城市环境。

参考文献

Bishop, Ryan, Phillips, John, and Yeo, Wei Wei, eds., *Postcolonial Urbanism: South East Asian Cities and Global Processes* (New York: Routledge, 2003).

Blainey, Geoffrey, *The Tyranny of Distance: How Distance Shaped Australia's History* (Melbourne: Sun Books, 1968).

Bunnell, Tim, Drummond, Lisa B. W., and Ho, K. C., eds., *Critical Reflections on Cities in South East Asia* (Singapore: Times Academic Press in association with Brill Academic Publishers, 2002).

Dick, H., and Rimmer, Peter J., *Cities, Transport and Communications: The Integration of South East Asia since 1850* (London: Palgrave Macmillan, 2003).

Frost, Lionel, *The New Urban Frontier: Urbanisation and City Building in Australasia and the American West* (Sydney: NSW University Press, 1991).

Goh, Robbie B. H., and Yeoh, Brenda S. Y., eds., *Theorizing the South East Asian City as Text: Urban Landscapes, Cultural Documents, and Interpretative Experiences* (Singapore: World Scientific Publishing, 2003).

Jones, Gavin W., and Douglass, Mike, eds., *Mega-Urban Regions in Pacific Asia: Urban Dynamics in a Global Era* (Singapore: NUS Press, 2008).

Kratoska, Paul H., Raben, Remco, and Nordholt, Henk Schulte, *Locating South East Asia: Geographies of Knowledge and Politics of Space* (Singapore: Singapore University Press, 2005).

McGee, T.G., *The South East Asian City* (London: Bell, 1967).

——and Robinson, Ira M., *The Mega-Urban Regions of South East Asia* (Vancouver, UBC Press, 1995).

Reid, Anthony, *South East Asia in the Age of Commerce, 1450 - 1680*, vol. 1: *The Land below the Winds* (New Haven: Yale University Press, 1988).

——*South East Asia in the Age of Commerce, 1450 -1680*, vol. 2: *Expansion and Crisis* (New Haven: Yale University Press, 1993).

Rimmer, Peter J., and Dick, H., *The City in South East Asia: Patterns, Processes and Policy* (Singapore/Honolulu: NUS Press and University of Hawaii Press, 2009).

汤艳梅 译 陈 恒 校

第 32 章 中东

默西迪丝·沃莱　穆罕默德·阿尔-阿萨德

中东城市……也就是在中东的城市。[①]

603　中东城市携特殊的功能、社会组织(在某些情况下还有宏大的物质结构[伊斯坦布尔在 1800 年是世界第四大城市,其建筑面积达 1700 公顷])步入 19 世纪,这些东西是它们从近代早期、奥斯曼统治时期继承下来的遗产(参见区域地图 II.2)。与人们的习见相反,奥斯曼时期的特色是帝国阿拉伯诸省引人注目的城市化率、城乡两个世界程度甚深的相互依赖,以及遍布帝国全境、延伸至伊朗和印度的活跃贸易路线。[②] 从法国对埃及的短暂占领开始(1798—1801 年),该地区即暴露在直接或间接的欧洲经济、政治、文化霸权的影响之下,随后,上述城市体系便经历了剧变。中央政府重新确认了对乡村地区的控制,人民的健康状况得到改善,商业联系也走向多样化(由此,中东得以与日益扩张的西欧工业经济体连接起来)。所有这一切,都对有利于城市富户而让乡村生产者逐渐失势的经济均势产生了影响。[③] 许多港口城市、准"城邦"以牺牲先前的区域中心为代价,在漫长的 19 世纪经历了巨大的发展。随着后殖民时代民族认同趋向稳定,城市等级结构亦再次发生改变。一些首府城市有了翻天覆地的变化,其他城市则几乎从零开始起步。1800 年,该地区住在城市中的人口比例不超过 10%,到 1950 年,此数达至 27%(2500 万人),与世界平均水平接近,进入 1990 年,则达到 58%(1.38 亿)(参见区域地图 III.2)。[④]

604　本章描述了在政治、经济层面发生的转变,考察了人口机制,凸显了随之而来的社会、空间变革。尾随新近发表的一些著作,本章认为,与盛行于非洲或印度殖

民地的情形相比,中东城市在社会、文化、物质上的转变遵循的是一种融外力、内因于一身的特殊模式。由此,各地在各个时代(前殖民时代、半殖民时代、殖民时代与后殖民时代)与西式现代生活的触碰,以及它在不同时期不断变换的表现形式(比如奥斯曼帝国的崇欧、战后的崇美,或后殖民时代的崇苏),构成了反复出现在本章中的一个主题。本章分为两部分。1858 年的《奥斯曼土地法》规定了私有产权,是为一端;20 世纪 50 年代的独立浪潮,是为另一端,它划定了第一个连续不断且对该地区造成影响的早期城市变革的时代,而由非殖民化运动开启的另一个时代构成了第二个连续不断的时期,其特色是国家主义的成长以及随后向经济自由主义的转向(由石油财富刺激起来的大型/城市房地产开发项目的数量日益增长证明了这一点)。

第一部分:从 19 世纪 50 年代到 20 世纪 50 年代

奥斯曼帝国改革时代

迄至第一次世界大战之时,中东大片地区(从埃及到亚美尼亚)仍在奥斯曼掌握之下。18 世纪晚期、19 世纪早期的革命——法国大革命与工业革命——对奥斯曼帝国产生了巨大影响。第一个革命推动了帝国的内部改革,即有名的坦志麦特(*Tanzimat*,字面意思是"重组"),其用意在于追赶欧洲的现代技术、跟上后者前进的步伐,相比之下,第二个革命产生了贸易量剧增的结果,它启动了该地区经济的彻底变革。在人们笔下,中东融入世界经济体系表现为一个三阶段的过程,

---

[①]　Peter Sluglett, ed., *The Urban Social History of the Middle East*, *1750 - 1950* (Syracuse: Syracuse University Press, 2008), 3.

[②]　André Raymond, *Grandes villes arabes à l'époque ottomane* (Paris: Sindbad, 1985), 54 - 66. See also above, Ch. 15.

[③]　Roger Owen, *The Middle East in the World Economy*, *1800 - 1914* (London: I. B. Tauris, 2005), 56; Sluglett, *Urban Social History*, 28.

[④]　Bernard Hourcade, 'The Demography of Cities and the Expansion of the Urban Space', in Sluglett, *Urban Social History*, 164 - 181.

由商业阶段,进而为金融—商业阶段,再进为政治—金融—商业阶段。为补足通过(不充分的)税收提取上来的国内收入,奥斯曼统治者举借了规模空前的外债,由此产生了破产,英法以及后来的德国对该地区的经济渗透加深的后果。19世纪期间,外贸的规模据说有10倍的增长。[1]"一战"以后,从奥斯曼帝国的解体中诞生了许多委任统治区、受保护国,此种情势强化了上述过程。

在法律、行政事务层面,"内部改革"(1839—1876年)所催生的自上而下的变革在帝国全境有着各式各样的自然表现形式,其影响的范围亦复杂多样,视各地环境及其与现代生活主要接入点(首府、港口城市、新城市、行政中心)的距离而定。另外,西方化、现代化、城市化是拥有自身的时间性、持久性、惯性的三大现象。虽然如此,就人口、移民、治理、经济增长、城市扩张以及城市更新而言,共通的模式我们还是能分辨出来。作为该地区主要的经济资源,土地在管理上所发生的变化对社会各阶层皆有影响,无论是在城市还是乡村。1858年私有产权的确定以及1867年外国人不动产权的授予,牺牲了某些社会群体(比如农民),而强化了另一些社会群体(比如非穆斯林少数族群)。"内部改革"的另一个社会产物是新型城市职业中产阶级(以"*effendiya*"之名为人所知,该词源于*effendi*、一个用来指代年轻知识分子的土耳其名词)的兴起。与传统的博学之士(*ulemas*)不同,这些人接受的是西式教育,熟悉英语、法语或意大利语;由于参与公务,他们亦有别于行会与商人。这个群体在传播新秩序一事上发挥了作用,并反过来从中受益。[2]国际主义是该时期的另一个社会特征。希腊、犹太、波斯商人在奥斯曼帝国晚期的伊斯坦布尔贸易体系中具有显赫地位。在19世纪,除了出身阿尔及利亚-切尔克斯(Turco-Circassian)人、亚美尼亚人、希腊人、叙利亚-黎巴嫩人的大型社群,埃及城市地区还是规模可观的马格里比(Maghrebi)、波斯人群体的家园,更别说这里还有西欧、东欧人的显著存在了。进入1900年,非穆斯林在伊兹密尔人口中占据了三分之二的比例。由于意大利移民中有成千上万人主要住在大城市,他们便成为该地区最大的欧洲人群体。1893年,有三分之一的巴格达人是逃避邻近的叙利亚、库尔德斯坦和伊朗之迫害的犹太人。卡贾尔(Qajar)王朝治下的伊朗(1796—

1925年)亦经历了一个类似的西方化过程,以及相关的多文化、多种族社会的发展(相比奥斯曼帝国有数十年的时间间隔)。19世纪30年代,汽轮航行有了进步;20年后,铁路也被引入进来;另外,运输成本也有了急剧下降。在这些因素的作用下,资本、劳力以前所未有的规模跨越国界流动,通过贸易、人与物的流动、人口迁移,中东城市日益紧密地相互连接在一起。

城市人口与等级结构

从1798到1945年,从摩洛哥到阿富汗的中东城市人口几乎增长了10倍,从280万人增至2600万人。[3]增长的部分原因源于人口的自然增长。整个19世纪,流行病继续残害人命。仅开罗一地,1831年死于霍乱者便有3万人;1835年死于瘟疫者有75000人。在1889年的霍乱大流行中,巴格达丧失了5%的人口。而在1903—1904年的霍乱大流行中,德黑兰损失的人口比例为10%。不过,高生育率日益赶超死亡率,由于新兴的中央政府持续不断地努力改善公共健康(包括免疫项目和检疫设施),卫生条件得以改进。与此同时,无论是原材料、欧洲商品的交易,还是新生的工业,人们对劳力的需求都很旺盛,这推动了人口连续不断地从乡村流入大大小小的城市中心。拿开罗来说,从19世纪50年代起,该城居民免服兵役的待遇形成了农民被吸引到城市中的另一个诱因。东地中海地区迅速发展的多个经济体吸引了欧洲工人、承包商。至于巨量人口从一个地区转移到另一地区,当为此负责的是战争,比如1856年的克里米亚战争、1877—1878年的俄土战争、1894—1895年的亚美尼亚大屠杀以及1915年发生在此地的种族灭绝。这些人口迁徙的主要受动者是18世纪兴起、用来为跨地中海贸易提供服务的一众港口城市,它们形成了网络,并在接下来的百年里继续繁荣下去。1869年,苏伊士运河开通,在它的影响下,新贸易线兴起;在它们的作用下,新的国际都市比如巴士拉(波斯湾岸一个类似于"城邦"的城市)也涌现出来。在汽轮的帮助下,巴士拉与巴格达、孟买的距离拉平了,进入20世纪20年代,从这里还发展出了分离运动。[4]

重要的古代都市继续发展(参见表32.1)。1896年,伊斯坦布尔的人口达到百万之数,开罗则在30年

606

[1] Owen, *The Middle East in the World Economy*, 287.

[2] Jens Hanssen, *Fin de siècle Beirut*, *The Making of an Ottoman Provincial Capital* (Oxford: Clarendon Press, 2005).

[3] Hourcade, 'The Demography of Cities'.

[4] Reidar Visser, *Basra, the Failed Gulf State: Separátism and Nationalism in Southern Iraq* (Berlin: LIT Verlag, 2005).

后亦发展到如此水平;前者是全球贸易的一极,后者则是高度中央集权的某个政府的所在地。其他都市由于经济生活向海岸城市迁移而深受其害。贝鲁特以牺牲大马士革为代价发展起来,后者是原来的纺织业、区域贸易中心,欧洲服饰的涌入以及海上商业的发展对其造成了严重打击,由此而导致了 1860 年的社会动乱、教派战争,结果,成千上万的大马士革基督徒死亡,约 7000 人逃离了这座城市。直至 19 世纪末,来自巴尔干半岛、克里特岛、高加索地区的大规模移民方才帮助这个叙利亚都市重新获得了人口、活力。

表 32.1 中东重要城市的人口增长(1800—1950 年)

	1800	1880—1900	1950
伊斯坦布尔	360000	950000	1035000
开罗	270000	570000	2420000
伊兹密尔	150000	180000	480000
阿勒颇	120000	127000	400000
大马士革	90000	154000	563000
安卡拉	50000	74000	290000
巴格达	约 30000	145000	580000
德黑兰	20000	200000	1300000
耶路撒冷	8750	55000	123000
亚历山大里亚	8000	232000	700000
贝鲁特	6000	140000	350000
特拉维夫	—	30000	567000

材料来源: B. Hourcade, 'The Demography of Cities and the Expansion of the Urban Space', in Peter Sluglett, ed., *The Urban Social History of the Middle East, 1750 - 1950* (Syracuse: Syracuse University Press, 2008), 164 - 181.

606　　崭新、大规模的城市发展成就是与大型基础设施一道出现的。从 1859 年开始,具有国际地位的一家私营公司沿苏伊士运河创建了三座城市,它们便属于这种情况。最后,从 20 世纪 30 年代以降,国家的建设促进了其他新城市体(比如利雅得、安卡拉、阿曼这类都市)的兴起,人们几乎是从零起步按照现代的功能要求对其进行规划的。

老式与新式的治理

607　　就我们所讨论的这个时期而言,中东城市在类型、规模上彼此相差甚大。历史悠久的城市(比如开罗、非

斯或伊斯坦布尔)与半殖民地或殖民地城市(比如卡萨布兰卡或赛德港,它们在历史上只有很小的核心区乃至于无)之间无甚可比之处。虽然如此,中央权威的再次确立打造了一个共同的框架。在奥斯曼宗主国的领导下,"内部改革"的过程将新的治理形式带给了城市。1855 年,伊斯坦布尔国际区(佩拉[Pera]/加拉塔[Galata])诞生了融合国家官员、欧洲代表、地方要人的市政机构,此后,这些组织的数量大有增长。1863 年,市政委员会在贝鲁特建立,同样的事情于 1868 年在阿勒颇发生、1870 年在北非的黎波里发生、19 世纪 60 年代早期在耶路撒冷发生。在殖民时代以前,北非城市有建立类似的混合委员会的经历(突尼斯是在 1858 年以后),这些委员会后来在法国或意大利的统治下继续发挥作用。在某些情况下,这些组织是由先前城市层面的共治式决策机关发展出来的,它们继续在城市中施行古老的协商权力,北非的的黎波里和耶路撒冷即属于这种情况。[①] 某些市政组织虽身属殖民地,却从中央权力那里获得了很大的自治。英国统治下(1882—1922 年)的亚历山大里亚即属于这种情况。就"市政府"一词的本义来说,埃及首个市政府是由一群本地和外国要人组成的:1890 年,由地方选举出来、在法律上负有责任、在财政上自治的城市政府诞生了。[②] 当然,事情总有例外:大马士革市政会议的成员清一色地是奥斯曼人,开罗则一直由中央统治,直至 1949 年。

同样具有决定意义的是财产占有、所有权方面的变动。一方面是义产(这一独特的伊斯兰制度让中东城市居民享有水资源供应、贫困救济之类的基本服务)逐渐地世俗化、集中化,另一方面是私人财产由于 1858 年的土地法而取得稳固地位,两者相结合改变了城市社会及其面貌。就开罗而言,这一过程的内容包括长达 20 年(19 世纪 60—70 年代期间)的国有(miri)土地无偿分配,它由中央当局执行,意图促进土木建设。1879 年,随着法、英两国对埃及金融加以控制,此项分配制度遂告消逝,富有的地方土地所有者和欧洲金融家掀起的投机开发取而代之。由于欧洲公司获得大量许可权,先前通过义产体系和行会(1890 年消亡于埃及)提供的有组织的城市服务遂被前者接过,只是固体废物的处理仍由某个特殊组织(zabbalin)负责,开

---

① Nora Lafi, *Une ville du Maghreb entre Ancien Régime et réformes ottomanes, Genèse des institutions municipales à Tripoli de Barbarie 1795 -1911* (Paris: L'Harmattan, 2002); Vincent Lemire, *La soif de Jérusalem* (Paris: Publications de la Sorbonne, 2010).

② Robert Ilbert, *Alexandrie 1830 -1930, histoire d'une communauté citadine* (Le Caire: IFAO, 1996).

罗直到今日仍是如此。1868年,开罗的管道供水由一位法国企业家特许经营;从1865年起,煤气以及后来的电力照明则由法国勒邦(Lebon)公司提供。类似的特许经营也在贝鲁特、大马士革、伊斯坦布尔和德黑兰发展起来。慈善政治逐渐成形,相比之下,虽然帮助穷人在伊斯兰教里是一种责任,既有的慈善设施甚至是财源丰厚的机构(比如伊斯坦布尔的皇家施粥所[imaret]、托钵僧修道院[tekke])却越来越无力为贫病人士提供有效的避难场所。由国家赞助的新机构(贫民院、孤儿院、医院)以及开罗伊斯兰慈善协会(Islamic Benevolent Society)之类的慈善组织接过了它们的工作。管理穷困、边缘人士的工作由统治当局加以实施。从19世纪30年代起,人们按照预定计划,对流浪穷人盘踞的开罗各街道展开清理。乞丐遣返回乡,寺院转为服务于穷人的贫民院。1834年通过的一项法令禁止娼妓、大众舞者出现在开罗,并将他们赶至上埃及。[①] 最后,为那些遭驱逐的人提供遮蔽场所的危房亦引起了市政机构的关注,它们在绝大多数重要城市的边缘地带大量增长。早在1896年,亚历山大里亚市政府便考虑对贫民窟进行清理。[②]

以世界典范为样板的城市扩张、更新

从19世纪70年代开始,由于基础设施(道路、桥梁)以及摩托化运输的快速发展,围绕着市中心,大量郊区在市中心附近的农地以及更远的地方蓬勃发展起来。私家运营的电车(在许多情况下由比利时公司掌控)于1870年出现在伊斯坦布尔,1894年出现在开罗,1897年出现在亚历山大里亚,1907年出现在大马士革,1911年出现在德黑兰。1868—1906年之间,借助对先前开垦并与老城接邻的古尼罗河沼泽地的分配,开罗的城市规模几乎增长了一倍。就伊斯坦布尔而言,19世纪末,大片的城郊土地经历了同样的城市化,以塔克西姆(Taksim)的练兵场为起点。在某些情况下,它们的城市化遵循的是前面提到的动力机制,博斯普鲁斯海峡沿岸海滨地区的住宅区扩张即属于这种情况。到20世纪10年代,在绝大多数重要都市的边缘,规模不等的花园郊区(法语作"nouvelles villes")——

从小型的近郊(贝鲁特的星形郊区[quartier de l'Etoile]或开罗的花园城区)到目标居民人口为3万的新卫星城(比如创建于1905年的开罗赫利奥波利斯[Heliopolis])——繁兴起来,并引导着城市的扩延。人们同样通过再开发开拓新的空间,这方面的一个案例便是伊斯坦布尔,由于该城的所有城区经常毁于火灾(1853—1922年登记在案的便有300个),此后,该城得到了彻底重建。

我们知道,整个19世纪,欧洲的规划模式尤其是豪斯曼规划的巴黎对这些新的城市面貌的形成产生了作用。据说,在访问欧洲后,波斯统治者内斯雷丁王(Nasreddin Shah)在1870—1871年开始推倒萨法维时期的德黑兰旧城墙,允许大兴土木。在1867年访问巴黎后,埃及总督应当起了建设新开罗的心思。伊兹密尔逐渐获得"黎凡特小巴黎"(Petit Paris du Levant)的雅号。[③] 绝大多数经整治融入中东城市既有城市网络中的新街道无一例外以"里沃利街道"(Rue de Rivoli)之名为人所知,哪怕它们与其众所周知的样板几乎没有什么共同之处。人们整治新街道,将其融入旧网络,从而形成商业街;执行建筑规划,校正既有的狭窄、不规范街道;或是兴建公共广场、公园。通过这些措施,该地区绝大多数城镇确切无疑地将某种"豪斯曼主义"的标准引了进来。作为一个早期案例,埃及体现了不仅限于大城市(开罗、亚历山大里亚),而是系统地延伸至地方区域——通过国家的干预——的那种变革模式。从亚历山大里亚到阿斯旺,绝大多数行政中心经历了与铁路到来相关的城市翻新、重塑。以城郊的车站为起点,整治出来的新街道延伸到位于其周边的老的市中心,新的城区以网格状建立起来,尼罗河岸也形成了河滨地带。[④] 1908年,奥斯曼行政当局在大马士革开始兴建宽阔、直行的新街,[⑤]巴格达则是在1914年。不过,在绝大多数情况下,这些干预保持在较低水平,并且是在最低限度上对既有的建筑网络产生影响。

与豪斯曼规划的巴黎相比,中东绝大多数既有城市成功地将规模可观的老的市中心保留下来,并几乎传至今日,这是有着多层次的过去以及义产制度留给

① Mine Ener, *Managing Egypt's Poor and the Politics of Benevolence*,*1800 - 1952*(Princeton:Princeton University Press),2003.

② Ilbert, *Alexandrie*, 388 - 390.

③ Hervé Georgelin, *La fin de Smyrne*,*Du cosmopolitisme aux nationalismes*(Paris:Editions du CNRS, 2005).

④ Mercedes Volait, *Architectes et architectures de l'égypte moderne(1830 - 1950)*,*genèse et essor d'une expertise technique locale*(Paris:Maisonneuve et Larose, 2005).

⑤ Stefan Weber, *Damascus, Ottoman Modernity and Urban Transformation(1808 - 1918)*,(Proceedings of the Danish Institute in Damascus, v, 2009).

它们的遗产。义产制度通过让渡成形资产、使其存之长久,用以促进义产的收益(在某些情况下,历史上的城市网络有 75% 是义产的产物)。历史上的庞大土地储备(比如,以非斯为例,其数达 280 公顷)反过来决定了其所属城市的面貌和未来,直至 20 世纪。统治当局(无论是殖民当局还是另外的统治者)以不断变换的方式对历史上的市中心作出反应。早期发生的引人注目的损毁现象(比如 19 世纪 30、40 年代的阿尔及尔,19 世纪 70 年代的开罗),让位给了对历史遗迹、古城区价值的关注,因为在当时,欧洲古文物学家参与到了捍卫“老巴黎”(Vieux Paris)或“老圣彼得堡”(Vieux St Petersbourg)的活动中。到 1883 年,心怀忧虑的欧洲文物迷为开罗收集了一份清单,包含 800 处需加以检视的历史遗迹。早在 1881 年,阿拉伯艺术遗迹保护委员会(Comite de conservation des monuments de l'art arabe)便成立了,负责遗迹的修复工作。非斯与帝国时代的摩洛哥城市网络在 20 世纪早期受到了下述政策的影响:这些政策旨在通过严格的区域规划以及冠名“城市种族隔离”('urban apartheid',它将土著区与为外国人规划的那些城区严格区分开来)的措施,保留城市的独特特征。[1] 1900 年以后,由于新伊斯兰风格的建筑在该区域四处扩散,该保守主义运动同样在新建筑身上留下了自己的印记。

由此,被称作一种模式的“巴黎的豪斯曼化”在中东几乎就寻不见与之相埒的现象了。开罗的修缮起自殖民统治之前,在英国占领此地后加速推进,并一直延续到独立(1922 年)以后,这进一步显明城市建设与历年展开的政治活动没有关联。许久以后,德黑兰开始由人们加以彻底的重新规划,最早的宽阔街道在 1933—1940 年完工。到那时,巴黎模式的魅力已丧失大半,英、美规划模式行情看涨。借助种种标准,20 世纪 20—50 年代因伊朗石油业而产生的新城镇由英国建筑师、规划师威尔逊(James Mollison Wilson)进行设计,他主要是受到了卢伊藤(Luyten)将花园城市、城市美化理念运用于新德里的启发。已在印度试验过的花园城市的另一个英国拥护者在 1925 年对特拉维夫进行了规划,他就是格迪斯(Patrick Geddes)。进入 1929 年,开罗的第一份大型规划书起草完毕,其目的是将“真正的城市规划、花园城市潮流的原则”应用到该城在未来的扩张中去。它的一个早期成就便是全新的沃卡夫城区(Madinat al-Awqaf)的形成(也就是今天的“工程师之城”[Muhandisin]),它是 1948 年以来在尼罗河左岸的农地上建起来的,里面的住宅区以公园为中心稀松分布,宽敞的道路连接成网,公共空间的供应非常充足。

现代性的新城市文化

城市发展将新的建筑形态引入城市。新街道两旁排列着大量的银行办公室、百货商铺,它们是著名的欧洲公司的分店,比如开罗的勒邦百货商店(法国)或斯特恩商店(Stein,维也纳)。在住宅建筑领域,产生了新型的个人或集体住所,它反映了家庭生活、结构方面的社会变迁。早先的城镇普通房屋、平房、混合建筑(比如堪为典范的“公寓别墅”,这样的一栋建筑里重叠着许多公寓,各有其通道)为后豪斯曼时代的公寓大楼取代(在 19、20 世纪之交),它们是半圆顶、有角的圆形建筑;往后登台亮相的则是北美式的公寓楼(从 20 世纪 30 年代起)。一般而言,虽然埃及城市的工人住宅、福利住宅实验(连排式住宅,它是四层公寓楼的样板)是与纳赛尔主义联系在一起的,其源头却可追溯到 20 世纪 10 年代,在接下来的数十年里,通过一系列的规划,低收入家庭享受到了这些实验带来的果实。

“内部改革”以及随后的“复兴”(Nahda)引进的种种便利设施并不局限于交通、公共照明、配水、污水处理(1907 年由英国人引入)以及新的消费场地等领域。大众娱乐同样对现代中东城市的空间、社会进行了重塑:戏院、歌剧院、马场、公园、漫步场所、供热设施等,都是 19 世纪 60 年代以来的产物,不管它们是由国家资助的事业(开罗)还是由商人经营的生意(伊斯坦布尔)。开罗的歌剧院于 1869 年开张;1883 年,伊兹密尔有四家戏院;到 1900 年,伊斯坦布尔的一个区——佩拉——满布这类设施。在 1895 年电影术诞生之后不久,电影院也被引了进来。开罗早在 1897 年便有电影放送。1916 年,奥斯曼政府资助了大马士革的第一家剧院,它主要是被用作电影院。到 1922 年,贝鲁特、阿勒颇各有三到四家电影院。女人们依照不同的放送时间表或不同的放送单元,进场观影。进入 20 世纪 30、40 年代,露天电影院广泛兴建起来。

与殖民城市相比,东地中海地区的这类设施主要不是满足人数有限的欧洲殖民者、移居者群体的需求,而是同样地满足职业中产阶级、商人地主阶级、穆斯林以及少数群体的需求。博物馆、共济会会所、男性俱乐部、学会、论政馆(political cafes)是体现了现代性别区

---

① Janet Abu-Lughod, *Rabat: Urban Apartheid in Morocco* (Princeton: Princeton University Press, 1980).

分文化的代表性场所,人们在 20 世纪前几十年的大、中城市可以发现它们的身影。开罗的古物博物馆(Museum of Antiquities)创建于 1869 年,1902 年,移入一座为它而建的建筑中。伊斯坦布尔考古博物馆最初设在一间古凉亭中,于 1891 年在具有国际地位的一位奥斯曼官员的倡议下建立,此人即是画家、考古学家哈姆迪(Osman Hamdi)。1925 年,一个类似的机构建立于巴格达;在德黑兰则是在 1939 年。在 1935 年遭阿塔突尔克(Ataturk)驱逐前,共济会在伊斯坦布尔非常繁盛,一如它在该地区绝大多数其他都市中的发展状况。女性文学沙龙为两性提供了交往的机会。巴勒斯坦女诗人齐亚德(Ziade)位于开罗的沙龙(1913—1933 年)尤其享有盛誉。同样的圈子也存在于耶路撒冷、阿勒颇、大马士革,它们是作家、各地记者、官员、办公职员、政客、欧洲外交官的汇聚之所。

　　年轻世俗精英的现代需求通常以街区为表达渠道,比如 1908 年青年土耳其党在后来成为土耳其(在 1923 年奥斯曼帝国接替之后)的那块土地上展开的活动,以及前赴后继的几代埃及精英(effendis)反抗英国的活动——以 1919 年的反英大起义为起点。在许多情况下,示威者普遍达到了政客们所不能达到的目的,他们反复发动的起义为 20 世纪 50 年代的独立浪潮铺平了道路。正是起义者在 1952 年 1 月 26 日燃起的开罗大火将自 1922 年起统治埃及的议会君主国送进了坟墓。在这场大火中,成百上千的建筑——酒吧、电影院、餐馆、宾馆、百货商店(所有这些是大多数开罗人无法消受的排他性现代文化的标志)——被烧毁,从而开启了该都市事实上还有整个该地区历史的新篇章。

第二部分:20 世纪 50 年代至今

经济与政治背景

　　20 世纪中期带来的一系列政治、经济、社会变迁极大地改变了中东城市的发展态势。在对这些变迁进行讨论之前,我们需指出为数众多的一般问题、趋势。

从政治上讲,该地区渐渐容纳了 15 个以上的国家,它们出现在殖民时代之后,都争先恐后地以民族国家的身份展开活动。① 虽然处在伊斯兰教(包括逊尼、什叶两个分支)的统一之下,人们还可根据由语言界定的民族认同来对该地区进行细分,由此而有伊朗、土耳其、阿拉伯国家之别。②

　　在我们探讨的这个时期(从后殖民时代开始),该地区的国家无一不受到它们与西方关系的极大影响,后者甚至决定了前者的形成。殖民时代对该地区施加政治影响的强权是英、法。而后,它们的影响迅速让位于美国的影响,苏联以及东方集团国家(Eastern Bloc)也竞相追求自己的影响力,直到 1989 年苏维埃体系崩溃。

　　整个这段时期在政治层面将该地区诸国联系起来的一个特征是,它们都是由可以"中央极权政权"之名称呼的政府统治的。这在各国的市政结构上表现得尤其清楚。由于在过去的 10 年里经历了一次清晰的民主化历程,土耳其以一个例外的形象出现。不过在那之前,它有军事政变、军人统治的双重经历。黎巴嫩构成了另一个例外。不过,一个虚弱的中央政府、分离主义、一次内战(1975—1990 年)、反复发生的国内冲突——与它们相关联的其他政治问题早已让该国深受其害。或许人们还可加上一点:从 2011 年以来,作为发生在阿拉伯世界若干地区的大众暴动的结果,这种极权主义已经受到了严重的挑战,不过对这些暴动的后果加以评判还为时过早。

　　从经济上讲,该地区的国家表现出极端化的特征。这在考虑到国民生产总值、人均收入时表现得很清楚。土耳其、沙特阿拉伯跻身世界 20 大经济体之列。身为该地区最大的经济体,土耳其正在成为日益工业化的国家,其经济增长率现在排在全球的最前沿。海湾地区石油蕴藏量丰富的酋长国主要有阿拉伯联合酋长国、卡塔尔、科威特,它们以位于世界最前沿的高人均收入为荣。就另一个极端来说,也门、苏丹、埃及这类国家深受人均收入极低之苦。介于两类国家之间的是

---

　　① 该地区包括伊朗、土耳其和众多阿拉伯国家。这些阿拉伯国家包括位于非洲尼罗河谷的那些国家(比如埃及和苏丹),以及亚洲的阿拉伯国家。后者包括位于阿拉伯半岛和肥沃月弯的那些国家。位于阿拉伯半岛的国家是沙特阿拉伯、科威特、卡塔尔、阿拉伯联合酋长国、阿曼。它们常被称为"海湾"国家,以其庞大的石油财富为特征。阿拉伯半岛剩余的那个国家是贫穷得多的也门。肥沃月弯包括伊拉克、叙利亚、黎巴嫩、约旦这几个国家。另外还有巴勒斯坦地区,包括西岸、加沙地带。它们尚未以巴勒斯坦国家的身份获得政治独立,仍处在以色列控制之下。

　　② 该地区包含的另一个民族是库尔德人。有库尔德人的显著存在的是土耳其、伊拉克、伊朗以及叙利亚。与阿拉伯人、土耳其人和伊朗人不同,库尔德人没有自己的国家,不过从 20 世纪 90 年代以来,他们在伊拉克已获得自治地位。至于以色列,它虽在地理上属于该地区,不过在我们的综合考察中,并不将它含在内,因为它的政治、经济、文化、社会结构决定了它更多的是一个西方国家,而非被我们放在该地区背景下加以探讨的那种国家。

约旦、叙利亚、黎巴嫩这类国家,它们被认为是中等收入国家,不过其经济规模较小。绝大多数这些国家对作为收入来源的石油、天然气生产有着严重依赖,土耳其是一个显著的例外。这一点不仅适用于沙特阿拉伯、伊朗、海湾国家这样的富国,也适用于埃及、叙利亚、也门、苏丹这样更穷的国家。

城市发展与人口运动

自20世纪50年代以来(到20世纪70年代尤其是这样),有一个重大的城市建设现象开始浮现,它也就是城市无序延伸的程度升高,基于此,城市周围的农地常常牺牲给了建筑活动。此事常与既有公交体系的无效以及作为城市交通主要承担者的私家车的主导地位相关联。与此同时,旨在发展城市管理、规划体系——解决土地利用模式或环境保护之类的问题——的清晰战略并未诉诸实施。即便设计出了这样的战略,可以获得的金融、人力资源以及制度架构通常没有足够能力将其付诸实施。哪怕是在海湾地区的富裕城市,我们都可看到这样的情形。在这里,尽管必要的金融资源并不缺乏,有关城市管理的综合视野、关键性的地方人才储备却付诸阙如。在此种情况下,城市的无序延伸、私家车占据统治地位便不是其来无自了。

该地区受到了大量人口流动的影响,其中绝大多数是以城市为导向的。此种流动很大一部分是政治动乱的产物。其中最剧烈者当属1948、1967年的阿以战争所导致的巴勒斯坦人的迁徙。这些冲突迫使大量人众迁出巴勒斯坦,结果导致各国境内存在着大量的难民营,遍布整个地区。巴勒斯坦人的大流散在该地区人民的集体精神以及城市发展中留下了深厚印记。如此,该地区城市(比如阿曼)的发展、性格在很大程度上与巴勒斯坦难民的流动联系起来。内乱、骚动对该地区其他地方也有影响。这在伊拉克、黎巴嫩身上最明显地体现出来,在这两个地方,大量人口被迫在国境之内迁往他地或是移居国外。比如,在贝鲁特南部渐渐发展出来的大规模非正式居住区主要住着黎巴嫩南部的什叶派人口。另外,自1990—1991年的海湾战争以来,由于国家陷入瘫痪状态,成百上千万的伊拉克人被迫背井离乡。他们要么在国内迁徙,要么离国远走——经常的去处是约旦、叙利亚和伊朗城市。

不是所有的人口流动都是导源于冲突的人口迁徙

的产物。在该地区穷国的人口往该地区更富裕的国家寻找更好的经济机遇时,经济因素发挥着重要作用。埃及很久以来便是一个主要的劳工输出国,他们主要是不熟练或半熟练的青工,其工作领域是农业、建筑和服务部门。对更好生活的追求引导他们迁往该地区不同地方(主要是海湾区域)的城市,不过,约旦、黎巴嫩这类中等收入国家的城市也是他们的目的地。从劳工到熟练专家、来自该地区内、外部的各种去国者构成了许多海湾城市人口的大多数。

的确,在长达数十年的时间里,大量城市的决定性特征是大量移居人口的存在。虽然这是一个长期趋势,且这些移居者当中的许多人最后在落脚地生活了很长时间(如果不是无限期住下去的话),但他们仍被看作临时居民,这在海湾城市身上表现得尤其明显。他们当中的绝大多数人并未获授公民权,由此,与认同、归属相关的复杂情况产生出来。

和发展中世界的其他地方一样,从乡村地区、小城镇流向大城市的人口内部流动也在该地区发生了。人口增长的一个重要源泉是该地区的生育率,它胜过了世界平均水平。[①] 在上述不同因素的作用下,该地区某些城市成长为巨大的都市。根据保守估计,今日的开罗、伊斯坦布尔拥有1000多万人口,德黑兰则有800多万。20世纪晚期,不可控制的高水平城市发展是对该地区城市起形塑作用的一个长期性因素。到20世纪70、80年代,这样的发展常常使负责城市管理的既有机构(无论是市级还是地区、国家级别的机构)失去用武之地。这类情形普见于发展中世界,在后者那里,城市"衰落"已渐渐与人口过度增长以及与此相伴的过度拥挤的非正式居住区(而非人口衰减)挂上钩。

引人注目的是,在20世纪50年代,该地区在当时的某些主要城市不过是些小城镇,甚至是乡村。这在海湾地区城市的身上表现得尤其明显,它们都是从那时起崛起为大规模的城市中心的。迪拜是最能说明该现象的一个最显眼的案例。它以一个小贸易站的身份起家,在20世纪中期时拥有2万左右的人口,渐渐地,它成为该地区主要的大都市和全球商业中心,人口达致近300万之数(2010年)。

进入20世纪晚期,该地区日益表现出一种强大的二元性——"历史"城市 VS "现代"城市。伊斯坦布尔、开罗、大马士革、耶路撒冷、巴格达、伊斯法罕、萨那

---

① 有关中东的人口增长率,参见 Ragui Assaad and Farzaneh Roudi-Fahimi, *Youth in the Middle East and North Africa: Demographic Opportunity or Challenge?* (Washington, D. C.: Population Reference Bureau, 2007)。该报告可登陆 http://www.prb.org/pdf07/youthinMENA.pdf 浏览。

(Sana'a)之类的城市,以及许多其他城市,有着非常深厚的历史根基;相比之下,对海湾地区的那些城市来说,其历史就要短得多。就对该地区历史城市中的历史建筑、区域进行处理而言,它仍是一个既呈现大量机遇、又提出诸多挑战(这些机遇、挑战与这些城市的城市管理有关)的问题。

民族国家治下的城市治理与城市精英

在这个时期,众多都市几乎在政治、经济与文化层面占据了几近完全的统治地位,此现象对该地区有着决定性影响。甚至是昔日的伟大城市中心,在这些都市的作用下,其地位也在某种程度上被边缘化。我们可举如下事例:亚历山大里亚之于开罗,巴士拉、摩苏尔之于巴格达,伊斯法罕、大不里士之于德黑兰,的黎波里之于贝鲁特,阿勒颇之于大马士革。

例外的是土耳其,其最大的城市伊斯坦布尔在1923年土耳其共和国成立时不再以政治首府的身份发挥作用。经济权力继续掌握在伊斯坦布尔手上,虽然该国的统治中心在安卡拉。沙特阿拉伯同样在部分程度上构成了该现象的一个例外。事实上,该国首都利雅得逐渐成为该国最大的城市中心,吉达的地位很明显被取代了,后者在历史上曾是阿拉伯半岛的主要都市。与此同时,利雅得和其他沙特城市中心(比如西部的麦加、麦地那,东部的达曼、达兰[Dhahran])仍是重要的经济活跃城市。在更大的程度上,这要拜该国庞大的金融资源所赐,这让其能够将这些城市的发展支撑到该地区其他国家所不能达到的水平上。

该地区首都的这种统治地位是国家无上权力的体现,它与国家政权的极权性质关联在一起。市政当局仍完全从属于国家政权体系,城市自治的概念仍然微弱。不过,实行市政官员选举的地域日益扩张,尤其是在过去的10年里。卡塔尔在1999年举行了自己最初的那些市政官员选举;巴林(Bahrain)是在2002年;沙特阿拉伯是在2005年。虽然如此,市长、市议员的完全选举在该地区的绝大多数国家中仍非常态,而这些官员所拥有的权威通常是由中央统治机关控制的。

在过去60年里,该地区许多城市经历了显著的城市精英身份发生断裂的现象。在某些情况下,这是政治危机的结果,埃及、叙利亚、伊拉克、伊朗之类的国家

即属于这种情况,在这些地方,政权更迭通过政变或暴力动乱的形式实现。既有的政治精英被迫挪位,新的精英常常有着深厚的乡村根基或联系,他们取代了前者的地位。这类断裂的意义极其重大。新统治阶级带来了明显不同的社会、文化规范,它们取代了优越而常常根基深厚的城市价值观。同样重要的是引人注目的乡村人口向城市的迁移。移民的庞大数目常使它能在最后将移民的存在转化为社会、文化、经济和政治上的权力,即便老的政治精英并未被暴力推翻。总而言之,传统城市精英的去位(或者说至少遭到了明显的削弱)与一个新的有着乡村根基的强大阶级的兴起,成为普见于该地区既有城市中心中的现象。

塑造新环境

自20世纪50年代以来,大量城市工程(urban projects)开展起来,它们是我们在上面提到的若干因素、变化的展现者、说明者。20世纪50、60年代在很大程度上是该地区希望与乐观主义当道的几十年。殖民主义走入末途,一个新的民族独立时代触手可及。主要是通过工业化,人们还对技术导致经济增长、富裕的革命性力量怀有强烈信念。建筑与城市的现代化构成了这个总体愿景不可或缺的组成部分,其题中之义是:排斥(或者说至少是缺乏兴趣)建筑方面以及城市中的历史陈迹;对现代化的信仰;奔向这样一个未来——发展中世界将在经济、政治上与世界发达工业国相比肩。

该时代一个主要的城市典范是纳赛尔城(Nasr City,意为"胜利"之城),其构思起于20世纪60年代期间。它是以大规模形式出现在开罗以东沙漠中的城市建设成果。该城建筑以社会主义公共住宅区为基准修建,占地约250平方千米,迄今仍是开罗最大的区。老开罗大部分地区盛行的是不那么规范的街道布局,相比之下,纳赛尔城的规划依据的是清晰的直角网格体系。它体现了对过去——与从属于外国和/或不发达状态相关联的过去——的背离和排斥。① 在这个时期,埃及建筑师、规划师在该地区的阿拉伯国家中变得非常活跃。成果最多的人当中有一位库拉伊姆(Sayyid Kuraym)。他在埃及以外的许多工程中有20世纪50年代建于利雅得的新政府办公建筑区。②

---

① 有关20世纪50、60年代开罗的演化,参见 Janet Abu-Lughod, *Cairo*。有关对20世纪50年代以来开罗城市演化的概括性看法,参见 Ghislaine Alleaume and Mercedes Volait, 'The Modern Metropolis', in André Raymond, ed., *The Glory of Cairo* (Cairo: AUC Press, 2002), 439-464。

② 有关库拉伊姆及其工作,参见 Mercedes Volait, L'architecture moderne en égypte et la revue al-'imara (1939-1959) (Cairo: CEDEJ, 1988)。

除以上外，在 20 世纪 50、60 年代期间，还有许多雄心勃勃的城市总体规划是为该地区的城市量身制作的，尽管它们并不必然付诸实施。这些规划的实施者是欧洲、美国规划师，其目标是实现城市的现代化，此举常常以牺牲现代以前的城市架构为代价。在这些规划师中，更为活跃的有一位来自希腊、享有国际知名度的康斯坦丁诺斯·佐克西亚季斯（Constantinos Doxiadis），此人于 20 世纪 50、60 年代在黎巴嫩、伊拉克、苏丹、沙特阿拉伯承担过规划工作。1955 年，他为巴格达和许多其他的伊拉克城市制作了一份规划方案。20 世纪 60 年代期间，波尔塞维斯（Polservice）公司（这是一家波兰规划公司）提出的方案取代了佐氏方案，这反映了身属共产主义集团的国家在该地区的影响力日益增强。[1]

另一位活跃在该地区的现代派规划师是来自法国的埃科沙尔（Michel Ecochard）。在殖民主义时代，他曾有过在大马士革、贝鲁特工作的经历。在独立之后的 20 世纪 50、60 年代期间，他受托为贝鲁特、其他黎巴嫩城市，为大马士革，为大不里士提出总体规划方案。进入 20 世纪 70 年代，他继续在伊朗为马什哈德（Meshed）、德黑兰开展规划工作。[2] 同样活跃在伊朗的还有格林（Victor Gruen），这位奥地利—美国建筑师为德黑兰制定了一份规范方案。[3]

该地区在 20 世纪 70 年代的突出特征是大量政治动乱的发生，虽然如此，该时期也带来了非比寻常的建设潮，为此买单的是 1973 年石油禁运之后的石油价格暴涨。油价暴涨将难以想象的飞来横财带给了石油输出国，比如伊朗、伊拉克、海湾国家，新生财富的一部分亦如溪流一般润泽该地区的贫油国。大规模的工程主要是在富油国展开的，它们包括航空港、大学校园以及清真寺之类的公共建筑，其中某些可跻身世界最大规模工程之列。比较而言，20 世纪 70 年代更让人铭记于心的并非城市规划方案，而是热火朝天的建设潮。尽管如此，就这个时期而言，该地区城市所发生的转变仍是惊人的。人口增长达到了爆炸性的高度。控制此种增长成为日渐困难的一项任务。

20 世纪 80 年代让 20 世纪 70 年代取得的许多成就延续下来。暴力冲突继续烦害着伊朗、伊拉克和黎巴嫩之类的国家。而到这 10 年的末端，油价走向平缓，与此相随，20 世纪 70 年代中期以来的建设热潮亦有所降温。尽管如此，城市人口增长的态势仍不见弱，从而对城市产生了巨大的压力。20 世纪 70、80 年代，城市管理中极为引人注目的一块即是城市交通。随着城市的急剧扩张以及汽车拥有水平的暴增，交通堵塞问题达到了不堪重负的程度。虽则如此，在城市交通问题上，人们的很多注意力却集中在以下事项上：通过拓宽既有道路或规划新道路，便利汽车的通行。此举与其说是解决问题不如说是加剧病症。相比之下，公共交通投资落后了。此项政策的一个实例即是伊斯坦布尔两座跨越博斯普鲁斯海峡的大规模桥梁的修建，其中第一座完工于 1973 年，第二座完工于 1988 年。这些桥梁旨在为全城——其位于欧洲、亚洲的不同区域——汽车流通提供便利，此举因此而危及了不同城区的地方自治，进而加剧了伊斯坦布尔的交通拥堵。交通堵塞成为该地区各个城市的普遍问题，城市生活的质量因此而大受影响。以德黑兰为例，交通堵塞（以及其他因素，比如包围城市的多条雄伟山脊的存在）已然导致无以复加的剧烈污染。在某些时候，污染如此厉害，以至于该城大部分地区都隐没在其中。[4]

20 世纪 80 年代晚期，通过改善公共交通从而解决城市交通之挑战的一些努力出现了。一个早期的案例即是开通于 1987 年的开罗地铁，在开通那年，第一阶段 43 公里的铁道线已然建成。同样，伊斯坦布尔在 1989 年建成了自己的首条轻轨路线。[5] 另外，随着 20 世纪 90 年代的到来，一系列新的大规模城市规划开始涌现。这在部分程度上是因为人们意识到了：解决该地区城市所面临的挑战需要的是集成化而非碎片化的城市管理。而在此之外，也有经济方面的背景存在。20 世纪 90 年代见证了许多指向经济自由化的政策的实施，在它们的作用下，该地区的政府允许私营部门在国家经济中发挥大得多的作用。这就为包含私人投资

---

① 有关佐克西亚季斯，更详尽的信息请参见佐氏基金会的网站：http://www.doxiadis.org。

② 有关埃科沙尔，参见 Nathalie de Mazieres, 'Homage', in *Environmental Design*: *Journal of the Islamic Environmental Design Research Centre* 1(1985)，22 - 25。该文可在线阅览：http://archnet.org/library/documents/one-document.jsp? document_id=4841。

③ 有关格林，参见 M. Jeffrey Hardwick, *Mall Maker*: *Victor Gruen*, *Architect of an American Dream* (Philadelphia: University of Pennsylvania Press, 2003)。

④ 有关一位外国通讯记者对德黑兰交通的看法，参见 Ian Williams, 'Tehran's Roads—A Chance to Dismiss Authority', 2007。该文在网络上发布于 MSNBC 的网站：http://worldblog.msnbc.msn.com/_news/2007/03/20/4376325-tehrans-roads-a-chance-to-dismiss-authority。

⑤ 有关对不同城市地铁体系的概要介绍，参见城市铁路网站：www.urbanrail.net。

在内的城市开发工程——它们为开发商提供了巨大金融回报的愿景——铺平了道路。在发生于 2003 年前后的油价暴涨之后,这些工程尤其布满各地。堪为模范的一个工程是索利德尔(Solidere)公司对贝鲁特中部地区的开发,这个黎巴嫩公司致力于对贝鲁特中部地区的开发和建设。该公司是一家公共持股公司,由前黎巴嫩首相哈里里(Rafik al-Hariri)成立于 1994 年。其核心任务是让贝鲁特核心区域重新焕发生机,该区域在 1975—1990 年的黎巴嫩内战期间遭殃。①

自那以后,依循不同的金融、所有权模式(包括某种公、私实体的合伙制,或者说,至少是合作制),大型城市房地产开发项目大量增加。就其中的许多项目而言,土地由政府提供,资本由私人投资者负责。相关实例包括仍在进行的阿卜达里(Abdali)房地产开发项目,它覆盖的是面积约 36 公顷、位于阿曼某个中心地带的公地。在伊斯坦布尔,已出现为该城欧、亚两个部分设计的某大型城市开发项目。② 这类项目通常有国际知名建筑师、规划师参与,这加强了它们与全球房地产开发体系的联系。

这类开发在富产石油的海湾地区蔓延开来。从许多方面来说,迪拜堪为这方面的先锋,该国诸多房地产开发公司比如埃马尔(Emaar)已跻身世界最大的房地产开发公司之列。③ 迪拜尤其以其怪异的开发项目闻名,其中以呈棕榈树、世界地图状的人造岛屿系列最为人所知。人们还在大量海湾城市构思了全新的城区,比如利雅得市占地 1.5 平方公里的阿卜杜拉国王金融区,除了落户大量金融机构、公司,此地还将容纳会议中心、宾馆以及住宅、休闲区。④

如果取得成功的话,某些正在规划或实施的大型开发项目或许有助于稀释许多都在各自国家中所占

的主导地位。大量项目旨在推动地方城市的经济活动,或是从零开始建设新城。以海湾地区为例,一系列新城在建或在规划中。沙特阿拉伯的红海沿岸有阿卜杜拉国王经济城、杰赞(Jazan)经济城;阿布达比(Abu Dhabi)酋长国有碳排量为零的马斯达尔(Masdar)城;科威特有丝绸城,它是按照国际商业中心来规划的。⑤

也有一些项目是地下的,它们对既有的城市中心作了大规模的重新构思。由此,在 2005 年,附属于伊斯坦布尔市政府的伊斯坦布尔都市设计与城市规划中心(Istanbul Metropolitan Planning and Urban Design Centre)成立,旨在为该城提出综合规划战略。⑥ 与为阿曼提出雄心勃勃的总体规划相关的工作在 2006 年启动。此举解决了包括重审土地利用管理、控制高楼无序扩张、扩展城市公交网络在内的种种问题。⑦ 另外,城市而非个体建筑层面的遗产保护概念开始得势。针对各式各样城市(比如开罗、阿勒颇以及也门的希巴姆[Shibam])中的历史区域,综合性的保护规划已经实施。⑧

同样重要的是旨在对城市内部、周围的绿色空间进行环境保护的新努力。一个相关实例即是正在由中东科技大学对安卡拉郊区实施的还林工程,世界上最大的人造森林生态系统因此而诞生。该城气候的改善得益于此,居民享受到了休闲空间,它还在城市无序延伸的控制上发挥了作用。另一实例是利雅得的哈尼发湿地(Wadi Hanifa)改造项目。始于 20 世纪 90 年代的改造工程对城市边缘的河谷进行了修复,使之还原为农业区,兼为利雅得居民提供了绿色的呼吸空间。⑨

最后,应该给予大量关注的是公共交通,这是该地区城市所面临的最严重的挑战之一。在这方面,开罗

---

① 有关索利德尔的具体信息,参见该公司的网站:www. solidere. com。

② 有关阿曼的阿卜达里项目,参见该项目的网站:www. abdali. jo。有关为伊斯坦布尔设计的大型城市开发项目,参见 Suha Ozkan, 'Transformation of Workplaces in Istanbul: Some Macro Urban Form Suggestions ', Mohammad al-Asad, ed. , *Workplaces: The Transformation of Places of Production: Industrialization and the Built Environment in the Islamic World* (Istanbul: Bilgi University Press, 2010), 199 - 208。

③ 有关埃马尔及其开发项目,参见该公司的网站:www. emaar. com。

④ 有关阿卜杜拉国王金融区,参见该区的网站:www. kingabdullahfi nancialdistrict. com。

⑤ 有关阿卜杜拉国王经济城、杰赞经济城、玛斯达尔城、丝绸城,参见它们的网站:www. kingabdullahcity. com/en/Home/index. html; www. jazanecity. com;www. masdar. ae/en/home/index. aspx;www. madinat-al-hareer. com。

⑥ 有关为伊斯坦布尔提出的规划战略,参见 Ozkan, 'Transformation of Workplaces in Istanbul'。

⑦ 有关阿曼总体规划的更为细致的信息,可去阿曼学院(Amman Institute)的网站寻找:www. ammaninstitute. com/project/amman-plan-0。

⑧ 有关萨那老城的保护、席巴姆的修复,参见与阿嘎可汗(Aga Khan)建筑奖有关的网站:www. akdn. org/architecture/project. asp? id =1380;http: //78. 136. 16. 169/pages/p02942. html。有关开罗古城保护工程,参见 Historic Cairo (Cairo: The Supreme Council of Antiquities, 2002)。

⑨ 有关中东科技大学还林项目以及哈尼发湿地项目,参见与阿嘎可汗建筑奖有关的网站:www. akdn. org/architecture/project. asp? id =1364;www. akdn. org/architecture/project. asp? id=2258。

地铁系统正处在持续的扩张过程中。地铁系统在德黑兰、伊斯坦布尔、迪拜是在过去 10 年里启动的。就该地区其他城市而言，其他地铁系统、轻轨工程正在设计或施工中。在伊斯坦布尔、德黑兰，拥有巴士专用线路的快速公交系统（简称"BRT"）在新世纪诞生，阿曼则有一个快速公交系统在建。

全球化的循环

从 19 世纪早期以来，该地区城市便经历了一个完整的循环。其中许多城市在 19 世纪、20 世纪早期时以全球商贸体系组成部分的身份兴起，随着后殖民时代民族国家的兴起，它们不得不退至更具限定性的多条国界线内。从 20 世纪 90 年代开始，该地区城市进入了一波新的全球化浪潮中，这一波浪潮与信息技术领域的发展以及投资活动的自由化相关。随着 2008 年全球金融危机的爆发，这第二个全球化时代的到来由于给中东城市带来了不确定的后果而显得有些沉重。

参考文献

Abu-Lughod, Janet, *Cairo: 1001 Years of the City Victorious* (Princeton: Princeton University Press, 1971).

Bouman, Ole, Khoubrou, Mitra, and Koolhaas, Rem, eds., *Al Manakh*. (Amsterdam: Stichting Archis, 2007).

El-Sheshtawy, Yasser, ed., *Planning Middle Eastern Cities: An Urban Kaleidoscope in a Globalizing World* (London: Routledge, 2004).

—— *The Evolving Arab City: Tradition, Modernity and Urban Development* (London: Routledge, 2008).

Hanssen, Jens, Philipp, Thomas, and Weber, Stefan, eds., *The Empire in the City: Arab Provincial Capitals in the Late Ottoman Empire* (Beirut: Orient Institut der Deutschen Morgenlandischen Gesellschaft, 2002).

Nasr, Joe, and Volait, Mercedes, eds., *Urbanism: Imported or Exported? Native Aspirations and Foreign Plans* (Chichester: Wiley-Academy/UK, 2003).

Nielsen, Hans Chr. Korsholm, Skovgaard-Petersen, Jakob, eds., *Middle Eastern Cities 1900 – 1950, Public Places and Public Spheres in Transformation* (Aarhus: Aarhus University Press, 2001).

Sluglett, Peter, ed., *The Urban Social History of the Middle East, 1750 – 1950* (Syracuse: Syracuse University Press, 2008).

Watenpaugh, Keith David, *Being Modern in the Middle East: Revolution, Nationalism, Colonialism, and the Arab Middle Class* (Princeton: Princeton University Press, 2006).

屈伯文 译 陈 恒 校

第 33 章　非洲：1000—2010 年

比尔·弗罗因德

622
　　在所有大陆中，非洲很可能是与城市最少关联且直到今日城市化程度最低的一个大陆。的确，在近代早期欧洲反映了这种偏见的地图上，人们用构成城镇地区特色的大象、其他野兽来填补那些未知空间。事实上，此种欧洲中心主义的虚构永远与无知牵扯在一起。正如马丁利（Mattingly）、麦克唐纳（MacDonald）在第 4 章所指出的，城市在非洲部分地区有着悠久的历史。本章开头数页希望能对这个过程早期、多样的历史作出反映。

　　在近代早期的数百年里，非洲与国际商业网络有了更引人注目的关联，与此相伴，城市化趋势加强并对经济产生影响成为愈益普遍的现象（参见区域地图 II.3）。本章在将笔头转向殖民时代时，我们会看到：城市化在不同时代的层次化特质见证了某些城市网络的衰退，也见证了依赖新经济力量——它们反映了有资本主义倾向、带种族主义色彩的观念的力量——的某些城市的快速成长。在这些因素提出的各种挑战（它们以各种形式发挥作用）中，非洲民众开始了城市重建的过程。

　　本章最后几个部分以最近半个世纪（大约是从殖民主义时代末期开始）为讨论对象。非洲的城市化是一个远远落后于欧洲或北美的过程（在某种程度上，也落后于中东、拉美），不过，它已全速进入快车道。今日的非洲人口迅速地向成为城市居民的方向发展，该大陆人口在 100 万以上的城市有许多个（参见表 33.1、区域地图 III.3）。可以预见，大多数非洲人在今日年轻人的有生之年会成为城市居民。许多国家（尽管不是所有国家）的特色是第一城市占据统治地位，其规模 10 倍于第二大城市甚至更甚，这反映了这些城市及其相关活动、展示—消耗财富能力的吸引力。这些城市首先是在国家层面发挥作用的，就此而言，它们在国家的形成上发挥了关键作用。虽然如此，在区域层面上，它们有时相互竞争着吸引投资，并竞相吸引超国家组织带着各种资源进驻。不过，在工业活动非常有限的条件下，发展却呈现出爆炸性的态势，剧烈的城市功能紊乱症由此而生。在给管理者、城市居民制造种种尖锐问题的同时，此种情况也激生了日益高涨的文化、社会创造性，有些人把这种复杂情形贴上"后现代"的标签。与此同时，移民、种种当代的交通方式意味着非洲城市与世界各地城市社会的联系在速度、强度上达到了史无前例的水平。用西蒙（Abdulmaliq Simone）的话说，在对这些发展作出回应的行动中，"未来的城市"奠定了自己的基础。

624

表 33.1　20 世纪末最大的非洲城市 623

城市	人口（百万）	估数或统计年份
开罗（埃及）	12	1994
拉各斯（Lagos）（尼日利亚）	10.5	2002
金沙萨（刚果民主共和国）	5—7	2002
卡萨布兰卡（摩洛哥）	3.535	2000
卡诺（Kano）（尼日利亚）	3.329	2003
亚历山大里亚（埃及）	3.328	1996
约翰内斯堡（南非）	3.226	2001
伊巴丹（Ibadan）（尼日利亚）	3.140	2003
伊特奎尼（Ethekwini，德班[Durban]）（南非）	3.090	2004
罗安达（安哥拉）	3	2003
开普敦（南非）	2.893	2001
阿比让（Abidjan）（象牙海岸）	2.878	1997
喀土穆（Khartoum）（苏丹）	2.7（大喀土穆是 480 万人）	
阿尔及尔（阿尔及利亚）	2.562	1998
艾古莱尼（Ekurhuleni，即东兰德[East Rand]）（南非）	2.480	2001

城市	人口（百万）	估数或统计年份
斯亚贝巴（埃塞俄比亚）	2.3	1994
比勒陀利亚（Pretoria，即茨瓦内[Tshwane]）（南非）	1.986	2001
（大）阿克拉（Accra）（加纳）	1.781	1990
纳克里（Conakry）（几内亚科）	1.767	2003
达喀尔（Dakar）（塞内加尔）	1.659	1996
卡杜纳（Kaduna）（尼日利亚）	1.510	2003
内罗毕（Nairobi）（肯尼亚）	1.5	1994
杜阿拉（Douala）（喀麦隆）	1.448	1999
哈拉雷（Harare）（津巴布韦）	1.42	1992
达累斯萨拉姆（Dar es Salaam）（坦桑尼亚）	1.4	1996
拉巴特（Rabat）（摩洛哥）	1.386	1994
塔那那利佛（Tananarive）（马达加斯加）	1.359	2001
卢萨卡（Lusaka）（赞比亚）	1.327	1995
突尼斯市（突尼斯）	1.2	
哈科特港（Port Harcourt）（尼日利亚）	1.093	2003
黎波里（利比亚）	1.083	
贝宁（Benin）（尼日利亚）	1.082	2003
伊丽莎白港（南非）	1.006	2004
摩加迪沙（Mogadishu）（索马里）	1	2000

注：表 33.1 来自 Bill Freund, *The African City: A History* (Cambridge: Cambridge University Press, 2007), 145（感谢剑桥大学出版社）。材料来源在该书中有列载。

623

早期非洲城市

基于许多原因，非洲城市发展的初始动力姗姗来迟。商业是其中的一个要素，不过，在非洲人对大型城市进行概念处理时，环境、政治、宗教礼仪也是他们要考虑的典型要素，它们也是这些城市得以真正发展起来的典型动因。撒哈拉以南的非洲长期以来与其他区域、大陆有着频繁联系，尽管经过人们的夸大，该地区对借自入侵者、移居者的东西的依赖使得内因都被舍弃了（有关对早期非洲城市的更多讨论，参见本书第 4 章）。不过，这也意味着许多城市社会的模式（迦太基的、希腊—罗马的特别是伊斯兰的）都被引进了非洲大陆并经过改造以发挥作用。本书在别处对伊斯兰模式

及其变迁作了讨论（参见本书第 14 章），不过，重要的是，此种模式的渗透范围远远超出了非洲大陆撒哈拉以南部分说阿拉伯语地区的界限。通过考古证据，我们可以证实到 9 世纪时，东非海岸已有穆斯林商人（这个群体可能建筑在更早典范的基础之上）的身影；另外，通过与这些人造访过的撒哈拉以南城镇有关的书面报导，我们得知在不久之后，他们与撒哈拉贸易扯上了关系。在最早的欧洲人到达基尔瓦（Kilwa，位于今坦桑尼亚）之前，这座 14 世纪的城市是一座大清真寺的所在地，这座建筑浓缩了历经各个时代在海岸地带发展起来的地方建筑风格。此地的统治者控制了与今日的津巴布韦的黄金贸易，他们说某种斯瓦希里（Swahili）语，冲印钱币，并控制着一种多样化的经济，包括供应市场的棉布纺织业。穆斯林在西非城镇的影响很可能是从沙漠附近的"口岸"（比如尼日尔河中游的通布图[Timbuktu]、高[Gao]）开始的，而在进入后来的时期之后，这种影响变得重要起来，比如它们对北尼日利亚围墙城市的架构所起的作用。近来，人们发现了曾被埋藏起来的文献，它们证明通布图曾在数百年的时间里作为一个学术中心发挥着重要作用。尼罗河沿岸从未在任何意义上构成撒哈拉的一个障碍，无疑，自努比亚、麦罗埃文（Meroitic）时代起，中经基督教时代以至伊斯兰时期，这条河流中段水域（两条支流交汇处）沿线的城市生活呈现出一种连绵不绝的态势。

另外，同样可以确定的是，从 15、16 世纪起，城市生活在非洲的步伐加速了。毫无疑问，贸易总是倾向于在空间上将人汇聚起来，不过，到这个时候，除了改变原来的城市的含义，贸易还成了多种新城市诞生的源泉。在欧洲人看来，这几百年构成了穆斯林文明失去动力并逐渐丧失统治地位、遭到削弱的一个世代。而在事实上，穆斯林商人、传教士向非洲的进军、非洲的伊斯兰化以及伊斯兰教的非洲化，前进得比以往任何时候都要快。有趣的是，我们能在以下案例中看到这些过程的展开：19 世纪早期，穆罕默德·阿里手中掌握着一个扩张了的埃及国，它构成了现代苏丹的基础，后者的中心地带是在喀土穆；稍后，桑给巴尔（Zanzibar）苏丹率领下的旅行队向远方扩张，到达了东非大湖区以至更远的地方，由此而产生了新的商业中心，比如塔波拉（Tabora）、坦噶尼喀（Tanganyika）湖畔的乌吉吉（Ujiji）以及印度洋沿岸的巴加莫约（Bagamoyo），它们全都位于今坦桑尼亚。这些事例是在欧洲帝国主义掌控经济、工业革命启动的背景下发生的，且得到了廉价棉产品、可靠枪械之威力的推动。与此同时，开始于 18 世纪早期的西非圣战（*jihads*）同

625

样为商业的扩张搭建了舞台,圣战的意图是创建排除非洲信仰的杂质、不受君王腐败之影响的伊斯兰共同体。19世纪中期的卡诺是位于北尼日利亚核心地带的一座城市,有成千上万的居民,它吸引了处于两洋之间、整个非洲北部草原带的季节商人到此,除此之外,还有成百上千来自北非(特别是埃及,有关20世纪早期该城的状况,参见图33.1)的商人。纺织品、皮革贸易与奴隶、象牙买卖夹杂在一起,是处在统治者保护下的长途商队贸易的必备项目。自1885年起,在从喀土穆望过去的尼罗河对岸,曾有一个圣战国家在一段时间里将苏丹从埃及的统治下解放出来,它在恩图曼(Omdurman)创建新都与经济中心。

图33.1 尼日利亚卡诺老城鸟瞰图,该城位于西非中央草原。图片取自米特尔霍尔泽(Walter Mittelholzer,1894-1937年)出版于1932年的著作 *Tschadseeflug*。

随着欧洲的阴影赫然出现,一种矛盾状况产生出来:一方面是充满活力而又凶暴的内部(或曰非欧洲的)新角色;一方面是帝国主义的代言者。在亚的斯亚贝巴(进入20世纪早期,它是仅剩的未被征服的那个国家的首都)崛起一事上,我们同样能看到此种矛盾状况的身影。最初,亚的斯亚贝巴是作为米尼利克(Minilik)治下某块刚被征服的南部领地的首府崛起的。1895年,这位埃塞俄比亚皇帝通过自己掌握的火枪(以象牙、奴隶、其他商品贸易的方式获得),在埃德华(Adwa)战役中决定性地击败了意大利人。这个新中心带有典型的过渡王城(埃塞俄比亚君主国)的种种特征,它更像一个军营。不过,在埃德华战役之后,由于贵族、教会官员划定土地,以满足自己的需要,该城成为永久性的国都,一个新的真正的城市。埃塞俄比亚史家祖德(Bahru Zewde)认为,对此具有决定性作用的是欧洲使节日益增长的文化影响,他们在这个新中心划定了自己的地界;次则是桉树的种植,此举带来了简便而持久的薪柴供应。不过,在他看来,新世纪早期铁路在海岸地带的出现对该城的未来起到了"一举定

天下"的作用。

我们在上文中提及往事,此举并非有意贬低殖民时代之于非洲更广泛的城市、经济发展的决定性影响。尽管如此,前殖民时代种种模式的影响对殖民时代的城市发展来说常常起着非常重要的作用。

1880—1960年的殖民城市

不过,首先强调非洲殖民城市某些显而易见的共同特征很可能具有重要意义(有关殖民城市的总体状况,参见本书第40章)。在极权主义制度的背景下,最大的城市是行政权力施行统治的政府所在地。气势雄伟的建筑意欲让人们对国家权威产生深刻的印象,它们主宰了由街道、空地所组成的风景线。军事、治安设施的布置具有同等的重要性。许多殖民城市事实上是崭新的。在欧洲人口最稠密的区域——尼日利亚,老的奴隶贸易港口城市拉各斯仍是地区首府,不过,新的地区首府也在埃努古(Enugu,东部地区)、卡杜纳(Kaduna,北部地区)设立。法国人在刚果河畔立布拉

柴维尔(Brazzaville)作法属赤道非洲的首府,在塞内加尔海岸设达喀尔作法属西非的首府。阿比让是法属非洲境内象牙海岸地区的首府,进入20世纪50年代,它开始在经济的重要性上挑战达喀尔。至于比属刚果首府利奥波德维尔(Leopoldville),它虽在后来成为仅次于拉各斯的撒哈拉以南最大的非洲城市,其城市中心身份的真正确立却是直到"一战"结束之后才发生的事情。肯尼亚首府内罗毕位于海岸与维多利亚湖的中点上,其成立(1899年)是与铁路的到来联系在一起的,这和北罗得西亚(Northern Rhodesia)的第一座首府利文斯顿(Livingstone,其地位后来在1935年由卢萨卡取代)的情况相似。南罗得西亚首府索尔兹伯里(Salisbury)、德属西南非首府温得和克(Windhoek)设立在很好的位置上,以便吸引经济活动、在行政上控制整个地区。正如梅特卡夫(Metcalf)在别的地方所指出的(参见本书第40章),铁路的兴建对这两个首府的兴盛来说具有关键意义。如果可能,殖民城市也竭力让强调"最佳实践"、清晰现代性(它们存在于20世纪早期的欧洲)的建筑作为自己的名片,以营造出让统治者心情振奋的战胜疾病、野蛮的幻象:易于巡逻的宽敞街道;强调官方控制的规划条例;对露天场地的渴望。

另外,殖民城市往往与由城市网点组成的等级体系连接起来,后者不仅反映了行政权力,也反映了服务于这样一种发展——它以自然、矿产、农业资源的榨取为基础——的新经济过程。此种发展是该地区、该时代的特色,它与为去往港口之路提供了便利的公路、铁路联系在一起。我们还可看到乔斯(Jos,位于北尼日利亚大高原区)之类的矿业城市,在内战时代,由于获得公司的帮助,这里的锡矿开采是有利可图的生意;还有阿鲁沙(Arusha,位于北坦噶尼喀)、肯尼亚埃尔多雷特(Eldoret)之类的商业中心,它们是为移居的务农团体服务的。当然,并不是所有的城市都欣欣向荣,以德国人治下的坦噶尼喀为例,由旅行队建立的城镇比如坦噶尼喀湖畔的乌吉吉以及位于海岸的巴加莫约由于远离新铁路线的所在地,便步入衰落之境。同样遭此命运的还有印度洋沿岸莫桑比克港口城镇中的商业地带。

不过,如果夸大殖民地城市化所起的作用,或认为殖民城市的结构有着许多的共同点从而剥夺了它们的个性,那将是个错误。如果人们要对一系列的新城市进行区分,很可能有两类区别是需要我们强调的。一方面,如前所述,许多非洲城市拥有来自前殖民时代、

具有连续性的重要元素,这些城市不是殖民官员所喜欢的空白写字板。对此,最典型的解决问题的办法是绞杀旧城:新的殖民城市在老城周围兴建起来,并将后者变成多少有些特别的孤地。这方面的事例是苏丹的三城复合体(喀土穆—北喀土穆—恩图曼),它位于两条尼罗河的交汇之处。恩图曼沦为一块不受重视、相对沉寂的区域,置身在生机勃勃的市中心里。就阿克拉而言,随着历史的变迁,三座城镇各自围绕荷兰、丹麦、英国要塞伸展开来,借助于充当黄金海岸首府的那个由英国人建立的扩张城镇,它获得了主导地位。

就这个话题来说,稍显特别的是尼日利亚的城市体系,为了管理上的目的,它将城市划分为与"土著"(对他们来说,他们所接受的常常是以酋长、习俗为中介的间接统治)相适应的不同城区。另有一些城区是有意为受到商业增长之吸引的"从外地来的本国人"设立的,不过,殖民者不想让地方王侯治理他们。还有一些城区是能够展开商业活动、独立的外国人能够居住的地方。至于为国家官员服务的公家社区——政府官员住宅区,则有宽敞的绿地,可满足休闲、装饰方面的需要。就最后一类城区在规划上所受到的重视而言,历史学家让我们看到的是:与热带地区的健康以及身体安全问题有关的大恐慌在这个方面起到了非常重要的作用。

如果我们认为,这个表面上符合逻辑的城市体系解决了所有问题,那我们就错了。伊巴丹于19世纪兴起于所谓"约鲁巴(Yoruba)内战"的炮火中,它是后来成为西南尼日利亚的那个地区的难民集聚地和权力中心。此地由一个没有君主的强权人物联盟统治着。以后,为了扶持一个伊巴丹老大(Olubadan),英国人将费尽心血,正如拉各斯(早在1861年,它便遭吞并成为殖民地)统治者的剩余权力激起了无尽的争吵一样。进入20世纪20年代,土君(Eleko,传统统治者)拒绝协助行政当局,说服投票者支持自来水收费政策——它被视为改善拉各斯公共卫生条件的关键。"尼日利亚民族主义之父"麦考利(Herbert Macauley)终其职业生涯,致力于反对这一自来水收费政策,他谴责它"意在牺牲拉各斯人的钱袋,让欧洲人得利"。[1]

总的来说,这种冲突非常普遍,形式多样。事实证明,对殖民主义的现代规划视野来说,勒博人(Lebou)在达喀尔或杜阿拉人(Duala)在杜阿拉(先后服务于德属、法属喀麦隆的大港口城市)所享有的权利是件令人

---

① Michael Crowder, *The Story of Nigeria* (London: Faber & Faber, 1973, 3rd edn.), 254.

头痛的事,当改革允许某些市政权利落入被选举出来的非洲人之手时,情况更为糟糕。在多哥首都洛美(Lome)、达喀尔或拉各斯这类城市,对各地常显错综复杂之势的地方财产权制度(毫无疑问,它们对精英们的财富来说具有关键意义)进行确认是不可能弃之不理的事情。就黄金海岸首府阿克拉而言,军人(asafo)团体成为与殖民政府相对的政治力量的基础,他们昔日在将加族人(Ga people)组织起来进行防卫的事情上发挥了重要作用。他们要对在非洲人眼中不怎么重要且按照预想要由其买单的城市改革进行阻拦。

规划新城并不总是一帆风顺的航海之旅。很常见的一个突出特征是给欧洲人规划的城区面积庞大,安排的设施数量众多。内罗毕或索尔兹伯里(今哈拉雷)都经历过大规模的规划,不独为解决防卫、行政上的急切需要以及商业上的需求,因为许多地块都对土地投机者、追求郊区美好家庭生活的白人具有吸引力。内罗毕表面上尊奉英国的治理模式,不过掌握代表权的是享有特权的白种人,更低程度上还有印度人。就街道的宽敞而言,鲜有城市能与南罗得西亚的城市相抗;就盛开着鲜花的树木立于道路两旁的美景而言,鲜有城市能胜过肯尼亚的城市。以体育设施、美丽公园为特色的绿色地带被介绍进来。在很长一段时间里,随着城市的扩张,非洲工人(他们对这些城镇的经济生活具有重要意义)所居住的简陋小屋是可以轻易牺牲、加以毁坏的。据庞旺(Penvenne)所说,在洛伦索-马贵斯(Loureco Mavques)这座都城的城市背景下,"非洲工人感觉到屈辱、上了当"。[1]

具有重要意义的是,南非在此处充当了一个典范。这里不仅有一个基本上是欧洲血统的历史悠久的庞大人群(另有许多移民过来的印度人,还有一个重要的混合族群),而且已经发现的矿藏异常丰富,这其中最重要的是黄金,它让一个远为富裕、在经济上更为复杂的社会成为可能。不过,从1910年起,作为一个独立的国家,南非政府决意将白种人的社会打造为一个保守、占据主导、拥有霸权地位的核心。该国的城市反映了这种发展模式。白种人并不都是有钱有势的,不过,在政治发展所打造的经济、社会政策的作用下,由郊区化的住宅区构成的居住空间绝大部分是以满足他们的需要为唯一宗旨的。起初,该国城市依靠的是铁路网和电车线路,随着时间的迁移,它们转向美国式的以汽车为基础的郊区扩散。私有土地在居住空间中占据了绝

大多数的份额,与此同时,保护主义政策、地下矿场的需求让广泛的工业发展成为可能,后者对城市发展、就业有着重大影响。对由国家创办或受到国家鼓励的工业而言,该国首都比勒陀利亚是一个重地,而这显示的是该城有一定规划性的特征。距比勒陀利亚仅一个小时火车车程的便是约翰内斯堡了,1886年,人们在这里发现了黄金。这座都市正是一个远为庞大、更具活力的城市,它发展极为迅速,成为在含有黄金的矿脉——威特沃特斯兰德(Witwatersrand)——旁边兴建起来的一系列采矿城镇的中心。我们在这里看到的这座生机勃勃的城市所求的是美国式的商业中心,对绿色空间或公共设施它不怎么需要,将各个城区轻易连接起来的交通干线则付诸阙如。相比位于印度洋沿岸、与约翰内斯堡和比勒陀利亚近得多的德班,老的殖民口岸开普敦作为港口变得不那么重要了,与此同时,随着时间的迁移,它更多地要求获得自己在区域内的名分。到1921年,威特沃特斯兰德沿线的城镇拥有的人口数为537707,开普敦是220562,德班是168743,比勒陀利亚是74347。30年过后,它们各自的数据是:威特沃特斯兰德(包括约翰内斯堡),1670242;开普敦,547648;德班,479974;比勒陀利亚,479974。相比之下,新的工业复合城市弗里尼欣-范德拜尔帕克(Vereeniging/Vanderbijlpark)、汽车装配城市伊丽莎白港的人口都超过了10万。

然而,这种吸引远距离贸易的繁荣城市商业并不仅限于南非。正如梅特卡夫在第40章所指出的,这是殖民城镇的特点。东非的城市也含有一些重要的、内部极具多样化的印度裔社区,其人数通常比白人多并深深扎根于城市中。在西非,部分商业经济由黎巴嫩人——其中既有穆斯林也有基督教徒——掌控,他们在城市中扮演了重要的角色。欧洲人、希腊人和葡萄牙人中也有具有进取精神的贸易侨民,他们将消费品带给了非洲人,即便在像比属刚果和苏丹(属英属埃及)这样的偏远地区也有他们的足迹。

殖民结构,非洲的声音

1929年的大萧条使对非洲矿产和热带作物的需求迅速并大幅度地下降。但在比属刚果的铜矿开采中心伊利萨白维尔(Elisabethville,今卢本巴希[Lubumbashi]),当地人口却没有随着大萧条而下降。比利时人为了经

① Jeanne Penvenne, *African Strategies and Colonial Racism*: *Mozambican Strategies and Struggles in Lourenco Marques 1877 - 1962* (Oxford and Portsmouth, N. H.: James Currey and Heinemann, 1995), 90,142.

济稳定和增长的需要而允许非洲人沿着许多规划好的
区域建筑住宅；他们没有预料到会出现一个在缺少工
作岗位的情况下仍准备留在城里的城市社区的出现。
尽管如此，在 20 世纪 30 年代中期，这仍然只是一个仅
影响了数万非洲人的现象。

在 30 年代中期，殖民产品因普遍出现的良好价格
而再次成为了需求品，并促成了许多非洲城市的繁荣。
这个促使大多数非洲国家独立或将它们推向独立边缘
的发展是一项使殖民城镇的有限网络转变成城市网络
的发展（参见表 33.2）。

表 33.2 殖民晚期撒哈拉以南非洲各个大城市的人口

城市	年份	人口
伊巴丹（尼日利亚）	1953	459000
亚的斯亚贝巴（埃塞俄比亚）	1951	409815
利奥波德维尔（比属刚果）	1953	283859
拉各斯（尼日利亚）	1953	272000
喀土穆（苏丹）	1953	241000
达喀尔（法属西非）	1951	229400
塔那那利佛（Tananarive）（马达加斯加）	1951	182982
卢安达	1953	168500
奥博莫绍（Ogbomosho）（尼日利亚）	1953	140000
阿克拉（黄金海岸）	1948	135925
卡诺（Kano）（尼日利亚）	1953	130000
奥绍博（Oshogbo）（尼日利亚）	1953	123000
内罗毕（肯尼亚）	1948	118976
伊费（Ife）（尼日利亚）	1953	111000
艾沃（Iwo）（尼日利亚）	1953	100000
达累斯萨拉姆（坦桑尼亚）	1952	99140

注：表 33.2 表示的是当时除南非以外的 100000 人以上的城市。可
以同表 33.1 对比。值得注意的是尼日利亚的特殊情况和当时已经
形成的趋势，即大城市是各个行政单位内的主要城市和首都城市。
表中数据来自 *Encyclopaedia Britannica World Atlas*，1956 edn.，
ed. G. D. Hudson。

这种快速且引人注目的城市化是普遍性的并影响
到了南非，同时还伴随着前所未有的工业化和基础设
施的发展。利奥波德维尔在从大萧条中恢复过来时其
人口只有 32000，1953 年的人口普查则显示有 283000，
到 1960 年独立时，其人口约有 400000。内罗毕的人口
在 1936 年约为 36000，1948 年的人口普查显示其人口

增长到了 118000，到 1964 年独立前夕则约有 350000。
人口的增长必然会增加公共和商业建筑的数量，并使
白人殖民者的人数迅速上升。然而，这个时期也是非
洲人口从农村向城市转移的过程。这反映了来自商业
和工业企业的工作岗位的增加，同时也满足了国家日
益复杂的需求。然而，另外一些自谋生计的民众则没
有理由为政府提供服务。就非洲人而言，早期殖民城
镇人口大多是作为移民的单身男性，而少数女性则被
贴上了妓女的标签，尽管她们提供了一种脆弱的稳定。
在"二战"期间以及之后，城镇的男女比例开始下降，家
庭生活也在这个背景下有所发展。外来男子若是提出
延长在像北罗得西亚铜矿带（the Northern Rhodesian
Copperbelt）这样重要的工业矿区的居住时间的话，他
就能娶镇上的女子作为妻子。

在欧洲的工业革命时期，离开农场到城市生活是
一件危险的事，因为那时的城市居住环境很不健康，其
卫生指标显示儿童存活率较低而死亡率很高。我们可
以在 20 世纪 20 年代的约翰内斯堡发现这种情况，但
到了 40 年代情况就有所转变了。城市通常能提供比
其他地区更好的教育和健康服务。此外，城市还为非
洲人民带来了职业体育、电影以及各种各样的消费品。
对于那些不满乡村生活或因乡村生活而远离人群的
人，特别是女性，城镇提供了重塑生活和职业的途径。
正如托马斯·霍奇金（Thomas Hodgkin）援引的一位
刚果人的论述，"在布拉柴维尔。你睡得好；你吃得好。
当你和别人的妻子在一起时，你没有必要担心，因为在
布拉柴维尔没人关心与自己无关的事。"[1]

霍奇金是一位较早而罕见的英国观察者，他感兴
趣的是城镇那不断增长的吸引力，而不是人类学家对
非洲社会部落性的分析以及对其血亲结构的评估；他
所阅读的法国人则对这些新趋势更开放的态度。记
述了马里未来首都的法国学者克劳德·梅拉索克斯
（Claude Meillassoux）论述了通用语（lingua franca）、巴
纳巴语（Banaba）或曼丁哥语（Bambara）的传播的重大
意义。这是那些能够吸引各个不同民族的城市的特
点——卢萨卡的尼昂加语（Nyanja in Lusaka）、利奥波
德维尔的林加拉语（Lingala in Leopoldville）、卡杜纳的
豪萨语（Hausa in Kaduna）、东非和比属刚果东部和南
部的斯瓦布里语。梅拉索克斯也详尽叙述了舞蹈的重
要性。即便音乐、舞蹈和仪式更适应农业文化的表达
方式，但它们仍然在新兴的城市中改变了自身的表现

---

[1] Thomas Hodgkin, *Nationalism in Colonial Africa* (New York: New York University Press, 1957), 70，译文系本人部分。

方式。与祖先和土地紧密联系在一起的宗教活动在由众多不同民族构成的社区中并没有很大意义，维持血亲结构的巫术信仰同样如此。

巴马科（Bamako）是吸引有才华的非洲摄影师的中心，它还产生了迷人的流行音乐。在许多不符合欧洲现代主义理念的非洲城市——这些理念没有发挥政治或文化作用——中，帮派文化吸引年轻人加入贫穷但富有活力的新社区。Billisme，帮派崇拜在美国西部片中寻找能够取代传统男性行为象征的战斗英雄，这股风潮席卷了利奥波德维尔的街头。在约翰内斯堡的青年人中，祖特装（zoot suits）和美国服饰成为了得体服饰的同义词，这与那些说梭托语（Sotho-speaking）并被黑烟所笼罩（和包裹）的矿工形成了鲜明的对比。这些矿工拼命地捍卫着自己的地盘，并渴望在维持自己身份的同时从城市经济中分得应有的一份。加里·科诺奇（Gary Kynoch）把这些俄罗斯人视为是一个"为了在种族隔离下生存而挣扎的，具有犯罪倾向的移民社团"。[1]

经常发生的种族问题是这些非洲城市的新特点，它源于这些新城市的多种族特征。它不仅表现在那些坚持认为自己是城市原住民的少数民族身上——例如，杜阿拉城的杜阿拉人（Duala in Duala）、达喀尔的勒博人或阿比让的埃布里耶人（Ebrie）；也表现在像尼日利亚城市伊巴丹的豪萨人[2]或南非城市德班的印度裔工人这样捍卫自己经济权益的其他民族身上，这一情况我在其他部分也有论述。这种对民族身份的认同感往往是凝聚性的，在内容上也与语言学家和人类学家所关注的不同。同乡会帮助新来者适应城市生活并打下新生活的基础。另一方面，穆斯林和基督教徒首要关注的则是宗教信仰。在肯尼亚，20 世纪 50 年代的标志性事件是被称为"茅茅运动"（Mau Mau movement）的农业人口与英国政府间的暴力冲突。这场运动的参加者基本上都是肯尼亚中部说基库尤语（Kikuyu）的基库尤人，1954 年的铁砧行动（Operation Anvil）将成千上万的基库尤人驱逐出了内罗毕。取而代之的是来自肯尼亚东部的卢奥人（Luo）。这是现代肯尼亚和现代内罗毕的民族矛盾的主要来源之一。

种族问题给殖民当局带来了巨大挑战，同时也使设计中的社会制度提前实施了，尽管该制度变得日益

广泛和详细。上个时代的显著特征是负面的：城市从来没有将非洲人口视为工人、居民或消费者的主要来源。生活在像内罗毕或洛伦索-马贵斯这类城市里的非洲人一直处于国家焦点的边缘。非洲人在 20 世纪 40 年代成为了城市居民的大多数，随后费雷德·库珀（Fred Copper）在 50 年代将这一现象称之为"城市的斗争"。它以源于城市的"居住限制"、劳工斗争和民族团结的形式表现出来。库珀对此是这样描述的："'二战'后，英国和法国的殖民地官员构想出一种不同类型的城市，在那里社会阶层更多地是按种族而不是阶级划分，他们想在'现代'城市空间中将非洲人具体地、象征性地表现出来，最能体现这种想法的就是卫生设施和城市规划。"[3]

当然，非洲裔精英想要获得同殖民官员和白人移民一样的权益的正当性在日益增加。对这种正当性的反对不仅包括深刻影响了殖民活动的种族主义思想，也包括大量新迁入城市的居民的贫穷和他们对城市生活诸多要求的不适应。对很多人来说，这是从吸引了地主、贸易商和日后的出租车企业主的殖民经济中独立出来的、不断增长的推动力。对工人来说，拥有住房（但还远远不够）意味着他们成为了能够使用像电力这样的便利生活设施和有用商品的小资产阶级。城市当局无法跟上在城市边缘进行的、私人规划的非正式住房的建造速度。

独立以来

独立为城市带来了各个方面的显著发展，它们被分为三个特殊的历史阶段。第一个阶段涉及到的是首都，并与作为民族主义一部分的国家空间位置的重要性联系在一起。如果非洲是通过众多遗留下来并深入乡村的网络扩散来"运作"的话，那么这些网络也就不仅仅是民族性的了，它们位于大城市中，在那里经济活动首先关注的是消费——无论这是否巨大，不同程度的正规市场或产品表现和性能的清晰的发展潜力。城市成为了著名的新政府结构、精英们进行重要外交会晤的豪华酒店和举办大众赛事以及政治性活动的体育场的所在地。一般来说，殖民主义有时会允许本土的

---

① Gray Kynoch, *We are Fighting the World*: *A History of the Marashea Gangs of South Africa 1947 - 1999* (Pietermaritzburg and Athens, Oh.: University of Kwazulu-Natal Press and Ohio University Press, 2005), 152.

② Abner Cohen, *Custom and Politics in Urban Africa*: *A Study of Hausa Migrants in Yoruba Towns* (Berkeley and Los Angeles: University of California Press, 1996)。他将这称为"政治性种族划分"。

③ Ferderick Cooper, *Africa since* 1940 (Cambridge: Cambridge University Press, 2002), 121.

中央政府派代表直接管理大城市。这样做既提供了经济收入也控制了当地潜在的武装叛乱。大多数叛乱与从城市、贫民区、大学和学校以及工厂产生的民族主义有关。在这些地区建立由国家主导的秩序并将对更好生活的追求同适应这种秩序联系起来是十分重要的。

在某些情况下，人们会建立新首都，例如马拉维（Malawian）首都利隆圭（Lilongwe，1975 年）和尼日利亚首都阿布贾（Abuja，1991）。科特迪瓦将首都迁到了长期担任总统的乌弗埃博瓦尼（Houpho uët-Boigny）的家乡亚穆苏克洛（Yamoussoukro，1983 年），坦桑尼亚则在该国的地理中心多多马（Dodoma）逐步建起一座新首都（自 1973 年开始）。事实上，某些特定的行政变化促使人们去建立新首都：卢旺达首都基加里（Kigali）是在卢安达-乌隆迪（Ruanda-Urundi）解体后建立的，博茨瓦纳首都哈博罗纳（Gaborone）是在南非管理贝专纳保护国（Bechuanaland Protectorate）后建立的。

有时，出口导向型经济的持续增长会使这种类型的繁荣维持一段时间。例如，赞比亚铜矿的高价格使教育和卫生系统以及改善了的交通条件迅速扩展到全国。该国将铜矿国有化并利用其资源在这个地处内陆且人口较少的国家建立起大范围的工业生产系统。内罗毕是非洲中产阶级快速发展的中心，这是建立在由肯尼亚农民进行的咖啡和茶叶种植的繁荣上的。科特迪瓦依靠的是各种主要农作物的出口，尤其是可可和咖啡，这成为了科特迪瓦新的资金来源。阿比让成为了"珍珠的泻湖"（pearl of the lagoons），其珍珠产业吸收了大量不同种族的人口并使许多高楼大厦在高原上拔地而起。之前的法国居住区，柯柯迪（Cocody）不仅有科特迪瓦大学和总统府，还有富丽堂皇的科特迪瓦酒店及其标志性的溜冰场。阿比让在 20 世纪 70 年代超越了联邦旧首府达喀尔，成为了西非最大、最富有的法语城市。有限的公共住房大多集中在政府的中等雇员手中。这就迫使劳动者自己建造房屋。这代表了拥有卫生且安全的城市秩序的决心。尽管棚户区的居民是科特迪瓦繁荣的重要组成部分，但他们仍不断受到拆迁的威胁。种族隔离时期的南非是迫使城市位移的臭名昭著的例子，在当时将其他种族边缘化或降为二等公民是合法的，这样做是为了确保白人对城市的控制，尽管白人已不再是任意规模的城市群的主要人群了。然而其他城市——不仅有阿比让，也有众所周知的达累斯萨拉姆和马普托（Maputog，洛伦索-马贵斯的前身）——在左翼政府执政时期废除了种族歧视政策，并对无人管理的棚户区进行规划，同时还提出了对城市卫生和秩序的意见。

危机和重建的开始

到了 1980 年，几乎所有城市都进入了第二阶段。冷战局势的显著缓和意味着海外援助的减少，同时还伴随着非洲初级产品生产的系统性降低。甚至在非洲现今最发达的工业化国家南非，大多数制造业都因出口的急剧下降而依赖贸易保护政策和政府补贴来渡过难关。同样，随着 1980 年之后不久短暂淘金潮的后来，南非的经济在长达几十年的系统增长后出现了停滞，这滋生了动乱（主要发生在城市并以黑人劳工为主体）和作为症结所在的财政赤字。这种情况无疑暴露出了非洲城市——其经济基础仅为非常有限的工业发展——日益增多的问题。即便迁往城市的人口减少了，性别比例也趋于正常了，但在拥有更好生活条件的城市，人口的自然增长仍十分迅速。

不景气的经济意味着政府削减了属于合理的政治系统的教育和卫生的预算，公共住房建设也停止了。城市的基础设施磨损，崩塌，最后沦为废墟。政治危机在某些城市导致了一连串的暴力事件，其后果仍然十分明显，因此其他城市就成为了相对安全的难民聚居地。例如，非洲中部城市利奥波德维尔，今金沙萨，因无法控制贫困难民的大量涌入而变得十分巨大，其范围由城市中心日益向南部的周边山坡扩展，而新扩展的区域很少或根本没有基础设施（排水、电力、供水等）。对国有化的欧洲财产的管理不善以及铜矿价格的崩溃暴露了这些几乎无法弥补的问题。刚果的布拉柴维尔最终成为了严重破坏了市中心的内战的爆发地。安哥拉那持续多年的暴力冲突产生了庞大的难民，成千上万人涌入了非洲中部第三大城市罗安达（Luanda），在那他们只能生活在污秽的棚户区里（musseques）。

此外，大多数非洲城市都没有能力思考解决问题的新方法。殖民时期不恰当的规划方案和章程仍没有改变，有的甚至仍在实施，市民只要有可能就会违反这样的规定。马普托尽管处在革命性的莫桑比克阵线统治下，当它仍是拥有葡萄牙人设计的老商业区和居住区的代表性城市。这座因杂乱的非正式棚屋而破败不堪的"水泥城市"在葡萄牙人于 1975 年离开时就已经很大了，现在又部分地因战时乡村的危险而进行了极大的扩张。城市清洁设备既破败又不足。非洲大陆加入了迈克·戴维斯（Mike Davies）在其颇具影响力的辩论中提出的"贫民窟星球"的行列（参见表现肯尼亚城市内罗毕的基贝拉[Kibera]贫民窟的图33.2）。[①] 对文化中心论的观察者来说，如果非洲不再是一座农业大陆的话，那么其城市就会充斥着曾经根植于农村的古老社会的文化，这种文化以有趣但往往是残酷的方式适应了城市需要。

图33.2　肯尼亚内罗毕郊外的基贝拉贫民窟

20世纪80年代无情的政治结构调整随着对所谓的扶贫政策的鼓励而不断缓和，这一政策并不与要求非洲采取开放性经济政策的国际规定相抵触。首先，不断扩展的国家管理机构（以及那些即将成形的制定政策性法规的国际管理机构）推动了"城市偏见"理念的传播。管理改革意味着勤劳农民的农业收入的公平性在经济上变得更加重要了；而城市自身，特别是臃肿的非洲各国首都，也会缩小规模或至少缩减失控的人口增长，就如同恶性膨胀纸币的贬值。这种梦想往往被对现今非洲社会必然的城市化性质的接受所取代；而对城市街道提出了正确发展规划的非政府组织则通常在管理僵化的情况下试图挽救当地的城市政府。这包括帮助流浪儿童、促进城市农业的发展（有时是在殖民时期倾向于规划为公园和草坪的地区），打击针对女性的暴力行为以及找到解决当地卫生和营养问题的便宜且方便的措施的努力。当然，临时的地方性的方案并不能解决源于经济疲软和当地政府的无能或腐败的系统性问题。随着城市规模不断扩大，环境问题也开始显现出来了。如何扩大城市用水供给？如何为稠密的城市人口提供足够的食物？城市人口带来的社会问题又该如何解决？木柴和日益增多的塑料垃圾又该如何处理？

有人可能注意到非洲城市没有合格的地方政府的范例。存在于殖民时期的代议制政府并没有管理如此庞大的人口。后殖民时代的政府渴望的是榨取或取缔城市代表，而不是诚恳地邀请市民代表参与政府事务。当这样的代议制正式形成时，它往往缺乏专业知识和资源，也不能解决关键问题，更不用说制定城市规划了。现今最积极的报道强调的是以众多不同形式出现的非正式议员的不断增加。

积极进取的非洲人通过网络体系——它在城市发展的早期阶段十分重要并可能涉及到民族关系，但更有可能是通过宗教或其他类型的联系——找到了应对缺乏有效的地方政府的方法。新的原教旨主义伊斯兰教（伊斯兰主义）在像包奇（Bauchi）和卡诺这样的尼日利亚北部城市中十分流行，而参照美国媒体提倡的布道活动的五旬节教派（Pentecostal sects）则在拉各斯或金萨沙推广一种能兑现繁荣梦想的道德体系。这些网

---

① Mike Davis, *Planet of Slums* (London: New Left Books, rev. edn., 2006).

络体系也得到了非洲日益增长的流动人口的帮助。任何城市的非洲人都可以通过电子技术和手机与更多的人交流，只要有通讯设备，他们甚至可以与其他城市或其他大陆的人交流。文化理念通过日益普及的电视和录像设备广泛传播，其速度远远超过了老一代的电影。拉各斯成为了低成本电视片的制造中心；金沙萨也曾是一个大型的刚果音乐产业中心。那里的产业很大一部分在日后转移到了欧洲并继续扩散。大多数非洲国家都有本地的嘻哈音乐，这种能够引起情感共鸣的音乐很快席卷了各个非洲城市的街头巷尾。对众多成功的，并在欧洲联赛上获得了大量财富的非洲足球明星的认同开始取代对地方足球队的忠诚。

虽然在近些年没有表现出广泛的持续性，但第三阶段的情况仍有不同。非洲的大宗商品，主要是国家在其中谋利的矿物产品，为非洲各国带来了不断增加的资金，进而影响了非洲各个城市。至少在一部分国家，争取主动权的能力取代了对外国援助的过度依赖。

越来越值得注意并很少被关注"扶贫政策"的人谈论的现象是以少数富人为中心的日渐成熟的中产阶级的出现，它逐渐拥有了重新规划城市的能力，以便使城市摆脱殖民化并关注自身的发展。最引人注目的当然是像达喀尔或达累斯萨拉姆这样相对平静的重要城市，以及像阿克拉这样为许多加纳难民建造大量房屋的城市。这些城市有时会因区域内其他城市更剧烈的动荡和不稳定而获利。尽管西方因腐败和专制政权而诋毁非洲城市，但在大多数情况下，民族主义时代都会通过民粹主义与由一党制国家重建社会和改善福利条件的愿望联系起来。现今最成功的非洲城市既不是因石油财富而盲目扩张的城市，也不是通过国际金融机构的良好管理使其合理化的城市——其特点有：只经历两届政府、女性在强大的官僚机构和选举工作中的作用、竞争激烈的选举、出版自由等，而是那些没有重大事件并对提供给市民的东西不太感兴趣的城市。那些从政府和"全球化"的发展潜力中受益的城市将注意力集中在对优良的私立学校和诊所以及道路、机场和朴素的郊区——在那里，各个家庭可以生活在高墙后面或"封闭的社区"中——的建设和扩建上。有人将这种情况称为非洲眼中的现代化。在阿比让，这一过程是在因乌弗埃·博瓦尼赞助体系的崩溃而产生的艰难的经济条件下进行的，而在象牙西岸则是伴随着不断升级的冲突和最终的内战。这里值得注意的是高原城市重要性的不断减弱，这有利于更遥远的边远城市，以及通常为黎巴嫩人所拥有的衰落的市场被购物中心所取代，这一情况有时会伴随着可疑的大火。在尼日利亚，只有新首都阿布贾允许资产重组，在中产阶级消费者或上班族眼中其管理水平也是最好的。

许多学者都认为：在满是问题的城市中，充满活力的非洲人团体能在特殊情况下发挥不同寻常的作用，这些团体大多由精英构成并时常给女性展示其领导才能和满足基本需求的机会。经常关注这类群体的新的联系形式将诸如道路和桥梁、学校和医疗保健、甚至包括卫生问题的实际解决方法整合在一起。针对拉各斯的一项研究将诸如对自然和工业灾害的处理和打击犯罪这样的问题添加进了列表中。

然而，即便不是悲观主义者，人们也不得不承认这种好势头并不是普遍的。仍有一部分城市陷在冲突中，例如索马里城市摩加迪沙仍然不存在真正的中央政府，而对于塞拉利昂（Sierra Leone）的弗里敦（Freetown）以及利比里亚的蒙罗维亚（Monrovia）的居民而言，电力仍是一种奢侈品。即使在阿比让，重建在2001年后就毫无进展了。金沙萨仍缺少最基本的城市服务，并因城中600—800万的贫困人口而不堪重负。这些城市寻找解决方案的进程还停留在解决"生存"问题的阶段。

后殖民时代城市史的一个重要特征是南非人经常提到的"排外情绪"（xenophobia），这通常是由政治危机或经济压力引起的。尽管殖民统治结束了，但在殖民统治时期就已经出现的少数民族问题仍是困扰许多国家的棘手问题。在像金贾（Jinja，它是尼罗河欧文斯瀑布水电站的重要枢纽以及工业和制糖业中心）这样的乌干达城市中，到处都是因40年前的伊迪·阿敏（Idi Amin）而被抛弃的印度裔居民的空房子和商店，这些废弃的建筑就是狭隘的民族主义带来的破坏的悲惨证据。然而，许多城市内部还存在着各民族团体间的紧张关系，尤其是在由政治因素而引起冲突、具有突出政治意义的地方。此外，被优越的商业条件吸引的商业移民和难民团体可以轻而易举地越过非洲各国的边界。当情况恶化时，这些团体就会被视为外国人，进而遭致暴力和驱逐。自2001年以来，这种现象已经摧毁了科特迪瓦的众多城市，并在几乎每个西非国家（包括尼日利亚、塞内加尔和加纳）成为了周期性因素。2008年受南非排外主义攻击的外国人有时是索马里店主，有时是津巴布韦工人，这一暴力事件造成了数十人死亡并迫使数千人逃往难民营，还威胁（并持续威胁）着来自非洲各地的拥有专业技能的移民的未来。毫无疑问，这是城市面临的难题。尽管迁往城市的外国移民带来了经济效益，但民意调查显示出大多数城市居民仍存在着强烈的排外情绪。

重建中的非洲城市面临的主要问题之一是土地及其所有权的处置。在多数情况下,非洲人对基于合理的普遍体系上的成熟的土地私有化仍抱有十分强烈的排斥情绪。即便在南非,房屋买卖对大多数非洲人来说仍是件新鲜事,而房地产行业则在为创造和扩大非洲市场而挣扎。对卢萨卡的研究表明居住时间超过半个世纪的长期居民的住房(最初都是非正式的)都位于市镇中心,在赞比亚长期经济下滑的背景下,这些居民几乎没有流动,这种情况直到最近才有所改变。

非洲城市的土地产权问题往往充满争议和混乱。在阿克拉、拉各斯或阿比让,传统的土地产权更受欢迎。在金沙萨,财产通常都是非卖品;它是各个继承人之间激烈争论的源头。建立系统并可预测的财产政策的困难在主要的非洲国家中相当典型。内罗毕近期发生的选举暴力促使人们建立民族社区,这些社区中的右翼民族主义政党或派系已经成为了颇具影响力的政治组织。然而在内罗毕、金沙萨或达累斯萨拉姆等城市,土地所有制和土地租赁正变得越来越普遍。在内罗毕,非正式的投资者正在计划建设六层高的混凝土建筑,这在其他地方几乎从未出现过。

同样重要的是,这些模式随着时间的推移而显示出日益增多的多样性和个性,这也使得一些国家甚至是地区从它们的社会、经济前景以及后殖民时代的发展中脱颖而出。在新世纪,我们也不太有机会探讨"非洲城市"了。

刚果民主共和国的金沙萨成为了该国日益重要的中心城市,而其他重要城市则要么增长不多,要么濒临崩溃。比利时人基于行政和采矿业而构建的城市体系已经崩溃了。曾经作为重要的交通枢纽(将东部和中东部同北部和西部连接起来)的第三大城市基桑加尼(Kisangani,即曾经的斯坦利维尔[Stanleyville])的衰落和破败已经被多位学者详细描述了。相比之下,盛产钻石的姆布吉马伊(Mbuji Mayi,1984 年的人口约为 486000)因吸收了来自开塞省(Kasai)的卢巴人(Luba)难民而成为了该国的第二大城市。奇卡帕(Tshipaka,1984 年的人口约为 116000)是另一个因出产钻石而兴起的城市,而作为该国第七大城市的布滕博(Butembo,1984 年的人口约为 101000)则因与从该国东部的暴乱中获利的南德(Nande)商人的贸易而成长起来,并建造了由当地居民规划的基础设施。位于卢旺达边境的冈贝(Gombe)则从不受控制的国际市场中渔利。

南非虽然没有经历刚果的痛苦,但也显示出不同的城市发展方向。尽管缺少能加速城市化的廉价住房,但首都比勒陀利亚以及附近作为商业中心的约翰内斯堡仍在种族隔离结束后出现了快速发展。在港口城市德班,这个南非最大的集装箱贸易城市,上述发展受到了更多限制。另一个大城市开普敦则成为了白人聚居的城市,该省也被一个仅拥有不超过全国 3% 的非洲人选票的少数党控制。它因具有国际竞争力的旅游业、服务业和与西方国家的贸易而繁荣。然而,其财富不仅吸引富裕的欧洲人来此度假,也吸引了许多生活在平顶山周围斜坡上的、远离市中心的贫困的非洲移民。相比之下,南非的小城市——彼得马里茨堡(Pietermaritzburg)、布隆方丹(Bloemfontein)、伊丽莎白港和东伦敦(East London)——则少有发展。南非的一些小城镇,特别是开普敦附近的小城镇,靠旅游业和服务业或新兴的采矿业而蓬勃发展,但更多的城市,例如旧的矿业城市和铁路枢纽,则变得贫困不堪,有的甚至失去了绝对人口。

塞内加尔城市图巴(Touba)是忠于穆利德兄弟会(Muridiyya)——一个塞内加尔特有的穆斯林兄弟会——的商人的总部。由于非洲商人并未抓住全球化的机遇,这座城市(人口约为 500000)几乎没有发展。全球化并不以理论家构想的方式展开,世界各地的城市并没有为成为所谓的世界城市而开展激烈的竞赛。非洲城市肯定没有伦敦或纽约那样的城市的竞争力,这既不是今天确定的,也不是个悲剧。然而,全球化,更准确地说全球化所推动的区域化,的确带来了不小的影响。开普敦成功地吸引了大量的欧洲投资,并以顶级的旅游资源吸引了众多游客。在生存层面上,内罗毕因城中的联合国人员以及其军事力量而获利,金沙萨也因联刚特派团(MONUC)的存在而受益。阿比让的困境为达喀尔带来了积极寻求西非法语中心的商业和服务业,这使达喀尔获利颇丰。

本章反复强调的一点是:尽管非洲是城市化程度最低的大陆,但它仍通过许多城市而快速地进行城市化。在文化上,这些城市融合了以新形象出现的非洲传统和来自别处并有时加以重新诠释的现代消费主义理念。这些城市富有个性并拥有自己的风格。城市所面对的挑战会为生活于其中的人口提供更多的服务和公平,也使它们建立了能够平衡消费和支撑了制造业(包括但不限于工业化进程)的商业活动的经济。此外,城市也需要不可或缺的挑战的刺激,拥有身份认同感的城市居民也根植于作为整体的城市社区中。

参考文献

Anderson, David, and Rathbone, Richard, eds., *Africa's*

Urban Past (London and Portsmouth, N. H. : James Currey & Heinemann, 2000).

Cobbett, William, and Cohen, Robin, eds., *Popular Struggles in South Africa* (Review of African Political Economy & James Currey, 1988).

Cooper, Frederick, ed., *Struggle for the City; Migrant Labor, Capital and the State in Urban Africa* (London and Beverly Hills: Sage, 1983).

Coquery-Vidrovitch, Catherine, *Histoire des villes d'Afrique noire des origines a la colonization* (Paris: Albin Michel, 1993).

Ferguson, James, *Expectations of Modernity; Myths and Meanings of Urban Life on the Zambian Copperbelt* (Berkeley and Los Angeles: University of California Press, 1999).

Freund, Bill, *The African City: A History* (Cambridge: Cambridge University Press, 2007).

Gueye, Cheikh, *Touba: la capitale des mourides* (Paris: Karthala, 2002).

Kea, Ray, *Settlements, Trade and Polities in the Seventeenth Century Gold Coast* (Baltimore and London: The Johns Hopkins University Press, 1982).

Mabogunje, A. L., *Urbanisation in Nigeria* (London: University of London Press, 1968).

Meillassoux, Claude, *Urbanization of an African Community* (Seattle: University of Washington Press, 1968).

Myers, Garth, *African Cities; Alternative Visions of Urban Theory and Practice* (London and New York: Zed, 2011).

Rakodi, Carole, ed., *The Urban Challenge in Africa; The Growth and Management of Its Large Cities* (New York, London, and Tokyo: United Nations University Press, 1998).

Simone, Abdoumalique, *For the City Yet to Come; Changing African Life in Four Cities* (Durham, N.C.: Duke University Press, 2006).

屈伯文　白英健　译　陈　恒　校

专 题

第 34 章 工业化与城市：东方和西方

孔诰烽　詹少华

645　　兴起于 19 世纪早期的工业资本主义定义了过去两个世纪的现代性及其在 20 世纪晚期的转型,它给我们带来了一些疑惑和争论。[①] 资本主义在欧洲尤其是在英格兰的起源,已使几代学者追问:为什么这种深刻的社会经济革命发生于欧洲而不是前工业化经济同样发达的其他经济体,如中国。东亚和中国在 20 世纪晚期作为一个强大的工业化集团兴起,而同时欧洲和北美却在经历持久的经济危机和制造业的衰落,这也迫使我们去思考奠定中国工业竞争力的那些基础。

　　本章将讨论如何根据城市在经济发展中所起的作用来解释两次大分流——在近代早期的大分流中,是欧洲而非中国率先开始工业化;而当代的大分流则源于中国经济的腾飞和西方的相对衰落(如表 34.1 所示)。

关于近代早期的大分流的争论

　　自 1970 年代以来,许多解释工业资本主义在欧洲兴起的理论都聚焦于乡村。这些理论试图辨识出支撑农业生产力的大飞跃以及随后出现的大量农业剩余的特殊条件,正是这些条件激发了自发的资本主义工业在 18 世纪英格兰的起飞。[②]

646

表 34.1　东西方在 GDP 份额、人口份额以及人均 GDP 与世界平均水平的比率方面出现的大分流

	1500			1820			1940			2008		
	GDP	pop	GDPpc	GDP	pop	GDPpc	GDP	Pop	GDPpc	GDP	pop	GDPpc
中国	24.9	23.5	1.1	33.0	36.6	0.9	6.4	22.6	0.3	17.5	19.8	0.9
日本	3.1	3.5	0.9	3.0	3.0	1	4.7	3.2	1.5	5.7	1.9	3
英国	1.1	0.9	1.2	5.2	2.0	2.6	7.3	2.1	3.5	2.8	0.9	3.1
西欧	15.5	11.0	1.4	20.4	11.0	1.9	27.5	10.8	2.5	14.5	5.0	2.9
美国				1.8	1.0	1.8	20.6	5.8	3.6	18.6	4.5	4.1
世界	100	100	1	100	100	1	100	100	1	100	100	1

资料来源:安格斯·麦迪逊(Angus Maddison)《世界经济历史统计数据:1—2008》
网页链接:http://www.ggdc.net/MADDISON/Historical_Statistics/verticalfile_02-2010.xls

647　　然而,这种以乡村为中心对工业革命进行的解释已受到了一些新发现的挑战,即在近代早期(约 1600—1800 年),中国高效的农业生产率与英格兰相比毫不逊色。这些发现导致了一个新的难题:如果 19 世纪前夕中国的农业生产率与英格兰的一样高,那为什么中国没有像英格兰那样,因大量的农业剩余而激发工业转型呢?

　　已经有一系列解释用于阐明这一疑惑。其中最引

---

　　①　感谢编辑热心帮助我们修改论文。
　　②　关于这场讨论的概要,参见 Ho-fung Hung, 'America's Head Servant? The PRC's Dilemma in the Global Crisis', *New Left Review*, 60 (November-December, 2009), 5 - 25。

人注目的是彭慕兰的生态学观点。[①] 彭慕兰认为,直到 18 世纪与 19 世纪之交,英格兰与中国之间的发展模式才出现分流。在此之前,两个经济体在商业、人口及农业生产率方面都经历了同步的发展。将近 18 世纪末,可利用生态资源(如木材和可耕种的土地)逐渐减少,在生态资源允许的范围内,这两个地区的发展都达到了极限。从那时起,中国的发展陷入困境,但英格兰却成功规避了这种生态限制并向工业革命大步迈进。使英格兰能够克服这种限制的最重要的一个天然优势是其通过对北美的殖民统治获得了美洲的大量资源,比如原棉和糖。

这种解释虽然巧妙,但在某些方面仍然存在问题。第一,它不能够解释为什么英格兰早先并未利用它易获得美洲资源这一点来促进资本主义工业的发展。第二,英格兰对美洲资源的可获得性与中国对美洲资源的不可获得性都被夸大了。在 18 世纪的英格兰,美洲的资源绝非廉价。事实上,美洲的许多资源都以高出世界市场均价的价格卖到英格兰。[②] 几个世纪的贸易顺差为中国提供了大量的白银储备,对中国来说,如果需要的话,从世界市场购买新大陆的资源并不困难。[③] 顺便提一下,日本也没有获得美洲的资源,但它通过从世界市场购买必需的原材料而在 19 世纪成功实现了工业化。[④]

在世界历史的特定地点和特定时间兴起的工业资本主义,一定是多种多样的因素偶然结合的产物。[⑤] 虽然人们不能否认上述每一个因素对工业资本主义兴起的贡献,但无论是单独来看还是总体上来看,这些因素都不能充分解释英格兰在 18 世纪出现的工业转型,同样也不能充分解释中国在整个 18 世纪和 19 世纪都没有出现的工业转型。一定有一个至关重要的因素被

忽略了。要充分解释英格兰和中国在发展模式上的变化,这个因素必定存在于 18 世纪的英格兰,而不是 18 世纪和 19 世纪的中国。在解释这一时期的大分流时,人们越来越意识到,城市所起的关键作用是不可或缺的。最近的研究提供的证据表明,在 18 世纪早期的英格兰和尼德兰特许市中,显著提高的城市生活水平,反映并刺激了劳动力市场的整合,提升了工业品的生产和消费以及服务和经济创新。[⑥] 但另一个城市因素也值得注意,那就是城市企业家的角色。在下文中,我们将会看到在城市中心的企业精英们的突出作用,他们能够将农村剩余汇聚到自己手中并富有成效地、创造性地利用它。

重新将城市考虑在内

最近,杰克·戈德斯通(Jack A. Goldstone)发展出一种"工程文化"(engineering culture)理论来解释中国与英格兰的大分流。这种理论认为,英格兰的资本主义工业在 19 世纪初的起飞,关键在于一种独特的牛顿式世界观以及工程文化的普及,后者使企业家们能够借助既存的科学知识在实践中改善商业投资。[⑦] 戈德斯通论证说,这种文化于 17 世纪在英格兰的学术团体和学校兴起,从而创造了一系列历史机遇。[⑧] 接下来的问题是,这种工程文化是如何扩散到科学家共同体之外并在工业生产领域中扎根的呢? 谁又是促成这种扩散的参与者呢?

或许我们可以在罗伯特·艾伦(Robert Allen)的"集体发明"(collective invention)理论中找到部分答案。[⑨] 根据这一理论,抽象科学知识在工业革命期间

① Kenneth Pomeranz, *The Great Divergence：Europe，China，and the Making of the Modern World Economy* (Princeton：Princeton University Press，2000).

② P. H. H. Vries, 'Are Coal and Colonies Really Crucial? Kenneth Pomeranz and the Great Divergence', *Journal of World History*, 12：2 (Fall 2001)，407 – 445.

③ Jack A. Goldstone, 'Neither Late Imperial Nor Early Modern：Efflorescences and the Qing Formation in World History', in Lynn A. Struve, ed.，*The Qing Formation in World-Historical Time* (Cambridge, Mass.；Harvard University Asian Center，2004)，242 – 302，at 279.

④ Christopher Howe, *The Origins of Japanese Trade Supremacy：Development and Technology in Asia from 1540 to the Pacific War* (Chicago：Chicago University Press，1996)，90 – 137.

⑤ Randall Collins, 'Weber's Last Theory of Capitalism：A Systematization', *American Sociological Review*, 45：6 (December 1980)，925 – 942.

⑥ Cf. R. C. Allen et al.，'Wages, Prices and Living Standards in China, 1738 – 1925：In Comparison with Europe, Japan and India', *Economic History Review*, 64 No. S1 (2011)，18 ff.

⑦ Goldstone, 'Neither Late Imperial Nor Early Modern', 407 – 445.

⑧ Jack A. Goldstone, 'Europe's Peculiar Path：Would the World Be "Modern" if William III's Invasion of England in 1688 Had Failed?', Paper presented at the conference *CounterFactual History* (Ohio State University, February 2001).

⑨ Robert C. Allen, 'Collective Invention', *Journal of Economic Behavior and Organization*, 4：1 (March 1983)，1 – 24.

用于创新性实践时,需要资本密集型企业反复进行花费高昂的实验以及后续知识在这些企业之间的相互扩散。同样,里德(Reeder)和罗杰(Rodger)注意到,19世纪产生的"信息高速公路"使英格兰的工业化成为可能,借助"信息高速公路",为发展工业而拥有必要的专业技能以及资金来源的企业家们所组成的密集网络在大城市中获得了发展,因为在那里,企业在人力资本和物资资本方面可以相互支撑。[1]

尽管只是顺带提及,但拉赫曼(Lachmann)注意到了城市中心在促进工业化方面的重要意义,他发现,英格兰的农业革命以及随后出现的地主和佃农收入的增加并没有自动触发工业化。某种"强制通风"式的中间步骤,即将乡村的高额收入集中到城市企业家的手中,是使农业革命的收益转化为工业投资和创新的燃料所必需的,而工业投资和创新最终将"自燃"触发工业革命。收入由乡村向城市的这种转移可能是经过多种渠道进行的,例如,乡绅在城市的公司投资,乡绅在城市居住,或是城市企业家与乡村的地主或佃户按照有利于前者的贸易条款进行。[2] 换句话说,集体发明或某种工程文化在生产过程中的扩散,若没有大量充满活力的企业家(其中包括商人、专业人士、制造商和地主)是不可能的,他们能够利用和占有乡村精英的高额收入,并将这种被集中的剩余用于花费巨大的反复实验以发展生产技术。

649 　　这样一种企业化的商业精英在英格兰的兴起与国家所起的作用有关。在本书第21章中,巴斯·冯·巴维尔(Bas van Bavel)和他的同事们描述了国家和政治制度如何影响前现代城市经济的一般模式,并强调了欧洲城市的发展遵循不同的轨迹。在1688年光荣革命之后,英格兰调整了贸易关税以满足制造商的需求,同时英国的商业利益受海外军事行动的保护和促进,但尽管如此,政府干预社会的能力和野心仍然受到了削弱。不过,日益活跃而且受商业游说者影响的国会积极地调整济贫法,并且积极地立法反对商会来满足企业家的需求。[3]

因此,以高额土地收入形式出现的大量农业剩余和强大的城市企业精英能够将这笔收入汇集在自己手中,对资本主义工业的起飞来说都是必要的。这就解释了为什么19世纪的英格兰以及后来欧洲的其他地区在工业化期间,大工业城市的兴起从未取代乡村集镇的发展,在当时,乡村集镇依然是繁忙的中心,拥有更小规模的制造业和服务业,这些乡村集镇在城市系统中充当中介,它们有助于将农业利润和基本的工业产品转移到更大的中心。[4]

强大的城市企业精英是促进英格兰在18世纪和19世纪进行工业化的一个充分条件和关键性要素,承认这些精英的存在将会把我们引向另一个问题:为什么在18世纪和19世纪的中国,这种类型的企业精英没有获得主导地位? 的确,清代中国见证了以城市为基础的企业家阶层的出现,这种状况与经济的迅速商业化相一致(参见本书第17章)。但这些精英大多追求一种截然不同的策略,这种策略阻碍了他们像英格兰的精英那样成为财富的积累者。

中国的精英通常活动于以籍贯认同和共有方言划分的商帮。层层因袭的正统观点认为,清政府因儒家对商业的厌恶而总是对商业活动充满敌视并急于抑制商业发展,与这种观点相比,新近的研究赞同如下观点:"清政府也许是中国帝制史上最支持商业的政权。"[5]许多官员和乡绅家族将商业视为其扩大收入来源的一个机会。整个清代,一些著名的商帮垄断了最有利可图的商业部门。徽商是最突出的一个例子,它起源于安徽省并依靠在沿长江的经济发达的大城市(如扬州、苏州和汉口)生产和买卖盐、纺织品、茶叶和其他货物而壮大。商帮的商业活动通常会受到政府官员的支持,这些政府官员乐于接受商帮定期供应的消费品以及商帮的税赋和贿赂。虽然这些商帮总体上很突出,但它们大多不过是由先盛后衰的单个商人家族所构成的分散网络。这些家族很少能繁盛数代。通常的模式是,某一个成功的创业家族在积累第一笔财富之后便从商业中抽身,而后为子孙筹划科举考试而投

　　① David Reeder and Richard Rodger, 'Industrialisation and the City Economy', in Martin Daunton, ed., *The Cambridge History of Urban History of Britain*, vol. 3: *1840 -1950* (Cambridge: Cambridge University Press, 2000), 554 - 555.

　　② Richard Lachmann, *Capitalist in Spite of Themselves: Elite Conflict and Economic Transition in Early Modern Europe* (Oxford: Oxford University Press, 2000). 亦可参见 Andrew Lees and Lynn HollenLees, *Cities and the Making of Modern Europe*, *1750 -1914* (New York: Cambridge University Press, 2007), 42 - 44。

　　③ Cf. the recent collection edited by Paul Gauci, *Regulating the British Economy 1660 -1850* (Aldershot: Ashgate, 2011).

　　④ Peter Clark, *European Cities and Towns: 400 - 2000* (Oxford: Oxford University Press, 2009), 256 - 258.

　　⑤ William T. Rowe, 'Domestic Interregional Trade in Eighteenth-Century China', in Leonard Blussé and Femme Gaastra, eds., *On the Eighteenth Century as a Category of Asian History: Van Leur in Retrospect* (Aldershot: Ashgate, 1998), 173 - 192.

入财富,从而使家族跻身为士绅或国家精英的阶层。[①]随着那些最为成功的商帮成员不断地脱离商业,资本积累和这些商人网络的进一步扩展受到了限制,尽管如此,商人网络的大体维持是依靠来自社会底层新成员的不断加入。相比之下,在英格兰,18世纪晚期和19世纪早期的第一批实业家中,很多人都来自公认的创业家族。[②]

在中国,成功的创业家族总是倾向于将自己变成士绅和国家精英,这就限制了企业家阶层的规模和实力的增长。因此,相比于18世纪的英格兰和19世纪的日本的"公司制经济"(这种经济以商业王朝运作下的公司为基础),清代的商品经济是以"强大的网络弱小的公司"为特点。[③]因为缺乏强大的企业精英,中国就缺少一种代理人,这种代理人应当有能力将大量农业剩余集中起来并将其转用于高花费、高风险的生产性投资和创新。

城市创业家族脱离商业的这种风气可部分归因于清政府家长制的政策:在遇到生存危机时期,清政府优先考虑普通民众的生活水平而非商业利益。在正常时期,帝国政府是支持城市企业精英的,但在遇到生存危机或阶级冲突(如工场主与工人之间的冲突)时,这个家长制的政府通常会优先考虑下层人民的生计,并迫使城市企业精英做出让步——要么提高工人工资,要么以低于市场价格贩售其储备粮。因此,这种阶级政治营造出了一种不安全的氛围,这种氛围影响了城市企业家,而他们可以对社会再生产策略作出抉择。这有助于我们理解这一精英集团的想法,他们更倾向于为其子孙筹划一个士绅或官僚的生涯,而不是让他们继续从商,还有助于我们理解18世纪的中国城市企业精英相对的虚弱。

两种城市工业赶超的经历

面临民变而国家又无法加以防范的情况,就会导致城市企业家缺乏安全感,在19世纪的中国,城市企业家的不安全感只增不减,因为清帝国经历了深刻的社会经济危机和财政危机,这些危机因中国与西方帝国主义列强在1840年代之后接二连三的战争而加剧。[④]除了断断续续的城市暴乱,19世纪还见证了更加持久和暴力的异端宗教起义的浪潮(从1796年至1806年的白莲教起义到1851年至1861年的太平天国起义)。[⑤]这些起义直接或间接地进一步限制了企业精英的发展和传承。这些宗教起义者带有强烈的平等主义冲动,他们沿途没收积累的财富并杀害富人。

这些起义对商业活动的间接影响同样是毁灭性的。清政府发现,在白莲教起义期间,庞大、腐化、瘫痪的帝国军队在剿灭异端起义者时并不可靠,于是它便鼓励士绅阶层和官僚合作来组织团练,这样就打开了地方军事化的潘多拉魔盒。在社会骚乱蔓延的过程中,这些团练在19世纪扩散到帝国的各个角落。在太平天国起义期间,其中许多团练甚至合兵一处而变成更大和更正规的军事组织,这就导致了各省地方军队的崛起,这些地方军队可以脱离帝国中央而自行其是。

由于缺乏中央政府的财政支持,这些军事组织通过向当地城镇、商业中心和农业生产者征收很重的特别税来筹措军费。[⑥]作为地方军事化的主要代理人,地主精英在此过程中获得了丰厚的利润,因为他们常为了自己的私利而挪用20—30％为军事目的而筹措

---

① Hamilton, *Commerce and Capitalism in Chinese Societies*, 43 - 7, 56 - 70; Wang Zhenzhong, *Mingqing Huishang yu Huaiyang shehui bianqian* (Anhui Merchants and Social Change in Huaiyang Area in Ming and Qing Times) (Beijing: SanlianShudian, 1996), 1 - 57.

② FernandBraudel, *Civilization and Capitalism, 15th-18th Century* (Berkeley: University of California Press, 1992), 585 - 594; Richard Grassby, *Kinship and Capitalism: Marriage, Family, and Business in the English Speaking World* (New York: Cambridge University

③ Gary G. Hamilton, 'Hong Kong and the Rise of Capitalism in Asia', in *Cosmopolitan Capitalists: Hong Kong and the Chinese Diaspora at the End of the Twentieth Century* (Seattle: University of Washington Press, 1999), 14 - 34; S. G. Reddings, 'Weak Organizations and Strong Linkages: Managerial Ideology and Chinese Family Business Networks', in G. G. Hamilton, ed., *Business Networks and Economic Development in East and Southeast Asia* (Hong Kong: Center of Asian Studies, University of Hong Kong, 1991).

④ Madeleine Zelin, *The Magistrate's Tale: Rationalizing Fiscal Reform in Eighteenth-Century Ch'ing China* (Berkeley: California University Press, 1984), 264 - 308.

⑤ Philip A. Kuhn, 'The Taiping Rebellion', in John K. Fairbank, ed., *Cambridge History of China*, vol. 10 (Cambridge: Cambridge University Press, 1978), 264 - 316; Ho-fung Hung, *Protest with Chinese Characteristics: Demonstrations, Riots, and Petitions in the Qing Dynasty* (New York: Columbia University Press, 2011).

⑥ Philip A Kuhn, *Rebellion and Its Enemies in Late Imperial China: Militarization and Social Structure, 1796 - 1864* (Cambridge, Mass.: Harvard University Press, 1970), 87 - 92; Susan Mann, *Local Merchants and the Chinese Bureaucracy, 1750 - 1950* (Palo Alto, Calif.: Stanford University Press, 1987).

的经费。① 这就导致了一个军事—劫掠阶层的兴起。企业精英们在动乱中遭受了经济损失，军事组织能给他们提供的庇护与他们所缴纳的超额税负是不相称的。

西方工业强国的盘剥让清政府颜面尽失，随之而来，在1860年代，它启动了一项自上而下的工业化方案来培养一批由政府主导的工业企业。但这种工业化的努力受到了来自不断扩张的军事—劫掠精英集团的妨碍，他们消耗了大部分原本可以被中央政府调动来为新兴工业企业的发展提供资金的经济剩余。这一工业化方案以彻底失败告终并不让人奇怪。它只不过创造了一些分散在帝国各处的独立"增长源"。② 只有在西方列强和西方投资支配下的通商口岸才得以进行现代化模式的工业扩张，并取得举足轻重的成就。(参见本书第17章)。

19世纪晚期日本资本主义工业发展迅速，成功赶超，而中国却向土地强制秩序倒退，二者之间的对比是显著的。在19世纪早期，日本经济的优势和局限都与中国类似。伴随着德川时代的农业革命，日本经济出现了分散在农民耕种者手中的农业剩余。③ 日本不缺随机应变的商人，但他们远没有牢固地占据支配地位。然而在1868年明治维新之后，充满活力的改革者成功建立了一个高度集权的国家，一个有效而且毫不留情地压制民间各种争论意见并为企业精英的发展扫清道路的国家。④ 这个国家通过征收高额的农业税而成功地将大量的经济资源集中到自己手中。它将这些资源用于建设城市工业的基础设施，范围从铁路到电报系统，而这些都是工业发展所必需的。它也将很大一部分

财政收入用于资助垂直一体化的大型私人企业集团(俗称"财阀")的发展，三菱和三井便是著名的例子。⑤

这种前资本主义的、集权的政治结构能有效地集中和使用大量农业剩余来推动资本主义工业在大城市起飞，但这在19世纪的中国根本不存在。在中国，军事—劫掠网络的扩张侵蚀了国家的财政能力，阻碍了国家培育一个充满活力而且自我扩张的上层企业精英集团的努力，而一个令人敬畏的、由国家资助的企业精英集团在明治时代的日本初具规模，它为日本在下一个世纪进行的工业扩张奠定了基础。

中国在20世纪晚期的崛起过程中的城乡辩证法

19世纪西欧和北美的工业化是基于大城市中拥有资本和技术水平较高的大型工业的集中，而在乡村的大中心和更小的城镇，资本与技术水平较低的工场型工业利用其成本优势来支撑其劳动密集型的工业生产。但到了20世纪中期，由于技术和资本密集型生产的发展，在大多数发达国家，制造业开始集中于主要的工业城市，从乡村到城市的移民减少使低成本的工场制造业黯然失色。⑥

在发达国家，制造业体系以城市为中心高度集中。1970年以后，用工日益僵化，工资成本不断上涨，这成为工业盈利能力出现长期危机的重要因素。⑦ 而德国和欧洲其他经济体却没有延续这一规律，他们保留了发展中小型企业的传统，这些企业散布于全国(包括小镇)，工业分散而灵活，因而得以持续增长。⑧ 北半球其他大多数经济体的危机为一群亚洲国家尤其是中国登

---

① See Chang Chungli, *The Income of the Chinese Gentry* (Seattle: University of Washington Press, 1962), 69-73.

② Tim Wright, 'Growth of the Modern Chinese Coal Industry: An Analysis of Supply and Demand, 1896-1936', *Modern China*, 7: 3 (1981), 317-350. Dwight H. Perkins, 'Government as an Obstacle to Industrialization: The Case of Nineteenth-Century China', *Journal of Economic History*, 27: 4 (1967), 478-492. Wang Yeh-Chien, 'Shijie geguo gongye hua neixing yu zhongguo jindai gongye huade ziben wenti (Typologies of Industrialization in the World and the Question of Capital in China's Modern Industrialization)', in *Wang YehChienQingdaijingjishilunwenji* (2003), 317-336.

③ Randall Collins, 'An Asian Route to Capitalism: Religious Economy and the Origins of Self-Transforming Growth in Japan', *American Sociological Review*, 62 (1997), 843-865; Thomas C. Smith, *The Agrarian Origins of Modern Japan* (Palo Alto, Calif.: Stanford University Press, 1959).

④ Herbert P. Bix, *Peasant Protest in Japan, 1590-1884* (New Haven: Yale University Press, 1986), 189-214.

⑤ Hamilton, 'Hong Kong and the Rise of Capitalism in Asia', 18-25; Smith, *The Agrarian Origins of Modern Japan*, 201-213; Eleanor D. Westney, *Imitation and Innovation: The Transfer of Western Organizational Patterns to Meiji Japan* (Cambridge, Mass.: Harvard University Press, 1987); Christopher Howe, *The Origins of Japanese Trade Supremacy: Development and Technology in Asia from 1540 to the Pacific War* (Chicago: Chicago University Press, 1996), 90-200.

⑥ Clark, *European Cities and Towns*, 256-258.

⑦ Robert Brenner, *The Boom and the Bubble: US in the World Economy* (New York: Verso, 2003); Clark, *European Cities and Towns*, 261-264.

⑧ Clark, *European Cities and Towns*; Charles F. Sabel and Jonathan Zeitlin, eds., *World of Possibilities: Flexibility and Mass Production in Western Industrialization* (New York: Cambridge University Press, 2002), Part III.

上世界舞台并成为新兴工业强国创造了机遇，这是基于农村富余的大量劳动力而带来的低廉的制造业劳动力成本。下一节将以现代中国为背景来追溯这个过程。

毛泽东以城市为中心的重工业化

1949 年后中国共产党通过快速发展民族工业体系，试图以此将中国从西方帝国主义者的控制下解放出来。面对乡村遭到战争破坏、缺少投资以及殖民主义者进行了一个多世纪剥削的情况，中国共产党的任务是将少量的农业剩余用于促进工业化。虽然 19 世纪早期的英格兰城市工业企业家和 19 世纪晚期的日本国家资助城市工业企业也面临了一些挑战，但它们毕竟可以集中和榨取更多农业剩余，相比之下，中国共产党面临的困难则要严峻得多。

中国共产党成功地动员了农民以取得革命的胜利，但在 1949 年之后，它将注意力转移到了城市工业。在尝试追赶工业化国家的过程中，发展资本密集型的重工业成为了首选。在 20 世纪 50 年代初，党内精英达成这样的共识：通过国家掌握粮食、棉花和其他农产品的买卖来调动农业剩余以便为城市重工业提供资金。[1] 为发展重工业而集中资源的做法使大的城市工业中心得以兴起。

在苏联及其发展模式的影响下，中国在 20 世纪 50 年代赋予重工业战略性的意义，并通过中央的计划来调动人力物力资源以扩大其工业基础（参见本书第 28 章）。两种类型的城市在这种工业化蓝图中变得尤其重要，它们因此而得到了比其他城市更多的资源：第一种类型既包括了在 1949 年以前就已经拥有相当发达的工业部门的城市，如上海、无锡、天津、青岛等港口城市，以及东北的城市工业中心，日本人已经在那里建立了牢固的工业基础设施；第二种类型是建立在煤、油、矿石等重工业原料产地附近的新兴工业城市。由于担心沿海地区可能会发生战争，中共政权特意将其

中许多新兴城市建立在内陆地区。在 1949 年到 1957 年期间，官方认可的城市数量增加了三分之一，即 44 个，其中 23 个位于中部省份，17 个位于西部省份，而只有 4 个位于沿海省份。[2] 在同一时期，城市人口增长了 72.6%，增加到近 1 亿人。[3]

然而，由于以重工业为导向的工业化限制，城市扩张很快到了尽头。当时被视为现代工业核心的重工业需要极高的资本投入。正如上文所述，中国政府试图通过掌控粮食和其他农产品的买卖来为城市工业提供资金。这一实践开始于 1953 年，同时又于 1958 年建立了严格控制城乡之间人口流动的户口制度（户籍登记制度）。[4] 在国家调控的工农业产品交换中（贸易条款明显有利于工业品），农业剩余被转移到城市经济中。据估计，在 1978 年以前，国家从农村抽走了 6000 亿至 8000 亿元来为工业投资提供资金。[5]

资本密集型重工业也受限于劳动力的吸纳量。中国政府在城市实施了充分就业的政策，然而，大部分资源被分配给了节省劳动力的重工业。因此，工业就业岗位的扩大落后于城市人口的自然增长，更不用说吸纳农村人口了。在文化大革命的头两年即 1966 年和 1967 年之后，中国政府开始将城市青年送到农村去。这场被称为"上山下乡"的运动一直持续到毛泽东时代结束，在这期间，大约 1600 万来自城市的年轻人被送到农村地区。

在毛泽东时代，尤其是在 20 世纪 70 年代，各地农村已开始了工业化，但优先给城市工业中心配置资源以发展重工业尤其是国防工业的策略在这个时代一直没有改变。[6] 由于资源配置上的这种持续倾斜，毛泽东时代晚期见证了大型工业城市中心占据主导地位和小城市的衰落。在 1957 年至 1978 年之间，大型城市的数量从 24 个增长至 40 个，中型城市的数量从 37 个增长至 60 个，但小城市的数量却从 115 个减少至了 93 个。[7] 因此，毛泽东推行的以城市为中心的重工业化与 19 世纪的英国以及其他西欧国家的工业化历程不

---

① Bo Yibo, *Ruogan zhongda juece yu shijian de huigu* (Retrospect on Some Significant Decisions and Events) (Beijing: Zhonggong Zhongyang Dangxiao Chubanshe, 1991), 255 – 271.

② Ye Shunzan, 'Zhongguo chengshi jiegou yu gongneng de lishi yuanyuan (The Evolution of China's City Structures and Functions)', in *Zhongguo: shiji zhijiao de chengshi fazhan* (China: Urban Development towards the Year 2000) (Shenyang: Liaoning Renmin Chubanshe, 1992), 115 – 140.

③ National Bureau of Statistics of China, *China Compendium of Statistics 1949 – 2004* (Beijing: China Statistics Press, 2005), 6.

④ Wen Tiejun, *Zhongguo nongcun jiben jingji zhidu yanjiu* (A Study on Rural China's Economic Institutions) (Beijing: Zhongguo Jingji Chubanshe, 2000), 157 – 202.

⑤ Ibid., 177.

⑥ Chris Bramall, *Chinese Economic Development* (New York: Routledge, 2009), 83 – 89.

⑦ Ye, 'The Evolution of China's City Structures and Functions', 125 – 126.

同,在这些国家,小城镇与大型工业城市并存,它们在将农村资源集中到工业城市的过程中起到了至关重要的作用。毛泽东推行以城市为中心的重工业化也与日本和中国台湾地区等其他亚洲经济体战后的工业化历程不同,这些亚洲经济体在追求工业化的同时,也不压制农村的工业活动或乡镇的发展。

邓小平以农村为导向的市场社会主义

这场始于1978年的改革以市场为导向,将政治焦点从工业中心城市转移到了农村。在改革初期,也就是20世纪80年代,在农业和农村工业上取得的非凡成就标志着与毛泽东时代以及前共和国时代的一个明显差别。国家对大型的资本密集型城市企业的限制以及对农村小生产者的扶持,连同毛泽东在农村地区推行社会改革的遗产,创造出了一批有文化的、健康的农村劳动力。这个时代见证了以农村为基础的分散式工业化(可贴上"市场社会主义"的标签)的诞生和繁荣。

毛泽东时代党内精英采用优先发展以城市为基础的重工业的策略,与此相反,改革初期党内涌现的精英们支持农村改革并强调农村和小城镇的利益。在邓小平的领导下,一批中央和省级党内精英推进了农村改革方案。① 从1982年到1986年,每年农村问题都出现在中央政府的年度一号文件上,一号文件即每年年初发布,用以阐明政府最高优先事项的第一项政策指令。此举彰显了农村发展在国家议事日程中的突出地位。然而,这些改革若没有地方精英特别是地方干部的支持是不可能成功的。20世纪80年代初的财政改革授予地方政府分享财政收入的权力,因此极大地鼓舞了地方干部去发展农村经济,特别是小城镇工业的积极性。② 最后但同样重要的是,由于对市场的重新定位以及国家的财政支持,地方企业家在农村工业和小城镇工业的发展过程中也扮演了重要的角色。③

这些改革先以提高农产品收购价格开始,接着又进行了制度改革,即用家庭联产承包责任制来代替之

前的人民公社制。数百万的农村家庭,尽管其规模都很小,但却因为拥有更多的资源和更多进行生产和交换的自由,在改造农村经济上展现出了惊人的能力和灵活性。在1978年至1984年的五年内,粮食产量增长了三分之一,即从3亿吨增加到4.07亿吨,这使中国在1985年继1958年大跃进之后第一次成为粮食净出口国。④ 一个更引人注目的变化是被称作"乡镇企业"的农村工业和小乡镇工业的爆炸式发展:1978年,有150万家工业企业,雇佣了2800万名农村劳动力;1991年,有1910万家工业企业,雇佣了9800万名农村劳动力。至1991年,在农村总产值中,农村工业占比高达43%。

随着农村经济的快速增长,作为农村市场活动的中心和居住区的中心,集镇达到了全盛。在1981年至1989年间,乡镇的人口增长了2.9倍,约从6000万增加到1.7亿,同时乡镇和城市总人口增长了1.7倍,这表明乡镇人口的增长速度整体上远快于城市人口的增长速度。⑤ 乡镇人口数量的快速增长无疑是因为农村工业具有吸纳劳动力的能力。与毛泽东时代那些节省劳动力的工业企业相比,乡镇企业大多是劳动密集型企业,到20世纪80年代末,乡镇企业雇佣了多达1亿农村劳动力。此外,粮食产量的提高为城市发展提供了必需的食物来源。

乡镇和小城市的发展也与20世纪80年代官方的政策相一致。具有政治影响力的著名社会学家费孝通呼吁政府优先发展乡镇和小城市,因为它们能够在促进农村经济的同时为农村剩余劳动力创造数百万的就业岗位。⑥ 在20世纪80年代,费孝通的观点获得了政策制定者的普通认同。因此,一项积极发展小型城市中心,同时严格控制大城市扩张的政治决策就此制定出来。由于这项政策,官方认可的乡镇数量从1983年的3430个飙升至1989年的1.11万个。⑦

随着国际关系的改善,中国试图利用外资,特别是来自中国香港、台湾地区和东南亚地区的海外华人的外资来刺激经济。由邓小平在1980年作出的最重要

① Huang Yasheng, *Capitalism with Chinese Characteristics*: *Entrepreneurship and the State* (New York: Cambridge University Press, 2008), 1-49.

② Jean C. Oi, *Rural China Takes Off*: *Institutional Foundations of Economic Reform* (Berkeley: University of California Press, 1999).

③ Huang, *Capitalism with Chinese Characteristics*, 50-108.

④ Barry Naughton, *The Chinese Economy*: *Transitions and Growth* (Cambridge, Mass.: MIT Press, 2007), 242.

⑤ Lu Xueyi and Li Peilin, eds., *Zhongguo shehui fazhan baogao* (The Report on China's Social Development) (Shenyang: Liaoning Renmin Chubanshe, 1991), 16-17.

⑥ FeiXiaotong, 'Xiaochengzhen Dawenti (Small Towns and Cities, Big Issues)', *Liao Wang*, Nos. 2-5 (1984).

⑦ Lu Xueyi and Li Peilin, eds., The Report on China's Social Development, 18.

的政策决定是在沿海地区建立经济特区,在经济特区,海外投资者会获得优惠政策(参见本书第28章)这些措施使沿海城市得到扩张并为中国在20世纪90年代融入全球经济铺平了道路。然而,外资在20世纪80年代的经济发展中起到的作用相对较小,且沿海城市的扩张也落后于集镇的扩张。

656 乡镇和小城市的城镇人口迅速增长,城镇人口的比例在1990年达到了26.2%,但一些学者估计,城镇化的实际比例可能已达到30%,因为越来越多的农民已成为城市中的非农业工人,但在统计数据中他们依然被视为农村居民。[1] 这种以农村为驱动的城镇化与前一阶段以集中于大城市的城市工业资本的增长为基础的城市化不同。这种新的以农村为驱动的扩张导致城乡收入差距保持稳定乃至缩小,相比之下,正如我们所见,20世纪90年代的城市化导致城乡收入差距不断扩大以及城市内部出现两极分化。

20世纪90年代以来中国城市的活力与局限

20世纪90年代及其后来的时代见证了西方式的城市经济在中国的兴起。这一轮城市扩张在一定程度上是基于毛泽东时代的工业基础以及20世纪80年代的增长奠定的物质基础,它以一种前所未有的速度运转,极大地改变了中国经济和城市面貌(参见本书第28章)受出口导向型制造业和沿海城市固定资产投资的驱动,中国城市工业的强劲增长可以媲美甚至超越早期工业化国家以及其他东亚国家曾经出现的增长。然而,这一轮城市扩张也包括许多消极影响,如收入差距拉大、地区发展不均衡、资本过度积累以及环境恶化。

通货膨胀在20世纪80年代末引发的城市动乱有助于推动中国政府将其政治焦点从农村转移到城市。由于担心城镇居民参与到动乱中去,政府转而通过控制农村工业企业的增长以及为城市的国有企业提供财政支持和更多补贴来安抚城市利益方面。[2] 同时,随着新一届领导班子的成立,城市利益方面取代了农村利益方面在中央政府获得了更大的发言权。[3]

在邓小平于1992年南巡之后,来自中国香港、台湾地区,日本、韩国等周边国家和地区的投资者步西方投资者的后尘,他们蜂拥而至,利用中国沿海地区的低工资成本、成熟的基础设施和优惠政策。1993年之后,中国成为发展中国家中最大的FDI(外商直接投资)接收国,2003年,中国又取代美国成为世界上最大的FDI接收国。高比例的FDI让中国参与了出口导向型制造业,同时使中国沿海地区成为了世界工厂。出口在GDP中所占的比例从1992年的17.6%迅速增长到2000年的23.1%,后来又进一步增长到2008年的33.4%。[4]

政府政策偏向于城市以及向出口导向型经济的转 657 型开创了一个快速城市化的时期。城市化率从1991年的26.9%增长到2008年的45.7%,年增长超过1%。[5] 如果将1亿多居住在城市中的农民工考虑在内,那么中国的城市人口比重将超过55%。这一时期见证人口向大城市的聚集,相反,在20世纪80年代,大多数新增的城市人口倾向于生活在小型城市中心。

城市工业的发展重新倚重大城市和沿海地区,这通常被视为重复发达国家道路的一个自然进程。然而,经过仔细推敲可以发现,这实际上是审慎的政策和阶级利益的相博弈结果。[6] 一方面,在20世纪80年代促进农村和小城镇发展的实践和制度被缩减、暂停或取消,如让乡镇企业轻易获得银行贷款、扶持农民粮食的收购以及投资农村基础设施等。另一方面,地方政府和银行将其大部分资源都用于支持城市企业或投资城市固定资产以吸引国内或国外的买家,由此便能在短期内获得更高的利润;此举是配合中央政府在资源配置和政策支持上向大城市和沿海地区的倾斜。这种向城市倾斜的政策通过银行信贷系统催生了大规模的城乡流动、劳动力向资本的流动;工厂系统、财政制度和强制性的土地征用都直接满足了城市工业充满活力的发展的需求。[7]

国家、城市和企业家之间变动不居的关系对工业化产生了复杂的影响。如今,以农村为中心的乡镇企

① Lu Xueyi and Li Peilin, eds., The Report on China's Social Development, 17.

② Dennis Tao Yang and Cai Fang, 'The Political Economy of China's Rural-urban Divide', *Working Paper* No. 62 (Stanford: Center for Research on Economic Development and Policy Reform, Stanford University, 2000).

③ Huang, *Capitalism with Chinese Characteristics*, 109 - 174.

④ *China Compendium of Statistics 1949 - 2004*, 9, 68; National Bureau of Statistics of China, *China Statistical Yearbook 2009* (Beijing: China Statistics Press, 2009), 37, 724.

⑤ *China Statistical Yearbook 2009*, 89.

⑥ Hung, 'America's Head Servant?'.

⑦ Ibid.

业不再是重要的增长引擎。相反,中国的发展已受出口导向型工业的支配,这些工业集中于沿海城市并且主要由国内外私人企业家经营,同样也受以城市为中心的国有企业的支配。这导致了一个新兴阶层的兴起,这个阶层包括富有的城市企业家(有评估表明,截至 2010 年,中国有 271 位以美元计的亿万富翁,)以及国有企业和外商投资企业中的高级管理层。通过管理层收购而实现的国有企业私有化和改革,加速了新兴的城市企业家阶层的扩大和整合。自 2001 年以来,中国共产党开始吸收私人企业家和管理者入党。在涉及关键领域的大工业中,人们还可以看到致力于游说各级政府以获得优惠政策的工业协会的兴起。[1]

西方发展模式给中国城市带来了严重的社会经济问题,威胁到了其社会稳定性,并削弱了其经济长远发展的潜力。首要的问题是中国社会的收入不均衡正在加剧。由于剩余资源从农村部门流向城市部门,自 20 世纪 90 年代起,城乡收入差距被迅速拉大。城乡居民人均收入比从 1991 年的 2.4 增加到 2008 年的 3.31。[2] 同时,城市内部的收入不均衡也在加剧,这种状况很大程度上是由劳动力和资本的不同回报造成的。城市的基尼系数从 1992 年的 0.2473 增加到 2004 年的 0.3263。[3] 如果将数百万农民工纳入城市人口(见上文),基尼系数的数值将会更高。FDI 和资源集中于沿海地区也导致了地区发展不平衡的加剧。1991 年,沿海地区的人均 GDP 是内陆地区的 1.76 倍,在 2008 年则增加到 2.68 倍。[4]

除了收入不均衡,中国经济还存在资本过度积累和消费不足的现象。问题早在 20 世纪 90 年代末就出现了,从此以后一直困扰着中国经济。收入分配两极分化导致国内消费能力低下,而国内消费能力低下又导致在中国的企业主要瞄准海外市场。海外盈利将进一步转化为国内资本,由此就造成了过度积累和出口依赖的恶性循环,而且这种恶性循环还会自我强化。没有了可盈利的投资渠道,加上地方政府和银行系统

的鼓励,1998 年之后,在中国的剩余资本从工业和商业领域撤出,同时进行城市房地产投机,这提高了城市房价并在大城市制造了资产泡沫。[5]

环境恶化是中国城市产生的另一个严重问题。由于中国的生态系统脆弱和人口数量庞大,这个问题的严重性远远超过其他工业化国家。目前有 7 亿多人居住在中国城市,再加上面向国内外市场的工业生产,煤、油和电力等能源的消耗量迅速增加。统计资料显示,能源消耗总量在 1991 年至 2008 年间增长了 175%。[6] 此外,超过三分之二的中国城市正面临长期缺水的问题,这种状况促使中国当政者修筑大坝、改变河道或过度提取地下水,但在未来,这些做法有可能导致严重的生态危机。[7] 随着汽车工业在最近十年的急剧扩张,中国每个城市的街道上都挤满了数百万辆汽车,它们燃烧了数百万吨的石油,废气排放量前所未有。此外,沿海地区的城市工业的环境成本现在正被转嫁给农村和内陆地区,而污染环境的工厂也正从沿海地区搬迁到农村和内陆地区。

城市工业主义的乡村基础

在本章,我们看到,在 18 世纪之交,英格兰的工业化是如何(至少部分地)依赖于一个城市企业精英阶层的突出作用的,这些城市企业精英将越来越多的农业剩余从发达的农业经济中转移出来并因此而获益。这种城乡间的资源流动不仅有助于大工业城市的兴起,而且也得益于作为小型制造业中心以及新工业产品市场的市镇和小城市的持续活跃。相比之下,清代中国的家长制政策阻碍了一个充满活力的城市企业精英阶层的兴起,使中国丧失了一个有能力将分散在乡村的大量农业剩余集中起来的关键代理人。

到了 20 世纪晚期,在那些工业最发达的经济体中,乡村人口锐减,其农业部门通常需要依靠国家的高

---

① Bruce J. Dickson, *Red Capitalists in China: The Party, Private Entrepreneurs, and Prospect for Political Change* (Cambridge: Cambridge University Press, 2003); Scott Kennedy, *The Business of Lobbying in China* (Cambridge, Mass.: Harvard University Press, 2005)

② *China Statistical Yearbook 2009*, 317.

③ Cheng Yonghong, 'China's Overall Gini Coefficient since Reform and Its Decomposition by Rural and Urban Areas since Reform and Opening-up', *Social Sciences in China*, 4 (2007), 45-60.

④ National Bureau of Statistics of China, *China Statistical Yearbook 1992* (Beijing: China Statistics Press, 1992), 18, 36, 82; *China Statistical Yearbook 2009*, 37, 49, 91.

⑤ Yi Xianrong, 'Zhongguo fangdichan shichang guore yu fengxian yujing (The Overheated Estate Market and the Pre-warning System)', *Caimao Jingji*[Finance & Trade Economics]282 (2005), 14-21.

⑥ *China Statistical Yearbook* 2009, 243.

⑦ Kenneth Pomeranz, 'China's Water Woes: Past, Present, and Future', *The China Beat*, 12 (February 2009).

额补贴才能维系。在许多西方国家,为制造业提供劳动力的乡村移民供给枯竭,这既增加了旧工业部门的成本和僵化程度,同时又导致其盈利能力和国际竞争力在 20 世纪 70 年代以后的下降。相比之下,在中国,毛泽东领导下的重工业化、邓小平领导下的面向农村的市场改革和农业生产力的突飞猛进,以及随后于 20 世纪 90 年代出现的出口导向型经济和工业化,使得沿海城市的制造业企业能够兴起,这种制造业企业依赖于社会和人力资本经由低成本劳动力的移民而从农村大量流出。

总而言之,19 世纪早期英格兰的工业革命和 20 世纪晚期中国的出口导向型工业化都指明,城市工业能够取得成功,其背后的乡村维度功不可没。但这种成功也为其自身的衰落播下了种子,因为城市工业的发展通常会侵蚀其乡村基础。十多年急剧的工业扩张已经耗尽了来自农村的投资和人力,有人认为,在此次工业扩张之后,中国有可能遭遇同样的问题,即工业的蓬勃发展导致农村的资源被耗尽。中国政府预料到了这个问题,在过去五年,它试图将重振农村作为解决该问题的优先对策。这些尝试的结果是中国将重蹈西方工业资本主义危机的覆辙还是成功发展出一种可替代的、更可持续的城市工业增长模式的关键所在。

参考文献

Clark, Peter, *European Cities and Towns: 400 - 2000* (Oxford: Oxford University Press, 2009).

Fei, Xiaotong, 'Xiaochengzhen Dawenti' [Small Towns and Cities, Big Issues], *Liao Wang* Nos. 2 - 5 (1984).

Goldstone, Jack A., 'Neither Late Imperial Nor Early Modern: Efflorescences and the Qing Formation in World History', in Lynn A. Struve, ed., *The Qing Formation in World-Historical Time* (Cambridge, Mass.: Harvard University Asian Center, 2004), 242 - 302.

Huang, Yasheng, *Capitalism with Chinese Characteristics: Entrepreneurship and the State* (New York: Cambridge University Press, 2008).

Hung, Ho-fung, 'Agricultural Revolution and Elite Reproduction in Qing China: The Transition to Capitalism Debate Revisited', *American Sociological Review*, 73 (2008), 569 - 588.

—— 'Rise of China and the Global Overaccumulation Crisis', *Review of International Political Economy*, 15. 2 (2008), 149 - 179.

Lachmann, Richard, *Capitalist in Spite of Themselves: Elite Conflict and Economic Transition in Early Modern Europe* (Oxford: Oxford University Press, 2000).

Pomeranz, Kenneth, *The Great Divergence: Europe, China, and the Making of the Modern World Economy* (Princeton: Princeton University Press, 2000).

Reeder, David, and Rodger, Richard, 'Industrialisation and the City Economy', in Martin Daunton, ed., *The Cambridge History of Urban History of Britain*, vol. 3: *1840 - 1950* (Cambridge: Cambridge University Press, 2000), 553 - 592.

Sabel, Charles F., and Zeitlin, Jonathan, eds., *World of Possibilities: Flexibility and Mass Production in Western Industrialization* (New York: Cambridge University Press, 2002).

卿　馨　译　冯艺吕和应　校

第35章 人口与迁移

里奥·陆卡森

介绍与模式

664 在过去的两个世纪里,人们是在怎样的条件下定居城市的,我们又该如何解释世界各地之间存在的巨大差异? 外来人口或者选择在城市中永久居住,或者在城乡共同体内频繁迁移,他们的居住模式又有哪些不同之处? 这些都是本章的关键问题。其基本观点是:通过考察城市给(新)居民提供的权利和服务,来了解世界范围内城市化的类型和程度。服务越好、越全面,在城市中定居的人就会越多,依赖宗亲关系生存的人就会越少,反之亦然。在这一模式中,族群不管被描绘成部落还是保持紧密联系的人群,我们都将其视作衡量城市制度完善性的变量。城市提供的服务越多,人们对亲族的依赖及在城乡间分散风险的需求就会越少。因此,从这一角度来看,我们需要对族群或部落文化作出解释。这些思考形成了以下类型(参见插图35.1),它们是对过去两个世纪中,世界上大部分城乡迁移模式的总结。

这种类型学不是僵化的,相反它要求随着时间的推移,能够适用于各个区域、国家或城市。此外,我们已知的地理单元也不应被看成是毫无差别的。今天的美国城市只能部分达到"充分公民权模式"的标准,而其诸多细节上更接近于"虚无公民权模式"的现实。另外,像印度或非洲这类既谈不上公民权利、又高度种族隔离的社会,它们的城市也已发展为有限共享的公共空间。因此这一分层次、开放性的类型学,并不打算将(西方)欧洲城市作为世界其他城市效仿的基本模式。

充分公民权模式。这一模式起源于中世纪的欧洲南部城市,然后逐渐向欧洲西北方向扩展。这些城市相对自治,并给予其居民多种形式的公民权,以免除居民的封建义务,使他们得以超越亲属或者种族依附。城市居民所处社区可以提供一个共享的公共空间以及覆盖从贫困救济到劳动力市场管制的制度支持。[①] 从19世纪起,这种包容性的模式转移到国家层面,尤其是在欧洲、北美、日本和大洋洲,将全面的福利制度和自由民主作为追求的目标。

插图35.1 全球性城乡移民定居模式的历史类型表 665

类型	享受城市服务的程度	种族纽带的特点	城乡联系的强度
1. 充分公民权模式	高	低,特别从长远看	弱
2. 民族模式	民族和宗教意义上的制度隔离	高,也是从长远看	弱
3. 外部差异公民权模式	排斥外来(低技能)移民	高,尤其在外来移民群内	强
4. 内部差异公民权模式	排斥内部(农村)移民	高,尤其在内部居民群内	强
5. "虚无公民权"模式	不适用	高	各异:取决于对农村资源的利用/权力

绝大多数城市移民,特别是在西欧、美洲、白人移民殖民地和日本,不管来自国内还是国外,都可以被归类为"落地公民"。这意味着合法移民将取得公民身份,并且从长远看,有望融入主流社会。种族偏见扮演

---

① L. Lucassen and W. Willems, eds. , *Living in the City. Urban Institutions in the Low Countries*, *1200－2010* (New York: Routledge, 2012).

着重要角色,例如在新大陆,对于肤色的非议和蓄意破坏国家种族平等的政策,严重干扰了民族一体化进程。众所周知的例子,是从 1917 年起对欧洲西北部实施优惠政策的美国限额移民法（American Quota Acts）,和（前）英属殖民地诸如加拿大、澳大利亚实施的类似政策。但是拉美国家也受到种族差别观念的严重影响。19 世纪后期,巴西通过鼓励欧洲移民,来弥补之前的黑奴缺口。充分公民权模式的另一个阴暗面是,少数已经生活于此的本地人（无论是"土著"还是欧洲的罗马人）被部分剥夺了公民权。从 20 世纪 60 年代开始,大多数民主国家从强调种族逐渐转向以人力资本来作为接纳外籍人口成为永久公民的主要标准。①

民族模式。在俄罗斯、哈布斯堡王朝（Habsburg）和奥斯曼帝国（Ottoman empires,伊斯坦布尔除外）这些国家,城市化水平比欧洲其他国家都要低很多。移民安置,即便在后继国家那里,也被要求按民族/宗教标准来规范。虽然公民共享的公共空间得到一定程度的发展,但是受到民族主义和宗教集团思想的干扰而分裂,从而在城市内部产生各种隔离,强化了民族和宗教的联系。② 在一战期间及之后,这些多民族国家最终解体并转向民族国家模式。对差异的相对宽容突然变成了对民族同质的强调。这导致了一些极端的事例,如种族灭绝（土耳其的美国人）,大规模的人口流动（土耳其-希腊,1922 年）,种族净化（20 世纪 90 年代的南斯拉夫内战）,以及对犹太人、罗马人和少数民族的恶意歧视。这种民族主义的机会结构,对向莫斯科、布达佩斯、伊斯坦布尔等城市移民具有持续影响,并对民族同化和充分公民权产生严重阻碍。土耳其城市内的库尔德人（Kurds）或者俄罗斯城镇内的车臣人（Chechens）（或者更为普通的俄罗斯公民）的地位,可以看作是这种极端的社会政治转型的结果。

外部差异公民权模式。在自由民主国家,公民权利在原则上意味着要赋予所有居民权利。与之相左,许多专制、独裁国家或者实行部分民主的国家,会以户籍作为主要手段,在内部居民和外来移民之间做出基本区分。当地人被视为完全公民,享有各种各样的权利和（社会）福利（除了政治权利）,这些都是外来人口得不到的。这就导致了恶性循环和劳工移民的临时性。海湾地区就是一个明显的例子。自 20 世纪 70 年代以来,该地区为扩张城市招募了大批亚洲移民,却以非公民的身份对待他们,并把他们排斥于公民权利之外。③ 这几乎无助于解决问题。一旦经济下滑,这些移民就会被遣散。马来西亚等国采取了类似的运行机制,它们发展成了民主国家,但公民权利也受到了种族或宗教的影响。④

内部公民权利差异模式。该模式是指有些国家根据居住地来区分公民权利,用以限制和控制从农村到城市的国内移民。因此,那些定居城市的农民工往往不能平等获得城市服务（福利、教育等等）。该模式在早期近代欧洲广为传播,至 1800 年后的俄罗斯仍有影响。在中国,直到 70 年代末,户口制度在延缓农村向城市移民上一直发挥影响。⑤ 1978 年该政策放松后,城乡居民权利差异仍然存在从而导致了两个阶层的产生:享有各种服务的市民,被允许在此工作,其享有的权利与原住市民不同。由于城市供应的短缺,在这一模式下,移民们往往表现出强烈的返乡意愿（至少是临时性的）。

（该模式的）另一种变体是以色列的巴勒斯坦种族隔离,以及在南非种族隔离制度下创建,并于 1948 年制度化的人工"家园"（artificial 'homelands'）。后者使非洲黑人有机会移民到南非和纳米比亚的矿业城镇,但是这些（男性）移民发现自己在这些城镇中孤立无援。他们被禁止永久居住,公民权利也被限制在他们的"家园"或者班图斯坦。具有讽刺意味的是,南非种族隔离制度在新的非洲国民代表大会制度下仍然有效,只不过针对的是那些从邻近地区迁来的非洲移民,从而引发了他们与当地居民的暴力冲突。

"虚无公民权"模式。最后,还有一些城市几乎不

① A. McKeown, *Melancholy Order*: *Asian Migration and the Globalization of Borders* (New York: Columbia University Press, 2008).

② U. Freitag et al.,eds., *The City in the Ottoman Empire. Migration and the Making of Urban Modernity* (London: Routledge, 2011).

③ A. Gardner, *City of Strangers*: *Gulf Migration and the Indian Community in Bahrain* (Ithaca, N. Y.: ILR Press, 2010); G. Parolin, *Citizenship in the Arab World. Kin, Religion and Nation-State* (Amsterdam: Amsterdam University Press, 2009).

④ P. Ramasamy, 'Globalization and Transitional Migration: The Malaysian State's Response to Voluntary and Forced Migration', *Asian and Pacif c Migration Journal*, 15: 1 (2006),137 – 158.

⑤ F. -L. Wang, 'Renovating the Great Floodgate: The Reform of China's Hukou System', in M. Whyte, ed., *One Country, Two Societies. Rural-Urban Inequality in Contemporary China* (Cambridge, Mass.: Harvard University Press, 2010), 335 – 366.

给新来者提供任何服务。它们存在于（撒哈拉以南）非洲、亚洲的部分地区（像印度），南美洲在不同程度上也存在这一情况。这些地区的国家和城市，要么太弱，要么太穷，或者是出于其他原因，既不提供给城市移民（主要是国内的）普遍的安全环境，也不给予其城市公民的身份。自独立以来，人们可以自由流动于各个城市，但多被限制在高度隔离的贫民窟，孤立于城市的繁荣区和保护区。在某种程度上，美国（与程度较轻的法国和意大利）也有一些"轻微"例子，如"海帕盖托斯棚户区"（hyperghettos）已经在城市周围发展起来，少数民族和贫困移民充盈其中，这与加尔各答（Calcutta）、拉各斯（Lagos）和里约热内卢（Rio de Janeiro）的贫民窟（slums）和贫民区（favelas）十分相似。①

为了避免被边缘化，许多移民与本乡保持联系，建立了各种同乡会。这样一种城乡共同体不应仅仅被理解为是应对社会风险的保障，对移民和他们的亲属来说也许也存还在着情感和精神上的意义。中国和部分非洲撒哈拉沙漠以南地区的人们，对于叶落归根的追求，以及不断流转的汇款可以证明此点。由于缺乏国民城市公共制度，民族和亲属网络的地位凸现出来，他们对城乡间人口的迁移起到引导和规范作用。除了同乡会，他们还建立活动场所，以便加强联络和相互支持。通过工作、宗教和休闲娱乐，他们创造了至少部分共享的城市文化。"民族"与"公民"之间，或者"主体"与"公民"之间如何平衡，取决于具体的人文和历史背景。最后，城乡联系的强度在很大程度上取决于对农村资源的利用权限（如土地、不动产或者职业）。

在本章节中，我主要关注世界上那些迄今为止，在讨论城市化、民族和移民时被遗漏的地区，如中国、印度和撒哈拉以南非洲部分地区。但是在这之前，我将从大西洋国家开始简要总结城市化和人口迁移的主要趋势。

大西洋及其周边地区的人口迁移与城市化水平

至18世纪末，欧洲还不是世界上城市化水平最高的地区。如果我们把10000名居民作为城市的人口门槛，那么它的城市化水平低于日本和中东，也并不明显高于南美和印度，仅仅领先于中国、北美和非洲。只是在19世纪末，西欧和美国的城市化水平才超过世界其他地区（参见表35.1）。

表 35.1　1800—1890 年间日本、中东、欧洲和中国的城市化水平（城市人口＞10000）

	1800	1890
日本	15	20
中东	12	15
西欧	10	30
欧洲	9	15
拉美	7	10
印度	6	9
美国	3	32
中国	3	5
非洲	2	4
世界	6	13

材料来源：Paolo Malanima, *Pre-modern European Economy (10th-19th Centuries)* (Leiden and Boston: Brill, 2009), 242; id., 'Urbanization', in Stephen Broadberry and Kevin O'Rourke, eds., *The Cambridge Economic History of Modern Europe*, vol. 1: *1700 - 1870* (Cambridge: Cambridge University Press, 2010), 235 - 263; Bjoern Olav Utvik, 'The Modernizing Force of Islam', in John L. Esposito and Francois Burgat, *Modernizing Islam: Religion in the Public Sphere in the Middle East and Europe* (New Brunswick: Rutgers University Press, 2003), 43 - 68; Anthony Gerard Champion and Graeme Hugo, eds., *New Forms of Urbanization: Beyond the Urban-Rural Dichotomy* (Aldershot: Ashgate, 2004), 44.

然而在欧洲（及其他地区），当涉及到经济增长、城市化以及无产阶级化的时候，这些非常普遍的趋势却隐含着重要区别。例如，从16世纪起西北欧发展成为高度城市化和商业化的区域以后，就与欧洲其他地区截然不同。这个"小分歧"源于中世纪晚期，也是17世纪荷兰共和国的崛起和18世纪英国成为世界大国的原因。与其他大洲一样，在欧洲大部分地区，尤其是北部和东部地区，大部分人口居住在乡村，而且他们几乎没有城市生活的经历。（参见表35.2）

表 35.2　1700—1870 年间欧洲城市化水平百分比（城市人口＞5000）

	1700	1750	1800	1870
荷兰	45	39	24(37)	32
比利时	29	26	24(20)	32
英国	15	22	30(23)	50
意大利	15	16	18(18)	20
西班牙	14	14	19(18)	25
欧洲	11	12	12(12)	20

材料来源：P. Malanima, 'Urbanization', in S. Broadberry and K. O'Rourke, eds., *The Cambridge Economic History of Modern Europe*, vol. 1: *1700 - 1870* (Cambridge: Cambridge University Press, 2010), 235 - 263.

_____

① L. Wacquant, *Urban Outcasts: A Comparative Sociology of Advanced Marginality* (Cambridge: Polity Press, 2008).

19 世纪，工业革命和农业革命的双重结合引发了人口的空前增长，并推动了城市化水平，首先是大西洋地区（欧洲和北美），其次是南美和日本。然而，不应该把流动性增长看成是城市化水平迅猛上升的主要原因。虽然向城市的流动人口在增加，但早在工业革命开始之前，无论是欧洲还是世界其他地区的整体迁移水平都已经相当高了。

在较早时期（参见本书 22 章），城市中的大多数移民就具有高度流动性，流动于各城镇、城乡之间。从城市就业角度来说，例如建筑行业，仍然是不确定、不稳定的。在许多年轻移民看来，在城市工作只是他们城乡生活圈的一部分。除非城市劳动力市场开始提供全年无休的工作，农业进一步机械化，他们同农村的联系才会减弱。①

向城市迁移的临时性也是跨大西洋移民的主要特点。特别是从欧洲南部移民的男性劳工表现出"候鸟"特征。随着交通革命（蒸汽火车和轮船），1860 年后大西洋航线的成本和时间都大幅度下降，数百万工人在大西洋这一区域呈现出临时性流动：季节性迁移到阿根廷潘帕斯草原，或者是到北美的矿山和工厂做临时工。一战以前，意大利、西班牙和东南欧工人的返乡比例非常高。对于他们中的很多人来说，这些临时性的长距离迁移是他们的家庭生活的一部分，其所获得的收入也是家庭生活的基石，这一传统有着悠久的历史。1860 年后唯一的差别就是他们迁移的规模。

670 进入 20 世纪，临时性迁移出现新的形式。首先是在二战期间，法国、比利时、瑞士和荷兰成为极具吸引力的核心地区；其次是在"光辉三十年"（1945—1975 年）期间外籍劳工计划在西欧推行；然后是在 21 世纪前十年形成的劳工交流制度，那时有大量的东欧工人（尤其是波兰和罗马尼亚）迁移到西部和南部。许多外籍劳工选择长期定居城市，来自殖民地（如属于英国、比利时、荷兰、法国和葡萄牙）的新移民和寻求庇护者、难民以及来自世界各地的高技术移民都加入其中。一战期间和之后，移民美国的人数急剧下降，直到 70 年代才恢复，现在其移民主要来自于拉丁美洲、亚洲和非洲。同时，大规模迁徙北美城市的非裔美国人以及来自墨西哥的临时雇员（通过"季节工人"计划，1942—1967 年）对美国城市的民族构成产生了巨大影响。20 世纪大西洋地区各类人口迁移的结果是，在大多数国家外籍人口出生比例跃升到 10%，而在城市中这一比例很容易达到 30%，甚至更高。

连锁性迁移现象在早期现代及现代时期为公众所熟知，移民们深深扎根于自己的族群之中，形成一种同乡组织。然而，迁移的范围和持续的时间会有很大区别，这既取决于移民自身的意图和喜好，也取决于他们在城市（国家）的机会结构。从全球视角看，欧洲城市制度的类型及其对移民的包容性，是形成不同模式的关键。

从 19 世纪的西欧内部移民开始，我们可以看到民族确实很重要，他们中的很多人不仅被当作是乡巴佬（country bumpkins），而且在文化上也被认为是外国人。尤其是方言或者宗教信仰与国家标准不同的那些人，像巴黎的布列塔尼人（Bretons）和奥弗涅人（Auvergnats）、英国的爱尔兰人以及德国城市里的波兰人。所有人都是正式公民，但却被完全区别对待。很多爱尔兰人和波兰人也强调他们的民族凝聚力，而且建立了紧密的宗亲网络。从长远来看（主要是第二代之后），与生俱来的和自我选择的民族身份正在褪色，这些移民的后裔们融入了城市环境之中。甚至对于最受鄙视的欧洲少数民族之一的犹太人来说，在很大程度上也是如此。他们中的很多人也是在 19 世纪作为内部移民迁移到城市的，虽然在私人领域很多人仍然保持着犹太身份的"明显"标志，②但还是逐渐被同化。

当谈论到宗教和民族的显著性时，犹太人的例子立刻提醒我们东、西欧的重要区别。然而在西方，公民身份具有非常大的包容性，对于原来那些受歧视的群体并不构成巨大障碍。随着逐渐向东迁移，民族的分类法则更具弹性。19 世纪的欧洲东部，特别是三大多民族帝国（奥匈帝国、奥斯曼帝国和俄罗斯）推行野蛮的民族主义，它以民族、语言和宗教为准绳来区分国内公民，即使他们拥有同一国籍也会遭到不同的待遇。这就使得定居的少数民族在城市中显得特别，甚至长671期如此。因此，这一类型被列入第二个模式（民族模式）。这样看来，即使在欧洲公民社会，共享的公共领域和形式显然是有限度的。

除法国外，从 20 年代起移民就成为促进人口增长的因素之一。战后大多数西欧国家都反对永久性移民，但是由于 20 世纪 40 至 70 年代是经济繁荣期，临时性外籍劳工被认为是不可或缺的。在英国，来自殖民地的移民解决了劳动力短缺问题。而大陆国家则大量招募南欧的男性客工（西班牙、葡萄牙、意大利、希

---

① S. Hochstadt, Mobility and Modernity：*Migration in Germany，1820－1989*（Ann Arbor：University of Michigan Press, 1999）.

② M. A. Kaplan, ed.，*Jewish Daily Life in Germany，1618－1945*（Oxford：Oxford University Press, 2005）.

腊、南斯拉夫),并很快扩展到土耳其和北非(摩洛哥、突尼斯、阿尔及利亚)。当 20 世纪 70 年代石油危机冲击欧洲之时,意想不到的事情发生了。当时失业率不断上升,而土耳其和摩洛哥人却决定留下来,并号召他们的家人加入其中。这导致了 20 世纪 70 年代后期至 80 年代经济长期衰退之初,大批移民迁移到西欧城市。这种不合时宜的大规模移民有两方面原因:首先,20 世纪 60 年代以来,这些移民通过对福利国家所做的贡献,为自己赢得了社会和法律权利。其次,70 年代中期禁止劳工移民入境起到了相反效果——这使他们区别于绝大多数南欧客工。就在那时,非欧洲籍客工意识到,离开意味着必须放弃所得权利并永远不准返回,同时他们要面临在原籍国失业,失去一切社会福利。①

他们的定居过程将会引发一系列社会问题,如高失业率、青少年犯罪、在学校表现不佳,以及在偏远街区的种族隔离,这些都不足为奇。不合时宜的移民,加之人力资源的落后,必将引发社会整合的问题,并被伊斯兰教的狂热所激化。值得注意的是,在这样的背景下,很多移民的孩子在学校和劳动力市场表现的都非常好。不过从长远看,由于深陷市中心或郊区的贫民窟,那里犯罪猖獗、文化对立,他们中相当一部分前景黯淡。②

由移民而产生的社会经济和文化问题被人们所忽视,社会普遍对民族融合的可能性悲观失望,对正统穆斯林将要创建的"欧拉伯"莫名恐慌。如果留意的话,在一百年前的英美国家,天主教的爱尔兰人和俄罗斯的犹太人,经历艰难曲折融合为一体,但今天已经无人提及。如果深入分析当时和现在的移民情况,我们看到两者之间是何其相似。在欧洲的许多城市,很明显地因家族、文化习俗和宗教观的不同而形成不同的族群,这一点尤其表现在穆斯林和印度教背景的移民中。尽管如此,还是有充分迹象表明,他们的孩子是融合的,不仅是结构性(如工作领域、教育和住房方面)的融合,而且还在身份认同上(婚姻、朋友、协会)融合,这维系着跨国纽带,但是随着时间的推移这一纽带将变得松弛,变得不再重要了。和美国一样,欧洲城市的主流在逐渐改变,更加包容那些通过自身素质来丰富或部分改变主流的移民后代。③

在种种不利条件下(糟糕的移民时机和移民问题化),这种相互融合的过程令人瞩目,并且彰显了西欧公民所标榜的包容和平等的力量,即原则上平等对待合法移民及他们的后裔,为他们提供一系列城市(和国家)的服务,包括福利、政治权利、教育和进入公共领域的可能性,以及充分满足他们在活跃的公民社会中创立自己的组织。这也使得那些针对新来者的冲突和歧视性的做法,并不妨碍正在进行的融合进程。更为精确和包容的(后)殖民地移民定义得以推广应用,使西欧国家及城市的相对开放性和包容性更为提高,这一点也影响到了德国的奥赛德拉(Aussiedler,昔日东欧的德国殖民者后裔)。从 20 世纪 40 年代后期开始,法国、英国、德国、葡萄牙和荷兰政府选择将他们定义为国家的一部分,或者是共同帝国的公民,从而强调他们定居"祖国"的权利和被平等对待。在某种程度上,大家都认可民族这一存在,当主张共同的民族认同时,民族又在很大程度上被淡化了。

在大西洋的另一边,美国的发展呈现出重要的相似性,但也凸显了关键的差异性。尽管存在对新移民的长期融合所持的悲观态度,但是实证研究显示了不断融合的趋势。虽然受到宗亲网络的影响,当前亚洲和拉丁美洲移民的孩子,仍然倾向于把英语作为标准语言,并且共同拥有爱国主义、资本主义和个人主义的核心价值观。④ 然而在美国,正式或非正式的宗亲会对移民生活发挥着更大的作用——主要是因为福利国家并不发达,社会和经济平等得不到认可。美国与欧洲最明显的差异是对种族的痴迷,尤其对黑人,而不是宗教。"白"和"黑"的美国人在社会和文化上的差异仍然巨大,这表明了很大一部分非裔人口所处的地位极为低下。这在许多城市庞大的黑人聚居区最为显著,在这些地方国家职能严重脱离,贫困失业频发、家庭破裂、犯罪猖獗。

① J. Hollifield, Immigrants, Markets, and States: *The Political Economy of Postwar Europe* (Cambridge Mass.: Harvard University Press, 1992); S. Bonjour, 'The Power and Morals of Policy Makers: Reassessing the Control Gap Debate', *International Migration Review*, 45: 1 (2011), 89 - 122.

② L. Lucassen, D. Feldman et al., eds., *Paths of Integration. Migrants in Western Europe* (1880 - 2004) (Amsterdam: Amsterdam University Press, 2006).

③ N. Foner and L. Lucassen, 'Past and Present: How the Legacy of the Past has Affected Second-generation Studies in Western Europe and the United States', in M. Crul and J. Mollenkopf, eds., *The New Faces of World Cities* (New York: Russell Sage, 2012).

④ G. Gerstle and J. Mollenkopf, eds., *E pluribus unum? Contemporary and Historical Perspectives on Immigrant Political Incorporation* (New York: Russell Sage, 2001).

在细致入微地研究和论证"充分公民权模式"和"民族模式"之后，现在要更为贴近地审视世界上另外一些地区，在那里好像明显走向一条完全不同的道路，向城市的移民似乎另有模式。

中国的城市居民[①]

与邻居日本形成鲜明对比的是，中国人在 19 和 20 世纪出现不愿落户城市的情况，因此除了像长江下游等部分地区外，整体城市化水平并不高。[②] 1800 年左右中国与欧洲的差异还很小，但也有重要的区别。在西欧，大多数城市居民居住在大量相对较小的城市，它们把周围的乡村融合进市场经济，而在中国，大城市（超过 10 万）占据了主导地位，制造业广泛分布于乡村。[③] 19 至 20 世纪期间，中国一直以农村化为主，直到 20 世纪 70 年代末，城市化水平才开始有所提高，从 1978 年的 17% 上升至 2008 年的 45%。

中国模式深受国家政策及文化价值取向的影响，而文化价值取向又与一个人的祖籍地关系甚大。韦伯（Weber）关于中国城市的观点最具权威，其观点对于我们解释迁移方式和定居过程影响巨大。他说因为世系传统和祖先崇拜（神秘的宗族圈）阻碍了市民组织的形成，中国城市并不能构成真正的社区。根据这一观点，各种形式的公民社会和公共领域几乎无法形成。这也许可以解释为什么大多数移民，习惯将自己封闭在被称为会馆（huiguan）的宗亲组织里，对城市产生一种强烈的"过客"（sojourner）心态，却故土难忘，乡音不改。由于祭祖在族规中处于首要地位，人们认为归葬故土至关重要，因为这样可以继续同祖先的精神联系。除了葬礼，移民和他们的后代也寄款回家，并在诸如春节这样的节日期间回家探望。

然而，实际上中国人更加多样化，并与特定的历史背景高度相关。正如我们从第 17 和 18 章的社区卫生服务看到的，中国具有多样性，城市和其他地区之间差异性还是相当大的。在南京东北面并距之不远的扬州，就是一个很好的例子。[④] 这个繁华的商业和移民城镇由徽商占据主导，许多不同语言背景的移民很快形成共同的身份和共同的语言，但某些商人群体仍然表现出很强的宗族凝聚力和寓居心态。

在其他城镇，同乡组织的影响力更为突出，显示出对"家乡"的依恋占据重要地位。[⑤] 然而，这种重要性容易使我们对农村移民迁徙过程产生肤浅的、静态的和简单化的想法。同乡组织能否创建，取决于财富，特别是富商群体为他们的地方神和祖先墓地建造庙宇，以代替家乡。

在上海，会馆的增多以共同的城市身份和语言为基础，但这不影响各人在城市中的生活和各自的阶级身份。经证实，同乡社团非常灵活，能够适应现代化浪潮。在 19 世纪后半期，他们变得更加民主，宗族色彩减弱。20 世纪初，国家崩溃，正是这些城市商业组织接管，并扩大了他们在公共服务、治安和救济方面的影响。

1949 年共产党执政，中国最初采用苏联的发展模式，即强调城市化和工业化，从而掀起了向中国城市迁徙的巨大移民浪潮。但由于这一趋势威胁到了城市居民享有福利特权的政策，所以政府很快采取种种措施，阻止人们离开农村，如强制遣返等。这些措施的依据是 1958 年创建的户籍制度，该立法使农民很难定居并立足城市。除了维护分化的福利制度，国家还可以因此控制国内移民，减缓城市增长和防止产生不受控制的贫民窟。[⑥] 一直到 20 世纪 70 年代政府才着手制定"沿海发展战略"，从 1979 年开始发展经济特区，到 1994 年完全开放。结果，在东部和东南部城市的临时性迁移成倍增加：从 1982 年的 660 万至 2010 年的 2 亿。

尽管自 1978 年以来的改革开放明显加快了城市化水平，但是户籍制度的歧视性影响仍然存在。许多移民还是无法享受城市的公共服务，例如住房、就业、教育和救济等等，唯一的办法是花钱买一个城市户口。上海等地已经开始尝试让技术移民享受社会福利，但也有一些城镇，政策放宽会大量增加当地税收的负担。大多数移民似乎也接受现实，他们眷恋故土，定期返乡，表现出他们固有的乡情文化。尽管回家看看呆不

---

① 亦可参见罗威廉（上文第 17 章）中关于中国城市的论述。

② G. W. Skinner, 'Regional Urbanization in Nineteenth-century China', in id., ed., *The City in Late Imperial China* (Stanford, Calif.: Stanford University Press, 1977), 211 – 249.

③ J.-L. Rosenthal and R. B. Wong, *Before and Beyond Divergence. The Politics of Economic Change in China and Europe* (Cambridge, Mass.: Harvard University Press, 2011), 63.

④ A. Finnane, *Speaking of Yangzhou: A Chinese City*, 1550 – 1850 (Cambridge, Mass.: Harvard University Asia Centre, 2004).

⑤ B. Goodman, *Native Place, City, and Nation. Regional Networks and Identities in Shanghai*, 1853 – 1937 (Berkeley: University of California Press, 1995), 2 – 6.

⑥ Wang, 'Renovating'.

了几天,除了敬祖归宗的因素,也算是他们在城市中漂泊生活的最后港湾。[1]

还有一些人的情况正好相反,他们是在国家的号召之下定居到边远的地区,这些地区当中也包括城市。典型的例子是云南南部,新疆西部以及西藏。在这种条件下,民族身份再次显得极为重要,并在新的城市环境中发挥了重要的节点作用。[2]

印度及其村落的影响力

2007 年世界十大城市中有两个位于印度:拥有 1900 万人口的孟买位列第四,仅次于墨西哥、纽约和东京,拥有 1,500 万人口的加尔各答排在第八位。然而我们可以从表 35.3(另可参见本书第 30 章)看出,印度整体上并不是一个高度城市化的国家。与世界其他地区相比,以印度为主的南亚地区城市化水平最低,从 1960 年代以来已经被非洲超过。

然而,印度的城市化水平相对较低并不意味着印度人口不流动。相反,尤其是邦内流动,从 17 和 18 世纪开始就已经相当高了。[3] 但是,很多移民并未在城市定居下来,而是发展为大规模循环性和季节性的移民模式。农民工涌向城市,但大多数都只是暂时停留,始终与出生的村庄保持联系。

在加尔各答,许多移民被吸引到黄麻厂工作。至 60 年代,大多数人,主要是男性,还在临时性地从事这一工作。只有小部分幸运者才可以从城市产业中获得固定职业,同时,商业界具有不可预知和起伏不定的特点。此外,印度的城市住房相对昂贵,鲜有城市保障机制提供诸如失业、疾病,乃至死亡的保障。许多移民因此与家乡保持联系以摆脱真正地赤贫状况。大量移民住在贫民窟,但定期返乡,尤其是单身男性,他们的家人仍然在农村。甚至有固定职业的工人也倾向于分散社会风险,不放弃自己的农村关系。20 世纪的印度社会,出人意料地通过发展便捷的交通(公共汽车和火车)促进了人口临时性迁移。甚至可以说季节性迁移是从城市流向农村的,因为许多男性移民的大部分时间是在城市度过的。加尔各答的工厂主们推动了这一模式,直到 20 世纪下半叶,他们仍愿意使用不固定的劳动力,而不是效仿欧洲创建稳定的员工队伍。[4]

尽管人们在很大程度上,将不愿定居城市归因于制度和劳动力市场的类型,但其实文化类型也起到一定作用。首先,我们必须意识到,印度作为一个语言、宗教多元化国家,各地语言或多或少都具有相似性。虽然印度是一个自由迁徙的民主国家,但是来自其他邦的人,有时甚至是来自同邦的其他地区的人,也经常会被认为是外国人。从民族意义上讲,这种临时性的农村向城市的移民,也许会提升工人们的就业率。许多城市的临时性移民,无论是在工厂还是建筑工地,都会倾向于由一位工头带领,把同乡组织起来。这种情况在现代早期和 19 世纪的西欧也很常见。此外,许多

表 35.3　世界城市化水平,(20000＞),按地区和年份:1920—2000 年

	1920	1940	1960	1980	2000
非洲	5	7	13	27	37
南亚	6	8	14	24*	30*
印度				23	28
东亚***	7	12	19	27	42
中国			16	20	36
日本			63	76	79
拉美	14	20	33	65	75
苏联	10	24	36	64	73**
欧洲(前苏联)	35	40	44	69	74
大洋洲	37	41	53	72	74
北美	41	46	58	74	77

材料来源:1920 - 1960:United Nations, *Growth of the World's Urban and Rural Population, 1920 - 2000* (New York: United Nations, 1969), 31;1980 - 2000, plus the fi gures for China, Japan, and India 1960 - 2000:*World Urbanization Prospects. The 2001 Revision* (New York: United Nations, 2002), 26 - 37 (table A2).

* South-central Asia;

** Russian Federation

*** including Japan, China, and Korea.

① C. Fan, *China on the Move. Migration, the State, and the Household* (London: Routledge, 2008).

② M. Hansen, 'The Call of Mao or Money? Han Chinese Settlers on China's South-Western Borders', *The China Quarterly*, 158 (1999), 394 - 413.

③ I. J. Kerr, 'On the Move. Circulating Labour in Pre-colonial, Colonial and Post-colonial India', in R. Behal and M. van der Linden, eds., *India's Labouring Poor. Historical Studies c. 1600 - c. 2000* (New Delhi: Cambridge University Press, 2007), 85 - 110.

④ A. de Haan, *Unsettled Settlers. Migrant Workers and Industrial Capitalism in Calcutta* (Hilversum: Verloren, 1994).

移民组织乡村俱乐部,或者有互助保险计划的"同乡会",以保护成员免于失业、疾病和死亡的威胁,有时也提供贷款。[1]

但是,值得注意的是,印度的多元主义和民族关系(以及非洲)不应过分强调,也不应认为其阻碍了城市化及文明社会的蓬勃发展。尽管城市公民身份的内容,在世界各地存在着本质的区别,但是这样过于简单的解释,无疑忽略了在总体上公民身份还存在着各种类型。从19世纪开始,这些类型在印度(及其他地方)发展起来。各类移民和城市居民之间,基于人们相似的宗教背景,形成了新的泛宗教身份。此外,从19世纪末开始,公共领域扩展到公共公园、图书馆、电影院、无线电广播和展览,以及各种城市协会。[2]

非洲:部族主义与现代性

非洲的城市化水平与亚洲相当。在20世纪初,这两大洲的城市人口比例与欧洲和北美(5%—6%)相比都非常地低,然而一个世纪后,这两大洲均已达到38%的水平。但是,这两大洲存在重要差异,体现在非洲南北部的水平高,而东西部的水平非常低(参见表35.4和插图35.2)。比尔·弗罗因德(Bill Freund)在第33章讨论了区域性的变化曲线。

表35.4　非洲1975年和2001年的城市化水平(%)

	1975年	2001年
非洲东部	12.3	25.1
非洲中部	24.6	36.0
非洲西部	18.5	40.0
北非北市	39.5	49.3
非洲南部	46.2	54.7
整体	24.4	37.7

材料来源: K. C. Zacharia and Julien Condé, *Migration in West Africa Demographic Aspects* (Oxford: Oxford University Press and World Bank, 1981).

虽然非洲有大城市,如拉各斯(Lagos)和开罗(均有1000万以上人口),但它们没有入围世界十大城市。大多数非洲城市都是"首要城市"(primate cities)。这

意味着在其国家地理范围内,没有与之匹敌的同等规模城市。农村移民主要流向首都。在大多数非洲国家,这一模式通常是由中央政府的主导性作用造成的,他们将大量的资金投资到首都的教育、医疗卫生和行政机构,从而成为目前最大的移民雇主。[3] 非洲各地区的城市化发展,受到殖民主义和殖民政策的严重影响。人们认为,如果允许大规模地向城市迁移,有可能导致非洲社会动荡,并引发骚乱和分裂。生活在城市的非洲人应该被隔离,要么通过为欧洲人建立"新公司"(villes nouvelles),要么通过街区隔离。尽管在非洲西部的英国殖民者没有设置障碍,但是比利时殖民者对被允许定居城市的那些人还是制定了严格规定。

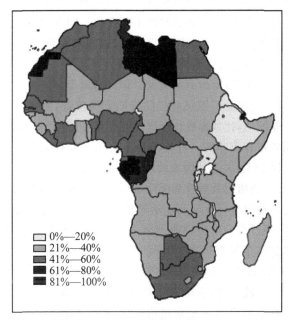

插图35.2　2001年非洲城市化水平

0%—20%
21%—40%
41%—60%
61%—80%
81%—100%

二战以后,英国人和法国人推行了重视城市化和稳定员工队伍的现代化范式。但并非所有非洲人都能受益于这一理想化的社会范式,他们在家庭生活、社会组织以及城乡联系方面有很多不同,使得他们的出路也千差万别。和印度一样,大多数移民并没有断绝他们与家乡的联系,从而在城乡间形成了一个松动的共同体。要理解这一模式,我将重点关注以下四个因素:(1)文化倾向;(2)城市经济结构;(3)市民身份的不完整性,具体地说,是缺失了城市的福利结构;(4)"土著"概念反映出的身份的社会和政治结构。

---

①　R. Chanda varkar, *History, Culture and the Indian City* (Cambridge: Cambridge University Press, 2009).

②　P. Kidambi, *The Making of an Indian Metropolis: Colonial Governance and Public Culture in Bombay, 1890—1920* (Aldershot: Ashgate, 2007); see also above, Ch. 30.

③　B. Freund, *The African City. A History* (Cambridge: Cambridge University Press, 2007). See also above, Ch. 33.

"二战"后，向城市移民在很大程度上仍然是男性的事情，但移民的停留时间更长了。而且，妇女和儿童也越来越多地加入到城市移民中来，她们以往都是留在农村，照看农场。土地使用权的转变、经济作物的引进以及土地私有化，促成整个家庭一起迁移，因此男性移民为主的情况大为改变。从20世纪70年代以来，城市化速度加快，越来越多的人成为城市人。

然而，这一发展并没有自动削弱移民对于他们家乡的强烈依附。[①] 正如在中国和印度，同乡会很多，汇款更是习以为常。人们与家乡割舍不断联系的原因，一是不愿放弃土地所有权，二是落叶归根的习俗。因此，城镇和村庄始终保持着紧密的"社会关系"。在非洲，人们对土地坚守的程度和在城乡间迁移的水平发生了很大变化，并随着时间不断变化。同农村的联系并非非洲人独有的特征，事实上，这种联系与经济、社会和政治的发展都是密不可分的。

在非洲，至少有两类吸引移民的城市。一类是大都市，主要是后殖民时代民族国家的首都，另一类是矿业城镇，比如那些位于赞比亚（以前的北罗得西亚）铜矿带和南非的一些城市。在大都市没有太多吸引移民的工业，但是国家政府的官僚机构、西方非政府组织、酒店以及教育和医疗机构交织于此。这些机构为各种服务行业和商业活动创造了多样化的就业渠道，不过它们的吸纳能力也是有限的。许多工作，尤其是非正规部门的工作受制于经济波动。此外，在20世纪50和60年代，尽管有工会的帮助，但是工资依然太低，人们不得不赚取额外的收入养家糊口，因此整个家庭永久定居城市不太可能。在殖民时期，"学士工资"问题在非洲东部极为普遍，而塞拉利昂和尼日利亚的工资也很低，以至于不能支撑整个家庭迁移。[②]

与欧洲福利国家相比，非洲城市当局（现在也是这样）在福利待遇方面没有提供给居民相应服务，无论他们是本地人还是移民。尽管一些矿业公司试验了津贴和养老金制度，但这些措施依然非常有限。涵盖这些福利的社会政策几乎没有，而其他诸如教育和医疗方面的服务，往往只提供给有钱人。

农村移民在适应新环境时可以从亲戚那里得到支持，因此，这种严重依赖于宗亲的情形就不足为奇了。家乡的纽带关系提供了急需资源，如食物和季节性工作。正如期望，移民在家乡亲人的引导和支持下在城市里站稳脚跟。城市中出现的族群聚落，不仅仅支持和保护移民，也是人们进出城市通道的网络节点。[③] 汇款和邮寄商品进一步维系了与农村的联系，这可以被视为维护土地权利的一种保险费用。

由于缺乏可利用的一般和普遍的城市机构，对原住居民及新移民来说，族群就构建了城市生活，形成各类福利社会、自愿性组织和同乡会，就像坎帕拉（Kampala）的卢奥（Luo）。对非洲城市，尤其是对撒哈拉以南的非洲城市，许多相关研究强调城市的变化性因素，却忽视了族群所扮演的核心角色。不仅污蔑同乡会是"乡巴佬的再社会化"，而且还用诸如民族主义、宗教和阶级意识的标签理解移民的身份问题。城市协会切断了族群联系，城市居民被催生出新的社会凝聚力形式，这些都是他们所关注的。

尽管缺乏活跃而强大的社会政治权利，但是民族依然是确定身份和形成社会分类的有力手段。[④] 因此，它会阻碍建立稳定的民主制度。在争夺城乡资源和市民身份的斗争中——政治家们已经开始强调（农村）因素的重要性。在许多非洲国家（如喀麦隆），"土著性"和归属感的概念已经引起了对根与源的困惑，家乡的集体观念成为政治的强力基础。那些城市宗亲会中的精英组织，利用手中的宗亲牌，日益排挤信仰公民社会和公共领域的政党。

这一趋势不只是非洲，在其他大洲，包括欧洲和美洲也可以看到。最近反对移民，尤其是反对穆斯林的民粹主义活动，在一些国家取得了巨大成功，如法国、荷兰、德国以及大多数东欧国家，如俄罗斯等。然而不同的是，在欧洲并没有因为社群主义和本土主义的这种反应，就把移民从城市或国际组织中驱逐出去，也没有因其种族、宗教或种族背景，将他们排除于福利制度之外。

① K. Little, *Urbanization as a Social Process. An Essay on Movement and Change in Contemporary Africa* (London and Boston: Routledge and Kegan Paul, 1974).

② F. Cooper, *Decolonization and African Society. The Labor Question in French and British Africa* (Cambridge: Cambridge University Press, 1996), 326 - 327.

③ C. Conquerie-Vidrovitch, 'The Process of Urbanization in Africa (From the Origins to the Beginning of Independence)', *African Studies Review*, 34: 1 (1991), 1 - 98.

④ P. Geschiere, *The Perils of Belonging. Autochthony, Citizenship, and Exclusion in Africa and Europe* (Chicago: Chicago University Press, 2009).

结语

本章说明,在很大程度上,城市的制度结构决定了农村向城市的人口迁移模式。迁移和定居形式在很大程度上取决于世界各地的管理制度。关键问题是:城市应当为移民提供什么?如何定义城市居民?城市的表象与乡村的习俗,在家族组织、法律制度和商业化程度乃至文化和精神实践领域,有着全方位的交融与互动。换句话说,我希望说明这种制度和唯物主义的观点,可以更好地解释随着时间而产生的变化,而不应一味强调效忠于故土和家族的那些宗教和文化因素。为了理解全世界以及各个大陆、地区内部,甚至国家内部的那些令人眼花缭乱的变化,这里提出的类型学也许是一个很有用的分析工具。

参考文献

Chandavarkar, R., *History, Culture and the Indian City* (Cambridge: Cambridge University Press, 2009).

Cooper, F., ed., *Struggle for the City. Migrant Labor, Capital and the State in Urban Africa* (Beverly Hills: Sage Publications, 1983).

Freund, B., *The African City. A History* (Cambridge: Cambridge University Press, 2007).

Goodman, B., *Native Place, City, and Nation. Regional Networks and Identities in Shanghai, 1853 – 1937* (Berkeley: University of California Press, 1995).

Gugler, J., ed., *World Cities beyond the West: Globalization, Development, and Inequality* (Cambridge: Cambridge University Press, 2004).

Kerr, I. J., 'On the Move. Circulating Labour in Pre-colonial, Colonial and Post-colonial India', in R. P. Behal and M. v. d. Linden, eds., *India's Labouring Poor. Historical Studies c. 1600 – c. 2000* (New Delhi: Cambridge University Press, 2007), 85 – 110.

Lees, A., and Lees, L. H., *Cities and the Making of Modern Europe, 1750 – 1914* (Cambridge: Cambridge University Press, 2007).

Lucassen, L., *The Immigrant Threat: The Integration of Old and New Migrants in Western Europe since 1850* (Urbana and Chicago: The University of Illinois Press, 2005).

Moch, L. P., *Moving Europeans. Migration in Western Europe since 1650* (Bloomington: Indiana University Press, 2003).

Oliveira, O. d., and Roberts, B., 'Urban Development and Social Inequality in Latin America', in J. Gugler, ed., *The Urban Transformation of the Developing World* (Oxford: Oxford University Press, 1996), 253 – 314.

Whyte, M. K., ed., *One Country, Two Societies: Rural Urban Inequality in Contemporary China* (Cambridge, Mass.: Harvard University Press, 2010).

吴俊范 译 陈 恒 校

第 36 章 贫困、不平等和社会隔离

艾伦·吉尔伯特

本章考察的是全球范围内城市地区的生活质量和社会关系。鉴于其涉及面太广，我们将主要讨论五个较为重要的主题：贫困、不平等、社会隔离、犯罪和暴力以及城市治理。

总的说来，在过去的几个世纪中，大多数人的生活质量已经得到普遍提升，这种进步离不开城市化的发展。当然，城市的发展总会带来一些问题，有人认为，今天撒哈拉以南非洲和印度次大陆的大部分市民生活品质依然很差，与古时候的英国市民相差无几。诚如戴维斯（Davis）所言："根据狄更斯、左拉或高尔基的描述，在维多利亚时代的苦难目录里，没有一样东西不存在于今天的第三世界的某个地方。"[1]

诚然，当代城市的问题多如牛毛，但总体而言，城市化对经济和社会进步依然贡献甚大。城市有助于提高经济生产力，改变社会精神面貌，并促使政府投资公共基础设施。自 1950 年以来，世界上几乎所有城市的人均预期寿命、婴儿死亡率和识字率都有所改善。

本章将对古往今来城市化的发展做出概括性论述，但我们也需承认，世界各地的城镇和城市存在很大差异。这些差异体现在收入、基础设施、住房以及家庭结构等各方面，因而人们很难就斯德哥尔摩和金沙萨的生活进行合理的比较，即便在收入和财富旗鼓相当的城市，如日本和美国的城市，显著差异依然存在。

生活质量和贫困：城市和地区间的差异

古时候，世界上大多数城市的生活是非常相似的。很久之前，大多数人都是工匠、仆人或商人，出于防御的目的，城市建造了城墙，而大多数人都居住在城墙之内，这使得城市人口非常稠密。工业革命之后，人们的日常生活方式发生了很大的改变，但即便后来防御功能不再重要，人们的居住地依然稠密。这是因为缺乏城市交通，大多数人别无选择，只能生活在可步行上班的范围之内。直到 19 世纪 50 年代，伦敦才拥有廉价的城市交通，而其他地方还要晚得多。大多数城市都很脏，而且疾病肆虐，基本公共服务缺乏。当然，城市之间在很多方面都存在差别。阿拉伯人聚居的中东城市与西班牙的殖民地城市在布局上有所不同，后者拥有网格状的道路规划和形态设计。然而在世界各地，城市中有钱有势的人生活得很好，但大多数穷人生活条件恶劣。"在 19 世纪之前，西北欧城市中心的人均预期寿命大多不到 20 多岁。依据可靠的统计，伦敦的人均预期寿命在 1841 年是 36.5 岁，它很可能是当时世界上最健康的城市之一……18 世纪末巴黎的人均预期寿命据估计为 23.5 岁。"[2]

对于城市中的大多数人来说，工业革命很可能使其生活变得更糟，至少在一段时期内是如此（参见本书第 25 章）。1841 年，利物浦的人均预期寿命只有 28 岁，曼彻斯特只有 27 岁，都低于全国平均预期寿命 40 岁。[3] 意在减少疾病和瘟疫的举措有时会导致生活条件恶化。举例来说，在建设新的公共工程的同时拆除伦敦市中心臭名昭著的"贫民窟"，只会增加一贫如洗的穷人的居住密度。19 世纪 50 年代的英国可能已经引领世界，但这并没有给城市中的大多数人带来很多好处。

① M. Davis, *Planet of Slums* (London: Verso, 2006), 186.

② J. Powles, *Diseases of Civilisation*: *Thinking about the Health Costs and Benefits of Material Progress since the Enlightenment*. www. phpc. cam. ac. uk/powles/diseases_of_civilisation_1985. doc.

③ S. Szreter and G. Mooney, 'Urbanization, Mortality, and the Standard of Living Debate: New estimates of the Expectation of Life at Birth in Nineteenth-century British Cities', *Economic History Review*, ns 51 (1998), 84 – 112.

不过,在今天,经济发展水平与城市生活质量之间存在明显的相关性。美世咨询在 2010 年对世界各地的城市进行的调查显示,调查中 70 个最宜居的城市都位于富裕国家。[①] 非洲、亚洲(日本和新加坡除外)和拉丁美洲最好的城市也只能排在七十多名,包括中国香港、圣胡安(波多黎各)、吉隆坡、迪拜、布宜诺斯艾利斯和蒙得维的亚。"最差"的城市全都位于贫困国家,在调查名单上的 221 个城市中,排名垫底的十个城市中包括了布拉柴维尔、太子港、喀土穆、恩贾梅纳(乍得)和班吉(中非共和国)。城市贫困和生活条件恶劣是发展水平低下的表现。

相较于过去,人们很难说贫困率在当代有所上升。在 19 世纪的城市中,大多数人生活在被今天的我们视为贫困的状态下。大部分人食不果腹,疾病猖獗,他们往往没有新鲜的水源,住房常常过于拥挤。如果说城市贫困没有进一步恶化,那是因为大多数贫困人口仍然生活在农村。科技带来了许多进步。铁路降低了印度次大陆的饥荒威胁,西班牙流感最后一次肆虐全球是在 1918 年。今天,人们能更便利地获得饮用水,大部分穷人都可以看上电视和使用移动电话。几乎每个人的寿命都增加了。

不过,2005 年,依然有约 14 亿人每天生活费不足 1.25 美元,这些人大多生活在南亚、撒哈拉以南非洲、东亚以及太平洋地区。为此,"10 亿人中有超过 3/4 的人营养不良。"[②]而且,即使全球范围内的贫困率在下降,但城市贫困却在日益增长。这是城市发展的直接后果。在 1800 至 2010 年间,世界人口从 10 亿左右增长到将近 70 亿,在此过程中,有一半的居民成为城市居民。因此,即使如今生活在贫困状态下的人口比例减少了,且贫困的严重程度也已经减弱,但当代城市的贫困人口依然比以往更多了。例如,在拉美,居住在城市的贫困人口的数量从 1970 年的 4100 万增加到 2007 年的 1.27 亿(参见本书第 26 章)。

然而,城市贫困的加剧不应归咎于城市化进程,因为显而易见的是,贫困在农村更为普遍(参见表 36.1)。恰恰相反,农村人口向城市的迁移有助于减少农村地区的贫困。

城乡之间生活水平的差异是多年来许多人从农村向城市迁移的原因(参见本书第 35 章)。尽管战争或社会暴力有时也会加速城乡迁移,但经济因素仍是其背后的主要动力。城市能提供更多的工作,而且其中多数工作的薪酬更高。这并不意味着城市中的每个人都生活得更宽裕,在一些国家,为数不少的城市人口生活在极端贫困中,其数量有时还在增长。

表 36.1　2005—2007 年间部分国家城乡贫困人口比例(%)

国家	城市	农村
玻利维亚,2007 ＊＊	23.7	63.9
中国,2005 ＊	1.7	26.1
哥伦比亚,2006 ＊＊	39.1	62.1
厄瓜多尔,2006 ＊＊	24.9	61.5
加纳,2006 ＊＊	10.8	39.2
印度,2005 ＊	36.2	43.8
印度尼西亚,2005 ＊	18.7	24.0
肯尼亚,2006 ＊＊	34.4	49.7

＊ 2005 年每天生活费不足 1.25 美元的人口。

＊＊ 生活在国家贫困线之下的贫困人口。

资料来源:联合国经济和社会事务部,《反思贫困:2010 年世界社会状况报告》(纽约:联合国经济和社会事务部,2009),http://www.unescap.org/stat/data/syb2009/18-poverty-and-inequality.pdf;世界银行(2010),《世界发展指标》,2010,http://data.worldbank.org/indicator/si.pov.ruhc 和 http://data.worldbank.org/indicator/SI.POV.URHC.

许多贫困人口生活条件恶劣。非洲和南亚城市中的大多数自助型定居点(self-help settlements)内饮用水供应不足,而且几乎没有任何卫生设施。像样的避风港是稀缺的,过度拥挤是长期问题。正如一位感到震惊的记者所报道的那样:"位于内罗毕西南郊区一平方英里范围内的基贝拉贫民窟拥挤不堪,它是这个城市三分之一的人口、近 100 万人的家。其中大多数人要么住在只有一个房间的泥屋或荆树屋中,要么住在木屋或最简易的石屋中,这些房屋通常都没有窗户……肯尼亚政府没为这片巨大的、非法蔓延的贫民窟提供任何东西——这里没有卫生设施,没有道路,没有医院。基贝拉是一个泥泞不堪的大沟渠,棕色污流穿行其间。"(参见图 33.2)[③]

幸运的是,生活在如此恶劣环境中的市民毕竟为极少数,大多数贫困城市的贫困问题并没有像媒体渲染地那么厉害。尽管有很多穷人食不果腹、收入毫无保障而且遭受着持续的健康状况不佳的威胁,但很少

①　http://www.mercer.com/qualityoflivingpr#City_Ranking_Tables.

②　P. Chuhan, 'Global Economy: Poverty and Inequality', in V. Bhargava, ed., *Global Issues for Global Citizens: An Introduction to Key Development Challenges* (Washington, D.C.: World Bank, 2006), 31.

③　G. McLean, 'Where We're Headed', *The Guardian*, 1 April 2006.

有人死在街上。然而,其中一些问题已不再局限于贫困国家的城市。城市贫困如今也存在于具有相对较高的 GDP 收入的国家。1990 年代俄罗斯国家支持体系的消失导致了国民的普遍困窘,2005 年卡特里娜飓风袭击新奥尔良后带来的诸多困境证明贫困正肆虐美国的城市。经济结构转型、移民和全球化的联合正在人们最意想不到的地方造成贫困。

不平等

大多数前现代城市由富裕的精英阶层和大量贫困的就业人口组成。现代化通过两个手段逐渐改变了这种局面,一是创造了一个殷实的中产阶级,二是许多发达国家在 20 世纪通过国家干预和引进现代科技帮助穷人改善生活条件。累进税制、教育普及化、逐步推行公共服务以及某些地方出现福利国家都促进了这一转型。

尽管许多社会在 20 世纪变得更加公平,但国家之间的、因而也就是这些国家的城市之间的差距不断扩大。根据世界银行的研究:"尽管世界更加富有,但收入不平等在相当长一段时期内依然(1820—1992 年)大大增加。这些不平等既有相对的,也有绝对的,全球范围内皆是如此。"[1]"二战"以来,世界上最富有和最贫困国家之间的差距已经明显扩大。"以工业化国家和发展中国家的平均收入的比率来衡量,其比率已经从"二战"结束后的约 30∶1 上升到 1970 年代的 60∶1,到现在已经超过了 90∶1。"[2]

不过,在过去的半个世纪中,许多曾经贫困的国家已经跻身发达国家的行列,一些国家,比如新加坡,甚至已经加入了富裕国家的行列。因此,虽然说国际差距——欧洲和非洲之间的差距——扩大了,但中等收入国家组成的中间集团的出现,大大降低了旧的南北差距的意义。在此过程中,非洲、亚洲和拉美的企业家创造了大量财富。2005 年,在共同拥有世界 24% 的财富的 8.54 万个全球超级富豪中,有 1.54 万人在亚太地区,7700 人在拉美,3400 人在中东,1700 人在非洲。[3]

尽管财富的这种扩散缩小了国际的和全球的贫富差距,但它也助长了国家内部的不平等。[4] 虽然大多数发达国家在 1914 年到 1980 年间变得更平等,但这种模式在之后被逆转了。当然,在发展中国家,任何以更平等为宗旨的运动都是罕见的。

贫困国家的不平等体现在城乡生活水平的差距上(参见表 36.1)。然而,贫富差距悬殊的情况在城市内部越来越常见。不平等现象在发展中国家快速发展的城市里尤为显著。[5] 很明显,几乎所有地方的不平等现象都在增加。在孟买、伦敦或圣保罗,非常富有的人与穷人毗邻而居,至少在表面上是如此。在英国,多林(Dorling)声称:"在过去 30 年中……日益严重的经济不平等导致了大量的而且越来越多的人被排斥在社会规范之外,并且创造了一个正在扩大而且愈加分化的社会阶层,这个遭遇了新型贫困的社会阶层包括新的穷人、被排斥者、负债的人。"[6]

对变动中的贫困和不平等模式的解释

许多人认为,过去三十年左右,全球化进程推动了大多数形式的经济和社会变革。"简单来说,全球化指扩大规模,增加量级,加快和深化洲际交往和社会互动模式带来的影响。它又指人类组织规模的一种转变或转型,这种转型能将遥远的共同体联系起来,并使权力扩展到世界各地区和大洲。"[7]运算能力、交通运输和通讯方面的技术变化以及硅芯片的发展是这一进程的核心。

新的生产格局。 全球化为过去一直缺乏资本的地区带来了投资。制造业生产在中国、东南亚和美墨边境蓬勃发展。呼叫中心在印度的部分地区发展起来。世界农业格局发生了变化:越南现在是世界第二大咖啡出口国,哥伦比亚是第二大鲜切花出口国。在很多地方,尤其是亚洲,全球化创造了新的就业岗位并且使

① World Bank, *World Development Report* 2006: *Equity and Development* (New York: Oxford University Press, 2005), 65.

② P. Bidwai, 'From What Now to What Next: Reflections on Three Decades of International Politics and Development', *Development Dialogue*, 47 (2006), 29–64, 35.

③ H. Kundnani, 'World Wealth Report: Rich Get Even Richer in Third World', *The Guardian*, 21 June 2006, 27.

④ United Nations, *The Inequality Predicament. Report on the World Social Situation* 2005, 2.

⑤ 2010 年,联合国人居署根据基尼系数等于或者大于 0.71,将南非的三个城市(布法罗城)(曾经的东伦敦)、约翰内斯堡和埃库鲁莱尼(以前的东兰德)定为世界上收入分配最不公平的城市。紧随其后的是巴西城市戈亚纳、福塔莱萨、贝洛奥里藏特和巴西利亚,这些城市的基尼系数都大于 0.60 (*State of the World Cities* 2010/2011: *Bridging the Urban Divide* (Nairobi: UN-HABITAT, 2010)。

⑥ D. Dorling, 'Should Government Have a Plan B: Or, the Inclusion of People in Society?', 21ˢᵗ *Society*, 5 (2010), 35.

⑦ D. Held and A. McGrew, *Globalization/Anti-globalization* (Cambridge: Polity Press, 2002), 1.

城市贫困问题有所缓解。与此同时,全球化进程也在其他地方造成了失业,比如在西欧的城市。当然,很多城市还没有受到生产方式转变的影响,因为它们从未真正参与到世界经济当中。

金融资本的流动。全球化导致了世界范围内更大规模的资本流动。股票市场的机械化操作、电子市场的建立以及点击鼠标以转移巨额资金的能力都促进了资本的流动,但无疑也增加了经济的不稳定性。房地产的繁荣和泡沫、被夸大的商品贸易周期以及货币投机为伦敦和华尔街的一小撮人创造了巨额的利润,但也给大多数人创造了一个不确定的未来。

技术变革改变了工作的性质。生产食品或汽车,开采煤矿以及填写发票所需的人手都越来越少。然而,计算机编程、设计新产品以及宣传大量新服务和制成品上市需要越来越多的人手。对传统"蓝领"阶层的制造业工人和公共部门雇员来说,他们的工作机会变得越来越少。在蓬勃发展的城市服务业中,那些受教育程度较低和技能不熟练的人被迫寻找报酬较低的工作。熟练工和非熟练工之间的收入差距正在扩大。这些趋势在伦敦和纽约这样的所谓"全球城市"中体现得最明显,不过在班加罗尔(参见本书第38章)或加州硅谷(Silicon Valley)这类地方也很明显。

人口迁移。全球化使越来越多的人从较贫困的国家向较富裕的国家迁移(参见本书第35章)。大量拉美人迁移到北美城市,非洲人、南亚人和土耳其人迁移到西欧城市,印度人和巴基斯坦人迁移到中东繁荣的城市,凡此种种,不一而足。在2005年,估计有1.91亿人没有生活在出生国,大约占世界人口的3％。[①] 现在生活在发达国家的人有将近1/10是外来移民,瑞士的外来移民的比例是1/6。大多数移民被迫从事低收入的工作。伦敦市中心的大多数办公室保洁员、巴士司机和超市工作人员都是外来移民。

人口的跨国迁移使许多贫困国家流失了急需的技术人才,比如医疗保健方面的。另一方面,这些国家受益于那些在国外工作的人的汇款。约旦、莱索托、尼加拉瓜、海地和汤加超过1/4的GDP都来自于汇款,哈瓦那许多家庭都靠他们生活在美国的亲属寄来的美元

度日。汇款减少了国家之间的不平等,但拉大了国家内部的不平等。

新自由主义。自1970年代末以来,凯恩斯主义已经让位于新自由主义。在北美以及越来越多的欧洲国家,政府放松对跨国资本的管制,降低对企业和富人的税率,并减少穷人的社会权利。1980年以后,跨国公司蓬勃发展,其全球生产和贸易份额大幅增长。平等不再是公共政策的主要目标。战后福利国家——它建立在累进税制和相信政府应该保护和养育社会中每个人的基础上——不再被认为是明智的。1980年以后,大多数政府将其主要角色解释为加速经济增长的推动者。这些观念的转变注定会加剧不平等。在美国,"最富有的1％的美国人,其总收入的占比从1980年到2004年翻了一番,即从8％到上升到超过16％。最富有的1％的美国人中,前十名的总收入的占比截至当前已增加到1980年的三倍,即从2％上升到7％。"[②]如今很少有人接受赫希曼(Hirschman)和库兹涅茨(Kuznets)关于人均收入与平等正相关的观点。[③] 带有新自由主义色彩的全球化改变了旧的模式。

人口增长。如果撒哈拉以南非洲的人口没有从1965年的2.43亿增长到2010年的8.65亿,该地区很可能不会像现在这么贫困。虽然1960年代和1970年代太过于强调人口增长是导致贫困的原因,但今天它仍然是导致贫困的重要因素。毕竟,"人口高速增长导致更严重的贫困,而更严重的贫困又导致高生育率。"[④]

简言之,许多不同的进程导致了世界经济运行方式的变化。如果说这种变化给一些曾经贫困的国家带来了好处,那么它也加剧了国家内部以及全球几乎所有城市的不平等。而且,由于超过30亿人生活在城市地区,这种不平等造成的后果会影响到世界一半的人口。

社会隔离:趋势和进程

欧洲殖民制造了一些分裂的城市。例如,德里"被建设成为两个不同的世界,欧洲人的世界和本土人的

---

① United Nations, *International Migration Facts and Figures*. http://www.un.org/esa/population/migration/hld/Text/Migration_factsheet.pdf.

② 'Inequality in America:The Rich, the Poor and the Growing Gap between Them', *The Economist*, 15 June 2006.

③ A. O. Hirschmann, *The Strategy of Economic Development* (New Haven:Yale University Press, 1958); S. Kuznets, *Modern Economic Growth:Rate, Structure and Spread* (New Haven:Yale University Press, 1966).

④ J. D. Sachs, *The End of Poverty:How We Can Make It Happen in Our Lifetime* (Harmondsworth:Penguin, 2005), 66.

世界;统治者的世界和被统治者的世界。"①大多数英国、法国和荷兰的殖民地城市都很相似(参见图30.1,第566页)。欧洲人的居住场所展示了殖民者心目中合理的城市应该如何规划;被殖民者居住在"毫无规划"的地区,他们通常被弃置不管而只能自行其是。在北非,殖民当局为欧洲人建造了新的居住区,而阿拉伯社群则留在其聚居区。② 有两个以上"次等"民族居住的城市有时会精心制定规则以保持民族之间的分隔。在英属新加坡,欧洲人、华人、印度人、马来人和布吉人各自住在独立的街区;荷属巴达维亚(今雅加达)至少建立了15个不同的部落区。欲更多了解殖民地城市,请参见本书第40章。

城市规划的目的之一是使殖民者免受热带疾病即所谓的"卫生综合征"的侵扰。但它也有不值得称赞的目的。在非洲,"殖民当局将影响空间的形式和功能的每一次机会,不仅视为巩固他们对殖民地的掌控的机会,而且还视为重申关于欧洲的霸权和实力的先入之见的机会。"③

不过,殖民主义并不是现代城市隔离现象的唯一解释。在一些伊斯兰城市,不同族群已经聚居多年,其中包括"同质移民群体(军队、统治阶级的成员、转移人口、难民)的迁移、城市内部的大规模重组(例如,摩洛哥犹太人的聚居区麦拉 mellahs)以及个别性的人口流动,在那里,群聚可能与移民模式、家庭组合方式、风俗差异、互不信任、圣地的存在或社会经济地位有关。"④

当非洲和亚洲最终取得独立时,居住模式上唯一的真正改变是一些新的统治者搬进了欧洲人过去的街区。大多数族群仍然分开居住。

在当代,种族隔离在全球许多城市都很常见,但相比于其他地方,美国和南非更为显著。⑤ 在美国城市最贫困的地区,非裔美国人占据人口的多数,因为大部分白人选择居住在其他地方。而在南非,尽管种族隔离制度在法律上已经变成历史,但其城市仍然维持着高度的种族隔离。美国和南非以外的其他地方的种族隔离程度时有下降。例如,在英国,有人就声称,"英国不存在美国式的黑人区(Ghetto),尽管黑人的经济地位不利而且对他们持续的歧视铁证如山,但伦敦对加勒比黑人进行隔离呈下降的趋势。"⑥

种族隔离可归因于赤裸裸的歧视,同样也可归因于种族之间的收入差距。在巴西,被称为"法维拉"(favela)的贫民窟长期以来都是各种族杂居,但其富人区却只有白人居住。⑦ 在非洲南部,大多数黑人都是穷人,大多数白人则不然。

鉴于收入差距普遍扩大,居住隔离与收入之间的明显相关性令人不安。在美国:"1973年之后,工会萎缩,中产阶级分化,收入不平等加剧,贫困问题加重。社会经济领域这种新的分层伴随着不同阶级在空间领域不断扩大的分离。随着收入不平等的加剧,阶级隔离的程度也在上升,富人家庭和穷人家庭越来越趋向于居住在不同的社会空间。"⑧萨斯基雅·萨森(Saskia Sassen)曾指出,在纽约、东京和伦敦这样的"全球"城市,不平等和隔离尤为显著,因为这些城市依赖于金融和商业服务而不是制造业;相对于新兴服务业来说,制造业的收入分配更加公平。⑨ 幸运的是,世界上只有相对较少的城市人口生活在这样的全球城市中。

然而,在世界范围内,持续扩大的购买力差距越来

690

① A. D. King, *Colonial Urban Development*: *Culture*, *Social Power and Environment* (Abingdon: Routledge, 1976), 263.

② J. Abu-Lughod, *Cairo*: *1001 Years of the 'City Victorious'* (Princeton: Princeton University Press, 1971); J. Abu-Lughod, *Rabat*: *Urban Apartheid in Morocco* (Princeton: Princeton University Press, 1980).

③ A. J. Njoh, 'Urban Planning as a Tool of Power and Social Control in Colonial Africa', *Planning Perspectives*, 24 (2009), 301 - 317.

④ T. H. Greenshields, '"Quarters" and Ethnicity', in G. H. Blake and R. I. Lawless, eds., *The Changing Middle Eastern City* (London: Croom Helm, 1980), 120 - 140.

⑤ P. Marcuse and R. van Kempen, eds., *Globalizing Cities*: *A New Spatial Order?* (Oxford: Blackwell, 2000), 256, and B. R. Roberts and R. H. Wilson, eds., *Urban Segregation and Governance in the Americas* (Basingstoke: Palgrave, 2009).

⑥ C. Peach, 'Does Britain Have Ghettos?', *Transactions of the Institute of British Geographers*, ns 21 (1996), 234.

⑦ R. E. Sheriff, *Dreaming Inequality*: *Color*, *Race and Racism in Urban Brazil* (New Brunswick: Rutgers University Press, 2001); E. E. Telles, 'Racial Ambiguity among the Brazilian Population', *Ethnic and Racial Studies*, 25 (2002), 415 - 441; J. E. Perlman, 'Marginality: From Myth to Reality in the Favelas of Rio de Janeiro, 1969 - 2002', in A. Roy, and N. Al Sayyad, eds., *Urban Informality in an Era of Liberalization*: *A Transnational Perspective* (Lexington, Idaho: Lexington Books, 2004), 105 - 146.

⑧ D. S. Massey, and M. J. Fischer, *The Geography of Inequality in the United States*, *1950 - 2000* (Washington, D. C.: Brookings-Wharton Papers on Urban Affairs, 2003), 670.

⑨ S. Sassen, *The Global City*: *New York*, *London*, *Tokyo* (Princeton: Princeton University Press, 1991). 萨森的结论遭到了越来越多的批评,一位评论者认为她"关于全球城市日益严重的社会分化的论文在几个方面存在缺陷"。C. Hamnett, 'Social Polarisation in Global Cities: Theory and Evidence', *Urban Studies*, 31 (1994), 422.

越影响人们的居住地点。富人居住在绿树成荫的郊区或精英云集的中心地段，穷人住在他们可以居住的任何地方，通常是住在郊区的棚户区，当今世界，在非常多的贫困城市，棚户区都占据多数（参见本书第42章）。事实上，一些城市比其他城市更少隔离。在日本，种族歧视并不那么明显，这在很大程度上归因于日本的移民数量相当少。此外，日本的阶级差别也比其他地方小。在日本，一个家庭的社会地位更多取决于男主人的工作和家庭成员的社会声誉，而并不取决于这个家庭的居住质量或所居住城市的地段。①

在某些城市，国家或市政当局试图通过建立社会住房来缓解城市的隔离和住房问题。多年来，共产主义国家的城市并没有出现可以在资本主义社会发现的经济差别，它们建造了大面积的公寓楼，以便为每个人提供像样的住所。② 在大多数发达的资本主义社会，通过社会住房项目来改善穷人生活条件的努力都不太成功，而且很少达到真正的整合效果。事实上，许多法国城市如今面临的社会问题起源于阿拉伯移民家庭被分到公共住宅区，这些阿拉伯人与那些比他们更富有而且通常是白人的法国"邻居"在空间上被分隔开。同样，开普敦也受困于种族隔离制度的遗留问题，通过为自有住房提供资金补贴来帮助穷人的新自由主义方法，复制了这种社会分化模式。在智利，有的放矢的措施已经使非常贫困的家庭集中居住在为其特别建造的同一街区。这些区域通常是城市中最无人问津的区域，这就意味着，那里的住宅极难售出，而且几乎没有家庭能成功离开那里。在南非，享受政府补贴的新建住房一般也位于距离市中心数英里远的廉价地段。③

在其他地方，郊区化和城市的扩张加剧了居住隔离。公共交通的改善以及汽车保有量的增加使城市扩张得以可能，如今不同阶级通常都住得很远（参见本书第42章）。所谓的门禁社区及其"带围墙的别墅、由警戒塔守卫的公寓住宅、私人警务和'武装反应'等"是居住隔离的一种极端体现。④ 门禁社区的吸引力在于它们使其住户有一种远离犯罪和城市生活更令人厌恶的方面的安全感。环绕着门禁社区的围墙和大门"阻止人们看到彼此、认识彼此和倾听彼此；极端地说，它们使人们相互隔绝和排斥。"⑤

门禁社区确实不是一种令人满意的发展，但它真的在很大程度上改变了城市吗？富人家的孩子总是就读单独的学校，他们生病时总是去私人诊所。尽管一些门禁社区为其住户提供他们所需要的几乎任何东西，但大多数富人家庭仍然会在一天的某个时间离开他们的庇护所。

当然，并不仅仅是富人想把他们自己封闭起来。各个社会阶层的人似乎都在"建围墙和大门"。"人们发现美国的公共住房项目、中产阶级居住的郊区、上层中产阶级享有的飞地以及退休社区全都被各式各样的围墙环绕，或采取了等效措施以保护人身安全、防范社会危险。"⑥ 波哥大和圣地亚哥的穷人社区有时在他们的定居点周围筑墙围篱以防范犯罪和暴力。同样，无论有没有围墙，民族和宗教的团体长期在寻找集中居住的办法。想与犹太会堂或清真寺住得更近的愿望促使一部分犹太人和穆斯林聚居在特定区域。其他一些文化因素也促使各个社群分开居住。在英国，尽管就业和住房进程迫使巴基斯坦裔社群集中居住，但由于其内部在"穆斯林的宗教、语言、清真饮食的要求、表亲婚姻以及地理上的临近而保持强有力的网络联系的旁遮普或克什米尔村落朝向等方面不同，他们分开居住。"⑦

在大多数城市，赤裸裸的种族或宗教歧视已逐渐退出历史舞台，过去的半个世纪中这一趋势尤为明显。但因贫富差距引发的歧视却愈演愈烈。随着不平等的加剧和规模的扩大，城市中富人和穷人之间的社会互动可能比以前更少。同时，说发达国家存在一个被社

① A. J. Fielding, 'Class and Space: Social Segregation in Japanese Cities', *Transactions of the Institute of British Geographers*, 29 (2004), 64 – 84.

② Cf. R. A. French and F. E. I. Hamilton, eds., *The Socialist City: Spatial Structure and Urban Policy* (Chichester: Wiley, 1979) and I. Szelenyi, 'Housing Inequalities and Occupational Segregation in State Socialist Cities', *International Journal of Urban and Regional Research*, 11 (2009), 1 – 8.

③ A. G. Gilbert, 'Helping the Poor through Housing Subsidies: Lessons from Chile, Colombia and South Africa', *Habitat International*, 28 (2004), 13 – 40; M. Huchzermeyer, 'A Legacy of Control? The Capital Subsidy and Informal Settlement Intervention in South Africa', *International Journal of Urban and Regional Research*, 27 (2003), 591 – 612.

④ L. Sa, *Life in the Megalopolis: Mexico, São Paulo* (Abingdon: Routledge, 2007), 154.

⑤ Marcuse and van Kempen, *Globalizing Cities*, 250; R. Salcedo and A. Torres, 'Gated Communities in Santiago: Wall or Frontier?', *International Journal of Urban and Regional Research*, 28 (2004), 27 – 44.

⑥ Marcuse and van Kempen, *Globalizing Cities*, 254.

⑦ Peach, 'Does Britain Have Ghettos?', 233.

会边缘化的而且人数越来越多的城市弃民群体是值得怀疑的。① 长期以来，城市都是以宗教、种族、语言、收入和社会阶级为分区依据的，这种情况仍将持续下去。

犯罪、恐惧和暴力

犯罪通常与城市生活联系在一起。在《雾都孤儿》中，狄更斯运用扣人心弦的情节描绘了一个充满暴力和犯罪的伦敦。然而，在1860年代，英格兰的谋杀率与今天相当。② 当然，某些城市地区，比如纽约的第五大道和伦敦东区比其他地区危险得多，渲染在诸如此类的小片区域中发生的犯罪活动将强烈影响大多数人并使他们对罪行感到担忧。然而，严重的犯罪通常比媒体描绘的更少，当然，在历史上，很少有伊斯兰的或中国的城市被大量的凶杀甚或抢劫事件所困扰。

从统计数据来看，犯罪率与城市化率并非密切相关。高度城市化的欧洲在相当程度上免于罪行侵扰，但城市化程度较低的拉美和南非则不然。无论如何，很多罪行发生在农村，而且通常最严重的劫掠和种族灭绝案例也发生在农村，比如哥伦比亚和达尔富尔的农村。城市化程度并不是犯罪活动的一个理想指标，那城市规模也同样如此。虽然洛杉矶、纽约和里约热内卢的犯罪率很高，但其他巨型城市（如东京和开罗）则不然。美国的犯罪率也与城市规模无关，最危险的城市是位于南方或生活着大量非裔美国人的城市。③

作为衡量犯罪程度最可靠的标尺，凶杀致死率在不同城市之间存在很大差别。2010年，在大多数欧洲城市、中东以及亚洲的大部分地区，每10万居民中发生的谋杀案不到2起，但在墨西哥华雷斯城，每10万居民中发生的谋杀案高达229起。暴力行为明显集中于某些地区，在全世界最暴力的25个城市中，除了坎大哈（阿富汗）、金斯敦（牙买加）和新奥尔良（美国）这3个城市以外，其余22个都位于拉美。④ 所属文化和宗教的差异有时有助于解释犯罪模式的差异，例如，有助于解释穆斯林世界和印度教世界的低犯罪率。不过，这并不能解释为什么美洲在拥有如此多虔诚信徒的同时，犯罪率仍如此之高。更高的枪支持有率以及酒精和毒品无疑是造成美洲犯罪率如此之高的原因，南非也同样如此。

贫困经常被责备为犯罪率增长的罪魁祸首，但谋杀率与城市贫困之间看起来很少有甚或没有关联。无论是在贫困的南亚受灾城市还是在富裕的斯堪的纳维亚半岛城市都很少发生凶杀案。一些专家认为贫富差距能够解释犯罪行为的差异，而拉美和南非的大多数城市高居不平等和暴力排行榜榜首这一事实为上述观点提供了支持。⑤ 然而，一些极度不平等的城市（如布宜诺斯艾利斯和圣地亚哥）并不是危险之地。波哥大的经验也让人怀疑犯罪与不平等之间的关联。在1995年到2007年这段时期，波哥大的不平等状况先是加剧然后减轻，但凶杀率却从每10万居民59起持续下降到第10万居民18起。

毒品交易似乎是解释城市暴力的关键因素。在哥伦比亚的麦德林，1991年的暴力致死率增至每10万人中有381起杀人案，因为这一年是毒枭巴勃罗·埃斯科瓦尔（Pablo Escobar）与哥伦比亚政府作战战绩最糟的一年。同样，华雷斯城最近发生的杀戮显然与贩毒团伙之间的地盘抢夺战以及墨西哥政府管控贩毒团伙的努力有关。

犯罪和暴力也与年龄和性别密切相关。大多数盗窃、犯罪和暴力行为的实施者与受害者都是年轻男性。例如，在波哥大，一个年龄在20岁到29岁之间的男性更有可能被谋杀的概率是相同年龄女性的15倍。⑥ 幸运的是，随着年龄增长，男性的犯罪率似乎也在下降，年轻男性比例的下降也许可以解释近些年来伦敦抢劫案件数量的下降。

不过，在讨论城市暴力时，我们不能只想到抢劫和谋杀。事实上，死于城市道路交通事故的人比死于谋杀、犯罪和恐怖袭击的人数总和还要多。6.2亿左右的私家车和所有的公共汽车、厢形车和卡车一起，每年夺走120万人的生命，导致数百万人残废。道路交

---

① L. Wacquant, *Urban Outcasts: A Comparative Sociology of Advanced Marginality* (Cambridge: Polity Press, 2007).

② http://www.channel4.com/history/microsites/H/history/guide19/part06.html.

③ M. Geyer, ed., *International Handbook of Urban Policy*, vol. 1. *Contentious Global Issues* (Cheltenham: Edward Elgar, 2007), ch. 1.

④ All of these cities have more than 47 murders per 100,000 inhabitants. Data are recorded for cities with over 300,000 inhabitants. http://editor.pbsiar.com/upload/PDF/50_ciud_mas_violentas.pdf.

⑤ United Nations, *Report on the World Social Situation 2005* (New York: United Nations, 2005). http://www.un.org/News/Press/docs/2005/soc4681.doc.htm.

⑥ M. T. Garcés, 'Avances en seguridad y convivencia', in A. G. Gilbert and M. T. Garcés, *Bogotá: progreso, gobernabilidad y pobreza* (Bogotá: Editorial Universidad del Rosario, 2007), 154-194.

通事故实际上是年龄在 15 岁到 29 岁之间的人群死亡的最重要原因。[1]

城市冲突

在前现代世界,城市人口经常受到被洗劫和掠夺的威胁。虽然大多数非洲、亚洲和美洲的殖民地城市感到不会遭遇外部攻击,但占领国对殖民地的起义始终保持警惕。"在英国的殖民统治下,印度城市及其居民被视为棘手的问题……城镇成为宗教改革运动和政治意识觉醒的温床。"[2]在欧洲的许多地方,攻占巴士底狱的故事导致人们惧怕社会和城市的革命。1885年,伦敦的一位观察家声称:"我深信,人类苦难的激流将动摇社会结构的时刻正在降临。"[3]马克思和恩格斯当然也认同上述观点,不过他们更多是以充满希望而非恐惧的眼光来看待可能发生的事情。

如果将城市受到战争(比如在伊拉克和黎巴嫩)或恐怖袭击(比如在贝尔法斯特、卡诺、纽约和孟买)影响的情况排除在外,那么自 1945 年以来,由政治原因引起的城市暴力已经比较少见了。不可否认,部分暴力事件曾占据国际新闻头条,并十分令人难以忘却,比如最近在曼谷以及在尼日利亚、南非、吉尔吉斯斯坦南部和中东的不同城市发生的抗议活动等。但人们仍津津乐道的却是瓦茨的种族骚乱,沙佩维尔的大屠杀,穆斯林在法国几个城市的抗议,英国的布里克斯顿和托克斯泰斯地区的抗议。

群体暴力事件有时与外来者的到来有关。例如,2008 年约翰内斯堡发生的暴力事件就起因于当地人不满大量移民涌入这个本就缺少就业岗位和住房的城市。除此之外,暴力事件也可能发生在城市中既有群体之间,宗教是常见原因,或至少是冲突爆发的"借口"。北爱尔兰新教徒和天主教徒之间的长期斗争,印度城市中穆斯林和印度教徒的斗争,伊拉克什叶派和逊尼派之间的分歧,前南斯拉夫城镇中穆斯林人口遭遇的种族灭绝以及尼日利亚北部穆斯林对基督徒的杀害,这些事件都表明了宗教是如何经常引发暴力的。不过,公共暴力事件也可能在完全不同的情况下发生。例如,在阿尔及利亚,城市暴乱是争取独立斗争中经常使用的一种策略,而这种暴乱持续被政治对抗所动员,特别是选举时期。爆发大规模抗议活动试图推翻不受欢迎的政府这种事情,尽管不那么频繁,但有时也会发生,比如 2011 年的阿拉伯之春。

然而,很少有公共暴力事件是直接由城市生活的问题引发的。大多数抗议活动是发生在城市中的骚乱,而不是城市带来的骚乱。这是卡斯特尔斯(Castells)曾经始料未及的。卡斯特尔斯认为,随着城市规模的扩大,维持城市社会将变得更加复杂。为了解决卫生、住房、服务、就业等方面的问题,政府将被迫提供或至少改善"集体生产资料"。鉴于政府有限的预算、公众不断上升的期望以及普遍的贫困,要做到这一点对国家来说是很困难的。社会的不同群体之间相互冲突的需求将增加政治压力并造成政府失控的局面。城市抗议将产生,如果加以适当利用,将导致对社会进行彻底改革的需求。[4]

其他人指出,尽管卡斯特尔斯主要关注的是伦敦、巴黎和马德里这类城市发生城市暴力的可能性,但他的预测更有可能发生在第三世界无序蔓延的贫民窟中。在 1970 年代和 1980 年代,随着"由年轻人、妇女、住宅协会、教会资助的'草根'社区和类似团体"组成的社会运动的出现,涌现出许多公众关心的问题。[5] 由巴西教会支持的以社区为基础的抗议活动、智利营地中建立的集团组织以及墨西哥各城市正在建立的跨城市的联盟表明,穷人准备挣脱他们身上的镣铐。由债务危机引起的"通货紧缩"或"国际货币基金组织"骚乱爆发于 20 世纪 80 年代,这些骚乱似乎是更加动荡的未来的另一个标志。[6] 由于对公共服务质量、面包价格和公共汽车票价上涨以及实行工资冻结的愤怒,阿尔及尔、开罗、加拉加斯、利马和里约热内卢的群众走上街头进行抗议。

尽管集体抗议的预言层出不穷,但纵观历史,无论是 1900 年以来世界各地,还是 1980 年以来的非洲、中国和印度,城市革命都鲜有发生。考虑到收入差距悬殊,穷人数量庞大,不同国籍、宗教和种族的人被聚集到一起的方式,以及如此多的政府未能充分地提供基础设施和服务,这些地区没有发生更多的冲突真是令人惊讶。

---

① See:http://whqlibdoc.who.int/publications/2009/9780199589531_eng.pdf p.14).
② F. Robinson, ed., *Cambridge Encyclopedia of India* (Cambridge:Cambridge University Press, 1989), 56.
③ S. Smith, 'The Industrial Training of Destitute Children', *Contemporary Review*, 47 (1885), 108.
④ M. Castells, *The Urban Question* (Harlow:Edward Arnold, 1977).
⑤ A. Portes, 'Latin American Urbanization during the Years of the Crisis', *Latin American Research Review*, 25 (1977), 36.
⑥ D. Seddon and J. Walton, *Free Markets and Food Riots:The Politics of Global Adjustment* (Oxford:Blackwell, 1993), 39.

我认为，要解释上述现象很简单。大多数的城市新来者，无论是来自邻近地区还是遥远的地方，都在追寻更好的生活。他们关心的是改善自己家庭的生活。他们忙于找工作、长时间劳动、建造自己的住所，通常是忙于在城市中讨生活，以至于他们几乎没有时间和精力参与集体行动。阶级意识也发展缓慢。由于大多数人在"非正规部门"工作，他们"被夹在成为小资本主义雇主或成为个人或家庭劳动供应商之间"，由此工会的力量一直很薄弱。"[1]恐惧也起了一定的作用。许多政府，尤其是实行独裁统治的国家的政府，准备使用极端暴力来镇压抗议者，为此，在街上聚会是很危险的。[2]

城市治理与政治

纵观历史，很少有城市被治理得很好。大多数城市缺少公共服务和足够的住房，政府忽视民众的需求。在19世纪，随着城市规模的增长，一些政府开始给予城市问题更多关注，例如，奥斯曼男爵对巴黎进行了重新规划，约瑟夫·巴泽尔杰特(Joseph Bazalgette)为伦敦设计了地下水道。当然，新的公共工程有时会导致既有问题复杂化甚至恶化，比如，19世纪拆除伦敦市中心的贫民窟导致穷人的居所过度拥挤。然而，在20世纪，发达国家中大多数城市的生活条件得以改善是由于市政管理更专业、更出色。(参见本书第25章和第27章)

相反，在很多贫穷的国家，有效的城市治理长期缺位很值得注意。"殖民统治的终结通常意味着有效的治理的结束。尤其是在非洲，殖民主义频繁让位于腐败的政府或者根本没有政府。由于缺乏一个负责的、有效的和诚信的政治组织，因此，没有什么东西可以担保民众能远离艰辛、贫穷和痛苦。"[3]不过，幸运的是，城市治理的质量最近得到了提升，而且在某些地方(比如中国香港、韩国和新加坡)改变了人们的生活条件。同样，在拉美，波哥大、麦德林、贝洛奥里藏特、库里蒂巴、阿雷格里港、蒙得维的亚、克雷塔罗和圣地亚哥的地方当局都可以将过去二十年改善城市环境的功劳记在自己名下。

一些政府在改善民众生活质量方面效率较低，即便如此，这些政府的大多数已经证明是非常善于维持

社会安定的。它们设法拉拢政治反对派，同时采取根本治标不治本的方法来解决城市问题以防止暴力事件发生。大多数拉美政府对土地侵占熟视无睹甚或鼓励土地侵占，以此来暗中解决住房危机。当局为遵守规矩的群体提供帮助，而忽视那些进行抗议或是在政治集会上属于少数派的群体。当安抚行动失败时，当局转而进行暴力镇压。阿根廷和智利残暴的军政府，东欧的共产党政权以及津巴布韦总统穆加贝手下的暴徒都展示了政府的镇压是如何高效地制止民众抗议(popular protest)的。简言之，由于积极和消极两方面的原因，城市转型并没有发生如预期那么多的冲突。

结语

历史上大多数城市居民生活在贫困中。他们寿命短暂而且常常生活悲惨。从19世纪中叶开始，部分政府，主要是欧洲和北美的政府，才试图改善城市中大多数人的生活。现代科技有助于减少传染病的威胁，并提供了确保城市基础设施和服务的手段，这些基础设施和服务改变了大多数人的生活。人们一度认为持续的进步似乎会让所有人过上体面的生活。实际上，人口的快速增长、腐败以及不合理的政府政策叠加在一起而让大多数人感到失望，在非洲、亚洲和拉美的城市中，还有太多人继续生活在贫困中。即使近期大多数国家的贫困率下降了，但在世界大部分地区，城市贫困人口的数量一直在增长。快速向城市移民无疑已导致了贫困的城市化。

同样清楚的是，城市的不平等一直在加剧。制造业地理分布的变化、更大规模的资本流动以及远东的经济奇迹可能已经减少了全球的不平等，但却拉大了当地的收入差距。城市化在制造贫困和不平等方面都扮演着至关重要的角色。城市化激发了更大的生产力，从而生产出减少贫困的资源，但在多数城市中，不受控制的市场进程导致大量的新财富被极少数人所掌握。投机的房地产市场创造了许多百万富翁，而这些资源本可以为大多数人，提供服务和住所。

与此同时，人们很清楚，若没有城镇和城市，世界上根本不可能养活70多亿人口，更别说提高大多数人的生活质量了。城市生活条件更好是公共暴力事件相

① A. L. Mabogunje, 'Urban Planning and the Post-colonial State in Africa: A Research Overview', *African Studies Review*, 33 (1990), 121-203, esp. 169.

② Something that Castells recognized in a later book: M. Castells, *The City and the Grassroots* (Harlow: Edward Arnold, 1983).

③ J. K. Galbraith, 'In the New Century, the Unfinished Business of the Old', *LSE Magazine* (Winter 1999), 4-5, 5.

对较少的一个重要原因。这也算是对贫苦大众的忍耐力的恭维,他们准备好忍受艰难的社会和经济状况,比如,在非正式部门勉强讨生计,亲自建设自己的家园,以及经常遭受来自当局的忽视和暴力。因此,尽管论证了城市生活更多是以社会和谐而非社会冲突为特点,但我决非暗示大多数人的生活质量是令人满意的。考虑到我们的全球财富、我们的技术能力以及我们长期在城市生活的经验,我们本应该做得好得多。

参考文献

Dollar, D., 'Globalization, Poverty, and Inequality since 1980', *The World Bank Research Observer*, 20 (2005), 145 - 175.

Firebaugh, G., *The New Geography of Global Income Inequality* (Cambridge, Mass.: Harvard University Press, 2003).

Gilbert, A., 'Inequality and Why It Matters', *Geography Compass*, 1.3 (2007), 422 - 447.

Hutton, W., *The World We're In* (London: Little Brown, 2002).

Lewis, O., 'The Culture of Poverty', *Scientific American*, 215 (1966), 19 -25.

Marcuse, P., and van Kempen, R., eds., *Globalizing Cities: A New Spatial Order?* (Oxford: Blackwell, 2000).

Massey, D. S., and Fischer, M. J., *The Geography of Inequality in the United States, 1950 - 2000* (Washington, D.C.: Brookings Institution Press, 2003).

Maylam, P., *South Africa's Racial Past: The History and Historiography of Racism, Segregation and Apartheid* (Aldershot: Ashgate, 2001).

Milanovic, B., 'The Two Faces of Globalization: Against Globalization as We Know It', *World Development*, 31 (2003), 667 - 683.

Mitchell, R., Dorling, D., and Shaw, M., *Inequalities in Life and Death: What If Britain Were More Equal?* (Bristol: The Policy Press, 2000).

Wade, R. H., 'Is Globalization Reducing Poverty and Inequality?', *World Development*, 32 (2004), 567 - 589.

任姝欢 译 冯 艺 吕和应 校

第37章 城市环境

马丁·麦乐西

700 　　城市化对环境条件的重要性建立于城市在重塑许多文明的历史角色上。此外,在与人工建筑环境的相比下,人们亦欣赏自然的美景。然而城市与农村相连接,共享边界,因此亦与自然和乡村相互动。城市是人类耕作的一种形式,正如耕作玉米地一样,也是人类优先选择必要的生活服务诸如住房、食物、水、供热、供电以及垃圾处理的重要例子。作为资源密集型地区,其结果是,城市会受到许多形式的污染。[1] 本章把城市发展和与环境相关的各种主题联系起来:健康与卫生;固体垃圾;城市建设及科技;城市生态和增长;腹地;污染;城市中的自然;社会正义。专家指出,"城市是大多数人口的现居地及大部分资源消耗和垃圾的产出地。"1800年,世界人口只有3％居住在城市;至2008年却超过了50％。城市地区的增长速度比农村地区快三倍,其中发展中国家占据最大份额。[2]

健康与卫生

　　城市有一项艰巨的任务,那就是为市民提供健康的环境。从19世纪中叶开始,尤其是欧洲和北美城市开始建设环卫基础设施,以防止流行病。卫生设施方面的努力可以在世界一些最大城市中看到,但系统性、全市范围的规划最早出现在西方国家。变化是缓慢的,可一旦疾病原因得到很好理解,这些系统也就不断取得进步。卫生服务为住宅及商业用途提供下水道、消除液体废物、收集和清除垃圾以除去废弃物。总的
701 来说,它们以"环境卫生"的名义运作。现行的公共卫生和环境理论为现有技术的选择提供资料。从19世纪末开始,卫生设施的早期技术在西方国家得到实施,关于疾病的一个非接触传染理论影响了决策。细菌学

的理论盛行于20世纪初。"二战"后的一段时间,生态学理论扩大了卫生服务的范围。

　　随着工业革命的发展,由于过度拥挤以及无数的健康问题,英国的城市卫生变得更加恶化,欧洲大陆紧随其后。英国城市率先建立服务以应对这些问题。虽然会很容易夸大所提供服务的范围和质量,但是在英国最大的工业城市、欧洲其他地方以及一些殖民地等很快就有了基本的公共工程和公共卫生机构。公共卫生科学的兴起至关重要。19世纪初英国霍乱肆虐,至20年代后期,很多人视霍乱为正常的慢性痢疾,或者别的什么地方性疾病。1842年贫困法律委员会关于英国劳动人口卫生状况的报告得出的结论是,传染病与不卫生的环境条件有关。污秽-臭气理论确定腐烂物和气味是导致健康状况不佳的主要原因,也促进了环境卫生的最显著突破。至世纪之交,细菌理论正确判定了细菌是传播传染性疾病的罪魁祸首,并彻底改变了医疗实践。

　　英国的"卫生理念"在世界范围内的影响力传播了对系统的公共卫生规划的需求。英国理论支撑了欧洲、北美以及亚洲和非洲殖民地新的供水和污水处理系统。诸如伊斯坦布尔这样的一些城市,在英国卫生革命之前就有了精心建造的供水系统,但这还不是全球意义上的典型。在世界范围内,这些系统由城市本身,或在某些情况下,由私营企业开发并管理。正当欧洲挣扎于工业革命之时,美国作为一个国家诞生了。许多旧大陆关于环境卫生方面的教训并没有立即得到运用。早期北美地区高度分散、规模较小的城镇和城市并没有面临像伦敦或巴黎那样巨大的废弃物问题。然而,乱抛乱丢的习惯已经影响到这些社区。垃圾被

---

[1]　Martin V. Melosi, 'Humans, Cities, and Nature: How Do Cities Fit in the Material World?', *Journal of Urban History*, 36 (2010), 3-21.

[2]　Raquel Pinderhughes, *Alternative Urban Futures* (Lanham: Roman & Littlefield, 2004), 10.

　　牛津世界城市史研究

随便和习惯性地扔在街道上。尽管如此，粗略的卫生法规在 17 世纪晚期已于诸如波士顿这样的较大城市社区得到推行。

到了城市快速发展时代的 1830 年，最早的卫生技术传播到了几个美国城市（及其他地方）。这些城市主要关注供水，然后是排污。费尔蒙水厂在 1801 年的费城开创了美国的现代供水系统。现代卫生服务旨在提供用于饮用和救火的供水服务，以及防止废弃物堆积于城市中心。它们本身并不能预防疾病，但在控制上发挥着作用。早期供水和污水处理系统很快从过滤和处理设备的增加中受益，这些设备通过微生物理论识别健康威胁。新的卫生观点为城市领导人对抗流行性疾病提供创新工具，其中包含了细菌学检验、接种和免疫接种。寻找解决卫生问题的愿望最终在规划个人卫生（以及个人医疗）方面获得了比卫生措施更多的信心。

20 世纪工业化国家的市政官员、工程师和规划师所面临的主要挑战，是使卫生服务能够适应越来越以都市化和郊区化为特点的城市发展，并且还能与小城镇和农村社区不断增长的服务需求相适应。发展中国家的目标，是至少应在环境卫生方面提供初步方案，尽管如此，这一目标也并不容易达到。20 世纪 40 年代，仍然有人专注于生物性污染，以便更好地了解化学废物，特别是工业污染物、烟雾和非点源污染（径流）。尤其是北美和欧洲，人们基于对陈旧的基础设施的关注，从而提出了关于早日实现供水系统、排水设备以及污水处理设施持久性的重要问题。获取充分经费以应对环境服务问题在诸多城市问题中显得尤为重要。[1]

在全球范围内，供水成为近期较为严重的问题。在过去 100 年里，世界人口增长了三倍，用水量增加了六倍。一些观察人士以与 70 年代"能源危机"大致相同的方式提出了"淡水危机"的凶兆。人口急剧增长解释了对淡水的大量需求，但这并不是故事的全部。1700 年，约 90% 的淡水提取被用于灌溉，主要是在亚洲。至 1990 年，淡水使用多达 40 倍，城市和工业使用占了 32%。因为用水量超过了所有其他大洲的总和，所以在 20 世纪末亚洲仍然是最大消费者。近年来，尽管一些富裕国家拥有稳定的淡水使用资源，但其他地区的用水需求不断扩大，这种情况被解释为水资源分布不均。到 2004 年，主要位于非洲和近东的 31 个国家都

面临用水紧张或短缺问题。17 个国家（21 亿人）缺乏用水。在中东地区，14 个国家中 9 个有缺水经历。最引人注目的是，约 10 亿人没有足够的干净饮用水。诸如开罗这样的地方，水的供应一直很充足，因为它来自尼罗河，但水管是旧的，需要维修，这就导致了许多中断。加尔各答，受到干、湿月份的制约，水的可用性和质量千差万别。在干燥的几个月份中，水源被严重污染，霍乱暴发急剧上升。而另一方面，加拉加斯（Caracas）面临着水资源短缺，同时大量污水被排放到当地河流中，还要加上工业空气污染以及垃圾服务缺乏的多重问题。[2]

水源由谁控制，水是如何使用的以及可供应的水的质量如何，这些决定了水资源是否短缺。适当的卫生条件直接关系到可用水的质量以及已有水源的保护。按照世界卫生组织的标准，"中断接触传染路径"的卫生设施被认为是足够的安全系统。对城市来说，公共污水渠或家庭坑式厕所、水冲式厕所以及化粪池的连接，通常对适当的卫生设施起着决定性作用。这些方法在农村地区可被视为是足量的，但在城市却不然。随着淡水短缺问题愈加普遍，关注点也转向了消耗水的供应速度快于补给速度的不可持续性的做法上面。当数十亿人需要获得安全饮用水以及卫生设施时，经常被忽略的一点是这样做的政治意愿。[3]

固体垃圾问题

19 世纪晚期，固体垃圾成为一个严重的公共问题。拥挤的城市生产着成堆的垃圾。煤矿遗留下矿渣山堆。猪或火鸡在大街小巷寻找残羹剩饭；马在街道上留下了成吨粪便；河流、湖泊和海洋成为大量垃圾的汇集池。美国是与城市固体垃圾生产有关的许多类别的领袖，但是问题本身是全球性的。富裕是城市垃圾数量及种类的强大独裁者。在以色列、沙特阿拉伯和阿拉伯联合酋长国城市的高收入经济体内，废弃的汽车、家具和包装都被公然丢弃。在亚洲，纸和塑料垃圾通常是东京和新加坡最多，而北京和上海就非常低（由于部分被恢复和回收）。在印度次大陆、非洲和拉丁美洲，有机和惰性物质成为所处理废品的主体。

然而，19 世纪北美的丢弃物大都是食品垃圾、木

① Martin V. Melosi, *The Sanitary City* (Baltimore: The Johns Hopkins University Press, 2000).

② Immanuel Ness, *Encyclopedia of World Cities*, vol. 1 (Armonk, NY: Sharpe Reference, 1998), 142,146,160.

③ J. R. McNeill, *Something New Under the Sun* (New York: W. W. Norton, 2000), 120 - 122. 亦可参见 Erik Swyngedouw, *Social Power and the Urbanization of Water* (Oxford: Oxford University Press, 2004), 8,60; Meena Palaniappan et al., 'Environmental Justice and Water', in Peter H. Gleick, ed., *The World's Water*, *2006 - 2007* (Washington, D. C.: Island Press, 2006), 117.

材和煤灰、垃圾以及马粪,目前废物流包含不可回收和可回收垃圾的复杂混合,以及比世界其他任何地区都要多的各种有毒物质。在诸如墨西哥城这样有着成千上万低收入人群的城市,收集、整理和倒卖在垃圾场发现的废弃物是一个主要的收入来源。目前,西欧"固体垃圾综合管理系统"处于世界领先地位,也就是使用几种处置方案选择与公共和私人团体开展合作。所有西欧国家政府被要求围绕综合模型来设计系统,这个综合模型以预防浪费为核心。在许多国家,以立法来提高固体垃圾管理是不够的,私营部门的项目越来越多地与各级政府竞争开展垃圾服务。

垃圾收集是一项艰巨任务。诸如加德满都(Kathmandu)这样的一些城市还没有正规的垃圾收集服务。在墨西哥城,国民政府控制着收集和处理安排,不允许私人承包经营。虽然棚户区很少能获得充分的收集服务,但是整个拉丁美洲大城市内的回收范围还是相当不错的,如布宜诺斯艾利斯(Buenos Aires)、圣保罗(SaÕ Paolo)、里约热内卢(Rio de Janeiro)、加拉加斯(Caracas)、圣地亚哥(Santiago)以及哈瓦那(Havana)。20世纪60年代,收集操作私有化在美国开始流行,在拉丁美洲的几个大城市里也很流行。

西欧和北欧的城市收集是频繁和高度机械化的;而东欧,那里很多住房是多户式公寓,服务质量也因此参差不齐。在欧洲以及一些工业化程度较高的亚洲城市,诸如澳大利亚、新西兰、中国香港、日本和新加坡等,它们都已经拥有需要投资大量资本的机械化垃圾收集。在发展中国家,一些大城市以外区域的大多数收集都是由手工作业完成的。世界最贫穷地区的收集率没有超过50%,而且可能还没有延伸到弱势区域。在东亚和太平洋地区,女性往往在家中处理垃圾、支付收集服务、分类可回收物,并卖给私营废物收集者。在南亚和西亚,社会动荡和内乱对市政服务有着周期性影响。在非洲,大部分地区是由人力、畜力和机动车辆的组合进行收集。

现代卫生填埋场在英国开始于20世纪20年代,在美国是20世纪30年代。北部和南/东部的欧洲城市在堆填区利用上存在明显分歧。在欧洲北部填埋的做法与美国类似,近一半的垃圾找到了它的存在方式。而在希腊、西班牙、匈牙利和波兰城市,几乎所有收集起来的垃圾都被埋到地下。垃圾填埋一直是东亚和太平洋地区最便宜也是最典型的处理方法。在发展中国

家,垃圾多为露天倾倒,而非卫生填埋。拾荒者,甚至包括那些政府雇用的清洁员工,都在露天的垃圾堆放场里翻找可再次利用或出售的材料。海洋倾倒仍常见于某些地区,尽管这种做法一般都会被禁止或限制。使用垃圾填埋场或控制倾倒在拉丁美洲和加勒比地区呈现上升趋势,特别是在大城市。在墨西哥有近100个控制处理站,但只有约10%可被认为是卫生填埋。拾荒者也常见于拉丁美洲,虽然曾尝试阻止他们进入垃圾场,但这种努力通常都会失败。

在可用作卫生填埋的替代方法中,焚烧已具备了最强优势。然而尽管它大大减少了垃圾体积,但是空气污染的成本和持续问题使它在竞争上变成弱势。在非洲和拉丁美洲,燃烧和垃圾能源转换的成本太高。在亚洲,只有那些工业化高度发达国家的城市才利用现代焚烧炉技术。日本就是这一技术领先的国家,东京有13个焚烧炉。发展中国家在进口焚烧炉不足方面出现了问题。从英格兰的早期成功以来,欧洲关于焚烧的承诺喜忧参半。酸性气体、重金属、二恶英(dioxin)和汞的排放引起了密切关注,致使欧盟强制实施严格的排放标准。

仅在过去的几年里,回收已经成为填埋和焚烧的替代处理策略。回收利用作为独立地处理污染的一种方法,兴起于20世纪80年代的美国,其曾被视为减少污染源的基本方法,同时也是对抗过度消耗的一种方式。1988年,约1000个美国社区有路边收集;至2000年超过了7000个。1983年安大略省起草了第一份路边计划,到了1987年加拿大至少有41个社区有这样的计划。德国和丹麦都有积极的回收政策。丹麦回收约占废弃物的65%。世界其他地区的再循环和回收更加不均衡。整个拉丁美洲和加勒比地区的物资回收是非常广泛的,因为所有大城市、大多数中等规模的社区都有回收计划。东亚和太平洋地区城市实施了正式和非正式的源分离。最大程度上减少垃圾出现在澳大利亚、新西兰、日本、韩国这些蓬勃发展的城市地区。中国和越南的城市和国家部委也主办了一些垃圾回收项目和回收工作。在南亚、西亚和非洲,拾荒者、采购商、贸易商以及回收者之间有着非正式网络。在许多发展中国家,物资回收采取了不同形式——在低收入或失业人群领域以及资源匮乏地区通常是必需品。在工业发达地区,物资回收则是减轻经济增长中的浪费和降低环境成本的一种尝试。[①]

704

705

---

① Martin V. Melosi, 'Waste Management', in Lei Shen et al., eds., *Natural Resources and Sus-tainability*, vol. 4, *Berkshire Encyclopedia of Sustainability* (Gt Barrington, Mass.: Berkshire Publishing, 2011), 2777 – 2779, 2785.

城市建设及科技

现代城市属于网络化城市。了解它们物质演化的最佳途径是关注城市科技。城市科技体现在方方面面，包括从网络系统到道路、排水渠及污水处理等基础设施，从电线、电报和电话到供水、公共交通、供热、供电等城市服务等各个领域。现代网络化城市直到19世纪中期至后期才出现，且发展极为不均衡。19世纪后期，继法国轰轰烈烈的动力系统建设之后，欧洲和北美城市也相继兴起建设浪潮。1852至1869年期间，法国在城市中共建造了71英里的新道路、400多英里的路面以及260英里的下水道。[①] 在此期间的科技创新，诸如电车、汽车、电力和电话等，都有助于核心城市转变为大都市。对于每一个技术体系，基本组件不仅仅是物质上的，而且还包括行政实体，如公共事业公司、牵引公司和地方政府；专业技术、金融机构以及享用服务的消费者。

城市科技的启用不是自动、偶然或者无意识的，而是源于有目的的努力以应对他们成长过程中所面临的环境问题。主要工业城市在开始之际，使用新技术的决定源于"努力克服随着大都市的发展而变得愈加明显的旧城区的局限和缺陷"。[②] 决策者通过科技选择来改变城市功能，如通过全市范围内的垃圾运输系统来转移家庭和企业的污水，而不是通过私人厕所和污水池。基础设施、技术体系以及各种卫生服务表明公共财产需要市政府、地区和国家对公共支出的承诺。各个地方的传统都不同。在法国巴黎，两家公司控制供水：成立于1852年的通用水务公司（Générale des Eaux），和成立于1880年的里安水务集团（Lyonnaise des Eaux）。在法国两家都推出私人送水的传统，这得益于政府多年的保护主义。在某些情况下，城市服务的提供"随着科技和市场的变化而在公共和私营部门之间来回转换。"[③]

城市决策非常复杂。政治权力比我们想象的要更加分散，而且没有一支队伍是在真空中操作的——市政府官员、规划师、工程师。土木工程师是技术和科学知识到达市政厅的关键渠道。虽然工程师们不承认，但是他们往往决定着基础设施兴建的选择。工程师是主流环境思想的接受者和传播者，这些观点有助于系统形成，同时他们也都容易受当时流行科技的发展或现成的解决方案的影响。从短期来看，技术的实施要经常面对市领导对改善他们所管辖城市声誉的期望，尤其是对商界良好的健康经济的渴望。从长远来看，他们更强调工程设计，而不是着眼于眼前目标的仔细规划，也不是关注系统的弹性或它们适应增长的能力。永久承诺限定于特定技术。系统太好或太差都可能出现问题。在前一种情况下，现有系统可能显示为难以改变；在后一种情况下，可能需要及早更换或维修。因此，19世纪有关很多科技系统的决策对100多年后的城市都产生了深远影响。

另一个关键问题是服务的覆盖范围。直到19世纪末，欧洲基础设施系统才在城市的有限领域内得到建设。大约在1880年之后，它们才大概遍布整个市区。新的城市结构和空间"被视为它们所对应的社会、经济和技术条件是永久性的，因此它们可以被固定成永久形式"。[④] 在一些区域内未建立任何基础设施，极大伤害了下层阶级和那些商业中心之外的地区。

现代网络化城市经常通过它们经济角色的重大变化来进行识别。匹兹堡或克利夫兰等工业城市是19世纪美国经济革命的外在表达。英国曼彻斯特（Manchester）可以说是第一个真正意义上的工业城市，作为纺织中心，它新兴于18世纪后期，但其影响力却未能与新技术网络的改变保持一致，如供水系统和电力，直到19世纪才得到更深层次的改变。开发晚于曼彻斯特的美国工业城市是工厂的吸引地、农村移民和国外移民的天堂。它们是各种商品和原料急需消费者的配送中心，是"大的、不规则蔓延的、挤满新人的、充满机遇和风险的。"[⑤]

不像早期的曼彻斯特，其他新兴工业城市一般情况下不仅是经济革命的实在表现，也是相辅相成的技

① Peter Hall, *Cities in Civilization* (New York: Pantheon Books, 1998), 706.

② Jon Peterson, 'Environment and Technology in the Great City Era of American History', *Journal of Urban History*, 8 (1982), 344.

③ Alan D. Anderson, *The Origin and Resolution of the Urban Crisis* (Baltimore: The Johns Hopkins University Press, 1977), 2. 亦可参见 Martin V. Melosi, *Precious Commodity* (Pitts-burgh: University of Pittsburgh Press, 2011), 192–193.

④ Josef Konvitz, *The Urban Millennium* (Carbondale, Ill.: Southern Illinois University Press, 1985), 156; 亦可参见 157–158, 164–166.

⑤ Raymond A. Mohl, *The New City* (Arlington Heights, Ill.: Harlan Davidson, 1985), 2. 亦可参见 Joel A. Tarr and Gabriel Dupuy, eds., *Technology and the Rise of the Networked City in Europe and America* (Philadelphia: Temple University Press, 1988); Hall, *Cities in Civilization*, 310–347.

术革命转变物质环境的空间表现。在欧洲和北美以外的其他地区,经济转型和网络技术的结合一般都要晚一些,但结果却很类似。在中国,从农业向以城市为基础的工业化的转变直到 1950 年代毛泽东革命时期才出现。日本的工业城市化是 20 世纪初城市的主要现象,诸如东京。同一时期的俄罗斯(后来的苏联)展现出了发展中国家的全貌,可是几乎没有可以与日本匹敌的城市化,城市化和工业化的规模都落后于发达国家。在包括非洲和拉丁美洲在内的第三世界一些地方,"过度城市化"是有可能的,也就是说,城市规模快速增长,但在就业、住房以及现代技术网络方面却很落后。①

具有讽刺意味的是,正当工业化保持了多年的本地化和地区化的同时,新的科技创新被很快扩散出去。这表明,虽然城市没有统一从工业化的直接经济影响中获益,但是在这个新技术生成的时代,它们实现了自身现代化。建筑技术及相关基础设施的发展经历了非同寻常的变化,摩天大楼点缀天际,新铺的街道从大城市中央商务区向外辐射。电力的投资和安装引起了交通、通讯以及取暖和照明方面的重大变化。电动有轨电车取代了马匹;电报和电话线纵横交错于天际;弧光灯和白炽灯泡挑战煤气照明;中心站削减了家庭和工业对木材和煤炭的使用。对更多更好住房的需求导致了现有建筑和当前土地使用的转变。铺设自来水管或延长下水道改善了社区的卫生或者创建了新社区。在美国模式中,前工业时代密集的"步行城市"(walking cities)被逐渐上升的、郊区化的以机械为中心的城市所替代。然而,工业城市是进步的悖论,它们"作为工作的地方似乎与自身的居住角色不兼容"。随着污染问题的加剧,事实证明尤其如此。②

城市生态、增长和腹地

空间转变意味着活力或退化,以多种形式表现出来,包括大都市化和向外扩展。增长的驱动力有助于理解城市定义。城市与其乡村地区、腹地和其他城市

之间的互动对最广泛意义上理解城市环境是必不可少的。近年来,研究人员试图确定城市的"生态足迹",并估算强加于它们的人口"负担"。这引起了对一个特定生态系统"承载能力"的确定,或者说是一个栖息地可以在不损害其生产力的情况下所能供养的最大人口数。这是可持续发展的基石。③

尽管把城市比喻为人体的这一概念不具有说服力,但是学者们利用"城市、有生命的"的理念作为理解城市发展和规划城市生态的工具。城市不是人类活动的静态背景,也不是有机的隐喻,而是不断变异的系统。城市也是物质环境的重要调节剂。城市化去除了土壤的大部分渗透能力,使渠道积水迅速流入河道,生成径流和洪水。城市建设通过广泛的非渗透性表面影响大气,增加空气中的污染物,生成"热岛",使其温度高于周边地区。各种城市活动生成大量垃圾,需要复杂的处理机制。而另一方面,城市有着比高度分散的群体更为有效利用资源的能力。其集中表现在提供服务、社会和文化的机会上面,以及生产和销售货物方面的优势。但在历史上人口集中经常意味着严重拥挤,至少在城市的低收入区域。中国香港是高人口密度和高工业化的一个极端例子。殖民地时代一度被称为"香港"(fragrant harbour)的港口实际上是贫民窟(slum),帆船上居住着成千上万的城市贫困人口,垃圾遍布。直到 20 世纪 90 年代后期香港才建立污水处理设施。即使是墨西哥城也没有像其他许多大城市一样毁于无序扩张。它的人口密度高,绿化面积非常少,而且供水大都被污染。更糟的是,近 45% 的墨西哥交通工具(71% 的汽车)集中在墨西哥城以内。④

在许多方面,城市成为诸如"自然灾害"的目标要相对容易,比如突发或意外的天气或地质灾害等都有可能袭击城市。洪水、飓风、龙卷风、地震、火灾和旱灾受自然界刺激,但往往因为"反自然"行为而表现的更为严重,这些灾害使城市处于危险境地。因此,有些人偏爱"环境灾害"这一术语。特德·斯坦伯格(Ted Steinberg)认为,在面对各种灾害或灾难而指责"天灾"时,我们往往规避责任,淡化人类加剧脆弱性的作

① Anthony M. Orum and Xiangming Chen, *The World of Cities* (Malden, Mass.: Blackwell Pub., 2001), 100-101; Ivan Light, *Cities in World Perspective* (New York: Macmillan Pub. Co., 1983), 127-147,155-176.

② Harold L. Platt, *Shock Cities* (Chicago: University of Chicago Press, 2005), 11.

③ William Rees, 'Understanding Urban Ecosystems: An Ecological Economics Perspective', in Alan R. Berkowitz, et al., eds., *Understanding Urban Ecosystems* (New York: Springer, 1999), 124-125.

④ Thomas R. Detwyler and Melvin G. Marcus, eds., *Urbanization and Environment* (Belmont, Calif.: Duxbury Press, 1972); John J. Macionis and Vincent N. Parillo, *Cities and Urban Life* (Upper Saddle River, N. J.: Pearson, 2004,3rd edn.), 395; Peter M. Ward, *Mexico City* (New York: Wiley, 1998;2nd edn.), 141,145-149,227-230.

用——包括我们城市建设的类型和位置。① 墨西哥城建在湖边、新奥尔良在三角洲、威尼斯在海面上、迈阿密(Miami)在一个毫无遮蔽的半岛上,这都加剧了风险。尤为众所周知的是东京,它所面临着的严重问题与地震有关。东京一直在努力克服一连串的环境问题,从获取淡水到防止空气污染。最近发生的一个很好案例证明,东京很容易受到能源短缺的影响,2011年3月,日本北部福岛第一核电站被地震和海啸淹没,严重削减了东京的电力供应。地震也一直是城市地区最一致的"自然"问题,如日本第三大城市的大阪。2005年,据称430起环境灾害使约90000人遇难,其中多数发生在低收入国家。许多情况下,灾害影响着发展中国家城市中最贫困的居民,并发挥着使他们持续贫困并减损平等获取服务和就业机会的明显作用。②

增长驱动力本身是支撑城市环境发生根本性变化的基础。约翰·麦克尼尔(John McNeill)指出:"20世纪的城市化影响了几乎所有的人类事务,并构成了与过去几个世纪的明显差异。人类在环境改造上,任何地方都没有城市的多,但是它们的影响却远远超出其周围。"③还没有简单的方法来确定现代化大都市何时开始在全球范围内代表城市化。但是,现代城市发展最引人注目的是它的区域化。极端案例是大型城市合并成大型区域。④

正如我们将要在下面第41和42章所要看到的,都市发展和郊区化是城市发展的形式,在世界许多地区它们源于商业和工业城市,或与这些城市并行。尽管有着广阔领土和多中心的现代化都市可能与19世纪后期的工业城市不同,但是它们都严重依赖于几个关键科技系统中促进变革的动力,包括汽车、兼并、城市帝国主义和扩张。郊区化不仅仅是美国现象。东京、首尔、莫斯科、悉尼和其他地方都经验丰富地向外扩张,尽管因为随之而来的环境因素而采取与美国略有不同的方法。例如,圣何塞(San José)、哥斯达黎加(Costa Rica)拥有全国最重要的工业、商业和住宅物业,包括14个县,作为近郊住宅区,但与工作地点、购物、医疗和教育设施持一定距离。⑤

同样地,供水和污水处理系统、有轨电车、中心站的电源和电话/电报促进了城市凝聚力和城市发展,无论是新建的科技项目,还是科技系统的维修,都会拉动城市地区的集中和地域扩张,尤其是供水/污水处理系统及相关环境服务、汽车和飞机、远程供电和现代通讯等。扩张不仅在美国西部表现为以向外的城市推力为特征,在世界各地也是如此。正如首尔在主办1988年奥运会的准备期间,就伴随着旧城改造、新城建设、高速公路和地铁建设的快速发展。人口数量增长到1100万,汽车拥有量持续上升(至1990年道路上的汽车超过了100万辆),扩张变得无法控制,超出了指定的绿化区和新卫星城市。正如一位观察员指出,"[T]他的巨型都城城市呈现出了所有城市弊病的症状:人满为患、交通拥堵、空气污染、市区老化以及环境退化。"⑥与美国的情况一样,向外拓展往往也伴随着市中心的恶化。然而,在世界许多其他地方,市中心仍然是至关重要的,而城市边缘则经历了衰退和恶化。墨西哥城就是典型案例,尽管其核心区深受烟尘超标等空气问题困扰,且沉降问题容易引发洪灾。⑦

没有任何一种科技像汽车一样对城市的发展和变化产生如此深刻的影响。几乎像犁破平原,汽车改造了城市。"汽车重塑了国家景观,使其几乎无法从上个世纪未铺设柏油路的面貌中进行识别。"⑧机动车辆对城市的改造是20世纪的一个现象,在这之前构建了运输技术的影响,并留下独特的物质印记。有人认为这种现象是积极的:私有公交技术的出现允许在更大的范围内定居,并提供几乎在任何时间地点"工作、购物、享受休闲"的灵活度。对另一些人来说,穿城而过的汽车破坏了城市的物质完整性,造成无休止的扩张,并牺牲多数人的代价以强调个人选择从而破坏社

① Ted Steinberg, *Acts of God* (New York: Oxford Press, 2000).

② Lisa Benton-Short and John Rennie Short, *Cities and Nature* (London: Routledge, 2008), 125.

③ McNeill, *Something New Under the Sun*, 281 – 282.

④ John Vidal, 'UN Report: World's Biggest Cities Merging into "Mega-regions"', 22 March 2010, www. guardian. co. uk/world/2010/mar/22/un-cities-mega-regions; Benton-Short and Short, *Cities and Nature*, 71 – 75.

⑤ Light, *Cities in World Perspective*, 231 – 237, 233 – 234, 238 – 240; Stanley D. Brunn, et al., eds., *Cities of the World* (New York: Rowman & Littlefield, 2008), 128; Matthew J. Lindstrom and Hugh Bartling, eds., *Suburban Sprawl* (Lanham: Rowman & Littlefield Pub., 2003).

⑥ Joochul Kim and Sang-Chuel Choe, *Seoul: The Making of a Metropolis* (New York: Wiley, 1997), 12, 71, 87 – 94, 229.

⑦ Joachim Radkau, *Nature and Power* (Cambridge: Cambridge University Press, 2008), 255; Benton-Short and Short, *Cities and Nature*, 164 – 165.

⑧ Steve Nadis and James J. MacKenzie, *Car Trouble* (Boston: Beacon Press, 1993), 12.

会意识。① 在世界各地，汽车依赖已经成为一个现实问题。即使是澳大利亚城市如墨尔本和悉尼，从20世纪70年代开始制造业下降，郊区增长速度放缓，但是汽车继续统治着道路。在北京，含铅汽油正被逐渐淘汰，这里交通堵塞严重，空气污染程度大于洛杉矶和东京的总和（参见本书第41章）。尽管自行车仍然是运输和改善公共交通的最佳方式，但是汽车无孔不入。在布宜诺斯艾利斯（Buenos Aires），公共汽车、电车、火车和地铁已经成为城市公共交通的主要形式，但是因为政府政策的支持，20世纪90年代后期私家车使用量猛增。在加拉加斯，石油繁荣刺激了公路和汽车行业上的大量投资，反过来又促使汽车的使用。在约翰内斯堡（Johannesburg），汽车所有权的区别显然是按照种族来划分的。尽管如此，美国和西欧领先于汽车的生产和使用，随后是东亚。据2008年研究预测，至2010年马路上将有10亿辆汽车。而1995年只有7.77亿辆。②

乐观主义者和悲观主义者都认为汽车是很难在城市自身发展中保持中立的。早在汽车出现之前，城市中就出现了各种拥堵，当然，不可否认的是，汽车也对城市的创造或改造产生了独特而深刻的影响。首尔就是一个典型案例，曾经由于汽车拥有量飙升，首尔市内极其拥堵。而如波哥大这样的城市，90％的居民都在使用公共交通，公共交通是出行的主要方式，但即便如此也未能缓解交通堵塞。台北亦是如此，尽管综合性公共交通系统正在发展。在拉各斯，拥堵问题与石油行业的兴衰息息相关，顺境时期汽油价格下降，不景气时期公路建设终止，状况因而变得更加复杂。交通拥堵和随之而来的空气污染只是从开罗到利马的生活方式的一部分。③ 很难想象世界上许多大城市如果没有汽车，如何能够成为工作和居住的中心，又如何能够把大片土地变成房地产。由街道和道路连接起来的，并且汽车可以到达的空置土地，通常都能获取价值并被商业化，使国家、土地拥有者、银行、房地产经纪人、承包商和一系列的消费者从中获益。④

污染

工业化、拥挤的城市、建筑经济、集中结构及资源利用，不仅造就了城市发展，同时也制造了更严重的水、空气、土地和噪音污染。基础设施及其相关服务方面的改修尽管大都是有意识的，但是产生的结果通常又是无意识的——在某些情况下造成或加剧污染和健康威胁。例如，全市范围内的下水道系统缓解了城内许多卫生问题，但是它们通常把垃圾重新传送到附近的河流、湖泊和海湾。如芝加哥、匹兹堡、汉堡、波森、斯德哥尔摩、圣彼得堡和蒙特利尔这些城市都遭遇过19世纪的水源性疾病，这些疾病只能从他们的城市中心移除，而不能根除。河流和小溪成了第一个下水道。这样的问题一直持续到20世纪的城市诸如天津、雅加达、加尔各答和孟买。⑤ 因为没有清洁的解决方案来处理水质污染，在人口密集的老城市，卫生只能被描述成为一个永久性危机，尤其是对早期现代化工业城市来说，水污染在环境问题中似乎总是"名列榜首"。约阿希姆·拉德卡（Joachim Radkau）的这一论点极具说服力。一个例外是1923年后开发城外污染处理领域的开罗，尽管从长远看很难跟上供水和污水问题的演化。⑥

城市环境污染不是简单的过去问题。持续的人口增长、激烈的工业活动以及不明智的土地利用方式都会促使城市环境恶化。自20世纪70年代末以来，珠

① Mark S. Foster, *From Streetcar to Superhighway* (Philadelphia: Temple University Press, 1981), 61; John C. Bollens and Henry J. Schmandt, *The Metropolis* (New York: Harper and Row, 1970), 167.

② Patrick Troy, ed., *Australian Cities* (Cambridge: Cambridge University Press, 1995), 37-38, 235-236, 277; Anthony N. Penna, *The Human Footprint* (Chichester: Wiley-Blackwell, 2010), 239-240, 265, 268-269; Ness, *Encyclopedia of World Cities*, vol. 1, 74, 135-136, 160; McNeill, *Something New Under the Sun*, 60; Bob Holland, '1 Billion Cars Worldwide Predicted by 2010', 17 January 2008, http://blogs.insideline.com/straightline/2008/01/1-billion-cars-worldwide-predicted-by-2010.html.

③ John Rose, ed., *Wheels of Progress?* (London: Gordon and Breach Science Publishers, 1973), 4-6; Mark S. Foster, 'The Role of the Automobile in Shaping a Unique City: Another Look', in Martin Wachs and Margaret Crawford, eds., *The Car and the City* (Ann Arbor, Mich.: University of Michigan Press, 1992), 186; Fu-Chen Lo and Peter J. Marcotullio, eds., *Globalization and the Sustainability of Cities in the Asia Pacific Region* (Tokyo: United Nations University Press, 2001), 158; Ness, *Encyclopedia of World Cities*, vol. 1, 107, 141, 335, 356; v. 2, 622.

④ Peter J. Ling, *America and the Automobile* (Manchester: Manchester University Press, 1990), 170; Marcel Pouliot, 'Transport and Economic Development', www.geog.umon-treal.ca/geotrans/eng/ch8en/ch8c1en.html.

⑤ Joel Tarr, 'Water Pollution', in Shepard Krech III, et al., eds., *Encyclopedia of World Environmental History*, vol. 3 (New York: Routledge, 2004), 1305-1310; Pinderhughes, *Alternative Urban Futures*, 19-20, 24-26, 33-34.

⑥ Radkau, *Nature and Power*, 143-144, 242.

江三角洲是中国发展最快的地区之一,它的环境恶化来自于大、小型城市,包括下游城市广州。曼谷依然存在空气和水的质量问题,因为许多工厂和拥挤的街道都充斥着汽车。雅加达面临着由工业化带来的许多同样问题。虽然雅加达降雨充沛,但是因为缺乏废水处理系统,水井遭到污染。然而,规划更好的新加坡,在维持良好的自然环境上似乎已经获得了出乎意料的成功,这在一定程度上源于它的小而易于管理的规模。但是,有限的集水区使获得充足的供水成为一种持续的挑战。[1]

工业化加剧了能源使用对环境的影响。电力削减了人们对木材和煤炭的依赖,却增加了集中式发电厂污染燃料的使用量。从以木材为基础的经济向依赖化石燃料的过渡导致了严重的空气、水和土壤的污染。新兴经济秩序也导致了工厂和工人在城市地区的集中,这加剧了化石燃料所造成的问题。虽然大多数环境风险的起源和影响在前些年都是自发的,但是他们通过工业化直接或间接地不断涉及每一个部门。来自酸雨、全球变暖和危险有毒物质的威胁始于这一时期。与此同时,寻找工业污染物补救措施的首次重大努力可追溯到 19 世纪和 20 世纪初。[2] 地面上、铁轨里的电线,对人类和动物都构成了危险。弗兰克·陆格塔尔(Frank Uekoetter)曾说,"烟雾是 19 世纪末 20 世纪初最严重的空气污染问题。"[3]然而,在城市发展过程中,空气污染历史悠久。远古时代空气污染源于森林火灾和火山爆发,而近代的空气污染主要源于化石燃料和有毒物质。例如,1950 年墨西哥波萨里卡(Poza Rica)发生硫化氢气体泄露所造成的严重后果;1984 年印度博帕尔(Bhopal)的甲基异氰酸酯;1986 年乌克兰切尔诺贝利(Chernobyl)的放射性气体。一些城市因为空气污染而忍受着"自然劣势",例如洛杉矶、墨西哥城和圣地亚哥就是如此,因为它们人口众多、大量燃烧化石燃料、逆温以及空气被附近山脉所阻。[4] 在严重污染问题上,特大城市似乎受到首要关注,但问题无处不在:污染最严重的地区之一是小城市,如多米尼加共和国的海纳(Haina);秘鲁的拉欧罗亚(La Oroya);印

度的拉尼彼特(Ranipet);赞比亚的卡布韦(Kabwe)。俄罗斯有三个城市列入前十而处于领先地位:诺里尔斯克(Norlisk)、切尔诺贝利(Chernobyl)和捷尔任斯克(Dzerzinsk)。[5]

以汽车为中心的交通系统所带来的环境影响几乎对世界上每一个城市来说都是一个诅咒。从生产过程到废旧汽车丢弃场,所有机动车辆都在消耗资源;污染空气、土地和水;以及转变空间。近代空气污染主要源于汽车尾气,与生产排放物相比,二者产生的问题各不相同。尤其是二战后道路上成千上万辆汽车的增加加速了空气污染的扩散、增加了更多更新的污染物,威胁了许多大城市。诸如洛杉矶、休斯敦(Houston)和开罗这样的一些城市,充沛的阳光是产生光化雾的主要因素,而大量使用碳基燃料加剧了臭氧产量。在伦敦,潮湿的空气在雾中嵌入污染物。在世界上一些地区,无数的老款型汽车没有足够的污染控制设备,燃烧污染的或含铅汽油,并几乎从不维修。[6]

运用科技来解决城市问题陷入了深刻矛盾。一方面,电动有轨电车或电报推动了建筑用地密度以及城市中心人口和经济活动的聚集。另一方面,同样是这些科技又促进了住宅和商业向郊区扩散。因此,这些科技是凝聚和扩散的驱动力,这可能使得人满为患的问题变得更糟,或者造成会导致土地使用退化的扩张。科技变革也在挑战都市居民应对新污染源的能力。马转换为汽车减少了粪便、尿液和街道上的动物尸体,却使空气中多了烟雾和臭氧。机械发动机、木轮和警报器的噪音被转动电机、新的警报器和音箱替换。乔尔·塔尔曾经指出,正如我们创造新技术一样,我们不得不寻找新的接收器来处理我们的废物产品,同时也制造了新的问题。此说法极具说服力。[7]

城市中的自然

建筑环境与自然世界之间的对比不会像它可能显现出来的那么明显。城市代谢展现的是一个重要而活

① Lo and Yeung, *Emerging World Cities in Pacific Asia*, 259 - 260, 321 - 322, 400 - 401, 406 - 408, 439; Lo and Marcotullio, *Globalization and the Sustainability of Cities in the Asia Pacific Region*, 244, 349 - 350.

② Martin V. Melosi, 'The Neglected Challenge: Energy, Economic Growth and Environmental Protection in the Industrial History of the U. S. ', in John Byrne and Daniel Rich, eds., *Energy and Environment* (New Brunswick, N. J.: Transaction Press, 1992), pp. 49 - 51.

③ Frank Uekoetter, *The Age of Smoke* (Pittsburgh: University of Pittsburgh Press, 2009), 1.

④ David Stradling, 'Air Pollution', in Krech III, et al., *Encyclopedia of World Environmental History*, vol. 1, 37 - 39.

⑤ Benton-Short and Short, *Cities and Nature*, 76 - 77.

⑥ Stradling, 'Air Pollution', 38 - 40. See also Martin V. Melosi, 'The Automobile and the Environment in American History', *Automobile in American Life and Culture* (2005), www. autolife. umd. umich. edu.

⑦ Joel A. Tarr, *Searching for the Ultimate Sink* (Akron: University of Akron Press, 1996).

跃的城市环境,而不是不变的东西。自然与城市并存,时而共存、时而竞争。动植物栖息在城市中的复杂性是令人震惊的。通过构建公园、绿地以及公园式坟场"把大自然带到城市"的努力也是显著的。在其最初形式中,城市生态学直接讨论的是城市中非人工化自然的理念或城市环境中植物、动物和人相互间的作用。在此背景下,规划学教授威廉·里斯曾说过,城市是"一个非人类生物的非自然栖息地"。"对许多生态学家来说,"他补充说,"'城市生态系统'包括城市中非人类物种的组合,探究的目的是确定这些物种是如何适应建筑环境中的结构以及变化莫测的化学特性。"[1]这是对城市生态的一孔之见,但它引入了人与其他生物共享城市空间的想法。

城市是生物群落。地理学家丽莎本顿-肖特(Lisa Benton-Short)以及约翰里尼·肖特(John Rennie Short)认为,"我们可以开始考虑把城市生态系统看作是一个独特的生态类型,而不仅仅是与原始站点相比显得很不适宜的干扰站点。"[2]虽然城市发展首先加快了当地的物种灭绝率和本土物种的丧失,但是丰富的非本地物种替代了本地物种。总体而言,因为大多数城市包括各种栖息地,因此动植物的范围是很大的。有些物种的适应能力一直很强,像欧洲城市的狐狸和美国的土狼。老鼠、蟑螂似乎无处不在。有时候,外来的/入侵物种被人为引入或无意间进入城市。从欧洲带来的鸽子、家麻雀和八哥建立了野生种群,这在其他繁荣城市被证实是非常成功的。城市植物可以是野生、栽培或者入侵,并改变城市环境。城市植被可以是大规模的,如城市绿地——公园、草坪、空地——或以城市内部森林区的形式存在。在森林茂密的地区,树冠覆盖城市可能超过了30%,但在其他方面却大幅减少。不幸的是,世界一些地区的城市森林砍伐过程加剧了全球变暖。[3]

生物学家、景观建筑师和城市规划师在都在发挥作用以保护,甚至操纵城市中的动植物以达到各种目标。在中国哈尔滨,一项研究比较了28种树木的不同容量以控制粉尘产量。研究人员根据结论确定城市中应该种植哪些树木来应对这个问题。[4] 在西方,园林建筑作为一门独特学科始于欧洲,并在成为一份更为专业的工作之前,纳入了园艺家、测量师、园丁和工程师。在19世纪50年代,卡尔弗特·沃克斯(Calvert Vaux)和弗雷德里克·劳·奥姆斯特德(Frederick Law Olmsted)接受委托在纽约兴建中央公园之后被授予了"景观设计师"的称号。中央公园在推动美国19世纪中叶公园运动上有着重要地位。城市公园最早追溯到古罗马,巴比伦的空中花园以及世界各地的许多地方。各种形式的绿地如城市公园、墓地、树木园、植物园、私家花园、高尔夫球场、游乐场以及草坪等,在将城市与自然结合的过程中起到了不可磨灭的作用。[5]

近年来,"绿色城市主义"的倡导者们提倡,城市应该是"环保的和环境可恢复的"。他们支持城市建筑"与自然和谐相处",这可以通过添加以绿色和生态功能为中心的设计元素到城市建设中来实现。绿色城市主义通常有以下几个称呼:生态城市、绿色城市、可持续发展城市和可持续发展社区等,它们都担负着重新审视世界城市的作用。[6] 运动诉求还没能与广泛的结果相匹配,但对话仍在继续,另一个层面上,城市把推动"绿色"和可持续发展作为推销自己的一个方法。

社会正义

了解城市环境的一种方法是考虑争取与城市发展并进的社会正义。环境改造的早期努力(烟雾减排、垃圾改革)演变成了对"环境公正"的呼吁,以确保没有一个基于种族、阶级、性别的团体遭受来自污染或其他环境威胁的不成比例的风险。这一情况是19和20世纪期间发生在城市中物理变化的一个必然结果。[7] 在美国历史上可以发现很好的例子。不同于美国环保运动中的同行,城市环境改革者没有共享对城市生活的怀

① Rees, 'Understanding Urban Ecosystems', 115 – 116.

② Benton-Short and Short, Cities and Nature, 148.

③ Ibid., 149; Lowell W. Adams, Urban Wildlife Habitats (Minneapolis: University of Minnesota Press, 1994); David J. Nowak, et al., 'Measuring and Analyzing Urban Tree Cover', Landscape and Urban Planning 36 (1996), 49 – 57; Ellen Hagerman, 'Urban Forestry', in Robert Paehlke, ed., Conservation and Environmentalism (New York: Garland Pub., 1995), 661.

④ Benton-Short and Short, Cities and Nature, 150.

⑤ Galen Cranz, The Politics of Park Design (Cambridge, Mass.: MIT Press, 1982). 亦可参见 Peter Clark, ed., The European City and Green Space 1850 – 2000 (Aldershot: Ashgate, 2006), and Peter Clark, Marjanna Niemi, and Jari Niemela, eds., Sport, Recreation and Green Space in the European City (Helsinki: Finnish Literature Society, 2009)。

⑥ Timothy Beatley, Green Urbanism (Washington, D.C.: Island Press, 2000).

⑦ Martin V. Melosi, 'Environmental Justice, Political Agenda Setting, and the Myths of History', Journal of Policy History, 12 (2000), 43 – 71.

疑,相反,他们相信城市是值得保存的。两者都非常独特,却又并非完全独立,团体促进了早些年的城市环境保护——一个团体组合了经常在官僚机构内工作的技术和卫生专业人员,而另一个团体由市民构成,他们通过有组织的抗议、请愿和公众教育计划把民众的关注集中到城市环境上。女性在后一团体中发挥了核心领导作用。

通过主要观察早期的保护活动,许多观察家认为,第二次世界大战之前和之后环保主义在城市中表现的兴趣并不大。而更为深入的观察则呈现出比流行观点更多的多样性。对于城市环境保护者来说,流行性疾病、铅中毒、营养不良以及空气、水和噪音污染都是需要关注的最直接和最严重的问题。从 20 世纪 60 年代到 80 年代初针对环境问题的国家层面的斗争倾向于强调拯救自然,最终也造成了污染。个人健康和幸福的不平等问题在各地情况各不相同,这也势必导致出现新的问题解决者,如社会工作者和公共卫生官员。[①]

至 20 世纪 80 年代,环境保护主义有了不同转变,即极力强调现有的环保运动中缺少的元素。那些缺少的元素主要是种族和阶级。环境种族主义成为环境正义维权的核心问题。在运动中一些人把阶级和种族联系起来,但许多人视种族主义为元凶。虽然运动的早期领导来自民权主义和学术界,却在基层中寻找支持,特别是各色低收入人群,他们面临着有毒物质和有害垃圾的严重环境威胁。[②] 环境正义的领导人承认,当地组织对有毒物质(铅中毒或接触农药)和有害垃圾的反应开始可能是“避邻主义”(NIMBYism,别设在我家后院),但逐渐转变成了各色人群不成比例的风险问题。

由于对少数民主的有限兴趣,环境正义的倡导者以主流环境保护主义为特色,其中许多人生活在城市,并且面临着直接的健康风险,诸如铅中毒以及其他污染物和病原体。在城市之外,农药威胁着农场工人,土著美国人面临着来自倾倒在他们土地上的核和其他有害垃圾的各种风险。环境正义这一术语试图区分旧观念中的“公平”“环境种族主义”以及“社会公正”的较新愿望。因此,环境正义强调所有人对安全和健康环境的权利,并定义“环境”为包括生态、生理、社会、政治和经济环境。该运动具有很强的政治议程,最初也正是一个美国铸造。对所有种族和阶级来说,环境权利的根本问题最终产生了超越美国的共鸣,包括环境问题在内的诸多社会正义问题,显然已成为国际对话中的新元素。[③]

结语

因为建筑环境与自然环境之间的二分法有些人为化,因此城市环境研究并不与自然环境研究相对应。城市作为建筑环境,受到气候、地质和地形的影响,这些使自然本身的节奏对城市来说是非常重要的。但是城市也是人类的创造。人的行动如城市建设等,的确改变了自然世界!但在许多层面上它们也往往具有毁灭性,并且经常挥霍对人类有价值和有用的资源。但是,把人类单独归于一类,与其他生物相隔离,与他们居住的自然环境相隔离,显然限制了他们在把城市建设为安全、生产力发达和无尽可能的地方这一过程中的作用。

城市环境是一个复杂的地方,产生了卫生和疾病、垃圾生产、城市建设、城市发展、城市中的自然和社会正义等问题。然而,通常情况下,对人口增长、政治变革、经济发展和社会机构的强调无法体现环境要素,而这些环境要素会提供最深层的城市历史、定义它们的特征以及影响最广泛的变化。对城市及其腹地之间紧密关系的理解取决于对两者环境相关性的基本认识。比较全球范围的城市化也要基于对环境特征的异同及城市历史的理解。城市环境史是透视塑造城市增长发展的根本驱动力的关键“攻角”,同时还加入了其他方法来学习和理解城市化。

与此同时,城市环境研究贯穿了城市考察的其他方法。提供服务的公共和私营部门之间的紧张关系涉及到城市治理的核心,即固有的政治问题。“绿色”活动强调城市间对有吸引力的商业和抢手技工的竞争,借以推进城镇进一步发展为创新中心。关于控制甚至是减轻污染的责任涉及各级政府、私营企业和每一个个体公民。因此,城市环境问题不仅洞察广泛的生态问题,而且还涉及城市的政治、经济和社会领域的基本操作和功能。

参考文献

Benton-Short, Lisa, and Short, John Rennie, *Cities and Nature* (London: Routledge, 2008).

---

① Robert Gottlieb, *Forcing the Spring* (Washington, D. C.: Island Press, 1993), 6.
② Andrew Szasz, *Ecopopulism* (Minneapolis: University of Minnesota Press, 1994), 5.
③ Melosi, 'Environmental Justice, Political Agenda Setting, and the Myths of History', 43–71.

Gottlieb, Robert, *Forcing the Spring* (Washington, D.C.: Island Press, 1993).

Hall, Peter, *Cities in Civilization* (New York: Pantheon Books, 1998).

Konvitz, Josef, *The Urban Millennium* (Carbondale, Ill.: Southern Illinois University Press, 1985).

Light, Ivan, *Cities in World Perspective* (New York: Macmillan Pub. Co., 1983).

McNeill, J.R., *Something New Under the Sun* (New York: W.W. Norton, 2000).

Melosi, Martin V., *The Sanitary City* (Baltimore: The Johns Hopkins University Press, 2000).

Platt, Harold L., *Shock Cities* (Chicago: University of Chicago Press, 2005).

Radkau, Joachim, *Nature and Power* (Cambridge: Cambridge University Press, 2008).

Swyngedouw, Erik, *Social Power and the Urbanization of Water* (Oxford: Oxford University Press, 2004).

Szasz, Andrew, *Ecopopulism* (Minneapolis: University of Minnesota Press, 1994).

Tarr, Joel A., *Searching for the Ultimate Sink* (Akron: University of Akron Press, 1996).

—— and Dupuy, Gabriel, eds., *Technology and the Rise of the Networked City in Europe and America* (Philadelphia: Temple University Press, 1988).

吴俊范 译 陈 恒 校

第38章 创新型城市

玛利亚·希特拉 彼得·克拉克[①]

近年来,创新型城市已经成为理论研究、市场推广和城市决策的关注焦点。自 20 世纪 80 年代以来,这一概念已经被诸如查尔斯·兰德里(Charles Landry)、理查德·佛罗里达(Richard Florida)以及艾伦·斯科特(Allen Scott)这些极具影响力的作家所改进。尤其是在欧洲和北美,众多大、中型城市早已实施创新型城市策略,这一点发展中国家也有所表现。[②] 在欧盟和英国文化协会等组织的资助下,联合国教科文组织创立了创新型城市委员会,并组建了创新型城市网络。商业咨询公司为城市提供建议,并发布创新型城市的排名。智囊团、视频分享、研讨会议、巡回演出和城际财团都参与了精心策划。[③]

城市创新运动是受西方城市经济问题的刺激而引发的。尤其是 70 年代以后传统制造业衰落(参见本书第 25、27、34 章),西方城市纷纷制定创新策略,通过扩展服务业和新技术领域,以应对传统城市的衰落。而近年来,城市创新则更为关注对老城旧城的改造,关注稳定和谐社区的创建,力图在经济全球化环境中增强城市的综合竞争力。有一些当代创新性城市成为被经常引用的范例,其中包括纽约、巴塞罗那、伦敦、硅谷(加利福尼亚北部的旧金山湾区南部)、班加罗尔以及日本的东京—神奈川区域。

尽管创造力是一种时尚的当代修辞,但是从本书先前章节中可以明显看出,充满活力的创新型城市其实是一种历史现象。最迟从中世纪开始,城市、精英和各地区都在试图开发新的城市经济领域(通常弥补衰退的领域),我们可以看到,很多城市在推动革新创造方面尤为成功。少数创造力活跃的城市甚至繁荣了几百年。

在这一章中,我们将首先了解创新型城市的最新概念、定义及其成功的条件,然后用这一理论检验历史时期最具活力的城市案例,以确定其共性和特殊性。最后从历史角度对创新型城市进行当代分析。

概念和定义

20 世纪 80 年代,欧洲人查尔斯·兰德里(Charles Landry)发明了创新型城市这个概念,他认为"创造力是城市的生命线",城市规划需要新的策略,以此创造创新型环境。兰德里强调必须鼓励解放思想和想象力,认为普通人也可以创造奇迹。一个城市的创新性与该地居民的精神状态有关,也与著名机构、公共建筑以及诸如运输和电信这样的服务业有关。他还谈及民进主义的例子以及对创造性活动的公众支持;从文化空间谈到生活实验室,兰德里强调移民造成的人口多样性和开放性;创新产业的聚集,诸如媒体和娱乐、艺术、文化遗产以及创新型商业服务等;还有(从欧洲人视角来看)城市的相对密度,对人际关系网的认可度等等。[④]

2002 年,美国人理查德·佛罗里达(Richard

① 我们要感谢林恩·利斯、安迪·利斯、保罗·韦利、吉姆·麦克莱恩、普拉山特·基达姆比和卡尔·艾博特对先前草稿所做的评论。

② G. Evans, 'Creative Cities, Creative Spaces and Urban Policy', *Urban Studies*, 46 (2009), 1010.

③ Evans, 'Creative Cities', 1006 - 1007; UNESCO: http://www.unesco.org/new/en/culture/themes/creativity/creative-industries/creative-cities-networkEuropean Union network: http://www.creativecitiesproject.eu/en/index.shtml For rankings: e.g. Creative Cities International Vitality Report & Ranking http://www.creativecities.org/vi.html.

④ C. Landry, *The Creative City: A Toolkit for Urban Innovators* (2008 edn. London: Earthscan, 2008), preface, xi-xlviii. 关于多样性的重要性参见 Phil Wood and Charles Landry, *The Intercultural City: Planning for Diversity Advantage* (London: Earthscan, 2008). 亦可参见 Charles Landry, 'A Roadmap for the Creative City', in David Emanuel Andersson, ÅkeE. Andersson, and Charlotta Mellander, eds., *Handbook of Creative Cities* (Cheltenham: Edward Elgar, 2011), 517 - 518。

Florida)的讨论另辟蹊径,他强调新的创新阶层的作用,这一阶层包括科学家、工程师、设计师以及艺术家。在佛罗里达看来,城市区位是成功的关键:"开放而宽松的地理优势吸引了各类人才,不断产生新的思想观念"。技术对创新发展至关重要,人才和教育也同样重要。[①] 艾伦·斯科特对此也作出自己的贡献,他认为在重要的创新区域,创新型经济的主体是大量集中的小型专业公司、活跃的人才市场以及灵活的商业渠道。这样一个新的经济体系里存在着高度风险和不确定性,但这反过来又带来了实验性和创新性。当然还有从决策者那里获得的认可和支持,以及从国际上获得的认可度。在成功的创新型城市里,许多最具活力的企业都参与了全球化建设。[②]

在过去几年里,这一领域的相关文献和理论大量涌现。其主要贡献在于把城市创造力的定义扩展到城市生活的各个方面。[③] 有人认为,城市需要持续的社会和政治创造力以应对增长和衰退的挑战:从住房交通到垃圾处理,城市社区的所有要素都需要动员起来参加战斗。文化的意义已经不再重要。因此,很难从社区的普通政治和社会能力(或其他)中,区分出城市创造力的特殊性,并以此来应对城市化的结构性压力。一般来说,城市创新过程经历了理论化、倡议实施、组织开展和政策制定,并且在一些关键领域这些因素存在着交叉和并存,像政府长期的市场策略、第三产业的振兴、教育以及基础设施的投资方面,这种情形可以追溯到 19 世纪甚至更早。从影响来看,也有人认为,当代城市创新策略可能不是很有效,这一点我们将在稍后进行讨论。[④]

尽管如此,从兰德里、佛罗里达和斯科特这些理论家的领先成果中,我们可以看到一个包含潜在条件的通用模板,这些条件是提升当代城市创造力的关键。比如小型专业公司的密集化和劳动力市场的灵活多变;与此相关的还有人口的多样性和流动性;教育资源;科技和文化创新的相互影响;城市规模(大,但不能太大);国际化(网络、投资和认可度)以及公众支持。

当我们研究以往最具活力的创新型城市时,这种

变量模板的意义及效果如何?换句话说,关于当代发展,这些历史分析又会告诉我们什么?

现代之前的创新型城市

在《城市文明:文化、创新和城市秩序》(*Cities in Civilization: Culture, Innovation and Urban Order*, 1998 年)这一开创性著作中,彼得·霍尔(Peter Hall)讨论了一种创新的进程,最具活力的城市发展从中世纪的佛罗伦萨一直持续到 20 世纪末的东京。在他的分析中,他将这些城市按照以下几个标准进行分类,即文化艺术创新;经济技术革新;技术与艺术相结合以及基础设施革新(伦敦、柏林和巴黎出现在多个类型中)。[⑤] 这一章节中分类方法之所以不同,表明了领先的创新型城市往往结合了创新性的多种类型,而且在过去的发展中都经历了十分特殊的阶段。下面的例子,是以往被公认为最具活力和创造力的城市。

可以说中世纪和近世的城市,如 14 至 15 世纪初的佛罗伦萨,或 15 世纪末 16 世纪初的安特卫普,都可以归入创造力的古风时期(*an archaic period of creativity*)。它们在文化上都具有高度创新性(佛罗伦萨的优质纺织品,以及新古典主义建筑、艺术和雕塑的复兴;安特卫普的奢侈工艺品,如挂毯和钻石工艺、艺术、图书出版和城堡建筑)。而其他领域的创新,特别是高级金融业和银行业,同样令人瞩目。在产业结构方面,它们的经济方式以小作坊为中心,部分依靠流动性劳力维持(移民对这两座城市来说都非常重要)。尽管佛罗伦萨从 1364 年就开始有了一所大学(间接性的),而近世的安特卫普却没有,但这两个中心的文明程度都较高。[⑥] 在它们的黄金时期,尽管佛罗伦萨和安特卫普曾在欧洲享有国际声誉和地位,但在新领域的投资却以本地为主,因为美第奇家族的赞助对佛罗伦萨来说非常重要,安特卫普商人的投资也是如此。就规模而言,两座城市都没能跻身欧洲最大城市之列,在新技术上也没有取得显著突破。或许最引人

722

723

① R. Florida, *The Rise of the Creative Class* (Basic Books: New York, 2002, pbk. edn. 2004), preface to 2004 edn., xiii-xxi.

② A. J. Scott, 'The Cultural Economy of Cities', International Journal of Urban and Regional Research, 21 (1997), 323 - 336;亦可参见 *OECD Territorial Reviews: Competitive Cities in the Global Economy* (Paris: OECD, 2006), 290 - 301。

③ Cf. Nicholas Garnham, 'From Cultural to Creative Industries. *International Journal of Cultural Policy*, 11 (2005), 15 - 29.

④ Evans, 'Creative Cities', 1029 ff.

⑤ Peter Hall, *Cities in Civilization: Culture, Innovation and Urban Order* (London: Weiden-feld, 1998), 9 - 10.

⑥ 以佛罗伦萨为例,G. Brucker, *Renaissance Florence* (London: Wiley, 1969); G. Holmes, *The Florentine Enlightenment 1400 - 1450* (Oxford: Clarendon Press, 1992)。

注目的是，激烈的创新时期只是昙花一现。虽然安特卫普见证了 17 世纪的温和复苏，但在 1585 年遭受西班牙围攻之后，它作为创新中心的领先地位就终止了；而佛罗伦萨的文化创新浪潮也在 15 世纪末开始逐渐消退，并且再没有出现复苏。

相比之下，18 世纪出现的早期现代创新型城市（the *proto-modern creative cities*）的持续时间更长，并且标志着城市创新发生重大转折。以前普遍认为创新（新颖）是危险的和具有破坏力的，从这时起成为褒义词，因为进步的创新型城市在转型中扮演着重要角色。伦敦、巴黎和有争议的东京（江户）名列其中。它们全部都是大城市——江户在 18 世纪初可能是世界上第一大城市，居民约有一百万；伦敦，当时约有 70 万人，该世纪末上升到 100 万，巴黎拥有约 50 万居民。它们也都是重要的创新文化中心。关于江户的重要性，詹姆斯·麦克莱恩（James McClain）于第 18 章已经探讨过了；巴黎成了高级时装、音乐和启蒙运动的领导者；伦敦是促进杂志和小说传播的先驱城市，主张新闻自由，推广新型休闲娱乐方式、公共科学、俱乐部和社团，发展公民社会的各种形态。[①] 伦敦成为英国领先的制造业中心，拥有大量革新的作坊（时钟和仪表制造），新技术的传播也十分迅速（蒸汽机供电的啤酒厂）。伦敦在商业活动中还大量吸收欧洲投资，尤其是东印度公司这样大的商业公司。和伦敦一样，巴黎也是欧洲领先的金融城市，这两座城市的国际文化声誉日益增长，已经超出了欧洲范围，延伸到中东、亚洲和美洲。江户——尽管江户位置偏僻，但从未因 17 世纪 30 年代以来对外贸易的严格控制而与国际影响完全分离，相反，尽管原有的国际地位并不高，但其对外贸易随着其国际地位得到了一定的提升。这三座城市都得益于 18 世纪广泛的公共和私人对基础设施的投资。巴黎和伦敦公开竞争，花费巨资建造和维护城市街道、排水系统、路灯，发展成为欧洲最时尚、最先进的城市（参见本书第 13 章）。引人注目的是，后来这三座城市都受益于城市创造力的革新：19 世纪后期巴黎成为艺术、音乐、建筑以及金融中心；在同一时期伦敦也成为国际金融、公共卫生和城镇规划中心；20 世纪后期东京又成为融资、新技术和新媒体中心。

现代创新型城市

在 19 世纪，我们可以看到早期创新型城市的回归或者复兴，如伦敦和巴黎，也可以看到新中心的出现。其中，最引人关注的是柏林和纽约。

柏林。1871 年，拥有 80 万人口的柏林以德意志帝国首都的身份出现，并迅速发展为大都市，成为这个快速城市化国家主要的政治、工业和金融中心（参见本书第 25 章）。自 18 世纪开始，普鲁士统治者对外国人就采取宽容政策。人口因大量移民的涌入而不断增加。这些移民主要来自德意志帝国，也包括相当数量的犹太人、波兰人和俄罗斯人。至 1920 年，柏林人口已达到 380 万。

一战以前，用彼得·霍尔的话说，柏林是一个"先锋科技城"。它在建设基础服务设施和实施城市化政策方面居于领先地位。作为改革动力，国际竞争至关重要。正如在其他许多领域一样，柏林与巴黎相互竞争，并因此而成为世界电气之都、"光明之都"，电灯照明取代了煤气灯。1910 年该市出现了首个霓虹灯广告。柏林还是城市公共交通的先驱，早在 19 世纪 70 年代就有了蒸汽火车；1881 年又推出世界上第一辆电动有轨电车，至 1900 年大部分电动轨道安装完毕。柏林市政府辖下的公共事业已成为欧洲其他城市的典范，许多国家代表团前来考察，都钦佩不已。19 世纪 70 年代以后，柏林大学成为德国在科学技术、自然科学和医学上领先世界的关键角色。和它的医学院一样，柏林大学的物理学院是开拓性研究的温室和名副其实的诺贝尔奖加工厂。[②] 与这些发展相联系的是，作为产业创新主要中心的柏林，不仅有很多像西门子、AEG 这样的工厂，而且还有不少极为重要的作坊式产业。

柏林也是文化创新型城市。至第一次世界大战前，柏林已拥有三个歌剧院、五十个戏剧院以及许多音乐厅。1889 年标志着德国戏剧院的变革和自由戏剧运动的诞生，并获得了国际认同。19 世纪 80 年代柏林爱乐乐团诞生，汉斯·冯·彪罗（Hans von Bülow）担任首席指挥，后来阿瑟·尼基什（Arthur Nikisch）把柏林发展成为世界领先的音乐之都；在接下来的几年里，汉斯·里希特（Hans Richter）、费利克斯·冯·魏

---

① 关于江户参见本书第 18 章。O'Brien et al. , eds. , *Urban Achievement*, ch. 16；M. Hessler and Clemens Zimmerman, eds. , *Creative Urban Milieus* (Frankfurt：Campus Verlag, 2008), 66,79；P. Clark, *European Cities and Towns 400 - 2000* (Oxford：Oxford University Press, 2009), 128 - 132,155；P. Clark and R. A. Houston, 'Culture and Leisure 1700 - 1840', in P. Clark, ed. , *Cambridge Urban History of Britain*：II (Cambridge：Cambridge University Press, 2000), ch. 17.

② G. Masur, *Imperial Berlin* (London：Routledge, 1974), chs. 3 - 7；David Clay Large, *Berlin. A Modern History* (Bath：Allen Lane；The Penguin Press, 2001), 76 - 79,82 - 85. B. Grésillon, *Berlin Métropole Culturelle* (Paris：Belin, 2002), 83 - 103.

因加特纳（Felix von Weingartner）、理查·施特劳斯（Richard Strauss）、古斯塔夫·马勒（Gustav Mahler）、约翰内斯·勃拉姆斯（Johannes Brahms）以及爱德华·格里格（Edvard Grieg）都指挥过这支乐团。在现代化的前沿，柏林作为大都市的声誉激发了越来越多的社会文学作品，其中格奥尔·齐美尔的著作最为著名。

在这个时代，柏林不仅吸引了帝国政府的高额投资，而且还有大量私人资助。一战以前，柏林与德国、欧洲和北美的城市都有着密切联系。1896年大交易会结束后，柏林开始被公认为创新型城市的范例。此外，引人注目的是，在20世纪20年代，尽管德国军事失败后出现了政治和经济动荡，但柏林仍然重新发展成创新型城市，作为国际知名的创新中心，在建筑和设计（1932年包豪斯［Bauhaus］搬到那里）、艺术（格罗茨［Grosz］）、文学（德布林的柏林亚历山大广场［Döblin's Berlin Alexanderplatz］，1929年）、电影（德国表现主义［German Expressionism］）、通俗戏剧（布莱希特和韦尔，三便士歌剧［Brecht and Weill, The Three Penny Opera］）以及文化机构方面领先于世界。凭借其大规模的、惊人的活力和复杂的混合性，这个大都市成为近年来文化话语关注的焦点。交互性的关系至关重要。柏林举办过欧洲一流艺术家的聚会，开设艺术画廊（超过80个），在20世纪20年代，20%的德国作家生活在这座城市。柏林大学巩固了其在国际科学舞台上的领先地位。从1914年至1933年，阿尔伯特·爱因斯坦（Albert Einstein）担任了柏林威廉皇帝物理研究所所长。柏林的国际吸引力和多样性令人眼花缭乱：奥匈帝国解体后，维也纳的知识分子包括许多犹太人都搬到那里；英国作家史蒂芬·斯彭德（Stephen Spender）和克里斯托弗·伊舍伍德（Christopher Isherwood）也来了，并以这座城市为题材进行写作。魏玛·柏林（Weimar Berlin）通过改进大都市的管理和交通状况，提升了基础设施的活力。作为1920年开辟大柏林的结果，城市行政区域增加了一倍以上，市政管理得以加强。柏林把公共交通路线统一于单一的柏林运输公司，并且因为滕珀尔霍夫民用机场（a civilian airport at Tempelhof）的建设，柏林成为航空枢纽站。

因为纳粹主义的兴起和二战后该城市的分割，所有这一切都被残酷终止。自1990年德国统一开始，柏林（目前3300万居民）一直都在努力恢复其国际文化之都的地位。人们曾经试图重建其地标性建筑，使之成为商业化国际城市（例如波茨坦广场［Potsdamer Platz］，参见图25.2，第479页）。此外，该市许多废弃建筑、工厂、仓库等，正在转变为俱乐部、餐馆、艺术画廊或者专卖店。市政管理和商业部门正在推动柏林成为拥有设计与时尚、流行音乐、戏剧和艺术的城市。①

纽约。如果说19世纪国际最重要的知名创新型城市主要分布在欧洲，那么从19世纪70年代起，由于北美参与竞争，创新型城市的地理位置以纽约为首，开始产生显著转变。从1870年到1900年，纽约人口的增长速度比世界上任何其他城市都要快。现代化的办公大楼和摩天大楼（天际线这个术语创于1897年，用以描述曼哈顿缤纷的高层建筑）不断涌现，并集中在中央商务区。19世纪70和80年代，诸如电话、电车、电梯一类基础设施的创新，方便了人与人之间的互动与交流。1900至1940年期间，全市人口由340万增长到745万，增长幅度超过一倍，部分原因是由于爱尔兰人、意大利人和欧洲犹太人的早期流入，以及南方黑人的加入而产生大量移民。②人口迁移和商业发展推动了全球化进程。纽约港是20世纪之交世界上最繁忙的港口。纽约还拥有最为集中的专业服务和金融服务，最多的银行家和股票经纪人，全国范围内最大的建筑师和律师、咨询工程师和设计师专业群体。它是北美广告和营销的中心，在世界各地设立分公司。1892年的一项调查显示，美国30%的百万富翁居住在纽约。他们用惊人的财富赞助成立了包括博物馆、卡内基音乐厅、大都会歌剧院在内的主要文化中心。同时公共投资也至关重要。因为有着巨大的建设项目，纽约成为"资本主义首都"。1890至1940年期间，对90%以上的河口岸、整个地铁系统以及半数以上的曼哈顿、布鲁克林和布朗克斯的居民住房都进行了整修。至1890年，纽约拥有世界上最完善的交通运输系统。从20世纪20至30年代，修建了新的高速公路，居民试图使城市适应汽车生活。③竞争是创新的一个重要

① Giacomo Bottà, 'Urban Creativity and Popular Music in Europe since the 1970s: Representation, Materiality, and Branding', in Hessler and Zimmermann, *Creative Urban Milieus*, 295–300.

② R. A. Mohls, ed., *The Making of Urban America* (Wilmingtonel. D: Scholarly Resourres, 1997), 94 et seq.; Grésillon, *Berlin Métropole Culturelle*, chs. 4–5.

③ Kenneth T. Jackson, 'The Capital of Capitalism: The New York Metropolitan Region *1890–1940*', in Anthony Sutcliffe, ed., *Metropolis 1890–1940* (London: Mansell, 1984), 319–353; Hall, *Cities in Civilization*, 747–749; Kenneth T. Jackson, *Crabgrass Frontier: The Suburbanization of the United States* (New York: Oxford University Press, 1985).

刺激因素,纽约不仅与欧洲各大首都城市,如柏林、伦敦和巴黎竞争,而且还与其他具有主导性的美国城市,如芝加哥、费城、波士顿和1900年后的洛杉矶竞争。

正如托马斯·班德(Thomas Bender)曾经指出,纽约的独特性植根于其自身的知识传统,该传统鼓励批评模式和思想的实用性。这恰好是自19世纪70年代起,托马斯·爱迪生(Thomas Edison)为该城市工作的历史背景。在很大程度上,发明定义了他那个时代的流行文化——电气照明、录音和电影。爱迪生不仅从城市的小作坊(1900年,每个作坊平均有13个工人)和高技能的多元化员工队伍中获益;而且也得益于同其他发明家的接触(1866至1886年,美国拥有五项以上专利的发明家,有80%住在曼哈顿或附近地区);还得益于普及的广告业以及财源滚滚的大型百货公司。①

和柏林一样,对艺术家来说,20世纪初的纽约在感觉、视觉和文化上也是一个令人兴奋的城市。20世纪20年代,许多非裔美国艺术家和表演者来到纽约,参加哈林动态爵士乐(Harlem's dynamic jazz)和蓝调乐坛(blues music Scene)。其中包括弗莱彻·亨德森(Fletcher Henderson),他领导了最为成功的非裔美国人爵士乐队,"公爵"艾灵顿('Duke' Ellington)、"果冻卷"莫顿('Jelly Roll' Morton)、路易斯·阿姆斯特朗(Louis Armstrong)以及贝西·史密斯(Bessie Smith)。爵士乐队成为纽约文化生活的有力表现,其通过录音、广播和国外现场演出传播到世界各地。移民们还为其他流行音乐形式的发展做出贡献,比如说欧文·柏林(Irving Berlin)。柏林的歌曲"亚历山大的拉格泰姆乐队"(Alexander's Ragtime Band,1911)中创造的拉格泰姆(ragtime)成为国际舞蹈热潮。乔治·格什温(George Gershwin)是两次世界大战期间另一位获得巨大成功的音乐家,他曾创作和谱写了十几个百老汇歌舞剧,在世界各地巡演。纽约的叮砰巷流行歌曲(Tin Pan Alley dominated music)以其重要的国际影响力,主导了美国的音乐出版界。如果说欧洲人——移民、难民和推动者——为北美带来了现代主义,那么纽约以其先进的技术、钢铁和电力、近乎混乱的活力和开放性,把它改造成了一个独特的创新环境,在这种环境下催生了绘画、建筑、音乐、舞蹈和设计的新形式。虽

然处于战后时代,纽约的抽象主义画家、编舞者以及其他文化知识的斗士,还是掀起了国际舞台风暴。② 20世纪末的纽约经历了经济衰退,但正如我们下面将要看到的,它仍然是世界上领先的创新中心之一。

东京及其周边地区。除欧洲和北美外,东京早已被公认为革新和创造力的领导中心之一。正如我们已经指出的,18世纪的城市是新文化活动的蜂房。到了19世纪80和90年代,东京已经恢复了它的人口和经济增长势头,并且很快就开始了向各个方向的扩张:至1920年,东京及其西郊大约有370万居民。

东京一直是日本领先的文化中心,是20世纪日益增长的新媒体活动的焦点,包括电影、广播、流行音乐和出版等等。最重要的电影制片厂都设在东京南部(现在仍是如此)。东宝公司就设在该城市,该公司创立于20世纪30年代,是日本最大的电影公司。同样,吉卜力工作室、宫崎骏的动画电影制作公司都以那里为基地。东京拥有巨大的娱乐产业,包括由视频操纵的游戏、电脑游戏、日本漫画以及类似的产业。

20世纪中叶后,东京超越大阪成为日本工业生产的主要中心。然而,从20世纪80年代起,国家和市政府都试图把东京塑造成为国际性都市。20世纪后半期,中央政府在指导工业发展方面发挥了主导作用,推动了越来越多的高新科技和知识型产业的发展。21世纪的头十年,在中央和大都市政府政策中,最为核心的部分就是对发展首都高科技和文化产业的关注。例如,由政府推动的创新东京计划与酷日本推广策略合作,把到2020年在全球文化市场获利8万亿—11万亿日元作为奋斗目标。对在日本从事时尚、食品、土特产和传统文化的中小型企业来说,这个方案在扩大对外零售业渠道上具有重要意义。东京的成功并不仅仅依赖于国家的支持,还有大都市经济中的大量私人投资(在全球500强企业中,该城市占了47个,数量超过任何其他城市③),受过良好教育的劳动力以及强大的市场需求。东京人口多达3千5百万,是世界上人口最多的大都市中心,也是世界上最大的都市经济体,国内生产总值估计领先于排名第二的纽约市。④ 竞争也是至关重要的,东京不仅是西方和增长中的东亚(首尔、中国香港),也是日本国内首屈一指的创新中心。由于

---

① Thomas Bender, *The Unfinished City: New York and the Metropolitan Idea* (New York: New Press, 2002), ch. 6

② T. Bender, *New York Intellect* (New York: Knopf, 1987), esp. ch. 9.

③ http://money.cnn.com/magazines/fortune/global500/2011/countries/Japan.html.

④ PricewaterhouseCoopers UK Economic Outlook November 2009,22:http://www.ukmediacentre.pwc.com/Media-Library/Global-city-GDP-rankings-2008 - 2025 - 61a.aspx.

与东京相竞争，关西地区形成具有高度创造性的城市网络，其中包括大阪府、兵库县、京都、奈良、歌山、滋贺6个地区。相反，另外一些重要的创新中心，它们赖以成功的因素可能不太重要：例如，劳动力资源的多样性和开放性、小规模的重要性、作坊式经营等。

赫尔辛基。在20世纪末，不是所有已知的创新中心都是大城市。有些是重要的地区中心（像巴塞罗那或者曼彻斯特），有些是小国首都，就像赫尔辛基。2012年，赫尔辛基庆祝获得世界设计之都的称号，但是该城市作为一个有活力的创新中心要追溯到更早时期。在第一次世界大战前的数十年间，该城市人口快速增长，至1910年已达到13.3万。这也是新建筑艺术风格和新视觉艺术蓬勃发展的黄金时期。留学巴黎和杜塞尔多夫的艺术家们和那些参加过国际展览的建筑师们，从芬兰的民间传说和神话中寻找灵感。[①] 国家政府部门和赫尔辛基的地方行政部门发挥重要作用，积极引进国外最新创新技术、资助学术考察，随后在最重要的基础设施服务方面，如电力和轨道交通，推行国有化。早在20世纪初，赫尔辛基就培养出了国际知名建筑师，像伊利尔（Eliel）、艾罗·萨里南（Eero Saarinen）、阿尔瓦·阿尔托（Alvar Aalto）等人，并在二战后成为著名的设计中心。

然而，从20世纪80年代起，创新型经济由五大趋势推动，开始加速发展，它们是：技术尤其是数字技术的进步；放松管制，公开竞争；欧盟的自由贸易（1995年芬兰加入）；技术政策以及教育的革新。20世纪90年代，赫尔辛基被视为技术创新的国际关键节点，因诺基亚而广为人知。诺基亚是提供通讯基础设施的IT巨头之一。80年代以来，该市在无线技术、研发队伍增长以及投资方面取得了重大成就，强调政策对公开竞争和知识产权保护的支持。国家科技局有计划地为大学和企业提供资金以用于各种研发工作——不仅对大公司，如诺基亚，也对许多小型公司，还有平面设计工作坊、媒体、IT咨询业等各类公司。教育政策是培养训练有素的员工队伍的关键。自20世纪60年代以来，芬兰教育政策的中心目标一直是，为所有公民提供平等的高质量教育机会（九年综合学校）。在2009年国际学生评估项目中，芬兰中学生列全球第三位（前五

名中唯一的西方国家）。平均而言，赫尔辛基的居民通常在芬兰人中有着更高的教育水平。2010年，15岁以上的当地人口拥有大学学位的占37%。

正如许多其他重要的创新中心，技术进步已经迈入与文化产业的发展环环相扣的阶段。赫尔辛基以西贝柳斯学院为傲，它是欧洲第三大古典音乐大学，在其校友中涌现多位出色的国际指挥家和歌唱家。20世纪80至90年代，赫尔辛基开始有计划地在城市中心投资创新区，把旧有学校建筑和工业厂房变成文化中心。赫尔辛基有两个大型现场音乐表演场地，Kaapelitehdas（电缆厂）和Nosturi（起重机厂）是重要的文化实验基地。目前，约有100位艺术家和70个乐队在电缆厂演出和排练，同时电缆厂也会为舞蹈家和各种机构、学校和俱乐部提供设备。起重机厂主要是用作音乐厅，同时还为乐队提供排练空地。在2000年后的十年里，该市的音乐产业显著增长。[②] 总而言之，在这里我们看到了公私资本结合，技术和文化之间的联系、国际网络、城市群（2011年，首都赫尔辛基拥有120万居民）以及受过良好教育的劳动力，我们了解了这一切成为城市创造力关键因素的具体过程。相比之下，尽管近期移民增加，但人口的多样性和开放性在城市中似乎没那么重要了。

创新型城市和当今世界的创新产业

我们的案例研究表明，当代创新型城市概念的许多关键属性，通常也适用于过去领导创新的最具活力城市。很显然，我们不太可能在同一地方找到所有这些属性。人口聚集固然重要，但城市的致密性各不相同。纽约、柏林有多元、开放的劳动力市场，但东京或赫尔辛基就不一定也有。小作坊生产只是这幅图景的一部分。公共投资也许采取政府支持的形式（如东京），或者地方政府干预的形式（如赫尔辛基、纽约）。同样引人注目的有这样一个事实，许多过去具有优良创新传统的领导中心，能够在不同时期朝着不同方向发展，重塑自己创新中心的形象。

在当代，创新型城市和创新产业研究提出了许多问题，不仅仅是因为创新型城市的多元化（很多是自我

① Marjatta Bell and Marjatta Hietala, *Helsinki—The Innovative City. Historical Perspectives* (Helsinki: Finnish Historical Society, 2002), 144-157; Marjatta Hietala, 'Key Factors behind the Innovativeness of Helsinki', ESF Exploratory Workshop Berlin 12-14. 12. 2002, http://de. scientificcommons. org/17690970.

② Marjatta Hietala, 'Helsinki—Examples of Urban Creativity and Innovativeness', in Hessler and Zimmermann, eds., *Creative Urban Milieus*, 335-352; Bottà, 'Urban Creativity and Popular Music in Europe since the 1970s', in Hessler and Zimmermann, eds., *Creative Urban Milieus*, 295-300.

提升的)、创新定义的争论(在统计意义上,创新产业并不是一个能够清晰界定的领域、行业或职业,引发了很多分类问题),还有对创新结果评估的困难。在很多国家,创新产业大多是城市经济的核心。由于拥有电脑游戏和电子出版业等最为成功的领域,创新产业必然成为发展最快的经济部门之一。在经合组织国家中,创新产业占GDP的5—6%,而美国GDP超过11%来自于创新产业。[1]数字化环境和互联网已经成为不断壮大的文化产品贸易系统的核心。信息和通信技术催生了新的创新手段、新的物流方式,以及诸如电子书和下载音乐的新格式。这些行业的活力和创造力在很大程度上依赖于小公司的大量涌现。小公司和自由职业者在创新产业的复杂社会生产系统中扮演重要角色。但是,大型跨国公司在协调当地生产网络,确保产品到达更广阔市场上起到决定性的作用。像苹果公司(Apple)、英国广播公司(BBC)、开云集团(PPR Group)、路易·威登(Louis Vuitton)、阿莱西(Alessi)、环球影城(Universal Studios)、时代华纳(Time Warner)以及都市唱片(Capital Records),都是创新产业的成功案例。世界各地的政府部门已经在制定策略,以吸引和支持他们城市的创新产业。2003年,台湾地区推出了一项策略,即通过把土著文化符号应用到游戏中,来加强文化输出。[2]而中国香港则努力维护被高度认可的电影、电视产业(参见本书第39章,汉努·萨尔米[Hannu Salmi])。

近年来,欧盟委员会特别重视创新产业,以及能够促进创新的各种因素。2009年,欧洲的创新文化产业雇佣了欧洲30个国家的640万人。很多地区的大型城市和首都城市,以创新文化产业为主导获得了极大的成功。伦敦和巴黎的超级产业群脱颖而出,紧随其后的是米兰(Milan)、马德里(Madrid)、巴塞罗那(Barcelona)和罗马(Rome)。[3]其他全球性数据证实,在诸如纽约和伦敦这样的重要中心城市,人们主要在创新产业领域中寻找工作,通常集中在商业中心或是靠近主要部门的城市边缘地区。即便如此,这些领域总的就业人口并不多,在经济不景气的时候还容易

收缩。[4]

文化创新产业大幅度增长,这与国际文化产品和服务贸易的逐渐扩大有一定的关系。联合国教科文组织关于选择文化产品和文化服务的报告,分析了1994—2003年期间,约120个国家在选择产品上的跨境贸易数据,如书籍、CD、视频游戏和雕塑。其中三个国家,英国、美国以及中国,在2002年生产了40%的全球文化贸易产品,而拉丁美洲和非洲合占不到4%。[5]诚然,出口统计并不能准确反映在国外市场出售的文化产品的价值,尤其是那些可以重复使用的核心产品,它们成本极低,而且可以回收再利用。

根据联合国贸易与发展会议(the *Creative Economy Report of*, UNCTAD)的创新经济报告,部分发展中国家,尤其是亚洲,正在享受着其创新领域强劲增长所带来的利益。但发展中国家仍存在一些问题:缺乏一个理解和分析创新经济的清晰框架;缺乏一套构建健康发展策略的创新经济数据;缺乏支持创新产业的有效制度,尤其是知识产权的保护和相关法律制度。因此培育稳定的、可持续发展的创新经济,需要强有力的公共政策的支持,使其能够参与多方面的竞争。[6]

如果仔细考察这个创新时代的不同城市中心和地点,我们可以发现四、五个主要的类别:历史模式下的全球性创新型城市,主要是大型都会城市或主要的区域中心;各式各样的小众文化中心;专业技术型城市以及潮流城市,通常是中小规模的地区中心。

在全球各种创新型城市排名中名列前茅的,可能包括伦敦、巴黎、纽约、芝加哥、巴塞罗那和赫尔辛基。就拿纽约来说,基于先前的创新资源,21世纪初在高级金融业和银行业(不是没有风险)、艺术(超过1000个艺术画廊和成千上万的艺术品经销商,可以说纽约是世界艺术之都)以及媒体方面都享誉世界。纽约是北美最大的媒体市场。三大唱片公司也都在纽约和洛杉矶设有基地,美国1/3的独资电影是在纽约制作的。美国四大电视网络的总部全部设在这座城市,许多有

① Jörgen Rosted, Markus Bjerre, Thomas Ebdrup, and Anne Dorthe Josiassen, *New Cluster Concepts Activities in Creative Industries*.

② John Hartley, ed., Creative Industries (Oxford: Blackwell Publishing, 2005), 22.

③ Dominik Power, 'The European Cluster Observatory. Priority Sector Report: Creative and Cultural Industries', Europa Innova Paper, no. 16 (April 2011).

④ Evans, 'Creative Cities', 1014, 1016, 1019.

⑤ UNESCO Report, *International Flows of Selected Cultural Goods and Services*, *1994－2003*. Defining and Capturing the Flows of Global Cultural Trade. UNESCO Institute for Statistics, UNESCO Sector for Culture, 12, www. uis. unesco. org/ev. php? ID＝6383_201&ID2=DO_TOPIC.

⑥ Creative Economy Report 2008, UNCTAD; United Nations, 201, ch. 8, www. unctad. org/en/docs/ditc20082cer_en. pdf.

线频道也在此立足。在这个创新文化产业的核心地区，有着成千上万的企业和非营利组织。它们活跃在诸如出版、电影和录像、音乐制作、广播、建筑，以及应用设计、广告、演艺和视觉艺术等领域。此外，还有许多独立的艺术家、作家和演员。纽约创新领域的成功秘诀在于人才，在于与各种受众和供应商的近距离接触，以及善于学习的公众和独特的环境。在这个环境中营利性和非营利性的创新组织可以相互扶持，共同发展。纽约的创新产业基于优质的基础设施。这包括国际知名的教育机构，从茱莉亚艺术学院（The Juilliard School of the Arts）到普拉特研究所（the Pratt Institute）、美国芭蕾舞学院（the School of American Ballet），还有一个友好艺术慈善基金会赞助的大型团体以及一些知名商会。有超过 15 个工会和 50 个地方机构支持创新工作者。文化领域的成功也有赖于市政府。近年来，该市已经越来越意识到创新领域的重要性，并通过文化局等机构为创新产业提供更好的服务。同伦敦和多伦多这样的对手展开的国际竞争十分激烈，它们制定了公共和私营政策，在保持和发展自己的创新产业方面领先于纽约。例如，广告行业的竞争就非常激烈。20 世纪 80 年代，世界 50％的大型广告机构总部都设在纽约，但是到 21 世纪初却不到三分之一了。

小众文化城市（*Niche cultural cities*）。流行音乐已经成为重要的全球性产业，并且一直与某些城市相关：传统爵士乐与新奥尔良、城市蓝调（urban blues）与芝加哥、乡村音乐与纳什维尔（Nashville）、摩城之声（the Motown sound）与底特律、探戈（tango）与布宜诺斯艾利斯。在大多数情况下，音乐是一个高度本地化的文化产物，它利用当地的创新环境进行创作，易于在城市中聚集和交流。其生产、流通和分配依赖于物质因素，如录音室、音乐厅、分销零售、唱片店、音乐场景、酒吧和资金。然而从全球看，音乐的生产、销售和消费，都被日益集中的制造和营销系统所主导。瑞典的斯德哥尔摩和牙买加的金斯敦，都是高度集中的音乐制作中心。继美国和英国之后，瑞典成为世界上流行音乐产品最大的净出口国。金斯敦产品的全球商业价值远高于斯德哥尔摩，但实质上斯德哥尔摩本地的生产体系和城市经济能够创造出更大

利润。

金斯敦是一个中等规模的城市（2010 年约 70 万人口），极富创造性，其汇集了音乐家、经纪人和词曲作者，在各种录音棚中既有激烈竞争又有高效的合作互动。橙街（Orange Street）附近扎堆的大量工作室中，音乐家们和生产商之间既精细分工又密切合作。更重要的是，艺术家的聚会让音乐创新在表演者和录音棚之间迅速传播。创新催生了雷鬼乐（reggae），为牙买加音乐开拓了全球市场。①

瑞典的流行音乐制作能够获得成功，知识产权和专业音乐家起到最为关键的作用。在瑞典，音乐产品受到保护，而金斯敦的情况则不同。在牙买加，缺乏版权保护和版权费的制度，即音乐产品不受保护。这是为什么许多牙买加艺人，在北美和欧洲录制和制作大部分作品的最主要原因。为促进音乐产业的发展，牙买加政府已经加大了对投资者的激励，包括乐器和设备的免税进口、海外电影和视频的九年利润免税，以及对用于建造电影制片厂和配套的设备、机械和材料，予以免税或税收优惠。②

在瑞典，国内外市场上的成功为国家音乐产业和斯德哥尔摩带来了显著利益（2009 年 81 万人口）。在人均唱片消费上，瑞典人位居全球第六位。21 世纪初，瑞典有近 3000 名专业音乐家、作曲家和制片人，多数都是自由职业者。大约有 200 个唱片公司和 70 家音乐出版公司，许多都位于斯德哥尔摩。斯德哥尔摩拥有大量全球性唱片行业的总部（节拍器[Metronome]、医科达[Elekta]、索内特[Sonet]、波拉尔[Polar]），瑞典最大的唱片公司就属于外国企业。③

专业技术中心。专业化工业城市在欧洲和北美有着长期历史，这与 18 世纪后期城市工业化的崛起有着十分紧密的联系，当时有些地方已经声称属于这一类型的创新型城市，诸如欧洲的伯明翰或鲁尔（Ruhr）以及新英格兰的纺织城。然而，产业大分流和东方制造业的崛起，在亚洲地区促进了新一代专业技术中心的兴起。印度南部班加罗尔（2001 年拥有 43 万居民）是教育力量的成功典范——比较早地具有创新性特征。印度政府发挥了其促进科学教育的关键性作用。拥有众多工程师的班加罗尔，其成功的根源在于很久以前，

①　John McMillan, Trench Town Rock：*The Creation of Jamaica's Music Industry*，6 June 2005，http：//faculty-gsb. stanford. edu/mcmillan/personal_page/documents/Jamaica%20music%20paper. pdf.

②　http：//www. jamaicatradeandinvest. org/index. php? action＝investment&id＝4&oppage＝1&optyp＝mm.

③　Dominik Power and Daniel Hallencreutz, 'Profiting from Creativity? The Music Industry in Stockholm and Kingston Jamaica', in Dominic Power and Allen J. Scott, eds.，*Cultural Industries and the Production of Culture* (New York：Routledge, 2004), 221－239.

城市的领导者,迈索尔(Mysore)的王公贵族和他们的大臣们做出的正确决策。迈索尔有着引进新技术的悠久传统。1909年印度科学研究所因英国殖民政府和迈索尔政府的支持而成立。印度中央政府1961年通过法案,批准建立信息技术企业。20世纪70年代,班加罗尔推出了一项基础设施投资计划,以吸引国际公司,如改善道路、电力和其他公用事业。1985年,德州仪器成为首个在班加罗尔设立基地的跨国公司。明智的公司和工人涌入班加罗尔紧密地结合在一起。印度印孚瑟斯公司成立于1981年,于1983年搬到班加罗尔。2008年,该公司拥有近10万名员工。该公司已经将经营范围从软件制造扩展到银行服务和业务咨询。

由于该城市拥有大量的信息技术公司,2006—2007年期间,在印度信息技术产品出口份额中贡献了三分之一,班加罗尔被誉为"印度硅谷"。班加罗尔的IT产业分为三大类——软件科技园;国际科技园;电子城。联合酿酒集团总部布法罗(UB City)是一个高端商业区。不仅印度一些最大的软件公司总部就设在班加罗尔,许多全球5星级软件公司也设立于此。此外,该市还是印度生物技术行业的中心:2005年全国265家生物科技公司中有将近一半落户于此,其中包括印度最大的生物技术公司白康公司(Biocon)。①

虽然扩张迅速,但是班加罗尔的经济还是严重依赖更为传统的重工业来发展先进技术。新文化产业或其他城市创新产业并未充分发展。其成功的关键在于产业集中、政府投入,尤其是对基础设施的投入,受过良好教育的劳动力以及十分可观的国际投资。其他潜在因素的作用似乎不那么明显,如多元文化、多元劳动力、小公司的结构等。事实上,小企业正日益被大公司排挤出高价地段。

潮流城市(*bandwagon cities*)。这些大多是中、小型城镇,城市创新的历史上从未有过什么大的名气或影响。比如英国北部的赫尔(Hull)、哈德斯菲尔德(Huddersfield)、盖茨黑德(Gateshead)和奥尔德姆(Oldham),澳大利亚的纽卡斯尔(Newcastle)、弗里曼特尔(Fremantle)或者马萨诸塞(Massachusetts)的伍斯特(Worcester)。这些城市自80年代以来开始面临经济问题,尤其是制造业的衰落和就业率的下滑。于是它们采取一系列活动,努力创造就业机会和商业活动。例如聘请顾问、开发创新元素、新建剧院和博物馆、街区的历史命名等等。因为投资成本和技能要求较低,以文化遗产为基础的旅游经济最为流行。然而如前所述,城市环境常常缺乏实现创新成功的关键条件,因此,这类城市的创新成功率往往较低,创新活动仅局限于像饮食行业和旅游业这样的低层次服务上。仅仅依靠政府资助来维持文化产业的现象太过于普遍。其创新产业长期发展的前景十分有限。②

结语

在本章中,我们认为,创新城市的案例始于18世纪,而通过分析过去创新型城市的领先案例,可以有效证实当前关于城市创造力本质的权威理论。尽管并非每个城市都具有同样的特征,但在这里我们还是看到了产业聚集、小型企业、劳动力的流动性和多样性、教育、技术和文化产业的交汇,也看到了国际性以及公共支持的重要作用。我们还确定领先城市要具备另外两个条件:城际竞争在促进和塑造创新性发展中的作用;领先创新型城市吸取成功经验(如声誉、劳动力、基础设施),催生新一代创新活动的能力。

如今,城市创新演化出更多的形式,出现更多的成就。一方面,作为城市创造力典范的高水平创新型城市在继续发挥作用;另一方面,更多具有特殊创造类型的专业化城市(专业技术中心或利基文化城镇)又层出不穷,虽然还不能确定这些城市是否会发展为成熟的创新型城市。另外,还有许多其他城市中心想成为创新型城市,但是不具备成功的关键条件。城市化过程始终是一个多人追逐的艰难赛事,但只有少数人能够获奖。

参考文献

Andersson, David Emanuel, Andersson, Ake E., and Mellander, Charlotta, eds., *Handbook of Creative Cities* (Cheltenham: Edward Elgar, 2011).

Evans, G., 'Creative Cities, Creative Spaces and Urban Policy', *Urban Studies*, 46 (2009), 1003–1040.

Florida, R., *The Rise of the Creative Class* (Basic Books: New York, 2002, paperback edn. 2004).

---

① Richard Florida, *Cities and the Creative Class* (London: Routledge, 2005):49-86;Edward Glaeser, *Triumph of the City. How Our Greatest Invention Makes Us Richer, Smarter, Greener, Healthier, and Happier* (New York: The Penguin Press, 2011), 24-40,229.

② Evans, 'Creative Cities', 1006,1030. 亦可参见 J. Montgomery 'Cultural Quarters as Mechanisms for Urban Regeneration. Part 1: Conceptualising Cultural Quarters', *Planning, Practice & Research*, 18 (2003), 293-306 (Montgomery is more optimistic about possible outcomes).

Hall, Peter, *Cities in Civilization: Culture, Innovation and Urban Order* (London: Weidenfeld, 1998).

Hessler, M., and Zimmerman, C., eds., *Creative Urban Milieus* (Frankfurt: Campus Verlag, 2008).

Landry, Charles, *The Creative City: A Toolkit for Urban Innovators* (2008 edn. London: Earthscan, 2008).

O'Brien, Patrick, et al., eds., *Urban Achievement in Early Modern Europe* (Cambridge: Cambridge University Press, 2001).

Scott, A. J., 'The Cultural Economy of Cities', *International Journal of Urban and Regional Research*, 21 (1997), 323-336.

吴俊范 译 陈 恒 校

第 39 章 电影与城市

汉努·萨尔米

737   在 19 与 20 世纪间,城市、都市景观、其外围形象和生活形态已经在书面和视听文化两方面得到了显在的诠释和再诠释。都市意象的建构已同步于持续发展的城市化进程。城市文化不仅反映了社会变迁,也表达了文化对话中都市意象的转变,并已成为都市体验的重要部分。

本章的目的在于思考电影在城市想象中所扮演的角色,与此同时,也将从各个角度回溯电影在都市生活形态、城市空间和前景构成中的参与和贡献。本章写作中将牢记都市化进程和电影技术传播中的地区与时间差异。并将电影跟其他艺术娱乐形式放在一起探讨,以覆盖一个更宽泛的表征与类别架构。

根本上要指出的是电影技术的西方渊源。19 世纪末,北美和欧洲有很多工程师都致力于发展电影技术设备,也积累了丰富的视听文化。在黑屋子里放映保存过的活动影像已成功实现:早在 19 世纪 90 年代,电影院就为各大洲所知晓,电影技术立即就被用以有效地描述城市生活和宣扬都市生活形态。即便有其"西方属性",电影从最初就已经成为一种全球性的表达。到 19 世纪末,巡游公司展示的活动影像已从巴黎传播到圣彼得堡,从德黑兰至上海。

从柯克镇到赫尔辛基

738   18 世纪末、19 世纪初,工业城市的崛起与小说的盛行同步展开。在当时的英语文学中,可以找到很多对各个城市的描摹。最著名的虚构工业城市可能就是查尔斯·狄更斯小说《艰难时世》(1854 年)中的柯克镇,这座城市有着无数排楼房、鹅卵石街道和运河。[1]这样的工业城市形象贯穿着整个 19 世纪,并延伸成为

狄更斯式的电影传统。第一部在银幕上出现柯克镇的改编作品诞生于 1915 年。

电影技术的重大突破,在 19 世纪进入 20 世纪时伴随着现代化的第二次浪潮共同出现。19 世纪 90 年代以降,喷薄而出的电影文化成为城市体验和想象的中心地带。人们发现了电影与城市间的诸多关联:第一批影院诞生于城市;上映片目都强调着城市场景设置;而且电影的贸易交流迅速让世界不同角落都能从银幕上看见现代城市生活。

时至 19 世纪末,很多独立的创新者都在为电影业而工作,而法国卢米埃尔兄弟则开创了第一家成功的电影企业,并将神奇的活动影像带到欧洲不同地方乃至其他大洲。在这些旅行中,摄影师不仅受雇于这对兄弟拍摄新片,更有幸加入了一段环绕世界的电影之旅。在赫尔辛基,电影最早上映于 1896 年 6 月,仅在巴黎首次放映的半年之后。而芬兰的首映之夜,当地报纸《芬兰新女性》写道:

> 卢米埃尔电影术的展示会邀请记者们昨晚在俱乐部观看了这一神奇的机器。卢米埃尔在其宣言中称这机器为 19 世纪的奇迹并非毫无缘由;它是世纪的奇迹,事实上,还很令人着迷。它让绷紧的白色帆布神奇地投射出如此自然运动着的鲜活影像。昨晚我们看到的第一个画面是一列火车抵达大城市的火车站。啊呀,生活和人群纷扰的气息迎面而来!从很远处,就能感受到这列火车正在驶来,它的接近是如此自然以致我们开始担心被它撞倒……放映还包括几个大城市的街景影片,里面的人、马、公共汽车、马车、自行车、狗和顽童熙熙攘攘、浑然一体。[2]

---

[1] Hannu Salmi, *Nineteenth-Century Europe : A Cultural History* (Cambridge : Polity, 2008), 21.

[2] *Uusi Suometar*, 28 June 1896.

《芬兰新女性》的记者提到《火车进站》这部影片时说，媒体成员"几乎都害怕被火车撞倒"。同样的情形事实上也曾在卢米埃尔兄弟的巴黎首映会上发生过。据说当时观众由于害怕火车从银幕冲向看台，甚至爬上了椅子。对其他早期电影的体验也是一样，而且影片呈现的真假难辨也同样令人担心。罗伯特·保罗（Robert W. Paul）甚至在他的影片《农民和电影术》（*The Countryman and the Cinematograph*，1901 年）的虚构情景里提到，一个头脑简单的农村人几乎无法辨别片中的"真实"和"虚构"。[①] 在 19 世纪末，令人恐惧的电影神话看似已轻易唤起了对电影观众之无知的描述，尤其针对非城镇观众。[②] 另一方面，这种无知迅即被利用为对建立审查制度的争论。

芬兰记者的有趣报道还涉及了很多方面。作者明确而强烈关注着电影对"若干大城市街景"的生动描述。1896 年的芬兰仍是一个农村国家。大部分人口都住在乡村而直至 20 世纪 50 年代城市居民仍很稀少。而在中欧地区，情形则有所不同：20 世纪的最后几十年城市化高速发展。如果电影能让中欧公众有机会见到"白雪覆盖的大地及当地的体育运动"，如同乔治·梅里埃 1907 年所写到的，[③] 那么对芬兰这样的国家，电影也完全可能成为一种新兴的现代都市文化。它为偏远地区的城镇带来了体验都市喧哗的机会。面对着银幕，即便是芬兰观众也可以摇身成为城市漫游者，随视线所及逡巡在都市热闹的拱廊和市场中。

电影和本土化的现代主义

在欧洲，移动影像的成功显然与现代化进程密切相关。银幕上那些晃动的画面可能并不代表时下的文化诉求，却多少令人有所期待。对芬兰观众而言，卢米埃尔发明的胶片给了他们一种视线，去关注城市化的生活方式，关注一个对乡村来说几乎并不实际存在的世界。此外，城市的景象显然是早期电影很实用的素材，因为电影工作者都试图用这一堪称"19 世纪奇观"的技术力量来捕捉和展示活动图景。于是，鲜活的都市画面比起少有动静的自然界更适宜被拍成电影。这种"都市主义"是被图解化了的，比如第一批伊朗电影，也是在描摹德黑兰的城市场景和画面。另一方面，随

着电影技术同期在各国诞生，电影也立即被用以勾勒国家形象和建构各国不同的风俗景观。同样，第一次世界大战以前的很多电影都将背景设置在城市中，即便观众基本上都居住在市中心以外的芬兰也如此。

在 20 世纪 20、30 年代，电影制作者仍经常描述城市的现代生活。尽管沃特·鲁特曼（Walter Ruttmann）的《柏林：城市交响曲》（*Berlin：Die Sinfonie der Grosstadt*，1927 年，参见图 39.1）和弗里茨·朗（Fritz Lang）的《大都会》（*Metropolis*，1927 年）现已成为那一时期的缩影，但在 20 世纪 30 年代，城市幻景则是电影制片厂在全球游说的概念，无论是好莱坞还是赫尔辛基，也无论在开罗或是上海。全世界的电影观众都可以目睹美国摩天楼建筑工地上的工人和纽约购物中心的逛街者，在自身的文化背景下体验都市生活形态。都市景象的散布也许从未如此昌盛过。与此同时，那些特别的城市如柏林和巴黎几乎被银幕神化了。热内·克莱尔（René Clair）的《巴黎屋檐下》（*Sous les toits de Paris*）揭示出电影产品如何建构起城市空间：电影成品结合了室外片段和室内镜头，显得如此诗意盎然。事实上，银幕上如画的巴黎城更像是电影神话，而非走出摄影棚和电影布景后可以切实感知的真实世界。

图 39.1 沃特·鲁特曼（Walter Ruttmann）的《柏林：城市交响曲》（*Berlin：Die Sinfonie der Grosstadt*，1927 年）剧照，表现了城市生活，尤其是交通、汽车和火车的景象。
图片提供：Deutsche Vereins-Film。

跟《巴黎屋檐下》将城市画面高度理想化的做法相

---

① 参见 Erkki Huhtamo，'From Kaleidoscomaniac to Cybernerd：Notes toward an Archaeology of the Media'，*Leonardo*，30：3 (1997)，224。

② 参见 Tom Gunning，'An Aesthetic of Astonishment：Early Film and the (In)credulous Spectator'，in P. Simpson，A. Utterson，and K. J. Shepherdson，eds.，*Film Theory：Critical Concepts in Media and Cultural Studies*，vol. 3 (London：Routledge，2004)，79。

③ Georges Méliès，'Cinematographic Views' (1907)，in Richard Abel，*French Film Theory and Criticism：A History/Anthology*，*1907 – 1939* (Princeton：Princeton University Press，1988)，36 – 37。

反,也有一些当代电影作品对城市生活持批判态度。20 世纪 30 年代的中国电影中存在着大量的这类例子,尽管上海的电影工业很大程度上建立在深受好莱坞影响的基础之上。其中把城市表现得最令人悲悯的有孙瑜早期的左翼电影《天明》(1933 年)。故事讲述了一个叫菱菱的农村女孩来到大上海,满怀美好的憧憬。现实比城市表象要艰难得多。菱菱找到一份工厂的活儿,却遭到老板儿子强奸。她最后沦为娼妓,但因同时得以进入上流社会而开始帮助同伴。① 这一时期的很多中国电影都表现了农村与城市的冲撞,以及传统与现代生活方式之间的角力。② 米里亚姆·布拉图·汉森(Miriam Bratu Hansen)早已指出,与其将美国电影在 20 世纪 20、30 年代的全球霸权归因于影片质量,不如说是美国向全球观众展现的现代化和现代性的期待视野。③ 这一"本土化的现代主义"对中国电影也产生了一种冲击,但这并非一种单向的影响力。于是,电影通过"本土化的现代主义"所提供的影像为构思国内或本地区的题材提供了一个舞台。电影通常会把女性设置成故事中心并迅即将性别问题转化成对社会生活的探讨。在这里,郑正秋的《姊妹花》(1934 年)便是一个典型的例子:一对双胞胎姊妹一出生就被分开,一个被放在穷困家庭,而另一个则在富足之家长大。

有趣的是,上海与好莱坞之间也有着十分直接的关联。例如孙瑜,他在 20 世纪 20 年代于纽约修读写作、导演和电影术。④ 那时的中国电影作品也有对美国片的翻拍,或至少从好莱坞片获取的灵感。袁牧之的《马路天使》(1937 年)表现了一个年轻人试图逃离上海腐败与险恶的环境,影片灵感可能来自弗兰克·鲍沙其(Frank Borzage)的默片《第七天堂》(Seventh Heaven,1927 年)和《马路天使》(Street Angel,1928 年)。然而,该片也被看做是袁牧之融合好莱坞影响和苏联电影技术之后的自我阐释。⑤

对"本土化现代主义"(vernacular modernism)的呼应随处可见,并且很明显的是,20 世纪 20 年代末和 30 年代初有声片的到来更助推了这些电影制作的地域中心。20 世纪 30 年代,埃及以阿拉伯语电影的主要制

作者身份出现。1936 年,开罗的 Misr 电影制片厂根据好莱坞影片的样式,启动了自身的电影制作并成为 20 世纪 40、50 年代埃及电影的中坚力量。⑥ 相继在慕尼黑和柏林的 UFA 电影制片厂接受培训的尼亚齐·穆斯塔法(Niazi Mustafa),凭借其处女作《万事大吉》(Salama fi khair,1937 年)成为 Misr 电影制片厂的领衔导演。由当时最著名的喜剧演员纳吉布·艾尔·里哈尼(Naguib Al Rihani)主演的《万事大吉》主要的取笑对象是城市精英。

经典好莱坞和城市

早在无声电影时代,好莱坞已经成为全球最主要的电影制作厂家之一。好莱坞虽曾是现代生活方式的推行者,但仍存在一些值得商榷的影片。20 世纪 30 年代,美国黑帮电影开始描述城市中的暴力元素。尤其是华纳兄弟电影公司(Warner Bros.)以制作匪帮争斗片而闻名,比如《小凯撒》(Little Caesar,1931 年)、《全民公敌》(Public Enemy,1931 年)和《疤脸人》(Scarface,1932 年)等片都表现了大型工业城市里的有组织犯罪。紧接着,电影产品分级制度应运而生,有关部门还特地编制了海斯法典(Hays Code),用来审核好莱坞电影。由此,那些精心策划的城市暴力场面受到抑制。尽管好莱坞的电影审查工作由电影业和发行商操作,不像许多其他国家的执行者是政府部门,但电影制作者在表现城市弊端与暴力上仍受制于严格的法规审查。

纽约市在制片厂时代的好莱坞电影中占据着一个特殊的地位(也可参见本书第 38 章)。它提供的场景不仅有犯罪和浪漫,也包含着历险片和音乐剧。完工于 1931 年的帝国大厦,成为纽约市的象征和其天际线上的一个醒目元素,也开启了电影景点形象权的理念。影片《金刚》(King Kong,1933 年)用奇异和怪诞来与都市的现代技术抗争。当金刚试图逃离时,它在摩天大楼的顶层被直升机射杀而坠落。纽约也是舞蹈的展示场所:巴斯比·伯克利(Busby Berkeley)签约为里

① Yingjin Zhang and Zhiwei Xiao, eds., *Encyclopedia of Chinese Cinema* (London: Routledge, 1998), 139.

② Miriam Bratu Hansen, 'Fallen Women, Rising Stars, New Horizons: Shanghai Silent Film as Vernacular Modernism', *Film Quarterly*, 54:1 (Autumn 2000), 15. 亦可参见 Yingjin Zhang, *The City in Modern Chinese Literature and Film: Configurations of Space, Time, and Gender* (Stanford, Calif.: Stanford University Press, 1996).

③ Hansen, 'Fallen Women, Rising Stars, New Horizons: Shanghai Silent Film as Vernacular Modernism', 10.

④ Zhang and Xiao, *Encyclopedia of Chinese Cinema*, 325.

⑤ Ibid., 321-322.

⑥ Farid El-Mazzaoui, 'Film in Egypt', *Hollywood Quarterly*, 4:3 (Spring 1950), 246.

奥德·贝肯(Lloyd Bacon)的影片《第42街》(42nd. Street,1933年)担任日后成为他最杰出作品的舞蹈设计。① 这座偌大的城市在此代表着能让一个普通合唱团女孩变成巨星的机遇之地。假如说20世纪30年代初的黑帮片逆转或扭曲了美国梦的形象,那些音乐片则完全相反地用很积极的画面鼓舞着正处大萧条时期的观众。②

除了大城市,小镇也一直在好莱坞电影中有着核心位置。20世纪20、30年代,这样的小镇被刻画成"家"的象征,带着回顾往昔时常常泛起的乡愁。③ 意大利移民弗兰克·卡普拉(Frank Capra)就在他的平民主义喜剧中聚焦了小镇生活。《迪兹先生进城》(Mr. Deeds Goes to Town,1936年)讲述一个小镇青年

朗费罗·迪兹(加里·库珀饰演,Gary Cooper)一夜间得到一份巨额遗产。律师事务所邀请他前往纽约,最后,迪兹先生不得不身处于利己主义者的丛林中。女记者芭比·贝内特(珍·阿瑟饰演,Jean Arthur)紧跟着这个小镇青年进城,并发表了一系列夸大其词的新闻报道。影片的高潮落在法庭上,迪兹必须向在座的职业律师们证明自己。最后的大结局——以迪兹用自己的正常人性推翻所有指控而凯旋告终。很明显,弗兰克·卡普拉是霍瑞修·爱尔杰(Horatio Alger, Jr.)的继承者,但对他来说,美国梦无关经济,并非那些让主人公"从衣衫褴褛步入荣华富贵"的东西,而是影片中被置于大背景的重建现代文明,尤其是现代城市生活的价值观的自觉性目标。

图39.2 史密斯先生(詹姆斯·斯图尔特饰演,James Stewart)在弗兰克·卡普拉的影片《史密斯先生去华盛顿》(1939年)中提及美国的价值观。
图片提供:*Mr Smith Goes to Washington* © 1939, renewed 1967 Columbia Pictures Industries, Inc. All Rights Reserved. Courtesy of Columbia Pictures.

743

小镇与大城市间的张力是20世纪30、40年代好莱坞电影的构成特性,二战刚结束时,"郊区化"生活方式愈演愈烈,然而郊区也将与美国梦的实现紧密相连。

然而,"小镇天堂"是不该有任何阴影的。在战时的美国电影中,就可以发现某种攻击力量的出现常常针对着郊区小镇。小社区也往往隐喻着故土,其结果是,那

---

① Joseph Dorinson and George Lankevich, 'New York City', in P. C. Rollins, ed., *The Columbia Companion to American History on Film: How the Movies Have Portrayed the American Past* (New York: Columbia University Press, 2003), 439.

② Hannu Salmi, 'Success and the Self-Made Man', in Rollins, ed., *The Columbia Companion to American History on Film*, 598.

③ John C. Tibbets, 'The Small Town', in Rollins, *The Columbia Companion to American History on Film*, 457 - 458.

些未曾预料的外部攻击出现并搅乱了日常生活。在40年代，这种攻击力量是纳粹，而在50年代则是共产主义。[1] 这类美国小镇式的偏执恐惧尤其为科幻电影提供了原始素材。在唐·希格尔(Don Siegel)的影片《天外魔花》(*Invasion of the Body Snatchers*，1956年)中的加州虚构小镇圣米拉的居民，就面临被外星人换脑后变成毫无情感的非人类的局面。

城市空间内的社会问题

743　　欧洲曾经是第二次世界大战的舞台中心。经过战乱和多年的破坏，诸多历史古城都濒临毁灭，尤其是在德国境内。战后，柏林被频繁用作电影拍摄地。而这座城市本身已然经历了巨大改变。第一部是东德的故事片——沃尔夫冈·施多德(Wolfgang Staudte)的《凶手在我们中间》(*Die Mörder sind unter uns*，1945年)，它抓取的是这个城市在物质和精神上的荒芜。柏林的毁灭不仅是战败和巨大的物质损失，更是整个德国信念的土崩瓦解。

　　毁灭常常吸引着艺术家，而且毫不令人吃惊的是，世界各地的电影团体纷纷前来将柏林作为电影的破败背景。罗贝托·罗塞里尼(Roberto Rossellini)让它出现在其1948年的影片《德意志零年》(*Germania anno zero*)。同一年，比利·怀尔德(Billy Wilder)从好莱坞抵达柏林，带着玛琳·黛德丽(Marlene Dietrich)、珍·阿瑟(Jean Arthur)和约翰·伦德(John Lund)完成他的《柏林艳史》(*A Foreign Affair*)，雅克·特纳(Jacques Tourneur)在此拍摄了由罗伯特·瑞恩(Robert Ryan)和梅尔·奥勃朗(Merle Oberon)主演的《柏林快车》(*Berlin Express*)。[2] 占领区和(通常)看不见的边界也在20世纪40和50年代被几部电影设置

744 为故事发生地。例如，卡罗尔·里德(Carol Reed)就将柏林作为其影片《中间人》(*The Man Between*，1953年)的一个场景。电影工作者们致力于从根本上将柏林树立为冷战的象征符号，而这一点尚可探讨。

　　二战以后，城市空间通过社会问题得到确立，意大利新现实主义聚焦于城市环境，先是批评战争，就像罗贝托·罗塞里尼的《罗马，不设防的城市》(*Roma, città aperta*，1945年)，之后就转而描述意大利郊区的社会问题。维多利奥·德·西卡(Vittorio de Sica)的《米兰

奇迹》(*Miracolo à Milano*，1951年)讲述了托托(弗朗切斯科·格里萨诺饰演，Francesco Golisano)于孤儿院度过童年时代后，在米兰郊外的贫民窟开始了成人生活。石油生意的闯入夺去了穷人们的土地，在最后梦幻般的场景里，这个穷困的人已经别无选择，唯有奔向天堂。20世纪50、60年代时，意大利大城市及其周边常被搬上银幕，而那些急速增加的公寓楼街区更是开创了这一时期意大利电影的话语背景。米开朗琪罗·安东尼奥尼(Michaelangelo Antonioni)把这放进了他有关疏离感主题的故事中，如《呐喊》(*Il grido*，1957年)、《夜》(*La notte*，1961年)和《红色沙漠》(*Il deserto rosso*，1964年)等。新的公寓式居住形态也曾是现代化的符号之一。这种关注并不仅限于意大利电影。在格鲁吉亚影片中，也可以找到同样的主题。奥塔·埃索里亚尼(Otar Iosseliani)的首部长片《四月》(*Aprili*，1961年)就表现了一对年轻夫妇搬进现代化的公寓楼。该片几乎是部无声电影，表现了具有强大凝聚力的老式城镇居民区迅速被全新的现代生活方式所取代，而在现代公寓里人人都孤立地存在。

　　急剧加速的城市化也常被联系到代沟问题。当城市居民越来越多，孤独感随之成为一个问题。小津安二郎(Yasujiro Ozu)的《东京物语》(*Tôkyô monogatari*，1953年)是一个关于父母与子女失去联系的感人故事。老夫妻去东京看望孩子们，看到的却是在新的社会秩序和城市生活方式下已经没有老年人的位置。

　　道德焦虑成为战后银幕上常见的主题。20世纪40年代末的芬兰电影里，就有着对道德滑坡和性病泛滥的忧惧。特沃·图里奥(Teuvo Tulio)便以其表现酗酒、卖淫等众多道德问题的剧情片而闻名。但感怀时期并不长，也许对和平时期正在寻找出路的社会而言这些都是可以理解的。进入50年代后不久，年轻人的问题成为新的道德热点。在美国，婴儿潮已在战争期间就开始了，而欧洲则要更晚些才出现。拉兹罗·本内德克(Laslo Benedek)率先探讨这些问题，他的影片《纽约港》(*Port of New York*，1949年)也已涉及了滥用毒品的命题。对异化的年轻一代(尤其是男性)的描述，几十年间在不断更新和持续。卡雷尔·赖兹(Karel Reisz)的《周六晚上和周日上午》(*Saturday Night and Sunday Morning*，1960年)源于阿兰·西利

---

①　Kimmo Ahonen, 'Treason in the Family: Leo MacCarey's Film *My Son John* (1952) as an Anticommunist Melodrama', in H. Jensen, ed., *Rebellion and Resistance* (Pisa: Plus-Pisa University Press, 2009), 121 - 136.

②　关于 *Berlin Express*，参见 Stephen Barber, *Projected Cities* (London: Reaktion Books, 2003), 64 - 69.

托（Alan Sillitoe）的小说，刻画了一个愤怒的年轻人阿瑟（阿尔伯特·芬尼饰演，Albert Finney）勉为其难地与周遭相处。他在诺丁汉一家工厂做技术工人，但却拒绝参加任何社会活动，并几近成为一名无政府主义者，对任何事情都轻描淡写。

同时，城市的影像也被笼上一层黑色。在20世纪40年代末至50年代的好莱坞黑色电影时期，银幕上通常只展现处于夜晚的城市，那是罪恶与激情的最佳场景。朱尔斯·达辛（Jules Dassin）形容其影片《裸城》（*Naked City*，1948年）中的有预谋犯罪时表示，（夜晚的场景）也是为了要捕获一个大城市彻夜不眠的那种令人窒息的气氛。达辛这部战后拍摄的半纪录片形式电影也是最令人难忘的讲述纽约市的作品之一。

在每个大洲都有一些影片表现了城市犯罪。印度的古鲁·杜特（Guru Dutt）在50年代监制了一系列以孟买为背景的十分成功的影片。《C. I. D.》（1956年），由拉伊·科斯拉（Raj Khosla）执导，是一部黑色电影和印度片的有趣混合体。这部谋杀探案片跟随着侦探谢克哈尔（由德夫·阿南德饰演，Dev Anand）追踪杀手——一个新闻记者谢尔·辛格（由梅赫穆德饰演，Mehmood）。《C. I. D.》中的阴郁气氛并非好莱坞的直接影响，而是二次大战后从印度流行电影中发展出来的一种风格。这部电影中也包含着本土化现代主义的元素：其将孟买作为现代都市展示的时候仅略微提及了印度传统文化。然而，城市夜色中幽暗的神秘场景被明快的音乐打断，影片作曲者是O. P. 纳伊亚尔（O. P. Nayyar）。[①]

当然，20世纪50、60年代电影对城市的描述并非孤立地发展起来的。同时期还有着其他大众娱乐方式。电视传播已于30年代在美国和欧洲启动，而电视技术的真正普及则出现在50、60年代。电视公司及其主要的制片厂都设在大城市如纽约、伦敦和悉尼。在电视节目中，受欢迎的电影片种都得以继续发展。黑色电影激发出的罪案连续剧贯穿了整个60年代，而有关小镇和美国边疆的题材则萌芽于西部牛仔片的形式。至于肥皂剧如英国的《加冕街》（*Coronation Street*）或澳大利亚的《邻居们》（*Neighbours*）则是城市和郊区社会问题的半净化版本。覆盖范围日益广泛的电视网不可避免地改变了人们的生活，更在受到质疑的城市中心和外围乡村之间的裂痕中创造了互相的联系。加拿大媒介专家马歇尔·麦克卢汉（Marshall McLuhan）在1962年提出了最著名的"地球村"观念。麦克卢汉表示，世界将成为一个人人彼此知晓的村落，信息也将自由穿行于各种传统的边界。显而易见，电视有着全球性的界面。电视技术通过城市内部电视网络，在纽约和伦敦等大都市产生了与众不同的影响。而与此同时不断壮大的全球媒体又让这些城市之间互相沟通起来。

不仅是信息跨越了地域边界，人也在跨越。而城市却是用来藏身的地方。雅克·里维特（Jacques Rivette）在他的《巴黎属于我们》（*Paris nous appartient*，1961年）里视巴黎为难民的聚集地。影片主角安·古皮尔（由贝蒂·施耐德饰演，Betty Schneider）遇到一个德国戏剧导演和一个刚逃离麦卡锡主义的美国流亡者，同时，巴黎也是西班牙政治活动家的避难所。法国新浪潮电影经常描述巴黎人的生活，故事情节就在街道和咖啡馆里展开。

接下去的几十年可以更明显地看到城市题材电影的崛起，并且这类电影让每个城市有权表现各自的独特个性。罗伯特·阿尔特曼（Robert Altman）的《纳什维尔》（*Nashville*，1975年）生动展示田纳西州纳什维尔音乐界的同时，也充分讽喻了美国式生活形态下的众生。20世纪70、80年代的许多城市题材影片所刻划的城市中心，不但有当下的生活，更被看作拥抱过去记忆的《往事故地》或上演回忆片段的剧院。举例而言，这些电影包括费德里科·费里尼（Federico Fellini）的《罗马》（*Roma*，1972年）、尤瑟夫·夏因（Youssef Chahine）的《亚历山德里亚……为什么？》（*Alexandria... Why?*，1979年）、弗拉基米尔·缅绍夫（Vladimir Menshov）的《莫斯科不相信眼泪》（*Moskva slezam ne veriry*，1980年）和维姆·文德斯（Wim Wenders）的《柏林苍穹下》（*Der Himmel über Berlin*，1987年）。

经年累月，多种族聚居的城市在电影里日益醒目。都市社会问题也在70年代受到更强烈的关注，比如《出租车司机》（*Taxi Driver*，1976年，参见图39.3）。斯派克·李（Spike Lee）的《为所应为》（*Do the Right Thing*，1989年）堪称20世纪末最有争议的影片之一，它描写的纽约种族骚乱比现实中洛杉矶发生的大暴动要早三年。影片主角莫奇（由斯派克·李饰演，Spike Lee）是纽约布鲁克林一名住在黑人与波多黎各人聚居区Bedford-Stuyvesant的青年。该片也表现了意裔美国人萨尔瓦多·萨尔·弗朗吉奥内（由丹尼·埃罗饰

---

① 关于 *C. I. D.*，参见 Jyotika Virdi，*The Cinematic ImagiNation：Indian Popular Films as Social History*（New Brunswick：Rutgers University Press，2003），100－103。

演,Danny Aiello)对黑人持有的种族歧视。影片以一场暴乱收场,莫奇最后把一个垃圾桶扔向萨尔的匹萨店橱窗。从《为所应为》到《马尔科姆·X》(Malcolm X,1992 年),导演斯派克·李被批评为作品过于介入种族暴力运动,但同时也因试图重写黑人的城市身份和让观众理解黑人区生活而受到称赞。[1]

图 39.3 马丁·斯科塞斯(**Martin Scorsese**)的《出租车司机》(**1976**)中的纽约市。这座城市是个孤独之地,一个沥青丛林。

图片提供:*Taxi Driver* © 1976, renewed 2004, Columbia Pictures Industries, Inc. All Rights Reserved. Courtesy of Columbia Pictures。

城市的过去和未来

电影中的城市表征如同其他艺术和娱乐形式一样纷繁而难以简单归纳。尤其是战后的欧洲和北美电影,城市已被视作社会问题的焦点,而都市环境也几乎是每部电影的必备配置。在近几十年里越来越明显的是,非洲、拉丁美洲和亚洲的电影产品中也强烈表现出这种"电影的都市化"。然而这往往会将城市的表征误导为单一的当代焦虑,或是由此宣称,银幕所见仅仅是城市在与当下问题不断妥协。很显然,电影对城市总体上的虚构也是人群及社区通过一种文化实践以想象其过去和未来。因而,至关重要的是,需要牢记电影是如何表现城市生活的历史和未来的。电影化阐释已被用做再创古罗马、中世纪伦敦和 18 世纪的巴黎。当安东尼·曼(Anthony Mann)的《罗马帝国的衰落》(*The Fall of the Roman Empire*,1964 年)借那个宏大壮丽的凯旋场面表现古罗马广场周围景象时,曾千辛万苦地在西班牙高地上搭建庞大外景。这一努力源于确信观众在探寻已逝的世界时会萌生出体验历史的快感。长镜头让画面得以穿越古罗马广场,也让观众仿佛走在古罗马时代。在 20 世纪 90 年代电影制作引入数字技术后,产生了创建陨落之城幻象的全新方式。

这些陨落之城既久远又深植于人们的记忆,电影技术便致力于让过去的世界复活。1948 年,马克斯·奥菲尔斯(Max Ophüls)把史蒂芬·茨威格(Stefan Zweig)的短篇故事改编成剧情片《一个陌生女人的来信》(*Letter from an Unknown Woman*,1948 年)时将背景设置在 19 世纪末的奥地利,而整部影片就如同对老维也纳的记忆闪回。奥菲尔斯在好莱坞有着一家听任其调遣的制片厂,而维也纳普拉特等值得纪念的地点也被影片十分周详地规划为拍摄场地。记得当年奥菲尔斯的早期作品《情变》(*Liebelei*,1933 年)也选择在维也纳拍摄,而非其他大部分影片所热衷的柏林。事实

---

① Philip Hanson, 'The Politics of Inner City Identity in "Do the Right Thing" ', *South Central Review*, 20: 2/4 (Summer-Winter, 2003), 47 - 66.

上，《一个陌生女人的来信》从未提及任何"现实"的维也纳，有的仅是那些代表维也纳的画面。

另一个关于城市记忆的佳作是吴贻弓的《城南旧事》(1983年)。电影取材于林海音的同名小说，从字面上就能看出是有关"城市南部的故事"。经年以来，北京城被分成三块，西北一带住着显贵和皇亲国戚，东北面是商人和地主，而城南则是中产阶层和底层移民。小说和电影均试图通过那个跟着父母从台湾地区搬到北京的小姑娘英子的视角，抓取20世纪20年代关于北京城南的往事记忆。① 尽管电影描述的年代已是新中国成立之前的老北京，但其流露的怀旧气息则向着记忆中的更久远的老城。《城南旧事》中零星的忧郁情调很像是徐克的《上海之夜》的反例，后者于《城南旧事》后一年在中国香港首映。徐克这部历史喜剧片中的老上海是一处浪漫与冒险之地。可能这也是一种不同的怀旧方式，尽管其丝毫不显忧郁。

电影对城市的阐释已经清晰表达了对过去的认识和情感，而且，电影经由创造出众多乌托邦和反乌托邦的城市愿景而深度参与了对未来的想象。在弗里茨·朗(Fritz Lang)的《大都会》(Metropolis，1927年)和里德利·司各特(Ridley Scott)的《银翼杀手》(Blade Runner，1982)里的未来城市都被摩天大楼所占据。精英住在高处蓝天下，而底层人只能在街道沟渠和高楼阴影里存活。《大都会》毫无疑问已是展望未来都市的最有影响力的巨作。影片首映时，置景师奥托·亨特(Otto Hunte)争辩说他意欲创造出跟自己生活中的建筑全然不同的东西来。然而众所周知的是，弗里茨·朗1924年与建筑师埃里希·孟德尔松(Erich Mendelsohn)同访美国并显然从新世界的天际线获得了灵感。② 但毕竟，《大都会》用前所未有的方式提炼了一个未来都市的景象。其视觉形象此后得到无数科幻电影的复制传播，也包括《银翼杀手》在内。如果说《大都会》在其影像风格上已成为权威，那么，《银翼杀手》也同样有此成就，它在其2019年的景象中融合了对黑帮片和黑色电影的追忆。③ 同时还参考了绘本小说如法国漫画杂志《金属咆哮》(Métal Hurlant)，尤其是法国艺术家让·纪劳(Jean Giraud)的视觉风格。新

千年后涌现了更多数码方式制作的城市题材影片(《金刚》，2005年)以及漫画书的电影改编，如《蜘蛛侠》(Spider Man，2002)、《天空上尉》(Sky Captain，2004年)和《罪恶都市》(Sin City，2005年)。

宝莱坞、诺莱坞以及电影的都市消费

在电影发展的一百年里，电影本身也是城市的产物。电影工业一直有着各自独属的阵地，好莱坞在洛杉矶，桥连城(Joinville)临近巴黎，巴伯尔斯贝格在柏林城外，罗马电影城在罗马，还有为大量影片不断提供给养的孟买、开罗、上海、拉合尔(Lahore)和拉各斯(Lagos)。

随着不断加速的城市化(参见本书第30章)，印度已经成为全世界领先的电影生产商，每年的产量接近一千部影片。在印度，电影产业也被特莱坞(Tollywood)所控制，其特拉古语的电影制片厂位于安德拉邦(Andhra Pradesh)，而宝莱坞则是位于孟买的印地语电影制作中心。电影制作也已经以城市消费者为中心：印度的影院门票销售数为全球之最。进入新世纪之后，城市中产阶层益发成型，有线电视更其通达，加上更快捷的外语转印度语的字幕翻译技术都共同开创了全新的愿景。④

近年，好莱坞在城市形象观念上对宝莱坞电影产生着与日俱增的影响，其中尤其是年轻观众，相对于宝莱坞影片的陈旧形式，他们更钟爱好莱坞电影。新世纪伊始，宝莱坞看似已陷入困境，其部分原因是黑帮势力的介入，但超级大片如《天生一对》(Rab Ne Bana Di Jodi，2008年)又重新激活了当地的电影工业。

诺莱坞(Nollywood)的历史要追溯到20世纪80年代时，一部1987年低预算的加纳电影《Zinabu》在尼日利亚获得成功。随着手持摄影技术的发展，肯尼思·内布(Kenneth Nnebue)于20世纪90年代开始拍摄非洲约鲁巴语的大众电影。⑤

在奇卡·沃努克乌弗(Chika Onukwufor)的协同下，肯尼思·内布通过英语对白的道德故事(或者说是性爱题材)影片《美丽女孩》(Glamour Girls)跨越了语言的篱

① Zhang and Xiao, *Encyclopedia of Chinese Cinema*, 246.

② Silja Laine, 'Pilvenpiirtäjäkysymys', *Urbaani mielikuvitus ja 1920-luvun Helsingin ääriviivat* (Turku: K&H, 2011), 221-222.

③ 例如，参见 Norman K. Klein, 'Building Blade Runner', *Social Text*, 28 (1991), 147-152.

④ Iain Ball, 'The Fall of Bollywood', *Movie Maker*, 23 March 2003. Cf. Timothy J. Scrase, 'Television, the Middle Classes and the Transformation of Cultural Identities in West Bengal, India', *Gazette: The International Journal for Communication Studies*, 64: 4 (2002), 323-324.

⑤ John C. McCall, 'Nollywood Confidential: The Unlikely Rise of Nigerian Video Film', *Transition*, 95 (2004), 99.

绊。尼日利亚的多语言环境一直有着强大的英语电影制作，这也让诺莱坞的市场得以拓展至整个非洲。[1]

尼日利亚是非洲人口最多的国家，其中的最大都市拉各斯（Lagos）也是非洲大陆第二大人口最稠密的城市（参见本书第33章）。作为电影工业中心的拉各斯，都市化的加速已经体现在其90年代后的电影输出量。取代了原先的制片方式，诺莱坞的电影在尼日利亚的酒店、家庭和办公室等各处实景拍摄，大部分外景的选址都在拉各斯、埃努古（Enugu）和阿布贾（Abuja）。拍摄也不再采用电影胶片，成片都以VCD格式发行。此类电影都不再于制片厂摄影棚内拍摄，而其主要消费对象将是这些人口密集的城市，所以，影片均选取了非洲都市生活中更趣味盎然的一面。此外，VCD在尼日利亚极其流行：有上百万人在看不同种类的片子，从巫术片到基督教义故事，从恐怖片到城市动作片系列。[2] 于是，电影比其他当代非洲文化作品更深远地影响了城乡受众的集体想象力。

结语

自19世纪末以来，电影已强有力地支配着城市表达。而其重要性不仅体现在电影文化构筑了城市存在的意义——确切而言，其贡献几乎是不可估量的。电影已经让其自身成为一种城市行为，成为伦敦、巴黎、纽约和柏林这些大都市在19世纪末、20世纪初最主要吸引力所在。电影产品名列第一产业并进入全球发行网络，它显然为全球化进程做出了贡献，也再次拓展了城市意象的传播。尽管电影发行自最初就触及了世界的每个角落，但这一全球网络一直有着某种倾向即产品走向的地区差异：在一些电影走向全球的同时，仍有一些影片仅限于本国内陆地区发行。在小国家，电影人常有意识地针对国内市场制作影片。20世纪20年代末和30年代早期，有声电影的出现让电影的对白语言显得十分关键。随后，电影制作已经逐步发展出自己的中心基地或称为"电影城"，从桥连城到罗马电影城，从上海到孟买，它们为创意城市做出了典范，也始终渴望雇佣到全新的天才。

在20世纪20、30年代，电影尤其在西方成为城市大众文化的组成部分。这与消费文化的崛起密切相关，因为电影是搭载商业广告的有效工具。同时，电影表达出城市生活的霸权视野，甚至在某种程度上使得城乡生活的对比更尖锐。

二战之后，电影的角色在欧洲和北美之外也已变得非常重要，其形象日渐融入大媒体范畴，起先是与电视和视频艺术相交，接着是数字媒体和互联网。电影已是城市经验的建构者，它用一己之力创造了丰富的文化遗产，更是探讨城市社会问题和想象未来发展方向的一个平台。

参考文献

Barber, Stephen, *Projected Cities* (London: Reaktion Books, 2003).

Barrot, Pierre, ed., *Nollywood: The Video Phenomenon in Nigeria* (Bloomington: Indiana University Press, 2009).

Charney, Leo, and Schwartz, Vanessa R., eds., *Cinema and the Invention of Modern Life* (Berkeley: University of California Press, 1995).

Clarke, David B., ed., *The Cinematic City* (London: Routledge, 1997).

Mennel, Barbara, *Cities and Cinema*. Routledge Critical Introductions to Urbanism and the City (New York: Routledge, 2008).

Rajadhyaksha, Ashish, *Indian Cinema in the Time of Celluloid: From Bollywood to the Emergency* (Bloomington: Indiana University Press, 2009).

Rollins, Peter C., ed., *The Columbia Companion to American History on Film* (New York: Columbia University Press, 2006).

Salmi, Hannu, *Nineteenth-Century Europe: A Cultural History* (Cambridge: Polity, 2008).

Shiel, Mark, and Fitzmaurice, Tony, eds., *Cinema and the City: Film and Urban Societies in a Global Context* (Oxford: Blackwell, 2001).

Virdi, Jyotika, *The Cinematic ImagiNation: Indian Popular Films as Social History* (New Brunswick: Rutgers University Press, 2003).

Zhang, Yingjin, *The City in Modern Chinese Literature and Film: Configurations of Space, Time, and Gender* (Stanford, Calif.: Stanford University Press, 1996).

——and Xiao, Zhiwei, eds., *Encyclopedia of Chinese Cinema* (London: Routledge, 1998).

王　方　译　陈　恒　校

---

[1]　Pierre Barrot, ed., *Nollywood：The Video Phenomenon in Nigeria* (Bloomington：Indiana University Press，2009)，9.

[2]　McCall, 'Nollywood Confidential'，100－101.

第 40 章 殖民地城市

托马斯·梅特卡夫

753　　殖民地城市是征服和定居过程的结果,在此过程中,国家将其统治权威移植到本国国境之外的海外领地。殖民地城市产生于近代,它们是欧洲帝国主义和跨国资本主义扩张的产物。最早的殖民地城市可追溯到 16 世纪西班牙和葡萄牙在美洲和亚洲的征服活动。接着,由于荷兰人、法国人和英国人的崛起,以及后来日本和美国的帝国主义政策,殖民地城市扩散到全球。在温带气候区,殖民地城市主要是作为白人殖民者的聚居区;在热带气候区,殖民地城市往往是欧洲精英对本地人进行统治的区域的首府。随着殖民主义的结束,殖民地城市大多变成了它们所属的新独立国家的城市中心。在最近数十年,许多殖民地城市已经迅速发展成为人口稠密的综合性大都市。

作为学者研究对象的殖民地城市在过去半世纪已经催生了大量的历史著作。安东尼·金(Anthony King)的作品是杰出的,他的《殖民地城市的发展》(1976 年)首次规划了该领域的研究范围。接着,后殖民主义理论家将城市形态作为对帝国的研究"文本"来看待。结果,殖民地城市被普遍视为根本上既不同于欧洲的大都会(即所谓的"帝国"城市),也不同于一些久而久之自然形成的城市(这些城市的形成是为了满足当地人发展枢纽中心的需要)。本章将按照殖民地城市随时间发展的顺序来评估其成长和显著特点。前两节将考察近代早期和 19 世纪这个伟大的帝国时代的殖民地城市,随后,我们将聚焦殖民地城市的设计和规划、管理以及独特的定居者城市和去殖民化的影响。我们在整章中都将证明,殖民地的城市化与新生的资本主义世界秩序的成长紧密相关而且有助于维持这种成长。然而,与此同时,殖民地的城市化进程不仅受欧洲不同强国推行的各种政策影响,也同样受本地人的活动影响,因为本地人努力接受并且帮助塑造了他们发现自己已置身其中的崭新的城市世界。

近代早期的城市

754　　从美洲的哈瓦那和韦拉克鲁斯到东印度群岛的果阿和马六甲,这些由西班牙人和葡萄牙人建立的城市既宣告了殖民统治的开始,又宣告了他们所控制的地区被纳入到世界资本主义经济中(参见本书第 19 章和第 20 章)。最重要的是,这些城市提供了可停靠舰队的港口,舰队确保了殖民当局能对付海盗和作为竞争对手的欧洲强国;它们通常在城市的中心区域建造了一个用来保护本城居民的堡垒;它们还拥有一些来自世界各地的人口,其中包括小贩、交易商和其他一些利用这些城市所提供的机遇和安全保障而聚集到这里的人。一个典型例子是西班牙所属的马尼拉。始建于 1571 年的马尼拉是作为一个贸易据点兴盛起来,在这个据点,横跨太平洋从墨西哥的阿卡普尔科运来的白银可以用来与中国的丝绸、瓷器和其他奢侈品交换。圣地亚哥古堡位于帕西格河汇入马尼拉湾之处,它守卫着城墙环绕的王城区,那里居住着西班牙的统治者和修士;中国人巨大的交易区就在城墙之外。正如西班牙的其他殖民地城市一样,塑造马尼拉的东西包括:一是最早可以追溯到西班牙征服墨西哥时期的经久不衰的城市设计元素,尤其是矩形布局和中心广场,一是宣示统治者的基督教宗教热情的赫然耸立的巴洛克风格教堂。①

从 17 世纪开始,国际竞争加剧,随着扩张型的英国和荷兰贸易公司以及较小的丹麦和法国贸易公司的加入,殖民地的港口城市在数量和规模上都得以扩大。在这样的城市中,最突出的是爪哇岛上的荷属巴达维

---

① Robert R. Reed, *Colonial Manila* (Berkeley: University of California Press, 1977).

亚以及印度三个著名的首府马德拉斯(1639年)、孟买(1661年)和加尔各答(1690年)。尽管坐落于印度东南海岸的本地治里(Pondicherry, 1674年)要更小一些,但它为法国人提供了同样多的功能,只是一个小型丹麦人定居点的特兰奎巴(Tranquebar)也是如此。城市成长的速度和形态由对欧洲的出口贸易的需求所决定。起初,出口欧洲的大多是奢侈品,包括糖、烟草和香料,但更重要的是印度的手工纺织品。南亚的殖民地城市集中在"工厂"附近,欧洲公司的代理商在这里采购和储存等待运往欧洲的纺织品和其他商品。由于欧洲人很少深入到内陆,成功的贸易要完全有赖于被称为"迪巴什"(dubash,字面意义即两种语言)的印度中间商;这些人设法从欧洲公司搞到商品,因此,就像本地治里的阿南达·兰加·皮莱(Ananda Ranga Pillai)一样,他们往往是这些新建的殖民城镇中最为富有的居民之一。[1]

尽管这些早期的殖民地城市非常繁荣,但它们对新的和陌生的疾病带来的灾难束手无策。斗胆进入热带地区的欧洲人始终冒着早逝的风险,很重要的一个原因在于这些被沼泽环绕的低地港口城市是蚊子的滋生地。在18世纪的加尔各答有这样一种说法:"两个雨季(即两年)就是人的一生";公园街公墓赫然耸立的方尖碑见证了死亡的接近。在巴达维亚,荷兰人自寻死路,因为他们试图再造荷兰式运河;当水停止流动时,蚊子就大量繁殖。到1850年,巴达维亚老城区的许多地方已经被拆毁,运河也被填埋了。当然,疟疾肆虐的西非一直作为"白人之墓"而臭名昭著。欧洲士兵曾发出控诉,称围攻敌人的城市是极其冒险的举动。1742年,仅仅在准备夺取哥伦比亚海岸的西属卡塔赫纳的一次失败尝试中,英国人仅由于疾病就损失大约两万人;在二十多年后的1763年,英国人占领了哈瓦那,但黄热病对英军具有如此大的杀伤力,以至于他们不久便放弃了战果,将这座城市拱手让给了西班牙。[2]

帝国的扩张

随着时间的推移,贸易的构成和规模改变了。到了19世纪早期,工业革命使印度的手工纺织品在世界市场上的竞争力不复存在,与此同时,英国的势力扩展到印度腹地,荷兰的势力也扩展到印度尼西亚腹地,于

是殖民地政府获得了从税收和贸易中赚取财富的新机遇。一旦英国人占领德里,加尔各答位于恒河入海口的地理位置就能使它可以把深入内陆1000英里内广阔腹地上的所有贸易汇聚到这座城市。渐渐地,这种出口贸易只包括原材料而不包括制成品,此外还包括一些能够满足欧洲消费者不断增长的需求的商品。经加尔各答港中转的商品有:靛蓝染料,输往中国的鸦片,来自孟加拉东部的黄麻,以及18世纪50年代之后来自阿萨姆的茶叶。在整个19世纪,加尔各答始终是印度的首都和最重要的商业中心。当英属印度军队把殖民统治扩展到印度的南端和西端时,次要首府马德拉斯和孟买也繁荣起来。在1800年之后,那些曾经限制了欧洲人的贸易和创业的旧的商业垄断企业被关闭,为此,整个亚洲的城市发展得到进一步的刺激。

并不是所有的港口城市都拥有广阔的腹地。一些城市被建立起来,要么仅仅是为了确保对沿海战略要塞的控制,要么是替那些远程航海的船只提供燃料和食物的补给。尽管马尼拉位于富饶的菲律宾群岛,但西班牙人却并没有尝试着发展马尼拉的腹地,而只是自己为这座城市提供供给。在开普敦(始建于1654年),荷兰的东印度公司让来自荷兰和德国的定居者为水手们种植蔬菜和提供肉类;可它对内陆几乎没有兴趣。同样,卡塔赫纳,相应也包括哈瓦那,尽管它们附近有一些甘蔗种植园,但在19世纪20年代之前,它们主要是作为西班牙运宝船在加勒比海的基地。由斯坦福·莱佛士爵士于1819年建立的新加坡是位于马来半岛南端并具有战略意义的自由贸易港,这里汇聚了整个东南亚的商品,或销售或转运;而马来半岛内陆地区直到五十年之后才被英国人控制。亚丁(始建于1839年)位于印度洋的入口处,它巩固了英国人对通往东方的航线的控制;同时,火奴鲁鲁以及与之毗邻的著名的珍珠港于1898年被美国吞并,它们确保了美国在整个太平洋地区的支配地位。1857年被法国人占领的达喀尔位于非洲北部西海岸的不毛之地,它同样是作为大西洋上的一个军港而发展起来的,在20世纪之前,它与内陆地区很少有联系。甚至更加繁荣的法国殖民地城市,如西贡和河内,尽管它们位于主要的河流边上,但也没有向广阔的腹地发展。湄公河三角洲附近丰产的稻田确保了西贡在稻米出口贸易中有利可图,但该城地处湄公河三角洲偏上游的区域,这就使它

---

[1] Susan Neild-Basu, 'The Dubashes of Madras', *Modern Asian Studies*, 18 (1984), 1-31.

[2] J. R. McNeill, Mosquito Empires: *Ecology and War in the Greater Caribbean, 1620-1914* (Cambridge: Cambridge University Press, 2010).

无法与富有活力的新加坡和巴达维亚进行有效的竞争。

当新的城市繁荣起来,旧的殖民地城镇就会衰落或被边缘化。之所以发生这样一些情况,是因为愈发强大的英国人挤掉了自己的竞争对手,同时也是因为贸易的变化趋势让其他一些城镇变得无关紧要。随着槟城(1786年)和新加坡先后的建立,马六甲沦为一潭死水。英国人对中国香港的统治(1842年)以及上海随后成为繁忙的通商口岸同样也让葡属澳门陷入困境。尽管本地治里和果阿作为外国人的飞地被保存下来,但它们却笼罩在马德拉斯和孟买的阴影下。甚至马德拉斯本身,这个在18世纪中期的印度最繁荣的英属城市中心,由于缺少像加尔各答那样广阔的腹地,在整个19世纪都停滞不前。在北美,尽管法属魁北克还继续作为省会,但它先是被繁荣的英属商业城市蒙特利尔取代,后又被位于安大略湖畔并属于新设立的安大略省的多伦多取代。同样,先是由于伊利运河,后又由于与繁荣的中西部之间的铁路联系,纽约使殖民地时期的主要城市波士顿和费城被边缘化(参见本书第27章)。在西非,奴隶贸易的废止(1807年)加速了旧的奴隶贸易港口(如塞内加尔的圣路易斯)的衰落;随后数十年见证了以拉各斯为中心的新型棕榈油贸易的增长,拉各斯在1861年成为英国的殖民地,后来又成为尼日利亚的首都。在东非,桑给巴尔岛上的桑给巴尔苏丹国的繁荣建立在奴隶、丁香和象牙贸易的基础上,自从1890年代被大英帝国吞并,它就停滞不前了。印度的企业家和工匠曾支撑着桑给巴尔的经济并建造了独具特色的桑给巴尔石头城,随着他们迁移到英属蒙巴萨(Mombasa),蒙巴萨作为乌干达铁路的终点就繁荣起来了。整个20世纪,桑给巴尔都处于一潭死水的状态。[①]

铁路的修建极大地拓展了贸易网络,由此刺激了维多利亚时代晚期几乎所有殖民地城市的发展。在印度,从加尔各答到旁遮普的所谓"大干线"(Grand Trunk Line),在打造像坎普尔这样的新兴工业中心的同时,也削弱了恒河流域旧的城镇。位于印度与欧洲之间的铁路和苏伊士运河(1869年)缩短了到欧洲的行程时间,从而使印度的许多出口贸易从加尔各答转移到了号称"印度第一城"的孟买(参见本书第30章)。孟买那座华丽精致的维多利亚火车站现在仍然是该城最具象征性的建筑。相比之下,法属印度支那的铁路系统除了在政治上整合殖民地之外不起任何作用。主要的铁路线沿着南中国海的海岸绵延一千英里,与既有的海上航线平行,因此贸易不多、收益不高。到1900年,随着帝国的控制达到顶点,再加上欧洲的繁荣,全球贸易总量达到了此前一个世纪以来的空前水平。殖民地城市使这种繁荣成为了可能。

在非洲,殖民地城市的发展往往伴随着进一步的征服与定居(参见本书第33章)。欧洲主要列强在19世纪最后二十年对非洲大陆进行了瓜分,这次著名的瓜分使它们控制了广阔的而且通常是人烟稀少的领地。有效的控制需要内陆交通线和行政管理中心。最引人注目的新城市也许是内罗毕,即后来的肯尼亚首都,它最初是一个为修建深入内陆的铁路线而设立的营地。德国人以同样的方式建立了温得和克,这座位于西南非洲核心地带的城市被当作殖民地的首都,目的是确保对这一动荡的地区进行行政管控。两个作为首都的殖民地城市即比属刚果的利奥波德维尔和法属赤道非洲的布拉柴维尔跨坐在刚果河上,在这里,可通航的河道顺流而下就变成了急流和瀑布;就这样,它们各自控制了内陆的大片土地,并通过将丛林开辟为橡胶园而繁荣起来。少数殖民地城市,尤其是内罗毕和南罗得西亚的首都索尔兹伯里,它们的发展不仅是为了满足行政管理者的需要,而且也是为了满足来到这里的白人移民在附近地区从事耕种活动的需要。

专业型的殖民地城市在19世纪后期也发展起来,尤其是采矿点和被称为"山间驻地"的度假胜地。金矿和银矿的发现总是导致迅速但往往不可持续的城市发展。在加利福尼亚的淘金热之后,澳大利亚的"掘金者"城市巴拉腊特(Ballarat)和本迪戈(Bendigo)、南非的"钻石城"金伯利(Kimberley)及其附近的约翰内斯堡都证明了贵重金属的力量,威特沃特斯兰德金矿发现后不到十年,约翰内斯堡就迅速发展成为拥有10万居民的城市。位于比属刚果的伊利沙伯维尔和位于北罗得西亚的利文斯敦同样是作为采矿业中心建立的,它们最重要的矿产是铜。

"山间驻地"是19世纪后期的产物,殖民地的定居者和行政管理者为了躲避热带地区的高温和疾病,于是在海拔5000—7000英尺的地方建造城镇以寻求解脱。这样的城镇在印度最多,西姆拉便是夏季数月帝国政府的驻地(参见本书第30章)。[②] 部分仿照印度的山间驻地建立的"山中避暑地"也蓬勃发展起来,它们遍布整个东南亚殖民地,从马来半岛的金马仑高原和

① Abdul Sheriff, *Slaves, Spices and Ivory in Zanzibar* (Oxford:James Curry, 1987).
② Dane Kennedy, *Magic Mountains* (Berkeley:University of California Press, 1996).

法属越南的大叻到菲律宾群岛上美国人建造的碧瑶（由美国杰出的建筑师丹尼尔·H. 伯汉姆设计）。一位旅行者是这样来描述以碧瑶为原型的大叻的，"在这个高原之外不可能找到更宜人的气温了；这里的空气十分干燥，从早到晚都有轻柔的微风吹过。"[1]采矿城镇的居民大部分都是年轻男性，与之不同的是，山间驻地的人口则不成比例地包括妇女和儿童（儿童在众多的山间学校就读），此外还包括一些高级官员和在此疗养的军事人员。

殖民地城市的设计

随着殖民地城市在整个亚洲和非洲被建立起来，殖民当局试图将城市居民分到以种族和民族为划分依据的不同街区。它们采取了几种形式。在新加坡，斯坦福·莱弗士设计了整个城市，他原来的计划是沿着滨水区并排建设欧洲人区、马来人区和华人区。后来又建设了一个印度人区。从很早开始，马德拉斯就被分成"白人镇"和"黑人镇"。欧洲人区（在印度一般被称作"公民路区"）附近通常有一个军营，它们与邻近的当地人城市形成了强烈的反差。实际上，到了19世纪后期，也就是1857年起义之后，位于城区两个部分之间的铁路线往往是一条清晰可见的分界线（比如在阿拉哈巴）；火车站有时被建成为一个几乎坚不可摧的堡垒，目的是在发生起义时用于避难（比如在拉合尔，Lahore）。[2]在阿尔及尔，法国人最初也将其居民区建在滨海区（Marine Quarter），滨海区与老城区卡斯巴被大广场和宽阔的林荫大道隔开。随着滨海区发展成一个由工人阶级聚居的欧洲人区，后来的城市规划就将欧洲人定居点南移，以远离当地人聚居的区域。[3]

隔离是这些城市设计强加于人的，这一点之所以显得合理，很大程度上是因为人们假定这样做是使欧洲人的身体免遭接触性传染病戕害所必需的。整个殖民地世界对流行病知之甚少，欧洲人把当地人视为疾病的携带者，他们不卫生的做法和有碍健康的习惯，尤其是排便的方式，让欧洲人决定远离他们。然而，隔离在现实中总是更流于表面。欧洲人雇佣了很多来自当地的仆人；商人和官员每天都有来往；与此同时，热带地区的高温和虫子不可避免地弥漫整个城市。随着时间的推移，殖民政权、特别是马来半岛和美属菲律宾的公共卫生部门，通过严格贯彻一种以家庭和个人身体为中心的新型公共卫生科学来着手改变被殖民者本人的卫生习惯。[4]然而，支出从来都赶不上宣称的目标。在1900年代初，河内的预算仅有2‰用于公共卫生，相比之下，建造公共建筑和支付官员薪水的花费要多得多。

欧洲人对当地人居家习惯的某些做法的厌恶被这些古老城市表面上的不可理解性进一步加强了。当欧洲人看到住房拥挤不堪、狭窄弯曲的小路经常突然中断而成为死胡同时，他们就会感到局促不安和易受攻击。有时，欧洲人，尤其是法国人，还能感觉到某种神秘和隐匿的东西。最明显的是，阿尔及尔的卡斯巴让人联想到东方的幻术；与殖民者宣扬的他们自己的男性气概相比，卡斯巴被视为一个性感的挑逗者，即"北非的妖妇"。在法国著名建筑师勒·柯布西耶绘制的关于阿尔及尔的素描中，卡斯巴看起来就像是一个被面纱罩住的头，被置于由办公楼和码头组成的寻常城市世界中间。

殖民地城市的设计并不完全是殖民地统治者自上而下强加于人的。事实上，正如一位作者最近表明的，建立殖民地城市通常是统治者和当地精英"共同的事业"。在孟买，帕西人（信奉琐罗亚斯德教）的企业主和慈善家与英国人合作共同来塑造这座城市。他们雇佣了当地的建筑师，率先建造了一批重要的市政建筑，包括码头、医院和教育机构，而且还让欧洲的哥特式建筑样式为己所用。[5]印度的贵族统治者亦然，其中，海德拉巴的尼扎姆（Nizam）和博帕尔的贝居姆（Begum）用现代的市政建筑结构和经过规划的街区来装饰他们的都城；沙·贾汗·贝居姆创造了一个全新的城市中心，这个被称作沙贾汉纳巴德的城市的中央是一座巨大的

---

① Eric Jennings, *Imperial Heights：Dalat and the Making and Undoing of French Indochina* (Berkeley：University of California Press，2011).

② J. B. Harrison, 'Allahabad：A Sanitary History', in K. Ballhatchet and J. Harrison, eds., *The City in South Asia* (London：Curzon Press，1980)，167 - 195.

③ Zeynap Celik, *Urban Forms and Colonial Confrontations：Algiers under French Rule* (Berkeley and Los Angeles：University of California Press，1997).

④ Warwick Anderson, *Colonial Pathologies：American Tropical Medicine, Race, and Hygiene in the Philippines* (Durham, N. C.：Duke University Press，2006).

⑤ Preeti Chopra, *A Joint Enterprise：Indian Elites and the Making of British Bombay* (Minneapolis：University of Minnesota Press，2011).

清真寺。在开罗,城市最初的发展和美化采用了一种"欧式风格",这项工作不是由殖民地的英国人完成的,而是由赫迪夫·伊斯梅尔在 1882 年之前即英国征服埃及之前的数年中完成的。在随后的殖民地时期,开罗的进一步扩张得益于当地的土地开发公司的积极进取,虽然这些公司经常利用欧洲的资本,但却不受殖民当局的直接控制。①

在努力融入热带的城市生活时,欧洲人发展出的住宅建筑风格,既明显有别于当地人,又明显有别于他们的欧洲同胞。加尔各答从 18 世纪晚期就被称作"宫殿之城",在那里,当地的孟加拉商业精英建造了带有欧式装饰、甚至是欧式陈设的住宅,但他们内在关注的是环境的传说庭院,它有分离的男女生活区,这样的混搭风格遭到欧洲人的轻视,但遍布加尔各答时尚的乔林基街一带的宽敞的城镇住宅,其新古典主义的外观同样具有误导性。这些住宅拥有巨大的中央大厅,中央大厅可以从各个方向通往周围的房间,而每个房间又有从外面游廊进入的入口。这种开放的布局有助于空气在整个住宅自由流通,而且便于人通达所有房间。在任何地方,房门大开,仆人轻松穿行,这种殖民地住宅没有欧洲城镇住宅或乡村住宅那样的私密性或室内封闭感。②

在更小的城镇和城市,标准的殖民地住宅是"班加庐"(bungalow)。麻雀虽小五脏俱全,班加庐保留了更大的城市住宅的许多特点。班加庐不会比加尔各答的"宫殿"更可能被错认为是一间欧洲的住宅。单层、白墙、带有开放式通道而且到处是游廊的班加庐一般位于一大块地的中心,入口处有门禁和卫兵。班加庐展示了殖民地的统治者远离被殖民者并比他们更优越的决心。这种住宅形式并不限于印度。它扎根于整个非洲,甚至是澳大利亚北部热带地区的白人移民社区,在那些地方,印度的灰泥饰面被锻铁装饰取代。③

城市的班加庐是一个舞台,在这个舞台上,殖民地的欧洲人演绎了他们对得体的两性关系的理解。在 18 世纪,当白人女性的人数很少时,在加尔各答和巴达维亚这样的城市里,欧洲男性居民经常与本地女性私通。这样一些被称作"比比"(bibi,即伴侣)的女性经常谨慎地避开人们的视线,而且这种搭伙关系中的孩子也只是偶尔被他们的父亲承认。结果便是,在印度和印度尼西亚,独特的混血社区兴起了。聚集在大城市的这些欧亚混血儿,同时被欧洲人和当地人鄙视。随着各殖民帝国稳固下来,以及更便捷的交通工具投入使用,欧洲女性由于婚姻的关系便成群结队地涌向殖民地城市。她们被安顿在班加庐中,并被期望与其他种族划清界限,坚持维多利亚时代的道德价值。对白人女性的"纯洁性"的威胁——想象的成分往往要多于实际的成分——遭遇了恶意的报复,尤其是在 1857 年印度反英大起义之后。

法国和英国的殖民地城市设计共享了许多特征,其中尤其是居住隔离。然而,"文明使命"的普遍主义原则与古建筑保护者的热忱之间持续不断的紧张关系让法国的规划者左右为难。④ 从法国统治印度支那的最初数十年开始,也就是从 19 世纪 60 年代开始,通常所谓的"同化主义"的策略占据了上风。法国人通过展示一种气派(特别是借助城市建筑和新建宽阔的林荫大街来展示),试图在东方重现经过奥斯曼改造后的巴黎的场景。这种模仿很多是回应殖民地定居者、种植园主和商人追求熟悉的外观的愿望。西贡或许是很典型的。在这座城市的中心集中了装饰艺术派的华丽的邮局、造价不菲的歌剧院和高耸入云的大教堂(大教堂的建筑材料是一件一件从马赛进口的),此外还包括相邻的卡提内特街(rue Catinet)上的数家咖啡馆和一个以巴黎市政厅为原型的富丽堂皇的巴洛克式市政厅。这与印度的英国人形成了鲜明的对比。殖民地的英国人蜷缩在他们的俱乐部,而殖民地的法国人则去寻找他们彼此可以交往应酬的场所。同样值得注意的是,在整个西贡城里,最显眼的地方当属那个邮局了。孟买拥有巨大的维多利亚火车站和被称为"印度门"的拱形码头,它既向外面朝欧洲,同时又留意它身后的次大陆。当西贡的居民在寄信时,他们只是面朝欧洲。

到了 20 世纪早期,怀疑论者已经开始质疑这种"浮夸漫画风"的建筑。结果,同化慢慢让位于法国人所说的"交流"。城市规划不再由军事工程师负责,而

① Mercedes Volait, 'Making Cairo Modern (1870 – 1950): Multiple Models for a "Europeanstyle" Urbanism', in Joe Nasr and Mercedes Volait, eds., *Urbanism: Imported or Exported?* (Chichester: Wiley-Academy, 2003), 17 – 50.

② Swati Chattopadhyay, *Representing Calcutta: Modernity, Nationalism and the Colonial Uncanny* (London: Routledge, 2005).

③ Anthony King, *The Bungalow: The Production of a Global Culture* (New York: Oxford University Press, 1995); William J. Glover, *Making Lahore Modern: Constructing and Imagining a Colonial City* (Minneapolis: University of Minnesota Press, 2008), esp. ch. 5.

④ Gwendolyn Wright, *The Politics of Design in French Colonial Urbanism* (Chicago: University of Chicago Press, 1991).

是委托给接受过布杂派训练的建筑师,这些建筑师坚持认为,殖民地人民的文化形式应该得到尊重。越南的欧内斯特·艾博哈尔德(Ernest Hebrard)以及摩洛哥的亨利·普罗斯特(Henri Prost)都着手再造殖民地城市。对艾博哈尔德而言,交流首先意味着把本土元素融入城市建筑。法国人将取材于不同的地区和年代的设计特征进行混合,这种实践是步英国人在印度的类似实践的后尘,在那里,从 19 世纪 60 年代起就很常见的所谓"印度-撒拉逊风格"的建筑,它包含使用莫卧儿的和历史上其他的形式来让普通的殖民地邮局和火车站显得有"印度味"。

影响更为深远的是摩洛哥的普罗斯特在总督赫伯特·利奥泰(Hubert Lyautey)的指导下完成的作品

(参见图 40.1)。普罗斯特和利奥泰一起重新定义了殖民地城市"旧"与"新"的持久对立。与印度公民路区成排的班加庐不同,利奥泰建造了一些全新的城市即新市区,在拉巴特和卡萨布兰卡这样的城市里,新市区与老旧的"麦地那"(medina,北非的阿拉伯人聚居区)毗邻;更古老的城区当时被原封不动地保留下来。一位评论家在 1930 年写道,摩洛哥"既是西方生活的实验室又是东方生活的温室"。[1] 这些新城市修建了宽阔笔直的林荫大道,实行严格的建筑控制,并且拥有将伊斯兰风格的拱形融入现代主义的物体的无修饰简单性,它们是一种理想化的"现代"城市的典范;实际上,利奥泰这样的人甚至还设想以它们为原型来设计法国本土的城市。

图 40.1　中央邮局,卡萨布兰卡,安德里安·拉佛格摄,1920 年。(照片初刊于亨利·荻康:《摩洛哥现代建筑》,1930 年。后重刊于温德琳·莱特:《殖民地城市设计中的政治》,芝加哥:芝加哥大学出版社:1991 年,第 109 页)

出于高度家长制的威权主义,法国人敕令现存的"麦地那"永远不能改变。尽管可以为游客提供"异国"景观,但如果不考虑潜在的人口增长或地方利益,长此以往这种徒劳无益的保护主义者意识形态会在"麦地那"内部造成严重拥挤,而且还会刺激棚户区在附近区域的蔓延。相比之下,英国人虽然承诺保护古代遗迹和历史遗址,但却从未努力让已经存在的城市保持一成不变。例如,在 19 世纪晚期的德里,铁路穿城而过,

而且大片区域为了军事目的被清理干净;事实上,三分之一的城市景观都变得不适合居住。另外,随着时间的流逝,德里的城区被改变了。当旧的莫卧儿精英变得越来越穷困潦倒,德里曾经奢华的府邸被再分割、出售,最终被占屋者、工匠和小店主接手;其中许多府邸甚至还变成了小型制造业的中心。面对不断膨胀的人口,英国人在 1936 年建立了德里改善信托基金,徒劳地尝试着控制城市的发展和缓解交通堵塞;然而,在莫

① Cited in Wright, *Politics of Design*, 85.

卧儿帝国旧都的城墙之内只剩下了贫民窟和脏乱差，这种状况至今未变。[1]

为了行政管理上的方便，法国人有时会迁移殖民地的首府，比如，把印度支那的首府从西贡迁移到更加凉爽的北部城市河内，把摩洛哥的首府从内陆的菲斯迁移到沿海的拉巴特，而英国人则建设了一个全新的城市作为印度的首都。逃避动荡不安的加尔各答的政治活动的愿望，以及离边境、印度王公和夏季首都西姆拉更近一些的愿望，都促使英国人建设新的"帝国首都德里"，建于1913年至1931年的新德里与莫卧儿帝国旧都德里毗邻。为了设计新首都，英属印度政府雇佣了两位杰出的英国建筑师，埃德温·鲁琴斯（Edwin Lutyens）负责设计城市的布局和总督府，已在南非工作二十年的赫伯特·贝克（Herbert Baker）负责设计秘书处大楼和相关的建筑。

鲁琴斯和贝克都同意布杂派的古典形式能够最有力地表现英国人已经创造的世界性帝国。不过他们也试图结合一些本土设计的元素。富有创造力和想象力的鲁琴斯创造了一个别出心裁的总督府，它的一个穹顶类似于一座佛塔；更保守的贝克只是把屏风、角楼和起源于印度的飞檐添加到古典的外观上。根据其布局，新德里（参见图40.2）呈现为六边形，其中心是总督府和一条供巡游的主干道。这座城市由花园城市运动的理念所塑造，它拥有壮丽的景观和宽阔的林荫大道。它的各个地段被精心分配给不同的群体。高级官员与印度王公获得了靠近市中心的大片土地和宽敞的班加庐，而其他人则被驱赶到远郊和狭小的住所。[2]并不让人惊讶的是，这座新城的低人口密度与毗邻的而且拥挤不堪的老城的人口密度形成了鲜明的对比。

城市管理

殖民地城市几乎不可避免地出现来自世界很多地区的人口（参见本书第35章）。奴隶以及随后的黑人和混血人口主宰了牙买加的金斯敦这样的城市，那里的白人人口在1800年之后急剧下降。开普敦一方面从荷兰和英国这样遥远的地方吸引移民，另一方面又从马达加斯加和印度尼西亚吸引移民。直到1833年，其中许多移民还是奴隶，他们受雇为技术熟练的手工艺人和工匠；久而久之，他们与当地的科伊族人融合，创造出了独特的开普科洛德人族群。在整个东南亚，

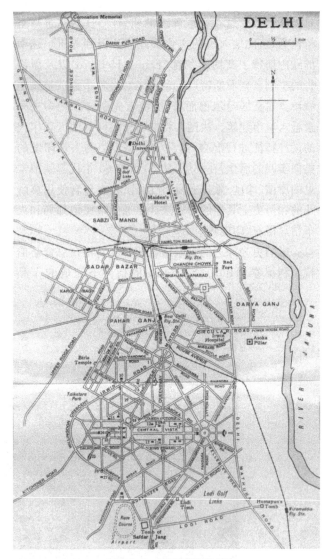

图40.2 德里的设计图

从新加坡和西贡到马尼拉和仰光，华人作为经销商、零售商和出资方，同样支配着贸易和商业。西贡有一条完全自给自足的华人城市中心（在堤岸区），它横跨流经这座殖民地城市的河流之上，而在绝大多数居民都是华人的新加坡，相互竞争的家族都在争夺鸦片贸易及其他商品贸易的控制权。新加坡也住着一个规模相当大的印度人族群，这个族群本身是按照种姓和地区划分的。西非大量城市人口是黎巴嫩商人，而在东非，印度商人起初定居在桑给巴尔并在此资助苏丹政府和奴隶贸易，在19世纪后期，他们先是迁移到沿海的蒙巴萨，后来又迁移到内陆深处的一些城镇，尤其是乌干达的城镇。有时候，外来者甚至将当地精英排挤到一边，19世纪中叶的加尔各答就是如此，在那里，来自北

---

① Stephen Legg, *Spaces of Colonialism：Delhi's Urban Governmentalities* (Malden, Mass.：Blackwell Publishing, 2007).

② Robert Grant Irving, *Indian Summer：Lutyens, Baker, and Imperial Delhi* (New Haven：Yale University Press, 1981).

方的移民马尔瓦尔人和英国人成功地将孟加拉的"薄陀罗卢迦"（bhadralok，受尊重的种姓）赶出商业领域并将其赶到土地上。在任何地方，都只有极少的当地人在大宗贸易或借贷中站稳脚跟。一个显著的例外是孟买，长期在此定居的帕西人社群初在造船业方面、随后又在对中国的出口贸易方面、最终是作为印度棉纺织业的开创者在制造业方面取得成功。

在所有的殖民地城市中，劳动力从乡村蜂拥而入，他们想找一份码头工人、街头小贩或富家帮佣的工作。为此，城市常常出现人口爆炸的情况。在1860年与1923年之间，西贡的人口从6000增长到10万；到20世纪中叶，人口已经增长到170万。甚至连最初只是一个海军基地的达喀尔，到1905年已有2.5万人，由于作为法属西非的行政首府，人口继续快速增长，到1938年已增长到10万人。到1950年，随着战争期间以及战后对殖民地的投资出现最后一轮井喷，达喀尔成为了一个有将近50万人的城市中心。

为了维持这些繁荣的殖民地城市的秩序，统治者想了很多计策。其中一个计策是从殖民地以外雇佣警察、士兵，甚至是低级别的官员。法国人在其殖民帝国全境部署了塞内加尔籍士兵，而在整个东南亚，英国人雇佣了来自印度、身材高大且缠着头巾的锡克教徒。例如，在1908年的上海，工部局就雇佣了500个锡克教徒并将其部署在警力中，而在19世纪与20世纪之交的新加坡，海峡部队的2000人中，锡克教徒大约有300人。由于种族和外貌与众不同，这些人就很容易被用来吓唬当地人。受过教育的南亚人也在海外工作。大约有8500个锡兰的泰米尔人占据了马来铁路所有的技术性工作岗位（从职员到站长）；果阿和来自印度其他地方的移民同样垄断了乌干达铁路的中层职位。[①]

大量维护治安的工作被授权给社群首领，比如，那些被指定为华人社群、马来人社群和其他社群的"甲必丹"（Kapitan）的人，这些社群位于槟城、新加坡和几乎没有英国人出现的马来半岛内陆小镇上。在19世纪早期，这些人通过法庭来解决小的纠纷；随后，他们经常被授予治安官的权力，而且还受命加入殖民地的市

政委员会。[②] 在卡拉奇，到了19世纪70年代，大约有十七个"本地族群"在市政委员会有了代表。宏伟的市政厅的存在并不意味着西贡的居民在城市管理方面有了很大的发言权。西贡最初是受一位军事总督管理，从1877年起它拥有一个由十四人组成的市政委员会；其中只有两名越南人。过渡到由选举产生的市政委员会经历了非常漫长的过程；在印度，只有加尔各答在19世纪晚期才拥有一个经过广泛的选举而产生的市政委员会，这个充满活力的市政委员会由受过教育的印度人社群控制。更常见的是印度西部的苏拉特的情况，那里的市政委员会在里彭勋爵（Lord Ripon）于1883年推行地方政府改革之后才有由选举产生的委员。即便那个时候，在由三十人组成的市政委员会中，由选举产生的委员（他们是由具有严格的财产资格限制的选民选出来）只有十五人。[③]

这样一些顺从的代表处于由欧洲人担任的市长或地区治安官的监视之下，他们始终承诺要推进殖民地的统治者发起的改革，并且通常与殖民当局进行友好的合作。哪怕他们平常不得不聆听官员们施恩式的说教，大意为"你们必须要证明你们能够像西方人制定出一项深思熟虑的政策，并有决心去执行它"，但与殖民政府明显的联系仍然提高了这些显贵作为有影响力和公德心的首领的地位，而且还经常使大量的赞助被他们收入囊中。然而，这些显贵在政策方向上很少有实质性的权威，因为政策方向往往由殖民地官员掌握；此外，不同社群时常无法就税收和资源差额分配的问题达成一致。

虑事不周的改革以及繁琐的行政规章进一步引起了当地人的反感。在新加坡，一场大纠纷涉及到了廊檐，廊檐原本可以为那些从商店前面街边经过的行人提供一个遮阳的通道。从19世纪50年代开始实施的市政条例规定，市政委员有权拆除任何妨碍人们活动的障碍物。然而，店主经常在这些游廊上分拣和贮藏货物，流动商贩也在其阴凉处摆摊设点。1888年，一次强制清理游廊的努力引发了骚乱；后来，殖民地政府时常诉诸徒劳无益的罚款和起诉手段来宣称它才拥有这些公共空间。[④] 在加尔各答，政府与由选举产生的

① Thomas R. Metcalf, *Imperial Connections：India in the Indian Ocean Arena*，*1860 -1920* (Berkeley：University of California Press, 2007).

② Lynn Hollen Lees, 'Discipline and Delegation：Colonial Governance in Malayan Towns', *Urban History*, 38 (May 2011).

③ Douglas Haynes, *Rhetoric and Ritual in Colonial India：The Shaping of a Public Culture in Surat City*，*1852 -1928* (Berkeley：University of California Press, 1991).

④ Brenda Yeoh, *Contesting Space：Power Relations and the Urban Built Environment in Colonial Singapore* (Kuala Lumpur：Oxford University Press, 1996).

市政委员会之间出现了如此尖锐的对立,以至于恼羞成怒的总督寇松勋爵在 1899 年强制减少了由选举产生的委员的数量;其中二十八位印度籍委员当即辞职以示抗议。

殖民地城市的人口来自世界各地,构成繁杂,但这并不妨碍共同市民文化在城市商业精英和职场精英之间的形成,有人也将其称之为"资产阶级的公共领域"的成长。久而久之,随着本地受过教育的群体(主要包括教师和律师)逐渐壮大,志愿者协会、出版业、学校甚至板球队在新近迅猛发展的大城市中激增,因为那里的居民努力接受城市生活和西方的新观念。这些改革组织(其中最著名的是加尔各答的梵社)质疑许多风俗习惯,甚至是质疑宗教信仰,而所质疑的这些都曾诠释了前殖民时代的社会。作为自由贸易港的新加坡位于整个东南亚的中心,也位于前往麦加朝觐的路线的中点,于是那里不仅鼓励对自由主义的改革而且还鼓励对伊斯兰教的改革进行热烈讨论。在海外华人中间,宗族组织将具有同样的语言、宗族或籍贯的移民联合起来,而专注于防身术的秘密会社则在争取立足未稳的年轻人的支持。几乎只有共济会的会馆同样欢迎本地人和欧洲人的会员,并且这些会员几乎处于平等的地位。

在殖民地城市,女性的地位往往是模棱两可的。本地精英中的男性成员经常从事需要讲法语或英语的职业,他们身着欧洲服饰,并在欧洲人的监督之下工作。但家注定是一个"未被殖民"的空间,在这个空间中(以加尔各答这样的城市为例),他们的妻子可能受过教育但又没有被英国化,她们是丈夫的伴侣但又谦逊而且深藏闺中,因此她们坚持了一种文化中的美德,否则会在殖民主义下受到贬低。然而,它最终被一种复兴的印度尼西亚认同推到一边,作为对比,巴达维亚和其他一些东印度城市,用一种充满生气和别具特色的城市东"印度"(Indische)文化招待客人,这是一种长期稳定繁荣并结合了荷兰和印度尼西亚元素的混血社区的产物。到了 20 世纪 20 年代,在上海这样的国际化城市中,已经出现了一种"现代女性"的观念,这些现代女性穿着西洋服饰并使用化妆品,以此让自己摆脱传统的束缚。

定居者的城市

最初主要由白人定居者群体居住的城镇出现于美洲殖民地,后来遍布全球,现今多半已经不再是"殖民地城市"了。在一部名为《维多利亚时代的城市》(1963

年)而且很有影响力的论文集中,阿萨·布里格斯(Asa Briggs)称墨尔本为"海外的维多利亚时代的社区",并将它与六个英格兰城市相提并论。最近,在其《帝国与全球化》(2010 年)中,盖里·麦基(Gary Magee)和安德鲁·汤普森(Andrew Thompson)已经试图找出一个跨国的"英国世界"(British World)。在这个世界中,海外定居者依托英国的书籍、钢琴、资本、服饰和其他许多东西的流通,与他们在英国的兄弟姊妹参与到了共同的商业和文化活动中。

然而,殖民地城市的情况也是如此。诚然,殖民地城市与定居者城市在组成结构方面有着不同特点,而且它们自己也涵盖了一个广阔的光谱。它们的一端是享有特权的白人定居者占少数而当地人占多数的城市。这样的城市在非洲的温带地区最常见,从阿尔及尔经内罗毕和索尔兹伯里到南非繁荣的城市中心都属于这一端。另一端是建立在当地人很少而且很容易被驱散的地区的定居点,这种情况在澳大利亚最为明显。尽管各地的定居者群体都在歌颂他们不同的出身,如奥兰治会社和希伯尼安会社在爱尔兰人中间剧增,但这些城市中的居住样式主要是由财产和地位的差异而非种族或民族的差异所塑造的。不过,在悉尼和墨尔本这样的城市,殖民地政府依然通过任命来自英国的官员以及为殖民地统治者兴建富丽堂皇的官邸来宣示它的权威和存在。建于 19 世纪 70 年代的墨尔本总督府呈现出一种精巧的意大利风格并带有一个巨大的塔楼,从它所处的小山坡上可以俯视整个城镇,而且现在还是如此。

作为欧洲人定居点的殖民地城市与亚洲和非洲的殖民地城市一样,也是作为港口建立起来的,它们的主要功能是将来自内陆的原材料输送到驶往欧洲的船上(参见本书第 43 章)。这些城市类似于加尔各答但不同于英国的曼彻斯特,它们是金融、批发和仓储的中心,而不是制造业中心。直到 19 世纪后期,随着孟买的纺织业的建立,殖民地的制造业才开始在印度崭露头角。在定居者的殖民地中,随着受保护的本地市场发展起来,消费品制造业才出现。到了 1881 年,大约有 25% 的墨尔本男性劳动力从事制造业,但制造业活动从未在这座城市占据主导地位,在与墨尔本存在竞争关系的悉尼,制造业活动也根本没有获得举足轻重的地位,悉尼继续依靠着羊毛出口来维持发展。

定居者的城镇通常布局在方形网格的街道上,这些街道可细分成若干建筑容积。19 世纪 30 年代,阿德莱德(南澳州)被威廉·莱特上校(Col. William Light)设计为一种连环式广场的宏大布置,而后才允许人们在此定居。这些殖民地城镇采取了与美国城市布局类似的做法,它们向外延伸到郊区,人口密度低,而且还受到土地投机波动周期的刺激。就这种增长类型而言,最引人注目的例子无疑是墨尔本。① 19 世纪50 年代,墨尔本发现了金矿,受此激励,到了 19 世纪80 年代,在这座被称为"了不起的墨尔本"的城市,人口已将近 50 万,由铁路和电车线路构成的四通八达的网络将城区与新的郊区联系起来。在那十年,墨尔本所有私人资本投资中有超过半数都投向了房地产开发。这在盛大的墨尔本百年纪念展览会期间(1888年)达到顶点。三年之内,接二连三的破产、银行诈骗、经济恐慌和英国撤资既导致了长达十年的深度萧条,又最终导致了某种具有澳大利亚特色的民族主义的发展,这种民族主义歌颂灌木和"掘金者"而非英国文化。

去殖民化

久而久之,殖民地城市促进了殖民地的民族主义运动的发展。印度国大党前三次会议是在孟买(1885)、加尔各答(1886)和马德拉斯(1887)这三个首府举行的。只是随着甘地的到来,在 1920 年之后,国大党才将大部分活动转移到了农村。而且,在信奉民族主义的抗议者与殖民地的警察和军队发生遭遇战时,殖民地城市的街道可以提供理想的战斗场所。1919年的阿姆利则惨案使非暴力的示威者与廓尔喀军团进行对抗,也将甘地推上了国大党的领导位置。到目前为止,其中最为惨烈的战役为"阿尔及尔战役"(1954—1956),这场战役发啻于卡斯巴,那里弯弯曲曲的小街小巷为游击队提供了极好的掩护,便于他们展开了这一场反殖民主义的抵抗运动。这场运动甚至使戴面纱的女性都参与进来,与法国人展开了殊死斗争。有一部电影便是以此为题材拍摄的,故事颇为摄人心魄。尽管法国人最终镇压了起义,但这一事件预示了殖民统治在 1962 年的结束。

随着独立的到来,从前的殖民地城市被整合到国家生活的框架下。为了庆祝这种转变,一些殖民地城市被更名以体现民族情感,比如索尔兹伯里被更名为哈拉雷;在大多数殖民地城市,雕像被推倒,以国王和总督名字命名的街道名让位于对民族英雄的纪念。在阿尔及尔,总督府广场被更名为烈士广场;为纪念一位

法国总督而命名的比若广场被更名为阿卜杜勒卡迪尔广场,目的是歌颂 19 世纪 30 年代的抵抗运动的领导者。有时候这种更名可能导致令人尴尬的结果。国王乔治五世的巨型塑像栖身于一个位于新德里游行路线远端的穹顶塔楼中。当这尊塑像被推倒,遗留的问题是:应该将什么东西放在原处。甘地的塑像是显而易见的竞争者,但它并不适合安置在这一个帝王背景下。因此,那个位于繁忙的交通圈中心的穹顶塔楼时至今日仍虚位以待。②

通常,殖民地建筑只允许被废弃,否则就会被夷为平地以便为新的建筑腾出空间,这在新加坡和香港表现得尤为明显。数以百计的殖民地班加庐和俱乐部遭此厄运。也很常见的是,比如在新德里,新政府寻找驻地,就直接搬进了现有的建筑。贝克设计的秘书处大楼保持原有的用途。尼赫鲁不习惯鲁琴斯设计的宏伟大气的总督府,搬进了原来的总司令府邸,后来,这栋建筑又变成了一座博物馆和图书馆。相比之下,在河内,胡志明是在位于前总督花园的一个简陋木屋里统治越南的。

随着时间的推移,许多新政权逐渐认识到,它们的城市被殖民的历史是这些政权所继承的建筑遗产的一部分,而且,即使没有其他原因,为了发展旅游业,那段历史也应该得到一定程度的保护。尤其是从 1990 年代开始,新加坡一直尽心尽责地谋求保护和修葺当地的殖民建筑。在殖民时代行将结束之前,越南的大叻是法国人和保大皇帝的首都,而现在,这座殖民山城已经摇身一变,成为了一个浪漫之地,说得俗气一点,就是一个蜜月旅行的目的地。私人企业也将殖民时代许多富丽堂皇的旧旅馆加以翻新,从新德里的帝国酒店到新加坡的莱佛士酒店、再到西贡的马杰斯迪克酒店莫不如此。在前英属和美属殖民地以及前法属西非,曾经的殖民地主人所说的语言如今依然回荡在街头。但之前荷兰人在巴达维亚的存在以及法国人在印度支那的存在,在历史书以外几乎没有留下什么东西。

在各个地方,殖民地城市已经依靠自己的力量发展成了都市中心,其人口也猛增至数百万(参见本书第30—33 章)。在各个地方,由钢筋和玻璃搭建的新的高楼拔地而起,以欢庆倡导自由市场原则的新自由主义的到来。殖民遗产现在只是举目所见之物的小部分。西方霸权的几个世纪过后,这些殖民时代的遗产

① Graeme Davison, *The Rise and Fall of Marvellous Melbourne* (Melbourne: Melbourne University Press, 1978).

② Narayani Gupta, 'The Democratization of Lutyens' Central Vista', in Catherine B. Asher and Thomas R. Metcalf, eds., *Perceptions of South Asia's Visual Past* (New Delhi: Oxford University Press and IBH Publishing, 1994), 257 - 269.

仍然是时代的回响,那个时代在不久前结束,并且在全球促进了对城市结构的塑造。

参考文献

Abu-Lughod, Janet, *Rabat: Urban Apartheid in Morocco* (Princeton: Princeton University Press, 1980).

Al-Sayyad, Nezar, ed., *Forms of Dominance: On the Architecture and Urbanism of the Colonial Experience* (Aldershot: Avebury, 1992).

Briggs, Asa, *Victorian Cities* (London: Odhams Books, 1963).

Butlin, Robin, *Geographies of Empire: European Empires and Colonies, 1880 - 1960* (Cambridge: Cambridge University Press, 2009).

Evenson, Norma, *The Indian Metropolis* (New Haven: Yale University Press, 1989).

Fuller, Mia, *Moderns Abroad: Architecture, Cities, and Italian Imperialism* (London: Routledge, 2007).

Glover, William J., *Making Lahore Modern: Constructing and Imagining a Colonial City* (Minneapolis: University of Minnesota Press, 2008).

King, Anthony, *Colonial Urban Development: Culture, Social Power, and Environment* (London: Routledge, 1976).

Magee, Gary, and Thompson, Andrew, *Empire and Globalisation: Networks of People, Goods and Capital in the British World* (Cambridge: Cambridge University Press, 2010).

Nagy, Sharon, ed., 'Urbanism: Imported/Exported', *City and Society*, 12: 1 (2000), 1 - 147. Nasr, Joe, and Volait, Mercedes, eds., *Urbanism: Imported or Exported?* (Chichester: Wiley Academy, 2003).

Oldenburg, Veena Talwar, *The Making of Colonial Lucknow, 1856 - 1877* (Princeton: Princeton University Press, 1984).

Ross, Robert J., and Telkamp, Gerard J., eds., *Colonial Cities: Essays on Urbanism in a Colonial Context* (Dordrecht: Martinus Nijhoff, 1985).

冷金乘 译 冯 艺 吕和应 校

第 41 章 当代大都会

陈向明　亨利·菲茨

我们先从研究城市的两个基本问题来进入本章节。第一,早期的城市是如何变为现代大都市的,这种变化还昭示着 21 世纪主要的城市模式? 第二,当代城市的哪一种最重要的特质决定了它们的现状和未来? 解答第一个问题需要一个长期的视角,这在本书第一、二部分已经分析过了。我们主要通过研究当代都市化进程来阐明这个过程决定城市近期状况和变化的动因。而第二个问题则引入了一个分类学视角来研究演变中的大都市的不同方面,我们集中于四个主要的层面来捕捉它的实质和复杂性。围绕这个双聚焦并穿过较为辽阔的镜头,我们打算本质主义地并宽泛地处理当代大都市。

虽说城市已有 6000 多年的历史,但是当代大都会在它发展的阶段、形态和功能上还是年少的。虽然早期的数据稀少,但很可能在 1800 年之前只有少部分城市被理解为大都市:古代的罗马、君士坦丁堡、亚历山大里亚、长安;11—13 世纪的巴格达、杭州、也许还有巴黎;还有 18 世纪的日本江户、北京和伦敦。然而像伊斯坦布尔、开罗和巴黎这些在早期承担过大都会职能的城市,它们却要小得多。

正如著名经济历史学家保罗·贝罗奇(Paul Bairoch)所记载,"大量大城市的出现……(超过 50 万居民)事实上与随后的工业革命的发展时期有根本的联系"。① 到第一次世界大战时,仅欧洲(不包括俄罗斯)就有 29 个居民超过 50 万的城市:还有五个中心地区(柏林、圣彼得堡、伦敦、巴黎和维也纳)超过 200 万人,与世界另一边的三巨头分庭抗礼(纽约、芝加哥和东京)。在 18 世纪至 21 世纪初这个漫长的过程中,以 100 万人作为大都市的基本门槛和重要标志,我们不仅可以看到大中心数量的快速增长,还可以看到城市空间分布的变化(参见表 41.1)。随着欧洲和北美城市在世界百万人以上级别的城市中所占比例随时间而减少,位于发展中国家的此类城市的数量和比例明显增长,最显著的是在亚洲(尤其是在中国和印度)。到 2020 年,亚洲这些百万以上城市预计是 1950 年以来的十倍,将占据所有这类城市的一半以上。这段漫长的历史与未来的景象勾画出一张清晰的图像,即全世界的城市化的进展和速度因大城市激增而清晰可鉴。

巨型城市(人口超过 1000 万)分配不均也是值得注意的:早在 2000 年亚洲就有 9 个,拉丁美洲有 4 个,但是中东地区只有 1 个、欧洲 1 个、北美 2 个。通过当代镜头观察,我们可以看到一段戏剧性的过程,其中城市升级换代并向城市之外发展,进入多元化的城市形态和造型,这些新形象挑战了城市的传统定义和概念。

相对伦敦成为 19 世纪第一个拥有 200 万人口的现代城市,想象名古屋——大阪——神户这个超级区域将会在 2015 年成为大约 6000 万人的居所,这会是一个概念上的颠覆。尽管相隔了一个半世纪,这些城市规模的巨大差异强迫我们更广泛和深刻地思考城市的复杂性和影响力,它变得如此巨大以至于改变了自身的本质。而大都会则是描述变身后的城市的下一个合理的称呼,但在表达都市的人口统计学和空间扩张时,它又会显得不足和不准确。为了描述这个多变的和永不止步的现象,学者们创造出许多术语,常辅以连字符,它们是巨型城市(mega-city)、变型城市(meta-city)、超能都市(hyper-city)、超级城市(super-city)、网络城市(networked-city)、集群城市(clustered-city)、城市圈(city-region)、区域城市(regional city)、城市带

---

① Paul Bairoch, *Cities and Economic Development: From the Dawn of History to the Present* (Chicago: University of Chicago Press, 1991).

表 41.1　大都市(超过 100 万人口)1800—2020 年

年份	1800	1850	1900		1950		1980		2000		2010		2020	
地区			占比	%	占比	%	占比	%	占比	%	占比	%	占比	%
非洲					0		14	6.0	33	8.4	52	11.1	62	11.4
亚洲	1	1	3	21.4	30	35.7	90	38.8	174	44.2	248	52.9	306	56.0
欧洲		2	7	50.0	31	36.9	57	24.6	63	16.0	53	11.3	52	9.5
拉丁美洲					7	8.3	25	10.8	49	12.4	62	13.2	67	12.3
北美			4	28.6	13	15.5	32	13.8	41	10.4	48	10.2	53	9.7
中东					3	3.6	14	6.0	28	7.1	—		—	
大洋洲									6	1.5	6	1.3	6	1.1
总计	1	3	14		84		232		394		469		546	

资料来源:数据源于 Paul Bairoch, *Cities and Economic Development*:*From the Dawn of History to the Present* (Chicago:Chicago University Press, 1991); 'Globalisation:Countries, Cities and Multinationals', Jena Economic Research Paper, 42 (2009):1 – 44; United Nations HABITAT, *Planning Sustainable Cities*, *Global Report on Human Settlements 2009* (Sterling, Va.:Earthscan, 2009).

注:2010 年和 2020 年的数据由联合国预测,且将中东数据纳入非洲。

(urban corridor)、巨型区域(mega-region)、巨型城市区(mega-city region)和新城邦(new city-states)。然而我们不会详细分析这些术语,让我们首先以一个综述形式对当代大都市的固定和变动的特征娓娓道来。

都市形态和动态中的城市

我们的研究焦点放在当代,我们将大都会视为一个空间单元,它比单个中心城市大。可以确定的是,在城市中存在一种固有的大都市推动力。一方面,这意味着所有的城市久而久之都会增大规模,即使部分城市在发展过程中会有一定收缩,就像最近一些老牌工业城市所经历的那样,如美国的底特律和西欧。另一层面,在城市里扎根的大都市是多样化的,因而城市发展也呈现多样化形态。随着城市越变越大,尤其是在 20 世纪到 21 世纪期间,它们释放了内在的大都市动力,将之转化为更显而易见的大都市规模和结构。这个过程是渐进的,有时也急流勇进,伴随着城市空间、经济和政治维度的扩张。城市的都市化绝不是直线和统一的,它涉及到多样化的轨道,竞争的过程,差距性和滞后性,还有超越国家而存在的分歧与趋同。

在城市形态和功能上最具代表性的大都市在美国,我们把它们当作参考案例来探讨其他国家、地区和大都市的局部变化。在变成大都会之时,许多美国中心城市不仅变大了,还多少扩张开来,在毗邻或远离城市中心的地方建立了更多分散的居住点。慢慢的,这些独立区域获得了更多的人口,在遥远的大都市边缘诞生了新的城市。这种通常以市郊化著称的大都市持续的扩张将美国城市变为无穷尽的转变和分裂的城市群。这个动态过程将美国大都市移到更远的地方,超越了空间限制,进入一个网络系统,这个系统将多个关系紧密的核心或中心区域与内陆和全球枢纽联结起来。[①]

超越大都会

在美国和一些其他国家,不断变动的大都会转变成某种后大都会的阶段。让·戈德曼(Jean Gottman)在他 1961 年出版的名著《特大都市(*Megalopolis*):城市化的美国东北海滨》(*Megalopolis*:*Urbanized Northeastern Seaboard of the United States*)就捕捉到在这个发展新阶段最明显的原初期。作为与大都会(metropolis)同一个希腊起源的术语,特大都市一词的意思是"极其巨大的城市"。除了比大都会更大,戈德曼使用的特大都市涉及到一个更大的区域,从北部波士顿到南部的华盛顿,延伸 500 英里,因此成为著名的波士华地区(Boswash,波士顿和华盛顿)。除了由一个大城市区域和一个次要的中心组成,波士华特大城市区还包含多种重要的功能,分散在乡村和隶属建成区。

戈德曼预见,像洛杉矶地区一样的大都会形态在

---

① Zachary P. Neal, 'From Central Places to Network Bases:A Transition in the U. S. Hierarchy, 1900-2000', *City & Community*, 10:1 (March 2011), 49 – 75.

随后几十年将发展为极度蔓延的美国大都市。《后都市化：城市和地区的决定性研究》（*Postmetropolis：Critical Studies of Cities and Regions*）一书在《特大都市》之后 40 年出版，其中爱德华·索雅（Edward Soja）用六个主题描述了这种后大都市复合体，反映了一个分裂的、极化的和全球化的景观，即由边缘或外城、封闭社区、新的种族远郊区和其他与众不同且有争议的空间点缀的景观。随着后工业化时代的继续，大都会运动持续发酵，从 20 世纪 60 年代，工业化亚洲的部分地区在空间上展示出一个延伸的大都会外观，混杂了城市和乡村的特色和过程。[①] 东西方对比证据表明了更进一步的扩张和变化，对此，我们亟需说明其中奥妙。

由于大都市用它的离心力量，将之推向不同的、但也类似的演变道路上，它推动我们重新审视都市化进程的缩放效应和缩放结果，这多少带有讽刺的意味。通过进一步的发展甚至互相渗透，在扩张过程中占据空闲的领域，互相毗邻的大型的和中等大都市已按一定比例扩大为更加连贯紧密的大都市圈。于是衍生出一系列新的描述词汇，如巨型城市、变形城市、超级城市、城市群（city-clusters）、城市圈、区域城市化、巨型区域（mega-ragion）和全球城市圈（global city-region）。通过包括联合国在内的广泛国际认可，巨型城市指的是 1000 万及以上人口的城市。在没有商定和精算情况下，变形城市或者超级城市最近被联合国和主流媒体用于形容超过 2000 万人口的城市。[②] 根据佛罗里达（Florida）、古尔登（Gulden）和梅兰德（Mellander）的理论，世界上有 40 个巨型区域占据了世界经济产出的 66％ 和全球革新力量的 85％。[③] 一部分巨型区域位于工业化国家，在欧洲甚至还有跨国界的情况，其他的正形成于并跨越亚洲和中国，例如长江三角洲地区，在它极尽广阔的范围内拥有 6000 万到 8000 万人口，成为全球化经济动力。

在本章节的其他部分，我们用一个相对的和全球视角调查当代大都市四个显著的维度：富裕和贫困，全球化、管理和基础设施。

大都市的富裕和贫困

大都市内外的富裕和贫困的空间分布是它的关键

特征。城市都市化反映了永恒的空间变化，在这个空间里，城市中心与它的边缘或内陆地区的富裕和贫困对立共存。与吉尔伯特（Gilbert）的第 36 章涉及的贫困和不平等，社会隔离不同，本章将更准确地集中于大都会范围内不平等的社会和空间层面。虽然我们将探讨大家更熟悉的美国和欧洲背景下的工业化和去工业化的经济影响，我们将细察不为人所知的过程，通过它去了解加速的城市化和工业化在人口稠密的发展中国家大都市里制造的一个同步的急速分工和模糊的贫富分化。这种对比研究允许我们测量一个因大都市的变化而重新分配经济成果的更大范围。

大都市天性不平等，因为城市最初就是不平等的一个发源地。即使没有考察最初在细节上的不平等，但我们看到了大都市富裕与贫困在空间上的重新分配，从领土扩张和城市中心及其本身的变化开始。在城市的大部分历史中，财富集中在城市中心，因为作为财富的拥有者和创造者，企业家和资本家在此工作和生活。即便他们转移到偏远地区即郊外，将个人财富带到这里，但银行和工厂等生产性资产仍然在工业城市的中心。财富的集中地与邻近的贫困区反差鲜明，大量的产业工人收入微薄，居住在贫瘠的房屋里。随着制造业远离美国和西欧大都市圈的城市中心，富裕和贫困的天平倾斜到新财富中心——城郊，而城市中心的贫困程度在增长。大量的贫穷居民通常是失业者，主要是少数民族和新移民。

财富从中心向大都市圈外围的转移不能完全并清晰地归因于对抗和复杂的力量。当许多制造业离开中心城区，高端服务部门包含金融、保险和生产者服务业仍然保留甚至变得更加集中在城市中心，从而保持了中心的相对富有。这种现象主要符合像纽约和伦敦这样的全球城市，在许多正在崛起的发展中世界的金融中心如上海和孟买，也发现了这种现象。因为金融、不动产和娱乐业的发展为一些大都市的中心带来革新力量、新的财富和生机，随着它们的进一步突出，富裕和贫困的原有界限日益鲜明和宽大。如图 41.1 所示，巴西圣保罗的一个富有的封闭（或带门禁）社区与一个贫民区比邻。中心城市之外，市郊环线也让贫富分化更有层次，分界线更明确。大都市的贫富结构已经逐渐

---

① Norton Ginsberg, Bruce Koppel, and T. G. McGee, eds., *The Extended Metropolis：Settlement Transition in Asia* (Honolulu：University of Hawaii Press, 1991).

② Edwin Heathcote, 'Mega to Meta', *The Future of Cities*, special issue of *Financial Times* (7 April 2010)，12 - 15.

③ Richard Florida, Tim Gulden, and Charlotta Mellander, 'The Rise of the Mega Region' (working paper), The Martin Prosperity Institute, Joseph L. Rotman School of Management, (University of Toronto, 2007).

图 41.1　帕来索波里斯（Paraisópolis）贫民区（天堂之城棚户区）与巴西圣保罗莫伦比（Morumbi）富人区仅一墙之隔。

超越了简单的富裕城区和贫困郊区的二分法，更成熟的城市模式让贫富结构也脱胎换骨了。

775　　更新、更大规模的不平等。随着发达国家中成熟的大都市演变为更大的空间连接区域，发展中国家欠发达地区的大都市正在经历一个快速的发展和一个更广阔的空间扩张。这两个过程不仅加强了某些现存的社会空间的不均衡性，也制造了新的不平衡。对于发达的大都市，危机过后的底特律就是一个极端的典型。经历了 2008 年危机冲击和 2009 年恶化时期，底特律陷入 3 亿美元基础市政建设的资金短缺深渊，登记在册的失业人口达到 28.9％，达到所有美国主要城市的最高值。今天，底特律是美国最穷的大城市，贫困率达到 34％，几乎是国家平均水平的三倍。想要解决这个严重的集体贫困，就要求底特律将它机能失调最严重的机构进行破产管理，跨过政治界线与它邻近的郊区
776　政府合作处理问题。这也要求联邦政府支持底特律重建，通过一个新城计划把它的经济和社会活动区改造成一个人口基数更小，建立在老厂房旧址之上的城市，让这里拥有更大密度的社区、都市园林、文化设施和娱乐公园。①

在欧洲，我们看到多个中心和分散的城市体系，它固定在跨区域的、纵横交错的交通基础上，连接着四个大都市群（柏林、汉堡、科隆和慕尼黑）。在这种地区化的城市体系里，有清晰可见的不同程度的区域增长，如此一来，弥补了德国自重新统一以来的近二十几年的城市衰退。在 1995 年至 2004 年期间，由于人口向外迁移、失业和市郊化，前东德的莱比锡——哈雷——比特菲尔德附近的老重工业城市圈的人口下降了 8.1％。另一方面，在同时期，从南部的斯图亚特市到西南部的鲁尔区，这一带沿线的大都市都试图保持一个大致的稳定人口。当增强的欧盟在重新调整西欧旧城区之间的差距时，它面临的挑战是处理新区域的不平衡，这些不平衡由合并的东欧和中欧成员国和它们的移民所致。

国家驱动模式的都市化典型是上海。上海市有宽广的地界，管辖 18 个城区和郊区，部分是农业县，还有一个县是一个二级行政单位。在上海城市规划（1999—2020 年）中，市政府的目标是通过迁移 115 万人口到郊区，把 2000 年市中心的 915 万人口减少到 2020 年 800 万左右。这个计划的核心是为了加速大都市的发展和降低市中心的密度，在上海周边建设 9 个新镇和一个新城或"一城九镇"（参见插图 41.1）。

---

①　Bruce Katz and Jennifer Bradley，'The Detroit Project：A Plan for Solving America's Greatest Urban Disaster'，*The New Republic*（9 December 2009），www. tnr. com/article/metro-policy/the-detroit-project.

作为这个计划的一部分,上海140个郊区小镇被当地政府规划建设并打造成新镇。成为一个新镇实际是一场小镇之间的竞赛,为了争夺如大学城和外国制造厂这样的大型项目。新城设计的原型是西欧部分国家,包括英国、德国、意大利、瑞典、法国、西班牙、澳大利亚和荷兰。其建筑和景观模仿了这些发达国家的生活环境和方式。因此,新镇与全球化的联系不仅是经济生产基地,也是社会和文化领域的联系,这里的地方政府和居民将拥有全球性标志和身份。[①]

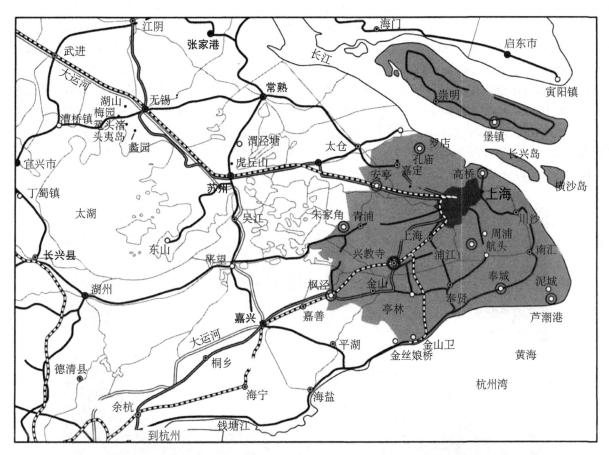

插图41.1　上海都市圈包括几个新镇、卫星城和交通基础设施。(参考 Chen, Wang, and Kundu, 'Localizing the Production.')

尽管这项郊区发展规划引出了一些人离开拥挤的中心城区,但那些在新镇购买昂贵房产的人是富裕的上海居民、西方移民和海外投资商。安亭镇的德国小镇鲍豪斯样式(Bauhaus-style)的公寓每平方米均价至少1000美元,或者一套小两居单元房超过10万美元,而在松江泰晤士小镇的一套独栋房产需要花费大约100万美元。它们变成在大片农田中间的富裕飞地。新城缺乏商业设施和社会服务,加上投资购房和周末居住的特点,让新镇缺乏常住居民,有种鬼城的感觉。上海大都市的政策源于坚定的国策,旨在重新平衡大都市的人口,但该案例说明在空间上重新分配财富会有意想不到的后果。

全球化和当代大都市

当国际影响在大都市发展初期已经非同小可时,通过局部和地方对跨国经济的依赖,再加上发达的跨国交通和通信技术,全球化对当代大都市的影响更直接,更强烈。在过去三十几年里,加速的全球化通过与日俱增的经济和文化交流大大地影响了城市的各个方面,或者某种情况下完全改造了它们。

皮特·霍尔(Peter Hall)是用全球视角研究大都市的先驱之一,他在1966年最先出版了《世界城市》(The

---

① Xiangming Chen, Lan Wang, and Ratoola Kundu, 'Localizing the Production of Global Cities: A Comparison of New Town Developments around Shanghai and Kolkata', *City & Community*, 8: 4 (2009), 433-465.

World Cities)一书。① 在 20 世纪 80 年代中期,地理学家约翰·费里德曼(John Friedmann)认为世界城市是少数位居全球城市顶端的巨大城市区域,它在世界范围内控制生产和市场扩张。世界城市也可能是国际资本集中和积累的主要站点。社会学家萨斯基雅·萨森(Saskia Sassen)于 1991 年出版了《全球城市:纽约、伦敦和东京》(The Global City:New York,London,and Tokyo)一书,其中,通过一个敏锐的构想和对这三个城市的一个系统比较,明确地进行全球城市的研究。② 根据萨森的研究,全球城市的职能是(1)在世界经济组织中的高度集中的指挥中心;(2)金融和专业服务的重要所在地,它们取代了制造业,成为主导产业;(3)主导产业中的生产创新之地;以及(4)商品市场和产业改革市场。

而全球化的影响在纽约和伦敦十分明显,这个影响力无处不在并意义深远,以至于它侵入到许多城市和大都市地区,包括一些全球化与地方规划大相径庭的地方。③ 在印度加尔各答的城郊,拉贾尔哈特新城(Rajarhat New Town)是一个新型地区,具有强大的全球联系。拉贾尔哈特计划成为一个综合小镇,其预期人口为 100 万,它构思在 20 世纪 90 年代初,作为一个独立发展中心,来帮助加尔各答市中心降低人口密度。它占地 7598 英亩(3075 公顷),新城的商业中心区发展为重要的商业、贸易、工业、信息技术、教育机构和文化中心。因此,在加尔各答,不动产投资和信息技术产业控制了设计、布局和城镇项目的规划。和上海附近的新城一样,拉贾尔哈特的高收入人才期望居住在奢侈公寓里,那里门禁高耸并远离贫困(参见图 41.2)。

图 41.2　有门禁的奢侈公寓,印度加尔各答附近的拉贾尔哈特新城。

随着城市获得一个更大的都市规模,区域和区域间的全球化力量的影响开始分化并扩大。传统上更加全球化的欧洲,两个空间广阔和跨界的欧洲地区已经成型(参见插图 41.2)。一个是不规则伸展、以"蓝香蕉"或直立香蕉著称的地区,它起源自英国东南部的伦敦,穿过北部法国、比荷卢经济联盟国家、意大利北部的米兰,结束于瑞士的莱茵河谷。在欧盟一体化的影响下,国界形同虚设,它们之间浓厚的地区化历史、

① Peter Hall, The World Cities (3rd edn., London:Weidenfeld and Nicolson, 1984).

② Saskia Sassen, The Global City:New York, London, Tokyo (Princeton:Princeton University Press, 1991).

③ Xiangming Chen, Anthony M. Orum, and Krista Paulsen, Introduction to Cities:How Place and Space Shape Human Experience (London:Wiley-Blackwell, 2012).

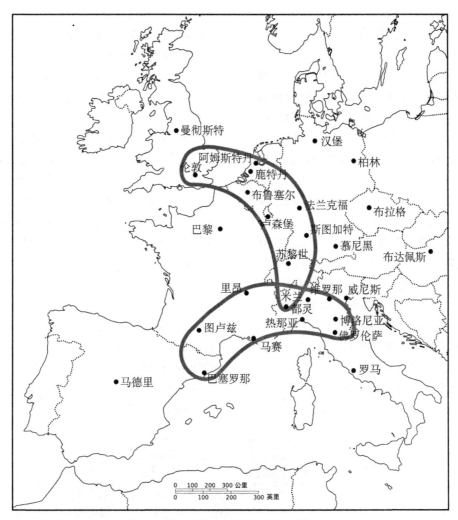

插图 41.2　两只欧洲"香蕉"，表示两个跨国的城市区域。（在纽豪斯［Newhouse］的《欧洲崛起的区域主义》［'Europe's Rising Regionalism'］之后，由尼克·培根［Nick Bacon］重画）。

商业和文化联系就由此凸显出来。另一个"横卧"香蕉或者"绿香蕉"形成一个弧形，它起自意大利的威尼托，西跨伦巴第和皮埃蒙特（Piedmont）进入罗纳阿尔卑斯区（Rhône—Alps），穿过法国的地中海岸和腹地，进入加泰罗尼亚（Catalonia）。[①]

中国和欧洲城市出现的这种全球化—区域化—地方化的积极影响在非洲严重缺失。即便不考虑出口导向制造业的空间群落的缺乏和稀少，仅跨越邻国的城市之间的往来贸易流量也被各种五花八门的障碍所严格限制。在西非的布基纳法索（Burkina Faso）、加纳、马里和多哥地区，卡车运输出口商品从马里首都的巴马科出发，在他们去位于几内亚湾和大西洋、靠近加纳首都阿克拉（Accra）的港口城市特马（Tema）的路上，平均每 100 公里就要面对 4.8 个检查点，支付 25 美元，浪费 38 分钟。[②] 运输高成本源自警方贿金、管理租金和运输通道上运输服务供应商抽取暴利。羸弱的制造业导致发展的滞后，除此，西非城市的发展因地区经济、空间和运输联系的匮乏而受到进一步的阻碍，否则，从地理相邻性上也应该会带来增产效益。

正如上述案例证明，全球化或加强、或停止城市周边的大都市化和区域化潜力，这股动力能让大都市和世界经济相互促成并互相塑造。全球化、区域性、国家化城市系统的限制与大都市为摆脱束缚灵活自主发展之间存在不断紧张的关系。这种关系能让一些城市在经济上做得更好，它们通过克服这些限制或者将限制变作机会来实现转变。它还可能让少数城市，尤其是那些低起点和落后的城市在系统中发展并超出其规模所限定，取得更多的功能性影响力。

①　John Newhouse，'Europe's Rising Regionalism'，*Foreign Affairs*，76：1（1997），67 - 84.

②　World Bank，*Reshaping Economic Geography*，*World Development Report* 2009（World Bank，2009）.

管理大都市

780　　当全球化在大都市发挥更大的影响时,对大都市的管理难度也随之日益增加。城市对社会、政治和经济的生生不息必不可少,但它们存活在地域环境、国家管理和全球竞争的更大背景里。目前,随着超过世界70亿人的一半人口居住在城市,有些城市面临管理挑
781战,这与城市加速增长和出现高密度的低收入人群有关。同时,其他城市正经历外围的扩张和大都市圈里的冲突。城市的经济和社会福利与它周边的都市圈密切联系在一起,这个现象空前明了。在一个瞬息万变的时代,为了成功,城市必须重新评估传统政府的作用。本小节评估不同级别的政府在管理大都市、提供金融服务和规划发展及再开发时所扮演的综合角色。

　　政府的级别和边界。市政府直接管理大都市的中心部分。这个区域通常比都市圈小得多,被明确的边界束缚而很难扩张,而都市圈包含的元素有郊区和卫星城。城市政府为所辖范围内的居民和商业提供服务。这些服务可能包括维持治安、清扫积雪、垃圾处理

和城市生活的其他必需。市政厅也制定规划和政策以管理城市和开发所辖地区。因为城市群超出了官方城市边界,市政厅的部分影响力也是如此。由于位于中心区域和交通的中心,市中心和商业中心(CBDs)仍旧是大都市的聚焦点,尽管它被疏散并且郊区的影响也在不断增强。

　　在美国,地方市政府之上一般是区县,而其他地方是区政府。这种政府可能更加贴近大都市的需要,因为它的规模更大,能够容纳一个发展过快的大都市圈。这个级别的政府职能有许多不同的形式。例如在纽约,有一个"强大的区县"系统,如门罗(Monroe)这样的县是所辖范围城镇税收的再分配器,提供服务和在战略利益区域着手投资。罗契斯特市位于门罗县,是主要的大都市圈,接受过很多这样的投资。美国的其他地区如新英格兰,有一个"强劲的城镇"系统,这里大多数税收和政治权力保留在城市内部。这种都市圈的不合作政治性更有可能造成空间的不均衡性。例如,在美国康涅狄格州的哈特福德县,其管理部门于1960年重要的经济繁荣期间被正式撤除。随着重叠的或者"凌乱"的边界,新的地区政府和服务提供区自此被创立,参见插图41.3。

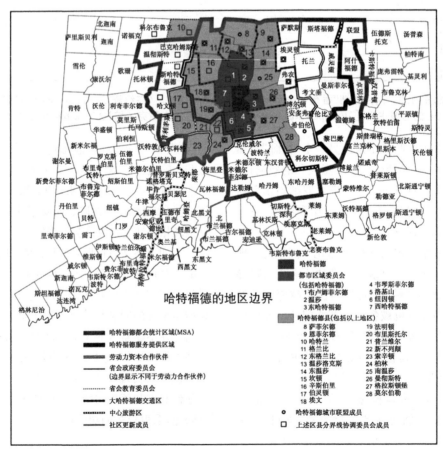

插图 41.3　美国哈特福德地区,展现出提供服务和"杂乱管理"的多重边界。(由尼克·培根[Nick Bacon]绘制。)

哈特福德城周边偏远的城镇仍然是国家最富裕的地方,而哈特福德本身却成为美国最穷的城市之一。考虑到120万人口的大都市圈和仅有46.6平方公里和12万居民哈特福德市区之间的巨大差距,巨大的局部富裕相较哈特福德的贫困呈现出严重的不平衡。哈特福德周边的城镇持续反对当代的区域化,唯恐失去它们对税基的控制和对地方事务与提供服务的角色。[1] 在美国,州政府有权干涉城镇利益,这些利益关乎地方政府管理和税收分配,但极少真正去干预。[2] 各国政府监督所有低一级的管理并直接提供一些资金和支援给地方政府,尽管力度在逐渐递减。在 2000 年代末的经济困难期间,美国联邦政府介入援救破产的地方政府,如卡姆登、新泽西,那时的城市罪犯横行,地方政府为运转警察机关而耗尽了钱财。[3]

782 对比美国高度地方模式的管理,其他国家采取联合的城市—区域的管理形式。例如,重庆于 1997 年成为中国最年轻的"直辖市",目前整个市的面积为 8.2万平方公里,约 3200 万人口。到 2020 年,市中心人口将在当前 1000 万基础上翻番的宏伟目标让跨界的重庆都市圈正在谱写一曲农村—城市转型规划的组合交响乐,可谓历史空前。重庆是战略性的重要经济区,它能获得国家的专项资金和精心规划。

783 正如这些例子所证明,边界的管理经常与变化着的都市需求不相符。尤其是在美国,这里的城市面临着来自邻近城镇和乡村的阻力和经济竞争。权力分散创造了"外围"(exopolis),像哈特福德这样的都市圈有许多居民和财富都驻扎在城市以外。[4] 发展中城市,尤其是那些处于像中国这样自上而下管理背景的城市更容易扩展它们的边界。无法扩展城市边界促成了城市的衰落,如底特律和哈特福德(参见前文),它们与蒸发掉的税基作斗争,还要对抗城市暴力和衰落的学校系统这样严重的社会问题。通过扩展都市圈,有能力并灵活扩张边界的城市成功地适应了当今的城市发展形态。[5]

随着分散化和全球化,在过去 20 年里,城市管理大概倾向于新自由主义的政策和发展。一般而言,新自由主义政策推动城市成为一个财政责任和市场意识的经济主体。[6] 它们反对并远离凯恩斯主义的重新分配政策,主张增强政府的私有化和"企业家化"(entrepreneurialization)。第二作者在罗切斯特(Rochester)城的社区和商业发展部门的夏季工作期间了解到,在城市支持项目和强调创造税收方面,新自由主义政策和市场导向路径很明显。部门主管强调,在进行集中建设税基和更加富有社会意识的社区开发项目时,需要保持这两者的平衡。最后,区县的专项拨款和国家发展资金决定这些巨额资金的投入之地。

今天,全世界的商业日益广泛并灵活机动,这得益于信息和运输技术的改进。商业地点的选择需要重视很多要素,包括税收、服务、福利设施、基础设施和生活成本。这导致国内和跨国城市之间的激烈竞争。地方政府更是化身为企业实体,评估它们的成本、税收和它们提供服务的质量。而在大型的发展项目和基础设施上投资能让一个城市对潜在的商业更具吸引力,而这些所需要的大量资金和规划要想从地方层面获得资源也是愈加困难了。

大都市的基础设施

城市证明了人类的认识、演变和智慧。城市是我们"建成环境"的巅峰,是人类开发的先进基础设施系统的综合场所。本节着眼于两类基础设施建设,以呈现每一类设施对大都市的活动和再生的重要作用。通 784 过废物处理和电、水这样的基本公共设施的配送,公共基础设施便利了日常城市生活。通过人口和商品的高效流动并将之输送到其他的都市圈,运输基础设施让大城市名副其实。(信息基础设施对城市越发重要,但是由于它主要是私人所有,所以我们在此不予讨论。)为了管理城市高密度人口并在全球范围进行经济竞争,城市必须不断维持和更新它们的基础设施系统。城市和都市圈的增长会让陈旧的系统负重太多,让地方政府发展基础设施以适应人口的增长充满挑战。然而,经济和社会资源通常决定基础设施建设的位置和品质,促成了"大"都市的不平衡。审视大都市里基础设施规划和投资的来源,从中可以清楚地折射出大都

① David Rusk, *Cities without Suburbs*: *A Census 2000 Update* (Washington, D. C.: Woodrow Wilson Centre Press, 2003).

② Gerald E. Frug and David J. Barron, *City Bound*: *How States Stifle Urban Innovation* (Ithaca: Cornell University Press, 2008).

③ Matt Katz, 'Camden Gets Grant to Keep Some Police', *Philadelphia Inquirer* (5 October 2010), B1.

④ Edward W. Soja, *Postmetropolis*: *Critical Studies of Cities and Regions* (London: Wiley-Blackwell, 2000).

⑤ Rusk, *Cities without Suburbs*.

⑥ Jason R. Hackworth, *The Neoliberal City*: *Governance, Ideology, and Development in American Urbanism* (Ithaca, N. Y.: Cornell University Press, 2007).

市的特有形态和经济、社会影响。

公共基础设施包含自来水、能量的供应和废物处理。为了探讨这个论题,我们仅涉及大规模物质基础的公共事业基础设施,而不再展开垃圾回收这样的服务基础设施。如自来水管道这种大型基础设施一般埋藏在城市地表之下,为的是节约空间和安全考虑。然而,这也造成公共设施的维护、发展和改造耗资巨大并尾大不掉。在大的发展中城市,公共基础设施经常置于地面之上且暴露无余。作为城市发展和生活质量的关键元素,这有助于安全性和身体健康。如此一来,公共基础设施的程度和质量密切关联大都市的规模和健康。

当城市基础设施的增长落后于人口增长时会产生不利的影响,包括环境污染和公共健康的威胁(参见本书第 37 章)。发展中国家很多城市都是如此,尤其是亚洲和非洲,它们的人口增长让人瞠目结舌,因为农村人口大量移民到城市。移民会形成贫民区,这里缺乏精心规划的基础设施。这些社区缺乏或无法使用干净水、下水道或者废物处理,经常受到忽视或者故意被排斥在发展规划之外。孟买庞大的达哈维平民窟(Dharavi slum)是一个基础设施不平衡的经典案例,敞开式下水道、用电受限和高价获取干净饮用水是其鲜明特色。这些要素导致贫困和健康问题,这就是全世界贫民窟居民日常生活的真实写照。当和达哈维一样的很多贫民窟似乎仍在存在,而且政府也视而不见时,在尼日利亚和南美洲,对城市基础设施的投资已经直接减少了贫民区的乱象。[①] 从而,投资市政基础设施可以减少收入不均等现象,改变贫民窟,从而让大都市吸收它们充满生机的、非正式和地下的经济,让它们融入更大的都市协同效应里,这是一幕长远的发展美景。[②]

基础设施落后也会阻碍不动产的开发和住宅区的增长。"新镇"开发是这种现象最好的诠释。许多国家的城市规划者推动了这些人为开发的卫星城,这是为了解决稠密的城市区域的人口过剩问题而引导人口远离密度大的中心城区。基础设施跟不上不动产的设施需求,造成重大延误甚至房子建好以后也会闲置很长

785

时间。[③] 原来的远郊地区因基础设施匮乏而妨碍了商业和居民的迁入(参见前述的上海案例)。

当公共基础设施对大都市居民的健康和福利举足轻重时,运输技术在大都市或都市之间的商业和旅行中也必不可少。很多城市市区有公共运输系统,如电车或者地铁网。公共交通扩展到都市圈,其形式为轻轨、公交线路或者其他的交通基础设施。汽车对城市道路和高速公路的使用越来越多,从这个层面来看,私人交通工具在大都市和都市圈内也发挥着重要作用。高速公路和收费公路蜿蜒迂回在美国本土,连接着一个广阔的都市经济网。而欧洲和亚洲大都市也有大量的私有公路网,相比美国,它们运用公共交通系统的程度更胜一筹。

公共运输系统是很多大都市的主角。早期的公共交通系统的目的是用来调度中心城区的居民和工人,后来用作连接都市圈的居民区与市中心工作地及便民场所。随着城市的中心区日益增多,公共交通竞相努力服务一个更加复杂的都市圈,这种现象在美国尤为普遍。与私人交通相比,公共运输有可能让环境更加可持续化、成本性价比高、限制城市交通拥挤和污染。人口高密度确保了对公共交通的选择需求最大化,创建了对个人票价最小化的可能。公共交通系统对城市穷人也是一个重要的资源,因为他们买不起私家车,但又要往返于步行和自行车所无法承受的远距离之间。根据刘和关的说法,在理想的流动条件之下,中国城市公共交通最好的服务通勤距离为 3 到 8 公里,以及在堵塞情况下 4 到 9 公里。[④] 在纽约,公共交通占据所有交通运输的三分之一。即便具备优势,公共交通基础设施的建设和运行也需要一个高层次的公共规划和投资。由于公共交通工程的高成本,通常采取公私合作的方式实施,私营部门会在初期投资之后取得通行收费或者其他专有权。

美国的公路和道路系统数十年来是私人交通基础设施的标杆,但将很快被中国的国家干线公路系统的总长度赶超。在美国,对高速公路的需求增长开始于20 世纪初汽车的广泛使用,因为引进了像亨利·福特

① César A. Calderón and Luis Servén, 'The Effects of Infrastructure Development on Growth and Income Distribution', *World Bank Policy Research Working Paper No. 3400* (World Bank, 2004).

② Marianne Fay and Mary Morrison, *Infrastructure in Latin America and the Caribbean: Recent Developments and Key Challenges* (World Bank, 2007).

③ Urban Age, *Integrated City Making: Governance, Planning and Transport* (London: London School of Economics, 2008), www. urban-age. net/publications/reports/india.

④ R. R. Liu and C. Q. Guan, 'Mode Biases of Urban Transportation Policies in China and Their Implications', *Journal of Urban Planning and Development*, 131: 2 (2005), 58 - 70.

T型车这样的经济型汽车。随着汽车愈加便宜、可靠，而且比其他交通方式更快，城市形态被迫通过扩宽路面和其他改革来适应这股潮流。有通行限制的高速公路将变成汽车快速有效出入城市的主导方式。艾森豪威尔 1956 年的《联邦资助公路法案》(Federal-Aid Highway Act)提出为公路建设成立第一个重要的联邦基金，初衷在于为军事战略目的连接美国的城市。公路系统助于美国的都市圈形成一个紧密的商贸网络，卡车运输业的增长更是如虎添翼。自从 20 世纪 50 年代以来，由 18 轮车运输的商品数量和比例大幅提升。公路也逐渐拉开了家和工作地点的距离，这是一个意想不到的影响。更便捷的通行加上新的住宅贷款为郊区的独栋房产创造了强大的吸引力。(参见本书第 42 章对这个主题的更多说明)

像城市基础设施一样，好的交通基础设施有能力吸引投资和开发。对于企业和工业来说，它为工人、潜在的客户和航运提供了便捷的交通方式。城市居民需要好的交通系统上下班并到达其他地方。而企业和消费者还是服务业和零售业赖以生存的基础。项目开发扎堆交通基础设施附近已是显而易见的事实，尤其是靠近关键点，如高速公路出口、立交桥和火车站。在城市中心和郊区，大型购物中心通常建设在公路立交附近，它的优势是交通便利、一站式购物，对传统的零售形成竞争压力。

虽然交通基础设施能够助推开发和投资，但它也对城市形态产生消极影响。由于是联邦融资，大多数美国公路的原始规划和开发由工程师、高层次的州和联邦官员负责。虽然提供投资，见证了城市和州际公路建设的城市规划者和政要却没有想到令人不悦的影响，包括历史性街道的消失和弱势群体背井离乡。在康涅狄格州哈特福德市中心，I-91 沿着康涅狄格河延伸，把城市从河滨隔开。像公路和铁路线这样的基础设施是分割城市空间的物质和心理栅栏，通常用作隔离贫困居民。在 20 世纪 60 年代期间的美国城市，公路扩张导致种族矛盾上升，因为凭借著名的公路建设权征用法，低收入非裔美国人社区地块被查封并遭到拆毁。同样，中国城市公路的建设几乎不尊重居住在路线上的贫穷弱势群体。

由于市政和交通基础设施对可持续性与都市健康至关重要，在人口和经济不断下滑的城市里，为它们筹措经费尤为困难。另一方面，成长中的城市在投资它们的基础设施工程上有一个更简单易行的途径，那就是依靠一个健康的税基和其他收益，但是必须在之前制定计划和预算。不论城市的类型和更大的规模，说服短视的政要和投资者在没有切实利益或回报的情况下去投入基础设施项目，这几乎难于登天。一个长远的大局观对基础设施建设和再建势在必行。

交通基础设施再建是今天的美国面临的一个重要挑战，因其公路、地铁和桥梁的老化和维护不足，2007 年明尼阿波利斯(Minneapolis)的 I-35 西桥(I-35West bridge)的倒塌警示了全国。[①] 扩大和修复美国公路基础设施的努力遭遇政治反对、预算限制和联邦支援减少。筹备资金是提供维护和建设所必需的资本。其中养路费是最陈旧的筹资方式之一，直接从旅行者的每一项使用上收取微薄费用。公私合作建设公路在美国的部分地区和其他国家也有过尝试。这个合作通常包括初期投资和未来的通行费收入分成。其他的公路系统由社会团体提供资助，它们从中获取独家广告或冠名权。

中国城市人口过密，加上近期增加的私人汽车保有量引发了严重的拥堵问题。目前，中国是世界上最大的汽车市场，虽然它的高速公路长度可能很快超过美国，但仍然不能满足快速增长的需求。2010 年北京到张家口的高速公路交通堵塞持续了 10 天，绵延 100 公里，清晰可见地证明了落后的道路系统与庞大的车流量。由于人口密度高、车辆保有量快速增长和交通法规疏于执行，发展中国家城市里的交通事故率占比很高。仅在孟买，每天大约有 13 个行人在穿过危险的路口和街道时死亡。[②] 在投资公共交通基础设施的同时又鼓励私人汽车增长的政策正让发展中国家重蹈西方之覆辙，因为这项政策束缚了发达国家大都市整装冲刺未来的强大潜能。

结语

今时今日，如果不理解城市逐渐复杂的大都会背景，我们就无法充分理解城市和它们面临的挑战。将城市重新定义为大都市的最显著理由是规模的重大价值，尤其是在发展中国家，这里最大的城市或巨型城市正经历着都市扩张的狂飙猛进。且不论发展中巨型城

---

① K. Duchschere, 'I-35W Bridge Collapse: The Aftermath', *Star Tribune* (4 August 2007), A. 7. 而已经确定 I-35 的倒塌原因是关键环节的设计缺陷，这引起国家对基础设施维护和监管的关注。

② Urban Age, *Integrated City Making*.

市的惊人规模,因其规模本身无法揭示这些城市面临的潜在挑战。这就是为什么我们只把规模当作探索当代大都会四个显著维度的平台。

随着都市规模的增长,富裕和贫穷的分配在区域上更加分化和分散。至于发达国家,在郊区和中心城区之间,工业的进一步衰落与高级服务业的平衡被打破,因此大都市的不均衡遭遇了一个更复杂的空间重构。底特律和纽约都市圈似乎代表了更宽广不均衡空间的两个极端。在发展中国家,财富更多地保留在超大城市的市中心,但是由于农村移民的更大涌入,也充斥着更多的贫穷。早期大都市的延伸始于抽出部分财富混杂到欠发达的内陆区,上海就是如此。

虽然全球化被看作是有能力重塑当代大都市的一股宏观结构经济力量,但更有意义的是它从城市底部和侧面渗透而入。来自全球力量的自下而上的压力,加上政府政策这样的地方因素,能为过去非全球化的城市带来新的发展机遇。来自全球化的横向影响表现在国内和国家之间区域发展趋势的增强和城市发展成果的突出。通过中国、印度、欧洲和非洲例证所阐明的两个效果,有助于将大都市更深地嵌入到全球—区域经济纽带的空间关系里。

面对剧烈并更复杂的财富空间分区、全球化对局部和地方更强的影响,政府重新分配资源的传统角色遭遇空前的挑战和侵蚀。在美国,随着资金流急剧地穿过地方政治边界,政府服务需要在一个更大的区域范围里更有效地进行分配,如此背景下,高度地方化的市政府该如何进行更加地域性的管理,这是一个更大的瓶颈。而对美国康涅狄格州的城镇来说,这是一个严重的问题,表现在不再有县政府,跨国和跨地区经济流不一致以及地方行政边界和权力更加广泛,原本互为市场劲敌的自治区域也好,地方政府之间更多地合作也罢,两者间形成不断增强的拉锯态势。

最后,成长中的都市化城市对公共事业和交通运输基础设施的供给和整合面临更大的挑战。我们看到了发达经济体的讽刺现象,如美国在建设和维护基础设施上力不从心,而像中国这样的发展中经济体在大量建造铁路和公路上激流勇进。然而现实更为复杂。财力雄厚的中国政府也许能负担起所有的基础设施建设,但是却不能保证其质量(以近期的高铁致命事故为证),也不能解决快速增长的其他部分之间的协调问题,如汽车的快速膨胀与消除严重的交通堵塞之间的协调问题。

通过本章四个透析镜头,从大都市的简单过去,如本书部分其他章节所描述,到它更为复杂的现状,我们

对大都市有了更深层次的理解。这个整合框架应该也可以帮助我们在 21 世纪的余下时间里认清并跟紧大都市的发展轨迹。

后记

本章是至诚合作的一个成果,本研究贯彻 2009—2012 年始终,此时的亨利·费茨(Henry Fitts)(2012 年的三一班)在三一学院城市和全球研究中心担任学员助理研究员。陈向明(Xiangming Chen)要感谢梅隆基金会(Mellon Foundation)和三一学院梅隆·查理基(Trinity College Mellon Challenge)对城市和全球研究的经济支援,这让三一的学生得以参与有价值、富有成效的研究项目。对早期的草稿给予评论和建议的是彼特·克拉克(Peter Clark)、尼克·培根(Nick Bacon)、托马斯·德·美第奇(Tomas de' Medici)、迈克尔·马哥德林斯卡斯(Michael Magdelinskas)和 2011 年 4 月 14 日至 16 日在宾夕法尼亚大学举办的"全球视角中的城市"(Cities in Global Perspective)会议的参与者,对以上人士表示由衷的感谢。

参考文献

Chen, Xiangming, Orum, Anthony M., and Paulsen, Krista, *Introduction to Cities: How Place and Space Shape Human Experience* (London: Wiley-Blackwell, 2012).

—— Wang, Lan, and Kundu, Ratoola, 'Localizing the Production of Global Cities: A Comparison of New Town Developments around Shanghai and Kolkata', *City & Community*, 8: 4 (2009), 433–465.

Florida, Richard, Gulden, Tim, and Mellande, Charlotta, 'The Rise of the Mega Region' (working paper), The Martin Prosperity Institute, Joseph L. Rotman School of Management (Toronto: University of Toronto, 2007).

Frug, Gerald E., and Barron, David J., *City Bound: How States Stifle Urban Innovation*, (Ithaca, N. Y.: Cornell University Press, 2008).

Gottman, Jean, *Megalopolis: The Urbanized Northeastern Seaboard of the United States* (Cambridge, Mass.: MIT Press, 1961).

Hackworth, Jason R., *The Neoliberal City: Governance, Ideology, and Development in American Urbanism* (Ithaca, N. Y.: Cornell University Press, 2007).

Hall, Peter, *The World Cities* (3rd edn., London: Weidenfeld and Nicolson, 1984).

Newhouse, John, 'Europe's Rising Regionalism', *Foreign Affairs*, 76: 1 (1997), 67 - 84.

Ogun, T. P., 'Infrastructure and Poverty Reduction: Implications for Urban Development in Nigeria', *Urban Forum*, 21 (2010), 249 - 266.

Rusk, David, *Cities without Suburbs: A Census* 2000 *Update* (Washington, D. C.: Woodrow Wilson Centre Press, 2003).

Sassen, Saskia, *The Global City: New York, London, Tokyo* (Princeton: Princeton University Press, 1991).

Soja, Edward W., *Postmetropolis: Critical Studies of Cities and Regions* (London: Wiley-Blackwell, 2000).

汤艳梅　译　陈　恒　校

第42章 郊区

尤西·乔夏棱

　　世界城市人口的爆炸性增长与郊区化密不可分。[1] 大规模的郊区化已经是一个全球性的现象，21世纪郊区才是真正的城市。正如我们将看到的，这种发展与城市内部和外部长期的社会、政治、经济和技术的进程有关系。[2] 郊区自古皆有，因此，从历史的角度来研究郊区的演变就很有必要。但本章主要聚焦于现代。先论述19世纪早期的工业城市，接着再论述二战后至今的城市大扩张。第一节将讨论与郊区（不管它是否经过规划）有关的变动的解释和理论。随后，我将用各大洲的例子来呈现郊区的类型学，再接下去，我将提出一个解释框架，以便于人们理解郊区所经历的大规模复杂的发展。[3] 比较的方法有助于人们理解现代和当代的郊区所具有的独特性和普遍性。

变动的解释

　　"郊区"一词并没有权威的或公认的定义。早期的定义相当简单，而且强调的是前缀 sub。即便在今天，关于"郊区"最常见的看法是，郊区是指毗邻城市的一片分散的区域，那里的人口密度较低，工业、商业和零售业有限，与此同时，那里的居民经济条件一般。根据这种观点，郊区缺少与城市相当的便利设施，从而使其沦为一个缺乏固有特征和无法自治的，不那么重要的

地区。在讨论郊区或者郊区居民时，人们经常表现出轻蔑的语气。

　　关于郊区的传统分析主要是基于对特定地区进行个案研究。有关研究阐明，郊区的出现和发展轨迹可追溯到古代美索不达米亚、埃及和罗马的城镇和城市。有关研究还论述了中世纪的城郊社区以及近代早期城镇（尤其是像巴黎和伦敦这样的首都城市）周边的主要郊区的发展。[4] 关于现代郊区，许多学者认为这些相互分离而且人口密度低的郊区（特别是美国的郊区）具有令人乏味的同质性。他们将现代郊区视为人们失去了共同体纽带的地方。[5] 既有研究对如下现象兴趣小得多：郊区的内部多样性、权力和治理，以及具有自身特色的前城市和乡村社区如何及以何种数量被郊区扩张吞噬。

　　然而，随着新方法的出现，如今郊区史研究出现了一次新的浪潮。从不同的视角分析更广泛的社会进程正在取代对特定地区的研究。[6] 这一"新郊区史"试图避免传统的城郊二元对立，并挑战既有研究的正统性。刻板印象认为，郊区是同质的、无社区的，与这种刻板印象不同，如今郊区正在被认为是拥有许多社区和特征的而且差异越来越大的地方。

　　这种新的研究兴趣也反映了郊区在当代社会中的

---

① 原书编辑曾协助修改本文。

② Ruth McManus and Philip J. Ethington, 'Suburbs in Transition: New Approaches to Suburban History', *Urban History*, 34 (2006), 317 - 337. 在他们看来，郊区史需要关注郊区生活是如何适应社会和文化的变化的。

③ Laura Vaughan, et al., 'Do the Suburbs Exist? Discovering the Complexity and Specificity in Suburban Built Form', *Transactions of the Institute of British Geographers*, 34 (2009), 475 - 488.

④ Francis M. L. Thompson, *The Rise of Suburbia* (London: Palgrave Macmillan, 1982); Roy Porter, *London: A Social History* (Cambridge, Mass.: Harvard University Press, 1994); J. W. R. Whitehand and Christine M. H. Carr, Twentieth-Century Suburbs: *A Morphological Approach* (London: Routledge, 2001).

⑤ Kevin M. Kruse and Thomas J. Sugrue, 'Introduction', in Kevin M. Kruse and Thomas J. Sugrue, eds., *The New Suburban History* (Chicago: University of Chicago Press, 2006), 1 - 10.

⑥ Richard Harris and Peter Larkham, eds., *Changing Suburbs: Foundation, Form and Function* (New York: Routledge, 1999); Matthew D. Lassiter, *The Silent Majority: Suburban Politics in the Sunbelt South* (Princeton: Princeton University Press, 2007).

变化。全世界许多大都市都将那些人口超过一百万的郊区合并进来。① 为了更好的工作、购物或休闲的机会，人们从中心城市通勤到或迁移到郊区。郊区的人口密度可能比空荡荡而且消费高的市中心商业区要高出很多。在经济上，郊区已变得相当重要，特别是美国那些幅员辽阔、支离破碎和多式联运的大都市。② 仔细看，今天的郊区可以分解为许多不同的区域。各种新的词汇，如人口快速增长的郊区（boomurb）、边缘城市（edge city）、没有边际的城市（edgeless city）、市郊（exurb）、都市圈（megalopolis）、大郊区（metroburbia）、新的多中心大都市（new polycentric metropolis）、城市边缘（urban fringe）已出现，它们可以被用来描述发达国家出现的这种复杂情况以及不那么发达的国家其郊区的多样性。③

最后，一个尤为敏感的问题是对郊区的认识。与市区相比，郊区通常被描绘为在精神上和形态上都介于城乡之间的地方，而且是逊于城市或附属于城市的地方，而最近的研究显示，人们对如何从内部研究郊区越来越感兴趣。从地面看郊区与从高空或外部看郊区是不同的。这种新视角并不限于研究领域，它也见于大众传媒、电视剧、电影以及（比如）YouTube 网站上由郊区居民自拍的视频。成为郊区居民不再是令人尴尬的事情，反而建构了独立的和特别的身份认同。郊区是异质的地区，而且还提供了与中心城市的意识形态有别的话语和视角。郊区正在被提上公众和历史研究的议事日程。

现代的郊区：一种类型学

尽管郊区化是由许多相互关联的、普遍的经济、政治进程以及其他长期进程所驱动，但它也被国家和地方的状况塑造：因此，地形、自然资源及其他地方性偶然因素都会改变已建成的郊区的发展方式。④ 自 19 世纪以来，郊区化已成为加速城市发展不可或缺的角色。虽然是个人移居到开阔的郊区，但郊区化的主要推动者是市场的力量以及国家、市政当局和其他公共权威。

公共和私人事务的发展、城市规划促进了人口的去中心化，加上区域发展政策、市政土地使用规划以及配套的住房和新增的就业机会都有利于郊区化。⑤ 郊区发展的时间先后与其所处空间有关：在某个郊区很明显的趋势也许在另一环境或国家会出现得更晚。

郊区的发展也存在着一个光谱。人们在一端可以辨认出未经规划、不受监管的郊区，在另一端可以辨识出经过规划、受到监管的郊区。人们还是可以从现代郊区中辨识出一种基本的类型学。郊区的类型主要包括：排屋郊区（terraced suburb）、别墅郊区（villa suburb）、工业和工人阶级郊区（industrial and working-class suburb）、花园郊区（garden suburb）、扩展型郊区（extended surburbs）、封闭社区（gated community）、非法占屋者和棚户区的郊区（squatter and shanty town suburban areas）、郊区的蔓延（suburban sprawl）和郊区的边缘城市（suburban edge cities）。这种类型学（参见插图 42.1）能够说明郊区在时间和空间上的发展，但却由于郊区化具有超越时间和空间的多样性和活力而无法穷尽一切情况。因此，这些范畴在某种程度上必然是有弹性和有重叠的。更何况，某一范畴的郊区在世界的不同地区、尤其是随着时间的推移并不完全相似。某些最初未经规划的郊区后来被规划过，而某些经过规划的郊区却陷入不受监管、蔓延的境地。

排屋郊区首先出现在 17 世纪和 18 世纪的英国和法国，而且主要是在其首都。因此，伦敦西区见证了为精英阶层建造的而且经过权威规划或半规划的排屋广场的发展，类似的发展也见于近 18 世纪末的爱丁堡新城。19 世纪，郊区的排屋（通常不带广场）成为中产阶级、白领和艺术家主要的住房形式。在伦敦南部，比如维多利亚时代的坎伯维尔郊区就变成了一大片排屋街道区域，在街道两旁，是独立装饰的建筑立面和一小块用作花园的土地。⑥ 供受尊敬的市民居住的排屋也在比利时和荷兰城镇，以及纽约、费城这样的北美大城市的郊区激增。20 世纪中叶，随着城市体面阶层日渐搬迁到新的远郊以及更远的地区，西方城市的近郊区往往

793

---

① 在 2010 年，全世界拥有一百万以上人口的城市有 450 个。例如，以下郊区有超过一百万人口，同时处在一个更大的城市中：长崎、埼玉、横滨（日本东京）；勿加泗、德波、南唐格朗、坦格朗（印尼雅加达）；塔那（印度孟买）；法里达巴德（印度德里）；加络坎、奎松（菲律宾马尼拉）；瓜鲁柳斯（巴西圣保罗）。

② Paul L. Knox, *Metroburbia USA* (New Brunswick: Rutgers University Press, 2008).

③ Bernadette Hanlon et al., *Cities and Suburbs. New Metropolitan Realities in the US* (New York: Routledge, 2010).

④ Paul L. Knox and Linda McCarthy, *Urbanization. An Introduction to Urban Geography* (New York: Prentice Hall, 2005).

⑤ Kruse and Sugrue, *The New Suburban History*.

⑥ J. Summerson, *Georgian London* (rev. edn., London: Penguin, 1962); H. J. Dyos, *Victorian Suburb: A Study of the Growth of Camberwell* (Leicester: Leicester University Press, 1961).

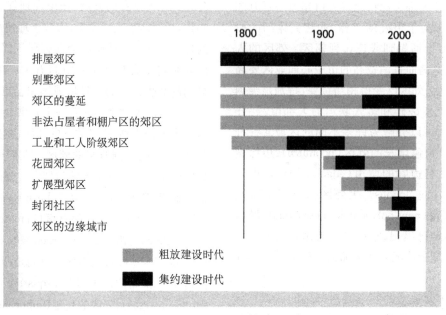

	1800	1900	2000

排屋郊区
别墅郊区
郊区的蔓延
非法占屋者和棚户区的郊区
工业和工人阶级郊区
花园郊区
扩展型郊区
封闭社区
郊区的边缘城市

粗放建设时代
集约建设时代

插图 42.1　18 世纪至今的郊区类型学

经历了退化和衰退。20 世纪后期开始的再城市化使这些近郊再次变得中产阶级化甚至是气派。

别墅郊区是供时尚阶层居住的,那里有宽敞的独栋住宅,而且通常还有带围墙的大花园,早在 18 世纪末之前,这样的别墅郊区就已经出现在西欧城市周边,这既反映了人们对隐私和自然的新态度,又反映了日益庞大的上层阶级要远离肮脏和吵闹的城市以及人数越来越多的工人阶级。正如刘易斯·芒福德所说,这些区域象征着某种绿植掩映的隔离区,它们供精英居住,而且拥有性别指向明确的社交生活。到了 1900 年,开阔的别墅郊区已经在许多或大或小的西方城市的边缘迅速发展起来,那里的住宅糅合了各种建筑风格从而展现出某种异国风情。[①] 浪漫主义建筑思潮崇尚自然的城市主义,为了创造审美上的连续性,在街道规划中,直线条逐渐被弃之不用。在 20 世纪,郊区的新发展、逆城市化和致密化导致上述许多别墅郊区的衰落,但正如之前的排屋郊区一样,别墅郊区在 20 世纪最后数十年经历了形态上、社会功能上和视觉上的升级,在富人中间又流行起来。别墅郊区的繁荣得益于历史保护和环境保护的新趋势,也得益于后现代主义追求田园牧歌和诗情画意的时尚。[②]

工业和工人阶级的郊区起源于欧洲和北美的现代城市在 19 世纪的转型。城市迅速而无序的发展和基础设施投资的不足在卫生、住房和社会生活其他方面引起了一些被负面看待的问题。曼彻斯特是面临挑战的早期工业城镇的典型,由于弗里德里希·恩格斯的著作,它在 19 世纪中叶广为人知。[③] 城市中心无法容纳一个正在成长的工业社会的人口。这种状况又因城市中心的中央商务区、铁路、公共建筑和便利设施的发展而加剧,导致那里的住房供应大量减少。此外,大规模的工厂化生产通常在城镇边缘面积更大的新址上进行,因此,这种生产的增长就要求工人居住在工作地点附近。尽管早期的许多工人阶级街区先是作为棚户区发展起来的,比如巴黎北郊的新工厂附近的工人阶级街区,但将其作为工业郊区加以规划的趋势在 19 世纪已经越来越明显。作为早期的例子,加泰罗尼亚工程师伊尔德方索·塞尔达(Ildefonso Cerdà)就吸收了一些关于工业郊区的理念,并在 19 世纪中叶为巴塞罗那制定了一个大的扩张计划。关键就在于,他想通过扩建郊区,以容纳日益庞大的工业城市的劳动力,使巴塞罗那在工业上获得发展。经过规划的区域从高密度的中心城市及其新近拆毁的城墙向外延伸将近十公里,

795

　　① 　Donald J. Olsen, *The Growth of Victorian London* (London: Batsford, 1976), ch. 5; idem, *The City as a Work of Art: London, Paris, Vienna* (New Haven: Yale University Press, 1986), 161 *et passim*.

　　② 　Nancy G. Duncan and James S. Duncan, 'Deep Suburban Irony: The Perils of Democracy in Winchester County, New York', in Roger Silverstone, ed. , *Visions of Suburbia* (London: Routledge, 1997), 161–179;亦可参见他们的案例研究: James S. Duncan and Nancy G. Duncan, *Landscapes of Privilege. The Politics of the Aesthetic in an American Suburb* (New York: Routledge, 2004).

　　③ 　Friedrich Engels, *Die Lage der arbeitenden Klasse in England* (Leipzig: Otto Wigand, 1845).

同时将周边的村庄合并进来。这项计划是基于重叠六边形的几何空间和城市设计。它也是一项事关社会工程学和环境可持续性的计划，目的是整合工人与其他社会群体，使人们能享受公共卫生、绿化和饮用水等等。① 或多或少经过规划的工业郊区可见于一战前后西欧的其他城市，有时候，这样的工业郊区还与大型的工业企业有关联：因此，在柏林城东，曾出现过工业街区或工人阶级街区激增的情况，其中就包括西门子公司为工人兴建的西门子城。

20 世纪城市规划中的一位关键人物是瑞士裔法国建筑师夏尔·爱德华·让纳雷，他更为人熟知的名字是勒·柯布西耶。他的现代主义构想是：拆除现有的建筑林立而且过时的历史城市中心以及高密度的近郊，为商业、公共部门和享有特权的居住阶层建造新型的现代垂直城市。② 对于在远郊工业区（即工业城市）工作的郊区居民，柯布西耶建议，根据重复的、标准化的几何形状布局来规划工业郊区，并用预制构件在那里建设工业化的住宅。③ 这些被他命名为"花园城市"④的区域，强调由标准化、几何线条和现代科技组成的空间秩序，现代科技更能适应越来越快的现代生活节奏，梾这种空间秩序将提升郊区居民的道德生活。

在柯布西耶的计划中，只有少数几个按设计展开。尽管如此，现代主义的原则影响了工业和工人阶级的郊区在 20 世纪的传播。在苏联，国家为工人建造标准化的住宅区（小区），在那里，多层楼房、公共服务、绿地和交通应有尽有。这种住宅区早在 20 世纪 20 年代就已经开始修建，但主要的发展则出现在 20 世纪 50 年代至 20 世纪 80 年代，而且出现在西起塔林（爱沙尼亚）的拉斯拿马吉（Lasnamägi）、东至靠近朝鲜和日本的符拉迪沃斯托克（俄罗斯）的苏联全境。苏联的郊区化很有限，城乡之间的边界仍然清晰可见。在远郊，有

些区域过去属于小型避暑别墅区，这些别墅现在常年有人居住，但已经变成了郊区。在二战后的西欧，为了解决严重的住房短缺问题，国家和市政当局承诺为下层阶级进行了大规模的郊区规划建设，这种打造依据了一种现代主义的空间划分观念：空间按住宅、工业和休闲等用途划分，大规模的公共交通则保证了人们穿梭于不同的空间。许多如此这般由公寓和住宅构成的大型郊区，它们在社会功能和形态上都与主要的城市社区格格不入，其建造质量堪忧，而且很快就出现了问题。⑤ 如今，在许多这样的区域普遍存在着社会剥夺和不满，因此需要进行全方位的改造。

花园郊区是对工业城市存在的问题的另一种回应。⑥ 花园郊区的灵感来自《明日的田园城市》一书，其作者是自学成才的规划理论家埃比尼泽·霍华德。⑦ 霍华德认为，在大城市外面新建的花园城市将融合城市和乡村生活最好的方面而规避其缺点，这样就能够为居民创造一种美好的生活。⑧ 每一个花园城市可以为多达 3.2 万人提供工作、更高的薪水、文明生活、社会互动、传统的集体价值、清新的空气、自然美景和开放空间。功能性的、社会性的和审美的发展都按照建立和谐的小型社区的理念仔细设计过。⑨ 20 世纪早期见证了伦敦郊区的莱奇沃思（Letchworth）和韦林花园城（Welwyn Garden Cities）以及曼彻斯特附近的威森肖（Wythenshawe）的建立。然而，霍华德的理念获得最大的影响，是在花园郊区（通常被含混地称为"花园城市"）遍及欧洲、北美和其他地区时。美国第一个真正的花园郊区工程是 1908 年在纽约皇后区建成的森林山花园。科拉伦斯·斯坦因（Clarence Stein）和科拉伦斯·佩里（Clarence Perry）深受森林山花园和霍华德的理念影响，他们在 1929 年参与了新泽西州费尔劳恩市的雷德朋花园城的建设。在二战后的芬兰，建筑

796

---

① Ildefonso Cerda, *Teoria General de la Urbanizacion y Aplicacion de sus Principios y Doctrinas a la Reforma y Ensanche de Barcelona* (Madrid: Imprenta Espanola, 1867). 在 20 世纪早期，有关郊区样态的最好的研究来自雷蒙·恩温（Raymond Unwin, *Nothing Gained by Overcrowding! How the Garden City Type of Development May Benefit Both Owner and Occupier* (Westminster: Garden Cities and Town Planning Association, 1912)。

② 1901 年，建筑师托尼·噶涅（Tony Garnier）在法国里昂展示了城市功能区划的原则。城市空间按工业、办公、休闲和交通功能分区。勒·柯布西耶模仿了这个想法，并成为最富影响力的功能主义建筑师和现代主义城市规划者。

③ Le Corbusier, *The City of To-Morrow and Its Planning* (London: John Rodher, 1925), 166,175-176.

④ 这里的"花园城市"概念完全不同于霍华德的"花园城市"概念。

⑤ 著名的城市暴乱通常发生在很多凋敝的大型社区，比如 1970 年代美国的巴的摩、1980 年代英国临近伦敦的布里克斯顿（Brixton）、法国巴黎的郊区（Banlieus），以及 2000 年瑞典马尔默（Malmo）的郊区。

⑥ Lewis Mumford, *The City in History. Its Origins, Its Transformations and Its Prospects* (London: Penguin, 1961), 555.

⑦ 这本书 1898 年初版时的名字为《明日：通向真正的改革之路》(*To-Morrow: The Path to Real Reform*)。

⑧ "城市和乡村必须结合，在这一结合中会诞生一个新的希望、新的生活、新的文明"：Ebenezer Howard, *Garden Cities of To-Morrow* (Cambridge, Mass.: MIT Press, 1965), 48。

⑨ Knox, *Metroburbia*, 17.

师奥托·伊瓦利·穆尔曼(Otto-Iivari Meurman)和阿诺·艾勒威(Aarne Ervi)将花园郊区的理念和现代主义的功能主义建筑融合起来。为此,他们设计建造的塔皮奥拉可以提供价格合理的住宅、高效的公共服务、美丽的自然景色,以及连接附近的赫尔辛基(芬兰首都)的便捷交通。花园郊区也出现在了澳大利亚以及经济欠发达国家的城市周边,比如阿根廷布宜诺斯艾利斯的洛马斯德帕洛马花园城(Ciudad Jardín Lomas de Palomar)、黎巴嫩贝鲁特的星光街区(quartier de l'Etoile)和埃及开罗的花园城居住区。

扩展型郊区也起源于 20 世纪早期的规划理论。在 20 世纪 20、30 年代,北美建筑师弗兰克·劳埃德·赖特一直在构思有着低密度和低高度的广亩城市。1932 年,他在自己的著作《消失中的城市》中论述了这一理念。赖特相信,一种特定的空间秩序会产生一种与个人自由和民主相结合的新的道德和社会秩序。他的计划是,建设在空间上隔离或分区同时又能将城镇和乡村融合起来的郊区。结果将营造一个健康的、赏心悦目的、文化上令人振奋的半城市化环境。他最初的小型计划覆盖了十六平方英里,这片土地将被划分为四个区域,每个区域包括许多不同的住房类型和设施。每个家庭都生活在占地一英亩的独立式住宅里。这将使居民个人能够更好地控制他们周围的环境,从而培养出一种社区感。届时将有一列火车连接各区域,但大多数居民会开着私家车穿行在由景观优美的高速公路和林荫大道构成的交通网络中,而在高速公路和林荫大道的交叉路口则配有大型商场。[①]

地方规划法规和联邦住房管理局的政策支持了扩展型郊区的发展,联邦住房管理局成立于 1934 年,这家联邦机构为低息贷款提供担保,以便能在全美建设郊区住宅。此外,从 1930 年代起,联邦政府斥巨资修建州际公路和市内公路,这就使大量家庭从内城区搬到新兴的、低密度的郊区成为可能。[②] 私人部门也积极参与这一进程。这些标准化的郊区逐渐被单一家庭独立式住宅占据,也就成了所谓的"城郊情景剧"(sitcom suburb)。

"二战"后最出名的扩展型郊区是纽约的莱维敦,它是由私人开发商亚伯拉罕·莱维特、威廉·莱维特和阿尔伯特·莱维特修建的。莱维敦是大批建设的郊区的主要原型,截至 1960 年代,莱维敦的住宅超过 1.7 万套、可供 8.2 万人居住。这些相对便宜的住宅建在单独的地块上,这就创造了一个庞大的、单调乏味的、存在社会隔离和种族隔离的郊区。那里的绝大部分居民都是年轻的、已婚的和中等收入的白人夫妇。[③] 然而,联系紧密的社会网络破除了标准化郊区是非共同体的区域这一神话。[④] 后来的郊区住宅工程展现了一种更为复杂的社会隔离和种族隔离样式。不过,在许多小型的私人郊区工程(采用封闭社区的模式)中,居民都是精心挑选过的富人。

封闭社区是富有的、以消费为导向的、社会同质化的,它们由私人管理,封闭的围墙或围栏以及严格的门禁将其与周遭隔离。如果说扩展型郊区主要是北美的现象的话,那么封闭社区越来越呈现出全球分布的态势,它们也可以在拉美、南非、中东、俄罗斯和中国的城市的郊外找到。封闭社区的业主委员会、与物业人员驻地之间在地理邻近度和联系方面存在复杂的模式。在欠发达国家,封闭社区就像城市富人设防的堡垒一样立在那儿,以防范环绕城市的混乱不堪的非法占屋者和棚户区的郊区(参见本书第 36 章)。

非法占屋者和棚户区的郊区位于城市中心之外,就全球而言,它们数量庞大而且显眼,当前,它们主要存在于欠发达国家。那里存在空间上的贫困陷阱,比如:就业极度困难、性别不平等、生活环境恶化、社会排斥和边缘化、缺乏社会交往以及犯罪率居高不下。[⑤] 这样的区域有很长的历史渊源,而且很早就可以在世界大多数地区发现。在 19 世纪,许多欧洲和北美城市郊外都有棚户区:比如,人们在巴黎、柏林和雅典周边都能找到棚户区。[⑥] 然而,棚户区的数量和面积因城市化而有所增加。根据其历史、环境、规模和发展阶段的不同,这些区域有不同的名称:slum(贫民窟)、barrio(美国城镇中说西班牙语居民聚集的贫民区)、

---

① Frank Lloyd Wright, *The Disappearing City* (New York: Payson, 1932).

② Knox, *Metroburbia*, 27 - 29.

③ Peter Hall, *Cities of Tomorrow. An Intellectual History of Urban Planning and Design in the Twentieth Century* (Oxford: Oxford University Press, 1988), 296.

④ Herbert J. Gans, *The Levittowners. Ways of Life and Politics in a New Suburban Community* (London: The Penguin Press, 1967).

⑤ United Nations-Habitat, *State of the World Cities* 2010/2011: *Bridging the Urban Divide* (London: Earthscan, 2010).

⑥ Hall, *Cities of Tomorrow*, 13 - 46.

favela（巴西的棚户区）、shanty town（棚户区）等。[1] 这些边缘的区域最早时常是沿进城的主干道两侧呈带状发展的，后来往往发展为正式的私人出租房和公租房、违规的自建房、不正规的私人合租房和棚屋、旅店、难民营以及人行道住宅等混杂在一起。在大都市，就上述贫民区而言，有一部分在市区范围之内，但大多数在市区范围之外，而且通常离市区非常远。[2] 例如，尽管德里、金奈和孟买等印度大城市在经济活动方面存在差异，但其贫民聚居点都在郊区。[3]

2010 年，全世界的贫民窟超过 20 万个，其居民超过 10 亿（内罗毕声名狼藉的基贝拉贫民窟，参见图版 33.2，第 635 页）。在欠发达的国家，三分之一的城市居民生活在贫民窟里。全球贫民窟的居民人数到 2030 年预计会翻番。[4] 从物质上来说，这些区域充斥着用边角料临时自建的处所，基础设施也不足。至少在刚开始的时候，这些区域缺乏公共服务，比如缺乏起码的环境卫生、电力和自来水。土地不归居民所有，居民安全也得不到保障。不过，情况也并非全都如此糟糕：在更加定型的贫民区，居民可以活得有尊严，而且还形成了一种社区认同感，这与外界对贫民区的丑化相当不同。棚户区郊区通常会经历一个发展周期：一旦更加定型和成熟，这些区域就会获得基本的服务，居民也会获得房地契，棚户区郊区也会变身为普通的工人阶级郊区，就像人们在拉美城市中看到的那样（参见本书第 26 章和第 36 章）。随着人口的不断涌入，许多区域与超大贫民窟相融合，由此在大都市的城市边缘形成了连续不断的非正规住房带和贫困带。[5] 新来者往往会住在离城市中心数十公里远的地方。然而，全球大部分城市贫民还是居住在中小型甚至微型的城镇上。[6]

中国的情况很特殊，它从一个发展受控城市系统转变成了一个现代化的城市经济体。国家一度对人口迁移和郊区化进行了严格的监管。自 20 世纪 80 年代的经济改革以来，人口流动性使得控制越来越难。总的来说，促增长的政策注重改善贫困人口的生活，而这些政策也确实减少了贫民区的数量。[7] 然而，数百万未经登记而且能力有限的临时外出务工者（农民工）生活在城市边缘，尤其是一些超大城市的边缘，其中许多人居住在相对简单、密度很高的房屋里。相比之下，自二战以来，北美和欧洲的这种情况已经很罕见了。然而，最近从北非到欧洲的移民潮导致了某些港口城市（比如，希腊的佩特雷和意大利的那不勒斯）以及能够吸引移民的大型首都城市（如马德里和里斯本）出现了棚户区。此外，贫困的少数民族（比如罗马的吉普赛人）通常被迫生活在棚户区，在东南欧许多较大的城市，情况尤为如此。

郊区的蔓延常见于当代，但它的起源则可以追溯得更早。尤为重要的是大都市在 20 世纪晚期的兴起（参见本书第 41 章）。由于城市中心的土地和房屋价格高昂，大多数未经规划或只经过了半规划的增长和发展都出现在了城市中心之外。在发达的国家，这是郊区化最常见的一种类型。例如，在 1970 至 1990 年间，洛杉矶都市区域增长了 45%，而其地面建筑面积则扩大了三倍。欠发达国家也存在郊区蔓延的现象。在各大洲，特别是在较大的城市，比如马达加斯加的塔那那利佛、中国的北京、埃及的开罗、南非的约翰内斯堡和墨西哥的墨西哥城，地面建筑面积的增长要远快于人口的增长。在那些城市里，郊区蔓延既包括中产阶级的高级住宅区的扩张，又包括为穷人提供的低质量住房和便利设施与棚户区和郊区发生重叠。[8] 市场

798

---

① 在巴西，历史最久的棚户区是非洲逃亡奴隶的独立居所。现代棚户区诞生于 20 世纪 70 年代，也就是大量人口从乡村迁移至城市的时期。目前，在巴西的大城市里，每五个人里就有一个生活在棚户区。

② Mike Davis, *The Planet of Slums* (New York: Verso, 2006), 30.

③ Isa Baud et al., 'Matching Deprivation Mapping to Urban Governance in Three Indian Mega-cities', *Habitat International*, 33 (2009), 365 – 377.

④ United Nations-Habitat, *The Challenge of Slums. Global Report of Human Settlements* 2003 (London: Earthscan, 2003).

⑤ 迈克·戴维斯(Mike Davis)在《贫民窟星球》一书(第 26—28 页)指出，人口超过一百万的超大型贫民窟包括：墨西哥墨西哥城的那扎一查可一伊泽塔区(400 万居民)；委内瑞拉加拉加斯的解放区(220 万居民)；哥伦比亚波哥大的玻利瓦尔城(200 万居民)、秘鲁利马的圣胡安德卢里甘乔区(150 万居民)；尼日利亚拉各斯的阿吉古诺区(150 万居民)；伊拉克巴格达的萨德尔城(150 万居民)；南非约翰内斯堡的索维托(150 万居民)；秘鲁利马的柯诺苏库(150 万居民)；巴勒斯坦加沙地带的加沙城(130 万居民)；巴基斯坦卡拉奇的奥兰吉镇(120 万居民)；南非开普敦的开普平原区(120 万居民)；塞内加尔达喀尔的皮金(120 万居民)；埃及开罗的印巴巴区(100 万居民)和埃兹贝特一哈格夏纳区(100 万居民)。

⑥ Celine Ferre, Francisco H. G. Ferreira, and Peter Lanjouw, 'Is There a Metropolitan Bias? The Inverse Relationship between Poverty and City Size in Selected Developing Countries', *World Bank Policy Research Working Paper* 5508 (2009).

⑦ United Nations-Habitat, *State*.

⑧ United Nations-Habitat, *State*, 10 – 11.

力量、消费主义和公共政策支撑着这种蔓延的扩展。私人的开发商和建筑商经常推动郊区蔓延，是因为那里更容易获得便宜的土地。各个家庭渴望搬到郊区，是因为那里有更好、更宽敞的房屋，有更多机会接近大自然。市政机构也在大都市的边缘争夺纳税人，因此，规划部门通过放松监管来消极容忍郊区的扩张，甚至通过兴建道路和分区监管来支持郊区的蔓延。蔓延形成了一道独特的郊区风景，其中，各类房屋的混搭引人注目。那里有传统房屋、功能性住宅和后现代的别墅，它们彼此往往挨得很近。尽管这些蔓延的区域有时经历了经过规划的发展（比如发展出了扩展型郊区和封闭社区），但社区认同感和社会交往感都不是那么强烈。欠发达国家也存在郊区的蔓延，但那里的劣质房屋和设施意味着它们与棚户区发生了重叠。

郊区的边缘城市位于城市边缘，自20世纪80年代以来，它们在经济上已经变得非常重要，这种现象先是出现在美国，后来又出现在其他发达的国家。著名的边缘城市包括华盛顿特区西面的泰森角（Tyson's Corner）和洛杉矶的世纪城。这些多功能区域的发展最初是基于城市中心和内城区在人口、住房、就业、制造和服务等方面的去中心化。在后工业城市里，许多中心区域在经济功能上已经输给郊区的大型购物商场、物流中心和科技园。后来，边缘城市成为独立于市中心的直接投资地。有些学者将这个时代称为后郊区时代。[1] 在欧洲，边缘城市比较少，而且公共部门更多地参与了边缘城市的发展。人们发现，欧洲的边缘城市通常是更大的都市区域的专业中心，比如，荷兰的兰斯台德以及巴黎的塞纳河谷和大诺瓦西。[2]

在近些年，大都市的去中心化一直在边缘城市内外持续着。各式各样新的郊区形式和功能都已经出现。无边缘的城市（edgeless cities）发展出了低密度的商业体和住宅。繁荣郊区是快速发展而且没有商业中心的自治市。[3] 这两种郊区都具有特定的政治、经济、社会和空间要素，比如，分散的地方管辖权、政治自治、以服务为基础的信息经济以及不平等的空间背景下异

质且隔离的社区。人们发现，它们分布在美国的都市区域（如亚特兰大、波士顿、洛杉矶、凤凰城和达拉斯）的周边。[4] 有时候，边缘城市在功能上已经独立于城区的其他部分，但它们很少拥有政治上的自治权。所有这些区域都是新型郊区的例子，新型郊区在认同、功能和形态方面的发展不再与曾经的都市核心区有直接联系。

最近的趋势：变动的郊区化和现代郊区

正如我们所见，随着时间的推移，已经出现过许多类型的郊区。它们的发展与郊区化进程中某些重大而且相互交织的变化有关联，这些变化涉及数量上、性质上和象征意义上的变化。

与郊区化有关的第一个关键性变化涉及数量，即城市居民的爆炸性增长。在1950年，世界城市人口约为7.29亿，到2010年，这一数字达到34.86亿，几乎是1950年的五倍。迅速扩大的郊区吸收了这一轮城市增长的大部分人口。[5] 在郊区居住的人口越来越多。[6]

自1990年以来，城市人口的绝对增长大都出现在东亚、亚洲中南部、南美和西非（参见本书第26章、第28章和第35章），驱动力来自于强劲的经济增长（尤其是亚洲）以及作为行政和商业中心的城市的崛起。在这些地区，都市区域通常非常庞大，城市核心被不同类型的大面积郊区包围，其中包括棚户区、封闭社区和边缘城市等。在欠发达国家，首都城市存在着巨大的而且快速扩大的贫民窟和棚户区，那里缺乏足够的基础设施，人们的日常生计都成问题。

在发达的国家，郊区化在继续推进，但自20世纪70年代以来，城市化率越来越缓慢。美国的郊区发展自20世纪20年代开始就已经变得重要起来，从20世纪50年代开始又加速发展，私家车拥有率的快速增长也促进了这一发展。所有类型的郊区数量都快速增长

---

① 例如，Edward Soja, *Postmetropolis: Critical Studies of Cities and Regions* (Oxford: Oxford University Press, 2000); Hanlon, Short, and Vicino, *Cities and Suburbs*。

② Marco Bontje, 'Edge Cities, European-style: Examples from Paris and the Randstad', *Cities*, 22 (2005), 317-330.

③ 这些新出现的郊区有很多其他的名字，比如，赛博世界（cyberia）、边界城（perimeter city）、郊区闹市（suburban downtown）、隐形城市（stealth city）以及技术近郊（technoburb）。参见 Paul L. Knox and Steven Pinch, *Urban Social Geography* (New York: Pearson, 2010), 32.

④ Hanlon, Short, and Vicino, *Cities and Suburbs*, 85-107.

⑤ 据预测，2024年与2010年相比，世界上将会增加十亿以上的城市人口，大部分增加来自郊区。参见 United Nations Population Division, *World Urbanization Prospects: The 2009 Revision Population Database*, http://esa.un.org/wup2009/unup/index.asp.

⑥ Soja, *Postmetropolis*.

包括扩展型郊区（extended suburbs）、蔓延的郊区（suburban sprawl）、封闭社区（gated communities）和边缘城市（edge cities）。西欧也出现了大规模的郊区化，但步伐没有那么快，而且各国情况有所不同。英国走在郊区化的前沿。在二战前，英国已经存在大量的郊区，包括工人阶级居住的郊区、别墅郊区和花园郊区，在二战后，英国的郊区化越来越演变为城市的蔓延。从中心城市逃离的现象自 20 世纪 70 年代以来一直清晰可见，这种现象被命名为逆城市化。逆城市化表明，传统的城市核心区的重要性已相对下降，而城市边缘的新兴定居点的重要性则相对上升。在 20 世纪 80 年代，欧洲和北美的情况都变得更加复杂，当时，城市开始复兴，富有的白人被吸引回重新发展起来的城市中心。这种"回到城市"的运动被称为再城市化，再城市化首先突出表现为较大的城镇，随后小城镇也跟进，其后是在较小的城镇。在美国，2000 年到 2010 年间，美国都市区域的中心区和高密度的近郊都实现了增长，不过是以牺牲远郊和市郊为代价的。① 然而，并非所有的郊区都在发展，其原因主要是去工业化。在后工业社会以及后工业社会的城市和规划中，郊区收缩是一种新的现象。② 当下的城市化进程中包含着许多并行但却大相径庭的趋势。

第二个关键性变化涉及郊区的性质。尽管郊区化是一个全球化的进程，但各地实际的郊区即具有多样性，而且它们对更广泛的经济、社会和政治趋势反应不一。另外，同一片郊区也会经历形态上和社会功能上的变化，在更长的时段中，有时要经历数次改变。比如，花园城市或花园郊区就是经过整体规划被单独建在城市边缘的，目的是避免 20 世纪初的工商业城市中出现的诸多问题。如今，花园郊区在审美上和社会功能上都拥有宜人的环境，它们通常离广阔的城市区域的核心区很近，而且被很好地整合到了城区。它们大多供有钱人居住，其地位也从原初的进步转变为保守。另一个例子是在二战后大规模兴建的经过规划的工人阶级郊区。曾功能健全的工人阶级居住区现在已经演变为由城市底层和少数族裔居住的凋敝而隔离的地区。类似的多样性影响了未经规划的郊区。许多早期的棚户区贫民窟现在已经升级成体面的住宅区，而与

此同时，过去的一些城市蔓延区现在已经变得与世隔绝、破败不堪。

与郊区化有关的第三个关键性变化是象征意义上的变化。许多现代郊区已经成熟，但背后却经历了五十多年甚或一百年的发展。其间，新的郊区正在形成：它们正在形成，并正在凭借其自身特点成长为城市，而且与老的城市核心区不再有任何关系。为了加强地方认同，郊区的历史有时会被重塑，郊区的景观里也充满了象征符号——比如，采取新传统主义建筑的形式。新城市主义以及类似的规划和设计运动培育了郊区出现的这种新象征主义。这些怀旧运动赞美过去并模仿传统社区的设计原理来为新郊区建设住房、街道、公共空间以及其他土地使用方式。③ 新城市主义在美国和一些拉美国家最为流行。

象征意义上的变化一定程度上与郊区在政治上的转型有关。几十年来，郊区一直受中心城市支配。如今，尤其是在发达的国家和正在成长的都市区域，许多郊区已经变成经济上和政治上强势的地区，这样就改变了中心城市与郊区之间的权力关系。这类郊区在广阔的城市区域成为强大而富裕的飞地。这些飞地有时拥有独立的行政管辖权，它们的发展得益于富有的纳税人和成功的商业逃离传统的城市核心区，或者有从城市区域以外选择性迁入。在都市区域，人们时常可以看到传统的城市核心区和这样的飞地之间在政治上存在紧张关系，后者有时联合起来对抗城市核心区，也因此挑战了有组织的公共设施建设，如服务于整个都市区域的交通运输系统。这些飞地在反对城市试图通过兼并郊区来扩大自己的管辖范围方面也很有影响力。

现代郊区的多种解释视角

不同作者已经从经济、社会和技术等一系列视角解释了郊区的发展。比如，经济视角的解释就声称，在现代郊区的空间演变背后是结构性的经济力量。地理学家大卫·哈维认为，资本势必会剥削郊区以获得增长。④ 为此，郊区的历史也是资本主义及其持续变迁的历史。从 19 世纪开始，许多城市都成了蓬勃发展的

① Brookings Metropolitan Policy Program, *State of Metropolitan America. On the Frontlines of Demographic Transformation* (Washington, D. C.: Brookings, 2010), 51 - 61.

② Karina M. Pallagst et al., 'Planning Shrinking Cities', *Progress on Planning*, 72(2009), 223 - 232.

③ Dean MacCannell, 'New Urbanism and Its Discontents', in Joan Copjec and Michael Sorkin, eds., *Giving Ground: The Politics of Propinquity* (London: Verso, 1999), 106 - 130.

④ David Harvey, *The Urbanization of Capital* (Oxford: Oxford University Press, 1985).

工业聚集地。因为这是一种越来越倾向于劳动密集型的工业，所以城市需要郊区的空间来安置各式各样的工厂及其他的工业设备。郊区和郊区化为资本投资提供了其他重要的机会，这些机会不仅限于工业领域，也包括服务业和建筑业，这些行业通常还得到了国家的扶持。相较于成本高昂的城市中心区来说，郊区有许多优势。城市中心的地价很高，是由于许多经济活动的相互竞争以及翻新原有的建筑环境花费巨大。郊区便宜得多的地价使其能够吸引投资，但为了利用这一点，就必须在地方、区域、国家和超国家等层次具备有利条件。这些有利条件包括：对土地和建筑的规划进行积极的监督，获得廉价的土地和建筑材料的通畅渠道，抵押贷款制度的建立，就业机会和人口从城市中心的长期转移，有利于劳动力和商品流动的支持性交通政策。① 最近，跨国资本已经将郊区的贫民窟变成了廉价劳动力的蓄水池，这些廉价劳动力受雇于大量生产消费品。

从经济视角对现代郊区发展进行的这种解释又与两种更广泛的理论相关联。自然进化论认为，郊区居民增长是由内而外地在城市发生的。城市中心最先发展以便将通勤成本降到最低，接着此进程将转移到郊区。随后，更富有的人将离开高密度的市中心，搬到远郊更宽敞的住宅，届时中心城市区域则为低收入群体占据。包括汽车在内的交通发明扩展了居住在郊区的中产阶级的活动空间。同样重要的是，就业机会的转移和更多样化的住宅条件也鼓励了中产阶级的迁移。相比之下，财政—社会视角的解释模型则认为，郊区化主要是由城市核心区的财政和社会问题引起的，如高税收、公共服务质量的下降、种族关系的紧张、犯罪、交通堵塞和环境恶化等财政和社会问题促使更富有的人和经济活动从城市中心转移到郊区。② 这两种理论在多大程度上适用于北美之外的城市、尤其是欠发达国家的城市还值得关注。

然而，资本积累的逻辑只能部分地解释郊区化。更广泛的经济力量以及居住在郊区的当地居民在与郊区的互动中塑造了郊区。多丽·马西（Doreen Massey）认为，我们需要注意存在分化的地区的社会构成。郊区是社会进程和社会关系的特定空间形式的产物。要理解具有多样性而且作为各种社会关系的多孔网络的郊区，人类行为至关重要。③

因此，从社会视角对现代郊区进行的解释聚焦于性别、阶级和种族。从性别说起，现代郊区已经被描绘成一个对越来越多的劳动力而言在经济上郊率高的地方。当许多男性到城市边缘正在扩张的工业领域就职或到市中心的办公室做白领时，郊区的女性则接手了家事。她们是生活在郊区的全职母亲，负责照顾小孩和料理家务。④ 在此过程中，郊区的家庭被女性化了，可以说，郊区见证了一种明显的、性别化的劳动分工。然而，并非所有学者都赞同如下观点：即女性永远陷入了一种被动和附属的地位。实际上，在发达国家的许多郊区里，女性付出的劳动与男性几乎一样多，而在欠发达国家那些蔓延的贫民窟里，女性通常比她们的男性同伴更积极地参与劳动。不过，由于存在照顾小孩、家务劳动、就业机会和休闲偏好等问题，在郊区的流动性和空间模式上的确存在由性别导致的显著差异。

阶级视角的解释聚焦于土地和汽车的所有权。这种解释认为，高密度的郊区不仅有公共交通服务，而且还有价格比较便宜的公寓可供工人阶级租住。相反，只有开私家车才能达到的郊区主要是由独栋住宅构成，这些住宅由日益壮大的中产阶级和上层阶级自住。这样的区域已经得到迅速的扩张和蔓延，不过那里分布的是个人的家庭房产。⑤ 在美国，以及较小程度上在西欧，阶级分化具有某种族群的维度。就非白人居民的比例而言，密度高而且更加贫困的郊区比密度低而且更加富裕的郊区高出很多，白人家庭更愿意搬到后一种类型的郊区。这种"白人逃离"观念是在郊区研究、特别是美国的郊区研究中颇有争议的研究课题。

对郊区内部的族群差异的研究具有悠久的传统。在20世纪早期，芝加哥是一个快速发展的工商业城市，那里吸引了许多来自欧洲和其他地区的移民。城市研究的芝加哥学派借鉴植物生态学和社会达尔文主义来解释不同族群在20世纪早期是如何争夺郊区的

---

① Alan Mace，'Suburbanization'，in Rob Kitchin and Nigel Thrift，eds.，*The International Encyclopedia of Human Geography* (Oxford：Elsevier，2009)，77–81.

② Peter Mieszkowski and Edwin S. Mills，'The Causes of Metropolitan Suburbanization'，*Journal of Economic Perspectives*，7 (1993)，135–147.

③ Doreen Massey，*For Space* (London：Sage，2005).

④ Mace，*Suburbanization*.

⑤ Ibid.

好地盘的。更强势的族群能够顺着社会阶梯往上爬，并搬迁到郊区中那些远离工业污染的更好的地段。扩张型族群滞留在原来的郊区，它们将更弱小的族群赶走，而弱势的族群注定要在凋敝的区域抱团生活。[1] 因此，郊区内部的社会—空间隔离被视为一个自然和道德的过程。但这种分析已经被批评为太过机械而且只适用于芝加哥。的确，如今美国的郊区总人口中大约三分之二都是白人，而在大城市，白人的比例只有五分之二。不过，在近些年，族群的郊区化呈现出一些有趣的模式。在21世纪初，美国首次出现了这样的状况，即在美国的大都市区，所有族群中的大多数人都生活在郊区。[2] 比如，同样在英国，具有重要影响的一部分来自亚洲而且更年轻的穆斯林人口已经搬到了郊区，以更充分的个人自由来平衡家庭和共同体的技持。[3]

从技术的视角来解释现代郊区将主要涉及交通和相关基础设施的建设。近代早期的郊区离城市中心很近，许多在城市中心工作的郊区居民可以步行到那儿。从19世纪早期开始，郊区的持续扩张就有赖于某些类型的公共交通。欧洲主要城市从19世纪20年代起就有了公共马车，而从19世纪60年代起就有了马拉车道，这些交通设施也逐渐扩展到更被看好的郊区。从19世纪中叶到20世纪早期，铁路是郊区发展的主要推动者，因为铁路扩大了郊区通勤者的活动范围。电车或地铁系统的普及也发挥了同样重要的作用。同时，公共交通设施有它的优先顺序，至少首先是有利于富裕的郊区，然后才轮得上较贫困的郊区。

在20世纪，公共交通系统的延伸和私家车的增长进一步扩大了日常通勤的范围。于是，郊区变得更大，而且可以容纳更多人口。一个人每天往来于郊区边缘与城市核心区之间，通勤距离可达数十公里甚至两百多公里。得到改进的交通系统也促使工业从城市中心区域搬迁到郊区和城市边缘，这也改变了人们的通勤模式。[4] 私家车的使用极易导致城市的蔓延，美国的情况尤其如此，在那里，76％的职员都是单独驾车去工作。[5] 正如我们注意到的，私家车的使用也导致了两类郊区社区之间形成更严重的隔离：一类是依赖公共交通的郊区社区，一类则是只有私家车才能达到的郊区社区。

结语

郊区是数百万人每天生活的地方。郊区的发展在最近数十年格外迅速，而且在每个洲，郊区都在空间上持续扩张。纵观19世纪早期至今的发展，人们可以在世界范围内发现广泛的相似性，比如，涉及工业化、规划政策和交通方式变革等诸多方面的相似性。这样一些趋势并不是同时发生在所有地方的。发达国家与欠发达国家之间存在着滞后期，尽管如此，全球经济联系日益紧密已经缩小了这样一些差异，并在郊区的演变过程中导致了时空压缩的出现。然而，在广泛的结构性力量影响郊区发展的同时，人类的主观能动性也影响了郊区的发展。郊区的发展揭示了明显的地方性轨迹，在郊区人口发生流动时情况尤其如此，有时郊区人口流动是规划部门或富有远见卓识的城市领导者规划的结果。人们必须总是以复数形式来看待郊区，正如本章所解释的，郊区内部在细节布局方面通常是异质的，而且郊区类型之间还存在巨大的差异。

尽管郊区的历史可能和城市一样悠久，但它们在过去两个世纪经历了最大的转变。就全球郊区而言，不仅数量上的增长引人注目，而且性质上和象征意义上的改变也很重要。郊区正凭借自己的条件成为独立的区域，它们不再必然依赖中心城市，它们可以在广阔的都市区域建立了自己的政治议事日程。成为郊区居民不再意味着更少城市性。

郊区还在不断变化。在郊区，人们一如既往地可以发现城市生活的两个极端，一端是棚户区贫民窟的日常打拼，另一端是别墅郊区和封闭社区的排他性，居中的是千篇一律的住宅小区的乏味重复。要想理解这种复杂的现象，研究者必须寻找新的方法和复合的概念来分析郊区的多样性以及郊区在时空中的演变。[6]

参考文献

Davis, Mike, *The Planet of Slums* (New York: Verso, 2006).

---

① Robert E. Park, Ernest W. Burgess, and Roderick D. McKenzie, *The City* (Chicago: University of Chicago Press, 1925).
② Brookings, *State*, 33.
③ Knox and Pinch, *Urban Social Geography*, 180.
④ Mace, *Suburbanization*.
⑤ Brookings, *State*, 146.
⑥ Ash Amin and Nigel Thrift, *Cities Reimagining the Urban* (London: Pergamon Press, 2002).

Fishman, Robert, *Bourgeois Utopias: Th e Rise and Fall of Suburbia* (New York: Basic Books, 1989).

Hall, Peter, *Cities of Tomorrow. An Intellectual History of Urban Planning and Design in the Twentieth Century* (Oxford: Oxford University Press, 1988).

Hanlon, Bernadette, Short, John Rennie, and Vicino, Thomas J., *Cities and Suburbs. New Metropolitan Realities in the US* (New York: Routledge, 2010).

Harris, Richard, and Larkham, Peter J., eds., *Changing Suburbs: Foundation, Form and Function* (New York: Routledge, 1999).

Harvey, David, *The Urbanization of Capital* (Oxford: Oxford University Press, 1985).

Hayden, Dolores, *Building Suburbia: Green Fields and Urban Growth, 1820 - 2000* (New York: Vintage Books, 2003).

Howard, Ebenezer, *Garden Cities of To-Morrow* (Cambridge, Mass.: MIT Press, 1965).

Jackson, Kenneth T., *Crabgrass Frontier: The Suburbanization of the United States* (Oxford: Oxford University Press, 1985).

Knox, Paul L., *Metroburbia USA* (New Brunswick: Rutgers University Press, 2008).

Kruse, Kevin M., and Sugrue, Th omas J., eds., *The New Suburban History* (Chicago: University of Chicago Press, 2006).

Mumford, Lewis, *The City in History. Its Origins, Its Transformations and Its Prospects* (London: Penguin, 1961).

Soja, Edward, *Postmetropolis: Critical Studies of Cities and Regions* (Oxford: Oxford University Press, 2000).

洪　帆　译　任姝欢　吕和应　校

第 43 章 港口城市

卡罗拉·海因

数百年来，船只一直是长途运输货物和乘客最可靠和最快捷的方式；船只停靠的港口以及运行的航路长期为全世界的政治帝国和贸易帝国提供了基础设施。在主要的港口城市中，有很多是政治和经济力量合作尤其密切的首都城市，但有时候，政治领导权的存在也会阻碍经济的发展。结果，许多主要的海港都不是首都而是第二大城市。那些控制了更大网络的城市和港口（如伦敦、阿姆斯特丹、马赛或纽约）已经影响和塑造了全球其他的港口和港口城市，其中包括加尔各答、拉各斯、横滨、香港和上海。因此，全世界的港口城市长期作为国际化中心和文化中心的一个重要类别，引领着新的文化实践、政治实践、经济实践和社会实践。

单独一种城市形式无法刻画港口城市的特征，因为港口城市的城市结构是一个复写本，由于港口交通的缘故，这个复写本上记录了技术的简化、贸易的增长以及同时出现的政治、经济和社会的变化。港口城市的城市环境是由当地一系列特定因素、港口城市与沿海地区和腹地（hinterland）的关系以及全球转型造成的。[1] 新的发展说明了港口城市发展的不同方式，从特大中心和深水港到滨海区重新开发和休闲港都是港口城市发展的实例。港口城市继续创造出革新性的建筑和城市规划，继续展示全球化在空间上的影响。

在数个世纪中，港口和城市密切相关，港务局和城市的政府不得不通力合作。但在过去两百年里，港口和城市却逐渐分家了。[2] 航路是相对容易改变的，人们可以轻松适应前地变化的政治和经济形势，而腹地则因基础设施（比如河流、运河、铁路、干道或其他道路）的缘故相对固定，腹地是指航路附近的城市及其周围地区。这些与港口相连的基础设施横穿城市地区；

有时候，它们还会与港口争夺土地，尤其是在港口试图扩张的时候。因此，一个城市及其大都市区对支撑港口的功能极其重要。同样，中央政府可以决定一个港口及其城市的命运，要么通过发展政策，或者改善陆上交通，抑或开发广阔的（殖民地）内陆。

的确，腹地通常被视为更大附属区（就农业、原材料、消费市场而言），它是决定港口兴衰的重要因素。在现代城市，影响腹地大小的因素（比如铁路运输定价或隔夜货运范围）共同决定了航运公司对港口的选择。[3] 腹地倘若发生较大的变化，如战争（比如二战后铁幕的升起）或经济转型（比如欧盟及其前身的建立）等，则会像改变航路一样毁灭或刺激港口的发展。

本章开头是一段简短的历史介绍，用以说明船只、港口和城市在前现代的互动，接着探讨了始于 19 世纪中叶的现代状况，现代的主要特征是重大的全球性变化、航运网络的变革以及新的参与者追赶工业化。这种分析使用精选出来的案例，研究描绘了科技、政治、经济和社会的变化如何影响了特定港口城市的繁荣或衰落，以及个体城市如何在全球格局中确立了自身的位置。这些变化也在已有环境中为我们留下了可进一步发展的空间。这一章首先讨论了欧洲国家及其港口城市支配和控制全球海港的 19 世纪晚期到 20 世纪早期。当时，主要的海洋控制中心和最大的海港都在欧洲，这其中包括伦敦、利物浦和汉堡。在这一时期中，汽船作为主要的货运和客运工具出现，不仅使得航运变得更加便宜、快捷和可靠，而且还促进了 19 世纪的移民浪潮。从 20 世纪早期开始，美国成为全球的主导者，纽约和旧金山依靠自己的实力成为了世界港口中

---

① Guido Weigend, 'Ports: Their Hinterlands and Forelands', *The Geographical Review*, 42 (1952), 660 - 672.

② Brian S. Hoyle, 'The Port-City Interface: Trends, Problems and Examples', *Geoforum*, 4 (1989), 429 - 435.

③ James B. Kenyon, 'Elements in Inter-Port Competition in the United States', *Economic Geography*, 46: 1 (1970), 1 - 24.

心。在 19 世纪和 20 世纪,中国和日本新市场的开放将香港、广州和上海这样的新兴港口城市带到了国际舞台的中心。从 20 世纪 60 年代开始,广泛的全球化和集装箱化重塑了所有的港口和港口城市。这些动因驱使政府既要改造和振兴原来属于市中心平民区的港口,又要建设新的深水港口。总之,本章论证了港口城市的国际互联性能够让我们研究地方的主动性和全球的转型是如何相辅相成的。

简短的历史回顾

在前现代,民族国家和商人团体帮助塑造了港口广布的航运网络,使各个城市和港口在其中承担起不同的角色。无论是荷兰、英国、法国、葡萄牙还是西班牙,殖民国家都会在其特定海域加强控制。创造出国家拥有影响的范围来连接欧洲的海洋中心和殖民港口。经荷兰、西班牙和葡萄牙港口转运的货物给欧洲中心带来了财富,也证明了其帝国势力范围之大。(参见本书第 19 章和第 40 章)

日益增长的贸易和新科技的诞生迫使全球的城市改造它们的港口,甚至是它们的广阔的都市区域。在伦敦、汉堡、费城、格拉斯哥和爱丁堡繁忙的主要河道上,装卸工作包括将货物从大船转运到将它们运往陆地的小船上,这是一个越来越危险而低效的过程。早在 1802 年,去到西印度群岛的贸易公司就已经得到修建一个新的复合型港口的批准,这个港口便是位于伦敦道格斯岛(Isle of Dogs)的西印度码头。这个新的复合型港口能够容纳 600 艘船只,有不同的装卸停靠点和一栋五层高的仓库,在港口周围有 6 米高的围墙,能在货物从船只转运到陆地时提供一个安全的环境。

随着时间的推移,政府和贸易公司通过将城市用于商业和军事两种目的,塑造了广泛的城市形态。西班牙政府就通过《西印度法律汇编》(Law of the Indies)在南美规划了许多城市。16 世纪时,西班牙还在哈瓦那港口附近造了一个新的堡垒,来使这个城市作为他们在加勒比海地区军事和殖民活动的中心。商人和士兵在殖民地上修建了新的商店、要塞和定居点,为未来的城市发展打下了基础。比如,葡萄牙人在非洲海岸周围建立起的贸易站就反映了外国的影响,并成为了早期全球网络的里程碑。

伦敦就是一个政府和贸易公司通力合作,建起了联系网络并影响了全球其他港口城市形态的城市案例。一直到 20 世纪早期,英国的船只将伦敦城及其港口与从太平洋到印度洋的海港连接了起来。在伦敦和大英帝国其他的港口城市中的城市环境的多层次记录了这个帝国及其贸易往来的兴盛(与衰落)。公众利益和私人投资间的紧密联系在东印度公司(East India Company)的运行中体现得尤为显著。东印度公司在 1600 年由一群商人建立,它有着垄断英国和东印度贸易的特权。其令人印象深刻的、具有新古典主义风格的伦敦总部,坐落在伦敦市的利德贺街(Leadenhall Street),在此有其 1760 年代的图片(参见图 43.1)。它既证明了公司在伦敦的重要性,也显示出在更大的公司网络中,政府起到了关键性的作用。东印度公司开发了许多贸易港口;加尔各答、孟买、马德拉斯的三个城镇充当了与印度及广大内陆贸易的军事和经济的基地。自 1773 年起,加尔各答成为了东印度公司的行政驻地,同时也是英属印度的首府,并与大都市有特殊的联系。它两平方英里的空地(即印度练兵场)展示了众多英式新古典主义风格的建筑,如政府大楼、法院、邮局和其他的行政机构、居民住宅和娱乐场所。[①]

作为交换地点的滨海区:殖民时代、增加的贸易网络和商贸精英

19 世纪的殖民活动和世界贸易的五倍扩张改变了全球的网络联系。曼谷传统的贸易对象是中国,但是在 1850 年之后,它却凭借对多数亚洲市场(主要是中国香港和新加坡)的水稻出口而发展成为一个国际中心。这个城市开始主导西方房产贸易、银行、酒店和蒸汽碾米机的贸易,并开始接收中国的移民。其他城镇由于在地方或区域内不具有重要性,反而发展为了国际港口城市。[②] 在日本的德川幕府时代,神户只是一个渔村,但临近的大阪却占据着支配地位。到了明治维新之后,神户作为城市和港口的发展取决于国际贸易和 1850 年代签订的允许外国人和日本通商的条约。这些条约造成的影响也在其他地方的事务中产生了作用。美国海军早在俄国能够向东扩张之前就首先叩开了日本的大门;俄国政府则在 1860 年选择了发展

---

① Meera Kosambi and John E. Brush, 'Three Colonial Port Cities in India', *Geographical Review*, 78:1 (1988), 32-47.

② Malcolm Falkus, 'Bangkok in the Nineteenth and Twentieth Centuries: The Dynamics and Limits of Port Primacy', in Frank Broeze, ed., *Gateways of Asia. Port Cities of Asia in the 13th-20th Century* (London: Routledge, 1997).

图 43.1　东印度大楼,利德贺街,伦敦,1760 年左右;不列颠东印度公司总部(塞穆尔·维尔绘)

海参崴来作为它在东亚扩张的起点,同时也作为军事和贸易的港口。[①]

在这段时期,滨海区成为了一个港口城市最重要的形象,它既是海洋贸易的名片,又能吸引游客渡海而来。船只无论是开进君士坦丁堡、士麦那、萨洛尼卡的港口,还是驶入中国香港、广州、上海,都能看见欧式的建筑,即便这些城市的其他区域并非如此,且其滨海区的形态和功能都各不相同。全世界的滨海区也给往来的旅客展现了这个城市国际化的特点、全球贸易的存在和其他吞吐旅客的设施。它们组织着船只、货物、仓库以及海员和移民,所有这些都建立或加强了滨海区作为世界门户的角色和功能。外国商人的存在也刺激了港口相关设施、公司总部、宗教机构和住宅在更大市区范围内的建设。

商人家庭特殊的国家或种族背景的关系网络建立起了社会性的联系,也使贸易网络更加繁荣。贸易活动中的精英通常是会多种语言的商人,他们在地方政府中担任职务。并且在不同层面上介入他们家乡的建设:他们在航运设备和基础设施、证券交易所和市政府大楼、诸如领事馆的政治建筑和如海关等经济机构中灌输他们的想法。他们也会在经常活动的城市,无论是国内还是国外,介绍新的娱乐方式和文化,甚至是新的法律和政治。其中的一些机构从它们的建筑设计就可以辨认得出来,这在教育和宗教机构上体现得尤为明显。

当地的商人也会改变港口的联系网络并且创造出新的腹地与沿海的关系。在 20 世纪 60 年代,鹿特丹的商业精英们巩固了这个城市作为连接德国西部的工业区和英国乃至世界的转运港的地位。他们还决定修建一个连接鹿特丹和北海的新运河,即沃特韦运河(Nieuwe Waterweg)。这条运河将鹿特丹带入了欧洲和全球的贸易网络中。与之相反,它的竞争对手阿姆斯特丹将自己打造成一个现代化的主要市场,将它的财富来源建立在殖民关系这种将随着帝国的结束而消亡的关系上。阿姆斯特丹在 1872 年修建了北海运河(Noordzee kanaal),但是它依然缺少一条连通莱茵河的现

①　Robert Valliant, 'Vladivostok: "City and Ocean" in Russia's Far East', in Broeze, *Gateways of Asia*.

代航路。① 与之相似的是,汉堡与不来梅、费城和纽约都是彼此临近的港口,它们在国际贸易上都有着激烈的竞争。②

中国的通商口岸也很好地证明了外国势力和本土动力是如何塑造这些城市的。它们为外国势力与中国政府的贸易往来而开放,所以它们只专注于和外国商人做交易(参见本书 17 章)。从 1842 年的鸦片战争到 1937 年的日本侵略,一共只有 48 个通商口岸向外国人开放,其中包括广州、厦门、福州、宁波、上海,以及天津、烟台、汕头,还有长江沿岸的汉口(现在武汉的一部分)。除了德国占有的青岛,它们之中的绝大部分在此之前就已经有过定居点。测量员和工程师设计了港口中外国人控制的区域。设在珠江河岸的所谓的广州十三行,给西方的商人、公使和传教士提供了住房,它们展示了自 18 世纪以来西方古典主义的建筑立面与中国风格的内部空间的混合体。③

其他因素也塑造了港口城市。在中国工作的外国设计师和受过西式训练的中国设计师都把外国的思想带到了中国城市,尤其是在租界区,租界即中国城市里受外国势力统治的区域。在上海,包括英国人(从 1843 年起)、法国人(从 1849 年起)和美国人(从 1861 年起)在内的团体就拥有不同的区域,即公共租界和法租界(1862 年后)。对于西方人统治的地方,最广泛的表述是外滩,即南亚对河堤的称呼。这条宽阔的大道是能使民众接近河流的露天走廊。虽然外滩在中国有着多样的功能(行政的、娱乐的、或以工作为主导的),但一系列外国公司都把自己的总部设立在城市的外滩。④ 正如外国企业和其他机构所建造的教育机构、宗教建筑和居民楼一样,它们也引入了西方的设计理念。

日本的通商口岸也相似地对全世界的到访者作出回应,正如我们在长崎(最早的通商口岸)、神户、大阪、横滨(日本第一个现代港口城市)所能看到的一样。作为与外国人有早期接触和交易的地方,这些城市从建筑到饮食都保有着不同的特色。在长崎,外国人对港口城市的影响不止于船只、仓库或出现在滨海区。外国商人在更宽广的市区修建的别墅也体现了经济网络的力量。比如说苏格兰企业家托马斯·布莱克·格洛弗(Thomas Blake Glover),他 1859 年从上海来到日本,在日本修建了第一座西式风格的房子——长崎的格洛弗住宅(Glover Residence)。它是西方元素和日本元素成功混合的绝佳一个案例。尽管这个建筑的结构(建立在卵石上的梁柱结构和顶板支撑)是典型的日式风格,但是它的阳台、格构式拱和玻璃门体现了外国的影响。格洛弗的这种混合风格的建筑形式有可能取自其在上海的经历,在那里,像这样混合两种完全不同风格影响的单层外国民居是十分常见的。当他前往欧洲的时候,他就会待在亚伯丁,在那里他也有一栋房子,这也说明了那个时候经济网络的发展程度。

格洛弗的经历也证明了私人关系和个体经历能够如何塑造港口和城市。作为一个商人,格洛弗在 1860 年代向当时反叛的日本家族售卖船只和枪支弹药,而且他在为日本带去第一台蒸汽机车这件事上表现得非常积极。他还使在亚伯拉丁建造的军舰在日本海军服役。此外,格洛弗还修建了日本第一个干船坞,并且帮助其建立了一个日后成为三菱集团的船运公司。从 1870 年到 1890 年,在这个船运公司成为政府在日本现代化过程中的主要合作伙伴之前,它在日本的两个开放口岸十分活跃,主要和外国代理商打交道。

这个公司本身也塑造了城市的形态。1871 年,三菱在靠近东京明治政府行政区的地方设立了它的总部。三菱就此开始和政府携手并进,从政府的新政策中获益,并且赢得了大量原本由外国公司承包的合同。无论是船厂,还是三菱总部或者其别墅区,大多数三菱集团在东京的建筑都强调了港口网络已经延伸到了城市内部,也强调了多样的港口功能在城市中是如何相互联系的。三菱公司选择将西式的建筑风格作为现代、财富、权力以及和西方贸易伙伴亲密关系的象征。公司多次聘请英国建筑师约西亚·肯德尔(Josiah Conder),他既是东京大学的首位建筑学教授,也是政府的顾问。肯德尔设计了第一座三菱的总部大楼、深川别馆(Fukagawa Mansion)、高轮别馆(Minato-ku hilltop villa)以及许多公众建筑。在对东京作为一个港口城市和全球体系参与者的建设中,肯德尔的工作和职位凸显了东京商业和政治的紧密联系。

① Huibert Schijf, 'Mercantile Elites in the Ports of Amsterdam and Rotterdam, 1850–1940', in C. Hein, ed., *Port Cities: Dynamic Landscapes and Global Networks* (London: Routledge, 2011).

② Frank Broeze, 'Albert Ballin: The Hamburg-Bremen Rivalry and the Dynamics of the Conference System', *International Journal of Maritime History*, 3 (1991), 1–32; Rohit Aggarwala, *Seat of Empire: New York, Philadelphia and the Emergence of an American Metropolis, 1776–1837* (New York: Columbia University Press, 2002).

③ Jonathan Farris, 'Treaty Ports of China: Dynamics of Local and Global in the West's Architectural Presence', in Hein, *Port Cities*.

④ Seng Kuan and Peter G. Rowe, *Shanghai: Architecture and Urbanism for Modern China* (London: Prestel, 2004).

蒸汽时代

从新的汽船就可以看出,工业化把船只从不可预测的风向中解放出来。它也增加了许多有形和无形的塑造全球贸易网络和城市个体环境的因素。第一艘蒸汽帆船早在19世纪早期就横跨了大西洋,但是直到19世纪80年代,纽约、旧金山或波士顿的港口才开始出现大量的汽船。这一漫长的变化是一个重要的技术变革,它伴随和驱动了船体结构(structural)、金融和劳动力的改变。汽船使有可靠时刻安排的货物运输在全球成为可能,这促成了全球化的发展。

新船舶的出现以及贸易的扩张,要求世界上的港口都要重建它们的设施:码头的形式和规模、装卸货物的装备、燃料的服务与储备设施。在伦敦,1830年修建的布伦瑞克码头给汽船提供了一个不再需要等候潮汐才能进港,而且可以随时起航的地方。新的港口建立起来了,包括皇家阿尔伯特码头(Royal Albert Dock,1880年)在内的码头为汽船在南半球的贸易提供服务。

从伦敦、汉堡、横滨到巴尔的摩的仓库区都是极为相似的。它们都基于类似的建筑技术,并且在同一时期有着相同的目的。汉堡在1871年加入德意志帝国后就修建了一个新的免税仓库——仓库城(Speicherstadt)。这个城市驱逐了2.4万名来自客维德库尔岛和汪德拉姆岛港口区的居民,而且拆除了贵族和工人的房屋。在这里,汉堡用红色的砖块修建起了这座仓库,并且伴有富丽的装饰、窄窄的窗户和一座用来绞吊的塔。这个存放咖啡、茶、香料和地毯的地方,是这座城市第一个单一功能区;其他仓库区都还会包括行政区和住宅区。

新汽船的使用和渡洋乘客的增长使得一些轮船公司成为了全球性的大企业。利物浦的蓝烟囱轮船公司、南安普敦的丘纳德航运公司、不来梅的北德轮船公司和汉堡—美洲行包航运股份公司都是当时最顶尖的航运公司。汉堡—美洲行包航运股份公司的触角伸向全球各个角落,从它在全球办公地点的名单、总部选址地点的声望、青岛的办公楼到费城的交易所都能看到这一点。[1] 在纽约市,北德轮船公司、丘纳德航运公司和其他航运公司都位于市中心的百老汇街和它临近的街道。

与此同时,纽约作为外来移民通往东海岸的门户而兴起。纽约港口的功能也影响了曼哈顿及其周边地区基础设施的建设和大楼的修建。最终沿着曼哈顿的西部海岸建立起来的99个码头一直延伸到59街,商业房产也入驻海岸。[2] 所谓的高线(High Line)通过铁路运送商品,将几个与港口相关的建筑连接起来,这其中包括贝尔电话公司和现在的雀喜市场(Chelsea Market)。虽然富裕的市民们都搬离了曼哈顿的下城区,但证券交易所和农产品交易所保留了下来,需要经营港口生意的公司也留了下来。

随着航运的全球化和船速的提升,新的运输模式意味着贸易模式的改变。新航道的开通,尤其是苏伊士运河(1869年)、基尔运河(1895年)和巴拿马运河(1914年)的开通,大大缩短了航程。新兴城市开始占据支配地位,而其他城市失去了它们的重要性。比如,苏伊士运河的开凿是和三个经过规划的港口城市的发展齐头并进的,它们分别是塞得港、伊斯梅里亚和苏伊士。[3] 这些城市都成为了吸引不同背景的人移民至此的世界性中心,并且成为了货物交换、人口流动和思想交流的地方。建筑物的风格也成为了赞助者国籍的代名词(比如说意大利领事馆就是新威尼斯风格)。截然不同的区域分划为阿拉伯、欧洲人口和希腊定居者发展起来。和建筑材料一样,关于建筑的知识也来自于欧洲不同的地方。运河的工人也是多民族构成的:意大利人、法国人、希腊人、达尔玛西亚人、来自上埃及的阿拉伯人。这些城镇虽然充当着大熔炉的角色,但它们也会通过阶级和种族把人们隔离开来,就如同那些殖民城镇一样。

在许多国家,腹地的基础设施最初是不存在的,所以殖民地的港口建设往往伴随着国内的铁路修建。比如德国的殖民者在重新建造坦桑尼亚的达累斯萨拉姆港口时,还把它建为了1891—1914年间德属东非的首都。德国人试图将达累斯萨拉姆作为殖民地的第一个港口和通往腹地的重要节点,为此,他们依照自己的建筑喜好修建了许多建筑,例如议会院、市政厅、教堂和邮局。在1916年被协约国军队占领后,这个港口就不

① Frank Hamilton Taylor and Wilfred Harvey Schoff, *The Port and City of Philadelphia* (Philadelphia: Local Organizing Commission of the 12th International Congress of Navigation, 1912).

② Carol Krinsky, 'How Manhattan's Port Shaped Its Streets and Building Locations', in Hein, *Port Cities*.

③ Céline Frémaux, 'Town Planning, Architecture and Migrations in Suez Canal Port Cities: Exchanges and Resistances', in Hein, *Port Cities*.

得不和英国控制的蒙巴萨岛竞争。①

正如我们已经注意到了的那样，在整个 19 世纪，港口城市不仅仅只是贸易中心，还是移民中心。一些城市，比如汉堡—美洲行包航运股份公司非常活跃的汉堡，作为从外出消遣的精英到移民者等各个阶级的起航点，与纽约和其他东海岸城市一样，都是移民港口的例子。从酒店、公寓到售票处、候船室，在滨海区，为船员而准备的设施旁涌现出多种为旅客而准备的设施。

事实上，不只是精英网络改变了城市。蒸汽机的出现也带来了劳动力的转变，这其中也包括了主要来自广州的中国海员。在英国统治下成长为贸易中心的香港，是国内工人移民的节点，也是欧洲轮船上的中国工人的启程点。这样的劳动力也以类似的方式改变着城市。在 19 世纪晚期，和其他的船员一样，由于装卸货物需要消耗大量的时间中国船员在滨海区找到了临时的住所。有时候，他们也会继续留在当地，在世界其他港口城市形成中国城，比如伦敦西印度船坞附近的莱姆豪斯（Limehouse）；鹿特丹的卡顿德莱斯（Katendrecht），一个传统的码头区；汉堡的圣保罗区；但是在美国却没有，因为美国当时并不允许华工进入。② 这些"中国的飞地"的外观，唐人街的大门，以及商店招牌上的汉字，都是认可其在港口城市中成为全球化网络一部分的符号标志。

作为来自世界各地的人的通道，港口城市对船舶（或船上的老鼠）和船员所携带的疾病十分脆弱，这也导致了检疫设施的创立，如医院、研究所（例如为了预防热带疾病）。③ 城市修建了特别设施来阻止由移民带来的疾病传播（包括发热议员和检疫所），这些设施建立在他们旅途的两端（一些世界上最著名的设施在纽约的爱丽丝岛和汉堡的巴林城）。

纽约国际港的起源部分是由于一个远离州界线的机构的创立：纽约新泽西港务局（Port Authority of New York and New Jersey）。在 20 世纪早期，曼哈顿和新泽西之间的水域因为商业活动十分繁忙，但是航运之间却缺乏协调配合。1921 年，这两个州签署了一项协定，新的港务局将能执行这个政策并且使港口区

现代化。④ 它也承担起了连接史坦顿岛（Staten Island）和新泽西、新泽西和曼哈顿的桥梁建设任务，为此还向公众销售州政府的债券。比如说，奥斯玛·阿曼（Othmar Ammann）在 1923 年到 1931 年设计了连接纽约市和新泽西州的华盛顿大桥。它和其他的桥都满足了港口的需要，维持了这个大都市的发展，也考虑到了公司的利益。

港口在航运处理、设施、价格，还有基础建设及其耗资、可航运货物的可获得性以及消费者等方面都会展开竞争。美国东海岸的港口竞争（波士顿、纽约、费城、巴尔的摩）使纽约、新泽西作为领头羊而出现，并提出了商业、财政、组织结构、效益和为未来而准备的容量等要求。与此同时，在其他的海岸，新奥尔良和芝加哥也形成了它们自己的优势。

石油时代

有许多参与者对分散在世界各处的产地与消费地之间建立快捷的运输深感兴趣，其中尤以美国与欧洲的石油公司为主。它们帮助创造并塑造了航运路线，而石油运输的全球性网络反映出港口城市在何种程度下仍在全球贸易中发挥着关键性作用。新开凿的苏伊士运河和新开发的港口城市都是这样的例子。早在 20 世纪 90 年代早期，英国壳牌运输贸易公司（Shell Transport and Trading Company）意识到石油作为一种燃料可能可以替代煤后，在苏伊士买下一块地，将石油作为一种可燃物销售；它们订购了世界上第一艘油船（SS Murex），以此装载来自俄罗斯和亚洲的石油并通过苏伊士运河（1892 年的安全条例已经禁止了这样的运输）。1907 年，一个由荷兰皇家石油公司和壳牌运输贸易公司融合而成的新公司——荷兰皇家壳牌公司（Royal Dutch Shell）成立了，⑤它将荷兰在苏门答腊岛（印度尼西亚）生产石油的利益和总部设在伦敦、并把在俄罗斯和亚洲都有业务的英国贸易公司的能力结合在一起。到 1907 年，荷兰皇家壳牌公司已经拥有了 38 艘油轮。⑥

① J. E. G. Sutton, *Dar Es Salaam. City, Port and Region* (Dar es Salaam: Tanzania Society, 1970).

② Lars Amenda, 'China-Towns and Container Terminals: Shipping Networks and Urban Patterns in Port Cities in Global and Local Perspective, 1880–1980', in Hein, *Port Cities*.

③ Myron J. Echenberg, *Plague Ports: The Global Urban Impact of Bubonic Plague, 1894–1901* (New York: New York University Press, 2007).

④ George S. Silzer, 'Making a Super-Port', *The North American Review*, 225: 844 (1928), 668–672.

⑤ Stephen Howarth et al., *A History of Royal Dutch Shell* (Oxford: Oxford University Press, 2007).

⑥ Robert Powell, 'Urban Morphology', *Journal of Southeast Asian Architecture* (1998).

石油作为20世纪最重要的化石燃料而出现。作为一种主要靠船只运输的商品,无论它是作为货物还是燃料,石油在这些年来都极大地改变了港口和城市。石油政治地位的提升和所具有的地缘政治意涵让它在殖民活动和战争中成为主要因素。第一次世界大战是一个转折点,因为军队逐渐依赖于汽油给船只、坦克、卡车和汽车提供燃料。石油改变了船只、港口和城市,它还促进了油罐车、炼油厂和输油管等装置的出现。

为了提炼和补给石油,世界上的港口需要在其港湾增设石油贮存设施。主要的石油公司在许多城市都建立了港口设施。比如,汉堡市自1879年起就在威德尔区拥有了自己的石油港,从世界各地进口石油,尤其是从委内瑞拉和墨西哥;从1884或85年起,它在石油贸易中就超过了位于附近的不莱梅,同时还修建了它的第一个储油罐。1890年,当地的石油贸易巨头林德曼公司(Riedemann company)和一位不莱梅的合作伙伴及美孚石油公司建立了德—美石油公司。不久之后,汉堡市就发展为德国顶尖的炼油中心。一战期间,它开发了当地的油藏,并与之腹地更进一步地融为一体。炼油厂在格拉斯布鲁克(Grasbrook,汉堡中区的三部分之一)和港口的哈尔堡加工石油。1937—1938年,埃索石油公司(Esso)(或埃克森石油公司)的前身德—美石油公司把总部设在了内阿尔斯特湖边(Binnenalster),其斜对面便是汉堡市最大的航运公司——汉堡—美洲行包航运股份公司的办公楼,这也突出了阿尔斯特湖作为全市商业的首选地址的地位。1920年代,汉堡在航运往来中的重要性参见图43.2。

图43.2　汉堡船运线路,1925年

休斯顿港也由于它专注于石油运输而地位突出。在1900年一场飓风毁坏了加尔维斯顿及其港口和1901年在发现了石油后,作为19世纪下半叶铁路运输中心的休斯顿发展开始加速。休斯顿船舶航路(Huston Ship Channel)的完成使得石油公司在这里纷纷修建炼油厂,并将总部搬迁至此。

巴库就是一个在19世纪中期由于石油的发现和开采,其港口和城市均有所改变的典型案例。包括罗斯柴尔德家族和诺贝尔兄弟在内的外国投资者促使了石油生产的发展。这座城市开始迅猛发展,它的富有在建筑物上体现出来,其中包括火车站和原本沿着巴库大道(Baku Boulevard)并与海岸线平行的石油大亨的宅邸。[①] 除了开采石油的必要技术,石油公司还带来了有关建筑和城市的观念。例如,英伊石油公司(Anglo-Persian Oil Company)在1920—1950年间将伊朗的阿巴丹市发展成为了一个石油提炼点,这个提炼点位于阿拉伯河的一处输油管道的终端。它被设计为一个能够缓解社会与种族不安的企业城镇(company

①　F. Akhundov, 'Seaside Boulevard', *Azerbaijan International Magazine*, 8:2 (2000), 36-39.

town)。居民区将外来移民和本地劳动者分隔开来，突出了殖民社会结构是如何转变为现代城市形态的：在这里，英国移民所居住的宽阔大院与当地招聘工人所居住的临时兵营般的棚屋及当地的行政中心形成了鲜明对比。①

港口和港口城市长期被当做军事目标，在第二次世界大战期间，欧洲和日本的港口遭受了严重的毁坏，不仅有人员伤亡，而且港口的基础设施也被摧毁，连市中心也受到了严重的破坏。这其中的许多港口早在大萧条带来的世界贸易下降中就已经遭受了打击。② 横滨和东京的港口在经历了1923年关东大地震的巨大破坏后，在政府的支持下刚刚完成了重建和改造，却又遭到了巨大的破坏。二战过后，美国军队接管了日本的港口，直到1951年《港口法》(Harbour Law)颁布后才将港口的控制权归还给日本政府。到1950年，大部分被摧毁的城市都已经重建和再次发展了。东京湾的港口作为战后资本主义国家发展的一部分而发展迅猛。东京在1967年开发了品川集装箱码头(Shinagawa container terminal)并且还在将其扩展。二战中潜艇的攻击体现了油轮的脆弱；作为对策，美国在1942—1943年间修建了更多的输油管道，这使得它的管道铺设十分密集。

二战之后，许多国家后殖民主义的国有化努力迫使对全球石油网络和运输设施进行重建，而且这还促进了新的炼油厂的修建、行政大楼和其他与石油相关的建筑物的重建。伊朗在1951年将石油收归国有，英伊石油公司的油田也在1964年被国有化。1967年到1975年间，苏伊士运河的停运导致了石油生产和运输的进一步重组：更多的炼油厂被建在了消费点附近，而且建设的输油管道也越来越多。在尼日利亚，自20世纪50年代晚期起，石油的发现和持续的生产在1980年代催生了在国家的中心建设新首都阿布贾的想法，并最终得以实现。在钱源源不断地流进国家的同时，对消费品和原材料的需求也在增加，这导致了对航运设施需求的上涨。为了改善船只在拉各斯港口等待时间过长的问题，尼日利亚港务局(NPA)制定了一个对港口系统进行投资的总体规划，其目的在于决定船只大小、停泊时间和调度室的选址，而其中尤为重要的是新建一个远洋码头。③

集装箱化：滨海区的结束？

自20世纪60年代起，港口和城市就开始各自发展。从20世纪60年代晚期到20世纪70年代晚期，船只的吨位持续增长，突破了5万吨总量的限制。④ 几乎没有港口能够接纳如此大型的油轮和散装货船，所以它们停靠的码头从城市滨海区消失了，而新的码头在城市外围建立起来。世界各地的港口和城市都面临着由全球体系的改变和新的地方生产模式带来的压力。最重要的是，集装箱化给船运网络、贸易模式、港口设施、港口城市等级和城市形态带来了全方位的调整。集装箱化能够让每八小时轮班的转运量大大提高（从100—200吨到2500—3000吨）。⑤ 它还便利了货物的运输，这不仅体现在港口，还在卡车和火车深入腹地的运输过程中使得转运更加方便快捷。效率导致了重大的社会经济变革及港口城市在土地利用方面和其他实体(physical)方面的改变。当集装箱在美国有所发展后，世界上其他地方也迅速采用了这种运输方式：集装箱的数量从1968年的47221个，增长到1970年的132000个，再到1972年的277000个。⑥ 当集装箱成为轮船（还有陆地）最主要的装运方式时，装卸货物的工人数量急剧下降。

新的航运条件对全球的港口和城市带来了有力而多面的影响。滨海区的突堤码头、仓库和棚顶布置之类的旧布局，对于新的集装箱港口而言是不足胜任的。许多港务局和市政府让它们的港口迅速适应了这种变化，以此来让它们的城市能够在激烈竞争中保持优势。其结果是，大部分曾经用来储存货物的仓库变得没有必要。旧的港口并没有提供足够的廉价土地来存放这些新的集装箱，而且它们很快便被废弃了，因为城市不得不在远离旧仓库的地方寻找新的土地。空间的缺乏

---

① Mark Crinson, 'Abadan: Planning and Architecture under the Anglo-Iranian Oil Company', *Planning Perspectives*, 12: 3 (1997), 341 – 359.

② Peter Clark, *European Cities and Towns* (Oxford: Oxford University Press, 2009).

③ Dan Shneerson, 'Investment in Port Systems: A Case Study of the Nigerian Ports', *Journal* of Transport Economics and Policy, 15: 3(1981), 201 – 216.

④ Yehuda Hayuth, 'The Port-Urban Interface: An Area in Transition', *Area*, 14: 3 (1982), 219 – 224.

⑤ Ibid.

⑥ L. Amenda, 'China-Towns and Container Terminals: Shipping Networks and Urban Patterns in Port Cities in Global and Local Perspective, 1880 - 1980', in Hein, *Port Cities*.

迫使集装箱码头设在内地,比如犹他州的格林菲、蒙大那州的布特、尼日利亚北部的卡诺、台湾地区的内坜。[①]马赛港所流失的货运都转至了附近新建的福斯港。纽约港的变化非常典型:在1964年开放了亚瑟港和伊丽莎白港的集装箱码头后的20年中,纽约的船运功能几乎丧失殆尽。相似的是,在1968年新的蒂尔伯里港在泰晤士河的河口开放了它的集装箱码头后,老伦敦港口在20世纪70年代失去了它的功能。无数的港口都失去了它们以前的地位,并且经历了大量的失业。在之后的20世纪,欧洲港口城市的市中心都在最高程度的经济萎缩中受挫。然而,这其中也有一些赢家获得了新的领导地位,比如鹿特丹。也许奥克兰港的飞速发展最能够说明货运设施重新选址所带来的影响,它提供了大量的靠船装置和优良的交通运输,相伴而来的是被突堤码头和地形所限制的旧金山的衰落。

旧的滨海区就变得空无一人,这是对城市发展的挑战。20世纪70年代,巴尔的摩、伦敦、汉堡、上海、悉尼等其他面临着类似挑战的港口城市开始了滨海区的复兴计划。由于有着类似的已建设施以及传统使用的减少,这些港口城市采取了相似的措施。休闲娱乐和港口的地理环境是如此的密不可分,正如我们在波罗的海周围举行的"波罗的海帆船节"上看到的那样;(我们也能在)贝尔法斯特滨海区重建计划中的泰坦尼克区(看到娱乐和滨海区紧密相连);此外还有以汉堡为基础的巴林城移民博物馆。

尽管世界范围内的滨海区复兴计划让各个城市相互反思和激发灵感,但是它们自己也有其特殊的定位,这反映出各地不同的规划文化。阿姆斯特丹在20世纪70年代开始重建它的滨海区,改造那些曾经被用做船运和贸易,并被城市的其他设施分隔开来的土地,例如码头和突堤等。在1981年到1988年间,雷姆·库哈斯(Rem Koolhaas)为IJ广场(IJ-Plein)准备了一个整体规划。安德列安·高伊策(Adriaan Geuze)和他来自西八事务所(Group West 8)的同事们在1993年至1996年间设计修建了阿姆斯特丹东半岛住宅区。它是一种新式的三层联排房屋,这是对荷兰传统运河建筑的一种诠释。

第二次世界大战后,当鹿特丹市中心的大部分区域和它的滨海区遭到破坏后,这个城市开始了重要的重建,其中包括滨海区船运的复兴。在20世纪70年代晚期,鹿特丹就将自己的老码头主要改造成了滨海人行道,并装饰有传统的船只和受到历史影响的建筑。

1986年修建港都的计划(Waterstad Plan)提出了一个能将滨海区重新定义为城市主要象征的多功能发展模式。自20世纪90年代在废弃的码头区兴建的科普范祖伊德(Kop van Zuid)街区成为了一个运用自己的海洋优势来复兴具有多种用途的滨海区的典范。港口区的新发展总的来说让城市获益匪浅,并且吸引了很多人前来此地。

滨海区的(再)发展对于新老城市来说都是一个重要工程。巴尔的摩、旧金山、波士顿、纽约、巴塞罗那、热那亚、伦敦、悉尼、墨尔本、汉堡、毕尔巴鄂、上海的有历史意义的滨海区,不仅经历了重建,还引起了学术界对棕色地带、历史适应性和新市区建造的广泛兴趣。滨海新区几乎完全聚焦于高档的住房、旅游、文化和娱乐活动,它们为此被想象和建造在迪拜、阿布扎比、沙特阿拉伯、卡塔尔、麦纳麦等新近开发的土地上。比如,迪拜的棕榈岛延续了人造岛的传统,就像神户的人工岛还有中国香港和其他城市的填海工程一样。在这片区域中,这与其他新的发展,比如世界岛或者卡塔尔的珍珠岛都体现了当代人试图创造一个配得上全球性城市的城市形象。世界岛是一个全新的发展项目,这里远离滨海区且没有任何基础设施,与陆地也没有任何联系,在这里,小岛之间的交通方式只有船或直升机。

二元发展:深水港和滨海区的重建

在鹿特丹港对旧滨海区进行具有革新性的再开发时,它的新港口在全球港口中成为了主要角色。截止到2009年,它的吞吐量在全球排名第三(386957000吨),仅次于上海和新加坡;它的集装箱运输量排名第十(9743290标箱[即20英尺集装箱,这是标准集装箱的计量单位,也是船舶装载和转运集装箱能力的衡量单位]),在非亚洲和非中东城市当中排名第一。在日本,诸如此类的滨海区重建和港口更新的双重发展模式也是非常明显的,千叶、横滨、东京三座城市在一个都市区域相互合作。这三个城市港口的货运量在全球排名分别为第20名、第25名和第46名。它们的综合吞吐量是332692000吨,加起来排名第7。东京和横滨的集装箱运输量分别为第25名和第39名,加起来一共是6365769标箱,排名第17。尽管这三个港口共同为东京首都圈的经济主导地位做出了贡献,但是它们各自滨海区的发展都突显了它们自身不同的区位优势。

---

① Hayuth, 'The Port-Urban Interface'.

在东京湾,横滨于1965年设计出了第一个综合性改造计划。在186公顷的前工业用地上(其中包括三菱公司),1981年的总体规划就是建设港未来,这是一种新的发展模式,包括住宅和大量的业务往来、商业、文化功能。地标塔、会展中心、宇宙时钟21摩天轮(Clock 21 Ferris Wheel)以及传统的红砖仓库区和邻近的唐人街,都让这个地方成为了旅游胜地。新港区的诞生源于国家、地方政府和投资者间的密切合作。千叶市承接了对于首都来说过大的基础设施,比如成田机场和其他大型建设,其中包括东京迪士尼乐园。通过那些包括极具影响力的丹下健三在内的国际知名建筑师设计的地标性建筑,东京将它的滨海区发展成了能体现日本首都全球化角色的展示区。

另一个将港口扩张和滨海区复兴结合起来的日本城市是神户。在20世纪60年代,人口的增长和港口的拥挤激发了面向旧滨海区和新旧建筑修筑人工岛屿的计划。自那之后,港口人工岛(Port Island)和六甲人工岛(Rokko Island)就被修建起来,它们提供了全新的港口功能以及住房、游乐园和运动设施。

其他影响港口的国际动态

与集装箱化和滨海区的改造一样,政治因素的变化也改变了港口。在欧洲,第二次世界大战的结束、冷战和铁幕的落下,都给港口和腹地之间关系带来了巨大改变。一些港口想要尽力赶上甚至超过它们的西方邻居,尤其是以前西欧最东端的港口赫尔辛基。历史悠久、且为苏联在波罗的海上的军事和商业港口之一的塔林,在1991年迎来了它的独立,登上了世界舞台。早在2003年,它便作为一颗冉冉升起的新星,得到了仲量联行的投资管理部门(Jones Lang Lasalle & Lasalle Investment Management)的认可。塔林有着比赫尔辛基更大更好的港口,并且它位于陆地,能够直接将货物从轮船转运到火车上。这个港口十分繁荣,同时,驻扎着俄罗斯黑海舰队的塞瓦斯托波尔还没有重投欧洲怀抱。[1]与此相反,它仍旧向莫斯科靠拢,克里米亚战争是身份认同和景观设计主要的参照。

20世纪60年代开始的全球模式的转变,尤其是中东和中国作为国际事务参与者的出现,增加了亚洲和中东港口的重要性。美洲港务局协会(AAPA)在2008年发布的世界主要港口的经济数据表明,就总吞吐量和标箱量而言,新加坡和上海分别排名第一和第二。接下来是一些其他的亚洲城市,主要是中国城市(还有迪拜集装箱港),而除了鹿特丹以外(总吞吐量和标箱量分别排名第三和第九)的处于海滨改造活动核心的港口,如汉堡、纽约/新泽西、安特卫普,都分别排在第十名和第二十名之间。[2]

在中国,新港口的出现十分明显,它是许多货物的原产地,也是20世纪70年代以来领导人十分重视港口发展的地方。上海新港就是一个说明贸易方式的转变也会改变城市形态的绝佳案例。于此我们看见了新的(有可能是最大的)集装箱码头建立在两个岛屿之间的人造区域上,它们通过东海大桥连接到陆地,到洋山深水港有超过30公里(18.6英里)的距离。新加坡将自己建设成了东南亚主要的石油提炼中心。尽管新加坡的国际石油公司早在1890年代就已经存在,但该国作为国际性商业中心的出现,主要还是在其20世纪60年代独立之后,并成为了多个主要石油公司和炼油中心的所在地。其他新港口正在沙特阿拉伯筹建,沙特政府正在计划使其经济多样化,并且正忙于几个经济城市项目,其中包括阿卜杜拉国王经济城(King Abdullah Economic City),一个坐落在红海的新港口城市。在欧洲和美国,关于深水港的建设也在规划中。

结语

在世界范围内,当今的港口城市都在对相似的挑战和机遇给予回应,重建旧的码头区并开发新的港口。它们都被未来的挑战集结在了一起,这些挑战中尤为显著的是环境危机,比如海平面上升、气候变化引发的洪灾,还有由于海冰融化导致的新航路的开辟。[3]为了适应当地的历史、交通网络、地形、政策和文化,改变也会发生。

港口城市以超越大陆和国家的方式串联起了城市体系,组成了一个几乎完全自治的半独立于国家社会的网络。19世纪的贸易体系建立在已经存在了几个世纪的特定城市间的交换网络之上。这些连接也促进

① K. D. Qualls, 'Traveling Today through Sevastopol's Past' in J. Czaplicka, et al., eds., *Cities after the Fall of Communism* (Washington, D. C.: Woodrow Wilson Center Press, 2009).

② World Port Rankings (2009), http://www.aapa-ports.org/Industry/content.cfm? ItemNumber=900.

③ R. J. Nicholls et al., 'Rankings of the World's Cities Most Exposed to Coastal Flooding Today and in the Future. Executive Summary' (OECD, 2007).

了城市间文化上或者其他形式的交换，这反过来又培养了在世界一端的南美国家和加勒比国家与世界另一端的法国西班牙等国家间的政治联系、经济联系和文化联系。新的技术，尤其是集装箱和新的贸易方式，以及西方国家对进口中国货物的依赖，都再一次改写了贸易网络和城市形态。

处于变化中的港口的功能和活动，无论是兴盛还是衰败，总的来说对城市都有重要的影响，这包括从滨海区的利用到基础设施的建设、公司总部的选址以及住房设施。虽然一些城市从航运网络中消失了，但还有其他城市在努力适应港口功能的变化。无论这些城市有没有扩张它们的港口，自从集装箱运输出现后，许多城市都不得不改造它们的这些区域了。

港口城市是全球经济在海洋与陆地之间流动的空间体现。即使港口和城市之间的关系在过去的五十年中经历了变革，对船只和货物的需求都被记录在了港口设施、整个城市及其更广阔的腹地之中。全球范围的转型与地方的积极性在港口城市的互动中塑造了整个人为环境的多样层次。

参考文献

Breen, Ann, and Rigby, Dick, *The New Waterfront: A Worldwide Urban Success Story* (London: Thames and Hudson, 1996).

Broeze, Frank, ed., *Brides of the Sea: Port Cities of Asia from the 16th-20th Centuries* (Honolulu: University of Hawaii Press, 1989).

—— ed., *Gateways of Asia: Port Cities of Asia in the 13th-20th Centuries* (London: Routledge, 1997).

Desfor, Gene, Laidley, Jennefer, Schubert, Dirk, and Stevens, Quentin, eds., *Transforming Urban Waterfronts: Fixity and Flow* (London: Routledge, 2010).

Hein, Carola, ed., *Port Cities: Dynamic Landscapes and Global Networks* (London: Routledge, 2011).

Hoyle, Brian S., 'The Port-City Interface: Trends, Problems and Examples', *Geoforum*, 4 (1989), 429 – 435.

Marshall, Richard, ed., *Waterfronts in Post-Industrial Cities* (London, New York: Spon, 2001).

Meyer, Han, *City and Port: Urban Planning as a Cultural Venture in London, Barcelona, New York, and Rotterdam: Changing Relations between Public Urban Space and Large-Scale Infrastructure* (Utrecht: International Books, 1999).

Schubert, Dirk, 'Transformation Processes on Waterfronts in Seaport Cities. Causes and Trends between Divergence and Convergence', in Waltraud Kokot, ed., *Port Cities as Areas of Transition; Ethnographic Perspectives* (Bielefeld: Transcript Verlag, 2008).

Weigend, Guido G., 'Ports: Th eir Hinterlands and Forelands', *The Geographical Review*, 42 (1952), 660 – 672.

周俊杉 译 冯 艺 吕和应 校

第44章 结论：时代中的城市

佩内洛普·科菲尔德

建造并居住在城镇并不是人类做的第一件大事。然而，随着时间的流逝，城镇变成全球性城市却是我们伟大的集体成就之一。[1] 从一开始，人类独具特色的群居性就展现出了在一切气候和纬度条件下共同居住的内在能力。人类的群居是一个错综复杂的过程，在这个过程中，有些村庄逐渐演变成了小城镇，甚或大城市，而有些村落则慢慢衰落或消失了，本章对这些复杂的过程进行了充分分析。问题与成就都是该进程的组成部分。不过，尽管遇到许多波折，但从最初创建的城市"巴比伦"到城市化世界"巴比伦王国"，集体的城市传奇获得了某种发展，从长远来看，这种发展不算稳定但却势不可挡。

没有现成的理论或单一的因素可以解释城镇和城市的兴衰起伏。前面各章表明，就其起源而言，无论是出于政治的、帝国的、军事的、商业的或其他的原因，它们都可以被划分为自发的城市中心和"被移植"的城市中心。然而，这种差别随着时间的流逝往往被抹杀了。所有城镇和城市一旦建立就有了共同的需求。它们需要可持续的资源（包括水源、食物、原材料以及发展所必需的源源不断的新人口）以及某种切实可行的经济职能（包括行政中心和宗教中心的经济功能：参见本书第7章和第9章）。城市的生命力还依赖一个通过商业网络连接起来的农村供给系统来作为补充。贸易反过来需要政治/社会的措施来保障其成功的运行。城镇也需要少量的组织去帮助那些住在密度相对较高的紧凑区域的定居人口。因此，支持性的行政、财政、法律架构是必要的，那些受大众生活偏爱的社会文化信仰体系也是必要的。这些多元化因素既包含社会/经济的因素，也包括政治/文化的因素，它们之间紧密相连。

因此，对城市变化的主要阐释要避免强调某个静态的因果因素。但是，在历史上，有三种宏大叙事（长时段的阐释）为城市在时间中的发展提供了经典论述，当然，时间与空间是密不可分的。本章的前半部分将回顾这些模式被应用于全球时存在的优势和缺点。没有一种模式是放之四海而皆准的。不过，它们共同的洞见表明了城市历史的一些关键特征。与此相对应，在后半部分，这些核心要素被重新组合成一种焕然一新的三重模式，以便再次对长远的发展进行总体考察。[2]

城镇与乡村的边缘常出现重叠这一观念已被人们接受。[3] 然而，无论何时，只要一大群人彼此就近定居下来，同时他们主要从事非农职业并按照非农耕时间表生活，那么一个城市中心就诞生了。[4] 进一步说，无

---

[1] 感谢彼得·克拉克熟练的编辑，本·威尔森(Ben·Wilson)绝佳的提问，彼得·琼斯(Peter Jones)"明灯"似的指引，以及托尼·贝尔顿(Tony Belton)—如既往的建设性批评。参见 E. L. Glaeser, *The Triumph of the City* (London: Macmillan, 2011), 1-15, 268-267; P. Wood and C. Landry, *The Intercultural City: Planning for Diversity Advantage* (London: Earthscan, 2008), esp. 25-65; and, polemically, J. Jacobs, *The Economy of Cities* (New York: Random House, 1969), 6-48。

[2] P. J. Corfield, ' *POST-Medievalism/Modernity/Postmodernity?* ' *Rethinking History*, 14: 3 (2010), 379-404; and id., ' *Historians and the Return to the Diachronic* ', in G. Harlaftis, plate 44. 2 Metropolis by George Grosz (1917). N. Karapidakis, K. Sbonias, and V. Vaiopoulos, eds., *New Ways of History: Developments in Historiography* (London: Tauris, 2010), 1-32. Relevant studies include Peter Clark, *European Cities and Towns, 400-2000* (Oxford: Oxford University Press, 2009); Gilbert Rozman, *Urban Networks in Russia, 1750-1800, and Premodern Periodization* (Princeton: Princeton University Press, 1976).

[3] T. Champion and G. Hugo, eds., *New Forms of Urbanization: Beyond the Urban-Rural Dichotomy* (Aldershot: Ashgate, 2004), 365-384.

[4] E. L. Jones, *Towns and Cities* (London: Oxford University Press, 1966), esp. 1-12; Max Weber, *The City* (1921; Eng. trans. 1958; repr. New York: Free Press, 1968); Lewis Mumford, *The Culture of Cities* (London: Secker & Warburg, 1938); and Georg Simmel, ' *The Metropolis and Mental Life* ', in D. N. Levene, ed., *Georg Simmel: On Individuality and Social Forms* (Chicago: University of Chicago Press, 1971), 324-339.

论何时,只要生活在城镇的人口占总人口的比例显著提高,那么一个累积性的"城市化"进程就开始了。顺便说一句,后一个进程被亨利·列斐伏尔(Henri Lefebvre)重新定义为"城市性"的出现。[1] 他将这一历史经验与"城市"早期的生活方式对立起来。然而,他的用法有造成混乱的风险。这些术语通常是搭配使用的,不可以随意替换。因此,最好将非农人口占总人口的比例的提高定义为"城市化"而非"城市性"。"城市化"这个术语表明了某种累积性的趋势,而这种趋势也可能会走向反面。

随着时间的推移,社会/经济的和政治/文化的变化催生出了一系列专业性的城市:从"罪恶之都"到"圣城"(介于两者之间的是大都市区),首都,行政中心,港口,金融首都,商业中心,制造业重镇,集镇,学习型城市,内陆度假圣地,海滨小镇,赌城,要塞城镇,船坞城镇,郊外住宅区,郊区卫星城,养老镇,甚至还有"歹徒镇",比如1920年代阿尔·卡彭(Al Capone)的芝加哥。许多独特的故事接踵而至。不过,依然有某种集体的城市史(更多关于定义和方法的说明,参见本书第1章)。

循环史观中的城市

关于历史变化,有这样一种颇具影响力但却很笼统的宏大叙事,这种宏大叙事认为历史是一个循环的过程,通常宏大叙事在乡村社会更受青睐,但也并非一成不变。正如四季之轮回和月之圆缺,变化确实会发生但最终却会回到起点。值得注意的是,循环史观的阐释不仅关注城市以及与之相关联的"文明"(鉴于许多所谓的"文明"[civilized]社会作风非常野蛮和不文明,现在一般用"文化"[cultures]来指称)的兴起,而且还关注城市的衰落乃至完全消失。

大量历史事例证实了后一点。迦勒底的古乌尔城被伊拉克南部的风沙掩盖。奇琴伊察的废墟长期被墨西哥尤卡坦半岛上的丛林遮蔽。伊拉克利翁(Herakleion)的亚历山大港一度繁盛,现在它的遗址离岸四英里,深埋于地中海蓝色的波涛之下。若是一直

处于和平时期,这些曾经的城市中心现在就会作为旅游景点保留下来。这样一种"尘归尘"的循环兴衰有可能发生在任何地方。因此,历史学家麦考莱曾于1840年在英国繁华的大都市从事写作,在他的作品中,有一位来自新西兰的未来游客,游客站在伦敦桥的残垣断壁上为圣保罗大教堂的废墟画素描。[2] 他的读者受到震惊而思考世事无常,尽管如此,实际上,那些有其存在理由的城市中心即便在遭受重创之后常常能恢复元气而不会消失。

830

循环史观不仅阐明了城市命运的变化多端,而且还认为巨大的推动力来自于城市的经历本身。必须有某种东西使这一循环动起来。即便资产分配不均,但经济增长还是导致城镇出现消费者和财富的聚集。然而,富裕带来了奢侈,也就是说,富裕又带来了身体上、政治上和文化上的堕落。腐化的和正在腐化的城市将变得易受攻击、易于最终没落。在14世纪的北非,伊本·卡尔敦在其经典表述中提出了一个五阶段的循环:从原始的游牧生活开始,经过农村畜牧业、城市定居、以城市为基础的大帝国,最后走向文化与城市的衰落/消亡。然后,这一循环又以农村为基地再次开始。正如伊本·卡尔敦所解释的那样,此过程是有机的而且是必然发生的:

> 文明的目标是定居文化和奢侈。当文明达到这个目标时,它便走向腐化,并开始变得衰朽,生物的自然生命就是如此。[3]

另一位完全不同的作者,即18世纪中叶英国的一位新教牧师提出了一个不同的但又有几分相似的序列。他发现了九个历史阶段,分别是:"野蛮的,朴素的,文明的,改良的,阴柔的,腐化的,挥霍的,衰退,最后是灭亡。"[4] 正如伊本·卡尔敦的模式所言,城镇生活让人们从文明和社会改良中获益,但同时也带来了产生奢侈、阴柔和腐化的风险。

因此,城市生活本质上是追求变化,而长期来看又有损于令人满意的后果。这一模式戏剧性地表现了某种政策困境。城市之利会大于城市之弊吗?或者说,

① Henri Lefebvre, *La révolution urbaine* (Paris: Gallimard, 1970), trans. R. Bononno as *The Urban Revolution* (Minneapolis: University Minnesota Press, 2003), 1-8; and also debate in Manuel Castells, *The Urban Question: A Marxist Approach*, trans. A. Sheridan (London: Arnold, 1977).

② T. B. Macaulay, 'Ranke's *History of the Popes*', in *Selections from Macaulay's Essays and Speeches*, 1 (London: 1851), 5.

③ Ibn Khaldûn, *The Muqaddimah: An Introduction to History*, trans. F. Rosenthal; ed. N. J. Dawood (Princeton: Princeton University Press, 2005), 288.

④ Anon. [John Brown], *An... Estimate of the Manners and Principles of the Times* (London: 1758), 5.

浮华世界耀眼的光芒只会导致颓败与荒凉吗？（关于不同文化的反应,包括称赞、指责和熟知:参见本书第24章和第39章）

那些负责市政管理的人习惯性地应对大型城镇的供给、环卫和治安问题,而城市的居民同时却对此消极对待——这些居民往往是从为城市发展提供能源的农村涌入城镇并沦为纯粹雇员的。

然而,无论如何,结果不会被循环史观预先决定。城镇和城市并不总是会发展到登峰造极的地步。它们也并非注定要腐化。它们也不会在兴盛之后自动衰落。大量中小规模的城市在相对稳定的国家存续下来。比如,地方的和区域的首府通常是依靠持久的地方功能而得以维持的。它们也许不会成为巨型城市,但也不会消失。艾伦·艾维特(Alan Everitt)用了一个美丽小镇作为案例,将它们称为"英国的班伯里"。[1]因此,必然兴衰交替的循环不是普遍的原则。地理—历史坚持连续性是与循环模式相伴或者超越了它的。而地理历史也见证了各种革新,比如,在持续城市化的时期,许多新城镇加入城市的行列,其数量要比消失的旧城镇的数量更多。

线性史观中的城市

831　　第二种宏大叙事提供了一种可替代的阐释。在这种宏大叙事中,历史变成了发展的和线性的。这种富有竞争力的模式最终有取代传统循环史观的势头,这一点在西方思想中表现得尤为明显。在19世纪,该模式在进步概念被过度美化。

正如循环史观一样,线性史观也包含了这样的观念,即从开始到结束是一个连续的过程。但终点和起点是不一样的。基督教的教义将历史视作一段向着"山巅上的光辉之城"攀登的旅程。城市被比喻为获得救赎的希望的灯塔。圣奥古斯丁进一步澄清了这种模式,他区分了此岸罪恶的"地上之城"与彼岸圣洁的"上帝之城"。但即便信徒被提醒要避开城市的陷阱,他们也可能会尊奉一座圣城,把它作为真理之路的象征。人们过去和现在都能在全世界许多宗教中发现这样的

城市启示(urban inspiration)。比如,16世纪的加尔文教徒就把约翰·加尔文主宰下的日内瓦视作神圣的天堂,即便日内瓦的许多个体希望恢复原来的宗教。[2]今天,许多城市是精神崇拜和宗教崇拜的焦点。这一角色使其成为世俗商业和定居的著名集散地,成为宗教管理和/或朝圣的中心:其中包括罗马、君士坦丁堡/伊斯坦布尔、耶路撒冷、麦加、库姆(伊朗)、阿姆利则(Amritsar)以及印度的其他许多城市、拉萨(Lhasa)、京都、伊费(尼日利亚)。至于更早期,我们还可以举出其他例子:如古埃及的赫利奥波利斯和库斯科的印加圣城,据观察,这两座城市具有相同的功能。

此外,自18世纪以降,一种世俗版的线性演化观发展起来,它最初是在欧洲和北美发展起来的。它开始表现为改良(Improvement),后来又表现为意气风发的进步(Progress)。城市发展被视为某种累积性的温和趋势的一部分。这种趋势的要素包括:读写能力的普及、多元化的商业、技术的变革以及政治自由的出现。这一等式是古老的乡村梦想即"城市的空气让人自由"的升级版(参见本书第23章),这一观点是由逃离封建地主控制的农民提出来的。所以,城市"进步"的征程将有可能最终解放每一个人。理想的城市也将随之出现,而且,很幸运的是,这一次它将出现在人间。[3]

1741年,一位到伯明翰找工作的年轻人展现了个体是如何将这种乐观主义内化的。威廉·赫顿(William Hutton)在18岁时到达那里,他还记得自己的兴奋之情:

> 我对这个地方感到惊奇,但对这里的人感到更惊奇。他们身上拥有的活力是我以前从未看到过的。我过去与一群空想家为伍,如今我看到人们清醒过来。他们在街上行走时,脚步显得很轻快。[4]

以21世纪的标准来看,当时的伯明翰还只是一个居民刚过两万的小镇。但它显然已经不同于乡村社会了。而且,后来的研究也证实了赫顿的观察:城市居

---

[1] Alan Everitt, 'The Banburys of England', Urban History, 1 (1974), 28-38.

[2] E. W. Monter, Calvin's Geneva (New York: Wiley, 1967); J. Witte and R. M. Kingdon, Sex, Marriage and Family in John Calvin's Geneva (Grand Rapids, Mich.: Eerdmans, 2005).

[3] See R. W. Liscombe, The Ideal City (Vancouver: Vancouver Working Group, 2005); H. Rosenau, The Ideal City: Its Architectural Evolution in Europe (London: Methuen, 1980); J. H. Bater, The Soviet City: Ideal and Reality (London: Arnold, 1980).

[4] W. Hutton, The Life of William Hutton... Written by Himself (London: 1816), 41.

民(大体而言)往往比乡村居民走得更快。① 因此,将城市性与活力划等号在表面上还是有几分道理的。对城镇生活的拥趸来说,乡村性意味着落后与惰性。英国乡村只不过是个"健康的坟墓",机智的牧师西德尼·史密斯(Sydney Smith)在1838年如是说。②

然而,这种评价充满了反讽意味。在史密斯所处的年代,许多快速发展的城镇实际上是"城市墓地"。它们带来了疾病、污染、拥挤和高死亡率;在用水供给和垃圾清理得到改善之前,城市越大,环境压力也就越大。再者,分析者担心,摆脱乡村社会传统纽带的人们聚集在城镇将加剧犯罪、无序和冲突。一般来说,历史学家路易斯·芒福德算得上城市生活的拥护者,但他也担心某种以"无情的"工业城市为形式表现出来的新的堕落,在这些城市中,冷酷的商人与贫困的、"身心有缺陷的"工人争论不休。③ 城市化有可能导向反乌托邦而不是乌托邦。即使在今天,在公共健康需求的意识得到提升的情况下,但还有一些令人尴尬的排行榜罗列了世界上污染最严重的城市(2011年,位居榜首的是中国山西省的临汾市,它是一个工业/矿业的城市一区域,其人口众多,超过了400万)。④ 换句话说,线性变化有可能从进步转变为倒退。

然而,不论是赞扬还是指责,单一的全球性道路太过简单而不能广泛应用于所有城市地区。即使是在普遍城市化的时期,有的城镇得到扩张,而其他城镇则停止发展或完全衰落下去(正如前面一些章节所示)。而且,并非所有城镇都会变成工业化的焦煤镇。也并非所有制造业中心都只剩下了"无情"。城市问题是可以得到解决的:比如,临汾的市政当局正在上马一个环境整治项目。因此,尽管线性史观善于识别一些累积性的趋势(比如,自1850年左右至今的全球性城市化进程),但它却低估了结果的多样性。线性模式也往往会抹杀中期和短期的波动,使变化太过平滑和单向。所以,一代人的决定可能与下一代人的决定有天壤之别。

革命史观中的城市

历史的"起伏"变化在1848年催生了一种由卡尔·马克思和弗里德里希·恩格斯所创造的截然不同的宏大叙事。对他们来说,冲突是核心。历史发展不是一个平滑的、线性的进步过程,而是断断续续的革命性飞跃。经济发展的每个阶段产生它自己内在的"矛盾"或断层线。于是,阶级冲突为革命的爆发提供了动力。后来由斯大林钦定的五个核心阶段论认为,历史从原始共产主义社会(部落劳动)开始,经过古代奴隶社会(奴隶劳动)、封建社会(自给自足的劳动)和资本主义社会(雇佣劳动),最终到达"最高"阶段即真正的共产主义社会(公益劳动)。⑤

在最早的时代,城镇并不是至关重要的。但它们的发展不久就将斗争的勇气注入历史。马克思主义史学家将城镇以及与之相关联的商业视为动摇乡村封建制度的核心因素。⑥ 接踵而至的城市资本主义让进一步革命的时机成熟。反乌托邦的工业城市居住着大量愤愤不平而且受到剥削的雇佣工人,他们正在为其他人创造财富,自己却生活潦倒。这是恩格斯在1844年传达的观点,后来,芒福德对"无情的"焦煤镇的批判也支持这种要旨。城市革命将随之发生。城镇既是旧事物的溶剂,又是革命的熔炉。

作为一种模式,马克思主义的观点是高度纲领性的。但它赋予了经常以不同面貌重新出现的经济冲突以至关重要的作用。因此,马克思主义看上去是以活生生的现实为基础的。它反对进步论的自鸣得意。而且,作为一种思想体系,马克思主义既从循环史观又从线性史观中吸收了一些元素:它与前者共享了独立的经济阶段的观念;它与后者共享了关于历史"终结"的某种根深蒂固的乌托邦主义。在"最高"阶段,矛盾将会消失。于是,在阶级统治不再需要国家的情况下,国

① M. H. Bornstein and H. G. Bornstein, 'The Pace of Life', Nature, 259 (1976), 537 - 539; and P. J. Corfield, 'Walking the City Streets: The Urban Odyssey in Eighteenth-Century England', Journal of Urban History, 16 (1990), 132 - 174, also available at www.penelopejcorfield.co.uk.

② N. C. Smith, ed., Selected Letters of Sydney Smith (Oxford: Oxford University Press, 1981), 170.

③ Mumford, Culture of Cities, 143 - 222.

④ 'The World's Most Polluted Places', Time Magazine, 5 April 2011: online.

⑤ Karl Marx and Friedrich Engels, Communist Manifesto (1848), in David McLellan, ed., Karl Marx: Selected Writings (Oxford: Oxford University Press, 1977), 221 - 247; codified in Joseph Stalin, Dialectical and Historical Materialism (Moscow: Foreign Languages Publishing House, 1939), 32.

⑥ Rodney Hilton, English and French Towns in Feudal Society: A Comparative Study (Cambridge: Cambridge University Press, 1992).

家将会"消亡"。正如恩格斯所言：

> 它(指共产主义的出现)是人类从必然王国进入自由王国的飞跃。[1]

然而，当被应用于全球的整个历史时，马克思主义所谓的五个阶段被证明在数量和形式上都不足以涵盖历史的多样性。即便是在维多利亚时代的英国，城镇和城市也远比马克思和恩格斯援引的"焦煤镇"变化多端。而且，到了19世纪下半叶，许多开始衰败的地方已经在着手制定改革计划，尽管它们的结局各不相同。[2] 与冲突一样，合作也变成了历史的一部分。

因为马克思主义的纲领既将城市性视为，又将其视为潜在具有变革性的，所以介于这两种看法之间并在马克思主义的共产主义名义下建立的20世纪国家对城镇的角色持有极其矛盾的态度。对马克思和恩格斯来说，"资产阶级城市"的缺陷并不意味着人们应该回归他们所谓的"乡村生活的愚昧状态"。于是，著名的共产主义领导人(斯大林、齐奥塞斯库)试图引导农村人口进入大量新建的城镇，从而根据预定的轨道加速历史的进程。野兽派风格的高层公寓楼被认为赋予了有进取心的工人"直冲云霄"的力量。不过，城市也有可能助长"颓废"和"腐化"甚至对专制的反抗。

这两种政策都没有取得成功。在苏联和东欧，由于缺乏可用的商业基础设施，规划的新城镇不能长期繁荣。一旦经济增长被确定为新的政策目标，与之相关联的忙碌的城市化进程又会重新开启。作为这一动力的结果，当代中国的城镇人口已超六亿，每天都需面对环境恶化和社会不平等等问题。因此，城市史向整齐划一的五阶段论提出了挑战。

从历史上来看，革命史模式已被赋予展示某种公开检验的功能。然而，它那些有说服力的宣言不能涵盖世界各地区历史的一切多样性和顺序。五个历史阶段并非在任何地方都是以相同顺序出现的。实际上，平等问题、剥削和城市衰败在许多不同制度下都出现过并反复出现过。正如线性史观和循环史观的

情况一样，一旦只有一种变化类型和变化顺序而且被当作普遍适用的，那么这个模式就算是失败了。结果的多样性对于那些可能会努力引导城市历史进程的政治家有意义。如果他们依赖某个口号或某种关于变化的假设(无论是强制城市化，还是反过来完全放松管制)，那么他们终将发现政治意志的局限。像经济体一样，城市是群众的创造，这样的创造回应的不只是自上而下的指令："把人排除在外，那城市是什么呢?"

长期作用力：城市与动荡

相应的，本章的第二部分拒斥预定的模式。相反，上述宏大叙事的突出特点将以某种方式被重组：就多元进程而言，这种方式是可以理解的，但就结果而言，这种方式则是无预定目标的。线性史观和循环史观都强调累积性的长期趋势的作用，即强调这样的长期趋势是随着时间的推移逐渐显现出来的。循环史观进一步指出了连续性的潜在力量，因为事物都会回到自身的起点。同时，以冲突为基础的马克思主义革命史观模式强调突变的作用，因为突变可以为翻天覆地的变化创造可能性。如果将这些洞见结合起来，那么城市史就可以根据三个不同特点(延续、微变、革命)的相互作用来重新加以分析。[3] 既然第一部分以讨论剧烈的动荡结束，那么第二部分将以重新讨论这个主题开始。

无疑，历史上的城市的确会经历起起落落，而且有时候就发生在转瞬之间。城市中的居民也可能会经历风云突变；而且他们自身又可能造成或促成或积极或消极的动荡，从而导致翻天覆地的变化。

危机也许是灾难性的，但也有可能教会人们如何应对。[4] 城市或被封锁或包围：最著名的莫过于史诗神话中的特洛伊。城市或被获胜的敌军劫掠：作为帝国首都的罗马城历经多次劫掠，它不仅在5世纪被"蛮族"劫掠，而且还在1527年被神圣罗马帝国皇帝查理五世的叛军劫掠。在其他时代，城市居民被屠杀

① Friedrich Engels, *Socialism: Utopian and Scientific* (1882), in K. Marx and F. Engels, *Selected Works*, 2 (Moscow: 1962), 153.

② Tristram Hunt, *Building Jerusalem: The Rise and Fall of the Victorian City* (London: Weidenfeld, 2004); and essays by B. Luckin, C. G. Pooley, P. Scott, A. Beach, and N. Tiratsoo all in Martin Daunton, ed., *The Cambridge Urban History of Britain*, vol. 3, *1840-1950* (Cambridge: Cambridge University Press, 2000), 207-228; 429-466; 495-4524; 525-550.

③ P. J. Corfield, *Time and the Shape of History* (London: Yale University Press, 2007), esp. 18, 122-123, 211-216, 231, 248, 249-250.

④ G. Massard-Guilbaud, H. L. Platt and D. Schott, eds., *Cities and Catastrophes: Coping with Emergency in European History* (Frankfurt-am-Main: Lang, 2002).

或驱逐。或被传染病重创。在战争时期和自然灾害过后被烧毁或夷为平地。遭遇洪灾：众所周知，2005年的新奥尔良市就遭此劫难。城市或被地震破坏，比如，那场让传说中的耶利哥之墙"轰然倒塌"的地震。当居住密度大以及危机不期而至时，可怕的影响就会加剧。

835　　　这些突变的极限就是城市的毁灭。还有多少地方完全无影无踪了谁也说不清楚，因为更多"消失的"城市断断续续在丛林、沙漠和海洋被发现。大量例子已世人皆知。古代城市哈拉帕和摩亨佐-达罗曾在印度河流域文明中独领风骚，如今却只能通过废墟以及由目前尚无法释读的语言写就的残片来昭示自身（参见本书第5章）。另一个例子是印度北方邦的法特普希克里（Fatehpur Sikri）。它现在是世界遗产地，宏伟的红石宫殿以及与之相连的小镇是由16世纪的莫卧儿帝国皇帝阿克巴建造的。由于正在干涸的湖泊无法保证用水供给，他的计划在不到一代人的时间内就失败了。这个极端的例子强调了基本资源对于城市的必需性。

　　然而，冲击和危机绝非总是致命的。小的城镇和大的城市经常进行灾后重建。城市这种凤凰涅槃的性质已经被注意到了。它取决于可持续运行的经济基础设施、有保障的政治/社会环境（比如战乱的终结）以及充分的公共意志。

　　纵观整个历史，新诞生的城市总是比毁灭的城市更多，因为城市中心的总存量在上升。这个过程通常是循序渐进的，因为城镇是从以前的村庄发展起来的。不过，在人们的经验中，城市的诞生或复兴可能是某种急剧的冲击或突变。"瞬间建成的"城市以惊人的速度吸引新人口。一个著名的例子发生在加利福利亚淘金热时期，在那个时期，旧金山发展迅速，它在1849年还是一块人口只有200的公地，到了1852年则迅速发展为人口多达3.6万的新兴城市。在此类例子中，在城市无序出现之后，有序的城镇政府接着才会出现。相反地，根据政治命令兴建的那些经过规划的城市从一开始便有"瞬间建成的"管理机构。16世纪的马德里、18世纪的圣彼得堡以及19世纪的渥太华和20世纪的堪培拉这样的联邦首府提供了反例，这些地方的发展开始是有序的，但随着时间的推移，它们的发展变得（相对）不那么得体。

　　所以说，动荡是城镇生活的一部分，即便动荡因为反作用力而平息下来。尤其是特大的城市中心，它们常常被道德和社会层面的放任搞得声名"狼藉"。"罪恶之城"的戒喻神话有一些著名的例子，其中就包括《圣经》中的索多玛和俄摩拉，它们由于堕落而遭到神的摧毁。但在现实生活中，许多城镇拥有红灯区，而且还提供有组织的饮酒、赌博、吸毒（无论是合法、半合法还是非法）和卖淫，它们还能成功运转的前提是，这样的城市服务不会挤走其他城市功能，抑或不会由于监管失效或犯罪集团的争斗而导致严重的功能失调。事实上，有分寸的轻浮印象和艳遇名声可能会吸引国际游客并促进商业的发展（阿姆斯特丹，曼谷），也有可能引发关于性交易伦理的辩论。与此同时，专注于娱乐业的城市由于缺乏其他经济支柱，仍然极易受需求风向变化和消费者可自由支配收入波动的影响。因此，拉斯维加斯（已经出现相对较高的自杀率）在2008年全球金融危机之后正面临着进一步的问题，迪拜也是如此，这里的外来务工者明显散去，许多雄心勃勃的建筑项目也搁浅了。

　　然而，关于城市动荡的不利假设需要由这种动荡 836 的积极作用来平衡。大量集中的人群会迅速发生相互作用，在相互作用下产生的强烈刺激有助于促进革新、试验以及观念的有效转变，尤其是在没有审查制度的时候。不过，这种效果是可变的。城市的创新并不比城市的崩溃更有保障。还存在其他相关因素，包括权力结构的性质（无论是铁板一块的权力结构还是多元的权力结构；相关论述，参见本书第9章和第23章）。另外，教育状况、创新自由度、通讯技术和文化期望也扮演着重要的角色。然而，一般看法是，城市居民常常自己造成并经历结构性的变化。令人惊讶的是，"创新型城市"这个标签已经被贴到诞生于古代美索不达米亚的世界最早一批城市身上了。因此，从历史上来看，城市社会乃至于正在城市化的社会都比乡村社区更易于促进和传播文化和技术方面的革新（参见本书第2章和第38章）。

　　最重要的是，且不论别人对此是褒是贬，正是城市居民与政治革命或根本性突变的结合使得这些居民的声望得以大大提高。聚众人群会形成一种气势，或令人兴奋，或令人恐惧，或令人敬畏，或令人好胜。1789年的巴黎和1917年俄历10月的圣彼得堡（彼得格勒）就是典型。实际上，正如这些例子所示，城市民众起义导致整个政治制度被暴力推翻的情况相对比较少见。不过，这种毅然决然的聚众集会会形成某种潜在威胁，在特定环境下可以迫使濒临崩溃的政权发生重大改变（柏林，1989年；突尼斯、开罗，2011年）。群众与城市共同产生了一小股缠绕在一起的力量，有时候，这种力量会被唤醒和应用。当查尔斯·狄更斯在回想巴黎群众攻陷巴士底狱的情形时，他就巧妙地捕捉到了上述权力的基本因素。为某个目标聚集在一起的城市居民可能变得像世界上最深的海洋一样摄人心魄：

> 人潮一浪接着一浪，越卷越高，淹没了城市时所发出的咆哮，行人潮开始动荡，发出一声怒吼，仿佛整个法兰西的气息都被用来发出那令人憎恶的字眼上了。人潮一浪接着一浪，越卷越高，淹没了城市。[①]

长期作用力：城市与深层连续性

狄更斯关于人潮似海的比喻令人印象深刻，它捕捉到了城市人群的潮起潮落。不过，海洋也有其（照字面理解的）深层连续性，城镇和城市亦然。除了影响个别城镇历史的突变和动力以外，还有一些持续性的因素，这些因素可以使所有城市系统保持平衡和稳定。

历史中的连续性往往被埋没而得不到分析。它缺乏魅力而且很可能助长惰性。而把它重新命名为稳定性，那么它对变化中那些常常让人眼花缭乱的成分就可以起到一种关键的平衡作用。据权威的观察，在剧变过后，人们迅速谋求重建连续性。持续性也在结构层面发挥作用，这一点在城镇和城市的外观史的连续性中有所体现，在能够展示城镇和城市的社会、文化和政治功能的经久不衰的元素中有所体现。

归根到底，正常运转的城市的区位确实存在一种内在的稳定性，这种稳定性又由于通讯网络和交通系统得到进一步的巩固。这些城市与行军途中的军队不同，它们栖息于自己的空间。就其区位的稳定性而言，这些城市分享了地理—历史的深层连续性，套用费尔南·布罗代尔的话来说，这种地理—历史以"一种缓慢流逝的、有时几乎接近静止的速度"发挥作用。[②] 在实践中，即使是地理环境也难免不发生或剧烈或渐进的变化。不过，地理环境会时时刻刻保持稳定，这正是战争中城镇景观突然被夷为平地时人们完全懵掉的原因。的确，对受损建筑的忠实复原（二战后华沙历史中心的重建即是一例）体现了一种恢复失去的常态的意志。本着同样的精神，在经历有争议的更名之后，甚至

在间隔很长时间之后，原来的街道和城市名称有时会被恢复。因此，圣彼得堡先后被更名为彼得格勒（1914年）和列宁格勒（1924年），当它重新获得最初的名字（1991年）时，时间已过去将近八十年。

此外，城镇和城市通常会留在原处，不仅是因为它们最初的选址有着某种经济/地理考虑，而且是因为那里建成的环境和设立的通讯网络代表了巨额的间接资本存量。说到城市的长寿，处于低洼地势的耶利哥城可谓历史上的先驱。这片迷人的绿洲上泉水汩汩，棕榈蔽日，这里的城市延续了约万年之久。[③]

有时候存在区位变迁的情况，那是因为，随时间的推移，一些地区会经历扩张、收缩和重新发展。比如，突尼斯城比较靠近迦太基古城的西面，但它们共同的城市蔓延现在已使两个中心连成一片。然而，一般来说，提到城镇和城市的区位稳定性往往让人感到惊讶，因为人们太把它视作理所当然的了。甚至当一些地区获得或失去其特定功能时，比如成为首都（柏林，北京）或失去首都身份（伊斯坦布尔，里约热内卢），那种固定性依然存在。的确，出于尊重传统期待的力量，安定的国家的统治者在极少的情况下才会选择迁都。这些期待通常会因历史和地理因素而得到强化。

"固定性"和连续性也可以从城市的地形和布局中察觉到。拥有悠久历史的大城市就是复写本，一个时代的发展补充和取代了先前时代的发展，其中补充和取代各占一半。即使一些建筑被毁坏了，但地下的地质遗迹还保留着，比如，常常保留下来的有古代的基址线、土地使用模式、场地边线、街道轮廓、其他建筑遗存以及与日用相关的社会地形。罗马的纳沃纳广场（Piazza Navona，如图 44.1 的俯瞰图所示）正是一个杰出的范例。它的椭圆形轮廓精确地呈现了罗马皇帝图密善于 1 世纪修建的公共运动场，而它自身则位于罗马旧城墙外的一个传统的休闲区。它周边的建筑都可追溯到许多时代之前。有的建筑正好建在运动场的地基上。有的建筑是 17 世纪按巴洛克风格翻修的。还有的建筑是晚近建成的。自始至终，纳沃纳广场一直是城市娱乐和"社会游行"偏爱的地方。作为跨越两千年的活历史的一部分，它在今天还承担着那样的作用。

---

① Charles Dickens, *A Tale of Two Cities* (1859；London：Collins, 1953)，243.

② F. Braudel, '*Histoire et sciences sociales：la longue durée*', Annales：E. S. C., 14 (1958), 725－53；repub. in his *On History*, trans. S. Matthews (Chicago：Chicago University Press, 1980)，esp. 33.

③ Charles Gates, *Ancient Cities：The Archaeology of Urban Life in the Ancient Near East* (London：Routledge, 2003)，18－20. 亦可参见 Peter Whitfield, *Cities of the World：A History in Maps* (London：British Library, 2005).

图 44.1 纳沃纳广场,罗马,鸟瞰图

社会传统常常有助于强化已知的和已定型的东西。甚至是在最近"如蘑菇般"冒出来的城市中——无论它们是在经过规划的街区发展,还是在棚户区依靠非正式定居来发展,人们不再对快速城市化感到震惊。聚会场所诞生了。信息网络为人们相互认识提供了途径。流行音乐唱出了人们的心绪。邻里间的忠诚发展起来。家庭纽带依旧得到牢固的维系。在高密度区域居住让人们体验到了紧张和共生的关系,而城市中颇具特色的"搅拌筒"式人口流动既提供了一道安全阀,又提供了一种补充机制。城市环境经常比表面看到的更为有序。只要城市经济保持基本的活力,正式的和非正式的经济机会就会被创造出来。通过提供市政服务、教育功能、福利网络、治安尤其是对地下犯罪的控制,政治上的应对同样可以促使初期的混乱变得有序。

在大力鼓吹新事物带来的震惊的同时,许多世界级的名城时至今日继续以引人注目的方式展示着旧事物的魅力。19世纪中叶,本杰明·迪斯累利描述了一个年轻人与他的导师即一位阅历丰富的长者之间的交谈:

科宁斯比:哎呀!但那是地中海啊!为了看一眼雅典我愿意付出一切!

西多尼亚:我已见过了雅典及更多美好的事物。幽灵鬼怪啊!废墟的年代过去了。你见过曼彻斯特吗?①

新的财富、市民文化、工厂、雾霾和工业贫民区的戏剧性混合使兰开夏郡的"棉都"成为到访维多利亚时代的英国"必看"的城市。不过,作为享誉世界的历史旅游目的地,今天的雅典更有优势。尽管准确的游客数量还很难估算,但雅典的古典遗迹使它和罗马一起成为欧洲诸多旅游城市中最受欢迎的城市。② 城市长寿的证据,即那些凝结在令人印象深刻的纪念碑、让人流连忘返的老建筑以及最初的街道布局中的东西已经成了无价之宝。这样的证据使那种让城镇生活得以可能的令人欣慰的连续性在每一种独特的排列中显现出来。此外,具有悠久历史的城市中心影响越来越大,那是因为,由于国际商业和全球化建筑的影响,如此多的"市中心"都面临着乏味的同质化的风险。的确,各地过去都不耐烦地抛弃它们的老建筑,而如今却在保护甚或重建它们。中国山西省的大同就是一个例子,它

① Benjamin Disraeli, Coningsby: Or, the New Generation, ed. S. M. Smith (Oxford: Oxford University Press, 1982), 101. 亦可参见 G. S. Messinger, *Manchester in the Victorian Age: The Half-Known City* (Manchester: Manchester University Press, 1985)。

② W. F. Theobald, 'The Meaning, Scope and Measurement of Tourism', in id., ed., *Global Tourism* (Amsterdam: Elsevier Butterworth-Heinemann, 2005), 5 - 24.

正在重建城内曾经宏伟的坚固城墙。[①]

世界范围内广泛分布的城镇和城市之间存在的相似元素证实了普遍模式的持续性。事实上，随着时间的推移，城市化的规模已经发生了巨大的变化。在两千年前，即在奥古斯都皇帝统治时期，只有罗马和亚历山大里亚分别吸引了大约一百万居民，而在 2009 年，一个全球性的统计发现，人口在一百万及以上的城市区域超过了 470 个。[②] 不过，人类对城市生活的反应一直在重演可能性、恐惧、希望和梦想的大杂烩。与"漆黑的"乡村相比，城市的魅惑"霓虹灯"既有其字面意义，也有其隐喻意义。这个强有力的意象跨越时空大量重复出现。古巴比伦的创世神话赞美了众神的力量："他们应制造光明〔巴比伦，第一座圣城〕。"在中国的宋朝，一个重要的城市化时期，灯火与城市被等同起来。元宵节让人群涌向城镇："灯火通明，宛如白昼。"20 世纪美国城市中的蓝调音乐也跳动着艰难与希望、犹豫与羡慕的节拍。1953 年的一首芝加哥歌曲的两行歌词捕捉到了某种多次重复的情绪："霓虹灯，大都市/已经冲昏了我的宝贝的头脑……。"[③]

长期作用力：城市与趋势

在革命动荡与深层连续性对立的两极之间，城镇和城市超越了它们的历史，同时它们正在缓慢而渐进性改良。逐步的变化提供了徐缓的动力，它们既要防止惰性，又要减缓甚或抵制突变。"慢城市"尤其受慢城运动（1999 年）推崇，这一灵感来自意大利的慢食运动。有的城市中心被鼓励去抵制仓促的发展并保留自己的个性，这样它们就能够抵抗"在全世界其他城市屡见不鲜的快节奏和同质化的世界。"[④]无论如何，一切或快或慢的变化都将造就一些可以塑造城市化进程面貌的长期趋势。

建筑环境本身从来就不是非新即旧的，它们既受制于自然侵蚀，又受制于人为调整。资源在代际之间循环，有时候时间间隔很长。为今天的罗马供水的系统就部分利用了古罗马的水渠。今天拉合尔与卡拉奇之间的铁路就建立在从古哈拉巴抢救出来的砖基础上。这样的借用和缓慢堆积有助于人们将城市发展视为一个有机的过程。一座建成的城市被形象描述为一座珊瑚礁："一个生物学的杰作，它（使）数百万（人）聚集于多个世纪层层累积的成果之上。"城市的发展或可视为病害。因此，威廉·科贝特在 1821 年将作为大都会的伦敦痛斥为一个"地狱的粉瘤"，一个靠全体国民来赖以养肥的巨大肿瘤。[⑤] 不管怎样说，这一进程似乎是不可阻挡的，是根深蒂固的。

与此同时，在幕后，该进程需要许多人群组织日复一日地让城市发挥功能。基本的市政管理表现为定期的清扫、供水、制定规范和维持治安。除此之外，居民与游客的微小动作也会对每一处城市环境产生或好或坏的关键性影响。乱扔的废物、成堆的垃圾、报废的交通工具、涂鸦的建筑以及被恶意破坏的街景是疏于管理的表现，而这可能造成恶性循环。因此，一些专家提出，要对所有破损的公共设施进行及时的维修，小到对每一扇破损窗户的修补，这样做将有助于遏制城市犯罪和反社会行为。不消说，现实没那么简单。犯罪分许多类型，包括"隐性的"白领犯罪，这种犯罪就可能发生在干净和整洁的城市。再者，犯罪模式受不同的文化态度以及当地的治安管理办法影响（参见本书第 36 章和第 37 章）。所以说，并非所有贫困的、破败的城镇都是犯罪猖獗的，都是暴力的，也并非所有富裕的、精心管理的城市能避免出现、贫困、剥削、非法乃至"无形"奴役的部门。

然而，无论是稳步提升还是缓慢衰退，所有地方都接受逐步的变化。精心维护比疏于管理尤其是严重的疏于管理、更有可能增进合作和正能量，而若能发展旅游业，这一增效效果将更加显著。因此，对当局来说，确保城市财政资源多到足以投入到城市基础设施的和环境的福祉中，是一件具有社会—经济意义的事情（相关的讨论，参见本书第 11 章、第 36 章、第 37 章和第 42 章）

不断的适应最终达到了缓和剧变带来的阵痛的效果。尽管产生了蜿蜒沟道效应和单调乏味的临街面，但耗费大量土地的公路和铁路、城市周边的大型购物中心和市中心高楼林立的街区却不乏拥护者。但也有人偏爱低矮的住房、混合的土地使用、市区内的购物、

---

① I. Mohan, *The World of Walled Cities*: *Conservation*, *Environmental Pollution*, *Urban Renewal and Developmental Prospects* (New Delhi: Mittal, 1992); and Datong in '*Chinese City's Bid to Revive Glory of Imperial Past*', BBC News, 3 May 2010.

② Thomas Brinkhoff, '*The Principal Agglomerations of the World*', US Census Bureau, www.world-population.com.

③ E. A. Wallis Budge, *Babylonian Legends of the Creation* (London: British Museum, 1921), 60; Ouyang Xiu, '*At the Lantern Festival*' (11th century) in www.lantern-festival.com; Jimmy Reed's 'Bright Lights, Big City' (*Chicago*, 1961).

④ See www.wikipedia.org/wiki/cittaslow.

⑤ Ian McEwan, *Saturday* (London: Vintage, 2006), 5; William Cobbett, *Rural Rides* (1830; London: Penguin, 2001), 285, 362.

当地的公园和方便行人的街道。一首关于都柏林"珍稀的旧时光"的歌曲在 1970 年代成为了一时的经典，正如它哀叹的："巨大而坚固的混凝土使我生活的城镇变成'一个城市'。"

不过，哪怕是对已建成的城市景观的粗暴干涉最终也会被同化、调整甚或移除。富有想象力的翻新可以为过去新奇而现在已经过时的东西（如废弃的铁路、工厂和码头）找到替代性的用途。时间的流逝使多种形式的变化和连续性糅合在一起。显而易见的是，那些将新旧元素以最令人赏心悦目的方式融合在一起的城市中心通常忝列于世界上最美丽的城市，其中包括：乌代浦（Udaipur，"东方的威尼斯"）、罗马、布拉格、巴黎、伊斯法罕、布达佩斯、曼谷（尤其是当其新旧城市景观靠长满多年生植物的海洋得到弥补时）、威尼斯、温哥华、悉尼、斯德哥尔摩、圣彼得堡、旧金山、里约热内卢、纽约、伊斯坦布尔、开普敦。

累积性的微小调整不仅可以产生个体性的结果，而且还可以产生集体性的趋势，同时这些调整随着时间的推移而得以推迟。虽然偶尔有"瞬间建成的"城市的例子，但城市变化的总体步调往往是平缓的。特定地区兴起，保持稳定，或衰落下去。即便是高度城市化的社会，当城市原有的存在理由正在消解时，其经济也可能出现明显的重新定位，美国铁锈地带的钢铁城（匹兹堡，克利夫兰，底特律）就是这样的例子。而这样一些地方倾向于改变自身的角色而不是完全消失。[1] 许多相互交织的经验汇总之后导致了世界范围内的城市文化既逐步形成（有时候）又逐步消失。严重的中断和挑战（如战争、疾病、饥荒、自然灾害、政治对抗）将中止这一潮流。但微观的变化和微小的调整都将努力抚平无论是发展还是衰退的波澜。其结果是，城市历史中的长期趋势并不像锋利的锯齿形，彼得·克拉克说得很中肯，这样的趋势像一辆游动的过山车（参见本书第 1 章第 4 页等处）。

正如前面一些章节所示，实现渐进的城市化，关键需要其他相关的长期因素。其中包括：可利用的农业剩余，良好的贸易网络（尤其是长途贸易），商品化和/或金融交易。通常还包括：工业化，技术调整，支持性的政治结构，充足的受雇者以中和城市的高死亡率。这些类型的要素与维持城市的基本存续所需要的要素类似，但要推进变化多端的发展模式则要大规模地增

扩这些要素。（参见本书第 21 章、第 23 章和第 34 章）。但城市化不仅仅是其他趋势的产物。城市居民也对这些趋势的发展作出了贡献，他们推动了商业、工业、服务业、政治组织、文化认同（包括宗教认同）以及创新的发展（参见本书第 34 章和第 38 章）。

与此同时，许多主要的社会趋势本身就具有渐进的特征，因为它们是伴随着渐进的城市化产生的。少许的读写和计算能力是对历史上的城市统治者与管理者普遍的要求。而随着城市的发展，这些中心有助于拓宽接受读写训练和教育的渠道，而大规模的城市化产生了同样大规模的影响。因此，读写能力的普及既是城市发展的结果又是城市发展的深一层原因。城市中心标志性的公共建筑是这种被拓宽的文化渠道的象征。传统的焦点也许包括宫殿、寺庙、神殿、教堂、清真寺、剧院、运动场、体育馆以及著名的图书馆。而在如今的城市化世界，每个重要的市中心都有一系列学校、大学、博物馆、艺术和文化机构、公共聚会场所、多样化的运动设施以及过剩的政府建筑，不管它们是地方性的、区域性的、全国性的还是国际性的。这些地方为搭建一个大型的城市知识网格提供了渠道，公共的和私人的信息输入都可以丰富这个。所以，城市网络具有双重功效，既能保存城市的经历，又能不断更新城市的创新能力。

不言自明的是，城镇的多样性有可能打破那些以阶级、等级、性别或种族为基础的社会藩篱，尽管变化的节奏因文化语境的差异而有所不同。尤其值得一提的是，在许多城市中心（如果不是大多数城市中心的话），女性的多数活动通常都被低估了。即便是在表面上很男性化的地方（如驻防城镇和船坞城镇）也有相当多的女性人口，这一点表明，城镇对女性劳动力有相对较高的需求，而乡村对男性劳动力有相对较高的需求。但并非所有地方都符合这一模式。在 21 世纪初的迪拜，女性仅占居民的 27%（居民人数中包含了男性外来务工者）。这些"陌生人的到来"是在城市中出现的否证上述规律的戏剧性例外。[2]

渐进的城市化逐步将女性从农村职业中"解放"出来，而在民主的城市社会，渐进的城市化为女性一步步融入市民生活提供了基础（对这种城市化进程在非洲城市所取得的成效进行的评论，参见本书第 30 章）。只要不存在相抗衡的文化、宗教或政治压力，种

① Steven High, *Industrial Sunset：The Making of North America's Rustbelt，1969 - 1984* （Toronto：University of Toronto Press, 2003）.

② 2005 United Arab Emirates census；www. dubaifaqs. com/population-of-uae. php.

族融合往往会得到促进,这种情况在那些位于迁徙要道上的城市中心尤为常见。在规矩不那么严格的城镇,还存在超越阶级的可能性。必须承认,民主的城市经常保持着高度的社会不平等,这种社会不平等与形式上的政治平等并存。超越阶级不同于超越种族,超越阶级的步伐往往太过缓慢而显得举步维艰。不过,趋势仍旧是趋势,即使这个趋势并不迅猛。城镇和城市是聚会的场所,因而也是相互融合的场所。它们有能力解放人类潜能。所以,渐进的变化以其稳健的、累积性的风格,不断在传统和突变之间进行调解。(想要更多了解城市社会在全球的兴起以及偶尔的衰落,参见本书第 2 章至第 6 章,第 12 章至第 20 章,第 25 章至第 33 章;关于远距离联系,参见第 19 章和第 43 章;关于移民和种族性,参见第 8 章、第 22 章和第 35 章)

结语

长期城市化的进程始于 18 世纪,[1]目前,它继续推动着城市的专门化和多样化,反过来,城市的专业化和多样化又依赖于集体的相互依存和宏观联系。这些发展在全球方兴未艾。因此,作为历史上城市化程度最低的世界—地区,非洲如今有了一座新的特大城市,即尼日利亚的港口城市拉各斯,它是非洲的大都会,其人口数量仅次于开罗。

放眼全球,地球上过着城市生活的地区比以往任何时候都要多。另一方面,城镇和城市的空间密度(即使将其蔓延的郊区考虑在内)意味着,世界上众多人口是高度集中的而非均匀分布的。这个星球并未被钢筋水泥覆盖。存在无容置疑而且可以量化的规模经济。[2]

图 44. 2 《大都市》,乔治·格罗兹绘(1917)

843

---

[1] Eric E. Lampard, 'The Nature of Urbanization', in Derek Fraser and Anthony Sutcliffe, eds., The Pursuit of Urban History (London: Arnold, 1983), 3 - 53; E. L. Birch and S. M. Wachter, eds., Global Urbanization (Philadelphia: University of Pennsylvania Press, 2011).

[2] See urban resource calculations by physicist Geoffrey West in www. santafe. edu/news/item/west-intelligent-infrastructure-event; and essays in E. L. Birch and S. M. Wachter, eds., Growing Greener Cities: Urban Sustainability in the Twenty-first Century (Philadelphia: University of Pennsylvania Press, 2008).

这一因素对可持续性而言有利有弊。因为有害的碳排放，世界上那些正在城市化的经济体的能源消耗正导致全球变暖。但只有在城市居民认识到有必要作出改变之后，有效的补救措施才会出现。

显然，这是无法保证的。交通管理仍然是一个大问题，尽管它与个人追求流动性相抵触。不过，城市如凤凰涅槃般快速恢复的历史，眼下得到了 2011 年日本大地震/海啸之后的仙台市的证实，此事表明：即使没有气候学家强烈要求的那么快，但积极的回应终将来临。城市化的社会不是任意出现（或消失）的，它们体现了一些被深层连续性强化的持久趋势，它们也准备好了回应各种危机的挑战。的确，整个城市化进程是某种历史性转变（即向持续的微观变化的转变）的标志，同时它在全球范围内创造了具有适应能力的城市人口。

因此，归根结底，要找到答案，不需要放弃城市，而需要控制城市寻找解决办法的意志。乔治·格罗兹（George Grosz）的肖像画《大都市》（参见图 44.2）把伟大的城市既描述为一种威胁又描述为一种承诺。城市是人类的一项伟大成就，它的脉搏随着创造性的组织过程和解体过程而跳动，它仍生机勃勃。

参考文献

Birch, E. L., and Wachter, S. M., eds., *Global Urbanization* (Philadelphia: University of Pennsylvania Press, 2011).

Champion, T., and Hugo, G., eds., *New Forms of Urbanization: Beyond the Urban-Rural Dichotomy* (Aldershot: Ashgate, 2004).

Clark, Peter, *European Cities and Towns, 400–2000* (Oxford: Oxford University Press, 2009). Corfield, Penelope J., *Time and the Shape of History* (London: Yale University Press, 2007).

Glaeser, E. L., *Th e Triumph of the City* (London: Macmillan, 2011).

Hilton, Rodney, *English and French Towns in Feudal Society: A Comparative Study* (Cambridge: Cambridge University Press, 1992).

Lampard, Eric E., 'The Nature of Urbanization', in Derek Fraser and Anthony Sutcliffe, eds., *The Pursuit of Urban History* (London: Arnold, 1983), 3–53.

Lefebvre, Henri, *La révolution urbaine* (Paris: Gallimard, 1970), trans. R. Bononno as *The Urban Revolution* (Minneapolis: University of Minnesota Press, 2003).

Massard-Guilbaud, G., Platt, H. L., and Schott, D., eds, *Cities and Catastrophes: Coping with Emergency in European History* (Frankfurt-am-Main: Lang, 2002).

Mumford, Lewis, *The Culture of Cities* (London: Secker & Warburg, 1938).

Rozman, Gilbert, *Urban Networks in Russia, 1750–1800, and Premodern Periodization* (Princeton: Princeton University Press, 1976).

Whitfield, Peter, *Cities of the World: A History in Maps* (London: British Library, 2005).

张娟娟 译 冯 艺 吕和应 校

索 引

说明：本索引中的页码为原书的页码，即本书的边码。——译者

亦可参见：pollution（污染）

eparch 城市行政官 264

Ephesus 以弗所 185 – 186, 264

epicentres 震中 32

epidemics 流行病 9, 11, 12, 175, 271, 321, 359, 404,
485, 566, 696, 700, 702, 714, 834

    cholera 霍乱 471, 605, 701

    plague 瘟疫 9, 229 – 230, 279, 564

Erfurt 埃尔富特 227

ergastèrion 既是作坊又是商铺的一种建筑 264

Eridu 埃利都 36, 136

Erligang 二里岗 109

Erlitou 二里头 109, 156

eşraf 长老 282, 284

Essen 埃森 466, 470

Estella 埃斯特拉 228

Ethiopia 埃塞俄比亚 69, 71

ethnic minorities 少数族群 411, 413, 417, 605, 638,
666, 667, 670, 774, 798, 801

ethnic segregation 种族隔离 413, 515 – 516, 518,
667, 690

ethnicity 种族 18 – 19, 512, 632, 664, 666, 679

    significance of 意义 670

    亦可参见：migration（移民）、population（人口）

Etruscans 伊特鲁利亚人 53 – 54, 152

Euesperides 希斯皮里德斯 71

Europe 欧洲 392 – 396

    contemporary cities 当代城市 464 – 482

    culture 文化 477 – 479

    early modern cities 早期近代城市 240 – 257

    Great Divergence 大分流 3, 13, 14, 645 – 650

    guilds 协会 232, 234, 248 – 249, 254, 255, 398, 414 –
415, 427, 428 – 430, 433, 440, 442

    hierarchy 等级制度 449 – 451, 469 – 471

    integration 移民 414 – 415

    medieval cities 中世纪城市 221 – 239

        civic memory 市民记忆 235 – 236

        crisis and decline 危机与衰退 229 – 231

        growth and development 成长与发展 223 – 229

        urban legacy 城市遗产 231 – 235

        urban origins 城市起源 221 – 222

    metropolitan 'bananas' 大都市"香蕉" 778, 780

    metropolitan cities 大都会 771, 776

    migration 移民 404, 408 – 409

power structures 权力结构 425 – 427

pre-modern cities 前近代城市 216, 240 – 247

social conflict 社会冲突 471 – 473

social fabric 社会结构 253 – 255

urban culture 都市文化 251 – 253

urban economy 城市经济 244 – 241

urban growth 城市发展 464 – 469

urban landscape 城市前景 241 – 244

urban populations 城市人口 392 – 393, 398 – 399, 403
– 420, 425, 426, 428, 464

urbanization 城市化 12, 16, 245, 394, 405 – 406, 668,
669, 675

waste disposal 废物处理 703 – 704

Western 西部，参见：Western Europe（西欧）

    亦可参见：individual countries（各个国家）、Rome/
Roman Empire（罗马/罗马帝国）

European Cities of Culture 欧洲文化城市 731 – 732

European Economic Community 欧洲经济共同体 477

Executions 处决 441

Exeter 埃克塞特 446

Exhibitions, international 国际展览 727 – 728

    extended suburbs 扩展型郊区 796 – 797

factorias 贸易站 811

factories 工厂 17, 270, 297, 314, 355, 375, 377, 527

Fadugu 国家权力 68

fairs 市集 318

Famagousta 法马哥斯塔 271

family and family life 家庭和家庭生活 115, 116, 118,
136, 172, 182, 252, 263, 269, 277, 285, 297, 299, 316,
320, 327, 329, 332, 336, 357, 358, 371, 375, 404, 410,
414, 488, 510, 518, 526, 529, 537, 538, 546, 558, 610,
628, 631, 649, 671, 678 – 679, 683, 689, 695, 722,
747, 803, 813, 838

extended 大家庭 106, 332, 526

nuclear 核心家庭 526

family planning 计划生育 537 – 538

Famine 饥荒 229, 230, 277, 316

fangguo 方国 293

Fatehpur Sikri 法特普希克里 835

feng-shui 风水 201

Ferman 诏令 279

fertility rates 出生率 12, 404, 487

festivals 节日 184, 443 – 444

译 后 记

过去几十年间我国经历了城市的迅速发展,城市化水平迅速提升的同时也导致城市问题丛生,由此催生了一大批相关研究成果,城市研究成为显学,政治学、经济学、社会学等多个学科参与其中,城市史也成为其中不可或缺的重要环节。然而,相关的史学研究主要集中在国别史方面,如美国、英国、日本以及中东部分国家的城市史,且大多以个案为主,缺少集成性研究;同时,现有研究往往局限于某个时代,缺少贯通性研究。

城市研究在欧美国家已较为成熟,城市史领域也涌现出许多经典作品。个案研究不胜枚举,宏观研究也富有特色,如刘易斯·芒福德的《城市发展史:起源、演变和前景》、安德鲁·李斯的《城市:一部世界史》、彼得·克拉克的《欧洲城镇史》等。其中,乔尔·科特金的《全球城市史》梳理了从城市出现到 21 世纪的全球城市发展历程,总结了决定城市命运的三个关键因素,即神圣、繁荣和安全。保罗·霍恩伯格、林恩·霍伦·利斯的《都市欧洲的形成(1000—1994 年)》侧重从人口学和地理学的角度解释欧洲的城市化。布赖恩·贝利的《比较城市化:20 世纪的不同发展道路》通过对比不同地区的城市化历程,指出文化背景和发展阶段的差异导致了城市化的不同道路和结果。总之,对城市史的宏观梳理是西方学术界所关注的话题之一,有助于深化我们对城市化规律与城市之特性与共性的认识和理解。

我国城市化正经历高速发展,也面临着许多棘手的诸如环境污染、人口压力、公共服务不均衡等城市社会问题。对城市史进行系统翻译,无疑有助于我国的城市发展,同时也为我国学术界在城市研究领域占据一席之地乃至形成本土的城市史体系打下基础。

作为正处于城市化高速发展阶段的大国,我国亟需借鉴和总结其他国家、尤其是发达国家城市发展的经验与教训。目前,我国城市人口已经过半,高速城市化既带来“红利”也提出挑战,总结其他国家的历史经验,将是不可替代的智力资源;我国新型城镇化战略的实施,更离不开对世界城市化规律的深刻理解。

宏观层面的城市史研究迫切需要理论体系的创新和研究视角的转换。我们所熟悉的城市史在时间上集中于工业革命后,是以城市与乡村的二元对立为主线的城市化的历史进程,简单说来,就是城市人口增多、空间扩大的线性发展史。但城市化之前的城市发展同样需要关注,而且上述理论体系只适用于解读工业时代的城市史,20 世纪以来,发达国家向后工业社会转型推动城市化进入新阶段,第三世界的去殖民化和工业化催生了城市化的新模式,传统城市史理论体系亟待修正,构建城市史的新体系也是本书的目标。因此,本书的翻译具有明显的现实意义。

本书文内所提到页码都是原书的页码,即本书的边码,索引中的页码也是指本书的边码,便于读者查阅原文。该书是由屈伯文、吴俊范、刘昌玉、王方、黎云意、倪凯、滕子辰、施瑾、白英健、胡婷、李娜、汤艳梅、奚昊捷、卿馨、任姝欢、冷金乘、洪帆、周俊杉、张娟娟、冯艺、吕和应等人和我共同翻译,文内注明了分工情况,我最后负责通校全部译文,并编制索引等工作。由于篇幅较大,虽前后校对几次,但难免会存在一些问题,我们恳请读者不吝赐教,以便修订。

本书为国家社科基金重大招标项目“多卷本《西方城市史》(17ZD4229)”阶段性成果、上海高校一流学科世界史(B 类)建设规划成果,也是教育部人文社科重点研究基地、上海师范大学都市文化研究中心、上海全球城市研究院的成果。

陈 恒

2019 年 7 月 7 日星期日

地图审图号：GS(2020)2287号
著作权合同登记图字：09－2018－003号

图书在版编目(CIP)数据

牛津世界城市史研究/(英)彼得·克拉克主编；陈恒等译.
—上海：上海三联书店，2019.7(2024.11重印)
(城市史译丛)
ISBN 978－7－5426－6163－0

Ⅰ.①牛…　Ⅱ.①彼…②陈…　Ⅲ.①城市史－研究－牛津
Ⅳ.①K956.15

中国版本图书馆 CIP 数据核字(2017)第 313405 号

牛津世界城市史研究

主　　编／［英]彼得·克拉克
译　　者／陈　恒　屈伯文　等
责任编辑／郑秀艳
封面设计／一本好书
监　　制／姚　军
责任校对／张大伟

出版发行／上海三联书店
　　　　　(200041)中国上海市静安区威海路 755 号 30 楼
邮　　箱／sdxsanlian@sina.com
联系电话／编辑部：021－22895517
　　　　　发行部：021－22895559
印　　刷／上海新华印刷有限公司

版　　次／2019 年 7 月第 1 版
印　　次／2024 年 11 月第 2 次印刷
开　　本／889mm×1194mm　1/16
字　　数／950 千字
印　　张／36.25
书　　号／ISBN 978－7－5426－6163－0/K·447
定　　价／198.00 元

敬启读者，如发现本书有印装质量问题，请与印刷厂联系 021－56324200